井下采煤工作面

厦门港靠泊装船作业

港口堆场取料机取料作业

港口翻车机房

秦皇岛港煤码头装船机装船作业

中国煤炭销售运输有限责任公司

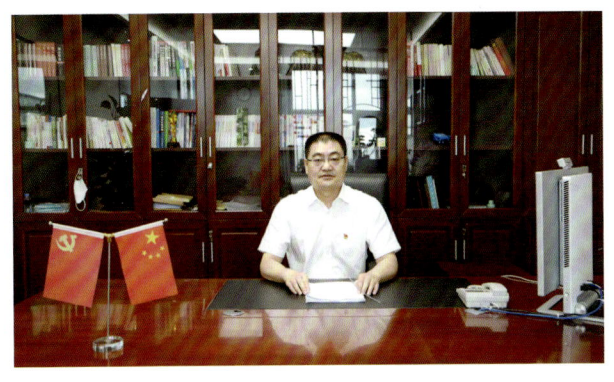

党委书记、执行董事、总经理　张国秀

中国煤炭销售运输有限责任公司（以下简称中煤销售公司）成立于1983年，是中国中煤能源集团有限公司（以下简称中煤集团）负责煤炭营销工作的专业化公司，主要负责中煤集团（中煤股份）煤炭产品集中销售、销售监管，国内外煤炭贸易，煤炭物流设施、发电项目、新能源项目投资合作等。公司在国内15个省区市设有全资、控股子企业，市场网络覆盖全国。

2015年以来，中煤销售公司坚定履行集团公司煤炭大营销管理职能，强化集中销售、营销监管和国内外煤炭贸易，煤炭贸易规模、经营收入等主要经营指标均超额完成集团公司下达的考核指标并保持较快增长，中煤集团煤炭保障供应能力持续增强。2021年中煤销售公司煤炭贸易量2.6亿吨、营业收入1800亿元。

2021年，面对复杂的市场形势以及"十四五"开局之年的改革发展任务，中煤销售公司坚持以习近平新时代中国特色社会主义思想为指导，坚决贯彻落实党中央、国务院决策部署，坚定落实中煤集团公司"存量提效、增量转型"的发展要求，全面履行维护国家能源安全的政治责任、统筹集团公司煤炭营销管理的经营责任，坚持和加强党对企业的领导，扎实开展党史学习教育，全力保障能源供应安全，持续优化煤炭营销管理，稳妥推进企业改革创新，不断完善合规风控体系，大力推进队伍能力建设，经营改革发展和党的建设取得新的重要进展和显著成效，主要经营指标再创历史最高水平。在保供稳价、维护国家能源安全等重大任务中勇挑重担，在服务集团战略中转型发展，彰显了新担当，展现了新作为。因煤炭安全保供业绩突出，中煤集团被评为"2020-2021年度煤炭行业抗疫保供先进单位"。

宝钛集团有限公司

宝钛集团有限公司（以下简称宝钛集团）始建于1965年，是国家"三五"期间为满足国防军工、尖端科技发展需要，以"九〇二"为工程代号而投资兴建的国家重点企业，是我国规模最大、体系最完整的以钛及钛合金为主的专业化稀有金属生产科研基地，拥有宝钛股份、宝色股份两家上市公司，是中国钛及钛合金国标、国军标、行标的主要制定者，是波音、空客、斯耐克玛、古德里奇等国际知名公司重要的战略合作伙伴，综合实力位居世界前三位。

党委副书记、总经理　雷让岐

脱异戊烧塔

经过50多年的发展，宝钛集团形成了钛、装备设计制造和新材料等三大产业板块，具备了从海绵钛生产到钛熔炼、加工及深加工、设备制造的完整钛产业链，产品主要包括板、管、棒、带、丝、箔、环、锻件、铸件、复合材及成套装备。先后累计为我国国防军工、尖端科技承担了8000多项新材料试制生产任务，取得重大科技成果600多项。研制生产的钛材在"神舟"系列宇宙飞船、"长征"系列运载火箭、空间站、登月及星际探测工程、"大运""大飞"、深潜器等国家重点项目上应用，为我国大国重器研制作出了重要贡献。2021年，宝钛集团实现钛产品产量3.09万吨。

步入"十四五"，宝钛集团立足陕西省钛及钛合金产业链链主定位，制定了"15551"高质量发展行动纲领，即在"十四五"末，钛材市场占有率居世界第一，钛材产量达到5万吨，实现产值500亿，拥有50名专家、100名工匠，建成世界钛业强企。通过谋划构建以宝鸡为基地、西安为枢纽、长三角为窗口、其他地区功能补充的发展布局，上交所主板、深交所创业板、北交所新三板三个上市公司、大中小立体支撑的新格局，推进补链、延链、强链、组链，做大做强三大产业，努力实现建成世界钛业强企目标。

钛扁锭

万吨自由锻压机

万米深潜器载人球壳

北京市保安服务总公司

总经理　张涛

北京市保安服务总公司（以下简称保安总公司）成立于1986年4月，是北京市第一家大型国有保安企业，是国内成立最早、规模最大的专业化保安服务公司之一，是中国保安协会常务理事和北京保安协会副会长单位。企业注册资金2亿元，现有35家分公司和1所保安培训学校，保安从业人员7万余人，保安人防、技防客户1.46万余家，企业规模、效益始终处于国内领先、国际一流行列。

36年来，保安总公司始终践行"人民保安为人民"的宗旨，秉承"爱岗敬业、品行规范、服务社会、甘于奉献"的企业精神，不断完善企业法人治理结构，引进现代企业管理制度，强化企业党、团、工会、职代会建设，积极发挥国有保安行业示范引领作用，形成了一套较为完整的企业管理体系，并通过了"质量管理体系、环境管理体系和职业健康与安全管理体系"认证。服务对象涵盖政府机关、驻外使领馆、境外驻华机构、企业事业单位、金融机构、大专院校、居民社区等各行各业，已经形成覆盖全市，人防、技防、物防相结合，多层次、多元化的保安服务综合网络。

36年来，保安总公司始终以高效的管理、优质的服务、雄厚的实力、良好的业绩，致力于保障首都政治安全、服务首都经济建设、营建和谐社会首善之区，在协助公安机关打击违法犯罪、确保客户安全、维护社会安全稳定等方面发挥了重要作用，赢得了社会各界的一致好评，打造了首都国

天安门安检队执勤

有保安的特色品牌。近年来，配合首都公安机关先后承担了中非合作高峰论坛、新中国成立70周年庆祝大会及联欢活动、2020年中国国际服务贸易交易会、2020北京国际汽车展览会、建党100周年系列庆祝活动、世界机器人大会、第二届联合国全球可持续交通大会、2022北京冬（残）奥会等重大活动辅警安保工作，受到了各级领导的高度评价及社会各界的一致认可。

保安总公司先后被政府主管部门及行业授予"全国五一劳动奖状""首都劳动奖状"、首届"全国十佳保安服务公司""全国就业促进活动先进单位"、第四届"全国优秀保安公司"、北京安全防范行业"AAA级诚信优秀企业"、2017年度"北京市商务服务业自主品牌100强"、2018年度"北京市商务服务业创新品牌100强"等荣誉，2019年被中国商业联合会评为"中国商业信用AAA级企业"、2020年被公安部评为"抗击疫情先进集体"，在2021年庆祝建党100周年、2022年冬奥安保工作中两次荣立北京市公安局集体二等功，连续五年被行业协会评为一级企业资质。

近年来，保安总公司涌现出了党的十九大代表，十一届、十二届、十三届全国人大代表，全国劳动模范、全国优秀农民工、全国五一劳动奖章、北京市劳动模范、首都劳动奖章、全国见义勇为英雄、全国十佳保安员、全国优秀保安员等一大批先进模范，发挥了国有保安企业的标杆引领作用，成为全国保安行业的一面旗帜。

总公司系统英模

天安门安检队安检员

建国70周年纠察

党日活动

总公司办公楼

国能朔黄铁路发展有限责任公司

国能朔黄铁路发展有限责任公司（以下简称国能朔黄铁路公司），由中国神华能源股份有限公司、大秦铁路股份有限公司、河北建投交通投资有限责任公司出资持股。主要负责建设运营朔黄、黄万、黄大铁路，总里程（含黄大）889公里，经多次扩能改造后，现年运输能力已达3.5亿吨。

公司大楼

朔黄铁路西起山西省神池县，东至河北省沧州市渤海新区，连接我国北方煤炭下水重要港口黄骅港，与北同蒲、京广、京九等重大干线接轨，作为我国西煤东运第二大通道列入党的十四大报告。黄万铁路北上天津港，黄大铁路南联山东龙口港，三条铁路共同构成国家能源集团煤炭下海的主要通道。目前，朔黄铁路已经形成"一干两支对多港"运输网布局，对完善华北地区路网布局，保障我国京津冀地区及沿海地区能源安全稳定供应具有重要意义。

自2000年5月18日正式开通运营以来，国能朔黄铁路公司历经20余年的成长与发展，逐步形成了"规范运作、自主经营，网运分离、联合运输，统分贯融、保障综合"的"朔黄模式"，展现出管理层级架构精、运输体制机制新、重载运输效率优、科技创新成果多、盈利创利能力强等特点。并先后荣获"全国五一劳动奖状""全国文明单位""全国绿化模范单位""中国首届十大环境友好工程""国家科技进步二等奖"等50余项国家级荣誉称号。

朔黄铁路两万吨重载列车

两万吨重载列车驶过十里坪大桥

重载铁路移动闭塞技术在朔黄铁路发布

国内首条移动闭塞技术重载铁路在朔黄铁路开通

肃宁北车站

国能包神铁路集团有限责任公司

党委书记、董事长　惠舒清

　　国能包神铁路集团有限责任公司（以下简称包神铁路）成立于 2013 年，是国家能源集团运输产业板块的重要组成部分，对加快沿线地方经济发展、保障国家能源供应具有重要的战略意义。主要负责包神、神朔、甘泉、塔韩四条铁路的资产管理和生产运营，是一体化发展战略中铁路运输网络和资源获取的源头，也是国家能源集团装车量最大的铁路运输企业。所辖线路北起中蒙边境中方口岸甘其毛都，相继穿越 3 省 6 市、17 个区县，形成了铁路大动脉北上、南下、东进、西出格局，总运营里程 872 公里，占国家能源集团铁路总里程 36.8%。目前管内共有车站 59 个，在建装车点 6 个，74 条专用线（里程合计 350km），"集疏运"能力覆盖蒙西、神府等煤炭矿井群，承担了国家能源集团核心矿区 70% 以上的煤炭装车任务，年运能超 4.2 亿吨。

　　包神铁路坚持以习近平新时代中国特色社会主义思想为指导，作为国家能源集团唯一入选国务院国资委"双百行动"综合改革单位的二级公司，包神铁路持续深化改革融合，优化管理模式，全力推动运输提质增效，积极推行运输市场化改革等一系列举措，以改革推动生产经营取得了快速发展，充分发挥了能源运输排头兵作用，为能源保供作出了积极贡献，连续五年被评为国家能源集团 A 级企业。

　　包神铁路积极探索诚信建设路径，持续推进诚信体系建设。自成立以来，始终将诚信建设作为企业的经营理念和企业文化建设的重要内容，将守法诚信立为员工及企业供应商合作方的行为准则，以"讲诚信、求创新、敢担当、争一流"为经营理念，始终将诚信建设贯彻到企业基础管理中，融入铁路运输服务中，落实到合同履约合规管理中。建立信用管理体系，健全信用管理制度，提升诚信文化宣传，坚持依法合规经营，强化诚信履约意识，做优信用自律建设，形成了较为完善的企业信用和诚实守信的经营行为管理机制。

包神铁路集团朱盖塔站整装待发的列车

包神铁路集团 3+0 单元万吨列车行驶在南坡底—神池南区间

包神铁路集团 3+0 单元万吨列车驶过野芦沟大桥

行驶在包神铁路集团神朔线花海的 3+0 单元万吨列车

包神铁路集团驶过田野的万吨列车

中国核工业二三建设有限公司

党委书记、董事长　李启彬

中国核工业二三建设有限公司（以下简称中核二三公司），隶属于中国核工业集团有限公司，是中国核工业建设股份有限公司重要成员单位，创立于1958年，是中国规模最大的核工程综合安装企业，是国际上唯一一家连续近40年不间断从事核电站核岛安装的大型企业，是经国家住房和城乡建设部核定的施工总承包一级企业，拥有联合国国际原子能机构（IAEA）授权的"核电建设国际培训中心"，中国核工业建设股份有限公司和中广核工程有限公司为共同出资人。作为国家高新技术企业，中核二三公司还设有北京市博士后（青年英才）创新实践基地工作站。

60多年来，中核二三公司承担了包括"两弹一艇"任务在内的全部重要核系统，以及国内绝大部分核电站核岛、核科研安装工程的建设任务，在系统工程、核工程、石油化工、航空航天、环保、建材、汽车、火电、轻工纺织、电子、新能源等领域中创造了多项优良纪录，先后7次荣获中国建筑行业工程质量最高奖——鲁班奖，百余次荣获省部级奖项。多次被党和国家领导人誉为重点工程建设的"国家队""铁军"。

中核二三办公大楼

当前，中核二三公司全面推进深化改革，积极践行转型升级战略，加强技术研发及知识产权保护，强化人才队伍建设，努力拓展产业链，形成了集设计、建造、培训于一体的国际化核电建设体系。同时，积极拓展系统、民用，以及海外市场，扩大市场份额，形成同步发展的新格局。

中核二三承建的福清核电站"华龙一号"全球首堆示范工程首台蒸汽发生器吊装

中核二三施工班组

中核二三为全球规模仅次于国际空间站的国际大科学工程计划——国际热核聚变实验堆（ITER）安装"心脏"

武汉四环线项目

青岛地铁 8 号线项目

郑州轨道交通 3 号线项目

贵州正习高速公路项目

台州湾大桥及接线工程项目

太行山高速京冀界至蔚县段项目

中国建设基础设施有限公司

中国建设基础设施有限公司（以下简称中建基础）是中国建筑股份有限公司的全资二级子公司。中建基础与中国建筑股份有限公司（以下简称中建股份）基础设施事业部按照"一套人马、两块牌子"管理模式一体化运行。

中建基础前身为建设部机械局，1983年6月27日组建设立中国建设机械总公司，后根据国家政策划入中国建筑工程总公司。2007年改制为有限责任公司，更名为"中国建设基础设施有限公司"。注册地址为北京市海淀区三里河路9号，注册资本为1200000万元，持有建筑企业施工资质市政公用工程施工总承包一级，主要业务为基础设施投资、建设和运营。

中建基础定位为中建股份在基础设施业务领域的重要投资、建设与运营平台；负责深入贯彻落实中建股份既定发展战略，代表中建股份积极引领和带动基础设施业务实现高质量发展；积极协同、带动系统内部专业资源，着力打造中建股份在基础设施投资与运营板块的专业品牌，实现与工程局在基础设施业务领域的差异化发展；积极探索、推进、引领中建股份基础设施领域的创新业务；中建基础自身不配置施工要素，所承接项目交由中建股份其他子企业实施。

中建基础以传统基建、创新业务、运营业务为核心，致力于成为国内集投资、建设、运营一体化的大型企业。中建基础下设13家区域机构，所辖项目近三分之二位于国家战略区域，覆盖铁路、公路、地铁、机场、市政等多个业态，主体信用级别为AA+，获得标普信用评级"Aspc+"级主体信用等级。

"十三五"期间，中建基础规模快速增长，累计实现营业收入1839亿元，期末年营业收入近500亿元；期末资产总额超过700亿元，实现"收入翻倍、资产翻倍"，助力中建集团基础设施业务板块高速增长，实现"十三五"期间复合增速17%，2020年同比增长超30%。2016、2017、2021三年，公司新签合同额均突破千亿元，其中2021年新中标的百亿以上项目5个，有力彰显了作为中建集团基建转型高端引领平台的关键作用，实现"十四五"高质量发展良好开局。

中国建筑基础设施事业部总经理，中建基础党委书记、董事长　田强

重庆郭家沱长江大桥项目

国能黄骅港务有限责任公司

党委书记、董事长 李洪军

国能黄骅港务有限责任公司（以下简称黄骅港务）为国家能源集团下属子公司，成立于1998年3月23日，是由中国神华能源股份有限公司和河北建投交通投资有限责任公司共同出资组建的港口。黄骅港务主要负责国家能源集团煤炭的下水外运工作，是国家能源集团一体化产业链上的重要一环，是陕西省和内蒙古自治区煤炭外运陆运距离最短的港口，也是国家西煤东运、北煤南运的主通道之一，发挥着国家能源"稳定器"和"压舱石"重要作用。

黄骅港务顺利完成了煤一期、二期、三期、四期工程建设，全港煤炭实际吞吐能力达2亿多吨，最大煤炭堆存能力约460万吨，是一座以煤为主的现代化综合性能源港口。截至2021年年底，黄骅港务共拥有煤炭泊位17个、杂货泊位4个、油品泊位1个；拥有自主管理航道43.5公里，12艘拖轮及3艘专业疏浚船舶，综合保障能力强。

开港运营以来，黄骅港务充分利用国家能源集团矿路港航电油一体化的独特优势，保持了高位平台上的高效率、高效益运营。截至2021年，黄骅港务总资产约135.78亿元，资产负债率18.58%，总资产报酬率16.48%，净资产收益率14.76%，稳居国内港口前列。开港至今，已完成煤炭下水量超23.41亿吨，杂货4497万吨，油品3972万吨，缴纳税金超64.15亿元，为保障国家能

公司全貌

源供应，服务地方经济发展作出了积极贡献。

进入新时代，黄骅港务积极贯彻新发展理念，在绿色、创新发展上都取得了突出成效。通过实施以本质成效抑尘技术、堆场智能洒水等为代表的成套抑尘方案及生态水系统建设，成功破解了困扰煤港多年的粉尘、含煤污水等行业难题，现已被评为国内首家煤港AAA级工业旅游景区。通过持续的探索创新，顺利完成了翻堆取装全流程设备的智能化管控，成为世界上首个实现全流程设备智能化管控的煤炭港口。黄骅港务绿色发展成果获得亚太港口服务组织（APSN）"2021年亚太绿色港口"荣誉称号，生态环境部"中华环境优秀奖"荣誉称号。创新发展成果获得第45届日内瓦国际发明展金奖，大型煤炭港区粉尘控制成套技术研究与应用、散货港口智能绿色生态系统研发与应用两项目入选交通运输部重大科技创新成果库。

翻车机自动卸车

装船作业

世界最大储煤筒仓群

四川汇鑫融资租赁有限公司

四川汇鑫融资租赁有限公司（以下简称汇鑫公司）创立于 2016 年，控股股东为全国大型龙头酿酒企业泸州老窖集团，目前在省内、外拥有 7 家分、子公司，现有员工 37 人，资产规模 42 亿元。汇鑫公司注册资本金成立之初仅为 2 亿元，随着业务不断发展，影响力不断增强，通过 3 次增资扩股，注册资本金逐步增加至 10 亿元、12 亿元，直至目前的 14 亿元，在西南地区排列头名。其中，泸州老窖集团及其子公司合计出资 10 亿元，共计持股约 71.43%。

汇鑫公司自成立以来，紧紧围绕泸州老窖集团"11265"战略目标，通过依托良好的股东背景、借助集团强大的融资能力（中诚信国际信用评级有限责任公司发布的泸州老

董事长、总经理　周峰

集团背景

汇鑫前台　　　　　　　　　　　　　　　　　　　　　　会议

企业现场走访　　　　　　　　　　　　　　　　　　　　职场

　　窖集团主体信用等级为"AAA"），在深度挖掘集团产业链业务机会的同时，秉承投融结合、多元驱动的发展理念，充分发挥融资租赁行业优势。汇鑫公司积极实施"走出去"发展战略，先后在西藏、成都、新疆、上海等地设立分、子公司，充分发挥区域政策和经济中心优势，大力开拓业务市场。截至目前，汇鑫公司已与多家产业链核心企业、地方大型国有企业、龙头民营企业等开展了全方位合作，通过开展直接融资租赁、售后回租、委托租赁、厂商租赁和商业保理等业务模式，将资金主要投向轨道交通、医疗、教育、旅游、消费金融、基础设施建设、经营租赁等领域。

　　展望"十四五"，汇鑫公司将以"勇担使命，创新发展，成为西南地区最具影响力的综合金融服务企业"为发展愿景，秉持以租赁为主，完善"融资租赁＋供应链贸易＋商业保理＋典当＋资产管理"业务结构，形成主业清晰、互为补充、协同发展的良好格局，坚决贯彻落实老窖集团和嘉信集团对汇鑫公司的决策部署，并在各级领导的坚强领导下，抓住机遇，乘势而上，开创新的发展局面，助力老窖集团挺进世界500强！

深圳市高新投集团有限公司

深圳市高新投集团有限公司（以下简称高新投或集团）成立于1994年，系深圳市委市政府为解决中小科技企业融资难问题而设立的专业金融服务机构，具备资本市场主体信用AAA最高评级。目前，集团实收资本138亿元、净资产超230亿元、总资产超380亿元。

肩负着"缓解中小微科技型企业融资难"的神圣使命，高新投始终秉持"以客户为中心，为创新者赋能"的核心理念，积极投身城市发展大局，为不同类型、不同成长阶段的创新型企业提供"全生命周期金融服务"，业务涵盖银行贷款担保、工程担保、债券增信、创业投资、基金管理、小贷典当、商业保理等。

截至目前，高新投累计为超63000家企业累计提供8530亿元担保服务，担保资金新增产值14743亿元，新增利税2960亿元，促进新增就业872万人，并成功助推超过340家中小企业在境内外公开挂牌上市，所支持的华为、中兴、比亚迪、创维、大族激光、海能达已经成为国内乃至国际知名企业，沃尔核材、兴森科技、欧菲科技、东江环保等高科技企业已成为行业内领军企业。经过27年的发展，高新投已成为深圳中小型科技企业成长可靠、高效的助推器，塑造了良好的金融国企形象，打造了助力中小微科技企业发展的先行示范"高新投"品牌。

以客户为中心

为创新者赋能

2019年12月26日，中国特色社会主义先行示范区首单知识产权证券化项目在深交所发行

作为深圳扶持民营经济"四个千亿"计划主力践行者，高新投始终高效专业推进各项工作落地，为面临流动性风险的民营企业雪中送炭，大力支持民营经济健康发展。作为全国知识产权融资服务领域的创新领跑者，高新投实现了社会主义先行示范区知识产权证券化"从零到一"的历史性突破，自2019年发行中国特色社会主义先行示范区首单知识产权证券化项目以来，高新投已累计发行知识产权证券化项目超71亿元，惠及深圳高科技企业逾440家次。

未来，高新投将致力于打造国内领先的以信用增进与资产管理双轮驱动的创新型金融服务集团，在"金融服务实体经济"主航道上，继续发掘科技企业价值潜力，为深圳建设社会主义先行示范区、为我国建设世界科技强国而不懈奋斗。

高新投助推逾340家中小企业在境内外公开挂牌上市

高新投服务网络覆盖全国

鞍钢集团矿业有限公司

鞍钢集团矿业有限公司（以下简称鞍钢矿业）具有近百年开采历史，是我国掌控铁矿石资源最多、产量规模最大、生产成本最低、技术和管理全面领先的铁矿行业龙头企业。拥有勘探、采矿、选矿、民爆工程、矿山设备制造、资源综合利用、物流贸易、工艺研发设计、矿冶工程、生产服务为一体的完整资源产业链。总部下设13个职能部门，下属有31个生产经营单位。主要有9座铁矿山、8个选矿厂、1个烧结厂、2个球团厂、2座辅料矿山。国内年生产规模：铁矿石6000万吨、铁精矿2000万吨、烧结矿330万吨、球团矿600万吨、石灰石550万吨；境外年生产规模：铁矿石2000万吨、铁精矿730万吨。

鞍钢矿业办公楼

近年来，鞍钢矿业从引领行业发展和维护国家产业经济安全的战略高度出发，深入落实鞍钢"双核"战略，明确了打造"五个一流"、建设世界领先资源开发企业的发展路径和战略目标，通过系统创新形成了突出的竞争优势。在资源储量方面，探明资源储量88亿吨，远景储量173亿吨，总量

鞍钢矿业鞍千矿业有限公司选矿区域全景图

达到261亿吨，资源优势巨大。在技术研发方面，针对国内铁矿资源开发利用水平低等行业共性问题，研发"协同开采"等关键技术，建立了较为完整的贫铁矿开发利用技术体系，解决了贫铁矿含铁品位低、加工提纯难、开采规模小、环境影响大等问题，选矿技术及产品质量达到世界领先水平，5项成果获国家科技进步奖。在智能制造方面，持续推进智慧矿山建设，构建了国内同行业领先水平的信息化管理平台，在国内矿山企业中首创云计算应用技术，组建了全国首个数字矿山联合创新中心，建成了齐矿智慧矿山和关宝山智能工厂两个试点示范项目，被评为全国智能制造示范企业。8项管理成果获国家级管理创新成果奖。在绿色发展方面，统筹推进绿色开发和生态环境建设，绿化复垦工作国内同行业领先，所属铁矿山均被命名为国家级绿色矿山，鞍钢矿业被评为全国践行生态文明优秀企业、钢铁工业绿色低碳优秀品牌企业。

"当代雷锋"郭明义

具有世界先进水平的选矿球磨机生产线

鞍钢矿山生态园绿色广场

国能蒙西煤化工股份有限公司

党委书记、董事长 袁治国

国能蒙西煤化工股份有限公司（以下简称蒙西公司）成立于2002年8月，注册资本金10.4713亿元，是由原神华集团作为主发起人，联合蒙西高新技术集团、原神华海勃湾矿业公司、原乌达矿业公司、首钢总公司、宣化钢铁集团公司、酒泉钢铁（集团）公司和两名自然人共同参股成立的国有控股企业。2008年8月，蒙西公司与海勃湾矿业公司、乌海煤焦化、乌达矿业公司合并成立了神华乌海能源公司后，划归乌海能源公司管理。为加强专业化管理，2016年12月份，蒙西公司与巴彦淖尔公司、西来峰公司合并成立国家能源集团煤焦化有限责任公司后，划归煤焦化公司管理。

截至目前，蒙西公司资产总额53.2亿元，员工总数2120人。蒙西公司拥有生产单位7家，分别为：棋盘井煤矿、棋盘井煤矿（东区）、棋盘井洗煤厂、焦化一厂、焦化二厂、甲醇厂和华瑞公司。蒙西公司以"采煤、洗选、炼焦、化工"四大板块形成了一条关联度极高的循环经济产业链条，拥有420万吨/年原煤、400万吨/年洗煤、166万吨/焦炭、10万吨/年甲醇和8万吨/年粗苯加工的生产能力。主要产品有焦炭、焦油、纯苯、甲苯、二甲苯、硫磺、硫铵、煤气、混煤、洗精煤、甲醇等10余种。

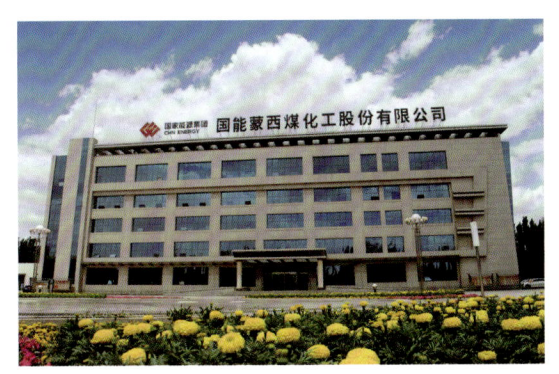

办公楼全景

棋盘井煤源基地全景

焦化厂厂区全景

化工单位装置区

  蒙西公司自成立以来保持了较高的投资回报率，曾获得"中央企业先进集体""中国企业诚信经营示范单位""中国环境保护示范单位"等多项荣誉称号。所属棋盘井煤矿被煤炭工业协会评定为"高产高效特级矿井"和"双十佳煤矿"；棋盘井洗煤厂获得"双十佳洗煤厂"荣誉称号；甲醇厂被中国氮肥行业协会评为"甲醇行业节能先进企业"。

焦化一厂全景

国能（肇庆）热电有限公司

国能（肇庆）热电有限公司（以下简称国能肇庆电厂）成立于 2008 年 12 月 19 日，注册资金 5.77 亿元，由国家能源集团广东电力有限公司、深圳市至德投资发展有限公司分别按 70%、30% 的比例投资组建，注册资本 5.77 亿元。公司主要从事火力发电、供热以及相关产品的开发和生产经营。公司地处国家级高新技术产业开发区，占地总面积约 700 亩。

国能肇庆电厂一期工程以"上大压小"的方式，投资 33.6 亿元建设 2 台 350MW 燃煤热电冷联产机组，配套建设供热管网实现肇庆高新区全覆盖，为区内 84 家工业企业供热，一期工程于 2011 年 4 月开工建设，2014 年 6 月 20 日正式投产。二期项目拟投资 25 亿元，在公司预留扩建场地内建设 2 台 400MW（F）级燃气热电联产机组，项目已于 2021 年 9 月 30 日获得核准，2022 年 5 月 19 日通过国家能源集团投资决策，计划 2022 年 9 月开工，2023 年年底投产。2021 年公司全面启动光伏发电项目开发，当前已并网投产项目 3 个，正在建设项目 2 个，备案项目 9 个。国能肇庆电厂现有 13 个部门和 1 家电力热力公司，在职正式职工 225 人。

国能肇庆电厂自成立以来，坚持以党建统领全局，全面抓好安全环保、生成经营、改革发展和企业治理等工作。自投产以来安全生产态势总体平稳，自投产以来累计完成发电量超过 260 亿千瓦时、

国能肇庆电厂全景一

供热量超过 2300 万吉焦，多次获得国家能源集团、地方政府"先进单位"称号，2017 年获评国家能源局集团"五星级企业"，2018-2021 年连续四年获评国家能源集团"安全环保一级企业"称号，获评广东省环境保护厅"环保诚信企业"，肇庆市人民政府"突出贡献奖"，广东省能源协会"抗击新冠疫情先进集体"，肇庆高新区管委会"经济效益优秀企业""年度项目建设优秀企业""年度和谐劳动关系优秀企业"和"平安创建示范企业"等称号。

"十四五"期间，国能肇庆电厂将结合二期项目建设，依托肇庆高新区积极拓展热力市场，开发集中供冷、压缩空气供应、中水利用、光伏发电、污泥掺烧及电力用户智能用电管理等综合能源服务项目，致力于融入城市绿色发展的生态共享型电站，打造高新区综合能源供应商和智慧能源站示范基地。

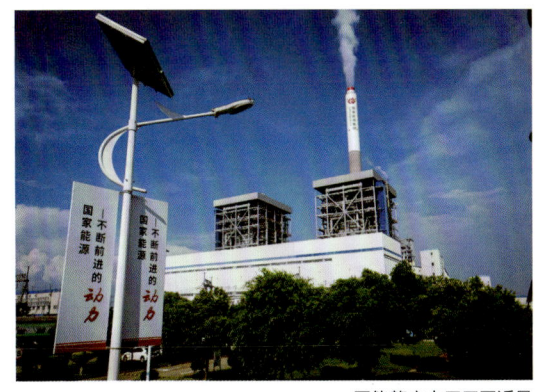

国能肇庆电厂厂区近景

国能肇庆电厂夜景

国能肇庆电厂全景二

国能肇庆电厂内景

国能肇庆电厂远眺

公司发展历程

国睿大厦

南京国睿信维软件有限公司

南京国睿信维软件有限公司（以下简称国睿信维）成立于 2010 年，是国内知名的产品全生命周期数字化解决方案及自主工业软件提供商，总部位于江苏省南京市，并在上海、北京、成都、西安设有分公司。公司先后被认定为"国家规划布局内重点布局软件企业""江苏省软件技术中心""江苏省软件核心竞争力企业"，是江苏省首批智能制造领军服务机构。

国睿信维专注于以工业产品全生命周期端到端数字链为基础，为工业企业提供包括智能研发、智能生产、智能保障、智能管理、知识工程等在内的智慧企业整体解决方案和以"REACH 睿知"为品牌的自主工业软件。国睿信维秉持"智慧企业驱动中国智造"理念，通过数字化技术和先进业务实践的融合，帮助工业企业重塑和改造工业产品研发设计、生产制造、运维保障及经营管理方式，促进企业数字化转型，助力以工业强国为主要动力的"中国梦"。

总经理　余定方

国睿信维在自主工业软件领域拥有深厚的技术积累，攻克了复杂装备全生命周期 xBOM 集成管理、异构 CAD 统一集成框架、可配置 DMU 管理等关键核心技术，已有超过 15 项工业软件相关技术发明专利获得授权或进入实质审查，获得了超过 200 项软件著作权。

公司拥有一支结构合理、实力强劲的人才梯队。核心骨干成员在高端工业软件研发、大型复杂数字化项目建设、两化融合推进等方面具有丰富的理论素养与平均超过 15 年的实战经验，具备较强的工业软件架构设计与研发、业务咨询、信息化项目服务与交付等能力，能够为客户提供从自主工业软件产品，到数字化项目规划、咨询、实施、运维等的专业化、一站式解决方案和服务，帮助企业增强创新能力和市场灵活应变能力，降低产品全生命周期成本，提升产品质量，缩短上市周期。

国睿信维目前服务的行业包括航空、航天、船舶、兵器、电子、核、汽车、轨道交通、工程机械、能源、高科技电子、重型装备及部队、地铁等领域，服务的行业知名客户超过 300 家。国睿信维坚持"自主可控、先进实用"的工业软件产品研发理念，以及"价值导向、专业素养、用心服务、完美交付"的服务理念，与客户形成了长久合作伙伴关系，公司解决方案和自主工业软件产品目前已成功应用于航空、航天、船舶、轨道交通等多个国之重器的型号和装备，以及民用工业产品的研制生产和服务保障中。

南京金宝商业投资集团股份有限公司

总裁　王东宁

南京金宝商业投资集团股份有限公司系金箔控股集团下属十二大板块之一，1992年创办至今，经过近30年发展经营规模已达50多万平方米，拥有商家近4000户，从业人员2万多人，交易额超百亿元。公司旗下拥有金宝金箔路商业广场、金宝天元路商业广场、金宝大厂商业广场、金宝麒麟商业广场、金宝盐城商业广场、金宝金王府商业街、安徽和县金宝美食文化街、金宝滨江商业街、金宝美食城、金宝装饰城、金宝九竹装饰城、溧水金宝永阳装饰城、金宝家具城、金宝窗帘布料城、金宝禄口家居广场、金宝溧水家居广场、金宝跳蚤市场等多家商业体；主要涉足经营百货、服装、

金宝金箔路商业广场

日用品、鞋帽箱包、床上用品、办公用品、农副产品、装饰装潢材料、旧货调剂、家居用品、餐饮娱乐、桑拿休闲、汽摩配件、电商物流等几十大类约数十万个经营品种。

公司目前已是中国服务业企业500强，中国商业联合会理事单位、中国商业联合会AAA级信用企业，江苏省市场协会常务理事单位，南京市市场协会副会长单位，江苏省诚信经营单位，江苏省正版正货示范商业城。连续十多年荣获江苏省、南京市文明市场称号，三信三优市场，购物放心、服务满意市场等称号。

目前，公司正以集团制定的金路计划为战略指导、以立足基层满足老百姓消费需求为根本，全面推进商业广场、商业街、家居、装饰以及跳蚤五大板块连锁发展。同时，积极开发电子商务以及物流配送体系，运用互联网＋，实现线上与线下、实体与网络融合转型升级，努力打造现代化商业集团。

金宝家具城

湖熟商业广场

永阳装饰城

九竹装饰城

中国十九冶集团有限公司

党委书记、董事长 潘必义

中国十九冶集团有限公司（以下简称中国十九冶）成立于1966年6月1日，是世界500强中国五矿旗下骨干子企业，是中国中冶所属单位中唯一承担过冶金工程全流程施工的综合型建筑企业，是中央驻川大型施工企业、国家高新技术企业、全国先进施工企业、全国模范劳动关系和谐企业、全国工程质量信得过企业、省级质量安全达标示范企业。获得全国五一劳动奖状，10次荣获鲁班奖，连续19年获得省级守合同重信用企业称号，获得AAA级银行信用等级，授信额度近300亿元。

经过50多年发展，中国十九冶出色地完成了党和国家交付的攀枝花钢铁基地三线建设的历史使命。如今，中国十九冶已经走出大山、走出冶金、走出国门，确立了"一核两高两带八点"的市场战略布局。实施了以设计施工总承包为引领，以建筑产业化为平台，以建筑业的绿色化、智能化为支撑的发展道路，全面构建冶金、交通、市政、房建、能源环保、地下空间与轨道工程六大业务体系，全面提升工程项目全生命周期的服务能力，全力打造完整的工程产品服务链和价值链。公司以六大业务体系铸就发展实力，彰显了"听党指挥、忠诚担当、拼搏奉献、勇创奇迹"坚毅质朴的"西部铁军"精神。

中国十九冶建成"重庆最美外滩景观"重庆九龙滩项目

中国十九冶承建的台塑越南河静高炉项目，荣获境外工程鲁班奖

中国十九冶承建的深圳光启未来中心项目

中国十九冶承建成都二环路东段改造工程，荣获鲁班奖

中国十九冶承建的江龙高速复兴长江大桥，为长江上游最大跨径悬索桥

  中国十九冶现拥有冶金、房屋建筑、市政公用、公路工程施工总承包为核心的"四特九甲"资质体系，拥有国家核准的对外经营权。具有机电工程施工总承包一壹级资质和钢结构、桥梁、公路路基、地基基础、消防设施、建筑装修装饰、城市及道路照明、环保工程等专业承包一级资质。工程设计冶金、市政、建筑（建筑工程、人防工程）、公路甲级资质，工程勘察（岩土工程）甲级资质，地质灾害治理工程勘查、设计、施工甲级资质；钢结构制造特级资质，获得欧盟钢结构认证证书。

  中国十九冶现有注册结构工程师、岩土工程师、建造师、安全工程师、造价工程师、公用设备工程师、会计师等注册执业资格人员近800人，享受国务院政府特殊津贴专家、全国冶金行业高级管理专家、技术专家、技能专家等100余人。现有世界技能大赛冠军3人，中华技能大奖获得者1人，全国技术能手37人；全国青年岗位能手、中央企业技术能手等71人；拥有国家、省、市级技能大师工作室12个，是国家博士后工作站、四川省博士后创新实践基地。

国家能源集团
国际工程咨询有限公司

国家能源集团国际工程咨询有限公司（以下简称国际工程）前身中国华福实业总公司，系全民所有制企业，成立于1987年6月8日。2006年3月13日改制为有限责任公司，注册资本人民币1000万元，为神华国际贸易有限责任公司全资子公司。2011年11月，原神华集团有限责任公司党组决定重组国家能源集团国际工程咨询有限公司，公司进行股权划转、增资，变更为神华集团有限责任公司全资子公司，注册资本人民币1亿元。2019年，根据集团公司《关于重组国家能源集团国际工程咨询有限公司的通知》文件要求，将原国电物资集团有限公司的招标代理资产业务划转进入

大渡河水电项目

碳达峰碳中和进行时国华电力风电项目

国电电力"巨无霸"钢结构冷却塔创世界单个体积之最

黄大铁路项目：穿越冀鲁树丰碑

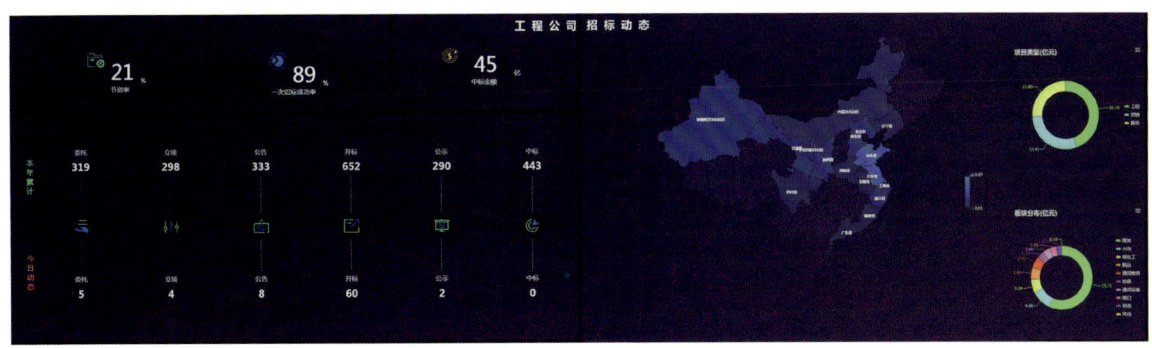

招标业务状态实时展示

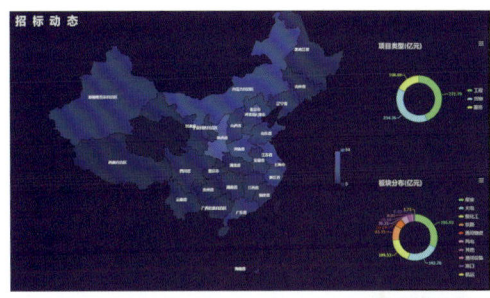

招标状态展示

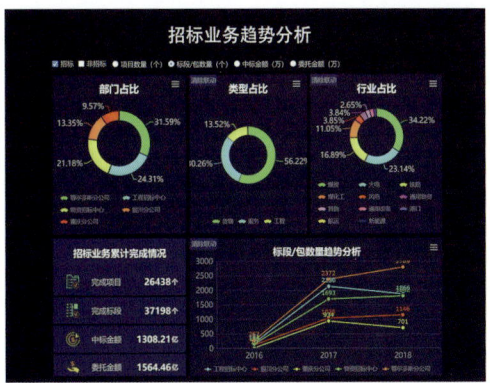

综合业务系统分析展示

项目监测

供应商资源分析系统

国家能源集团国际工程咨询有限公司成为系统内面向全集团生产建设单位开展专业化服务单位。

作为国家能源集团全资子公司，国际工程主要负责国家能源集团全产业链工程、货物、服务招标代理及机电产品国际招标等相关业务，面向子分公司开展造价和咨询服务，为子分公司提供相关专业支持和服务。国际工程全面贯彻国家能源集团"一个目标、三型五化、七个一流"发展战略和创建具有全球竞争力的世界一流示范企业部署，围绕"管理＋服务＋监督"工作职责扎实开展各项工作，完善体制机制，落实责任担当，企业经营业绩稳步提升。国际工程具备原工程招标、国际招标、中央投资、政府采购4个招标代理甲级资质，工程造价咨询甲级资质，工程咨询电力（火电、水电、新能源）、煤炭、铁路、建筑4个甲级专业资信和电子、信息工程乙级资信。国际工程设有8个管理部门，下设10个业务单位。2021年，公司实现营业收入7.61亿元；利润总额4.2亿元；全员劳动生产率人均211万元；经济增加值2.67亿元，各项指标再创历史佳绩。

集团年度会议

北京健力源餐饮管理有限公司

董事长　荐世新

北京健力源餐饮管理有限公司（以下简称健力源）于2001年在青岛创立，是国内成立最早，也是目前规模最大的团餐品牌之一，2008年总部迁到北京。健力源长期致力于团餐管理、食材冷链物流配送、商超、美食广场、农产品种植加工、酒店管理和物业管理等事业，现有员工近20000人，注册资金一亿多元人民币。

业务范围主要分布在北京、上海、天津、重庆、山东、河南、河北、湖北、湖南、江苏、浙江、辽宁、吉林、四川、广东、深圳等省市。每天为500多家单位，200多万人提供餐饮保障服务。

主要客户有：全国政协、中直机关、国务院办公厅、国家机关事务管理局、最高检、公安部、国家卫健委、国家市场监督管理总局、退役军人事务部、生态环境部、农业农村部、海关总署、国家网信办、军委机关服务总局、海军司令部、联合参谋部、武警总部、国家电网、国家核电、中国中车、中国烟草、中国航天科技集团、中国兵器集团、中石化、中石油、中国大唐、中国联通、中国电信、中国移动、华润集团、中国人民银行、中国银行、农业银行、建设银行、工商银行、联想、华为、百度、阿里巴巴、腾讯、字节跳动、中国电子科技集团、海尔、海信、奔驰、宝马、大众、上海通用、北汽集团、一汽集团、国防

奔驰西餐厅　　　　　　　　　　　　　　　　　宝马中餐厅

科技大学、武警警官学院、军械士官学院、中国刑警学院、航天工程大学、大连舰艇学院、陆军装甲兵学院、海军潜艇学院、武警特警学院、中国科学院、国家会计学院、检察官学院、人大附中学、中国人民解放军总医院、中国医科大学附属医院、北京友谊医院、北京地坛医院……

2016 年，健力源团餐服务走进中南海，多年来，连续获得国务院办公厅颁发的"餐饮服务示范窗口"荣誉称号旗。

2019 年，为国庆阅兵方队提供餐饮保障服务，荣获"受阅证书"及荣誉锦旗。

通过多年的努力，健力源积累了丰富的管理经验，具备完善的管理体系、标准化的运作流程、规范的企业行为准则和现代企业管理制度，并在全国餐饮行业中率先通过了 HACCP、ISO9001、ISO14001、ISO22000、ISO45001 认证。

健力源的努力得到社会的认可，连续被评为中国 AAA 信用企业、中国团餐十大品牌、中国餐饮行业成长十强、中国团餐十大领军企业、国家机关餐服务十大品牌……2010 年，跻身中国餐饮百强和中国社会团餐十强，2012 年起草的《团餐管理服务规范》由商务部正式发布实施，这是国内一部关于团餐行业的标准。

配送中心冷链配送车

中建六局
水利水电建设集团有限公司

党委书记、董事长　魏新颜

中建六局水利水电建设集团有限公司隶属于中国建筑集团旗下中国建筑第六工程局有限公司（以下简称中建六局），原名天津振津工程集团有限公司，1988年6月成立，原隶属于天津市水利局，1996年改制为水利部首批100家、天津市首批106家实行现代企业制度的试点企业之一，2009年3月划归天津市国资委监管，2014年12月由天津津联投资控股有限公司托管，2018年公司响应天津市委市政府号召启动企业混合所有制改革，2019年2月中建六局并购天津振津工程集团有限公司70%股权并签约，2019年4月正式更名为"中建六局水利水电建设集团有限公司"。公司注册资本11580万元，是同时具有水利水电工程施工总承包一级、市政公用工程施工总承包一级、河湖整治工程专业承包一级和建筑机电安装工程专业承包一级的建筑施工企业。

企业书吧

会议室

公司始终践行中国建筑"品质保障、价值创造"核心价值观,先后承担了南水北调中线及天津市内配套工程,海河堤岸改造工程,天津市引滦入津水源保护工程,永定新河治理工程等百余项国家、省市重点水利工程建设,工程建设项目遍及全国十余个省市、自治区、直辖市。

1999年,公司通过ISO9001质量保证体系认证,2002年取得了长城(天津)质量保证中心三合一管理体系认证;取得"压力容器安装许可证""压力管道安装许可证"和"长输管道安装许可证";荣获"全国优秀水利企业""全国水利系统用户满意企业""天津市优秀企业"等荣誉称号;承建的永定新河治理一期工程和引黄济津应急输水漳卫新河倒虹吸工程荣获中国水利工程最高奖"大禹"杯;多项工程荣获省市优质工程和"文明工地"荣誉称号。

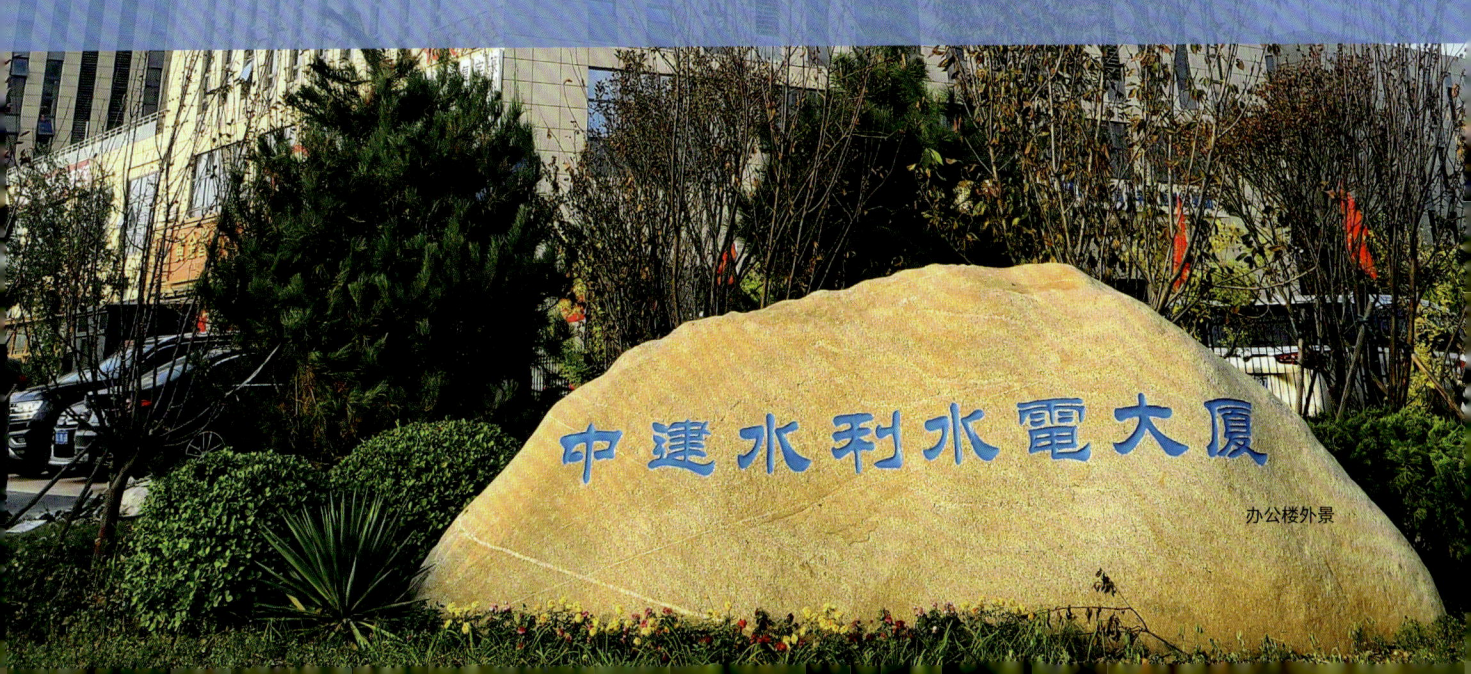

办公楼外景

中铁一局集团
建筑安装工程有限公司

党委书记、执行董事 刘金果

中铁一局集团建筑安装工程有限公司是中国中铁股份有限公司旗下三级子公司，成立于1950年，是中国重要的机电设备安装、装饰装修、市政公用工程、铁路站房、地铁车辆段及车站、大型公共民用建筑工程承包商，智慧城市综合开发投建营一体化发展商，兼营商品混凝土供应，机械设备租赁及拆装业务，年施工生产能力达120亿元人民币以上。

多年来，公司先后承建了西安喜来登大酒店、西安动车段、辽宁图书馆等大批工业与民用建筑工程。承建了马来西亚雅益轩、武汉歌笛湖等超高层建筑，累计完成建筑面积近1600万平方米。

自2003年参与深圳地铁竹子林车辆段施工以来，公司先后在西安、北京、广州等25座城市参与63项地铁车辆段工程的建设，成为国内地铁车辆段建设市场的主力军。

项目团员志愿者：史玉、李航助力全员核酸检测

中铁一局建安公司国庆期间临危受命历经35小时连续突击抢险恢复蓝田李家河水库供水干渠力保西安市民用水

公司承建的西安市首座五星级酒店喜来登大酒店

承建北京冬奥会延庆赛区综合管廊工程

公司承建的国优工程大唐芙蓉园芳林苑

自1997年参与广州地铁1号线长寿路站机电设备安装施工以来，公司在地铁机电设备安装施工领域实现了快速发展，从单一的车站机电设备安装发展到承揽宁和城际全线车站机电设备安装任务。

铁路建设方面，我们先后参与了天兰、兰新、怀邵衡、张呼、格库等20多条铁路线的站场、站房施工。

同时，公司先后承建了大唐国际红河等大批电厂的烟气脱硫改造工程，承建了位于天津的我国海水淡化工程。参与了沪蓉、京昆、西合、渝湘等30余条高速公路的通风照明及消防施工。

2021年，公司通过国家高新技术企业认证，先后有200多项新技术、新专利、新工艺、新工法、QC成果获得国家级23项，省部级65项，先后主编地方企业标准20多项，国家标准7项，国家建筑标准设计图集3项，为企业赢得了规则话语权和产业制高点。

近年来，公司通过深化改革，深推精细化管理和实验室活动，强推标准化建设，坚持区域化经营，多元化发展，以市场营销为突破口，狠抓安全质量，加强技术创新，推进项目集群管理，强化成本管控，开展双清治亏，全面发挥党建工作优势，公司经营领域和地域不断扩展，综合实力不断增强，企业发展规模和发展质量的稳步提升，努力实现从"跨越型"向"卓越型"转变。

建安公司不辱使命圆满完成援建西安市公共卫生中心施工任务

中冶建工集团有限公司

党委书记、董事长、法定代表人　田贵祥

中冶建工集团有限公司（以下简称中冶建工）是世界 500 强企业中国五矿集团旗下骨干子企业、中国中冶核心子公司，是集投资与建设为一体的综合性企业集团，迄今已有 50 余年历史。

经过半个多世纪的发展与积累，中冶建工已构建起建筑全产业链运营管理体系和全专业、全流程整合服务平台，主要从事工程施工总承包及专业承包、建筑勘察设计、钢结构加工制作、商品混凝土生产及销售、机电设备安装调试、装饰装修、园林绿化、新型周材及物流管理、房地产开发、物业服务及相关产业等经营业务，能为客户提供从项目投融资、规划勘察设计到全面组织实施，以及后期运维管理，向客户提供"交钥匙"的全过程施工管理和服务。作为重庆地区唯一"四特九甲"建筑企业，建立有完备的资质体系：拥有建筑工程、市政公用工程、冶金工程和公路工程四个施工总承包特级资质；拥有建筑工程设计、人防工程设计、

重钢环保搬迁高炉、转炉工程

牙克石市体育场、体育馆建设工程，荣获中国钢结构金奖

香格里拉市旅游门户基础设施建设项目白塔工程，建筑高度 108 米，为全国藏区最高白塔，该工程荣获中国钢结构金奖

国家"一带一路"重点项目：河钢塞尔维亚有限公司技术改造工程

冶金行业设计、市政行业设计、公路行业设计、风景园林工程设计、岩土工程勘察、地质灾害防治勘查、地质灾害防治施工甲级"九甲"资质。通过质量、环境、职业健康安全管理体系认证，获得 AAA 级银行信用级、AA+ 主体信用评级。

半个世纪以来，中冶建工致力于先进施工技术、施工工艺的研发和应用，拥有 155 项核心技术、2597 件有效专利，71 项科技成果经过省部级鉴定，获国家级工法 5 部，省部级工法 71 部；获批国家级博士后工作站，通过国家高新技术企业认定，进一步激发公司以自主研发为核心的综合创新活力。以管理和技术为支撑，中冶建工在全国各地创造了近 300 项国家、省部级优质工程，其中 7 项工程荣获中国建设工程鲁班奖；5 项工程荣获国家优质工程奖；2 项工程荣获中国土木工程詹天佑奖；10 项工程荣获中国建筑工程钢结构金奖；5 项工程荣获中国安装工程优质奖；2 项工程荣获中国建筑工程装饰奖；1 项工程荣获全国市政金杯奖。

近年来，在社会各界的关心支持下，中冶建工紧紧抓住国家各项重大战略推进实施的历史机遇，积极参与城市建设，企业获得快速发展；并积极响应"一带一路"倡议，携先进管理理念和先进施工技术，先后进入阿尔及利亚、格鲁吉亚、乌克兰、塞尔维亚、爱尔兰等"一带一路"沿线国家。中冶建工连续 18 年位列重庆 100 强企业前列，连续多年位列重庆市纳税 50 强暨纳税信用 A 级企业。

"不忘初心、牢记使命。"在高质量发展总目标指引下的中冶建工，全面开启了第三次创业的新征程，正朝着"具有建筑业全产业链整合优势和服务能力的国际化一流企业集团"的宏伟目标奋勇前进。在此征程中，中冶建工愿与各界朋友在最为广泛的领域开展更加深入全面的合作，共同创造更多无愧于时代的伟大经典，筑起更多的地标与永恒。

国能（北京）配送中心有限公司

国能（北京）配送中心有限公司成立于 2016 年 5 月 25 日，为国家能源集团物资有限公司全资子公司，注册资本 5288.48 万人民币，注册地址位于北京市丰台区西四环南路 101 号 6 层 6048 号。经营范围主要包括道路货物运输；销售食品；技术开发、技术咨询、技术服务；销售机械设备、电子产品、办公用品、电力设备、润滑油、化工产品（不含危险化学品）、医疗器械（Ⅱ、Ⅲ类）、金属制品、针纺织品、服装、日用品、家具、家用电器、五金交电（不含电动自行车）、机电产品、建筑材料、装饰材料、矿产品、仪器仪表、计算机软件及辅助设备、工艺美术品、汽车及配件；供应链管理；会议服务；经济信息咨询；货物进出口、代理进出口、技术进出口。

国能（北京）配送中心有限公司自成立以来，始终坚持以"人才为本、诚信立业"的经营原则，将国内外先进的信息技术、管理方法及企业经验与企业的具体实际相结合，帮助企业提高管理水平和生产能力，实现企业快速、稳定地发展。2018 年以来，公司主要负责国家能源 e 购商城电力专区、电子超市等业务板块运营管理工作。2018 年和 2019 年公司连续两年获得"物资公司目标责任制考核 A 级单位"和"奖励基金特等奖"等荣誉称号。

高密光伏项目感谢信

国家能源 e 购商城电力专区　　　　　　　　　　　　　　　结算及时西域供应商送锦旗

　　截至当年，国能（北京）配送中心有限公司签定光伏逆变器订单 86 笔，金额 6142.05 万元；签定光伏组件订单 65 笔，金额 94952.71 万元。

　　2020 年 1 月 21 日，按照物资公司党委的安排部署，国能（北京）配送中心有限公司与神华天泓贸易有限公司进行了重组合并，实行一套人马两块牌子的管理模式，作为国家能源 e 购商城的运营主体，主要负责商城电力专区和电子超市专区业务。目前，公司共有领导班子成员 8 人，总人数 74 人。下设 9 个部门，其中包括五个职能管理部门：综合管理部、党建纪检部、经营管理部、财务管理部、业务管理部；两个业务运营部门：商城建设部、商城运营部；两个服务支持中心：结算中心、客服中心。自重组整合以来，公司坚决贯彻落实集团公司"一个目标、三型五化、七个一流"总体发展战略，不断加快机构、制度、业务、队伍、文化融合的步伐，争创物资公司一流专业采购机构。

国能 e 购保障的集团公司新能源建设项目

2021

优秀诚信企业案例集

商业信用中心 ◎ 编

企业管理出版社
ENTERPRISE MANAGEMENT PUBLISHING HOUSE

图书在版编目（CIP）数据

2021优秀诚信企业案例集/商业信用中心编.—北京：企业管理出版社，2022.6
ISBN 978-7-5164-2617-3

Ⅰ.①2... Ⅱ.①商... Ⅲ.①企业管理-案例-汇编-中国 Ⅳ.①F279.23

中国版本图书馆CIP数据核字(2022)第080262号

书　　名：	2021优秀诚信企业案例集
作　　者：	商业信用中心
责任编辑：	杨慧芳
书　　号：	ISBN 978-7-5164-2617-3
出版发行：	企业管理出版社
地　　址：	北京市海淀区紫竹院南路17号　邮编：100048
网　　址：	http://www.emph.cn
电　　话：	发行部（010）68701816　编辑部（010）68420309
电子信箱：	314819720@qq.com
印　　刷：	河北宝昌佳彩印刷有限公司
经　　销：	新华书店
规　　格：	889毫米×1194毫米　16开本　44.75印张　1183千字
版　　次：	2022年7月第1版　2022年7月第1次印刷
定　　价：	398.00元

版权所有　翻印必究　印装有误　负责调换

《2021优秀诚信企业案例集》编委会

主　任

左　波

副主任

戴征洪　王仕斌

委员（按姓氏笔画排名）

王　黎　刘东亮　牟建永　陈宝华　陈　慧　李　伟　杨　桐

赵元兵　袁星煜　梁　忻　曹海艇

执行主编

杨衍结　牟建永　梁　忻　胡志华

目　录

第一篇　企业诚信建设十佳案例

坚守本源践行初心使命　至诚笃信彰显责任担当
　　中国农业银行股份有限公司 ·············· 002

保障供应安全　创新行业价值　引领我国盐行业诚信健康发展
　　中国盐业集团有限公司 ·············· 008

主动履责树诚信　携手多方创价值
　　中国神华能源股份有限公司 ·············· 011

诚信经营　勇于担当　打造"人·车·生活"领先服务公司
　　中石化易捷销售有限公司 ·············· 015

诚信履约保供稳价　维护国家能源安全
　　中国煤炭销售运输有限责任公司 ·············· 020

以人为本　诚信共赢　铸就海亮诚信品牌
　　海亮集团有限公司 ·············· 023

建百年海信　创全球信赖品牌
　　海信集团控股股份有限公司 ·············· 027

以诚信经营推动一流新能源企业创建
　　龙源电力集团股份有限公司 ·············· 030

抱"诚"助力企业发展　立"信"铸就民企典范
　　天津荣程祥泰投资控股集团有限公司 ·············· 035

以诚信为基石　建设世界钛业强企
　　宝钛集团有限公司 ·············· 039

第二篇　企业诚信建设最佳案例

诚信经营浇灌民族实业　大国品牌彰显责任担当
　　TCL科技集团股份有限公司 ·············· 044

情系民生健康　体现盐业担当
中国盐业股份有限公司 ········· 048

以诚为本　行深致远
中粮福临门食品营销有限公司 ········· 051

诚信为本保基业长青　人民至上显国企担当
农银人寿保险股份有限公司 ········· 054

坚持诚信为本　打造行业品牌
北京市保安服务总公司 ········· 059

坚持诚信守法经营　加快创建世界一流水平运输企业
国能朔黄铁路发展有限责任公司 ········· 063

蓝旗破晓　风"豫"同舟　用行动践诺言
上海隧道工程股份有限公司 ········· 066

践行诚信立业　助力雪域高原长治久安和高质量发展
中国农业银行股份有限公司西藏自治区分行 ········· 070

建诚信桥梁　创诚信企业　以诚信文化为引领打造世界一流建桥国家队
中铁大桥局集团有限公司 ········· 073

以诚为本　以信为基　助力创建世界一流示范发电企业
国家能源集团泰州发电有限公司 ········· 077

诚信经营　产业报国　建设具有全球竞争力的行业隐形冠军
中车戚墅堰机车车辆工艺研究所有限公司 ········· 081

弘扬民族文化　共建诚信中国——中投保信用文化建设的道与术
中国投融资担保股份有限公司 ········· 087

依法治企　诚信合规　创一流运输企业品牌
国能包神铁路集团有限责任公司 ········· 091

守信履约　"第一吊"工期不后移
中国十七冶集团有限公司 ········· 094

诚信务实　以核为本　奋力谱写高质量发展新篇章
中国核工业二三建设有限公司 ········· 097

勇担责任　诚信经营　助力基础设施高质量发展
中国建设基础设施有限公司 ········· 100

以诚信合规保障世界一流示范港口建设行稳致远
国能黄骅港务有限责任公司 ········· 105

以诚信为本　创新驱动　打造客户首选的国际工程技术服务集团
中冶赛迪集团有限公司 ········· 109

以诚为本　深化改革　创新发展　聚焦成渝双城经济圈　服务区域经济高质量发展
四川汇鑫融资租赁有限公司 ········· 114

诚信为本　治水为民　国资改革新担当
　　深圳市水务规划设计院股份有限公司 …………………………………………………… 119

第三篇　企业诚信建设优秀案例

上海振华重工"不欠债离岸"模式彰显质量诚信
　　上海振华重工（集团）股份有限公司 ………………………………………………… 124
诚实守信　合作共赢　牢记使命　责任担当
　　南京钢铁股份有限公司 ………………………………………………………………… 129
以诚信践行国企责任担当
　　福州城市建设投资集团有限公司 ……………………………………………………… 132
以诚信践行国企社会责任与担当
　　新华人寿保险股份有限公司 …………………………………………………………… 135
扎实推进企业诚信经营　履行国企责任担当
　　本钢板材股份有限公司 ………………………………………………………………… 139
健全社会信用体系　科技金融赋能高质量发展
　　深圳市高新投集团有限公司 …………………………………………………………… 145
黄金为民　送福万家　质量诚信　行稳致远
　　中国黄金集团黄金珠宝股份有限公司 ………………………………………………… 150
践行"人民电业为人民"宗旨　着力提升企业诚信管理水平
　　海南电网有限责任公司 ………………………………………………………………… 154
加强诚信管理体系建设　促进公司高质量发展
　　中盐安徽红四方股份有限公司 ………………………………………………………… 158
信守合同信用　建设诚信企业
　　国能新疆化工有限公司 ………………………………………………………………… 162
重于诚信　工于匠心
　　华电重工股份有限公司 ………………………………………………………………… 165
以绿色发展为引领　夯实煤炭产品质量　树立现代"诚信企业"新形象
　　国能准能集团有限责任公司 …………………………………………………………… 169
绿色施工　擦亮诚信名片
　　中冶交通建设集团有限公司 …………………………………………………………… 173
能源保供二十载　践行国资央企责任
　　国能粤电台山发电有限公司 …………………………………………………………… 177
葆本色　固底色　强特色　齐心协力铸就诚信企业
　　内蒙古包钢钢联股份有限公司 ………………………………………………………… 181

以信用体系建设为抓手　不断优化营商环境　持续提升获得电力水平
　　内蒙古电力（集团）有限责任公司包头供电分公司……………………………186

诚信为本，践行国企责任担当　追求卓越，创建国内一流企业
　　德庆兴邦稀土新材料有限公司……………………………………………………189

鞍钢矿业构筑诚信经营体系　打造冶金矿山行业开发典范
　　鞍钢集团矿业有限公司……………………………………………………………192

诚信立业　稳健行远　为实体经济发展注入金融活水
　　中国农业银行股份有限公司上海市分行…………………………………………196

坚守诚信经营　彰显国企担当　助力企业高质量发展
　　天津港（集团）有限公司…………………………………………………………200

履行社会责任　彰显央企本色
　　中铁一局集团有限公司……………………………………………………………206

"积分＝信用"基于工作积分制构建电网企业生产班组全新信用管理模式
　　内蒙古电力（集团）有限责任公司内蒙古超高压供电分公司…………………209

以诚信铸就品牌　靠实干赢得发展
　　中国二十冶集团有限公司…………………………………………………………213

诚信发展　质量立企　合规经营　依法治企
　　国能包头煤化工有限责任公司……………………………………………………217

以精诚至精彩　以善建赢四海
　　中国建筑第四工程局有限公司……………………………………………………221

建立健全信用制度　保障企业持续发展
　　上海宝冶集团有限公司……………………………………………………………225

坚持诚信发展　勇担重责为社会赋能　全力打造高品质清洁综合能源动力中心
　　国能（惠州）热电有限责任公司…………………………………………………231

矢志不渝坚守初心使命　至真至诚助力实体经济
　　中国农业银行股份有限公司安徽省分行…………………………………………235

推动产业发展绿色化　多措并举担当社会责任
　　中国北方稀土（集团）高科技股份有限公司……………………………………238

履行央企责任　践行使命担当　凝心脱贫攻坚　聚力乡村振兴
　　中国第一汽车集团有限公司………………………………………………………241

倾心打造品牌　诚信铸就未来
　　中国二十二冶集团有限公司………………………………………………………247

合规为基　诚信至上　以诚信企业建设助力社会经济高质量发展
　　国能常州发电有限公司……………………………………………………………252

不断夯实基础管理　搭建诚信管理体系
　　中车沈阳机车车辆有限公司………………………………………………………255

目 录

诚信之花别样红
  中国二冶集团有限公司 ·················258

坚持党建引领　诚信经营　以系统优势打造一体化服务商
  中国核工业华兴建设有限公司 ·············261

诚信为本　实干兴企
  中国华冶科工集团有限公司 ··············266

夯实诚信之基　铸就城乡建筑经典　光大中华建筑文化
  中国建筑西北设计研究院有限公司 ···········270

坚持诚信经营策略　打造企业良好口碑
  中国化学工程第十三建设有限公司 ···········275

以诚信加快业务转型　促进公司高质量发展
  中国化学工程第十四建设有限公司 ···········279

诚信为本　抱诚守真　凝心聚力推动一流智库建设
  国能经济技术研究院有限责任公司 ···········283

诚信合规经营　履行央企责任　建设世界一流煤焦化企业
  国能蒙西煤化工股份有限公司 ·············287

加强诚信建设　履行社会责任　推进企业高质量发展
  中国联合网络通信有限公司江西省分公司 ·······291

以历史思维品读中国三冶品质诚信文化
  中国三冶集团有限公司 ·················295

诚信经营质量为先　推动企业行稳致远
  中交第四公路工程局有限公司 ·············299

诚信立业　稳健行远　金融助力"共同富裕"
  中国农业银行股份有限公司杭州分行 ··········303

提升服务质效　打造诚信品牌
  中国农业银行股份有限公司苏州分行 ··········306

诚信为本　用心筑造世界
  中冶天工集团有限公司 ·················310

以诚信为本彰显央企风范　努力打造水电数字化转型标杆
  国能大渡河大数据服务有限公司 ············314

产品如人品　钢铁铸诚信
  河北普阳钢铁有限公司 ·················317

诚信实干　争做中国专网通信引领者
  河北远东通信系统工程有限公司 ············320

提升"获得电力"服务水平　注入优化营商环境"电动力"
  内蒙古电力（集团）有限责任公司乌海供电分公司 ··324

以诚筑基　以信固本　诚信助力企业与园区同生共赢
　　国能（肇庆）热电有限公司……328

坚持以诚兴企　以信致稳　打造一流综合能源公司
　　国能蚌埠发电有限公司……332

履行央企社会责任　打造优秀诚信企业
　　华润电力（锦州）有限公司……335

诚信立基业　佳华铸佳话
　　四川长虹佳华信息产品有限责任公司……338

重视诚信建设　践行社会责任
　　寰泰能源股份有限公司……341

以诚信铸造国有阳光交易平台
　　北部湾产权交易所集团股份有限公司……344

以诚信之基　树建工品牌　筑精品工程
　　四川能投建工集团有限公司……348

信守不渝　砥砺前行　国产自主工业软件创新路上彰显国企担当
　　南京国睿信维软件有限公司……351

多能联供　诚信构建企业命运共同体　智数标杆　助力打造世界级化工园区
　　南京化学工业园热电有限公司……356

扎根百姓　立于诚信
　　南京金宝商业投资集团股份有限公司……361

优质供热　取信于民
　　国能河北龙山发电有限责任公司……364

推进信用体系建设　促进企业健康发展
　　国能江苏谏壁发电有限公司……367

"四个工程"打造"信用电力"品牌
　　内蒙古电力（集团）有限责任公司巴彦淖尔供电分公司……370

坚持诚信合规　展现责任担当　建设世界一流高品质绿色能源企业
　　国能河北沧东发电有限责任公司……373

坚持诚信经营　加快转型升级　创建高质量发展电力企业
　　国能河北衡丰发电有限责任公司……378

夯实企业信用体系建设　服务高质量发展大局
　　内蒙古电力（集团）有限责任公司鄂尔多斯供电分公司……382

恪守信用承诺　打造高质量发展企业
　　内蒙古电力（集团）有限责任公司呼和浩特供电分公司……386

诚信为本　精益求精　助推企业高质量发展
　　国网吉林省电力有限公司长春市城郊供电公司……389

建立健全企业物资信用体系
  内蒙古电力（集团）有限责任公司乌海超高压供电分公司……392

筑牢诚信基业　彰显责任担当
  中国农业银行股份有限公司佛山分行……395

坚守诚信经营　彰显国企担当　助力企业高质量发展
  内蒙古电力（集团）有限责任公司乌兰察布供电分公司……400

铁肩担当书写大义　诚信守护万家灯火
  国能南宁发电有限公司……403

追求自我超越　践行保供承诺
  国能神皖马鞍山发电有限责任公司……406

基于业主项目部管控下的配电网工程精益化诚信管理
  内蒙古电力（集团）有限责任公司薛家湾供电分公司……410

以诚取信　以信取胜　中国农业银行济南分行积极建设诚信领军银行
  中国农业银行股份有限公司济南分行……414

坚持诚信理念　塑造一流品牌　推动企业高质量可持续发展
  国能大渡河检修安装有限公司……417

坚持诚实守信　创移民工程样板　助村民安居乐业
  国能大渡河沙坪发电有限公司……421

坚持诚信经营理念　创建一流示范企业
  国能哈尔滨热电有限公司……424

诚信至善　厚德行远　用信用建设凝聚企业发展强大动力
  内蒙古电力（集团）有限责任公司阿拉善供电分公司……428

秉承"诚信、品牌、服务、创新"的理念　助力公司高质量发展
  深圳市中金岭南有色金属股份有限公司韶关冶炼厂……431

守护百姓菜篮子　服务民生高品质
  沈阳副食集团有限公司……435

诚信立业　行稳致远　奉献社会
  四川联众供应链服务有限公司……438

诚信立行　担当作为　助力老区乡村振兴
  中国农业银行股份有限公司百色分行……440

"诚"闯市场　"信"达客商　以钢铁意志铸就百年诚信品牌
  本钢集团国际经济贸易有限公司……447

诚信经营　守正创新　践行国企担当
  云南云景林纸股份有限公司……451

以诚取信　赢得市场
  四川长虹教育科技有限公司……454

融入城市发展　做诚信经营示范企业
　　国能宿州热电有限公司 ·· 457

农行遵义分行加强诚信建设　助力地方经济社会发展
　　中国农业银行股份有限公司遵义分行 ··· 460

诚信锃亮"西部铁军"金字招牌
　　中国十九冶集团有限公司 ·· 465

坚持诚信理念　彰显责任担当　塑造一流品牌
　　国家能源集团国际工程有限公司 ·· 468

精心施工解民忧　诚信为民办实事
　　中国一冶集团有限公司 ··· 472

红船领航　诚信为本　全面打造"重要窗口"
　　浙江高速投资发展有限公司嘉兴服务区 ·· 476

节能减碳　清洁生产　做央企履责表率
　　国能铜陵发电有限公司 ··· 480

践行央企责任担当　打造湾区商务综合体"新范本"
　　广州中交南沙置业有限公司 ·· 483

乘风破浪　全力奋进　履约守信　推动邮轮项目高质量发展　展现央企责任担当
　　广州中交邮轮母港投资发展有限公司 ··· 486

诚信为本　提质增效　强化物资保障
　　内蒙古电力（集团）有限责任公司物资供应分公司 ··································· 490

供电企业基于全员安全征信评价管理的诚信体系构建与应用
　　内蒙古电力（集团）有限责任公司锡林郭勒超高压供电分公司 ·················· 493

诚信金融　助力产业发展
　　四川长虹集团财务有限公司 ·· 496

筑诚信之基　行稳健之路
　　中国农业银行股份有限公司深圳龙华支行 ·· 499

做良心企业　卖放心食品
　　北京健力源餐饮管理有限公司 ··· 503

诚信立业担使命　稳健行远领潮头
　　中国农业银行股份有限公司天津西青支行 ·· 506

诚信服务担使命　奉献担当守初心
　　中国农业银行股份有限公司双湖支行 ··· 509

以公众开放日打造诚信金字招牌
　　中国石油天然气股份有限公司辽宁沈阳销售分公司 ··································· 512

优质供热为民暖　热情服务到万家
　　国家能源聊城发电有限公司 ·· 515

目录

铸诚信大厦　塑时代精品
　　中国新兴建设开发有限责任公司 ································· 518

诚信为本　贯彻"窗口"建设　守护美好出行
　　浙江省商业集团有限公司开化龙顶服务区 ························· 522

诚信为本　铸造精品
　　中国有色金属工业西安勘察设计研究院有限公司 ··················· 526

诚信至上创佳绩　锐意拼搏书辉煌
　　中核第四研究设计工程有限公司 ··································· 529

追求卓越　争做行业诚信经营标杆企业
　　中核华辰建筑工程有限公司 ······································· 533

诚信为本　合作共赢　打造一流建设投资集团
　　中化学南方建设投资有限公司 ····································· 537

奋进"十四五"诚信谱新篇　争创一流安装企业
　　中建二局安装工程有限公司 ······································· 539

重责守信显担当　基建领航展作为
　　中建华东投资有限公司 ··· 542

追求卓越　诚信为本　打造中建水利水电排头兵
　　中建六局水利水电建设集团有限公司 ······························· 545

诚信立企　行稳致远　久久为功推进三级诚信体系建设
　　中建五局第三建设有限公司 ······································· 548

七十载诚信履约拓全球市场　百余项精品工程树行业丰碑
　　中交四航局第二工程有限公司 ····································· 551

诚信创造价值　奉献传承文化
　　国家能源集团永州发电有限公司 ··································· 555

积极应对人口老龄化　诚信营建康养社区中铁样板
　　中铁文化旅游投资集团（成都）健康产业有限公司 ················· 559

诚信立企　铁肩担当
　　中铁武汉电气化局集团有限公司 ··································· 562

坚持诚信经营　建设优质工程　助力企业高质量发展
　　中铁一局集团建筑安装工程有限公司 ······························· 565

诚信构建双赢　服务创造价值
　　中盐安徽红四方肥业股份有限公司 ································· 568

勇毅笃行　争创优秀诚信企业
　　中盐内蒙古化工股份有限公司 ····································· 572

诚信服务践行初心使命　助推冶金绿色循环经济
　　中冶宝钢技术服务有限公司 ······································· 576

诚信为本　逐梦绿色高质量发展
　　中冶华天工程技术有限公司 ……………………………………………………………… 580

完善业务板块信用体系　筑牢企业诚信经营基石——以农民工实名制和工资支付监管体系建设为例
　　中冶建工集团有限公司 …………………………………………………………………… 584

积极践行国企社会责任　彰显诚信担当
　　国任财产保险股份有限公司 ……………………………………………………………… 588

履约践诺塑品牌　以人为本促和谐
　　中冶建筑研究总院有限公司 ……………………………………………………………… 591

诚信经营为本　客户满意为荣
　　中冶焦耐工程技术有限公司 ……………………………………………………………… 595

以诚信立品牌　用实干筑新绩
　　中冶京诚工程技术有限公司 ……………………………………………………………… 598

厚植诚信理念　履行社会责任　彰显企业担当
　　国能（北京）贸易发展有限公司 ………………………………………………………… 601

以质量赢信誉　以诚信促发展　打造能源行业一流电商品牌
　　国能（北京）配送中心有限公司 ………………………………………………………… 604

铸造诚信品牌　彰显民企责任
　　北京时代凌宇科技股份有限公司 ………………………………………………………… 609

诚信经营促发展　信息消费助升级
　　北京值得买科技股份有限公司 …………………………………………………………… 613

诚信为本　服务至上　践行国企责任
　　广东和顺物业管理有限公司 ……………………………………………………………… 617

倡导"五心"服务　坚持信用至上　展现国企担当
　　广州长建物业管理有限公司 ……………………………………………………………… 620

坚持诚信经营　树立行业榜样　引领地方发展
　　鞍钢集团自动化有限公司 ………………………………………………………………… 623

混改助力诚信经营　百年炉材续写华章
　　鞍山钢铁冶金炉材科技有限公司 ………………………………………………………… 626

压实央企责任　彰显诚信本色
　　北京中冶设备研究设计总院有限公司 …………………………………………………… 630

坚持诚信经营　促进高质量发展
　　福建百年万嘉超市管理有限公司 ………………………………………………………… 633

重诺守信　追求卓越
　　中建七局安装工程有限公司 ……………………………………………………………… 636

坚持诚信发展　践行国企担当　助力新城建设
　　成都淮州新城建设投资有限公司 ………………………………………………………… 639

诚信铸就品牌　感恩回馈社会
　　泸州清溪谷文化旅游投资有限公司……………………………………………………………642

传承至诚守信　打造品牌优势
　　青岛正立信实业有限责任公司……………………………………………………………645

匠心致诚信　凝聚企业奋进之力
　　中铁八局集团第二工程有限公司…………………………………………………………648

诚德铸品牌　信誉赢未来
　　湖南核工业建设有限公司…………………………………………………………………650

第一篇

企业诚信建设十佳案例

坚守本源践行初心使命　至诚笃信彰显责任担当

中国农业银行股份有限公司

一、企业简介

中国农业银行股份有限公司（以下简称农行）是中华人民共和国设立的第一家国有专业银行，也是改革开放后第一家恢复成立的国有专业银行。前身为成立于1951年的农业合作银行，历经与中国人民银行"三分三合"。1979年2月，农行第四次恢复成立，相继经历了国家专业银行、国有独资商业银行和国有控股商业银行等不同发展阶段，2009年1月改制为股份有限公司，2010年7月在上海和香港同步挂牌上市。

七十多年来，农行始终与国家同呼吸共命运，与时代同发展共繁荣，与客户同成长共进步，凭借全面的业务组合、庞大的分销网络和领先的技术平台，在坚守服务"三农"的初心和践行服务实体经济的使命中不断发展壮大，成为中国主要的综合性金融服务提供商之一。农行以习近平新时代中国特色社会主义思想为指导，深入贯彻落实党中央、国务院决策部署，立足新发展阶段，贯彻新发展理念，构建新发展格局，以高质量发展为主题，围绕建设服务乡村振兴的领军银行和服务实体经济的主力银行两大定位，全面实施"三农"县域、绿色发展、数字经营三大战略，秉承"诚信立业，稳健行远"的企业核心价值观，以依法经营为根本，以诚信服务为宗旨，以推动社会诚信体系建设为己任，不断创新金融产品，提升金融服务品质，以实际行动支持经济转型升级、提质增效、实现高质量发展。

截至2021年年末，农行总资产突破29万亿元，人民币各项贷款余额16.5万亿元，人民币各项存款余额21.2万亿元。2014年起，农行连续8年入选"全球系统重要性银行"；2021年，在美国《财富》杂志全球500强排名中，位列第29名；在英国《银行家》全球银行1000强（以一级资本计）和品牌价值500强排名中，均位列第3名。

二、坚持思想引领，牢固树立诚信合规的价值理念

银行是经营信用与风险的特殊金融企业。诚信，是经营之本；合规，是立行之基。农行遵循金融行业特点，在长期经营管理实践中，坚持党管金融原则，加强和改进党的全面领导，以党建引领改革发展，培育形成与社会主义核心价值观相一致、与农行战略定位相匹配、与公众上市银行特征相适应的诚信合规文化，使之成为推动各项事业不断前进的宝贵品质和道德基石。

1. 坚守企业核心价值观

农行将"诚信立业、稳健行远"确立为企业的核心价值观，把"诚信、稳健"作为企业追求的基本价值取向，把"合规"作为经营管理的底线要求，持续推进企业核心价值观指导下的经营、管理、服务、风险、人才、廉洁六大理念深植深化。不管提供什么服务，都要求全行员工讲诚信；不管创新什么产品，都要求全部业务领域讲合规，农行坚定不移地把"以客户为中心、合规创造价值、责任成

就事业"等价值追求,融入经营管理全领域和客户服务全过程,让核心价值观成为立业之基、兴行之魂、发展之法。

2. 信守服务"三农"承诺

"诚信"既是员工的品行标准,要求每个农行人都要诚信为本、以诚待客,也是国家和社会对农行经营的要求,做到信守承诺、忠诚履责。农行始终秉承服务"三农"的责任担当精神,以国家和人民利益为重,不求大利,但求大义,当好县域金融服务的领军银行。目前,全行有1.26万个人工网点位于县域,占比达到56%,是全国唯一一个在全部县域都有网点的金融机构。县域员工占比41%,将近20万人长期服务在广大县域,为当地经济发展、社会稳定和人民生活富裕作出了贡献。

3. 恪守稳固战略定力

"诚信立业、稳健行远"的核心价值观,是农行人的行为准则和价值底线。在核心价值观的引领下,农行按照"面向'三农'、服务城乡、回报股东、成就员工"的企业使命,走"城乡并举、城乡联动"的发展道路,既讲商业运作,更讲普惠金融服务,既追求利润"取之有道",更注重防控金融风险,保护国家金融资产安全,这些不因环境变化和时代变迁而改变,形成坚定而稳固的战略发展定力。

三、坚持客户至上,以优质服务践行诚信承诺

服务是银行的天职。农行坚持"为经济发展、社会进步和人民福祉服务"的办企宗旨,以服务人民群众对美好生活的向往为出发点和落脚点,秉承"客户至上、始终如一"的服务理念,力求服务品质更优、管理品质更高、文化品质更好,让广大客户在严谨的业务服务中切身感受到管理的规范,进而感受到农行为民服务的情怀。

1. 以规范标准作为优质服务的基本要求

加强营业网点环境管理,实施网点服务提升工程,统一服务设施、物品配备,优化服务流程,实现网点内外部管理的标准化、规范化,不断提升客户服务体验,全面提升服务形象。开展诚信合规标杆网点创建工作,评选出标杆网点799家,发挥先进典型的示范引领作用。连续11年荣获"银行业文明规范服务工作突出贡献奖",累计60家网点荣获"百佳示范单位"、655家网点荣获"千佳示范单位"称号,数量居同业领先水平。

2. 以价值创造作为优质服务的鲜明导向

站在客户角度,思考和规划服务过程,不再满足于单纯的微笑服务,致力于为客户提升综合价值回报,让客户得到实实在在的利益。在为客户创造价值的同时实现自身的稳步发展,各项核心指标达到同业先进水平。2012—2020年农行累计上缴税金7910.14亿元,分红5261.15亿元,比例达31.3%,兑现了对国家和投资者的承诺,履行了回报股东的经济责任。

3. 以效率提升作为优质服务的重要目标

把数字化转型作为提高服务效率的内在动力,以"数据+科技"为驱动,加快推进服务理念、经营模式和服务方式转型,构建智能交互、数字经营、开放融合的零售金融新模式,为广大客户提供无处不在的便捷高效金融服务。截至2020年年末,建设5G智慧银行网点100余家,完成14537家网点"数字化赋能"导入,金融服务的个性化和便利化水平持续提升。

4. 以客户满意作为优质服务的评价标准

尊重客户，倾听客户心声，从客户视角认真查找服务中的薄弱环节和突出问题，对客户反映的服务问题实行限时整改，有力促进了服务品质的提升。农行连续8年开展服务第三方检查、现场检查及非现场检查，持续开展客户满意度调查，充分运用检查结果，总结分析网点服务短板，客户服务满意度从2018年的92.85分提高到2021年的94.86分，满意度稳步提升。

5. 以保护消费者权益作为优质服务的重要途径

自觉践行"卖者有责"的从业道德规范，保障消费者的自主选择权、知情权，依法合规开展产品服务推介，不制定误导、欺诈或侵害消费者权益的条款，特别强调在销售相关产品时充分履行告知义务，及时披露相关风险及提示信息。完善客户投诉处理机制，健全客户响应与投诉的快速处理方式，按规定流程和时限处理客户投诉、意见和建议，确保消费者合理诉求妥善解决。2021年，远程银行中心客户服务满意度为99.70%，客户投诉办结率为100%。

四、坚持立足经营，引导社会形成崇尚诚信的良好氛围

金融是现代经济的核心，银行信用是社会信用的重要基石。农业银行在服务"三农"和实体经济的过程中，将依法合规经营、诚信服务客户融入企业经营的方方面面，主动承担社会信用体系建设的应有责任，不仅做社会信用建设的倡导者和监督者，更做社会信用体系的建设者和推动者。

1. 在倾力服务乡村振兴中健全农村信用体系

全面贯彻落实乡村振兴战略部署，聚焦国家粮食安全、农村产业融合、美丽乡村建设等重点领域，持续强化金融支持，当好金融服务乡村振兴的国家队、主力军。截至2021年年末，县域贷款突破6万亿元，增量、余额占比均创股改以来新高。为优化乡村信用环境，提升农民诚信意识，农行制定《服务乡村治理体系建设 全面开展"信用村、信用户"创建工程实施方案》，扎实开展信用村（户）创建活动，稳步推进整村授信，发挥利率杠杆作用，引导广大农户信用致富。目前，农行创建信用村4.22万个，信用户276.63万户。探索农村信用建设特色模式，推出"信用村+特色产品"模式，如西藏分行建立"钻金银铜"四卡农户信用贷款产品体系，浙江分行推出"信用村+基础金融服务"模式，实现农村信用信息共建共享共用。创新推出"惠农e贷""富民贷"等信用贷款，2021年，"惠农e贷"余额5447亿元，惠及368万农户，在支持农民增收致富的同时，引导农民诚实守信，在农村培育诚信土壤，营造诚信氛围。

2. 在精准浇灌实体经济中推动企业信用建设

以服务实体经济为己任，全力服务国家区域发展、"一带一路"建设等国家重大战略，持续加大实体经济重点领域、重大项目和薄弱环节的信贷支持力度。2021年，服务实体经济贷款增加1.98万亿元，增量创历史新高。在金融服务中，坚持以贷树信，根据客户信用评级给予贷款价格、放贷额度、审批流程等方面便利优惠，持续强化信贷产品创新，尤其是发挥信用在中小微企业融资中的关键作用，依托金融科技，构建"农银小微e贷"产品体系，包括信用类"微捷贷"、担保类"快捷贷"和供应链类"链捷贷"，为中小微企业提供便捷、安全、低价、可获得的普惠金融服务。截至2021年年末，农行共普惠型小微企业贷款余额1.32万亿元，同比增长38.8%；农银"小微e贷"余额5225.33亿元，同比增长67.1%。推动中小微企业金融服务实现增量、扩面、提质、降本多维度平衡发展，进一步增强了

企业诚信意识,有力维护了以诚信为基础的信用融资环境。

3. 在科技赋能客户服务中打造信用生态环境

利用大数据智能化数字平台,构建"连通多方、资源共享"的业务模式,加快推动智慧政务、智慧校园、智慧医疗等高频场景建设,通过场景建设与金融服务融合带动社会诚信建设,营造诚实自律、守信互信的社会信用环境。截至 2020 年年末,全年净增互联网场景 8.05 万个,与 31 个省级、172 个地级市政府开展政务合作;智慧医疗合作医院超 1000 家,不断提升民生服务水平。继 2020 年在企业网银和掌银上线企业征信授权产品和信用报告查询功能后,2021 年 6 月,推出掌银渠道个人信用报告自主查询服务,为客户获取自身信用报告提供更加安全、高效、快捷的渠道。截至 2021 年年末,为企业及个人客户分别提供 2.2 万笔和 161.2 万笔查询服务,引导客户保护好自身"经济身份名片"。

4. 在协调配合多方联动中完善信用共享机制

发挥金融资源配置的重要作用,加强与人行、工商、税务、市场监管等各部门的联动配合,建立失信惩戒、守信获益的资源共享机制,顺利完成二代征信系统查询和报送功能切换,涵盖所有信贷业务,对守信的企业和个人,在信贷、利率等方面给予支持和优惠,让他们享有守信的便利。切实加大对失信市场主体的惩戒力度,对不守信的行为给予严惩,尤其是对逃废银行债务行为,纳入征信系统,坚决向社会曝光,维护法律尊严,让其在公共服务、银行信贷等方面失去便利。

5. 在积极践行社会责任中增强全民信用意识

将金融知识普及作为提高全民信用意识的重要抓手,坚持日常宣传与集中宣传相结合,制作电子屏宣传海报和宣传折页,投放至营业网点进行宣传教育,开展"3·15 消费者权益保护教育宣传周""普及金融知识万里行"等常态化活动,对征信、反洗钱、金融安全等知识进行集中宣传教育,提升群众笃诚守信意识,助力营造"守信处处受益、失信寸步难行"的舆论氛围。2021 年,累计开展各类集中宣传活动 9.5 万余次,参与营业网点 2.2 万多个,投入宣传人员近 58 万人次,触及消费者约 1.9 亿人次。

五、坚持厚植管理,建立健全诚信经营体制机制

"没有规矩,不成方圆"。农行高度重视诚信合规管理,建立健全制度体系,将诚信合规经营理念纳入公司治理、制度建设和员工行为管理中,贯穿经营管理各层级、各环节的事前预防、事中控制、事后监督,为全行依法、诚信、合规经营保驾护航。

1. 加强诚信合规顶层设计

持续完善公司治理机制,搭建诚信合规管理组织架构,董事会下设"风险管理与消费者权益保护委员会"和"审计与合规管理委员会",高管层下设"消费者权益保护工作委员会"和"风险管理与内部控制委员会",在公司章程中对各利益相关方诚信要求作出明确规定,"三会一层"人员在履职尽责时,所负的诚信义务不因其任期结束而终止。建立职责清晰、分工明确的管理体系,健全由合规管理部门牵头,各部门密切配合、总分行联动、全员参与的诚信合规建设机制,形成各部门、合规管理部门和审计部门同时履责的三道防线,全员根据岗位职责开展经营管理活动,不得以违法违规为代价追求利益,形成诚信合规管理的系统合力。

2. 建立诚信合规制度体系

及时制定完善经营管理制度,建立系统完备、科学规范、运行有效的制度体系,以《合规管理基

本制度》为基础，制定《客户服务联动管理办法》《零售营销宣传行为管理办法》《员工行为守则》《客户投诉管理办法》等经营管理制度1500余项，让诚信合规理念融入经营管理全流程、各环节，将相关要求转化为内部行为规范，提升制度可执行性、可操作性，充分发挥制度建设的基础保障和约束作用。

3. 健全诚信合规管理流程

建立全流程诚信合规管理机制，构建从外规内化、内规建设到合规执行、监督、问责全方位的管理工具和方法，实现业务经营管理全覆盖。发挥授权控制作用，牢固树立"做事必有权、无权不可为"的理念，推进授权精细化管理。将合规管理纳入全面风险管理体系，加强合规管理与内部控制联动，重点对新产品、新业务、新制度等开展合规审查，持续提升管理有效性。扎实推进员工行为、客户权益保护、反洗钱等重点领域合规管理，以点带面促进诚信合规经营。强化内控评价机制建设，不断优化评价方式、方法和流程，推动审慎合规经营理念有效落实。

4. 强化诚信合规约束机制

加强内部管理和基础管理，定期开展诚信合规检查，及时发现并纠正履职不到位或违规经营问题。建立举报机制，畅通举报渠道，对涉嫌违法、违规、违制的问题线索，开展独立调查，健全违规问题整改机制，避免类似问题再次发生。建立责任追究机制，明晰违规处理依据、标准和流程，依法依规惩处相关责任人员，推动构建"不想违规""不能违规""不敢违规"的约束机制。

六、坚持以文化人，打造独具特色的诚信文化

培育员工诚信经营意识，引导员工践行国家倡导和农行实践的主流价值思想，做到诚信做人、诚实做事，将诚信体现在本职工作、客户重托和社会期望的实际行动中，赢得客户信赖，取得社会尊重，树立诚信品牌，获得良好口碑。

1. 教育先行

以农银大学及其分校为依托，扎实开展诚信合规文化教育培训，把核心价值观教育作为培训的重要内容和必讲课程，贯穿各级各类培训，覆盖所有员工。2021年，全行440多万人次参加合规文化专题学习，40多万人参加线上测试，提升全员合规意识，让员工牢固树立诚实守信的职业操守和价值观念。

2. 活动传导

发挥大型活动影响力强、覆盖面广的作用，组织开展形式多样的诚信合规文化活动，引导员工规范自身诚信合规行为。坚持正面引导，组织开展"内控合规管理建设年""年度诚信合规文化建设"《员工行为守则》"五个一"学习实践等活动，培育诚信合规文化，筑牢员工依法合规经营的职业操守。及时开展警示教育，通过召开警示大会、举办"歧路年华"典型案例巡回宣讲报告会等活动，引导员工以案为鉴，坚守诚信合规底线。

3. 典型示范

坚持典型引路，做好先进典型的培养和选树，培育一大批展现农行精神、价值理念和人文气质的先进典型，涌现出饶才富、"二兰"（杨大兰、潘星兰）、智呼声等先进个人和苏州分行、西藏双湖支行等先进集体，鼓舞、激励和塑造了一代代农行人，坚守初心，牢记使命，履职尽责。目前，全行有52人被授予"全国劳动模范"，82人获得"全国五一劳动奖章"荣誉称号，全国文明单位86家，在金融

系统中名列前茅。

4. 氛围营造

充分利用自有媒体传播渠道，开展全方位、立体化诚信合规文化传播。近年来，在《中国城乡金融报》《金融文化》等报刊累计刊发诚信合规和廉洁文化建设相关文章20多篇，利用中国农业银行、农银融媒等微信公众号、APP，推送"三线一网格"、员工行为守则、家文化建设等诚信合规和廉洁文化建设内容410多篇，阅读量超101万次，引导广大员工知敬畏、存戒惧、守底线，营造依法合规诚信经营的良好氛围。

案例创造人：谷澍

保障供应安全　创新行业价值
引领我国盐行业诚信健康发展

中国盐业集团有限公司

一、企业简介

中国盐业集团有限公司（以下简称中盐集团）原名中国盐业总公司，于1950年经国家政务院批准成立，与国家盐务总局合署办公，2000年交中央企业工委管理，现为国务院国资委监管的国有大型企业，是我国盐行业龙头企业、唯一中央企业和唯一全国性企业。中盐集团现有职工2.5万人，是集盐资源勘探、工程设计、研发、生产、营销为一体并向下游盐化工、盐价值链延伸发展的全国性盐业公司和国内重要化工企业，初步形成了以盐、盐化工、农肥、盐穴综合利用为主的"1+3"产业布局。盐的产销量世界第二，亚洲最大，其中食盐的产销量居世界第一。盐穴综合利用技术居行业领军地位，建成了国内最早的盐穴储气库群和世界首个非补燃压缩空气储能电站。

中盐集团认真贯彻落实党中央、国务院决策部署，坚决履行央企政治责任、经济责任和社会责任。2017年，国家盐业体制改革正式实施，中盐集团带头落实，提出了"建设世界一流的国家盐业公司+优秀化工企业"战略目标，明确"创新行业价值、服务民本民生、体现国家意志"的定位，产业布局结构不断优化，经营业绩持续提高，主业优势进一步巩固。"十三五"期间，经济效益连年创历史新高，"十三五"末利润总额比"十二五"末增加6.74倍，净利润扭亏为盈并增加11.5亿元，净资产增长104.4%，资产负债率下降17.4%。从"十二五"到"十三五"，利润总额累计从19.7亿元增至49.7亿元，净利润从0.9亿元增至31.5亿元，经济增加值从–40.7亿元增至12.1亿元，净资产收益率从0.07%增至5.4%，共处置亏损企业资产77.3亿元。2021年，中盐集团实现利润总额22.5亿元、净利润16.8亿元，比2020年分别增长73.1%和90.1%，再次创造历史最高水平，为庆祝建党百年交上了一份满意答卷。

中盐集团始终以诚信经营为基石，立足主责主业，致力推动我国盐行业健康稳定高质量发展。

二、创新行业价值

（1）坚决落实国家食盐政策，履行央企社会责任，保障食盐质量安全和供应安全。中盐集团自1950年成立以来，在党中央的坚强领导下，大力发展生产，带领全国盐业有效解决了食盐短缺问题。积极落实食盐加碘国策，为我国消除碘缺乏病作出了重要贡献，被称为"世界的典范""里程碑性的成就"，荣获联合国"全球儿童事业贡献奖"。中盐集团依托全国盐业建立起了全国性食盐产销网络和质量监测网络，确保了食盐质量安全和供应安全，在应对食盐市场抢购风潮、突发自然灾害、新冠肺炎疫情等突发事件中全力保障食盐供应，维护了社会稳定。特别是在2020年新冠肺炎疫情防控中，中盐集团认真贯彻落实习近平总书记关于统筹推进疫情防控和经济社会发展的重要指示批示精神，迅速组织复工复产，全力调度各生产和运输企业，通过中盐协会发声，带领全国盐行业共同奋战，有效保障了全国食盐供应整体稳定和医疗及消杀用品有效供给。集团所属中盐长江公司（地处湖北孝感市，紧邻武汉疫区）克服一切困难和感染风险，在武汉实行管制前，向武汉市调运食盐1000余吨，确保武汉市食盐供应。中盐舞阳公司春节期间加大生产力度，全力以赴保障湖北等地食盐供应，并积极供应医用盐原料保障武汉火神山、雷神山医院需要，仅春节期间就调配各类盐产品18000余吨，有效缓解了用盐燃眉之急。疫情发生以来，中盐集团始终坚决贯彻党中央、国务院决策部署和国资委要求，扎实做好食盐保供稳价和相关防疫物资供应，为坚决打赢疫情防控阻击战作出了贡献。中盐集团全面履行社会责任，每年定期发布社会责任报告，自2016年以来连年获得中国企业社会责任报告评级专家委员会五星级评价，荣获中国社会责任百人论坛颁发的责任品牌奖。在中国社科院《企业社会责任蓝皮书（2021）》中，中盐集团被列为2021年度中国企业社会责任发展指数食品行业前三强，2021年度中国企业300强社会责任发展指数第29名。

（2）深化盐业体制改革，积极引领新的行业发展秩序。2017年盐改正式实施以来，中盐集团带头落实，引领行业积极推进改革任务落地。针对盐改初期出现的恶性竞争的现象，中盐集团主动担当，诚信为先，带头稳定食盐价格，旗帜鲜明地展现了不打价格战、引领行业有序竞争的坚定立场。大力实施食盐产销体系变革，提高产业集中度。中盐集团加大内部整合，推动产销一体化，主导组建了盐行业史上第一个跨区域、产销结合的中盐京津冀公司。持续推进集团内食盐业务一体化运营，确定了基础盐区域化营销，高端盐专业化营销的方针，实行多层次、多样化、有针对性的品牌和营销策略，建立了区域市场责任协调机制。加强销售渠道运营，实现工业盐、电商渠道、商超渠道的集中管理。中盐集团以开放包容的姿态，积极推动行业重组联合，不断构建行业良性竞争新秩序。与重庆化医集团重组重庆市盐业公司，组建中盐西南公司，完成盐改后第一例中央企业与地方盐业企业的整体重组。与地方盐业公司组建了中盐南海公司，全面参与内蒙古锡林郭勒盟额吉淖尔盐场混改，与安徽、内蒙古自治区、山西、西藏等8个省级盐业公司实施全方位、多层次战略合作，共同维护盐改大局。中盐集团积极践行"三品战略"，不断满足人民群众日益增长的美好生活需要。增品种、提品质、创品牌，带动盐改后盐行业整体发展水平不断提高。精心打造绿色、环保、具有地标意义的新疆天山盐、福建海盐、海南莺歌海盐、植物性功能盐等系列产品，目前中盐旗下已超过100种食盐产品进入市场，实现低中高档食盐产品全覆盖，充分满足消费者的不同需求，品种结构不断优化。加大健康低钠盐的开发推广，拓展医用盐、畜牧盐、生活用盐等产品领域。积极参与"健康中国"行动，代表盐行业提出减盐倡议，将健康标准纳入产品质量标准体系，进一步拓展食盐质量的内涵。建设食盐可追溯体系，全方位、全过程确保食盐质量安全。

（3）完善盐业产业链，持续调整优化化工业务。中盐集团积极落实习近平总书记视察青海盐湖时重要讲话精神，结合自身实际，立足盐业、壮大化工，大力发展循环经济。通过破产重整、收购重组等多种方式将过去8家化工企业整合成为2家，着力加强东西两个化工基地建设。东部中盐红四方充分发挥品牌优势、区位优势、技术优势，精心运作乙二醇项目，实现基础化工到精细化工的产业升级。西部以中盐内蒙古化工为平台，充分发挥资源优势、成本优势、环保优势，立足基础化工领域深耕细作。目前，金属钠产能已达到世界第一，纯碱产能位于国内第一、世界第二，工艺技术、成本管控、产品质量达到行业领先水平。参股山东海化集团，掌控了海化集团丰富的纯碱产能，极大提高了市场话语权，成为纯碱行业的顶梁柱和主力军。以基础化工产品规模发展和精细化工、新材料产品创新发展为主线，加快东西互动，集中产能力量、技术力量、销售力量等要素，优化产品布局、资本结构、体制机制，形成化工业务整体优势，对消化过剩盐产能，拓展盐产业链发挥了重要作用，成为保障国内产业链安全稳定，服务双循环格局的重要力量。

（4）大力创新盐行业价值，发展盐穴综合利用，服务国家能源安全和"双碳"目标。中盐集团拥有得天独厚的丰富地下盐穴资源，率先开展了盐穴储油储气综合利用研究，建成了国内最早的盐穴储气库群，并与中石油、中石化合作，为国家能源战略"西气东输"储气等工程采卤造腔提供技术服务，积累了丰富的盐穴开发利用经验，形成了勘探、钻井、设计、造腔、运行及监测等一整套盐穴储气库建设技术，并研发了具有自主知识产权的一系列新技术和新装备，能够为国内盐穴综合利用提供咨询服务，也具备独立建设运营盐穴地下储气库的能力。为贯彻落实国家能源安全战略，推动绿色低碳发展，针对风能光能不稳定的特点，解决弃风弃光问题，中盐集团2017年起与清华大学联合成立了盐穴压缩空气储能研究中心，并与华能集团一起，在江苏金坛开展了盐穴压缩空气储能项目的研究和建设。该项目获国家能源局立项，是压缩空气储能领域唯一国家示范项目，于2021年9月30日并网发电成功，这是国内首个压缩空气储能工业级项目和国际首个清洁型压缩空气储能工业级项目，也是世界首个非补燃压缩空气储能电站。该电站承担着开发盐穴压缩空气储能技术中国方案、创建我国完全自主知识产权技术体系的重任，并将推动这一新型储能技术的产业化发展。此外，中盐集团还与相关央企、高校合作，积极开展盐穴储氢储氦、盐穴液流电池等前沿研究，在盐穴综合利用领域走在了前沿，为打造原创技术策源地和现代产业链链长，更好地服务国家能源安全和"双碳"目标打下了坚实的基础。

案例创造人：李耀强　杨兴强

主动履责树诚信　携手多方创价值

中国神华能源股份有限公司

中国神华能源股份有限公司（以下简称中国神华）坚决贯彻新发展理念，服务国家生态战略，坚持高质量发展，打造领先环境、社会责任和公司治理（ESG）体系，全面履行中央企业社会责任，加强沟通，合规诚信经营，维护社区关系，坚持精准扶贫，积极投身公益事业，与利益相关方共创价值，努力回馈社会。

一、企业简介

中国神华成立于2004年11月8日，是国家能源集团控股的A+H股上市公司，分别于2005年6月15日、2007年10月9日在港交所和上交所上市。

作为全球领先的以煤炭为基础的综合能源上市公司，截至2020年12月31日，公司资产规模5584亿元，职工总数76182人，总市值为523亿美元（约合人民币3384亿元）。公司位居普氏能源资讯"全球能源公司2021年250强"榜单第2位。

中国神华是国家能源集团一体化运营核心。公司主要经营煤炭、电力、铁路、港口、航运、煤化工六大板块业务，以煤炭采掘业务为起点，利用自有运输和销售网络，以及下游电力和煤化工产业，推进跨行业、跨产业的纵向一体化发展模式，提高产业集中度，增加产品附加值，形成了规模优势，构成了核心竞争力。

煤炭：核定产能3.4亿吨，约占全国8%。建成世界首个2亿吨煤炭生产基地，采掘机械化率达到100%；建成千万吨级矿井群。推进绿色矿山、智能矿山建设，各项生产、技术、质量、能耗、环保等指标均达到世界先进水平。

铁路：控制并运营围绕晋西、陕北和内蒙古自治区南部主要煤炭基地的环形辐射状铁路运输网络及"神朔—朔黄线"西煤东运第二大通道，以及环渤海能源新通道黄大铁路。铁路运营总里程2408公里，年运输能力5.3亿吨，可支配机车800余台，自备铁路货车5万余辆，是中国第二大铁路运营商。

电力：投运总装机容量3228万千瓦，其中燃煤发电3120万千瓦、燃气发电95万千瓦、水力发电13万千瓦。公司积极推动绿色低碳清洁发展，常规煤电机组全部实现超低排放。

港口：拥有黄骅港务、天津港务和珠海港务3家专业公司，设计吞吐能力2.7亿吨/年。黄骅港是我国西煤东运、北煤南运第二大通道的重要出海口，劳动生产率、人均利润居国内港口第1位。

航运：拥有货船40艘，载重规模218万载重吨，年运能5500万吨。航线覆盖黄骅、天津、秦皇岛等国内主要港口和沿海、沿江省市的200多个发电企业、煤炭应急储备基地，船队规模、经营效益均在全国航运企业中排名前列。

煤化工：包头煤制烯烃项目是国家战略重点工程，也是世界首套、全球最大煤基甲醇制烯烃工业化示范工程，生产能力约60万吨/年，主要产品为聚乙烯、聚丙烯及少量副产品，拥有国内首创的大规模甲醇制烯烃装置。巴彦淖尔能源公司拥有 120 万吨/年焦化生产能力。

二、注重体系建设，将诚信理念融入日常管理，推动企业实现可持续发展

1. 涵育诚信价值理念

中国神华牢固树立"质量立企、信誉为本"的理念，大力加强信用企业、法治企业建设，利用多种形式开展全员覆盖的法治宣传工作。重点宣传习近平法治思想及民法典，组织举办全系统合规管理运行会议，强化各子分公司依法合规运行的法治意识，使依法合规、守法诚信成为全体员工的自觉行动和基本准则。

2. 建立规范治理结构

坚持依法治企，完善顶层制度体系设计，积极打造治理完善、管理规范、守信经营的法治上市公司。按照新公司法、沪港两地上市监管规则，积极推进章程修订，健全"三会"及董事会专门委员会、经理层制度建设，规范公司治理结构。制定《党委议事规则》《董事会议事规则》《决策事项清单》《合规管理规定》等规范性制定文件，明晰决策权限，充分利用管理信息化系统，搭建合规管控体系，优化决策流程，强化执行监督反馈，提升公司规范运行水平。

3. 营造诚信法治文化

编制印发中国神华《合规管理办法》《法治合规工作要点》，搭建合规管理专项负责与强化监督相结合的工作机制，为进一步形成合规闭环管理体系奠定基础。不断优化法律风险防范制度体系，分层分类开展合规风险识别和预警，以信息化手段提升合规管理实效。加大公司依法合规运行培训力度，提升依法合规运行水平，维护上市公司形象。制定"八五"普法规划，组织开展法治普惠活动。编制完成《上市公司合规指引》，发放《诚信合规手册》，组织本部员工签署《岗位合规承诺书》，培育浓厚的法治诚信文化氛围。

4. 强化诚信内控监督

中国神华贯彻落实国资委《关于加强中央企业内部控制体系建设与监督工作的实施意见》及公司要求健全内部控制体系，制定《内部控制管理规定》《全面风险管理规定》等制度，明确各有关方的职责和任务，加强内控风险管理与各项业务的全面融合，形成以风险为导向，包括风险评估与监控、日常监督和专项监督检查、年度内部控制评价等一体化闭环的内部控制体系。进一步扩大检查内控评价范围，开展"商业道德"审计，分阶段开展覆盖所有经营单位的内部商业道德审计，披露审计结果及提升计划。

三、注重责任实践，将 ESG 理念融入战略运营，助力企业实现高质量发展

1. 打造领先责任体系

作为在沪港两地上市的 A+H 股公司，中国神华坚持创新驱动发展战略，持续推进高水平科技自立自强和管理创新，高度重视环境、社会责任和公司治理（ESG）工作，探索建立高效的 ESG 体系，积极履行经济社会环境责任，为社会赋能、为经济助力。一是建立了董事会决策、董事会专门委员会监管、

管理层推进、专业工作组落实的 ESG 体系组织；二是编制了《"十四五"ESG 专项规划》，提出了 ESG 发展，明确了未来五年 ESG 战略、目标和方向；三是制定了覆盖全域 ESG 总体及专项管理办法，为确保 ESG 体系规范有效运行打下制度基础；四是针对监管要求和国际权威评级标准，确立公司 ESG 指标体系，在此基础上，自主开发建设央企系统第一套 ESG 管理信息系统，提升管理效能。

2. 科技推动环境保护

在"智能矿山"建设方面，通过实施特大型矿井群资源协调开发技术，支撑了以神东千万吨矿井群为核心的安全高效亿吨级煤矿区的协调发展，实现了千万吨矿井群的规模化发展，煤炭生产实现了"采煤不见煤"，井工煤矿采区回采率达到 84%，吨原煤生产综合能耗只有约 2.7 千克标煤 / 吨，达到世界先进水平。坚持"产环保煤炭、建生态矿区"的理念，为社会提供清洁优质煤炭资源的同时，积极打造生态矿区，走出了一条煤炭开采与生态环境协调治理的主动型绿色矿山之路。神东矿区坚持每年从吨煤成本中提取 0.45 元环保资金，专门用于环境治理和生态保护。创新煤矿绿色开采技术，沉陷区治理率超过 90%，露天矿复垦率 85% 以上。在"煤炭清洁转化"方面，推动传统煤电产业清洁化发展，实施实现煤电超低排放改造，做到了在发电领域"用煤和用气一样干净"。全部常规煤电机组实现了超低排放。煤化工板块通过加强科技投入、强化环节控制，对生产过程中水资源进行循环利用，实现了废水的近零排放，彻底颠覆了人们对煤化工企业废水排放多的传统认识。在"智能运输"建设方面，研发重载铁路 LTE 网络系统，提高运输系统智能化水平，实现煤炭绿色运输。黄骅港务公司大力开展绿色节能项目，积极推进码头岸电工程建设，共建设落成高压岸电系统 7 套，覆盖 11 个煤炭泊位，高压岸电码头覆盖率达到 64.7%，低压岸电覆盖率达 100%。建设绿色高效数字化铁路港口，将 2408 公里运煤专线打造成绿色走廊，实现"修一条路，带动一方经济，绿化一方水土"。在温室气体排放方面，推进统一碳排放管理体系，积极参加全国碳市场建设和运行；建成"15 万吨 / 年燃烧后 CO_2 捕集和封存全流程示范"国家重点工程，促进碳减排。开展绿色矿山建设，深化沉陷区综合治理和矿区土地复垦等工程，为减缓温室效应发挥碳汇的作用。

3. 切实履行社会责任

中国神华积极关注民生和社会进步，坚持以人民为中心，实施职工群众普惠关爱工程，加强职工权益保护。通过疫情防控、物资捐赠、公益扶贫、爱心行动、应急处突等，参与社区建设，解决社会发展难题，惠及一方民生，努力推进经济和社会的和谐发展。公司累计投入扶贫资金 3.5 亿余元，实施项目 382 个，帮助脱贫 103127 人，培训技能人才和基层干部 5837 人次，定点扶贫的陕西省榆林市米脂县和吴堡县、四川省凉山彝族自治州布拖县等 3 个县全部实现脱贫摘帽。持续开展"爱心行动""爱心学校""爱心书屋"等公益活动，2020 年，中国神华通过国家能源集团公益基金会在全国范围内累计救助 0-18 周岁白血病、先天性心脏病的贫困家庭患儿 954 名，在河北省、陕西省开展新生儿先心病免费筛查共计 13590 名。面对煤价和电力供应大幅波动，公司积极响应国家号召，充分发挥一体化经营优势，有力保障能源供应。

通过扎实开展责任行动，中国神华履行社会责任的综合表现突出。按中国企业会计准则计算，2020 年每股社会贡献值 5.69 元。2021 年，中国神华 ESG 治理经验被新华社、中国证券报等主流媒体广泛报道，相关工作得到国务院国资委、监管机构、资本市场的高度评价和充分肯定。获得央企 ESG 先锋 50、首批中国 ESG 示范企业、全球环境信息研究中心（CDP）水安全优秀表现奖、上市公司 ESG 优秀案例、金紫荆奖、天马奖最佳投关奖、煤炭经济研究优秀论文一等奖、国家能源集团奖励基金一等奖等荣誉，连续 8 年获上交所 A 级评价，进一步巩固了资本市场的良好形象，有效地提升了社会影响力。

四、注重各方需求，厚植诚信责任基因，实现与利益相关方共建共享

通过取得良好的经营业绩、提供优质的产品和服务、公开透明的采购、有竞争力的福利待遇等措施，为投资者、客户、供应商、员工创造价值，经济环境社会效益显著。公司认真贯彻落实《新证券法》，倡导良性投资文化，力促发展成果共享，形成了关心、关爱、关注投资者特别是中小投资者合法权益的共识和氛围，提高全员保护投资者意识。给予投资者稳定的回报，持续大比例现金分红，上市以来中国神华已累计派发现金股息3010亿元。坚持依法合规，真实、准确、完整地披露信息，精心组织业绩发布会和路演活动，更新官网专栏、公众号，有针对性地回应机构和个人投资者的不同需求。公司积极推进"绿色采购"，优先采购在全生命周期中对环境无害或者危害较小、资源利用率高、能源消耗量低的产品，推动整个供应链践行环境保护和社会责任。中国神华秉承"生命至上"理念，构建完善的职业安全与健康管理体系，切实保障员工、供应商生命安全和健康。持续推进人才管理体制机制创新改革，维护和保障员工各项合法权益，优化工作环境，弘扬工匠精神、劳模精神，激发员工创新活力，努力建设知识型、技能型、创新型劳动队伍。中国神华坚持"以客户为中心、以市场为导向"的原则，建立与客户精诚合作、互惠互利的产业链，注重保护客户隐私，追求与客户建立长期、稳定、共赢、共享的合作关系，努力实现公司价值与社会价值统一，与利益相关方携手同创美好未来。

案例创造人：吕志韧　于世涛　唐壮　康聆

诚信经营　勇于担当
打造"人·车·生活"领先服务公司

中石化易捷销售有限公司

一、公司简介

中石化易捷销售有限公司（以下简称易捷）创立于2008年，是中国石化易捷服务（非油品）业务的运营主体。2014年3月，中石化易捷销售有限公司揭牌成立，标志着中国石化非油品业务向市场化、专业化发展。

多年来，易捷坚持"实体服务+平台增值"发展思路，致力于打造"美好生活服务商"，为消费者提供优质产品、贴心服务。易捷不断扩大便利店业务规模，以2.78万家便利店高居全国连锁便利店数量排行榜榜首；培育自有品牌，孵化了卓玛泉、长白山天泉、鸥露纸、赖茅酒、澳托猫汽服、易捷咖啡等13个自有产品品牌；发展汽服、餐饮、广告、金融等多种业态，建设加油站汽服网点8900余家，拓展餐饮门店1300余家，开发广告媒体15万块；积极打造全国统一线上平台和会员体系，推出易捷国际跨境商城，构建"易捷自提、易捷到车、易捷到家"等全渠道消费场景。易捷以优质的商品和服务获得了客户的广泛认可，积累了大量客户资源，加油站日均进站消费2000万人次，线上微信粉丝数突破2亿。荣获"我喜爱的中国品牌""匠心品牌奖""亚洲便利店社区服务与支持奖""责任金牛奖""第二十八届全国企业管理现代化创新成果"等国际国内奖项。

二、诚信经营理念

易捷品牌成立伊始，就向广大消费者作出"万店无假货"承诺，中石化易捷便利店的货架上，都会醒目地竖立着"易捷万店无假货"的标识牌。十余年来，随着易捷零售规模不断增长、综合服务逐渐丰富，易捷品牌内涵日益明确。2020年，经过深入总结和提炼，易捷确定"诚信、责任、创新、共赢"为诚信经营的核心理念，并把其作为品牌支柱写入易捷品牌理念框架（如图1所示），标志着易捷诚信经营理念达成了内部共识。

易捷诚信经营理念构成：

（1）诚信。易捷万店无假货，质优价宜，规范经营。严格践行"易捷万店无假货"承诺，完善诚信制度建设、构建质量管理体系、全力提升服务质量，以严格的标准维护品牌信誉。

（2）责任。履行社会责任，保障民生需求。作为央企子公司，时刻不忘履行社会责任，保障民生需求，践行国家战略，关爱弱势群体，彰显责任担当。

（3）创新。以客户需求为中心，促进产品服务创新。从产品创新、业务创新、营销创新、运营创

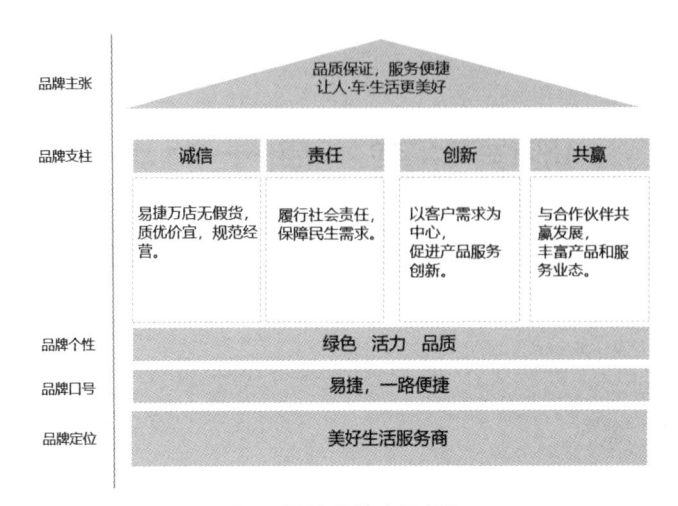

图 1　易捷品牌内涵框架

新等维度，提升公司专业化水平，满足客户多样化产品服务需求，有效整合线上线下渠道，为客户开启智慧零售、便捷服务新生态。

（4）共赢。与合作伙伴共赢发展，丰富产品和服务业态。以打造综合服务体为核心理念，积极引入合作方资源，将易捷的零售业务和多元服务，打造成为助力合作伙伴共同发展的多方共赢平台，形成易捷发展合力。

三、体系及制度建设

1. 建立严格的质量管理体系

易捷建立了严密的质量管理体系和食品安全管理体系，通过 ISO9001 质量管理体系认证和 ISO22000 食品安全管理体系认证，发布《易捷公司质量和食品安全管理体系手册》，明确各部门的管理职责，规定各项管理活动应遵循的程序和准则，保证质量管理体系职责明确、高效运行。

2. 强化商品供应链管理体系

为从源头控制产品质量，易捷制定《非油品商品采购管理办法》，做好采购产品、服务的过程控制和闭环管理；按照源头自采、优选严选的标准，设置采购合同质量保证条款；制定严格的供应商管理制度，抽检有质量问题的供应商终身终止合作；压扁采购层级，提高统采比例，构建形成总部、省市公司二级商品采购架构。

3. 强化便利店运营管理体系

为加强商户运营管理，易捷制定《便利店运营管理手册》《便利店实务操作手册》，围绕门店现场运营、库存及物流管理等内容夯实便利店管理基础。采取统一配送、统一质量、统一价格、统一监管。通过省-市-县三级监督机制，严把进、销、存关口。定期对门店开展检查盘点，对门店产品质量进行严格监督。

4. 搭建全国督导检查体系

搭建全国督导检查体系，持续培养省市专兼职督导队伍，利用一线督导对目标任务与关键成果进行监督指导，尤其关注门店标准落地、商品管控、营销执行等方面内容，结合后台数字化分析，形成经营链条闭环管控，促进门店经营质量有效优化提升，初步建立起以事项为驱动、各负其责、过程受控、执行有力的督导格局。

5.建立神秘顾客检查制度

30家省市分公司外聘专业公司每月开展神秘顾客检查，出台《神秘顾客管理办法》，制定《神秘顾客门店检测标准》。每月抽取5%~10%比例门店，对门店礼仪服务、现场安全、销售、环境卫生、规范操作、经营纪律、门店陈列营销等项目进行检查，出具月度神秘顾客检查通报。

四、决策部署

1.提升商品服务质量，夯实诚信之基

（1）严格把控商品质量。商品采购环节，优选国际大品牌合作，提高统采比例，2021年年底总部统采商品销售占比提升至54%；仓储物流环节，要求配送中心严格执行商品存储保管制度，启用商品封签管理和唯一编号管理；在门店运营环节，建立门店保质期日查制度，严格落实商品质量盘点制度；在商户运营管理环节，除配合国家规定检查外，还聘请第三方机构，为消费者做好严格质检。

（2）开发高品质自有品牌。聚集全国优质资源，保证自有品牌品质。易捷卓玛泉来自西藏念青唐古拉山脉海拔3700米的史前冰川；长白山天泉来自世界著名的矿泉水资源富集地之一长白山地区；"鸥露"本色竹浆纸以慈竹为环保原料；国杞天香来自中国著名枸杞产地宁夏中宁；赖茅是与贵州茅台酒携手共建的百年品牌；阳光巴扎来自中国著名红枣产地新疆岳普湖县。易捷的自有品牌产品，从生产源头为产品品质奠定了坚实的基础。

（3）全方位为客户提供个性化服务。易捷总部层面加速整合便利店、汽服、保险、餐饮、住宿等资源，进一步提供多元服务。各省市公司在现有充值、ETC等业务基础上，针对旅游、医药、彩票、洗衣、自提柜、代收代发等业务，逐步开发新的便民服务业务。

（4）全力提高员工服务水平。设立初级工、中级工、高级工、技师、高级技师5个等级。6.6万名员工达到初级工以上资质持证上岗。每年举办技能培训120场次，培训高级技师200余人。先后举办了四期非油品技能比武，初赛、复赛普及所有员工，培训人次达到20万人次，全面提升员工素质。全国31家省市共800多人参加决赛竞技。

2.拓展多元服务业态，推进互利共赢

易捷以"更美好的人·车·生活"为核心理念，积极引入合作方资源，快速拓展汽服、广告、快餐、咖啡等新业务，全力打造"1+N"多方共赢平台。构建汽服体系，着力打造汽服自有品牌——易捷澳托猫，并积极与第三方汽服门店合作，进一步搭建汽服平台，目前全国汽服门店已超8900家。加快布局餐饮业务，易捷与肯德基、麦当劳等合作形成的"加油吃鸡"模式成为加油站餐饮模式的典型代表，累计建成餐饮项目1300余个，包括国际知名品牌快餐60余个。成立易捷咖啡合资公司，开发瓶装咖啡、增加外送业务，推动加油站咖啡业务规模化发展。

3.促进营销运营创新，提升客户体验

易捷从营销创新、运营创新等维度，提升公司专业化水平，满足客户多样化产品服务需求。打造易享节知名IP，2021年易享节，线下参与门店数量达1.64万家，成为国内线下最大的购物节。推进运营数字化创新，招募互联网运营中心团队，构建"加油中石化"全国统一平台。有效整合线上线下渠道，构建扫码购、易捷到车、易捷到家、无人值守洗车等智慧消费场景，开启智慧零售、便捷服务新生态。

4. 积极服务国家战略，履行社会责任

面对新冠肺炎疫情突袭，易捷抗"疫"保供。火速跨界"卖口罩""卖菜"，在疫情突袭两个月内完成首批 200 万只口罩的上市，2020 年累计销售口罩 2.7 亿只。推出"一键到车"无接触服务，开展"我有易捷店，谁有滞销品？"公益活动，缓解"农民卖菜难、市民买菜难"两难问题。为决胜脱贫攻坚，易捷利用渠道优势助力农产品销售，大力开展消费扶贫，深化产业扶贫。为持续助力乡村振兴战略，易捷在 2021 年易享节发布乡村振兴行动和关注乡村教育的"易捷微光计划"，全面助力乡村产业振兴、消费振兴、人才振兴。为给周边人群提供更多力所能及的帮助，易捷连续多年建设"卡车司机之家""情暖驿站""环卫工人驿站"等公益项目。

五、建设成效

通过打造诚信经营体系，中石化易捷赢得了合作伙伴和广大客户的信任和支持。十几年来持续整合内外部非油品资源，与合作伙伴协同发力，促进了油品核心业务发展和非油品销售额攀升，增强了企业管理效能和管理效率，构建了加油站场景的综合服务生态圈，提升了企业在零售和服务领域的品牌形象和社会影响。

1. 品牌效益：促进企业品牌价值提升

诚信经营带来的品牌忠诚度、信赖度和美誉度，带动易捷品牌知名度持续提升。易捷品牌价值由 2018 年的 25.69 亿元，提升到 2021 年的 184.61 亿元，连续 4 年保持高速增长（如图 2 所示）。

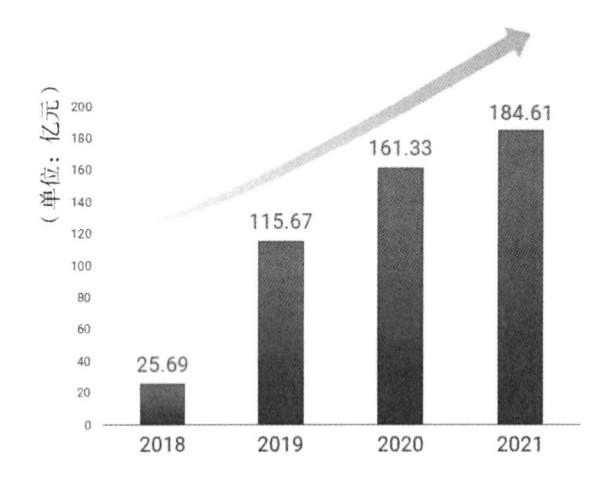

图 2　2018—2021 年易捷品牌价值提升情况

2. 经济效益：推动业务量效协同增长

（1）促进油品核心业务增长。易捷便利店日渐丰富的商品、持续的促销活动，便利店之外的汽服、餐饮业务、生活服务等，增强了加油站整体生态对客户的吸引力。2021 年数据显示，有汽服网点的加油站，汽油销量高于其他同类网点 1.7 个百分点；知名品牌快餐项目所在加油站，汽油零售量增幅高于平均增幅 1.5 个百分点。易捷满足客户多元需求和便捷服务的不懈努力，形成牢固的客户黏性，全方位提升站点盈利能力。

（2）促进易捷服务销售额攀升。2018 年之后，易捷服务销售额逐年攀升，到 2020 年达到 338 亿元，坚定了中国石化发展易捷服务业务的决心，也坚定了向"油气氢电服"综合能源服务商转型的决心。

3. 社会效益：助力社会公益责任履行

易捷通过线上线下渠道、扶贫商品展销会等多种形式，为数千种扶贫商品提供展示舞台，2018年至2020年，易捷便利店累计销售扶贫商品超10亿元。"脱贫攻坚战"取得全面胜利之后，易捷积极响应国家号召，加大乡村帮扶力度，发布"乡村振兴行动"，打造"微光计划"公益项目，搭建乡村教师互助共享公益平台，关心乡村教师和乡村教育发展，助力乡村人才振兴。"易享节"期间开展的丰富营销活动以及发放的巨额消费券，带动居民消费回升，有效助力后疫情期的社会经济复苏。

易捷以诚信支撑品牌发展的经营思路，为中国石化非油品业务树品牌、拓销量、促油品核心业务的综合发展，取得了较好的品牌传播和市场反响效果。未来，易捷将继续加强诚信经营体系建设和决策部署，立足"美好生活服务商"的品牌定位，推动中国石化销售企业向"油气氢电服"综合能源服务商转型升级。

案例创造人：叶慧青　袁海东　李宏

诚信履约保供稳价　维护国家能源安全

中国煤炭销售运输有限责任公司

一、企业简介

中国煤炭销售运输有限责任公司（以下简称中煤销售公司）是中国中煤能源集团有限公司（以下简称中煤集团）煤炭产品集中销售平台，主要经营自产煤集中销售、商品煤国内贸易和煤炭进出口业务。公司下设13个全子、控股企业，形成了覆盖全国的煤炭营销网络。2021年，商品煤贸易量25989万吨，营业收入1795.8亿元。中煤销售公司秉承中煤集团"提供优质能源、引领行业发展、创造美好生活"的发展使命，始终将维护能源安全、服务经济发展、保障用户需求作为己任，加强诚信体系建设，强化依法合规管理，尊崇法律法规和政策要求，崇尚契约精神，依法维护企业合法权益，注重防范重大风险，带头保供稳价，维护市场秩序，促进了产业链上下游共同稳定发展。

二、完善诚信体系，筑牢健康发展的基石

中煤销售公司坚持"责任、合规、诚信、共享"经营理念，将维护能源安全、依法合规经营、守法诚信履约、与用户合作共赢作为企业生存与发展的生命线，以法治中煤建设为牵引，以煤炭贸易合规体系建设为保障，持续完善企业诚信体系，为依法、合规、诚信和安全经营奠定了坚实的基础。

1. 推进法治中煤建设

加强《民法典》宣贯落实，将依法合规贯穿企业经营管理全过程，将法律法规和政策要求内嵌到客户管理、合同管理、数质量管理、价格管理等各个环节，努力建设治理完善、经营合规、管理规范、守法诚信的法治央企。

2. 推进合规体系建设

全面落实《中央企业合规管理指引》，编制《煤炭贸易法律法规及制度清单》《煤炭贸易合规管理工作指引》，提炼煤炭贸易合规要点，列示106项合规事项清单，在全系统开展合规管理体系建设，推动合规管理全覆盖，构建全员合规、全程合规和主动合规的合规工作格局。

3. 推进诚信体系建设

搭建包括客户管理、合同管理、数质量管理、价格管理在内的诚信体系，保障了守法诚信经营。规范合同管理方面，建立《煤炭贸易合同管理办法》，实施合同分类分级审批，所有合同文本必须通过法律系统提交实现线上审批和备案管理，坚持使用符合国家监管部门要求和供需双方认可的标准合同文本，煤炭中长期合同按规定录入全国煤炭交易中心系统备案。强化合同执行情况的监督检查，友好协商处理合同争议，及时依法终止双方未执和合同，维护合同签约双方的合法权益。规范客户管理方

面，搭建客户信息基础管理系统，制定《客户信用管理办法》《新客户准入管理办法》《客户黑名单制度》，开展客户资信调查全覆盖，对全部客户开展信用评估，实施客户分类分级管理，建立客户准入与退出机制，持续优化客户结构，稳定长期合作。规范数质量管理方面，强化煤炭产品交付全过程的数质量管理，实施煤炭进港、装船第三方检验，引入第三方水尺监控，实施装船方案管理，装船质量符合率99%以上，制定客户质量争议处理办法，定期与客户开展装卸港检测结果对比分析，妥善处理数质量争议，维护供需双方的合法利益。规范价格管理方面，严格执行中长期合同定价机制，建设了包括定价委员会、区域定价办公室在内的分级价格决策管理机构，建立了分煤种、分业务类型、分区域、分交货方式的价格机制，严格按机制定价，遵守国家价格管理政策及要求，维护市场的稳定性。

三、维护能源安全，全力做好煤炭安全保供

坚决贯彻落实国家能源安全新战略和党中央、国务院关于能源安全保供的决策部署，发挥煤炭作为兜底能源的作用，坚定履行央企保供稳价政治责任和社会责任，全力做好重点时段、重点区域、重点行业煤炭安全保供工作，确保了迎峰度夏、迎峰度冬、疫情期间等重点时段的煤炭安全稳定供应，以及化肥生产、供热等民生用煤需求。2020年，坚决落实党中央关于抗疫保供的决策部署，迅速对接、第一时间向湖北武汉地区用户供应抗疫保供煤炭296万吨，以实际行动支持了湖北抗疫和经济重振。2020年4季度，针对煤炭产地供应偏紧、港口库存偏低，部分电厂库存告急的情况，中煤销售公司全力做好企业复工复产、迎峰度冬和应对极端寒潮天气的煤炭安全稳定供应，优先保障库存过低用户和民生项目用煤需求，仅2020年入冬后就向东北地区增加供应煤炭超过100万吨。2021年4季度，面对严峻复杂的能源保供形势，中煤销售销公司积极落实党中央、国务院关于能源安全保供的决策部署，在确保年度合同履约的同时，足额承接国家发展改革委和山西省、内蒙古自治区、陕西省等产煤省区分解新增煤炭保供任务，保供任务量占到全国新增保供任务量的10.8%，其中承接山西省分解的保供量占山西省分解总任务量的31%。

中煤销售公司以对党和人民高度负责的态度，克服资源不足、运力流向不匹配等困难，第一时间与辽宁、河北、天津、广东、福建等10省市60多家发电供热企业补签保供合同，制定煤炭保供工作方案，建立保供工作专班，强化24小时保供调度值守，全员发力多渠道组织货源，多层次协调运力，多措并举推动保供合同履约，2021年四季度累计完成新增保供任务量1598万吨，保供合同兑现率达到140%，重点保供区域、保供用户煤炭库存快速回升，以实际行动支持保障了京津冀和冬奥会用能安全，保障了华北、东北群众的安全温暖过冬，在能源安全保供大战大考中彰显了忠诚与担当。公司被中国煤炭工业协会评为"2020—2021年度煤炭行业抗疫保供先进单位"，受到了国家发展改革委、国务院国资委和相关保供省区政府部门、广大保供用户的好评，中煤集团保供稳价措施及成效受到新华社、人民日报、中央电视台、光明日报、经济日报等数十家媒体持续报道和社会的广泛关注。

四、守法诚信履约，规范煤炭中长期合同签约执行

严格执行煤炭中长期合同制度及其定价机制，率先与重要用户签订煤炭年度中长期合同和三到五年中长期合同。煤炭中长期合同制度确立以来，中煤销售公司煤炭中长期合同签约量占自产资源量的比重、中长期合同兑现率均达到要求，通过东方金诚等第三方信用机构的检查考核，较好地发挥了长协制度及其定价机制作为稳定煤炭市场的"稳定器"和"压舱石"作用。2019年，签定煤炭中长

期合同 9486 万吨，占自有资源量比重 78%，年度中长期合同兑现率 90.3%，长协平均价格低于市场平均价格 37 元/吨，通过长协向社会让利 16 亿元。2020 年，公司签定煤炭中长期合同 12302 万吨，占自有资源量的 75%，长协合同兑现率 92%，长协平均价格低于市场平均价格 33 元/吨，通过长协向社会让利 19 亿元。2021 年上半年，受市场波动影响，部分用户加大低价进口煤采购，一度暂停、暂缓长协合同履约，导致部分用户长协合同兑现率偏低。下半年，在长协与现货吨煤价差最高时段达 1000 多元的情况下，公司不为利益所动，重合同、守信用，加大长协合同执行力度，坚持按年度合同约定补齐用户长协合同兑现率。四季度自产煤增量部分主要用于新增煤炭保供合同和年度长协合同的兑现，全年长协合同兑现率达到 91%，全年通过执行长协价格向社会让利 238 亿元。四季度面对市场煤价格阶段性偏离合理区间高位波动的情况，严格执行国家政策要求，多渠道组织低价煤炭供应，多次主动率先下调坑口和港口煤炭的销售价格，全力保供稳价，引导市场预期，维护市场秩序，发挥了央企在保供稳价方面的示范带动作用。

五、强化客户服务，构建长期稳定的供需合作关系

深化与用户的长期战略合作，2018 年分三批与 30 家重点用户签定 7.4 亿吨的五年期中长期合同，合同兑现 100%，为稳定市场供需发挥了积极作用。精准对接用户需求，实施用户派船计划管理，强化港口泊位协调，降低用户靠泊待装时间，减少用户物流成本。牵头开展与铁路、港口、用户的四方合作，签定准班轮、准班列协议，开通多条准班轮、准班列，使煤炭供需对接在时点、品种结构、流向上更具有稳定性和连续性，稳定了合同履约，实现合作多赢。

案例创造人：张国秀　李学元

以人为本　诚信共赢　铸就海亮诚信品牌

海亮集团有限公司

一、企业简介

海亮集团有限公司（以下简称海亮集团）于1989年在绍兴诸暨市成立，管理总部位于杭州滨江区。现有员工2.1万名，产业布局12个国家和地区，营销网络辐射全球。2021年，综合实力位列世界500强第428位、中国企业500强第117位、中国民营企业500强第29位，浙江省民营企业100强第6位，为浙江省首批"雄鹰行动"培育企业。先后获得"全国文明单位""全国五一劳动奖状""全国先进基层党组织""全国企业文化示范基地""中国优秀诚信企业""全国脱贫攻坚先进集体""中国AAA级信用品牌""中国诚信企业"等荣誉称号。

海亮集团一直将信用建设工作作为重中之重，形成了"以人为本、诚信共赢"为核心价值观的企业文化，建立了规范、科学、全面的企业信用管理体系。近年来，海亮集团在原有基础上进一步健全信用管理体系，出台了一系列举措，获得了许多优秀成果。

二、内部信用管理体系

1. 诚信文化

"以人为本、诚信共赢"是海亮集团企业文化的核心价值观。人是企业发展之基，信是个人成才之本，诚信已经成为每一位海亮人身上所必备的文化基因。海亮集团在进一步加强诚信文化建设方面采取了许多举措：一是加强诚信教育，不仅对每一位新员工开展诚信文化培训，而且经常通过会议、培训班、自媒体等多种途径开展面向全体员工的诚信教育，让诚信文化的氛围越来越浓厚；二是加强诚信监督，集团一方面成立了专职部门履行诚信监督职能，另一方面在涉及经营原则、合同履行、公益责任等方面公开做出承诺，主动接受社会各界的监督，增强推动诚信文化建设的动力；三是加强诚信学习，《员工诚信守则》已经成为每一位员工入职资料清单的必选项，也成了每位员工办公桌上的必备资料，集团也在不断地向外学习先进的信用管理经验。

2. 信用管理组织

为进一步健全信用管理体系，海亮集团建立了专职为主、兼职为辅的企业信用管理组织架构，形成了以集团董事局办公室为核心的信用管理组织体系。集团内控审计中心、运营监察中心，以及董事局办公室下设的诚信监察部作为专职的信用管理机构，履行对全集团各公司、机构和全体员工的诚信管理职能。内控审计中心侧重于对全集团范围内的工程项目、采购招标、资金管理等项目工作和组织行为的诚信监督管理；诚信监察部侧重于对员工个人行为的诚信监督管理，比如报销、采购、补贴申请等方面的行为，并承担起了诚信战略的制订实施、诚信文化的建设、诚信责任的落实监督和诚信问题的处理等工作；运营监察中心则侧重于对安全方面的信用管理，对全集团各公司的安全管理情况进行监督。除了专职机构以外，集团的财务管理部门也承担了部分的信用管理职能，特别是在报销、付款等方面的财务监督。

3. 信用管理制度

制度是海亮集团信用管理体系的一个重要内容。海亮集团的信用管理制度与时俱进，不断根据企业和员工的新需求做出调整，为企业的生产、经营、服务和员工行为等各个方面提供新的规范。目前，集团建立了包括诚信管理制度、廉政监察制度、员工诚信守则、合同管理制度、供应商管理制度、招投标管理制度、采购监督制度、内部审计管理制度、资金归集管理制度、会计核算管理制度等在内的信用管理制度体系，明确了对内、对外讲诚信的信用管理内容和不诚信就要受到严格处罚的信用管理原则，并通过制度宣贯等方式大力推动信用管理制度在全集团范围内的落地实施。

4. 信用管理配套硬件

海亮集团的信用管理体系不仅有从文化到制度的全方位的软件配套，而且有从墙上到电脑上的硬件配套。一是挂在墙上，集团在各大生产、经营、服务场所均配备了诚信承诺牌，既给员工以提醒，又给每一位客户以开诚布公；二是放在手边，集团每个员工自入职之日起就是人手一份的《员工诚信守则》，时刻提醒自己，时刻学习诚信规范；三是走在电脑里，集团配备了OA、SAP、金蝶等多个现代化信息系统，不仅提升了工作效率，而且对于规范全集团的信用管理带来了十分显著的效果，特别是有利于信用管理部门进行诚信监督。

三、外部信用管理体系

1. 供应商管理

海亮集团建立了专门的供应商管理体系，根据考察评审结果将供应商划分为合格供应商、备选供应商、战略供应商和不合格供应商，并建立相应名单以备采购部门选择，为集团各大产业、各个公司的发展建立起范围广、质量优、预期好的上游客户群体，有效维护了集团各产业链的安全健康。

为指导各产业、各公司的经营管理，集团明确了廉洁自律、公平公正、充分竞争、择优选择、可追溯的供应商管理原则，并建立起"开发—考察评审—选—考核评估—奖惩"的供应商管理规范程序，每一个程序都对应详细的规则。例如，供应商的考察评审标准如下表所示。

表　供应商初审标准和标准细则

初审标准	标准细则
产品质量	质量体系、质量问题响应及时性
交货能力	交货及时性、供货弹性
价格水平	报价折扣、价格稳定性
技术能力	技术先进性、后续研发能力、产品设计能力、问题改进能力
售后服务	售后服务能力、运输距离
人员配置	团队质量、员工素质
合作状况	主要客户（包括主要客户的履约情况、合作年限、双方满意度等）

此外，根据供应商的考核评估结果，集团建立了供应商黑名单，将因行贿、舞弊等不道德行为而

被淘汰的供应商纳入集团的供应商黑名单，主要包括：通过提供虚假材料骗取合格供应商资格的供应商，采用不正当手段恶性竞争或与其他供应商串通恶意报价的供应商，贿赂本公司员工、提供不正当利益及其他重大恶劣行为的供应商。

2. 招投标管理

海亮集团制定了招标、投标、技术方案等文件编制发放和保证金收取等的详细细则，明确规定所有的招投标必须遵守廉洁自律、公平公正、充分竞争、保密、可追溯的原则，并依照公司制度规定严格筛选入围投标主体，拒绝以下主体参与投标：

（1）在以往投标过程中有串标、中标之后悔约、恶意低价中标后不履约等不良记录的；

（2）曾与集团或所属公司合作，发生严重质量、安全事故、验收不合格、长期延误工期（交货期）、无故停工（停止供货）、售后服务差等不良记录的；

（3）有偷工减料、以次充好以及恶意欺诈等不良记录的；

（4）与集团或所属公司曾有过法律诉讼，或与公司曾经有过诉讼史但又以别的单位名义参与投标的；

（5）非独立法人，挂靠别的法人单位的。

3. 合同管理

为兼顾企业信用管理水平和业务办理效率，海亮集团将合同区分为一般合同和重大合同，并分别履行不同的合同审批流程。针对合同的订立、审核审批、签署、履行、变更和解除等环节，海亮集团制定了清晰、详细的规范细则，并明确了各方主体的责任。特别是对于合同履行环节，因其直接关系到企业的外部信用形象，海亮集团明确规定：其一，合同正式生效前不得实际履行合同；其二，合同结算付款必须经由财务部门审核；其三，业务部门必须及时跟进合同履行情况，并协同法务部门及时解决相关问题；其四，集团的信用管理部门有权对各公司的合同履行情况进行监督检查。

4. 主动接受监督

海亮集团始终坚持以开放、包容的心态主动接受社会外界的监督，在集团各大生产、经营等工作场所均设有诚信承诺铜牌，就款项支付等内容做出承诺，并提供了诚信监察部和廉政监察部两个信用管理部门的联系方式。在教育产业方面，为了更好地教育和服务学生，海亮集团搭建了对外开放的教师评价和监督平台，以供学生和家长对集团的每一位教师进行监督。针对在诚信方面有重大错误的员工，海亮集团会主动与之解除合同，并且在官网上予以诚信曝光。

四、海亮集团信用建设经验

从诸暨走向世界，海亮集团已经发展成为一个布局全球的国际化大型集团企业，这个成就离不开海亮信用管理体系的贡献。特别是近几年来，集团提出"既讲企业效益、更求社会公德"的发展理念，主动转型升级产业结构体系，迄今已经基本完成新的产业战略布局，而且逐步实现地产、金融的有序退出。在这个过程中，海亮集团的信用管理体系发挥了很大作用。

1. 顶层设计，信用管理护航新战略

海亮集团的信用管理战略、组织建设、制度建设都源自集团董事局的顶层设计，把它作为企业发展的关键要素，为新的产业战略保驾护航。作为集团信用管理组织体系的核心，诚信监察部隶属集团董事局办公室，向董事局负责；《诚信管理制度》《员工诚信守则》等制度经由董事局审核后才予以执行；

家长线上评价教师等信用管理方面的创新性举措，也是经由集团董事局批准后由董事局办公室执行。

在海亮集团产业发展战略转型升级之际，从顶层设计出发的信用管理体系也真正起到了保驾护航的作用。因为一直以来所坚持的诚信文化，特别是企业对员工的诚信，集团实现了地产、金融等领域的有序退出；因为董事局办公室的亲自执行，家长线上评价教师的工作得以顺利开展，加强了对教师的监督，完善了对学生的呵护，也增强了家长和社会对海亮"办好"教育、办"好教育"的信任和信心，对海亮教育事业的健康可持续发展有重要意义。

2. 开放主动，信用管理铸就好品牌

海亮集团一直坚持以开放包容的心态加强内外部信用管理，积极主动担当社会责任，有效提升了海亮的品牌价值和知名度，先后荣获"全国守合同重信用单位""全国用户满意企业"等多个奖项，在社会上建立起广泛信任。近年来，集团坚持每年向社会发布《海亮集团社会责任报告》以接受社会各界的监督，并主动参加"千企结千村""中西部教育扶贫"等行动，持续开展贫困英才培养、孤儿培养、听障儿童救助等公益慈善行动，赢得了社会各界的广泛好评，特别是在集团产业战略转型升级期间，集团得到了许多好评。

3. 求真务实，信用管理夯实发展基础

"务实、高效、创新、奉献"是海亮集团始终坚持的企业精神，也是集团信用管理的一个内核要求。近年来，海亮集团在对信用管理体系进行战略、制度、组织架构等顶层设计的同时，也持续将信用管理工作落到实处、推向深入，通过诚信文化教育、信用管理系统平台应用、诚信监督考核等具体举措进一步夯实了集团的发展基础，组织起一个充满干劲和希望的人才团队，搭建起一个互联互通的信息化系统平台体系。

随着集团规模的不断发展壮大，随着集团业务不断深入地走向世界，海亮集团将在信用建设工作中更进一步，以更加规范的制度加强企业信用管理建设，以更加开放的姿态打造海亮信用管理品牌，以更加坚定的理念为社会信用管理体系建设做出更多贡献。

案例创造人：王黎红

建百年海信　创全球信赖品牌

海信集团控股股份有限公司

一、企业简介

海信集团控股股份有限公司（以下简称海信）成立于1969年，总部位于山东省青岛市，拥有海信视像（600060）、海信家电（000921）和三电控股（6444）三家上市公司，旗下有海信（Hisense）、东芝电视（TOSHIBA）、古洛尼（gorenje）、科龙（KELON）、容声（Ronshen）、ASKO与Vidda等多个品牌。2020年，营业收入1411亿元，同比增长11%，利润总额102亿元，同比增长29%；海外收入549亿元，占比已近40%；实缴税金104亿元。

52年来，海信坚持"诚实正直、务实创新、用户至上、永续经营"的核心价值观和"技术立企、稳健经营"的发展战略，业务涵盖多媒体、家电、IT智能信息系统和现代服务业等多个领域。以彩电为核心的B2C产业，海信始终处在全球行业前列；在智慧交通、精准医疗和光通信等新动能B2B产业，海信也占据了全国乃至全球领先位置。家电板块与科技板块相得益彰，海信正在实现由传统"家电公司"向"高科技公司"的华丽转身。

多年来，海信始终以显示和图像处理技术为核心，在视像产业生态链纵深布局，打通了从底层技术、终端设备、场景应用、云端支撑到内容服务的全产业链条，在ULED动态背光分区控制技术、激光显示技术上世界领先，同时深耕芯片技术，在8K超高清显示画质处理芯片、电视SoC芯片、AI芯片方面不断突破。海信电视已连续17年中国第一（中怡康线下）。截至2021年9月30日，海信"聚好看"服务全球家庭突破7600万，有效延伸了传统制造业的用户运营。海信系冰箱产品国内市场第二，空调产品排名第五，其中新风空调2020年累计零售额占比位居行业TOP3。海信宽带是全球领先光通信器件供应商，接入网光模块产品连续10年全球领先，推出三类运营商终端产品，其中光融合终端和直播星产品国内领先。在新兴的智能交通领域，海信在城市智能交通市场占有率连续多年国内第一，产品和解决方案应用于全国169个城市，2011—2020城市智能交通最终用户订单合计规模第一。以海信CAS（计算机辅助手术系统）为代表的精准医疗产业，目前已服务全国百余家三级及以上医院，海信彩色超声产品HD60泰山系列填补山东省空白。海信商用空调目前已稳居国内多联机市场第一位。

二、企业诚信理念

"诚信"是铭刻在海信品牌中永远恪守的基本理念，是海信写进企业名字里的承诺，《海信集团诚信守则》中明确指出，诚信是所有海信人必须恪守的准则。海信的愿景是："建百年海信，成为全球最值得信赖的品牌"。作为海信人的共同理想，这一愿景一直以来引领着海信的发展方向。海信成立52年来，始终坚持"诚实正直、务实创新、用户至上、永续经营"的核心价值观。恪守诚信始终贯穿海信的企业文化和经营，是海信健康发展之道。

三、企业诚信管理实践

1. 将诚实正直作为企业第一位价值观

诚实正直，是海信对内、对外的价值准则和行为标准，是海信第一位、根本性的价值观，既决定着海信的"家风"，又影响着外部对海信的信任和支持。诚实，强调内部经营就是"讲实话、报实数、做实事、求实效"，外部宣传实事求是，力戒浮夸；正直，强调一身正气做人，一丝不苟做事，即海信人在工作上要廉洁自律、光明磊落、不拉帮结派、忠于职守、唯企业不唯领导。诚实正直体现在产品、服务，以及员工、股东、商业伙伴和政府关系等方面即是"信守承诺、言行一致"。

海信人始终相信只要对员工、顾客、投资者、合作伙伴、政府、社会等直接利益的相关者坚守诚信，必将既益于企业相关者，也益于企业自身。

2. 将诚信列入干部考评的首要标准

2013年，海信集团颁布了《海信集团诚信守则》，并将其作为海信文化的制度保障，也是海信所有管理办法的"上位法"，效力高于所有管理标准。守则中明确指出，"诚信"是铭刻在海信品牌标志中永远恪守的基本理念，是所有海信人必须恪守的准则，尤其是各级管理者更应该成为诚信的楷模。海信将"诚信"列入干部考评的第一条标准，凡是违反诚信原则的干部和员工，必须受到应有的惩罚。

对于德行有问题的员工，海信绝不手软。早在1992年，时任青岛电视机厂（海信集团前身）厂长的周厚健发现内部有人偷盗物料，于是果断出手，一查到底，最终开除了近20人。并且，周厚健力排众议，大力淘汰冗员，一次性淘汰干部约1/3，一改昔日的官僚体制和官僚作风，使得工厂的办事效率大大提升。

严肃对待诚信，不仅保证了海信数据的真实，更重要的是加强了各级领导班子建设，让企业形成了正派的风气。海信明令严禁诸如社会常见的数字造假、指标虚标、偷税逃税、骗取补贴等做法。十几年来，免掉了三个总经理，只要是报假数，没有任何的理由，就从岗位下去。

海信高层常在内部会上说："道德比利润重要，发展比近利重要，追求了无德的利润实际是为企业未来埋下祸根"。2015年，海信内部自媒体《有信》向全体员工公开了一封周厚健董事长给一位工程师回复的长邮件。原来，在一次重要的产品规划会上，这位工程师的徒弟小张在回复一个关键部件的成本时未经核实信口报数据，先说是2700多，带着尾数；后来又改为2700整，不带尾数，并坚持一直汇报的就是2700整。面对徒弟的错误，这位师傅没有主动纠正，反而力证徒弟的说法以期帮忙掩盖错误。周厚健认为此事已经触及了技术人员的底线。在邮件中，周厚健却不无感触地说："企业往往有吹牛的恶习，难道我不知道吹牛能换来企业的利益吗？但它损伤的是企业风气，代价将是长期的。若让其肆意泛滥，海信将没有未来。""请记住真话最美，即使乍听起来不好听。"现在，"宁可无能关门，不要失德发展"已经成为海信人的戒条。

早在1998年，为了让大家认识到诚信对于企业的重要，并在工作中践行诚信，海信开展了诚信教育，并购买了500套讲述同仁堂百年诚信经营的电视剧《大清药王》，分发与经营相关的干部学习。

3. 实行年度诚信经营工作报告制度

在海信集团年度经营管理工作会议上，除了年度经营工作报告，最重要的工作报告就是诚信经营工作报告，总结年度各公司诚信经营存在的主要问题，揭露和批评有关公司和部门对员工、消费者、合作伙伴（包括供应商、技术合作商、经销商、代理商、服务商、广告商、物流商等）、政府、股东、债权人和社会的不诚信行为，并对诚信工作提出要求。

上述报告显示，在长期的诚信教育，严格的制度、纪律管控和严密的审计监控下，海信整体诚信经营情况一直保持良好的发展态势，诚信度评价得分继续保持稳中有升的向好趋势。

自始至终，海信都不相信一个企业靠整天吹牛撒谎能长期发展下去，海信也不相信一个产品靠低质量靠伪装能赢得消费者的心。事实证明，那些虚报能效、偷工减料、以次充好的企业有的已经消亡，有的正逐渐走向衰败。而海信因为一直恪守诚信原则，反而在市场份额、营业额、净利润、品牌知名度和影响力节节攀高，靠的正是对价值观的坚守。

四、企业诚信建设和管理成果

海信先后获得"全国质量奖""全国质量诚信标杆典型企业""全面质量管理杰出推进单位""亚洲质量卓越奖""2020年度中国质量技术奖"一等奖等权威奖项。2019年，海信对全国5200位消费者进行了调研，结果显示，海信在质量可靠、值得信赖、社会责任三大形象感知上分别提升4%、4%和2%。得益于此，海信品牌资产同比增长了19个百分点，提升显著。中国电子商会发布的《中国彩电售后服务和消费者满意度调研报告》显示，海信电视的消费者满意度评分95，连续12年位居行业最高水平。在中国品牌评级机构Chnbrand发布2020年度中国顾客满意度指数(C-CSI)品牌排名及分析报告中，海信电视位居榜首，而且是连续3年高居榜首，体现出海信在彩电领域的品牌实力和市场地位。在海外，美国J.D Power公司发布的年度消费者满意调查报告中显示：海信与三星、索尼、LG、夏普等品牌凭借高得分值上榜。海信以行业领先的产品和服务赢得了广大用户的信赖，也得到了来自市场的认可与回报。海信是2016年欧洲杯、2018年世界杯和2020年欧洲杯、2022年世界杯等世界顶级体育赛事的官方合作伙伴，海信产品远销160多个国家和地区。在中国外文局对外发布的《中国国家形象全球调查报告》中，海信已经连续6年成为海外民众最熟悉的排名前十位的中国品牌。

案例创造人：汤茜　杨祥玺　朱艳丽

以诚信经营推动一流新能源企业创建

龙源电力集团股份有限公司

一、企业简介

1. 基本情况

龙源电力集团股份有限公司（以下简称龙源电力）成立于1993年，当时隶属国家能源部，后历经电力部、国家电力公司、中国国电集团公司，现隶属于国家能源投资集团有限责任公司（以下简称国家能源集团），是我国最早开发风电的专业化公司。2009年，龙源电力在香港主板成功上市，被誉为"中国新能源第一股"；自2015年以来，持续保持全球最大风电运营商地位；2022年1月，龙源电力在深交所主板上市，成功打造千亿级新能源A+H股上市平台。

目前，龙源电力已发展为一家以开发运营新能源为主的大型综合性发电集团，拥有风电、光伏、生物质、潮汐、地热和火电等电源项目，业务分布于国内32个省区市以及加拿大、南非、乌克兰等国家，现有所属子企业42家，员工总数8049人。龙源电力先后荣获全国文明单位、全国五一劳动奖状、中国证券金紫荆奖"十三五"最具投资价值上市公司、最佳上市公司等荣誉，连续9年被评为全球新能源500强企业，连续11年被评为电力行业AAA级信用企业。

2. 主要指标

截至2021年9月底，龙源电力控股装机容量2489.2万千瓦，其中风电装机2241.4万千瓦，光伏装机54.3万千瓦，火电装机187.5万千瓦，生物质装机5.4万千瓦，地热装机0.2万千瓦，潮汐装机0.4万千瓦，资产总额1935.6亿元。龙源电力近年来资产规模加速壮大，经营业绩稳中有升，各项经营指标均处在行业前列。龙源电力近几年主要业绩指标如下表所示。

表　龙源电力近几年主要业绩指标

指　标	单　位	2018年	2019年	2020年	2021年1—9月
总资产	亿元	1459.05	1558.47	1741.86	1935.6
营业收入	亿元	264.55	274.61	284.94	253.21
净利润	亿元	50.12	53.67	56.70	57.39
营业收入毛利率	%	36	36	38	/
营业利润率	%	21.9	23.4	24.1	/
净资产收益率	%	9	8	9	/
总资产报酬率	%	6	6	6	/

二、诚信经营理念

龙源电力坚决贯彻国家节能减排政策，以"开发清洁能源、建设美丽中国"为使命；以"建设世界一流新能源企业"为愿景；坚持"绿色发展、追求卓越"的核心价值观；践行"实干、奉献、创新、争先"的企业精神。企业遵循忠诚守信的经营理念，忠诚于内，守信于外，忠诚于党和国家，忠诚于社会，员工忠诚于企业，企业忠诚于员工，重承诺，守信用，内外一致，言行合一。龙源电力严格履行国家电力业务许可管理规定，新投产发电机组、新能源发电项目、售电公司严格在规定时限内运行开展，主动及时申办电力业务许可证，积极做好变更与延续，依法开展各项业务，自觉接受行业主管部门监督检查。

三、决策部署

龙源电力致力于完善中国特色现代企业制度，建立高效运行机制，在股东会、董事会、监事会、高管层等各个相关主体之间，增进公司运营信息畅通和高效协同，加快完善公司治理机制，有效提升治理效能。全面强化党委把方向、管大局、促落实的领导作用，充分发挥董事会定战略、做决策、防风险作用，有效发挥管理层谋经营、抓落实、强管理的作用，推进公司高质量发展。不断完善董事会制度体系和工作体系，根据监管规则和市场形势变化，强化改革创新意识，着力强化监督职责，不断提高依法科学决策水平，确保公司规范化运作。

四、制度建设

龙源电力加快构建完善制度体系，现行有效制度358项，制度建设按照《龙源电力集团股份有限公司规章制度管理规定》要求履行审核会签、决策、印发程序，合法性、合规性、规范性均得到有效保障。同时，为保证制度体系集成度、协同性、规范性，公司规章制度体系按照所涉业务类别及层级，分为法人治理、党建群团、前期投资、产业运营、财务与资本、科技与信息化、企业综合与人力资源、监督考核八大板块，各板块制度明确为一级、二级、三级，提高了龙源电力管理能力和效率，为保障公司发展战略实施打下坚实基础。

五、体系建设

1. 战略管理体系

龙源电力紧密围绕国家能源集团"一个目标、三型五化、七个一流"总体发展战略，目标瞄准"建设具有全球竞争力的世界一流新能源企业"，统筹开展龙源电力"十四五"战略规划研究。规划发展目标已通过龙源电力党委会审议，规划文本正在编制。规划编制充分对接国家发展规划和产业政策，全面深入分析企业外部环境和内部条件现状及其变化趋势，为长期生存与发展，确立发展定位、明确发展目标、制定相应实施方案。

龙源电力坚持"风光并举、陆海统筹、多能互补、上下联动、重点突破"发展思路，在布局模式上按照集中式与分布式并举、陆上与海上并举、就地消纳与远距离外送并举、单品种与多品种协调并举方式，重点布局源网荷储一体化、多能互补等基地式项目和分布式项目。龙源电力在保持风电优势的同时，大力发展光伏发电项目。"十四五"期间新增风光比例约为4∶6，争取到2025年年末，光伏项目规模占比超35%。为保障新能源规模化发展，龙源电力在"十四五"期间拟配套储能400万千瓦。

2. 质量、安全和环保管理体系

（1）持续推进质量、环境、职业健康安全管理体系建设。龙源电力制定并印发"三标一体"管理体系建设工作实施方案，依据《质量管理体系-要求》《环境管理体系-要求》《职业健康安全管理体系-要求及使用指南》，结合龙源电力实际，印发《质量环境和职业健康安全管理手册》。目前，本部及所属3家试点单位均已获得ISO质量、环境、职业健康安全管理体系认证，所属单位全部完成试运行。

（2）不断夯实安全环保基础。加强安全环保数字化监管，开发隐患管理、外包安全、职业健康等24个模块，实现现场安全管理全覆盖。充分利用全域视频系统、人车船定位系统、信息化管理系统，开展远程监督检查，防止作业人员"有令不行、有禁不止"。精细化开展外包安全管理，完善作业在线监督与溯源全过程，实现安全管控无死角。稳步提升应急管理能力，开展应急演练1600余次。

（3）建立健全安全管理体系。深入推动标准化建设，编制35.1万张标准"票卡包"，将风险预控、安全措施、维护质量、检修工艺融入消缺维护全过程。建立完善安全风险数据库，完成783项安全风险辨识评估，与标准化"票卡包"形成互补，增强了安全风险源头防范能力。生产、安环和纪检业务形成合力，建立生态环境"双报告、双监督"机制，督办整改重大隐患。

（4）落实安全环保主体责任。按年度逐层签订责任书，将责任落实到各有关单位和岗位，对年度安全、环保、职业健康责任目标和节能减排工作情况进行全面检查考评，切实落实节能减排责任。坚守"生态保护红线、环境质量底线、资源利用上线"和"生态环境准入清单"要求，确保在大力发展清洁能源的同时，有效保护土地和水资源，清洁生产水平持续提高，能源资源配置更加合理、利用效率大幅提高，主要污染物排放总量持续减少，企业生态环境持续改善，成为绿色低碳循环发展的新能源生产领军企业。

3. 内控管理体系

龙源电力构建动态风险监测机制，加强合规治理，优化风险管理，完善内控设计，确保内控风险合规一体化高效运行。龙源电力围绕经营战略及管控模式，分类分层建立风险框架，梳理三级制度流程、逐项对标风险、内控及合规要点；推动嵌入系统、融入流程，推动建立量化预警模型，实现实时动态监测，定期评估调整优化，提高效率效益。按照业务领域相关内外部风险，建立《2020年度风险分类表》。从战略、市场、运营、财务、法律、合规等层面，分析识别出17项二级及140项三级风险。外部风险主要包括宏观经济风险、疫情风险、行业政策风险、市场竞争和电价风险等；内部风险主要包括投资、工程项目、安全环保、现金流等。迄今为止，未发现公司内部控制存在任何重大弱项，或出现任何重大失误。

4. 财务管理体系

龙源电力实施全面预算管理制度，年度预算以零基预算为原则，积极调动各单位生产积极性，同时根据业务特点，按照火电、风电、光伏、潮汐板块进行编制。在预算执行过程中，实时分析各财务指标、业务指标变化原因，并根据实际经营情况调整预算。

在资金管理方面，龙源电力积极探索建立"目标引领、创新驱动、统筹兼顾、协同高效"为特点的立体金融管理体系，实现金融机构、龙源本部、所属单位资金内循环，利用利差打通境内外资金循环，继续巩固行业内资金领先优势，助力龙源电力"十四五"期间快速发展。

5. 客户管理体系

龙源电力高度重视客户管理，以营销业务为契机，加强需求侧管理，增强客户黏性。实施服务标杆引领，培育服务文化理念，以服务价值观为核心，以忠诚服务提升企业核心竞争力，不断提高用户满意度。增强主动服务意识，坚持客户至上服务观，针对不同客户采取分类营销策略，做好客户经营状况和合同履约情况跟踪，避免违约考核。积极开展客户回访，倾听客户意见，分析客户反馈意见建议，及时反馈解决措施，提升整体服务质量。未发生过因客户管理不到位而造成信用风险事件。

6. 采购管理体系

龙源电力建立供应商管理体系及合格供应商名录，制定《供应商短名单管理实施细则》，每年开展供应商履约情况评价。其中，2018年主、辅机涉及供应商75家，标段总数88个；2019年主、辅机涉及供应商173家，标段总数226个；2020年主、辅机涉及供应商548家，标段总数1751个。未发生过因供应商失信行为导致风险。

7. 合同管理体系

推广使用国家能源集团、龙源电力合同示范文本，提升合同标准化管理水平，从源头提高合同签约质量；通过信息化手段强化实时检查考核，合同示范文本刚性约束显著增强。在合同履行过程中未发生过因自身原因而产生违约事件。

六、社会责任

1. 劳动福利与保障

龙源电力依法与全体员工签定《劳动合同书》，劳动合同中明确劳动合同期限、工作内容、劳动保护和劳动条件、劳动报酬、社会保险和福利、劳动纪律、劳动合同终止条件，以及违反劳动合同责任。依据国家法律、法规及相关政策，结合实际情况，制定《考勤管理规定》《带薪年休假管理办法》，明确休假时间、假期待遇、考勤管理、请假手续。

为员工建立重大疾病保险是我国医疗保险体系重要组成部分，是龙源电力贯彻落实科学发展观，深入实施"惠民工程"重要举措。为减轻突发重疾患病职工医疗费负担，解决员工后顾之忧，制定《关于建立"阳光惠民福利保障计划"的指导意见》，实施"阳光惠民福利保障计划"，险种包括重大疾病、定期寿险、意外险以及交通工具意外伤害等，组织所属企业积极参保，为全体员工健康保驾护航。

2. 企业依法纳税

龙源电力2018年缴纳税金33.11亿元，2019年缴纳税金32.01亿元，2020年缴纳税金31.54亿元。密切关注税收政策变化，严格执行国家税收法律法规规定，所属企业无偷漏税等行为。

3. 社会贡献

龙源电力高度重视承担企业社会责任，将其作为企业履行"开发清洁能源、建设美丽中国"使命和实现"建设具有全球竞争力的世界一流新能源企业"战略目标重要组成部分。龙源电力积极探索企业社会责任理念和实践，致力于企业履责和企业运营相互促进，以"可持续发展、综合价值最大化"为目标，以"全员参与、全方位融合"为方式，通过透明、道德的企业行为，在企业决策、制度流程、业务运营、日常管理和企业文化中落实企业社会责任理念，不断推进企业社会责任工作，全面提升综合价值创造力、运营透明度和品牌影响力，树立起诚信、进取、和谐的新能源企业形象。2021年，龙源电力入选"央企ESG·先锋50指数"。

"绿水青山就是金山银山"。龙源电力积极贯彻国家节能减排政策，长期秉承绿色发展理念，专注发展清洁能源。2021年，实现减排CO_2量4200万吨，荣获中国能源发展高峰论坛"年度碳中和先锋企业"称号。在创造绿色能源的同时，着力构建清洁发展机制，持续强化环境保护，切实履行环境责任。在风电场开发建设中，重视风机对鸟类迁徙飞行影响，确保风机间距让鸟类安全穿越，并采取警示色方式避免鸟类撞击发生，最大限度减少鸟类夜间飞行撞击叶片概率。在海上风电场建设和运营中，高度重视海洋渔业资源保护，定期采取鱼苗放养方式增加鱼类资源繁衍生长。

龙源电力热心参与公益慈善事业，持续推进"能源绿色关爱"行动计划，以诚信、奉献、仁爱、和谐赢得信任与尊重，努力实现企业与社会和谐发展，展现良好企业形象。龙源电力持续开展右玉县定点帮扶工作，主动作为、创新方式，投入帮扶资金超7000万元，帮扶成效显著。创新生态扶贫模式，发放生态护林员工资；发挥产业优势，投资援建光伏扶贫电站，无偿捐赠县政府；强化消费扶贫，新冠肺炎疫情以来，积极开展"爱心消费、助力扶贫"活动，帮助销售农产品，实现电商销售额逆势上涨；注重产业帮扶，因地制宜、精准施策，投资建设"温室蔬菜大棚""中药材加工扶贫车间"等项目；深化健康扶贫，资助公立医院采购医疗设备。获评山西省脱贫攻坚"组织创新奖""脱贫攻坚先进集体"。

龙源电力响应国家"走出去"号召，积极参与高质量共建"一带一路"，稳健深化国际合作，注重海外项目履责，树立海外社会责任典范。龙源电力南非公司通过当地媒体与居民互动，深入宣传践行社会责任各项举措，展示中国一流企业形象；发布《龙源南非社会责任报告》，南非德阿风电项目管理团队获"央企楷模"荣誉称号。捐款捐物助力当地抗击疫情，帮扶孤儿院、养老院，设立儿童早教中心、资助贫困学生、援建翻修体育场，资助市政开展水利项目，开展社区道路建设、开挖水井，修缮学校及清真寺；推动文化交融，连续两年冠名赞助"汉语桥"世界大学生中文比赛南非总决赛，推动两国在教育、文化、经济多方面深层次交流；尊重南非文化习俗、宗教信仰、思维方式和行为方式，采取定期到社区走访、邀请民众参观电厂、除夕包饺子等多种互动方式，加深彼此的了解，增进友谊，进一步激发当地民众学习中国文化的热情，使中国文化得到广泛传播。

案例创造人：李忠军　唐坚　吴涌

抱"诚"助力企业发展 立"信"铸就民企典范

天津荣程祥泰投资控股集团有限公司

一、公司简介

天津荣程祥泰投资控股集团有限公司（以下简称荣程集团）是天津市大型民营企业之一，集团总部坐落在天津滨海新区，现有员工总数近万人，资产总额 196 亿元。

诚信是企业发展的无形资产，是最大的环境、最具吸引力的名片。荣程集团从创业之初，历经 34 年发展，始终坚持"以钢铁般的意志，为客户和社会持续创造价值"的企业使命，坚持诚信经营、诚信办企，始终将社会效益放在首位，以实现社会效益和企业经济效益相统一为目标，遵循可持续发展的准则，秉承诚信、创新、奋斗、奉献、共享的企业核心价值观，主动承担履行社会责任，在稳增长、促创新、增就业、扶贫济困等方面为地方经济发展作出贡献，截至 2021 年年底，累计实现利税 280 亿元，累计社会贡献总额 334 亿元，其中直接社会公益事业投入近 9 亿元，解决就业近万人。先后获得"全国文明单位""全国守合同重信用先进单位""全国就业与社会保障先进民营企业"等多项荣誉。

二、坚持诚信为发展第一要务

荣程集团之成在于"诚"，30 余年的创业历程始终坚守"无我利他"的诚信精神，荣程的经营模式是靠诚信打拼出来的。荣程的三条"一分钱"原则是：不偷漏国家一分钱税款、不拖欠工人一分钱工资、不欺骗客户一分钱货款。2015 年，中国钢铁市场产量又创新高，但市场需求却持续走低，导致逾半数的大型钢铁企业陷入亏损。天津各大银行纷纷收紧了对钢铁企业放贷。源头关闸，企业开支却不能减少。最困难的时候，要一次性拿出 1.5 亿元，用于缴纳电费、发放员工工资。在本可以跟员工商量，获取理解、支持，推迟发工资的特殊时刻，荣程集团却选择按时缴纳电费、发放员工工资，坚守三条"一分钱"原则，始终以诚信为先。榜样的力量是无穷的，在困境面前，全体荣程人拧成一股绳，视厂为家。那段时间，员工们下班后自发去捡废钢，利用废旧材料压制成砖，修整厂区路面，想尽办法节约利用有价值资源，在 2015 年市场形势最严峻的时候，逆势反超，实现 1.8 亿元的盈利，获中国企业联合会 AAA 信用评价。

2021 年 2 月，荣程集团积极响应政府混改号召，践行民企担当，投入巨资重整天津物产贸易板块，以"融合发展、诚信致远"经营理念，帮助老牌国企重获新生，实现"当年重整、当年盈利"，2021 年实现营业收入 251 亿元，同比增长 60.52%，实现利润总额 2.3 亿元，树立了天津民企混改标杆。天物司法重整成为国内外首例大宗商品流通企业通过市场化方式重组成功的案例，获评 2020 年度全国法院十大商事案例之一，被天津市政府评价为"天津市委市政府深入贯彻落实习近平新时代中国特色社会主义思想的典型实践；以市场化、法治化为原则，分类处置综合化解债务风险的典型实践；贸易企业涅槃重生，有效保障债权人权益的典型实践"，为推动天津市绿色高质量发展作出了突出贡献。

三、坚持以诚信创民族品牌

荣程集团坚决将"严格把好质量关，残次产品不出厂"作为企业经营铁打不动的规矩，紧盯"普碳钢的成本，精品钢的质量"目标，坚守安全、环保、成本与质量三条生命线，坚持"人品"为荣程的核心产品，切实把产品质量当作企业发展的生命，把提供优质产品当成守信用的直接体现。坚持产品宣传实事求原则，杜绝虚假、夸大宣传，以实打实的品质赢得国内外客户的一致口碑。在国际贸易中，荣程集团更是严格遵守执行国际法律法规。荣程的船在诸多国际港口均享受优先进港、靠岸、卸货权。这些优先，正是国际社会对荣程集团诚信经营认可的最佳见证。

1. 打造诚信合规总纲

（1）在引领员工诚信合规意识方面。荣程集团发布并实施《荣程集团诚信合规管理手册》，将其作为信用体系建设纲领性文件。该手册涵盖安全、环保、职业健康和公共安全，反商业贿赂和反腐败，反垄断和反不正当竞争，财税与资产保护，社会责任与员工权益，知识产权和数据信息，投资与国际业务，商业伙伴及相对方，金融等九个方面，指导公司和员工严格遵守我国法律法规、监管规定、行业准则和企业章程、规章制度，以及业务所在国（地区）的法律法规、监管规则、国际条约等要求，全面打造依法治理、合规管理、诚信经营的良好氛围。

（2）在落实推进诚信合规方面。荣程集团创新推出《合规微学堂》栏目，以手册内容及相关案例为主，配以文字＋音频，面向全员普及诚信合规文化。组织集团及各子公司的董事、监事、中高层管理人员以及集团对外业务往来的岗位人员签署《诚信合规承诺书》。同时，针对与集团、子公司发生业务往来的合作方，签署《反商业贿赂承诺书》，确保公司与合作方的共同利益，共同反对商业贿赂行为，共同维护和打造信用建设环境。

2. 深耕信用制度建设

在财务纳税信用、保障员工权益、质量信用管理等方面。荣程集团已建立较为完善的信用制度体系。在集团董事会主席张荣华的领导下，无论国内外经济形势多么复杂，企业经营多么困难，荣程集团始终坚持"不减员、不减薪、不压支"，重视劳动分配率，注重增加值；切实关切员工利益，以制度保护员工身心健康，以文化维系员工感情，以有竞争力的薪酬福利保障员工利益，倾力打造员工成长、实现价值、快乐幸福的家园。与此同时，荣程集团要求每一道生产工序务必设立质检员，与绩效挂钩，严格奖惩制度，绝不许一件残次品出厂，为"传承百年精品基地，创建诚信经营民族品牌"打下坚实基础。

3. 强化信用评价机制

在传承"真字为人、诚字处事、德勤治家、持续创新"理念，树立守信激励、失信惩戒价值导向方面，荣程集团出台了《荣程集团员工信用积分和信用评价管理办法（试行）》，以建立员工信用积分和信用评价管理体系，对员工履职期间遵守承诺、遵章守纪、履职尽职情况进行评价积分，形成综合信用得分和相应的信用级别，遵循客观公正、统一标准、科学分类、动态管理的原则，依法依规保护公司及员工合法权益。此外，推行供应商信用评价机制，将信用体系建设与规范供应商管理有机融合，印发《荣程集团供应商管理办法》，规范采购管理，打造公开、公平、公正的市场竞争环境，客观评价供应商的履约能力，将供应商信誉、法律诉讼、行政处罚、失信记录、被执行人等信用指标纳入评价范围，推动落实分级管理，有效防控经营风险，切实服务好日常生产经营和项目建设，确保诚信合规经营。

4.重信守诺履约

荣程集团始终秉承"信用至上"理念,把"守合同重信用"作为企业经营生存的重要保障。在合同管理上,集团公司从基础抓起,注重过程控制,在合同订立、履行、变更、终止等活动中,以法律法规为准绳,以行业标准为依据,建立了完善的合同管理体系,增强了履行合同的有效性。经营过程中,未发生过因自身违约引起合同纠纷情况,合同履约率达到100%,切实做到了"守合同重信用"。连续多年获得"守合同重信用企业"称号,荣获"2020年全国最佳诚信企业案例",集团董事会主席张荣华荣获"2020年全国优秀诚信企业家"荣誉称号。"守合同重信用,诚信经营"是荣程集团响当当的企业名片,获得了各级党委、政府、供应商和客户的广泛赞誉,一大批实力雄厚的企业纷纷与荣程集团建立了战略合作伙伴关系,形成了精诚合作,共生共赢的良好局面。

四、坚持公益责任引领诚信建设

"荣程是国家的荣程,是社会的荣程。"多年来,荣程人始终感恩社会各界的关心,秉承"感恩社会、传承"的理念,积极投身于社会公益事业,以"利他之心"主动肩负与地方共同发展的责任与使命。

2015年,荣程普济慈善基金会成立。荣程集团以荣程普济公益基金会为载体,持续对抗震救灾、精准扶贫、青少年助学、儿童医疗、师资力量建设、敬老养老等方面进行捐助。2016年,向中国宋庆龄基金会捐资1000万元人民币,设立"中国宋庆龄基金会祥青生命之树慈善基金",用于支持医疗卫生、科学教育、文化体育等领域的社会公益事业。2020年,新冠肺炎疫情突发,武汉紧急封城后,荣程集团第一时间捐款1亿元用于津、鄂两地新冠疫情防控工作,疫情期间实现了三个0,即安全环保事故为0、疫情事故为0、感染和疑似病例为0;做到了三个100%,即产销率100%、复工复产率100%、重点项目开工率100%,坚决做到疫情期间不减员、不降薪、不拖欠工资,职工人均收入增长近12%,为奋力夺取双战双赢贡献了民企力量。2021年,郑州出现罕见的持续强降水,荣程普济公益基金会第一时间部署安排支援2000万元,全力以赴驰援灾区。2022年年初,新冠肺炎疫情突袭津城,荣程普济公益基金会号召集结荣程青年志愿团奔赴前线,向津南区红十字会捐款500万元、向天津市光彩事业促进会捐款1000万元。整合捐助成立"宋庆龄基金会祥青生命之树专项基金""清华大学教育基金""南开中学教育基金""福老基金"等专项基金,对接国际知名社会公益机构合作,推动民企公益事业可持续化发展。

荣程集团响应"精准扶贫""乡村振兴"国家战略,投身东西部扶贫协作和对口支援,依托荣程产业平台,发挥产业优势,将脱贫攻坚融入企业发展,助力共同富裕。集团制定了《推进"万企帮万村"精准扶贫行动实施方案》,通过"产业扶贫、医疗扶贫、教育扶贫、消费扶贫"四位一体综合扶贫模式,在甘肃、青海、新疆等10余个省市积极开展精准扶贫,服务建档立卡贫困户316.2万人。2021年,荣程集团年度累计精准帮扶采购金额3678万元。

五、坚持数字化转型助燃诚信新动能

"十四五"开局,荣程集团确立以"数字化转型低碳高质协同发展"为主线,围绕生命、生活、生态、生产、生物"五生"联动谋产业链促中和,共和、共生、共享、共赢、共荣"五共"一体谋国际化发展,打造智云、智运、智造"三智"合一的荣程模式,坚持以"谋三智,重五流"战略,投入大量资金,加速推进信息化顶层建设。荣程集团牵头成立天津市首个院士专家创新中心、企业科协,建立"揭榜挂帅"科技创新组织管理模式，提升企业创新体系能力；牵头开发高强、高端钢材产品21种，战略新兴产品产值78.8亿元，年均增速13.4%，产品港珠澳大桥、2022年冬奥会交通配套工程等国家重大项目中使用；将智能制造作为企业转换新动能的风向标，推进智能制造试点示范等国家级重点项目，高标准建设国内首家以"5G+水土云工业互联网平台"为架构的智慧工厂，实现企业能耗总量降低12%；建设"荣程智运"运输体系，创新应用轻资产模式链接运力与产业，被交通运输部列为全国"互联网+"智慧物流"交通强国"试点，企业数字化、智能化、智慧化步伐不断加快。

2021年，荣程集团科技金融板块创新研发融信金融APP，将融合个人信用、企业信用，应用到金融服务、生活服务等各种场景。充分利用数字信息技术，把数字化融入信用体系建设，为加强数字生产、数字流通、数字消费、数字管理建设打造应用场景，以数字化转型为动能，写好"数字化转型"文章、"科技赋能"文章，为加快实现"智慧荣程、智能荣程、透明荣程、数字荣程、可信荣程、生态荣程、和谐荣程、对等荣程、创新荣程、幸福荣程"创造路径。

荣程集团将持续完善信用体系建设，健全信息制度、强化信用评价、提升信用文化环境，坚持诚信经营、诚信办企，坚定不移地承担履行社会责任，释放新时代的诚信动能，为建设"信用中国"展荣程之为，献荣程之力！

案例创造人：张荣华　张君婷

以诚信为基石　建设世界钛业强企

宝钛集团有限公司

一、企业简介

宝钛集团有限公司（以下简称宝钛集团）始建于1965年，是中国最大的以钛及钛合金为主的专业化稀有金属生产科研基地，是一家拥有宝钛股份、宝色股份两家上市公司、20多个子公司及具有世界一流水平材料检测中心的大型跨地域企业集团。宝钛集团拥有钛、装备制造、新材料等三大产业板块，形成了集冶炼、加工及深加工、设备制造为一体的完整钛产业链，主导产品钛材年产量占全国总产量的40%以上；是中国钛及钛合金国标、国军标、行标的主要制定者，技术力量雄厚，产品技术标准已达国际先进水平。"宝钛"牌钛及钛合金加工材在国际市场上已成为"中国钛"的代名词。

建企50多年来，宝钛集团累计为我国国防军工、尖端科技承担了8000多项新材料试制生产任务，取得重大科技成果600多项。从C919到嫦娥工程，从"神舟"系列飞船到"天问一号"，都有宝钛集团作出的重要贡献。2020年，宝钛集团研制生产的深潜器钛合金载人球舱，助力"奋斗者"号创造了10909米的中国载人深潜新纪录，标志着我国在大深度载人深潜领域达到世界先进水平。

二、企业诚信体系建设

宝钛集团一直把守法诚信作为安身立命之本和高质量发展之基，依法经营、依法治企、依法维权，多次荣获"企业信用评价AAA级信用企业""中国有色金属行业企业信用评价AAA级信用企业""全国守合同重信用企业"、银行AAA信用、海关总署AA类企业、A级纳税信用等级、海关AEO高级认证企业等级评定，塑造了良好的信用形象，提升了社会信誉度和知名度。

1. 坚守诚信经营理念

宝钛集团牢记"发展中国钛工业，打造世界钛强企"的企业使命，坚持"和谐诚信兴宝钛，创新进取谋发展"的企业精神和"宽广、高远、深长"的品牌理念，以客户需求为导向，按照"做精军品、做活民品"的发展思路，全面抓好军品、民品、外贸"三个市场"，提升营销、管理、装备"三个能力"，推进经营模式、产业链、技术"三个创新"，强化经营管理者和员工的信用风险意识、职业道德规范，实现客户价值最大化，把宝钛建设成国内一流、国际领先、职工有获得感和幸福感的世界钛业强企。

2. 加强客户资信分级管理

宝钛集团秉承诚信发展理念，坚守企业信誉基石，以诚信营销推动各项工作的开展。企业建立了客户资信系统，根据客户所处行业、发展前景、信誉、忠诚度、订货量等综合指标，依次进行A、B、C、D四级评级分级管理。同时，利用企查查等资信平台，对客户的相关情况进行了解，确保风险可控，让"重合同、守信用"客户真正享受到诚信带来的效益。

3. 建立内部守信制度

宝钛集团积极推行公开招标和阳光采购，对各项招投标业务流程、范围、方式等进行了明确、细化和规范，维护公平竞争秩序，杜绝商业贿赂，确保商业合作关系正常健康发展。建立了行之有效的内部控制体系，并在实践中不断健全和完善法人治理结构，开展规章制度的"废改立"工作。提高上市公司规范治理水平，密切关注分析政策变化，及时应对重大事项、异常情况，丰富融资渠道，强化市值管理，提升公司价值。

4. 增强全员质量意识

宝钛集团秉承"质量是生命，品牌是灵魂"质量理念，完善质量监督管理体系，强化全过程质量控制，将质量要求渗透产品生产的各环节、各工序。严把质量监督检验关，严格质量管理考核问责，以问题整改倒逼质量提升。主动适应高端产品检验需求，着力推进检验技术升级，全面提高产品检验能力。积极做好质量审核认证工作，加强用户质量跟踪和服务，强化与重点客户的技术交流，不断提升服务意识和技能水平，以质量赢得市场，以品牌走向世界。

5. 健全风险保障机制

宝钛集团按照"管业务必须管风险"的原则，加强内控体系建设与监督工作，突出抓好规章制度、重大决策的合规管理以及经济合同的合法性审核，有效规避诚信合规风险。加强高风险业务管控及高风险岗位、重点人员管理，构建全员、全过程、全体系的风险防控机制，推进合规、合法管理全面覆盖、有效运行，保障经营管理行为的合法性、合规性和有效性。

6. 塑造良好企业形象

塑造良好的企业形象不但是企业自身文化发展的前提，也是赢取公众信誉，占领销售市场的重要手段。宝钛集团奉行稳健、诚信的经营理念：（1）对内，聚焦产供销全链条的提质升级，完善运营管理体系和风险内控管理体系，实现事前、事中、事后全流程管控，为社会提供优良的产品和服务；（2）对外，履行社会责任，热心公益事业，加宣传推广，充分展示企业综合实力，致力打造讲信用、讲商誉的世界一流钛业强企形象。

三、企业诚信实践案例

1. 追求卓越品质，筑牢品牌根基

作为中国最大的钛及钛合金生产、科研基地，宝钛集团以技术创新、产品升级为依托，生产优质产品、提供优质服务，提高业界知名度、准入度和信誉口碑，以质量成就品牌梦想，以诚信赢得钛业未来。产品得到了国内诸多客户的支持和信赖，连年被沈飞集团、中国航发等十多家公司授予"金牌供应商""优秀供方"称号。成为空客、波音、罗罗、古德里奇、赛峰、庞巴迪等诸多国外宇航公司钛材料合格供应商和合作伙伴。"宝钛BAOTI"商标被国家市场监督管理总局批准为中国驰名商标，被中国出入境检验机构授予"中国质量诚信企业"称号，荣获"中国（行业）领军品牌"称号等。

近5年，宝钛集团获得上级科技成果奖43项，其中省部级以上13项，"一种真空蠕变校型炉"获得中国专利金奖，"4500米载人潜水器TC4载人球壳制造技术研究"荣获中国有色金属工业科学技术奖一等奖。2021年，宝钛集团品牌经中国品牌建设促进会评估，品牌价值达11.31亿元。

2. 牢记初心使命，打造国之利器

宝钛集团坚持以创新驱动高质量发展，做大做强做精做优核心产业，在"强起来"的伟大进程中

充分发挥国企顶梁柱作用，助力我国从制造大国迈向制造强国。

2010年，为提高核心部件国产化水平，提升自主创新能力，国家提出研制"深海勇士"号载人潜水器，宝钛集团承接了载人球壳的研发任务。面对诸多技术难关，为实现一次技术突破，项目团队往往要经历数十次甚至数百次的试验创新、工艺方案调整，直至技术指标完全合格。经过1000多个日夜的奋斗，项目团队完成了"深海勇士"号钛合金载人球壳的研制，实现了"深海勇士"号4534米的最大下潜深度，标志着我国深海潜水器载人舱制造技术步入国际先进行列，结束了载人舱球壳依赖进口的被动局面。

2016年，在"深海勇士"号之后，宝钛集团又承接了"奋斗者"号载人球壳的研制任务，向万米深海进军。研发科技团队克服项目研制周期短、技术难度大和研制任务重等困难，经常一干就是20多个小时不休息，从材料研制到完成球壳制造，仅用4年时间就完成了"奋斗者"号这个极具历史挑战性的任务。2020年，安装有宝钛研制生产的世界最大、搭载人数最多的钛合金载人球舱"奋斗者"号在马里亚纳海沟成功下潜10909米，创造了中国载人深潜新纪录，标志着我国在大深度载人深潜领域达到世界先进水平。

从4500米到10909米，宝钛见证了中国深潜从与世界"跟跑"到"并跑"再到"领跑"的历史性跨越。从4500米到10909米，是宝钛诚信经营、高质量发展的最佳注脚。

3. 强化市场意识，把民品做"活"

近几年，国内钛民品市场已经由宝钛的"一枝独秀"转为"百家争鸣"，市场竞争日趋激烈。面对新冠疫情冲击、原材料价格一路上涨、民品市场整体增速放缓或停滞的不利局面。企业以市场需求为导向，细分客户群体，深挖客户需求，实施差异化、精准化营销，把"以客户为中心"的理念贯穿于生产经营全过程，"急客户之所急、想客户之所想"，帮助客户解决难题，赢得了客户的一致好评。

2020年，宝钛股份成功签定《宝鸡大剧院"造型屋面"合同》。面对时间紧、标准高等诸多难题，项目团队经过一次次调整参数、一次次对比分析、一次次轧制试验，不断摸索优化，成功地突破了造型屋面用钛的技术壁垒。宝鸡大剧院屋面钛板顺利供货并投用，改变了过去国家大剧院、杭州大剧院等大型建筑用钛板依赖进口的局面，拓展了我国民用钛材应用领域，对国产钛材在建筑行业上大规模应用具有里程碑式的意义。

2020年，宝钛集团民品市场开发新客户87家，部分产品销售实现逆势增长。2021年，开发新客户88家，订货量同比增长58.7%，销售量同比增长41.4%。目前，宝钛集团已在氢能、3C电子、建筑、车辆等行业有新突破。

4. 聚焦钛产业，打造产业集群

面对发展新格局，宝钛集团充分发挥陕西省钛及钛合金产业链链主优势，加快补链、延链、强链、组链，着力整合内外资源，"链"动产业上下游企业，聚力建设"世界钛都""中国钛谷"，打造宝鸡钛产业集群品牌，促使产业集群，实现由"单打独斗"到"联合作战"。

宝钛集团积极拓展自身的多元化发展之路，与辽宁锦州的民营企业合作建设1万吨/年海绵钛扩能项目，与广州一家建筑商发展合作建筑领域用钛，与美的集团合作探讨民用生活领域用钛，与极致钛业合作钛民品材料的研发与生产，等等，将钛材应用从"上天入海"的大国重器向民用领域延伸，给钛行业提供新的增长空间。此外，依托宝钛集团这艘产业"航母"，宝鸡已有500多家钛材领域的中小企业随航远行，与宝钛集团分工合作，精耕细分领域，使上下游产业链愈发完备。

5. 放眼全球市场，做大做强钛产业

打造世界钛业强企，一直是宝钛集团的发展愿景。为此，宝钛集团立足国内市场，加速布局国际市场。

为应对国际知名企业对产品质量要求严苛、供应商准入门槛高等问题，宝钛集团不断提高业界知名度和准入度，持续推进国际钛行业、钛企业相关资格认证。宝钛股份于2017年通过了"海关高级认证企业"认证（以下简称AEO认证），这是中国海关给予诚信外贸企业的最高殊荣。目前，已取得了挪威石油公司NORSOK认证、欧洲压力容器PED认证、艾默生公司锻造产品认证等认证，并被美国波音公司纳入一级供应商名录，与欧洲主流飞机制造商确立了战略性合作关系，签定了长期供货协议。宝钛品牌产品进入了国际钛行业第一梯队，享有越来越高的声誉，受到了更广泛的关注和接受。

2020年，新冠疫情蔓延全球，国际钛行业市场动荡不安，传统航空航天行业需求量大幅降低、诸多项目停滞，使得原本就竞争激烈的钛材供应市场愈发混乱。作为中国钛行业唯一通过AEO高级认证的企业，凭借着AEO的金字招牌，宝钛股份在民用化工领域异军突起，接连获得海外复合板300吨订单、石油平台项目用钛材100余吨，欧洲石化项目用钛板100余吨等多个大型项目，保障了外贸市场的持续向好发展。

2009年以来，宝钛股份依托中国信保平台，降低企业诚信风险。因管理规范、内部风控管理能力强、赔付率低，被中信保公司列入2A级战略合作伙伴关系客户。通过中信保的保险服务，企业大胆开拓信用度普遍较低的国际市场。以印度市场为例，出口合同由2019年的60吨快速增长至2021年的300吨，实现了与印度一流钛企的业务合作，付款方式也由最初的款到发货逐渐放宽至即期信用证、远期信用证甚至远期电汇等，增加了达成订单的可能性。

6. 维护员工权益，关爱员工发展

宝钛集团秉承以人为本的理念，维护员工基本权益，营造安全健康工作环境，构建和谐稳定劳动关系。聚焦职工就餐、出行、停车等具体问题，改善生产生活条件，六年累计投入8700余万元。加强"三支队伍"体系建设和优秀人才培养，畅通了人才成长通道，激发了人才活力。按照"多劳多得"的分配原则大力推进薪酬改革，职工幸福指数不断攀升。成立了关爱职工委员会、职工体育健康委员会，保障了职工身心健康，为职工遇急遇险提供扶持。

7. 保护生态环境，助力绿色发展

宝钛集团坚持走绿色发展、可持续发展、循环利用发展的道路。大力推进安全标准化体系建设，切实做好废水、废气、震动及危废的治理，加快推行清洁生产，持续提高资源利用效率。2018年以来，通过开展铁腕治霾打赢蓝天保卫战，共拆除燃煤锅炉13台合计106蒸吨，投资5000余万元改用余热、天然气等清洁能源提供热源。2021年，宝钛集团以优异的考核结果通过陕西省生态环境厅组织的清洁生产审核。

8. 履行社会责任，热心公益事业

宝钛集团积极承担扶贫帮困、乡村振兴的社会责任，为地方政府民生改善、促进社会和谐作出了积极贡献。

2020年，面对突如其来的新冠肺炎疫情，企业统筹抓好复工复产和改革发展稳定各项工作，《人民日报》对宝钛集团的事迹进行了宣扬；认真落实国家疫情纾困减负政策，减免中小微企业和个体工商户房租358万元。积极开展千阳县城关镇惠家沟村"两联一包"扶贫工作，2017年至今累计投入帮扶资金401.66万元，帮助引进帮扶资金1614.57万元，宝钛集团连续六年被评为"驻村联户帮扶工作省级优秀单位"。

案例创造人：雷让岐　耿爱武　曹震　李文波

第二篇

企业诚信建设最佳案例

诚信经营浇灌民族实业 大国品牌彰显责任担当

TCL 科技集团股份有限公司

一、企业简介

TCL 科技集团股份有限公司（以下简称 TCL 科技）前身为 TTK 家庭电器（惠州）有限公司，成立于 1981 年，后经股份制改造更名为"TCL 集团股份有限公司"，于 2004 年在深圳证券交易所挂牌上市（SZ.000100）。公司从事液晶面板、彩电、家庭网络影音、手机、空调、家电等产品的研发、生产及销售业务，同时涉及电子产品物流服务等业务。2019 年 4 月，为聚焦核心主业半导体显示及材料业务，公司进行重大资产重组，剥离终端及配套业务，保留产业金融业务和新兴业务群。

2020 年 2 月，为准确反映公司的业务范围和经营情况，公司更为现名；2020 年第四季度公司完成对中环电子的收购。至此，公司形成以半导体显示、半导体材料及半导体光伏、产业金融与资本三大板块为基础的业务架构。

TCL 科技旗下子公司 TCL 华星已成为中国半导体显示行业的支柱企业之一。2021 年前三季度电视面板市场份额全球第二，其中 55 寸产品全球第一，8K 和 120Hz 高端电视面板全球第一；未来还将继续加快推进新型显示技术、材料和工艺的研发与应用，在 Micro-LED、Mini LED、印刷显示、柔性显示等领域持续发力。

成为 TCL 科技第二增长引擎的中环半导体，2021 年前三季度实现营业收入 290.9 亿元，同比增长 117.5%；净利润 32.8 亿元，同比增长 190.2%。

二、诚信案例分享

1. 获评中诚信 3A 主体信用评级

2021 年 12 月 27 日，中诚信国际信用评级有限责任公司对 TCL 科技集团股份有限公司的信用状况进行了综合分析，经中诚信国际信用评级委员会最后审定，TCL 科技 (000100.SZ) 主体信用等级为 AAA，评级展望为稳定。中诚信国际肯定了公司产能规模保持增长、行业地位不断巩固、技术实力保持较高水平、2020 年以来盈利能力及经营获现能力持续增强及融资渠道较为顺畅等方面优势对整体信用实力提供的有力支持。

（1）产能保持增长，行业领先地位不断巩固。通过内生增长及外延式收购，TCL 华星光电技术有限公司（以下简称 TCL 华星）产能规模优势更加明显。2021 年前三季度，TCL 华星电视面板和电竞显示器市场份额全球第二，LTPS 笔电和平板面板出货量分别为全球第二和第一，继续保持领先的行业地位。

（2）技术实力保持较高水平。近年来公司保持较高研发投入，积极布局新技术、新工艺；TCL 华星围绕印刷 OLED、QLED 以及 Mirco-LED 等新型显示技术、关键材料和设备领域持续加大研发投入。

此外，截至 2021 年 9 月末，天津中环半导体股份有限公司（以下简称中环股份）累计拥有授权知识产权 884 项，突出的研发实力和专利数量有助于公司保持其在所处行业的技术优势。

（3）2020 年以来盈利能力及经营获现能力持续增强。得益于全球液晶面板行业景气度上行及公司产能规模不断扩大，2020 年及 2021 年 1~9 月，TCL 华星半导体显示业务盈利能力及经营活动能力增强带动公司经营性业务利润和经营活动净现金流均大幅地增长。

（4）融资渠道较为顺畅。截至 2021 年 9 月末，公司共获得银行授信额度 2560 亿元，尚未使用授信额度 1398 亿元。此外，公司及部分下属子公司均为上市公司，股权融资渠道畅通。

2. "简单汇"打造供应链金融服务新模式

"简单汇"以"金融+科技+产业"的组合方式，创新供应链业务模式，进而改变中小企业融资模式；通过专注解决中小企业融资过程中的困难，持续提供优质、高效的融资服务，降低中小企业融资成本。

为推动资金提供方由"看企业"变为"看业务"，平台将无固定形式的应收账款标准化，形成线上标准凭证"金单"，盘活企业应收账款资源，有效解决了中小企业在传统信贷业务中，由于自身资信无法获得融资的问题。"金单"是一种基于真实的基础交易背景和因基础交易而产生的电子债权凭证，通过标准化的"金单"，缓解"现金支付"方式带来的巨大资金压力，可以对集团及成员单位统一进行"商业信用"管理。

"简单汇"平台通过"金单"的方式，实现企业根据实际需求进行任意次数、任意金额的融资，满足中小企业"小、频、急"的个性化资金需求，形成对现有信贷产品的良好补充。

据统计，目前"简单汇"单笔融资金额平均为 113 万元。这些小额、低息、便捷的金融服务，是以往这些中小微企业在银行等传统金融机构中难以享受的。

这些举措产生了良好的效果。为帮助实体企业渡过难关，"简单汇"全面推出企业融资优惠券特别关爱行动，向湖北等疫情严重地区企业倾斜。同时，联合多家商业保理公司合作机构，以最快速的响应，主动发放平台利息优惠券，其中最高利率优惠达到 1.2%，为企业切实节省了融资费用。

3. 构建审计监察体系、坚决反腐

"当责、创新、卓越"是 TCL 的核心价值观，"正直诚信"是"当责"的第一要义。TCL 科技集团股份有限公司历来要求员工重信守诺、求真务实、廉洁自律。TCL 科技集团股份有限公司对于违法乱纪、触犯"红线"、损害公司利益的行为，秉持"零容忍"态度，坚持依法依纪、实事求是，坚决重拳打击。

在集团本部层面将审计和监察职能合并成立审计监察部后，正式印发《TCL 科技集团股份有限公司内部审计监察业务统一管理规定》，构建审计监察体系，整合资源，加大监管力度。同时，TCL 科技集团股份有限公司相继加入了中国企业反舞弊联盟和阳光诚信联盟。存在违规、舞弊且被公开处理的人员进行再就业时，将会被两个联盟的 200 余家成员单位拒绝招录。此举有利于 TCL 科技集团股份有限公司提升反舞弊工作能力，营造廉洁诚信的经营环境，促进集团的健康发展。

TCL 科技集团股份有限公司倡导诚信的企业价值观。加入两个联盟，与联盟成员共同建设廉洁商业环境，推动社会良性发展，与 TCL 科技集团股份有限公司的企业精神一脉相承，与 TCL 科技集团股份有限公司承担社会责任的行动相得益彰。加入后，集团审计监察工作在反舞弊技术、反舞弊体系梳理、反舞弊资源共享等多个方面得到联盟的协助与指引，帮助 TCL 科技集团股份有限公司进一步深化反舞弊工作，提升审计监察部门的履职能力和员工的职业道德建设。

4. 坚守实业，挺起中国经济的脊梁

（1）聚焦核心产业进行研究布局。TCL 科技集团股份有限公司基于三大核心产业，聚焦人工智能及大数据、新型半导体显示技术和材料、智能制造和工业互联网、半导体材料等方向进行重点研发突破，并在国内外多个城市建立了研发中心。当前，TCL科技集团股份有限公司在部分关键技术上已取得一批领先成果，完成了从"跟跑""并跑"再到"领跑"的蜕变。在半导体显示产业柔性印刷OLED、QLED以及Micro-LED等技术领域与三星显示等国外领先企业已消除技术代差；在半导体光伏及半导体材料领域，在210大硅片和叠瓦组件及相关技术和生态领域已建立优势，4-12英寸半导体硅片产品技术和生产工艺在国内领先。

为响应"科技自立自强"的国家政策，TCL科技集团股份有限公司还进军了半导体战略核心产业——芯片产业。2021年3月，TCL科技集团股份有限公司出资10亿元设立TCL半导体公司，该公司将成为TCL科技半导体业务平台，围绕集成电路芯片设计、半导体功率器件等领域进行投资、研发的战略布局。

（2）探索前沿科技的工业化应用，提升智能制造水平。TCL科技集团股份有限公司积极探索将人工智能、工业互联网、大数据等前沿科技引入生产线，创立了行业内多个"第一"。TCL华星开发出AI"缺陷自动判定系统"，这是国内半导体显示行业对产品缺陷判定的首例人工智能项目；此后，TCL华星还构建了行业内首个工业互联整体解决方案。TCL科技集团股份有限公司旗下的中环也积极布局智能制造，中环DW智慧化工厂目前已实现了智能管理、智能物流、智能仓储、自动生产设备的有机结合。为打造智能制造体系，TCL科技集团股份有限公司还成立了格创东智公司，推进集团整体向工业4.0迈进。

（3）产学研相结合，建立国家级实验室，探索前沿技术。TCL科技集团股份有限公司已牵头组建了"国家印刷及柔性显示创新中心""国家新型显示技术创新中心"两个国家级创新中心。通过建立公共研发平台，聘请技术顾问，签约重大技术合作项目，将一些前瞻性强、风险性高、共性较足的技术项目与合作方进行深度合作，以较少的资金撬动前沿性技术开发。近三年主持和参与制定的国际、国家、行业标准共16项。

（4）联合产业链上下游企业共建产业生态，提升产业整体竞争力。TCL科技集团股份有限公司积极构建产业生态，在实现自身发展的同时推动产业链共同进步。我们已联合国内外多家相关企业共建联合实验室，并与产业链上下游企业建立战略合作关系，实现共赢发展。2021年TCL全球生态合作伙伴大会上宣布推出"旭日计划"，计划在未来5年投入不低于200亿元人民币，在TCL三大核心产业通过参与行业标准制定、开放技术和数据平台、联合研发、产业投资等途径，与全球合作伙伴共建产业生态，合力推动产业创新升级。

当前，TCL科技集团股份有限公司已在大湾区投资近两千亿元，在广州、深圳、惠州等多个城市建立了半导体显示产线及智能终端生产基地，在香港建立了人工智能实验室。站在成立40周年新的发展起点上，明确了全球领先战略，决心用5年时间，力争将智能显示终端、半导体显示、半导体光伏三大核心产业做到全球领先；并坚持创新驱动发展，深耕高科技、重资产、长周期的国家战略科技产业，最终将TCL转型为创新含量更高的技术密集型、知识密集型的智能高科技产业集团。

TCL科技董事长李东生于2021年2月，荣获国际信息显示学会（SID）授予的2021年"David Sarnoff产业成就奖"；2019年8月，荣获中央统战部、工业和信息化部、人力资源和社会保障部、市场监督管理总局和全国工商联联合授予的"第五届全国非公有制经济人士优秀中国特色社会主义事业建设者"荣誉称号；2018年12月，被党中央、国务院授予"改革先锋"称号，被誉为"电子产业打开国际市场的开拓者"；2018年10月，被中央统战部、全国工商联评为"改革开放40年百名杰出民营企业家"。

5. 防疫生产两不误，彰显大国品牌责任担当

面对突如其来的新冠肺炎疫情，TCL科技集团股份有限公司主动承担社会责任，第一时间向湖北、广东等地捐赠超过2050万元资金、产品及网络服务等，并奔赴雷神山等定点医院安装电气设备；同时，为奋战在一线的香港警队捐献20万只一次性普通口罩、1500件防护衣，并向香港医管局捐赠了10万只口罩。随着疫情在全球的蔓延，TCL科技集团股份有限公司也参与到了国际疫情防控的工作当中，通过联合联合国人居署向肯尼亚内罗毕弱势群体居住区捐赠防疫物资。

在对抗疫情的同时复工复产，保障企业平稳运行。为了保证企业的正常生产，TCL科技集团股份有限公司提早布局，在各地陆续解封后的一周内，安排专机、专车接送复岗员工，在保证健康的同时，迅速帮助员工复岗。

TCL华星通过科技手段助力安全复工，一方面提前搭建了自动测温系统，另一方面自主搭建防疫系统，在方便员工录入信息的同时，也方便公司安全部随时进行检查。武汉华星各员工坚守岗位，正常生产，实现全年"零感染、不停产"的奇迹。武汉华星地处全球疫情中心，疫情期间仍能按期供应全球近20%的低温多晶硅（LTPS）显示屏，随着疫情在全球的不断蔓延，TCL科技集团股份有限公司将对抗疫情复工复产的精神在更多国家延续。借助在国内复工复产方面的经验，TCL科技集团股份有限公司在多个国家采取了有效防疫措施，并收获了巨大的成果。波兰和墨西哥工厂正常生产，产量同比增加32%和12%；在欧洲、美洲等区域，TCL科技集团股份有限公司提前布局，挖掘线上销售机会，保障品牌业务及客户产品正常销售，竭尽所能地将疫情的影响降到最低。

对疫情及时响应，启动疫情防控预案，努力做好防疫和稳经营工作，TCL科技集团股份有限公司不仅入围了中华全国工商联合会的全国1000家"抗击新冠肺炎疫情先进民营企业"名单，更保证了企业在疫情压力之下的迅速发展，彰显中国制造和供应链的可靠性。

案例创造人：李东生

情系民生健康　体现盐业担当

中国盐业股份有限公司

一、企业简介

中国盐业股份有限公司（以下简称中盐股份公司或中盐）成立于2013年12月，主要经营范围为工业盐产品调拨、批发；工业盐产品、盐化工产品、盐田及制品、盐田生物及制品的销售；盐业所需的设备、木材、水泥、电缆、包装材料、盐田结晶用苫盖材料、塑料及助剂、日用品、建筑材料、钢铁、销售；家用电器、办公设备、针纺织品、汽车零配件销售；仓储；自有房屋出租；与业务相关的技术咨询、技术服务。

二、案例背景

诚信是践行社会主义核心价值观的基础。中盐股份公司作为盐行业龙头企业和唯一的综合性盐业务央企运营平台，紧紧围绕"创新行业价值、服务民生民本、体现国家意志"的功能定位，认真贯彻"创新、变革、竞争、共赢"的战略指导方针，坚守中盐企业使命初心，以满足人民追求美好幸福的生活为根本，全力保障人民对健康食盐的多元需求。继承和发扬"有盐同咸、无盐同淡"的诚信为民精神，将科学用盐，健康减盐列为企业服务社会的时代主题，同时积极维护行业秩序，引领盐业健康发展秩序，认真履行企业承担的政治责任、经济责任和社会责任。

2017年，国家颁布《"健康中国2030"规划纲要》，提出到2030年我国人均每日食盐摄入量降低20%的任务目标。2019年7月18日，"健康中国·我行动"启动仪式在北京举行，《健康中国行动（2019—2030）》提出合理膳食行动，提倡人均每日食盐摄入量不高于5克，推广使用限盐勺，鼓励生产、销售低钠盐等减盐措施。

中盐始终把人民群众健康放在首位，积极响应"健康中国行动"要求，倡导减盐行动。

三、主要做法

1. 组织开展"小盐勺·大健康"减盐公益系列活动

中盐股份公司积极响应健康中国战略要求，在"健康中国·我行动"启动仪式上，公司党委书记、董事长李耀强提出三点倡议：一是免费向全国发放1000万把2克限量盐勺；二是大力研发推广健康低钠盐；三是持续开展健康减盐公益宣传活动。李耀强董事长在发言中向全社会呼吁，"如果您的味蕾食盐习惯已经形成，请记住，孩子们还小，您有责任指导他们科学用盐，为后代健康贡献我们的力量！"。

中盐股份公司积极践行"合理控盐、维护健康"倡议，组织全国盐业企业广泛开展"小盐勺·大健康"减盐公益活动。中盐集团率先发放1000万把2克限盐勺，倡导定量用盐消费习惯；组织所属企业进社区、进学校、进超市宣传健康用盐知识，宣传推广科学用盐理念；在食用盐产品外包装上增加控盐提醒标识，利用自媒体、社会媒体多渠道广泛宣传，共同倡导科学健康用盐新风尚。

在健康中国行动启动日，中盐股份公司组织所属企业在北京、天津、上海、重庆四个分会场开展进社区、进商超、进学校现场活动，为大家普及科学健康用盐知识，宣传健康减盐理念，免费发放盐勺，讲解小盐勺的使用方式以及低钠盐防控高血压等用盐知识。中盐企业宣传活动得到广大消费者的高度认可，最让人印象深刻的是一位七八十岁的老大爷，边竖着大拇指边跟现场工作人员说："你们中盐是一个卖盐的公司，却在这里为百姓宣传减盐，为了大家的健康让大家少吃盐，这才叫真正为人民服务！"

2. 大力研发推广低钠盐，提升健康盐消费比重

低钠盐是以氯化钠为主体，配比一定量氯化钾的配方食盐。国内外科学研究及减盐实践证明，以低钠盐代替传统食盐，可有效控制血压升高，进而达到防治高血压以及降低相关慢性疾病风险的目的。

中盐股份公司始终倡导健康用盐消费理念。早在2009年，中盐北京公司就积极配合《健康北京人——全民健康促进十年行动规划（2009—2018）》，大力宣传健康用盐理念，完成"一、十、百"工作，即：配发一把定量盐勺，低钠盐供应占比达到10%，向市场供应100%合格碘盐；配合北京市政府，开展向全市餐馆、集体食堂和家庭推广使用低钠盐工作。经过多年努力，北京市低钠盐销量不断提升，北京市居民低钠盐消费量一直排在全国市场前列。

中盐企业不断提升技术研发能力，在新产品开发中贯彻"减钠"理念，通过合理添加改善口感的健康低钠盐产品等方式，推动食盐产品从"卫生标准"向"健康营养标准"提升。在科学标准和新型技术引领下，不断推出更加丰富的低钠盐产品，满足消费者多元需求。目前，已拥有鲜味低钠盐、味美减钠盐、天然低钠盐、草原湖低钠盐、尚品低钠海盐等多款低钠类产品，为消费者提供了更多选择。

3. 建立减盐健康指数，唤醒公众提高自觉减盐意识

2020年9月，由中盐集团主导的新华·中盐减盐健康指数在京发布，这是我国减盐健康领域的首支指数，从减盐知识、减盐态度、减盐行为三个维度量化评估我国居民减盐健康水平，传播低盐饮食知识，引导我国居民提升减盐意识，促进全社会共同关注并践行减盐行动，让更多人养成良好的健康生活方式。2021年12月31日，第二期减盐指数发布，指数结果显示，我国减盐健康指数稳步增长，2021年我国居民减盐健康指数为67.15点，与2020年相比上升0.88个百分点，减盐逐步成为健康生活的新选择，从重盐到清淡饮食，"减盐"行动需要持之以恒。

此外，中盐集团专题制作《中盐健康"减盐"在行动》公益宣传片，广泛宣传"健康用盐"知识，唤醒社会公众减盐的自觉意识，传播健康中国的核心理念。

4. 发挥专家委员作用，积极建言献策

公司党委书记、董事长李耀强在减盐行动中积极作为，被国务院聘为健康中国行动推进委员会专家委员。李耀强同时兼任中国盐业协会理事长，向全国盐业企业发出倡议，中盐集团率先垂范，以国民健康为己任，履行盐业责任，主动宣传和落实减盐。同时，李耀强认真履行专家委员职责，认真开展调研，提交《协调各方，全面推广低钠盐，助力＜健康中国行动（2019—2030）＞目标实现》和《突出重点，补齐短板，加大食品加工领域推广使用低钠盐力度》两份专家议案，呼吁各方共同落实减盐行动。

四、工作效果

1. 减盐关注度明显提高

根据 2021 年新华·中盐减盐健康指数显示，减盐宣传工作成效显著，45.4% 的受调查者接触过社区街道普及、发放盐勺、广告推广、新闻报道等减盐宣传，对于健康用盐知识有所了解，并有意愿在生活中减少盐的摄入量或选用低钠盐；限量盐勺普及程度提升，86% 的受调查者使用过 2 克限量盐勺。

2. 品牌价值持续提升

在服务大众、推广健康用盐的过程中，"中盐"品牌深深植根于百姓心中，消费者对"中盐"品牌的信任度和好感度不断增加。积极传播中盐声音，讲好中盐故事，"中盐"品牌价值不断提升，根据中国品牌价值评估，2021 年"中盐"品牌价值同比上年提升 8.6 个百分点。

3. 低钠盐产品日益普及

中盐企业积极普及低钠盐相关知识，引导健康用盐理念，带动全社会共同推广低钠盐。根据新华·中盐减盐健康指数研究团队对 22 家低钠盐销售企业进行调查，近三年低钠盐销量整体呈稳中有升态势，持续改进生产工艺，严格管控产品质量，为社会提供高品质的健康盐产品。

五、结语

食用盐有着"小产品、大民生"的商品属性，中盐长期以来一直致力于推动盐行业持续、稳定、健康发展，以服务民本民生为己任，认真落实食盐专营政策，为我国实现消除碘缺乏病目标作出了重要贡献，被称为"世界的典范""里程碑性的成就"，荣获联合国"全球儿童事业贡献奖"。中盐高度重视社会责任工作和企业文化建设，获得"中国儿童慈善奖-突出贡献奖""中国五星品牌""全国企业文化建设特殊贡献单位"等众多荣誉。在中国社科院发布的社会责任蓝皮书中，中国盐业社会责任发展指数多次位列食品饮料行业第一名。

伴随国家和社会的不断发展，中盐服务社会的阶段目标不断调整，从吃得上盐，到吃得起盐，再到吃上好盐，但诚信为民的精神永远不变。当前，我国正在加速迈入老龄化社会，高血压患病率逐年增加，高钠、低钾膳食是我国人群高血压发病的重要危险因素。让科学用盐深入人心，让健康用盐成为自觉，大力推广低钠盐，需要全社会共同努力，也是中盐企业义不容辞的责任和担当。

未来，中盐股份公司将继续围绕"创新行业价值、服务民本民生、体现国家意志"的企业定位，持续开展健康用盐系列活动，服务国民健康需要，为建设健康中国不懈努力！

案例创造人：李耀强　崔静　施扬灵

以诚为本　行深致远

中粮福临门食品营销有限公司

一、企业简介

中粮福临门食品营销有限公司（以下简称福临门）成立近三十年来，始终不忘央企担当与责任，坚守诚信初衷，用一件件平凡而真实的案例，将诚信理念融入企业的发展之路，也融入福临门人的行动之中。

二、食品安全，食品企业最重要的诚信之诺

日前，由教育部、生态环境部等多家部委单位举办的第十九届中国食品安全大会在北京举行。中粮福临门在本届大会上荣获"社会责任企业""食品安全诚信单位""食品安全管理创新二十佳案例"三项食品安全领域的重大奖项，这也是中粮福临门连续第13年荣获国内最高级别的食品安全年会的表彰。

食品安全关系人民群众身体健康和生命安全，关系中华民族的未来兴旺。党的十八大以来，习近平总书记对食品安全工作作出重要指示，强调"要用最严谨的标准、最严格的监管、最严厉的处罚、最严肃的问责，确保人民群众'舌尖上的安全'"。

福临门作为国民粮油品牌，一直以来守卫国民餐桌安全健康，坚守央企担当，矢志不渝为民谋福，助力实施国家食品安全战略及健康中国建设。以家香味沂蒙土榨花生仁油为例，其原料限定在中国花生之乡沂蒙山区，当地得天独厚的沙砾土质更适合花生生长。在此基础上，通过分级、色选、去红衣处理技术，优中选精，只取白果仁，选择真正的"好原料"。同时，产品传承传统土榨技艺，结合中粮现代科技，以安全可靠的"好工艺"实现花生油的制取，并在重要的提香环节不断研发创新，最大程度提升花生油的风味品质，最终制作出好原料、好工艺、好味道的"花生油中三好生"。

此外，福临门不仅带给国民优质花生油，还启动"沂蒙互助扶贫计划"，通过该项计划，福临门与临沂市农业农村局携手，选择山东省重点贫困村——临沂费县梁邱镇下河村作为帮扶对象，为当地建立花生种植基地，利用中粮油脂的技术、人才、渠道等资源优势，帮助村民掌握科学的生产技能，提高村民的生活水平，为当地群众造福，为我国贫困地区打赢精准脱贫攻坚战贡献力量。

三、为民谋"福"，用行动践行品牌承诺

"福"和"家"是饱含中华儿女期盼和牵挂的美好的词语，也是福临门的立身之本。作为国民粮油第一品牌，为民谋"福"一直是中粮福临门的初心，"有家就有福临门"是中粮福临门的使命承诺，也是对于中国家庭的美好祝愿。

作为中粮集团在粮油食品行业的战略品牌，福临门构建品牌生态圈——"福生态"，并以此为指引，

一方面用好产品助力千家万户的美好生活；另一方面携手合作伙伴，开展一系列的"造福计划"。

为了满足人民对美好生活的需求，福临门充分发挥产业链优势，推动产品的创新研发，构建"一母二子"品牌战略，打造出福临门品牌旗下的"营养家"和"家香味"两大高端子品牌。中粮福临门期待通过"有家就有福临门"的品牌理念、"一母二子"的品牌战略，以及满载诚意的重点产品，为努力拼搏的社会大众带去家人的诚意。

福临门不仅在产品研发中积极践行品牌承诺，还通过各种社会活动祝福与守护消费者。2022年1月末，随着虎年春运正式启动，中粮福临门与全国各地铁路局携手为百趟列车上的千万乘客送上新春祝福。每年春节的"送福活动"已成为了福临门多年来一直践行的传统，通过"福文化"的传承让春节变得更有年味。在"中粮福临门"列车上，每个座位都放置了福临门大礼包，饱含了对每一位乘客的满满祝福，也让他们的回家旅程充满了喜庆欢乐的节日氛围。

"2022送福回家"不仅是福临门从产品到行动上的承诺，也是向每一位消费者发出的新年祝愿。福临门还通过各种形式继续为中国家庭的年味锦上添花，也将为节庆期间的食品安全保驾护航。味有乡愁，心有所归，福临门一直陪伴着中国人的幸福生活，用优质的产品保障中国家庭餐桌上的幸福。

四、危难时刻，更显央企诚信担当

2020年年初，新冠病毒肺炎疫情突发，牵动着全国人民的心。中粮福临门积极践行央企社会责任，在进行物资捐助的同时，全力保障市场供给，满足疫情之下人民的生活需求，用实际行动贡献了新时代的央企力量。

1月25日晚，首批福临门食用油启程发付湖北，支援火神山、雷神山防控中心建设，为战斗在一线的建设者和医护工作者提供粮油保障。彼时的武汉市已进入封锁状态，交通诸多不便，但国家和人民的利益高于一切，中粮福临门相关人员加班加点对接湖北省防控中心交通组，以最快速度办理疫情防控应急物资和人员运输通行证，联络武汉中转仓提前开仓……在各方的不懈努力下，首批福临门食用油在24小时内成功送抵在建医院。后续第二、第三批捐赠油品接连顺利抵达武汉。四天内，中粮福临门捐赠食用油共计4715箱，有力地支援了武汉市重点防疫工作。

为保障武汉市乃至湖北省的食用油市场稳定，春节期间，在全面加强疫情防护工作的基础上，福临门食用油进行全面部署，部分员工提前返岗复工，全力投入生产，调整产能。一辆辆载满福临门食用油的货车从全国各地开往武汉，保证武汉市场食用油不断货。来自山东的司机杨守军是福临门保供一线工作者中的一员，面对疫情，他义无反顾踏上征程："一趟武汉回来，面临着14天的隔离，但能为武汉做点实事，我心里觉得踏实。"

在抗击疫情的特殊时期，福临门在保障食用油充足供给的同时，还加强终端价格巡查工作，坚决杜绝销售渠道各环节私自提高市场售价的行为，确保广大人民群众像往常一样，买到安全放心的食用油产品。

疫情突发时正值春节期间，中粮福临门参与保供战"疫"人员每天超过百人，武汉区域补给小包装食用油超过400吨，全国市场补给超过1000吨。

2021年，我国进入疫情防控常态化，但各地仍时有疫情反扑；受极端天气影响，河南、陕西、山西等地的洪涝灾害也牵动着全国人民的心。福临门坚定"忠于国计、良于民生"的使命与信念，克服货源、物流、人员不足等各种困难，保供稳价，让福临门的产品以最快速度送达群众手中，给处于疫情和灾情中心的人们奉献了"有家就有福临门"的温暖。

2021年12月23日零时，西安全市小区（村）、单位实行封闭式管理。面对突如其来的疫情，福临门人坚强守护国民粮油供应保障。福临门公司西北大区连夜召开紧急电话会议，加强防疫防控，迅速落实陕西省各级成品存货，保障此次疫情至少21天的供给需求。同时加强物流沟通，确保物资配送及时，确保终端门店货源充足、不乱价，全力以赴做好防疫保供工作，帮助疫区和百姓顺利渡过难关！

2021年12月23日起，在西安市全面实施交通管制的情况下，福临门人为保障物资运输每日奋战到凌晨，顶风冒雪，确保各店补货及时、店内货源充足，所有促销员都坚守在岗位上，只为在疫情形势最严峻的时候将一桶桶福临门食用油送到老百姓的菜篮子里。

在疫情影响下物流不畅通，福临门人排除万难，积极调拨保障食用油供应，对货物无法抵达的区域，努力协调各方渠道协同供货，以保障疫区百姓的用油需求，让每个家庭都能买到油、用好油。在保供的同时，为了不给抗疫工作增加负担，福临门的保障工作坚决执行当地防疫措施，积极对接防疫部门，严格把控送货人员携保供证明、核酸报告、绿色行程码等材料，做到了对疫情地区只帮忙、不添乱。

云横秦岭、雪拥蓝关、气温骤跌，但福临门人不畏困难，抢时间，抢速度，坚持奔跑在抗疫保供的各条战线上，彰显了央企对社会的责任担当、对百姓的诚信诺言。

五、诚信为本，将理念融入企业管理全系统

福临门以诚信为本，不仅是口号，更会落实到每位员工的工作中。为加强诚信制度化建设，在内部刊物中不断宣传诚信教育理念；定时组织培训员工学习国家、集团相关文件，强化诚信教育、倡导诚信经营行为。同时，在公司内部强调诚信经营的企业文化精神，打造诚信经营氛围，带领员工领会诚信意义，让员工感受到诚信力量，号召员工培养诚信的良好风气。

此外，福临门也将诚信待人融入企业人才发展工作之中。福临门历来关注就业，重视人才吸纳，在人才招聘过程中厉行诚信招聘，通过充分、诚恳、细致地沟通，吸引人才加入福临门；在企业日常管理中，积极听取员工意见和建议，在各个方面提升员工满意度和获得感，创造和谐劳动关系，增加员工对企业的信任度与归属感。

在2021年度猎聘"非凡雇主"评选中，福临门从2000多家入围企业中脱颖而出荣获"非凡雇主"奖项。该奖项旨在表彰在2021年度人才招聘市场表现优异的企业，此次福临门在2021年职场人眼中的非凡雇主"六感"模型"安全感"标签中获得最高大众认同指数。

诚信是福临门行深致远的信念与支撑，也是企业蓬勃发展的力量之源。未来福临门也依然会将诚信放在企业发展的重要位置，践行不辍！

案例创造人：徐光洪　于宏超

诚信为本保基业长青 人民至上显国企担当

农银人寿保险股份有限公司

一、企业简介

农银人寿保险股份有限公司（以下简称农银人寿）是中国农业银行股份有限公司控股的全国性人寿保险公司。公司总部位于北京，共有23家省级分公司、近400家分支机构，主要分布在中东部经济发达区域，机构数量居银行系保险公司首位。

2021年，农银人寿实现总保费收入301.18亿元，同比增长11.36%。其中，新单保费92.39亿元，同比增长25.34%；续期保费193.22亿元，同比增长6.05%。总资产为1259.63亿元，比上年末增长139.54亿元，增幅13.15%；净资产91.23亿元，比上年末增长9.05亿元，增幅14.83%。截至12月末，公司新业务价值达到12.81亿元，同比增长21.39%，增幅高于保费增幅，业务结构不断优化，业务品质不断提高，公司朝着高质量发展方向不断迈进。

公司偿付能力充足。2021年四季度，综合偿付能力178.90%，核心偿付能力132.19%，满足监管要求。2021年前三季度，公司风险综合评级分别为A、B、B，处于良好状态。先后荣获2021中国金融金牌榜·金龙奖"年度最佳价值转型寿险公司"、新华网2021中国企业社会责任峰会"年度社会责任优秀案例"、2021中国企业公民研究"年度优秀企业文化"、2021第十届领航中国金智奖"年度杰出寿险公司"等荣誉。

作为中国农业银行的控股子公司，农银人寿秉承"诚信立业、稳健行远"的核心价值观，依托中国农业银行雄厚的资金实力、庞大的经营网络、完善的金融服务和卓越的社会信誉，为客户提供高品质的保险保障和财富规划服务。近年来，公司深入推进转型升级，优化发展模式，锤炼市场韧性，取得了明显的经营成果，已经发展成为一家拥有23家分公司、近400家分支机构，保费规模超300亿，总资产近1260亿元，连续实现八年盈利，累计服务客户总量1700余万、具有一定市场影响力的中型寿险企业。

二、构筑诚信体系，打造百年老店

自挂牌伊始，农银人寿传承中国农业银行的文化血脉，以"诚信"为立业之本，充分践行保险行业的"守信用"的核心价值观，秉承"客户至上、始终如一"的服务理念，从履行国有控股险企职责、实现企业基业长青的现实需要出发，将诚信体系建设放在重要位置，使诚信体系与业务拓展紧密结合，努力实现政治责任、社会责任和经济责任的协调统一。

（一）恪守诚信理念，培育诚信文化

作为一家寿险企业，农银人寿将"诚信"作为企业核心价值观第一要素，秉承母行"诚信立业，稳健行远"的核心价值观，明确"诚信"在公司企业文化中的重要地位，提出"诚信是信仰，是根本"，是公司的企业文化精髓和价值导向，是员工的行为规范和道德准则。注重理念引领诚信实践。坚持以

人民为中心的发展理念，恪守"保险姓保"理念，树立"保险为民"的价值导向，积极履行保障社会民生的企业使命，紧紧围绕人民对美好生活的向往，在做优做强民生保险服务方面下功夫，加快打造全生命周期的人身保险服务体系，不断完善覆盖少儿、储蓄、健康、医疗、养老到传承的六位一体产品体系，持续加大医疗、养老、教育等现代保险业增值服务力度，为服务民生保障、实现共同富裕贡献农银力量。

（二）加强信用管理，健全诚信制度

公司在规章制度和员工规范管理中，对诚信展业和诚信工作做出明确要求，对失信行为制定严厉的惩处措施，将诚信行为作为一项基本要求纳入公司治理，融入员工日常工作中。一是推进保险服务诚信建设。公司高度重视保险服务诚信体系建设，将保险业务经营和服务诚实守信原则作为对全体员工的首要要求，从源头推进服务诚信体系建设。进一步理顺合同管理流程，持续开展季度合同监测工作，及时发现并防范可能出现的合同违约风险，并对相关合同风险及时进行风险提示和预警，实现对诚信履约的有效追踪和定期监测。二是持续开展信用体系建设。建立诚信相关考核及奖惩体系。为有效引导业务员在开展业务时注重以诚信为本和切实保护消费者利益，公司建立业务员考核及优秀业务员绿色理赔通道制度，并在业务考核中对低品质业务人员予以辞退或降级处罚，对多年坚持高品质的业务人员给予绿色理赔通道等相关奖励，为其在后续业务开展中提供证明。三是持续开展诚信教育。将诚信教育纳入公司新人入司、业务拓展、技能提升等重要培训中，让诚信理念深植在公司各机构每位内外勤员工心中。将诚信教育深入到公司日常管理、业务操作等更多细节和流程。在公司内刊和官方微信开设专栏，例如"理赔知识""两核之窗""核保小知识"等，指出在承保和理赔环节中可能出现的因诚信原因导致的纠纷，举出案例，为内外勤员工和消费者提供保险业务中的"诚信点"，不断提高员工诚信与合规意识。

（三）坚持合规经营，树立诚信形象

公司着力紧抓"坚持底线思维，加强风险管控"工作要求，扎实推进全面风险管理，偿付能力保持充足，资产负债匹配稳健，不断完善制度建设，有序衔接监管新政，压紧压实"三道防线"责任。一是切实提升合规经营能力。紧抓合规制度建设这个关键，根据内外部形势要求，抓好制度"立改废"，完善"层次清晰、覆盖全面、衔接一致、好学好用、控制有效"的制度体系。2021年，公司以"内控合规管理建设年"为契机，通过风险合规培训、合规队伍建设、案件防范及警示教育等八项"一体化"建设，确保不碰"红线"、不越"底线"。扎实推进"偿二代"二期，加快新保险合同准则（I17）会计核算体系实施准备，推动精算新模型顺利切换，严格落实反洗钱要求，不断提升公司反洗钱管理能力。二是积极助力行业顽疾治理工作。着力夯实"双录"工作，不断完善管理"双录"制度，开展可回溯管理自查自纠，充分披露告知产品及其他相关信息情况，合理设定合同权利义务和厘定产品费率情况，多措并举持续推进销售行为治理工作，不断完善公司制度、流程、风险控制矩阵等内控要求，严格业务品质和销售误导管控措施。三是定期开展自查自纠。强化合规审核力度，积极开展公司新产品、新业务的合规风险评估，持续梳理销售误导禁用语提交各业务条线督导使用，加强公司内外部培训课件、宣传资料的合规审核并出具相关合规审查意见。开展包括全面风险排查等工作，持续加强对业务经营中销售误导风险的管控，建立健全业务风险监测的预警机制，构建防范化解风险的长效机制。

三、提升客户服务水平，打造诚信品牌

（一）以客户为中心，高度重视消费者权益

公司始终坚持"以客户为中心"在公司整体战略中的统领地位，公司发展规划将"坚持客户为本"作为首要发展原则，并明确"把为客户提供最佳体验作为一切经营活动的出发点和落脚点"，明确了消费者权益保护战略目标——"做依法经营、诚信经营的表率，成为服务质量高、客户体验好、社会认可、监管肯定的保险公司"，提出"培育公平诚信的消费者权益保护文化"，确保消费者权益保护的战略目标和政策得到有效执行的战略要求，并充实了消保战略工作任务内容。公司以"为客户创造最大价值，为客户提供高质量、高水平服务"为公司经营管理的着力点，全方位保护消费者合法权益。产品开发执行"产品价值优先，以客户需求、市场及行司联动为导向"的产品策略。各业务渠道发展战略坚持服务为先。以"红动农银与爱同行"为主题开展农银人寿第八届客户服务节，以"智能高效便捷"的精彩活动聚人气，以"亮点升级诚意"的丰富活动暖人心，立足客户所需，精耕服务品质，以服务促发展，以服务创品质。

（二）强化客户投诉管理，积极做好理赔服务

公司高度重视对客户投诉的管理工作，严格制度规定，规范投诉受理、处理、结案等各环节操作，提升投诉处理质量和水平，提高投诉案件处理时效。不断提升理赔时效，优化理赔流程，积极做好理赔服务，解决理赔难理赔慢问题。一是持续推进投诉考核，落实投诉主体责任。定期召开投诉问责会，落实投诉考核处罚政策，提升投诉处理质量，为投诉风险防范打下坚实基础。制定自查工作方案，组织开展保险消费投诉处理自查工作，对自查中发现的问题及时整改，有效防范投诉处理工作中的隐性风险。建立投诉核查机制，明确投诉告知要求，明确投诉人享有申请核查权，重点核查纠纷案件，有效维护消费者合法权益。二是加大科技投入，积极做好理赔服务。充分利用"人脸识别"和"AI大数据"的新技术，积极推进理赔服务电子化进程，将"农银微理赔"项目的适用范围拓展至所有险种，实现了理赔全流程无纸化、理赔款实时到账，让客户足不出户完成理赔。正式上线"农银快e赔"，实现"理赔自动化"，理赔处理时长缩短12%，为超过50%的客户提供"理赔闪处理，赔款秒到账"的极致体验。持续推进"农银快理赔"，通过技术创新、流程优化和管理升级不断提升理赔服务能力，对医疗险及住院津贴险赔案、非身故类案件、身故类赔案"三证"等资料收取规则进行简化，进一步明晰操作规范，确保理赔案件处理过程中切实维护消费者权益。

（三）做好诚信宣传教育，推进诚信品牌建设

一是持续开展诚信教育活动。在公司新人入司培训、业务拓展培训、技能提升培训等重要培训时，都将诚信教育纳入其中，让诚信理念在公司各机构每位内外勤员工心中深植。通过持续、全面的内外部宣传，对员工进行保险诚信教育，展现了公司以诚信为本的公司价值追求和取向。二是持续开展"3·15"消费者权益保护日系列活动及"7·8"保险公众宣传日活动，积极参与中国保险协会及监管部门等行业宣传活动，积极开展"防范非法集资宣传月""保险知识进万家"等活动，以创新形式普及保险金融知识，树立行业正面形象，拉近社会公众与保险的距离。2021年，公司组织开展"3·15"消费者权益保护宣传月、防范非法集资宣传月、"7·8"全国保险宣传日、反洗钱宣传月、金融知识普及月等主题宣传活动，并获北京银保监局"3·15"消保宣教活动优秀组织单位称号，因在2021年"7·8"全国保险公众宣传日活动中表现突出，被中国保险行业协会通报表扬，在9月组织的金融知识普及月活动中表现突出，被北京银保监局通报表彰。

四、践行社会责任，彰显企业担当

作为中国农业银行控股子公司，农银人寿始终牢记作为一家国有控股企业的使命与责任，深入贯彻落实中央十八大、十九大精神，始终坚持回归保障本源，坚定不移深化转型升级，持续推进改革创新，在抗击新冠疫情、保障民生安康、服务国家战略、促进"六稳六保"、推进改革创新、强化风险防控等方面勇于担当，砥砺前行，为国家经济社会发展、第二个百年奋斗目标实现贡献农银人寿力量。

（一）赠险理赔3000万，抗击疫情显担当

2020年以来，为打赢防疫阻击战，践行社会责任，在总行的统一部署下，农银人寿为助力防疫抗疫，向湖北省新冠肺炎疫情防控一线医护人员、全国医护人员、联勤保障部队人员以及湖北特定群体赠送四项保险保障服务，总承保人数达到47万人，累计承保保额4187亿元。截至2021年12月底，农银人寿累计完成赠险赔付案件1866件，累计赔付金额2985.9万元。疫情期间，农银人寿为客户提供各项保障和服务，升级10项保险服务举措，扩展25款个人重疾险以及意外伤害保险产品责任，动员员工为湖北疫区捐赠抗疫资金109.19万元。为确保保险服务"不掉链"，农银人寿快速升级线上服务，提升服务e化程度，通过官网、官微等互联网平台开通查询、保全等60余项线上业务，有效延伸了服务链条，丰富了服务形式，提升了客户体验，获得了社会称赞，共收到各级政府部门、医疗机构等表彰感谢近10次。

（二）聚焦社会痛点，适老服务保安康

一直以来，农银人寿以习近平新时代中国特色社会主义思想为指导，积极弘扬中华民族"敬老、爱老、助老"传统美德，落实国家及监管机构有关特殊群体服务相关要求，为老年群体提供优质金融服务。公司推出"安享"服务方案，制定实施"路线图"，通过系列优化提升举措满足老年群体差异化保险服务需求，利用智能科技助力其跨越"数字鸿沟"，逐步建立形成具有农银特点、展现农银关爱情怀的老年客户服务体系。聚焦服务智能时代老年客户需求点，持续提升柜面综合化、服务多元化和智能化水平，全方位满足老年客户的金融服务需求，为他们提供充满农银关爱的优良服务体验。农银人寿升级网点设施，全面推进无障碍通道建设，提供老年客户"专属柜面""爱心窗口"，设置优先受理、优先服务的绿色通道，张贴"老年人优先"服务标识，同时还为办理业务的老年客户设置"爱心专座""爱心专区"，提供适合老年群体阅读的书籍等，对于部分年老体弱、行动不便的客户提供专人引导、优先服务。为让老年客户随时、随地体验科技发展带来的便利快捷陪伴式服务，农银人寿通过"农银e家"移动受理老年客户的业务申请，解决上柜难和办理保全业务不便的实际情况，开通线上"爱心专席""爱心专线"，省却客户烦琐按键操作，开发应用"关怀模式""长辈模式"，设计适老化操作页面等，还依托互联网可视平台，提供"一对一"在线人工服务，满足老年客户服务需求。

（三）服务国家战略，加大实体经济投资

今年以来，农银人寿积极融入农业银行"三农"和县域业务数字化转型战略，以农行掌银"惠农版"为服务县域农村保险客户的服务新抓手、新利器，为农民及进城务工人员提供差异化精准服务，先后上线农银"金穗吉祥保"B款交通意外伤害保险和"农银爱自由"二代两全保险产品等两款产品，开发新款惠农专属保险产品，开启金融服务"三农"的历史新篇章。围绕服务国家战略，2019年以来，农银人寿加大服务实体经济投资，促进区域发展，累计投资45亿元。2020年，农银人寿作为基石投资者，累计投资合肥晶合集成电路有限公司债权计划，全力支持"中国制造2025"。该项目技术领先，系国家重点扶持行业集成电路产业领军项目，目前已经完成一期满产，并拟于近期上市科创板。2020

年 9 月，农银人寿投资"新华 - 中国交建基础设施债权投资计划"，项目作为《广东省高速公路网规划（2013—2030 年）》的重要组成部分，募集资金用于广连高速项目的开发建设、调整债务结构及补充资本金，将有效促进广清地区区域发展。

（四）创新消费帮扶，公益路上有作为

为积极响应行业关于开展定点帮扶地区消费帮扶的倡议，农银人寿探索消费帮扶新模式，通过农银人寿官方微信公众号微刊内嵌产品商铺购买链接的形式，先后两期对内蒙古察右中旗与察右后旗，甘肃临洮县及和政县两个地区的帮扶产品进行主题宣传，并设立"消费帮扶"专属菜单，向读者宣传介绍消费帮扶产品，广大员工积极转发，推送覆盖人数达到约 120 万，公司内部实现消费帮扶 46.52 万元。

（五）发挥保险动能服务"六稳""六保"

农银人寿坚定不移贯彻落实党中央大政方针，践行"六保""六稳"要求，抓线上、强保障、降成本、防风险，通过微信公众号及官网便捷的线上保单贷款服务，为客户提供资金支持，在帮助客户缓解短期资金压力，支持小微企业复工复产等方面起到了良好的帮扶作用。近年来，根据客户差异化服务需求，农银人寿不断升级服务功能，为客户提供优质服务，推出了暖心的"预约还款"服务、灵活的"部分还款"服务、贴心的"到期提醒"服务，积极践行企业社会责任。农银人寿牢牢贯彻中央关于"防范化解重大金融风险"要求，持续强化"三道防线"履职，加强全面风险管理体系建设，依托科技赋能，提升风险防控有效性。2021 年上半年，公司资产质量良好，流动性充足，指标监测未突破偏好，未发生重大风险事件；公司一季度风险综合评级受到银保监会 A 类评价，各项风控及合规管理结果符合监管要求和风险管理总体目标。

（六）推进改革创新，践行绿色金融

创新是企业发展的内生动力。近年来，农银人寿积极推进在营销、科技、服务等方面创新，践行企业社会责任。农银人寿依托"3·15"消费者权益保护教育宣传周活动，聚焦创新线上服务形式，首创"线上总经理接待日"活动，为广大客户提供便捷、高效的线上咨询服务。通过农银人寿微信公众号"在线客服"功能，客户与分公司总经理、专属在线客服三方线上会话，倾诉意见、答疑解惑、交流沟通，完成线上咨询服务，保护消费者权益。为积极响应"碳中和""碳达峰"号召，农银人寿引入 CA 认证、人脸识别和 OCR 信息识别等 AI 技术，开发保全电子批单、电子信函服务以及以业务员端服务平台为载体的"一键联通"服务功能，持续提升公司智能化服务水平，践行企业绿色金融社会责任。

案例创造人：肖彬

坚持诚信为本　打造行业品牌

北京市保安服务总公司

一、企业简介

北京市保安服务总公司（以下简称保安总公司）成立于1986年4月，是目前国内规模最大的专业化保安服务公司。企业注册资金2亿元，现有35家分公司和1所保安培训学校，保安从业人员7万余人，保安人防、技防客户1.5万余家，企业规模和效益始终处于行业第一名。服务对象涵盖关系国计民生的水电气热、政府机关、外国驻华机构、中国驻外使领馆、企事业单位、金融机构、科研院所、居民社区等各行各业，已经形成人防、技防、物防相结合和多层次、多元化的综合保安服务网络。

近年来，保安总公司始终秉承"服务首都公安工作，服务首都公共安全，服务首都经济建设"的企业宗旨，构建了"诚信为本、精益求精、优质服务"的核心价值观，以高效的管理、优质的服务、雄厚的实力、良好的业绩，致力于保障首都安全和经济建设、构建和谐社会首善之区，在协助公安机关打击违法犯罪、确保客户安全、维护首都政治安全和社会稳定等方面发挥了积极作用，经营水平、社会地位、公众评价和行业影响也得到了有效提升。先后被国家商务部等部门及行业协会授予"2016年第四届全国优秀保安公司"荣誉称号，北京安全防范行业AAA级诚信优秀企业，2017年度荣获"北京市商务服务业自主品牌100强"荣誉称号，2018年度荣获"北京市商务服务业创新品牌100强"荣誉称号，2019年被评为"中国商业信用AAA级企业"，2020年被评为"全国最佳诚信企业"，连续5年被行业协会评为一级企业资质。

保安总公司在30多年的发展过程中，始终坚持对党忠诚，服务中心、服务大局，诚信经营、科技领先，固本强基、创新发展，不断提升综合能力，不断发展壮大，引领保安行业可持续发展。

二、坚持服务为本，筑牢诚信意识

保安总公司秉承诚信的经营理念，以客户需求为导向，以提高服务质量和社会效益为目标，以企业文化建设为抓手，教育引导全体干部、职工，树立"诚信为本、精益求精、优质服务"的核心价值观，遵循"爱岗敬业、品行规范、服务社会、甘于奉献"的企业精神，推行"微笑服务、诚信服务、规范服务、方案服务、热情服务"五大服务方式，用心、用情、用智服务，提升了安保服务品质。为增强诚信意识，开展形势任务教育，明确任务目标和行动方向，开展座谈、讨论、承诺活动，明确岗位诚信标准，通过一系列宣传教育，使员工的诚信意识得到了明显增强，保安队伍中"诚信为本、信用至上"的良好风气逐步形成。同时，结合企业实际，本着以人为本、诚信经营的管理理念，将诚信建设落实到企业基础管理中，在员工教育、薪酬分配、职业发展等方面下功夫，切实维护职工的合法权益，在企业中积极倡导诚实做人、诚信做事，坚持真诚待员工、真诚待客户的职业道德观。对于内部员工，树立了公道正派的用人观，在企业中形成了尊重人才，培养人才，注重和谐，人人讲诚信的良好氛围，极大地激发了员工的工作热情，为企业的发展壮大培育了一支诚实守信，团结协作，敬业创新，追求卓越的企业管理团队，其中有党的十九大代表 1 人、全国人大代表 2 人，全国劳动模范、全国五一劳动奖章获得者、全国见义勇为英雄、全国优秀农民工、全国优秀保安员等数十位先进人物。

三、健全诚信体系，内生诚信动力

近年来，保安总公司通过全面修订完善诚信制度、财务管理制度、合同信用管理制度、信用风险预警办法等制度规定，实现了业务规范化、流程标准化、管理制度化，营造出了人人讲诚信、事事重诚信、处处有诚信的良好氛围。

（1）加强财务管理。坚持集体研究，民主决策，严格执行经费支出审批制度，主动防范财务风险管理，通过健全公司资产台账、加强固定资产购置管理、创新资产处置方式等手段，有效实现资金盘活，避免了国有资产流失。根据工作需要，制定了《财务管理监督办法》，明确了记账、审批、经办三方面相关人员的职责权限，做到相互分离、彼此制约、共同监督；出台了经费支出管理规定，明确标准，确定主体，划定边界，确保经费开支合理合法合规。在建立和完善各项制度的同时，督促要求相关人员严格遵守，通过有效的内部监督和控制，保证了财务工作真实、完整、安全。

（2）加强合同管理。坚持信用至上的经营理念，建立健全了合同信用管理制度，建立合同标准文本库，细分合同种类，对合同编号、档案、备案、统计进行规范化管理，从合同起草、合同审核会签、合同签署等进行规范，在合同履行过程中，明确了承办部门职责，对履约管理进行严格把控，自觉接受政府相关管理部门和行业监管部门的监督管理，遵纪守法、诚实信用，没有发生任何违法违规行为和不良记录。

（3）加强风险控制管理。强化信用风险意识，建立了一系列风险管控机制，组织力量研发了网上办公流程（OA 系统），包括合同签订、网上审批等各项规章制度的执行都在网上按照一定程序节点运行，形成了"管理制度化、制度流程化、流程表单化、表单信息化"的管理体制，在实现管理信息化的同时，也形成了一套有效风险控制体系。

四、重视诚信经营，规范企业运营

诚信守法经营是企业发展的根基和生命线，积极贯彻国家的法律法规是经营管理的重点工作之一，也是开展各项工作的着力点。为此，保安总公司创建企业信用制度以保障生产经营平稳运行，对外遵守法律和市场规则、认真履行契约责任、依法纳税等义务，未出现任何偷逃税款等行为或不良记录。2021 年，保安总公司共签订合同 1250 余份，全部依约履行，合同履约率达 100%，客户满意率 100%。坚持信用至上的经营理念，认真贯彻执行合同法及相关法律法规，诚实履约，切实维护了客户单位的权益，在实际工作中，依法签订和履行合同，坚持不懈地抓合同法等法律法规学习，宣传培训员工依法守信的观念，近年来未出现合同纠纷，没有发生任何违法违规行为和不良记录。多年来，保安总公司坚持以客户满意为工作基础，严格执行质量管理，建立健全了督导检查工作机制，充分发挥督导检查室和纠察大队的作用，完善系统"三级一指导"保安纠察体系，制定纠察工作规范和相关工作方案，采取不同形式开展督导检查，及时发现问题并跟踪整改，有效维护了国有保安企业的良好形象，促进了保安队伍规范化建设。严格遵守操作规程，广泛听取客户单位意见，了解客户需求，掌握客户动态，稳定了客户群，提高了客户对公司的满意度，还聘请了行风监督员，定期听取意见建议，降低风险隐患，确保服务质量达标，未发生严重服务质量及损害用户权益事件。近年来，为了做精机关、提高效率，建立可持续发展的人才战略，严格执行质量管理标准，建立了质量管理、环境管理、职业健康与安全管理等"三体系"认证监督体系，通过纠正和预防措施等自我完善机制，不断健全规范文件和操作规程，获得了三体系认证资质，实现了企业持续改进和发展。

五、厚植发展优势，拓宽经营思路

近年来，保安总公司面对严峻复杂的新冠疫情防控形势，深入基层开展调查研究，统筹推进疫情防控和企业发展，立足保安辅警定位，全力破解发展难题，坚持"去低端、保中端、发展高端"的发展理念，以促进规范化建设为主线，建立现代企业制度，有针对性地实施了《总公司企业绩效考核办法》《总公司财务管理文件汇编》《总公司债权债务往来款项管理暂行办法》《总公司内部处罚管理办法》《总公司经济业务事项审批办法》等10多项规范性制度措施，推动实施了队伍管理、网上审批、招投标等多项新模式，加强了财税、法律、竞标、人力资源等专家团队建设，通过加强规章制度、运行模式等规范化建设，厚植经营优势，培育新的增长点，推进了保安服务转型升级。2020年2月，积极响应北京市政府的号召，在市人社局的具体指导下，与其他7家企业共同组成劳务派遣联盟，为本市重点企业提供了11项优惠措施，全力支持复工复产。始终重视保安员利益，在企业内部通过目标引导、绩效考核等方式，严防拖欠工资行为发生，并在企业承受范围内最大化提升社保覆盖率。保安总公司结合实际制定了《保安服务费指导价》和《成本核算管理办法》，指导各单位科学测算成本，合理确定保安服务费，为争取上级和甲方单位的理解支持提供了必要基础。统筹推进重大项目招投标工作，组织开展了保安项目招投标市场策略研究和推广应用，通过建立一系列诚信管理制度，有效巩固了市场优势地位，全系统经济效益呈现强势增长的势头，2021年营业收入57.28亿元，同比增加6.88%，利润总额2.53亿元，上缴所得税1.84亿元，同比增加36.93%。

六、宣传诚信理念，硬化品牌形象

保安总公司积极开展诚信理念宣传教育，采取多种形式开展宣传引导，利用《首都保安风采》杂志、保安内网、微信公众号等宣传平台，大力倡导诚信理念，开展"7.24保安宣传日""诚信活动月"等系列活动，诚信理念深入人心。积极宣传保安总公司发展壮大的历程，通过拍摄宣传片、制作宣传册、组织一系列征文、文体比赛等活动，挖掘宣传保安工作成果和先进事迹，宣传企业品牌，树立首都保安企业良好形象，营造良好的诚信建设氛围。近年来，通过持续不断的教育培养，保安总公司涌现出了党的十九大代表1名、全国十三届人大代表2名，北京市劳模以上荣誉共20余名，树立了特色鲜明的企业品牌，为维护首都政治安全和社会稳定做出了积极贡献。2021年保安总公司获评北京保安协会"保安服务企业一级资质"、北京安全防范行业协会"安防运维智能服务平台星级服务商""中国安防行业一级资质"等荣誉，总公司辅警安保指挥部在建党100周年庆祝活动中荣获北京市公安局集体二等功，获评北京市扫黑除恶专项斗争先进单位。

七、履行社会责任，拓展诚信建设

保安总公司始终把政治责任放在首要位置，努力弘扬时代精神和良好道德风尚，以履行社会责任为先，把为人民服务作为初心和使命，积极投身首都经济建设，参与和支持社会公益事业，参与群防群治，扶助社会弱势群体，在辅警维护首都政治安全和社会稳定、保障人民群众安居乐业，以及为灾区捐助、困难帮扶、法律援助、希望工程、慈善事业、支援地方建设等方面发挥了积极作用。在2021年中国共产党建党100周年庆祝活动中，保安总公司投入保安员、安检员6000余人直接承担了庆祝活动的各项辅警安保任务，确保了建党100周年庆祝活动万无一失，为维护首都安全稳定、服务首都经济社会发展做出了积极贡献，得到了各级领导充分肯定和社会各界的一致好评。在新冠肺炎疫情期间，保安总公司把疫情防控工作作为一项政治任务抓紧抓实，严格落实"四方责任"，坚持"等级不减、标准不降"，落实常态化防控措施，系统35家分公司主动承担了市政府交给的重点疫情防控工作，系统7万余名保安员在全市3600余个驻勤点，每日为进出人员测温、登记返京人员信息，实施网格化、地毯式管理，形成了一道牢固的防线。直接承担1家市级定点医院、5家区级定点医院和79家其他医疗机构的疫情防控安保工作，出动保安员15000余人，为全市疫情防控工作发挥了重要作用。同时，还设立了爱心捐助通道，发动群众为疫区捐款捐物，以不同形式为疫情防控捐款献爱心。广大保安员踊跃奉献爱心，伸出援手，为疫区捐款捐物，捐款总额达数十万元，有效支援了疫情防控工作。此外，保安总公司坚持"以人为本、和谐发展"理念，崇尚知识，尊重人才，为员工提供充分的发展空间，鼓励员工学习深造，通过校企联合办学，免费为5000余人开展学历教育，1.8万余人次参加了不同类型的技能培训，提高了文化层次和专业技能。关心、救济、慰问困难职工600余人次，发放慰问金30余万元，积极营造了和谐的劳动关系。

近年来，保安总公司依据有关法规和制度在诚信经营方面做了大量工作，今后将继续秉持"诚信经营、精益求精、优质服务"的理念，认真履行保安企业社会责任，依法管理、恪守信誉，积极营造诚信经营的良好氛围，靠守法诚信在激烈的竞争中创新发展，靠守法诚信赢得客户信任，靠守法诚信提高服务质量，打造诚实守信的保安行业品牌。

案例创造人：程继新

坚持诚信守法经营
加快创建世界一流水平运输企业

国能朔黄铁路发展有限责任公司

一、企业简介

国能朔黄铁路发展有限责任公司（以下简称朔黄铁路公司）1998年2月成立，是国家能源投资集团有限责任公司（以下简称国家能源集团）的控股子公司，主要负责建设运营朔黄、黄万、黄大铁路，总里程889公里。

朔黄铁路西起山西省神池县，东至河北省沧州市渤海新区，连接我国北方煤炭下水重要港口黄骅港，与京广、京九、京沪等重大干线接轨，是我国西煤东运第二大通道的重要组成部分。黄万铁路北上天津港，黄大铁路南联山东龙口港，三条铁路共同构成国家能源集团煤炭下海的主要通道。目前，朔黄铁路已经形成"一干两支对多港"运输网布局，对完善华北地区路网布局，保障我国京津冀地区及沿海地区能源安全稳定供应具有重要意义。

历经二十余年发展，公司逐步形成了"规范运作、自主经营；网运分离、联合运输；统分贯融、保障综合"为特色的"朔黄模式"。自2000年，公司累计运输货物39.52亿吨，实现运输收入2493.42亿元，累计实现利润总额1255.42亿元。2021年，朔黄铁路全年完成煤炭运量3.30亿吨，煤炭运量占全国铁路煤运总量的12%，荣获"全国五一劳动奖状""全国文明单位""全国绿化模范单位""中国首届十大环境友好工程"等国家级荣誉称号50余项。朔黄铁路作为国家西煤东运能源第二大通道的重要组成部分，被写入党的十四大报告，是国家能源集团唯一连通港口的铁路，也是国家能源集团产运销一体化运营战略的生命线、黄金线。

二、诚信管理体系构架和主要手段

朔黄铁路公司以建立"诚信朔黄"为目标，全面贯彻落实党中央、国务院的战略部署，以树立"诚信守法、诚信经营"理念为内在要求，大力倡导"诚信尽责、忠诚敬业"的职业道德风范，弘扬积极向善、诚实守信的传统文化和现代市场经济契约精神，坚持以科学严谨、求真务实的工作作风，以精干高效、锐意进取的工作态度，以诚实守信、公道处事的道德守则，努力承担国有企业社会责任，实现国有资产保值增值。公司上下坚持树立诚信服务意识和信用风险意识，营造人人讲诚信、处处讲诚信、时时讲诚信的企业全员诚信环境，深入开展诚信经营，把诚实信用的理念贯穿到公司管理的各个层级，逐渐构建起与世界一流水平运输企业相匹配的诚信管理体系。

1. 完善管理架构

朔黄铁路公司严格按照国家法律法规和规范性文件要求，持续强化现代企业法人治理体系建设，在落实"三会一层"管理体系的基础上，坚持党对一切工作的领导，对公司《章程》进行了修订，进一步明确了党组织在公司治理中的法定地位，朔黄铁路现已形成股东会、董事会、党委会、经理层和监事会各司其职、各负其责、协调运转、有效制衡、高质高效的现代国有企业法人治理体系。

2. 建立信用管理制度

朔黄铁路公司根据《国务院关于印发社会信用体系建设规划纲要（2014—2020年）的通知》《国家铁路局关于印发铁路运输业信用管理暂行办法的通知》，以及上级单位文件有关要求，制定《国能朔黄铁路发展有限责任公司信用管理办法（试行）》，明确信用归口管理部门、组织机构，并从信用管理组织与职责、工作要求、信用信息管理、诚信建设、考核评价等方面构建纵向到底、横向到边的公司信用管理工作体系，进一步规范了管理流程，夯实公司信用管理基础。

3. 持续加强诚信文化宣传

朔黄铁路公司始终坚持做好诚信宣传教育工作，积极贯彻落实上级各类诚信建设文件要求，把诚实守信作为员工教育培训的重要内容；以"国家宪法日"宣传周系列活动为重要途径，全面弘扬法治精神和法治文化，围绕企业诚信风险、合规管控等多方面开展专题讲座，努力营造诚信守法、诚信经营的工作理念和氛围；通过组织重点风险岗位人员签订廉洁从业承诺书，观看廉政宣传警示片，学习商业犯罪警示案例等方式，多措并举宣扬廉洁诚信文化。

4. 坚持合规经营

朔黄铁路公司始终坚持习近平同志两个"一以贯之"的重要指示，持续深化改革工作，坚持依法依规决策，在完善"三会一层"治理结构的基础上，通过党建入章程、"双向进入、交叉任职"、重大决策党委会前置研究、完善授放权清单等多种途径深入落实党对公司治理的全面领导，把党组织的意志贯彻到公司治理的各个环节。为加强合规管理水平，公司印发合规管理办法，成立公司合规管理委员会，加强对合规管理工作的组织领导。朔黄铁路公司加强制度修订、重大决策、投资经营等重要领域的合规审查工作，建设完善制度管理系统、合同管理系统、重大议题提报审议系统，通过信息化手段不断完善和提高公司的合规管理能力和水平。2021年公司组织全体员工学习《诚信合规手册》，6700余名员工全部签署了诚信合规承诺，以"制度立纲、契约立信、合规立身"为指引，全面深化各层级员工的诚信合规意识，公司诚信合规管理迈入了新的阶段。

5. 加强诚信履约建设

朔黄铁路公司重新修订合同管理办法，实行统一归口管理与分类专项管理，集中管理与分级授权管理相结合的管理机制，对合同签订履行实施事前、事中、事后全流程管控。在合同签订前严格按照采购管理办法对相对方资质和履约能力进行严格审查。合同履行过程中坚持诚信履约，严格执行合同所规定的义务，确保合同全面按约履行。制订合同后评价管理办法，加强对合同履行的事后审查，定期开展合同清查和民企清欠专项工作，保证各项合同的质保金、尾款等款项按时按约定支付。自公司成立至今，未发生因合同款项支付引发的诉讼。

6. 加强供应商管理

朔黄铁路公司近年来不断完善供应商管理体系机制，先后印发《供应商管理办法》《供应商短名单管理办法》《供应商失信行为管理实施细则》以及后勤、物资等重点领域供应商管理专项规定，依托地方政府和上级单位信用信息管理系统，对供应商失信行为信息进行动态管理，构建供应商短名单管理机制，加大对发生过重大工程质量、安全责任事故或有其他在重大失信行为的企业和个人的惩戒力度。

如今，朔黄铁路公司已逐步建立起了科学、有效的供应商信用评价机制和失信责任追溯制度，并重点监控肢解发包、转包、违法分包、拖欠工程款和农民工工资等行为，对发生上述行为的单位进行惩戒，并在准入方面进行限制。

三、社会责任

朔黄铁路公司积极履行社会责任，依法依规纳税，积极融入地方经济建设，在圆满完成保障国家能源运输安全，抗疫物资运输、能源保供等国家重点任务的前提下，积极参与公益活动，大力开展扶贫工作，努力回报社会。

一是依法依规诚信纳税。朔黄铁路公司秉持守法经营的原则，依法进行生产、经营、管理活动，树立纳税光荣的主人翁意识，以实际行动践行国有企业的责任与担当，自2008年起，公司分别在北京市、河北省沧州市、山西省忻州市纳税；自2015年起在山东东营纳税，增加了铁路沿线地方政府的税收，促进了地方经济的发展。截至2021年12月31日，已经累计缴纳各项税款472.85亿元。

二是保障国家能源运输安全。朔黄铁路作为国家西煤东运的重要动脉，始终把保障能源运输安全作为一切工作的出发点和落脚点，通过健全安全环保责任制和完善"双控"体系建设，优化列车开行计划，不断扩充路网布局，公司运输能力逐年上升，圆满完成各项运输任务。2021年年底，我国能源供需形势趋紧，煤炭市场高位震荡，能源保供面临巨大压力，朔黄铁路公司作为国家西煤东运的压舱石和排头兵，在公司党委的坚强领导下，坚决贯彻党中央国务院的指示批示，全面统筹各项运输任务，吹响打赢能源保供攻坚战的胜利号角，保供期间朔黄铁路单日运量屡创新高，多次获得地方和上级单位的表扬，圆满完成年度保供任务，在危急关头充分体现了大国央企的责任担当。

三是大力开展对外捐赠及精准扶贫工作。朔黄铁路公司始终坚持路地共赢理念，把公司发展和地方建设相结合，积极承担社会责任。

2021年，朔黄铁路公司坚决贯彻中央关于脱贫攻坚工作的各项决策部署，全面落实"三大攻坚战"，围绕解决"两不愁三保障"突出问题，把脱贫攻坚作为重要的政治任务和第一民生工程，全年向四川布拖县定点捐赠4700万，向国家能源基金会定向注资4000万，向其他各级地方捐赠3000万。朔黄铁路公司连续9年开展社会责任编纂工作，并在中国煤炭工业协会上进行发布，2021年公司社会责任报告获得"全国煤炭工业社会责任报告发布优秀企业"、第四届北京责任展"责任管理奖"等荣誉。

案例创造人：丁茂廷　李长生　张建　李若涵

蓝旗破晓 风"豫"同舟 用行动践诺言

上海隧道工程股份有限公司

一、企业简介

上海隧道工程股份有限公司（以下简称隧道股份公司）起源于1965年成立的上海市隧道工程公司和1996年成立的上海城建（集团）公司。1993年，隧道股份公司成功上市，成为中国基建行业首家上市股份制公司。2015年9月，经上海市委、市政府批准，隧道股份公司受托管理了原控股母公司上海城建集团的所有资产，上海城建集团完成了以隧道股份为平台的整体上市。隧道股份公司的业务覆盖隧道、轨道交通、道路桥梁、建筑与房地产、水利水务、能源、地下空间、重大装备、绿色材料、数字化业务、建设金融等城市基础设施建设运营各个领域。目前，隧道股份公司正致力于以"城市建设运营资源集成商"的战略新定位，凭借全球86座城市、逾千项重大工程的丰富经验和海量数据资产，以先进的建设运营理念，基础设施"全产业链资源"、一流的核心技术优势和智慧化的管理模式，全力为各地城市提供基础设施规划咨询、投资、设计、施工、运营"全生命周期"增值服务。当前，上海95%以上的市管交通基础设施由隧道股份公司运营管理。

二、企业诚信建设情况

习近平总书记曾指出："只有积极承担社会责任的企业才是最有竞争力和生命力的企业。"隧道股份公司作为城市建设发展的排头兵与先行者，将履行社会责任提升到战略高度，坚定不移地践行"人民城市人民建，人民城市为人民"理念，把建设运营好城市基础设施、创造人民美好生活作为根本政治责任和最高价值追求。

创司以来，隧道股份公司牢记国有企业本色，以"承载城市梦想，建筑美好生活"为企业宗旨，聚焦主责主业、稳固发展基础、优化产业结构、促进转型升级，不断深化隧道股份公司当好全国新一轮城市建设与改革发展主力军与突击队的责任感和使命感。站在"十四五"规划的新起点与新征程，隧道股份公司牢牢把握时代脉搏、顺应社会趋势、紧贴民生需求，以打造共创、共建、共享的"城市建设运营资源集成商"的新目标，在继续做好守合同、重信用，强管控、防风险，抓效益、重融合的同时，进一步强化与合作伙伴的协同创新和责任共担，更好地与各地政府和业主共同为城市基础设施提供全生命周期管理和全产业链增值服务，全力落实国家发展重任、服务城市发展大局。

1. 诚信经营：以信为本，使命必达

隧道股份公司将"以信为本"作为经营方针之首。持续完善内控管理体系，积极履行对各利益相关方义务。合同签订透明、公平、公正，公开合同履约率为100%。依法履行纳税义务，纳税信用等级为A级。公司遵守公平竞争的法律和商业道德，高度注重财务信息的规范、合法、真实、完整、准确，更强调财务管理对经营活动的牵引与控制。坚持"生财有道、聚财有度、用财有效、节财有方、管财有法"的管理理念，将财务管理与企业经营有效结合，并通过规范的管理体系保持财务的透明运作。此外，公司积极开展各类诚信主题活动，诠释践行企业诚信文化。开展"七五"普法，推进依法治企；依法合规宣传，并全面加强知识产权的创造、运用、保护和管理工作；强化企业供应链管理，提高供应商诚信意识和社会责任意识。

围绕"立足上海、全国布局、全球发展"的经营策略，隧道股份公司主动融入服务国家区域发展战略。聚焦粤港澳大湾区、长三角一体化示范区、雄安新区、临港新片区等重点、热点区域，充分发挥企业全产业链资源优势，优化市场布局，强化诚信经营，积极承建运营相关重大项目、重大工程，以"只进不退"的劲头建设样板精品工程，以"比学赶超"的精神绘就民生幸福画卷，为国家新发展格局增添新动力、开创新局面。

2. 诚信服务：以质取胜，高效务实

隧道股份公司积极践行诚信服务，着力以全生命周期管理理念，推动数字业务化和业务数字化的技术创新和成果孵化，保障项目全周期的精细化管控；以开放融合、资源集成的理念，成立"一会三中心"——科创委员会、城市更新中心、数字盾构管控中心、全生命周期运维管理中心，聚焦数字转型、城市更新、智慧运维、绿色发展及相关新兴产业，集中资源打造产业创新"策源地"与技术先导"新高地"，不断用隧道智慧、隧道方案，为国家、社会、人民创造新的更大价值。

据2021年度客户满意度调查，公司优质服务承诺满意率达97.75%，顾客投诉率为0。公司安全、高质量的工程建设运维，屡屡亮相CCTV1、解放日报、人民日报等重量级媒体，并先后荣获菲迪克工程奖、全国质量奖、中国土木工程詹天佑奖、中国建筑工程鲁班奖、国家优质工程奖等诸多奖项。

3. 文明志愿：为民造福，奉献社会

隧道股份公司积极践行社会责任与国企担当。2019年年末，面对突如其来的新冠肺炎疫情，5批212名道口作业人员、346人次奔赴9个省界道口投身"战疫"第一线，24小时开展道口防疫检查，累计工作时间超3500小时，累计检查车辆5万多台次、人员10万人次，为上海2000多万市民筑牢防疫战线，以实际行动践行"守好一道关，护好一城人"的铮铮誓言。2021年7月，郑州突发暴雨，3300名隧道人逆行千里，冲锋一线抢险救援，以国企担当服务国计民生，造福人民城市。常年来，隧道股份公司积极参与上海应急救援体系建设，建立上海轨交志愿者队伍和应急抢险专业队伍，养护上海超425公里的地铁隧道和282座地铁车站，被中国科学院院士刘建航誉为"护隧先锋"。此外，公司坚持实施精准扶贫战略，每年选派优秀青年，前往国家贫困村——法安村小学开展"全脱产、无间断"志愿支教，用发展教育的方式消除贫困根源，用资金扶真贫，用教育扶立智。

三、企业诚信案例

2021年7月，河南郑州遭遇了特大暴雨。20日16～17时，降雨量达201.9mm，超过中国陆地小时降雨量极值，造成城市严重内涝。雨水倒灌地铁站、地面交通停运、地下通道与车库被淹、大面积断电断网、数万名受灾群众需要紧急撤离。

"灾情就是命令，抢险就是责任"。危急关头，隧道股份公司党委紧急召开郑州防汛救援会议，火速成立隧道股份公司河南郑州防汛临时指挥部与临时党委，第一时间对郑州抢险救援工作做出部署。一方有难，八方支援。北京、上海、江苏、湖北等区域的3125名隧道人，闻讯而动、主动请缨，发动一切力量集结人员、调动机械设备，主动承担社会责任，星夜驰援郑州防汛救援各大险峻位置。18个在郑项目立即启动应急预案，迅速组织力量做好在建人员、在建项目的防汛救灾，在确保人员安全、项目安全的同时，全力以赴协同配合郑州当地政府、机构、市民开展抢险救灾。隧道股份公司郑州防汛临时指挥部倾斜调动全国应急资源——80台大功率抽排水设备、皮划艇、救生圈、通讯与电力设备、消毒药品，及近百吨防水抢险材料驰援郑州。隧道股份中原区域"两会一盟"，紧急筹备各项生活物资19189件直达郑州，确保后勤供给。在隧道股份党委的坚强领导下，临时党委牢牢贯彻"人民至上、生命至上"重要指示，科学决策、精准调度，专项成立了技术专家、抢险抢修、后勤保障、对外联络、信息舆情等六个工作组，以战时思维、战时标准，抓实抓细防汛救援各项工作，全力打赢人民生命财产安全保卫战。

1. 坚守战线，凝聚强大合力

这是一场众志成城、齐心协力战洪魔的保卫战。从开展工程自救、到帮助周边群众脱困，从捐赠输送生活必备物资、到冲锋涉险地铁工程救援一线……在千年一遇的特大汛情下，隧道人与时间赛跑、与洪水较量，把保障人民群众生命财产安全放在第一位。刚到郑州的那一刻，隧道股份公司临时指挥部的成员相当震撼，18个在建项目/工区不同程度积水；5台盾构机、1台顶管机、18台挖掘机被淹……郑州一片汪洋，交通瘫痪、断水、断电、断通信。

越是非常时期越需硬核担当，越是关键时刻越要精准发力。在地面积水漫过基坑挡水墙，如瀑布般倾直泻入基坑的危急时分，隧道股份公司上海隧道盾构分公司的施工作业队员们顶着大雨，蹚着齐腰的积水，与时间赛跑，52人于3小时内，在洪水中紧急拆下盾构机的贵重及易损零部件，最大限度地将灾情损失降到最低，也为之后的复工复产开创了有利条件。抢险方案制定与技术筹划，是提高救灾能力的有力保障。由隧道股份公司基坑、机械、设计等19名技术人员组成的临时指挥部专家组，涉水深入一线踏勘现场，一遍遍穿梭于各个积水工点，对所有在建项目进行受灾等级划分，通宵达旦于两天内完成18个受灾项目的复工方案制定与审批，为郑州区域各项目的抢险复工，提供了强大的技术支撑与专业保障。

在被评定为特级受灾项目的郑州地铁8号线小南岗站，主体基坑被洪水满灌，基坑内安装的47根钢支撑脱落25根，基坑支撑体系全被破坏，钻孔桩围护存在严重桩间土体流失，一旦盲目抽水将会面临基坑坍塌的风险，造成无法估算的巨大损失。眼前是迅猛上涨的水位，身后是有坍塌风险的深基坑，技术专家与抢修抢险组临危不乱，及时调取基坑资料，对监测点位复测，对第一道钢支撑进行复加轴力，并对底板未完成区域补加钢支撑。面对严峻的险情，指挥部成员躺着泥水现场办公，组建"智囊团"绘制地铁抢排水沙盘，提供水泵、人力等资源的准确定位。没有建模条件，大家便运用微积分技术，精确估算各条隧道内的即时积水量、预计贯通时间等关键信息，快速匹配对应人员与排水设备，制定坑内坑外同步快速抽排水恢复钢支撑的方案。经过7个日夜的连续奋战，最终成功克服钢支撑打捞、大方量抽水、水上钢支撑作业、水上围护封堵等专业技术难题，及时排除小南岗站的基坑险情，也为郑州其他受灾项目的抢险救援积累了宝贵经验。

2. 奋勇拼搏，筑就坚强堤坝

面对来势汹涌的洪水，时间就是生命。郑州7·20罕见特大暴雨，造成大量雨水涌入地铁，使部分地铁陷入停运状态。隧道人闻讯而动，紧急组建多支抢险救援队伍，支援郑州地铁排水排涝。在抢险救援中，领导干部坚守一线、共产党员冲锋在前，全体抢险人员与风雨搏斗、和时间赛跑。在救援活动开展的初期，因水电通信都陷入瘫痪，救援工作开展得异常困难。面对深邃黑暗、满是泥水的地铁隧道，大家深一脚、浅一脚地对积水情况进行现场踏勘，讨论研究抽排水方案。隧道密闭空间，柴油发电机不能用；隧道区间长，需要大量电缆接电；积水较深，小功率抽水泵无法使用，一系列问题接踵而至。

有隧道人的地方，办法永远比困难多。几十公斤的大功率水泵与发电机、数公里的电缆与排水管，均由作业人员五人一排、十人一队，人力接力搬运至地下通道。地下隧道闷热不通风、最深积水处达 1.7 米，但抢险人员无畏艰难，纷纷跳入积水，抬水泵、接水管、拖电缆，两班倒、24 小时不间断开展抢险排涝。身上的衣服泥水混合着汗水，湿了干，干了又湿。饿了，随便吃点东西填填肚子继续干；困了，席地而眠养养精神继续干。在潮湿闷热的封闭环境，很多抢险人员长了湿疹，长期被积水浸泡的双脚也都起了白皮。条件再艰苦，环境再恶劣，也不能阻击隧道人抢险救援的步伐。同在一面蓝旗下，大家互相加油鼓劲，让"拼搏奉献、争创一流"的企业精神在抢险阵地闪闪发光。

涉深水、战险情，隧道人心往一处想、劲往一处使，向水而行、迎险而上。城盾隧安作为隧道股份公司的专业应急抢险救援力量，在郑州 7·20 特大暴雨防汛救援工作中，反应迅速、保障有力，在接到抢险指令后，第一时间集结上海、江苏、湖北、浙江、北京、广东等区域的 150 名抢险人员携带专业设备星夜驰援郑州。"靠得住、冲得出、打得赢"，50 多天的时间里，他们扎根一线、日夜拼搏、不畏艰险，先后转战 76 个站点与区间，完成抽排水近 50 万方，用实际行动彰显了"招之即来、来之能战、战之必胜"的隧道力量。

3. 无坚不摧，彰显国企担当

天灾无情，隧道有爱。危难时刻，哪里最危险，哪里就有隧道蓝。河南新密市云蒙山特大桥是隧道股份公司上海路桥承建的郑州 S317 项目关键性节点工程，上跨云蒙山水库大坝。7·20 郑州暴雨，导致云蒙山水库水位达历史极值，不仅影响大坝主体结构安全，还对下游群众的生命财产造成威胁。S317 项目团队不计较得失，积极配合政府挖除溢洪道的施工便道配合泄洪排险，保障水库安全，守护住 10 余万人民的生命财产安全，并于灾后第一时间抢修危桥 4 座、水毁塌方道路 3 处，确保不发生次生灾害，用隧道人的使命担当为人民群众筑牢防汛"安全堤"。

守土有责，守土尽责。守好自己运营的工程项目，就是对郑州城市、对郑州人民最大的负责。在对抗郑州暴雨灾害期间，隧道股份公司城市运营作为城市基础设施的守护者，不畏风雨、勇当先锋，24 小时不间断对水毁受灾路面进行积水抢排。累计抽排道路积水 15 处，抢修严重水毁塌方 3 处。暴雨过后便是酷热，为保障国道的安全通行，他们又顶着酷暑战高温，全力投入到道路清淤、管道布设、交通疏导等各项工作中，全力保卫城市道路设施与人民生命财产安全。被雨水浸泡后泛白的双脚与黝黑蜕皮的双臂，是每一位抢险人员的共同标志。

有隧道人的地方，总会有光，有乡亲的温暖。在这次抗洪"大考"中，隧道人始终战斗在群众最需要的地方，以担当诠释初心、以专业践行使命，一次次破解难题、一次次点亮希望。在积水中引导疏散交通、为学校清理淤泥、为街道清理垃圾、为社区提供接电、为解困的群众提供面包、饼干、矿泉水……灾难可以摧毁家园，但压不垮隧道人的意志和力量。救助被困群众，助力灾后重建，面对滂沱大雨、滔滔洪水，我们用生命守护生命，用隧道蓝旗筑就城市防汛战线。

一名党员就是一面旗帜，一名干部就是一个标杆。回顾这场惊心动魄的暴雨大考，带来的是冲击更是奋进，赢得的是掌声更是信心。我们经受住了严峻考验，创造了重要经验，积累了宝贵精神财富。未来，隧道股份公司定会将救灾精神转化为干事创业、攻坚克难、勇担责任的澎湃动力，始终保持慎终如始、戒骄戒躁的清醒头脑与不畏艰险、锐意进取的奋斗韧劲，为企业高质量发展再创佳绩，为建设社会主义现代化强国再立新功，以实际行动迎接党的二十大胜利召开！

案例创造人：张焰　杨磊　顾春华　冯师

践行诚信立业
助力雪域高原长治久安和高质量发展

中国农业银行股份有限公司西藏自治区分行

一、企业简介

中国农业银行股份有限公司西藏自治区分行（以下简称农行西藏分行）成立于1995年7月1日，现有机构531个，员工5000余人，是一家承担着支持地方经济建设和服务"三农"历史重任的国有控股大型上市银行分支机构。农行西藏分行以其雄厚的资金实力、完善的服务功能、全覆盖的服务网络，致力于打造成西藏金融服务"三农"的主力银行、金融戍边领军银行、高寒地区基础金融普惠银行。

二、企业诚信建设和信用体系建设实践案例

（一）诚信经营理念

诚信立业、稳健行远，是农业银行的核心价值观，也是农行员工的精神实质和基本价值指向，更是每个农行人肩负的责任。西藏分行作为全区金融机构网点分布最广、员工人数最多、业务规模最大、产品体系最完善、服务最优的国有商业银行，在西藏这样的特殊区情、行情下，始终坚持以"诚信"为立行之基，"稳健"为发展之法，秉承"以市场为导向，以客户为中心，以效益为目标"的经营理念。

（二）诚信体系建设和制度保障

农行西藏分行始终统筹发展与安全，持续加强内控合规与风险管理体系建设，以合规为企业诚信经营保驾护航。一是持续推进财会合规体系建设。制定财会合规体系建设规划、方案等指导性文件及财务决策、财务资金、虚列变通费用、在建基建项目、闲置固定资产、应收（付）款和中间业务服务收费等方面的规范性文件，明确财务管理"八个严禁"，亮明财务管理底线、红线和高压线。通过签订承诺书，下发财务提示函等方式，对重点财务费用管理、报账流程规范、禁止性规定等重点内容进行财会合规宣导。二是夯实内部管理和风险管控基础。制定案防与反洗钱工作体系建设方案、评价方案，案防工作管理实施细则，压实案防主体责任；建立防控重大风险责任清单、任务分解表，压紧"双线管理"责任体系。（1）深入推进基础管理体系建设。制定基础管理体系三年创建规划和九大板块实施方案，形成年度计划清单和验收清单。（2）强化合规文化建设。扎实开展"内控合规管理建设年"活动。层层开展"基层员工讲合规""网点主任讲合规""支行行长讲合规"活动。落实合规"四必讲"要求，讲授案防风控、反洗钱等课程，丰富合规文化宣教形式，制作合规文化知识手册、合规管理基本制度微课件。三是守牢洗钱及制裁合规风险底线。制定反洗钱工作要点、培训计划、突发事件应急预案，修订完善反洗钱考核体系，建立制裁合规管理工作团队。加强客户身份信息治理，加强反洗钱客户尽

职调查；举办反洗钱及制裁合规专题线上线下培训，增强反洗钱宣传力度和手段，充分利用"三大节日"、消费者权益保护日、百万农奴解放日等特殊时点加大宣传。

（三）企业诚信实践

农行西藏分行持续深耕金融服务，积极履行社会责任，构建和谐劳动关系，将"诚信立业、稳健行远"的核心价值理念贯穿业务经营和员工管理的每一个环节，以产品和服务诚信推动企业诚信文化的培育。

1. 将"诚信立业"体现在做优金融服务上

（1）做实做细特殊群体金融服务。启动了"服务升温工程"，明确了"环境升温、服务升温、品牌升温"的工作目标及具体举措。提出对特殊群体进行服务时的"五个严禁"，明确全行对特殊群体服务的工作要求。组织开展全行网点整体布局、功能分区、设备设施等大整改，配齐爱心座椅、轮椅、老花眼镜、婴儿车等辅助设施，开通特殊群体爱心窗口和绿色通道，在不断满足特殊群体及老年客户金融服务需求的同时，最大限度为其提供便利。同时，本着"特事特办"的原则，利用便携式超级柜台，为老年客户等特殊群体提供上门服务，帮助行动不便的客户上门办理社保卡激活、密码重置、挂失补卡等业务。

（2）有效延伸农牧区金融服务网络。西藏分行将实现基础金融服务的广覆盖作为一项重要的政治任务和推动"治藏稳藏兴藏"的具体举措，不计成本、不计回报，加大渠道建设力度，构建了"物理网点＋自助银行＋三农金融服务点＋互联网金融服务平台＋流动金融服务""五位一体"的服务渠道，实现了乡乡有网点、村村有金融服务的目标。同时推出了独具西藏特色的农行藏文版掌上银行，创新开展"3+2"流动金融服务，积极推动农行智慧党建、智慧医院、线上"惠农e贷"等智慧金融科技业务落地广大农牧区，助推"智慧乡村"建设，让西藏各族群众的获得感成色更足、幸福感更可持续、安全感更有保障。截至2021年年末，西藏分行共设立对外营业网点521个，在海拔4800米以上的"生命禁区"设立物理网点14个，在海拔4500米以上设立物理网点81个；在21个边境县设立人工网点116个、自助网点46个；全区共设立三农金融服务点5556个，掌上银行村5270个，配备流动金融服务车18台。仅2021年，就开展流动金融服务2万余次。

（3）全力做好消费者权益保护工作。成立金融消费者权益保护工作委员会，制定印发《消费者权益保护工作评价方案》《个人金融业务尽职监督检查方案》等文件，建立完善横向到边纵向到底的消费者权益保护工作机制，全方位做好消保工作。在微银行、微信公众号分别开设"消保专栏""消保小课堂"；严格内外部投诉管理，及时性及回复率均为100%，事件单不合格率0%；创新开展各类宣教活动，制作原创宣教动漫微视频，联合区公安厅反诈骗中心录制"保障网络金融安全"电视访谈节目短片。

2. 将"诚信立业"体现在服务地方发展上

（1）持续加大信贷投放力度。西藏分行全面贯彻落实新时代党的治藏方略，积极融入地方经济发展血脉。截至2021年年末，全行各项贷款余额1187亿元，其中，涉农贷款余额470.45亿元，实体贷款余额1166亿元，普惠型小微企业贷款余额87.73亿元。

（2）加快推进金融产品和服务创新。西藏分行坚持科技赋能金融创新，先后推出了"钻金银铜"农牧民"四卡"信用贷款，固边贷、牦牛产业贷、青稞产业贷、农机具购置贷、致富带头人保证保险贷等专属化信贷产品，有效满足了广大客户发展经济和生产经营融资需求。上线藏文版掌银转账支付、话费缴费功能，推出针对县域客户的"乡村版"掌银和适用于老年客户的"大字版"掌银。

（3）创新开展西藏农牧区信用体系建设。依托农牧民"四卡"纯信用贷款模式和"农户信息建档＋全线上化"的"惠农e贷"模式，构建县、乡（镇）、村"三级"信用体系。西藏农行独有的信用评价体系为广大农牧区金融工作注入了新的科技动能，为更好地服务涉农客群尤其是农户信用贷款创造了有利条件，也为构建良好营商环境，建设诚信西藏做出了突出贡献。同时，大力推进"三资"平台建设，为农村集体经济组织和农牧民群众提供便捷的资金服务，享受农行数字化转型带来的服务红利。农行西藏分行以纯信用贷款模式推动"四卡"授信工程，一向走在全国农行前列。截至2021年年末，农户信息建档村5108个，覆盖全区5283个行政村的96.7%。全行已评定的信用县47个，信用乡（镇）584个，信用村5024个，覆盖率分别达63.52%、86.27%、95.1%。

（4）全力做好"金融戍边"工作。持续加大支持边民增收致富力度，创新推出"乡村振兴·固边贷"，积极满足当地群众发展边贸特色产业的资金需求；主动参与边境建设，竭力推动"兴边富民行动""边境小康村建设"等项目实施，截至2021年年末，西藏21个边境县各项贷款余额142.25亿元；做优做细边境地区驻地官兵和党政部门金融服务。开设部队专属网点，制定了《中国农业银行西藏自治区部队业务综合金融服务方案》，利用"3+2"流动金融服务模式，广泛开展每月至少一次走进军营、一次农牧民金融知识集中宣讲、一次送法下乡、一次爱国主义教育宣讲的"四个一"活动，助力边境地区发展稳定。

3. 将"诚信立业"体现在创造良好用人机制和环境上

农行西藏分行始终严格遵守《中华人民共和国劳动法》《中华人民共和国劳动合同法》等法律法规，持续规范劳动合同管理，建立和谐稳定的劳动关系。一是加强干部队伍培养。抓好员工培训工作，提升干部综合素养，丰富员工晋升渠道，为员工提供明朗的职业发展平台。二是提升人力资源管理效能。稳步推进薪酬管理规划，规范工资配置政策、机构绩效考评办法、员工工资管理办法实施。三是注重人文关怀。每年配置专项资金，深化关爱员工行动，切实解决员工工作和生活中的急难愁盼问题。先后实施了职工之家建设、周转房浴室改造、购置高压氧舱和制氧机、饮水和旱厕改造等众多人文关怀项目。

4. 将"诚信立业"体现在履行社会责任上

一是先后派出26支驻村工作队，驻村点涉及7个地市、7个县、21个行政村，驻村帮扶力量得到进一步增强，为巩固拓展脱贫攻坚成果，推动乡村振兴注入了强劲的帮扶力量。累计捐赠扶贫资金近3400万元，帮扶项目180多个。二是通过"益农融商+扶贫商城（兴农商城）+网点展销+员工购买"四位一体的西藏农行消费扶贫新模式，线上线下协同发力，实现本地特色产品面向全国销售。截至目前，实现电商扶贫辖内74个县（区）"一县一户一品"全覆盖，打通了农牧区产品销售"最后一公里"，有力带动了全区青稞、牦牛、林果、奶业、民族手工业相关特色产业发展。三是落实落细减费让利及企业复工复产各项政策。取消小微企业资信证明费、承担抵押评估费、抵押登记费、单位结算账户管理费等多种费用，切实降低小微企业融资和支付结算成本。2020年，西藏分行被自治区脱贫攻坚指挥部授予"西藏自治区消费扶贫示范单位"荣誉称号。2021年，被党中央、国务院授予"全国脱贫攻坚先进集体"至高荣誉。

案例创造人：林庆

建诚信桥梁 创诚信企业
以诚信文化为引领打造世界一流建桥国家队

中铁大桥局集团有限公司

一、企业简介

中铁大桥局集团有限公司（以下简称中铁大桥局）是中国中铁股份有限公司（A股601390和H股0390）旗下的全资子公司，前身为1953年4月为修建武汉长江大桥经政务院批准创立的铁道部大桥工程局（2001年改制为现名），是中国唯一一家集桥梁科学研究、工程设计、土建施工、装备研发四位于一体的承包商兼投资商，具备在各种江、河、湖、海及恶劣地质、水文等环境下修建各类型桥梁的能力。在国内外设计建造了3000余座大桥，总里程3600余公里，在大跨度公路桥、铁路桥、公铁两用特大桥、超长跨海大桥、高速铁路桥、大跨峡谷桥等桥梁建设方面形成了独特的技术优势，达到世界先进水平。

60多年来，中铁大桥局将"诚信经营"作为企业发展的发展基石，积极践行《社会信用体系建设规划纲要》要求，通过构筑面向员工、面向产品、面向行业、面向社会的全方位诚信培育、管理体系，营造了诚实守信、履约践诺、合作共赢的生产经营环境，为企业持续高质量发展，向着"打造世界一流建桥国家队"的目标迈进提供了有力支撑。

二、厚植诚信文化，营造人人讲诚信氛围

中铁大桥局以诚信文化建设为抓手，将诚信精神融入企业理念、融入宣传教育、融入各项活动、融入职工关爱中，营造了"人人讲诚信、处处讲诚信、时时讲诚信"的企业全员诚信环境。

1. 提炼理念，弘扬守信精神

中铁大桥局将诚信主题深深刻进企业的文化基因中。通过挖掘自身深厚的文化积淀，将深植在文化内核中的诚信基因总结提炼，融入企业"以人为本、诚信经营、精益求精、持续创新"的核心价值观中，融入"诚信经营、共赢发展"的经营理念中，融入企业的"十二项"文化建设中。中铁大桥局始终将诚信作为企业发展的根本宗旨，面对更加激烈的市场竞争，努力树立"诚信、专业、务实、低调、共赢"的良好企业形象。

2. 广泛宣传，培育诚信风尚

中铁大桥局将诚信主题始终贯穿于各项宣传教育活动中。积极推进企业的诚信建设与普法工作相结合，通过定期举办培训班、普法讲座，在《桥梁建设报》上开设"法律顾问"专栏、发放普法书籍、送法到基层等形式，深入开展法治教育活动。以"诚信敬业"为主题，持续、规范地在全集团各子、分公司、项目部广泛开展"桥工道德讲堂"活动，通过"身边人讲身边事、身边人讲自己事、身边事

教身边人"，培育知荣辱、讲正气、作奉献、促和谐的良好风尚。

3. 示范引领，汇聚诚信合力

通过大力弘扬劳动精神、劳模精神、工匠精神、企业家精神和抗疫精神，将"爱国、敬业、诚信、友善"的社会主义核心价值观要求，润物无声地植入每一名职工心中，引导和激励每一名职工在系列劳动竞赛活动中扮演好主人翁角色，发挥应有作用，凝聚了合力攻坚的磅礴伟力。通过十大杰出青年评选、青年突击队建功竞赛、青年职业技能大赛、重大项目创新创效攻坚组、青年安全质量监督岗、导师带徒、青年国际化人才大赛等特色活动，引导广大青年与企业"同成长、共进步"，充分发挥了青年的生力军和突击队作用。涌现一大批荣获"全国五一劳动奖章""全国青年岗位能手""全国青年安全示范岗"、全国"质量工匠""中华技能大奖""荆楚工匠"等先进典型，实现了诚信理念的薪火相传。

4. 共创和谐，普惠关爱员工

中铁大桥局始终坚持充分依靠员工，主动关爱员工，与员工共享发展成果，努力提升广大员工的幸福感。通过坚持"发展为了职工，发展依靠职工，发展成果由职工共享"的理念，不断创新民主管理制度，让职工真正当家做主。务实开展了"我为群众办实事"实践活动，解决职工"急、难、愁、盼"问题百余个。加强员工关爱三支队伍建设，探索心灵驿站标准化建设，推进项目部"幸福之家"建设，广泛开展"三不让"帮扶、员工脱贫解困、"两节"送温暖、高温送清凉、受灾送慰问等活动，让企业的关爱温暖更多职工。为所有困难职工建立档案、制定清单、发放帮扶联系卡并纳入工会帮扶系统，实现了"一对一"结对帮扶。大力实施农民工"五同"管理，切实维护员工和农民工权益，通过购买"团体意外险"、按时缴纳农民工工资保证金等方式，积极保障农民工合法权益，企业发展呈现出安全稳定、团结和谐、生气勃勃的大好局面。

三、兑现质量承诺，建设高质量精品工程

中铁大桥局始终秉承建桥报国的初心使命，视大桥质量为生命。早在20世纪90年代，就发出了"对大桥质量终身负责"的《质量宣言》。近年来，中铁大桥局逐步建立完善涵盖安全质量管控、质量提升的一整套管控体系，积极兑现质量承诺，建成的一项项精品工程，受到了社会的广泛认可。

1. 践行"四位一体"质量管理模式

以桥梁核心技术为支撑，秉承"精雕细琢、百年品质"的质量理念，践行质量责任终身制，确保建设的每一项工程都是经得起用户、社会和历史检验的精品工程。中铁大桥局创造性地开展了"天堑变通途'四位一体'质量管理模式"，该模式集"科学研究、工程设计、土建施工、装备研发"四大要素为一体，充分发挥企业技术创新基础优势和工程建设实践经验，以施工总承包为主线，四位一体互相促进，互相支撑，协同创新，持续提升，对桥梁建造和运营进行全要素、全过程、全方位的质量控制。中铁大桥局通过坚持并推广这种质量管理模式，推动中国桥梁智能制造和智慧服务，持续引领中国桥梁技术和质量发展水平。承建的工程先后国际桥梁大会（IBC）乔治·理查德森大奖8项、新中国成立60周年"百项经典暨精品工程"10项、中国建设工程鲁班奖45项、中国土木工程詹天佑大奖31项、中国公路交通优质工程李春奖6项，公司获评国家质量最高荣誉——中国质量奖。

2. 坚持"安全建桥，建安全桥"的安全观

中铁大桥局充分认识到安全生产"关乎员工生命，关乎企业的发展，关乎社会的稳定"。建立完

善了涵盖安全管控、隐患排查、安全责任、安全奖惩等全方位安全管控体系，通过落实安全责任、开展安全稽查、排查安全隐患、宣传安全理念等形式，不断提升企业安全管控水平和职工安全生产意识，推动企业向本质安全转变。

3. 用科技创新促进产品的持续升级

中铁大桥局积极践行"自主创新，引领桥梁科技发展"的科技理念，认真贯彻落实国家创新驱动发展战略，始终坚持"自主创新、重点跨越、支撑发展、引领未来"的指导方针，优化科技资源配置，加大研发投入力度，加强研发平台和人才队伍建设，大力推动新技术、新结构、新工艺和新设备的研究应用，积极推进传统产业与信息技术、"互联网+"技术的融合，在高性能混凝土、高速铁路及特大跨度桥梁建造、跨海桥梁建造、桥梁健康评估管养、城市桥梁快速建造、信息技术等领域不断改进创新，助推中国建桥技术领先世界。公司现拥有桥梁结构健康与安全国家重点实验室和博士后工作站，是国家企业技术中心。先后获国家科学技术奖33项、拥有国内外专利1202项。

四、坚持守诺履约，培育产业链共赢生态

中铁大桥局坚持尊重业主、尊重伙伴、尊重对手，以实干赢得尊重，以诚信实现共赢。

1. 强化合同管理

中铁大桥局制定了《中铁大桥局集团有限公司合同管理办法》，涉及合同管理机构职责、合同的签订、履行、变更、终止、合同纠纷的处理、合同基础资料的管理、合同监督检查等方面的内容。该办法贯穿诚信理念，其内容更贴合大桥局的实际情况，便于基层合同管理人员理解，在实践中更具操作性，也更有针对性地规范大桥局的合同管理工作。现大桥局要求所属各单位严格围绕该《办法》开展合同管理工作，并将执行情况定期向法律事务部汇报；各基层单位结合项目实际情况，将合同管理工作中遇到的若干程序问题进行了细化，制定了《合同管理办法实施细则》，进一步增强合同管理工作力度，取得良好效果。公司荣获全国及湖北省"守合同重信用"企业称号，先后获评"中央企业法制宣传教育先进单位""全国交通企业信用建设工作先进单位"等称号。

2. 提升履约能力

中铁大桥局通过不断提升技术实力、提高管理水平，不断增强履约能力，全力维护守合同、重信用的企业形象；印发了《中铁大桥局集团有限公司工程项目综合信用评价考核管理办法》，对中标参建的境内所有在建工程项目定期组织信用评价考核；逐步在向各业主的服务中，树立守诺重信的企业形象；在2021年铁路信用评价中上、半年均进入A类企业。2019年和2020年连续获评"全国公路信用评价AA级企业"。2021年，先后获评中国建筑业协会、中国施工企业管理协会、中国企业家协会和中国企业联合会AAA级信用等级证书、中国施工企业管理协会19星信用星级证书等一系列信用荣誉。

3. 培育共赢生态

面对合作伙伴，中铁大桥局始终坚持平等协商、互利互惠、合作共赢的原则，对履约能力差、不讲诚信的坚决清理出中铁大桥局内部市场，与优质供应商携手营造诚信共赢的工程建设氛围。中铁大桥局先后举办了优秀供应商表彰大会和两届国际桥梁博览会，为桥梁建设产业链上下游企业搭建了展示平台，吸引了数百家知名企业共襄盛举，这正是合作伙伴、竞争对手们对大桥局品牌的肯定，也是

对中铁大桥局诚信经营的认可，更是各方用户信任的写照。

五、积极回馈社会，打造负责任央企形象

中铁大桥局在自身发展的同时，积极履行社会责任，努力将发展成果惠及全社会。

1. 弘扬雷锋精神，积极开展志愿服务活动

中铁大桥局组建学雷锋志愿服务队38支，常态化开展帮困助残、文明指引、公益宣传、义务劳动等系列活动。在抗击疫情战役中，大桥人发挥自己在工程建设领域的特长，以中铁大桥局名义向湖北省红十字会捐赠1000万元，倡议全局干部职工自愿捐款445万余元，用于湖北省疫情防控工作，参与到火神山医院、武汉国际会展中心等方舱医院等多个医疗基础设施的建设中，用"建桥速度"与疫情赛跑，以"国匠本色"和医务人员并肩战斗，中铁大桥局获评"中央企业抗击新冠肺炎疫情先进集体"荣誉称号。助力第七届军人运动会顺利召开，先后承担了杨泗港快速通道青菱段斜拉桥、四桥提升等多个项目的建设。港珠澳保护中华白海豚志愿服务项目荣获全国学雷锋志愿服务"四个100"最佳志愿服务项目。

2. 加强扶贫帮困

加大对口扶贫点的帮扶力度，组建了扶贫工作队，脱产驻扎在定点扶贫村宣恩县沙道沟镇布袋溪村开展工作，引导村民以冬桃种植为特色产业，作为农民脱贫增收的根本举措。开展了"一对一"结对帮扶、"走出大山看大桥"公益游学活动。

3. 坚持绿色发展

中铁大桥局始终坚持"低碳建筑、绿色环保"的环保理念，积极顺应人与自然和谐发展的时代要求，大力推广绿色建造技术，确保实现节能减排、低碳环保。坚持从设计源头体现绿色理念，从施工管控践行绿色理念，以评促管强化绿色理念，用技术创新助推全面绿色建造，全力打造智慧桥梁，引领中国桥梁向"大跨、轻质、重载、快速"的方向发展。公司印发了环境保护、节能减排、绿色施工等多项管理制度，在中铁大桥局营造了良好的绿色施工氛围，公司多个工程项目被国家授予"绿色施工科技示范工程""节能减排标准化工地"等荣誉称号。

开展企业诚信建设，树立了中铁大桥局"诚信、专业、担当、包容"的企业形象，擦亮了企业品牌，巩固提升企业在桥梁建设领域的领军优势。我们将继续贯彻"诚信经营"的发展理念，为实现"世界一流建桥国家队"的宏伟目标而努力奋斗。

案例创造人：文武松　舒智明　王圉亮

以诚为本 以信为基
助力创建世界一流示范发电企业

国家能源集团泰州发电有限公司

一、企业简介

国家能源集团泰州发电有限公司（以下简称泰州发电公司）位于江苏省泰州市高港区，自 2004 年 1 月成立以来，经历了"十一五"建一期、"十二五"建二期两个大的发展阶段，创造了中国火电发展的多项纪录，现装机容量四百万千瓦（4×1000MW），是江苏省最大的火力发电企业之一，为保障国计民生、推动社会经济发展提供了坚实的能源保障。

泰州发电公司一期工程是江苏省第一个百万千瓦电源项目，获"中国建设工程鲁班奖"，1号机组是我国电力 7 亿千瓦标志性机组，2 号机组是国家能源局超低排放改造示范机组，也是国内首台实现低成本脱硫废水零排放机组。公司二期工程建设两台百万千瓦超超临界二次再热燃煤机组，是科技部"十二五"科技支撑计划项目和国家能源局高效煤电示范项目，工程获"中国电力科技进步一等奖""国家优质工程金质奖"。3 号机组是世界首台百万千瓦超超临界二次再热燃煤发电机组，发电煤耗、发电效率、环保指标均处于世界最高水平，投产后连续五年获评中电联能效对标 5A 级机组。

公司设置职能部门 12 个，共有正式员工 388 人，平均年龄 36.55 岁，本科及以上学历占比达 93.3%，中高级以上职称占比 54.64%。公司先后获得"全国五一劳动奖状""全国文明单位""中国工业大奖""国家煤电节能减排示范电站""全国电力行业思想政治工作优秀单位""中国美丽电厂""AAA 级信用企业"等荣誉称号。

2021 年，面对当前能源工业发展特点，泰州发电公司主动研判能源转型发展的新机遇，准确把握安全与发展、质量和效益、短期和中长期之间的关系，以创一流为行动指引，以诚信企业建设为支撑，系统谋划、统筹推进各项工作，高质量发展取得新业绩、新突破。年末，公司总资产 78.27 亿元。全年，完成销售额 79.21 亿元，实现利税 5.75 亿元，净利润、主营业务收入在江苏区域百万机组煤电企业中均排名第一。

二、诚信建设和信用管理实践

"诚招天下客，誉从信中来"。诚信是企业立足市场的基石，是企业生存和发展的永恒动力。随着电力体制改革的不断推进以及市场竞争环境对企业诚信要求的不断提高，诚信建设已然成为企业发展的重要组成部分。

自成立以来，公司秉承"工匠、精益、争胜、卓越、诚信"的理念，依法参与市场竞争，以"五个坚持"擦亮诚信品牌，主动履行社会责任，积极打造"重承诺、守信用"的企业形象，推动企业朝着"安全高效、清洁低碳、灵活智能"方向转型升级，在能源发展的潮流中，把准方向，勇立潮头，努力创建世界一流示范发电企业。

（一）坚持齐抓共管，诚信建设细落实

泰州发电公司构建了现代企业管理体系，形成股东会、董事会、监事会和经理层各负其责、协调运转、有效制衡的治理结构。坚持加强党的领导和完善公司治理的有机统一，按照《公司法》等法律法规要求，进一步规范公司章程中党建工作要求，组织对公司章程及时修订，明确党组织在企业决策、执行、监督各环节的权责和工作方式。充分发挥党的领导核心作用，健全党组织参与重大决策机制，强化党组织对企业领导人员依法行权履职的监督，明确把法律审核把关作为涉法重大决策上会讨论的前置程序，重大决策法律把关机制进一步落实，确保公司决策部署和执行过程符合党的方针政策和国家法律法规。2021年，公司有序召开年度三会，各机制有效运行，保障了企业的规范运作和科学高效决策。

为加快推进企业信用体系建设，公司成立了以董事长、总经理为组长的信用体系建设领导小组和以总法律顾问为主任的领导小组办公室，统一领导信用体系建设，同时成立企业管理、人力资源、安全质量和财务管理等四个工作小组负责信用体系建设工作的细化落实，积极打造诚实守信的企业形象。切实加强对信用建设的组织领导，明确公司党政领导、法律部门、各部门、各党支部在信用体系建设中的责任，形成上下协同、一体联动的建设大格局，资源得到有效整合，工作合力不断增强，着力建设诚信部门、诚信党支部、诚信班组，共同夯实建设诚信企业的基础。

（二）坚持完善制度，诚信治企强保障

多年来，泰州发电公司应用PDCA管理工具，完善优化制度体系，加快构建诚信经营有章可循、公司利益有章可保、创新驱动有章引领、转型升级有章支撑的新格局。依托智慧企业平台，推进集团公司法律管理信息系统制度管理模块的上线，进一步规范制度起草、审核及签发流程，以制度建设保障公司诚信、合规运营。坚持"管理制度化、制度流程化、流程信息化"的内部控制理念，以风险管理为导向、以合规管理监督为重点，形成全面有效的内部控制体系，不断提升企业管理标准化、规范化水平。强化规章制度执行，通过加强宣贯培训、执行监督等方式，确保各项规章制度得到有效落实。全年开展制度宣讲两次、制度宣贯答题活动和执行检查各1次。逐步建立规章制度实施反馈和评估机制，每年对重要专项制度执行情况进行评价，扎实推进立改废工作。2021年，公司修订制度39项，新增新能源管理标准21项，所有制度均经法律审核，确保各岗位按照最新的法律法规、标准、制度，开展企业生产经营管理。截至目前，公司共有技术标准1230项、管理标准121项、工作标准182项、规章制度130项，为诚信治企提供了有力保障。公司被评为AAA级标准化良好行为企业。

（三）坚持以人为本，诚信文化浓氛围

泰州发电公司坚持"以人为本"的原则，以宣传诚信知识、弘扬契约精神、推动诚信实践为主旨，从加强组织领导、深化激励考核和加强经费保障等方面作出部署，积极推进诚信文化建设。宣传内容上紧跟时事，不断提高诚信宣传教育的针对性和实效性，引导公司干部职工牢固树立"诚信经营"的理念，自觉履行法定义务和社会责任。宣传形式上拓宽载体，采用"线上+线下"的形式，深入挖掘展板、宣传栏等传统宣传载体的内在潜力，推动智能化、移动化，更好地运用公司门户网站、微信等网络媒体开展诚信宣传教育活动，让诚信知识直达基层。

泰州发电公司充分发挥诚信文化的引领、熏陶作用，在全公司范围积极开展诚信宣传教育，加强人事、财务、采购、营销及新能源开发等重点岗位以诚信为重要内容的职业道德建设，深化阳光行动，开展"点对点""一对一"廉洁提醒谈话，不断重申重大节假日"十五个严禁"纪律要求，积极打造廉洁从业、干净做事的职业诚信，突出精神引领，丰富员工精神文化生活，常态化开展道德讲堂活动，

积极弘扬优质生活、情趣高尚的生活诚信，加大对守信激励和失信惩戒的宣传报道和案例剖析力度，强化规则意识，倡导契约精神，弘扬公序良俗，营造浓厚的诚信氛围。

（四）坚持依法合规，诚信经营有作为

1. 以法治推动诚信

将法治建设作为抓手，使用信息化手段强化刚性约束，推动法律事务机构充分融入公司经营发展各环节，推动信用企业建设。持续健全风险防范体系，前移法律风险防范关口，将依法合规作为业务开展的前提与检验工作成果的标准，严格落实规章制度、重大决策、经济合同法律审核制度，以制度和流程确保法律审核覆盖率，公司三项法律审核率始终保持100%。自觉遵守市场秩序，持续提升合同管理水平，修订完善合同范本，提升合同流转效率，强化合同管理领域风险防控，维护公司交易安全。组织开展风险排查及评估，有效识别风险并提前介入，为新能源建设、物资采购、招标投标等重点领域的决策和执行提供支持，对公司证照和授权实施有效管理，及时完成工商年报，维护公司良好的外部形象。全年共出具法律意见书1份、律师函8份、法律咨询答复意见10份，接待法律咨询41次。在法治的保驾护航下，公司较好地完成了生产经营目标，全年完成发电量221.88亿千瓦时，实现净利润2.59亿元。二期机组连续第5年获评中电联能效对标1000MW组别5A级机组和全国供电煤耗最优奖。

2. 以合规促进诚信

在市场化、法治化条件下，合规与诚信是企业稳健发展的压舱石。公司坚持将合规工作全面融入企业管理，加强重点领域、环节及人员的合规管理。梳理制定《公司内部管理授权手册》，细化明确授权放权业务内容，规范公司经营管理行为。开展合规风险识别和预警，落实责任部门和整改措施，有效防范合规风险。分层次开展合规业务培训，组织开展党委中心组和重点岗位合规培训各1次，提升干部员工合规诚信意识和风险辨别能力。积极开展合作伙伴关系管理，坚持以客户为中心，遵守契约精神、履行诚信义务，利用各种形式向合作供应商、承包商宣贯公司合规诚信经营的理念，鼓励举报违规，对不诚信行为进行考核，停止与不合规、不诚信企业的合作。恪守公正透明的管理机制，使员工及合作伙伴都能把合规诚信作为基本的行为准则，确保公司规范、健康发展。

（五）坚持履责践诺，诚信央企显担当

1. 创建和谐企业

泰州发电公司坚持民主维权严谨翔实，把持续强化民主管理作为提升职工队伍向心力的重要举措，定期召开职工代表大会、厂务公开发布会，切实保障职工参与民主决策、民主监督。充分发挥薪酬激励机制，建立多通道员工成长机制，做好劳动安全防护工作，切实保障员工的劳动安全。坚持职工代表巡视常态化，充分发挥职工代表的民主监督作用，提高职工知情度，助力企业安全稳定发展。2021年，共开展职工代表巡视活动4次，发现问题35条，目前已全部整改到位。公司荣获"全国模范职工小家""江苏省劳动关系和谐企业"称号。

2. 履行社会责任

新冠肺炎疫情突发后，公司迅速响应，统筹抓好疫情防控和生产保供，全力支持配合地方政府打赢疫情防控和经济发展"双战役"。深刻认识生态文明建设的新要求，积极践行绿色发展，严守生态红线，落实"污染防治三年行动计划"和长江沿岸火电企业生态环境治理三年规划。公司建立了完善的环境管理体系和企业环境保护责任制度，加快科技创新，加强环保治理，减少污染物排放，按规定落

实排污许可证各项管理要求,开展自行监测,依法公开排污信息。同时自觉接受政府、行业组织、社会公众和新闻舆论的监督。2021年,公司平均脱硫投运率100%,脱硫效率98.9%;平均脱硝投运率100%,脱硝效率84.8%,获评江苏省节水型企业。加强日常税务管理,实行"年计划、季复盘、月跟踪、半年总结"闭环管控模式,依法合理合规精确按时纳税,组织开展税务自查和税务审计,防范规避涉税风险。全年共缴纳税款3.16亿元。

3. 践行公益担当

积极参与社会公益活动,建立回报社会"新渠道",树立企业良好的社会形象。泰州发电公司先后组织开展了"志愿有爱、战疫有我"疫情防控志愿服务活动、义务植树、抗击疫情捐款、国家扶贫日捐款红十字博爱万人捐、无偿献血等公益活动。近五年,共募得现金捐款31余万元,无偿献血6万毫升,累计支出210余万元"以购代捐"助力贫困地区早日脱贫。公司获得"全国模范职工小家""江苏省模范职工小家""江苏省书香企业""泰州市十佳爱心企业"等荣誉称号。

案例创造人:刁保圣　蒋欣军　侯海宏

诚信经营　产业报国
建设具有全球竞争力的行业隐形冠军

中车戚墅堰机车车辆工艺研究所有限公司

一、企业简介

中车戚墅堰机车车辆工艺研究所有限公司（以下简称中车戚墅堰所），始建于1959年9月，是中国中车核心子企业，国家级技术创新示范企业、国家制造业单项冠军示范企业。

立足于新材料、新技术、新工艺、新装备的研究开发与产业化，中车戚墅堰所建有1个国家级技术中心，4个省级工程技术中心，构建了国际领先的试验验证平台，产业领域覆盖轨道交通关键零部件、专有技术延伸、生产型技术服务，现已成为高端装备特别是轨道交通装备关键零部件研发与制造企业。

中车戚墅堰所积极推进工业化与信息化融合发展，依托智能制造，不断为客户提供先进、成熟、可靠、经济、适用的高技术产品，努力成为客户价值链中的关键环节，为我国轨道交通和高端装备事业的发展提供有力支撑。中车戚墅堰所研制的齿轮传动系统、减振降噪装置、钩缓制动装置等关键零部件，让列车跑得快、行得稳、停得住，助力复兴号高速列车迈出从追赶到领跑的关键一步，安全奔驰在祖国广袤的大地上。

近年来，中车戚墅堰所先后获评"中国工业大奖""国家科学技术进步二等奖""中国专利银奖"等荣誉称号。

二、企业诚信建设情况

（一）企业内，建设诚信体系

1. 法治合规建设

推行围绕中心、服务决策的法治合规建设。中车戚墅堰所发布《企业主要负责人履行推进法治建设第一责任人职责规定》，列明职责清单，使企业主要负责人成为依法治企重要的组织者、推动者和实践者。建立有效制衡、协调运转的法人治理结构，明确党委在法人治理中的职责、权限以及决策程序，使"党委成为法人治理主体之一"，把方向、管大局、促落实。以总法律顾问为核心的法律顾问队伍全面实现专职化，建立公司律师制度，严格落实三大法律审核制度，完善诉讼风险防范机制。优化合规管理体系，通过两级授权及合规培训，避免签约风险。建立独立的合同管理信息系统，实现合同全周期管理，提高合同管理效率，强化过程监督，实现法律纠纷申请、和解调解、案件共享、案件进展跟踪、案件卷宗归档等的线上管理。大力推进法治文化建设，开展"12·4"普法宣传专题教育，培育全员"学法、守法、用法"的良好氛围。成立职工法律援助站，为职工提供优质的法律服务。

2. 党风廉政建设

持续深化全面从严治党"四责联动"机制，不断完善"一岗双责"落实情况监督机制，围绕"三重一大"制度执行情况，建立健全权力运行和监督机制，建立完善廉洁风险防控机制。党委召开会议研究部署党风廉政建设和反腐败工作，组织召开年度党风廉政建设和反腐败工作会议，并与基层党组织书记签订党风廉政建设责任书。建立班子成员"一岗双责"履行情况"双反馈"监督机制。创新开展"廉政流动课堂"，深入开展"百名纪检干部讲纪律"教育活动，举办"廉洁家书我来颂""家训家规、廉洁警句和书画摄影作品征集活动""廉洁书画展"等主题活动，筑牢拒腐防变思想防线。

3. 风险内控管理

贯彻国资委防范化解重大风险决策部署，强化风险意识和底线思维，以"强内控、防风险、促合规"为工作目标，做好常态化"经济体检"。一是聚焦关键业务、重点领域，定期开展全面风险评估，综合研判业务风险点，评估经营战略、目标、治理的效果与效率，守住不发生系统性风险的底线。二是以内控评价为抓手，通过测试验证内控流程设计与执行的有效性，规避越权等可能影响企业正常运营的风险。三是强化风险预警指标运用，定期更新发布风险预警指标，深挖风险成因，制定应对措施，防范滋生重大风险。

4. 供应商信用管理

建立完善的供应商管理体系，实行供应商全生命周期管理。严格执行新增供应商准入审核，特别注重企业资信审查，包括财务状况、行业声誉、以往信用情况等，对重要供应商准入执行现场审核，确保其能力满足业务要求。企业对供应商开展定期、不定期评价，优化供应商业绩，持续推进供应商培育和整合优化工作，建立有竞争力的供应商资源池，提升企业履约能力。实行供应商分类分级管理，发展多家战略供应商，并与供应商建立互利共赢、风险共担、长期稳定的合作关系，确保企业战略、重要项目顺利推进，支撑企业高质量发展。

5. 知识产权保护

建立知识产权战略管理和高价值专利培育机制，围绕轨道交通齿轮传动系统、基础制动装置、车钩缓冲装置、减振降噪装置开展全球专利竞争态势分析，在产品设计、生产制造、材料工艺形成专利组合布局，有效保护自主创新成果。累计拥有有效专利912项，其中发明专利531项，海外授权专利8项；5项专利获得中国专利奖，其中银奖1项。开展覆盖主营产品的专利产品和技术分类体系建设，知识产权实施率90.54%。累计对外转让专利7项，转让专有技术6项，1项专利纳入冶金行业标准。建立知识产权风险防范机制，围绕复兴号中国标准动车组、印尼雅万高铁等重大专项开展专利侵权预警分析，合理采取法律措施维护专利权利3次。

6. 劳动权益维护

建立并持续完善劳动人事制度，劳动合同全员签订。集体合同经公司职工代表大会审议通过，由公司首席代表和公司工会主席签字生效。注重员工能力素质培养，员工培训覆盖率达100%，培训总人次2万余人次，培训总时长4万余课时。出台新冠疫情防控期间员工薪酬待遇指导意见，维护员工合法权益。在此基础上，推动市场化选人用人机制建设，"两制一契"实现中层管理人员100%覆盖，"揭榜挂帅"选聘职业经理人20余名。健全多元化薪酬分配激励机制，干事创业激情进一步激发。实施经营指标双向激励，10余家单位成功分享红利。

(二)用户端,践行诚信经营

1. 自主研制中国高铁关键零部件,承担国家重大专项

积极承接 CR450、标准地铁、标准市域车、高速磁悬浮列车、川藏线列车等国家重大专项,负责系列关键零部件研制。取得 660 余项国家、省部级科技成果,获国家科技进步奖 12 项(一等奖 3 项),省部级奖励 120 余项;制定国际、国家及行业标准 655 项,其中国际标准 12 项、国家标准 21 项。

自主研制的齿轮传动系统、钩缓制动装置、减振降噪装置、踏面清扫装置,打破国外垄断,助力复兴号高速动车组列车奔驰在祖国广袤的大地上,并实现相对时速 840 公里的顺利交会,刷新世界纪录。

2. 产品质量优秀,广受市场信赖

建立相对健全且成熟的质量保证体系,已获取 IRIS 管理体系证书、ISO9001 质量管理体系认证、测量管理体系等证书。通过"戚所质造"质量品牌专项提升工作,融入"精益+"理念,把好产品设计、制造过程质量关。产品一次交检合格率达 98% 以上,产品一次交验合格率(出厂验收)达 100%,产品质量受客户广泛好评。

目前,企业多项核心产品市场占有率稳居行业前列,齿轮传动系统市场占有率位列第一。企业获评"全国质量标杆""常州市市长质量奖"。

3. 提供产品全生命周期 7×24 小时不间断守护

产品上线运用后,企业提供 7×24 小时贴心服务。"高铁医生"(即产品售后服务人员)常驻全国 40 余个动车所、车辆段、地铁公司,开展产品质量服务。在春运、两会、"迎七一、保安全"等国家重大活动举行,"拉林"线、"中老"铁路等新线路开通,复兴号智能动车组、高寒动车组等新车型上线时,开展专项包保服务,确保列车安全运营。同时,也做好对动车所、地铁公司、整备车间等业主的培训,帮助用户了解产品、养护产品。

为高效响应客户检修需求,企业为多个核心产品建设检修基地共 7 个,优化了检修业务流程,提升了检修效率。

4. 诚信履约

企业产品涵盖领域广、品类多、任务急、订单量大,企业始终把"诚信履约"作为对客户的承诺。2020 年 3 月,在科学防疫的基础上,推进高效复工复产,如期交付出口巴西的城轨齿轮传动装置,用实际行动展示了中央企业的政治担当、诠释了"中国速度"下的"中国诚信"。2021 年,面临能耗"双控"和拉闸限电的形势,组建生产协调攻关组,精心部署、紧密协作、全力推进,保证了在手订单全部如期交付。企业每年订单交付及时率平均达 99%。

5. 打造"风雨共担、协作共赢"的供应链关系

持续致力于提升供应链能力。近年来针对 30 余家重点供应商,帮助解决了 100 余个现场改善点,促进供应商在质量意识、质量管理水平和产品质量指标方面的全面提升,践行了"在合作中成长,在成长中共赢"的理念。

疫情期间,企业利用在管理、人员和信息渠道上的优势,结合自身防疫经验,主动指导协助供应链企业制定疫情防控方案、准备防疫物资、梳理复工申请材料,并与地方政府积极沟通、争取支持,为供应链企业的复工批复开辟绿色通道。

（三）为人民，坚持诚信履责

1. 践行"绿水青山就是金山银山"绿色发展理念

作为材料工艺研究所，企业加强绿色材料、绿色工艺研究，推广低能耗、低污染、低噪音技术应用，用工艺和技术保护绿水青山。研究运用金属型铸造、3D打印、树脂砂再生回用、风电齿轮制造、减振降噪技术应用等为绿色发展贡献智慧。例如，在工程机械涂装作业时，用水性涂料替代性涂料，作业环境明显改善，挥发性有机物的排放量也控制在10mg/m³以下，远低于120mg/m³的国家标准。

企业扎实做好能源管理，做细做实降耗工作，大力实施节能技改、节能监测与分析改善，提升能源使用效率。通过加装绿色照明、回收利用余热余压、太阳能光伏发电、能源信息化建设、节水改造、车间节能改造等方式节约能源；通过推广循环包装材料、回收利用废砂和机加工铁屑等方式，提升耗材价值。

在培育绿色供应链方面，面向全体供应商宣贯节能环保要求，对86家重点供应商进行EHS风险审核、监督整改，淘汰不合规供应商。企业成功创建"江苏省绿色工厂"。

2. 践行"人民幸福就是国之大者"理念

（1）守护员工安全感。充分发挥"1+13"防疫体系作用，常态化开展疫情防控，有效保证生产经营秩序稳定。持续开展安全风险管控与隐患排查治理双重预防机制建设，深化企业安全文化建设。企业入选国家"首届企业安全文化建设最佳实践案例"名录。

（2）提升员工幸福感。精准对接发展所需、民心所向，开展"我为群众办实事"240项。提高员工企业年金缴纳比例，开展员工补充医疗保险扩面，优化青年人才公寓条件，组织汽车、房产团购活动。举办红色"家·年华"、红色集体婚礼等活动，推动"七彩家园"新小家建设，丰富员工精神文化生活。坚持精准帮扶，实现"冬送温暖、夏送清凉、秋送助学、节送慰问、难送帮扶、病送关怀"，员工获得感不断提升。

3. 践行"共享发展"理念

（1）响应各级政府、协会号召，承办国家、省市重大活动。成功承办中挪两国总工会牵头主办的中挪职工技能交流活动、第45届世界技能大赛全国机械行业焊接项目选拔赛、第七届全国职工职业技能大赛焊工项目比赛等重要赛事，承办江苏省"放歌新时代、奋斗新征程"基层好故事分享会、常州市"我们的节日"系列文化活动。

（2）推进公益慈善事业，回馈社会。重视文明建设与志愿服务，连续6年组建志愿者服务队，参与常州市"一袋牛奶的暴走"大型公益服务，荣获常州市"爱心单位""优秀志愿者团队"等荣誉称号。对接常州市中心血站，2021年组织170余名员工无偿献血5.53万毫升。与常州轨道公司联合组建青年志愿者服务队，为市民乘坐地铁出行提供指引、购票等服务。助力巩固脱贫攻坚成果，年均向相对贫困地区采购农副产品50余万元用于员工"送清凉"等福利，向甘肃、广西、金坛等地方政府及企业单位捐赠总额100余万元。

三、企业诚信建设成果

近年，中车戚墅堰所在诚信建设方面取得了不少成果，具体如下表所示。

表 中车戚墅堰所诚信建设成果

序 号	颁发奖项	颁发单位	颁发日期
1	江苏省健康企业	江苏省卫生健康委员会、江苏省爱国卫生运动委员会办公室	2022.2
2	江苏省质量信用 AA 级企业（2021 年度）	江苏省市场监督管理局、江苏省发展和改革委员会	2021.12
3	江苏省绿色工厂	江苏省工业和信息化厅	2021.12
4	2021 年全国质量标杆：运用"1234"精益管理模式打造世界一流高铁核心零部件品牌的最佳实践	中国质量协会	2021.9
5	中国专利银奖：非完全对称渐开线齿轮及其加工方法	国家知识产权局	2021.6
6	国家知识产权示范企业	国家知识产权局	2020.11
7	全国劳动模范：刘云清	中共中央、国务院	2020.11
8	江苏省工业互联网发展示范企业	江苏省工业和信息化厅	2020.7
9	2018—2020 年度"全省厂务公开民主管理先进单位"	江苏省厂务公开协调小组	2020.7
10	2019 年度江苏省科学技术一等奖：时速 350 公里速度级动车组摩擦副	江苏省人民政府	2020.3
11	江苏省模范职工之家	江苏省总工会	2020.1
12	国家级制造业单项冠军示范企业	工业和信息化部、中国工业经济联合会	2019.11
13	全面质量管理推进 40 周年杰出推进单位	中国质量协会	2019
14	江苏省大众创业万众创新示范基地	江苏省发展和改革委员会	2019.6
15	全国铁路五四红旗团委	全国铁道团委	2019.5
16	最佳公共关系案例大赛企业产品传播类银奖：中国齿轮，转动中国高铁——高铁齿轮传动系统传播	中国国际公共关系协会	2018.10
17	全国安全文化建设示范企业	中国安全生产协会	2017.12
18	国家科学技术进步二等奖：高铁列车用高可靠齿轮传动系统	国务院	2017.12
19	中国工业大奖	中国工业经济联合会	2016.12
20	全国守合同重信用企业（2014—2015 年度）	国家市场监督管理总局	2016.6
21	2014—2015 年度全省依法管理诚信经营先进企业	江苏省经济和信息化委员会、江苏省依法治省领导小组办公室、江苏省司法厅、江苏省依法经营协调指导办公室	2016
22	全国文明单位	中央精神文明建设指导委员会中央文明委组	2015.2
23	"节能减排企业贡献奖"一等奖	中国节能协会	2014.12
24	国家技术创新示范企业	国家技术创新示范企业	2014.9
25	江苏省节水型企业	江苏省水利厅、江苏省发展改革委	2012.9
26	江苏省平安企业	江苏省平安企业创建活动领导小组	2012.7
27	江苏省企业知识产权管理标准化示范建设先进单位	江苏省质量技术监督局、江苏省知识产权局	2011.9
28	国务院国资委先进基层党组织	国务院国有资产监督管理委员会党委	2008.6

续表

序 号	颁发奖项	颁发单位	颁发日期
29	江苏省和谐劳动关系模范企业	江苏省总工会、江苏省劳动和社会保障厅、江苏省企业联合会、江苏省工商行政管理局、江苏省工商业联合会	2006.12
30	全国模范职工之家	中华全国总工会	2005.5

案例创造人：王文虎　李培顺　王琴琳

弘扬民族文化　共建诚信中国
——中投保信用文化建设的道与术

中国投融资担保股份有限公司

一、企业简介

中国投融资担保股份有限公司（以下简称中投保）自成立以来，一直以推动社会信用体系和信用文化建设为己任，在做好自身经营发展，为客户提供优质增信产品、服务的同时，积极推动我国担保行业发展，倡导"弘扬民族文化，共建诚信中国"的理念，形成了"七信修为，践行社会责任"的社会责任体系。中投保始终恪守诚信经营的契约精神，成立近30年来，共为3万多家客户提供了累计近5800亿元的担保增信服务，无一笔违约记录，有效推动了社会信用环境的改善，树立了中国担保业第一品牌。中诚信、联合资信、大公国际等市场权威评级机构分别给予中投保长期主体信用等级AAA的评级，是目前国内成立时间最早、业务规模最大、产品种类和客户资源最为丰富、综合实力最强的担保机构之一。

二、与生俱来的诚信基因

作为中国第一家全国性专业担保机构，中投保经过近30年的发展，形成了以信用文化为核心的企业文化体系，积淀了"以诚相交、以信为守"的诚信文化内涵，并与时俱进提出了"为国而担、为企增信、为社会建体系"的使命和核心价值观。

1992年，党的十四大确立了建立社会主义市场经济体制的改革目标。在此背景下，国家信用从一般经济生活中加速退出，市场开始成为调节各类经济活动的主要手段。面对"各级行政机关一律不得为国内企事业单位间的经济活动提供担保，已经提供担保的，要立即采取有效措施加以纠正"的政策要求，建立信用机制、社会信用体系和信用管理制度已成为维护和保障市场正常秩序和健康运行的迫切需要。

中投保将"信用"作为公司发展的根和魂。成立初期，著名经济学家、公司经济顾问吴敬琏先生赠给公司一句话"以诚相交、以信为守"，中投保一直将这句话作为经营发展的理念。中投保将"一言九鼎"作为自己的文化图腾，在北京总部相关楼层、各分支机构的前台都摆放一尊鼎，名为"一言九鼎"。在总部22层前台的鼎上，铭刻了当时每位在职员工的名字，提醒员工要诚信经营，也向客户宣示要恪守契约精神和诚信理念。

三、以业务发展促社会信用体系建设

中投保是中国担保事业的开拓者。公司使命是"以信用增进为服务方式，提升企业信用，改善社会信用资源配置,提升市场交易效率,促进社会信用体系和信用文化建设,为国民经济和社会发展服务"。长期以来,中投保充分发挥专业担保机构的信用增级和风险管理功能,降低市场各方交易成本,支持企业由间接融资向直接融资转变,促进金融市场健康发展,在破解中小微企业融资难问题、支持城镇化建设、防范金融风险等方面做出了积极努力和重要贡献。

小微"三农"企业天然具有经营风险高、信用能力弱、缺乏抵押物等短板,信用能力不足导致的融资难、融资贵问题成为世界性难题。中投保始终致力于纾解小微"三农"融资难题,确立了"树品牌、建体系、服务双创"的小微业务战略定位,开创"政策性资金、法人化管理、市场化运作"模式,积极构建政策性融资担保体系,形成了多个小微企业融资担保业务模式,并在行业内复制推广。在全面数字化时代,中投保积极探索大数据风控、全线上操作的科技担保模式,加快推进数字化转型,深入电子保函、海关关税担保、电子票据、供应链金融等业务领域,高效解决小微、"三农"企业信用不足问题,更好地服务普惠金融和实体经济发展。

债券增信是债券市场信用资源合理配置的重要途径。通过将担保增信嫁接到债券发行市场,能够有效降低发债主体融资成本,提高信用资源利用效率,降低债券市场系统性风险。2008年以来,中投保积极发展公共融资类担保业务,提升公共融资类债券的发行效率,助力地方政府城市道路、保障房、棚户区改造等社会公共产品项目建设,助力区域经济发展。截至2021年年底,中投保公共融资类担保项目涉及全国18个省、自治区、直辖市区,63个地级市,累计承保规模超过1200亿元,为地方政府平台提升信用等级,节约融资成本超过80亿元,显著降低地方政府财政压力,收到了良好的经济效益与社会效益。

为有效解决直接融资市场的信用信息不对称问题,中投保大力发展直接融资担保业务,对基金、信托计划、资管计划等直接融资产品提供担保增信服务,通过识别管理风险、化解处置风险、吸收缓冲风险等方式,充分发挥市场稳定器功能,有效降低市场融资成本。通过提升风险识别和处置能力,降低投资者调查与风险处置成本,提升市场运行效率;通过代偿吸收损失,有效阻断金融风险传递链条,防止风险的系统性扩散;通过自身信用等级和资本实力的提升,降低信息不对称水平,优化资本市场信用资源配置。

经过近30年的发展,中投保的信用能力经受住了市场的考验。2012年,受国内经济下行对实体经济的影响,由于钢材贸易商粗放经营、过度融资,金融服务机构风险控制不到位等因素的共同作用,钢材贸易商发生大面积资金链断裂,逐步演化成区域性、系统性风险。从零星代偿发展到大面积代偿,中投保承做的钢贸业务出现系统性风险。面对风险代偿,公司上下并心同力,成立专项团队,积极与相关金融机构坦诚沟通,主动履行担保责任,积极开展后续的风险处置化解工作。在这个过程中,中投保展现出对契约精神的恪守和对担保责任的担当,不仅使中投保的品牌形象和美誉度得到了大幅提升,还在行业内进一步树立了抱诚守信的典范。

在新冠肺炎疫情防控期间,中投保持续强化融资担保对疫情防控工作的支持。对于疫情防控直接相关的医疗物资生产、疫苗研制、设备采购等企业的融资担保业务需求,组织业务团队优先保障,制定专项服务方案,降低担保费率;对于受疫情影响较大的批发零售、住宿餐饮、物流运输、文化旅游类企业,积极协调相关金融机构,统筹调度各类资源,采取续保、降低保费率等措施,满足企业在特殊时期的运营资金需求;直接减免20家与疫情防控、国计民生直接相关的在保企业客户,减免2个月保费,合计担保责任金额近1亿元,以信用搭建桥梁,帮助这些小微企业渡过难关。此外,中投保发挥金融科技业务优势,加大力量推广线上电子保函业务,在保证业务正常开展基础上,减少因业务承做造成的接触传染风险,提高担保服务的安全性、便捷性和可得性,与受疫情影响企业共克时艰。2020年,中投保普惠金融案例荣获"中国普惠金融助力抗击疫情典型案例"。

四、凝聚诚信共识，推动担保行业发展

信用是现代金融体系的基础，发展信用担保是构建社会信用体系的重要环节。作为国内第一家专业担保机构，在担保行业建立之初，中投保以一企之力，助力完善担保行业法律法规体系、建立行业制度规范、构建国家融资担保体系、搭建行业交流平台、推进国际同业交流合作，为促进我国担保行业发展做出了重要贡献。

中投保积极参与行业立法工作，为推动行业规范发展建言献策。中国信用担保行业建立之初，我国市场经济也正处于初步构建阶段，规范信用担保行为和担保机构的专门法律法规尚未出台，专业担保机构只能依据《中华人民共和国民法通则》《中华人民共和国合同法》和《中华人民共和国公司法》等开展业务和经营管理活动，限制了业务的合规拓展。为了推动行业发展，中投保积极参与中国担保行业法律法规的立法、司法解释及担保行业管理办法的制定：1995年《中华人民共和国担保法》立法过程中，中投保首次提出"反担保"概念并被采纳；1997年，最高人民法院制定《关于适用〈担保法〉的若干规定》，其中14条规定采纳了中投保建议，有5条内容被直接采纳；此外，中投保先后参与了国务院政策研究室、财政部、国家发改委等项目研究工作，并应监管机构邀请参与行业监管制度的制定工作，为我国担保立法、专业信用担保制度的建立和社会信用体系的完善做出了贡献。

1998年12月，在信用担保行业统一管理制度尚未建立的情况下，中投保倡导并联合发起"1998年担保业务现状和发展研讨会（福州）"，为日后形成定期行业交流机制和搭建交流平台奠定了良好的基础。2000年至2008年，中投保先后承办五届"中国担保论坛"国际研讨会，并积极推动成立"中国担保业联盟"，为行业自律和监管、交流业务经验、研究风险控制管理方法打造了优质平台。2013年，经民政部批准，"中国融资担保业协会"正式登记成立，中投保作为主要发起人当选为协会会长单位，并于2017年5月成功连任。期间，中投保积极履行会长职责、倡导会员单位践行《中国融资担保行业自律公约》《中担协关于行业机构践行普惠金融、主动拥抱监管的倡议书》精神，为行业诚信文化建设和自律发挥了积极作用。

五、拓宽宣传渠道，创新推动诚信文化传播

作为唯一一家拥有央企背景的信用担保企业，中投保始终牢记历史使命和央企社会责任，以弘扬民族文化，传播诚信理念为己任，坚持行走在弘扬诚信文化的道路上。中投保在为社会提供优质增信产品和服务的同时，积极倡导"弘扬民族文化，共建诚信中国"，促进社会信用文化建设。

中投保高度重视企业文化营造和宣贯。对内，除了在各类不同会议持续强化宣导外，还不断创新形式，通过MG动画、沙画视频等多媒体手段，加强对员工的诚信文化、职业操守教育。中投保制作了以古代诚信故事为主题的沙画视频，形式生动地讲述中华传统诚信故事；拍摄了诚信主题微电影，挖掘小人物身上的诚信故事，并连续荣获第三届、第四届"中国梦·劳动美"全国职工微影视大赛铜奖。此外，中投保将党风廉政建设与诚信文化建设相结合，丰富廉洁文化教育内容与形式。重读《中投保员工职业操守准则》和《中投保特别关注岗位风险提示制度》是每年年初全体员工的必修课，以加强廉洁从业和诚信文化自我教育。在以往照本宣科的基础上，通过生动形象的情景剧、MG动画等多媒体手段，重新温习遵纪守法、诚信友善、爱岗敬业、规范经营、清正廉洁的工作原则，筑牢员工防腐拒变的思想防线。

对外，中投保以"弘扬民族文化，共建诚信中国"为主题，将员工内部教化延展到社会范围内的

诚信文化宣传。通过制作诚信文化币章，制作中国传统诚信故事系列沙画视频，摄制诚信微电影，制作廉洁从业 MG 动画等，打造了一套内容丰富、形式多样的诚信文化宣传体系，在公司内部和社会范围内广泛传播诚信文化理念，得到社会各界的关注和认同。

2017 年，《中投保行为公约》正式发布。这不仅是中投保对自身经营管理和工作行为的进一步规范，也是向社会各界许下的庄重责任与承诺，将为公司进一步推动社会信用体系和信用文化建设提供指引。作为新三板挂牌企业，中投保秉持"以诚相交、以信相守"的理念，以全面、准确、主动性的信息披露建立起与投资者的诚信沟通机制。挂牌以来，公司多次荣登上市公司百强榜、新三板年度风云榜，得到了资本市场和社会公众的认可。

2021 年，中投保围绕建党百年的红色主题，结合担保行业特点，拍摄制作了《担保的力量》微电影，讲述担保机构在抗击疫情、服务普惠金融、传承红色基因等方面的故事，并将该作品报送国资委，参加"大国顶梁柱、永远跟党走"微电影评选活动；组织拍摄了《中投保：中国信用担保事业的开拓者》专题片，以担保行业见证者的视角，讲述担保行业的红色创业史、发展史，对促进中投保诚信文化传播、推动社会信用文化建设发挥了积极作用。

凭借优异的经营业绩、市场领先的行业地位和不断提升的综合竞争力，中投保连续四年荣获"中国百强企业奖"；基于突出的诚信品牌及合规守信的运营管理，2020 年，中投保荣获中国上市公司百强榜"中国道德企业奖"；2021 年，荣获"中国百强最佳管理运营奖"。

面向未来，初心不改。中投保将继续坚守使命，为提升企业信用，促进我国社会信用体系和信用文化建设作出更大的贡献，为实现中华民族伟大复兴的中国梦而不懈奋斗。

案例创造人：段文务

依法治企　诚信合规　创一流运输企业品牌

国能包神铁路集团有限责任公司

一、企业简介

国能包神铁路集团有限责任公司（以下简称包神铁路集团）成立于2013年11月7日，主营业务为铁路运输，是中国神华能源股份有限公司的全资子公司，是国家能源集团运输产业板块的重要组成部分，在国家西煤东运第二条通道中占据重要位置，对加快沿线地方经济发展、保障国家能源供应具有重要的战略意义。

包神铁路集团资产总额达413亿元，从业人员9460人。总部设14个职能部门，下设11个直属机构，10家子分公司。负责包神、神朔、甘泉、塔韩四条铁路的资产管理和生产运营，总营业里程872公里，占国家能源集团铁路总里程36.8%。共有59个车站，74条专用线，在建装车点6个。

包神铁路集团坚持以习近平新时代中国特色社会主义思想为指导，持续深化改革融合，全力推动运输提质增效，未发生任何安全责任事故，充分发挥了能源运输排头兵作用，为能源保供作出了积极贡献，连续五年被评为国家能源集团A级企业。2021年，完成运量3.1472亿吨，营业收入114.86亿元，利润总额完成24.05亿元，净利润20.52亿元。

二、诚信体系建设情况

包神铁路集团深入贯彻习近平总书记关于诚信体系建设系列重要论述，积极探索诚信建设路径，持续推进诚信体系建设。自成立以来，包神铁路集团始终将诚信建设作为企业的经营理念和企业文化建设的重要内容，将守法诚信立为员工及企业供应商合作方的行为准则，以"讲诚信、求创新、敢担当、争一流"为经营理念，始终将诚信建设贯彻到企业基础管理中，融入铁路运输服务中，落实到合同履约合规管理中。建立信用管理体系，健全信用管理制度，提升诚信文化宣传，坚持依法合规经营，强化诚信履约意识，做优信用自律建设，包神铁路集团被评为"内蒙古自治区2020年度纳税信用A级纳税人"，同年包神铁路集团入选《全国优秀诚信企业案例》。

包神铁路集团信用管理工作以守合同、重信用、强约束为原则，坚持诚信守法、合规经营、风险防范、提升信誉，构建与世界一流水平专业化公司相匹配的信用体系。以制度建设为基础，包神铁路集团制定了信用管理办法，明确信用管理的职责分工与管理流程，设立信用管理工作领导小组及办公室，负责组织领导和统筹协调公司信用管理工作，形成了较为完善的企业信用管理工作程序和诚实守信的经营行为管理机制，科学规范加强信用管理工作。

三、诚信建设实践成效

1. 依法合规，创新诚信体系建设路径

包神铁路集团不断强化信用档案管理，合理利用外部信息和服务，规范企业内部信用管理，提升信用管理水平。在生产经营活动中广泛、主动地应用信用报告，加强运用在司法裁判和执行活动中公开的失信被执行人等信息，在招标采购、资格审查、法律审核等事项中，充分发挥信用服务机构的信用报告作用。积极开展各项诚信活动，以"诚实守信、一路畅行"为活动主题，举办"信用铁路宣传月"活动，充分宣传党中央、国务院关于社会信用体系建设的部署要求，展示社会诚信体系建设最新动态和铁路行业诚信体系建设成果。通过开展信用知识问答、设置展板、挂图等形式，开展现场集中信用宣传活动。组织全体干部员工学习《诚信合规手册》，签署《合规承诺书》，积极践行依法合规、诚信履约要求，增强全员合规意识。以全员培训为平台，强化守法诚信教育，通过举办法律知识竞赛、合规讲座等方式，线上线下联动立体普法，增强了广大员工的守法诚信意识。

2. 狠抓落实，践行能源保供效果显著

2021年，在全国性煤炭供应紧张、煤价加速上涨的情况下，包神铁路集团严格按照有关决策部署，切实提高政治站位，攻坚克难，迅速调整运力倾斜力度，狠抓各项措施落实，保障能源外运及时到位，有力保障了民生用煤、用电需求，以实际行动表达了能源保供的坚定决心，有效缓解了电煤紧张局面，收到了伊旗能源局、包头河西电厂、达拉特发电厂、国能亿利能源、煤制烯烃等单位的感谢信，为保障煤炭稳定供应、经济社会发展做出了积极贡献。

3. 精准帮扶，切实彰显央企责任担当

包神铁路集团积极承担央企社会责任，通过运输服务、增加就业、保护环境、精准扶贫、公益活动等，带动和帮助集团沿线地区实现经济繁荣、社会和谐、文化进步。集团认真贯彻精准帮扶基本方略，抓重点、补短板、强弱项，推动帮扶地区基础设施和生产生活得到极大改善。2021年，对外捐赠方面完成了梁家塔亮化项目、东胜区泊尔江海子镇宗兑村光伏项目、府谷城区段绿化项目项目共计414万元，签定固阳县5座公厕"旱改水"项目合同，帮助政府实现乡村改造；消费帮扶方面完成了达拉特旗黄河几字湾农副产品帮扶、神木市梁家塔村集体经济牛肉和通过"慧采商城"采购集团定点帮扶的9县农副产品共计484万元，切实践行了央企社会责任。

4. 低碳绿色，环保治理效果显著提升

包神铁路集团高度重视生态环保工作，认真贯彻全国生态环境保护工作会议精神，落实环保部门和地方政府环境保护相关规定，协同地方开展污染防治工作，精准科学实施减污降碳举措，打造绿色、环保铁路。制定节能环保管理办法，重点抓好黄河流域水、气、渣、环评、水保等维度的生态环保工作，做好废水、废气、固废、噪音的排放监督管理和统计。同时积极强化日常生态环境监察，完成了公司节能环保数据的统计和分析，依托大数据，提高了环境保护管理水平。完成17个污水处理厂、8个环保煤棚改造，隧道煤灰散落由原来每周14cm降低为现在的每周1cm，粉煤灰治理实现了"六达标"，未发生任何环保事件。

5. 关爱职工，解难题办实事暖人心

包神铁路集团严格贯彻落实《中华人民共和国劳动法》《中华人民共和国劳动合同法》等法律法规，

认真履行劳动保护和保障义务，不断规范劳动用工管理，努力构建和谐稳定的劳动关系，树立诚实守信的良好企业形象，无非法用工、克扣和拖欠工资现象。集团遵循"职工所愿、企业所能、政策所许"的原则，聚焦职工反映集中的共性需求和存在的普遍性问题，聚焦发展亟待解决的痛点难点问题，制定出台《"我为群众办实事"实践活动实施方案》，完成实事项目35项，投入资金1.65亿元，一批涉及生产生活环境、心理健康、劳务用工"转正"等职工最关心、最现实的项目落地见效。公司积极响应《安全生产责任险实施办法》的相关规定，投保安全生产责任保险，成为国家能源集团铁路版块第一家投保安全生产责任保险的公司。精心组织"冬送温暖""夏送清凉"等活动，深入开展女职工"关爱行动"，暖心推进"阳光普惠"项目，建立"红色关爱"长效机制，730人次职工及家属通过绿色通道进京就医。深入基层开展送法下基层活动，为职工提供免费法律咨询，帮助职工解决法律困难，提供法律支持。通过各类活动，积极有效构建和谐劳动关系，切实提升员工的满意度和归属感。

6. 质量管控，安全监督管理有力有效

包神铁路集团积极推进安全生产诚信体系建设，完善参建企业信用评价体系和失信行为考核体系，落实施工安全事故"一票否决"制及质量终身负责制，严格执行质量安全红线管理规定，以"零容忍"的态度重拳打击违法转包、违法分包、不及时足额支付农民工工资等问题，严肃追责问责，打造精品工程、放心工程。制定工程建设领域承包商信誉评价管理办法，定期对承包商进行信誉评价及考核，公示承包商在合同签订及履约过程中失信行为相关信息和有关证据。成立安全质量监督管理联合工作小组，对公司管内所有在建工程建设项目的安全、质量等过程卡控进展、监督检查，有效提升项目安全、质量管理水平。

7. 诚信履约，树立诚信企业品牌形象

在诚信经营方面，包神铁路集团牢固树立诚信品牌理念，把开展"守合同重信用"活动贯穿整个经营管理中，致力为客户提供稳定的运力保障和优质服务，加强与客户的沟通，准确掌握客户的发运需求，保障运输畅通，获得客户的广泛好评。集团一直有着良好的信誉品牌形象，从未出现无故拖欠和逃废债务等失信行为。同时集团建立健全科学有效的合同管理制度，形成合同管理制度网络，切实加强合同履约管理，定期开展合同履约排查并作出风险预警，确保依法履约，维护企业信誉形象。2021年创新以标准化建设为切入点，建立完善涵盖集团经营管理的各类标准，夯实守法诚信经营制度基础，确保依法合规诚信经营。

8. 失信惩戒，供应商管理水平切实提升

包神铁路集团不断加强对物资采购、工程、安全等业务的供应商信用管理，加大失信行为处置力度，持续完善退出机制，严格落实"黑名单"制度。建立健全供应商管理办法，制定《供应商失信行为管理实施细则》等相关制度，建立供应商围标串标等失信行为预防和惩戒机制，加大诚信经营的理念约束，加强供应商管理工作。更加注重供应商提供产品或服务的资质能力、诚信表现、服务质量、履约情况等方面的考核评价，将供应商失信行为的考核覆盖所有为公司提供产品或服务的工程、物资、服务类供应商。在供应商失信行为方面，严格按照相关管理制度细化处置标准，坚持公平、公正、公开的原则，2021年处置各类违约失信供应商20家。

案例创造人：惠舒清　潘有忠　苏敏

守信履约 "第一吊"工期不后移

中国十七冶集团有限公司

一、企业简介

中国十七冶集团有限公司（以下简称十七冶）成立于1957年，是中国五矿一类重要骨干子企业，位居中冶集团第一方阵和安徽省建筑行业"三甲"，主营业务包括EPC工程总承包、装备制造及钢结构制作、房地产开发三大板块。自建企以来，始终坚持以诚信作为企业的根本、企业的基石，对社会讲诚信，对客户讲诚信，对员工讲诚信。多次荣获"全国优秀施工企业""全国企业文化建设优秀单位"称号，2010年公司跻身于国家级高新技术企业行列，2015年获评国家级技术中心，荣获"国家技术创新示范企业""国家知识产权示范企业"等荣誉，累计获得有效专利超过3500多件。公司致力于打造炼钢精炼"国家队"、中冶管廊品牌、中冶路桥品牌和高端城建品牌，承担宝钢、马钢、武钢、山钢等国家重点钢铁项目的建设任务。2021年，中国十七冶集团全年竣工交付70多项工程，收到业主130多次来函表扬。12月1日，中国施工企业管理协会召开表彰大会，公司获评"典型诚信企业"，获最高信用评价等级AAA级，同时被认定为信用星级企业"19星"。

二、以诚信为基石，铸牢"国家队"品牌

作为企业，一定要有社会责任。如果没有社会责任，只求眼前利益不求基业长青的发展轨迹，迟早会被市场所淘汰。而没有诚信作为发展基石，即使有一时的繁荣，那也只是泡沫而已。由中国十七冶集团承建的宝钢德盛新炼钢（一步）工程是宝钢德盛打造精品不锈钢绿色产业基地项目之一，也是中国十七冶集团有史以来单个合同额最大的冶金工程，钢结构总量达56000余吨。即使面对疫情的突然暴发，十七冶也丝毫不畏惧，在全力做好疫情防控的前提下不断突破工程本身地质条件十分复杂、地下水位高，钢结构工程体量大、柱梁构件超大超重、图纸到图滞后等众多难题，最终于2020年3月28日上午，宝钢德盛新炼钢（一步）工程顺利完成首次钢结构吊装，完成原定工期节点，再次向业主交出了一份满分诚信答卷。

自全面复工以来，为确保将工期抢回来，项目部积极克服重重困难，精准施策，统筹安排，坚持防疫复工双线并行，合理分配资源，对重难点工序进行科学部署，组织土建施工迅速掀起大干热潮，为钢结构安装创造了有利条件，再次擦亮了"冶金建设国家队"的金字招牌。

早春三月的闽南，绵绵的细雨轻轻拂过树梢的嫩叶，疫情伴春缓缓归，然而在中国十七冶集团宝钢德盛工程项目工地，一场让轰轰烈烈的钢结构"第一吊"喜庆的锣鼓打破了福建罗源小镇的沉寂，建设一流的钢铁——中国十七冶集团拉开了冶金建设"国家队"品牌的大幕。

当天上午，大红色的庆祝条幅高高悬挂在厂房柱两侧，钢柱在钢铁巨臂的引领下徐徐升起，空中旋转，下降就位。那一刻，无比的自豪感油然而生，一时间竟激动得久久没能说出话来。这个节点完成得太不容易了。我们没有因为疫情放弃这个节点，而是迎难而上，硬是将疫情耽误的时间抢了回来！

三、与疫情赛跑，第一吊工期绝不后移

2019年5月30日，随着一纸标书的到来，十七冶成功中标宝武集团宝钢德盛新炼钢（一步）工程。宝武集团为响应国家钢铁产能升级的号召，决定将上海不锈钢一厂整体搬迁至福建罗源的宝钢德盛不锈钢有限公司，并进行升级改造，仅炼钢单元的设备总搬迁量就达到 2.1 万吨，包括 1 座脱磷预处理炉、1 座 150t 转炉、2 座 120t AOD 炉 2 座 LF 精炼炉、1 座 KR 铁水脱硫装置、1 座 120t 双工位 VOD 炉、1 座 150t 单工位 RH 炉，并新建 3 座 90t 合金熔化炉以及配套的上料、除尘等配套设施。该项目是宝武集团响应国家号召进行绿色环保升级最大的不锈钢工程，项目建成后，宝钢德盛不锈钢有限公司将实现 300 系、400 系及高端产品全覆盖，年产优特钢钢水 144.3 万吨，年产 400 系不锈钢钢水 135.4 万吨，成为世界一流、国内领先的不锈钢和特种钢为主的高端钢材制造基地。

项目中标以后，中国十七冶集团高度重视，主要领导亲自部署，组建了精干而高效的项目团队，统筹布局、科学策划。与以往项目相比，宝钢德盛项目具有搬迁设备体量大且运输困难、淤泥质土地基及基础施工难度大、钢结构制安体量大、双塔楼工艺布局紧凑、搬迁设备安装调试问题多等特点，项目部在两级公司的指导下提前策划、逐个落实，编制高质量的三大策划，确保项目顺利实施。

谁料意外还是发生了。2020 年，一场新冠肺炎疫情打乱了原有的一切施工节奏。"材料还在路上，还需要几天才能到。""土建基础还得有一段时间才能够满足交接要求。""人员还在隔离，无法到岗作业，人员还需再次协调……"由于疫情的影响，钢材的采购和钢结构的制作均受到了很大的影响，并且因为交通管制，钢厂的工人根本无法按时返岗，这就直接导致了钢材无法按照预定时间发货，况且钢结构制作人员即便返岗也仍然需要进行为期 14 天的隔离，再加上主厂房土建基础还需要再有一定的工作量才能交接，困难一个又一个接踵而至，压得我们根本喘不过来气。

"第一吊的工期不后移，无论如何也绝不能因为疫情耽误整个工程的进展，必须对得起咱们炼钢精炼国家队的金字招牌！"这是项目经理张鸿羽给大家下的死命令。

四、困难重重，铮铮铁骨不断突破

项目仅钢结构就多达 56000 余吨，这光靠福建本省钢材资源是根本无法得到满足的，而且钢厂的钢结构对钢材的要求也高，一般的钢材满足不了需要。于是为了找到充足的货源，项目经理张鸿羽二话不说，不顾疫情危险跑遍了周边省市，对多个钢厂连续进行了考察。高铁、火车、汽车上随处可见他单薄的身影，一人、一包、一电脑，饿了就啃点干面包，渴了就喝点矿泉水，困了就干脆靠在座位上打个盹。

那段时间，张经理白天就忙着考察，晚上也不休息，常常忙到深夜还要继续赶着和设计院对接。受到疫情的影响，钢结构制作图纸进展滞后，因此不得不依靠现有的备料图来进行提前采购，可备料图毕竟不精准，难免会出现偏差。张经理便利用晚上休息的时间在办公室里看图纸做研究，同时通过结合现场的实际情况，积极为设计院提供设计思路，最终大大缩短了出图时间，保证了钢结构制作未受到丝毫影响，解决了"第一吊"的材料关。

天天熬夜再加上不规律的作息时间，那段时间，他的头发都忙白了许多，可精神劲儿却依旧十足，如同铁打的一般。项目部的人每每看见他都会打趣地喊上一声"铁人经理好！"他也不说话，只是不好意思地笑笑。"铁人"，钢铁之人，字里行间满是大家对他的尊重和敬佩，这"铁"是实实在在的铮铮铁骨，这"铁"更是中冶人骨子里的铁血和担当。

解决了钢结构采购问题接下来就该全力推进吊装了。然而，福建罗源当下却正值雨季，地下水位又高，这无疑再次增加了挑战。说到这，还真要多亏了项目党支部书记马刚。当时疫情突发，马书记1月31日就连夜踏上了返回罗源的火车。因为担心大家的生命安全，他便一人将疫情防控的责任全部扛了下来，防疫物资、防控宣传、区域消毒等等一项不落。而且为了极力抢回因疫情耽误的工期，凭借着在湛钢等项目多年的施工经验，马书记回罗源安顿好防疫工作后，便第一时间主动带领项目部紧急联合现场技术人员提前汇编了一整套雨季施工方案，并且在他回来后就开始着手搜集最新的天气预报信息。大家拧成一股绳，通过加班加点在优化现场降排水设施的同时，抓好物资设备的组织力度，将现场施工主路及支路全部进行了一次新的翻修，确保了现场道路的通畅，也为后续5万余吨钢结构吊装奠定了更为坚实的基础。而且在当时，因为吃起来方便又节约时间，所以面包、饼干就成了那段日子以来我们大家每日必备的口粮，饿了就快速吃几口，偶尔要是能好好坐在桌子边吃上口热乎的饭菜，大家都会开心地用手机左拍右拍，原来快乐竟也能如此简单。

五、实力担当，首吊节点完美履约

就这样一步一个脚印，最终，我们如约顺利实现了3.28钢结构首吊节点目标！在与时间赛跑的几十个起早贪黑的日日夜夜里，施工现场总是一片灯火通明，每天都少不了我们项目部同事们忙前忙后的身影，大家不怕脏不怕累，哪怕身上的工作服几乎天天被泥水溅湿，也从不抱怨一句，因为"国家队"的责任与使命是我们担在肩头的光荣和梦想，为了这个梦想，再苦再难我们也都觉得值。

一朝一暮匠人心，奋力筑就钢铁梦。这么多天的辛苦并没有白费，我们真的做到了！无论是施工建设进度、现场安全管理还是产品质量，无不在向世人展现着十七冶人强大的技术实力和高效严谨的工作作风，更是充分彰显出了中国十七冶集团作为大型央企的责任和担当！

2021年6月26日，宝钢德盛新炼钢（一步）工程不锈钢线热负荷试车成功，自工程开工至热负荷试车成功仅20个月，较公司此前在湛钢项目炼钢工程上创造的22个月投产记录的基础上，创造了全国同类工程建设史上的又一个奇迹。这是每一位十七冶人的骄傲，是自3月份开始连续奋斗100多个昼夜、日均工作时间超过15小时艰苦奋斗的结果，是实现"向建党一百周年献礼"目标的喜悦，更是"炼钢精炼国家队"实力和能力的体现。

十七冶人的努力得到了各方面的肯定和认可。在项目建设的过程中，宝武集团董事长、总经理、太钢集团董事长等多位领导先后多次莅临现场调研指导工作，对中国十七冶集团给予高度认可。在宝钢德盛不锈钢有限公司的季度评比中，十七冶项目团队先后五次荣获优胜单位。2021年，中冶集团授予宝钢德盛"中冶集团青年文明号"称号。通过项目的高标准建设，项目的管理团队得到了系统性的锻炼和培养，提升了协同作战能力，夯实了冶金建设国家队的人才队伍建设，极大地提高了十七冶冶金建设国家队的硬实力。

永远把客户放在第一位，客户满意就是我们的工作标准和追求目标，也是企业的光荣。"炼钢精炼国家队"之荣誉不仅是几代十七冶人共同努力的成果，更是十七冶人的一种精神传承、时代的使命，是央企的责任担当。中国十七冶集团也必将继续秉承着"诚信社会为本、客户满意为荣"的经营理念，站在国际水平的高端和整个冶金行业的高度，始终以独占鳌头的核心技术、无可替代的优势、持续不断的革新创新能力，"再拔尖、再拔高、再创业"，承担起引领中国冶金炼钢精炼系统向更高水平发展的国家责任！

案例创造人：刘安义　周金龙　张鸿羽　马刚

诚信务实 以核为本
奋力谱写高质量发展新篇章

中国核工业二三建设有限公司

一、企业简介

中国核工业二三建设有限公司（以下简称中核二三）作为中核集团所属中国核建重要骨干成员单位，因核而生、由核而强。1958年，为顺利完成我国第一批核设施建设任务，同时也为我国核工业体系的配套发展，我国决定组建一支核工业工程建设队伍。中核二三作为专门从事核工程安装建设的企业正式诞生。60余年来，中核二三始终聚焦主责主业，诚信务实、以核为本，高质量完成了我国"两弹一艇"和绝大多数核工程建设，以及我国大陆绝大部分在建和在运核电站的核岛安装任务，成为国际上唯一一家近40年不间断从事核电站核岛安装的企业，打造了重大工程建设"国家队""铁军"的品牌形象。

2021年，中核二三始终坚持"诚信务实、以核为本"的经营理念，始终牢记主业至上有主责，依法治企、合规经营、诚信守则，经营业绩稳中有为、稳中提质，全面完成了改革发展和重点工程年度建设任务，实现"十四五"高质量开局。

二、筑牢工程质量防线，夯实质量诚信基石

中核二三始终坚持总体国家安全观，坚决贯彻落实党中央、国务院决策部署，以对党和国家、对人民、对事业高度负责的态度，全力以赴做好核电和民用工程建设质量工作，重信誉、守承诺，在各管理环节中贯穿质量诚信要求，确保核安全万无一失。一是为保证工程项目合法合规开展，公司按照国家、各行业监管要求，分别建立适合于行业的质量管理体系，并在取得资质许可的基础上，承接相关工程建设任务。如：建立了ISO9001质量管理体系、GJB9001C质量管理体系、民用核安全设备安装质保体系、民用核安全设备制造质保体系等10个质量管理体系。各施工项目根据不同管理要求，分别建立本项目质保体系，配置足够资源，确保体系有效运行。二是坚持文化引领和文化自信，每年按计划推进质量文化建设，增强文化认同。通过公司质量管理红线的宣贯、领导带头宣讲质量文化知识活动、质量月活动、质量警示日等活动开展，促进全员牢固树立质量意识、诚信意识，并将质量意识、诚信意识转化为员工遵纪守法的行为准则，自觉抵制管理和施工违法违规行为。三是不断完善"不想、不敢、不能"违规的质量诚信体系建设。每年与下属单位签订质量责任书，严格质量责任考核；全员签订质量责任承诺书，时刻绷紧"质量诚信"这根弦，严格履行岗位职责；设置质量安全问题举报平台，消除生产过程监管盲区，不打折扣执行"一票否定""一棒出局""质量管理黑名单"等制度要求，曝光不良管理团队和不良工，正面宣传表现比较优秀的员工，引导形成公司诚实守信、重视质量的良好氛围。2021年，中核二三质量目标完成情况较好，未发生一般及以上质量事故。公司先后共7次荣

获建筑行业最高奖——鲁班奖。2021年，在中核集团质量量化监督评价中名列前茅，全年荣获优秀焊接工程一等奖等各类奖项181项，收到各类感谢信、表扬信300余封，5项QC小组获得国家级QC小组活动优秀成果，13家所属单位共计50项QC小组荣获省部级QC小组活动优秀成果。

三、推进依法治企建设，提升合规经营水平

依法治企是强企之基、兴企之本，是企业持续发展的动力和长青不败的基础。中核二三坚持诚信守法、遵章守规，不断推进依法治企建设，促进做强做优做大。一是强化依法治企意识，履行法治工作第一责任人职责，作为统筹推进企业法治建设与风控工作、提高重大风险防控能力的第一责任人，公司各单位主要负责人切实发挥"关键少数"作用，对重要工作亲自部署、重大问题亲自过问、重点环节亲自协调、重要任务亲自督办。二是建立并落实法律顾问参与企业重要经营决策会议制度，参加或列席公司总经理办公会和公司专题会议，对重大项目出具法律意见书，完善法律顾问服务重大决策的通道，落实法律顾问对重要经营决策事项的事前审核机制。三是保持法律审核100%，落实法律审核把关职责。健全法律顾问、法务人员全程参与机制，保持企业规章制度、经济合同和重要决策的100%法律审核率，参与起草、审核公司重要的规章制度，对重大事项进行法律论证、提出法律意见，参与重大合同的谈判、起草和评审工作并提出法律意见，落实法律审核把关职责。四是积极推进法治文化建设，编制并分享同公司业务相关的法律纠纷典型案例评析，每年在全公司内分享5篇典型案例评析，实现法律知识共享，提高全员法治意识；领导干部学法常态化，将领导干部学法作为必修内容纳入公司培训教程，合理规划课程内容，规范领导干部学习计划和学时。

四、提升财务管理效能，推动降本增效落地

中核二三坚持系统观念积极推动财务共享中心和资金结算平台建设，推动以财务管理会计观念，提升财务数据分析水平，深化预算刚性原则，强化两金管控，优化资金管控，拓展融资渠道，防范财税风险，强化财务人才梯队建设培训和骨干人员培养工作，助推公司财务工作系统化管理。一是从公司资金管理方面拓展融资渠道，充分使用金融机构授信额度，开展金融机构票据业务，拓宽票据业务渠道，加大供应链金融业务使用力度，降低资金成本。持续维护公司各金融机构授信规模，2021年授信规模再创新高。二是严格按照担保管理办法和借审会工作细则审核上报借款及担保审查委员会审议的各项担保议题，并按公司"三重一大"制度严格履行各项决策手续，提交议题至各级会议决策审议。三是向财务管理要效益，完成公司财务共享中心和资金集中结算平台建设。搭建完成统一的共享管理制度、业务操作流程、共享管理平台，设计完成统一的会计科目、辅助项目、费用项目、核算规则和业务表单。组织机构优化，梳理职能线人员结构，各下属机构财务人员结构，依托技术手段，建立了业务集中人员属地的共享管理模式，规范资金管控。2021年，中核二三信用等级被中国建设银行评为AAA级，公司先后2次获评"全国建筑业AAA级信用企业"称号。

五、积极履行社会责任，推进员工增值获益

作为一家负责任的企业，中核二三积极履行社会责任，着力在推进员工增值获益上想实招、办实事。2021年，"二三"人用大爱书写责任担当，只要有需要，"二三"人总能挺身而出，用实际行动积极弘

扬社会正能量和"公而无我"的奉献精神。4月7日，面对夜晚突发火情，公司员工齐心协力奋勇救火；11月19日，4名员工路遇车辆侧翻，当即下车凭借丰富的急救经验科学施救，挽救了陷于危险境地的陌生司机生命；12月24日，"90后"梁程通过捐献造血干细胞，为一名学龄前儿童带去生命的希望；2022年1月19日，员工路遇车祸挺身而出，破窗解救被困母女。在此之前，员工因2020年勇救落水儿童被贵州省铜仁市沿河县政府授予"见义勇为先进个人"。与此同时，中核二三结合党史学习教育，将"我为群众办实事"实践活动作为出发点和落脚点，从做好"困难帮扶解民忧"入手，着力解决职工群众急难愁盼问题。进一步完善内部帮困体系，建立困难职工档案411份，实行"一对一"帮扶，切实让困难职工家庭感受到组织的温暖与关爱；全年共审批发放医疗补充基金47.80万元、一日捐互助金31.42万元、特殊救助金6.58万元、困难职工子女助学金3.3万元，惠及职工60余人；持续关注夏季高温一线职工的职业健康，拨付送清凉慰问专项资金280万元。同时，向因河南水患造成家庭经济损失的107名河南籍职工发放慰问金21.4万元，持续开展子女高等教育入学奖励计划，对44名子女考取大学的职工奖励36.5万元。将志愿服务与精准扶贫相结合，组织青年志愿服务队对陕西省安康市旬阳县开展助学与精准扶贫调研活动，送核电知识进课堂，开展捐书捐物，认领微心愿；持续开展"一对一"帮扶助学，2021年度"一对一"助学活动认捐金额共计273010元，帮助旬阳县182名贫困地区学生解决上学问题，极大增强了广大职工群众的获得感、幸福感、安全感。各类人才不断涌现，年内3人荣获"全国技术能手"、13人获"中核集团技术能手"称号，党的十九大代表、大国工匠未晓朋受邀参加庆祝中国共产党成立100周年大会，并被授予"奋进中核人"称号，公司核后代冯琳作为领诵员之一，在"七一"庆祝大会上代表中国青年表达对党的热爱和赓续革命精神的青春诺言，陈果获评中核集团优秀共产党员，激励全体员工以昂扬的姿态奋进"十四五"。

2022年，中核二三将以习近平新时代中国特色社会主义思想为指导，深入贯彻落实习近平总书记对核工业和中核集团的重要指示批示精神，科学把握新发展阶段，深入贯彻新发展理念，构建新发展格局，坚持精益创效、诚信经营理念，围绕主责主业、深化改革、科技创新、安全质量、党的建设等重点领域，加强前瞻性思考、全局性谋划、战略性布局和整体性推进，踔厉奋发、笃行不怠，奋力谱写公司高质量发展新篇章，以优异成绩迎接党的二十大胜利召开。

案例创造人：李启彬　范凯

勇担责任 诚信经营
助力基础设施高质量发展

中国建设基础设施有限公司

一、企业简介

中国建设基础设施有限公司（以下简称中建基础）是中国建筑股份有限公司（以下简称中建股份）的独资子公司，前身为建设部机械局，1983年组建设立中国建设机械总公司，后根据国家政策划入中国建筑工程总公司。2007年，改制为中国建设基础设施有限公司，是中建股份在基础设施业务领域的重要投资、建设与运营平台，代表中建股份积极引领和带动基础设施业务实现高质量发展。

中建基础以传统基建、创新业务、运营业务为核心，致力于打造成为国内最具竞争力的投资、建设、运营集团，始终坚持践行诚信经营理念，积极响应国家区域发展战略和交通强国战略，勇于承担央企责任，以健全制度体系为抓手，聚焦项目全生命周期履约，规范企业经营管理，通过打造基础设施民生工程积累社会诚信，依法治企，规范企业诚信管理，企业发展持续向好。

二、诚信经营理念与体系建设

中建基础作为中建集团基础设施业务领域的重要投资、建设与运营平台，肩负优化产业结构、引领带动中建集团基础设施板块发展、推动中建集团从建筑地产企业集团向投资建设企业集团转变的重任，始终坚持高举高打、高端引领、品质保障、价值创造，秉承诚信、创新、合作、共赢的企业精神。

1. 持续完善内部控制、风险与合规管理体系建设

自2018年起，中建基础连续四年坚持开展质量、环境和职业健康安全管理三大体系认证。各业务线大力开展体系建设、制度建设、能力建设。目前管理体系已基本覆盖全管理层级、全业务领域、全工作流程，公司业务运转井然有序，治理结构不断优化，管控体系日臻完善，为企业规范管理、诚信经营提供有力保障。

（1）制定《中建基础内部控制、全面风险管理、合规管理与业务管理全面融合实施方案》，以公司各项经营管理业务为载体、内控为核心、风险管理为导向、合规管理为重点、信息化管控为手段，将内控、风险管理、合规管理与公司业务管理进行全面融合，并将诚信管理理念嵌入到管理体系中。构建风险、合规、诚信经营管理文化，推动风险、合规、诚信经营管理文化与企业文化有机融合。

（2）制定《中建基础内部控制与全面风险管理办法》《中建基础合规管理实施细则》，提前识别风险，分析风险，制订方案，定期监测，避免不诚信风险发生，充分发挥内部控制体系强基固本作用。针对容易出现诚信风险的重点领域，加强内部控制、风险与合规管理制度建设。在市场营销方面，制定《中建基础投标（资质使用）管理办法》，规范投标行为，强化营销纪律，严守底线标准，严防市场源头廉

政风险，对业主的资信情况进行详细调查和评估。在组织机构考核管理方面，制定《中建基础区域机构经营业绩考核评价管理办法》《中建基础总部职能部门绩效考核评价管理办法》，考核管理做到标准透明、过程透明、结果透明，并由公司纪检监督工作部全程参与，确保公平公正。在安全管理方面，制定《中建基础安全生产责任制》，明确各单位职责，层层压实安全生产工作责任，将安全生产作为企业管理的诚信道德底线。

2. 构建诚信经营企业文化

中建基础紧跟国家导向，在中建集团的引领下，承继企业文化，结合中建基础企业特色，2021年中建基础发布《中建基础文化手册》，以"大道基础、幸福基业"为核心理念，以基础成大道，以基业创幸福，为实现"打造国内最具竞争力的基础设施投资建设运营集团"战略目标打造"诚信、创业、创新、奋斗、引领"五大品格的"基础"文化。

公司上下全员树立风险、合规、诚信经营管理理念，不断提高员工风险、合规、诚信经营管理意识，并将风险、合规、诚信经营管理意识转化为员工的共同认知和自觉行动，促进企业建立系统、规范、高效的管理机制。

三、诚信发展探索实践

面对不同于房建的业务特点，中建基础积极探索实践，主动对标行业一流，以创新思维设计适应基础设施业务特点的管理体系，以"转型升级、提质增效"为总体思路，以项目标准化管理为核心，从完善制度体系、健全组织管理、高效资源配置等方面全面打造精益化管理模式，推动基础设施业务从"粗放式管理"向"精益化管理"迈进，通过制度规范精益化管理，并嵌入诚信经营管理理念，将诚信经营管理深化至项目管理全过程，持续提升风险管控水平，强化项目履约质量，更好地服务于国家重点基础设施项目建设，助力国计民生。

1. 建立1+N制度体系，筑牢管理基石

为夯实管理责任、理顺管理链条、确保节点顺畅衔接、强化资金把控、提高风险预警，中建基础围绕项目全生命周期管理建立了"1+N"制度体系。"1"是出台《区域机构分类、资源配置及市场布局标准化工作方案》，作为精益化管理的"路线图、施工表"，通过优化顶层设计，厘清组织管理关系和机构权责界面，为实现资源高效配置提供了管理标准。"N"是结合顶层设计的工作方案，配套制定了多个实施细则，目前中建基础先后发布《区域机构、项目岗位配置管理细则》《项目费用预算核定标准指引》《项目部绩效业绩考核办法》《项目公司治理结构管理办法》《PPP项目运营管理规定》《管廊、市政路、收费公路运营工作要点指引》等制度，分别对项目的组织建设、资源配置、业绩考核、薪酬激励、运营发展等方面制定了科学合理、清晰明确、可衡量的管控标准，在项目执行层面建立与薪酬兑现强挂钩的考核体系，强化业绩激励，推进劳动效率提升，实现有限资源效用最大化。

2. 提升组织效能，优化资源配置

中建基础以市场区域为划分，逐步设立13家直接服务于市场的前端营销和项目履约的区域机构。经过模拟实体经营、试点授权等探索发展，区域稳定发育，取得一定成效。

（1）明确区域机构定位。在"大市场、大业主、大项目"背景下，结合基建行业特点，中建基础对区域机构职能定位进行重新梳理，明确了"一个引领、三个中心"的定位。"一个引领"是指党组织发挥"把方向、管大局、促落实"领导作用，以高质量党建引领高质量发展。"三个中心"是指营销中心、履约中心和成本中心。区域机构重点围绕"三个中心"发挥作用，营销中心负责所辖区域内基础设施市场营销，扎根做透重点市场；履约中心负责承接项目的履约管理，确保安全平稳有序；成本中心严控成本，助力高质量规模增长。

（2）建立"穿透式"管理模式。针对区域机构"横向差异大、产出不稳定、履约监管不到位"等难题，中建基础创新构建总部对区域机构的"穿透式"管理，即打破管理和操作之间的壁垒，让操作和管理之间高度融合，有效解决"沟通上的障碍、管理上的脱节、认识上的差异、待遇上的反差"等现实问题，使区域机构和项目发挥最大效果、激发最大效率，产生最大效益。管控方面，总部秉持"精干、高效、灵活、扁平"的原则，在项目层面建立标准化管理体系，掌握基层生产经营情况；区域机构担负项目首要管理职责。服务方面，总部强化支持与服务，在尊重区域机构管理权力基础上，直接服务一线，切实为基层解决问题；区域机构压紧压实首要服务职能。

3. 夯实项目管理，抓实标准落地

中建基础从项目全生命周期管控入手，在项目分类、项目公司治理体系、资源配置、考核和薪酬等方面推进资源有效配置，实现项目精准管控。

（1）实行项目差异分类管理。针对投资项目和总包项目的管理差异，选用年平均投资额 C 值和年平均产值 D 值两个衡量指标，对所辖项目进行划分，确定分类标准，为新老项目标准化管理打下基础。

（2）完善项目公司治理体系。为加强对投资类项目管理，强化投资风险和资金安全把控，制定《中建基础项目公司治理结构管理办法》，规范所辖项目公司经营决策管理，明确企业派出的股东代表、董事、监事等人员履职行为，完善对派出人员的管理与约束机制。按照全资、控股、参股等三种类型，规范项目公司治理结构，明确董事会、监事会、高级管理人员配置标准，以及财务管理等关键岗位人员配置要求。制定"会前研究—议案决策—参会表决—会后报告"四步走程序，规范派出人员履职行为，建立监管机制。依据责任主体和投资金额，分类规范董监高人员委派标准。

（3）强化项目费用总额控制。依据投资项目和总包项目定级分类，对项目管理人员编制实行薪酬总额控制。总承包项目指挥长、项目经理、商务经理、财务部经理等关键岗位必须由中建基础自有员工担任，实施月度基本薪酬及绩效薪酬总额包干，项目可在薪酬包允许范围内，自主调整用工形式。在设置项目费用预算核定标准时，针对同一类费用建立同一标准，部分费用基数与项目人数、营业收入指标挂钩。按照项目体量及施工周期长短对项目费用实行总额控制，公司总部直接确定项目全周期费用预算总额，项目包干使用。项目竣工结算后，公司通过项目考核管理对项目全周期费用预算执行情况进行奖罚。

（4）建立差异项目考核体系。针对投资层面考核，公司与区域机构、SPV 公司三方签订建设考核期项目目标管理责任书，落实投资项目考核管理。聚焦投资、回款、利润、工期等运营重点，选定年度投资额、年度投资回款、年度利润上缴、工期进度控制等指标，紧扣项目可研，设定考核目标值。针对施工层面考核，公司与区域机构、总承包项目部三方签订项目目标管理责任书，落实总承包项目考核管理。聚焦产值、利润、回款等履约重点，选定年度工期产值、年度利润上缴、过程确权率、年度回款等指标。

4. 积极探索研发，践行科技强企

截至 2021 年年底，公司获得中国建设工程鲁班奖 3 项，国家优质工程奖金奖 1 项、银奖 3 项、詹天佑奖 1 项、省部级科技奖 26 项。获得国际专利授权 1 项、国家专利授权 80 项（发明专利 13 项），省部级以上工法 34 项。参编 1 项国家标准、主编 / 参编地方省级标准 / 协会标准 / 中建集团标准 7 项、主编企业标准1项。出版著作7部，发表论文126篇。开展38项课题研究，其中省部级及以上课题27项。完成高新技术企业认定，科技创新在企业发展中的引领作用不断提升。

5. 坚持服务国家战略，服务民生大计

中建基础始终聚焦国家战略核心区域，关注涉及国计民生的重大基础设施项目，将精益化管理和科技创新成果融入项目建设和运营，推动企业经营发展与践行国家战略、服务国计民生深度融合。

2017年，中建基础牵头推进青岛地铁8号线工作建设，作为中国建筑首条"上天、入地、下海"的地铁线，是迄今为止技术难度最大的。公司秉持攻坚克难，开拓进取的坚韧力量，克服了各种技术难题，积累了大量跨海域复杂地质条件及外部环境下地铁施工经验，锻炼出了一支富有先进技术和管理水平的队伍。2020年12月24日，青岛地铁8号线北段正式通车，与国内同类型项目相比，通车时间提前了整整一年，打造了胶州市到青岛主城区的新通道，有力支撑青岛立体化现代化城市交通系统的构建。

同年，中建基础主导郑州市轨道交通3号线一期工程建设，通过"三个第一"，打通国家中心城市大动脉，助力打造"轨道上的郑州"。2020年12月26日，郑州地铁3号线作为中国建筑首个地铁运营项目正式通车，中建基础在行业内首次坚持工程建设与运营筹备同步推进，仅用两年时间完成了一般地铁公司3—4年的运营筹备任务，开通100天，安全责任事故零发生，各项指标均高于国家标准。

2020年，乌鲁木齐经历两次大的疫情突袭，中建基础牵头推进的乌鲁木齐机场改扩建工程，作为中国建筑投资建设的首个PPP机场项目，在疫情中开工。中建基础一手抓疫情防控，一手抓项目生产，攻坚中奋进，实干中创新，为项目顺利履约，保障工程进度奠定了扎实基础。

四、社会责任

为深入贯彻党的十九届五中全会和全国脱贫攻坚总结表彰大会精神，坚决落实政治责任，接续推进定点帮扶、统筹推进援疆工作、积极支持革命老区振兴发展，中建基础多措并举推动农业农村现代化建设，以消费帮扶、基础设施、产业振兴、人才振兴等形式开展多方面创新帮扶，积极践行央企社会责任担当，用实际行动践行增强"四个意识"、坚定"四个自信"、做到"两个维护"的根本要求，为全面建设社会主义现代化国家开好局、起好步奠定坚实基础。

1. 消费扶贫方面

一是支持定点扶县加快发展，积极落实中建集团关于乡村振兴的工作部署，过渡期内保持对甘肃省康乐县、卓尼县、康县的定点采购帮扶，引导职工和合作伙伴采购和帮销甘肃三县农特产品合计54.65万元，年度任务指标完成率109.3%。二是帮扶属地滞销农特产品打开销路。2021年度，中建基础甘肃三县之外消费扶贫采购累计96.4万元。

2. 基础设施建设方面

雄安新区至大兴国际机场快线五标段项目党支部为雄县米南小学修建操场，改善学校教学条件；向米家务镇提供洒水车及扫地车等机械进行道路清扫工作；为米家务镇修建完善的排水系统，极大改善乡镇人居环境；为杨庄村村民出入庄稼地提供便利，在庄稼地地头沟处回土地；为杨庄村西南道路加宽提供错车通道，改善村民出行交通环境。

3. 产业振兴方面

中建基础华东公司、南通交投集团、连云港交通控股集团共同组织的"党建引领、结对共建"活动在连云港市灌南县启动，根据党建共建协议，三方将共同以实际行动为群众办实事，实现村企合作共赢，助力乡村振兴。根据贫困县的产业需要，采购基地产出苗木供项目绿化使用，预计总投入达4000万元，项目在建设、栽种、管养过程中全部招用当地村民参与实施，每日可安排60-120余人在苗圃作业，带动贫困户10-40户，人均收入增加5000元左右，以此稳固脱贫成果，在拉动当地农村集体经济增收的同时，扩大了其企业生产经营规模，助力地方乡村振兴致富，真正打造企业、村集体、农民多方共赢局面。

4. 人才振兴方面

三清运营公司组织"爱心送考志愿服务队"参与曲靖当地2021年"助力高考献爱心 我为群众办实事"活动，用实际行动助力人才振兴。中建基础云投公司所属各项目建设带动项目沿线近万名农民工就业，提升就业技能，从源头上进行帮扶。

5. 救灾防疫、帮扶弱势群体方面

雄安新区至大兴国际机场快线五标段项目党支部组织开展"建证时代雁翎、传递暖暖温情"村企共建暨我为群众办实事慰问活动，向雄县米家务镇米东大村村委会送去了口罩、酒精、消毒液、防护服等大量防疫物资。莆田联十一线项目党支部开展帮扶困难群众活动，党员们走访了莆田市笏石镇珠坑村结对困难家庭，与结对家庭进行了面对面交流，谈心交心，力求全面了解结对户实际情况和困难，做到家庭情况清、致困原因清、劳动能力清、帮扶需求清等"四个清"。

案例创造人：田强　程贵堂

以诚信合规保障世界一流示范港口建设行稳致远

国能黄骅港务有限责任公司

一、企业简介

国能黄骅港务有限责任公司（以下简称国能黄骅公司）始建于 1997 年，由中国神华能源股份有限公司和河北建投交通投资有限责任公司共同出资设立，是国家能源集团所属重要专业化港口企业，主要负责国家能源集团煤炭的下水外运工作，是集团矿、路、港、航、电、油一体化产业链上的重要一环。公司现拥有煤炭泊位 17 个、杂货泊位 2 个，油品泊位 1 个，设计吞吐能力为 2.17 亿吨，最大煤炭堆存能力约 460 万吨、最大筒仓堆存能力 144 万吨，是以煤炭装卸为主、兼顾散杂货、油品的能源大港。公司拥有自主管理的航道、拖轮及疏浚队伍，综合保障能力较强。

国能黄骅公司以建设"绿色、高效、智慧、平安"世界一流示范港口为目标，以"打造绿色、高效、国际一流能源大港"为愿景，坚持"诚信、开放、包容、创新"价值理念，积极履行"创造价值、成就员工、回馈股东、造福地方"的企业使命，全力建设治理完善、经营合规、管理规范、守法诚信的港口行业典范企业。公司煤炭吞吐量连续 3 年居我国港口首位，煤炭港口全流程智能化技术及应用获得中国港口协会科技进步奖一等奖，公司绿色发展成果获得亚太港口服务组织（APSN）"2021 年亚太绿色港口"荣誉称号，并成功入围第十一届中华环境奖。

二、诚信合规助力公司经济效益和社会影响力显著增强

国能黄骅公司将诚信视为企业可持续发展的生命线和核心竞争能力，秉持"客户的需求就是我们不懈的追求"的服务理念，以设备的管用养修为基础，建立起独具特色的港口设备生命体征线，实现对设备运行规律、生产组织逻辑的科学掌控，科学严谨统筹生产和维修，使单船泊位停时平均缩短 4.3%，获得客户良好赞誉。2021 年完成装船 21495 万吨、卸车 21578 万吨、散杂货 152 万吨、油品 702 万吨，实现营业收入 47.75 亿元，实现利润 21.59 亿元，单位完全成本 12.44 元/吨。

国能黄骅公司诚信理念深入人心，全体员工积极进取、担当有为，在企业管理、智慧创新及安全环保等方面实现新突破，在社会各层面、各行业的影响力显著增强。陆续获得河北服务百强企业、河北创新领先 50 强企业、省级及全国安全文化建设示范企业、全国安康杯竞赛优胜单位等多项荣誉称号；公司多个科技创新项目在国内外获奖，黄骅港实践案例也作为标杆企业连续两年被写入交通运输部《中国港口高质量发展报告》；公司绿色发展、智能化建设、外委管理等企业创新成果多次获得中企联一、二等奖；公司改革成果《创新驱动的绿色煤炭港口全流程智能化建设与管理实践》获中国企业改革与发展研究会优秀成果三等奖；公司多名职工分别荣获全国劳模、河北省"五一"巾帼标兵、集团巾帼建功标兵等荣誉称号；公司多次受邀参加中国港口协会、交通运输部等组织的各类博览会、研讨会，多次登陆央视、人民网、学习强国等主流媒体，公司的社会知名度、诚信赞誉度持续提升。

三、构筑诚信体系，打造行业典范，建设世界一流示范港口

1. 坚持"两个一以贯之"，为诚信经营筑牢制度篱笆

国能黄骅公司坚决贯彻习近平总书记在全国国有企业党的建设工作会议上强调的"两个一以贯之"，把加强党的领导和完善公司治理统一起来，加快建立各司其职、各负其责、协调运转、有效制衡的中国特色现代企业制度。一是持续完善国能黄骅港法人治理制度。进一步规范法人治理主体权责界面和运行机制，优化科学高效的决策体系，充分发挥党组"把方向、管大局、促落实"和董事会"定战略、做决策、防风险"及经理层"谋经营、抓落实、强管理"的作用，确保各治理主体不缺位、不越位、不相互替代、各自为政，为企业诚信经营奠定治理结构基础。二是持续构建独具黄骅港特色的企业制度体系。公司287项制度按照分层、分级、分类的原则，明确企业经营各方面合规要求与诚信规范。推进制度体系顶层设计，持续开展管理制度合规与有效执行的动态评估，按照诚信经营要求，持续开展外规内化，加强和改善制度供给。建立统一计划、集中审批、归口管理、分工负责的制度管理体制；突出诚信合规审查、内控风险审核、法律审核在制度建设中的重要作用，审查审核率均达到100%，制度对诚信合规经营的基础保障作用得以充分发挥。三是为进一步巩固诚信管理成果，黄骅港搭建清晰、简洁、高效的工作流程205个，从流程的运营管理过程以及运营数据、运营效率的分析入手，注重加强诚信文化附着力，不断提升诚信服务水平。

2. 秉持诚信合规理念，内化合规经营重要内核

国能黄骅公司秉持"践行全面合规，保障企业运营"的合规理念，坚守诚信合规经营底线，保障企业行稳致远。一是持续完善合规管理体系。在现有合规管理工作体系基础上，结合法律风险开展工作经验，制定《公司合规评价实施细则》，建立覆盖141项业务领域的合规清单，梳理合规规范1109条，为业务合规提供规范指引。二是增强法务支撑保障力度。发挥公司律师"合规参谋"作用，充分参与公司重大经营决策，提供法律咨询及出具法律意见书90多项次，把控重大法律合规风险，保障依法合规经营。三是开展法律风险提示工作。挖掘业务中潜在的法律风险，梳理法律风险的防范措施，识别法律风险点24条，提出风险防控措施29条，及时堵塞管理漏洞。四是持续推送月度新法。跟进法律变化，每月重点解读与经营业务相关的条款，提示业务部门关注外部监管，做好外法与内规的衔接。2021年，推送15期新法速递，累计识别新安法、刑法修正案等，与公司生产经营密切关联的法律法规98项，提出合规融入建议103项，指导10多个部门合规转化工作，推进"法律制度化"工作取得实效。

四、以改革创新促行业变革，引领世界煤炭散货港口智慧发展

国能黄骅公司认真贯彻党中央、国务院与国家能源投资集团决策部署，大力推行科技兴企战略，以业务与技术相融合为驱动力，以构建全流程智能化煤炭港口为目标，进行了一系列的创新实践，对运营理念与模式进行了全方位重构，成功将国能黄骅港打造为散货港口智慧化的标杆，探索出一条煤港智能化转型之路，引领了散货港口的发展与变革。

1. 坚持自主攻关，实现全港智能装船

国能黄骅公司通过自主创新实现翻堆、取料、装船等全流程智能化，2021年智能装船作业全面实施、装船机语音操控试验成功，进一步提升了智能装船系统的完备性和安全管控水平，公司在煤港行

业的技术引领作用进一步凸显。截至目前，公司已完成全港装船机智能化改造，自动化作业率在75%左右，已累计作业6000余万吨，1500余条船舶，系统整体运行平稳、可靠。公司5G港口建设应用被列为工信部"5G+工业互联网"重点行业实践案例。大型煤炭港区粉尘控制成套技术研究与应用、散货港口智能绿色生态系统研发与应用两项目入选交通运输部重大科技创新成果库。《以绿色发展为导向的煤炭港口全流程智能化建设与运营》实践案例荣获第二十八届全国企业管理现代化创新成果二等奖。公司全员劳动生产率、人均利润再次领跑全国主要港口。

2. 基于数字孪生，推动设备协同自动化研究

为进一步打通生产组织与设备运行间的通道，国能黄骅公司采用数字孪生技术，全面感知设备与资源状态，建立起全港生产运行环节在数字空间中的孪生体，在此之上，架设起全港生产运行控制大脑。采用指令集的设计理念，对生产指令的编排进行重新定义，生产指令批量编制，且指令间存在优先级约束，形成序列式的关系视图，同时结合序列次序与设备状态，按照设备功能，将生产指令分解为设备指令，即将一条包含多个设备的生产指令，由系统自动翻译为设备可执行的设备指令，通过孪生体下发至设备端，驱动设备运行，而无需操作人员通过沟通协调来进行设备操控。目前已完成生产设备数字孪生体建模，完成推演引擎及设备控制任务逻辑的开发，正在进行数字孪生平台与控制系统的接口程序开发。

五、践行"两山"理论，争做环保诚信企业，打造花园式绿色港口

国能黄骅公司深入落实"绿水青山就是金山银山"的生态要求，践行"建设绿色港口、共享碧海蓝天"的环保理念，打破长期以来煤炭港口环境污染的惯有思想，以创新发展和绿色发展为引领，以打造花园式智慧煤炭港口为目标，在实践中围绕科技创新、循环经济、生态保护等内容进行管理创新，解决粉尘污染和含煤污水治理老大难的问题，为促进京津冀区域大气及环保污染防治、建设美丽中国做出了自己的贡献。

1. 建立"两湖三湿地"生态水循环系统

国能黄骅公司大力实施环境整治工程，建成收集储存船舶压舱水、电厂海淡水、清洁雨水、中水等2个人工景观湖，打造接纳处理港口生产废水、含煤雨水兼具调蓄洪涝功能的3处天然湿地，以"两湖三湿地"为核心形成了水域面积约63万平方米、蓄水能力88.6万立方米的港区生态水循环系统，有效支撑港口污水回用零排放以及非常规水源收集利用。2021年，坚持以动态调节供用水平衡为核心，充分利用雨水、污水回用、压舱水等低价值水源397.5万立方米，节约用水成本近2000万元，实现国能黄骅港水系统多层次、多渠道、体系化循环利用。

2. 精准管控，建立粉尘治理一体化格局

国能黄骅公司以粉尘治理为抓手，依靠自主创新先后研发并实施了本质长效抑尘、皮带机洗带、堆料机大臂洒水等一系列抑尘技术，通过智能化信息系统，精确控制煤炭外含水率，实现粉尘源头治理。为了保证不同工况下洒水除尘量，积累以风力、湿度、流程、流量、煤种等全要素经验数据，统筹分析公司粉尘形成原因和影响因素，建立信息系统，动态反馈，达到粉尘治理体系化，粉尘控制智能化，实现国能黄骅港粉尘治理多层次、一体化的管控格局。建立18个粉尘监测点，实时监控生产过程中产生的粉尘是否超标，并启动应急响应，数据显示生产区总悬浮颗粒物浓度（TSP）仅为90.7μg/m³，不足国标值的十分之一。

3. 提能创效，实现煤污治理效益最大化

为有效处理粉尘污染问题，国能黄骅公司于2017年建成了"煤粉尘回收处理车间"，在煤污水不排海的前提下，煤泥全部封存在港区排水管线内，采取"从本入手、斩断源头、节节补损"的综合处理方式，将港区堆场、道路和皮带机沿线的粉尘、排水沟里的污泥以及煤污水处理站运行产生的重度煤污水收集至粉尘加工车间压榨成煤饼全部回用，既防止煤尘、煤泥露天堆放二次污染，又创造了经济效益，避免了粉尘二次污染。2021年，在保证煤炭运输全流程环境可控的同时，为集团节约货损25596吨，为公司增加经济收益1400余万元。

4. 持续提升，着力打造全国知名工业旅游景区

2019年7月，国能黄骅公司顺利通过国家3A级景区验收，成为沧州市首个工业旅游景区，近几年持续推进3A工业景区建设，在硬件上下功夫，改造升级景区的配套设施，2021年新增绿化养护面积17.5万平方米，新增湿地28万平方米，绿化面积合计97万平方米，湿地44万平方米，除生产区、功能区外几乎绿化全覆盖。

六、积极履行社会责任，彰显中央企业担当

1. 坚决打赢脱贫攻坚战

国能黄骅公司积极履行央企社会责任，以定点帮扶为重点，扎实推进项目扶贫。公司捐赠190万元用于周边三虎庄村、黄店子村开展养殖与种植产业，助力脱贫；积极开展消费扶贫行动，以购代捐，在中国公益网站累计采购生产、生活用品390.8万元；向国家能源公益基金会捐款2010.10万元，以实际行动证明了公司对公益事业的热忱，对社会责任的坚守；发动广大职工积极开展各种形式的爱心帮扶活动，采用结对子形式，帮助寒门学子顺利完成学业。

2. 开展雷锋志愿服务工作

国能黄骅公司严格落实上级部门要求，积极探索精神文明建设新思路新举措，组建有一支管理规范、队伍稳定、服务多元的志愿者服务队。公司党员群众踊跃加入队伍，积极参与志愿服务活动。广泛开展了爱心捐赠、帮助孤独儿童等一系列活动，共320余人次参加志愿服务，累计服务时长达1080余小时。畅通了职工奉献社会、服务社会、回报社会的途径，显著提升了公司的美誉度和影响力。

3. 能源保供取得显著成效

进入下半年，能源供应形势出现了"过山车"式变化，煤炭增产增供、稳价稳市压力剧增，党中央、国务院出台了一系列能源保供政策和具体要求，能源保供已成为当前一项重要的政治任务。面对这一政治任务，国家能源集团作为一家能源型中央企业，深入贯彻落实党中央、国务院部署要求，充分发挥一体化运营优势，能源供应处于较高水平。自保供工作开展以来，国能黄骅公司累计完成电煤保供5600余万吨。期间，公司16天实现日装船量70万吨以上，并于11月12日和20日两度刷新单日装船纪录，达到83.1万吨；12月15日打破单日卸车记录，达到72.2万吨。

"栉风沐雨二十载 春华秋实满庭芳"。国能黄骅公司经过20年的诚信开拓，创造了一部艰苦卓绝创业史、乘风破浪拓宇史、科技奋斗创新史、奋发有为飞越史。在未来发展中，公司将踔厉奋发、笃行不怠，构建诚信合规高质量发展的现代化企业治理体系，勤力创造具有全球竞争力的世界一流示范港口。

案例创造人：李洪军　兰力

以诚信为本　创新驱动
打造客户首选的国际工程技术服务集团

中冶赛迪集团有限公司

一、企业简介

中冶赛迪集团有限公司（以下简称中冶赛迪）是中国五矿集团所属中冶集团的全资子公司，1958年由辽宁鞍山迁至重庆成立，其前身重庆钢铁设计研究总院系国家钢铁工业设计研究骨干单位，于2011年成立集团。现已由一家专业化的钢铁设计院发展成为集应用基础研究和应用技术研发、整体解决方案、咨询、工程设计、工程总承包、全过程工程咨询、核心装备制造、运营服务于一体的国际化的大型工程技术企业集团，形成了"以高端咨询为引领，以钢铁工程技术、智能化信息化、城市建设、节能环保为四大板块"的业务体系。

中冶赛迪是目前国内综合实力最强、市场份额最大、国际化程度最高的钢铁工程技术公司，自20世纪60年代以来先后承担了国内大部分大型钢铁基地设计建设，同时也是代表中国工程技术走向世界的知名品牌，率先实现中国钢铁工程技术从引进到输出的转变，累计承担海外合同额300亿元，全球排名前50强的钢铁公司中43位已经成为中冶赛迪的客户。在"一带一路"建设中承担了台塑越南河静钢铁基地，马来西亚中马关丹产业园联合钢铁等多个重大系统性工程项目。

进入新时代以来，中冶赛迪将60余年服务工业的领域知识与智能化信息化前沿技术相结合，在工程技术公司中率先构建起涵盖"自动化、信息化、智能化产品与方法、大数据平台与算法、数字化设计与交付"的"五位一体"大数据智能化生态体系，建设了国内首个基于自主芯片架构的数字基础设施——赛迪云，自主研发了钢铁行业首个全流程实战应用的工业互联网平台，在钢铁行业落地实施了一系列全球首创性的智能制造项目，在全球范围内率先实现了长流程钢厂的智能制造。

中冶赛迪坚持科技创新自立自强，建有国家工程技术中心等10余个省部级以上研发平台，获国家级科技成果奖40余项（其中国家科技进步奖13项、国家技术发明奖3项），拥有有效专利2000余项，主编国家和行业标准100余项。

二、组织架构和经营情况

中冶赛迪具备工程设计综合甲级资质，总部位于重庆，采用集团化管理、多元化经营和专业化发展的管控模式。设有总部管理部门17个，在海内外设立了23家子公司，拥有全国工程勘察设计大师、中国工程监理大师、国务院政府特殊津贴专家、重庆市工程勘察设计大师等行业领军人物。

中冶赛迪抢抓机遇、创新求变，发展质量和综合实力不断提高。"十三五"期间中冶赛迪规模和效益持续增长，缴纳税金21.3亿元，实现了企业有效益、有质量、可持续的发展。2021年，中冶赛迪市场开拓和营业收入再创新高，利润指标实现同比翻番，实现"十四五"高质量发展良好开局。

中冶赛迪得到了社会和客户的肯定与信赖，获全国勘察设计百强企业、全国工程总承包百强企业、中国电子信息百强企业、全国勘察设计行业十佳自主技术创新企业、国家知识产权示范企业等殊荣，获国家优质工程金奖、国家优秀工程设计奖、鲁班奖、詹天佑大奖、全国绿色建筑创新奖等国家及行业最高等级工程荣誉百余项。同时公司在节能减排、环境保护、改善民生、抗击疫情、精准扶贫、抢险救灾、乡村振兴、参与"一带一路"建设和推动国际产能合作等方面积极贡献力量，履行了国有企业的社会责任。

三、诚信经营理念

中冶赛迪践行"诚信为本、成就共赢"的经营理念，经营中坚持把诚信作为基本要求，以信用立企、规范运作，依法经营、诚信服务，实现企业与客户的共赢。

中冶赛迪以打造客户首选的国际工程技术服务集团，成为受人尊敬的学习型、开放型、创新型企业为企业愿景，在技术实力上赢得客户首选，在企业作风上做到受人尊敬。做"学习型、开放型、创新型"企业，依靠学习走向未来，培养终身学习的习惯；开放包容，构建合作共赢的产业和创新生态圈；坚持科技自立自强，勇立时代潮头，引领产业持续进步。

中冶赛迪是中国钢铁工程建设的开拓者和引领者，新中国成立以来，为我国建立起独立完整的工业体系、形成合理的钢铁布局、推动钢铁工业现代化做出重要历史贡献。中冶赛迪经过六十余年的发展积淀，形成了丰富的工程技术经验，长期保持中国钢铁工程技术的领军地位，承担了国内绝大多数大型钢铁企业的设计建设工作，是宝武集团、太钢、鞍钢等国内大型钢铁企业的首选工程技术服务商，在冶金领域代表"国家队"领跑者实力。

60余年来，中冶赛迪最重要的依靠是一代代忠诚于党和国家、忠诚于企业的员工队伍，最不可替代的核心竞争力是一代代员工传承和践行的企业文化，最重要的坚持是矢志不渝"坚持企业发展始终与党中央的要求保持高度一致，始终与国家、民族发展紧密结合"。无论是大三线建设中"天当被盖地当床""三块石头支口锅、帐篷搭在山窝窝"的战天斗地，还是在广阔的工程与科研实践以及走向海外应对各种风险挑战时勇攀高峰，这支队伍都展现出了极具战斗力和凝聚力、务实担当的过硬作风，得到了客户和业界的认可。

四、决策部署

1. 不断完善公司诚信体系建设

中冶赛迪是企业信用评价AAA级信用企业，建有完善的组织机构，建立了合规管理体系。中冶赛迪以"精心设计，科学管理，诚信服务，顾客满意，以人为本，持续改进"为管理方针，通过GB/T 19001—2016/ISO 9001：2015质量管理体系认证、GB/T 24001—2016/ISO 14001：2015环境管理体系认证和GB/T 45001—2020/ISO 45001：2018职业健康安全管理体系认证，并实现质量、环境和职业健康安全一体化管理体系的有效实施和持续改进。中冶赛迪设立了法律与合约管理部，严格把守合同谈判、合同管理、合同履行、过程监督等重要关口，实行严格的诚信管理和风险控制。在新的市场形势下，公司更加重视规范合同风险管理、加强合格供应商管理、强化设备采购管理，进一步促进诚信体系建设。

2. 不断加强员工诚信意识的培养

一方面建立健全各种诚信制度，把诚信的具体规定列入有关的制度中；另一方面加强宣传教育，引导员工讴歌诚信美德，鞭策失信行为，在中冶赛迪宣传媒体上开设"普法宣传"专栏，推出"民法典与生活同行"展览等。同时，要求员工对照诚信标准查摆自己不诚信行为，深入剖析危害，及时整改，争做诚实守信好公民、好员工。

3. 坚持诚实守信、回报社会

中冶赛迪始终坚持依法开展咨询设计、工程承包等各项业务，先后为国内外数百家客户提供了上千项优质的工程技术服务，深得海内外客户信任、各级政府的肯定和社会各界的赞誉。2021年，中冶赛迪收到客户感谢信业主表彰200余次，获得新华社、中央电视台、中国冶金报等主流媒体、行业媒体150余篇次报道，再次在行业内赢得了口碑。

五、实践成效

1. 创新驱动，引领钢铁工业智能化、绿色化、低碳化、高效化发展

中冶赛迪坚持以科技创新推动行业技术进步，通过自主研发，突破了一大批原创性技术，解决了钢铁全流程一大批被国外"卡脖子"的技术和装备问题，使得我国钢铁工业在全流程的工艺技术、装备技术、模型技术、材料科学方面完全自主可控。中冶赛迪以核心技术和新的价值创造能力引领行业转型升级，为传统制造业注入新动能，引领钢铁工业智能化、绿色化、低碳化、高效化发展。

实现关键核心技术和装备的自主可控，是钢铁行业积极构建新发展格局、实现高水平科技自立自强的重要任务。中冶赛迪积极发挥研发、设计与制造相结合的核心装备国产化能力，解决了一大批"卡脖子"的技术和产品问题，实现了钢铁全流程核心装备的完全自主，一大批科技成果达到国际先进或国际领先水平，在推动冶金装备国产化、走出去的过程中发挥了冶金建设国家队的"硬支撑"作用。2021年12月，由中冶赛迪提供全线关键工艺、装备及控制技术的首条中国自主化大型万能重轨、型钢生产线在河北永洋特钢一次性热试成功。这标志着中冶赛迪万能型钢关键工艺装备成功打破国外垄断，并达到世界先进水平，实现了型钢、重轨生产线的核心装备自立自强。

在钢铁智能制造领域，中冶赛迪率先突破，近年来打造了全球钢铁行业首个一体化智慧集控中心、首个全流程数字工厂、首座智能化少人化原料场、首套全天候全流程智慧铁水运输系统、首座热轧高温智慧钢卷库等核心产品，应用于宝武集团多个基地以及永锋钢铁、中天钢铁等民营企业，推动了钢铁行业生产方式的智能化变革，客户遍布中国国内及越南、印度、马来西亚等一带一路国家钢铁企业。2018年，中冶赛迪在宝武韶钢建成世界首座钢铁生产远距离大规模智慧集控中心——韶钢智慧中心，生产现场400多名操作工人从高危区域撤离，作业区数量降低60%、劳动效率提升40%，吨铁成本25元，平均日产量提高500吨，每年创造直接经济效益超过3亿元，开创了钢铁生产新模式，成为全行业跟随的热点。

2. 发挥国企顶梁柱作用，打造精品标杆工程

中冶赛迪是中冶集团打造冶金建设国家队的领军企业，肩负冶金建设国家队领跑者的使命与担当，服务国家战略，承担一大批国家重点钢铁工程项目，并率先将钢铁工程技术输出国门，为国民经济的快速发展和中国钢铁工程技术走向世界做出了重要贡献。公司承担的宝钢环保料场、宝钢湛钢特大型

高炉、梅钢大型转炉、湛江大型板坯连铸机和营钢特厚板连铸机、八钢热轧、凤宝钢管、永洋轻轨重轨轧机、丰南冷轧、烨辉连退等项目树立了各专业标杆，开创了多项国内"最大"和"第一"的纪录。正在实施的中天南通绿色精品钢基地将打造成为面向未来的绿色智能钢厂新标杆。

2016年，宝钢湛江钢铁基地一期工程建成。中冶赛迪是工程总体设计单位和最主要的建设服务者。项目应用一大批中冶赛迪具有自主知识产权的核心技术，多为国内首创，仅节能环保技术就达百余项，为推动我国钢铁工业布局结构、产品结构、流程结构、能源结构调整作出了突出贡献。项目获国家优质工程金奖、国际工程行业最高奖"菲迪克奖"。

3. 践行契约精神，树立中国钢铁工程技术公司在国际市场的品牌和地位

中冶赛迪是最早走出去的中国钢铁工程技术公司之一，率先实现中国钢铁工程技术从引进到输出的转变，真正改变了中国钢铁工程公司的国际市场地位。

目前全球排名前50强的钢铁公司中43位已经成为中冶赛迪的客户。公司累计签署了百余项海外工程项目合同，承担海外项目合额超300亿元，覆盖钢铁厂全流程。近年来，累计出口创汇20多亿美元，带动中国设备、材料出口200余亿元，业绩遍布六大洲、30余个国家。

中冶赛迪积极响应"一带一路"倡议，承担"一带一路"沿线大型冶金工程项目，推动国际产能与装备合作，带动中国冶金全产业链、全系统走向海外，促进沿线地区经济繁荣与民生相通，实现了中国钢铁科技进步成果与世界共享。

2017年，中冶赛迪承担前期咨询、总体设计、主要单元总包建设和生产运营服务的台塑越南河静钢铁项目投产。台塑越南河静钢铁厂是海外近20年来唯一新建的千万吨级绿地钢铁项目，投产后成为亚太地区除中国以外最大最先进的钢铁基地。通过该项目实现国际千万吨级绿地钢铁系统设计和全产业链输出，为中国服务外包行业带动了33.5亿美元的出口额，解决了越南当地约6000人的就业问题，培养技术人员约3000人，为推动中越经济合作发挥了重要作用，得到各方高度赞许。其中，高炉总承包工程获国家优质工程金奖、中国建设工程鲁班奖。

2017年3月，中冶赛迪在重庆为世界著名钢铁企业——塔塔钢铁举办年度领导力培训班。塔塔钢铁作为印度历史最悠久、世界排名前十的钢铁企业，这是其首次选择供应商为其进行培训，充分表明了对中冶赛迪综合实力的高度认可。

2021年，在全球疫情反复暴发的情况下，中冶赛迪155名员工逆行出征8个国家27个项目现场，技术和服务受到海外客户的高度肯定。2021年3月，全球最大的钢铁制造商之一安赛乐米塔尔集团官网刊发长文，报道了中冶赛迪专家拜访其乌克兰子公司ArcelorMittal Kryvyi Rih，感谢中冶赛迪能在疫情严峻的形势下全心全意服务项目，称赞"中冶赛迪是钢铁行业工程项目实施的全球领导者之一"。

4. 提供核心技术和系统解决方案，让绿色低碳成为行业高质量发展新引擎

绿色环保既是贯穿中冶赛迪经营发展全过程的发展理念，也是中冶赛迪落实"碳达峰、碳中和"战略、顺应钢铁工业绿色转型的战略性业务。公司在绿色加热及热处理、固废及危废绿色处置、绿色高效能源利用、大气污染超低排放、水资源高效利用及环保处理、新能源等方面着力打造具有自主知识产权的核心技术和系统解决方案，为钢铁行业低碳发展提供强有力的技术支撑。

（1）高炉在钢铁工业节能减排中占有举足轻重的地位。中冶赛迪自主研发的"高效低耗特大型高炉关键技术"，自主研发的高效低耗特大型高炉关键技术解决了特大型高炉实现稳定高效低耗所面临的世界性重大技术难题，技术成果已成功推广到台塑越南4350立方米高炉、宝钢湛江5050立方米高炉、印度TATA KPO 5870立方米高炉等具有重大国际影响力的高炉项目，主要技术经济指标全球领先。

（2）电弧炉是短流程冶炼的核心工艺装备。中冶赛迪针对长期困扰国内外全废钢电弧炉炼钢生产的能量利用率低、消耗高的问题，自主开发了高效、低碳、低能耗、环境友好的超级电弧炉。2021年12月，中冶赛迪承担的世界首台采用IGBT柔性直流电源技术的电弧炉在攀长特钢热试成功，相比于传统电弧炉，冶炼周期缩短≥15min，吨钢冶炼电耗降低≥50kWh，电极消耗降低≥1kg，二氧化碳减排≥40 kg，为钢铁短流程高效低碳冶炼工程树立了标杆。

（3）固废综合处置是钢铁企业节能增效的重要设施。中冶赛迪自主开发的转底炉技术在国内处于领先地位，市场占有率70%，实现转底炉脱锌率＞85%，金属化率＞75%的稳定运行指标。以年处理能力为20万吨的转底炉固废处理线为例，相比长流程炼铁，转底炉技术每年可减少二氧化碳排放约13.2万吨。2016年，世界首座钢厂自建综合含铁固废处置中心在宝钢湛江投用，项目应用中冶赛迪转底炉技术，解决了高炉除尘灰、炼钢OG泥等尘泥固废的处理难题，助力钢企实现"固废不出厂"目标。

5. 履行央企担当，提供乡村振兴系统解决方案

乡村振兴业务，是中冶赛迪履行央企担当，以工业反哺农业，紧跟国家乡村振兴战略步伐开展的新兴业务。中冶赛迪是中国中冶美丽乡村技术研究院承建单位，农业农村部支持的农业特色互联网小镇服务联盟秘书处单位，依托乡村建设、农产品交易和数字乡村三大业务，聚焦重庆，深耕西南，辐射西北，拓展全国，打造乡村振兴、农产品基地融合发展的业务样板工程。

中冶赛迪乡村建设业绩覆盖全国20个省市、重庆33个区县，参与了30余项重庆市乡村振兴重点示范项目、18个深度贫困乡镇项目和17个市级乡村振兴帮扶重点项目，已成为重庆乡村振兴第一品牌。中冶赛迪获评"2020重庆十大示范案例之示范龙头企业"，参与规划设计的乡村振兴项目获得了4项重庆市优秀城乡规划设计奖和6项艾景奖全国优秀奖，15人入选重庆市首批"乡村振兴专家顾问团"。

自2019年起，中冶赛迪以"益农源选"平台为抓手，搭建起农产品直达消费者的桥梁，精准对接了四省七县（湖南省、贵州省、云南省、青海省、花垣县、德江县、沿河县、镇雄县、彝良县、威信县、祁连县），对口帮扶3万农户，助力百万扶贫农产品出村入城。

2021年，中冶赛迪与重庆市乡村振兴重点示范村长寿区龙河镇保合村成功开展党建结对共建活动，并以"学党史、办实事"为核心，将乡村振兴"百村帮扶计划"走进保合村。长寿慢城龙河镇保合村是重庆首批20个乡村振兴示范村镇之一，其核心区秀才湾项目由中冶赛迪承担规划设计。中冶赛迪通过挖掘秀才湾耕读文化，引入耕读文化研学、民俗工艺体验等新业态，盘活乡村闲置民房，发展各类旅游业态30余家，帮助当地130余名村民就业，村集体经济组织发展壮大，资产达到285万元，2020年收益45万元。

案例创造人：肖学文

以诚为本 深化改革 创新发展
聚焦成渝双城经济圈 服务区域经济高质量发展

四川汇鑫融资租赁有限公司

一、企业简介

四川汇鑫融资租赁有限公司（以下简称汇鑫公司）系由控股股东泸州老窖集团于2016年组建成立，现有注册资本金14亿元，以成为"西南地区最具影响力的综合型金融服务企业"为发展愿景，已构建起"租赁+保理+典当+供应链贸易+资产管理"的多元化生态发展模式。目前，汇鑫公司在上海、成都、新疆、西藏多地设立了7家分、子公司，通过产品组合拳模式，为客户提供综合金融服务方案，当前涉及的行业主要分布于轨道交通、大数据、环保、教育、电子软件、基础建设和能源等领域。

汇鑫公司从成立至今，通过积极"走出去"，按照"泸州为轴、成渝为翼、辐射全国"的发展路径，实现公司资产总额、股东权益持续快速增长，截至2021年年底，资产总额近46亿元，较成立之初增长22倍；所有者权益16.42亿元，增长7.2倍。近年来，汇鑫公司营业收入持续增长，从2016年1657万元攀升至2021年16.9亿元，增长101倍；利润总额从2016年581万元攀升至2021年21288万元，增长超35倍。

汇鑫公司始终秉持"诚信经营、共促发展"的经营理念，在行业内树立了良好口碑，载誉满满。在2019年度全国融资租赁行业盛会——"中国融资租赁总经理高峰论坛"年会上，汇鑫公司荣获"融资租赁行业卓越企业"荣誉称号；在2021年四川省发展和改革委员会等25部门联合开展的2021年四川省"诚信企业家"和"诚信企业"评选活动中，荣获"2021年诚信企业"荣誉称号。

二、坚持诚信经营，顺应政策导向，优化产业布局

《中共中央关于制定国民经济和社会发展第十四个五年规划和二〇三五年远景目标的建议》中提出，要构建金融有效支持实体经济的体制，汇鑫公司根据宏观经济形势及区域发展环境，积极布局保障性租赁住房、教育、再生资源回收等热点领域，为汇鑫公司的诚信经营和可持续发展指明前进方向，为区域经济优化产业结构、增强核心竞争力贡献力量。

1. 深入保障性租赁住房研究

保障性租赁住房是我国住房保障体系的重要一环，是解决大城市住房突出问题的关键一招，是构建房地产长效机制的坚实一步。"十四五"期间，汇鑫公司充分响应中央经济工作会议提出的"住房不炒"这一房地产政策，成立课题研究小组，长期跟踪人民群众"住有所居"的现实需求，积极研究成渝地区保障性租赁住房市场基础制度和支持政策，结合市场需求和汇鑫公司实际情况，助力新型住房租赁供给，改变住房市场供给结构；助力平价住房租赁供给，适度降低住房购买需求。汇鑫公司后续将继

续探索高效交易模式，精准聚焦资金支持对象，促使住房回归其本有的居住属性，引导房价舒缓回归，满足人民所需。

2. 大力支持教育行业发展

随着"科教兴国"等一系列战略的提出与实施，我国的教育事业得到了迅猛发展。在此契机下，汇鑫公司将拓展教育领域作为重要的发展方向，积极布局包括幼儿园、一贯制学校在内的 K12 教育领域。经过多年发展，汇鑫公司为多家成渝地区教育集团累计提供超 3 亿元融资租赁服务，以诚信企业力量保证教育事业有序、健康运行。进入新时代，以习近平同志为核心的党中央站在党和国家发展全局的高度，把职业教育摆在了前所未有的突出位置，汇鑫公司响应政策号召，积极探索、布局成渝地区职教、高教等其他教育产业运营领域，以金融力量助力缓解人才结构性矛盾，推进各层次教育优质均衡发展。

3. 抓住再生资源发展机遇

在建设美丽中国的时代背景下，汇鑫公司深入贯彻习近平生态文明思想，促进经济社会发展全面绿色转型，助力实现碳达峰、碳中和目标，旗下子公司——汇融世纪贸易有限公司（以下简称汇融世纪）积极进入再生资源回收领域，充分发挥国有资本作用，促进钢铁、铜、铝等战略性金属废碎料的高效再生利用。汇融世纪积极拓展上下游渠道，打通再生资源贸易链条，形成高效的业务流程和独特的风控模式。2021 年，完成了武安明芳钢铁、山东天宏化工等超过 10 亿元的再生资源项目投入，目前项目运营良好，有效提升了再生资源高值化利用水平。

三、推进诚信建设，筑牢风控防线，夯实发展根基

汇鑫公司始终坚持"尚法"的核心价值观，将合法合规经营摆在公司治理的第一位，以内控体系建设为支撑点，以严格风险管控为关键点，推进诚信建设，重点关注防范和化解企业内外部风险，夯实公司管理基础，确保公司健康发展。

1. 完善内控体系建设，筑牢公司管理基础

汇鑫公司为加强规范化治理，针对法人治理结构，根据公司发展需要，进一步推进完善公司法人治理结构，包括公司股东会、董事会、经理层各层级职责权限和审批流程，明确分工、各司其职、规范内部，提高公司决策的科学性和效率性；针对现有制度流程，向各部门收集修改意见和建议，结合公司实际，进行相应修改，使得公司制度更加健全完善、合法合规，促进公司各项业务流程化、制度化、规范化；针对合规检查工作，结合公司实际，按照计划有序开展公司每年度合规检查，及时、准确解答各部门法律咨询，强化员工按制度、流程办事意识，确保制度落地实施，为公司高质量发展保驾护航；针对法务支撑工作，为确保公司业务发展始终合法合规，常态化完成法务支撑工作，结合业务实际，提示关键法律风险防控点，严控法律风险。

2. 实施"全程、全员、全面"风险管控

汇鑫公司通过借鉴斯坦福大学研究院提出的"CERM 企业全面风险管理框架"、美国 COSO 委员会提出的"全面风险管理模式"等国外先进的风险管理方法，结合自身情况，贯彻实行"全程、全员、全面"风控机制，坚持"横向到边、纵向到底"的风险管理理念。为确保汇鑫公司全面风险管理工作落实到位，公司业务部、风险管理部、内控合规部和内外部审计组成风险管理的三道防线，各司其职，

分工协作。汇鑫公司通过在尽职调查、项目审查、评审与决策、项目合同签订、资金投放以及租后管理等各个业务操作环节中执行全面风险管理的基本流程，培育良好的风险管理文化，建立健全全面风险管理体系，包括风险管理策略、风险管理措施、风险管理的组织职能体系、风险管理信息系统和内部控制系统，从而为实现风险管理的总体目标提供合理保证的过程和方法。

3. 打破传统管理模式，实施风控前移

在传统的金融企业中，风控人员普遍从事中后台审核工作，汇鑫公司打破这一传统管理模式，推行"风险第一、风控前移"理念。在业务前期，让风险人员和业务人员同步参与现场尽调，对承租人企业信用风险、政策变化风险、金融波动风险、市场风险、贸易风险、技术变更风险等潜在风险进行全面评估，从而做出准确的项目可行性判断和成熟完善的交易架构设计。业务开展过程中，风险人员和业务人员全程参与租前调查、租中审查及租后管理，通过设定风险预警指标，做好风险识别、风险预测、风险评估、风险防范工作，严格执行风险控制措施，从动态上实现对业务风险的控制。

4. "一企一策"制定风控措施，确保项目实质安全

汇鑫公司利用先进的风险管理理念，针对企业具体情况，制定"一企一策"的风控措施，向客户提供优质的综合金融服务。汇鑫公司通过深入了解企业经营状况、所在行业发展现状、未来发展趋势，全面梳理各项政策，根据平衡风险、成本与收益的原则，提供"个性化"综合金融服务和风险防控措施，有效优化、落实风险防范控制措施。除使用传统的抵质押担保外，积极探索让与担保等新型风控手段，将风险控制工作贯穿于公司全业务环节，实现对风险的精准防范与控制，最大限度维护股东权益，确保国有资产安全运营，实现国有资产保值增值。截至目前，公司不良资产率基本为零，不良率水平位居行业领先地位。

5. 利用金融科技降本增效，实现智能化风险管理

汇鑫公司响应国家"十四五"规划号召，提升金融科技水平，加快数字化发展，推动数字经济和实体经济深度融合，以现有客户、潜在客户和行业关联方为对象，充分利用金融科技手段积极打造集合融资服务、客户管理及内部管理为一体的数字化线上服务系统，打通业务前端、风险管控、资产管理、财务管理、档案管理等全业务流程，实现公司整个业务流程的及时性、共享性、安全性，助力公司风险管理，实现高质量发展。

四、落实诚信服务，践行初心使命，彰显国企担当

国有企业被称为"国之脊梁"，在关系国家经济命脉的主要行业举足轻重，是国民经济的重要支柱。在脱贫攻坚这一关键战役中，汇鑫公司践行初心使命，责无旁贷地参与"定点扶贫"工作；在新冠肺炎疫情突发以来，汇鑫公司落实诚信服务，帮助困难企业度过艰难时期。

1. 参与民生基础设施建设

叙永县为泸州老窖集团定点扶贫县，汇鑫公司根据泸州老窖集团扶贫攻坚的战略部署，2016年至今，在泸州老窖集团统一领导下，结合叙永县当地企业经营情况，先后为支持当地旅游及教育产业、水利工程及基础设施建设，量身定制个性化融资方案，累计投放融资 6.98 亿元，为促进贫困县产业转型升级，加快脱贫攻坚贡献力量；同时积极参与泸州民生基础设施建设，为泸州机场建设、民生工程等累计投放融资 5.5 亿元。

2. 帮助企业共度时艰

自新冠肺炎疫情突发以来，企业面临资金紧张的情况下，汇鑫公司结合企业的实际困难，调整了企业本金还款节奏，加大了疫情期间对困难企业的扶持力度。在贯彻相关脱贫攻坚道路上，汇鑫公司以最实际的行动帮助企业解决资金流短缺问题,使其得以持续良性发展,从而助力脱贫攻坚事业。同时，针对存量客户，更加强化疫情期间的日常监管工作，通过定期租后走访，对客户经营情况进行了解和分析，评定其风险级别并制定"一企一策"，助力企业顺利渡过难关并及时复工复产，从实质上确保公司整体项目的风险可控。

五、打造诚信环境，全面深化改革，激活发展动力

多年来，汇鑫公司遵循市场经济规律和企业发展规律推进改革，打造诚信环境，依靠深化改革走向市场、适应市场、融入市场，依靠深化改革在市场竞争中激发活力和实力，成为生机蓬勃、实力强劲的现代企业。

1. 推进国企综合改革

汇鑫公司深入学习贯彻落实习近平总书记关于国有企业改革发展和党的建设的重要论述，以及中央、省、市国资国企改革工作会精神，以国企改革三年行动和天府综改为契机，抢抓成渝地区双城经济圈建设的重大战略机遇，围绕泸州老窖集团"11265"发展战略，不断优化产业布局，加大深化改革力度，推进公司治理、混合所有制改革、市场化经营、激励约束机制建设、创新驱动、党的建设等各方面工作的优化完善。

2. 实现混改落地见效

汇鑫公司坚决贯彻集团深化改革要求，坚持市场导向，积极整合优质资源，多方沟通协调，因应公司长期以来诚信经营，稳步发展的良好的社会形象和经营成效，先后成功引入4亿元社会资本，将公司注册资本金从原集团体系的10亿元增加至14亿元，优化股东结构，增强股东实力，扩大股东资源，催生新动力，助推新发展。

六、贯彻诚信理念，聚焦成渝双城，续写发展新篇

习近平总书记在中央财经委员会第六次会议中发表重要讲话，专题部署推动成渝地区双城经济圈建设，将其上升为国家战略。国有企业作为中国特色社会主义经济的"顶梁柱"，肩负着新时代的历史使命和政治担当。金融是经济发展的血液和重要支撑，也是成渝地区双城经济圈高质量发展的关键因素。

作为泸州老窖集团金融板块重要子公司，汇鑫公司坚持以习近平新时代中国特色社会主义思想为指导，牢固梳理"一体化"理念，强化"一盘棋"思想，根据宏观经济形势及区域发展环境，精准施策、创新转型，在巩固泸州本地业务核心的同时，聚焦双城发展，积极打造"成渝双翼"的发展布局。

泸州区域——汇鑫公司继续保持主营业务优势，在保存量的情况下，重点拓展集团产业链上下游客户，主要新增客户集中在高端智能装备领域、环保材料、建筑材料生产、水力发电等领域。

成都区域——在对存量客户进行深度挖掘的基础上，积极向轨道交通、教育、环保等行业发展，产品结构、行业布局不断得到优化。至此，公司现客户集中度、行业集中度、区域集中度等指标均得到了有效调整，经营风险得到了有效缓释，抗风险能力也进一步提高。

重庆区域——抽调精干力量,全力以赴开拓重庆市场,依托其区域产业优势,围绕电子装备产业、环保材料、电力产业等领域进行业务营销,成效初显。

未来,汇鑫公司将紧扣"十四五"规划,抢抓发展机遇,强化责任担当,牢固诚信理念,深化改革,在唱好"双城记"、建好"经济圈"中充分发挥国企"主力军"作用,努力在推动成渝地区双城经济圈建设中体现新担当、展现新作为、作出新贡献,续写汇鑫公司高质量发展新篇章。

案例创造人:周峰　廖传军　陈枫　龚艳

诚信为本　治水为民　国资改革新担当

深圳市水务规划设计院股份有限公司

一、企业简介

深圳市水务规划设计院股份有限公司（以下简称深水规院，股票代码:301038.SZ）创立于1985年，是深圳市国资运营平台、世界500强企业深圳市投资控股有限公司旗下国有控股上市公司，致力于为客户提供水务环保工程全生命周期服务，是国内跨界治水、系统治水的主要开创企业。

多年来，深水规院认真学习贯彻诚信体系建设的各项部署要求，扎实践行"治水为民、诚信为本"的初心使命，围绕水资源、水安全、水环境、水生态、水文化、水经济"六水共治"，持续加强以诚信为根基的制度体系建设，以优质产品和服务庄严兑现各项责任与承诺，赢得客户、投资者、行业和社会公众广泛认可。深水规院成立以来，累计在全国服务客户1000余个，完成水务环保项目10000余个；承担了深圳市约70%的供水项目、60%的河湖治理项目、40%的污水处理项目的规划勘测设计工作，数十项获大禹奖、中国河流奖等行业殊荣。其参建的东深供水工程位列"新中国成立60周年经典工程"，规划设计的深圳水源"生命线工程"东江水源工程入选"深圳市30年30个特色建设项目"。公司被授予设计、咨询、勘察、水保、造价咨询5项全国行业AAA等级信用评价证书，连续多年荣获"广东省重合同守信用企业"称号。2021年，顺利成为国内水利勘测设计行业首家、至今细分行业唯一一家A股上市公司，单位事迹获评为国务院国资委"百大品牌故事"。

二、强化制度文化建设，筑牢企业诚信基石

时刻牢记"治水为民、诚信为本"的初心使命，持续加强以诚信为根基的制度体系建设，不断夯实诚信基石。

1. 大力弘扬诚信强企文化

始终把"忠诚、干净、担当，科学、求实、创新"的水务人精神贯穿于"以卓越的技术和服务系统解决水问题、建设更美好人居环境"的发展愿景和"专业、创新、共赢"的价值观，弘扬劳模精神、工匠精神。一批有信念、讲担当、重信用的先进典型获得全国勘察设计行业庆祝新中国成立七十周年"杰出人物"、广东省五一劳动奖状、全国青年河湖卫士、深圳市国企"十大工匠"等殊荣。

2. 高标准健全法人治理结构

全面完善公司章程、议事规则和配套制度，依法规范股东大会、党组织、董事会、经理层、监事会和职工代表大会等各类治理主体的权责边界，优化董事会治理机制，激发经理层经营活力，巩固党组织作用，增强监事会独立权威，明确决策、执行、监督各环节工作方式，定期分析评价治理主体规范履职情况，形成PDCA闭环，为诚信履约奠定了坚实基础。

3. 持续优化企业信用体系

深水规院从源头强化企业诚信建设，有效防范信用风险，在行业内较早开展体系贯标和认证，成为深圳首家通过 ISO9000 系列认证的勘察设计资质单位，引入 QES 管理体系，对项目质量、安全、进度等进行全周期信用管理。将信用体系、知识产权、技术质量、客户信用、信用风险防范等职责纳入日常管理范围，提上公司决策重要日程，研究出台了《商业秘密保护》《知识产权管理》等系列信用体系管理制度。

三、强化履约刚性兑现，抓好诚信经营服务

恪守对客户的合同承诺，不断强化质量标准，改进技术服务，建设诚信团队、打造精品项目，以刚性兑现赢得客户信任。近三年，重点合同总数超 2200 份，履约率均达 100%，连续三年获评为"广东省守合同重信用企业"。

1. 探索型项目令出必行

主动承担为全国治水大业先行探路的光荣使命，以攻坚破局治水痛点、难点、堵点为己任，倾力贡献"深圳智慧"。前瞻提出的"城市应急储备水源"规划建设思路及落地实施，为深圳近 20 年的高质量发展提前预留了充足用水空间；在行业内较早提出"流域规划、综合治水、生态治河"理念，打造了以福田河为代表的一批精品河流治理项目；推动深圳 2006 年在全国率先划定"生态蓝线"，为城市升级改造预留了用地空间；主持设计的龙岗河向全世界兑现了深圳绿色办大运会的承诺，参与设计的深圳河治理工程四期成为深港联合治理水环境的典范之作，策划推动优质饮用水入户工程对接欧美标准，使直饮水惠及全市千余小区。

2. 推广型项目行出必果

以尽快补齐粤港澳大湾区城市水环境治理短板为己任，在急难险重任务面前敢于"揭榜挂帅"，输出"深圳方案"，服务湾区治水。积极推广街区式水系统核心技术，有效解决湾区城市快速发展过程中因城市更新、园区建设、城中村改造产生的增量污水难以处理的问题，在惠州、揭阳等地相继优质高效建成多个污水资源化项目，在广东省内污水资源化项目总设计处理能力规模累计超过每天 20 万吨，规划设计建设的速度、成本、处理标准等超越同行，有力服务各地政府客户的治水攻坚任务，被广东省环保厅向各地推介，获评"广东省 2020 年环境污染治理设施运行服务优秀单位"。

3. 示范型项目有果必优

与世行和亚行战略合作，擦亮"深圳品牌"。因地制宜打造了安徽马鞍山慈湖河治理、广西贺州水环境治理、云南洒渔河生态补偿示范等一系列精品治水项目，承担了江西南昌玲岗湿地、贵州荔波漳江等典型项目，服务全国水利高质量发展，取得了世行、亚行等大客户的长足信任，建立了良好合作关系。在中央有关负责同志 2020 年主持召开的长江大保护工作会议期间，安徽马鞍山慈湖河及其湿地公园的治理效果获得实地调研领导同志的高度首肯。

四、强化国企身份定位，精诚回报股东和投资者

认真贯彻落实国有资产保值增值和国有企业做大做强做优的各项部署要求，以高度的责任感和使

命感正视股东和投资者的权益和诉求。

1. 坚持市场化发展

按照商业类国有企业的办企规律，充分融入和参与市场竞争，不断提升生产经营水平，挖掘企业利润增长点。自混合所有制改革完成后，公司新班子带领全体干部职工，升级实施设计咨询为主体、建管运营和智慧水务为羽翼的"一体两翼"业务发展战略，助推企业经营发展迈上快车道。2018至2020年，深水规院营业收入年均复合增长率达29%，净利润年均复合增长率超过30%，"十三五"期间主要经营指标翻两番。

2. 勇当国企改革先锋

借助国企改革的政策机遇，于2014年主动争取到深圳国企改革试点，成功获批混合所有制改革实施单位。近15年来，先后从事业单位改制为全民所有制企业、国有独资企业，在行业内先后率先完成混合所有制改革、股份制改造，成功登陆深交所创业板，成为混合所有制的国有上市企业，最大限度实现了国有资产增值，放大了国有资本的功能。2018年，深水规院企业总资产首次跨过10亿元大关，2020年已超过15亿元。

3. 筑牢科技护城河

坚持以科研创新筑牢企业发展护城河，塑造差异化竞争优势。截至2021年年底，公司累计获得水利水务行业等8项甲级资质、2家高新技术企业评级以及90余项有效专利、软件著作权，建立了广东省工程技术研究中心为代表的6个创新科研载体，为继续推动国资国企高质量发展奠定了坚实基础。

五、强化行业同舟共济，拓展行业诚信"朋友圈"

全方位助推行业发展进步，在行业规范标准制订、成果分享、业务拓展、社会影响力提升等方面不遗余力。

1. 积极参与行业标准制订

自觉遵守行业规范，立足深圳城市定位，率先推动行业系列规范标准的研究制定，累计参编行业及地方标准16项。2018年，总结三十余年来坚持前瞻性研究和创新引领的理论和实践经验，结集出版了专著《从海绵城市到多维海绵—系统解决城市水问题》，总结了跨界治水理论与实践，为行业高质量发展贡献了深圳力量，获中国工程院王浩、孟建民、郭仁忠、杨志峰等院士的专业推荐。

2. 主动探索行业共治机制

积极思考粤港澳大湾区灾害治理问题，代表湾区城市深圳与全球水泵领军企业日本荏原签订战略协议，共建湾区防灾减灾技术研究院。探索标准化物业化水务设施运营模式，与华润物业合资实施深圳母亲河的高品质管理养护工作，运用遥感、无人机等前沿技术提升管养水平。整合校企专业资源探索特大城市水务高质量发展之路，与武汉大学、河海大学、南方科大、哈工大等开展校企合作，探索生态治水新课题。

3. 认真开展行业交流

积极承办行业论坛、学术沙龙，参与中国水之行、"河边课堂"校园科普等公益活动，向海外考察团、人大代表、校园师生等社会各群体广泛推介新理念、新标准、新工艺，推广节水器具、设备和工艺，各专业治水专家通过兼任社会公职，以授课、讲演等方式宣传行业发展和治水成效，提高了行业的社会认知度。

六、强化社会责任担当，助力水生态文明建设

坚守治水为民的使命担当，主动融入生态文明建设大局，助力水污染治理、城市水安全、"双碳"建设等战略任务落地实施。

1. 当好"绿水青山就是金山银山"理念举措的"践行者"

想政府所想、急社会所急，采取项目驻点、兵团作战等方式，在短时间内高效完成了深圳消除黑臭等大量超常规治水任务，助力深圳在全国率先实现全市域消除黑臭水体。2021年，积极响应国家加强污水资源化利用、城市内涝治理的文件要求，从科研创新方面加大投入，直面行业新兴水处理回用工艺的膜污染痛点，开展高性能膜生物反应器关键技术研发，针对极端暴雨天气和城市洪涝灾害开展技术攻关，获3项软件著作权。

2. 当好极端灾害气候条件下水务应急抢险的"参谋者"

承担深圳最严格水资源管理、节水型社会（城市）建设的顶层设计和考核技术服务，长期作为深圳水资源技术支撑单位、三防技术咨询单位，无偿参与大量应急抢险工作，守护城市公共安全；拥有一批业界知名的水利、市政、勘察等技术专家，向社会无偿提供应急技术咨询服务。

3. 当好"碳达峰、碳中和"双碳战略落地的"先行者"

试点探索太阳能光伏发电在水质净化厂的综合应用示范，开展水质净化厂全生命周期碳排放核算和核算方法、减排策略研究。支持绿色采购行动，全面停止不可降解塑料制品的采购，将新能源车辆在生产经营和业务保障用车采购中的比例提升至50%。

展望未来，深水规院正按照"一体两翼"的战略，朝着国内领先的水务环保工程咨询集成服务商的目标迈进。公司将以科研、数智为手段，提供综合、智慧、生态的水务全生命周期专业服务，精心设计、诚信履约，为客户兑现最大化合约价值；谋划以资本赋能完善水务环保工程产业链，深化产学研融合，强化产业链上下游战略协同，推动行业产业生态圈建设健康发展，以良好的经济效益回报股东和广大投资者；运用四新技术，推动水利高质量发展，助力水生态文明建设，为提供更多优质的生态产品作出国企贡献。

案例创造人：朱闻博　陈凯　李战

第三篇

企业诚信建设优秀案例

上海振华重工
"不欠债离岸"模式彰显质量诚信

上海振华重工（集团）股份有限公司

一、企业简介

上海振华重工（集团）股份有限公司（以下简称振华重工）是重型装备制造行业的知名企业，为国有控股A、B股上市公司，控股公司为世界500强之一的中国交通建设集团有限公司。公司成立于1992年，于2009年正式更名为振华重工。公司总部设在上海，并在上海及江苏等地设有8个生产基地，占地总面积约1万亩，总岸线10公里，其中深水岸线5公里，承重码头3.7公里，是世界上最大的港口重型装备制造商之一。公司拥有20余艘6万吨-10万吨级整机运输船，可将大型产品整机运往全世界。目前，振华重工产品已进入全球105个国家和地区，覆盖约300座港口，岸桥产品全球市场占有率达70%以上，连续25年全球第一。

振华重工秉承着"世界上只要有集装箱港口的地方，就要有上海振华生产的起重机作业"的企业使命，坚持"以钢为纲""聚焦主业、专注专业"和"有限相关多元化"的业务发展思路，优化整合五大业务群，持续推动公司建成具有全球竞争力的科技型、管理型、质量型世界一流装备制造、集成与服务商。

二、企业诚信经营理念

振华重工坚持客户至上的诚信经营理念，急用户之所急，想用户之所想，坚持根据不同用户的需求，开发个性化、定制化的全生命周期服务方案，将"与客户共赢"的理念摆在首位。

"质量诚信"是振华重工践行诚信经营理念的重要内容。公司一直将质量视为企业的灵魂致力于为顾客创造精品，构建并推行"不欠债离岸"的质量管理模式，推动公司质量提升、服务改善和品牌树立，还在2016年为公司赢得了中国政府质量领域的最高荣誉——"中国质量奖"。振华重工用实际行动推动质量诚信，践行诚信经营理念，2017年被授予"中国质量诚信企业"荣誉称号。

三、"不欠债离岸"模式

振华重工经过长期探索并结合自身行业与产品特点，形成了"不欠债离岸"的核心质量管理模式。"不欠债离岸"模式的含义是不让任何问题遗留到下一环节，在问题的发生地就地解决。"不欠债离岸"管理模式的核心是以全球化客户需求为驱动，关注全过程和全生命周期，通过质量管理和技术创新，持续改进，预防"债"的发生，不断为企业各相关方创造价值。

"不欠债离岸"质量管理模式，横向上充分识别并细化客户需求，将其贯穿到设计、采购、制造、装配、交付、服务等各环节，组成了一条产品全生命周期的保障链条；纵向上细化、分解责任，将其落实到各岗位、部门,单元职责,最终确保所有的"债",不离开自己的"岸"。

以 ISO 体系保证、标准化建设、信息化建设为系统助推,进行有效的管理变革和提升。同时,结合公司实际,动态采用了精益管理、安全管理提升、QC 小组、智能监控、远程操控等一系列的工具手段实现理念和文化落地,在全过程和全生命周期预防与解决各类"债",最终实现供方、企业、顾客、社会所有相关方的"零欠债"目标,与供应商实现合作共赢、共同发展,为员工带去幸福感,给顾客提供更多精品和服务,帮社会创造更大的物质和精神财富,逐步形成具有振华特色的"不欠债离岸"质量管理文化。

振华重工以"不欠债离岸"管理模式为核心,深入构建公司质量服务提升的文化驱动,运用先进技术方法,打造了以智能化为方向,全新、全方位、全生命周期的质量管理和服务平台,确保了振华产品质量世界第一,使 ZPMC 品牌享誉全球,挺起"中国制造"的脊梁。

四、持续推动质量诚信

1. 质量方面

以"零欠债"为核心,将"不欠债离岸"模式纵向覆盖各层级、横向延伸产品全生命周期;诚信体系的建设沿着横向"分包商、员工、各单位、全公司",纵向"配套基地、制造总装基地、总公司"的顺序稳步推进;风险的识别、评估、防范同样采取"自下而上","纵向横向相结合"的方式,充分把握质量建设的体系统性、全局性。

以质量基础和质量教育为着力点,对不足的各环节、各职能进行构建,应运而生了以计量、检测为主业的独立第三方——振华检测咨询公司;以一体化、属地化为思路建立了产品服务体系;以信息化、标准化为管理导向成立了相关职能部门;以打造一站式、专业化、系统化培训服务为主的振华技术学院等一系列"岸"。

以智能化为创新方向,指引振华导入先进技术方法,一批以焊接专家系统、焊缝数字链技术、流程改造等为主的数字化、信息化项目,使振华的整体质量迈入历史发展的新阶段。

2. 创新方面

以"一体化""标准化""数字化""精细化""轻量化""美观化"为方向使振华重工的技术创新在个性化、节能环保、系统总承包、高附加值市场等方面占据绝对优势。

建立以企业为主体、市场为导向、产学研相结合的技术创新体系建设,振华重工有效配置公司的科研资源,激发创新活力和创新能力。做到不欠科技投入债,不欠人才建设债,不欠平台打造的债,推动振华重工的核心技术转变为巨大价值,造福公司、造福国家、造福社会。

3. 品牌方面

建立以"不欠债离岸"为核心的质量文化和品牌价值,充分发挥质量文化在公司的渗透推动作用。振华重工也通过各种方式在职能各层次、市场各要素上紧密衔接,保证品牌维护的系统性、彻底性,使振华重工在市场占有率、忠诚度和美誉度取得绝对优势,并朝着世界一流的装备制造企业的目标稳步前进。

4. 效益方面

以"价值链""管理链"为保障方法,全面围绕提升振华重工运营品质与核心竞争力,聚焦效率、突出价值，取得卓越效益。同时，推动"不欠债"理念在社会效益上充分贯彻，在环境、员工、客户、合作伙伴、社区等几个维度，确保不欠这些要素和利益相关方的"债"。通过积极策划，使社会效益在品牌塑造、产业链带动、社会声誉积累方面产生了强大助力。

五、质量诚信体系建设

振华重工通过建立网格化的质量责任体系，以及风险管控机制，确保产品质量安全。作为所承揽工程项目及提供产品的重要责任主体，振华重工对质量及安全性负责。振华重工建立了纵向覆盖各层级、横向覆盖全周期的产品责任体系，确保质量安全责任落地。发布了《产品质量主体责任管理规定》，明确规定了振华重工在承揽工程和提供产品中的各级责任。

1. 责任体系纵向覆盖各层级

（1）企业承担主体责任：振华重工在对外业务开展过程中，通过履约合同的方式明确了其作为制造商所承担的主体责任，在合同中明确规定，我们对承揽的工程项目及提供产品的相应质量及安全性负责。

（2）高层领导承担首要责任：振华重工明确各单位/部门的管理者是其总体质量的第一责任人。公司主要领导是公司总体质量的第一责任人，对振华工程项目及产品的总体质量问题承担首要责任；分管质量领导对公司总体质量管理问题承担直接责任。振华重工在《干部考核办法》文件中将质量责任作为管理干部，尤其是一把手干部选用、任命、考核的重要指标，被系统纳入领导责任体系中。

（3）员工承担岗位责任：振华重工通过质量安全责任体系，构建质量安全责任阶梯结构，将质量安全职责逐级分解到单位/部门，逐级签订《产品质量目标管理责任书》。质量责任最终分解到每个环节、每个岗位、每位员工，落实在振华人的岗位工作标准和绩效合同中，实现"人人把好质量关"。公司发布《质量管理考核办法》，建立相应的质量指标体系，对旗下各单位和部门的质量进行考核。建立临时组织机构如项目经理部时，下达《项目经理部任命书》的同时明确具体质量责任的承担与考核。

2. 担保责任横向覆盖全周期

通过管理体系中的质量责任导入，在产品和项目的投标经营、设计、制造、运输、交付、售后服务等各管理环节实现质量责任全过程覆盖。公司从内外两方面进一步完善了产品担保责任，使得责任体系在产品服务的全生命周期中更加完整、连续，确保用户能自始至终享受公司高品质的产品和服务。对外，振华重工出台《质量问题处理程序》和用户进行对接；对内，振华重工出台了《质量事故管理规定》，实现了质量问题从调查、分析、定责、处理、反馈的闭环流程，同时成立专业技术委员会，确保问题定位准确、处理恰当。

六、质量诚信制度保障

1. 法律法规跟踪机制

动态跟踪《中华人民共和国合同法》《中华人民共和国产品质量法》《中华人民共和国特种设备安全法》《工程建设项目招标范围和规模标准规定》《中华人民共和国标准化法》《工业产品质量责任条例》《强制性产品认证管理规定》等法律法规及标准规定的质量要求，定期组织合规性评价并落实到相关责任部门，在生产经营活动中主动遵守相关条例。

2. 质量经理驻点机制

针对特、重、大项目，安全质量监督环保部直接派遣质量经理进驻项目部开展工作。

3. 质量诚信管理制度

振华重工坚持"质量和信誉是企业的生命"，以此为原则建立了质量诚信制度。按照"分包商、员工、各单位、全公司"，"配套基地、制造总装基地、总公司"的顺序，建立诚信管理制度，并形成诚信档案机制，从 6 个方面构建评价指标，将诚信等级划分为 A、B、C、D 四个等级。

诚信考核指标以产品质量为立足点，通过自上而下的质量分解指标，真正满足振华重工"不欠债离岸"的质量核心内涵，从诚信的维度真正做到对用户负责，让用户满意。

4. 质量问题通报制度

所有交付产品一旦在用户端发现问题，公司将直接通过海外分支网络与用户进行对接。经诊断和反馈的质量问题，安全质量环保监督部（应急管理办公室）将依据《质量事故管理规定》进行调查、分析、定责、处理及最终反馈。为此，振华重工配套成立专业技术委员会，实现问题的准确定位和高效处置。正式发布的问题报告将包括分析结论、问题处理建议和方案、内部处理意见等内容，公司向用户反馈问题报告，并提供后续解决处理方案。

七、积极履行质量社会责任

振华重工积极构建以质量安全为核心的社会责任管理模式，不断完善责任治理、责任融合、责任沟通机制。设立社会责任管理委员会，将社会责任融入公司战略与决策，统一规划公司社会责任工作，并将责任理念和履责要求传输给下属控股子公司、供应商、分包商。自 2009 年起，振华重工每年发布企业社会责任报告，加强与利益相关方的沟通。

振华重工致力于为用户提供更优质的工业产品、更周到的全过程服务体验，让 ZPMC 成长为用户信得过的质量品牌。优质的产品与完善的服务是连接公司与相关方的坚实桥梁，在"中国制造 2025"的时代背景下，振华重工持续优化产品质量管理体系，全力实现全员、全过程、全方位的质量管理，推动加强质量考核力度，推动建立质量"一票否决"机制。

振华重工将数字化与质量管理工作相结合，持续推进焊接质量管控平台、产品质量整改平台、BIM 制造加工管控平台等系统，确保产品质量的可追溯性以及工作效率，推动质量成本管理全面实施，为公司的质量改进提供经济数据支撑。

公司不断完善内外部沟通渠道，利用专栏展板、OA 系统、新闻报纸、微信、微博等媒介，不定期向员工、客户、股东、供应商、社会公众、海外当地政府、媒体等内外部相关方传播公司质量文化，提升公司质量服务提升的文化驱动力。例如 2020 年质量月以"不忘质量初心，聚焦绿色质量，推动质量提升"为主题，围绕此主题，振华重工开展了多种活动，推动质量管理理念深入人心。

八、"不欠债离岸"模式的实践成效

1. 港机交付方式实现重大变革

以"价值链"为途径，将过去一次性离岸的交付方式，转变为全生命周期负责的服务交付模式，彻底解除用户的后顾之忧，自始至终为用户创造价值，成为赢得用户的核心竞争力。

2. 重型装备制造实现流程再造

以"责任链""管理链"为途径，从系统的角度重新设计优化了产品制造的流程，杜绝了导致瑕疵产生的环节和漏洞，为确保产品零缺陷提供了重要保障。

3. 管理理念模式产生巨大转变

以顾客驱动为核心，将原先的推动式管理转变为拉动式管理，以"不欠债"为巨大推动力，促使每个员工、每个岗位、每个部门一丝不苟地履行各自职责，不让"债"离开自己所管辖的"岸"。

4. 关切与相关方的可持续发展

关切与相关方的可持续发展，即从原来的注重自身发展到和我们的供应商、客户、战略伙伴、国家、社会等一起共同实现可持续发展，共同建立一个具有积极推动力量的企业形象，造福社会。

案例创造人：刘成云　王柏欢　李瑞祥　陆建华　庄一君　莫晓健　李伟

诚实守信　合作共赢　牢记使命　责任担当

南京钢铁股份有限公司

一、企业简介

南京钢铁股份有限公司（以下简称南钢）始建于1958年，2000年上市，2013年获工信部认定钢铁行业首批规范经营企业，是具备年产千万吨级特钢新材料的国家高新技术企业，国际一流中厚板精品基地、国内一流特钢精品基地、钢铁复合材料基地、国防装备材料基地。南钢先后荣获"全国质量奖""全国文明单位""全国用户满意企业""中国最佳诚信企业""新中国成立70周年·最具品牌影响力企业""国家级绿色工厂""改革开放40周年功勋企业""国家知识产权示范企业""国家工业互联网试点示范""十大卓越品牌钢铁企业""绿色发展标杆企业""制造业单项冠军产品企业"，入选"新华社民族品牌工程"等重要荣誉，连续5年被评为钢铁行业"竞争力极强"（最高等级A+）企业。

作为全球最大的单体中厚板生产基地之一及国内具有竞争力的特钢长材生产基地，南钢瞄准中国制造业升级及进口替代，以专用板材、特钢长材为主导产品，聚焦高强度、高韧性、耐腐蚀、耐疲劳等特钢，广泛应用于能源、石油石化、建筑桥梁、轨道交通、船舶及海洋工程、工程机械、汽车机械及复合材料等行业（领域），并为国家重点项目、高端装备制造业转型升级提供新材料。通过积极打造与市场对接的平台，加快产品结构调整，加大科技创新投入，依托自身技术优势，相继研究并成功开发出N610E石油储罐用钢、9%Ni超低温压力容器板、Q420FR耐火抗震钢板、X120管线钢等精品板材产品，形成了板、线、棒、带、型材五大类产品体系，300多个钢种、一万余个品种规格的产品系列。南钢生产的先进能源用钢、高技术船舶及海工钢、高端工程及矿山机械用钢、高标轴承等特钢品种属于国家《战略性新兴产业分类（2018）》中"新材料产业"的先进钢铁材料。

南钢围绕钢铁主业，不断探索、积极创新，使企业取得了较快的发展，各项技术经济指标进步明显。2020年，南钢钢材产量1021万吨，实现营业收入531.23亿元，利润总额38.79亿元。公司主体信用等级为AAA级。

二、企业诚信经营理念

南钢制定了《诚信管理办法》，规范企业诚信管理，提高诚信管理水平，加强自律，营造诚信经营、公平竞争的市场环境，倡导诚实守信的文化，杜绝弄虚作假。在组织内部各工序、各岗位之间要诚信，组织与供方、顾客之间也要诚信，以促进企业健康发展。

南钢始终坚持"诚实守信、合作共赢"的经营宗旨。通过协同办公系统、南钢e家等宣传诚实守信的文化，公司将诚信管理教育培训纳入公司培训计划，各单位也应积极开展本单位的诚信管理内部培训，确保每位员工有较高的诚信意识和职业道德。

三、企业诚信建设和信用体系建设实践案例

1. 为客户：恪守质量承诺、提供优质服务

南钢恪守质量承诺，志在为客户提供最优质的产品。公司积极导入 ISO9001、IATF16949、APIQ1、GJB9001C、ISO/TS22163、HAF003 等质量管理体系，以质量体系为基础，以最终产品为龙头，从原料进厂到中间产品，到钢材产品出厂，直至用户使用，实行一贯制管理，横向到边、纵向到底，抓好各项制度、工艺和标准的落实。建立公司、事业部、生产厂三级质量保证体系，不断强化质量管理体系运行效果，企业核心竞争力和品牌国际影响力显著提升。公司建立了各级管理人员质量考核机制，从质量管理绩效指标、质量工作、质量事故、批量质量问题等方面对各事业部主要生产线、技术研发处、质量处等进行月度质量绩效评价和排名，促进员工提升质量工作绩效。同时，公司通过开展日常稽查及重点产品交付过程、举报投诉等专项稽查，提高相关单位质量意识，有效保障生产质量。国家、江苏省质检部门抽查产品合格率均为 100%。南钢双锤牌工程机械用钢获得中国质量协会颁发的"2020年全国市场质量信用等级 AA 级·企业类用户满意"荣誉。

南钢以客户为中心，为了解真实的客户需求，设立客户服务中心，并通过电话沟通、跟车跟船、交流座谈、订单回访、重点客户走访等途径收集客户意见、建议，加强与客户的沟通。此外，公司开发了客户质量服务管理系统，实现客户异议信息反馈、处理及赔付、验证、处置结果评价的全流程线上管理，公司按照《质量异议退换货管理办法》《市场异议处理管理办法》等规定加快处理产品发生的异议和抱怨，要求事业部接受用户异议后应在一个工作日内响应，主动与用户取得联系，在一周内赶赴用户现场调查处理。市场异议一般应在一个月内处理完毕。赢得了国内外客户的高度认可。南钢先后获得全国质量奖、江苏省质量奖、全国质量工作先进单位、全国用户满意企业。

2. 为股东：创造长期稳健价值

南钢建立了完善的公司治理架构，严格遵守《中华人民共和国公司法》《中华人民共和国证券法》等相关法律法规以及《上市公司治理准则》相关监管要求，形成权责明晰、协同运转、科学高效的公司治理机制，维护公司与股东的长远利益。

以良好的公司治理为基础，公司不断健全信息披露机制，维护广大投资者的合法权益。公司严格按照证监会、交易所及公司制度的规定，规范公司信息披露事务，通过上海证券交易所、《上海证券报》《中国证券报》等真实、准确、完整、及时地披露各项信息，并做好信息披露前的保密工作及重大事项的内幕知情人登记备案，维护信息披露的公平原则，保护广大投资者的合法权益，确保所有股东享有平等获取公司相关信息的权利。公司信息披露工作被上海证券交易所评级为 A 级。

3. 为员工：坚持以人为本，强化用工诚信

南钢致力于构建平等、包容的用工环境，针对雇佣类型较多的情况，制定《劳动合同管理办法》《劳务派遣工管理办法》《编外人员管理办法》《返聘人员管理办法》等，规范用工管理。

南钢始终把员工放在企业经营战略的第一位，将员工视作公司最珍贵的财富。在员工雇佣中严格遵守相关法律法规，依法与职工签订并履行劳动合同，足额向职工发放劳动报酬，为职工缴纳五险一金，缴纳各项社会保险，合同签订及社保参保率均为 100%。通过 ISO14001 和 OHSAS18001 环境暨职业健康安全体系认证，建立全面规范的安全管理体系，保护职工健康和安全。

4. 供应商管理：建立相关制度，做好质量管理

南钢在供应商管理方面建立了供应商评估和准入制度，确定合格供应商清单并启用供应商管理信息系统，对供应商提供物资或劳务的质量、价格、交货及时性、供货条件及其资信、经营状况等进行实时管理和综合评价，根据评价结果对供应商进行合理选择和调整。通过优胜劣汰机制提高供应商队伍的整体水平，促进供应数量和质量的稳定。同时，向各供应方反馈评价结果，要求其做好质量管理、整顿等工作。

5. 风险控制：制定相关文件，防范财务风险

南钢依据《中华人民共和国公司法》《中华人民共和国会计法》《企业会计准则》等有关规定，先后制定印发了涵盖资金管理、资产管理、全面预算管理、成本效益管理、税务管理、投资管理等80余个财务管理制度、文件、流程、规范并推动执行，有效地控制和防范公司财务风险。

6. 廉政建设：公司不断完善合规管理的组织架构和制度体系

2020年，南钢制定《南钢行为准则》，在反洗钱、反垄断、信息保密等方面阐述合规规定；搭建涉外经营合规体系，制定《国际化运营合规风险白皮书》，保障公司涉外经营的合规性。同时，公司通过法律大讲堂等合规宣导活动，增进员工对合规文化的认知与认同，促进业务与合规有机融合。

南钢高度重视反贪污及腐败，不断完善反贪污政策。2020年，公司重点推进"廉洁南钢"355工程（即：构建"三大体系"，建立"五项机制"，强化"五个监督"），制定《重要岗位员工利益冲突事项申报管理规定》，修订了《员工举报受理管理办法》，并建设"智慧廉政"信息化平台，强化反腐败监督。此外，公司通过签订《廉洁从业责任书》、发布"廉洁南钢"宣言、开展反腐败培训等多种方式，强化员工及合作伙伴的反贪污意识，打造"诚信、合规、敬业、阳光"的文化。

四、牢记使命担当，履行社会责任

南钢肩负着"共同成长、同心共进"的企业使命。南钢坚持把社会责任摆在首位，以情怀铸脊梁，以责任行大道，将社会责任建设作为提升企业可持续发展的重要内容，连续13年披露《企业社会责任报告书》。

近来南钢投资80多亿元，建设美丽都市型生态化钢企；全力推进长江沿岸复绿工程，创建江苏工业旅游示范基地；积极参与制定江苏省钢铁行业企业社会责任标准，发布了南钢可持续发展报告。疫情期间展现大企业担当，向社会捐赠1000万元疫情防控资金，累计捐赠防疫物资25.4万余件，员工捐款62万余元；持续开展"健康暖心—乡村医生健康扶贫"活动，全面助力脱贫攻坚；为国家级贫困县捐赠750万元环保设施。

南钢先后荣获江苏省抗疫先进个人、中国企业ESG"金责奖"、社会责任（S）优秀企业、全国钢铁行业"抗疫英雄企业"、战疫最美苏企、中国企业社会责任卓越案例评选抗疫贡献奖等称号，入选江苏省企业社会责任建设典范榜。

案例创造人：黄一新　李强　刘汝营

以诚信践行国企责任担当

福州城市建设投资集团有限公司

一、公司简介

福州城市建设投资集团有限公司（以下简称福州城投集团）成立于2013年6月，旗下拥有各级子企业共81家，注册资本20.685亿元，总资产2029亿元。福州城投集团是福州首家AAA信用评级的市属第一大国企。福州城投集团2020年营业收入248.77亿元，荣列2021年中国服务业企业500强第238名、2021福建企业100强第37名，申报的"5G+智慧城市项目"获得了2021年世界智慧城市——基础设施和建筑大奖。

福州城投集团已形成以城市开发建设和运营为主线，民生工程、地产开发、建筑施工、工程咨询全过程等重要业务，乡村振兴、产业园投资运营、"智慧+"平台、供应链贸易以及新兴城市服务等五个新兴板块共同组成的"五重五新"发展体系。"十四五"期间，集团将深入贯彻习近平总书记来闽考察重要讲话精神，以"成为一流的智慧城市建设运营商"为总目标，争当国企战略支撑排头兵，进军中国企业500强，实现高质量跨越发展。

二、诚信经营理念

福州城投集团在诚信建设中，不仅注重自身经济领域的诚信经营，更多地延伸到职工个体的人格塑造，将"诚""信"理念培养成职工个体的行动自觉、价值取向和生活习惯，进而通过职工群体，将"诚""信"的价值理念和行为准则不断传播、拓展和辐射，使"爱国""守法""明礼""诚信""团结""友善"等基本道德规范，转化为社会的主流意识和内心信念，并在集团发展中付诸实践。

三、集团诚信实践

1. 夯实主营业务，确保工程服务保质保量

一是持续做好民生工程建设。做好市委、市政府下达的城市更新、旧屋区改造、市政道路、绿化景观、水系治理及公园步道等基础设施建设，以及学校、体育场馆、医院等民生项目代建工作。2018年以来，福州城投集团所属省二建集团已连续三年获评"工程建设诚信典型企业"。二是提升地产开发实力。做强集团主营业务，"十四五"期末成为福州市区一线开发商，城乡建总、福州建发成为福建百强企业，福州建发力争跻身市区地产销售排名前五、成为福州一线开发商。三是加快建筑业升级。进一步推动"开发投资+施工板块"的开发模式创新，积极通过PPP和EPC+F等模式承揽项目。2018年以来，福州城投集团所属省二建集团已连续三年获评"工程建设诚信典型企业"、福州城投集团所属城乡建总集团榕圣市政公司获评"2020年度福州市建筑业先进企业"荣誉称号。四是打造工程咨询全过程链条。重

点补强设计、监理、造价、图审、检测、勘察等全过程工程咨询业务,通过尽快取得6项甲级和一类资质,实现建设项目的全过程跟踪服务。

2.开拓新兴产业,促进国有资本保值增值

(1)发力推动乡村振兴。践行上级关于乡村振兴战略的决策部署,迅速落地民宿、文旅综合体、培训基地等乡村振兴投资项目,助力城乡融合发展,加快乡村振兴工作进度、加大乡村振兴投资力度,力争把乡村振兴投资领域做专、做优、做大、做强。

(2)拓展产业园投资建设运营。推动福州现代物流城、国家远洋渔业基地、福州高新区"三创园"、晋安区"三创园"、连江软件园二期、中试化工基地等产业园项目落地,推进城投科技产业园、聚春园食品工厂产能提升改造,谋划开展城投产业园项目,积极参与省内各类产业园投资建设及运营业务,打造集团新的增长极。

(3)打造城市"智慧+"平台。以"市属最先进的智慧国企"为定位开展"智慧+"相关工作,围绕与阿里巴巴的合作,开展智慧社区、智慧工地、智慧停车、智慧管养,以及5G基站等新基建项目建设,将招商配套商服纳入"智慧+"建设规划范围,打造整合项目及社区、用户及商户的数据平台,构建城投体系智慧生态圈。

(4)打造一流的数字供应链贸易平台。打造"平台+供应商"新型采购模式,实现建材、食品等大额采购工作的标准化、规范化、程序化、协同化,支撑快速供应,降低全产业链的物资物流综合成本。

(5)积极参与新兴城市服务。通过与央企、上市公司、中国500强、行业标杆企业合作,探索教培、医养、长租公寓、建筑产品的标准及信息化平台研发等城市服务新方向,进一步完善业务布局、实现转型升级。

3.构建信用体系,加快具体项目落地生成

(1)加强信用体系建设。福州城投集团坚持以信用促发展,不断完善信用建设、合同管理,做到守信经营、守法经营,并自觉接受政府监管部门及社会各界的监督,在依法经营、诚信履约、社会信誉等方面得到了肯定和认可。

(2)狠抓具体项目落实。福州城投集团在具体项目建设中,严守法律法规、优质履约、抱诚守真,为提升信用评级、综合实力,实现转型升级高质量发展,打下坚实基础。福州城投集团所属榕圣市政公司作为衢宁铁路屏南站站前路及站前广场工程PPP项目的施工单位,在项目建设过程中,积极解决自然条件恶劣、作业面狭小、设备设施众多等问题,凿山清土修筑便道,积极创造条件提前进场,并在常态化疫情防控期间,狠抓施工质量、严管施工安全、严把时间进度,实现了安全生产"0差错、0事故",疫情防控"0输入、0感染",被评价登记为A级(信誉良好)单位。

4.开展诚信活动,履行国企社会责任

(1)积极组织诚信志愿者活动。紧密结合党史学习教育和"宪法宣传周"宣传活动,组织部分党员、团员前往共建社区,开展"温暖榕城"新时代文明实践志愿服务活动。志愿者与社区工作人员一同走上街头,深入临街商铺,用通俗易懂的语言向经营者们普及《民法典》《反不正当竞争法》等诚信经营相关的法律法规,将诚信理念播撒在群众心中,不断强化企业商户的社会责任意识和规则意识,将"诚信基因"注入文明建设的"血脉"中。

(2)主动开展"学党史·家风家训倡孝廉"活动。在社区活动中心,党员同志参观社区廉政宣传,共诵百年党史,共话清廉家风。此外,书法家以"廉""德"为主题,奋笔疾书,写出对诚信民风、孝廉家风、家庭和睦的美好生活的热爱之情,引导广大党员干部自觉诚信孝廉的良好家风,弘扬社会主义核心价值观。

（3）强化践行诚信倡议书。集团向全体职工发出诚信倡议书，坚持诚信经营，注重企业品牌形象，创建诚信品牌。坚持公平竞争，维护经济秩序，依法纳税，保护生态环境。切实履行法律规定或合同约定的责任和义务，维护公共利益。

案例创造人：黄志强　林胜

以诚信践行国企社会责任与担当

新华人寿保险股份有限公司

一、企业简介

1. 总体概况

新华人寿保险股份有限公司（以下简称新华保险）成立于1996年9月，总部位于北京市，是一家全国性专业化大型上市寿险企业。公司主要股东为中央汇金投资有限责任公司、中国宝武钢铁集团有限公司。2011年，新华保险在上海证券交易所和香港联合交易所同步上市。2020年，新华保险实现总保费收入1595.11亿元，营业收入2065.38亿元，总资产达10043.76亿元，连续多年入围《财富》中国和《福布斯》双料500强。

2. 公司战略

新华保险始终坚持"以客户为中心"，致力于打造"中国最优秀的以全方位寿险业务为核心的金融服务集团"。2019年，公司提出"1+2+1"战略，即"一体两翼+科技赋能"，以寿险业务为主体，以财富管理和康养产业为两翼，以科技赋能为驱动。坚持党的领导发展原则、坚持高质量发展定位、坚持专业化发展格局、坚持市场化发展机制、坚持渐进式发展定力，走长期健康可持续发展道路，规模价值均衡发展，稳步提升综合实力。

3. 销售网络

新华保险建立了覆盖全国的销售网络，拥有36309名内勤员工（与新华保险签订劳动合同的员工）及60.6万名营销员，为3320.5万名个人客户及8.8万名机构客户提供全面的寿险产品和服务。

在中国保险行业协会最新发布的2020年度保险公司法人机构经营评价结果中新华保险获评A类！

本次公告的保险公司共158家，其中人身险公司A类仅24家。评价内容包括速度规模、效益质量和社会贡献三方面。人身险公司评价指标体系由保费增长率、综合投资收益率、风险保障贡献度等14项指标构成。

二、服务体系

1. 专业高效的基础服务

新华保险电话平台95567拥有行业首个服务云平台，为广大客户和业务员提供7*24小时、线上线下互融共通的专业咨询服务。全天候提供专业投保服务，关键环节即时提醒、远程互动实时查询，一站式投保方便又快捷、畅享服务又安心。

2. 便捷全面的保全与理赔

新华保险提供客户信息变更、满期领取等 60 余项保全服务。同时，线上办理渠道丰富，支持客户自助 APP 办理通道，支持为 50 余万渠道队伍提供线上移动保全代办服务，保全办理"快、易、简"。

2021 年新华保险发布的年度理赔服务年报数据显示，2021 年共为 286 万人次提供理赔服务，累计赔付 140 亿元，同比增长约 19.7%，平均每日赔付金额超过 3840 万元；累计豁免保费 7.89 亿元，约 1.2 万张保单无需缴费仍享有保障。件均理赔时效从申请至结案仅需 0.55 天。

3. 全方位的客户权益保障

新华保险设立"风险管理与消费者权益保护委员会"及"消费者权益保护工作（事务）委员会"，以消费者权益保护法律法规、政策制度为依据，全方位保障客户的合法权益。同时新华保险已建立覆盖保单全生命周期的通知服务体系，拥有各类电子化通知服务 400 余项，方便客户快速了解保单动态。创新开通"随信通"快捷业务办理及智能电子账单服务，有效保障客户权益。

4. 主动创新的智慧服务

新华保险全新推出多功能、全媒体智能机器人服务，通过智能外呼、业务员智能问答、智能微信回访领域，为客户提供高效、人性化智慧服务。

5. 高端尊享的差异化增值服务

新华保险高端客户专属积分服务，为高端客户提供健康体检、康养体验、生活好礼等服务，方便快捷，为客户带来全新的服务体验。

三、智慧服务，数字升级

新华保险 2021 年智慧服务年报，围绕为客户提供智慧服务、为队伍打造线上营销新模式两方面，展现了公司"科技赋能"战略的显著成效。

这一年，新华保险为 3352 万名客户和营销员提供智慧服务，线上服务有效保单 4016 万件，线上提供保险保障 11 万亿元、保单贷款 85 亿元，线上赔付理赔款 83 亿元，5000 元以内小额医疗险理赔件均时效 0.27 天。

1. "智"造多平台，提升代理人服务水平

2021 年是"十四五"规划的开局之年，也是保险行业新征程的新起点。12 月末，中国保险行业协会发布《保险科技"十四五"发展规划》，要求保险业实施创新驱动发展战略，推动先进技术应用，赋能保险行业高质量发展，推动数字化转型。新华保险早在 2019 年就提出"科技赋能"战略，逐步搭建出以客户体验为圆心，以保单全生命周期为服务半径，以提质增效为导向的线上线下融合服务体系，加速智能技术应用。

（1）新华保险自主开发新时代销售平台，为代理人进行保单销售、服务客户及日常管理提供极大便利，使展业服务更轻松，管理经营更高效。2021 年，"新时代"APP 为数十万新华代理人提供全天候销售支持，在线承保 1338 万件。为提升代理人专业水平，新华保险自主研发人工智能客服"智多新"，通过 60+ 智能工具为代理人提供全天候涉及法规、产品、服务、计算等 20 万+ 场景类咨询协助，全年服务 315 万人次，为客户及代理人带来更加便捷高效的服务体验。

（2）新华保险将智能技术贯穿运用于业务流程和管理模式创新，成功构建"移动保全 2.0"创新服

务模式，16 项高频代办服务暖心打造"移动柜台"。客户无需前往客服中心，通过手机或联系代办即可随时随地完成多种业务办理。2021 年，线上保全为客户提供 774 万次服务，其中代理人在线完成保全服务 732 万次，48.6% 客户更喜欢联系营销员办理保全服务。

（3）打造线上营销新模式，为营销员展业提效减负，为服务客户提质增速。"新时代""智多新""移动柜台"、智慧双录、智慧核保等新型工具助力代理人制定保障计划更全面，线上流程更顺畅，客户服务更贴心。

2. "智"享新生活，强化客户体验数字化升级

为全面满足客户对保险服务的新需求，新华保险综合运用多种 AI 智能技术，对客户服务场景进行数字化升级，形成具有新华特色客户服务体系。

保险是对客户的长期承诺，保障长期稳定服务是关键，新华保险主动使用人工智能外呼机器人，在保单业务人员出现变化等关键服务环节主动电话联系客户，告知客户保单状态、提示金融风险、互动解答客户问题、协助安排服务。2021 年智能外呼服务持续发力，外呼 766 万次，切实将客户权益保护工作落到细处。

新一代"智慧柜员机"是新华保险智慧服务中心的"明星客服"，2021 年服务 190 万人次。客户仅需"一次插卡、三步操作"即可轻松办理保单查询、续期缴费、保单贷款等 27 项服务。对于业务复杂又不方便前往柜面的客户，新华保险试点探索"云柜面"远程视频服务，用科技突破时空限制，让客户真正体验无所不在的保险服务。此外，随信通线上业务办理门户和电子化回访也极大提升了保险服务的易得性，年电子化回访业务 496 万件，客户权益保障更进一步。

保险服务的核心是理赔服务，智能技术的运用也让新华理赔服务更快、更优、更便捷。客户可通过网站、微信、客服 APP、电话全平台 24 小时在线报案；5000 元以下的个人医疗险理赔，可 7*24 小时在线自助申请，数十项 AI 智能判断，配合理赔金实时支付、即刻到账。2021 年，新华保险线上赔付理赔款 83 亿元，5000 元以内小额医疗险理赔件均时效 0.27 天，部分赔案实现"秒赔"。

四、社会公益

2016 年 9 月，新华保险发起设立了新华人寿保险公益基金会，广泛参与捐资助学、扶危济困、健康医疗、环境保护、体育事业等公益慈善项目。

1. 城市因你而美·新华伴你而行——新华保险关爱全国环卫工人大型公益行动

截至 2021 年年底，新华人寿保险公益基金会为全国 158 个大中城市的 90 万余名环卫工人，赠送人身意外伤害保险保障，并完成 277 例环卫工人人身意外伤害理赔案，累计支付身故、伤残理赔金 2513.5 万元。项目启动时间：2017 年 8 月 22 日。

2. 全面小康之路·新华伴你而行——新华保险精准扶贫大型公益行动

为积极贯彻落实十九大精神，响应党中央扶贫攻坚工作的号召，自 2017 年以来，基金会主动融入精准扶贫国家战略，截至 2021 年 8 月底，在陕西、云南、广西、黑龙江、内蒙古、甘肃、贵州、江西、湖北、宁夏、新疆、四川等 12 个省、自治区的 36 个深度贫困地区开展了系列精准扶贫项目，包括 9 个保险扶贫项目、4 个教育扶贫项目、1 个基础设施项目、3 个产业扶贫项目、1 个扶贫慰问项目。

3. 新华保险志愿者联盟

新华保险志愿者联盟自 2017 年成立以来，积极开展"关爱环卫工人、环境保护、无偿献血、关爱儿童、敬老慰问"等各类主题的志愿活动。2021 年，新华保险志愿服务团队用汗水与坚持交出了一份满载爱心与温暖的成绩单。2021 年，新华保险志愿者人数达到 45925 人，全年共开展各类志愿活动 2922 次，其中包含关爱环卫主题活动 978 次、其他各类活动 1944 次；参与人次 25231 人次，服务总时长达 73413.6 小时。

案例创造人：徐志斌　李全　张泓

扎实推进企业诚信经营　履行国企责任担当

本钢板材股份有限公司

一、企业简介

本钢板材股份有限公司（以下简称本钢板材）位于辽宁省本溪市，是鞍钢集团有限公司所属的国有控股钢铁主业上市公司，于1997年6月27日成立，注册资本38.75亿元。2020年年末，总资产650.1亿元，固定资产262.8亿元，净资产215.5亿元。其中，板材冷轧厂本浦工序是与世界知名企业韩国POSCO合资组建而成，现为辽宁省最大合资企业，总投资55亿元。

公司是集炼铁、炼钢、轧钢等为一体的特大型钢铁联合企业，具备最宽幅、最高强度汽车用冷轧板和最高强度汽车用镀锌板的生产能力和整车供货能力。公司产品广泛应用于汽车、家电、石油、化工、航空航天、机械制造、能源交通、建筑装潢和金属制品等领域，并出口美国、欧盟、日本、韩国等80多个国家和地区，出口总量连续多年位居全国钢铁行业前列。

公司产品多次荣获"中国名牌"、冶金产品实物质量"金杯奖"、科技进步奖、优秀新产品奖、辽宁省名牌产品称号。

二、公司治理

本钢板材的控股股东为鞍钢集团有限公司。鞍钢集团有限公司为国有独资企业，法定代表人为谭成旭先生。

公司系统架构如下图所示。

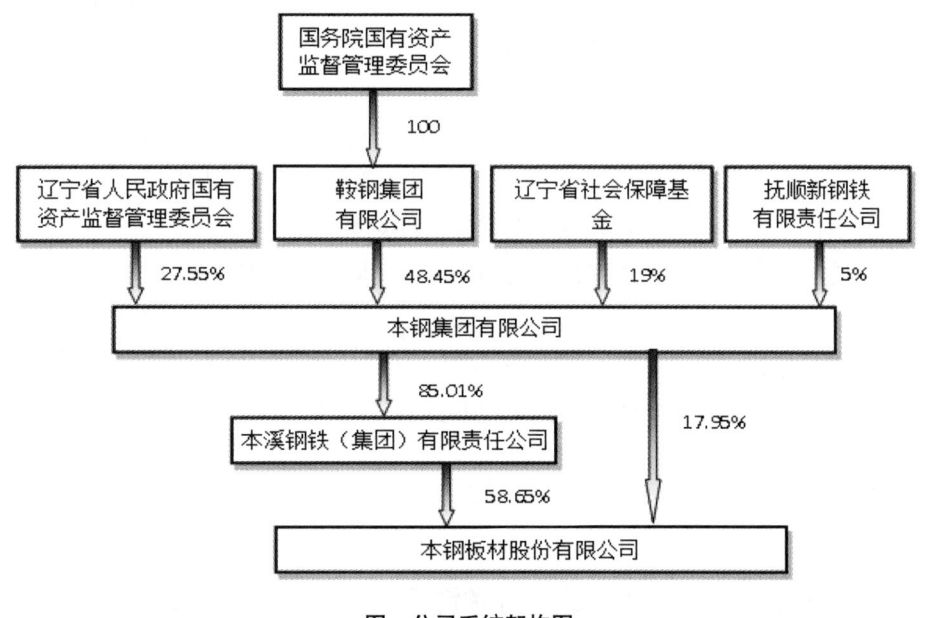

图　公司系统架构图

公司严格按照《中华人民共和国公司法》《中华人民共和国证券法》等相关法律法规的要求，制定了《公司章程》《股东大会议事规则》《董事会议事规则》《监事会议事规则》和《独立董事工作制度》等各种规章制度，明确了股东大会、董事会、监事会和经理层在决策、监督、执行等各个方面的职责权限、程序以及应履行的义务，形成了权力机构、决策机构、监督机构和经营机构科学分工、各司其职、有效制衡的治理结构。

三、员工权益保障

1. 员工概况

截至2021年12月31日，本钢板材拥有在职员工数量18858人，拥有在岗员工数量18327人。

2. 员工权益保障

公司依法保护员工相关权益，依据《中华人民共和国劳动法》《中华人民共和国劳动合同法》《中华人民共和国劳动合同法实施条例》等法律法规，制定《劳动合同管理办法》，与建立劳动关系的员工100%签订劳动合同，明确了公司和员工双方的权利和义务，并严格遵守执行。

公司按照国家、省、市保险政策要求，建立健全了基本养老保险、基本医疗保险等员工保险体系，建立了补充医疗保险制度，形成了"基本医疗保险、超限额医疗保险、企业补充医疗保险、医疗救济资金"四位一体的医疗保障体系。

四、诚信经营，依法合规

本钢板材坚持党的领导，将《中国共产党章程》融入公司章程与企业治理，遵守执行各项党纪条规。公司始终严格遵守《中华人民共和国刑法》及《中华人民共和国反洗钱法》等国家相关法律法规，坚守合规底线。严格执行监管部门和上级单位下发的一系列政策规定和自律公约，执行法人授权经营，严肃财务纪律、经营纪律。坚持诚信经营，加大法律、政策、职业道德等方面培训力度，普及合规法律知识，培育诚信文化，倡导诚信观念提高员工的诚信道德水平，把诚信建设贯穿到公司经营、管理的各个环节，有效维护公司的核心利益及诚信形象。

坚持合规经营。通过建立健全合规管理体系，明确工作任务和职责分工等具体工作，围绕劳动用工、环境保护等生产经营重点领域、关键环节，开展合规管理专项整治，排查管理漏洞，研判合规风险，分析内控缺陷，有效推动生产经营重点领域、关键环节的规范管理。

切实增强各级党委主体责任和纪委监督责任意识，督促各级干部切实承担起"一岗双责"职责，畅通"来信、来访、电话、网络"四位一体的举报渠道，并通过监督检查、党政督查、党委巡察、有关部门和单位移交等途径，广泛发现和收集问题线索，重点查处违反中央八项规定精神，内外勾结损害企业利益、靠钢吃钢等问题，保障激励和约束机制的有效良性运行，促进公司工作效率的提升。

五、产品质量责任

本钢板材以"集约化、减量化、智慧化"三个关键要素为主线，不断强化质量管理；以问题为导向，全面提升产品实物质量；以用户需求为动力，不断优化品种结构；以提高质量核心竞争力为中心，坚持抓工艺技术创新及质量提升创效;通过聚焦用户体验,不断满足用户个性化要求,为生产经营目标的实现做出了贡献。

1. 构建高效研发体系,全系统释放科技效能

推动建立"高效、协同、开放"的科技创新体系,成为本钢高质量发展的技术推动力源泉,突破一批关键核心技术、共性技术,提升重点新产品、新技术在行业的市场影响力和竞争力并形成一批"拳头产品",数字本钢初步建成,推进重大技术集成和工程示范,整体科技创新能力跻身国内领先位置。

2. 加大科技研发力度

2021年,本钢板材实现研发投入23.43亿元,下发本钢板材科研项目计划171个。围绕公司生产经营的重点、难点和关键环节,通过加大研发投入,加强了研发院的研发力量,增进了破解技术瓶颈、解决现场实际问题、增强盈利能力的水平。

3. 持续增强创新能力

提出专利申请165件,获得国家受理专利136件,其中发明专利80件,发明专利比例59%;获得国家授权专利29件。

4. 开展技术合作与交流

积极推进与东北大学、大连理工大学等重点院校所科研合作步伐。与东北大学等签订"稀土在高品质钢中的作用机理及稳态化控制"等10个对外技术开发合同。完成与东北大学"热轧抗氧化免涂层热成形钢研制开发"等合作科研项目结题验收。

5. 强化标准化管理工作,提升产品市场影响力

本钢板材通过强化国家标准制修订等工作,努力提升产品市场影响力。参与完成《金属材料拉伸试验 第1部分:室温试验方法》等5项国家标准,《钢筋混凝土用热轧带肋钢筋质量分级》行业标准和《绿色设计产品评价技术规范 家电用冷轧钢板和钢带》等3项团体标准制修订工作。《连续热浸镀层钢板和钢带尺寸、外形、重量及允许偏差》等3项国家标准制修订项目成功立项。组织完成《锅炉及高压气体容器用热连轧钢板和钢带》等19项钢铁产品企业标准。

6. 科技研发成果

(1) 热轧抗氧化免涂层热成形钢CF-PHS1500实现全球首发。由中国工程院干勇、王国栋、毛新平三位院士等11名行业权威专家共同认定,国际首创,达到了国际领先水平。

(2) "高端环保耐指纹电镀锌产品生产工艺技术集成创新与实践"等6个项目获辽宁省科技进步奖二等奖和三等奖。

(3) "中欧班列集装箱用耐蚀钢系列产品的研发"四项科技成果,由中国金属学会主持,经业内权威专家评价,这四项科技成果均达到国际先进水平。其中"商用车整车轻量化低成本高强度梁罐厢专用系列钢研发与应用"中在线淬火、罩式退火的低成本960MPa级超高强钢达到国际领先水平。

7. 加强产品认证、创优管理,提高品牌知名度

研发院与国贸公司高效联动,认证摘牌完成22项51个牌号,有效推动了产品销售渠道的进一步拓宽和高端产品市场的开发。奔驰汽车BQF认证取得新进展。电镀锌产品4个牌号规格样板经过德国奔驰总部实验室检测,满足奔驰相关标准要求,具备给戴姆勒重卡正式供货条件;地质钻杆用钢

SY550进入国内工程机械龙头企业，通过徐工集团地质钻杆用钢认证；上汽通用产线、牌号认证取得阶段性成果。镀锌外板CR4检测样件在"美国工程质量解决方案公司"按照通用汽车国际标准要求对样件的表面结构进行检测出具检测报告，检测结果符合通用要求；上汽大众斯柯达热镀锌外板认证4个牌号，部分检验样件已被上汽大众接收；结合本钢-日产2021年合作开发计划，成功开发供日产热轧酸洗板SP251-780P，并按计划要求完成点焊试验测试和综合性能数据提交，得到日产认可，标志着本钢热轧酸洗板向高强度级别拓展。

六、打造责任供应链

1. 服务厂矿，按需采购，确保实现保产保供零影响

树立大服务工作理念，实施全方位清单式采购，确保满足厂矿生产需求。紧盯现场物资需求动态，深入探索在市场价格下行、低库存运行条件下的保产保供的方法和措施，不断提升采购物资保障能力。

2. 加强对标管理，建立采购模型，提升采购管理水平

全方位对标，突出价值导向，要瞄准先进企业、先进行业标杆，实施广泛深入、精准对标，对大宗原燃料、辅料、设备备件等物资品种就资金来源、采购模式、价格差异、采购标准、付款方式、消耗定额等方面开展全方位现场对标。另外，借助内部对标管理平台，定期组织进行成本对标，找出差距与不足，制定整改措施，不断提升采购管理水平，为采购保供、降本提供有力支撑。充分利用招标公司平台，全力推进招标采购工作，并加大推进网购、欧贝采购。

3. 严控采购物资质量

取消让步接收政策，杜绝不达标产品入厂，严肃执行合同考核，形成管理闭环；持续加强与供应商的事前沟通及信息反馈，从源头把控进货质量；根据资源市场的实际情况以及公司的生产需求，在保质、保供的前提下对采购物料质量及标准实施动态管理，即尊重市场实际、同时坚持择优采购。

4. 坚持阳光采购，推进产业可持续发展

推进"阳光采购"，依法招标采购，形成有效竞争，与供应商共同打造廉洁、公平、公正、公开的供应链环境。不断促进整个供应链的信息共享，实现管理部门、监督部门、执行部门、生产用户、现场使用、供应商等各部门的信息快速流转、有效集成和系统共享，从而保证采购全过程的信息流动顺畅。实施绿色采购，对采购的原燃料相关质量指标进行有效控制，全部达到国家标准要求，从源头上减少原燃料在使用过程中产生的有害物质排放数量。

5. 优化供应结构，建立严格的供应商评价体制

加强供方的动态管理，持续优化准入条件，不断开发优质、有竞争力和保供能力的合格供方。多维度对供应商进行评价，建立淘汰机制，优化供应商结构。

七、产品销售服务管理

1. 创新营销管理体系建设

（1）变革营销模式，提升营销工作效率。一是打造精干高效的营销服务体系，开展"走出去、走下去"

营销活动，全面贯彻和落实"行销"理念。制定科学、精准绩效考核办法，充分激发员工活力。二是按照鞍本一体化工作部署，围绕集团营销战略布局，各销售子公司按区域进行整合，并于 10 月 15 日鞍本销售子公司正式完成合署办公。三是增加供应链和产品外设计职能，进一步完善营销系统，适应市场需求，提高用户满意度。四是加强信息化建设，全面推进本钢信息化提升项目，满足鞍本管理一体化需求。

（2）不断改善销售渠道，提升品牌竞争力。抓好"直供+品种"，科学调配内外贸资源。持续推进以区域公司为市场营销服务协调中心、以客户直供为主要营销模式。销售职能部门统筹直供行业策划及服务增值项目，充分辨识各品种优劣势及调品方向，把脉行业发展前沿动态，统筹产品发展战略规划，开展技术营销，拓展直供渠道。2021 年新开发直供用户 53 家直供用户，新增订货量 22.8 万吨。共开展 31 项认证，已经通过 14 项认证，开发 39 个新钢种，实现订货 6.4 万吨。日本 JIS 认证的通过，为巩固和深挖日本冷镀市场提供有力保障。

（3）坚持"四高一低"原则，打造过硬拳头产品。坚持高价格、高质量、高附加值、高市场占有率、低成本调品思路，强化产销研高度协同，降成本，稳质量，缩减新产品生产周期。依据拳头产品推进方案，由销售和市场总监牵头，分品种制定形成三年品种结构调整计划并逐步推进。合理分配资源，将轧线产线多的特点变为优点，提高快速响应市场能力，确保整体效益最大化。海外方面，聚焦"一带一路"、RCEP 等区域，优化出口产品品种结构，走高品质、高附加值、高技术含量产品出口之路。

2. 加强客户满意度管理

（1）客户满意度管理情况。持续提升投诉处理工作的质量和效率。通过完善管理制度、授权服务组处理异议、强化内部量化考核等管理手段，有效提升顾客投诉处理的响应速度，改进了服务质量。2021 年，受理顾客投诉 6876 起，处理结案 6876 起，实现顾客投诉处理结案率 100%。

（2）以问题为导向，实施闭环管理。归纳总结技术服务组反馈的重点用户投诉的代表性、倾向性质量问题，按周传递到在全公司范围内，生产、技术部门针对顾客反映的问题和诉求，积极回应，研究制定和实施相应的纠正与预防措施，通过厂内抽查、用户使用情况跟踪、不定期回查，形成闭环管理。

八、环境保护

1. 环境保护管理方针

秉持"遵守环保法规，实施清洁生产；控制环境污染，发展循环经济；持续改善环境，建设绿色本钢"的环境方针，持续推进绿色发展及超低排放改造，构建钢铁行业全流程全过程绿色发展体系，把"绿水青山就是金山银山"的理念融入企业发展血脉，为城市人居环境的改善践行国企担当。

2. 环保管理体系建设及制度建设

制定下发《2021 年环保工作计划》，将污染物排放总量和排放浓度指标分解到各单位，控制污染物排放总量和排放浓度。修订《专业考核办法》，完善《环保问责追责管理办法》，提高各级人员环保意识、落实环保管理责任。

3. 环保零影响

实现了较大及以上环境污染事故为零，建设项目环保"三同时"执行率 100%，危险废物合规处置、放射源安全使用率 100%。

九、公共关系和社会公益事业

本钢板材高度重视企业的社会责任担当，并身体力行地承担企业法人的公共责任，积极参与公益活动。公司系统规划，明确重点支持领域，积极支持公益事业，实现企业与社会的和谐发展。

1. 组建志愿者服务队奉献义务劳动

每月定期利用业余时间积极参加厂区绿化活动，到市敬老院、福利院进行义务劳动，开展城市公共园区捡拾垃圾义务奉献日活动，为企业树立良好的社会形象，也体现了新时代企业工人的优秀品格。

2. 积极选派干部参加乡村振兴工作

公司先后择优选派8名优秀干部参加乡村振兴工作，现仍有4人分别担任驻村第一书记。在疫情常态防控的特殊时期，驻村干部不忘初心、牢记使命，坚定信心、顽强奋斗，较好地完成了2021年对口扶贫点的脱贫和防止返贫工作。公司通过直接定点投资建设蘑菇大棚、职工福利采购派驻乡村农副产品等方式为乡村集体经济提供增长点，有效提升人均收入，共完成800余人脱贫工作，企业连续多年被评为辽宁省定点扶贫工作先进单位。

案例创造人：霍刚

健全社会信用体系
科技金融赋能高质量发展

深圳市高新投集团有限公司

一、企业简介

深圳市高新投集团有限公司(以下简称深圳高新投)诞生于1994年,是深圳市委、市政府发起成立的国内首家专业服务科技企业的金融机构。作为国内最早成立的担保投资机构之一,27年来,深圳高新投始终坚守服务科技产业发展、缓解中小微企业融资难的初心使命,现已发展成为集融资担保、创业投资、金融增信、保证担保、商业保理、小额贷款、典当贷款等为一体的全国性金融服务平台,可为企业提供覆盖全生命周期的一揽子综合性金融服务。

目前,深圳高新投实收资本138亿元,净资产超230亿元,总资产超380亿元,获全国主流评级机构资本市场主体信用AAA最高评级,累计为超45000家企业提供8400亿元担保服务,担保资金新增产值14631亿元,新增利税2937亿元,促进新增就业865万人,成功助推超过340家中小型科技企业在境内外公开挂牌上市,致力打造国内领先的以信用增进与资产管理双轮驱动的创新型金融服务集团。

深圳高新投秉持"以客户为中心,为创新者赋能"的理念,在"金融服务实体经济"主航道上全力奔跑,不断优化市场业务布局,在北京、成都、西安、杭州、湖南、广州、东莞、江西设有8家分公司;在重庆、昆明、上海、南京、武汉、长春、合肥、太原、厦门等地设有25个办事处,以进一步发掘科技企业价值潜力,提升中小微企业服务的深度和广度,不断为高新技术产业发展注入金融活水。

二、夯实诚信基石,构筑诚信体系

诚信是企业立业立身之本。自成立之初,深圳高新投始终坚持诚信经营,坚守"解决中小微企业融资难、融资贵"的使命初心,将诚信融入企业运营和员工行为,使诚信体系与业务运营紧密结合,夯实诚信发展根基,助力构建社会信用体系,努力实现社会责任和经济责任的协调统一。

(一)恪守诚信理念,培育诚信文化

深圳高新投积极推动诚信理念入脑、入心,将诚信融入员工的行为规范和道德准则,营造良好诚信干事氛围。一是诚信内化于心。深圳高新投将诚信理念融入员工入职、业务技能等重要培训,让诚信理念深植在公司每一位员工心中,不断提高员工诚信与合规意识。二是规范诚信行为。深圳高新投编制《诚信合规手册》,明确员工在商务活动、市场竞争及日常工作中应遵循的诚信原则和诚信行为,并发放给集团及下属企业的每一位员工阅读学习,将诚信融入公司日常管理、业务操作等更多细节和流程,鼓励和督促员工在日常工作中均保持诚信合规行为,引导员工将诚信理念铭于心、践于行。通过对员工思想引领和行为规范,让诚信理念根植于员工行为,为深圳高新投诚信经营夯基垒台。

（二）构筑诚信生态，开展诚信经营

深圳高新投将诚信行为作为一项基本要求纳入公司治理，在经营过程中致力与各利益相关方构建诚信友好关系，对伙伴开展诚信合作，对客户重信守诺，对投资者及社会公众坦诚沟通，构筑诚实守信的生态，为深圳高新投诚信经营立柱架梁。

（1）是开展诚信合作，维护公平秩序。公司积极打造包括客户、项目合作方、合资合作方等在内的诚信合作朋友圈，致力构建相互尊重、相互信赖、公平交易的商业伙伴合作关系。公司坚持以合法合规的方式与竞争对手开展竞争，业务开展过程中严格遵守《反垄断法》和《反不正当竞争法》及其他适用的公平竞争相关法律法规，以合法正当公平的方式参与竞争，严禁采用违反法律法规、违背商业道德、扰乱市场竞争秩序等不正当竞争方式，维护市场公平竞争，助力构建市场经济的信用秩序。

（2）开展信息保护，规避失信风险。公司依照法律法规要求建立完善的保密管理体系，遵守证券交易的相关法律法规，严禁因个人或第三人利益不当利用内幕信息、泄露内幕信息或进行内幕交易，防止公司商业秘密泄露。公司在遵循合法、合规、正当、必要的原则，并在获得授权的前提下，收集、使用、和保存公司内部、商业合作伙伴及客户相关的财务、市场、战略及人事信息，并采取谨慎合理的措施保障信息的安全，除非该信息已经能从公开渠道获得。公司及员工不得对所收集信息进行非正当的买卖、公开或非法利用等行为。

（3）践行财务诚信，确保依法合规。严格执行财税制度，遵守财务会计制度，严格履行公司审查、审批流程，确保公司财务信息和报告真实准确完整，确保财务凭证符合相关法律法规定及公司管理要求，依法履行纳税义务，并按照各项税收法律法规规定及时合法披露信息。

（4）搭建大监督体系，全面监督风险。深圳高新投创新性建设大监督体系，搭建了一个涉及纪检、业务、审计、资金、内审于一体的全方位立体式的大监督体系。各落地部门采取资源共享、信息互通、工作互补的方式，每季度围绕公司的日常经营、资金管理等情况，从细微之处、源头之处着手监督内审、风险把控各项工作，实现有效、及时、全面地监督，有效规避诚信问题及合规风险。

（三）获得信用评级，树立诚信形象

诚信是市场经济的基石，是企业做强做大的通行证。深圳高新投多年来坚持诚信经营、诚信服务，具备资本市场主体信用评级AAA最高评级。树立诚信经营形象，做社会信用的建设者、行业形象的维护者，共同构建和守护公平竞争、和谐有序的诚信市场环境。

三、健全融资增信支持体系，激发市场活力

健全社会信用体系，有利于治理诚信缺失，有利于规范市场秩序，优化营商环境，开创信用消费升级新时代。处于信用经济高度发达的年代，信用是一个十分重要的资源，已然成为我国市场经济健康发展的重要推手。健全的社会信用体系将能有力地支撑我国金融科技的发展，起到拓展应用空间、解决信任难题、降低金融风险、减少运行成本的作用。

深圳高新投充分利用自身的信用优势支持民营企业融资。依托资本市场主体信用AAA评级、丰富的资本运作经验以及专业完善的服务体系，一改传统金融机构依赖抵押物为担保条件的观念，将企业成长动能作为主要判断依据，积极为具有良好发展前景的中小微高新科技企业提供免抵押、免质押的纯信用贷款担保。目前，深圳高新投总担保额中超过70%为纯信用担保，正努力将这一比例提升到至80%以上。

（一）让"知产"变资产，助力知识产权信用体系建设

2019年12月，高新投成功以知识产权质押贷款债权为基础资产，发行的"平安证券-高新投知识产权1号资产支持专项计划"在深交所正式挂牌。这是中国特色社会主义先行示范区首单知识产权证券化项目，也是全国首单以小额贷款债权为基础资产类型的知识产权ABS产品，实现深圳知识产权证券化"从零到一"的历史性突破，打破传统金融机构抵押物依赖的困境，帮助拥有自主知识产权的企业快速实现资金正常运转。在以该ABS产品为代表的知识产权证券化项目交易结构中，深圳高新投不仅承担发起机构责任，同时也对产品提供双重增信担保。一是在中小企业通过知识产权质押获得贷款这一过程中，深圳高新投对该笔贷款提供连带责任保证担保，在企业出现现金流问题时保证贷款的正常还本付息。二是在上市流通的知识产权资产支持专项计划向投资人付息还本的过程中，深圳高新投出具差额支付承诺，对投资人的本金及预期收益提供增信担保，降低投资人的投资风险。

近年来，深圳高新投不断加大知识产权证券化"深圳模式"实施与推广力度，先后助力南山、龙岗、福田、坪山、罗湖、宝安、龙华、光明等区落地其首单知识产权证券化项目，在规模化推广的同时，深圳高新投针对企业需求痛点、产业突破重点，陆续推出疫情防控、5G、战略新兴、数字经济、专精特新、节能环保、高校科技成果转化等多期专项产品，合计发行产品30期，发行规模68.8亿元，累计服务深圳科创企业428家次，知识产权证券化先行示范"深圳模式"已不断落地生根、开花结果。

（二）创新供应链金融，服务实体经济稳健发展

当前，市场竞争已从单一主体转为供应链与供应链间的竞争，一旦供应链的上下游企业资金出现难题，将波及整个产业生态圈。2020年，八部委联合印发《关于规范发展供应链金融支持供应链产业链稳定循环和优化升级的意见》，明确供应链金融应坚持提高供应链产业链运行效率，降低企业成本，服务于供应链产业链完整稳定，支持产业链优化升级和国家战略布局。2022年，"创新供应链金融服务模式"在政府工作报告中首次被单独提及。

深圳高新投积极响应国家号召，创新服务模式，将资金高效直达中小企业，稳定核心企业供应链体系，推动供应链金融成为上下游企业资金融通的"共赢"之链。2020年，由高新投增信的"平安证券-高新投-深圳大型民企暨中小微企业供应链金融1期资产支持专项计划"在深交所成功发行；2021年，由深圳高新投和交通银行深圳分行联合发起的全国首单"N+N+N"供应链ABN产品成功设立，依托产业链核心企业信用、真实交易背景和物流、信息流、资金流闭环，为上下游企业提供无需抵押担保融资服务，有效降低供应商的融资成本，提升融资效率，实现供应链上下游资金融通。

（三）深耕工程担保，为基建行业健康发展"保驾护航"

基建是现代经济的物质基础，金融是现代经济的血脉。以金融服务支持基建工程企业发展、推动基建工程行业的健康繁荣，是意义重大的现实议题。深圳高新投在国内率先开展工程担保业务，为工程建设各方及相关领域提供履约保函、预付款保函、投标保函、农民工工资支付保函等保函业务品种及配套金融服务，以保函替代高额保证金，为优势突出的工程项目和企业提供保证担保，以专业、高效的金融服务缓释工程企业资金压力。同时，工程保证担保通过引入担保人作为第三方提供收费的履约监督服务并承担相应责任，促使参与各方守信履约，是市场经济条件下发展起来的一种风险分担管理机制，对基建工程行业进行事中事后监管，防范各类风险，全面提升建设单位及建筑业企业履约能力，进一步优化行业营商环境，保障工程建设各方主体合法权益有着重要意义。

作为中国最大的工程保证担保机构之一，深圳高新投每年为超4000家工程企业提供工程担保服务，年度保函业务规模超500亿元，累计保证担保额超3000亿元，工程保证担保业务规模连续多年位居全

国之首，为筑牢社会经济发展之基助力。

四、践行社会责任，彰显企业担当

当前，我国经济社会正由高速发展向高质量发展转向，与随之而来的是一系列机遇与挑战。深圳高新投致力于成为负责任的企业公民，持续依托自身的专业力量和富有创造力的团队，为社会稳定、民生幸福、绿色发展带来切实改变，为社会创造更多普惠的、可持续的价值。在新冠肺炎疫情期间，深圳高新投高效推进各项疫情专项金融服务，与中小企业一起驱散料峭春寒；在艰难时期，率先探索共济纾困的"深圳模式"，加速深圳扶持民营经济发展"四个千亿"计划的落地，持续扩大普惠金融覆盖面，成为民营企业平稳发展重要支撑力量；在"双碳"目标引领下，将绿色理念融入金融服务与企业经营生产当中，大力发展绿色金融，为建设美丽中国贡献力量。

（一）共克时艰，勇当金融抗疫"逆行者"

2020 年，突如其来的新冠肺炎疫情，叠加中美贸易摩擦，经济逆全球化等不利因素影响，给经济社会带来冲击。习近平总书记作出"全力支持和组织推动各类生产企业复工复产，加大金融支持力度"的重要指示。困难时刻，深圳高新投主动担当、创新作为，坚持不抽贷、不压贷、不断贷，第一时间推出支持抗疫"十五条措施"；响应财政部提出的"各级政府性融资担保、再担保机构应当提高业务办理效率，降低担保、再担保费率"要求，全年为中小科技企业减负让利 4000 万元以上，第一时间开辟线上融资平台，支持 7×24 小时扫码申请，让企业在非常时期也能"快融资"；在践行"六稳""六保"任务的征程里，创新开发"信新贷""战疫复工贷""信新链贷""英鹏贷""政采贷"等精准金融产品，全年审批金额 236 亿元，惠及全市 780 家企业，帮助企业尽快复工复产、扩大产能，助力市场主体恢复元气、增强信心，用实际行动诠释"千方百计把市场主体保护好"的庄严承诺。

（二）敢为人先，共济纾困民营企业

2018 年，受国内外经济环境影响，资本市场出现明显波动和下滑，部分优质民营上市公司及其实际控制人出现股票质押流动性风险。多家上市公司董事长用"创业多年的最大难关"描述这一危机。

只要企业需要，越是艰难越是迎难而上。深圳高新投率先利用自有资金出手对民营企业进行纾困，为陷入流动性危机的上市公司提供债权、股权融资支持，承接银行和券商退出或不接业务。为把资金用在刀刃上，避免市场套利和资源浪费，高新投在全国率先探索出"固定收益+后端分成"市场化解决方案，与众多上市公司一同度过最艰难的时期，走出一条多方共赢、切实可行之路。该创新方案获深圳市委、市政府高度认可，形成助力民营企业平稳发展"深圳模式"。三年来，深圳高新投全力推进深圳"四个千亿"计划加速落地，截至 2021 年年底，千亿民企平稳发展基金中，深圳高新投累计评审决策 209 家民营企业，审批金额 284 亿元；运营管理的千亿中小微企业银行贷款风险补偿资金池共实现 43 家银行签约加盟，涵盖深圳中小微企业和个体工商户 15.58 万家，撬动新增信贷约 900 亿元；千亿民企发债中，高新投累计服务企业 460 家，发行债券 201.49 亿元，圆满完成政府政策性任务目标；为企业减费降负，累计让利超 1.8 亿元，成为民营企业平稳发展重要支撑力量。

（三）绿色低碳，为实现"双碳"目标提速

近年来，深圳高新投积极响应国家"碳中和""碳达峰"号召，将"绿水青山就是金山银山"的绿色理念融入融资担保、创业投资、政策研究与企业经营生产当中，不断加强绿色金融产品的供给和服务力度，滋养实体经济绿色可持续发展。在融资担保支持领域，将新能源、节能环保行业、新材料行

业作为重点支持领域，在业务审批、信贷资源、产品创新等方面给予优先支持；对于传统高耗能企业，通过发放无息财政资金贷款，支持企业采购节能减排新设备，运用节能减排新技术，开展技术升级改造。在绿色债券发行中，近3年助力6家企业合计获得近31亿元资金支持，涵盖生态保护、清洁能源、节能环保、资源综合利用等多个行业和领域，不断拓宽绿色产业项目融资渠道。2021年，深圳高新投深度参与深圳市绿色金融协会组织的《深圳经济特区绿色金融条例》配套制度标准三项课题研究，形成《绿色私募股权投资基金投资指引》，推动深圳市绿色金融体系发展迈向规范化与制度化，荣获《深圳经济特区绿色金融条例》配套绿色金融制度与标准课题研究贡献奖。

（四）先行先试，服务民生显担当

"群众利益无小事，一枝一叶总关情"。深圳高新投秉持敢闯敢试、先行先试的特区精神，深度参与棚改解抵押担保项目，组建专项团队，历经两年，为前无先例的复杂棚改项目制定专项解决方案，提供阶段性担保，拟定"多方协议"法律文本，在合规前提下最大限度满足各方的合理诉求，顺利完成全部解抵押工作，助力被称为"中国棚改第一难"的罗湖"二线插花地"棚户区改造项目圆满完成。2021年，深圳高新投再担重责，创新探索出担保续贷模式，为45户深圳罗湖区田贝村村民提供上亿元担保，帮助村民从银行赎回土地使用权证用于办理房产证，再将办好的房产证拿去抵押，彻底释放土地使用权证，帮助村民成功办理房产证，破解11年办不了房产证的困局。深圳高新投一次次大胆的创新，一桩桩为民服务的成功案例，为全国棚改项目解抵押、历史遗留问题探索出可借鉴、可复制、可推广的经验做法，让深圳发展有速度更有温度。

"人不信不立，业无信不兴"。着眼未来，深圳高新投将在"金融服务实体经济"主航道上，充分发掘科技企业价值潜力，为创新者赋能，继续秉持勇于担当的责任和使命，为建设和完善中国信用体系而不懈奋斗！

案例创造人：刘苏华　李元电　罗洁琳

黄金为民　送福万家　质量诚信　行稳致远

中国黄金集团黄金珠宝股份有限公司

一、企业简介

中国黄金集团黄金珠宝股份有限公司（以下简称中金珠宝）是专业从事"中国黄金"品牌运营的大型专业黄金珠宝生产销售企业，是中国黄金集团有限公司的控股公司，2021年2月5日正式在上海证券交易所主板挂牌交易上市（股票简称中国黄金，股票代码600916.SH）。

经过十余年的经营发展，中金珠宝现已形成以"中国黄金"为母品牌，"珍·如金"和"珍·尚银"为子品牌多品牌并举，集设计、加工、批发、零售、服务于一体，直营、加盟、银行、大客户和电商五大销售渠道并行的黄金珠宝全产业链综合体；制定了"大品牌、大营销、大数据"的策略规划，确立了"连锁+专卖"的经营模式，在全国建立三十家品牌服务中心和三千多家专卖店；推出贵金属的投资和定制业务，倾力打造中国黄金B2C网上购物商场平台，切实为消费者提供"愉快、专业、快捷"的新型网络购物体验。

二、诚信经营理念

作为我国黄金珠宝领域的首家央企品牌，"中国黄金"始终秉承"精诚所至、金石为开"的企业精神，"黄金为民、送福万家"的服务理念，以冲市场、聚人气、树品牌、做规模、提质量、防风险、增效益为指导思想，履行央企社会责任，提升品牌在投资者与消费者心中的地位和价值，从"产品囊括全品类、受众覆盖老中青、消费体验一站式"的品牌定位出发，构建多维立体全渠道的品牌销售网络，坚持诚信经营、质量为先，使"中国黄金"走进中国大地的千家万户，走近广大消费者的身边。

三、决策部署及体系建设

为将"中国黄金"培育为具备国际影响力的一流品牌，中国黄金秉持对消费者负责，对产品质量负责，对品牌负责的宗旨，着力搭建产品质量管理体系，从质量执行标准把控、供应商产品质量监管及生产过程全面质量管理三个方面，加大产品质量监管力度，全方位进行产品质量管理，确保中金珠宝出品产品的质量；从销售服务到售后服务进行标准化规范，提升客户服务质量。

（一）结合国家相关质量管理规定及行业标准制定中金珠宝足金、足铂、足银首饰企业标准；依照企业标准全渠道产品加大抽检力度，严格控制产品质量

严格遵守GB 11887《首饰贵金属纯度的规定及命名方法》、GB 28480—2012《饰品有害元素限量的规定》等规定，每件上柜首饰都经国家首饰质量监督检验中心或国家珠宝玉石质量监督检验中心（NGTC）检验合格，保证产品纯度及安全性符合国家规定。

金条类新品上市前，已上市产品每年不定期进行抽样送检，检测机构为国家宝玉石检测中心或国家金银及制品质量监督检验中心、国家首饰质量监督检验中心，进行抽样破坏性检测。主要检验产品成色是否符合产品设计标准和国家相关规定。如检验结果"不合格"，立即进行汇报并将不合格产品返厂，函告厂家出具处理方案并进行停单整改。整改后对其加工的首批产品进行检测，检测通过后方可复产。如出现连续2次检测不合格将暂停加工业务，有权终止该类产品加工或解除合作。

首饰产品从设计开始就考虑其安全性，严格遵守轻工行业标准QB/T 2062—2015《贵金属饰品》关于外观质量的规定的部分条款，在造型上对尖、爪等尖锐棱角或凸起进行角度或厚度上的处理，边棱尖角处应光滑，无毛刺，不扎、不刮，避免扎伤划伤。其次首饰连接点焊接稳固，不易纠缠或断裂，保障消费者的人身及财产安全。

（二）与供应商签订合同即做出相应的质量要求，根据合同约束严格把控产品质量，并做好抽检工作

1. 对产品质量的规定

金条产品：质量要求为表面光洁明亮，无飞边毛刺；实际重量为正公差，不低于标准重量；加工金原料采用上海黄金交易所1号标准金，供应商要确保4-9产品成色达到AU99.99%标准，5-9产品成色达到由国家市场监督管理总局和国家标准化管理委员会批准发布的《高纯金》和《高纯金化学分析方法》系列国家标准。保证所有出库的产品成色、重量、规格符合我方的要求。

首饰产品：成色要求须保证熔后不得低于99.9%。对货品进行品种和质量验收，对不符合订单要求和工艺质量要求的产品，有权拒收并退还给供应商，供应商应根据要求重新组织生产。对于符合订单的产品，我方在初步验收后即交送与国家珠宝玉石质量监督检测中心或者国家首饰质量监督检验中心，或者地方检测机构进行成色和重量的验证，按照检测机构的最终检测结果确定合格产品，不合格产品进行退还，合格产品正式交付。

2. 对质量检测的要求

金条产品：不定期对产品进行抽检，同时提供相应的国家级检测报告（一年不少于两次），供应商应积极配合甲方对乙方所供应的产品进行不定期抽检。如出现抽检产品不合格的，由供应商承担相应的检测费用，中国黄金有权保留追究其法律责任的权利。

首饰产品：不定期对交付产品进行抽样破坏性检测，检测由授权检测机构进行，检测结果以书面形式通知，检测后被损产品归还供应商，该产品不支付工费。若连续两次抽检结果不符合国家标准或品牌的要求时，公司将暂停加工业务，若供应商不能提高技术工艺，公司有权终止该类产品加工或解除本协议。

3. 抽检机制

中国黄金对供应商产品进行抽检。定期抽检和不定期抽检两种方式：定期抽检，对每次参加展销的货品均进行抽检。不定期抽检，根据市场情况，对供应商进行不定期抽检。

（三）公司下属加工类子公司在产品生产过程中对产品原材料、质量管理体系监督两个关键环节进行严格把控，确保产品质量的同时提升生产效率

1. 严控原料金第一关

保证从金条到首饰，黄金产品全品类所使用的原料都是上海交易所所提供原料金。原料金入厂第一关做到有专人检验，按批次使用，及时掌握原材料变化的情况，每月做好余料询证工作。

2. 不断提升员工技能水平，提高生产效率

对员工进行定期的专业技能培训，提高员工的整体技能水平，对关键工序的知识及操作要点要进行反复的宣传，使员工都能掌握好操作规程，实际工作中发现的问题及处理办法进行集中讨论学习，避免生产过程中因人工操作而出现质量问题。

3. 自建工厂管理体系标准化

中国黄金自有工厂将质量管理标准和自身管理制度有机融合，逐步建立起了较为扎实的质量管理体系，从管理体系、产品原辅材料、仪器设备、质量检验标准、生产技术等方面入手，实施改进。

（1）加强监督考核，推动标准化管理向纵深发展。建立和完善公司质量管理体系，确保有效运转和良性循环。进行多方面培训，提升质量管理体系人员结构和素质。确定质量方针（质量为本、创新进取、追求卓越）。进一步做好安全生产工作，落实生产作业的同时布置安全防范措施。加强工作现场的管理力度，改善工作方法，提高工作技能，增强信息交流，及时跟进。通过现场记录反馈、结合产品检测结果、评析结果，最终制定详尽的工艺参数（根据不同品种产品制定，做到每一产品都有一份工艺参数执行标准）。

（2）提高原、辅料质量控制水平。建立标准化质量及检验方法，将原料分级验收管理，对产品质量的稳定和提升提供坚实基础，为生产和产品开发提供科学依据。按照国标、行标、企标要求建立和标准化所有辅料的质量标准及检验方法，原、辅料100%进料检验，并建立不合格品处理办法，实施原料的检验监控，以保证生产使用100%合格原料。

对供应商建立并保存质量记录，验证质量体系的延续性和完整性。将配饰宝石、编绳等纳入检验范畴，严格把控质量。参照国外先进技术增加硬金测定，提高原料利用率，减少浪费和物料平衡。增加表面工艺测定，为工艺改善、保证产品质量稳定和设备正常运转提供依据。

（3）加强产品质量控制，完善成品检验标准。对生产过程所有工段各工艺点均进行取样检测，科学运用产品成色，黄金纯度，电铸硬金厚度（盎司）标准等进行统计分析，形成质量报告。对于出货产品进行抽样测试，增加检测频率，保证其代表性和准确性。减少取样和测试误差，为生产提供更有力的依据。在生产调查方面，新增专业人员现场检测等方法，以考察生产效率，改善工艺参数，提升原料利用率等。开发利用已有鉴定设备提高检验的准确度和时效性，员工以工艺标准表格为基准，运用检测仪器，对每件产品一一进行检测，并制定检测报告。测试数据及时汇总，以利于现场人员掌控，如有异常发生，立即通报及时调整，对连续或重大异常现象品管部按照制程、成品质量异常管理办法开具异常单，督促其改善，保证生产制程及产品的不合格得到及时纠正和预防再发。

（4）新品开发制定公司产品企业标准并严格执行。根据产品外观光滑度、理化指标等，予以质量判定。产品外观和黄金纯度制定管制规格，进行每盒单独检查每箱全检，克重和黄金纯度不合格者进行返工处理。建立和实施产品出库检验办法，每批产品发货前进行开箱取样抽检其外观、克重和纯度等，存放产品还要进行内在品质再检验，以保证出库产品100%合格。根据检测数据对产品质量进行分析研讨，及时提出改进措施，促进产品质量稳步提升。依托工作环境管理程序持续改善工作环境，提高员工素养和职业道德，创造有序清洁的工作环境，保证产品质量。

（5）技术改造提高产品质量稳定性。为满足顾客需求，最终实现产品克重全部正公差，公司不断改进、引进新技术，在成本控制范围内全面改版，产品质量全面提高。

（四）优化供应结构，完善供应体系，确保供应商供货质量、价格、生产交付能力持续符合公司要求

1. 为加强供应商管理，中国黄金逐年完善更新《黄金珠宝货品供应商准入管理细则》，对供应商加强考核力度、精细化、规范化动态管理，整体机制运行良好

（1）每年组织一次供应商准入评定工作，结合国内黄金珠宝加工生产现状及公司战略发展情况，对供应商的选择本着公开、公平、公正的原则面向社会进行。

（2）有效区分加盟、直营、电商三大板块渠道供应商特点，针对性地选择有益于渠道发展的供应商。

（3）加强供应商准入资质的考核，从企业实力及生产能力，支持服务能力，良好的客户和市场资源，提供优质的资源服务及历史合作情况四大方面多维度考核，最终根据评分情况筛选出符合业务需求且综合实力较强的优质供应商。

2. 供应商退出办法依托《黄金珠宝货品供应商准入管理细则》，加强供应商考核力度，整合上下游产业供应链

（1）按年度对供应商依据KPI考核指标进行考核，包括但不限于新品提报配合情况、产品质量达标率、展销带货量、客户满意度、附加工费执行情况、结算对账及时准确度等全方位考核覆盖。

（2）合作过程中如发生有关知识产权的问题（包括但不限于专利权、商标权、著作权或专有技术），将终止合作。

（3）发生重大的产品质量问题，将终止合作。

（4）其他对公司造成重大负面影响的情况，将终止合作。

（5）年末对供应商供货及销售情况进行统计，持续一年未发生业务往来，不合适公司业务发展需求的供应商原则上不纳入第二年供应商准入考评。

（五）不断优化客户服务体系，提升客户满意度，使客户服务更加标准化、制度化

中国黄金设立《服务规范》，从客户服务的服务语言、客户接待、商品展示、票据开具、商品交付，以及客户电话接听与拨打、产品售后的清洗服务、保修服务、以旧换新服务进行了详细全面的标准化管理。

随着业务领域的拓展，在电商服务质量提升方面，中国黄金多措并举，在缩短退款时间、私域专享优惠、质量问题反馈机制、跟进重要售后情况、重要事项进度公示等方面进行服务质量的提升。

中国黄金始终坚持产品严把质量关、诚信服务消费者，随着多年以来"精诚所至，金石为开"的扎实经营，一个具有全球竞争力的国际一流黄金珠宝企业已初具雏形。"黄金为民，送福万家"，这是一个国民黄金珠宝品牌的新时代品牌宣言。宣言的背后，则是"一诺千金，重信守诺"的品牌发展根基和"厚积薄发，行稳致远"的创新力量，以及"黄金为民，肩负使命"的央企本色。

案例创造人：陈雄伟　刘炜明　贾玉斌

践行"人民电业为人民"宗旨
着力提升企业诚信管理水平

海南电网有限责任公司

一、企业简介

海南电网有限责任公司（以下简称海南电网公司）是中国南方电网公司的全资子公司，负责海南电网规划、建设、运营、管理，担负着保障海南省电力可靠供应的重大责任和使命，致力于为海南经济社会发展提供清洁低碳、安全高效的能源供应。公司践行"人民电业为人民"宗旨，以"诚信立企、节俭养德、持续增长、全员为要"为经营理念，"诚信立企"强调诚实守信，诚以对人、诚以对事、诚以对制，取信于员工、取信于客户、取信于利益相关方。公司聚焦主责主业，从能源保供、用电营商环境优化、节能环保等领域强化信用规范管理，着力提升企业诚信管理水平，积极融入和服务海南自由贸易港建设，彰显央企社会责任担当。

二、多业务领域探索信用规范管理新路径

（一）以完善制度标准建设促企业信用管理提升

（1）推进社会信用电力立法。积极参与海南自贸港立法，开展自贸港供用电条例研究，将信用建设列入立法，《海南自由贸易港社会信用条例》已由海南省第六届人民代表大会常务委员会第三十次会议于2021年9月29日通过，现予公布，自2022年1月1日起施行。

（2）完善企业制度体系。按照"业务领域—基本制度16份、一级业务—重要制度51份、二级业务—一般制度103份、业务事项—业务指导书135份"的对应关系，形成公司结构合理、层次清晰、要素齐全的公司制度图谱，实现制度总数减少33%，推动制度图谱落地，制度编制完成率和宣贯100%。

（二）以落实国家区域战略促企业信用管理提升

（1）贯彻落实国家区域协调发展战略。一是全力融入和服务区域协调发展，完成公司融入和服务海南自贸港建设2021年重点工作安排，并提前谋划2022年工作计划。二是与省委自贸办等政府部门建立协商机制，深入开展海南自贸港政策研究，提出了公司政策利用建议。三是严格落实"四个不摘"要求，全力服务巩固拓展脱贫攻坚成果与乡村振兴有效衔接，平稳有序完成驻村干部的调整工作，并制定26项重点工作任务，投资344.6万元建设35个定点帮扶项目，做大做强南达村橡胶种植、蜂蜜养殖产业，完成6间南网"知行书屋"建设。四是支持革命老区建设发展，结合认定的海南革命老区范围，纳入"十四五"电网规划统一部署，加大革命老区电力基础设施升级改造。

（2）圆满完成智能电网综合示范省建设目标。一是紧紧围绕海南智能电网2019—2021年建设方案及2021年任务分解计划，坚持对表管控、月度通报、及时协调等，倒排工期、加强管控、攻坚克难，

顺利完成"四类项目"验收,确保了年底基本建成智能电网综合示范省的目标达成。二是如期完成省域系统工程建设,投产万宁气电等清洁主力电源送出工程,建成220千伏定安平和智能变电站等重点电网基建工程及重要城市保底电网,投运电网防台风灾害监测预警、无人机巡检、线路智能故障监测等系统,消除一般事故及以上系统运行风险,大幅提升电网防风抗灾能力及智能化水平;建设充换电设施"一张网",实现海口、三亚和高速沿途市县的重点区域充电桩全覆盖;建成全面覆盖的主干光通信网,实现35千伏及以上变电站综合数据网覆盖率100%,实现110千伏及以上变电站调度数据网双平面覆盖;建设高效互动调控体系,实现调度运行监控全覆盖。三是高质量打造综合示范项目、数字电网、重点实验室等工程,建成三沙海岛、博鳌东屿岛、博鳌乐城等智能电网综合示范项目,塑造智能电网典型标杆;投运数字电网平台二期工程,实现了电力数据的全面覆盖、全面贯通和全面共享,并以此为基础实现了电网的全面感知,达到网内创先水平;建成智能电网、数字电网、智能微网等重点实验室,形成"热带智能电网与海岛微网"联合实验室重点创新平台。

(三)以践行服务承诺促企业信用管理提升

(1)落实燃煤发电上网电价市场化改革。按照国家发改委文件要求及网公司工作部署,成立价格专班及市场化专班,全面推进市场化改革各项工作。明确以市场化改革为契机,疏导高价气电持续增长带来的电价矛盾的工作思路。据此思路,多层级与省发改委沟通汇报,引导省发改委按公司建议推进市场化改革工作。11月中旬省发改委通过《海南省开展电网企业代理购电工作落实情况》函件,向国家发改委请示结合改革契机配套建立气电成本疏导机制等内容。

(2)用电营商环境不断优化。一是实施五年优化营商环境专项行动计划,召开新闻发布会广泛宣传,得到社会各界和新闻媒体的高度认可。二是建立服务自贸港重点(重大)项目工作机制,深化推行1+N"获得电力+增值服务"合作模式,初步实现向客户用能全生命周期延伸和拓展。三是江东新区、高新区、博鳌乐城新区试点高压办电精简至2个环节。四是推行线下"一网通办"服务,完善"在线签署+上门服务"模式,在线签订电子合同,实现"不见面审批"。五是实现身份证、营业执照、不动产证等通过政务平台证照共享,实现客户办电所需证照"零提交"。六是全力做好综合监管问题整改。印发重拳整治业扩报装体外循环工作举措、业扩报装"五条红线",将业扩报装无故作废率、不合理或不合逻辑归档率纳入对供电局绩效考核。

(3)现代供电服务体系加快推进。一是组建省、市县两级智慧用能顾问前台团队,建成以"服务用户、获取市场"为导向敏捷前台。二是重点打造自贸港用电营商环境海口体验中心"一站式"、长流营业厅"共享平台"两种实体营业厅增值服务模式,其他供电局结合本地实际拓展复用模式。三是深入拓展"南网在线"智慧营业厅平台作用,推动海南"电享圈"上线11项增值产品上线运营,加强多元化服务产品套餐的开发与应用。四是深入推进以服务调度为轴心的服务风险预警和过程管控机制,对高风险客户问题进行严格预警和督办,力争客户"一个电话"解决问题。五是优化数字电网等客服功能模块,推动"后台"服务技术水平提升。

(4)强化协同督办提高客户问题解决效率。一是拓宽服务渠道,及时传递客户用能需求,在已建立95598热线、12398热线、"南网在线"的基础上,与省级12345建立常态数据共享机制。二是提高客服工单监控督办力度,服务调度按日监控供电局工单受理情况,督办未办结工单,对超三个工作日未办结工单进行提级督办。三是建立预警信息"日通报"机制,同时对重复来电4次及以上的预警进行重点督办。四是加强后续工单管控,持续采用日跟踪、周通报对后续工单进行销号式管理。

（四）以落实央企社会责任促企业信用管理提升

（1）持续提升保供电及应急保障能力。坚持系统思维、底线思维，逐级落实责任主体，扎实抓好保供电各项工作措施落实落地，圆满完成建党 100 周年、博鳌亚洲论坛年会、5 次航天发射任务等系列重大保供电任务，得到了省委省政府主要领导的充分肯定。联合南网科研院和相关单位成立文昌发射基地电压暂降治理工作专班，明确工作机制，提出电压暂降治理行之有效的 DVR 解决方案，经与基地沟通，该解决方案已被采纳，并已下达项目投资计划。加大特种装备采购力度，在变电站全停期间，利用应急发电车进行保供电、降低电网风险等级，提高供电可靠性。

（2）全力做好迎峰度夏暨防风防汛应对工作。按照"灾前预、灾前防、灾中受、灾后抢"原则，成功应对台风"狮子山""圆规"影响，优化台风抢修保险理赔流程，固化并建立台风抢修、抢修结算和保险理赔的"三同时"机制，持续提升台风抢修管理水平。全面完成一次轮次输配电线路防风拉线及杆塔基础检查。开展变电站门窗防风加固改造"回头看"，完成全省全部门窗防风加固任务。全部加大树障清理力度，利用博鳌保供电及防风防汛契机，推动全省开展树障清理活动。认真做好"小熊"台风反思，全面深入开展设备受损情况分析，坚持问题导向，针对性制定 12 个方面 25 具体提升措施。

（3）全力做好涉电公共安全风险防控。加强对线路穿越经济林区隐患排查治理，针对采摘作业可能引发的社会人员触电风险，开展线路排查和专项整治工作。加强政企联动，与省应急厅建立双周协调沟通机制，从政府层面，推动政府层面实施涉电公共安全三年行动计划，组织完成《海南省涉电安全隐患海口市滨濂村专项整治工作方案》编制及发布。

（4）全力做好海南能源保供工作。组织梳理高等级、高频次保供电场所及设备清单，落实常态化保供电措施，做好常态化保供电工作。加大电厂送出线路、关键断面线路和重要交叉跨越点防控力度，开展动态巡维上百条次，利用输电线路无人机开展三维数字化通道巡视，进行树障清理，全力保障电厂安全可靠送出。建立运转政府 - 电网 - 电厂 - 上游能源企业间的联动机制，在全国电力短缺的大背景下，海南电网成为南方五省电网中唯一没有采取错峰限电的电网。

（5）积极服务"双碳"目标实现。一是主动服务海南"双碳"目标实现，及时印发了公司服务碳达峰、碳中和工作方案并报送省政府，共制定 5 个方面 20 条重点举措，全面承接网公司服务双碳工作方案。二是完善"十四五"光伏消纳能力研究，提出支持光伏大力发展的策略建议，推动政府出台光伏建设及配置储能的相关要求。三是研究制订并落实促进新能源并网与消纳的相关措施，承接修订分布式光伏并网服务流程，制订分布式光伏接入系统方案参考模板，并完成中低压配电网分布式电源消纳能力提升方案研究，指导开展分布式光伏并网服务及配套配电网规划工作。四是积极做好光伏等新能源并网服务工作，引导业主合理配置储能设施，提高光伏消纳能力，提前落实并网消纳条件，累计支持 45 个、408 万千瓦光伏项目并网意向，储备规模达到了"十四五"规划新增目标。五是组织电网规划设计研究中心挂牌成立海南低碳能源研究中心，并推动其与省发改委、生态环境厅建立长效沟通机制，建设海南省域碳排放数据管理信息平台，开启公司服务海南能源低碳转型研究的新征程。

（6）节能环保常抓不懈。一是年初印发公司 2021 年线损管理提升工作方案，制定 26 项年度重点工作任务，统筹抓好全年线损管理。二是发布《海南电网有限责任公司线损管理细则（2021 年版）》，进一步明确各部门（单位）线损管理职责及业务流程，提升线损精益化管理水平。三是开展线损理论计算系统项目建设，向广东电网、深圳局学习先进技术和管理经验，融入项目建设中，为线损指标决策提供更精准、多维度的科学依据。四是实施清洁能源消纳专项行动，通过大力发展清洁能源、优化电网调度运行、提高并网服务水平等 19 项工作内容，实现风电、光伏等可再生能源发电的全额消纳。五是编制公司推动绿色低碳发展转型实施方案及"十四五"节能环保规划，明确"十四五"节能环保重点工作任务及目标，助力公司绿色低碳转型发展。

（五）以强化供应商管理促企业信用管理提升

一是持续跟踪监控到期应付账款。及时通知督促供应商配合办理到期货款的支付申请工作，按时完成货款支付，无新增逾期贷款产生。二是积极推进履约保证保险应用工作，为供应商释放履约保证金，有效缓解供应商资金压力。三是严格开展供应商登记审核，规范开展供应商资格预审及资质能力评价工作，严把供应商入门关。四是加大供货商不良行为扣分力度，通过失信扣分工作促使供货商依法依规与电网开展业务合作，构建诚信、合法、公平的电网营商环境。

三、信用规范管理实施效果

2021年，海南电网公司有效应对电力供应紧张形势，海南成为全国除北京、上海外没有限电的省份。成功抵御"圆规""狮子山"等强台风的袭击，圆满完成建党100周年、文昌航天发射、博鳌论坛年会等重大保电任务，应急保供工作得到了网公司和省委省政府的高度肯定。印发党委一号文从严管控安全生产，推动本质安全管理水平稳步提升。持续抓好防范系统运行七大风险36项重点工作，实施防电网全黑、防开关保护拒动等专项行动，有力确保了电网安全稳定。针对性实施AB类违章整治、"看护"行动、承包商管控等系列举措，牢牢守住了人身安全底线。促成政府出台涉电公共安全专项整治三年行动方案，找准症结加快裸导线绝缘化改造，涉电公共安全事件多发势头得到有效遏制。建立台风抢修、结算和理赔"三同时"机制，形成台风抢修"事后"标准化管理。作为唯一企业代表参加海南2021年"美好生活·民法典相伴"普法活动，"八五"普法实现良好开局，被评为全国"七五"普法先进单位。信用规范管理整体提升了公司合规经营能力，稳定保障了公司生产经营活动，为公司服务和融入海南自贸港建设，彰显央企责任担当提供了有效支撑。

案例创造人：游福兴　孟红　蒙美羽

加强诚信管理体系建设　促进公司高质量发展

中盐安徽红四方股份有限公司

一、企业简介

中盐安徽红四方股份有限公司（以下简称中盐红四方）为中国盐业集团有限公司（以下简称集团公司）全资子公司，是毛主席视察过的唯一一家化工（肥）企业，2009年退城入园至合肥循环经济示范园，占地3250亩，旗下拥有8家全资、控股子公司，在职员工5400余人，资产总额150亿元。

二、基本情况

中盐红四方紧紧围绕集团公司"创新、变革、竞争、共赢"的发展战略，以"聚焦主业、优化结构、改革创新、做强做优"为战略定位，历经艰苦创业，形成了煤化工、盐化工、精细化工及新能源、新型建材等系列产业布局，成为综合性国家大型化工企业，国家大型支农物资化肥生产企业，安徽省疫情防控物资重点保障企业。其中：煤化工产品主要包括年产30万吨合成氨、30万吨纯碱、33万吨氯化铵、30万吨乙二醇、10万吨碳酸二甲酯、10万吨甲醇、30万吨尿素、30万吨/年氯化铵、115万吨/年复合肥料等。盐化工产品主要包括年产41万吨烧碱、28万吨液氯、13万吨聚氯乙烯糊树脂、10万吨保险粉、16万吨双氧水、5万吨邻（对）氯甲苯、2.4万吨氯化苄、8万吨焦亚硫酸钠、22万吨次氯酸钠及氯丙乳液、水性内外墙乳胶漆、工业防锈漆、木器漆等。精细化工产品主要有杀虫单及2-吡咯烷酮、N-甲基吡咯烷酮、乙烯基吡咯烷酮、聚乙烯基吡咯烷酮系列。新能源、新型建材产品主要有三氯化铁、电池级磷酸铁、锂离子动力电池、蒸压灰砂、粉煤灰系列标（配）砖、多孔砖及砌块等。部分产品产能进入全国前列。

中盐红四方拥有国家级技术中心、省级技术中心、中盐盐化工技术中心、博士后科研工作站、高新技术企业，全国首批通过"两化融合"管理体系认定，第三批安徽省知识产权优势企业培育工程单位、安徽省创新型试点企业、安徽省产学研联合示范企业、安徽省质量管理活动优秀企业，安徽省社会责任最佳履行单位。

三、开展诚信体系建设的主要做法

开展公司诚信体系建设，是学习贯彻十九大精神的具体体现。十多年来，中盐红四方相继完成了老厂区退城入园、合肥化工基地建设、一二期项目建成并投入运行，企业生产经营与管理工作稳步推进，开启了新时代高质量发展的新征程。在企业发展过程中，还存在诸多不足，服务质量、市场秩序、用户需求等方面问题已经成为公司高质量发展的突出瓶颈。中盐红四方紧紧围绕新发展理念，深入贯彻落实国家社会信用体系建设工作有关要求，全方位开展信用建设工作，为构建诚实守信的营商环境、打造诚信央企做出新成绩。

（一）树立诚信经营的理念

中盐红四方始终把"创新为先，质量取胜，客户为本，诚信经营"作为自己的核心价值观。创新为先：公司正处在转型高质量发展的关键时期，坚持创新为先，就是要在变革创新、制度创新、技术创新、管理创新、业务创新、文化创新等方面有所突破，让创新成为推动公司实现转型高质量的先要因素。质量取胜：坚持质量取胜的工作理念，坚持转型高质量发展，就是要全方位提高质量，包括产品质量、服务质量、工作质量、管理质量、保障质量，以系统性的质量提升夯实企业市场竞争取胜的基础。客户为本：作为大型国有化工企业，拥有一定影响力的品牌和相对忠实的客户群体，为此，要进一步树立以客户为中心的市场工作理念，注重研究客户需求，改进经营工作，优化产品供给，满足客户需要，不断改进客户服务的工作水平，筑牢企业发展的根本。诚信经营：这是企业遵守契约精神的具体体现、是企业立足于市场的基本前提、是企业谋求长远发展的必然要求。作为一家拥有60多年发展历史的国有企业，必须秉持诚信经营的价值观，以获得市场认可，创造良好品牌，赢得客户口碑。

公司相继通过质量管理体系、环境管理体系、职业健康管理体系、能源管理体系、培训管理体系认证。2021年，中盐红四方再度荣登"2021中国品牌价值评价榜""2021安徽百强企业"和"2021安徽制造业百强企业"榜单；再次荣获"石油和化工行业党建思想政治工作先进单位"荣誉；公司纯碱产品在获得2021年中国石油和化学工业联合会"水效领跑者"荣誉之后，又获工信部"能效领跑者"称号；等等。公司烧碱、碳酸钠产品与联合利华进行长期稳定的合作，2020年荣誉当选联合利华中国精英合作伙伴。精化产品连续三年获得国药集团的最佳供应商。拥有进出口自营权二十余年，主要出口产品包括保险粉、杀虫单等10多个品种，出口全球86个国家和地区。中盐红四方已经成为中国最大、世界知名的保险粉生产和出口企业，吡咯烷酮系列产品亦是国内主要生产和出口企业之一。连续两年获得阿里巴巴诚信供应商。

（二）夯实诚信建设制度基础

中盐红四方把诚信经营作为企业的追求，坚持靠信用待客户，以合法经营、依法纳税、实现企业和地方经济可持续发展为经营目标，无不良信用行为，公司没有抵押担保物贷款。2016—2020年度被评为纳税信用A级纳税人。

（1）建立健全了质量检验制度、售后服务制度、供应商管理制度、法治建设、内控体系、合规管理制度以及《生产性物资管理办法》《物资采购方式管理规定》《物资采购价格管理规定》《优质采交易平台管理办法》《合同管理办法》《招投标实施细则》《供应商黑名单管理实施细则》等制度，对涉及人身、财产安全的产品及其使用的原材料，建立有效的追溯制度。

（2）严格实施《销售合同评审管理程序》《产品售后服务管理程序》，坚持诚信经营理念，以诚取信，以信取胜，以信立誉，互利共赢。重视合同，遵守合同，合同履约情况良好，至今未发生履约方面不良记录。

（3）按照公司《产品防护管理程序》《顾客信息反馈管理程序》《顾客满意度监视和测量管理程序》，积极回应客户需求，并为客户提供个性化优质服务，为客户提供优质合格产品。定期采用拜访或调查问卷等多种形式对客户进行满意度调查，对客户提出的要求和建议加强改进和采用。

（4）坚持日常宣传教育，加强道德诚信建设，认真实践诚信理念，严格履行诚信准则，造就忠诚员工队伍。充分利用电子屏、宣传栏、企业文件等形式广泛宣传《中盐红四方员工手册》及企业的发展理念和文明建设的指导思想，营造浓厚的教育氛围，倡导员工争做忠诚企业的标兵、争做诚实守信的模范。

（三）统筹推进内控风险合规管理

以合规管理为基础，以风险管理为重点：一是组织制定《合规管理手册》《合规管理实施细则》等文件，推进建立内控体系。二是全级次企业配备了 7 名法律顾问，搭建了以专职法律顾问为主、各合同承办部门合同管理员为辅的合同管理员队伍，以"法务 + 业务"的方式进行合同全方位管理。同时，外聘安徽天禾律师事务所作为法律顾问服务单位。三是公司总法律顾问直接参加或列席公司相关重要决策的会议，涉及法律问题的，由总法律顾问进行法律审核，审核率基本达到 100%。公司合同管理对控股子公司基本实现了全覆盖，合同审核率达到 100%。四是以新冠疫情风险、安全环保风险、重大法律纠纷、合规风险等为管理重点，采取有效措施积极应对，尽量避免或减少风险给公司造成的损失。五是重塑智能化管理、ERP 信息化系统升级，公司 NC-ERP 系统上线运行，涵盖了财务、销售、采购、合同、库存、生产、人力资源、质量、成本管理以及磅房无人值守系统、MES 系统集成等模块，为"信息化统一平台及数据中心建设"奠定了基础。六是严格按照国家安全监督管理部门的要求，编制安全技术说明书，并宣贯到客户，为使用我公司产品的有关人员提供对所使用产品的安全预防资料。在化学品的生产、操作、销售、经营、运输等整个生命周期中提供合规的 MSDS，向作业人员、消费者、公众传递正确的化学品信息，避免因 MSDS 信息错误而导致的巨大安全隐患和法律纠纷。七是重视客户隐私保护，严格遵守国家相关法律法规和监管要求，强化内部安全管理和信息监控，业务数据信息实现分级授权安全管理，严防客户信息泄露。

（四）积极承担社会责任

（1）积极助力抗击新冠肺炎疫情。2020 年年初，面对突发疫情的严峻形势，中盐红四方党委高度重视，按照中盐集团及地方政府的部署，坚决扛起疫情防控的政治责任和企业主体责任，按照"六抓好、六到位"（即抓好组织领导，确保安排部署到位；抓好协调对接，确保物资保障到位；抓好宣传引导，确保防控意识到位；抓好源头管控，确保联防联控到位；抓好复工复产，确保人员返岗到位；抓好次钠供给，确保央企担当到位）要求做好疫情防控工作，及时向疫情防控一线投放 6% 次氯酸钠消毒液 30000 桶，向市场提供 13% 次氯酸钠消毒液 10000 多吨，打造了防疫物资生产保障的"红色高地"，彰显了央企的社会责任和担当。国务院国资委党委书记、主任郝鹏在调研中盐集团时，现场连线中盐红四方，对公司所承担的央企责任给予了高度赞扬。中盐红四方电化车间主任邹庭文荣获"中央企业抗击新冠肺炎疫情先进个人"荣誉称号，受到国务委员王勇的接见。

（2）扎实开展精准扶贫工作。认真履行国有企业的政治责任和社会责任，主动担当作为，向对口帮扶县延安市宜川县、榆林市定边县投入扶贫资金 150 万元，向宜川县购买 81.6 万元、向定边县购买 25.1 万元农产品，有力地支持了贫困县的经济发展，为决胜脱贫攻坚战贡献了央企力量。弘扬扶贫济困、乐善好施传统美德，组织人员捐赠成人和儿童衣物到四川贫困地区。

（3）系统抓好安全环保工作。面对保卫"碧水蓝天"的安全环保要求，坚定围绕"零事故"目标，以深度推进、提高精益安全核心要素运行质量为抓手，以防范安全风险为首要任务，开展精益安全集中整治、重大危险源专项检查督导、分级隐患排查清单制落地，启动合规性识别及评价，制定公司《安全生产专项整治三年行动实施方案》《环境保护及污染防治三年规划》和任务清单，系统推动环保治理工作。全年公司级重大事故、较大污染以上事故均为零，隐患限期整改率 100%，"三废"完全达标排放。

（4）积极维护职工权益。公司依法与全体员工签订了劳动合同，为职工缴纳各项社会保险和住房公积金，并依法足额缴纳，保障员工依法享受社会各项保险待遇，员工覆盖率达到 100%。公司每月 16 日按时发放工资，至今未发生一起工资拖欠事件。公司制定了"医、食、住、行"等解决员工生活难题的福利体系，劳动保障用品按时按量发放，国家法定节假日工会会为员工送上节日慰问。根据公司《员工体检管理规定》，组织在岗员工和离退休老干部每年体检一次，每年分不同周期对接触有毒有害因素作业的员工组织专项职业健康体检一次。

（五）强化诚信文化建设

坚持以中盐红四方特色的企业文化为引领，增进员工对企业的认同感、归属感。诚信文化建设是企业核心价值理念题中应有之义，是企业健康持续发展的重要标志。以"建成优秀化工企业，构筑幸福红四方"为企业愿景，以"企业发展有前途，股东投入有回报，员工幸福有保障，社会责任有担当"为企业使命，着力建设具有中盐红四方特色的诚信文化。

（1）倡导"劳有厚得，弱有众扶，心有所往，梦有舞台"的和谐文化理念。通过建立多样的人才成长通道，实施系统的人才培训工程，积极倡导劳模精神、劳动精神、工匠精神，推动职工技能发展成长，持续开展劳动竞赛和群众性技术创新活动，开展师徒结对、员工智慧、职业技能比赛活动取得丰硕成果，公司职工胡斌荣获首届"合肥工匠"提名奖，张斌、胡斌、张杰、韩侠、徐红五位同志荣获"合肥市金牌职工"称号；仪表车间党支部被国务院国资委党委授予"中央企业先进基层党组织"荣誉称号，合成氨车间团支部被授予"中央企业五四红旗团支部"荣誉称号，质量监督部乙二醇检验班组被全国妇联授予"全国巾帼文明岗"荣誉称号，在2021年省第四届危险化学品救援技术竞赛中，中盐红四方救援队首获安徽省危险化学品救援技术竞赛团体冠军。

（2）坚持职代会和厂务公开制度，坚持开展送祝福送温暖送清凉活动和慰问看望职工，完善职工关爱帮扶体系，努力让每位员工工作得舒心、生活得开心、对未来充满信心，全面促进员工与企业的共同发展。积极投身社会公益事业，对口支援贫困地区，坚持用爱心回馈社会。

（3）进入新时代，在习近平新时代中国特色社会主义思想的指引下，中盐红四方将继续坚持技术创新和管理创新，借助长三角地区及安徽省、合肥市产业聚集的区位优势，着力推动公司由"传统制造"向"智能制造"转变，由基础化工向精细化工、新材料、新能源方向转变，由产品延链、补链、强链向绿色低碳高端产品方向转变，提高综合利用效能，按照诚信企业建设要求，坚持不懈地抓好企业信用体系建设，突出中盐红四方特色，实现常抓长效、长抓常新，厚植信用体系建设的土壤，为"建成优秀化工企业，构筑幸福红四方"的美好愿景而不懈努力。

案例创造人：罗斌

信守合同信用　建设诚信企业

国能新疆化工有限公司

一、企业简介

国能新疆化工有限公司（以下简称新疆化工）位于乌鲁木齐市甘泉堡经济技术开发区，其前身为中国神华煤制油化工有限公司新疆煤化工分公司，于2012年3月7日成立，注册资本金为73亿元，股东为中国神华煤制油化工有限公司。公司现有员工1335人，下设11个管理部室和8个中心，公司以煤炭为生产原料，主营业务为生产和销售聚丙烯树脂、聚乙烯树脂、甲醇、丙烯、乙烯、硫磺、戊烯、丙烷、混合碳四、液氮、液氧、硫酸铵、煤灰渣等化工品。

2019年新疆化工荣获中华人民共和国工业和信息化部"绿色工厂"称号、新疆维吾尔自治区"绿色工厂"称号以及中国石油和化学工业联合会颁发的"绿色工厂"称号；2018—2020年连续3年荣获中国石油和化学工业联合会颁发的"能效领跑者标杆企业（煤制烯烃）"称号；2020年，获得煤制烯烃行业水效"领跑者"标杆企业荣誉称号。近两年，累计纳税8.81亿元，连续两年被评为纳税人信用评价A类企业，获得"纳税突出贡献单位""纳税大户先进单位"称号。

二、经营理念

坚持以科技创新、深化改革、管理提升为抓手持续保持企业安全、稳定、清洁运行，坚持以高端化、多元化、低碳化为目标积极谋求企业高质量可持续及升级转型发展，为建设世界一流煤化工企业及拉动新疆地区经济社会发展贡献新的力量。

三、决策部署

新疆化工根据《中华人民共和国公司法》规定及集团公司相关管理制度要求制定了公司章程，章程中明确规定了董事长对外代表公司签署有法律约束力的重要文件。公司设立了采购领导小组，作为合同采购的最高决策机构，采购领导小组成员由公司领导班子组成。同时公司成立了企业管理与法律事务部作为法律和合同的归口管理部门，还按照法律法规及集团规定制定了《授权管理手册》，明确了合同起草、审批、签署、履行、关闭等重大事项相关职责。

四、体系建设与制度保障

公司设立了总法律顾问，党委书记、董事长兼任总法律顾问，同时设立专职法律顾问岗1人。

公司下设企业管理与法律事务部，作为法律事务等工作的归口管理部门，设有法律事务、制度管理、合规管理、合同管理等岗位，目前从事相关工作人员5人。企业管理与法律事务部负责检查和监督公司各项合同管理工作，宣传贯彻国家有关合同方面的法律、法规，拟订、修订并贯彻上级公司及本公司有关合同管理方面的规定，协助合同承办单位起草、谈判、审核、签订重大合同等工作，审核合同承办单位草拟的合同，办理与合同有关的法人授权手续，对合同履行情况进行监督、检查，对公司各单位的合同履约管理工作进行检查、指导、监督，参与或组织合同争议的调解、仲裁、诉讼活动等工作。

以依法合规经营为基石，企业管理与法律事务部通过不断完善法治建设领导小组、合规管理委员会等专业机构方式来加强组织保障。通过将依法治企要求纳入到公司经营业绩考核体系当中，全面提升了公司合规合法管理水平，增强了严格遵守国家法律法规的意识。在公司治理方面，公司名称、法定代表人、执行董事以及高级管理人员发生变更后，公司第一时间向工商管理部门申请变更登记，并督促相关部门在规定时限内完成相关证照的变更，同时及时公示企业信息，有效地保障了公司治理体系运行顺畅和证照管理的合规性，减少了公司法律风险，提升了公司信誉。

公司明确合同承办部门负责承办项目的调研和潜在签约方资格的预审，负责承办合同所载业务事项的批准、预算申请、寻源等程序，负责对询源程序的完整性、合规性进行前期把关，负责合同的起草、谈判、审签、履行、变更、解除及纠纷处理等工作，负责组织合同有关部门履行合同约定的各项义务，并随时掌握对方履行合同的情况，处理合同履行中出现的各种问题。

根据《中华人民共和国民法典》及集团公司、化工公司合同管理相关规定，新疆化工组织制定了《国能新疆化工有限公司合同管理办法》《国能新疆化工有限公司销售合同管理办法》《国能新疆化工有限公司物资采购合同纠纷及索赔管理办法》《国能新疆化工有限公司物资采购合同管理办法》《国能新疆化工有限公司法律纠纷案件管理办法》《国能新疆化工有限公司重要决策法律审查管理办法》《国能新疆化工有限公司合规管理实施办法》等与合同管理相关的一系列制度。针对合同询源前期工作，根据《中华人民共和国招投标法》及集团公司、化工公司采购管理相关规定，组织制定了《国能新疆化工有限公司采购管理办法》《国能新疆化工有限公司物资采购供应商管理办法》《国能新疆化工有限公司物资采购管理办法》等与采购管理相关的一系列制度。另外，公司根据职责划分、审批权限组织制定了《授权管理手册》，明确了各类合同事项的审批权限、决策机构。通过以上制度体系的建设，顺利为合同的诚信签约、履约以及诚信企业的建设保驾护航。

新疆化工各单位严格按照职责与分工各司职守，按照法律法规及公司各项制度要求有序开展询源、签订、履行、变更、关闭等合同管理相关工作，从而在形式与实质上做到了双诚信。

五、企业诚信建设案例

2021年，新疆化工共计签定743份合同，合同金额约16亿元。各类合同均按时按条款支付合同款项、按照约定释放保证金，合同履约率达100%，未发生一起合同违约情形。公司致力于合规经营、诚信履约合同，全面规避了合同执行过程中各类失信风险，并多措并举加强诚信签约与履约等工作。

（1）夯实合同询源与招标关，从源头降低合同签订失信风险。公司严格按照招投标法、集团采购相关管理规定，合规合法开展合同前期询源工作，由此提升了潜在供应商缔约合同的意向。通过100%网上公开采购程序，在合同招标采购阶段，委托第三方专业招标代理机构开展采购工作，使得合同采购工作更加公开透明，有效提升了公司的可信赖度。通过挑选专业能力强、技术水平及业务素质高、评标经验丰富的评审专家开展招标采购的评选工作，并按照法律规定程序进行结果公示，有效提升了询源结果的公正性。同时严格落实评标结果审批流程，并按照法定时间及时根据招投标、询价文件与合同相对方达成的一致意见开展合同签署工作。通过以上各个环节的严格把关，有效避免了合同缔约过失、违法签订合同等引发的合同履约失信风险。

（2）严把合同审核关，有效降低合同条款瑕疵导致的失信风险。公司为确保合同条款的合规合法性，通过签订常年法律顾问咨询服务合同及时引入专业律师事务所人员对公司所有合同条款内容进行把关，并严格控制公司各类合同法律专业审核率为100%。另外，在制度里还明确约定公司各类合同要100%通过财务审核。不仅如此，公司合同管理部门在审核合同过程中，还明确要求在合同中增加农民工工资保障等相关条款，以切实保障农民工的利益，由此也维护了公司诚信的良好形象，公司的社会责任也得到了很好的履行。公司还始终把商业信誉放在首位，在合同签署后，公司法务部门及时从相对方资格条件、企业信用、人员机具、社保缴纳等方面依据合同条款约定开展合同相对方入场条件检查工作，从而确保后期合同双方能够顺畅履行合同。通过以上措施的层层把关，有效降低了公司各类合同的实际履行风险，并为后期合同的诚信履约奠定了坚实基础。

（3）持续加大法律法规培训力度，大力提升合同承办人员专业素养，从能力机制建设上避免失信风险。公司企业管理与法律事务部定期邀请专业律师进厂为合同承办人员、管理人员开展《民法典》等法律法规培训，并提供日常法律咨询；及时组织合同管理人员参加国资委法治大讲堂、集团与化工公司组织开展的各类法律业务培训讲座；积极参与制定各类合同范本；认真贯彻履行《民法典》合同编等内容及相关法律法规；大力宣传信用至上的经营理念，积极弘扬诚实守信的行为。通过持续不断的培训和积极的宣传宣贯，公司全体员工依法办事、依照合同条款履约、自觉遵守信用、诚实守信的理念逐步形成，公司上下已经形成恪守合同信用的良好氛围。

（4）不断加强合同履行管控，避免合同履行出现失信风险。公司在合同履行环节持续加强管控，通过每月建立服务工程类合同履行台账、抽查自查物资类合同等监督检查方式，及时掌握公司各类合同履行与付款等相关信息。发现合同履行异常情况时，及时与合同承办单位、承办人员、合同相对方进行沟通与协商，并组织制定针对性整改措施，以及时化解相关问题。由此有效推动了公司各类合同的诚信履约，有效避免了公司失信风险事件的发生。

（5）创造性地将合同履约失信风险融入企业经营业绩管理中，以督促公司各合同承办单位切实诚信依约履行合同。在公司与各单位签订的经营业绩责任书中，明确设定了依法治企考核指标，对因合同履约造成失信行为、发生经济合同纠纷等事项进行严肃考核，以进一步督促各单位信守合同约定，依法依约履行合同，从而不断提升公司的诚信指数与公信力。除此之外，还组织全员开展合规诚信手册学习与合规承诺书签订工作，由此在公司范围内形成了良好的诚信环境。

案例创造人：武振林　张明辉　孙典文　吴国祥　郑港港　赵永科　沙尔科特·艾孜木汗

重于诚信　工于匠心

华电重工股份有限公司

一、企业简介

华电重工股份有限公司（以下简称华电重工，英文简称HHI）是在整合华电科工有限公司原有物料、管道、钢结构等三个传统优势业务及资产，引进中信产业基金等八家战略投资者的基础上，通过改制组建的股份公司。公司成立于2008年12月，2014年12月11日在上海证券交易所成功上市（股票简称：华电重工；股票代码：601226），注册资本金11.67亿元。

华电重工成立以来，坚持以"创造绿色生产、促进生态文明"为己任，以工程系统设计与总承包为龙头，以核心及相关高端产品研发与制造为支撑，致力于为客户在物料输送工程、热能工程、高端钢结构工程、工业噪声治理工程和海上风电工程等方面提供整体解决方案。如今，公司已经为国内外电力、煤炭、石化、矿山、冶金、港口、水利、建材、城建等领域的绿色发展做出了积极的贡献，并朝着具有国际竞争力的工程系统方案服务商迈进，勇担绿色生产、绿色发展的中坚力量。

华电重工以"创造绿色生产、促进生态文明"为己任，秉持"求实、创新、和谐、奋进"的核心价值观，践行"绿色、智能、安全、高效"的发展理念，坚持科技引领、资源协同、健康持续的发展道路，不断强化核心能力建设，将公司建设成为具有国际竞争力的一流上市公司。

华电重工是"北京市高新技术企业""北京市专利示范单位""中关村国家自主创新示范区十百千工程企业"、国家博士后科研工作站单位。拥有物料搬运及仓储工程、轻型钢结构工程、特种设备等甲级设计与制造资质27项。获得各类科技奖项137项，其中省部级科技奖78项。"大型散料装卸输送成套设备"跻身中国机械工业优质品牌。

华电重工系统现有员工2167人，下设11个职能部门、1个研发与科技管理中心，6个事业部，5个子公司以及5个分公司。公司45岁以下员工比例为79.65%，本部具有职称的人数为645人，占比68.84%。

二、营造诚信氛围　强化宣传引领

1.华电重工的宣传理念

华电重工始终围绕"重于诚信、工于匠心"这一理念广泛开展宣传，营造重信守信的良好氛围。2021年年初，在公司层面广泛征集宣传口号，并通过公司微信公众号"华电重工"平台进行投票选取，进一步宣传了公司重于诚信、工于匠心的理念。把"重于诚信、工于匠心，华电重工与你同行"印制在公文包、U盘和签字笔上，让大家在工作中就常常能看见、时时能提醒，在与客户交流中，这一文创产品也深受欢迎，一是宣传了华电重工的理念，二是让客户更加信任华电重工。

重于诚信，即讲诚信，是指公司全体员工热爱企业，忠诚事业，惟真惟实，守信践诺，言行一致。

华电重工坚守诚信合规经营底线，诚信合规经营理念已内化为全体干部员工的思想自觉与行动自觉，诚信合规保障了企业行稳致远。

工于匠心，即不忘初心、技以载德、服务臻心，最终成就华电重工人的不凡匠心。大国工匠，匠心筑梦，华电重工人讲诚信、重技艺、创精品，对于技术和产品秉承精益求精的态度，虚心细心恒心，在细微之处彰显非凡品质。

重于诚信、工于匠心，华电重工以诚信结交天下朋友、以匠心赢得客户广泛认可。

2. 华电重工的价值观

华电重工的价值观是"求实、创新、和谐、奋进"。

求实，即求真务实，真抓实干。一切从实际出发，实事求是，按客观规律办事，察实情、出实招、干实事、求实效、创实绩。

创新，即解放思想，锐意变革。坚持问题导向，突破思维定势，深入实施创新驱动发展战略，不断完善创新机制，激发创新活力，大力推动质量、效率、动力变革。

和谐，即以人为本，和衷共济。注重企业发展与员工发展相协调，尊重劳动、尊重知识、尊重人才、尊重创造，努力营造企业与员工、社会、自然共融共生的发展环境。

奋进，即志存高远，奋发图强。树立远大理想，牢记使命担当，自强不息、艰苦奋斗，追求卓越、勇创一流，立志产业报国，努力实现企业做强做优做大。

3. 华电重工倡导"简单、坦诚、阳光、活力"的组织氛围

简单，尊重程序、规律和原则，处理问题干净利落。提倡简单的人际关系，鼓励同事之间真诚地沟通与合作，强化团队协作；不分亲疏远近，一视同仁，乐于助人。鼓励用最简洁、最直接、最有效的方式解决问题，最大限度减少无谓的时间和资源的浪费。

坦诚，真实就是价值，信任就是财富。提倡同事之间要充满信任，坦诚交流，敢说真话，以诚待人。鼓励追求真善美，鼓励勇于尝试和承担责任，鼓励勇于承认错误并及时改正；隐瞒不报、提供虚假信息者将受到严惩。

阳光，阳光代表着正直、开放、向上。提倡做事情要积极、乐观、正面，相互包容、相互欣赏、相互鼓励。鼓励用阳光心态看人、看事，用阳关心态塑造同事间心灵相通、水乳交融的阳光环境。

活力，充满活力的团队是公司的生命力。提倡员工不断为自己充电，为团队加油，保持创造的活力和创业的激情。充满活力、认真对待工作的员工会得到应有的回报和奖赏，并以更强的自信心和成就感去影响更多的成员。

三、诚信经营实践

1. 全力打造"华电重工"品牌

打造良好的企业品牌就是打造企业的"诚信名片"和"身份证"。近年来，华电重工深入贯彻落实习近平总书记"三个转变"重要指示精神，将品牌建设作为贯彻新发展理念、构建新发展格局、建设世界一流企业的重要抓手，以打造一流品牌影响力为目标，对标先进企业、完善品牌架构、丰富品牌内涵、加强品牌传播，企业品牌效应充分展现、品牌形象不断提升、品牌资产不断增值，为企业高质量发展提供了可靠的品牌支撑。2021年5月，经新华社、中国品牌建设促进会、中国资产评估协会、国务院国资委新闻中心举办的"2021中国品牌价值评价信息发布暨中国品牌建设评比"，华电重工股

份有限公司以 28.50 亿元的品牌价值位列机械设备制造行业第 36 名。

2. 建立健全企业诚信制度

企业诚信体系是社会诚信体系的重要组成部分，也是整个社会诚信体系建设的基础，华电重工从完善诚信体系入手，一方面建立健全并实施合同管理制度，严格履行订供货合同，提升企业信息的透明化；另一方面建立资金信誉管理制度，严守对金融机构的诚信承诺，保证按时归还贷款，不拖欠国家税款，优化市场诚信环境；第三个方面是加大工程项目管理，强化企业全体员工的诚信意识，在生产经营管理活动中守信履约和诚信自律，保质保量按合同约定完成工程建设。

3. 构筑行业"信用链"

努力建立覆盖全产业链的信用信息管理系统，加强组织领导、专业人员培养和考核体系建设，优化供应商管理，降低供应商选择成本，避免与失信企业进行合作，使信用体系建设真落地、接地气，公司自身土壤好，信用体系的大树根深叶茂，推动了产业整体信用管理水平的提升，实现了上下游行业共同发展。

华电重工深入贯彻落实习近平总书记的重要讲话精神，牢记"国之大者"，瞄准"双碳"目标，以高度的政治自觉主动融入国家发展战略，完整、准确、全面贯彻落实新发展理念，推进业务结构调整，优化业务布局，转型升级提档加速，传统优势业务综合竞争力不断增强，诚信品牌影响力稳步提升。

4. 克服困难履约践诺

2021 年华电重工承接了 14 个海上风电项目，其中总包项目 7 个专业分包项目 7 个，均需要 2021 年年底前全容量并网，否则，业主单位将在 2025 年运营期内背上沉重的包袱。华电重工秉承诚信经营理念，锚定目标，克服新冠疫情和"抢装潮"双重压力，用青春和汗水，智慧和毅力践行了自己的承诺，14 个保电价项目如期全容量并网，赢得了业主的信任和赞誉。2021 年，面对复杂严峻的生产形势，华电重工敏锐地意识到船机资源紧缺将对完成生产任务造成巨大影响。为此，公司大胆尝试、大胆实践，成立华电重工海洋风电项目督导组，公司领导"挂牌"督导项目加快推进项目，快速解决海上风电项目执行过程中相关急、难问题，降低经营风险，同时建立"三三"快速决策机制，迅速应对现场复杂多变情况，提高了决策效率，坚守承诺，确保项目按期履约。面对"抢装潮"一船难求的局面，公司领导多次带队与关键船机资源企业沟通交流，充分整合资源，为践行华电重工诚信履约理念提供了根本保证。

5. 履行央企责任担当

2020 年以来面对复杂严峻的疫情防控形势，华电重工紧盯重点工程目标节点，始终做到"毫不放松抓好疫情防控，毫不放松抓实工程管理，毫不放松抓牢安全质量"。公司各项目部迎难而上，攻坚克难，担当作为，做到了与时间赛跑、与风浪斗争、与困难较量，28 个重点工程如期完成目标，为业主交上了完美答卷，实属不易。

特别是海上风电项目在施工船机一船难求、人员紧缺、工期不容商量的极限压力下，排除万难，圆满完成了 14 个"保电价"项目建设目标，把不可能变为了可能，赢得了业主高度肯定。海上风电业务是华电重工"十二五"规划确定的战略新兴业务，为了抢占市场先机，华电重工提前布局，于 2009 年开始筹备海上风电业务，经过多年的不懈努力，海上风电业务已成为了华电重工的重要业务板块。经过"十三五"期间的快速发展，华电重工在海上风电研发、设计、制造、施工等方面均取得了重大进展和可喜成绩，工程建设能力，诚信履约能力均得到了业界广泛的认可。

四、实践成效

公司成立以来，连续多年获评 AAA 级信用等级。华电重工资信良好，资金实力雄厚，资产质量优良，经济效益很高，支付能力强，具有良好的成长机会和发展前景的，坚持诚信经营为公司高质量发展打下坚实基础。

公司参建的莱州二期项目荣获"国家优质工程金质奖"，句容二期、邵武电厂三期荣获"国家优质工程奖"。这些重点项目的顺利推进，彰显了华电重工强大的履约能力和值得信赖的品牌形象。在工程行业激烈的市场竞争中，2020 年，华电重工实现营业收入 89.06 亿元，同比增长 24.12%，较改革前提高 84.73%；新签合同额连续两年突破百亿，较改革前提升 73.59%，营业收入和新签合同额两项经营指标均破历史记录；利润总额同比增长 63.95%，较改革前提高 176.47%。2021 年，公司经营业绩大幅增长，安全环保平稳有序，企业改革稳步推进，重大工程完美收官，科技创新能力增强，市值管理成效显著，转型发展步伐加快，党史学习教育卓有成效，党的建设持续加强，员工满意度持续提升，各项工作取得了可喜成绩：实现归属于上市公司股东的净利润预计增加 18750 万元到 21830 万元，同比增长 194% 到 226%。归属于上市公司股东的扣除非经常性损益的净利润预计增加 15905 万元到 18985 万元，同比增长 232% 到 277%。

五、展望未来

"十四五"期间，华电重工以"创造绿色生产、促进生态文明"为己任，践行"拼搏进取、严谨高效"的企业精神，秉持"诚信求真、创新和谐"的核心价值观，奉行"客户至上、价值导向"的经营理念，以技术创新为引导，构建以"海上风电度电成本"为导向的联合开发模式，推出多样化的海上风电平价一体化解决方案。继续开展海上风电装备制造、工程总承包、风场投资及运营维护"三位一体"的业务，助力"3060"双碳目标达成，为我国海上风电的持续、健康发展做出应有的贡献，续写碧水蓝天的华彩篇章。

案例创造人：赵胜国　刘玉飞　郭春燕　王晓惠

以绿色发展为引领　夯实煤炭产品质量树立现代"诚信企业"新形象

国能准能集团有限责任公司

一、企业简介

国能准能集团公司（以下简称准能集团）是国家能源集团二级管理单位，是中国神华能源股份有限公司的全资子公司，是集煤炭开采、坑口发电及煤炭循环经济产业为一体的大型综合能源企业，统一管理神华准格尔能源有限责任公司、中国神华能源股份有限公司哈尔乌素露天煤矿和神华准能资源综合开发有限公司。

准能集团位于内蒙古自治区经济发展最具活力的呼包鄂经济圈，地处蒙、晋、陕交界处的鄂尔多斯市准格尔旗薛家湾镇。煤炭资源储量30.85亿吨，具有"两高、两低、一稳定"（即灰熔点高、灰白度高、水分低、硫分低、产品质量稳定）的品质特点，是优质动力、气化及化工用煤，以清洁低污染而闻名，被誉为"绿色煤炭"。公司拥有年生产能力3400万吨的黑岱沟露天煤矿、3500万吨的哈尔乌素露天煤矿及配套选煤厂，年生产能力14.5万吨的炸药厂，装机容量960MW的煤矸石发电厂，年产4000吨的粉煤灰提取氧化铝工业化中试工厂，以及生产配套的供电、供水等生产辅助设施。截至2021年年底，集团资产总额595.63亿元；在册员工9159余人；累计生产商品煤8.26亿吨，发电655.22亿度；累计实现利润599.44亿元；累计上缴税金546.08亿元。

作为国有大型煤炭企业，集团始终以向社会提供清洁能源为己任，立足诚信经营，不断加强企业信用管理与内部控制，在引领行业诚信经营方面做出了突出贡献，在社会上树立了良好的形象，赢得了社会各界与广大客户的普遍信赖与赞誉。2011年至今一直被中国煤炭工业协会评为煤炭行业"企业信用评价AAA级信用企业"。自2013年参加社会责任发布以来，连续四次获得"全国煤炭工业社会责任报告发布优秀企业"荣誉称号。连续多年被中国工业合作协会评为"企业信用评价AAA级信用企业"。2020年申报的"以诚信建设为主体、树一流企业品牌、推进企业可持续发展"案例经入选"全国最佳诚信企业案例"，集团公司董事长荣获"全国优秀诚信企业家"称号。

二、企业诚信经营理念

准能集团从成立之日起，一直奉行"协同一体、降本增效、诚实守信、同享共赢"的经营理念，打造煤炭开采、坑口发电、循环经济一体化的准格尔区域经济新模式，各业务板块相互协调、联动运营，整合资源，优化配置，发挥优势，降低运营成本，提高管理效能，增加经济效益。集团模范遵守法律法规和社会公德、商业道德以及行业规则，及时足额纳税，连续多年被评为鄂尔多斯纳税"十强企业"，内蒙古自治区"纳税百强企业""A级信用纳税人"。

三、企业诚信建设具体实践

1. 提品质强管理，筑牢"准混"绿色煤炭品牌

煤炭行业的主要产品是煤炭，煤炭的质量关系到企业市场开拓、企业盈利、形象提升的全局。准能集团从源头树立质量管控理念，依托洗选系统智能化改造，以技术创新为抓手，形成程序化的质量管理体系。

（1）秉承煤炭质量优先，强化现场技术改造。为实现煤炭产品质量保障，集团对选煤工艺及转运环节进行技术改造，结合露天煤矿煤质特性，研究块煤防破碎装置和块煤敞车集装箱运输方式，减少块煤在转运过程中的二次破碎，提高环保块煤的生产能力和质量。同时，先后对选煤厂七套筛分系统进行弛张筛改造实践，将原有14台香蕉筛全部更换为弛张筛。原煤入洗下限降至6mm，增加原煤入洗量，优质煤比例提升15%左右。根据市场需求和煤质变化，灵活调整块煤和混煤的生产工艺。

（2）推进技术创新，提升煤炭供应质量。集团依托新技术、新工艺的开发研究应用不断提升煤炭质量。积极引入煤质在线检测技术，根据煤质在线监测装置实时反馈的商品煤煤质数据，指导工作人员在线装车，及时纠错，保证装车热值接近目标热值，实现精准装车。推进智能装车项目的落地实施，智能装车系统分为智能装车、智能配仓、精准配煤、智能管理四大子系统，每个子系统下由若干功能模块来实现具体任务。"无人装车""智能配仓""精准配煤"三子系统均可独立运行，可根据生产需要选择性开启。全方位地提升装配管理水平，实现精准配煤和无人值守智能装车。

（3）依托智能化改造，提升质量管理效能。集团选煤厂先后开展块煤三产品智能干选、智能输送、智能装车等研发类科技创新项目，初步形成"分步设计、分工艺推进、分阶段实施、分模块建设"的智能化建设思路。项目建设紧扣安全管理人、机、环、管四个层面，通过开发长距离胶带机智能巡检、配电室远程停送电，让人员从繁重的工作中走出来，把人员精力从繁杂事务中抽出来；开展设备状态感知技术开发、模拟三维数字孪生工厂，做到深入了解设备内在信息，让设备生命周期长起来；应用人员作业远程监控和应急救援系统、AI视频技术，完善环境安全监测手段，使作业环境和作业安全保障强起来；优化网络基础设施，搭建信息管理平台，依托专家数据库实现智能决策和生产组织优化，使安全生产管理"智"起来。最终达到安全、高效、智能、节能的洗选加工目标。

（4）坚持客户至上，提升服务质量。服务创造价值，专业赢得信任。集团高度关注客户需求，建立客户数据库，通过先进的信息化手段，合理组织煤炭生产调运。多途径收集、反馈客户意见和建议，建立高效、准确的信息收集、加工、处理、反馈系统，及时改进产品不足之处，维护老客户，开发新客户，培养客户的忠实度，力争使服务有一个质的飞跃，提供客户满意的煤炭产品，用优质服务擦亮"准混"煤品牌。

2. 扛起责任主动作为，稳守煤炭生产安全防线

煤炭企业作为高危行业，只有按照诚信作业、严格诚信监管，一切以诚信为基本原则，才能筑牢煤炭生产的安全防线。准能集团始终把实现安全生产、保障职工生命安全当作是对职工的最大承诺、对企业的最大负责、对社会和国家的最大诚信。

准能集团一直秉承"以人为本、安全为天"的安全发展理念，以尊重员工，关爱员工，维护员工的身心健康为出发点，提高员工素质和主观能力来保障企业的安全运行，实行全过程、全人员、全方位的安全管理，使企业保持在本质安全状态。集团紧紧围绕"安全一流"建设目标，牢牢抓住风险预控管理体系、班组建设、岗位标准作业流程"三大法宝"，以"有法必依、执法必严、违法必究"的决心，

做到安全教育、现场管控、隐患排查、问责机制"四到位",大力弘扬"铁心、铁面、铁规、铁腕"的"四铁"精神,不折不扣执行安全生产各项工作。

2021年,准能集团全面推行安全生产标准化管理体系,持续推进风险分级管控和隐患排查治理双重预防机制严格执行岗位标准作业流程,强化挂牌督办,强化精准治理,防范承包商安全风险,加强班组安全管理。强化安全科技攻关成果在生产一线,特别是高危区域、高危岗位的推广运用。积极推进大数据、人工智能与煤矿安全生产深度融合,为安全生产提供科技保障,研发应用露天矿矿用卡车无人驾驶,长距离皮带输送系统安全智能监测、智能机器人巡检,有序推进"机械化换人、自动化减人"。持续打造更多国家级、自治区级安全文化建设示范企业,创立准能安全文化品牌。目前,集团已有1家单位荣获"全国安全文化建设示范企业"荣誉称号,7家单位荣获自治区级"安全文化建设示范企业"荣誉称号。

准能集团黑岱沟露天煤矿、哈尔乌素露天煤矿连续多年获得"国家特级安全高效矿井""国家级安全质量标准化煤矿""全国岗位标准作业流程对标示范单位""特级高产高效露天矿""一级安全生产标准化煤矿""双十佳煤矿"等荣誉称号,在国家能源集团安全环保达标考核中连续多年保持一级达标。

3.践行绿色发展理念,走生态优先、绿色发展道路

准能集团始终坚决贯彻落实习近平生态文明思想,践行生态优先、绿色发展理念。经过多年探索,初步形成了采矿过程与生态有机融合为特征、以人为活动与自然和谐共生为追求的"采—复—农—园"协同发展模式。

准格尔矿区地处内蒙古鄂尔多斯高原,原生态脆弱,经济结构单一,水资源匮乏,植被稀疏。自建矿以来,集团根据矿区地质特征,运用露天采矿工艺,创新形成水土流失控制技术体系、生态重构技术体系、标准化作业流程,坚持"两边走、四同步"(边开采、边复垦,同步规划、同步安排、同步实施、同步考核),做到了"黄土封绿、立体造绿、择空补绿",将排弃地复垦全覆盖、无死角,实现"地貌重塑、土壤重构、植被重建、景观重现、生物多样性保护与重组"。在新的历史机遇期,集团立足高质量发展,加快转型升级,将工业文化、生态文化与旅游功能深度融合,创新发展"生态+光伏、生态+农业、生态+牧业、生态+林果、生态+旅游、生态+棕地利用"等多元产业,探索了"造绿储金、点绿成金、守绿换金、添绿增金、以绿探金"多种"两山"转换路径,GEP稳步提升,矿区生态系统调节服务价值增加至27.31亿元。

截至2021年年底,集团复垦总面积5万余亩,累计投入土地复垦资金16.72亿元,治理率100%,植被盖度由25%提高至80%,水土流失控制率80%以上,生态系统实现正向演替、良性循环。如今的矿区山清水秀、景美物丰、鸟语花香,已成为百鸟的天堂、动物的乐园,被评为"中国最美矿山",获首批"国家级绿色矿山",获批"准格尔国家矿山公园",2019年承办内蒙古自治区落实中央环保督察整改推进绿色矿山建设现场会,2021年被选为全国智慧矿山、绿色矿山建设现场会举办地。与此同时,集团主动承担央企的政治责任和社会责任,以矿区绿色生态经济产业为支撑,不断探索助力脱贫攻坚、乡村振兴的新方法、新机制,实现与当地政府深度融合、同频共振。集团与准格尔旗人民政府联合成立矿区生态公司,打造乡村振兴产业园,培育了"政府+准能集团+矿区生态公司+党支部+合作社+农户"产业联合体、"准能集团+国家矿山公园+准旗文旅集团"文旅联合体,通过产业扶贫、消费扶贫、就业扶贫,带动准旗农户1000多人脱贫致富。

4.维护职工权益,创建和谐劳动关系

和谐稳定是企业持续健康高质量发展的坚强基石,是推进企业改革发展的重要保障。

准能集团积极构建和谐劳动关系，全面落实职代会各项职权，开展"公开解难题、民主促发展"主题活动，不断深化"四级"厂务公开，保障职工的知情权、参与权、表达权和监督权。坚持以员工为中心的工作导向，广泛开展"我为群众办实事"实践活动，深入推进幸福员工工程建设，做实做强"四季四送"品牌活动，大力开展员工普惠性服务，持续加强员工日常慰问、阳光心态和疗休养等工作，切实改善职工生产生活环境，不断提升职工群众获得感、幸福感、安全感。大力践行以文育人、以文惠人的发展理念，坚持文化治企、文化强企和文化兴企，广泛传播先进文化，大力实施全民健身计划，深度培育企业精神，打造富有时代气息、独具准能特色的职工文化品牌，推动健康企业建设，不断提升企业软实力。

2021年，准能集团牢牢把握职工群众对美好生活的向往，为全体职工量身定做了工作正装、自编自导自演了震撼人心的大型音乐舞台剧《高原春秋》，发布了提振士气的公司司歌《准能》，评选表彰"百名杰出员工"，公司的向心力和凝聚力显著增强。

积极开展员工医疗互助保障行动。为员工建立多元化、多渠道的医疗保障体系，组织8810名在职员工参加内蒙古自治区2021年度职工医疗互助保障行动，并为员工办理住院医疗互助申请490人次，申请补助金34.4371万元。持续加强困难员工帮扶救助工作，扎实开展"四季四送"，实现帮扶救助广覆盖、常态化，在元旦、春节、庆祝建党百年期间开展送温暖慰问活动，共慰问困难员工284人次，发放慰问金104.28万元；对26户因重大疾病致困家庭进行帮扶救助，发放救助金44.98万元；对24名困难家庭子女入学实施救助，发放助学金14万元。

准能集团多年来坚持安全生产、绿色发展，保障员工权益，实现利益相关方的利益最大化，不断推动诚信建设融入公司发展规划和管理体系，牢固树立了"诚信可靠、恪守承诺、合法经营、依法纳税"的企业形象。

案例创造人：张勇　贾东学　陈志强　辛瑞广

绿色施工　擦亮诚信名片

中冶交通建设集团有限公司

一、企业简介

中冶交通建设集团有限公司（以下简称中冶交通）是中国冶金科工集团（上市公司"中国中冶"）的全资子公司。2003年1月23日，中国冶金建设集团路桥公司正式成立。2005年11月6日，中冶集团以中国冶金建设集团路桥公司为基础，并重组整合从事公路工程总承包业务的相关人员、资产，成立了中冶交通工程技术有限公司。同一时期，中冶集团国内工程分公司与中冶高技术工程有限责任公司通过合并重组，成立了中冶建设高新工程技术有限责任公司。2014年9月24日，原中冶交通、原中冶建设与中冶马梧公司3家单位优势整合，新的中冶交通建设集团有限公司正式成立。中冶交通作为中冶集团"四梁八柱"综合业务体系中交通市政基础设施板块的旗舰企业，是集投融资、建设、运营管理为一体的大型公路和城市基础设施建设总承包商。公司注册资本金93亿元。

中冶交通是国家高新技术企业，具有完备的资质体系，拥有公路工程总承包特级资质、公路行业工程设计甲级资质，市政公用工程施工总承包、房屋建筑工程施工总承包一级资质，桥梁工程、公路路面工程、公路路基工程、公路交通工程（公路安全设施）、公路交通工程（公路机电工程）专业承包一级资质，以及在地基基础工程、电子与智能化工程、城市及道路照明工程等方面拥有完备资质。

中冶交通在公路交通、市政基础设施、房地产开发与建设以及机电与交通安全设施工程等领域都承建了一批极具影响力的优质工程，并先后获得多个鲁班奖、詹天佑奖、国家优质工程奖、交通部优质工程奖、国家级施工安全生产标准化工地、全国质量信得过班组、中国交通运输协会科学技术奖及近百项省级优质奖。

面向未来，中冶交通在中冶集团"做冶金建设国家队、基本建设主力军、新兴产业领跑者，长期坚持走高技术高质量发展之路"战略新定位的引领下，弘扬"一天也不耽误，一天也不懈怠"企业精神，携手共创美好未来！

二、组织架构和经营情况

中冶交通总部职能管理层面设有17个职能部门，负责战略引领和职能管控；设有42家分公司，其中实体分公司18家，窗口分公司24家；共有30家子公司，其中全资子公司3家，控股子公司4家，参股子公司23家；直管项目部6个。

公司现有人员927人，正高级职称30人，高级职称172人，中级职称469人，一级建造师注册人员139人次。工程技术人员359人；本科及以上学历728人，占比78.53%，其中硕士及以上学历106人。

近五年公司新签合同额、营业收入等指标均实现较快增长。2016—2021年公司新签合同额和历史最高水平相比增长达到188%，营业收入指标一直处于逐年小幅增长的状态。2021年完成新签合同额530亿元，同比增长60.61%，营业收入90.65亿元，同比增长34.54%。

三、诚信经营理念

在企业经营过程中，中冶交通人要恪守诚信，视承诺为尊严，以铮铮的信誉换取社会和市场对企业的价值承认。对外，诚信是中冶交通在市场竞争中的立足之本，应本着对社会负责、对业主负责、对自己负责的态度，在工程建设中严把质量关，恪守信誉；对内，同事之间、上下级之间坦诚相待，以信取人。

四、决策部署

坚持国有资本保值增值。要在新的伟大征程上，把握发展规律，发扬斗争精神，在危机中育先机、于变局中开新局，抓住机遇，应对挑战。主动融入党和国家事业发展的战略中去，以企业家的胸怀眼光、专业优长和责任担当，让国有资本保值增值，让广大员工有归属感幸福感安全感。认真履行央企的政治责任、经济责任、社会责任，助力"中国式"的现代化，"中国式"的共同富裕的推进。

坚持聚焦主责主业。要深刻认识集团赋予公司做交通建设板块的主力军的使命任务，抓住国家关于"基础设施可适度超前发展"的发展机遇，进一步创新思路，发展更加宽泛的交通运营市场；积极发展智慧交通、数字交通、交通枢纽工程等；要充分发挥自身强项，加快抓好交通专业人才培养，让专业的人办专业的事；深耕主业，把主业做专做优做强做大，巩固和维护好交通市政领域优势。

五、实践成效

（一）以"两山论"为指导，坚持绿色诚信施工

在风景优美的国家重点林区——内蒙古阿尔山，中冶交通建设的阿尔山伊柴公路将分散在这块宝地上的风景连通了起来，撬动起旅游经济杠杆。在习近平总书记"两山论"的指引下，中冶交通阿尔山伊柴公路助力阿尔山融生态环保与生态旅游于一体，充分发挥阿尔山作为第三批"绿水青山就是金山银山"实践创新基地的旗帜作用。中冶交通的建设者更是在建设中，想方设法、不遗余力地采取多项措施保护生态环境，实现生态零污染，呈现出"施工与自然两不打扰，人与自然两相宜"的建设画面。

当《奔跑吧兄弟》把拍摄地选择在内蒙古阿尔山时，麦场、白狼林俗村、奥伦布坎森林文化旅游区、海神温泉博物馆，这些优美的风景和迥异的民俗通过网络传遍全国各地，阿尔山这片宝地传遍四方。但与此同时，崎岖的道路却阻碍了大家观赏的步伐。

因此，在阿尔山市国家重点林区里建设伊柴公路势在必行。而在建设过程中，实现国家重点林区生态零污染成为中冶交通阿尔山项目部需要重点考虑的问题，也成为他们的"心头病"。

省道308线伊尔施至柴桥段公路工程（伊柴公路）位于阿尔山市国家重点林区，总长87.07公里，中冶交通主要承建K43+943-K87+079段，采用二级公路标准建设。当中冶交通的建设者们来到这里，肩负起这条承载着生态旅游经济发展的交通要道的施工任务时，便十分清楚肩上背负的使命。

2019年7月，阿尔山荣获2019年"中国天然氧吧"创建地区称号。"不仅要把施工做好，更要花大力气维护好这片天然氧吧。"这句话出自伊柴公路项目经理张进宇，也是项目部清晰而又坚定的信念——在守护好自然环境的前提下，保质保量完成伊柴公路的建设工作。

由于途经国家森林保护区，项目部在建设中面临着泥浆排放困难、取料远等一系列环保问题。2014年1月，习近平总书记在阿尔山视察时指出："我们发展生产，搞各项事业，什么时候都要守住生

态底线，保护好生态就是发展。"项目部以总书记的环保理念指导项目环保施工的实践，项目风风火火地干了起来。

因项目主线位于群山之中，缺少施工原材碎石，距料源地又非常遥远。项目团队想出了下面这样的防尘环保办法。为了节约成本，避免远距离运输产生的扬尘等环保问题，项目招标了施工队伍自产碎石。生产碎石必然带来扬尘，项目又在碎石机里安装了水管，碎石场周围做了围挡。这样，在机器粉碎和堆积碎石的过程中，便没有扬尘产生，环保效果很好。

哈拉哈河是这里的母亲河。项目几座桥梁均在哈拉哈河附近施工，不冻河桥甚至在河中建起。怎样才能保护河水不被污染？项目部又出新招。为了保护河水不被污染，项目在桩基施工时，发明了一个"秘密武器"——"铁箱"。桩基施工产生的泥浆，项目并未使用传统的泥浆池，而是用钢板焊接的铁箱进行收集。这样做，泥浆就被"圈"了起来，不会到处流淌，避免了对哈拉哈河造成污染。坚持环境护理靠前安排，项目预见性地将桩基冲击钻施工变更为旋挖钻施工，对比而言，避免了泥浆对河道的污染。

怎么实现环保节约用水？项目部又动起了脑筋。施工中，项目几座拌和站的用水都通过打井得到很好的解决，并不占用哈拉哈河的水资源。因为施工现场周边都是森林，虽然边疆风大，但尘土飞扬的情况其实很少见。即便如此，项目仍然坚持在施工中保护森林和土地，确保施工时现场的湿润，洒水车一直降尘。对于现场裸露的地面，项目仍坚持用绿网加以覆盖，不给扬尘以任何可乘之机。

现场一部分道路段落属旧路加宽段，路基维持现有宽度不变，路面加宽至 6 米，占地并不多。但按照设计，仍需路过当地著名景点石塘林，需要清除一部分树木障碍。为了确保森林得到最好的保护，项目坚持在道路周边树木较为稀薄的地方栽种新的树苗，并于每年草木旺盛生长的春夏之交同当地林业局一起组织种树活动。

（二）生态零污染，打造环境诚信

中冶人的施工，同这里的大自然几乎形成了两不打扰的美景。据现场的技术人员们讲述，他们经常都能看到鹿、狍子和各种鸟类。常常是我们的队伍在施工，而百米外的动物们在悠然自得地吃草、喝水、奔跑、嬉戏。这些动物们不怕他们，也没有打算迁徙离开，而是融入这片自然，陪伴在他们施工的漫漫岁月中。

"最美不过我们走后，这里仍俊美如初。来这里奋斗过，我们可以便捷地到达这条路串联起的多种风景，共同为中冶交通留下一块响亮的环保品牌。"来到项目现场的人都情不自禁地这样说。"在这施工期间，我们一同见证了奇迹的产生，从秀美景色'无人问津'，到现如今交通便利，绿水青山，动物嬉戏，对外互通有无，无一不凝聚了大家的心血。"在风景区内建设最美阿尔山伊柴公路的张进宇对人与自然和谐共生感受颇深。

在中冶集团绿色建设环保理念的引领下，项目结合所在地方环境特点，成立了以项目经理为组长的环境保护小组，出台了《施工过程环保条例及奖惩措施》等积极的环保制度和举措，为项目在环保方面提供引领。在阿尔山项目整个团队的努力下，他们在技术创新、工法方面，将 4 座小桥板梁预制由先张法变更为后张法，节约了临时占地；将石塘林两座小桥变更为钢波纹管涵，不仅施工场地破坏更少，与周围环境更加协调。在这些优秀做法的加持下，为项目节约了成本，提升了施工环保的质量和环保管控的能力。

项目还同当地森林公安和林场之间建立了联动，提前熟悉当地施工环境，制定有针对性的施工方案，充分发扬中冶人"一天也不耽误、一天也不懈怠"的企业精神，共同建设并维护着这条承载着当地经济发展和人民生活幸福的"生态旅游大动脉"。

"绿水青山就是金山银山"简练鲜明地体现了习近平总书记的生态文明思想,"两山"理论指明了人与自然的关系从矛盾冲突走向和谐统一的文明走向,而这也是阿尔山的发展路径。

伊柴公路建成后,将串联众多风景。其中响当当的景点有天池、石塘林、三潭峡、驼峰岭、大峡谷等,届时,这些明珠般宝贵的景点,必将形成一条环形生态旅游精品线路,造福着五湖四海的游客。真可谓一路串"五景",把当地绿水青山的自然价值转化为富民增收的经济效益和社会效益,让百姓既坐拥"绿水青山",又获得"金山银山",这是中冶建设者们不变的初心和使命。

案例创造人:刘英国　马凯妮

能源保供二十载　践行国资央企责任

国能粤电台山发电有限公司

一、企业简介

国能粤电台山发电有限公司（以下简称国能台山电厂）总装机容量512万千瓦，是中国装机规模最大的燃煤发电厂之一，位列全球燃电企业装机规模最大排行榜第10位。

国能台山电厂成立于2001年，注册资本46.695亿元，位于广东省台山市。自成立以来，始终坚持党的领导，以质量效益为中心，努力打造安全高效、生态文明的一流电力企业，取得了较好的经营业绩，实现了国有资产的保值增值。截至2021年年底，累计发电3448.75亿度、创造产值1312.34亿元、实现利税440.23亿元，是广东省重要能源保障单位。

二、诚信经营，铸造电力口碑

国能台山电厂成立之初就将"诚信、责任、规范、素养、自律、竞合、开放、创新"十六字立为企业核心文化理念，通过发放《企业文化手册》、组织全体员工签订《诚信自律声明》和开展信用行为评定工作，引导全员将诚信理念内化于心，外化于行，践行国家"富强、民主、文明、和谐、自由、平等、公正、法治、爱国、敬业、诚信、友善"社会主义核心价值观和国家能源集团"诚信、法治、创新、和谐"核心价值观，努力培育和弘扬诚信文化，持续提升企业品牌知名度和信誉度。企业经营活动秉持"以安全生产为基础，以经济效益为中心，以市场开发为导向，以机制创新为动力"的经营理念，为电网提供绿色、清洁、高效的电能，践行"可靠、可调、规范、诚信，做电网不间断电源（UPS）"的客户服务理念。

国能台山电厂荣获第六届全国文明单位、全国电力行业优秀企业、全国电力行业用户满意企业、电力安全生产标准化一级企业、全国安全文化建设示范企业等荣誉称号，连续十四年获全国"安康杯"竞赛优胜企业、连续三次荣获广东省诚信示范企业称号，荣获广东省法治文化建设示范企业、广东省最佳诚信企业、广东省环保诚信企业。多台机组在全国电力行业竞赛中获金牌机组、A级机组、中电联可靠性优胜机组等荣誉。2021年，国能台山电厂荣获广东省守合同重信用企业、电力行业AAA级信用企业以及商业信用中心"全国优秀诚信案例"等荣誉。

三、企业守法诚信制度建设情况

国能台山电厂出台信用管理办法，发布诚信行为管理、法律事务工作管理、合规管理、企业主要负责人履行推进法治建设第一责任人职责实施细则等十余个诚信合规工作制度，不断健全企业信用管理体系。诚信行为管理办法明确新员工、新班组、新部门以及新入厂的承包商员工与公司签署《诚信自律声明》，并将诚信管理结果作为岗位晋升、技能评价的重要基础要件，引导人员和机构从自我管理、履行职责、遵守规则、遵守道德四个方面开展诚信管理。累计评选16名"诚信自律员工",将诚信自律先进员工树立为典型,激励全体员工争做诚信自律的好员工。

国能台山电厂制定供应商管理标准、承包商评价管理细则等与合同相对方的诚信管理制度,结合《国家能源投资集团有限责任公司供应商失信管理实施细则(试行)》,健全供应商、承包商信用管理体系,加强和规范供应商的信用监管,建立"重点关注名单""黑名单"制度。根据国家能源集团联合惩戒失信供应商的要求,对因违反法律法规、不履行法定义务、违背商业道德、违反合同义务和承诺等失信行为的供应商,经认定、处置、信息公布、异议处理等相关程序后,采取"警告""暂停资格"和"取消资格"三种方式进行信用约束和联合惩戒,视其失信行为严重情况采取对应的措施,限制其参与本公司以及国家能源集团范围内的采购活动资格,直到供应商信用记录恢复正常为止。国能台山电厂采购活动开始前,要求所有参与的潜在供应商签署《廉洁守信承诺书》,承诺在业务交往活动中恪守诚信、廉洁、自律的行为准则。合同签订后,国能台山电厂倡导合同双方重合同、守信用。公司每季度开展《季度供应商评价报告》,针对供应商资质、技术管理、银行信誉、运营状态、协作关系、陈鑫、投标、交货质量、服务、支持力度等方面对公司供应商方面进行评价,评价信用等级分为B、A、AA、AAA四个级别,并按照评价结果进行应用。

企业招标采购系统定期更新中国电力联合会发布的涉电领域失信联合惩戒对象名单以及政府主管部门认定的失信被执行人名单,限制失信联合惩戒对象在系统的注册直到移出名单,实现"一处失信,处处受限"的信用惩戒格局。

四、企业诚信实践案例:能源保供二十载

(一)一期5台机组为化解新世纪第一次供电紧缺而生

自1989年起,广东省生产总值连续稳居全国第一位,成为全国第一经济大省份,新建厂房鳞次栉比,机器设备投资快速增加,全社会用电量持续增长,电力供应日趋紧张。2000年广东电网被迫采取拉闸限电,2002年全国12个省份限电,2003年电力紧缺省份增加到18个,2004年拉闸限电省份增加到24个,甚至城市路灯停电,出现近二十年来第1次全国性供电紧缺。

2001年3月28日,广东国华粤电台山发电有限公司(2020年更名为国能粤电台山发电有限公司)在台山市注册成立,靠近珠三角地区电力负荷中心,规划设计建造总装机容量900万千瓦,目标成为全球最大燃煤发电厂。国能台山电厂的建设工作亦全面展开,现场工地上的挖掘机声、汽车轰鸣声以及忙忙碌碌的身影,宣告正全力以赴打一场与时间赛跑的能源保供"遭遇战""阻击战"。2001年10月31日,一期工程首两台600MW机组工程浇灌第一罐混凝土。2002年2月28日开始主厂房的钢结构吊装。2002年4月28日,一期首两台600MW机组工程集控楼顺利完成封顶。2002年8月23日,一期首两台600MW机组烟囱外筒壁施工到235米,顺利封筒。2002年9月10日,1号、2号机组主厂房屋顶封闭。2003年8月18日1号机组点火成功。2003年10月20日1号机组冲转一次成功,10月21日1号机组首次并网成功,12月9日1号机组顺利完成168小时试运,12月9日1号机组移交生产,中央电视台、新华社及地方新闻单位等十余家媒体进行现场采访报道。2004年4月9日,2号机组通过168小时试运,移交试生产。2006年一期的3号机组、4号机组、5号机组相继投运,转入商业运行。国能台山电厂一期5台600MW机组均创造了国内同期同类型机组基建造价低、工期短、质量高、效益好的成绩。

国能台山电厂在2004年发电66.46亿度,2005年发电82.54亿度,2006年发电152.26亿度,

2007年发电192.61亿度……向社会提交了一份令人满意的答卷。坚持以人为本，安全为天，坚守诚实守信，扎实推进工程建设，国能台山电厂成功打赢了这场与时间赛跑的能源保供"遭遇战""阻击战"。一期5台600MW机组陆续投产以来，国能台山电厂充分发挥国家能源集团矿、路、电、港、油、化一体化优势，确保了发电煤炭的供应，大大缓解了广东省用电紧张局面。尤其是在2008年年初国内20个省份遭遇罕见大范围、长时间持续的冰雪灾害期间，在西电东送全面中断、南北交通线被中断、缺煤停机的火电机组达4240万千瓦、电力设备设施受损、全国170多个县（市）停电的严峻供电形势下，国能台山电厂依靠集团公司海上煤炭运输线保障了5台机组满负荷运行，为支撑电网成功抗击冰雪灾害和满足社会用电发挥了十分重要的作用。

国能台山电厂在与时间赛跑的同时也获得另一胜仗——质量战。国能台山电厂1号、2号机组均被中国电力建设企业协会授予"达标投产机组""中国电力优质工程"，均被原国家建设部授予建筑业最高荣誉"中国建筑工程鲁班奖（国家优质工程）"。其中1号机组以25.5个月的工期刷新了当时中国电力企业新纪录，获中国企业联合会"中国企业新纪录（第十一批）001项纪录"。国能台山电厂5万吨级码头水工工程，被原国家交通运输部授予"水运工程质量奖"。

（二）建设二期2台百万机组成为能源保供主力军

2009年，全球经济开始从美国"次贷危机"引发的金融危机中走出，国内经济复苏，全社会用电呈现报复性增长。2010年受来水偏枯、持续高温等因素影响，南方电网公司经营区域电力供应持续紧张，贵州、广西最大电力缺口一度超过用电需求的25%，紧接着华东地区限电、江浙等地区限电。到2011年全国已有24个省份在不同时段启动限电措施。

根据广东省经济发展的电力需求，国能台山电厂凭借多年来的良好市场口碑、经营管理业绩和所具备的集团产业链优势，积极推动二期工程前期工作。国能台山电厂始终把能源保供作为重要政治任务，二期两台百万机组在一次次抢占机遇中捷报频传、冲刺商运。2009年，国能台山电厂全力推进6号机组、7号机组两台百万机组的开工建设。2010年2月11日，6号锅炉水压试验一次成功，10月9日6号机组首次并网一次成功。2011年3月29日，6号机组通过168小时满负荷试运。2011年11月24日，7号机组通过168小时满负荷试运。2012年12月31日，二期两台百万机组正式投入商业运行。国能台山电厂在迎战全国性电力紧缺的"遭遇战""阻击战"中，迅速进入"战时"状态：党员干部充分发挥领头雁、主心骨作用，筑牢安全底线；全员坚守岗位、争分夺秒、全力保供，确保供电工作万无一失。充分发挥国资央企能源保供的"顶梁柱""压舱石"作用，国能台山电厂突出服务大局、夯实保供基础，在确保安全的前提下度电必争、应发尽发、稳发满发，积极提高电力供应能力。2010年发电196.05亿度，2011年发电249.47亿度，2012年发电219.91亿度。2013年全厂7台机组发电264.04亿度……2011年发电量较上年增发53.42亿度，同比增长27%；2013年发电量较上年增发44.13亿度，同比增长20%，不断刷新建厂以来的发电记录，有效缓解了电网缺电的情形，成为能源保供的主力军。

（三）2021年7台机组火力全开，坚决打赢能源保供攻坚战

受全球双碳政策、气候异常变化、新冠肺炎疫情波及、能源供求紧缺及市场价格大幅上涨等诸多因素影响，国内煤价自2021年年初开启一路"煤超疯"模式，煤电燃料成本与上网电价严重倒挂。2021年5月下旬以来，南方多地出台了对"两高"企业力度不等的停限电措施，9月中旬全国20多个省份相继启动有序用电措施，多地要求工业企业错峰用电，甚至一些地区出现拉闸限电，给正常经济运行和居民日常用电带来影响。

面对严峻的电力供需形势，国能台山电厂深入贯彻落实党中央、国务院、广东省、国家能源集团和广东公司关于做好能源保供工作的相关决策部署，坚决扛起能源保供政治责任和社会责任。以"保民生用能、社会用电"为己任，牢记"保供就是保安全"，国能台山电厂切实提高政治站位，强化组织管理，加强安全生产部署，以3个专项保供组、3个现场保供组、3类33条具体措施一体化推进"3个确保、12个'不'"的能源保供目标；全面统筹安全发展关系，全力稳定机组燃料供应，全程做好运行参数调整，全盘开展设备消缺优化，千方百计、攻坚克难、义无反顾、勇担使命；克服燃料供应紧张和价格大幅上涨的压力，不计成本采购燃料，顶峰发电（在9月初煤炭供应最紧张的时候，即使只有3到5天存煤量，为了保证供电，7台机组满负荷运行，曾连续11天日发电超1亿度，日发1亿度意味着日亏损二三千万元，10月亏损额更是在2亿元左右），有力支撑了广东经济社会发展对电力的需求。2021年国能台山电厂年发电量267.14亿度，较2020年增发89.9亿度，同比增长50%，通过实施提质增效、精细化管理等经营策略，保障了国有资产的保值增值。国能台山电厂能源保供工作获广东省的充分肯定，并被中央财经频道公开报道。

五、社会责任

国能台山电厂高度重视ESG管理，始终将践行社会责任融入企业发展战略之中：圆满完成国家重大节日、重要会议、重要活动的保电任务；7台机组全部完成超低排放改造，排放值优于燃气电厂排放标准；组织员工坚持20年开展"情系侨乡、扶困助学"活动，资助贫困学生1022人48.3万元，其中2021年有76位员工为50位学生资助2.5万元，受到"学习强国"等媒体报道；连续5年开展"衣旧情深，让爱远行"活动，经清洗消毒后寄往偏远山区，为当地青少年带去温暖和关爱，2021年收到来自云南省临沧市沧源佤族自治县芒卡镇班洪小学的感谢信，信中对国能台山电厂自发捐助900余件衣物及10500元助学金表达了感谢；坚持每年开展无偿献血活动，累计献血20.73万毫升，连续6年被评为"台山市无偿献血工作先进单位"，在2021年"无偿献血，你我同行"活动中有71人共无偿献血20200毫升，履行国资央企社会责任，促进地企和谐关系，树立良好的企业形象，得到社会各界的充分认可。

案例创造人：甘超齐　唐旺　周光园

葆本色　固底色　强特色　齐心协力铸就诚信企业

内蒙古包钢钢联股份有限公司

一、企业简介

内蒙古包钢钢联股份有限公司（以下简称包钢股份）是内蒙古包钢（集团）公司所属两大上市公司之一，企业前身始建于1954年，是国家在"一五"期间建设的156个重点项目之一，是新中国在少数民族地区建设的第一个大型钢铁企业。经过60多年的发展，目前已成为世界最大的稀土工业基地和我国重要的钢铁工业基地。作为包钢（集团）公司的重要钢铁板块，包钢股份1999年6月29日成立，2001年3月9日在上海证券交易所正式挂牌上市，股票代码为600010。上市20多年来，包钢股份资产总额增加了20倍，股权融资规模达459.35亿元，总市值由71亿元增长到1000多亿元，成为我国西部最大的钢铁上市公司。

包钢股份已具备1750万吨铁、钢、材配套能力，总体装备水平达到国际一流，形成"板、管、轨、线"四条精品线的生产格局，是中西部地区最大的板材生产基地，我国品种规格最为齐全的无缝管生产基地之一，是世界装备水平最高、能力最大的高速轨生产基地，是我国西北地区重要的高端线棒材生产基地。

包钢股份以"建设全球最优稀土钢产品生产基地，卓越的稀土钢材系列产品优质供应服务商"为目标，秉承"坚韧不拔、超越自我"的企业精神，确立了"奉献钢铁精品、共创美好生活"的企业使命和"特色钢铁、绝色家园"的企业愿景。依托白云鄂博铁和稀土共生的资源禀赋，造就了包钢股份独有的"稀土钢"特色，产品拥有良好的延展性、耐磨性、耐腐蚀性、耐低温性、韧性及抗拉拔性，广受用户的认可和好评。产品广泛应用于京沪高铁、青藏铁路、三峡工程、北京大兴国际机场、中俄东线天然气管道等国家重点工程项目，并远销欧美等60个国家和地区。

近年来，包钢股份品牌价值再创新高，从2014年的32.66亿元增加到2021年的208.37亿元，跻身中国品牌价值500强行列。包钢股份还荣获工业和信息化部"工业产品生态设计示范企业"、内蒙古民族品牌建设标杆企业、内蒙古行业标志性品牌、内蒙古百强品牌等荣誉称号。完成多个产品的生命周期评价（LCA），其中4个产品通过国际权威机构SGS公司鉴定评审，稀土钢轨等多个产品列入国家绿色设计产品名单。

二、企业诚信建设的主要做法

"人无信不立,企无信不兴"。包钢股份将诚信建设作为立企之本,通过永葆红色本色,筑牢绿色底色,发挥资源特色,不断弘扬诚实守信的传统文化和现代市场经济契约精神。坚持"高效、务实、简约、透明、合规"的工作作风,以"立己达人"构建与客户、员工、供应商的命运共同体。牢固树立诚信服务意识和信用风险意识,营造诚信氛围,开展诚信经营。遵规守法,依法治企,全面履行社会责任。

（一）以企业文化铸魂，永葆红色基因，践行初心使命

包钢成立于1954年，六十多年来，历经跌宕起伏，但不变的是红色基因，一代代包钢人用钢铁般的意志谱写出包钢艰苦奋斗的创业史、百折不挠的发展史、敢于突破的创新史。2021年3月5日下午，习近平总书记在参加十三届全国人大四次会议内蒙古代表团审议时，提到了"齐心协力建包钢"的历史佳话，唤起人们对那段光辉岁月的记忆。"包钢为全国，全国为包钢"，从建厂伊始，企业诚信文化就如涓涓细流浸润其中。六十多年来积淀的宝贵精神是最重要、最鲜明的文化特质。"不忘初心、强企报国的责任担当；守望相助、团结奋进的民族情怀；艰苦奋斗、坚韧不拔的钢铁意志；敢想敢闯、超越自我的创新意识；严细认真、高效务实的工匠作风；爱岗敬业、爱厂如家的忠诚品格"。这反映了企业艰苦创业的光辉历史，蕴含着企业创新发展的理想追求，是企业文化的灵魂，更是与时俱进的不竭动力。近年来，公司开展"保持工人阶级本色"专题教育，引导广大干部职工始终牢记工人阶级作为党的执政根基的赤诚初心和光荣使命，大力弘扬"特别讲政治、特别守纪律、特别能吃苦、特别能创造、特别敢担当、特别能战斗、特别有作为"的优良传统，主动践行"对党忠诚、爱厂如家、爱岗敬业、吃苦耐劳、遵规守纪"的包钢好工人标准，在公司改革发展实践中永葆红色基因，不断彰显中国工人阶级的本色，践行国有企业的担当与使命，努力实现高质量发展，打造百年钢铁品牌。

（二）以"立己达人"为统领，构建命运共同体

"立己达人"语出《论语·雍也》，原文为"己欲立而立人，己欲达而达人"，意思是自己想成功首先要让别人成功，自己想被人理解首先要理解别人。这是儒家道德修养中处理人际关系的重要原则。公司以"立己达人"为企业核心价值观，并以此为统领，构建与客户、员工、供应商等的命运共同体，实现产品价值与客户价值、员工价值、供应商价值和社会价值的有机统一。公司牢固树立高质量发展理念，大力推动质量变革、效率变革，打造精品板材基地、管材基地、重轨基地、线棒材基地，为客户奉献钢铁精品。公司秉承"以客户为中心"的服务理念，为客户提供高质量产品、高品质服务，不断打造满足客户需求的品牌。公司高度重视对员工的权益保护和关怀帮扶。畅通人才选拔渠道，注重员工教育培训，对困难员工家庭给予及时救助，提升员工幸福指数。公司常态化开展"三问"活动并融入"清、谈、访"工作，畅通职工诉求渠道，建立领导干部和党员包联职工机制、动态管控研判机制、班组管理融入机制、信息畅通机制，解决职工"急难愁盼"问题。2021年，在"我为群众办实事"实践活动中，重点推进15座老旧浴池改造和183个卫生间新建、修缮等民生工程。公司举办5个工种的首届职业技能竞赛，开展108个厂级职业技能竞赛，投入240万元组织开展多项劳动立功竞赛。2021年举办各类培训班5822期，16万人次参加培训，全员培训率为99.23%。包钢股份荣获2021年度第五届"钢铁行业职工教育培训工作先进单位"称号。

（三）打造"阳光"营销新模式，实现"三个百分百"

公司构建快速灵活的市场响应机制、阳光透明的采购平台、互利共赢的供应链关系，全面推行"六个公开"，将采购资源面向全社会公开。在采购方面，借助包钢电子采购交易平台，以平台为重要抓手，实现所有采购行为公开、透明。公司按照"一个统一管理制度体系、一个统一管理实施平台"的总体要求，实现了"三个百分百"目标。即：百分之百实现所有采购信息公开透明，所有采购行为与平台全部、直接有效对接、相互关联，进口矿、铁精粉、煤炭等各类采购信息借助平台发布；百分之百实现在平台上组织招标，所有依法必招项目和非依法必招项目都在平台上组织实施；百分之百实现采购行为合规合法，按照《招标投标法》《招标投标法实施条例》及其他国家法律、法规和公司采购管理制度进行合规采购，合规采购比率达100%。

公司还将"三个百分之百"的管理理念拓展至销售领域，对不损害公司利益的销售价格、政策等信息做到百分之百公开。"阳光销售"对构建公开透明的运行体系，公开透明接受用户监督，全面监督企业自律，全面提升促进销售，树立诚信负责的品牌形象具有重要的意义。包钢电商平台与现货销售中心深度融合，打造"京东式"现货配送销售模式，形成西部最大、品种最全的现货配送基地，构建周边重点工程和重点企业系统化、智能化的营销服务网络。2021年电商平台实现各品种产品交易量408.94万吨，500公里范围内累计实现销售456.07万吨。成功供货呼市新机场、新疆和若铁路、榆林黄河引水等重点工程项目。拓展"一带一路"沿线国家市场效果显著，向49个"一带一路"国家出口钢材45.03万吨，占总出口量的93.26%。

（四）坚守质量诚信，以质取信，用心服务

质量诚信是企业最根本社会责任，是企业的信誉和生命。公司始终坚守"质量为本，用户至上"的质量理念，高度重视产品的质量管理，坚持管理与技术双线并举，推进企业管理标准化、精益化。公司的产品从原燃辅料到成品出厂实行全过程监测和控制，建立了完备的质量管理制度，始终致力于将先进标准转换为更高要求的企业标准，更好地满足用户需求。公司的产品从原燃辅料入厂到产品出厂层层把关，实现外购原燃辅料取、制样智能化，有效降低质量验收风险。工艺控制环节全面推行标准化作业，生产现场监督工艺执行，关键质量点动态控制。坚持实施网格化质量考核，形成从公司到二级厂矿、从厂矿到车间、从车间到班组、从班组到个人的质量考核管理网络。

在强化产品质量的同时，公司致力于用心服务用户，优化服务质量，坚持为用户提供配套的优质服务，开创合作共赢的新局面。公司为用户提供完善的售前、售中、售后服务，坚持把用户的需求作为包钢的产品标准来执行，"高标准，严要求"生产符合用户质量要求的产品，为用户提供个性化的私人定制。2021年2月，中老铁路焊接钢轨过程中出现了落锤断裂问题，公司立即开展工艺反查，并组织专家视频"会诊"，最终为用户找到了"焊接位置"问题，解决了用户难题，得到了用户的认可和信任。

公司坚持以市场和客户为导向，着眼于"质量共治"，聚焦用户需求，用最优的产品、最好的服务赢得市场和用户口碑。通过强化客服专线，"营销一线""国内异议处理"微信群，畅通电话回访、客户满意度调查等反馈渠道，对顾客提出的不满意项，逐一建档并迅速核实整改，为客户提供优质的产品和服务，改善客户服务体验。公司高度重视用户对产品的满意度，每年都对用户开展走访，针对用户提出的意见和建议，逐条进行分解、落实和整改，并予以反馈。

（五）聚焦绿色低碳转型，诚信社会，履行责任

公司坚决贯彻落实习近平总书记走以生态优先、绿色发展为导向的高质量发展新路子的重要指示精神，贯彻落实"绿水青山就是金山银山"的理念，聚焦绿色低碳转型。公司按照"生产经营服从于环境约束，生产组织让步于环境治理"的原则，采取源头预防、过程控制、末端治理相结合的治污方式，大力推进大气、水、土壤协同防治，全面启动超低排放改造。作为包头地区最大的工业企业，近年来环保投入累计超过100亿元，从绿色低碳、精品制造、智能管控3个方面去除无效供给、发展新业态、重塑经济结构、优化发展方式，构建与包头市和谐共生的命运共同体。公司将实现"碳达峰、碳中和"纳入企业"十四五"发展规划。2021年5月中旬，发布碳达峰、碳中和目标，力争2023年实现碳达峰，2030年具备减碳30%的工艺技术能力，2042年碳排放量较峰值降低50%，2050年实现碳中和目标。近年来，公司全力推进节能减污降碳，成为钢铁行业首批工业产品绿色设计示范企业。2021年，通过了自治区首家清洁化运输企业评估。公司致力于打造与城市、生态环境共融的"钢铁花园"，厂区绿化覆盖率达到47.3%，荣获了"绿色工厂""清洁生产环境友好企业""绿化模范单位"等称号，稀土钢

轨等多个产品列入国家绿色设计产品名单。

无论是落实国家宏观调控政策、拉动地方经济发展、抗击重大自然灾害，还是保护生态环境、吸纳社会就业、捐助救济，公司始终在走在前列，成为最可信赖的依靠力量。疫情防控期间，公司各级党组织闻令而动，捐赠款物，组织志愿者投身防疫一线。在打赢脱贫攻坚战中，对口帮扶贫困县村，帮助建设一批脱贫产业项目。2021年7月20日，河南省遭遇百年不遇特大暴雨。公司许多耐材供应商受到洪水冲击，损失惨重。在了解灾情后，公司第一时间向受灾企业表达慰问，对灾区所有与公司有业务关系的耐材企业提前支付部分货款，帮助受灾供应商快速恢复生产。对身处洪灾中心的巩义市神龙耐火材料有限公司等三家耐火材料供应商，公司及时支付1400万元助力其短时间内恢复重建。在维持供应链的正常关系过程中，凸显了国有企业的社会责任。

（六）营造诚信守法氛围，依法纳税，互利共赢

公司积极开展企业法制宣传月活动，定期开展不同层次和形式的普法教育宣传。公司注重承诺，履行合同，为客户提供优质的产品和服务。公司确保出资人的权益，为股东创造更高的回报。公司把诚信经营、依法纳税作为履行社会责任、回报社会的最基本要求，严格遵守各项税收法律法规，依法履行纳税义务。2021年上缴税金27.55亿元，为支持国家和地方财政、促进地方经济增长贡献了一分力量。

在商业合作中，公司认真贯彻执行合同法及相关法律法规，坚持信用至上的经营理念，依法签订和履行合同，自觉维护合同方的合法权益，与供应商建立和谐、诚信、互利共赢的关系。2021年5月，包头华鼎铜业发展有限公司成为合作伙伴。在合同执行过程中，公司相关人员多次深入华鼎铜业公司，协调解决供应过程中遇到的困难，不断增进互信，实现互利共赢。2021年10月受限电及"能耗双控"政策影响，华鼎铜业公司的正常生产受到重大影响，公司硫酸供应紧张，市场价格急剧上涨。基于双方的合作互信，华鼎铜业公司全力保障硫酸供应，确保了公司生产的稳定顺行。

（七）加强诚信体系建设，确保制度监督与信息化的融合

公司加强法人治理体系建设，把党建工作要求等重要内容写入《公司章程》，明确了党组织在公司治理中的法定地位，形成了股东大会、董事会、党委会、经理层和监事会各司其职、各负其责、协调运转、有效制衡、优质高效的法人治理运转模式。公司严格践行合规责任,格按照《中华人民共和国公司法》《中华人民共和国证券法》《公司章程》等规定规范高效安排股东大会、董事会、监事会、专门委员会会议，保障规范运作。公司高度重视信息披露工作,切实履行信息披露责任。公司发挥制度引领、制度约束作用，防范管理风险。通过开展内控评价，进一步规范上市公司内部控制流程。通过对合同管理、资金管理、采购管理、工程项目管理、资产管理、风险防控管理等方面的内控制度建设与执行情况进行监督、评价，充分发挥内部控制的"防火墙"作用，筑牢内部诚信之基。公司从构建采购管理制度体系入手，以"所有流程在系统中固化、所有权力在系统中约束、所有制度在流程中体现、所有数据在系统中留存"为原则，以"决策民主、流程公开、过程受控、全程在线、永久追溯"为基本思路，推行"六个公开"。公司完善了采购计划执行、采购定价管理、招投标管理、非招标管理、质量验收管理、合同管理、供应商管理等关键环节的采购管理制度，实现"阳光采购"。2021年，包钢股份共新建37项制度，修订完善67项制度，废止3项制度。公司通过建立"制度树"，规范规章制度管理，加强信息化建设。公司还建立健全监督与信息化应用深度融合制度体系，将所属控参股公司全部纳入资产管理平台。2019年12月19日，联合资信评估公司对包钢股份2020年度的主体长期信用等级评价为AAA，债券信用等级评价为AAA。2021年，公司被评为内蒙古自治区市场质量信用等级AAA级企业，国务院国资委主办的商

业信用中心对公司的评级为AAA。

诚信建设是一个长期且系统的工程,需要企业驰而不息、久久为功。面向未来,公司立足新发展阶段、坚持新发展理念、融入新发展格局,坚定不移走以生态优先、绿色发展为导向的高质量发展新路子,全力推进"碳达峰、碳中和",进一步完善诚信建设体系,齐心协力以诚信塑造良好社会形象,增强企业的信誉度、美誉度和竞争力,力争到"十四五"末,成为稀土钢材系列产品标准的制定者,成为国内最强、世界一流的稀土新材料产业基地,成为卓越的稀土钢新材料优质供应服务商,成为与城市互融共生的绿色钢企、智慧钢企、诚信钢企。

案例创造人:牛震　孙文彪

以信用体系建设为抓手
不断优化营商环境　持续提升获得电力水平

内蒙古电力（集团）有限责任公司包头供电分公司

一、企业简介

内蒙古电力（集团）有限责任公司包头供电分公司（以下简称包头供电公司）成立于1958年，是内蒙古电力公司所属重要供电单位，主要担负着包头市区及市属白云、石拐两个矿区和九原、土右、固阳、达茂四个旗县区的供电任务，供电范围近3万平方公里。截至2020年1月，服务客户151万户，用电人口290万。

包头电网是蒙西电网"三横四纵"主网架枢纽，已形成以高新、包北、威俊、春坤山、梅力更、百灵6座500千伏变电站为支撑，21座220千伏变电站分区供电，72座110千伏变电站辐射供电的坚强电网。包头地区电网总装机容量1718万千瓦，管辖35千伏及以上变电站136座、容量2317万千伏安；35千伏及以上输电线路268条、长度4199公里；6-10千伏配网线路761条、长度12550公里。

近年来，包头供电公司连续五届获评"全国文明单位"，先后两次荣获"全国五一劳动奖状"，蝉联三届全国质量用户满意企业，实现全国安康杯竞赛优胜企业十三连冠，先后获评全国电力行业优秀企业、全国设备管理优秀单位、全国设备安全管理标杆企业、全国安全生产标准化一级企业、全国实施用户满意工程先进单位、自治区"五一劳动奖状"、自治区优秀企业等殊荣。局党委被评为"自治区先进基层党组织""自治区国资委先进基层党组织"。包头供电公司连续多年获评"内蒙古电力公司先进单位"。2021年11月，荣获中电联颁发的第四届"2020年信用电力知识竞赛优秀组织奖"。5名职工荣获答题能手，一篇论文荣获优秀论文。

参与中电联能源行业涉电力领域信用评价标准化技术委员会组织的《涉电力领域信用基本术语》行业标准编写工作。

二、持续开展信用体系建设工作，以诚信推动电网建设，优化营商环境

包头供电公司根据国家、自治区和能源行业信用体系建设相关工作要求，按照集团公司年度信用管理工作安排，持续提升信用管理工作质量，积极组织所属单位弘扬诚实守信的传统文化和现代市场经济的契约精神，形成崇尚诚信、践行诚信的氛围。聚焦集团公司信用管理制度建设、信用风险防范、涉电领域联合治理、合同管理、公平招标等重点领域，打造诚信企业。把信用理念、诚信意识贯彻到各职能领域的管理链条和工作流程中，延伸到企业生产经营一线，重点落实到项目、落实进班组、落实见行动。进一步完善公司信用体系，提升整体竞争力，打造全新"责任蒙电"良好形象。

1. 加快电网建设，推进电力先行，构筑服务和保障经济发展的新优势

电网是保障电力供应和支撑经济发展的根本。包头供电公司自觉将电网发展与实施三大攻坚战、招商引资、工业园区建设、乡村振兴等经济社会发展的重点工作精准对接，超前规划和建设电网，推动配网建设改造、扶贫易地搬迁、老旧计量改造等一批重大电网项目落地实施。近年配电网改造工程大规模推开，供电所成为一线工程施工管控主体，同时也是一线服务客户的主体。外委工程施工人员不熟悉现场环境、设备，安全管理规定执行不严，成为施工管理的潜在隐患；施工停电频繁、客户服务不到位，形成潜在服务投诉风险。包头供电公司以安全、精益、优质管控的外委工程管理为目标，以派驻式管理为抓手，通过强化安全过程管控、加强全过程优质服务、落实派驻员设备主人制、实施双重考核机制，确保派驻式管理高效落实，实现配电网工程安全精益优质完成，构建外委施工过程管理的诚信服务。

2. 诚信计量，放心消费

包头供电公司持续优化营商环境、丰富服务措施，优质服务工作有了质的提升，相比其他公用事业部门，电网企业的优质服务逐渐深入人心，员工的服务意识和技能得到了加强。电能计量部门负责客户计量装置的安装运维工作，并为客户提供计量装置配置方案、参数选取、故障处理、追补电量等各类计量支撑服务，以保护电网企业和客户的正当权益。电网企业与客户已经建立了长期稳定的合作关系，掌握着有效的客户信息，可以利用现有客户计量装置使用信息，完善目前的客户信用信息档案。通过对客户信用水平、质量等级、用电习惯、计量装置使用情况等进行科学的评估，对用电客户进行信用等级分类，一方面可进行事前风险评估，降低电费回收风险，另一方面可在此基础上提出相应服务策略，对可能发生计量装置使用风险的客户，在计量装置配置方案、检修、轮换装置等方面提前部署，安排足够的人员、设备，实现电网企业为客户提供差异化服务的目标，提高供电服务水平和效果，节约服务成本。

3. 编织"天网"反窃查违，质效提升守信用电

近年来，窃电行为时有发生，窃电的手段也在与时俱进，导致原有正常的供用电秩序受到破坏。本着服务于发展大局、服务于营销管理提升、服务于客户满意度的宗旨，包头供电公司以"内查为主、外查为辅、以内促外"为原则，依托营销 MIS 系统、管控系统、采控系统、稽查系统等科技手段，营销稽管处联动所辖供电单位，以多样化的检查方式开展日常稽查工作，实现闭环管理。同时警企联动，以助力基层单位用电营销工作质量提升为目标，加大宣传力度，为守信用电营造浓厚氛围，为用电市场管理精细化和信息化夯实基础，为用电营销业务服务规范化保驾护航，更为用户放心用电、诚信用电提供技术支持。

三、实施成效

1. 电力获得感提升，社会效益凸显

通过派驻式管理，有效管控了配网老旧计量等改造工程中的服务风险，实现了电力施工作业的信用服务。派驻员发扬千辛万苦、千言万语、千方百计的工作精神，全过程高效管控，提升了客户满意度，优化了营商环境，改造后的费控智能电表，在用电信息化、可靠性、安全性上都有全面提升，充分提升了客户"获得电力"指数。

2. 聚焦难点问题，切实优化供电营商环境

一是围绕重大项目和重点工程建设，主动跟进快捷服务，快速实施完成一大批重点招商引资项目的电力配套工程，实现满意上电、舒心用电。二是推行用电零上门、零审批、零投资"三零"服务，降低了小微企业和客户的用电成本。三是通过建设营销管理信息系统、实施老旧计量改造等工程，普及微信、支付宝等14种缴费方式，彻底告别缴费难历史。推广"互联网+"线上服务渠道，优化业扩上电流程。四是提升应急联动保电服务能力，圆满完成抗洪抢险、疫情防控等重大活动的保电任务。

3. 安全管控效果突出，管理效益彰显

通过一系列反窃查违专项稽查工作的开展，在全社会形成窃电行为不仅会对区域电网的安全稳定运行带来极大安全隐患，更会给地区公共资源造成巨大经济损失的共识。同时对于层出不穷的窃电设备及行为及时研究并提出措施，进一步提升了用电稽查工作人员的专业技术水平，为保障电网的安全稳定运行提供技术支持。

案例创造人：马慧丽　张少伟　李沣轩

诚信为本，践行国企责任担当
追求卓越，创建国内一流企业

德庆兴邦稀土新材料有限公司

一、企业简介

德庆兴邦稀土新材料有限公司（以下简称兴邦公司）成立于2002年，位于广东省肇庆市德庆县工业园区内。公司系广晟有色金属股份有限公司（SH：600259）的全资子公司，年生产能力为分离3000吨稀土氧化物，主要生产和经营高纯单一及多元稀土氧化物、稀土草酸盐等稀土系列产品。近年来，销售额约3.9亿元/年，净利润约1550万元/年，累计纳税超1.42亿元，连续11年实现盈利；2021年，公司实现营业收入6.99亿元，创下历年收入新高，实现净利润2850万元。公司现有员工160余人，拥有一支技术力量雄厚的人才队伍。产品畅销国内和远销欧洲、美国、日本、韩国等地，有较好的市场网络。

二、企业诚信品牌形象

兴邦公司是广东省主要的稀土分离企业之一，主要产品是单一稀土氧化物及共沉物，其中高纯产品氧化钇铕、氧化镧、氧化铈、氧化镝、氧化铽和细粒度氧化钇等在行业内享有较高的声誉，氧化钇、氧化镝更被评为广东省名牌产品。近年来公司通过自主研发，累计获得发明专利3项，实用新型专利22项，通过产品的销售、技术服务等措施，使专利技术得到转化和实现批量生产。公司独特的高纯钇（5N）不皂化萃取技术、稀土矿料液槽体除杂技术、高钇富铕离子矿预分组技术和熟石灰皂化成套技术在行业内处于领先水平。2020年，自主研发的新型萃取直角传动装置（取代传统的皮带轴承座传动装置）已成功申请专利。

兴邦公司自成立以来不断强化管理及技术创新，现为国家级高新技术企业，国家三级安全生产标准化企业、广东省制造业500强企业、肇庆100强企业（科技创新50强企业），广东省安全生产协会会员单位、广东省辐射防护协会会员单位、肇庆市职业卫生管理示范企业。2015—2018年度连续被评为"肇庆市A级诚信纳税人企业"。2005年8月，通过ISO9001质量管理体系认证。2007年，成立了肇庆市稀土工程研究中心。2011年，与中国地质大学（武汉）联合成立稀土中试基地。2016年被认定为"广东省工程技术中心"。2017年，被认定为"广东省企业技术中心"。2018年，通过国家知识产权管理体系认证。2019年，被中国稀土行业协会授予"企业信用评价AAA级信用企业"；《低成本清洁萃取分离稀土关键技术及应用》项目被广东省人民政府评为"广东省科学技术进步奖"二等奖，《南方离子型稀土清洁低耗生产技术开发与集成》项目被中国有色金属工业协会、中国有色金属学会评为"中国有色金属工业科学技术奖"二等奖。连续多年被评为"肇庆企业100强""科技创新企业50强"企业。

兴邦公司有广泛的产学研合作基础，先后与北京大学，中国地质大学（武汉）、广东省稀有金属研究所等国内知名科研院校有广泛的产学研合作关系。2011年3月,公司与中国地质大学(武汉)联合成立稀土中试基地,合作完成自然资源部的公益性科研项目《离子回收处理稀土选冶废液示范流动站》。2015年与广东省稀有金属研究所合作申报广东省应用型科技技术研发专项《稀土工业废水零排放关键技术研究及产业化示范》,2016年《稀土冶炼分离智能化技术改造》获得广东省战略性新兴产业重点项目1000万元的股权投资。

兴邦公司以"厚德载物、实干兴邦"为核心文化,以"追求卓越、兴邦品质、演绎精彩"为核心价值,以"打造品牌,创建国内一流企业"为发展愿景,以"科学管理、精益求精、顾客满意、质量一流"为质量方针,以"诚信为本、共创双赢"为经营理念。公司紧紧抓住市场机遇,生产经营效益和社会贡献率也在逐年提升。

三、企业诚信经营理念

自2002年成立以来,兴邦公司坚守"诚信为本、共创双赢"的经营理念,在合同制度管理、合同行为、合约履行状况等方面,严格遵守法律法规,坚守契约精神,真诚对待客户及合作伙伴。以品牌建设为根本,不断加强企业信用建设,将"守合同重信用"作为树立企业形象、促进企业发展的一项重要工作,打造良好社会信誉,以诚信赢得口碑。

2005—2021年,兴邦公司连续17年被广东省市场监督管理局授予"重合同守信用企业"荣誉称号。

四、企业诚信建设情况

企业诚信建设一直以来都是兴邦公司不懈探索与研究的方向,公司始终坚持党建引领,强化人才队伍建设,以文化建设和制度建设相结合,用法治教育的手段内化诚信意识,用监督管理的方式约束诚信行为。

1. 增强诚信意识,营造企业守信氛围

兴邦公司注重加强企业诚信意识,规范企业信用,把诚信意识和信用意识相结合。公司通过深入开展有关学习和实践活动,加强宣传引导,培养企业信用文化,加强员工的素质培训,构建以诚信为核心的企业文化,以诚信指导企业的管理和发展,用内化的诚信文化逐渐融入企业各项生产经营活动当中,进一步提升企业诚信意识。企业诚信增强,企业不会失信于员工,同时也增强了员工的凝聚力与归属感。企业只有讲诚信、重信用才能建立良性的企业经济秩序,形成健康的企业氛围。诚信是企业文化素质高低的重要标志,一个企业要在更高层次上融入世界,就必须树立诚实守信的思想意识,践行诚实守信的道德要求,才能不断提高企业文化素质;兴邦公司始终把诚信当作自己的品牌,坚守底线,打造企业诚信文化,不断塑造良好的企业形象。

2. 坚持诚信经营,保持企业生命力

兴邦公司多年来始终坚持对产品品质的高标准以及诚信经营不动摇。一方面狠抓产品质量管控,高质量的产品是企业的生存之根、发展之本、竞争之力,兴邦公司把产品质量当做公司一切工作的"生命线",始终把质量第一、用户至上、守信合同的质量理念和服务宗旨放在首位;一方面引进国内外先进检测设备,做好硬件配套措施,用数据说话,保证产品质量,在同行业和客户之间建立了良好的信誉和口碑,引领企业良性发展。

3.健全制度建设，提升制度执行力

兴邦公司针对企业诚信建设制定和完善有关举措和办法，通过开展学习宣传活动增强员工制度意识，树立维护制度权威的意识，构建科学规范、运行有效的诚信制度体系。在日常工作中，严肃监督制度执行，高标准推进，严要求管理，公司党支部领导班子发挥带头作用、以身作则、率先垂范，发挥党员干部先锋作用，加强对制度执行的监督，构建全覆盖的制度执行监督机制，进一步坚定制度自信，找准提升制度执行力的着力点，为不折不扣贯彻执行制度提供保障，强化责任担当，将诚信建设工作落到实处、见到实效，不断提高企业的核心竞争力。

五、勇担社会责任

国有企业作为社会主义市场经济的顶梁柱，诚信文化建设得到不断推进，国企社会责任感得到提高。兴邦公司作为一家国有企业，在自身发展壮大的同时，一直致力于加大诚信文化建设力度，坚持服务社会、回馈社会的理念，履行国企社会责任。

1.创造就业

截至2021年12月底，兴邦公司在岗员工169人，专、本科以上学历50余人，主要以本地员工为主。近年来公司着力提高员工福利待遇，每年安排员工进行在职健康体检，为员工购买五险一金及商业保险，规范过节福利发放标准。人力资源离职率均低于4%，人力资源稳定程度相当高，其中工龄十年及以上的员工达71人，占员工总人数的45%。

2.缴纳税金

兴邦公司坚定依法纳税，累计纳税超1.42亿元，持续多年保持当地企业的前茅。

3.慈善捐助

2011—2021年广东省扶贫济困日，兴邦公司共计捐款30.8万元，以实际行动帮扶我省及我市城乡贫困人口、弱势群体和困难群众，用爱心共同为建设幸福广东、幸福肇庆、构建和谐社会作出贡献。

4.慰问困难职工

兴邦公司对家庭存在实际困难的员工建立了困难职工档案，2009—2021年春节、中秋佳节公司对身患疾病及困难职工进行了探望并送赠节日慰问礼品，共计80178元，有效地稳定了职工队伍，增加员工的归属感。

在新时代赋予的新使命下，兴邦公司将内强企业素质，外树企业形象，精心培训，诚信经营，开拓创新，用诚信与专注践行国企责任，用实际行动坚毅地扛起国企担当。

案例创造人：李华畅　李维舒　温柳青

鞍钢矿业构筑诚信经营体系
打造冶金矿山行业开发典范

鞍钢集团矿业有限公司

一、企业简介

鞍钢集团矿业有限公司（以下简称鞍钢矿业）具有近百年开采历史，是我国掌控铁矿石资源最多、产量规模最大、生产成本最低、技术和管理全面领先的铁矿行业龙头企业。拥有资源勘探、开发、综合利用、矿冶工程、装备制造、生产服务多元一体的完整资源产业链，在同行业综合实力最强。近年来，鞍钢矿业公司从引领行业发展和维护产业经济安全的战略高度出发，奋力打造"五个一流"，提出"建设世界领先资源开发企业"发展目标，通过系统创新推动高质量发展，形成了突出的竞争优势。在技术创新上，针对国内铁矿资源开发利用水平低等行业共性问题，研发"协同开采""地下采选一体化"等关键技术，建立了较为完整的贫铁矿开发利用技术体系，解决了贫铁矿含铁品位低、加工提纯难、开采规模小、环境影响大等问题，选矿技术及产品质量达到世界先进水平，"贫杂铁矿石资源化利用关键技术集成与工业示范"等5项成果获国家科技进步奖。在管理创新上，推进智慧矿山建设，构建了国内同行业领先水平的信息化管理平台，被评为全国智能制造示范企业。"特大型复杂矿区'五品联动'矿冶工程管理模式创新"等8项管理成果获国家级管理创新成果奖。在绿色发展上，绿化复垦工作国内同行业领先，所属铁矿山均被命名为国家级绿色矿山，鞍钢矿业公司被评为"全国践行生态文明优秀企业"。

二、诚信企业建设主要做法

（一）构筑诚信体系

1. 坚守诚信合规理念

鞍钢矿业公司作为鞍钢集团重要的资源板块，始终秉承"诚信经营、守法合规"的经营理念，持续推进新时期矿业发展战略，构筑以资源开发为核心的产业多元化发展格局，为打造高质量发展新鞍钢作出了突出贡献。诚信合规，是鞍钢矿业公司奋斗路上不可或缺的基石与保障，也是全面实现"治理完善、经营合规、管理规范、守法诚信"法治矿山建设目标的应有之义。近年来，鞍钢矿业公司坚持把诚信合规理念融入公司各项经营管理和生产活动，建立健全诚信管理机制，提高企业诚信意识。各级分子公司严格遵守中国及业务所在国（地区）的法律法规及监管要求，严控合规红线、坚守合规底线；各级员工广泛开展守信践诺活动，全面提升履职和执行能力；营造诚信经营企业文化，加强诚信建设的推广宣传，为公司构筑诚信经营体系奠定坚实基础。

2. 完善企业制度体系

为进一步加强和规范规章制度管理，增强制度的执行力和控制力，实现管理的规范化、系统化和科学化，鞍钢矿业公司制定了《鞍钢集团矿业有限公司规章制度管理规定》，构建了以基本管理制度为基础，以专业管理制度为主体，以工作规范为补充的规章制度体系。组织公司各部门、各基层单位及时开展规章制度立、改、废，定期发布公司规章制度目录，做到规章制度动态制（修）订。为满足规章制度联审工作的规范、高效，公司开发了"2+X"线上联审系统，规章制度在履行审批程序前，对制度进行规范性和合规风险审核，审核率达到100%，为企业诚信合规经营提供了坚实的制度保障。

3. 健全风控合规体系

为提高企业全面风险管理与企业内部控制水平，鞍钢矿业公司在企业管理的各个领域和经营过程中各个环节执行风险管理，以实现"强内控、防风险、促合规"的总体管控为目标，建立健全以风险管理为导向，合规管理监督为重点，严格、规范、全面、有效的内部控制体系，把风险内控的各项要求融入业务流程，形成全面、全员、全过程、全体系的风险内控合规运行机制。2021年，公司树立"隐患按照事故处理"的理念，建立安全约谈机制，处理存量隐患2552项，10家单位存量隐患清零，安全管理水平持续提升。围绕合规年建设，健全合规制度体系，法律审核实现三个100%，处理纠纷案件避免和挽回经济损失2706万元，依法治企能力和水平持续提升。

4. 培养企业合规文化

"企业重视合规、全员主动合规、合规创造价值"是鞍钢矿业公司的合规文化理念，而理念的落地，有赖于每一位员工的身体力行。鞍钢矿业公司发布了《鞍钢集团矿业有限公司合规手册》，不仅明确了公司及员工应该遵守的合规管理要求和基本行为规范，还提供了具有针对性的合规指引，为全体员工的诚信合规提供基本遵循。另外，公司大力开展合规宣传活动，制定合规宣传提纲与宣传标语，营造浓厚合规建设氛围，激发全体员工合规管理热情；开展合规风险与合规管理问卷调查，征集基层单位对合规管理的意见和建议，使合规意识深入人心。

（二）打造诚信企业

1. 提升质量管控，坚持质量至上

鞍钢矿业公司严格贯彻落实党中央、国务院关于深入实施质量提升活动、建设质量强国的决策部署。充分利用各种形式开展宣传教育活动，普及质量管理知识，促进公司质量水平提升。通过开展质量月活动，公司全员质量意识及素质、公司质量管控能力进一步提升。组织开展提升质量工作研讨，开展质量知识答题等活动，大力普及QC基础知识、培育质量管理理念。坚持公司、基层单位两级联动，通过培训教育、评比奖励等方式，吸引了广大职工包括领导人员、技术人员、管理人员、生产一线人员积极参与质量管理活动。公司坚持每年召开QC成果发表会，推广活动经验，搭建学习交流和成果展示平台。目前公司QC小组蓬勃发展，现有注册QC小组200多个，年参加人数近1000人次。

2. 关注职业健康，提升防护意识

鞍钢矿业公司对职业健康管理工作始终坚持"预防为主、防治结合"的方针，强化防治主体责任的落实，持续改进作业环境和条件，全面提升职业病防护设施本质化管理水平，提高职工个人防护意识，制定了《鞍钢集团矿业有限公司职业健康管理办法》《鞍钢集团矿业有限公司建设项目职业病防护设施"三同时"监督管理办法》。定期组织职业危害人员进行职业安全健康培训，实现职业健康教育覆盖率

100%。委托鞍钢劳动卫生研究所对接触粉尘、噪声、毒物、高温、射线和从事特种作业人员进行职业健康体检，体检率达到100%，并将体检结果归入劳动者职业健康档案中，覆盖率100%。

3. 强化科技创新，建设智慧矿山

鞍钢矿业公司深入贯彻习近平总书记关于科技创新的重要论述，优化科技管理，提升创新能力，注重创新驱动，引领推动行业科技进步。2021年，公司2个项目入选"十四五"国家科技专项；科技投入8.7亿元，投入强度超鞍钢集团考核的目标值；2项科技成果获省部级科学技术奖；获第25届全国发明展览会金奖3项、银奖3项。齐矿智慧矿山和关宝山智能工厂两个试点示范项目建成应用。公司在鞍山区域实施IPV6网络升级，成为国内首家完成一期升级改造的矿山企业。组建全国首个数字矿山联合创新中心。

4. 坚持绿色发展，打造绿水青山

鞍钢矿业公司围绕打赢污染防治攻坚这一总体目标，全面落实党的十九大关于生态文明建设的各项决策部署，认真践行习近平总书记"绿水青山就是金山银山"理念，根据省、市生态环境部门和鞍钢集团的要求，结合公司生产经营实际，以项目和管理为抓手，聚焦问题，突出重点，强力突破，在生态文明建设和生态环境保护责任落实方面取得了较好成绩。2021年，加快实施矿山复垦三年规划，开展6项生态修复工程，治理面积204公顷。绿化复垦工作持续保持国内同行业领先水平，被评为钢铁工业绿色低碳优秀品牌企业。26个超低排放项目全部实施，弓球二线改造项目开工建设。启动了碳达峰碳中和方案编制工作，签订了500万吨干磨干选产线项目合作协议，尾矿再选被确定为省级固废资源综合利用项目，废弃岩石实现综合利用。开发清洁能源新产业，积极推进利用尾矿库空间资源合作建设的光伏电站项目。

5. 践行共享理念，建设幸福矿业

鞍钢矿业公司严格落实习近平总书记关于扎实办好民生实事的重要指示精神，坚持以人民为中心的发展思想，让职工群众共享公司改革发展成果。2021年，扎实开展"我为群众办实事"实践活动，解决职工"急难愁盼"问题，不断改善职工工作环境和生活福利设施，完成351项民生实事项目。开展"保安全、提产能、增效益"劳动竞赛，营造全员超产的浓厚氛围，通过提产增效，在岗职工收入大幅增长，职工获得感幸福感显著增强。通过定期进行困难职工排查，组织开展走访慰问、定期救助、临时救助、重点救助等方式，采取"一帮一""群帮一"等帮扶措施，帮助困难职工解决实际问题。

（三）履行社会责任

1. 坚持大局为重，抓好疫情防控

当前，国内疫情形势仍然严峻复杂，为持续巩固疫情防控成果，有效降低和控制疫情防控风险，鞍钢矿业公司始终以大局为重，提高政治站位，坚决克服麻痹思想、厌战情绪、侥幸心理、松劲心态，坚持"外防输入、全员防控"的原则，把疫情防控贯穿各项工作全过程，与安全生产、经营管理同研究、同部署、同检查、同考核，慎终如始地抓紧、抓好、抓细各项疫情防控措施，确保各项措施落实到位，更加科学、更加精准地抓好疫情防控工作。疫情期间，扎实做好"六稳"，全面落实"六保"，合理组织生产，全面保障了铁矿资源的安全稳定供应。一方面，做好常态化疫情防控措施的落实，制定完善常态化疫情防控工作手册，规范疫情防控工作；加强疫情防控宣传教育，增强职工疫情防控意识；开展与疫情防控有关法律知识讲解，引导干部职工理性隔离，严格遵守省区市和街道防疫要求；做好节假日等关键时期的疫情防控，始终坚持出行报备制度，全面掌控职工动向；另一方面，积极推进疫苗接种工作，公司在职职工疫苗接种率达到97%，常驻相关方人员接种率98%。并受鞍钢集团公司委托，鞍钢矿业公司组织筹建了鞍钢第二个疫苗接种点，接种点服务鞍山钢铁等兄弟单位职工14725人，接种24750剂次。同时，积极做好公司所属境外企业疫情防控工作，做到防控工作与境内同开展、同部署，防疫做法经验及时交流共享，确保公司所属境外企业疫情防控工作有效开展。通过不懈努力，实现境内境外企业无感染、零病情，为生产经营改革工作顺行提供了有力保证。

2. 开展消费扶贫，助力脱贫攻坚

鞍钢矿业公司认真贯彻落实鞍钢集团扶贫工作要求，研究消费扶贫工作，将全年消费扶贫指标分解细化到公司机关及各基层单位。公司各单位高度重视消费扶贫工作，发放职工福利产品和活动奖品时优先采购贫困地区产品，并组织动员广大党员干部、职工积极参与扶贫消费活动，形成了全员参与消费扶贫的浓厚氛围。另外，公司所属4家文明单位分别与台安县西佛镇等5个村镇结对帮扶，助力脱贫。公司选派的5名驻村扶贫干部，勇挑扶贫攻坚重担，主动担当作为，先进事迹被新华社等各级媒体大力推介，受到社会广泛赞誉。

3. 坚持依法合规，解决遗留问题

按照国务院工作部署，实现厂办大集体与主办国有企业彻底分离，厂办大集体职工得到妥善安置的要求。鞍钢矿业公司坚持从实际出发，充分发挥公司党委领导作用，以高度的政治责任感和历史使命感，坚定信心决心，主动作为，坚定不移推进厂办大集体改革工作。公司通过制度创新、体制创新和机制创新，按照统筹规划、分类推进、依法合规、规范操作的原则，平稳实现了厂办大集体与主办国有企业彻底分离，成为产权清晰、自负盈亏的法人实体和市场主体，切实减轻主办国有企业负担，彻底解决这一长期历史遗留问题，也为进一步深化国有企业改革创造了条件。同时，通过规范处置资产，妥善安置职工，积极做好改革的政策宣传解释工作，充分听取职工意见，妥善解决厂办大集体职工养老保险接续和医疗保险基本保障等突出问题，切实维护了企业和社会稳定。

4. 成立爱心团队，热衷公益事业

企业发展离不开社会，回报社会是企业应尽的责任，鞍钢矿业公司始终秉持这一理念，热衷公益事业，成立郭明义爱心团队。2009年，郭明义爱心团队成立，目前已在全国二十多个省市、自治区成立的郭明义爱心团队1400多支，志愿者总数超过240多万名，是最具全国影响力的志愿者团队之一。2015年以来，郭明义把学雷锋志愿服务的领域延伸到国家精准扶贫领域，组织带领爱心团队广大志愿者积极参与脱贫攻坚战，探索出一条动员社会资源助力精准扶贫的有效渠道。截至2021年年底，已经有超过1300多支爱心团队捐款3000多万元，结队捐助了7600多户国家精准扶贫建档立卡户。多年来，在郭明义同志的感召、激励和引领下，鞍钢矿业公司通过组织开展跟着郭明义学雷锋，做高品位矿业职工等活动，9000多名公司爱心团队志愿者积极投身无偿献血、无偿捐献造血干细胞、红十字急救队、捐资助学、社会志愿服务队等志愿服务活动，郭明义爱心团队以雷锋、郭明义为榜样，在服务社会、奉献社会中，取得了显著成绩。

案例创造人：刘文胜　翟文相　马希琢

诚信立业 稳健行远
为实体经济发展注入金融活水

中国农业银行股份有限公司上海市分行

一、企业简介

中国农业银行股份有限公司上海市分行（以下简称农行上海市分行）作为中国农业银行在上海的一级分支机构，下辖21家经营行，对外营业网点402个，网点总数在上海地区列四大行第二。其中，郊区网点和浦东新区网点分别为191个和98个，网点数均列上海地区四大行首位。在职员工近1万人，平均年龄39.6岁，大学本科及以上占比72.5%。农行上海市分行坚持党建引领，以深化转型发展为根本动力，深度融入上海区域经济发展大局，始终秉持农业银行"诚信立业 稳健行远"的理念，不断提升主体业务市场竞争力、服务实体经济推动力、服务市民亲和力，不断巩固农行在上海地区的主流银行地位和窗口服务形象。截至2021年年底，农行上海市分行经营规模稳中有升，本外币核心存款日均余额超10000亿元，本外币各项贷款余额6000多亿元。资产质量保持领先水平，不良贷款余额和不良率持续保持低位。

二、服务区域经济融合度持续提升

农行上海市分行践行初心使命，着力发挥服务实体经济和社会民生的"主力军"作用。立足于服务和深度融入区域经济发展，紧紧围绕国家战略和"十四五"规划落地，聚焦实体经济重点领域、薄弱环节，持续加大金融支持力度和深度。

（1）上海"十四五"规划颁布实施后，农行上海市分行主动出击、靠前服务。围绕上海构建"中心辐射、两翼齐飞、新城发力、南北转型"的空间新格局加快前瞻布局，把青浦、南汇、嘉定、奉贤、松江"五个新城"建设作为进一步服务国家战略和乡村振兴的突破口和着力点，出台"五个新城"金融服务方案。在2021年6月举办的陆家嘴论坛期间，上海"五个新城"所在区人民政府与农业银行等五大行上海分行签署金融支持上海"五个新城"建设战略合作协议。根据协议，农业银行将针对"五个新城"不同的产业定位及规划布局，为新城建设提供多维度、综合化金融服务，助力新城提升产业能级、改善公共服务品质、优化人居环境，并对各新城的开发主体及招商入驻企业，提供产品、通道、利率、额度等系列配套金融服务支持。截至2021年年底，农行上海市分行已梳理"五个新城"各类项目132个，合计融资需求1320亿元，其中已审批各类项目86笔，提供融资金额超480亿元，贷款余额211亿元。

（2）大力支持示范区重点客户（项目）建设。实施长三角区域一体化发展国家战略，是引领全国高质量发展、完善我国改革开放空间布局、打造我国全面发展强劲活跃增长极的重大战略举措。农行上海市分行成立长三角一体化领导小组，制定服务长三角区域一体化发展工作规划并设立长三角生态绿色一体化发展示范区支行。作为首家商业银行与长三角生态绿色一体化发展示范区重点区域之一的上海青浦区政府签署战略合作协议，大力支持示范区重大项目建设。建立示范区重点客户、项目营销管理机制。成功入围长三角投资公司首批战略合作银行，在同业中第一家完成50亿元综合授信审批，并积极参与了其首个长三角区域内漕河泾赵巷园区项目。紧紧围绕"创新产业体系、基础设施、生态环保、公共服务、区域协同"5大重点领域，做强做优金融服务，全力支持长三角一体化发展。协同农银国际加入虹桥国际开放枢纽长三角产业基金服务平台基金库，设立上海科创基金，共同扶持长三角区域内高成长性科创企业。落地首个长三角跨区域绿色农业场景数字人民币项目、首个长三角示范区异地企业数字人民币缴税场景。其中，涉农补贴场景实现了数字人民币"秋粮收购＋补贴发放＋农资销售"闭环使用，该案例参加了数字中国展的展示。

（3）积极推动新片区创新业务落地。2019年8月20日，中国（上海）自由贸易试验区临港新片区正式揭牌，标志着这场"对标国际、面向全球"的改革创举正式拉开帷幕。农行上海市分行始终坚守着自贸金融改革的初心与使命，紧跟新片区改革步伐，2019年8月28日，中国农业银行（上海）自由试验区新片区分行宣布开业，正式吹响了农行以优质金融服务支持新片区发展的冲锋号。当天发布支持临港新片区建设金融服务方案，聚焦前沿产业集群、总部经济发展、新型国际贸易及高端航运发展、建设宜业宜居现代化新城等四大领域，全方位对接新片区改革重点，打造农行创新发展"新样板"。围绕新片区"五个重要"战略定位，利用"两个市场、两种资源"，积极探索各类金融产品创新，全面提升跨境金融服务水平。成功办理了境外银团、市场化债转股、境内贸易融资资产跨境转让、跨境贸易融资再融资、国际商业转贷款、跨境人民币资本金便利化、外债一次性登记、跨境风险参与融资、自贸区高新技术企业外债额度便利化、知识产权质押融资等十多项系统内或同业首单创新业务，实现跨境资金集中运营、全功能资金池、自贸版资金池等不同版本资金悉数落地。其中，外债一次性登记成功入选上海自贸区金融创新案例。同时，在2020年发布新片区十大金融创新案例中，农行上海市分行市场化债转股和外债一次性登记案例双双入选。

三、金融服务实体经济更加精准有力

2021年，农行上海市分行法人实体贷款净增572亿元，同比多增88亿元，其中绿色信贷、民营企业、制造业、战略性新兴产业分别比年初增加194亿元、210亿元、82亿元、130亿元，增速均高于各项贷款增速。

1. 持续优化普惠金融服务体系

农行上海市分行加大资源倾斜，出台普惠金融业务专项评价方案，对农总行下拨的普惠降准定向返还资金，按照各经营行央行降准普惠金融领域贷款占全行的比例，全部分配到基层经营行。下沉服务重心，逐步增强网点资产业务功能，在市区行设立普惠金融服务团队，健全普惠客户服务渠道。抓好重点产品，实施批量服务。组织开展在线供应链融资业务"破零"行动，积极发展核心企业上下游产业链。在推进银保贷、履约贷的基础上，以开展园区批次贷为契机，加强与各区政府部门对接，结合各区小微客户特点推行"一集群一方案"批量服务模式，提高小微业务办理效率，2021年带动政府增信业务比年初增加482户、29.83亿元。持续加强"抵押e贷""链捷贷""首户e贷"等线上产品供给，提高普惠贷款可获得性。

2. 持续提升金融服务乡村振兴质效

农行上海市分行持续加大机构资源倾斜力度，在同业中率先成立乡村振兴金融部，在郊区开设

200余家惠农网点，网点乡镇覆盖率达98%。以上海"三园"工程（绿色田园、美丽家园、幸福乐园）建设为重点，创新农业产业链融资模式，大力支持农业产业化发展。2021年，农行上海市分行法人涉农贷款余额达到62.69亿元，增速达到54.63%。在同业中率先开展信用村评定，做实农户信息建档，在上海市已评定挂牌的信用村中，农行占比达到88%；2021年新增"惠农e贷"投放1661户，投放金额6.18亿元，助力提升农户金融普惠性。作为第十届花博会商业银行唯一品牌合作伙伴，搭建掌银花博商城，推动花博联名信用卡，创新研发"崇明生态贷"，全方位加强花博会金融服务。

3. 持续加大绿色金融服务力度

农行上海市分行聚焦清洁能源产业、基础设施绿色升级、节能环保产业、生态环境产业、清洁生产产业和绿色服务等六类重点领域客群，积极排摸绿色信贷投放情况，将存量绿色信贷客户与投放计划进行匹配，落实绿色信贷相关标识工作。积极推广农总行创新研发的可再生能源补贴确权贷款、合同能源管理未来收益权质押贷款、生态修复贷、绿色节能建筑贷款、绿色交通贷款，助力绿色信贷。创新研发碳排放权质押贷款，推广应用碳排放权质押，成功落地系统内首笔通过交易所登记的碳排放权质押贷款500万元。成功发行中电投融和融资租赁有限公司2021年度第二期绿色中期票据（碳中和债），规模10亿元，实现分行首单碳中和绿色中票；成功发行远东宏信有限公司2021年度第四期中期票据（可持续发展、债券通），规模1.5亿元，实现银行间市场首单可持续发展熊猫债。截至2021年年底，农行上海市分行法人绿色信贷业务（人行新口径）余额800多亿元，增速超30%；ESG主题理财产品余额近20亿元。

4. 持续探索科创企业服务新模式

农行上海市分行主动对接市经信委、市科委等政府部门，获取专精特新"小巨人"等4类企业名单，全面梳理企业名单，逐户落实责任人，"一户一策"制定服务方案。制定专精特新"小巨人"企业服务方案，打造专属产品包，提供开户费、企业网银年费、电子银行安全工具工本费、代发工资手续费全免的优惠结算服务，提供更低的准入门槛、更高的审批效率、更优的融资价格等差异化信贷支持。创新研发"专精特新小巨人贷"，在客户分类、项目准入事项、客户评级、贷前风险分类等事项充分授权，加大对专精特新"小巨人"企业的信贷支持。截至2021年年底，国家级专精特新"小巨人"企业合作覆盖率达到52%，贷款余额11.51亿元，比年初增加5.66亿元，增速97%；市级"专精特新"企业合作覆盖率达30%，贷款余额41.46亿元，比年初增加19.53亿元，增速89%。

四、服务民生守护消费者权益更加深入

1. 积极融入智慧政务建设

农行上海市分行积极参与上海市政府"两张网"智慧政务建设，聚焦政务数据共享、银政服务互嵌等领域，持续丰富"慧政务·惠民生"系列产品，取得良好的应用效果和社会反响。持续配合市财政集中收付电子化改革,建设推广代理财政收付业务系统、统发工资业务系统和财政自助柜面业务系统，构建智慧财政服务体系；支持公检法机构数字化转型,共同推进司法工作高效化、便捷化；试点上线"警银通"系统，减轻基层民警负担，方便群众缴款；参与一中院"集资诈骗案件被害人信息核对登记平台"建设，帮助20.4万被害人信息登记及35亿元涉案资金发还；为900余所学校上线智慧缴费高频场景，支持20家医院和2个区域性"智慧医疗"项目建设；支持上海市社保中心"金保二期"工程项目稳步推进实施；试点开展数字人民币学费缴费全场景验证；辖内网点逐步部署一网通办政务服务专用一

体机，在超级柜台完成"一网通办"非认证类查询交易的接入开发，提供90余项政务服务；综合利用电子证照、生物识别技术，推出"企户通"产品，优化企业开户流程。

2. 全力护卫百姓财产安全

农行上海市分行始终将守护来百姓的资金财产安全作为诚信建设重要组成部分。一方面，狠抓电信网络诈骗防范。按照"协同作战、联合作业"的原则，做实"六个不放松"治理措施，即严控开户源头不放松、严把存量账户排查不放松、加强交易管理不放松、加强考核约束不放松、抓好普及宣教不放松及深化警银协作不放松。2021年，全行共堵截各类诈骗192起，挽回客户资金损失596.3万元，协助警方控制、抓获涉嫌电信网络诈骗嫌疑人140人；受理电信诈骗返还155笔，金额1531万元。另一方面，助力全民金融素养提升。聚焦"一老一少"重点客户群体，丰富宣教载体和活动形式，先后开展"普及金融知识万里行""普及金融知识 守住'钱袋子'""存款保险宣传月""防范非法集资宣传月""科技金融宣传周""信用记录关爱日"等活动，全年累计开展各类宣教活动2560余次，发放宣传资料29.22万份，触达消费者44.29万人次。

案例创造人：陈其昌

坚守诚信经营　彰显国企担当
助力企业高质量发展

天津港（集团）有限公司

一、企业简介

天津港（集团）有限公司（以下简称天津港集团）是天津市国资委监管的国有独资企业，在香港联交所和上海证券交易所拥有两家上市公司，同世界上200多个国家和地区的800多个港口保持航运贸易往来，是国家核心战略资源，经营范围包括港口投资、开发、建设及运营，船舶引航及驳运等港口服务，装卸、仓储、运输等物流服务，以及港口配套服务等。

诚信是企业稳定发展的基石，天津港集团始终坚持廉洁诚信、依法合规、守住底线、不碰红线的诚信合规文化，在各项经营活动中坚守以诚为本、诚信至上原则，践行道德承诺，依法合规经营，经过多年积累与不断探索，企业综合竞争能力及外部美誉度得到显著提升。

二、搭建诚信合规体系，为诚信经营赋能

天津港集团历来十分重视企业诚信合规管理工作，将企业诚信道德建设作为关键核心要素纳入集团公司合规管理体系统筹规划实施，以法人单位为主体在所属各级企业全面推开落实，目前已形成覆盖全面、实施有效的诚信合规管理体系。

（一）系统谋划，诚信合规体系建设全面推进

1. 诚信合规体系建设在所属各级企业全面覆盖

天津港集团作为天津市首批合规体系建设试点单位，在体系谋划设计阶段即将企业及员工道德诚信建设作为重要内容之一统筹规划实施，历经三年多探索及建设，目前已基本建成横向覆盖全部经营业务管理系统，纵向涵盖所属90余家装卸物流主营业务单位及80余家多元化板块企业的诚信合规管理体系，实现了诚信合规体系建设全覆盖。

2. 诚信合规责任网络体系严实完善

天津港集团通过构建层次清晰、分工明确的职责网络，助推诚信合规责任在各层级企业、各职能系统的落实。推动所属各级企业建立健全诚信合规管理组织架构，明确归口统一的诚信合规工作职能部门，配备相应人员开展诚信合规管理工作，目前已建成涵盖170余家企业、300余名主体责任人及联络员的人员队伍，切实搭建起顺畅有效的诚信合规责任保障机制。

（二）强基固本，打造诚信行为准则制度体系

1. 编制发布《天津港集团诚信合规手册》

为有效引导各级企业及员工履职履责行为的诚信合规，助推依法经营、道德诚信合规文化的养成，天津港集团编制发布了《天津港集团诚信合规手册》，从公司与员工关系、商务合作谈判与社会活动、政府监管与社会责任、财务金融与资产管理、工程建设及设施配套、国际贸易与投融资、知识产权与数据信息等方面，对企业和员工经营管理及履职履责行为的道德诚信要求进行了明确，对外向监管部门、社会公众、业务相关方宣示了天津港集团依法合规、道德诚信的经营理念和信用承诺，对内为各级企业及员工的行为准则提供了有效依据。

2. 强化内外部制度管理，保障经营服务水平

为持续提升企业诚信经营能力，天津港集团苦练内功，通过内外结合、上下联动的方式推动制度管理体系不断完善，为集团整体经营能力及服务水平的提升提供保障。开展外部监管要求的搜集评价工作，编制形成天津港集团监管外规清单，涵盖十二大职能系统，涉及监管外规共计500余项，在此基础上，完成合规义务条款及罚则措施的识别评价工作，确保企业在依法合规前提下开展经营管理及业务合作；完善内部制度文件体系，建立各类管理制度共计400余项，有效保障集团各类经营业务管理事项有规可依，健全有效，规范运行。

（三）营造氛围，诚信合规文化进一步筑牢做实

1. 加大宣导投入，诚信合规意识深入人心

天津港集团践行诚信合规从高层做起、诚信合规人人有责、诚信合规创造价值的理念，通过加大诚信合规宣传投入力度，扩大诚信合规宣传覆盖范围，正向引领各级人员诚信合规意识，推进各级人员诚信价值观的养成。通过印发制作主题内容不同的合规履职提示卡片，引导广大员工立足岗位讲诚信，自觉遵守和践行各类诚信规范要求；通过媒体投放《诚信合规微动漫》《合规指引微解读》等视频资料，加强重点领域舞弊行为的管理；通过宣传弘扬诚信经营案例故事，推动所属各级企业把诚信经营作为立身之本，长效持久健康发展。

2. 开展专项行动，提升企业对外公众形象

开展"诚信企业""信用津港"专项行动，得到国资监管的好评及认可。天津港集团通过整合整理信用中国、信用天津微信公众号等各类线上诚信教育宣传渠道，发动全体员工积极关注，及时获取诚信管理动态、诚信风险提示、诚信宣传案例，主动参与各类线上活动，通过自主学习、深入理解、切实贯彻企业诚信、个人诚信要求，有力推进"诚信企业"建设活动的深入开展，在集团范围内形成全员坚守诚信，践行承诺的良好氛围，为进一步提升天津港集团企业声誉、形象，推动企业良性发展提供有力支持。

三、加强服务攻关，践行商业承诺

天津港集团自2020年以来持续开展提质增效、提升服务"四千行动"，通过不断走进广袤腹地、深化拓展营销网络、强化效率攻坚提升、打造专属服务热线等形式，为客户持续提供多渠道、智能化、全天候、有温度的服务，获得了客户的广泛认可，天津港太平洋国际集装箱码头有限公司就是其中的

优秀代表，多年来，该公司在践行诚实守信企业理念、服务港口发展建设大局方面做出了积极贡献。

（一）天津港太平洋国际集装箱码头有限公司基本情况

天津港太平洋国际集装箱码头有限公司（以下简称太平洋国际公司）位于天津港东疆港区南端西侧，主要从事专业集装箱码头装卸、堆存业务，保税项目船舶作业、箱管等码头延伸服务和非集装箱船舶靠泊服务等业务。码头年设计集装箱吞吐能力400万标准箱，具有20万吨级专业化集装箱船接卸能力，满足世界上所有在航和在建大型集装箱船舶的接卸。公司始终跟随船舶大型化发展进程，不断改进码头作业环境、工艺、吊具等作业条件，在提升效率的同时，更是将"安全""高效""零缺陷"作为对客户始终如一服务承诺，公司先后荣获"中国货运业大奖（金轮奖）综合服务十佳集装箱码头""中国货运业大奖（金轮奖）最佳智慧服务集装箱码头""中国货运业大奖（金轮奖）最佳服务效率集装箱码头"等荣誉称号，2020年被评为"中国集装箱行业复工复产突出贡献集体"。

（二）优化作业流程，精心周密组织

太平洋国际公司梳理改进作业流程，寻找最优作业方案，利用船前会、专题会等部署作业思路，树牢全体作业人员"战斗"意识，为提效打牢坚实基础；精准计划，结合船舶数据信息和场地综合情况，精准定位核心作业贝位，科学制定CWP（岸桥作业计划）方案，泊位、场地、资源科学匹配，确保M线人、机、场最优，为提效做好充分准备；周密组织，作业过程中坚持"现场即市场""效率为产品"的生产理念，调度精准下达"作战指令"，全体作业人员密切配合、协同作战，实行边卸边装、"二对一"配载等作业工艺，力争将非作业耗时压缩至最低，为创效提供更多可能性；保障到位，以调度指挥中心为信息枢纽，实行船舶全过程监控，密切与船公司及口岸单位的沟通协调，安排专人对作业情况实时跟进，及时协调解决作业中出现的各类问题，合力保障生产作业顺利推进。

（三）紧抓痛点难点，完善服务机制

1. 了解客户需求，及时有效响应

太平洋国际公司深入贯彻天津港集团"市场年""改革年""创新年"工作部署，以优质服务为导向，积极践行诚实守信、用心服务的理念。公司定期与堆场、车队等客户开展面对面座谈，第一时间掌握客户需求，2021年组织召开陆运效率分析会20余次，提出整改措施30余项，解决客户难题150多个，消化隐性投诉100多起，处理8890投诉事项24起。同时，公司不定期召开窗口服务沟通会，对各窗口提出服务理念宣贯及诚实守信服务的要求；借助公司24小时服务热线平台，深入了解客户需解决问题的难点、痛点，诚信为本，用心对待每名客户提出的难题，有针对性地提出解决方法，真真正正把问题从根源处解决。

2. 打通信息壁垒，灵活高效服务

太平洋国际公司设身处地为客户着想，举全公司之力为客户提供快速便捷的预约服务机制，引导客户尽量错峰申报集港计划，避免由于集中申报导致部分时段的计划空闲、机械的空耗。疫情防控期间，针对冷箱客户提箱任务繁重、作业组织安排难等问题集中力量逐个突破，为客户提供了强有力的业务支持；完善对外发布信息的机制，尤其是突发事件的应急公告、特殊事项的业务办理流程告知等，加快突发状况的处置速度。利用码头资源推出其他增值服务，比如一级冷库库位紧张时，协调使用自备箱"以箱带库"，缓解客户无法及时疏运的压力；针对出口冷箱，商议是否允许提前集港打冷，让客户可以更加灵活地安排出货时间。

（四）深化市场拓展，开展"四千行动"攻坚

太平洋国际公司落实天津港集团"四千行动"工作部署，按照"走出去、请进来"工作主线，开启"1个专题+2个重点区域"的走访工作，践行"双客户"战略。开展环渤海中转专题走访，受理环渤海终端客户需求11项，已全部协调解决；重点开展京津冀区域市场的开发，按照"先代理、后终端客户"的开发策略，共走访代理、船公司及终端客户共106家，系统打通物流链条屏障；建立船公司总部定期维护拜访机制，收集船公司客户需求及建议13项，已全部解决回复，成功举办海洋联盟欧洲新航线开通仪式；开展"请进来"客户来访参观座谈会，加强了客户对码头业务流程的整体认知。

四、打造优质项目，诚信回馈客户

天津港集团公司近年来在做优做强装卸物流主营业务的同时，始终重视工程项目建设领域企业管理服务水平的优化提升，天津港航工程有限公司作为其中的突出代表，聚焦重大项目攻坚克难、专业工艺提升改造，打造了守法合规、诚信履约的优质企业形象。

（一）天津港航工程有限公司基本情况

天津港航工程有限公司（以下简称港航公司）隶属天津港（集团）有限公司，集港口航道、市政公用、地基基础、海上风电等多元业务于一体，拥有丰富施工经验和雄厚施工、投资、运营能力的综合型施工企业。港航公司拥有70余项专利，多项省部级以上工法，是国家级高新技术企业、国家级企业技术中心，设有博士后工作站。港航公司连续多年获得"全国优秀施工企业""中国工程建设诚信典型企业""全国水运工程建设行业优秀施工企业""国家工商总局守合同重信誉单位""天津市守合同重信誉单位"等多项荣誉，特别是今年荣获"全国五一劳动奖状"。

（二）天津港北疆港区C段智能化集装箱码头项目情况

2020年1月23日，港航公司中标天津港北疆港区C段智能化集装箱码头工程（堆场部分），该项目属于天津市重点项目，于2021年6月完工。该项目是落实习近平总书记视察天津港重要指示精神，努力打造世界一流智慧港口、绿色港口的重要举措，是"十四五"规划交通强国战略中的重要组成部分、是天津市交通强国建设重点项目，是天津港规划建设史上的第一个新建智能化集装箱码头。项目综合运用5G、北斗、人工智能等新一代信息技术，是目前智慧程度最高、建设周期最短、营运效率最优、综合成本最低、绿色发展最佳的新一代自动化集装箱码头。

在项目实施过程中，港航公司充分发挥党建引领作用，把诚信经营、工期进度、质量安全与党建深度融合，"将支部建在项目上"，信守工期承诺，保障码头项目的按期投产运营。

1. 严守合同，在疫情期间如期开工

该项目开工之际正是新冠疫情肆虐之时，港航公司信守承诺，举全公司之力迎难而上，利用15天时间筹建了"雷神山"式隔离住宿区，按照天津市疫情防控要求，提前组织作业工人来津居住宾馆隔离，积极筹措防疫物资，保障作业工人作业安全；成立党员突击队，党员干部冲锋在前，搭建起最初的疫情防控体系，项目如期于2020年3月5日开工，是2020年疫情肆虐期间天津市第一个开工建设的施工项目。

2. 信守承诺，确保工期按时完工

港航公司统筹资源，创新智能化控制设备与强夯地基工艺结合，提高施工效率，该应用被评为"实

用新型发明专利",同时借助子公司港航桩业优势,优化改装生产线,确保了原材生产进度;由于智能化堆场在钢筋、混凝土使用量较传统堆场在占比上有较大的提升,为此港航公司专门投资建设了信息化钢筋加工厂,确保钢筋生产进度,为加快混凝土作业,利用新型钢塑模板,高峰时现场作业工人达到1100余名。

经过一年的施工建设,港航公司信守承诺,在诸多恶劣条件影响下,不畏艰难,提前完成了堆场标段合同内全部施工任务,为天津市首座智能化集装箱码头早日投产运营贡献力量。

3. 精心组织,冲刺国优金奖

港航公司投标人员诚信履约,严格落实质量责任,采用BIM技术辅助施工,实现施工建设信息化,确保混凝土构筑物表观质量优良,无蜂窝麻面、开裂等现象,满足设计要求,同时,该公司"集装箱箱角梁表面平整度"课题成果获得了天津市建设系统优秀质量管理成果(QC)三等奖。

由于自动运行的无人集卡车作为智能水平运输设备对路面平整度要求较高,为保证道路沥青混凝土面层耐久性及平整度,该公司在各作业段内一以贯之采取连续化摊铺,杜绝纵向施工缝,提高了路面平整度、闭水性、使用耐久性及行驶舒适性。同时,该公司提高"沥青砼平整度"课题成果获得了天津市建设系统优秀质量管理成果(QC)二等奖。

4. 以人为本,保障生命安全

在施工阶段,圆满完成了施工安全"零"事故、环保"零"投诉的既定目标,在安全管理方面为建设单位交上了一份满意的答卷。实行"网格化"管理,安全责任落实到人;增大安全环保费用投入,较常规项目投入增加80%;积极参评"平安工地""安全文明公司"等荣誉,践行安全管理高标准的承诺。

该项目的建设模式为全国同类项目创造了可参考、可复制样板,在同类智能化码头单平方米投资、建设周期、质量控制标准、安全风险辨识与控制等方面均提供了大量可借鉴经验。2021年7月28日,在中国港口协会2021绿色与安全港口大会上,天津港集团发布"零碳码头",将天津港C段智能化集装箱码头打造成为全球首个人工智能零碳码头,港航公司凭借诚信合规的良好企业信誉和风电领域的专业实力,成功参与其中,为港航公司良性发展贡献积极力量。

(三)三峡新能源阳西沙扒二期(400MW)海上风电项目情况

2020年5月,港航公司中标三峡新能源阳西沙扒二期(400MW)海上风电项目,中标金额13.27亿元,项目位于广东省阳江市阳西县沙扒镇附近海域,场址水深范围24m~28m,包括34台6.45MW非嵌岩四桩导管架基础施工涉及的全部工作,是国内首个大直径非嵌岩四桩导管架海上风电项目,该项目的顺利完工,凸显了港航公司诚信履约的良好企业形象。

1. 信守合约,提前完成合同工期

港航公司接到项目中标通知书后,精心筹划,打破海上风电施工准备120天的传统,从项目中标到开工仅用了42天,创造了海上风电项目的施工记录。在海上风电抢装热潮形势下,为保证项目顺利如期完工,港航公司分散钢结构加工地点,12家加工厂址涉及广东、福建、浙江和江苏等地,面对加工厂数量多、区域跨度广、管理难度大等诸多不利因素,公司加派精英骨干,专人进场监造,切实保证了钢结构的加工进度及施工质量。2020年10月份,南方区域台风频发,数量超越历史记录,在此不利情况下,港航公司抢抓仅有的一天窗口期,完成了首台导管架的吊装施工。

经过不懈的努力,港航公司于2021年5月底顺利完成三峡阳江项目全部钢管桩沉桩施工,2021年8月27日,在合同约定风机基础数量增加的情况下,比约定工期提前4天圆满完成了本项目的施工,树立了港航公司"开工晚，完工早"的企业品牌。

2. 精益求精，确保工程优质达标

港航公司始终践行"质量是生命，满意是追求"的企业方针，在"诚信重诺、用户至上、竞优争先、品牌制胜"的理念指引下，建立健全质量保证体系，加强质量管理，确保程序化操作、规范化控制、标准化管理。严格规范有关技术质量的会议制度、作业人员培训制度、三检制度、奖罚制度，强化过程控制及关键工序质量控制，安排专人驻厂监造，严格把控钢结构加工质量，给建设单位提交了满意答卷。

3. 以人为本，保障生命安全

港航公司在"安全为天、生命至上、人人有责、文明和谐"的企业安全文化引领下，圆满实现了项目无伤亡事故、无交通和火灾事故、无船舶机械事故、无环境污染事故的职业健康安全环保目标。公司建立职业健康安全管理体系，落实全员安全生产责任制并定期进行考核，推进全风险辨识、评价及隐患排查治理双重预防机制建设，项目初期，针对现场各作业环节形成1200余条生产安全事故风险管控措施。重点加强专业培训，共组织开展起重作业、消防安全、夏季防暑、交通安全等安全教育培训42次，覆盖1500余人次；严格执行人员进场三级安全教育、班前会教育制度，确保现场安全可控；针对海上风电项目特点、季节性特点等，强化应急管理，联合海上工程船舶开展消防、防台、弃船逃生、直升机紧急撤离、中暑、有限空间救援等应急演练，切实提高应急救援能力。南海施工台风频繁，施工期间，施工区域多次受台风影响，港航公司积极应对、正确处置，顺利完成防台任务。

港航公司施工项目安全管理工作受到各合作单位的一致认可，荣获业主单位三峡阳江新能源发电有限公司的"2020年度安全管理先进集体""海风杯"安全知识竞赛一等奖。

4. 立足项目，实现创新突破

港航公司秉承"创新务实、拼搏进取、科学发展、追求卓越"的精神，本着"建一个项目，树一座丰碑"的理念，在完成项目的同时切实做好总结提升，成立"提高海上风电四桩导管架基础法兰水平度"QC小组，相关成果已上报至中国电力建设企业协会。同时，依托三峡阳江项目，积极开展科技课题立项工作，已在海上风电施工保持架研究与应用、内吊耳翻桩工艺等方面设立10项课题，编制形成7项施工工法初稿和5项施工工艺标准，发表5篇论文，发布2项新型专利。

三峡阳江项目的顺利完工，充分诠释了港航公司诚信合规建设理念，彰显了企业诚实守信的契约精神，提升了公司整体信誉度及美誉度，项目完工后，已有多家能源建设单位与公司联系就合作事宜洽谈，截至目前已签署6亿施工合同额。随着习近平总书记"碳中和、碳达峰"口号的提出，清洁能源项目特别是海上风电项目蓬勃发展，港航公司将继续打造合规诚信品牌，乘风破浪，勇立海上风电市场潮头。

案例创造人：王峥　杨立静　赵媛君　李美璐

履行社会责任　彰显央企本色

中铁一局集团有限公司

2021年，面对疫情反复、经济下行和竞争加剧等多重挑战，中铁一局紧紧围绕高质量发展目标，强基增效，续写精彩，不仅圆满完成了年度各项任务，而且在科技创新、扶贫帮困、抢险救灾等各项工作中树立了诚信企业的良好形象。

一、企业简介

中铁一局集团有限公司（以下简称中铁一局）是世界500强企业——中国中铁的全资子公司，1950年5月始建于甘肃天水，目前具有铁路、公路、市政公用、建筑工程施工总承包特级资质，以及铁路铺轨架梁、桥梁、隧道、公路路面、公路路基、环保工程专业承包一级资质等多项资质。截至2020年年底，资产总额达560亿元，净资产120亿元。2021年，实现新签合同额2400亿元，企业营业额1205亿元。

作为共和国铁路建设的排头兵，中铁一局始终致力于国家基础设施建设。70年多来，参建干、支线铁路140多条，铁路运营线路铺轨4.3万余公里，约占新中国铁路铺轨总量的七分之一；累计修建公路8000余公里；完成房屋建筑3200余万平方米。业务范围覆盖除台湾以外的全国各省、自治区、直辖市，以及十多个国家开展海外工程承包业务。

70年来，中铁一局共获得鲁班奖25项、詹天佑奖27项，国家优质工程奖93项（其中金质奖10项）。始终坚持科技兴企战略，共获得国家级科技奖19项，省部级科技奖388项。新中国成立70周年"功勋企业"、全国守合同重信用企业、中国施工管理优秀企业、全国企业文化建设优秀单位等上百项国家级荣誉。积极履行央企社会责任，响应国家脱贫攻坚号召，投资建设陕西柞水金米村智能连栋木耳大棚、智慧农业示范园等项目，获得习近平总书记"小木耳，大产业"点赞，并荣获全国脱贫攻坚先进集体称号。70年来，公司共涌现出25位全国劳模，在2020年的全国劳模评选中，马海民、梁西军二位同志获此殊荣。

中铁一局2003年通过了质量、环境和职业健康安全管理三位一体化认证，2010年12月，通过了新加坡SGS国际认证机构对企业质量管理体系运行的外部认证审核；2011年12月，通过了北京SGS国际认证机构的环境和职业健康安全管理体系运行外部认证审核；2016年，通过了新加坡建筑局（GGBS）的绿色优雅建筑商认证。

二、诚信文化是中铁一局企业文化的重要支柱

诚信是中华民族的传统美德，是全社会所认同的道德规范。自1950年成立以来，一代代一局人以忠厚、老实、勇敢和智慧培育了灿烂的企业文化。无论是计划经济还是市场经济条件下，广大员工一直把确保工期、确保质量作为对国家、对社会、对业主的庄严承诺，建设了一大批优质工程，连续多

年被评为"重合同守信誉"企业。可以说，诚信一直是中铁一局企业精神的重要支柱，也是中铁一局广大员工高度认同的核心价值理念之一。中铁一局 70 多年的发展史，就是以"诚"立企、以"信"立世的发展壮大史。

2005 年，中铁一局的企业精神提炼为"诚信创新，永争一流"。企业以诚取信、以信立誉，把诚信作为立业之本、兴业之道，依法经营、合作共赢，大力开展了诚信教育，营造了"守信光荣、失信可耻"的文化氛围。

2011 年，中铁一局印发了《2011—2015 年文化文化建设规划》，明确了"诚信为本，真诚待人，真诚做事，兑现诺言，信守合同，永续经营"为主要内容的诚信文化建设目标。

2021 年，中铁一局根据企业发展壮大的实际，对企业文化理念体系进行换版升级，形成了"四梁八柱"式的理念系统。其中，"诚信创新，永争一流"的企业精神不变，新增了"重信守诺、合和共赢"的经营理念，正是基于我们的员工把"重信用、守承诺"作为立身处世之道，每个人都能遵守承诺与规则、自觉培养契约意识。

三、兑现合同承诺，提升品牌形象

2021 年，面对繁重的施工生产任务，中铁一局信守合约，工期兑现、安全受控、质量优良、施工文明，树立起企业良好的品牌。

公司科学调控年度计划，强化资源配置，开展劳动竞赛，全年施工产值再创新高，年内参与建设的拉林、玉磨等 9 条铁路，厦门西通道海沧隧道、宝坪高速等 12 条公路，武汉地铁 5 号线、洛阳地铁 2 号线等 24 条地铁开通运营。同时，安全质量环保总体受控，年内还荣获"中国建筑工程鲁班奖"2 项、"詹天佑土木工程奖"3 项、"国家优质工程奖"8 项、省部级优质工程奖 37 项，大连地铁五号线海底隧道工程荣获第七届国际隧道协会"年度工程奖"。公司连续 3 年获交通运输部 AA 级评定，首获水利部 AA 级评定；连续 6 年获中国对外承包工程商会 AAA 级评价，继续保持中施企协 AAA 级评价，位列"陕西省百强企业"第 8 名，企业以良好的信誉促进品牌影响力持续扩大。

公司大力推动科技进步方面，依托重点工程加大科研攻关，形成了一批具有自主知识产权的高水平技术成果。全年获得省部级工法 54 项，新增省部级科技创新平台 2 个，获省部级科技奖 25 项、中国中铁实用技术奖 2 项。全年荣获首届工程建设行业高推广价值专利奖 10 项，新增授权专利 317 项。完善节能减排"统计、监测、奖惩"三大体系，加强绿色、节能、低碳技术的研发与应用，圆满完成节能减排年度考核指标，全年通过住建部"绿色施工科技示范工程"验收项目 2 项，10 个工程荣获中国中铁"绿色施工科技示范工程"，以实际行动实现绿色施工的庄严承诺。

四、真诚对待员工，推动和谐共融

企业讲诚信，要对员工守信，只有企业与员工双方以诚相待、忠实对方，才能提高员工的安全度、忠诚度、满意度，才能增强企业的亲和力、内聚力、向心力，实现企业与员工的和谐共融。

2021 年，中铁一局深入贯彻共享理念，认真落实企业发展与职工收入同步增长机制，按时发放职工工资，足额缴纳"五险两金"，关心劳务工、离退休职工和海外职工家属生活，不断增强发展凝聚力。同时，全力保障员工民主权利，促进企业民主管理建设，支持职工参与企业管理；加强《集体合同》履行和劳动法规执行情况的监督检查，推进项目工会与项目签订并落实好《共保合同》；深化厂务公开，拓宽平台、畅通渠道，凝聚智慧，激励职工参与企业改革发展，增强了民主管理的效果。

2021年，中铁一局印发了《优秀年轻干部挂职锻炼工作实施意见》，拓宽了年轻干部教育培养和实践锻炼渠道；加大优秀年轻干部选拔培养，举办年轻干部培训班，选派12名优秀科级干部挂职锻炼；实施"启航计划"，推行毕业生安家费和见习期最低收入保障机制，全年签约2022届高校毕业生851人。在促进员工成长方面，健全培训体系，完成项目技术员、技术主管、工程部长、项目总工四个岗位、29门集中面授精品课程，以及项目安全员、安质部长、安全总监学习地图课程体系的开发工作，尽全力保障员工与企业共同成长。

五、履行社会责任，彰显央企本色

2021年，中铁一局始终以高度的政治责任感，积极投身于扶贫帮困、抗洪抢险、疫情防控中，全面履行国有企业的社会责任，受到了社会各界的好评。

2021年2月25日，在全国脱贫攻坚总结表彰大会上，中铁一局工会被中共中央、国务院授予"全国脱贫攻坚先进集体"荣誉称号。一年来，中铁一局认真学习贯彻习近平总书记在全国脱贫攻坚总结表彰大会上的重要讲话精神，严格落实陕西省委办公厅、陕西省政府办公厅《关于进一步强化巩固拓展脱贫攻坚成果同乡村振兴有效衔接工作机制的通知》要求，调整、配强周至县竹峪镇东大墙村驻村工作队成员，切实做好驻村帮扶工作，2021年度先后投入专项资金20万元用于驻村基础设施建设和产业帮扶。所属厦门公司福建大田县前坪乡上地村食品冷冻产业链扶贫项目进展顺利。积极落实陕西省总工会百万职工消费扶贫行动，在"送清凉"和职工慰问中优先采购和使用陕西省总工会扶贫平台上的扶贫产品。先后在陕西省总工会平台采购248.76万元，线下采购223.46万余元。

"疫情就是命令，防控就是责任"。2021年，从年初的石家庄，到年底的西安，中铁一局积极参与全国新冠疫情防控。石家庄市疫情告急期间，中铁一局迅速集结220余名精锐力量星夜驰援黄庄隔离场所建设，经过近半个月的日夜奋战，圆满完成了432套隔离板房建设任务，并出动700余人次支援兄弟单位抢工。特别在岁末西安抗疫行动中，有着"筑路铁军"之称的中铁一局闻疫而动，从主动请战到积极筹措防疫物资，从协助核酸筛查到做好后勤保障，中铁一局同陕西人民一道同心同行，共克时艰，彰显了果敢坚毅、能打硬仗的作风，获得了地方政府及社会各界的高度肯定。

一年来，企业还积极参与运营线路抢险和城市救援15次，有力彰显了社会担当；面对郑州特大暴雨，优秀员工袁格兵挺身而出，勇救被困群众，荣获中国中铁首届"向上向善好青年"。

案例创造人：王新年　刘绥安　张实宏　曾广懿

"积分=信用"基于工作积分制构建电网企业生产班组全新信用管理模式

内蒙古电力(集团)有限责任公司内蒙古超高压供电分公司

一、企业简介

内蒙古超高压供电公司修试管理二处自动化班(以下简称自动化班)为筑牢班组信用风险防线,促进规章制度落地,从源头降低企业员工失信风险,全面践行"守信激励、失信惩戒"信用管理模式,积极探索基层生产班组信用管理转型升级新路径,创新提出"积分=信用"基于工作积分制构建电网企业生产班组全新信用管理模式。经过一年多的实践应用,初步构建起"制度引领、管理覆盖、落实到位"的基层生产班组信用管理体系,班组信用管理水平进一步提升,员工个人守信意识大幅度增强,向诚信电力示范班组目标持续迈进。

二、背景描述

讲求诚信是中华民族传承悠久的人文精神和道德信念,"诚信"既是一种世界观,又是一种社会价值观和道德观。党的十八大以来,党中央高度重视培育和践行社会主义核心价值观,强调诚实劳动、信守承诺、诚恳待人,鼓励公民之间应该相互尊重、互相关心、互相帮助,友好和睦,努力形成社会主义新型的人际关系。

对于企业经营而言,诚信是市场竞争环境下的立身之本、成事之基、动力之源。没有信誉的企业,终将被市场所淘汰,被消费者所摒弃。近年来,内蒙古超高压供电公司始终贯彻国家、自治区和内蒙古电力公司对供电企业信用体系建设的总体要求和工作部署,坚持诚信规范、公开透明的运营原则,全面贯彻"创新、协调、绿色、开放、共享"新发展理念,自觉服从自治区经济社会发展大局,助力蒙西地区500kV主网高质量发展。

基层生产班组作为电网企业的前沿阵地,是企业履行主责主业的主力军和冲锋队。因此,在推动国有企业信用体系建设的过程中,如何突破顶层设计和班组落实之间的隔膜,自上而下形成衔接,打通环节形成贯通,统一规范形成标准,整合资源形成合力,是企业管理具有长期性和复杂性的问题。

基层班组作为落实企业管理各项工作的责任主体,应当增强责任意识,主动提升信用管理水平,培养员工诚信意识,激发员工工作动能,有效助推企业信用体系建设高质量开展。自动化班认清形势,主动出击,牢固树立"制度引领、综合施策、强化落实、创新发展"的诚信管理理念,积极探索一条以"信用"为主线的班组管理新路径,形成信用管理与主责主业相互促进、融通共建的运行机制,建立起"部门监管、员工自律、班组自治"的协同共治模式,充分发挥基层班组管理灵活性优势,做好基层生产班组信用建设的先驱者。

三、现状分析

基层班组是企业管理的基础环节和最终落脚点，班组的执行力即企业的战斗力。目前，班组长作为班组"门面担当"，是保障班组正常运转的绝对轴心。班组长对上承接管理部门的压力传导，对下保障班组工作的分配和落实，对内负责班组综合管理，对外进行协调沟通，一定程度上说，班组长的决定即代表班组的意志，班组长的管理水平直接影响班组的凝聚力和执行力。

一个优秀的班组长应当具备过硬的专业技能、一体统筹能力和一以贯之的管理决心。一个不负责任的班组长会导致班组管理失控、规章制度悬空、员工态度涣散，班组环境就会成为孕育员工失信行为的沃土。简单举几个例子，准时上下班是企业工作中的最基本信用准则，但有些班组长带头无视规矩，经常迟到早退甚至旷工，上行下效，班组风气自由散漫，个人失信的同时也有损企业形象；差旅报销在基层生产班组几乎每个月都会发生，由于班组长管理松懈，员工就可以投机取巧，钻管理的漏洞，谎报出差天数和实际金额，多报、虚报差旅费用，对单位造成了资金的流失，对员工个人也造成了信用风险；绩效考核是员工奖金分配的重要依据，应该做到公平公正，充分体现按劳分配的原则。目前班组绩效考核基本由班组长全权包揽，班组长需要对员工的个人工作量进行详细记录，为绩效考核提供合理依据，保证奖金分配的严肃性和公正性。但如果要求班组长随时记录每一名员工的工作，又为班组长带来极大的工作负担，如果让员工上报个人工作完成情况，又很难把握上报数据的准确性，导致班组绩效考核工作常常陷入两难境地。

如何化解班组运行中的信用风险，去除人员管理的不确定性，加速基层班组制度化转型的脚步，是基层生产班组管理亟待解决的问题。自动化班为了探寻解决方案，先后前往国家电网公司、南方电网公司的基层和内蒙古电力集团的生产班组开展调研，综合考量国网、南网基层班组的先进管理做法和内蒙古超高压供电公司实际，融入自动化班长期形成的管理习惯，经过创新发展，最终提出了"积分＝信用 基于工作积分制构建电网企业基层生产班组全新信用管理模式"的构想。该模式基于工作积分制架构基层生产班组信用评价体系，以大数据、智能化手段为依托，有机融合班组日常管理和信用体系建设，建立事前提醒、事中管控、事后跟踪的班组信用全流程闭环监管机制，推动了班组由人员管理向制度化管理转型的质变，实现基层班组全新精益化管理方式。为了推进成果应用，自动化班自主研发出一套智能化班组管理系统，为"积分＝信用"基层生产班组管理模式提供了数字化载体。

四、实施方案

（一）以积分制量化工作，制定班组积分细则

"工作积分制"是"积分＝信用"管理模式的核心，首先将班组整体工作分为班组日常工作、外出检修工作、临时交办工作三项大类，在三大类基础下分解为若干具体工作，根据难度、周期等要素给每一项具体工作赋予相应的分数，实现工作的积分化。

（1）班组日常工作积分。人员日常上下班打卡，获得基础分值为4分，请假、迟到或者旷工，则扣除相应分数。

日常工作按照周期分为日度、月度、季度、年度工作4大项，又根据具体工作详细归类为18大项96小项，覆盖班组全部周期性工作，按照工作量和工作难度对每项工作赋予0到5分的分值，完成工作即得到相应分数，超期完成或未完成则不得分，以此督促工作完成的质量和及时性。

（2）外出检修工作积分。外出检修工作按人员分为工作负责人和工作班成员，按工作性质分为工

作日出差和加班，根据人员角色和工作性质的不同，每天每人得 10 到 24 分。

（3）临时交办工作积分。临时工作由工作人员自行录入，由班组长根据工作完成情况赋予 0 到 5 分的分值。

根据员工当前得分，班组可以判定员工当前信用状态，按照"守信激励、失信惩戒"的原则，班组在月度绩效考核中对守信良好的员工予以奖励，对失信员工进行考核。

（二）自主研发智能化生产班组管理系统，建立班组信用表达机制

自动化班自主研发班组智能管理系统，通过 MMI 界面实现人机交互，为"工作积分制"提供可视化载体。该套系统具有员工签到，工作提醒、工作查询、积分统计、差旅统计、绩效自动生成等丰富功能。班组员工使用个人账号登录系统，进行每日签到、签退，将待办工作添加进系统，系统自动生成工作提醒，工作完成后即可自动获得积分，工作未完成或超期完成即扣除相应分数。系统实时更新人员得分情况，在班组大屏幕上进行投射，形成班组你追我赶的良性竞争氛围。

系统每月月底根据人员积分自动生成绩效考核结果和奖金分配表，无须人为进行二次计算，彻底解决了长期以来困扰班组的绩效考核问题。

（三）信用评价"三挂钩"，全面提升班组信用管理水平

有了工作积分制和智能化班组管理系统的铺垫，班组就能够建立起"守信激励、失信惩戒"的信用管理体系，具体表现为信用行为"三挂钩"。

（1）信用与绩效考核挂钩。智能管理系统月末会根据人员积分情况，自动生成奖金计算表，只要输入当月奖金基数和个人奖金系数，即可按照积分情况生成班组人员应得奖金，杜绝了奖金分配中的人情分，体现了按劳分配的合理性。

（2）信用与评先评优挂钩。班组现有评先评优大多是以投票方式开展，满足少数服从多数的原则，在这种方式下，人情因素将严重影响投票结果。智能管理系统投运以来，员工的信用状况成为评先评优的先决条件，系统根据班组日常工作、外出检修工作均大于班组平均值、积分高的优先推荐为条件，筛选出各类评先评优的候选人。此外，班组也建立严重失信行为否决项，如果发生虚报差旅、无故旷工等严重失信行为，则对该员工评先评优进行一票否决。除了上级单位的评先评优，班组也会对守信良好员工进行一定奖励，系统根据积分高低评选出每月的"班组之星""班组之最"，在绩效奖金上予以奖励，激发员工工作积极性。

（3）信用与带薪休假挂钩。制度也有人情味，智能化生产班组管理体系也是一个鼓励多劳多休的体系，将休假与信用相挂钩，信用情况良好的员工将享受优先休假权，体现出了班组提倡劳逸结合，保证人员精神和身体状态的浓浓人文气息。

（四）引导与鼓励，建立健全失信惩戒与信用修复机制

对于发生旷工、报销作假、发生重大安全事故等严重失信行为的员工，班组在扣除该员工工作积分的基础上，将其列入班组失信"重点关注人员"名单，并在智能化班组管理系统日志中进行公示。严重失信员工将在未来一个月内不予考虑评先评优和带薪休假等福利。连续三次被列入"重点关注人员"名单，则直接取消全年福利。

基于积极引导和鼓励失信员工主动纠正失信行为，消除不良影响的原则，班组建立"发现—公示—惩戒—修复"全流程闭环管理工作机制，如果失信人员在一个月内未再次发生失信行为，并平均积分达到班组平均水平之上，则自动从"重点关注人员"名单中剔除。

五、实施成效

（1）通过"正向激励＋负面激励"双管齐下的管理机制，充分运用考核"指挥棒"的作用，将言信行果、诚信为公的经营理念有机融入班组日常管理，逐步引导员工自觉正确树立诚信工作意识，在基层生产班组形成了浓厚的信用氛围。

（2）"积分＝信用"管理理念极大程度增强了班组管理的透明度，班组员工通过智能化班组管理系统可以及时了解班组动态，绩效考核充分体现按劳分配、多劳多得的理念，从源头上避免了奖金分配的矛盾。

（3）智能化班组管理系统投运以来，班组工作进一步得到厘清，班组工作分配得当、认领及时，质量和时效较以往都明显提升，班组运转更加顺畅，班组长工作负担明显下降。

（4）工作积分制极大地激发了班组员工的工作积极性，班组工作从之前无人理睬转变为争相竞取，员工的进取心得到充分激发，班组上下形成了并驱争先、你追我赶的良性竞争氛围。

六、总结

良好的信用形象是企业扩大影响力和竞争力的必备要素，也是增强企业社会美誉度的重要因素。电网企业信用建设应该是横向延伸、纵向渗透，全面覆盖的体系化管理模式，基层生产班组作为电网企业的先锋队，是保障经济社会发展、电网安全稳定运行的排头兵，是与用户接触的第一线，基层生产班组的工作水平也是促进企业发展重要组成部分，因此，基层生产班组的信用建设直接关乎企业的规范管理程度和品牌形象建设。过去电网企业的信用管理重心主要集中在财务处、物资处等管理部门，对基层生产班组的诚信建设没有足够的重视，导致基层班组存在信用管理制度不健全，失信行为频发的情况。

"积分＝信用"基层生产班组信用管理模式是电网企业信用体系建设向一线生产班组渗透的一个良好开端。自动化班创新运用智能化管理系统，实现基层生产班组信用科技化管理，保证了员工信用行为的管控，将失信行为与员工绩效考核、奖金发放、评先评优等相关联，加大了员工失信行为的惩戒力度，从流程上杜绝了差旅虚报、迟到旷工、工作推诿、奖金随意分配等问题，实现了班组标准化、精益化管理。

七、问题延伸思考

"积分＝信用"管理模式的根本目的是培养员工的自觉诚信意识，以意识带动行为，员工整体信用水平的提升可以长效助力企业构建以信用为核心的经营管理体系，有效规避企业运营风险和员工失信行为对企业造成的不良影响。工作积分制是建立员工守信意识、规矩意识的一种手段，员工诚信意识建立需要从靠近社会的基层生产班组做起，除了班组自身的信用体系确立，企业需要强化信用宣传力度，发掘渠道开展员工信用教育，提升信用自律的主动性，搭建弘扬信用理念，普及信用知识，交流信用经验的平台，培养一批信用领域的专家人才，带动企业整体信用管理水平不断升级。

案例创造人：兰志军　何文浩　张善祥

以诚信铸就品牌　靠实干赢得发展

中国二十冶集团有限公司

一、企业简介

中国二十冶集团有限公司（以下简称中国二十冶）起源于1948年，隶属于中国中冶，是世界500强中国五矿旗下的核心骨干子企业，是一家集投融资、规划设计、工程建设、运营服务为一体的大型工程总承包企业集团。七十多年来，中国二十冶承担了一系列国家及地方重点项目的建设任务，积累了丰富的建设经验，形成了13类优势核心产品，分别为冶金领域的原料、烧结、高炉、连铸、轧钢、制氧，以及非冶金领域的医疗、文教、场馆、市政、超高层建筑、综合管廊、洁净厂房。中国二十冶是国家高新技术企业、国家技术创新示范企业、国家知识产权示范企业，以及国家技术标准创新基地，拥有国家级企业技术中心和博士后科研工作站，是国家科技进步特等奖获得者，中国钢铁工业的核心建设力量，被誉为冶金建设行业的"高炉之王""连铸至尊""轧机之秀""制氧专业户"和"料场建设先锋"。

中国二十冶具有"三特四甲"资质，三项施工总承包特级分别为：建筑工程、市政工程、冶金工程；四项设计甲级分别为：建筑行业（建筑工程）、建筑行业（人防工程）、市政行业、冶金行业。

二、体系建设及制度保障

中国二十冶现有员工10745人。1200人具有国家执业资格注册证书，其中，一级注册建造师890人。2588人具有中高级职称，其中，教授级高工112人。全国优秀项目经理33名，省部级优秀项目经理80名，4位专家享有国务院政府特殊津贴，7人被评为全国技术能手。中国二十冶下设35家子分公司，其中，主业经营机构20家，分为"55631"：5家子公司、5家区域公司、6家专业公司、3家服务公司、1个事业部。现已形成"5+1"的市场布局：长三角、珠三角、京津冀、成渝都市圈、华中城市群等国内5大区域，以及"一带一路"海外国家。全力打造"4321"的产品结构：高端房建40%、市政交通30%、冶金工业20%、新兴产业10%。

在2017年和2018年，公司抓住"牛鼻子"，重点改革优化了干部管理和项目管理制度，关键岗位和关键业务的管理得到明显改观。2019年，以稳增长、促改革、强管理、激活力、防风险为原则，全面梳理修订现有制度，共调整制度109篇。对总部、分公司、项目部三级组织的管理界面，以及各项业务的职责、权限和流程，该调整的调整，该强化的强化，该弱化的弱化，形成了"职责权限明晰、业务运行顺畅、协同联动高效"的管理体系，基础管理的制度化、规范化明显增强。

三、诚信经营理念

中国二十冶始终秉承"一天也不耽误、一天也不懈怠"的企业精神，保持"做冶金建设国家队、基本建设主力军、新兴产业领跑者，长期坚持走高技术高质量发展之路"的战略定位，全面贯彻"诚信为本"的经营理念，踏实践行"选择二十冶就是选择放心"的责任理念，以"强基固本、提质增效、守正创新、乘势而上，走稳健高质量发展之路"为发展总基调，致力于"为用户创造价值、为员工创造机会、为社会创造财富"的企业使命，全力打造"公司富强、员工幸福、业主信赖、社会称赞"的一流企业集团。

公司全员始终以"咬定青山不放松"的韧劲，以"敢教日月换新天"的豪迈，发扬"扛着红旗不放，站在排头不让"的奋勇争先精神，团结凝聚人心，广集群智群力，坚持深化改革，坚持真抓实干，心往一处想，劲往一处使，贯彻新要求，抓住新机遇，打造新优势，再创新辉煌，为"冶金建设国家队"做强做优做大勇毅前行。营业收入增长迅速，在2017年到2019年三年间分别实现165亿元、212亿元、275亿元，2019年比2017年增长了67.1%，年均增速达到47.9%。

四、决策部署

公司工作部署以"稳"字当头，稳中求进、进中提质、质提效增。经营指标要稳中求进，不追求大幅拔高式增长，也不能大起大落，更不能停滞不前。企业改革要稳中求变，一企一策、一案一策，实事求是、求真务实。落在"健"字，就是要健康发展。健康发展有三个表现：其一，经营质量好，营业收入有利润，利润有现金流。做到"质量第一、效益优先"，回归盈利这一本质目标。其二，盈利能力高，通过管理、技术和商务三个维度的综合发力和相互协同，达到或高于行业平均利润率。其三，资源与规模匹配，发展规模要与资源条件、管理能力、资金实力相匹配，能够良好履约、业主满意。

加强在经济效益、风险防控、公司治理、管理水平、人才队伍方面的建设。2021年年内评聘高级造价专家15名、造价专家96名，高级技术专家34名、技术专家92名。全年共提拔中层领导干部42人，其中包括18名原后备干部。始终保持竞争优势，不仅要在冶金市场，更要在建筑行业的激烈竞争中不断胜出、持续发展、创造价值，保持产品和服务质量的可靠性，通过商业模式创新和高附加值产品开发，向产业链中高端布局，开发高端业务，做高品质项目。对标对表，着力提升，在规模实力、市场竞争力、努力在技术创新、制度创新、商业模式创新、管理创新等方面下功夫。通过不断努力于2021年全年完成营业收入387.14亿元，同比增长17%，完成新签合同额802.53亿元，同比增长22%，这两项指标均创历史新高。

五、社会责任

坚持党的领导，是国有企业独特的政治优势，同时也是企业运营和发展所必须遵循的重要准则。中国二十冶在长期矢志不渝打造"冶金建设国家队"过程中形成"忠党报国"这一鲜明的政治品格，和"对党要有骨子里的信念忠诚和激情澎湃的热血忠诚"党性根基，主动伸出肩膀扛起担当、举起双臂托起担当，真正成为招之能来、来之能战、战之能胜的"钢铁队伍"。

2020年，新冠突袭，中国二十冶第一时间部署防疫抗议工作，以点带面，"数据线""物资线""行动线"三线齐开，并积极组织青年员工抗疫志愿活动以及各区域公司捐赠抗疫物资，全力打赢疫情防控这场硬战。因疫情影响国内经济形势严峻，中国二十冶在坚守防疫"安全线"的前提下，按下复工复产的"快进键"。公司领导班子提出要咬紧全年确定的任务目标不动摇、不松劲，确保全年任务落实。一是全年预算指标不动摇，坚持"三同步"；二是加大降本节支、提质增效的力度，避免"跑、冒、滴、漏";三是加强项目成本管控,提升项目管理水平;四是采取有力措施,加快资金回收。切实做好"两金压降",一项目一策略,一项目一责任人,细化责任及时间点。

在助力打赢脱贫攻坚战的过程中,中国二十冶党委坚持"把方向、管大局、保落实",真正发挥党委"如臂使指"的作用,将"扶贫与扶志、扶智相结合",聚焦定点扶贫县,派出精兵强将赴重点扶贫地区开展扶贫工作,因地制宜找准切入点,为把"输血"扶贫和"造血"扶贫相结合,制定"多元帮扶"措施。2019年以来,中国二十冶先后在沿河开展农特产品消费扶贫累计1408.3万元,帮助销售沿河农特产品386万元,带动沿河5家茶叶合作社、7家养鸡合作社、1家养猪合作社、3家黄花菜合作社、2家食用菌合作社、1家金丝皇菊合作社、1家珍珠花生合作社发展,带动1500余户贫困户4000多贫困人口增收脱贫。

六、实践成效

(一)夯实科技基础,打造质量诚信

中国二十冶依托高新技术企业、国家技术创新示范企业、国家企业技术中心、国家知识产权示范企业等科技创新平台,充分发挥"博士后科研工作站"专业技术优势,加强核心技术积累、传承和转化,不断提升核心竞争能力,引领企业创新发展,科技创新、技术管理工作取得良好成效。

2021年,全年科技投入11.3亿元,占营业收入3%。全年审核各类施工方案247份,其中施工组织设计33份,危大工程专项方案209份,方案通过率为96.8%。共申请专利496件,其中发明专利251件;申报软件著作权16件;申报省部级工法51部;发布实施各类标准5项,获国际标准立项1项;通过科技成果鉴定17项,其中国际领先水平3项,国际先进水平6项;获得各类科学技术奖19项,其中获第十九届中国土木工程詹天佑奖1项、中冶集团科学技术奖特等奖1项、中国五矿技术发明奖一等奖1项,获河北省、安徽省科技进步奖各1项;获BIM大赛奖8项,其中获中冶集团BIM大赛一等奖1项、河北省"燕赵(建工)杯"BIM技术应用大赛一等奖1项。新立项省部级建筑业新技术应用示范工程18项,通过验收4项,其中国际先进水平2项。

(二)厚植契约化精神,打造服务诚信

诚信是一个人的品格,是一个企业的品牌,更是市场经济的基石,这是二十冶人的工作信条。注重契约化精神,将弘扬诚信品德作为企业的一种社会责任;将强化诚信理念作为企业自我约束、提升企业竞争力的兴业之本,确定"诚信为本"为企业的经营理念,曾在全国施工企业中率先构建了内部诚信评价体系,设置了一整套同员工的职务升迁、年薪收入挂钩的评价标准和考核制度,评价内容包括基本情况诚信价值指标、能力业绩诚信价值指标、资产财务诚信价值指标等,考核对象包括对上级的诚信行为,对交往单位的诚信行为和对下属单位、职工及外协单位的诚信行为等,评价程序分为考核测评、评估拟定、审核认定、征询意见、公告发布、颁牌表彰等环节。诚信评价等级分为五个星级,被评为五星级的单位在施工任务分配、双文明表彰等方面给予优先考虑,诚信评价结果建立诚信档案记载,对外协单位还依据诚信考核情况,实行了合格分包商准入制和黑名单罚出制,对诚实守信的优秀外协单位在同等条件下给予任务优先权。

在工作指导思想中,将"为用户创造价值"排在第一位,将业主的问题都视为自己的问题,要求员工在施工中做到"服务业主、尊重监理、信守合同、打造精品",保证竣工交付使用的工程质量全部达到国家标准或规范要求,工程合格率100%,合同履约率100%,顾客满意度不断提高,为业主主动

服务、全方位服务、全过程服务，真正打下"选择二十冶就是选择放心"的良好口碑。

（三）坚持绿色施工，打造环境诚信

"绿水青山就是金山银山"。一直以来，中国二十冶坚持绿色发展理念，始终与国家环境保护、生态惠民的脚步同频协奏。公司所有项目严格做到了六个100%，即围挡设置100%、物料覆盖100%、施工区洒水除尘100%、进出载重车冲刷100%、施工道路面硬化100%、渣土车密闭运输100%，为开展绿色施工打下了坚实基础。

同时引入"智慧工地"管理系统，实现了对作业人员、大型施工机械、现场安全设施全方位的智能管控，同时对施工现场的扬尘、噪声等实时监测，达到自动检测、污染治理自动控制的目的。

（四）重视每一位员工，打造互动和谐劳动关系

公司不断打造一种双向互动和谐劳动关系。各级领导干部树立和践行"一切依靠员工、一切为了员工"的思想意识。企业发展成果惠及员工，持续提高员工收入，搭建员工发展平台，给予员工机会和舞台，不断增加员工的幸福感和获得感。坚持契约化收入不打折，员工收入按规划目标稳增长。对经营不善的单位，降低领导层薪酬，确保一线员工收入不降低。让员工的工作业绩充分体现在薪酬收入和选拔任用等方面，决不让老实人吃亏、决不让干出成绩的人受委屈。充分调动大家的积极性、主动性、创造性，让每个人都有成才的机会，让每个人都有出彩的机会，营造"正向激励、全员幸福"的干事创业氛围。

加强对员工的人文关怀关注关心员工工作状态、身体状态和精神状态，以及家庭情况，给予员工温暖和关怀。尤其是对疫情期间仍然坚守在海外，默默耕耘、矢志奉献的上千名员工，以及员工家属，更要给予最大的关心和帮助，举办多种形式的文化、健康、心理等讲座活动；对离退休职工和生活特别困难职工，开展慰问和救助工作，及时关注困难职工的情况，同时要全力以赴、不计代价完成海外员工接返工作。

同时让员工明白要善待企业、用心做事。企业是每一位员工养家糊口、安身立命的根基，是大家成长成才、成就事业的平台。企业和员工是互相成就、互为依存的鱼水关系。在推动企业高质量发展的赶考路上，每一位员工都是主角，都是主责主体，没有旁观者，更没有局外人。

案例创造人：司勇勇

诚信发展　质量立企　合规经营　依法治企

国能包头煤化工有限责任公司

一、企业简介

国能包头煤化工有限责任公司（以下简称包头化工）前身注册成立于2005年12月31日。2014年，正式注入中国神华上市板块，由中国神华煤制油化工有限公司代管。公司注册资本51.3216亿元，在册正式员工1407人，坐落在内蒙古包头市九原工业园区神华科技园1号，占地面积约250公顷。

包头化工设党委、董事长和总经理班子成员，法人代表贾润安，是公司的党委书记、董事长。

包头化工运行和管理世界首套、国家级煤制烯烃示范工厂。年生产聚乙烯、聚丙烯产品共60万吨，同时副产硫磺2.2万吨、混合碳四及碳五12.5万吨。项目总投资147.6亿元。

包头化工正在筹备的煤制烯烃升级示范项目（以下简称项目）已被列入国家发改委、工信部2017年发布的《现代煤化工产业创新发展布局方案》规划项目。项目估算总投资171.5亿元，其中环保投资32.9亿元，占项目建设投资的19.18%。

包头化工的成功投产和稳定运营，标志着我国具有自主知识产权的DMTO技术率先在集团公司成功实现了工业化，开创了煤基能源化工产业的新途径，奠定了我国在世界煤基烯烃工业化中的国际领先地位，对于我国石油化工原料替代、保障国家能源安全、推进低碳经济发展具有重要的示范意义。

二、诚信经营理念

包头化工自成立以来，一直坚持"诚信发展、质量立企、合规经营、依法治企"的诚信经营理念。

"诚信发展"是包头化工奉行的一种重要的价值规范、经营理念、责任使命和宗旨愿景，始终把党、国家和人民的利益与公司发展联系在一起。认真执行党中央的重大决策部署，严格按照党规党纪办事，严守廉洁生产的底线。严格按照国家、地方政府、行业产业的法律法规、政策导向和标准规范，安排生产、依法经营、深化改革、守正创新、推动发展。圆满完成集团公司交给的工作任务，竭尽全力维护员工的利益，用实际行动践行"诚信发展"理念。

"质量立企"的诚信发展理念是包头化工视产品质量为企业生命线的重要体现。通过技术研发、挖潜改造、科技创新，不断开发新产品、研发新牌号，实现了产品多元化，规避了产品市场同质性竞争的风险。

"合规经营"是包头化工稳健运营、持续发展的一种内在保证，是规范员工行为的一种有效手段，也是防范违规风险的基本前提。因此，"合规"是公司经营管理必须坚守的底线。通过建立健全规章制度，完善操作规程和程序文件，理顺业务流程，强化授权管理，形成完整、可行的内部控制体系，做到"制度流程化、流程表单化、表单可视化。"

"依法治企"是公司诚信发展、永续经营的第一要务。包头化工通过形式多样的普法宣传教育，促进公司各级领导班子成员坚守法治理念，强化法治思维，增强法治意识，避免因短期行为决策给公司长远发展带来不良影响。同时，教育广大员工学法、知法、懂法、守法，做到依法办事，筑牢不拒法、不抗法、不违法的防线。

三、决策部署

包头化工坚持以习近平新时代中国特色社会主义思想为指导，深入贯彻落实习近平总书记重要讲话精神和党中央决定部署，积极践行"社会主义是干出来的"伟大号召，认真落实集团公司"一个目标、三型五化、七个一流"发展战略和化工公司"一体两翼"差异化发展格局，牢牢把握"123+N"发展思路，坚持"两个一以贯之"，充分发挥民主集中制原则的优势，秉承"依法决策、科学决策、民主决策"的管理理念，不断完善"三重一大"制度，明确党委会前置研究和审议决定的事项范围，并把"诚信建设和信用管理"事项列入"三重一大"决策事项清单。为诚信企业建设和信用管理工作提供了决策依据和实施保障。

四、体系建设

包头化工建立信用管理体系，坚持部门推动、全厂共建，法治信用、规范管理，统筹规划、分步实施的原则，公司法人代表、党委书记、董事长全面领导公司的信用管理体系建设工作，内控审计部牵头负责信用管理体系建设的日常工作，指定专人负责信用管理体系建设的具体工作。

包头化工建立信用管理体系建设工作贯穿于公司生产经营活动的决策、执行和监督的各个阶段、各个层级，涵盖了公司每一项业务活动的过程始终，体现了信用管理体系的全面、全员、全过程参与的特性。信用管理工作人员定期对信用管理体系建设情况进行监控和检查，发现不良信用记录，及时进行信用修复。发现守信激励记录，及时进行公告和报道，传播正能量、褒扬新亮点。确保公司信用管理体系建设有效推进、运行良好。

五、制度保障

（一）制度建设

（1）包头化工的制度建设工作已完全实现电子化，制度建设各个环节的流转都在制度管理系统内进行。

（2）每年进行制度的合规性评价。针对国家、行业和地方的法律法规和其他要求更新，及时识别和评价制度的编制依据，及时更新相关内容，确保公司生产经营活动合法合规。

（3）根据集团公司党委要求，公司基本制度增加了党委会前置审议环节。

（4）目前 OA 系统制度管理模块可查询的、现行有效的制度 180 个。

（5）制度建设的系统性和规范性为公司安全生产、合规经营、诚信发展、依法治理提供了基本遵循。

（二）制度管理

（1）包头化工每年制定制度管理计划，明确各部门、中心制度的新增、修订、回顾、检查、废止、培训的数量，明确完成时间和进度，确保制度及时更新、执行有效。

（2）包头化工每年不定期地开展制度检查，检查制度管理计划的执行情况，分析原因，找出差距，跟踪督促执行进度，防范制度缺位、制度失效、制度执行不力等风险。

（3）包头化工高度重视制度培训学习，加强制度管理计划执行过程中的日常指导和交流研讨，确保制度制定的规范性、合规合法性和执行的有效性。

（4）包头化工制度管理的严密性、实时性，为信用管理工作起到了促进和保障作用。

（5）包头化工曾被集团公司评为制度管理先进单位，制度管理人员被集团公司评为制度管理先进个人。

六、社会责任

（1）落实习近平生态文明思想，以实际行动保护"母亲河"，按期完成外排废水脱盐达标改造项目，实现了工业废水"零排放"和资源化利用，取得水资源许可证，根除一期项目取水不合规历史遗留问题。

（2）勇担"重点保供单位"责任，在落实、配合、服务集团公司"保供"大局中展现了新担当。

（3）疫情防控经受住大检修入厂人员复杂的"大考"，疫苗接种率大幅提升，建立起个体防疫有效屏障，疫情防控志愿者队伍积极助力社区疫情防控。

（4）包头化工通过包头市文明城市创建整改提升、团市委公益捐赠等项目、集团公司"以购代捐"活动，精准扶贫97万元，彰显了央企社会责任担当。

七、实践成效

（一）信用管理工作情况

（1）2018年，包头化工被授予2018年度包头市"诚信企业"荣誉称号。在信用包头、信用内蒙古、信用中国的平台上进行公示和宣传推荐，同时包头电视台、包头电台、包头日报、包头晚报、"诚信包头"特刊等媒体上也进行了专题报道宣传。

（2）2019年，包头化工完成了23项环保行政处罚信息的信用修复工作，按规定委托内蒙古征信服务有限公司完成包头化工信用评价报告的编制工作。

（3）2020年，包头化工参加了包头市信用体系建设领导小组办公室组织的信用建设和信用平台应用的学习培训，完成了相关学习任务，经考试合格，证书和考试成绩记录在信用档案。向化工公司报送了2020年度信用管理工作总结。

（4）2021年1月，包头化工取得了"企业综合信用等级AAA"认证，该认证由内蒙古征信服务有限公司评定，同时颁发了"企业信用等级证书"（信用编码：150200227849），出具了"企业信用评价报告"（内蒙征信报SD【2021】02号）；同年3月，参加了内蒙古信用促进会举办的"自治区诚信企业项目融资对接会"，会上就评选自治区级诚信企业的申报评选工作进行了交流研讨；同年4月，在"信用中国（包头）"网站发表了题为"信守安全环保承诺、推动高质量发展"的专题宣传报道；同年8月，组织参加了内蒙古信用促进会开展的"诚信让生活更美好"主题征文活动，共报送诗词、散文、论文等作品8篇；同年12月，开展诚信合规普法宣传活动，为员工发放了《诚信合规手册》，建立了诚信合规档案。

（5）2022年1-2月，包头化工对"信用中国（包头）"平台公示的包头市应急管理局执行的"安全生产许可证超期行政处罚2万元"、包头市水务局执行的"未办理取水许可证行政处罚9.8万元"的不良记录进行了信用修复。

（二）信用管理成效

包头化工通过提质增效、创新驱动、高质量发展，为促进包头地区经济发展、扩大就业、增加税收、地企合作、帮扶脱贫、产业转型升级等方面做出积极的贡献。

（1）安全生产信用管理成效。包头化工认真践行"生命至上、安全第一"的安全发展理念，始终把员工生命安全放在首位，切实维护员工群众生命安全。实现了连续安全生产4117天、连续10年未发生死亡、重伤事故的安全生产目标。

（2）节能环保信用管理成效。包头化工加强节能环保工作，确保清洁生产、达标排放、绿色发展、造福社会。2016年，公司获得"十二五"全国石油和化工行业"节能先进单位"称号。

（3）科技创新信用管理成效。包头化工坚持科技创新，加强技术更新改造，注重科技成果转化应用和保护，论文发表、发明专利授权数量居集团化工板块前列。2018年，公司"煤制油品/烯烃大型现代煤化工成套技术开发及应用"课题获"国家科学技术进步奖"一等奖。

（4）产品质量信用成效。包头化工通过开展QC主题活动，讲好品牌故事，参与客户满意度调查，处理客户质量争议，开展质量管理体系认证和能源管理体系认证，加强产品质量管理，促进产品提档升级。目前，公司主要产品远销于东南沿海、长三角和珠三角地区，部分产品已跨境出口。公司曾获得"包头市政府质量奖"。

（5）财务统计信用管理成效。包头化工加强公司财务、统计信息的信用建设，保证信息的真实性、准确性和合法性。曾多次获得"包头市企业'一套表'联网直报先进集体"称号、"神华集团会计质量优良等级"和"神华集团财务工作先进集体"荣誉。

（6）纳税信用管理成效。包头化工一直是包头地区主要的纳税大户，而且按时足额上缴税款，从未发生过拖欠现象。被国家税务总局评定为"纳税信用A级纳税人"。并获得"内蒙古自治区地方税收纳税百强企业"称号和"包头市纳税增量第一名"的奖励。

（7）金融借贷信用管理成效。包头化工重视金融借贷信用体系建设，多家国有商业银行愿意与公司进行金融借贷方面的合作，建设银行曾为公司提供35亿元的长期贷款，公司始终信守合同按期还款，从未发生过拖延还贷，为此，公司获得多家银行的信用等级单位的授信。

（8）遵守合同信用管理成效。包头化工每年与供应商、承包商、服务商发生的往来款项高达34亿多元，均严格履行合同条约定，按时足额支付，从未发生过拖欠现象，尤其从未拖欠过农民工的工资。

（9）劳动用工信用管理成效。包头化工多年来为包头地区直接或间接安排大学生、其他劳务人员就业3860多人次，带动周边企业延伸产业链，吸引一大批民营企业投资兴业，推动产业转型升级，有力促进包头地区的经济发展与社会和谐稳定。

（10）社会责任信用管理成效。包头化工注重与地方各级政府的合作共赢、扶贫脱贫工作，曾与九原区农村、达茂旗农村以及周边困难群众"结对子"开展帮扶救助工作，累计捐款103万元，累计捐书捐衣捐物达30余次。

（11）诚信合规建设成效。包头化工强化合规管理，发布《诚信合规手册》，形成全流程合规管理体系。

案例创造人：贾润安　吴争威　霍文胜

以精诚至精彩　以善建赢四海

中国建筑第四工程局有限公司

一、企业简介

中国建筑第四工程局有限公司（以下简称中建四局）1962年成立于贵州，2002年搬迁至广东省广州市。自有员工3万余人，是世界500强企业第13强"中国建筑"旗下唯一一家总部驻穗的主力大型公司，A股上市企业"中国建筑"子企业，中央驻粤大型综合投资、建设集团。

中建四局具备三特三甲资质，共拥有建筑、市政与公路三项特级资质在内的170余项资质。业务范围涵盖：工程建设（房屋建筑、基础设施建设）、投资开发（地产开发、建造融资、持有运营）、勘察设计（科研、勘察、设计、咨询）、新业务（绿色建造、节能环保、电子商务）等多个领域。年均合同额约2000亿元，年均营业收入约1000亿元。

（1）中建四局是房建施工领域的国家队。改革开放四十年来，中建四局始终是中国城市快速发展的亲历者和见证者，在房建领域形成了"高、大、精、深、新"的特点。"高"，在全国各大城市承建200米以上超高层超过70座，400米以上8座，包括广州东塔、西塔和深圳京基100等著名超高层建筑；"大"，在中国城镇化过程中陆续承接了花果园、贵阳未来方舟等世纪大盘，实现了"从造房到造城"的华丽转身；"精"，以专注细节、抓实细节为理念，打造精品工程，目前已获得"鲁班奖""詹天佑"、国家优质工程奖、全国装饰金奖、全国钢结构金奖、省部级以上优质工程奖等各类荣誉300多项；"深"，不断"向下探索世界的高度"，积累了丰富的深基坑施工经验；"新"，紧跟国家发展趋势，始终引领房建领域的新技术发展。在装配式建筑、工程总承包（EPC）、智慧建造、绿色建造等方面均有丰富的经验积累。

（2）中建四局是中建集团基础设施业务的主力军和先锋队。在公路、市政交通、轨道交通、城市地下综合管廊、水环境治理等领域均做出卓越贡献，广受业内好评。

（3）中建四局是建筑行业科技发展的先行者。始终坚持科技创新，引领行业发展。截至目前，中建四局荣获省部级及以上科技奖74项；省部级及以上工法671项；授权专利2009项。

近年来，中建四局在"2+5"战略规划的指引下，在践行"拓展幸福空间"使命的基础上，以高质量发展为中心，以结构调整和转型升级为重点，立足诚信发展，逐步建立在大湾区的优势地位，努力打造成为中建集团区域发展的优秀排头兵、粤港澳大湾区最具竞争力的投资建设集团！

二、"信诚立企"——企业信仰

"人无信不立，业无信不兴，国无信不强"，诚信是企业的立足之本，"信诚立企"也一直是中建四局的信仰。为贯彻落实习近平新时代中国特色社会主义思想和党的十九大精神，顺应企业变革图强的需要，2019年，中建四局新时代"精诚"文化应时而生，以"精诚善建，精彩四海"为企业文化理念，以"诚信、创新、超越、共赢"为企业精神，将"诚信"放于首位，始终坚信诚信是立企之本。

精诚是中建四局新时代企业文化品格，精为至能，诚为大德，精诚展现央企的责任和信仰，中建四局之诚,坚守"赤诚、笃诚、信诚"三重理念。

1. 承载国家使命,赤诚是企业的红色基因

因为国家使命,我们应运而生;因为改革需要,我们走出大山;因为时代发展,我们变革创新——60年风雨如磐,60年薪火相传,四局积淀了"为国而生、永跟党走"的红色基因。无论是诞生之初的"好人好马上三线",还是如今"深耕建设大湾区",当下与未来,全局上下永远心怀对党、对国家、对事业的无限赤诚,坚定理想信念、焕发精神斗志、汇聚信仰力量,以最有力的行动,助推中建四局在新时代改革大潮中凤凰涅槃、焕新重生!

2. 执着于事业,笃诚是企业的初心态度

建筑,是人类生命栖息之所,造就文明,繁荣世界。我们选择建筑作为事业,就是要为人类文明"建证"精彩、创造美好。当我们用一个个精品勾勒出城市的变迁新貌,改变落后与贫瘠,树立起中国经济社会高速发展的地标,事业就有了永恒的意义。为此,我们信念笃定,坚韧不拔,笃行不辍,为信任我们的业主拓展幸福空间,为我们的时代奉献初心。

3. 实现企业发展,信诚是企业的立业之基

中建四局来自云贵高原,发源于贵州大山。从山到海,这份大山赋予的诚实质朴、勤奋善良是我们与合作伙伴真心以对、坦诚相待的不变原色,也是使中建四局成为客户的首选、优选的重要因素。为此,我们坚持信诚立企——对内,要以抓铁有痕的作为,做到"言而有信",让干部职工感到被需要、被尊重;对外,做到"诚信相对",以高度负责的契约精神和合作伙伴以及社会各界强化契约精神,坚决做到"受人之托、忠人之事,坦诚相见、共赢未来"!

三、诚信建设

现代市场经济从本质上讲是信用经济,诚信建设是社会主义市场经济发展的必然要求,是培育和践行社会主义核心价值观的重要内容,也是企业长远发展必不可少的一环。中建四局在拓展企业业务、寻求企业发展的同时,始终将诚信建设贯穿于企业经营活动的各个环节,在"精诚"这一精神符号的引领下,推进诚信建设制度化、落实诚信建设实践化、开展诚信建设主题化、担起诚信建设责任化,将诚信建设作为企业发展生命线。

(一)推进诚信建设制度化

在推进企业诚信建设制度化过程中,我们以科学发展观为指导,以加强信用体系建设为基础,以褒扬诚信、惩戒失信为重点:

对全局,中建四局始终坚持依法决策、依法管理、依法生产经营的原则,严格依法办事,2019年发布了《企业管理标准1.0》规范全局上下行为准则,提供岗位职责办事依据,形成统一依规治企的良好习惯,并于2020年更新升级为《企业管理标准1.1》,以切合企业不同发展阶段的实际需求。同时,成立了以局副总经理、法律顾问为组长的普法工作领导小组,设立了普法办公室,并确立了"依法治企"的总格局,将普法教育和企业法制工作纳入了全局工作议程。

对分公司和项目,中建四局始终坚持制度保障、规范约束,加强信用监管,推进主动作为,2021年印发《中国建筑第四工程局有限公司信用管理实施细则》,对分公司和项目的诚信维护情况实施差别化监管规定,根据各区域实际情况,以签订《诚信评级维护责任状》的方式,明确各单位诚信维护目标及考核内容,落实各方权责和奖惩兑现,督促诚信维护专员做好行业行政主管部门相关平台的维护

工作，从而适应市场诚信排名规则，确保市场正常运营、良性发展。

对职工，中建四局始终坚持以人为本，德法并举、刚柔相济，建立干部职工诚信制度。一方面实现对企业职员的承诺，做到不拖欠员工工资、奖金，按时缴纳各种保险基金；另一方面健全人员岗位管理与考评制度，以明确的制度保证守信者得到奖励，失信者受到惩罚，增强干部职工的诚信理念、规则意识和契约精神。

（二）落实诚信建设实践化

诚信作为推动企业生产力提高的精神动力，作为增加企业商业价值的隐形资产，中建四局深谙必须要将诚信建设落实于企业实际经营生产中，塑造诚信企业形象，树立诚信企业品牌，具体着手于：

诚信营销，主动维护建筑行业市场秩序。我们在开拓业务，开展企业经营活动中严格遵守国家宪法、公司法、合同法、招标投标法等各项国家法律法规；按照法律法规及行业内部管理监督的各项要求，规范企业经营行为，提高营销人员诚信准则，贯彻营销诚信原则，维护商务诚信环境；

诚信履约，切实做好工程质量安全管理。面对激烈的市场竞争，唯有强化自身管控能力，保障工程质量安全，促进履约水平升级，赢得业主方信赖，方能生存下来。中建四局从人才方面，重点培养和积累一批能力过硬、专业性强的质量安全管理人员，充实质量安全管理团队；从管理方面，以全过程管控为手段，打造全周期的生产管理体系，坚决反对层层转包和违法分包行为，反对偷工减料等任何形式危及工程质量和忽视安全生产的不良失信行为。

（三）开展诚信建设主题化

通过开展主题活动，营造诚信建设氛围，推动诚信建设主流化、常态化。第一，坚持知行合一，持续开展全员诚信教育活动，教育职工诚信为大，通过企业文化的宣传教育让职工树立诚信意识，运用生动有效的实践载体引导职工把诚信理念转化为自觉行动，将诚信融入实际工作中的点滴。第二，强化履约和服务意识，定期开展客户满意度调查活动，通过客户反馈改进自身，制定客户画像，实行客户分级分类管理，针对性解决客户需求，服务好客户，做客户心目中的信用企业。第三，抓好诚信维护培训工作，定期在广东、福建、安徽、贵州等企业核心经营区域开展诚信维护培训，加强基层项目人员的诚信维护意识，同时也扩大诚信宣传覆盖面，形成诚信建设宣传声势。第四，鞭挞失信行为，规范开展失信提示和警示约谈，对诚信维护不到位相关责任单位进行约谈，在系统和单位内通报批评、责令限期整改，从而压实维护主体责任，倒逼项目诚信管理提升。

（四）担起诚信建设责任化

作为中央驻粤企业，中建四局一直以高度政治责任感和强烈使命感，积极投身"粤港澳大湾区""雄安新区""一带一路"等国家战略建设任务，在专注实业、做强主业的同时，不忘初心，积极履行企业社会责任和匠心使命，在抗疫救灾、扶贫公益、绿色建造上发挥央企优势，主动作为，紧跟战略、结合实力，全方位、多领域地做好"立体诚信"建设。

1. 迎"疫"而上、闻"汛"而动，为企业诚信加一线

"关键时刻站出来，危急关头豁出去"。在新冠肺炎疫情防控期间，中建四局积极响应国家号召，认真落实疫情防控工作部署，一方面积极配合当地政府防疫工作相关要求，"一手抓防控、一手促生产"，落实落细各项防控措施，安全有序复工复产，主动与业主沟通，降低工期延误成本，提高项目履约质量；另一方面，捐赠疫情应急物资、进社区小区轮班值守、做好宣传引导……多措并举，为打赢疫情防控阻击战作出贡献，在援建武汉雷神山医院时更是举全局之力，加入最勇敢"逆行者"行列。面对险峻汛情，中建四局争分夺秒、迅速响应，在"江西7·08""合肥7·18"等汛情前，落实防汛工作部署

安排，密切关注灾情形势，摸排统筹防汛应急设备及储备物资，乘风破浪、协同各方同"建"平安防线。

中建四局在疫情、汛情等社会艰难时刻总是随时待命，冲锋在前，多次获得中国日报网、凤凰网、广东建设报等知名媒体报道，多次收到政府和相关部门发来的表扬信，力求做好行业表率。

2. 精准扶贫助农、关爱儿童老人外来工，为企业诚信添一度

做有温度的诚信企业，中建四局高度重视国家扶贫工作。怀着浓浓的扶贫情结，以"党员志愿服务·助力乡村振兴"的主题助农活动，以"撸起袖子大干一番"的助农心情，以定点采购滞销农产品的助农方式，身体力行，助农增收，精准扶贫。另外，帮扶贵州遵义石朝乡工作的纪录电影《出山记》登上了央视6套、9套、学习强国等媒体，扶贫经验获得贵州省和中建集团的肯定。同时，我们关注关爱特殊群体的需求。自2016年起，四局各级工会连续在贵州、广东开展三届"筑福未来——中建四局关爱乡村儿童行动"，分别向47所小学送去了45余万元的助学金、奖学金、校服、餐具、文体用品，给贫困山区10000余名孩子们送去了关爱。除此之外，通过"工地三八节——巧手绣花展巾帼风采""工地婚礼——见证幸福爱情""工地广播站——筑梦之声""工地'疫'剪——解决工友'头等'大事"等一系列福利活动，提高职工对企业的归属感和认可度。

3. 绿色建造，对环境"诚信"，为企业诚信增一环

守护绿水青山，中建四局秉承国家绿色发展的理念，强化生态文明项目的建设，提升绿色建造能力，在各项生产活动中追求资源投入减量化、资源利用高效化、废弃物排放最小化，打造了一张张"绿色名片"。在装配式建筑方面，作为先行者，2013年开始在东莞建设中建四局控股的集产、学、研为一体，具有完整产业链的装配式建筑生产基地—中国国际住宅产业园东莞基地，并获首批国家装配式建筑产业基地认证，目前已经发展成为华南地区产能最大的装配式建筑生产基地！承建的深圳超高层建筑-汉京中心（350米高）装配率高达94.7%，获得国家装配式AAA认证；哈工大深圳校区扩建项目获2019年度鲁班奖，是深圳地区首个获得鲁班奖的装配式建筑。同时，我们的科技团队大力研发PC构件、塑料模板、塑料木方、铝合金模板、降温降尘等节能环保绿色建筑产品，为美丽中国青山绿水做出贡献。企业生产中，对自然环境负责，就是对全人类讲最大的诚信。

四、诚信荣誉——企业硕果，亦是种子

在企业诚信发展道路上，收获了社会各方对企业的认可，受行业认可。自1991年至今，连续30年被评为"广东省守合同重信用企业"，荣获"首批全国建筑业AAA级信用企业""全国工程建设企业信用12星级""全国工程施工建设诚信典型企业""AAA主体信用等级""纳税信用A级""全国文明单位""全国优秀施工企业""国家住建部抗震救灾先进集体""广东省抗击新冠肺炎疫情先进集体"等奖项；受业主认可，相继与珠海市人民政府、万纬物流、保利、腾讯、中海等单位签订战略合作协议，得到"A级供应商""优秀供应商"等认证。

这些荣誉是企业的硕果，亦是企业诚信发展的种子，需要我们扎根呵护、用心浇灌、开枝蔓延：充分发挥教育职能，用社会主义核心价值观和企业文化感召职工，让诚信理念深入人心；充分发挥建设职能，更加广泛开展主题活动，将诚信经营纳入企业生产活动中；充分发挥参与职能，推进信用行为公示，加大失信惩戒力度，增强信用监管力度，将诚信建设推进到底，贯穿企业生命力！

案例创造人：易文权　马义俊

建立健全信用制度　保障企业持续发展

上海宝冶集团有限公司

一、企业简介

上海宝冶集团有限公司（以下简称上海宝冶）隶属于国资委监管的中国冶金科工股份有限公司，是拥有房屋建筑工程施工总承包、拥有冶炼工程施工总承包"双特级"资质的大型国有企业。

上海宝冶从事 EPC 工程总承包、钢结构及装备制造、检修协力以及房地产开发和国际工程业务承包，还具有建筑工程设计甲级资质，市政工程、机电安装工程施工总承包一级资质以及地基与基础、土石方、钢结构、机场场道、无损检测、炉窑、防腐保温等多项专业承包一级资质；公司依托这个国际化的大都市，宝冶不断向更广阔大市场、大区域、大客户全面辐射。已由大型工业建筑向大型公共建筑、大型民用建筑等各类建筑市场全面进军。2019 年 11 月 23 日，上海宝冶承建的海峡大剧院迎来第 28 届金鸡百花电影节闭幕式圆满落幕。

二、案例背景

"人无信不立，企无信不兴，国无信不强"。诚信，是一种品格，是一个人友好交往前提；诚信，是一种责任，是企业安身立命之本；诚信，是一种风范，是国家在国际舞台的绚丽名片。党中央、国务院等国家领导机构高度重视社会信用体系建设，相继发布多个国家级信用建设文件。

依托于"大数据"信息系统基础设施建设取得的长足进步，国家信用监管工作突飞猛进。就建筑行业来说，信用中国、国家企业信用信息公示系统、全国建筑市场监管公共服务平台、中国执行信息公开网等相继启用，整合全国双公示、诉讼执行、税务、资质、人员等数据入库，并面向全社会公开；建设通、天眼查和企查查等社会第三方也将诚信信息进行整合，供市场各方查询检索。

由于施工行业特点——在项目实施过程中易造成各种环境污染、安全生产事故、能源浪费等事件，传统建筑企业的信用管理又较为落后和粗放，施工企业较易发生失信行为。失信行为的披露会对公司生产经营活动造成诸多困扰和影响，例如：被禁止投标；评标过程中影响资信得分；诉讼过程中，对方以此为由抗辩我司履约能力存在问题；银行保函开具受阻和银行授信需出示相关说明；资质升级、创奖和创优、品牌等申报过程中受到质询等。

三、案例内容

上海宝冶非常重视诚信管理，主动学习国家、区域或地方发布的诚信相关文件，吸取诚信信用管理粗放的经验教训，积极建立诚信制度体系，提高企业诚信水平，主要采取以下措施。

（一）健全诚信制度体系，规范内部管理行为

企业信用包括企业的基本状况、企业经营水平、产品质量、行业前景、企业的整体财务状况以及

企业历史信用记录等。所谓企业诚信经营，主要就是说一个企业的经营活动都要建立在诚信的基础之上。并且这种诚信不仅仅是个人或者团体，是整个企业而言的。具体表现为企业的顾客、员工和其他相关方之间形成的一个长期的诚信关系，这三者的关系是紧密联系又相互制约的。

1. 建章立制，统一思想

首先从建立企业信用管理制度着手，统一思想，将企业信用纳入公司战略目标之一，制定信用发展战略规划和打造信用品牌的顶层设计，颁布信用管理方案和系列规章制度。经过近一年的走访、调研和打磨，出台《企业信用管理规定》并召开文件解读专题会，对文件进行全方位解读，明确各单位、部门的对应职责划分，各司其职、各管其政，要求各二级单位根据本单位实际经营情况和当地市场环境制定实施细则，将公司信用管理夯实到基层，落到实处。推动公司信用体系建设，并在未来的工作中逐步深入，维护良好的企业信用。

2. 搭建体系，畅通管理渠道

在企业信用管理组织架构的搭建上，横向方面，成立公司信用管理委员会，由分管的职能部门组成工作小组。遵循"谁发生，谁修复"原则，明确界定部门职责，建立跨部门联络、协同的管理机制。纵向方面，建立以公司层面信用领导小组和工作小组为总指挥、以市场营销部为总协调、以二级单位书记为直接责任人的企业信用管理体系，每月定期对失信行为情况进行梳理，全闭环跟踪处理过程和结果。

3. 建立企业信用信息归集分析和奖惩制度

（1）建立企业信用信息数据库，征集分散在各业务系统的失信行为信息（包括新增状况、整改状况和修复状况），对数据进行整理和分析，并定期形成企业信用报告供领导决策。

（2）关注、收集和发布国家、地方和行业的建筑信用政策动态，及时向各职能部门、二级单位进行宣贯、指导。

（3）全面推进企业信用管理，将失信行为纳入公司平衡计分卡考核指标进行严格考核，一旦发生行政处罚被信用中国公示的情况，公司会立即对相关二级单位领导班子进行处罚；二级单位对信用分管领导、项目经理进一步提出考核方案，情形严重时对相关人员进行约谈、降级或调岗。

（二）提高企业全体人员的信用意识

企业需要通过制度和培训使所有员工意识到信用管理的重要性和紧迫性。企业的领导者和员工对信用管理的认知程度，决定了这个企业信用管理的好坏。信用就是一个企业的无形资产，能给企业带来看不到的利益。上海宝冶通过专题培训，提升各二级单位负责人和项目经理对企业信用的认知，培养他们对企业信用管理重要性的经营理念；同时加强全体员工企业信用管理方面的培训。

上海宝冶邀请了中国施工企业管理协会信用委员会的专家和上海市社会信用促进中心的老师传道授业，集团公司相关职能部门、21家分（子）公司的公司领导及相关管理部门、项目经理等170余人，通过现场授课及网络视频方式参加了此次培训。通过培训，深度强化了大家对信用工作的警醒意识，同时各级人员对国家、地方和行业的信用政策有了更深层次的认识与理解，对如何建立起有效的信用管理体系有了更明晰的思考，以及对行政处罚的防控和修复学习了更多的经验，为公司打造良好信用品牌、更高质量发展打下基础。

各级相关人员均需学习掌握国家、地方以及行业关于社会信用体系的政策及要求。为促进信用工作在基层的扎根落实，加强全体企业员工的信用意识，各二级单位也相继开展了本单位内部的信用培训，围绕"社会信用体系与企业信用管理""施工企业信用建设与失信行为修复"等议题,针对各单位的信用问题深入研究,梳理问题原因,重点排查和治理整顿。

(三)加强过程管理

信用管理核心在预防,关键在过程。必须将信用意识和制度灌输执行到项目部。重视事前预防,事中处理,一旦事后上网,很难撤销,且对企业带来的精力成本、费用成本以及其他无形成本高。上海宝冶通过大量事件总结、排查过程关键点,强化信用过程管理:

(1)信用管理重心前移,在合同交底阶段即融入信用管理内容,从项目班子搭建开始强调信用观念;

(2)项目部成立后,需到项目所在地区的区域公司接受当地信用政策培训,除国家相关政策外,应熟悉项目所在区、市和省的信用政策,因地制宜地防范失信行为的发生,加强预防管理;

(3)做好公司项目不良记录的数据清单、行为清单和应用清单,让项目人员特别是项目经理明白红线在哪,及时启动行政处罚发生时的应急预案;

(4)项目开工前,在传统施工方案基础上,做好信用策划,存在哪些风险点,当地哪些部门易发生摩擦,检查发生问题后的应急预案,并将信用纳入到项目考核责任状中;

(5)行政处罚越到后端处理,成本越高。根据不同处罚类型,从做出行政处罚至上网公示,一般会有3天–7天的复议期,应抓住这段时间做好相关沟通工作。

四、案例取得的成效(另附项目履约优秀案例)

企业信用管理是现代企业管理的核心内容之一。在市场经济发达的一些国家,信用管理被认为是企业的根本,没有完善、有力的企业信用管理体系,企业就会缺少足够的市场竞争力,很有可能失去防范信用风险的能力,最终市场就会无情地将企业淘汰。上海宝冶积极谋划企业失信行为管理,在摸索中不断积累经验,分阶段、分步骤地推进信用工作的开展。经过近三年的信用体系建设和强化管理,首先针对既存失信行为,集中开展清理整治,扫干净历史遗留问题。每月公司大例会上通报既存失信行为撤销情况,并对仍未撤销的进行工作部署,加大整改力度和明确撤销方案,最大程度修复企业良好信用;其次,增强防控能力,在不同场合强调维护企业信用的重要性,深入开展对企业信用管理工作的实操培训。

随着信用管理体系架构搭建日趋成熟,信用工作也将纳入公司新编的"'五五'规划/'十四五'规划"当中,基本实现信用宣贯全覆盖,助力公司顺利通过"上海品牌"服务认证监督审查。

五、总结及展望

"千里之堤,溃于蚁穴",任何一个失信行为都可能造成公司经营不可挽回的影响。诚信是构建企业硬实力的重要一环,只有"至诚至信"才能让一个企业走得更稳、走得更长久。作为大型国有建筑施工企业,需要高度关注自身信用发展状况。回顾这一路的信用工作历程,上海宝冶建立以公司领导为主导的企业信用体系、提高企业全体人员的信用意识、建立规范的企业内部信用管理机构并大力开展专业人员培训是解决企业信用问题的关键。

改进永无止境,上海宝冶将就企业信用建设问题与相关政府部、协会、上海市社会信用促进中心和优秀同行等单位进行更深入的探讨、交流,并计划对政府信用工作机制、信用修复的工作重点进行排摸,逐步建立重点地区政府的信用管理体系架构、层次和工作特点库,便于企业事前主动预防、事中快速响应和事后处理封闭。召集全公司信用骨干人员进行圆桌对话，是健全企业内部的守信激励和失信行为惩戒机制，实现公司自上而下的信用顶层设计，以及自下而上的信用活动实践，促进信用管理工作再上新台阶，维护企业的合法权益和社会形象，助力实现公司战略目标的法宝。

附件：项目履约优秀案例

上海宝冶项目履约优秀案例——北京环球影城主题公园项目

五千年的辉煌历史，饮誉四海的华夏文明。
这里是最佳文化旅游目的地。
这里是旅游业的"皇冠明珠"。
宝冶在这铸造了又一座丰碑，助推北京文旅品牌走向全球。

一、项目基本情况

北京从2013年就已经启动针对此项目的调研和前期工作，2018年全面开启一期项目建设，建成后将成为国内首个、全球第5个环球影城主题公园，将成为北京具有一定代表性的旅游与文化、人文与环境高度和谐统一的国际旅游文化产业集群，对于促进投资稳定增长，加快构建高精尖经济结构具有重要意义。

北京环球影城主题公园位于北京市通州区（北京城市副中心）的文化旅游区内，距离北京市中心约20公里，规划面积约1200公顷。整个环球主题乐园占地100.61公顷，共包括后勤服务区（片区8）和七个（片区1~7）各有特色主题项目的片区，本工程为北京环球影城主题公园项目标段五变形金刚片区，位于园区的西北侧，建筑面积20853㎡，是全球首个以变形金刚为IP打造的主题乐园，由11个单体和AD景观组成，有三台大型游乐设备，是乐园中骑乘型游乐项目最集中的区域。

二、项目策划完备

本项目涵盖17大专业，专业众多、工序复杂、工期紧张，合同工期仅809天，全年有效施工时间只有175天，这对项目管理提出巨大挑战。面对部分设计信息不明确、进口材料的采购运输不确定性等众多难题，项目部结合工程情况编排了详细周密的施工计划，按建设单位给出的工期节点向前倒排施工进度计划，以保证人员安全为前提，物资供应为支撑，如期高质量地完成了项目建设任务。

三、坚持样板引路

项目游乐设施众多，游乐设备安装精度要求极高，游乐设备螺栓预埋在精度上不能出现任何偏差；外立面、主题铺装、硬质景观、室内主题构件等主题包装需要给游客感官带来视觉冲击，做到以假乱真的效果。为保证质量、精度、效果要求，项目从人、材方面入手，从细部管理，要求最专业的人员管理。项目部组织人员到商家实地考察，对原材进行筛选，深入与供应商沟通交流；由专业技术人员编写施工方案，按照施工方案制作样板，样板通过三方验收通过后方可现场实施。

四、项目攻坚克难

党员冲锋一线，突破疫情考验。新冠肺炎疫情的突发严重打乱项目正常的施工部署，给工期带来巨大压力。面对管控严复工难，项目党支部迅速响应上级指示，积极组织项目内部成立35名管理员专职疫情防控先锋队，在各级领导正确指导下，内控外防、科学周密部署、层层压实责任，全面筑牢防控屏障。项目制定以防疫为主的施工状态，全园区第一家实现复工复产的总包单位，防疫生产两手抓，一切工作按照正常计划有序推进。过程中党支部充分发挥了战斗堡垒的作用，为项目有序推进步入正轨打下了坚实的基础。

科学灵活部署，确保后墙不倒。北京环球项目涉及大量的进口和长周期材料，在国内外疫情的双重严峻形势下，很多机电进口关键材料遇到海关清关缓慢甚至从源头无法发货的问题，材料进场受阻使项目进展雪上加霜，面对工期的巨大压力，项目部临危不乱对施工进行科学灵活部署安排，"驻厂催生产、大干保节点"多措并举，确保工期后墙不倒。

技术引领创新，攻克重点难点。环球影城变形金刚项目建筑外观奇特多变，极富科技感，尤其外立面GFRC主题板在国内无先例可鉴，项目技术团队从原料材质选型、配合比、母模选择、制作工艺、油漆喷涂等各个环节深入研讨论证，历经半年的反复钻研最终一举打破国内"零"的突破，实现"玻璃纤维水泥表面喷涂高光汽车漆质感油漆"国内首创的壮举。

工学结合管理，向年轻说不。本项目除核心管理层具有主题乐园项目管理经验外，大部项目成员是刚入职一两年甚至有50多人是新毕业大学生，整个项目人员平均年龄27岁，缺乏项目经验和人员结构年轻化是本项目管理的一大难点，项目部以传帮带，在工作中学习，在学习中提升，良好的管理组织模式大大加快人员成长速度，减轻管理压力的同时向公司输送了人才。

五、注重技术创新

项目工程质量创优目标明确，确保北京市建筑、结构长城杯金奖、中国钢结构金奖，争创中国建设工程鲁班奖和詹天佑奖。为实现这一目标，项目开工前根据项目特点精心策划，并组织做好示范引领，实现项目施工绿色化、装配化、智慧化，系统建设深度发展，落到实处。

以创新为动力，以实效为目标。项目坚持技术驱动项目发展，创新采用项目为平台，应用进国际上先进的P6计划管理软件统筹串联图纸深化、技术方案、材料采购，实现信息互通共享，实现图纸、材料、施工上下游环节紧密衔接，联动工作。

强化信息技术应用，深挖创新应用价值。项目建立全专业BIM应用体系，以信息化先进建造理念为指引，坚持成熟应用出效益、重点应用出亮点、拓展应用搞创新的价值观。创新采用BIM正向设计技术应用于游艺演艺电气系统、室内主题包装构件、塑石假山纹理等设计中，应用BIM三维空间管理技术有效地化解了空间杂乱，施工无从下手的困难。实现了精确指导安装、精益智造的质量目标。

新技术的推广应用过程中，针对本项目的特殊性，经中国冶金科工集团有限公司鉴定，本项目部研发的《北京环球影城主题公园建造技术》科学技术成果已达国际先进水平。项目取得授权专利10项，其中发明专利3项；形成企业级工法两部；形成技术论文总结90篇。

六、打造宝冶之家

北京环球影城主题公园项目是一个复杂、涉及专业面极多的项目，项目管理团队整体偏年轻化，管理经验相对欠缺，结合项目团队特点和宝冶传统，以党员为代表充分发挥个人在团队建设、增强凝聚力方面做带头作用，项目部组建"党员之家、职工小家"以丰富项目团队的精神文化需求。利用工作之余的时间组织团队建设、团队交流等活动，让员工在紧张的工作中感受到了"家"的温暖，使大家拧成一股绳，劲往一处使，共创精品工程。

七、外部宣传报道

变形金刚系列电影有着庞大的粉丝量，本项目作为全球首个以变形金刚为IP打造的主体乐园，自然来会引起外界高度关注。宝冶人牢记"建精品工程、铸长青基业"的企业使命，完美呈现出"理想照进现实"的创意效果。变形金刚片区也以雄厚的企业实力、优异的质量标准和超高的知名度被中央电视台、北京卫视、人民网、中国新闻网、环球网、新京报、北晚新视觉网等各大知名媒体报道。

八、项目亮点纷呈

自2019年6月起，项目以进度快、安全环保全面受控、质量管控规范名列北京市综合排名前茅。2020年12月31日，项目在园区中首家实现全面竣工，同时也是2021年1月22日首家实现全面移交运营的总包，得到业主的高度认可。

2019年4月，本项目以建设标准高、施工现场规范、设备设施先进、绿色环保严格获得了"北京市绿色安全样板工地"的荣誉，也是全园区唯一一家获此殊荣的总包；2019年12月，本项目以工程设计先进合理、施工技术先进、施工规范标准、施工质量全面受控，达到国内同类型工程领先水平等优点，荣获第十四届第一批"中国钢结构金奖"的荣誉；2020年8月，本项目以地基基础坚固、主体结构安全可靠，工程耐久、抗震烈度设防和耐火等级优质获得了"北京市结构长城杯工程金质奖"的荣誉，项目在建设过程中也获得了多项科技奖项和集体荣誉。2021年，北京环球影城顺利竣工并盛大开园运营，向世界展示了中国质造的魅力和风采。

案例创造人：潘柏佺　赵虹

坚持诚信发展　勇担重责为社会赋能
全力打造高品质清洁综合能源动力中心

国能（惠州）热电有限责任公司

一、企业简介

国能（惠州）热电有限责任公司（以下简称惠州电厂）成立于2021年10月26日，由中国神华能源股份有限公司惠州热电分公司"分转子"变更设立的、具有独立法人资格的新主体，直属国家能源集团广东电力有限公司管理；惠州电厂厂区位于广东省惠州市大亚湾石化区K1地块，原规划建设四台300MW级燃煤热电联产机组。一期工程2×330MW机组于2008年3月开工建设，2010年4月，建成投产发电，同年5月正式对外供热；2016年1月，实现"全厂超低排放"；一期工程总投资30.9亿元，为中国神华能源股份有限公司全额投资。

二、生产经营情况

截至2022年1月，惠州电厂累计发电量437.81亿千瓦时，对外供热4733.02万吉焦，供热冷凝水回收59.82万吨，实现总产值185.48亿元，缴纳税费19.24亿元，为促进大亚湾石化区产业和区域经济社会发展发挥了积极作用，为地方经济绿色低碳发展增添了强劲动力。

2021年，面对新冠肺炎疫情、煤价大涨等各种挑战，惠州电厂锁定目标，夯基固本，踔事增华，持续加强安全生产工作，积极发挥优势，抢发电、增供热，充分发挥石化区综合能源动力中心特点，为促进园区企业复工复产提供稳定能源保障。

三、工作指导思想

惠州电厂以习近平新时代中国特色社会主义思想为指导，全面贯彻党的十九大和十九届历次全会精神、全面落实习近平生态文明思想和安全生产重要论述、深入落实总书记视察榆林化工等系列重要讲话和重要指示批示精神，积极践行"社会主义是干出来的"伟大号召，深入贯彻落实集团公司"一个目标、三型五化、七个一流"发展战略，坚持新发展理念，构建新发展格局，深入推进节能降耗攻坚行动，打造高品质清洁综合能源动力中心，持续为地方经济绿色发展增添新动能。

四、实际工作案例

（一）环保诚信——连续十年获评"环保诚信"（绿牌）企业

作为广东大亚湾石化产业园区的热电联产企业，惠州电厂向园区内25家中下游化工企业供应热能蒸汽，已成为大亚湾石化区的核心热源点。长期以来，该厂积极承担社会责任，通过机组"超低排放"改造，实施主动环保，有效发挥"集中供热、热电联产"功能，促进了大亚湾社会经济与环境保护的协调发展，为打造"惠州蓝"做出了应有的贡献，连续十年获评"环保诚信"（绿牌）企业。

1. 落实"两山"理论，绿色低碳、节能减排取得新实效

惠州电厂在废气、废水及固体废弃物排放、水资源管理和保护、温室气体排放及清洁能源发展、生物多样性保护、生态修复等环保工作中遵守国家法律法规及地方政府相关政策。制定《"十四五"节能规划》，修订《节能管理实施细则》等节能制度6项，完善节能工作机制。完成"十三五"和2020年百千万重点用能单位双控目标及现场节能监察，完成2020年碳排放核查。实施14项节能改造及17项运行优化措施，深挖节能减排潜能。确立"十四五"节能双控目标值，计划至2025年供电煤耗下降至291克/千瓦时。严格环保管理，环保基础管理和专业管理水平稳步提升。完成工业废水处理系统综合治理。公司投产以来实现环境污染"零事件"。

2. 科学部署战略规划，履行社会责任

"环保诚信"（绿牌）企业，是地方政府对该厂多年环保工作成绩的认可，惠州电厂始终不断巩固超低排放的环保优势，持续推进全面环保工程，建设超低能耗、洁净美丽电站，切实履行企业环保社会责任。一是深入学习贯彻习近平生态文明思想。通过"第一议题"、专题会议等方式，深入学习贯彻落实习近平生态文明思想、视察国家能源集团榆林化工公司重要讲话精神、"两山理论"等内容，坚定走绿色低碳、清洁高效的发展之路。二是坚定不移打好"三大攻坚战"，持续落实污染防治攻坚战行动计划，严防无组织排放，开展废水零排放改造和废水设备治理，通过全面排查环保风险隐患，加强环保设备管理，有效落实环保水保"三同时"要求，保证设备可靠运行，确保环保排放指标合格。三是规范环保指标监测管理，做实环保台账、排污年报、排污许可证执行报告、环保信息的编报及公开工作。2021年惠州电厂连续第10年评为广东省环保诚信企业（绿牌）。

（二）能源发展——绿色低碳转型发展稳中有进

为深入贯彻落实"四个革命、一个合作"能源安全新战略、"30·60"国家战略，国家能源集团广东电力有限公司拟与惠州市人民政府签订战略合作框架协议，惠州电厂将抓住粤港澳大湾区发展机遇，发挥自身优势，"十四五"期间在惠州市投资能源项目97亿元。

1. 推进二期2×400MW级燃气热电联产机组工程建设

"十四五"期间，将建成二期2×400MW级燃气热电联产项目，目前已获得核准批复，正在全力开展开工前的准备工作，计划2022年6月开工，2023年建成投产。依托2×330MW燃煤+2×400MW级燃气机组，大力开发热力市场，积极拓展冷凝水回收、压缩空气供应、除盐水和直饮水供应、集中供冷等能源服务，研究开发增量配网、储能电站、充电桩及电力用户智能用电管理等服务，满足区域多种能源需求，实现多能互补和协同供应，促进区域内节能减排，打造综合能源动力中心。

2. 推进清洁能源、多能互补、源网荷储项目，打造大湾区能源基地

为贯彻落实国家"碳达峰、碳中和"战略，在新能源项目发展方面，目前正在大力开发建设地面集中式、水面集中式、屋顶分布式等光伏发电项目，同时积极寻求抽水蓄能、海上风电等项目开发，努力为地方经济社会发展提供绿色能源供应。惠州电厂积极响应国家政策，主动作为、抢抓机遇、攻坚克难，大力推进绿色转型发展，在"十四五"开局之年实现了项目发展的新突破。东源船塘100MW农光互补生态农业项目、大亚湾整区屋顶分布式（首期示范1.4MW）光伏项目获立项批复，储备光

伏项目201MW，积极争取亿纬锂能屋顶光伏项目开发权。在清远市投资设立全资子公司国能（清远）绿动新能源有限公司，积极推进清远浸潭120MW农光互补光伏项目建设。储备新能源项目资源686MW，重点开发粤东片区地面光伏，新能源开发后劲十足。积极研究制定高标准"无人值班、少人值守"智能智慧新能源电站建设和先进高效新能源电站生产运营管理模式的方案措施并推进落实。

（三）能源保供——全力以赴打赢打好能源保供攻坚战

能源安全攸关国计民生和国家安全。2021年下半年，国际大宗能源原材料价格上涨，全球能源市场波动频频，能源短缺全球传导，缺油、缺气、缺电……能源危机带来的全球性焦虑逐步加剧，给世界经济持续稳定发展蒙上阴影。国内能源供需形势趋紧，煤炭市场高位震荡，煤价连创历史新高，电煤库存告急，多地拉闸限电，广东省惠州市能源安全保供同样面临着较大压力。

惠州电厂积极贯彻落实党中央、国务院、上级公司、地方政府能源保供要求，深入贯彻落实《广东省能源局关于切实加强发电机组发电保供的紧急通知》（国家能源粤收〔2021〕1192号）《惠州市能源和重点项目局转发广东省能源局关于做好能源行业安全生产工作的通知》（惠市能重函〔2021〕182号）等要求，2021年在1号机组A级检修暨通流改造期间，惠州电厂成立防控机组非停及出力受限工作专班，制定了《国能惠州电厂2号机组保单机安全稳定运行方案》及《国能惠州电厂燃煤保供管理方案》，制定能源保供方案，细化措施要求33项，认真组织落实并做好内部监督检查，每日盘点落实燃料、大宗材料、备品备件保供。保供期间，机组安全稳定运行，按照机组最大出力发电供热，2021年发电量38.01亿千瓦时、供热量765.17万吉焦，均超计划。

统一思想，提高重视，成立能源保供领导小组。根据国家能源集团、广东公司要求，2021年10月，发布《关于成立国能惠州电厂能源保供工作领导小组的通知》（国能惠州〔2021〕32号），成立以党委书记为组长，总经理为常务副组长的能源保供工作领导小组，并下设领导小组办公室及供应保障专班、资源保障专班、政策对接专班、舆论宣传专班等4个专班，加强组织领导，建立工作机制。成立锅炉"四管"泄露专项治理小组、电气热工保护专项治理小组、运行误操作专项治理小组、燃料保供小组等专项工作小组，各小组均明确了责任人和工作职责，并根据相关要求开展了工作。

保供是大局，做好能源保供工作，就是为全国大局作贡献。惠州电厂紧密地团结在以习近平同志为核心的党中央周围，积极践行"社会主义是干出来的"伟大号召，在集团公司党组的坚强领导下，勇担重任、勤于创造、锐意进取、建功立业，以永不懈怠的精神状态和一往无前的拼搏姿态，全力以赴打赢打好能源保供攻坚战。

（四）社会诚信——营造传承优良精神、奉献社会的良好氛围

每年3月，惠州电厂以弘扬"奉献、友爱、互助、进步"的志愿服务精神，以团青工作"价值工程"为主线，搭建公益平台，积极开展植树、敬老院慰问、爱心捐赠等学雷锋志愿活动，打造志愿服务品牌，树立企业良好形象。

为积极帮助新疆维吾尔自治区和田地区于田县阿热勒村的维吾尔族儿童，惠州电厂在员工值班公寓图书室设置"微笑公益角"爱心捐赠地点，号召广大群众捐赠闲置的衣物和学习用品，践行"微笑、爱心，我们与你同行"的公益精神。活动结束后第一时间将这些寄托着志愿者们嘱托与关怀的衣物用品捐赠至神华集团精准扶贫定点处，帮助那些急需要读书、学习和穿衣的孩子们。用行动展现了青年志愿者朝气蓬勃的精神面貌和奉献社会、助力文明生产的积极态度，营造了传承雷锋精神、奉献社会、服务他人的良好氛围。

时代步伐从历史迈向未来。在当前新冠肺炎疫情常态化影响、国内经济结构转型、区域和产业发

展不均衡、能源革命和电力体制改革、国内煤价持续高涨的大背景下，煤电企业市场形势极其困难，电量和利润等主要经营指标面临下降态势，公司未来的生存发展受到严峻挑战。面对形势新困难，惠州电厂积极把思想统一到地方政府和上级公司的决策部署上来，凝聚更加饱满的激情，更加振奋的士气，更加澎湃的力量，奋力融进时代大潮中，勇立潮头、奋勇搏击，坚持诚信经营，全力打造高品质清洁综合能源动力中心，服务好大亚湾石化区企业发展，做电网和热网坚实的后盾，积极为社会赋能。

案例创造人：李利民　宋帆

矢志不渝坚守初心使命
至真至诚助力实体经济

中国农业银行股份有限公司安徽省分行

近年来，中国农业银行股份有限公司安徽省分行（以下简称安徽农行）深入学习贯彻习近平新时代中国特色社会主义思想，牢记"党的银行、国家的银行、人民的银行"职责定位，着力提升金融服务实体经济成效，全面推进诚信银行建设。

一、企业简介

安徽农行是安徽省内机构网点最多、城乡布局最广、网络覆盖最全的国有大型商业银行。下辖16个二级分行，103个一级支行，787个营业网点，员工总数12902人，其中：县域支行59家、网点463个、员工5979人。

自成立以来，安徽农行始终秉持"诚信立业、稳健行远"的经营理念，主动担当作为，践行"国之大者"，争做服务乡村振兴的领军银行，服务实体经济的主力银行。全面启动服务"乡村振兴、国家战略、普惠民生"三大行动计划，配套12个子计划，全力支持实体经济发展。2021年各项贷款净增1004亿元，历史性突破千亿大关，四大行市场份额36.93%，"十三五"以来，贷款增量连续6年保持四大行首位，贷款余额5547亿元，首次跃居四大行第一，"三农"、绿色、民企、制造业等领域贷款增速均高于全行贷款平均增速，普惠、"三农"监管指标均全面达标，不良贷款连续四年"双降"，资产质量保持同业、系统"双优"。省政府支持地方发展考评连续3年居金融机构首位，人民银行综合评价连续4年居六大行首位，反洗钱监管评级连续3年获评AA，连续5年保持"零案件""零重大风险"。

二、服务实体经济，实施普惠金融战略

安徽农行牢记服务实体经济职责使命，主动担当作为，坚持做讲政治、有温度、守诚信的银行。一是强化组织领导。省分行成立普惠金融事业部，全辖共成立29家普惠金融专营支行、3家科技特色支行，配置专项考核、专属产品以及专项信贷计划，释放更多资源支持普惠金融发展。二是优化服务模式。开展"金融服务普惠民生'我为群众办实事'专项行动"，紧紧围绕构建新发展格局和推动高质量发展，不断提高服务实体经济的精准性、直达性、有效性。三是创新金融产品。首家与省担保集团合作推出小微贷款"4321"新模式，研发"政采贷""纳税e贷"等13款普惠金融特色产品，创设"首户e贷""账户e贷"等系列信用贷款产品，打造"微捷贷、链捷贷、快捷贷"三大产品体系，以"线上+线下"相结合的方式，全方位服务本地小微企业和个体工商户。"十三五"以来，累计为10万余户小微企业提供信贷资金超千亿元，普惠贷款增速连续三年保持四行首位。

三、勇承使命担当，做好抗疫救灾保障

自 2020 年新冠肺炎疫情突袭，全行立足服务"六稳""六保"大局，倾力做好疫情防控保障工作。一是提高政治站位，第一时间出台服务疫情防控专项政策 20 条、金融支持复工复产专项意见，匹配专项信贷计划，开辟绿色通道，实施征信保护，加快业务审批放款效率，累计向重点企业投放抗疫专项贷款 33 亿元。二是强化责任担当，对真正有需求且预计经营恢复周期较短的优质客户，采取"展期""无还本续贷"等政策缓解企业还款压力，出台应急贷款四项差异化政策，发放应急贷款 138 户共计 8.57 亿元。三是推进创新赋能，推出"续捷 e 贷"产品，保障对受疫情冲击出现暂时困难的中小微企业的流动资金支持，累计投放 12 亿元。严格执行减费让利、帮扶脱困政策，为企业减少利息支出 7.3 亿元，为 4000 余户中小微企业办理延期还本付息 31 亿元，降低企业财务成本。应对 2016 和 2020 年洪灾，率先推出"抗洪救灾专项贷款"，为 76 个县区发放抗洪救灾专项贷款 168 亿元。在灾难面前不退让，坚决做到不抽贷、不断贷，与企业共渡难关，做有担当的暖心银行。

四、建设信用体系，健全征信管理机制

一是开展各类宣教培训活动。2021 年，全行累计组织开展金融知识普及宣教活动 1200 余次，触及金融消费者超 62 万人次，全方位、多频次向农民、老年人、学生等群体宣传普及金融知识，着力提升群众识别防范金融风险能力，树立农行良好品牌形象，得到监管部门和总行高度肯定。做好外部宣传的同时，安徽农行积极开展内部金融知识培训教育工作，切实提升全行工作人员消费者权益保护意识和能力。二是助力社会征信体系建设。及时向监管部门报送小微企业、农户等信用信息，配合开展相关信息的采集、更新及运用工作。严格执行有关利率或限购政策，在日常的信贷调查、审查、审批和贷后管理中，充分利用征信信息，识别防范信贷风险。开展征信宣传活动，2021 年，安徽农行全辖参与宣传网点数 742 家，共举办活动场次 410 次，媒体、互联网、新媒体平台报道 21 次，投放宣传折页等资料 65961 份，开展培训 84 场，在网点阵地以及在学校、企业、社区、乡村等开展丰富多样的宣传，引导公众注意保护个人隐私，保持良好的信用记录，切实增强广大市民信用意识，提高社会各界对诚信建设的支持力度，营造浓厚的社会诚信氛围，为健全社会诚信、优化营商环境，促进社会信用体系打牢基础。三是助力农村信用体系建设。农村信用体系是社会信用体系建设的重要组成部分，是乡风文明建设和展示乡村治理水平的一项重要内容。安徽农行贯彻落实农总行创建"信用村、信用户"战略部署，紧密结合省委组织部党建引领信用村建设工程，积极践行信用村建设主办行的责任担当，组建 1000 支金融支持乡村振兴流动党员先锋队下沉千乡万村，逐村开展知识宣讲，逐户建档采集信息，打通金融服务乡村"最后一公里"，全力推进信用村建设及信用户贷款投放工作。截至 2021 年 12 月末，在全省 1.4 万个行政村建立农户信息档案 63.3 万户，发放"惠农 e 贷"43.37 万笔，金额 353.1 亿元。在村两委、信用户的示范引领下，信用村建设试点区域逐渐形成了人人重视信用、人人爱惜信用，以信用增收致富的良好局面，为助力地方信用体系建设展现农行担当、做出农行贡献。

五、依法合规经营，严守案防风控底线

一是提高政治思想认识。认真贯彻落实党中央、监管部门及总行金融风险防控要求，把合规经营作为立行之本，各级行党委带头讲合规、抓合规，层层签订责任书，切实履行合规经营主体责任，保

护消费者权益，为维护金融、经济和社会的稳定发挥国有大行的"稳定器"作用。二是强化合规经营监督。加强对"一把手"和领导班子监督意见的贯彻落实，创新开展党内政治监督谈话。完善干部廉政档案，做好廉洁警示提醒。持续开展员工异常行为监测分析，组织全面业务合规排查。重视非现场监测，运用大数据精准揭示案件风险隐患。三是健全风险防控机制。坚持审慎经营，从服务实体经济、加大信贷投放力度等五个方面，明确重点领域信用风险管控政策。进行全面风险评估，排查并整改多项客户风险和信贷领域信息虚假问题。开展规章制度合规建设年活动，积极宣传风险管理理念，指导基层行提升信用风险控制力和信用制度执行力。四是培育清廉守法文化。举办清廉文化宣讲77次，各级行共召开警示教育大会154次。进基层、进企业、进社区、进乡村举办专业讲座和普法宣讲。组织13136名员工、44367名公众参与反洗钱知识线上答题。制作的反洗钱小视频被当地人行采用，创作的扫黑除恶诗歌被农总行评为扫黑除恶宣传最佳作品。五是建设智慧安防系统。完成"从严治党·廉洁从业"系统一期建设，在全国农行率先走出"智慧监督"第一步。开发反洗钱集中处理决策辅助系统和反洗钱预警辅助系统，严控洗钱业务风险。完善运营慧眼决策平台，绘制全省运营风险分布图，利用"金库合规管家"在合肥、铜陵分行试点探索"智慧金库"管理。

六、坚持以人为本，开展服务升温工程

一是提高金融服务质效。以"环境升温、服务升温、品牌升温"为抓手，持续推动"环境窗明几净、人员整洁干净，服务有温度、有条理、有效率"的"两净三有"网点创建，开展网点适老化改造，为客户提供优质的金融服务体验。二是加强职工之家设施建设。全省共建成职工之家475个，农村网点应建尽建，城区网点全部解决午餐需求。三是关怀基层员工健康。在网点加装新风系统，采购空气净化设备，解决员工保暖问题。重点加大基层员工、中年员工的心理辅导力度。四是强化员工福利保障。为网点员工增配防寒服饰，开展员工心理健康辅导咨询活动，持续推动企业年金改革落地，解决员工医疗费用负担过重等问题。自"服务升温工程"开展以来，收到的各类感谢信与锦旗，都是对全行员工用心服务、以诚待人的最有力说明。

站在新的百年奋斗目标起点，安徽农行持续坚定以服务地方经济社会发展为己任，进一步加强诚信建设，牢记使命、主动担当、真抓实干，以优异的成绩向党的二十大献礼！

案例创造人：张春林

推动产业发展绿色化　　多措并举担当社会责任

中国北方稀土（集团）高科技股份有限公司

一、企业简介

中国北方稀土（集团）高科技股份有限公司（以下简称北方稀土）前身是包钢8861稀土实验厂，始建于1961年。1997年9月，在上海证券交易所成功上市，成为"中华稀土第一股"，股票代码600111。截至2021年12月31日，公司总股本36.33亿股，总市值1641亿元。北方稀土始终秉持"立己达人"的价值观，将公司发展与职工幸福、客户利益、股东权益、社会发展和谐统一起来。在企业做强做大的同时，为职工谋求更多福祉，让职工与企业共同出彩；为客户提供更优产品，实现互利共赢；为股东创造更多财富，实现同步发展；为社会创造更大价值，更好履行国企的社会责任，最终达到各利益相关方和谐共赢。

2021年，是伟大的中国共产党成立100周年，也是我国"十四五"规划开局之年。面对严峻复杂的国际形势、新冠肺炎疫情的冲击，面对能耗双控硬约束、"双碳"目标新挑战，北方稀土以习近平新时代中国特色社会主义思想为指导，坚持新发展理念，坚持稳中求进工作总基调，深入落实包钢（集团）公司"12367"发展思路，赓续"齐心协力建包钢"红色血脉，紧紧依靠广大干部职工，上下同心、勠力同行，抓住市场向好机遇，经营质量和效益全面提升，创出历史最好经营业绩，为包钢（集团）公司实现收入超千亿元、利润超百亿元作出重要贡献，实现了"十四五"发展的良好开局。

二、践行卓越，引领诚信经营

（1）管控能力实现新提升。不断完善分子公司内部制度体系，提高"三会一层"履职能力；以争创"全国质量奖"为抓手，深化卓越绩效管理模式；强化质量管理，顺利通过"四体系"审核。建立规划调整优化机制，按照"五年规划、三年滚动、年度调整"原则，根据实际情况进行调整，确保战略规划有效引导经营管理。常态化推动规划管理的分解落实、分析评价、反馈提高等系列工作。提升战略规划管理水平，引领公司高质量发展。

（2）制度建设实现新进展。梳理公司在质量、环境、职业健康安全和能源方面的规章制度，推动建立管理手册、程序文件和规章制度有机统一的公司管理文件体系。继续加强体系管理人员业务能力，提升内审、管理评审质量，推动在体系管理中融入卓越绩效管理理念。构建"全面覆盖、责任清晰、快速传递、运行高效"的制度体系，推动实现制度流程化、流程信息化。

（3）体制机制取得新突破。在组织科研、经费使用等方面为科研单位和科研人员"授权松绑"，有效激发科技创新的"源头活水"；成立北方稀土与浙江大学联合研发中心、稀土院杭州分院，着力打造原创技术策源地和产业孵化地；做实稀土行业生产力促进中心，成立稀土磁性材料研究所，科技创新影响力不断增强；实施"揭榜挂帅"，对外挂榜3项、对内揭榜38项，有效打破科研机构与企业间的技术壁垒，高质高效解决"卡脖子"难题；"稀土断热剂"技术成果转让实施现金分红，"稀土PVC助剂"产业成果转化实施科研人员股权激励，成为自治区首家开展科研人员股权激励的企业，科研体制机制改革迈出了坚实步伐。

（4）资本运作取得新成效。拓展证券账户业务范围，开展货币基金、国债逆回购、网上申购新发行股票、可转债等业务，进一步盘活公司证券账户资产，提高资产收益率和保值增值能力；坚持做好投资者关系管理，向全体股东派发现金红利 2.53 亿元，以实际行动践行了回报股东的企业宗旨；连续四年获得上海证券交易所信息披露 A 级评价；公司坚持做好信息披露工作，不断增强公司透明度，真实、准确、完整、及时、公平、有效地向投资者传递公司发展信息，努力提升信息对称性，维护股东及投资者的合法权益。2021 年，公司信息披露未出现补充、更正等情形，未发生被问询情况，未出现信息披露违法违规情况，连续第四年获得上海证券交易所信息披露 A 级评价，保持了良好的信息披露工作水平，维护了投资者的知情权。2021 年，公司不断加强信用管理，主体及债券评级维持 AAA，保持了良好的信用等级，维护了公司良好的市场形象。

（5）风险防控得到新强化。健全完善组织机构，设立法律事务部，充实法务力量，进一步增强公司战略、经营、法律等风险防控能力；围绕"三位一体"集中管控体系建设，推进法律管理和经营管理深度融合，突出抓好合同管理、重大决策的法律审核把关；加强对分子公司法律风险管控力度，推进法务工作融入分子公司经营管理，提升了公司整体合规经营水平。

（6）品牌建设实现新成绩。为持续提升北方稀土市场影响力，塑造"北方稀土"品牌形象，对 23 家分子公司产品商标的使用管理情况进行了全面摸底调查，母公司及分子公司共拥有注册商标 205 件，正常使用商标 50 件。针对公司稀土原料、材料和应用产品商标使用不规范、金属产品无商标标识等情况，整理形成了《北方稀土商标使用现状及初步整合意见》，并下发《关于冶炼分离（金属）产品商标及包装统一规范使用的通知》，督促各金属委托加工单位在年底前完成金属产品外包装标识的统一更换工作。

（7）环保治理构筑新优势。坚持生态优先，投资近 12 亿元完成"三废"综合治理改造工程，积极尝试稀土冶炼氨氮副产品资源化利用，成为稀土行业首家实现废水"零排放"的企业；实施精矿尾气脱硫净化、VOCs 治理、新渣库建设等项目，废气排放达到特别排放限值、废渣实现合规处置，全面解决了制约产能释放的"卡脖子"问题，率先实现稀土行业清洁生产。实施尾矿库闭库工程，改善库区环境，修复矿山生态，获评国家绿色工厂，实现了生产发展与环境保护的互促双赢。推动绿色发展，落实国家"双碳""双控"政策，加快高能耗设备和落后产能淘汰工作，同步推进产线自动化、数字化、智能化升级改造，提高生产效率，降低能源消耗；实施焦炉煤气置换天然气工程，助力包钢实现焦炉煤气平衡和回收再利用，降低用能成本。在资源循环利用、环境和社会效益等多方面形成示范引领，获评国家"绿色增长型企业"，加快了产业绿色转型的步伐，促进了公司健康可持续发展。

三、践行公益，履行社会责任

（1）服务社会展现新姿态。北方稀土先后派出 11 批次共 725 名志愿者，通过"争当'创城'卫士 共建美丽鹿城""青春点亮文明 志愿温暖鹿城"等主题活动助力创建全国文明城市、卫生城市，对包联单位——团 15 街坊（明日星城文景苑）内南北两区总计 27 栋、115 单元、1375 户，进行社区地面和楼道清扫、大块杂物清运、小广告铲除、垃圾桶擦洗、单车规范摆放等，确保社区环境持续干净清洁。开展"健康生活、低碳出行"环保徒步暨"青春建功，志愿先行，争做新时代雷锋"志愿活动，深入贯彻习近平总书记关于内蒙古"筑牢祖国北方生态安全屏障"指示精神，积极响应包钢"低碳节能、绿色先行"行动倡议。在北方稀土到锦绣公园间的 3 个街区（阿尔丁大街、友谊大街；民族东路、富林路、富强路；黄河大街、稀土路、恒为路）范围，进行卫生清扫、单车摆放、文明劝导等志愿服务。

组织10名职工,参与包钢青春助力"美丽内蒙古"生态治理文明实践活动暨基层共青团组织互促共建活动,赴包头市南海湿地保护区义务植树,以实际行动坚持人与自然和谐共生,进一步增强了对"绿水青山就是金山银山"理念的体会和认识,更加坚定了走生态优、先绿色发展之路的信心。参与包钢"低碳节能、绿色先行"环保志愿服务活动,通过录制、播放主题宣传音频,发放《"低碳节能 绿色先行"包钢(集团)公司全员行动倡议书》传单,在各单位醒目位置悬挂、张贴、放置主题宣传横幅、海报、展板,粘贴主题车贴等,大力倡导健康、绿色工作生活方式,为早日实现"碳达峰""碳中和"贡献力量、彰显担当。

(2)抗击疫情展现新担当。先后派出30余名志愿者到公司员工接种新冠疫苗点(友谊办事处社区卫生服务中心、和平小学临时接种点),协助做好接种人员信息填报、审核、录入,排号、接种、留观等工作,保障接种有序推进。截至7月初,累计服务接种职工近4000人次。

(3)助力脱贫拓宽新领域。大力推进消费扶贫,将职工集体福利采购与消费扶贫相衔接,在同等条件下优先采购扶贫产品牛肉8850斤、雪花粉1350袋、荞面1350袋、小米720袋,共计消费76.374万元进一步助力贫困地区加快发展。主动了解帮扶地区生产生活状况,采取"以购代帮、以买代捐"的形式,通过与固阳县金山镇协和义村开展互联互助活动,建立持续稳定的购销合作关系。对困难村民滞销西瓜情况给予了精准帮扶,将滞销的2450斤西瓜作为慰问一线职工的慰问品进行了采买;开展贫困地区农产品直供直销进食堂活动,经过与食堂冬储工作有机结合,先后采购协和义村猪肉350斤、红泥井五分子村土豆1.1万斤,进一步让好事更好,满足职工福利需求的同时,提升公司扶贫工作的覆盖面和影响力。

案例创造人:崔凌霄 刘莹

履行央企责任　践行使命担当
凝心脱贫攻坚　聚力乡村振兴

中国第一汽车集团有限公司

一、企业简介

中国第一汽车集团有限公司（以下简称中国一汽）是国有特大型汽车企业集团。前身为第一汽车制造厂，是国家"一五"计划重点建设项目之一。1953年奠基，1956年建成投产并制造出新中国第一辆卡车（解放牌），1958年制造出新中国第一辆小轿车（东风牌）和第一辆高级轿车（红旗牌）。一汽的建成，开创了新中国汽车工业的历史。

中国一汽经过六十多年的发展，建立了东北、华北、华东、华南、西南等五大生产基地，构建了全球化研发布局，拥有红旗、解放、奔腾等自主品牌和大众、奥迪、丰田等合资合作品牌，累计产销汽车超过5000万辆，销量规模位列中国汽车行业第一阵营。

截至2021年11月，中国一汽员工总数12.9万人，资产总额5844.8亿元，连续13年在国资委央企经营业绩考核中获得A级，位居《财富》世界500强第66位。

二、诚信经营实践

中国一汽积极履行央企责任，践行使命担当。自2002年起，中国一汽先后定点帮扶及对口支援5个国家级贫困县（市），累计投入帮扶资金15.6亿元，先后派出挂职干部35人，聚焦"两不愁 三保障"，实施了400多个帮扶项目，近50万贫困人口从中受益。

（一）背景

按照党中央、国务院决策部署，中国第一汽车集团有限公司（以下简称中国一汽）2002年至今，承担了吉林镇赉县、和龙市，广西凤山县，西藏左贡县、芒康县等5县（市）的定点扶贫和对口援藏任务，在十九年帮扶过程中，探索出一条具有中国一汽特色的帮扶模式，为中国减贫事业贡献了一汽力量。

（二）责任行动

中国一汽深入学习贯彻习近平总书记关于扶贫工作重要论述，坚决贯彻落实党中央、国务院关于脱贫攻坚决策部署，将做好定点帮扶工作提升到"两个维护"的高度，作为政治任务认真推进，以高度的使命感和责任感投身脱贫攻坚事业，通过打造特色模式、完善组织架构、推进扶贫工作落实等一系列扶贫管理行动，确保脱贫攻坚政治任务贯彻落实。

1. 打造特色扶贫模式

中国一汽打造"五位一体扶贫+"精准扶贫模式（如图1所示），以"住有所居、学有所教、病有所医、劳有所得、产有所销"的目标驱动；以制度、人才、资金为三重保障,将精准扶贫工作融入战略、融入决策、融入运营；以"基建扶贫、教育扶贫、健康扶贫、产业扶贫、消费扶贫"+"红旗扶贫梦想基金"为抓手,通过以实地调研、制定规划、项目实施、考核评价为具体项目实施路径,聚焦精准、因村因户因人施策,通过该模式筑牢贫困地区的发展"底盘",为贫困地区的提质增速保驾护航,使得当地百姓、政府等多个利益相关方共同受益。

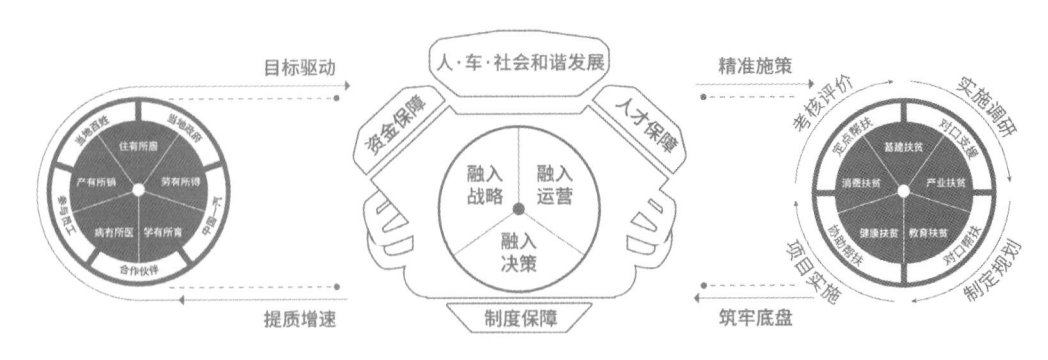

图 1　中国一汽"五位一体扶贫+"精准扶贫模式

2. 完善扶贫组织架构

在脱贫攻坚过程中,中国一汽不断完善扶贫工作机制,为脱贫攻坚提供坚实保障。设立扶贫工作领导小组,集团公司党委书记、董事长作为扶贫工作第一责任人,担任扶贫领导小组组长,党委副书记、总经理担任扶贫领导小组副组长,班子其他成员担任组员,以扶贫领导小组和工作小组为管理基础,确保公司扶贫工作有效运行。党委常委会定期听取扶贫领域工作汇报,对脱贫攻坚重大事项做出决策,坚持"双覆盖"原则,开展脱贫攻坚实地调研和督导工作。"十三五"期间,党委班子成员24人次,先后赴定点扶贫县,看实情、问冷暖、听心声,慰问建档立卡贫困户,与当地干部群众交流脱贫攻坚进展情况,督促、协调、解决突出问题。

3. 推进扶贫工作落实

中国一汽为确保扶贫工作顺利开展,将扶贫工作纳入公司发展战略,制定并推进考核机制,及时调整工作重点,完善监管监督体制,为扶贫工作提供保障。

一是融入公司发展战略。将扶贫开发工作纳入集团公司"十三五"规划,引领全集团在"十三五"期间积极践行中央企业社会责任,助力打赢脱贫攻坚战。二是制定推进考核机制。将扶贫工作纳入党建工作考核。2020年,中国一汽将年度脱贫攻坚任务分解为6个维度、19项指标、45项任务,全部落实到相关职能部门和分子公司党委,确保管控到位、考核到位。三是完善监管监督机制。形成联合监督机制,针对项目管理、资金使用等重点方面,通过现场监督检查、专项审计等,促进扶贫工作规范管理。

（三）履责成效

自开展定点帮扶和对口支援工作以来,中国一汽先后派出11批35名挂职干部,累计投入资金15.6亿元,聚焦"两不愁三保障",实施了400多个帮扶项目,近50万贫困人口从中受益,定点帮扶的5个县（市）全部脱贫摘帽。自2017年国务院扶贫开发领导小组对中央单位定点扶贫工作开展成效考核以来,中国一汽连续四年获得"好"的最高评价。

1. 基础设施帮扶

中国一汽重点解决贫困群众"住房难、行路难、用电难"的生活问题,积极开展原地重建、异地搬迁及整村推进等工作。"十三五"期间累计投入1.23亿元，建设富有特色的"一汽小镇"11个，受益人数达8000余人，切实改善贫困群众的居住环境和生活条件，为乡村振兴奠定坚实基础。

中国一汽通过落实"百县万村"工程，对和龙市贫困村实施水、电、路改造项目和一批贫困村急需的基础设施项目，进一步为贫困群众生产生活提供便利。2020年6月，第11个"一汽小镇"——"金达莱一汽小镇"在和龙市柳洞村建成运营（如图2所示）。2020年10月，和龙市南坪镇柳洞村凭借"一汽小镇"入选中国美丽乡村，成为乡村振兴可复制的典范。

图2 中国一汽在和龙市柳洞村建设的"金达莱一汽小镇"

2. 产业帮扶

中国一汽结合各县实际情况及资源禀赋，携手当地政府实施产业帮扶项目，将资源优势转化为产业优势，带动群众致富增收。2020年，集团公司在定点帮扶地区投入2137万元，开展出行服务、村集体经济、扶贫产业车间、畜牧业养殖等产业扶贫项目，全面推动受援地区产业振兴。

在种植业方面，中国一汽在镇赉县开展棚膜经济项目，该项目开启了镇赉县现代农业发展新模式；在和龙市车厂村发展木耳养殖，带动贫困人口394人；在凤山县文里村打造中草药产业示范基地和高山生态种养殖基地（如图3所示），项目惠及84家贫困户422人。

图3 凤山县文里村高山生态种养殖基地项目

在养殖业方面，中国一汽在镇赉县投入1160万元实施"寄母还犊"养殖扶贫项目（如图4所示），带动当地经济发展效果明显;在和龙市携手东阿阿胶集团成立唯一指定黑毛驴繁育中心,长期为东阿阿胶集团供应活驴及驴皮资源,每年年底获得项目效益资金 6 万元,带动贫困人口 151 人;在凤山县投入 387 万元扶持当地桑蚕产业发展,援建养蚕合作社,每年增加村集体经济收入 6.4 万元,带动每户年均增加收入 1.5 万元。

图 4　中国一汽在镇赉县创新实施的肉牛养殖扶贫项目

2020 年,中国一汽还积极发挥在出行服务领域优势特长,在凤山县打造全域"智能公务出行+共享惠民出行+产业扶贫"服务模式,进一步满足政府企业公务出行、外地游客旅游出行、当地群众公共出行的服务需要。

3. 教育帮扶

"扶贫先扶智,治贫先治愚"。"十三五"期间,中国一汽在贫困县投入 2910.64 万元开展教育扶贫,资助 3500 余名贫困学生;投入 689.55 万元干部培训资金,培训基层干部 2287 余人次,培训技能人员 2630 余人次。

2020 年,中国一汽在镇赉县开展"共青团·助梦成长"公益助学活动(如图 5 所示),发放助学金 40 万元,覆盖全县义务教育阶段建档立卡贫困学生;在和龙市投入 120 万元,实施和龙市松下平小学教育设施改造项目,打造智慧校园;在凤山县,实施扶贫助学基金项目,对贫困学子开展"从小学到大学的扶持"教育帮扶行动。

图 5　中国一汽公益助学活动组织贫困地区高中生夏令营

此外，中国一汽还主动而为，携手中国扶贫基金会等机构在红军长征路沿线的105个国家级贫困县及定点扶贫地区共同开展"高举红旗，精准扶贫，走好新时代长征路"教育精准扶贫项目。截至目前，累计投入1.1亿元，已建成15所红旗梦想智慧学校，帮助10575名学生实现求学梦想，培训基层艺术教师1700余名，项目累计受益学生达34万余人。2020年，第一批100名"红旗梦想自强班"学生参加高考，一本升学率40%，二本升学率达75%，其中1名学生考入北京大学。

4. 健康帮扶

中国一汽深入实施健康扶贫工程，为脱贫攻坚筑起"健康防线"。"十三五"期间累计投入医疗帮扶资金2581.07余万元，进一步提升定点县医疗水平，还携手公益基金会开展"吉心工程"等特色医疗帮扶项目，帮助贫困群众减少"因病致贫"或"因病返贫"。

在凤山县，中国一汽投入340万元修缮64个村级卫生室；投入100万元在吉林镇赉县开展"救急难""吉心工程"项目（如图6所示），为符合条件的心脏病患者进行免费治疗；投入1700万元，为和龙市当地医院购置高科技医疗设备，进一步解决了全市贫困人口就医难题。

图6 "吉心工程·爱心乡村行大型免费义诊"活动

面对突如其来的新冠肺炎疫情，中国一汽在全力做好疫情防控工作的同时，第一时间向5个对口帮扶县捐赠215.8万元医疗紧急救援物资，全力助推打赢脱贫攻坚战和疫情防控阻击战两场战役。

5. 消费帮扶

中国一汽积极开展消费帮扶行动，组织好产销对接，通过线上带货、线下展销等模式多渠道解决农产品"卖难"问题。2020年，中国一汽累计购买及帮助销售3个定点县在内的19个国家级贫困县农产品2829万元。

中国一汽通过"互联网+"模式（如图7所示），开展线上售卖，进一步打开贫困地区农产品销售市场。中国一汽携手电商平台，让贫困地区特色产品销往全国；携手吉林省扶贫办，邀请1000多款第一书记代言产品共同直播带货；携手公益组织，解决受疫情影响贫困地区卖难问题。2020年春节期间，借助央视春晚影响力，让全国人民参与到中国一汽消费帮扶中来。同时，还积极广泛动员，采取优先购买的方式，号召全系统参与消费扶贫，2020年，中国一汽购买国家级贫困县农产品220余种，总计1973万元。

图 7　中国一汽在集团公司 NBD 总部举办"互联网 +"扶贫产品推介活动

"征途漫漫，唯有奋斗"，脱贫摘帽不是终点，而是新生活、新奋斗的起点。当前，中国一汽已制定并发布《中国第一汽车集团有限公司全面支持巩固拓展脱贫攻坚成果同乡村振兴有效衔接"十四五"规划》。下一步，中国一汽将以更有力的举措、汇聚更强大的力量持续推进乡村振兴工作，为全面建成小康社会做出更多更大的贡献。

三、实践成效

2021 年 2 月 25 日，在全国脱贫攻坚总结表彰大会上，中国第一汽车集团有限公司扶贫工作领导小组办公室被党中央、国务院授予"全国脱贫攻坚先进集体"荣誉称号（如图 8 所示），充分彰显了中国一汽以实干担当践行初心使命，积极履行央企社会责任的良好形象。

图 8　中国一汽荣获"全国脱贫攻坚先进集体"荣誉称号

案例创造人：梁梁　姜南　步艳翠

倾心打造品牌　诚信铸就未来

中国二十二冶集团有限公司

一、企业简介

中国二十二冶集团有限公司（以下简称中国二十二冶）为中冶集团经营业绩考核 A 级企业，是以工程总承包、房地产开发、技术装备制造、多元化产业为主营业务的综合性大型企业集团。从 20 世纪 50 年代，中国二十二冶集团先后承建和参建了大批国家或地方的钢铁建设项目，房屋建筑、体育场馆和市政工程项目，以及建材、能源、化工、电力、交通、水利等行业的各类工程和国外的工业与民用工程建设项目。百余项工程分别获得国家建筑业鲁班奖、詹天佑奖、国家优质工程奖、全国用户满意工程、省部级工程奖等，部分工程创全国同类工程最短工期施工纪录。中国二十二冶始终恪守"诚信社会为本，客户满意为荣"的经营理念，致力于"倾心打造品牌，诚信铸就未来"，在祖国内外、大江南北铸就了座座丰碑。

二、诚信理念

中国二十二冶始终恪守"诚信社会为本，客户满意为荣"的经营理念。以客户为关注焦点，全心服务，永远把客户放在第一位，永续不断的革新创新能力，致力于建设诚信美誉的幸福二十二冶。

中国二十二冶始终坚持"对顾客一诺千金"的营销理念。坚持诚信立市的管理思想，把诚信贯穿于施工生产和多元经营的全过程，把对顾客的承诺作为座右铭，说到做到，兑现承诺；每一名员工都是兑现对顾客承诺的践行者，遵守职业道德，规范工作言行，履行责任义务，成为诚信企业的打造者，使公司以诚信赢得顾客，以诚信赢得市场。

公司全体员工始终坚持"奉献社会、回报股东、发展企业、造福员工"的企业价值观。用科学严谨之心，专心生产最精、最好产品；用诚信社会之心，热心客户满意、履约守信；用严格苛求之心，尽心尽力干好本职工作；用创新发展之心，倾心行业领先、勇创一流。

三、诚信实践

（一）诚建"一个厂"，情筑"一座城"

这是震后唐钢炼出的第一炉钢！炼钢炉前飞溅的钢花，犹如节日的礼花，映红了工人们的笑脸，奔流的铁水里流淌着二十二冶人的自豪与荣光……

1976 年 7 月 28 日凌晨 3 时 42 分 53 秒，唐山发生了 7.8 级大地震。短短 23 秒内，整座城市顷刻间被夷为平地，242769 人丧生，164851 人伤残……这是新中国有史以来伤亡最惨重的一次地震。灾情发生后，党中央发出号召，支援唐山的建设大军从四面八方赶来。根据冶金部令，8 月 4 日，公司迅速成立唐山抗震救灾指挥部，集结机电、金结、管铁、筑炉等各专业职工1502人，昼夜兼程从内蒙古包头赶赴唐山抢险救灾。

大地震使唐钢遭受了毁灭性的重创：转炉熄火、高炉移位、厂房倒塌、设备遭受严重破坏。这次抗震救灾先遣队的主要任务，就是配合唐钢简易恢复生产，一个月内炼出抗震志气钢，向全世界昭示，中国人民有能力、有志气战胜一切艰难困苦，唐山没有被震垮，唐山人民没有被震垮！说是一个月，当时已是8月4日，离8月底"把炉子点起来，让钢水流出来"的目标仅有20多天了……

大地震后，唐山市及其周围370平方公里内地面建筑几乎全部倒塌，道路、桥梁严重破坏，水、电、通讯全部中断，而且大大小小的余震不断。8月6日，在"抗震排险、恢复唐钢生产"动员大会上，公司唐山抗震救灾指挥部机电公司大队长盖以忠慷慨动员：我们就是要和英勇的唐钢人一道，坚决打赢这场施工生产、技术攻关的歼灭战，更要坚决打赢这场报效祖国的政治战！随着他落下的手臂，抢修唐钢的战斗正式打响，厂区就是战场。

一无食堂，二无宿舍，白手起家，在唐钢厂区的一片废墟上安营扎寨；冒着余震威胁，在高炉旁搭起临时防震棚，风餐露宿，席地而寝；喝不上水用车拉水，吃不上蔬菜只吃咸菜，在简陋生产环境和艰苦的生活条件下，不顾个人安危，排险情，攻难关，以主人翁的姿态迅速展开唐钢震后抢险和恢复生产建设……震后仅仅28天，二十二冶人在极端困难的条件下完成了唐钢第一炼钢厂复产抢建任务，为震后唐钢炼出了第一炉"志气钢"，在苦难中显露出了顽强的意志，诠释了中冶人的时代使命与红色基因。

唯有不忘初心，方可一往无前。在艰苦卓绝的抗震救灾过程中，二十二冶抗震救灾人数最多，参与单位中名列第一。从二冶抗震救灾先遣队，到后期大规模参与新唐山建设，二十二冶更是举家搬迁，万余人扎根唐山。诚建"一个厂"，情筑"一座城"，是二十二冶参与抗震救灾的真实写照，难忘的第一炉"志气钢"，更是二十二冶钢铁报国的初心见证。

（二）用诚信托起抗疫使命，用行动彰显央企担当

2020年年初始，一场全国规模的抗击新冠肺炎疫情的战争开始了。面对新冠肺炎疫情的蔓延，中国二十二冶所在的唐山市丰润区各社区均设置疫情防控检查点，对出入小区的车辆及人员进行体温检测、行程登记和安全提醒。由于每日新增病例持续增加，疫情防控形势异常严峻，检查点作为抗疫一线，在寒冷的天气中昼夜接续工作。一个1米多高、不足3平方米的简易帐篷，一个烧水壶、两个小板凳、一个电暖气、一箱方便食品，一套用于检测和登记的简易桌椅，这就是一个临时检查点的全部"家当"。北方的冬季风力大，并不严实的帐篷四处漏风，休息和取暖成了最大难题。

"14日至17日，唐山市气温将出现'断崖式'下降，并伴有大雪天气，请大家减少外出。"这是2月11日来自天气预报的温馨提示。面对即将到来的恶劣天气，中国二十二冶迅速行动展开"72小时紧急驰援"，捐赠集装箱给社区检查点。受疫情影响，没有集装箱厂家营业，在经历了一次次碰壁后，唐山市丰润区营盛彩钢有限公司了解情况后爽快地接下订单。一波未平一波又起，厂家老板虽然答应了制作请求，但48个小时内制作9个集装箱，工人紧缺成为亟待解决的难题。工人因疫情严重对于返厂加班这件事很是抵触，二十二冶紧急筹备防护用品，经过多方努力和协调，工人们皆做好全面安全防护到岗复产。2月13日深夜，9个集装箱全部就位，运输和吊装问题也逐一解决。

风雪驰援汇暖意，大爱无疆见真情。2月14日捐赠当天，鹅毛大雪如约降临，一场雪中驰援在这座城市上演。9辆载满集装箱的货车迎着风雪驶入丰润区燕山路办事处、太平路办事处和浭阳办事处，二十二冶紧急驰援小组伫立在风雪中亲自指挥集装箱安装，顾不得拍下身上一层层的雪花，工作人员拆装、吊装、移动、就位……经过几个小时的酣战，集装箱在各社区门前稳稳落下，终于在降温和暴

雪来临之时为防疫一线执勤人员送去了温暖。

这72小时仅是央企速度、央企担当、央企力量的缩影，更多共克时艰的感人故事在二十二冶的各个角落上演。在这场没有硝烟的"战役"中，二十二冶人作别家人，驰援当地隔离点，当起了志愿者；当海外疫情愈发严重时，四处筹措物资，以最快的速度驰援马来西亚、印尼、俄罗斯等项目，这暖心的一幕幕，书写的是忠诚和奉献，展现的是责任与担当，诠释的是中国二十二冶的大爱无疆与使命必达！

（三）用心铸造精品工程，诚信引领精准扶贫

经过全党全国各族人民共同努力，我国脱贫攻坚战取得了全面胜利，书写了人类反贫困斗争史上"最伟大的故事"，创造了又一个彪炳史册的人间奇迹！

湖南省双牌县，以农业经济为主，工业经济缓中趋稳，工业集聚和辐射带动效应不明显，贫困群众收入渠道单一、自主脱贫能力较弱，是省级扶贫开发重点县。中国二十二冶承建的湖南永州双牌工业园项目落地扎根，满足工业集中区意向入驻企业需求，新增就业岗位约5000余个，为贫困群众实现"在家就业"、多渠道持续稳定增收提供有力保障，为双牌县脱贫攻坚、打牢产业发展基础注入了一针"强心剂"。2020年，双牌县贫困劳动力实现就业11886人，占贫困劳动力总数90.47%。通过发展产业和就业，全县未脱贫的556人全部达到脱贫标准，贫困发生率实现清零。

中国二十二冶在建设湖南双牌工业园扶贫车间、助力产业扶贫中，勤勉奉献、砥砺前行，以"用心铸造精品"的使命担当，克服新冠疫情等不利因素影响，优质高效推动工程建设，为双牌县打通脱贫"最后一公里"贡献央企力量，擦亮了中国二十二冶责任担当的"金字招牌"，谱写了一曲二十二冶致力精准扶贫、精准脱贫的时代赞歌！

（四）诚信敬业，最美"逆行者"勇攀高峰

有这样一支队伍，他们的足迹遍及大江南北，为了建设重任一往直前，以"一天也不耽误，一天也不懈怠"的企业精神参与到祖国的各项建设中，致力于打造冶金建设国家队，他们的事迹终将留在企业历史的长河里，熠熠生辉。中国二十二冶集团平山敬业项目部，就属于这支队伍。

平山敬业项目位于石家庄平山县，施工场地主要位于山体之上，毗邻陡峭的山崖，施工条件艰苦恶劣。项目初始之际，施工道路不畅，电源也没有接通，山路照明和施工现场用电都靠着几台大发电机。有一次现场为了确保工程质量，减少基础部位施工缝的产生，决定连夜进行混凝土浇筑任务，关键时刻发电机却突然出现故障，导致施工停滞。山路一片漆黑，几辆焦急等待泵送的罐车不敢前行，从山下运送发电机上山是解决燃眉之急的唯一办法。王母山地势险要，晚上山路雾气蒙蒙，没有照明，即使是轻车熟路的当地老司机也不敢走这趟新修的山路，一不小心就可能翻下山崖。"我去！"项目经理滕飞达毅然决然接下这项艰巨任务，铿锵有力的两个字在山间回响。因天黑视线差，山路崎岖湿滑，滕飞达一路小心翼翼，用了比平常多很多的时间才把急需的发电机送到现场。手心里的汗、额头上的细密水珠都显示了他的紧张。当有人问起滕飞达这次特殊的经历时，他笑了笑说："作为二十二冶的员工，肩上扛着的是央企的使命与担当，特殊情况下耽误的工期，要靠我们一分一秒抢回来，这是我们对业主的承诺，也是我们必须肩负的责任！"

疫情蔓延的冬天，平山敬业项目部的全体人员坚守一线。一天，天空开始飘起零星雪花，渐渐风雪大了起来，天地间白茫茫一片。清脆的电话铃声打破了办公室的宁静，"滕经理，风雪太大了，今天的吊装作业必须暂停，我们调整了工作内容，现在急需图纸和施工仪器，咱们能送上山吗？""没问题！必须保证工期，我和书记这就出发。"青年党员王录录刚好在旁边，了解紧急情况后主动请缨，

一个紧急护送小组就这样成立了。王母山海拔落差一千多米，气温相差十余度，山上下雪山下下雨，陡峭崎岖的山路变得泥泞不堪，湿滑难行。唯一的上山路可以说是急弯和斜坡组成的，车行驶到半山腰的一个陡坡处就开始打滑了，考虑到安全问题，滕飞达决定徒步上山。他扛起仪器，走在最前面为大家探路，党支部书记李松走在队伍的最后面，王录录则抱着图纸和工具走在中间。风雪渐大的路上，几人的身影变得模糊，但他们互相鼓励的声音却异常坚定而清晰，"要拐弯了，大家注意安全！""注意脚下的石头，再坚持坚持，马上就要到山顶了！"疲惫不堪的三人在加油打气中，相互搀扶着向山上走去……

这就是二十二冶平山敬业项目部，他们战寒冬、斗酷暑，与时间赛跑、与疫情抗争，从不轻言放弃。这就是二十二冶人的缩影，他们闯难关、夺险关，为"一诺千金"而战，为企业信誉而战！

四、实践成效

（一）诚信铸造质量基石，科技引领企业腾飞

中国二十二冶集团建立了以企业技术中心为龙头的创新体系，拥有省市公司级各类创新工作室21个；拥有国家级工法6项，省部级工法153项，授权专利1600余件（其中发明专利200件），计算机软件著作权登记证书21件，主编、参编50余项国家、行业、地方、协会标准；具有完整的质量保证体系和科学的管理制度，在全国同行业中率先通过质量、环境和职业安全健康管理体系认证。

中国二十二冶集团为全国"重合同、守信用"企业、国家AAA级信用等级企业、全国建筑工程名牌企业、全国优秀施工企业、全国质量管理先进企业、国家级高新技术企业，并获得全国文明单位、全国"五一"劳动奖状、中央企业先进集体、国务院国资委先进基层党组织、中国企业文化建设先进单位、国家科学技术进步二等奖、国家重大技术装备成果奖、国家技能人才培育突出贡献奖等荣誉称号。

（二）铸就诚信美誉品牌，彰显央企责任担当

在抗击疫情战斗中，中国二十二冶组织队伍奔赴一线、捐赠防疫物资和生活物资、加入疫情防控突击队，以实际行动回报社会，竭尽全力为疫情防控贡献力量；当境外疫情日益严峻，二十二冶多渠道采购防疫物资和生活物资，发往马来西亚、阿尔及利亚和印度尼西亚等国，全力保障中外籍员工的健康安全；开展境外员工家属慰问帮扶工作，开通24小时求助电话，建立员工家属交流群，为员工家属反馈项目防疫情况、在线解答家属疑问，为境外员工解决后顾之忧。

在扶贫救困服务中，中国二十二冶修筑"爱心路"从四川阿坝藏族羌族自治州起步，拓展到凉山彝族自治州、青海玉树州、云南省怒江州、唐山丰润区左家坞镇等，近十年捐赠物资累计10万余件；广西百靖高速公路项目部精准帮扶当地空巢老人，建立了"爱心衣柜""爱心书橱"和"爱心课堂"，关注留守儿童的生活、学习以及心理健康，在当地传出了一段"筑路人真情系民心"的帮扶佳话。

在共建"一带一路"中，中国二十二冶始终坚持"和谐包容、互利共赢"的发展理念，从改善民生入手，承建保障性住房、医院、学校等民生工程，改善当地居民在教育、就医和居住等方面的条件，推动当地社会的发展和进步。坚持融入当地，积极履行当地社会责任，以施工项目为依托，通过大量聘用当地员工，在提升沟通效率的同时，提供大量就业机会，缓解社会压力，打造利益共同体。

诚信精神在中国二十二冶不再是抽象的文化理念，而是必须落地、践行的基本行为准则。长期以来，中国二十二冶以产业报国和回报社会为己任，在抗震救灾、扶贫济困、社会资助等公益活动中，全力

以赴，捐款捐物，凭借高度的社会责任感和良好的公益形象，获得"全国文明单位"等荣誉称号。未来，中国二十二冶将继续恪守"诚信社会为本，客户满意为荣"的经营理念，秉持"一天也不耽误，一天也不懈怠"朴实厚重的中冶精神，向着建设成为客户满意、员工自豪、行业领先、回报社会的综合性大型企业集团奋勇前进！

案例创造人：袁斯浪　刘维栋　王宇征　张辉

合规为基　诚信至上
以诚信企业建设助力社会经济高质量发展

国能常州发电有限公司

一、企业简介

国能常州发电有限公司位于常州市新北区春江镇江花路1号，成立于2003年7月，注册资本10亿元，是一家以发电为主业，兼及供热、售电、煤炭经营、固弃物经营等上下游产业的综合性新型能源企业。

公司始终坚持诚信经营理念，建立健全符合当代企业发展的制度体系，以保障公司经营发展规范运作。积极主动缴纳税金，依法合规纳税，履行税收职责。加快推进综合能源示范企业建设，建成了集冷、热、电、气、光伏、污泥等多种能源介质于一体的综合能源企业，服务城市需求，做城市供能的"动脉"与"静脉"。

在江苏公司党委的坚强领导下，常州公司深入贯彻集团公司"一个目标、三型五化、七个一流"发展战略，践行江苏公司"一个标杆、两个转变、三项使命、四型定位"治企策略，坚持安全生产、能源保供、经营发展、改革创新、管理提升工作不放松，加快向综合能源服务商和绿色（低碳）能源供应端转变。在能源保供的关键阶段，公司积极履行央企的职责使命，确保区域内电力供应稳定。2021年，公司获得集团公司"安全环保一级企业先进基层党组织"、江苏省"四星级绿色港口"企业、常州市"工业五星企业""先进基层党组织"等荣誉。

二、依规纳税，经营诚信理念常抓不懈

（1）依法合规纳税。公司全面贯彻落实集团公司和江苏工作会议精神和要求，结合年度重点工作和重大项目，规范税务管理行为，合规控制税负支出，有效防范纳税风险，提高纳税管理水平，下半年受煤价突飞猛进上扬的影响，抵扣增加，利润下降，全年实际缴纳税金15860.18万元，同比减少15.72%；同时常州公司主动执行国家能源保供电力保障相关措施，成功争取延缓纳税1447万元，减轻企业资金压力。

（2）落实税收优惠。继续加强税收筹划，与税务部门主动协调沟通，充分运用税法政策和税收优惠政策，已享受的政策确保落实到位，能享受的政策积极争取实现，进一步合理控制税负支出。全年共计享受1010万元税收优惠，同比上升7.36%，再次实现税收筹划提质增效的性能。公司根据《生态环境部财政部税务总局公告2021年第16号》中《码头排污许可核发技术规范》，重新核算码头和堆场无组织排放环保税，环保税较之前核算方法计算的无组织排放环保税大幅度减少。

（3）做好总结汇总。定期开展税务专项小组工作会议，收集最新税法政策，发布专项工作简报，总结分析各企业纳税管理情况，反馈纳税管理过程中问题，研究制定解决措施，提出管理建议，总结经验和亮点，查找不足和短板，相互补位，分享优秀税务管理工作经验，提升税务整体风险管控工作水平。

（4）加强业务培训。组织外部税务咨询机构协助配合开展涉税工作，充分发挥"外脑"作用，开展财务及相关人员税务培训，学习集团公司最新税务制度和通知公告。同时考虑新增的新能源项目，主动联系聘请的税务机构，收集整理企业所得税"三免三减半"、光伏项目城镇土地使用税等相关政策，进一步熟悉了解地方政府对新能源开发项目的优惠扶持政策，指导业务部门积极争取相关优惠政策落地。

三、能源保供，质量诚信服务城市发展

深入贯彻落实国资委、集团公司、江苏公司关于能源保供的工作要求，健全完善保障机制，落实各项保供措施，保障机组在关键阶段稳得住、顶得上、发得出，机组保持了稳发满发，获得了政府和上级公司的高度肯定。

（1）保供责任全面压实。成立公司能源保供工作领导小组，围绕能源保供政治任务，厘清各部门工作职责，强化分工合作，建立能源保供应急体制，圆满完成全国两会、建党百年、迎峰度夏、防台防汛等保供任务。

（2）燃料储备有序推进。积极与长协煤单位进行沟通协调，确保了年度长协煤的足额兑现。积极开展进口煤采购，努力压降成本，四季度完成进口煤采购33.6万吨，严格按照发改委要求提升库存至15天以上。

（3）防非停非降全面落实。制定能源保供工作方案及机组长周期运行措施，切实提高机组可靠性，围绕设备隐患排查，老旧设施治理，针对性完善7项相关技术措施，持续推进防四管泄漏、防保护误动、防误操作三个专项治理行动。结合历年防寒防冻及迎峰度冬工作经验，开展冬季安全隐患"回头看"工作，结合季节性特点开展安全生产大检查，实现了全年无非停。

（4）协同保供能力凸显。贯彻落实江苏公司一体化协同保供要求，支援兄弟单位自产长协煤计划，利用公司二期煤场盈余容量，为兄弟公司代储煤4.5万吨，解决了兄弟公司库容不足的问题，为江苏公司能源保供做出了贡献。

四、精耕细作，营销诚信打造常电品牌

贯彻落实江苏公司成本管控和精准增效双"25条"措施，以精益化管理强化成本管控和营销创效，打造常电营销品牌。

（1）电力营销领跑区域。全年完成发电量77.53亿千瓦时，同比提升16.85%；常源公司签约2022年电量69.27亿千瓦时；参与江苏电网调频辅助服务，全年收益470.14万元；全力争取月度竞价电量，对所有的一、二类用户进行价格疏导，增收1.35亿元。

（2）热力供应再创新高。积极推动对周边高耗能小锅炉进行环保供热替代，全年厂内供热峰值达320吨/小时，单日最大供热量6754吨，全年供热量189万吨均创历史新高。紧跟政府调价措施合理调整气价，四季度调价24元/吨，增收1100万元。

（3）固弃物销售再创辉煌。坚持"淡季控库存、旺季保单价"的原则，灵活制定销售策略，实现利润最大化。全年固弃物综合利用率100%、等级灰率100%，销售量54.99万吨，同比提升51.01%，实现利润5884万元。

（4）燃料控本迎难而上。深入分析政策、市场变化形势，积极落实年度长协煤供应保证，全年采

购进口煤 145.8 万吨，采购比例 38.5%，掺烧进口煤节约燃料成本约 1.62 亿元，全年过驳量 88.33 万吨，中转收入 560.44 万元。

（5）绿色产业成果显著。通过两台机组汽轮机通流改造共获批省工信厅节能量 11.2 万吨标准煤，成功转让出售 9.22 万吨标准煤节能量，创效 1077 万元。拓展污泥掺烧市场，全年处置掺烧污泥 6 万吨。

（6）财务创效再创佳绩。主动加强市场研判，通过低息买方付息票据贴现业务、内部委贷、存量票据低息贴现、争取上级单位低息绿色债权、灵活运用财务公司定期存款账户等方式，全年资金管理创效 294 万元，综合资金成本率 2.96%，达到区域内领先水平。

五、综合发展，服务诚信彰显央企职责

积极树立破除围墙、主动融入城市功能服务的意识，坚持做城市供能的"动脉"和"静脉"，公司转型发展成果作为典型在集团公司综合能源产业发展推进会进行经验分享。

（1）新能源项目快速推进。厂内 9.56MW 光伏项目顺利并网发电，该项目是江苏省级政策层面上首个"厂用电接入、平价上网"的光伏发电项目，完成江苏公司下达的年度并网 30MW 任务目标。积极承担常州市新北区整县（区）光伏开发工作，与郑陆、罗溪、竹箦等乡镇合作，共同进行光伏项目的开发，落实了郑陆镇 80MW 项目的整区备案。

（2）压缩空气项目建成投产。与林德气体开展隔墙供气合作，供应压缩空气，年规划供气量 2.68 亿标准立方米，预计年创造效益 1000 万元以上。

（3）循环水余热利用项目落实落地。与江阴嘉盛公司签定协议，利用机组温排水为其在建 LNG 码头调峰储配站项目提供 LNG 气化所需热源，供应水量 2000 吨/小时，并将冷却水回收利用，项目每年可实现约 800 万元的经济效益。

（4）创新创造成果丰硕。加强科技项目和研发费用的投入，全年科技投入 4735 万元，研发投入 1127 万元。推进火电厂码头桥式抓斗卸船机环保抑尘改造，完成了覆盖生产厂区和办公区的 5G 网络构建，实现视频监控、人员定位实时跟踪，精处理可视化操作、智能水务平台已投入运行，有效提高企业智能化水平。积极推进群众性创新创造，全年申请发明专利 4 项，实用新型专利授权 8 项，发表科技论文 34 篇，形成 QC 成果 9 项，1 个 QC 小组获评省部级奖项。

2022 年，常州公司将坚定不移贯彻诚信经营理念，坚持合规为基，诚信至上，坚决履行央企的社会职责，持续围绕经营诚信、质量诚信、营销诚信、服务诚信等关键环节，做强主业，加快推进综合能源企业转型发展，打造常电品牌，助力城市社会经济高质量发展。

案例创造人：张苏闽　左克祥

不断夯实基础管理　搭建诚信管理体系

中车沈阳机车车辆有限公司

一、企业简介

中车沈阳机车车辆有限公司（以下简称沈阳机车）隶属于中车齐车集团有限公司，是中国中车股份有限公司二级子公司。公司主要业务是铁路货车新造和检修，厂区主要包括货车新造、货车检修、制备、动能和制动配件等系统。设计产能为新造货车4000辆、检修货车12000辆，最大产能新造货车6000辆、检修货车15000辆。公司拥有C70E、C80B、C80E、NX70、NX70A、X70、GQ70、GN70、GHA70A、GHA70、KM70、T11BK型等货车新造资质12种，具备敞、平、棚、罐及特种货车等检修资质61种。新造货车市场占有率约7%、检修货车市场占有率约16.5%。当前资产规模约216813万元。

沈阳机车是铁路货车主导设计企业之一，自主研制的T11BK型500米长钢轨运输车组曾获铁道部科技进步一等奖，国家科技进步二等奖。为北京地铁公司研制的换轨作业车组和沈阳地铁制造的地铁工程车成功投入使用。自主研发的GHA70A型对二甲苯罐车、企业有轨观光电车，以及GY95SK、GY100SK、GH17D等能源、化工罐车产品已陆续推向市场，其中GHA70A型对二甲苯罐车在2012年被列为国家重点新产品。自主研制的平车、水泥车、矿石车、煤炭漏斗车四种车型成功打入国际市场，成为澳大利亚塔斯马尼亚铁路市场主要供应商。2018年，公司联合中车大连机车车辆有限公司、沈阳地铁集团成立合资公司，成功进入城轨检修业务市场。2020年，公司与中车齐车公司以"联合出海"的模式出口澳大利亚钢轨列车，实现长轨车出口零的突破。

二、搭建诚信管理体系的具体保障措施

走过了不平凡的"十三五"，迎来新的发展起点。沈阳机车始终以诚信经营为本，力求各系统协同发展，固本强基，为诚信管理体系建设打下坚实基础。

1. 扎实推进各类体系建设，夯实内部基础管理水平

2021年，公司完成了一体化管理手册的编制并正式发布实施，实现了"三体系"管理手册三本合一，并顺利通过质量、环境和职业健康安全管理体系再认证审核，各项管理体系的有效运行，保证了公司各项运营目标、指标的实现。

质量管理体系方面，历来是中国中车重点关注的领域，公司除了取得ISO 9001质量管理体系再认证证书，还取得了ISO/TS 22163 IRIS管理体系年度审核认证证书。同时，根据中国中车要求，正在组织建设基于中国中车内部更高标准的"中车Q"质量管理体系等相关落地实施工作。近几年，公司产品质量保证能力稳步提升，未发生一起一般D类及以上质量责任事故。

在环境、职业健康安全管理体系建设方面，公司顺利通过环境、职业健康安全管理体系再认证审核，体系得到有效运行并持续改进，公司全面完成中车、齐车集团安全、环保、防疫"五零"目标，即：

零重伤及以上责任事故，零新增现岗职业病，零一类火灾爆炸事故，零一般突发环境事件，零聚集性感染事件。

能源管理体系方面，单车能耗降至0.26tce/辆，万元工业增加值综合能耗累计为0.18吨标准煤/万元。近年来，公司建立健全了能源（各介质）管控作业指导书，逐步开展能源消费的合理性和差异性分析，并通过了能源管理体系运行的年度审核认证。

两化融合体系方面，通过不断优化两化融合管理流程，持续提升两化融合水平，由单项覆盖阶段迈入集成提升阶段，顺利通过两化融合管理体系第二次监督审核。

2.打造信用管理体系，防范外部信用风险

按照要求，公司结合实际于2019年制定《客户信用管理办法》，公司企业信用管理体系的建设得到进一步的加强。通过制定企业信用政策，从客户开发、合同签署、信用申请、额度评价、应收管理、逾期催收等环节全程指导和协调公司各部门的业务和生产经营活动，对客户信息进行收集和评估，对客户信用额度授予、应收账款回收等各交易环节进行监督。在充分研究影响客户信用因素的基础上，制定详细的客户信用评级指标，涉及行业、人员、运营、技术、财务等多项评级指标，全面进行评级，并按照信用等级制定相应的信用政策，按政策额度严格控制授信情况，及时跟踪信用额度。成立信用管理专项小组，全面负责信用管理工作，按照无信用不赊销，有上限不突破的原则，全面防范企业信用风险。

3.推进供应商培育培养，保证供应链系统稳定

鉴于持续受新冠疫情、国家限能限产政策及不同地域环保政策等多重因素影响，造成原材料供应紧张、价格上涨，公司从"战略协同，互赢发展"的角度推进供应商培育培养，以强化公司市场采购资源保障。如，公司货车造修用枕架、缓冲器、车钩等市场紧俏物资与相关重点供应商建立战略伙伴关系，突出供应商在生产产能、产品质量、售后服务、商业信誉等综合优势，巩固公司市场资源份额占有比例和集中突击生产供应保障，全力保证公司可持续发展的市场影响力和竞争力。

4.突出保障员工权益，打造和谐劳动关系

公司始终把维护和保障员工权益作为重中之重，坚持职工代表大会制度，审议通过《集体合同草案》及相关决议，签订集体合同。同时，在企业《全员绩效管理办法》《劳动合同管理办法》等制度修订、企业内外部用工管理政策或方案制订等涉及员工切身利益的政策制定过程中，严格履行法务审核程序及民主程序，严格确保依法合规、确保维护员工合法权益。此外，能够按照相关规定，健全用工、薪酬、培训、绩效等人力资源管理制度，按标准为员工缴纳各项社会保险，并增加企业年金、医保二次报销等商业保险。同时，公司积极落实《产改意见》，充分维护和保障技术工人在待遇、培训费用使用等方面的利益，最大限度保障员工的切身利益，提高员工的获得感、幸福感。

5.高度重视环境保护工作，积极履行企业社会责任

公司始终坚持绿色发展理念，持续不断加大环保投入，严格控制能源消费总量和能源消费强度，从能源采购、贮存、加工转换、供应、计量、监控、消耗、费用、监测、技改等方面制定专项措施，充分依托公司能源管控平台及省能源监控平台，以强化全面预算管理、加强供暖系统运行管理、加强重点耗电设备设施运行管控、加强工业气体供应及使用管理、完善能源计量、实施能源技改项目、开展能源审计及水平衡测试工作、积极推进绿色工厂建设等十二项措施为有利抓手，扎实推进公司能耗"双控""双碳"目标任务，取得了较好的节能减排绩效，顺利通过了"绿色工厂"评审。

2021年，公司先后对车轴热处理生产线、步进式加热炉进行升级改造，提高了炉体保温效果和炉温均匀性，降低了能耗。升级前后，通过能耗数据对比及铁路工业节能监测中心实际监测，车轴电力消耗量下降73.55kW·h/t，天然气消耗量下降4.67标立方米/t，CO_2排放量下降91.5kg/t，NO_X排放量下降0.0087kg/t，SO_2排放量下降0.0019kg/t。

6. 持续推进规章制度体系升级工程，为夯实基础管理提供制度保障

公司以习近平新时代中国特色社会主义思想为指导，坚持"12356"工作思想，聚焦高质量发展目标，围绕"管理体系和管理能力"提升两大主题，坚持"优化顶层设计、开展基础反思、实施专项提升"三条项基本路线，按照"依法合规、系统改善、战略引领、持续改进、科学先进"5个建设原则，完成"制定标准、管理评审、补充短板、系统升级、专项改善、贯彻落实"6项基本任务，实现公司制度系统升级。

7. 打造风控"五位一体"联动机制，为公司依法合规经营保驾护航

公司全面贯彻落实两级集团公司审计、风控相关工作会议要求，贯彻落实公司党代会、职代会、年度审计工作会议精神，坚持"12317"工作思路，围绕"十四五"发展及公司三年改革行动工作安排，制定2021年审计风控"12345"工作规划，树立"突出服务指导职能，促进监督落实到位，提升审计风控价值"理念，坚持风险导向、价值导向原则，以内部控制为保障，以审计监督为抓手，以法务合规为支撑，全面深化风险防控、审计监督、法务合规体系，推进审计、风险、内控、法务、合规工作"五位一体"服务指导机制建设，建立健全上下贯通、全面覆盖、流程清晰、规范有序、监督有力的工作机制，坚持"经济体检"审计职责定位，为公司经营保驾护航。

三、结束语

公司秉承中国中车"正心正道、善为善成"的核心价值观，坚持"以德治企、责任至上、慎思厉行、注重成效"的企业精神，竭诚为客户提供优质服务和轨道交通装备解决方案，为实现"连接世界、造福人类"的使命不断奋勇前行。

案例创造人：张海涛

诚信之花别样红

中国二冶集团有限公司

一、企业简介

中国二冶集团有限公司（以下简称中国二冶），成立于1956年，是世界500强——中国五矿以及中国中冶旗下的核心骨干子企业，是集工程总承包、项目投融资、房地产开发、钢结构及装备制造为一体的大型综合企业集团。

墨子云："言不信者，行不果。"意为说话不讲信用的人，做事不会有成果。诚信的重要性于国家、于个人、于企业都有至关重要的作用，讲诚信者，遍行天下，反之，失信者，将寸步难行。

对于企业来说，诚信是企业发展的基石，诚实守信是基本的企业素养。近年来，中国二冶集团以创建"守信用重合同"企业活动为抓手，积极推进诚信体系建设，树立诚实守信传统美德，引导企业争当守法经营、和谐发展的表率，为企业加快发展提供强大的道德环境和信用支撑。2021年10月28日，由中国施工企业管理协会主办的2021年度中国工程建设企业信用评价结果及诚信企业评选揭晓，中国二冶通过AAA信用等级年审并被授予"2021年度中国工程建设诚信典型企业"。

二、不忘初心以诚信筑业

"诚实守信、合作共赢"——中国二冶从成立之初，就树立了诚信理念。

时时刻刻树立诚信的意识，认认真真遵守质量的规则，这样才能不断地在长期生产经营实践中树立公司的诚信形象。中国二冶集团完善组织机构与工作制度，重点加强诚信建设，将诚信建设落到实处。在诚信体系建设中，以完善诚信制度为着力点，重点防控招标、投标、签订合同和施工管理等容易出现违规行为的关键环节，从源头上做好诚信防范风险工作。建立总经理办公会议，重大工程项目有关事项审核必须经过总经理办公会进行讨论审核；坚持法律顾问参议制度，对公司重大决策进行法律评估；三是实施项目负责制，严格落实奖惩机制，把诚信建设工作落实到岗位责任人上；提升诚信体系建设内涵，打造特色的企业诚信文化。在经营过程中，始终坚持以诚信操守为重，建立"内诚于心、外信于人"的企业诚信核心文化。

"接一个工程就是揽一份责任，做一个项目就要建一件精品，信誉的累积，才有企业的身价"这句话牢牢地镌刻在了中国二冶每一名员工的心中，凝固成永恒的韵律。

三、以质取胜擦亮诚信品牌

质量是企业生存之本，中国二冶以提高发展质量和效益为中心，认真部置安排"质量月"各项活动，以提高产品质量为核心，进一步细化综合质量指标的管理和考核，持续深入开展质量，全力打造特色品牌服务。全面实施规范化管理，标准化生产，程序化运作，全力打造中国二冶品牌，以铸造精湛的工程，良好的信誉赢得社会广泛好评和客户的认可。

通过组织作业人员学习规程规范、学习强制性条文，学习专业质量信息通报，组织编制专业质量剖析及典型的质量问题、信息等的资料汇编，不断提升质量技术水平，结合业务流程梳理并完善质量管理制度体系。编制质量教育活动方案，进一步完善项目质量通病预防控制措施。并要求各施工生产单位在办公生活区域、主要施工道路出入口、主要施工建筑物等处，悬挂横幅、标语，制作展板，对质量法规、质量文化等进行宣传，营造全员关注质量的良好氛围。对潜在的质量问题"苗头"进行根源挖掘和"敲黑板"警示，以"奖"调动全员积极性，以"惩"严肃落实质量管理。

2021年，中国二冶甘肃分公司清傅、天庄、景礼、酒嘉等项目在施工生产过程中，一手抓疫情防控，一手抓项目建设管理，工程质量、安全、进度等状况持续提升，工程进度有序推进，工程质量过硬，受到项目管理公司的表扬与嘉奖。

通过对"质量宣传月"的宣传引导，开展质量月督查、季度检查、半年一总结等各项制度的落实，中国二冶从基础管理工作和工程施工实体质量等方面入手，争创精品工程、优质工程，为品牌建设添砖加瓦。

四、诚实守信构建和谐劳动关系

员工是企业的宝贵财富，是企业发展之本。离开员工，企业有再好的发展理念、再好的机器设备都是无源之水，无本之木。公司将真诚关爱员工及其家庭生活作为公司价值追求的重要部分。

中国二冶始终致力于构建企业与劳动者之间平等、融洽的合作关系，切实维护员工及劳务用工的合法权益。强化责任担当，严格落实《保障农民工工资支付条例》和标准化工地建设相关要求，注重规范用工行为，切实做好劳动合同签订、严格按照国家规定缴纳各类保险，设立农民工工资专户，为劳动者提供后顾无忧的社会保障。同时，重视员工队伍建设，采取多种培训方式，提升员工的职业技能。通过着力构建培养与奉献相统一的和谐用人环境，让企业与员工在共同利益的基础上实现良性互动，互利共赢。积极构建和谐劳动关系，在社会上树立起自我规范、自我约束、诚实守信的良好社会形象，受到各级政府与人力资源和社会保障部的认可与褒奖。

2021年12月23日，经甘肃省人力资源和社会保障厅、甘肃省总工会、甘肃省企业联合会、甘肃省工商业联合会等省级单位联合组织实施，通过多轮实地考察与综合考评，甘肃分公司从众多企业脱颖而出，被认定为"甘肃省劳动关系和谐企业"。根据相关配套政策，此项荣誉为在建项目减免了一定比例的农民工工资保证金，极大地缓解了履约压力，为进一步推进项目工程承揽、竞标提供了信誉保障。2021年1月5日，甘肃省天水市张家川回族自治县人力资源和社会保障局对中国二冶张家川项目部发来感谢信，信中指出，中国二冶项目部积极配合局里各项工作，在较短的时间内顺利完成了甘肃省陇明公平台实名制管理的一整套操作流程，是天水市第一个实名制考勤系统与国家住建部平台对接成功、顺利运行的单位，也是张家川县第一个在政府平台完成农民工工资发放的单位，有效保障和维护了广大农民工的个人权益，为天水市及张家川县劳务实名制管理工作做出了积极贡献。

五、真心帮扶展现央企担当

多年来，中国二冶积极响应党中央和国家的号召，以高度的政治责任感和历史使命感，积极投身脱贫攻坚，将开展扶危助困活动常态化，在国家重大自然灾害和关键时期发挥着央企的顶梁柱作用。

作为中央企业，中国二冶积极响应党中央和地方政府坚决打赢脱贫攻坚战动员令，帮扶点固阳县怀朔镇壕口村是自治区级贫困村。通过宣传政策、强化领导、发挥优势、结合实际，多年来多方协调资金100余万元，先后派出2批次2名优秀扶贫干部，精准推进扶贫开发工作，不仅承担起了央企扶贫的责任，同时结合自身的主业优势走出了一条产业扶贫之路。

慰问属地贫困人群、关爱属地孤寡老人和儿童，这是中国二冶持续不变的承诺。2021年中秋节，甘肃分公司马坞西寨项目部项目领导带领项目部职工给当地老人送去米、面、食用油、月饼等；酒嘉项目部看望慰问了驻地六户困难群众，并送去了米、面、油、月饼等共计200件物品，向他们表达节日关爱和祝愿。清傅项目部向驻地皋兰县什川镇泥湾小学捐赠爱党爱国教育、科普类图书200余册，捐赠羽毛球拍、乒乓球拍60余套。天庄项目部帮助当地群众清理了污水及生活垃圾，共计20次。景礼项目部为当地学校赠送学习用品和体育用品200余套。定临高速项目部在重阳节期间组织全体党员到漫洼乡敬老院，为孤寡老人送去了大米100斤，白面100斤，菜籽油40斤、香蕉、苹果各1箱等慰问品，并帮助敬老院老人打扫卫生、收拾床铺等。天庄项目部为驻地所在地清水县红堡镇村民解决并购买滞销的西瓜5000斤，用于慰问劳务队伍民工。

六、助力疫情体现央企大爱

面对突如其来的新冠肺炎疫情，中国二冶组织疫情地区各项目严防死守，将疫情防控作为当前首要政治任务，做好外防输入、内防反弹工作，在坚决打赢疫情防控阻击战的基础上，坚决扛起央企担当，积极履行社会责任，第一时间将抗疫及生活保障物资，送到驻地疫情防控一线，数名志愿者坚守在协助当地疫情防控的第一线，为疫情防控工作贡献一份二冶力量。

甘肃分公司清傅项目部向驻地兰州市什川镇一线防疫人员连夜驰援医用口罩2000个、酒精25升、消毒液25升、棉服20套、方便面25箱、饮用水15箱；酒嘉项目部为坚守在防控一线的防疫人员送去方便面、矿泉水、八宝粥；凤合项目部为驻地周边乡镇交通疫情防控执勤点送去方便面、矿泉水、牛奶等生活保障物资；武威项目部向凉州区城市管理综合执法局疫情防控志愿者捐献防疫物资280件（套）；马坞西寨项目部为项目周边乡镇及疫情防控执勤点，积极主动捐赠一次性医用口罩1000只、酒精5箱、饮料饮用水27件、方便面30件、火腿肠6件等防疫生活物资，用实际行动全力支援属地的疫情防控工作。景礼项目部为驻地疫情一线捐赠方便面、火腿肠、牛奶等物资359件。甘肃分公司用实际行动全力支援属地的疫情防控工作，共同抗击疫情，得到了当地政府及群众的赞誉。

近年来，中国二冶通过建立完善诚信监管机制，形成守信激励、失信约束的奖惩机制，大力弘扬诚信精神、诚信文化，积极践行诚信理念、诚信守则，多措并举使得"诚信之花"生根发芽，开花结果。中国二冶集团将始终秉承一颗诚实守信的心，勇当央企的责任和使命，负重前行，在促进公司高质量发展的同时，努力浇灌将"诚信之花"，让"诚信之花"开得更加艳丽。

案例创造人：徐永锋　张宗义　于超群

坚持党建引领　诚信经营
以系统优势打造一体化服务商

中国核工业华兴建设有限公司

一、企业简介

中国核工业华兴建设有限公司（以下简称中核华兴）始建于1958年，隶属于中央直属的中国核工业集团有限公司（以下简称中核集团），是中国核工业建设股份有限公司（以下简称中国核建）的重点成员单位，曾承担过我国"两弹一艇"试验基地以及许多重要核工程的建设。

中核华兴目前具有房屋建筑施工总承包特级、市政工程施工总承包特级，建筑行业（建筑工程）工程设计甲级、市政行业工程设计甲级资质，拥有一级、二级资质以及各类经营许可资格证70余项，涉及建筑业价值链各环节，足迹遍及全国30多个省份以及英国、巴基斯坦、新加坡、马来西亚、约旦、沙特、文莱、阿尔及利亚、莫桑比克等多个国家和地区。

作为全球核电建设龙头企业的中核华兴，拥有5个事业部、30余家参控股子公司、专业公司和区域分公司，职工10000余人，中高级职称专业技术人员1800余人，自主研发核心施工技术和关键施工工艺数十项，获得国家授权专利300余项，获得包括建筑工程"鲁班奖"、国家优质工程金质奖在内的国家及省部级工程奖项300多个。同时，中核华兴已不间断从事核电建设30余年，拥有丰富的核电建造经验、国际领先的施工技术以及成熟的管理模式，先后在全球46台核电机组建设中担纲主力，核电市场份额稳居世界第一。2021年，中核华兴各经营指标大幅提升。同时，中核华兴紧跟国家政策，抓住国有企业深化改革的历史机遇，努力探索转型发展，在经营模式、商业模式等方面积极探索实践，在PPP业务模式、混合所有制改革等方面先试先行。

二、诚信经营理念

中核华兴始终以习近平新时代中国特色社会主义思想为指导，以习近平总书记对核工业的重要指示批示精神为指引，坚决贯彻落实党中央、国务院关于诚信经营的各项政策要求，以"责任、安全、创新、协同"为核心价值观，坚持"以客户为中心"经营理念，坚信为客户服务是存在的根本理由，一致追求用心为客户服务、为客户创造价值；把"以客户为中心"的理念贯穿于市场、研发、销售、制造、服务等全业务流程；坚持主动了解、迅速满足客户需要，为客户交付高质量的产品和服务；坚持讲求信用，严格遵守商务约定，对客户有效履约；以确保质量第一为指导原则；坚信卓越的质量是公司成功的基础，牺牲质量就是牺牲公司长期的成功；追求"零缺陷"标准，在质量问题上毫不放松；精打细算每一分钱，但在质量上坚决不走捷径；注重每一个细节，努力在第一时间把事情做对；以任何时候都不触犯"五不"底线为行为准则：不侵占、损害公司利益，不以职务、工作之便利图谋私利，不拉帮结派或挟私报复，不弄虚作假欺骗公司，不纵容或包庇违法乱纪行为。

中核华兴一贯秉持向客户提供最优质的产品和服务，充分发挥资源、资本、管理、技术和人才优势，树立"人人都是经营者"，营造人人讲诚信、处处讲诚信、时时讲诚信的企业全员诚信环境，竭诚为客户提供一体化解决方案和综合服务。

三、决策部署

中核华兴全面贯彻落实党的十九大和十九届历次全会精神，中央经济工作会议精神、十九届六中全会精神，贯彻落实上级工作会议精神，以中核集团"抓落实年"为要求，加强诚信自律，不断提升企业诚信发展的新水平。

1. 做到"两个维护"，彰显诚信担当

中核华兴坚持以践行"两个维护"为根本遵循，建立健全落实中核集团党组重大决策"第一机制"，做到第一时间召开党委会研究部署，确保实施有方案、过程有监督、落实有成效。同时聚焦主责主业，坚定履行首责不动摇，把"讲诚信"提升到"讲政治"的高度，保障系统工程作为首要政治任务。

2. 捍卫"两个确立"，凝聚诚信力量

中核华兴隆重庆祝党的百年华诞，坚持把党史学习教育贯穿全年，通过打造示范学习、理论学习、培训学习、特色学习、实景学习、反思学习等"六个课堂"融入诚信经营，以基层支部为最小单位，让诚信理念贯穿上下，使诚实守信深入人心。中核华兴善于传承红色基因，注重发扬"两弹一星"精神和"四个一切"核工业精神，习惯从历史中寻找我党诚实守信的光荣传统，全年发放《中国共产党简史》等四本指定书籍及各类学习资料1.3万余册，组织各类培训学习、活动上百次，全体职工群众及劳务协作人员等7万余人广泛参与。全年，特色经验累计29次登上中宣部、国资委、中核集团党史学习教育简报，2项案例入选中核集团党史学习教育创新工作案例，1个党支部获国务院国资委党委颁发的中央企业先进基层党组织。

3. 编写"发展规划"，锚定诚信航标

中核华兴紧扣中核集团新时代"三位一体"奋斗目标、中国核建新时代发展战略，立足"十三五"发展基础，从战略全局高度出发，发展环境分析、对标分析、发展思路与目标、重点任务和保障措施等方面对未来五年发展进行了全面规划。围绕诚信经营，创新提出了"产品化、专业化、标准化、智能化、差异化"的五化发展策略；同时坚持开门问策，聘请政府部门、行业协会、高等院校以及咨询机构专家学者，对未来五年乃至中长期发展方向和路径进行精准把脉、建言献策。

四、体系建设

中核华兴党委认真落实全国国企党建工作会议精神，坚持"党政军民学，东西南北中，党是领导一切的"，不断加强党的全面领导，以高质量党建引领推动新时期企业诚信经营。

1. 党的领导全面加强，诚信责任落地

中核华兴重新修订《三重一大决策管理制度》，党委决策内容新增加41个重大经营管理事项，涉及制度、机制、风险防控等关键内容，从制度层面确保了党的意志在改革发展、生产经营重大决策事项中得到有力彰显，确保了党委"把方向、管大局、促落实"主体责任落实落地，更好地服务于诚信经营，降低违约风险。

2.党建与生产经营深度融合，诚信焕发新机

中核华兴建立了全新的"党建生产力"话语体系，全面实施铸魂、赋能、领航、磐石、聚合、清风"六位一体"的党建生产力工程，形成了具有中核华兴特色的党建融入中心品牌，为中核集团内部单位首创，并相继获评中国文化管理协会"新时代企业党建实践创新优秀成果"、中国核工业政研会优秀成果一等奖、中核集团"抓落实年"专项工作十大成果。

3.宣传文化成效显著，诚信氛围浓郁

中核华兴成立融媒体中心、建立"大宣传"格局，多项成果获评中国企业国际形象建设优秀案例、中央企业优秀故事，400余篇宣传稿件登上国资委、学习强国、新华社等平台，树立了中核华兴良好的诚信品牌形象。

4.全面从严治党纵深推进，强化诚信自律

中核华兴高质量推进中核集团党组巡视"回头看"整改工作，高站位抓好政治巡察，一体推进"不敢腐、不能腐、不想腐"，加大执纪问责、警示教育力度，整体作风面貌持续好转。

五、制度保障

1.建立健全激励约束机制，提升诚信管理

中核华兴根据中核集团党组要求第一时间召开"全面提升管理水平"专题党委会，实施了再学习再认识、作风建设大讨论、转方式调结构、安全管理提升、质量管理提升、项目精细化管理提升等六个专项行动，组织开展了为期两个月的全面提升管理水平活动。中核华兴通过建立系统工程项目经营业绩考核和激励管理机制，提升了系统工程保障能力；同时建立"两金"约束激励机制，针对重点难点清收项目制定清收激励方案，明确奖惩办法，推动"两金"压降取得实效。中核华兴以刀刃向内的自我革命精神深化作风建设，成立了以纪委书记为组长的作风整顿工作小组并开展工作；成立法律纠纷案件领导小组，加快重大案件化解与推进。中核华兴还完善内审、内控及风险管理体系建设，全年1项成果获评中国内审协会"典型经验"案例。

2.不断提高产品质量水平，推进质量诚信

中核华兴深入贯彻"三新一高"发展要求，以开拓高质量产品市场推动新时期高质量转型发展。全年新签合同额同比大幅增长；推动核岛主合同以外的全部工程市场拓展；房屋建筑比例下降明显；全年总承包业务营收增长显著；全年运营业务营收同比增长较大；全年开拓新能源、核电海工、盾构施工、轨道交通等业务领域成效显著。中核华兴发布实施了《核安全文化手册》和《核民融合标准化指导手册》，为加强核安全文化建设和民用项目全面推广奠定了基础。全年，中核华兴荣获省部级以上安全环保工地等奖项33项；荣获国家优质工程4项，中国钢结构金奖1项，国家级QC成果13项，国家级质量信得过班组3项，省级优质工程5项、建筑施工质量管理标准化工地4项。

3.优化调整组织机构，完善服务诚信

中核华兴在总部层面成立系统工程部、党委宣传部，进一步发挥"引领、管控、服务、支撑"作用。重新定位并做实总师办；在二级单位层面，成立投资事业部，调整SPV公司职能，提升"投建营"一体化业务能力；成立设备租赁公司，避免产业空心化，提升服务主营业务能力；在基层项目层面，提升

机构行政级别，为重大工程提供了坚强的组织保障。

4. 推进股权多元化和混合所有制改革，落实环境诚信

中核华兴聚焦"碳达峰、碳中和"目标，为拓宽新能源、核能供热业务领域，布局粤港澳大湾区开拓市场，参股成立了中瑞恒丰（上海）新能源发展有限公司、中核燕龙科技有限公司和核建控股有限公司，并先后中标4个新能源项目。

5. 完善市场化、推进年轻化，构建和谐劳动关系

中核华兴制定公司经理层成员年度和任期经营业绩考核程序并签订考核责任书，实现任期制和契约化管理全覆盖。面对年轻干部占比低、干部老龄化严重，中核华兴大力推进年轻干部公开竞聘选拔，采取了建立非领导职务工作机制和处级、科级干部竞聘工作，40岁以下处级干部和35岁以下科级干部占比稳步提升。

6. 科技创新全面发力，打通供应链关系

中核华兴围绕科技创新考核评价、技术推广应用、专项基金管理，建立了完善的管理制度；聚焦智慧建造、信息化建设等重点领域制定实施专项规划，保障了各项工作更加规范和高效。全年，中核华兴共计74项在研课题，投入研发费用2.1亿元，其中两项课题入选中核集团"卡脖子"研究开发项目，39项课题成果得到推广并取得显著成效。中核华兴总结提炼的核电站钢衬里建造智能化MAG自动焊接工艺及装备技术等5项成果通过中核集团鉴定并达到国际领先水平。9项成果荣获省部级及以上科技奖项，先后荣获中施企协高推广价值专利大赛一等奖，第二届工程建设行业BIM大赛一等成果奖，中核集团科技进步二等奖和三等奖，中国安全生产协会安全科技进步三等奖，承建的10个工程项目获评江苏省新技术应用示范工程，主编参编行业、中核集团标准7项，荣获授权专利和著作权84项，其中发明专利14项。

六、社会责任

中核华兴聚焦社会民生。作为江苏省"五方挂钩"帮扶协调小组成员单位，累计对口帮扶江苏省新沂市及丰县地区共计7个行政村，投入帮扶资金、购买产业帮扶产品上百万元，帮助近千名低收入人口如期实现脱贫目标，荣获中核集团"脱贫攻坚先进集体"，3名扶贫支援驻村干部荣获"脱贫攻坚贡献奖"。

中核华兴统筹推进常态化疫情防控，全力做好归国人员保障，全年先后克服人员留守及返场不易、国内外疫情复杂多变等困难挑战,实现了七万余人全员"零感染"目标；组织疫情防控志愿者超400人次，无偿献血2万ml，累计协助近5万人完成核酸检测。中核华兴还采购滞销瓜果近4.5千斤，用行动解决果农燃眉之急；参与河南抗洪救灾，将3000个沙袋等救援物资第一时间送到受灾严重的群众手中，携手共渡难关。

七、实践成效

中核华兴以高度的诚信履约，顺利完成系统工程各项节点目标，收到业主及总包方表扬信24封，全年累计收到表扬信近百封。近年来，中核华兴先后荣获国防科技工业质量先进单位、全国先进建筑施工企业、全国优秀施工企业、中国建筑企业500强、中国建筑业竞争力百强企业等称号；多次获得国家市场监督管理总局颁发的全国"守合同重信用"企业证书，连续多年荣获中国建筑业协会颁发的全国建筑业诚信企业、全国建筑业 AAA 级信用企业，中国施工企业管理协会颁发的中国工程建设诚信典型企业及企业信用 AAA 级证书和南京市高质量发展企业等诸多荣誉，赢得了社会和员工的高度信任和尊重。

中核华兴致力于获得客户的恒久信赖，构筑合作共赢的伙伴关系，高度负责地从事经营活动，积极履行国家使命、国防系统使命和社会责任，倡导环保和绿色发展理念，在推动社会、经济进步的同时，实现自身的可持续健康发展，为事业的基业长青打下坚实基础。进入新时代，中核华兴正以建筑业为基础，以系统工程、核电站和核设施建设为特色，以工业、民用工程为重点，实施资本运作和投融资管理，以诚信经营打造"建筑业全产业链资源整合者和一体化解决方案服务商"。

案例创造人：张仕兵　杨飞

诚信为本　实干兴企

中国华冶科工集团有限公司

一、企业简介

中国华冶科工集团有限公司（以下简称中国华冶）的历史起点，最早可溯源于1974年8月17日由河北省革委会和冶金部联合成立的"邯邢基地冶金矿山建设指挥部"。40多年来，中国华冶高举旗帜、听党指挥，以邯邢基地冶金矿山建设为起点，与祖国改革开放同行，走出邯郸，面向全国，迈出国门，以闯遍五湖四海的英雄豪迈气概书写了壮丽的发展篇章，出色地完成了党和国家交付的"矿业兴钢、矿建报国"的历史使命。中国华冶是集团公司唯一一家具有矿山工程施工总承包特级资质的施工类企业，是中国五矿的骨干子企业。

中国华冶以工程总承包、矿业开发及相关服务为主业，主要从事矿山建设及生产、矿产资源开发、大型房屋建筑、公用场馆建设、冶金工程建设、市政公用建设、火力发电厂建设等业务。公司具有建筑工程、矿山工程施工总承包双特级资质；冶金工程、市政公用工程、机电工程施工总承包壹级资质；电力工程、公路工程、铁路工程施工总承包叁级资质；隧道工程、钢结构工程专业承包壹级资质。公司通过了质量、环境、职业健康安全管理体系认证，是北京市高新技术企业、北京建设行业诚信企业和北京建设行业AAA信用企业，连续多年被评为"重合同守信用企业"，多次荣获"全国优秀施工企业""全国建筑安全生产先进集体""全国最佳形象企业""全国企业文化建设优秀单位""全国质量信得过单位"等荣誉称号。

二、组织架构和经营情况

中国华冶总部坐落于北京亦庄经济技术开发区，职能管理层面设有17个职能部门，负责战略引领和职能管控；业务层面有1+3+3核心直管业务机构和其他直管业务机构，负责公司核心业务的经营和管理。公司设有中冶集团唯一一家矿山技术研发中心，负责公司矿业板块核心技术、产品和装备的研发推广。

公司现有人员4331人，享受国务院政府特殊津贴1人，冶金行业高级专家3人，中冶集团技术能手1人。一级注册建造师378人，二级注册建造师68人，注册造价工程师108人，注册安全工程师105人，勘察设计类注册工程师43人。正高级职称315人，高级职称1028人，中级职称1034人。工程技术人员约3800余人，占比85%，其中科研人员占比15%；本科及以上学历3300余人，占比74%，其中硕士及以上学历1290人。

近五年公司新签合同额、营业收入等指标均实现较快增长。2016—2020年公司新签合同额复合增长13.94%，营业收入复合增长率为12.01%；近三年利税约14.15亿元，解决了5000余人的就业岗位。2020年完成营业收入100.09亿元，同比增长20.68%，利税5.47亿元，同比增长37.89%。

三、诚信经营理念

一代代华冶人秉持"矿业兴钢、矿建报国"的初心，传承弘扬"站在排头不让，把住红旗不放"的马万水精神，以艰苦奋斗、务实创新、争创一流、永攀高峰的精神，将自己投身于冶金矿山事业中，并成功转型升级为"双轮驱动"发展战略，以持续创新的技术实力，服务国家战略，争做国内最强最优最大的矿山建设运营服务商、具有特色优势的建筑承包商。

转型升级，双轮驱动。中国华冶依托冶金矿山建设主业，不断砥砺奋进，成为冶金建设企业步入市场的先行者、转型发展的探索者、新中国冶金战线的主力军，全面落实新发展理念，进入矿山、冶金建设"双轮"驱动提速发展新阶段，为国家矿业开发、冶金建设积极贡献力量。

公司全员始终坚持"信立天下、诚铸未来"的企业价值观，其内涵为：诚为根，信为本，良心为枝叶，方可得正果。一个诚实守信的企业必然会顾全大局，始终把质量、品质、服务等放在首位，用过硬的质量赢得市场，用诚信铸造企业的品牌。企业之间如果能够以诚相待、诚信经营就会让彼此都走得更远、发展得更快更好。公司始终发扬"干一项工程，树一座丰碑，交一方朋友，赢一方市场"优良传统，凭借一流的服务品质，匠心打造精品标杆工程，不断提升企业精细化管理水平，推动企业实现高质量发展。

四、决策部署

多年来，中国华冶持续推进党建工作引领生产经营，通过把党的政治优势、党建资源和成果转化为企业发展的优势动能和力量源泉，引领党员干部职工顽强拼搏、艰苦创业，矢志不渝实施"双轮驱动"发展战略，为实现企业改革发展奠定了坚实的政治基础。党的十九大以来，公司党委以习近平新时代中国特色社会主义思想为指导，坚决维护党中央权威和集中统一领导、自觉维护习近平总书记的核心地位，开启了全面从严治党的新的伟大工程，切实履行党委主体责任，建立和健全党组织工作的各项规章制度，使党的组织工作逐步走上制度化、规范化的轨道。

2020年以来，新冠肺炎疫情突发，世界经济形势极为严峻，市场竞争更加激烈、项目工期更加紧迫，企业生产经营面临前所未有的巨大考验。在这个特殊时期，发挥国有企业"顶梁柱"的关键作用，"推动复工复产、助力经济社会发展步入正常轨道"是中国华冶必须答好的一道经营大题。2020上半年，受疫情影响，有效工作时间严重不足，中国华冶第一时间发动全体党员领导干部职工，群策群力，众志成城，坚决打好疫情防控阻击战。要求各单位增强紧迫感和责任感，全面动员，全面部署，统一领导，统一指挥，坚定不移地把习近平总书记关于抗击疫情的重要指示精神，党中央、国务院以及上级的各项决策部署，传达到位、落到实处，坚决杜绝麻痹大意思想；按照党中央、各级政府、上级单位、各相关合作方和公司有关工作安排，紧紧依靠广大员工，有条不紊地推动各项工作顺利开展，切实担负起中央企业的政治责任和社会责任。

五、实践成效

（一）矿业板块飞速发展，创造多项国家纪录

自成立以来，中国华冶以矿业报国为己任，立足矿山的开发与建设，先后承建了青海省锡铁山铅锌矿、武钢程潮铁矿、西藏罗布莎铬铁矿、酒钢黑沟铁矿、安徽草楼铁矿、辽宁陈台沟铁矿和思山岭

铁矿等工程，打造多项"中国企业新纪录"工程。公司3年完成青海省锡铁山铅锌矿的基建任务，成为全国第一家跨行业承包矿山的企业，并创造了该矿人均出矿量、人均效率、人均效益、吨矿成本等4项全国新纪录，被国家有关部门誉为"新矿走新路的高原办矿新典范"，开创了国内矿山施工企业承包矿山生产之先河。新中国成立以来海拔最高（3886米）的酒钢黑沟铁矿A级大爆破，装药量1153吨、爆破量121万立方米，创"中国企业新纪录"。公司在武钢程潮铁矿超深竖井（井深1135米，净直径6米）工程施工中，创出了月成井170.6米的"中国企业新纪录"，竣工时被称为"中华第一深井"。公司承建银泰矿业滩涧山金矿是中国华冶"四五"期间全国最早实现井下全工序无轨机械化作业的项目，13个月完成合同工期26个月的工程施工任务。安徽草楼铁矿300万吨/年扩建工程捧回中国冶金矿山建设史上首樽"鲁班金像"，至今保持着冶金矿山平巷独头月掘进1403.6米的"世界纪录"、斜坡道工程月成巷245米的"全国纪录"、竖井施工月成井205.6米的"中国企业新纪录"。此外，中国华冶承建的辽宁本溪龙新矿业思山岭SJ1号竖井"双超"工程，再创国内冶金矿山行业新纪录。

（二）冶金建设跨越提升，打造多项国优工程

中国华冶积极参与了首钢、邯钢、邢钢、南钢、天钢、长钢、安钢、新疆特钢、内蒙明拓等冶金厂的大型扩建和技改项目，承建了原料、焦化、烧结、球团、炼铁、炼钢、轧钢等系统工程的建筑安装，创出了多项省优、部优和国优工程。公司承建的邯钢薄板坯连铸连轧、邯钢二冷轧、邯钢热轧、天钢烧结等工程获得"国家优质工程奖"，武钢500万吨球团工程创下大型球团施工规模最大、工期最短的"世界纪录"并荣获全国优秀焊接工程一等奖，承建的河北省重点技术攻关项目邯钢2000立方米高炉鼓风机站、循环水、煤气清洗与输送、水冲渣、余压发电等系统工程创"中国企业新纪录"，承建的国内直径最大的全封闭铬铁矿热炉——内蒙古明拓集团铬业科技公司69MVA矿热炉安装，2019年再次承揽该公司70万吨矿热炉工程项目，是当时亚洲最大、世界第三的矿热炉。自公司"四五"规划以来，中国华冶党委加强顶层设计，打造冶金建设国家队品牌，成功开拓了粮油化工行业新市场，先后承揽中粮集团、万里润达、信德科技等粮油化工领域十余个工程建设项目。2019年，公司承建了黑龙江省"百大项目"之一的万里润达30万吨玉米燃料乙醇项目，创造了本行业此类工程当年签约、当年开工、当年投产的先例，中国华冶赢得了"新时代龙江速度践行者"的美誉，在粮油深加工行业中树立了良好口碑。2020年，公司同时在建7座高炉工程，其中，1000立方米级别高炉2座，2000立方米级别高炉3座，3000立方米级别高炉2座，真正意义上践行了冶金建设国家队职责。

（三）技术创新不断发展，矿山技术业界领先

中国华冶党委经过多次研究、实践、再研究、修订多项激励机制来确保技术创新和技术水平提升，大兴科技创新之风。截至2020年年底，中国华冶累计申请专利1012项，累计授权专利达704项，其中发明专利授权达到了130项；累计通过省部级工法85项，通过国家级工法5项；累计通过省部级科技成果鉴定118项，其中北京市3项，中冶集团55项；通过中国冶金建设协会关键技术鉴定达60项，3项成果技术达到国际领先水平，获得省部级科技成果奖17项，其中获得北京市科技进步奖三等奖1项，获得中国国家优秀专利奖2项，获得中国施工企业管理协会科学技术奖一等奖2项，中国建筑业协会施工技术创新成果三等奖1项，中国煤炭工业协会科学技术奖一等奖1项，中冶集团科学技术进步一等奖1项，五矿集团科技进步二等奖1项；累计主编、参编8项国家、行业标准规程规范；累计承揽和参与国家科技部、国家财政部、北京市科委重大专项8项。

（四）攻坚克难翻身破百，企稳向好健康发展

2014年，在公司经营发展面临前所未有的困境情况下，新一届党政领导班子主动应变，科学决策，

确立"实事求是、解放思想、锐意改革、简政放权、激发活力"工作方针，提出"三年恢复元气、走上健康发展之路"三年翻身目标，到2016年提出"破百冲A"奋斗目标。中国华冶党委坚定党的政治路线不动摇，坚持发展步伐不停息，带领全体干部职工砥砺奋进，朝着既定的目标阔步前行。2017年，企业恢复了元气，并一举荣获中冶集团"全面完成预算奖""跨越进步奖"，步入良性发展轨道。2018年，荣获中冶集团"全面完成预算奖"。2019年，再次荣获"全面完成预算奖"和"跨越进步奖"两个奖项。2020年，面对国内外复杂严峻的疫情形势，公司上下坚定信心，深入贯彻落实党中央、国务院和上级党组织各项工作部署，统筹推进疫情防控，有序组织复工复产，经营业绩再创新高。全年新签合同额、营业收入、利润总额均创出历史最高水平，荣获中冶集团"经营效益奖"和"专项管理奖"。其中，营销额首次突破200亿元，营业收入首次突破100亿元，"破百"的奋斗目标圆满完成。最终经中冶集团经营考核评价，中国华冶进入A级行列。

（五）以温暖"家"文化，打造和谐劳动关系

公司对内不断打造有温度有情怀的"华冶之家"文化，让广大员工能够在企业中感受到家的关怀、家的温馨、家的幸福。两级机关举办了多种形式的文化、健康、心理等讲座活动；对海外员工及家属、离退休干部职工、生活困难的党员职工等开展慰问工作，对马万水家属以及马万水工程队老干部进行重点照顾和慰问，向他们征集企业发展的建议和意见，始终为他们营造良好的退休晚年生活条件。深入项目现场开展"夏送清凉""冬送温暖"慰问活动、关心单身职工生活与外部单位开展七夕联谊活动、并组织重点项目举办迎新春年夜饭活动，让华冶职工处处感到华冶"家"的温暖，缔结了和谐温馨的劳动关系。

中国华冶持续坚持以人为本，构建和谐的劳动关系。真心诚意地为职工着想，尊重个人诉求，注重劳动条件的整体改善和职业发展，尽可能解决好职工最关心、最直接、最现实的利益问题。和谐友好的劳动关系，正成为华冶吸引并留住职工的重要方面，最终将推动职工和企业的互利共赢。

案例创造人：张亮

夯实诚信之基 铸就城乡建筑经典
光大中华建筑文化

中国建筑西北设计研究院有限公司

一、企业简介

中国建筑西北设计研究院有限公司（以下简称中建西北院）隶属世界500强——中国建筑集团有限公司，始建于1952年，是中国成立最早、资质最全、规模最大、实力最强、国内影响最大、口碑最好的国有甲级建筑设计院之一。从事工程技术与设计服务领域，建院近70年，中建西北院以"精心设计、诚信服务"为己任，以坚定的文化自信设计完成了万余项工程设计任务，业务范围涵盖策划、规划、建筑设计、EPC工程总承包、全过程工程咨询、园林景观、装饰装修、照明设计、新能源工程、城市基础设施等种类，工程遍布全国34个省、自治区、直辖市及24个国家。

中建西北院现有员工2000余名，是西北地区最早通过质量、环境、职业健康安全"三标一体"认证的建筑设计单位，拥有完整的制度体系。以作品立世，以"工匠"精神立本，坚守"中华建筑文化的传承、弘扬与创新"之路，培育和集中了以中国工程院首批院士张锦秋、2名全国工程勘察设计大师、17名享受国务院政府特殊津贴专家等为代表的一大批优秀人才。

响应国家住建部"双资质"发展要求，成功申办建筑工程施工总承包一级资质，形成了大型工程设计、工程总承包、全过程工程咨询等3大战略支撑板块，实现了向建筑全产业链和全价值链经营转轨，走在了全国同行前列。

先后荣获"全国建筑设计行业诚信单位""中央企业先进集体""全国五一劳动奖状"RCC"十大建筑设计院"、2016年"陕西省质量奖"等荣誉称号，连续5年被西安市建委评为5A信用等级单位。

在工程设计和科研方面获得国家及部省级奖项千余项，并取得了全国优秀工程勘察设计奖11项，9项作品被列入"中国20世纪建筑遗产"名录，鲁班奖20余项，获奖数量及获奖级别均居全国领先。

二、以质量管理为基础，不断完善企业诚信管理体系

中建西北院高度重视诚信管理工作，一直以来秉承"精心设计、诚信服务"的经营理念，明确了企业法人是诚信管理第一责任人，是西北地区最早通过质量、环境、职业健康安全"三标一体"认证的建筑设计单位。

1. 高质量推进质量诚信

（1）匠心铸就行业英才。培育和集中了以中国工程院首批院士张锦秋、2名全国工程勘察设计大师、17名享受国务院政府特殊津贴专家、6名陕西省勘察设计大师、2位中建首席专家等为代表的一大批优秀人才，夯实企业质量诚信的人才基础。

（2）专人负责质量监管。设立专门的质量诚信管理部门，全公司质量诚信管理人员达到 328 人，占全体员工数量的 16%，质量诚信管理覆盖了全公司各个部门。

（3）一体构建质量体系。建立质量、环境、职业健康安全"三标一体"等 115 项管理制度、办法，形成了"三标体系手册 - 程序文件 - 管理制度"的三级质量诚信制度体系。

（4）持续完善质量架构。先后成立了六大专业委员会、科学技术研究中心等，制定《科学技术委员会章程》《科学技术研究中心管理办法》《院管工程管理办法》等一系列制度，为公司质量诚信提供强大技术支撑。

（5）扎实铸就质量工程。近 3 年组织开展各类工程质量检查 20 余次，涉及项目 400 余项，覆盖面 100%。统一技术措施，规范设计流程，在西安市全面推行数字化审图之前，召开"西安市施工图数字化联审"工作交流会议，各专业编制完成强条汇编，以便设计人员查阅；启动优秀施工图案例汇编工作，将优秀施工图进行优化再汇总，发布权工作学习参考，结合贯标管理体系，对二维协同平台流程进行梳理，开展基础质量管理流程再造工作，提升公司产品设计质量。

2. 高标准推进服务诚信

中建西北院坚持诚信为本，把诚信服务作为企业生存发展的"生命线"，将诚信管理模式融入策划、投资、设计、建造、运营"五位一体"的全产业链全过程，确保设计质量符合国家设计标准规范要求，并对业主的施工过程进行现场服务和问题解决，设立服务电话以及多种沟通渠道，及时解决业主或施工单位问题。

（1）强化服务诚信的战略管理。每年由总经理主持召开管理评审会、年度工作会等，宣贯服务诚信战略目标，并通过签订技术经济责任书等形式，将服务诚信战略目标分解到各部门年度工作计划中。

（2）设置完整的服务诚信绩效考核体系。具体落实到每一个层级的每一个员工，通过监视绩效指标，不断反馈，持续改进，使服务诚信的关键指标逐年提升（见表 1），处于同行业先进水平。

表 1　2018—2020 年设计产品关键质量指标

质量指标	2018 年	2019 年	2020 年
合同履约率	96%	97%	99%
一次报检合格率	91%	93%	95%
工程质量抽查一次通过率	95%	98%	99%

（3）建立一整套完善的投诉反馈机制。将服务诚信贯穿于工程项目的全生命周期，保证客户投诉及时受理、有效解决。主要分为以下几个阶段：

在设计合同签订之初，交付委托方设计团队名单，含项目负责人、建筑、结构、水、暖、电各专业负责人的姓名及联系方式，为第一层级与客户的投诉对接窗口。负责技术管理的技术总以及负责经营管理的部门负责人联系方式向客户公开，保持与客户的随时沟通。

在设计服务过程中，客户有任何投诉需求，都可以向各专业负责人通告。各专业负责人有义务在 4 小时内作出解决答复，一般性变更处理应在 24 小时内完成，重大变更处理与客户协商期限，获得客户的认可。

在设计服务完成后，生产经营部门保留投诉解决样本清单，市场部随机抽样，进行售后调查。各项目做好售后服务工作，有问题及时联系解决。建立责任人处罚机制，对客户投诉问题责任人起到警示作用。投诉问题的处理做到客户满意，并责成相关项目设计团队汲取教训。

公司官网公布市场部联系电话，接受客户的咨询及投诉，投诉案件均记录备案。一旦出现客户向院里投诉的情况，市场部高度重视，第一时间了解情况，并根据需要由市场部、科技发展部、院办等部门组成联合工作小组，市场部总经理牵头，重大投诉报主管领导备案。投诉处理过程及结果均记录在案，每年进行分析总结，推动改进提高。

（4）服务质量显著提升。近3年主导产品销售情况连年攀升，至2020年主导产品营销额已达24亿元，年均增长率达到31.9%。持续关注客户满意度，定期对客户进行满意度调查（见表2），关注履约项目及已建成投产项目的工程品质、经济性、配合服务质量等方面的客户评价，客户的满意是公司市场口碑、顾客忠诚度（见表3）和品牌价值的基石。

表2 2018—2020年顾客满意度程度结果

年份	顾客满意度	顾客表扬次数	顾客投诉次数
2018年	84.33%	288次	0次
2019年	84.93%	309次	0次
2020年	85.67%	332次	0次

表3 2018—2020年顾客忠诚度测量结果

年份	顾客忠诚度	二次（多次）合同签约数（占比）	顾客推荐率
2018年	85.3%	20%	85.2%
2019年	85.5%	25%	84.3%
2020年	86.8%	30%	85.5%

3. 协同推进供应链质量诚信

中建西北院对产业链下游供应商建立《供应商质量考核管理办法》进行质量考核和保障，从源头保障供应商进入供应链条时的优质；同时以分供方履约评价机制，分包业务责任主体部门对供应商提供的产品质量和服务质量进行把控、评价和验收，及时发现、预防产品质量问题，以保障供应商产品质量；采取全产业链资源整合、项目全生命周期关注，为业主提供"一站式"建设管理全过程定制化服务，形成市场竞争优势。积极开展战略合作，广结战略联盟，丰富供应商资源和提高自身资质硬实力，打造平台型企业，推动全过程工程咨询业务的发展。2020年公司的新兴业务——新能源设计施工及全过程工程咨询业务承接销售额13319万元，占全年销售收入的4.6%，近三年新产品年均销售额达到10627万元，并逐年上升向好发展。

三、以科技创新为驱动，持续夯实诚信履约的技术之基

1. 不断完善行业质量诚信管理标准

近年来主编国家标准规范11项，参编国家标准规范74项，主编地方标准36项，参编地方标准15项，大幅提升了在行业内的学术影响力。例如，《陕西省09系列标准图集》《民用建筑设计通则》是工程设计人员的必备"标配"；《暖通空调设计手册》被看作是暖通设计师的"红宝书"；《图书馆建筑设计规范》则是专业领域的权威。在继续保持湿陷性黄土地基处理、抗震设计传统优势的基础上，近年来获得国家科学技术进步奖二等奖1项、华夏建设科学技术奖1项，中建集团科学技术奖2项、陕西省科学技术奖7项、陕西省土木建筑学会科技奖4项、西安市科学技术一等奖1项。"十三五"期间完成国家级

课题 5 项，省部级课题 17 项，累计申请专利 239 项、获得授权专利 186 项。

2. 创新推进环境诚信

中建西北院始终强调绿色建筑设计理念，在绿色建筑技术研究、产品交流、示范项目推广等方面积极探索，以实际行动助力"碳达峰""碳中和"目标实现。

（1）全面推进绿色能源工程业务。以绿色建筑、既有建筑节能改造、新能源工程等 3 个业务板块为抓手，立足建筑行业，为建筑的能源供应和消费提供技术先进、经济合理、高效低碳的解决方案。以推进西安咸阳国际机场 T5 航站楼、西宁机场 T3 航站楼等扩建工程为契机，健全技术队伍，全面推进绿色能源工程业务的有序开展；完成 60WM 的光伏发电项目，每年发电量达 6000 万度，省煤 2.4 万吨，减少二氧化碳排放量约 5.98 万吨。

（2）积极制订行业标准，主编或参编国家、地方规范和标准。有关绿色建筑的规范主要有陕西省《公共建筑绿色设计标准》《西安市公共建筑能耗监测系统技术规范》《建筑工程施工图绿色建筑技术审查要点》等。

（3）推进科研业务建设，加大投入提升以绿色建筑为核心的技术研发。推进近零能耗建筑太阳能供能系统集成及产业化研究、装配式住宅设计标准化体系研究、微耗电冷暖空调系列产品研发，以及相关标准规范的基础研究和制定。

四、以诚信为魂的工匠精神为基石，不断弘扬中华建筑文化

西北院深入贯彻落实总书记关于建筑文化的相关指示批示精神，不"贪大媚洋求怪"，不做"奇奇怪怪"的建筑，在作品中融入高度的文化自信，同时反映出现代特色和时代风貌，精心设计、诚信服务，着力提供支撑社会经济发展、惠及民生的高品质诚信产品和服务，传承、创新、弘扬、光大了中华建筑文化。

（1）始终坚定文化自信，设计完成了一批重大标志性项目。3 项作品被载入《弗莱邱建筑史》，9 项建筑被列入"中国 20 世纪建筑遗产"名录。近年来共获得国家级奖项 11 项，其中金奖 4 项。省部级奖项 361 项，其中一等奖 67 项。黄帝陵祭祀大殿已成为全球华人公祭人文初祖的圣地，西安南门综合提升改造项目被选为 2016 年央视春晚分会场，大唐芙蓉园被选为 2016 年央视元宵晚会、中秋晚会分会场。天人长安塔和海心沙风帆桅杆成为 2011 年西安世园会和第 16 届广州亚运会的标志性建筑。

（2）奠定了西安市古今和融、中外和谐的基调风貌。从人民大厦、人民剧院、钟楼邮局、钟鼓楼地下广场、陕西历史博物馆、电视塔到大唐芙蓉园、西安市行政中心、幸福林带、全运新城，全国再没有一家设计院像西北院这般充分挖掘一座城市的历史文脉、这般系统思考一座城市的历史文化遗产保护、这般深度地融入一座城市的城市建设和发展。

（3）设计完成了一批红色建筑。中央礼品文物管理中心如期落成，已正式对外开放，习总书记于 7 月 16 日亲临视察；依托陕西深厚的红色文化和资源，西北院设计完成了一批如延安革命纪念馆、照金红色小镇、川陕革命根据地纪念馆、延安干部学院等红色建筑。为落实总书记关于国家文化公园建设的重要指示精神，建设的大运河、长城、长征三个博物馆，西北院悉数参与。

五、以诚信履责为基石，不断拓展幸福空间

（1）始终坚持以人为本。坚决保障员工权益，不断提升员工幸福指数，为员工缴纳"五险两金"，

提供菜篮子补贴、饭补、出勤奖、新员工住宿补贴等，积极帮助高端技术人才落户、申请陕西省 D、E 类人才认定补贴，不断增强员工的获得感、幸福感和安全感，推动公司改革发展成果更多更好惠及广大员工。

（2）持续强化社会责任管理，塑造履行社会责任的央企典范形象。

大力推动脱贫攻坚，圆满完成定点帮扶任务，无偿帮扶总投入 150.9 万元，消费扶贫 131.8 万元，大滩村顺利如期脱贫摘帽。积极参与中建集团在甘肃三县的扶贫工作，及时全面完成了帮扶任务，为全面建成小康社会作出了贡献。

坚决扛起防疫工程重担，先后承接西安市公共卫生中心、雁塔区二号医学隔离点项目的紧急设计任务，谱写了西北院履行"国之大者"的铁臂担当，获得西安市政府的赞誉。

"十四五"宏伟蓝图已经绘就，新时代征程在即。展望未来，中建西北院将持续完善诚信、质量和责任管理体系，在国家城乡建设、社会经济、文化、生态等建设中继续践行诚信立业、拓展幸福空间的初心和使命，赓续中华建筑新辉煌。

案例创造人：王军　张锦秋　赵元超

坚持诚信经营策略　打造企业良好口碑

中国化学工程第十三建设有限公司

在近六十年的发展历程中，中国化学工程第十三建设有限公司始终严格执行国家、行业、地方工程建设相关的法律法规和管理规定，将诚信理念贯穿在市场开发、企业管理、生产经营的各个环节中，赢得了良好的口碑，为企业的高质量发展保驾护航。

一、企业简介

公司1963年10月组建于北京，2008年9月改制为中国化学工程第十三建设有限公司，是国资委直接监管的中国化学工程集团（股份）有限公司（CNCEC）的全资子公司，总部设在河北省沧州市。公司是具有独立法人资格的且具备投融资、测绘、勘察、设计、施工、检测、制造等资质和能力于一体的综合性大型建筑安装国有央企，持有国家住建部颁发的五项施工总承包壹级资质证书和两项专业承包壹级证书；并获得质量管理体系、环境管理体系和职业健康安全管理体系认证证书。

公司的"品牌产品"是化工及石油炼化、市政公用、机电安装、工业和民用建筑、冶金、医药、机械、环保等工程的施工。公司的"特色产品"是球罐现场组焊及锅炉安装。

公司拥有3个全资子公司、1个控股子公司、6个分公司、12个区域分公司及经营派出机构。在册职工3800余人，其中工程技术、经济、财会、图书档案、翻译等管理人员1786人，持有各级各类执业注册证书人员500余人。公司拥有施工机械设备3000余台，施工工法212项，焊接工艺评定近500项。公司已经实现了信息共享平台及信息化集中管理。公司年施工生产能力达百亿元。公司先后承建各类工程3000多项。公司获得国家优质工程金质奖2项、银质奖9项、鲁班奖5项、全国优秀焊接工程奖11项。公司是"中国工程建设社会信用AAA企业"；是"国家高新技术企业"，拥有"国家企业技术中心"资质；先后获得"全国先进施工企业""全国优秀施工企业"等荣誉称号30多项。

多年来，公司发扬"求实创新、团结奋进"的企业精神，为国家的工业建设不断贡献力量。公司2021年实现新签合同额123.3亿元以上，主营业收入实现60.37亿元，实现利润总额2.098亿元。公司企业信誉不断提升，在2021年获得中国化工施工企业协会颁发的"化学工业优质精品工程奖"2项、"化学工业优质工程奖"2项，获得中国工程建设焊接协会颁发的"2021年度优秀焊接工程奖"1项，获得中国化工施工企业协会QC小组成果奖项共4项；获得化工工程建设行业"十三五"期间优秀专利2项、科技论文三等奖2篇、优秀科技创新成果2项；获得第二届"智建杯"国际智慧建造创新大赛铜奖1项、第三届"共创杯"全国智能建造技术创新大赛三等奖1项。

二、严格遵纪守法、树立诚信理念

公司秉承"诚实守信、追求卓越"的企业理念，模范遵守法律法规和社会公德、商业道德以及行业规则，认真履行契约责任，及时足额纳税，维护投资者和债权人权益。公司尊重知识产权和财产权，维护行业发展秩序，反对不正当竞争，杜绝商业活动中的腐败行为。

公司经营管理者及员工高度重视诚信和廉洁经营，重视履约，遵循公平、诚信、规范、合作共赢的原则，向客户提供高品质的产品服务。同时，强调在经营活动中，特别是BT、BOT项目必须进行专业评审，严格履行内控程序，严防业主信用风险。

三、企业诚信和信用体系建设

在信用体系建设方面，公司主要实行了以下三项制度。

（1）资金管理制度。公司制定了《分包工程款支付管理规定》，重点对农民工工资支付进行了规范，从根本上杜绝因拖欠农民工工资造成的不良影响

（2）合同管理制度。公司对各类经济合同进行统一归口管理，规范合同管理行为。公司严格合同评审会签、批准签字、联签等方面的审核程序，加强风险控制管理制度，制定了《建筑安装工程承包合同管理规定》《风险管理与内部控制管理手册》《工程项目管理规定》《经济合同审计规定》等制度，并运转良好，保证了合同的优质履约。

（3）资信管理制度。公司制定并执行《大客户管理办法》，增强对公司重点客户的专项服务能力和履约保证，不断提高在目标客户中诚信经营的影响力；建立了《建设单位信用评价管理规定》《合规管理规定》等制度，规范协作单位的经营行为，打造公司诚信经营整体合力。

四、企业诚信实践

（1）产品及服务质量诚信。公司制定了《工程产品质量检验管理规定》《质量事故应急响应与调查处理管理规定》《"三优"评选管理办法》《安全生产责任制管理规定》等制度。以上制度运转良好，使公司的产品和服务质量得以保证，多家业主单位对公司的施工能力和服务水平表示称赞。

（2）积极维护与股东、投资人和债权人等利益相关者关系。公司高度重视维护股东、投资者和债权人的合法权益，不断完善和规范公司的组织和行为，并按照相关要求及时发布公司重大信息。

（3）反对商业贿赂、欺诈等。公司加强反腐倡廉建设，健全腐败预防与惩治机制，避免不正当竞争。多年来，公司一直加大对惩防体系的检查考核力度，每年定期与各二级单位签订《党风廉政建设责任书》，并积极开展效能监察，针对工程成本、分包采购、工程结算等方面管理漏洞，提出监察建议。同时，公司坚持"三重一大"实行集体决策。

（4）维护职工权益，创建和谐劳动关系。公司贯彻"以人为本"理念，切实维护职工权益，制定了人力资源规划管理的相关制度，建立了带薪休假制度，为员工建立社会保险，并及时足额交纳各项资金，创建平等的人才竞争机制，组织员工培训，积极慰问困难职工、离退休职工及家属。

（5）公司把环境保护上升到战略高度，推进环境保护的长效机制建设，完善节能减排管理体系，积极投身新兴产业，带动行业绿色发展，加强资源节约，不断提升环境保护绩效。

公司承建的江苏金桥油脂科技有限公司新建年产583600吨油脂化学品及副产1600吨盐项目一期项目于2021年12月实现了全线打通。该项目以进口棕榈油为主要原料，以绿色油脂产业链向高端延伸为价值取向，以可再生资源取代矿物资源，运用国际同行最优工艺、最先进的设备设施及精细管控手段，具有工艺操作简单、能耗低（节电10%，节水20%）、效率高等特点，是一个安全、环保、低能耗、高附加值的绿色优质项目。施工过程中，公司项目部全体工作人员发挥"铁军"精神，克服了新冠肺炎疫情反扑、材料到货延误等不可控因素，从安全、质量、进度等各方面加强精细化管理，全力以赴、

共同奋进，克服一切困难，在保证安全、质量的前提下，按时完成了施工任务。公司的工作成果得到了业主的高度好评，并被中国化工施工企业协会授予 2021 年度"化学工程优质工程奖"。

公司承揽的内蒙古乌兰察布年产 150 万吨硅锰渣资源化综合利用项目，是我国第一套以全湿法 S-TWE 体系为基础，采用精细化工方式从难以处理的固体废物中逐一分离有价成分的环保项目。近年来，随着经济社会的快速发展，内蒙古地区生态环境承载力日渐不足，经济发展与生态环境不协调问题凸显，主要体现在自然环境脆弱以及过度的经济开发。而该项目正是以当地原来随意堆砌的硅锰有色金属矿渣为基础原材料，将原本对地下水、土壤造成严重污染的矿渣变废为宝。项目投产建成后，可全流程达到"无废水、无废气、无废渣"排放标准，从而建立无害化资源再生系统，实现资源—产品—再生资源的循环经济模式，对恢复当地的林牧资源，改善当地人民群众的生产、生活环境具有积极意义。

公司承揽的乌兰察布市旭峰合源化工有限公司矿热电炉尾气综合利用项目以矿热炉副产尾气为基本原料，山东泰特尔新材料科技有限公司 9500 吨/年特种环氧树脂项目采用新型工艺，较传统工艺降低能耗三成，这些项目均符合国家绿色低碳发展趋势。

（6）公司将诚信建设落实到合同履约管理中，重诺守信，努力在合同要求的基础上超越业主的期望，以高超的施工技艺和优秀的项目管理能力承建了一个又一个大型工程。天津渤化化工发展有限公司"两化"搬迁改造工程是天津市"城围化工、安全发展"的战略举措，公司承建了该工程的 80 万吨/年 VCM 施工项目、20 万吨/环氧丙烷联产 45 万吨/年苯乙烯单体项目、公用配套工程-烧碱循环水站 VCM/PVC 循环水站项目和专用罐区项目四部分，合同总额 10.16 亿元。其中 VCM 项目由于现场的大件、重要设备多，分段吊装是整个项目现场大型设备的攻坚重点，也是整个项目的关键节点，设备的按时吊装成功，也成了公司讲诚信，守合同的亮点。由于施工现场交叉作业多，吊装场地狭小，施工作业区域、机械设备行走路线复杂，公司 VCM 项目部决心打响这场攻坚战。仅仅一个月的时间，"两化"项目 VCM 工程大型设备吊装工作全部安全、优质、高效地顺利完成，共完成设备吊装 36 台次，其中百吨以上大型设备 14 台，60 吨以上设备 4 台，60 吨以下设备 18 台，设备总重量 2495 吨。高温氯化塔 A 是 VCM 工程中最高最重的一个塔，高度 45 米，重量 180 吨，直径 5 米，该塔的吊装是整个吊装过程中的重中之重，也是核心所在、难度最大的一次吊装。当吊装顺利完成时，业主和监理单位领导纷纷对公司项目团队竖起来大拇指，他们一致表示：十三化建项目部作风硬、素质高、讲诚信，是一支有主人翁意识和精神的队伍。

五、扶贫共建担当作为，积极履行社会责任

公司积极履行社会责任。2021 年，公司继续开展对甘肃华池县定点帮扶。连续第三年在甘肃华池县城壕镇组织开展了以"不忘初心帮扶再行动"为主题的"一对一"春节慰问活动，为公司结对帮扶的城壕镇 126 户群众送去了米面油等共计 16 万元的春节关怀；在城壕、柔远两乡镇开展以"年度升学大学生助学金发放"为主题的"一对一"活动；资助城壕镇 10.5 万元在庄科村建立了党建文化墙；今年共招收甘肃大学生 36 名，接收甘肃建院订单班实习生 128 名。

同时，公司高度重视共驻共建，与驻点社区密切联系，充分发挥企业自身资源优势，结合志愿服务、政策宣传、抗疫防疫等主题，将共驻共建和谐社区活动融入日常工作中。公司组建"党员防疫先锋队"和"青年防疫突击队"，积极配合社区开展新冠疫情联防联控；在社区组织开展学雷锋志愿服务活动，大力弘扬社会正能量；对沧州市新华区宋官屯村开展了"创城"帮扶工作，公司多次到村里开展调研，确定了帮扶工作方案。

公司在发展过程中积极履行国有企业的社会责任，为当地的经济社会发展作出了突出贡献，得到

了当地政府的高度评价，被沧州市精神文明建设委员会授予"好企业"荣誉称号，被中共沧州市新华区委授予"党建共驻共建先进单位"荣誉称号。

公司始终以"诚"为本，以"信"为先，在各项经营生产中，强化信用体系建设、树立企业品牌形象、提高工程质量和安全管理水平，不断推进企业的诚信建设工作，被中国建筑业协会评为"工程建筑业AAA级信用企业"。成绩的取得，既是肯定，也是激励，公司将继续认真贯彻落实国家信用建设的要求，发挥诚信典型示范引领带动作用，以对客户诚信、对员工诚信、对社会诚信的高度责任感自我要求，以诚信建设的良好业绩，不断推动企业健康向前发展。

案例创造人：李成北　李小平　王纯银

以诚信加快业务转型　促进公司高质量发展

中国化学工程第十四建设有限公司

一、企业简介

中国化学工程第十四建设有限公司（以下简称中化十四建），成立于1966年，前身是中国人民解放军基建工程兵00811部队，是当时中国唯一从事大型重点石油化工建设的专业部队，曾荣获"国务院嘉奖令"。

公司是国务院国资委监管下的中国化学工程集团有限公司全资子公司，致力于传统化工、仓储罐区、建筑、基础设施、市政、环保、低温储运等领域提供咨询、设计、施工、采购于一体的综合性工程服务。公司现有石油化工工程、市政公用工程、机电工程、建筑工程四项施工总承包一级，具有建设工程EPC总承包能力。2016年1月，被南京市人民政府认定为"南京市总部企业"，现为"国家高新技术企业"。

公司在变化的市场环境中积极转换思维，以诚信为本，调整思路，抢抓机遇，强化内控，补齐短板，探索新型经营模式，强化工程管理，在科学发展中高歌猛进，创造出一项项光辉业绩、书写出企业改革发展的新篇章。年施工能力更从成立初的几千万提升至100亿元以上，公司也从以传统的化工施工为主的施工企业发展成为主业突出及多元发展的综合性企业。

二、诚信体系建设

随着建筑市场竞争的日趋激烈，国家政策及各地方政府对建筑市场诚信监管力度的加大及各地信息化监管平台的健全和完善，为更好地保证企业健康可持续发展，公司将诚信体系建设工作作为发展战略的长期行为，融入公司常态化的全过程管理中，并构建了诚信体系建设"全面网"。

（1）健全诚信体系建设管理制度。出台《公司诚信体系建设管理办法》《公司不良行为管理办法》《违规经营投资责任追究实施办法》《合规管理规定》等制度，坚持制度保障、规范约束、有效监督，扎实推进诚信建设。

（2）树牢诚信文化理念。将"安全、质量+诚信、服务=市场"的市场理念，"让客户满意是我们永远的追求"的服务理念放入《企业文化手册》中，使之成为规范企业和员工行为的信念和准则。同时，继续深入组织开展"感动业主"年度人物评选和"客户满意度调查"活动，在全员、全业务流程中树立以市场和用户为中心的理念，践行公司共同价值观，培育以诚信为中心的服务文化。

（3）推进诚信建设战略。"十三五"期间，公司制定了"三年五年规划、十年三十年愿景目标"中长期发展战略，围绕"主业固企、多元兴企、实业强企"的经营策略，推行诚信建设三步走战略，把企业发展战略与诚信建设战略相结合，并定位置于一个更纵深、更广阔、更长远的时空坐标系上，从而全面推动企业高质量、超常规、跨越式发展。

三、实践内容

（1）诚信治企，提升党建赋能。近年来，中化十四建在属地化经营的征程中，聚焦国内外新形势，拓宽区域化党建引领发展之路，与各驻地政府机关、业务机构、关联单位共抓组织建设、共享党建资源、共促人才成长、共育区域文化、共谋社会治理、共推区域发展，以高质量党建助力地方高质量发展，不断扩大"朋友圈"。在南京江北新区区域化党建中形成了共驻共建、共融共享的积极态势，有效提升了公司的品牌形象和地方影响力。

（2）诚信治企，强化战略引领。面对市政基础设施市场的巨大潜力和驻地政府财政优势，公司与时俱进、抢抓机遇，在2012年提出由传统工业向市政领域转型的"一主两翼"战略定位，在做好传统主业业务的同时，以诚信为本，在市政工程、新兴产业领域寻求突破。在"十三五"规划中，公司明确提出"立足江苏、深耕南京、辐射周边"的转型思路。2019年，公司制定了"三年五年规划、十年三十年愿景目标""百亿企业"中长期发展战略目标，更加坚定了转型的信心，明确提出"业务多元化战略-在业务组合上，围绕工程主业，优化传统化工板块，重点发展基础设施板块，把化工和基础设施建设作为公司两大主业积极推进"。在"十四五"规划中，公司进一步明确非化业务占比要达到70%。

（3）诚信治企，加强企业管理。近年来，公司内部改革不断深化。实现了由传统的国有机制到现代企业治理的重大转变，法人治理结构进一步完善，管理机制进一步优化。将诚信管理理念融入各系统管理中，逐步完善各项管理制度，加强信息化建设，优化审批流程，推行"管理制度化、制度表单化、表单电子化"，提高管理的科学性和有效性；完善考核制度，发挥业绩考核在经营管理中的激励和导向作用；定期与先进企业进行对标学习，找差距、补短板、强弱项、促提升；加强公司的全面风险管理和内控体系建设工作，全面提高公司风险管理和内部控制水平，形成健康发展机制。

（4）诚信治企，合理优化组织架构。科学的组织架构，是激发转型发展的"活水源头"。公司坚持"集团化管理、区域性经营、专业化保障"的组织模式，稳步开展生产运营模式改革，形成"7个工程公司、3个专业公司、9个区域分部"的运营体系。根据转型需要，公司总部成立基础设施事业部，建立大经营体系，进一步充实市政工程公司、建筑工程公司，建立储运领域专业公司，集中优势力量，为转型发展提供组织保障。同时，公司领导层面高度重视，主要领导亲自经营，并针对基础设施房建项目经营设置专门分管领导，领导班子成员对口分工联系相关市区县、平台公司，保证公司上下从思想上转型，保证公司决策层花费主要精力支持转型。

（5）诚信治企，加强人才队伍建设。公司非常注重转型发展所需的专业人才储备，近年来公司充分利用资源吸收、招聘成熟人才，大批引进和培养非化专业一级建造师和造价师，包括成熟的园林绿化、市政道路专业的项目经理人才，设置考证专项奖励和补贴。公司建造师储备数量大幅增加。制订年度教育培训计划，组织开展管理人员、专业技术人员、技术工人等多层次的专业知识和技能的培训；利用红色教育基地和外请专家开展领导干部的党性修养、信用文化和能力提升的教育培训。

（6）诚信治企，积极开展精神文明建设。围绕精神文明建设这一载体，坚持企业诚信治企建设，深入开展文明创建各类活动。结合公司实际，制定精神文明创建三年规划和年度实施方案，细化目标体系，与公司改革发展各项目标任务同步安排、同步推进、同步考核，大力弘扬"特别能吃苦、特别能战斗、特别听指挥"的铁军精神，以精神文明的成效，认真履行社会责任，积极参与抗洪抢险、扶贫攻坚、抗疫保收工作，推动公司实现高质量跨越式发展。

四、实践成效

中化十四建地处经济活跃发达的长三角地区，高物价、高成本，使得我们在同等条件下，生存成本较高，种种困难促使我们一直在思考转型发展。自2010年，以南京市城市管网雨污分流BT项目为契机，公司建抢抓机遇，大力拓展非化领域业务，开启企业转型发展之路，探索从"建筑承包商"到"城市运营商"角色转型。近年来在城市雨污管网和环境综合治理，城市湿地公园、园林绿化，城市道路，交通工程，房屋建筑工程，低温储运项目等方面形成了自己的管理特色和品牌优势。其中，在低温储运方面积累了丰富的业绩优势，承揽低温储罐总罐容480多万立方米，承揽完工及在建16万立方米及以上低温储罐19台，业绩覆盖了当前所有低温储罐罐容范畴。公司非化领域业务收入从2018年的18亿元增长到2020年的40多亿元，2021年公司非化领域业务收入占比超过50%。公司获得南京市建筑业高质量发展"市政基础设施综合类"10强，转型成果初步显现。

公司注重制度化建设，制度化管理是企业成长必须经历的一个阶段，是企业实现法治的具体表现，努力建立并逐步完善现代企业各项管理制度，规范企业管理。公司制定并下发了《企业管理制度汇编》，对工作流程进行梳理，形成《流程文件汇编》并逐年修订、完善。强化管理制度执行情况的检查落实，推行合理化建议活动；通过信息化平台，在全公司内逐步建立了"人人明权责，事事可追溯"的履职追溯机制；严格制度化、流程化管理，建立互检互评的监督约束机制，有效提升制度执行力和系统管理水平。形成了按制度办事的良好氛围。公司积极转变项目运行模式，项目管理由粗放式管理逐步向更科学化、精细化管理发展。推行项目运行与国际接轨，科学编制责任矩阵，落实安全质量管理责任；对项目的进度、费用、质量和材料进行综合控制，建立科学规范的项目管理和运行机制，实现项目全过程的管理和控制。公司编制了《工程项目精细化管理手册》，以工程项目为重点，建立规范统一的管理标准体系和操作手册，在工程项目中全面推行规范化施工、标准化作业、流程化管理，实现岗位、制度、流程的有机结合，建立覆盖全员、工作全过程的标准化管理体系，有效提升了项目生产能力。近年来，公司还推广绿色施工、BIM技术、二维码、"四化"技术应用等新技术、新理念，推进项目远程信息化管理，在降低人工成本和材料损耗的同时，大幅提高生产效率。公司专门制定《公司诚信体系建设管理办法》，指导公司诚信体系建设工作，强化诚信促生产经营理念的宣传，通过组织集中学习、强化宣传，公司整体诚信体系建设稳步向前。连续通过中国建筑业协会、中国施工企业管理协会AAA信用等级复评工作。并连续多年被中国建设银行授予AAA信用等级，连续多年获得联合信用管理有限公司AAA综合信誉等级证书。

"十三五"期间，公司通过了江苏省省级建筑业企业中心认定和知识产权管理体系"贯标"，通过了江苏省化工装置技术研究中心复审和绩效评价，取得了中国石油和化工联合会示范企业技术中心认定。公司共完成技术创新成果550项。累计获得国家专利授权99项，其中发明专利22项、实用新型专利77项；累计形成23项集团级、部级工法。着力推进重点研发项目实施。依托"长江大保护"项目、大型低温储罐项目进行专项科技创新，掌握城市管道非开挖修复、大型低温储罐建造的关键核心施工技术，形成了一批专有技术成果，近年来，公司积极购置QV（潜望镜）、CCTV（管道机器人）、地质雷达、各类污水管网非开挖修复专业设备、车辆，在城市管道非开挖修复、低温储罐等方面取得了多项实用新型专利和发明专利，其中城市管道非开挖修复领域取得2项发明专利，8项实用新型专利，低温储罐领域取得1项发明专利，2项实用新型专利，5项省级工法，获得省部级科技创新奖19项；主编国家级标准1项，行业标准3项、在编2项。掌握积攒了该领域国内领先的施工技术。为公司在专业领域市场开拓转型奠定了良好的基础。截至目前，公司共获得3项鲁班奖，2项建国六十周年百项经典精品工程、7个项目荣获国家优质工程奖、6个项目荣获全国优秀焊接工程、100多个项目荣获省部级优质工程奖，70余项省部级优秀QC成果奖，公司的品牌影响力不断扩大。

积极履行社会责任。凭借基建工程兵的优良传统和专业能力，积极参与公司和项目所在地疫情防控、防洪救灾、除雪应急等抢险任务，大力开展脱贫攻坚工作，公司连续多年进入"南京市政府投资建设工程应急项目承包商名录库"。2020年以来，公司重点项目在党员的先锋带领下，在短时间内就迅速建起了疫情防控的流程体系，落实了防疫物资，积极复工复产。14个基层党组织近500名党员主动请战参与社区疫情防控，坚守服务站点和测温卡点，为社区疫情防控缓解压力。仅用40天完成驻地大厂街道政府38个开放式小区围挡封闭施工。发挥市政建筑转型品牌优势，开展"五聚焦五落实三服务"活动，提升基层党建工作服务生产经营的水平。突出各基层党组织党员先锋队、责任区、示范岗等共计100多个功能载体在安全生产、质量提升、保收会战中的作用，做到攻关立项前期有策划，过程有指导，效果有评估。开展党建+扶贫活动，投入200多万元用于脱贫攻坚帮扶；开展义务植树、青年志愿者等学雷锋公益活动，进行慈善捐款捐物95万元。成立爱心基金会，实施人文关怀活动，连续21年开展募捐送温暖，走访慰问职工350余人次，助力甘肃华池县、环县和南京六合龙袍街道大河口村精准扶贫。防洪度汛期间，多个驻地项目党工团网格小组组织抢险任务，投入300余人，各类抗汛机械100多辆，有力保障了人民群众的财产和生命安全，体现了央企的责任和担当。

五、总结及展望

进取永无止境，奋斗更无穷期。总结过去取得的成就，得益于党的领导，得益于国家宏观经济带来的良好外部环境，得益于企业自身不断深化改革所形成的内生动力，得益于企业良好的信用品牌。面对错综复杂的国际形势及百年未有之大变局，站在新的历史起点上，我们将坚持党的领导，乘势而上，以卓越的创新能力、非凡的实力，以诚信为本向着全过程、跨行业、多领域出击，凝聚全员力量，将改革进行到底，立足"百亿企业"新起点，在国家现代化建设大潮中谱写新的篇章。

案例创造人：张传玉　刘祖贤

诚信为本　抱诚守真
凝心聚力推动一流智库建设

国能经济技术研究院有限责任公司

一、企业简介

国能经济技术研究院有限责任公司（以下简称技经院）是国家能源集团唯一的战略性、综合性智库机构，一直以来秉持诚信理念，合规运营，始终把诚信建设摆在突出位置，坚持诚信合规基本要求，即依法合规、诚信守约、忠诚敬业，保持了自 2012 年建院以来"零纠纷"的纪录。

二、严格履行责任职责，全面加强企业诚信合规建设

技经院始终对诚信合规工作给予高度重视，将其摆上重要议事日程，成立由党委书记、董事长为组长，总经理为副组长的建设领导小组，健全依法决策、科学决策、民主决策机制，使依法治企能力得到了进一步提高。同时，将依法治企工作纳入部门绩效考核，并与各部门签订工作责任书，层层落实工作责任，保障工作有效有序开展。

根据"谁主管谁负责"的原则，形成主要领导亲自抓，分管领导具体抓，各部门各司其职，综合管理部协调办理的工作局面。强化责任追究、协调联动，形成一级抓一级，逐级抓落实的层级工作体系，做到整体工作有人抓，具体工作有人做，保证依法治企各项工作落到实处。

三、持续完善制度体系，有效夯实诚信合规工作基础

技经院围绕集团公司"一个目标、三型五化、七个一流"总体战略，结合技经院集团智库业务定位，建立完善具有科研单位特色的制度体系，持续推进管理部门及业务部门相关制度完善，提升规范化管理水平。制定并发布《规章制度管理办法》，规范规章制度制定程序，做到所有业务领域、每一项职责均有相应制度予以规范；制定法律事务工作管理办法，强化法律监督职能，提高防范和化解法律风险的能力；制定保密工作管理办法，规范和加强技经院商业秘密和工作秘密保护工作，维护和保障集团公司和技经院的安全及利益；制定档案工作管理办法，实现档案规范化、科学化管理，保证档案完整和安全。同时，加大制度执行力度，加强制度公开和督办，推动制度落实，及时发现制度执行中的问题并予以修订完善，并做好督促整改落实的工作，初步形成靠制度解决问题和推动工作的长效机制。

四、强化提升合规管理，推动法律审核与经营管理深度融合

（一）加强对法律文件的审查

技经院进一步理顺合同审批和管理流程，设定合同审批各节点的完成时间。同时，发挥主要负

人对企业经营管理审核把关作用，制定法律审核制度和工作流程，使法律审核全面融入经营管理。党委书记、董事长为制度、合同和重大决策等内容的法律审核的最后审核人，把好最后一道关，防止法律风险的发生，从法律层面维护技经院的合法权益。尤其加强对于合同履行过程的管理，杜绝法律风险。从建院至今未发生过法律纠纷。

（二）加强日常工作的法律管理

（1）完善"三重一大"决策机制。制定了"三重一大"决策管理办法、决策事项清单、党委会议事规则、总经理会议管理办法等重要制度，构建了党委领导下的党委会、总经理办公会、总经理专题会分层授权和决策的管理机制，确保决策有规可依、有章可循，为党的领导与中心工作深度融合、高效运转奠定了基础。

（2）加强采购管理。结合技经院业务特点，出台专门的服务项目采购管理办法，持续注重采购效率和效益的全面提升。进一步规范采购流程运作，夯实基础管理工作，积极打造"公开透明、合规阳光、降本增效"的采购管理新模式，不断提升采购管理水平。

（3）规范评估管控流程，构建科学评估体系。技经院严格评估纪律，遵循独立、科学、公正的原则，依据国家和地方有关法律法规以及集团公司相关规定开展评估工作，忠诚于集团利益，符合集团的整体发展战略和规划。为进一步发挥好集团公司投资决策参谋作用，参照ISO质量体系的标准要求，对评估工作由委托、收集资料、组织调研、编写报告、院内评审、正式报出等多个环节进行合规控制，规范化各环节交接手续与要求，明确前期工作标准，提升评估效率。同时加强保密管理，在注意不发电子版和当场收走资料的基础上，要求聘请专家签署保密协议。

（4）档案管理工作步入正轨。技经院代管国家能源集团档案馆，经过前期摸索，档案管理日趋完善、合规。档案馆贯彻执行国家档案法及相关规定，对集团公司各门类档案实行统一管理原则，收集、整理、保管集团公司各门类档案，保证档案的规范、齐全、完整。结合《保密法》的宣贯工作，加强对档案的保密管理，完善查阅程序，档案日常管理实行办公、库房、查阅"三分开"，严格执行集团公司规定的借阅审批流程。档案馆设施设备达到国家有关规定要求，对现有实体档案实行"八防"管理，并执行每周一次的巡库制度，保证实体档案的安全。及时维护和更新数字档案馆网页和各门类档案电子数据，保证档案数据的安全。

（三）发挥智库作用，参与制度和政策制定

技经院作为集团公司智库，积极承担相关政策课题，参与集团公司和国家部委的制度制定工作。承担了集团公司科技创新项目"国家能源集团合规管理体系建设研究"，目前已协助集团企管法律部完成了国家能源集团《员工诚信合规手册》和《法律禁止性、强制性规范通用指引》的编制，推动了集团合规管理体系的建设。协助集团国际合作部完成了《国家能源集团境外合规管理办法》的编制，促进了境外合规管理制度的完善。

承担了国资委重大课题《"十四五"时期健全完善监督追责工作体系研究》，为国资系统"十四五"规划编制提供支撑，为国资系统"十四五"期间开展监督追责工作提供理论支持。

创建"竞争情报智能挖掘分析平台"，通过智能挖掘系统，挖掘整理出国内、外企业战略、企业治理、企业决策、企业合规、法律法规、人力资源案例3709个，并对上述案例进行分类研究，按照提取关键词、梳理摘要等信息情报手法，汇总于平台的案例库之中，供全集团分享参考。

五、健全合规管理和风险防控

坚持合规经营，是技经院贯彻落实集团公司全面依法治企、全面提升依法合规经营管理水平的迫切需要，是落实新发展理念、防范化解重大风险、推进高质量发展的重要保障，也是保障企业持续健康发展、打造一流企业智库的内在要求。

院党委专门组织力量，编制了《业务合规指引》。该指引明确了技经院各项业务的基本要求、行为规范和管理组织，为合规经营提供了基本的行动指南。通过《合规指引》建设，增强了员工合规意识，健全了合规机制，加强合规管理，防范合规风险，不断提升合规经营水平，以各业务领域全面合规打造核心竞争力，实现一流智库建设的高质量发展。

对业务中存在的法律风险点进行系统梳理。全员学习、主动思考，通过案头研究、走访调研、比较研究、小组讨论等方法，共梳理风险点152项，建议措施306项，向各部门下发业务流程图和风险防控体系要点。

六、开展普法宣传教育，培育诚信合规文化

为了加强法治宣传教育工作，提高干部职工的法律知识水平，深入推动依法治企，技经院切实把法治宣传教育作为重点工作来抓，把普法教育作为努力提高干部职工综合素养的有效途径。一是以"七五"普法、"宪法宣传周"为契机，认真组织落实好各类宣传教育活动，积极开展法治教育。为提升宣传效果，制作了效果精美、内容简洁明了的易拉宝摆放于办公楼大厅，对十九届五中全会精神、习近平法治思想、中华人民共和国宪法等内容进行了深入全面的宣传。二是组织全体干部员工专题学习宪法、民法以及行业相关法律制度，购买、发放《民法典重点解读》《公民宪法知识读本》等法律科普书籍。三是对关键岗位、重要部门进行法治观念再深入，参加集团公司和国资委组织的法治讲座。

同时结合工作性质，成立了"能源法律政策研究"兴趣小组。鼓励员工之间的交流合作，加强相关研究领域的队伍建设。参加中国法学会能源法研究会、环境资源法学研究会的相关活动。

七、坚持诚信合规准则，一流智库建设取得优异成绩

技经院严格遵守集团公司诚信合规手册要求，构建和谐劳动关系，实现员工个人价值和企业价值的共同提升；恪守商业道德，与合作伙伴建立互相尊重、互利共赢的良好合作关系；严格遵守财务税收法律法规和监管规则，合理高效利用企业资源，创造更大价值，稳步推进一流智库建设，在2021年取得了明显成效。

技经院获得电力、煤炭、生态建设与环境三个专业工程咨询甲级资信，取得高新技术企业认定，获评集团人才培养基地，在集团2021年度经营业绩考核中荣获A级、位列支持保障类单位第一名；《"双碳"目标下国家能源集团绿色低碳转型系列研究与智慧决策支持系统研发及应用》荣获集团公司奖励基金一等奖，取得历史性突破；《全国及区域煤炭市场走向与对策研究》和《煤炭转化利用全生命周期技术经济分析研究》分获中国煤炭工业协会科学技术二等奖和三等奖；《煤基能源企业结合CCUS技术实现低碳化转型路径研究》和《宁夏煤业集团现代煤化工产业发展创新模式研究》分获集团科技进步二等奖和三等奖；《新时代国有企业党建带团建下青年人才培养路径研究》和《提升党委领导力、支部战斗力、干部执行力推动企业智库高质量发展研究》分获集团2021年度优秀政研课题二等

奖和三等奖，服务集团战略决策的成效得到集团领导的充分肯定，实现了"十四五"良好开局。

技经院将深化诚信理念，以"诚信企业"评价为载体，以"重合同守信用"为抓手，以"法治合规"为基础，做到有诺必践，诚信为本；全面推进企业诚信建设，充分发挥诚信建设对一流智库建设的支撑和保障作用，为集团公司创建具有全球竞争力的世界一流示范企业作出新的贡献。

案例创造人：孙宝东　王雪莲　姚云

诚信合规经营　履行央企责任
建设世界一流煤焦化企业

国能蒙西煤化工股份有限公司

一、企业简介

国能蒙西煤化工股份有限公司（以下简称蒙西公司）成立于2002年8月，注册资本金10.4713亿元，是由原神华集团作为主发起人，联合蒙西高新技术集团、原神华海勃湾矿业公司、原乌达矿业公司、首钢总公司、宣化钢铁集团公司、酒泉钢铁（集团）公司和两名自然人共同参股成立的国有控股企业。2008年8月，蒙西公司与海勃湾矿业公司、乌海煤焦化、乌达矿业公司合并成立了神华乌海能源有限责任公司后，划归乌海能源公司管理。为加强专业化管理，2016年12月份，蒙西公司与巴彦淖尔公司、西来峰公司合并成立国家能源集团煤焦化有限责任公司后，划归国家能源集团煤焦化有限责任公司管理。

截至2021年10月底，蒙西公司资产总额57亿元，员工总数2142人。目前，蒙西公司机关设置8个职能部室和4个分中心，分别为：党建工作部（党委办公室、办公室、工会工作部、团委）、组织人事部（人力资源部）、纪委办公室（审计部、巡察办公室）、经营管理部（战略规划部、公司治理部、工程管理部）、财务部、安全环保监察部、生产技术部（生产指挥中心）、煤炭管理部、物资采购与招投标分中心、原料煤采购分中心、销售分中心和质量计量管理分中心；蒙西公司拥有生产单位7家，分别为：棋盘井煤矿、棋盘井煤矿（东区）、棋盘井洗煤厂、焦化一厂、焦化二厂、甲醇厂和华瑞公司。

蒙西公司以"采煤、洗选、炼焦、化工"四大板块形成了一条关联度极高的循环经济产业链条，拥有420万吨/年原煤、400万吨/年洗煤、166万吨/焦炭、10万吨/年甲醇和8万吨/年粗苯加工的生产能力，主要产品有焦炭、焦油、纯苯、甲苯、二甲苯、硫黄、硫铵、煤气、混煤、洗精煤、甲醇等10余种。

蒙西公司自成立以来连续盈利，保持了较高的投资回报率。曾获得"中央企业先进集体""中国企业诚信经营示范单位""中国环境保护示范单位"等多项荣誉称号。所属棋盘井煤矿被煤炭工业协会评定为"高产高效特级矿井"和"双十佳煤矿"；棋盘井洗煤厂获得"双十佳洗煤厂"荣誉称号；甲醇厂被中国氮肥行业协会评为"甲醇行业节能先进企业"。蒙西公司将继续秉承"回报股东、造福社会"的办企宗旨，实现公司可持续、绿色、健康发展。

二、诚信建设及信用管理工作

（一）安全环保责任进一步夯实

组织修订了全员安全生产责任制、安全管理制度和安全技术操作规程，进一步夯实了安全管理基础。

加大安全环保考核力度，将安全生产责任落实考核要求进行了梳理完善，制定下发了《安全生产责任制及安全奖惩管理规定》。

（1）推进双重预防机制落地，提升风险管控能力。结合集团公司1号文件内容，进一步明确各级各部门管理职责。全面开展安全环保风险辨识，推进区域风险评估、设备故障风险评估和工作任务风险评估，完善落实好安全风险研判与承诺公告制度，逐一落实公司、厂、车间、班组和岗位的管控责任。

（2）加强承包商安全风险管控。按照集团要求深入落实"三一行动、九个一样"的工作要求，对承包商、保运队伍实施"一样的安健环管理，一样的质量标准体系，一样的党建要求"的原则，明确安全环保监察部门、相关业务管理部门、业主单位以及承包商的安全环保职责，严格承包商日常作业的动态管理。加强承包商过程管理。

（3）提高安全环保应急管控能力。蒙西公司按照新发布实施的《生产经营单位生产安全事故应急预案编制导则》GB/T 29639—2020重新修订完善评审本单位应急预案，强化专、兼职应急救援人员培训，规范开展应急演练。2021年消防队共组织人员到各生产单位对岗位员工进行现场实操培训6次，培训达364人次。

（4）坚持推进安全风险预控体系建设。持续开展安全风险评价，推进区域风险评估、设备故障风险评估和工作任务风险评估。从组织机构与职责、能力要求和素质提升、风险管理、隐患排查治理、应急准备与响应、相关方管理、作业许可、生产过程管理等方面对内页资料和生产现场进行检查审核，审核共发现问题316条，通过持续改进，各单位体系建设和安全管理能力有了较大提升。

（5）健全和完善隐患排查治理制度。严格按计划组织开展公司内部自检自查工作，积极落实上级公司和政府检查的各项隐患和问题。从人、机、环、管四个方面积极排查隐患，有效地预控了事故的发生，形成了隐患整改评审和隐患责任追究的良好机制，从而从根本上减少了隐患制造者的产生。

（6）强化安全培训，提高全员安全素质。每年年初开展年度培训需求调查工作，根据调查结果和实际需要情况，合理制定了年度安全环保培训计划。年度除完成752名"三项岗位"人员换证取证工作外，对59家外委施工队伍582人进行了安全教育培训，取得了良好的培训效果。

（二）坚持绿色发展

蒙西公司成立以来，坚持开发与治理并重，走出了一条主动型绿色发展之路。

（1）高标准完成焦化厂焦炉烟气脱硝项目，硫化物排放达标。2020年1月1日起，《乌海市及周边大气污染防治条例》全面实施，污染物排放执行特别排放标准（颗粒物排放小于15mg/m³、二氧化硫小于30mg/m³、氮氧化物小于150mg/m³）。2019年，蒙西公司投资3577.86万元建设焦化一厂、焦化二厂焦炉烟气脱硝系统，蒙西公司焦化一厂、二厂焦炉烟气脱硝项目建成后二氧化硫、氮氧化物、烟尘每年分别减少排放60.05吨、312.55吨、21.24吨。

（2）推进VOCs治理项目建设，减少挥发性有机物的排放。2020年，蒙西公司焦化一厂对化产车间冷鼓、硫铵、库区，及装车平台的VOCs气体，通过密封收集、洗涤净化、加压、进焦炉低氧燃烧等工艺方法进行回收处理；处理后VOCs挥发性有机物排放指标要达到《石油化学工业污染物排放标准》《炼焦化学工业污染物排放标准》。

（3）有序推进矸石山生态治理。为达到生态治理的效果，降低煤矸石堆存产生的环境影响，蒙西公司委托内蒙古科技大学、中国环境科学研究院等权威院所，对矸石山生态恢复进行了整体规划，2020年4月开始实施第一期工程，治理总面积4.5万平方米，使排矸场覆土绿化率达到30%。

（4）有序推进绿色矿山建设。根据内蒙古自治区和鄂尔多斯市人民政府印发关于绿色矿山建设方案的通知精神，以及国家能源集团关于加快建设绿色矿山的文件要求，煤矿积极响应各级人民政府及国家能源集团号召,现已对照《内蒙古自治区绿色矿山评分标准》(煤炭行业)完成了自评价、实施方案、实施计划的编制工作,并进行了两次评审,正式进入专家审核阶段。

(5)有序推进大气污染防治和水污染防治。蒙西公司于2019年投资3577.86万元建设焦化一厂、焦化二厂焦炉烟气脱硝系统,80%达标废水进入化产循环水系统复用,20%浓水进入生化处理系统处理后用于熄焦,废水实现全部循环利用,确保零外排。

(6)开展生态环境风险防控体系建设。制定了废水、废气、废渣、噪声、土壤污染等13大类污染源环境风险辨识标准,组织各矿厂全面开展了环境风险辨识,对所有辨识出的环境风险隐患系统梳理、现场核实、分类汇总,全部纳入日常检查系统进行跟踪督办。

(三)经营管理水平不断提高

(1)降本增效方面。坚持"四级"成本管控,层层落实成本管控责任,扎实推进成本管控精细化管理水平。2021年,焦炭、洗煤、甲醇和粗苯单位加工成本分别比考核指标降低了2.46元、5.28元、20.42元和20.04元。全年修旧利废节约资金66.76万元。洗煤厂通过采取在磁选机尾添加絮凝剂的方式,既节省了絮凝剂的使用量,又降低了煤泥产率,全年中煤增收约2000万元。

(2)物资供应方面。全年签定合同2302份,合同总价6.43亿元。其中采购合同1610份,工程合同168份,服务及维修合同438份,销售合同86份。坚持以历史采购价作为拦标价,努力降低采购成本。

(3)法治建设管理方面。组织开展"八五"普法活动及新《安全生产法》宣传教育活动,进一步提升全员法治意识,从法律层面推动安全生产工作走深走实。顺利召开了2021年股东代表大会暨董事会、监事会议。进一步完善董事会制度体系,出台了《董事会议事规则》《董事会授权管理办法》等制度。全年修订完善制度182项,其中新增制度148项,修订制度34项,进一步完善规范公司管理。

(4)财务管理方面。进一步提升资金使用效率,合理安排资金。将结余资金在财务公司办理"七天定存"业务和"6月定存"业务,取得利息收入785万元。获得"西部大开发"企业所得税优惠政策认定,全年落实税收优惠1.41亿元。逐月推进应收款项的清欠工作,全年陆续追回欠款270万元。公司全年争取国补资金1178万元。

(5)内控审计监督方面。坚持党委对审计工作的集中统一领导,持续加强审计监督、风险防控、工程结(决)算审计、审计问题整改等工作。开展了黄河水利用项目等4个工程竣工决算审计和煤矿(东区)工程结算审计工作。配合集团公司开展专项审计工作,受到集团公司审计部的高度评价。配合焦化公司开展离任审计、内控评价、七项费用专项审计等工作,实现审计监督全覆盖。

(6)项目建设管理方面。专项资金全年完成3.28亿元,完成率88%,创历年新高;土建维修完成3292.65万元,完成率76%。定期召开工程项目计划推进会,坚持"谁使用谁管理,谁主管谁负责"原则,通过压实责任,有效推进项目建设进度。

(7)信息化和科技创新方面。积极开展科技创新工作,全年科技投入5694.88万元,研发费投入2412.77万元,分别完成考核指标的142.37%和603.19%。发明专利受理4项,实用新型专利受理5项,圆满完成全年任务。两家煤矿如期完成智能化矿山建设任务,顺利通过自治区评估验收,煤矿实现5G网络全覆盖,促进智能化建设稳步提升。洗煤厂"极难选煤分选过程超级旋流器及配套系统的研究与应用"科技创新项目获得政府重大科技项目资金补助400万元。

(四)开展信用综合管理

(1)工程建设方面,贯彻执行诚信经营理念和合规管理理念。严格核查农民工工资发放,不定期组织验工计价专项检查,要求施工单位在工程施工现场醒目位置对农民工工资发放情况进行公示。每月组织的验工计价，及时对已完工工程量进行核定审批，确保进度款正常拨付。

（2）招标采购方面，加强过程监管、保证采购与招标依法合规。推进评标评审专家库建设，提升评标评审质量，制定了专家入库条件和专家库使用原则。严格执行供应商管理制度，严格资质审核，规范签订合同，做到合规用工。提升员工诚信自律意识，保证采购工作公平、公正。

（3）合同管理方面，加强履约合同范文本管理，强化信用自律。针对公司运营情况，充分考虑供货周期、验收时限、违约上限等因素，修订了16类合同示范文本，使合同示范文本在合法合规的基础上双方共赢。严格遵照合同履约，按期验收、及时付款，对供应商违约行为给予违约处罚，对严格履约的给予奖励。

（4）财务管理方面，明确授权，合规经营。根据企业日常经营特点，结合财务管理领域各环节管控风险点，从资金支付、资产管理、税务管理、预算调整等方面调整完善授权事权清单，规范日常经营活动，做到授权与授责匹配，为企业依法合规经营保驾护航。2021年，蒙西公司经营状况良好，资产负债率等各项财务指标处于行业优秀值水平，连续20年被税务机关评为"诚信纳税企业"和"A级纳税人"，无不良贷款等失信情况。

（5）劳动用工管理方面，加大人才培养力度，通过开展脱产培训、考察学习、联合办学等，加快人才成长。建立企业、矿井、区队、班组四级培训体系。加大技术和管理创新的奖励力度，通过培养劳模、成立高技能人才工作室鼓励员工岗位成才。

（6）诚信文化建设方面，展现央企的信用担当，蒙西公司加强诚信文化宣传，塑造良好的信用形象，积极履行中央企业社会责任，加强诚信合规主题教育培训和学习宣贯，全员签定合规手册。提高企业全体员工的质量、诚信、责任、合规意识，在企业内部营造良好的诚信文化氛围。

（五）积极履行社会责任

（1）保障能源供应。2021年，蒙西公司按照党中央、国务院和国资委的决策部署，以"一防三保"为工作重点，统筹推进疫情防控、能源保供工作，积极发挥中央企业骨干作用。蒙西公司所属棋盘井煤矿全部开足马力运转，2021年累计产量完成192.6033万吨，实现了疫情防控和安全生产"两手抓、两不误"，确保了周边疫情防控重点地区的煤炭供应。

（2）积极支持地方公益事业。2021年，蒙西公司紧紧围绕产业、生态、教育、医疗、消费、扶智、基础设施等方面创新机制、精准发力，不断延伸帮扶的深度和广度。截至目前，已投入各类公益帮扶项目资金200余万元，实施公益帮扶项目3个。

（3）为地方创造就业机会。蒙西公司直接或间接地为当地农牧民剩余劳动力和大中专毕业生创造就业机会，当地员工占企业在册员工总数的2.5%，矿区周边与蒙西公司有直接、间接业务联系的企业超过40家，从业人员在5000人以上。

（4）开展精准扶贫工作。蒙西公司累计提供扶贫助困资金4000余万元，支援周边旗县经济建设。从经济帮扶、物质帮扶、就业帮扶、创业帮扶等方面，帮助因大病致困、收入偏低致困、意外灾害等致困员工脱困。

案例创造人：袁治国　高和平　暴景涛

加强诚信建设　履行社会责任
推进企业高质量发展

中国联合网络通信有限公司江西省分公司

一、企业简介

中国联合网络通信有限公司江西省分公司（以下简称江西联通）是"世界500强企业"——中国联通驻江西分支机构，下设11个地市分公司和百个县（市、区）分公司，在全省设有2万个形象统一的营销网点，服务网络遍布全省。目前，公司的固定资产投资规模超百亿，基站数量2万余座，移动通信用户、固定电话、宽带互联网用户逾800万户。

江西联通已建成5G基站超万站，实现全省主城区全覆盖、县城全点亮、政企项目全满足，锻造了"千兆5G、千兆宽带、千兆WiFi"的三千兆网络能力。面向未来积极抢占技术制高点，构建有算力、有能力、有生态的"两云、两院、两联盟、三基地、N实验室"创新生态体系。全面加速5G、工业互联网等"新基建"能力建设及融合应用推广，孵化5G示范应用近百个，加快释放"数字经济"新动能，为江西省经济社会发展建功立业，得到了江西省委省政府及社会各界的高度肯定和赞扬。

江西联通连续三年主营收入增幅保持全国前列、行业领先，三年累计增长23.9%，年复合增长率7.5%，超额完成三年收入、利润、自由现金流任务目标。公司先后获评全国文明单位、江西省五一劳动奖状、江西省功勋企业、全省抗疫先进集体、省"工人先锋号"、江西脱贫攻坚贡献企业、省平安建设先进单位、省厂务公开民主管理先进单位等荣誉称号，连续五年获得纳税信用等级A级。

二、企业诚信建设情况

江西联通坚持以党建工作为统领，全面深化数字化转型，加强企业诚信建设，积极履行社会责任。

（一）坚持党建引领，推动企业诚信建设做深做实

公司党委紧跟习近平总书记重要讲话精神和上级党组织决策部署，组织"第一议题"学习和党委中心组研讨，始终把企业诚信建设列入公司重点工作进行落实。公司深入推进党史学习教育和"我为群众办实事"实践活动，开展"五大服务承诺、十大服务行动""畅听王卡公益助残、银发无忧智慧助老""百千万亿"惠民行动三大系列活动，创新打造"红色文化教育基地、联通党校、智慧党建学习馆"三大学习平台。全省实现网格党员全覆盖，实现基层党支部"参与重大决策清单""重点任务清单"、支部与行政班子匹配三个100%；深入推动"六星"党支部达标创建，实现"三星"标准化支部达标100%，"四星"党建与经营双达标支部创建50%，"五星"党建与经营双示范支部创建10%。

（二）全面从严治党，营造风清气正的诚信建设环境

党委全面落实管党治党责任，做到党风廉政与生产经营、诚信建设同部署、同检查、同落实、同

考核。建立全国首个廉洁风险防控大数据平台并上线运行，深化以案促改，靶向治疗基层"微腐败"。深化政治巡察，督导干部一岗双责，持续推进中央和集团党组巡视整改。持续迭代开展整治"庸懒怠"5.0，员工作风建设评议"好＋较好"占比98.8%，党风企风持续好转，企业营造出风清气正的诚信建设环境。

（三）强化文化建设，凝聚诚信建设发展合力

江西联通持续培育以"执行文化、绩效文化、规矩文化、创新文化"为核心的文化体系，不断深化以文化建设促进企业诚信建设，凝聚诚信建设发展合力，强化诚信理念宣传教育，全面提高全员诚信意识和风险管控能力，提升企业诚信建设水平，形成诚信发展良好氛围，为更好履行企业社会责任提供坚实保证。江西联通企业文化落地执行体系荣获2020—2021年度全国企业文化优秀成果一等奖，在集团公司"党建宣传、新闻信息"双排名中始终保持全国前十，并荣获中国联通2021年党建思政课题二等奖。

三、企业诚信实践案例

（一）建立诚信和谐劳动关系

江西联通以落实职工队伍建设20条为抓手，为员工搭建好干事创业的平台，进一步激发员工干事创业活力。

（1）建立增量收益分享机制。自2018年以来，公司坚持省、市、划小单元一脉相承的增量收益分享机制，以贡献为导向拉开收入分配差距，确保工资增长与公司效益效率提升同步，近四年来员工收入增长近70%，增长幅度行业领先。

（2）建设全面激励体系。构建"12888"福利保障体系，一平台、二金、八险、八费、八假福利政策深入人心，从晋升、福利、长期、绩效、培训、荣誉、认可7个方面持续提升员工获得感、安全感和幸福感。

（3）建设员工健康管理体系。在国家医疗保险基础上，企业为员工办理意外伤害保险、重大疾病保险、补充医疗保险，每年组织员工体检，丰富体检内容，组织解读体检报告和员工健康知识讲座，有效解决员工后顾之忧。

（4）建立完善的员工成长通道。落实员工岗位常态化晋升机制，在集团公司"两大体系、三种方式、九条路径"的基础上，从2018年开始不断迭代优化丰富为20条晋升规则，对高学历高绩效员工加速晋升，对长司龄、低岗级等员工制定专项晋升规则，确保公司每一位员工都能找到适合自己的晋升路径。每年员工晋升率均达到60%以上，保证全体员工都得到了职业成长。同时构建"管理＋专业"的双通道发展体系，打开小CEO、专业人才、创新人才等专业序列员工晋升发展通道，有效拓宽员工职业发展途径。实施新机制管理，实行新职级晋升体系，根据专业认证和业绩实施快速晋升。

（二）履行央企责任，为听障人士办实事

习近平总书记指出："残疾人是一个特殊困难的群体，需要格外关心、格外关注。全面建成小康社会，一个也不能少"。江西联通贯彻落实习近平总书记人民至上的思想，履行央企担当，借助运营商先进的数字技术优势，联合省残联、省聋协开展党史学习教育"我为群众办实事，用科技让'AI'发声"公益活动，助力听障人士实现无障碍通话交流。

（1）精心组织，活动成效显著。从2021年3月份启动"我为群众办实事"公益助残活动以来，以县区为单位，联通与残联成立94个联合工作组，同齐心、协力干，进社区、入农户，防范疫情影响，

克服沟通障碍,组织公益活动4千余场,通过畅听王卡通信产品为6万余名听障人士架起了"无声世界"通往"有声世界"的桥梁。

（2）多措并举,贴心服务听障群众。江西联通、残联共同组建了千余人的志愿者服务队伍,制定了细致、周到、全面的360服务举措,拉开了公益助残的序幕。一是在联通、残联、聋协官方微信公众号上开通畅听王卡领取入口,向全省听障人士赠送畅听王卡。二是各地联通工作人员在线下为听障残疾人提供上门服务、现场演示和操作辅导等全方位服务。三是开放所有联通自有厅、城区/乡镇重点社会厅店,提供畅听王卡业务办理绿色通道。四是组建微信服务群,跟踪用户使用感知,及时解决问题,为听障人士提供专属服务。五是各地市联合工作组还举办了聋友手工艺品义卖直播、聋友健步走、趣味运动会、爱心捐赠等多样化、多形式的活动,丰富了聋友的文化生活。

（3）政府肯定,科技改变听障人士生活。江西省委省政府领导听取活动汇报后,对畅听王卡产品在科技助残方面取得的成效表示肯定。公益助残活动也得到省发改委、省卫健委的认可并作为典型案例进行推广。省政府出台《江西省"十四五"残疾人保障和发展规划》,结合解决残疾人急难愁盼问题,提升残疾人"平等、参与、共享"水平,把"打造更可及的残疾人无障碍环境"列入"4+2"重点任务之一,将"推广无障碍信息交流产品"作为重点内容。

科技让"AI"发声,切实改变了听障人群的生活,让他们重新走向社会,融入社会,开启美好的幸福生活。聋人喻兰兰：在助残志愿者现场教学后,用无障碍通话助手输入"妈妈,我是喻兰兰"发送给了她母亲。兰兰妈妈听到自己手机传出的声音,眼泪瞬间挂满了脸颊。兰兰的母亲虽然普通话不太标准,但她坚定地说："第一次听见女儿叫妈妈！我要继续跟女儿用畅听王卡沟通,我一定会努力说好普通话。"聋人李莉娟：和她的丈夫都是聋人,有一次在骑行过程中与另一辆电动车发生碰撞,二人均受轻伤,随即通过畅听助手一键SOS求救功能拨打122报警。第二天特意找到吉安市联通表示感谢。聋人朱军辉：一名擦鞋匠,小时候因一场突如其来的疾病导致失聪。在家里使用Wifi的时候才能与朋友交流,平日只要外出就属于失联状态。畅听王卡的到来,像一束光照进了他的生活,工作闲暇时相约朋友见面,忙碌的时候为自己点一份外卖,他还开始学会用抖音宣传他的小摊位。

（三）助力脱贫攻坚,服务乡村振兴

乡村振兴工作开展以来,江西联通严格贯彻"四不摘"要求,在做好巩固拓展脱贫攻坚成果同乡村振兴有效衔接的同时,发挥技术优势,加快数字乡村建设,为贫困地区加快乡村振兴步伐,为农村信息化、现代化做出了积极的贡献。

（1）加大投入,全力推进脱贫攻坚。江西联通在脱贫攻坚期间承担全省37个村的脱贫攻坚定点帮扶任务,派驻47名驻村干部。2020年12月,定点贫困村全部实现脱贫摘帽。扶贫工作取得明显成效,累计帮助建档立卡贫困户9899人,惠及贫困人数14572人。公司安排扶贫项目52个,使用扶贫资金685.8万元,其中产业扶贫项目31个,产业扶贫资金213.3万。购买贫困地区农副产品314.2万元。向贫困地区网络投资5.1亿元,为建档立卡户减免通信资费2459.8万元。扶贫工作得到地方政府和上级单位不断肯定,省扶贫办、省委组织部对省派驻村工作队考核结果连续三年评价为好（最高等级）,1人获得江西省扶贫先进个人。2021年6月江西联通荣获"江西脱贫攻坚贡献企业"称号。

（2）精选项目,全力保障可持续发展。江西联通派驻村工作队在原挂点扶贫吉安市长乐村坚持突出产业帮扶,陆续帮扶成立了"黑木耳种植""肉鸡养殖"合作社,村集体收入从5千多元增加到12万元以上,产生了良好的经济效益和社会效益。在原定点扶贫村龙楠村,吉安市联通驻村工作组因地制宜,帮扶建设了水面养殖基地合作社,2021年完成50亩规模的鱼塘建设及引水工程等配套设施项目的建设,村集体年收入从当初的几千元增加到10万多元。通过一系列的精选项目实施开展,全力保

障脱贫村可持续发展。

（3）深化数字乡村建设，推动数字赋能乡村产业。公司携手省委网信办、省农业农村厅，将"数字乡村"的建设部署化为乡村振兴的有力举措，不断加快推进5G、物联网、大数据、云计算等新一代数字技术在农业农村各领域应用，为乡村振兴提供强大数字化支撑，让越来越多的农民享受"数字经济"时代的红利。

在九江彭泽县，依托中国联通"数字乡村"服务云平台，在全县发展稻渔产业，带动全镇千余养殖户养殖方式的转变。不仅实现水产品城市电商配送，还有力带动周边现代养殖业发展。在赣州市信丰产业园，5G脐橙大数据平台可以对富硒土壤分布、脐橙产业分布、产业模式等方面数据进行分析、呈现。平台首次纳入13个示范果园，约1万亩脐橙基地，通过实施高清球机、土壤、气象、根茎叶果传感器等物联网设施，可以实时采集果园生长要素数据，为果园病虫害防治、施肥打药等提供精准指导，提升果园产品质量，助力产业发展，农民增收。

案例创造人：周立松　罗坚　刘建　吴萍　罗小胜　黄锦明　赵璟　黄瑛　李龙

以历史思维品读中国三冶品质诚信文化

中国三冶集团有限公司

一、企业简介

中国三冶集团有限公司（以下简称中国三冶或三冶）是地处东北老工业基地——鞍山的一家老牌国有建筑施工企业。自1948年创立至今的七十余年间，中国三冶始终胸怀家国复兴大任，精钻从业，精细耕耘，为我国冶金工业的发展壮大做出了历史性贡献。作为央企的一份子，中国三冶紧扣党的建设事业这一主命题，全链条贯彻落实党的路线方针。除了全力践行好国有资产保值增值这一国企使命，还在社会主义精神文明建设上不断寻求新发展、新突破，为企业做强做优奠定了坚实的精神基础。诚信文化作为中国三冶企业文化体系核心的一部分，一直是其精神文明建设的重要内容，也是其高效参与市场竞争，获得市场广泛认可的稳固基石。在这个过程中，中国三冶把为国家效忠，为客户尽责的心得与收获，逐渐演化出独具特色的品质诚信文化。

二、中国三冶的创立背景是品质诚信生成的根基

中国三冶与国同龄，其经历了我国社会经济发展的各个阶段，文化根系丰满扎实，内涵丰富，要了解中国三冶的品质诚信文化，有必要对它的诞生背景作以了解。

1948年，地处辽中半岛中部的鞍山解放，一同迎接解放的还有饱经战火摧残的鞍钢。鞍山解放后，国民党小股势力不断反扑，活跃于鞍钢厂内的一小撮先进工人份子组队武装护厂，并有组织地开展小规模的恢复建设工作，与人民解放军一道保护了革命胜利的果实，直至同年11月3日东北全境解放，鞍钢才算真正回到人民的手中。12月26日，鞍山钢铁公司成立，为快速恢复鞍山生产，次年3月鞍钢修造部成立，这标志着鞍钢有组织、成规模地恢复建设正式启动。人员队伍则以前期参与护厂的职工为主，吸纳部分厂内的建筑工人共同组建了施工队，这也是我国第一支专业的冶金建设队伍。

至1954年间，这支队伍在苏联专家的帮助下，完成了著名的鞍钢"三大工程"的建设，在他们的手中产生了无数个"新中国第一"。随着鞍钢修复进程的推进，这支队伍也逐渐壮大，在党中央"全国支援鞍钢"的号召下，队伍规模一度从不足千人猛增到最高56808人。这支极富战斗力的庞大队伍在几年间快速完成了鞍钢的恢复建设，并在随后的几十年间按照党中央工业布局转战大江南北，完成了武钢、宝钢、攀钢、首钢等数十个冶金工厂的改造和建设，在此期间，这支队伍数次更名，最终成了今天的中国三冶。他们也随之在各地落地开花，衍生出我国今天绝大多数的冶金建设力量，中国三冶也由此被誉为"冶金建设的摇篮"。

使命驱动，情怀满满，中国三冶利用七十余年的时间践行着质量承诺与服务承诺，承诺对象由国家扩展至市场经济条件下的各方客户。忠于品质的秉性渐渐凝练成根深蒂固的诚实坚守，"忠于"到"诚信"，一"忠"一"诚"，让中国三冶的品质诚信成为企业文化的核心基因，直到今天从未衰退。

中国三冶对品质的理解，分为优良的工程实体质量和真诚的客户服务两个维度，这是诚信践诺的

最直接途径，也是企业自身生存立命之本。这种认识并非有意塑造，而是源于几万三冶先驱长期报国的实践淬炼，现在已然成为企业全员内化于心的集体意识和行动本能。

三、品质诚信要先拿工程实体质量说话

（1）中国三冶认真执行质量责任制，贯彻质量否决权，质量管理趋于标准化。当出现质量违章和事故时，除了对责任单位进行处罚，还要追究个人责任和有关领导的责任。严重违章和事故要开现场分析会、发通报、给予行政处分。质量否决权的体现是质量不过关的情况下，工程不准交、不准进入下道工序、不准结算、不准核算人工费。

（2）建立稳定可行的质量保障体系。中国三冶的质量保障体系跨部门构建的组织支撑，职能包括开工准备、过程管控、考核保障等多环节构成。市场开发部负责工程的技术及商务条件的谈判并签订合同，合同本身也是工程的质量基准，更是中国三冶品质诚信的实质开端。工程项目经理部（以下简称项目部）完成施工组织设计的编制，并提交项目管理部审核。项目建设期间负责工程项目的安全、质量、进度的实施，接受公司相关职能部门的监督、管理和考核。招标采购中心通过集采平台对材料和设备的供应商进行质量评审，在集采平台发布采购需求，由各供应商按照需求进行报价。待设备和材料进场后，在进库前还要进行复检，并对合格证进行备案。这样做的好处是能够对有问题的设备和材料进行管控和追踪，使供应商队伍得到不断地优化，另一方面还能够有效降低采购成本。

（3）建立可靠的技术保障体系。中国三冶通过长期的项目管理实践，建立了以总工程师为首的技术保障体系，为工程的实体质量提供技术支撑。为此，中国三冶不仅统一梳理了企业施工可用的各种技术标准目录，还个别制定了高于国家、行业标准的企业内控标准，从而保证了工程项目大面积创优的需要。

四、品质诚信要以真诚的客户服务兜底

中国三冶认为，工程的实体质量是品，客户情感上的认同是质，完成合同规定的建设内容只是信守客户承诺的一个方面，后续的服务是构成打开客户信任大门的另一把钥匙。只有工程的实体质量和客户服务齐抓共进，才能说是履行了对客户的合作承诺，这也是中国三冶诚信文化建设的另一重要支撑。

中国三冶对"客户"一词的理解独树一帜，别具一格，并不专指工程建设合同的相对方，而是把"客户"细分为狭义层面的内部客户和广义层面的外部客户两个层面，这是一个管理逻辑上的概念。

狭义上讲，客户是合同相对方，是享受中国三冶履约服务的一方。这里的履约服务包括履行纸面上的合同约定，同时还有合同约定之外的"情谊协助"。例如，中国三冶在完成施工合同规定内容之外，会视情况对业主方合同之外的工程建设请求予以支持，收取的费用十分优惠，如有应急救援，中国三冶会不计成本，第一时间投入相应的人力物力予以支持，甚至不收取任何费用。这样的事时有发生，有业主更因此送给中国三冶"最值得依赖的合作伙伴"的极高评价，这句话也被中国三冶做进了企业展厅。

广义上的客户衍生于中国三冶的管理体系，各项目部、基层单位、职能部门对自己的工作负责，把下道工序作为用户，做好各工序的衔接，确保工作全流程不因自己的失误造成影响。这个思路不只作用于工程项目建设，同样还作用于企业的日常内部流程的运行。

这样做的好处有两个：一是可以极大提高工作质量，减少返工，工作效率自然也就得到了提高。

二是能够潜移默化地培养企业员工客户服务意识，让这种意识成为行动自觉，变成企业统一的工作风格。

五、品质诚信的典型事例

前文提到，中国三冶把品质诚信分化为工程实体质量和优质的客户服务两个层面去深度耕耘。下面，就以几个较有代表性的事件作以例证，以此对中国三冶的品质诚信有更为深入的了解。

（一）细化到极致的工程管理逻辑

某工程开工前就确定创建国家优质工程奖。这个工程从挖土方开始管控，单就打桩为例。项目部从试桩就开始进行质量控制，并明确把整个打桩工程定为一个单位工程，每个柱列或设备基础定为一个分部工程，每个基础定为一个分项工程，每要说桩定为一个次分项工程。单桩打入时用经纬仪找正，记录弹跳高度和入土每米锤击数，对接加焊后，记录最后十击贯入度和回弹值，并根据记录数据通过海利公式计算单桩承载力。整个工程建设严格按程序办事，缺一项算一项违章。在这样的严格管控下，工程的打桩质量明显提高。开工之初，PC桩破损补桩率近30%，执行全过程控制后，PC桩的补桩率已下降至2%。

（二）敢于担当的勇气与魄力

某工程的竖井刚刚完成混凝土浇灌作业，质检部门发现竖井承受混凝土压力发生形变，导致井身出现了一定程度的倾斜，虽然并不会对竖井整体质量造成过大的影响，但是项目部经过几十次大小会议，经过103天的激烈辩论，使不同意返工的人提高了认识。最终按照高于国标的企业内控标准，确定为不合格工程。工人们含着惭愧的眼泪，把自己建起的一段歪井崩掉了，这一声炮响震动了全体职工的心弦。为吸取教训，树立严谨的工作作风，项目部在井旁立了一块"质量事故教训纪念碑"。在碑的背面，写着沉痛的碑文，刻着公司领导和有关人员的名字，供全体职工和后人借鉴一辈子。崩井这天，项目部在井旁召开了450多人的现场会议。事隔三个月，还在那座山头，还在那口井，还是那些人，还是那些设备，条件没变，作风变了，歪井变直了。经过检查、验证，井壁规格测点合格率从74%提高到100%；超挖量从10.7%下降为8.5%；井壁上下笔直，测量贯通精度为1/126000，达到先进水平。业主方被中国三冶这支队伍的质量诚信所打动，在井旁立了一块"优等质量纪念碑"，并在那里修建了一座庄严的亭子。有国家部委领导为这座亭子题字命名为"两化亭"。

（三）危急时刻无条件应援抢险

某钢厂高炉半夜失火，高炉本体受损，附属系统大面积焚毁，直接经济损失巨大，若不及时抢修，钢厂的铁产能下降，后续的炼钢及钢材深加工都会受到巨大影响，这对于一座钢铁厂而言损失是巨大的。接到钢厂的救援，中国三冶连夜成立抢修指挥部，并命令项目部"不惜一切代价完成抢修任务"。在未谈妥施工费用的情况下迅速组织大量人力，协调大量物资第一时间进驻现场，项目部24小时不停歇，作业层倒班，管理层跟班，后勤保障不歇班，一切都是为了钢厂能够快速恢复生产。经过项目部全体将士奋力鏖战，仅用20天的时间便完成了一座受损高炉的产能恢复工作，中国三冶的行业口碑再一次得到升华与弘扬。

六、案例后记

创立于建国前的中国三冶，得益于东北地区的解放，广大三冶先驱得以先行开展祖国的工业建设。

广大职工以成为一名鞍钢建设者为荣,他们珍惜眼前的一切,对此充满敬畏,深知自己所做的一切都在为工业强国的梦想添砖加瓦。三冶人对工程质量的重视要高于对工程进度的追求,即便在市场经济条件下仍是如此,在三冶人看来,确保工程质量、做好客户服务就是对国家、业主和客户践诺,是对品牌的坚守,是对信念的坚持。

七十多年的积累,中国三冶有无数的工程建设和管理经验开花结果。硕果之一就是对诚信的尊崇,这种尊崇是源自灵魂的本能,是外现于行动的自觉。如今,这份尊崇已炼化至浓浓的报国情怀,成为全体三冶人一致的观念认同。

案例创造人:刘小舟

诚信经营质量为先 推动企业行稳致远

中交第四公路工程局有限公司

一、企业简介

中交第四公路工程局有限公司（以下简称四公局），前身是成立于1975年的交通部房建大队，2006年重组改制，隶属于世界500强——中国交通建设股份有限公司，注册资本金19.39亿元，通过了ISO9001、ISO14001、ISO45001体系认证，具有建筑、市政及公路工程施工总承包三特级、工程设计建筑、市政及公路行业三甲级等29个类别106项资质。发展至今，四公局始终高度重视履行契约精神，狠抓诚信经营和品牌信誉建设，多次获得全国优秀施工企业、全国交通企业管理创新示范单位、中国交建优秀企业、中国交建经济效益最优奖、中国交建稳增长突出贡献奖、中国交建平安企业等荣誉称号，被认定为国家高新技术企业、公路建设行业诚信百佳企业、中国质量诚信AAA级企业，发展基础不断夯实，发展质量不断提高，企业核心竞争力进一步增强。

质量是企业发展之本，是四公局生存发展的生命线。产品质量过硬，企业就更具竞争力，才能实现现场保市场。四公局多年来稳健发展，与持续贯彻落实"质量第一、效益优先"的管理理念密不可分。

二、夯实质量管理，牢筑产品根基

成立至今，四公局始终坚持全面贯彻落实质量强国战略，持续强化质量意识，以建设"平安百年品质工程"为载体，全面推行"345"质量工作理念："3"是"两重一创建"：重质量策划、重技术方案、创建品牌工程。"4"是"两坚持两坚守"：坚持首件认可、坚持标准化施工；坚守质量红线、坚守安全红线。"5"是"两落实三强化"：落实岗位责任、落实监督检查；强化风险预控、强化考核机制、强化责任追究。推进质量管理体系和管理能力现代化，树牢中交品牌形象，打造质量强国的中交样本。

（1）"优化"管理模式。健全质量管理体系，落实全员质量责任，以制度统领全局质量管理。"质量是生产出来的，不是检测出来的"，质量管理必须全员参与，各司其职、主动预控。

（2）"强化"管理措施。严格执行方案编审、技术交底、技术培训、样板引路、技术员旁站、质量检查、质量分析会、整改反馈、质量验收等管理措施。

（3）"细化"质量监督。强化过程质量监督控制，守住最后一公里，发生的问题得以彻底整改，切忌管理上"沙滩流水不到边"。

规范过程识别方式、资源配置模式、产品跟踪、人员组织协同、风险控制预防等，通过过程质量管理，精准流程管控，减少质量通病、杜绝质量事故。

三、严把技术关口，护航产品质量

技术质量是基础，管理质量是保证。工程施工建设中，技术工作确定了施工建设方案、工艺方法参数、管理控制标准，技术工作优劣是工程实施结果优劣的必要前提和基础，四公局始终注重技术工作的质量。

（1）严格"把关"原材质量。严格选择供应商、供货渠道，通过"人员交叉验收、复验合格放行"等机制切实履行材料进场检查验收程序，坚决禁止不合格原材料进入生产环节。

（2）严格"把好"技术、工艺参数。合理选择技术、工艺参数，满足规范、规程质量要求，确定施工控制标准，规范施工控制行为。

（3）严格"把控"配合比。做好水泥混凝土、沥青混凝土配合比设计、优化工作，确保各类结构物强度合规、成型准确、观感舒适。

（4）严格"把住"临时结构。提升临时结构设施的设计、施工水平，如栈桥平台、支架托架、挂篮桥机等，倡导临时结构设施临永结合，以标准化、集中化降低工程投入，提高产品质量。

四、严守质量底线，打造合格产品

合格工程是工程质量管理的底线，守住质量底线是企业生存的根本。四公局作为大型施工企业，不仅坚持守住质量底线、确保工程质量稳定受控，还高度重视提升企业质量管理能力、履行质量管理的社会责任。

（1）满足规范要求。要求全体技术质量管理人员学习、掌握、运用标准和规范，使结果满足标准和规范要求，标准和规范的质量要求是工程施工基本要求。

（2）落实质量确认卡。质量管理要从工序抓、从班组抓，推行分部分项工程质量确认卡制度，全面加强班组质量管理。

（3）避免质量投诉。充分重视监理、业主、行业主管部门的通知、指令、通报等文件，正视其中的质量隐患与问题，举一反三、认真整改闭合，规避质量问题、事故引起的投诉。

近年来，四公局承建了北京温泉至西北旺电力隧道（$\phi6$米盾构工程）、北京望京金辉大厦（170米超高层）、湖南省海螺猛洞河特大桥（钢管混凝土拱桥）、珠海横琴二桥（国内桥面最宽<33米>的钢桁拱桥）、湖北水布垭清江悬索桥、孝感市文化中心等地标性建筑工程。同时还紧跟国家政策，围绕大城市、大交通，深入实施房建业务差异化发展战略，在地下综合管廊（如四平市地下综合管廊）、海绵城市（贵安新区"两湖一河"海绵城市项目）、超高层建筑（如厦门集美白鹭西塔266米超高层、广州明珠大厦181米超高层、中交集团上海总部基地160米超高层）、城市综合体开发（如许昌示范区城市综合体开发项目，总投资152亿元）、环保产业等领域成绩斐然，企业施工能力，技术实力不断提高，业务市场不断扩大，企业品牌形象日益彰显。

五、坚持科技创新，强化质量措施

践行"科技兴企"的发展理念，四公局深入实施科技创新驱动发展战略，在超高层结构、长大隧道、大跨度空间结构、特殊路基路面、综合管廊等多个重难点工程领域开展技术研究。

（1）创新坚持明确方向。"虽有智慧，不如乘势"，加快科技创新，面向施工技术前沿，开展前瞻性技术研究，加强研究、开发有望成为今后的主流技术、提升企业产品质量的项目。创新驱动要素筛选根据集团总体规划部署，细致研判、重点管控。如基于BIM的建筑工业化体系培育、海绵城市建设施工技术指导、大跨度桥梁结构施工工艺优化分析、超高层结构施工技术等。结合四公局特色，以前瞻性课题项目、个性化技术发展线路响应集团总体战略、创新科技驱动要素。

（2）创新坚持服务生产。创新要源于基层生产，服务基层生产。紧密结合项目特点，将技术创新植根于生产现场。质量管控、技术创新服务于产品质量、服务于产品效益。

（3）创新坚持向集成。推行"工厂化、机械化、专业化、信息化"管理，机械化换人、自动化减人，以工装保工艺、以工艺保质量，降低人为质量误差。

（4）创新坚持不拒微小。重视微创新和"五小发明"，正所谓"泰山不拒细壤，故能成其高；江海不择细流，故能就其深"。

（5）创新坚持培育基础。技术创新、质量创优不再是少数人的专业，而是多数人的机会，四公局坚持培育全员创新、质量创优意识。让职工在创造优质产品的过程中，更好地实现精神追求和自身价值。

截至目前，四公局共取得发明专利56项、实用新型839项，通过鉴定的科技成果60项，荣获省部级、中国交建、协会科技进步类奖共计84项，共取得国家级工法4项、省部级工法99项、企业级工法202项，荣获省部级及以上优质工程奖126项（含集团）。在课题研究方面，《庐山西海景区大跨度球类运动场馆空腹网格结构设计及建造关键技术研究》荣获"工程建设科技进步一等奖"，"超高层建筑智能建造关键技术研究与应用"获批中国交建重大科研立项；2个项目获批2021年住建部科技计划；参与国家重点研发计划项目《交通运输基础设施施工安全关键技术与装备研究》1项、中国交建特大课题1项；主持中国交建重大科技研发项目2项，参与中国交建重大科研课题2项、重点课题1项；主持住建部科学技术计划项目1项；主持其他地方政府课题1项；立项开展局级重点以上研发课题27项。

六、争创品质工程，践行"工程质量百年承诺"

打造品质工程是提升工程质量管控水平的有效手段和措施，是四公局推行和深化标准化施工、维护品牌形象的有效途径。

（1）策划先行。加强技术、质量策划，树立全员品牌意识，弘扬工匠精神，从微创新着手、抓好工艺细节。

（2）标准化引领。通过施工工艺标准化建设，严格工艺管理，明确施工工艺流程、操作要点和工艺标准，规范质量检验与控制，推进工艺标准化、规范化、精细化，提高实体工程质量。

（3）项目示范。培育品质工程示范项目，提升品牌影响力。由品质工程示范点逐步扩展为全面推行。

（4）品牌建设。深入践行四公局品牌战略，以提高工程质量为目的，争创各级品质工程、优质工程，深入践行四公局"工程质量百年承诺"，以优质、品质、精品和亮点工程打造四公局品牌。

四公局承建项目品质不断提升，沈阳三好桥获2009年度国际桥梁大奖——尤金·菲戈奖、被国际道路联合会（IRF）评选为2009年度"全球道路成就奖"，青岛海湾大桥获国际桥梁大会（IBC）"乔治·理查德森"奖，塞内加尔捷斯-图巴高速公路项目获公路类全球最佳项目奖，孝感文化中心项目摘得中交首个房建鲁班奖，台州湾大桥项目摘得四公局首个公路鲁班奖，拉萨至日喀则铁路站房工程获第十七届中国土木工程詹天佑奖，广州潮惠高速项目、云南大丽高速项目获评国家优质工程金奖，国道112线高速公路天津东段永定河特大桥、合肥市长江西路高架快速路综合建设工程获评国家优质工程银质奖，多项工程荣获"国家优质工程奖""李春杯"公路交通优质工程奖。

七、履行社会责任，行动诠释担当

（1）助力乡村振兴，创建帮扶标杆。坚决贯彻落实习近平总书记在全国脱贫攻坚表彰大会上的重要讲话精神，深入贯彻中交集团2021年定点帮扶工作会精神，帮助定点村成立集体经济建筑公司，换"输血"为"造血"；开展"美丽乡村"活动，建设综合农贸市场，树立良好的城镇形象；开展"教育提升"活动，捐建民族中学实验室，显著提升教育环境。坚持把做好定点帮扶工作当作重要的政治任务，紧扣责任书目标要求，不断完善组织体系、责任体系、工作体系、宣传体系"四个体系"建设，延续四公局定点帮扶工作的近期保就业、中期育产业、远期重教育"三位一体"特色帮扶模式。选派定点帮扶干部武启鹏同志，进驻自扁王基村挂职第一书记、驻村工作队队长，在做好疫情防控、农产品帮销、产业扶持、教育培训等工作的同时，利用自身专业，多方运作资源，帮助地方持续发展火龙果产业、养牛产业，为民族中学筹备物理、化学、生物实验室，筹建分包队伍、建设农贸市场等实事、好事，受到地方政府和百姓好评。2021投入和引进帮扶资金463万元，购买和帮助销售50.7万元农产品，培训基层干部20人、乡村致富带头人3人、专业技术人才50人。持续巩固脱贫攻坚成果，助力乡村振兴。

（2）齐心共抗疫情，牢记使命责任。面对前所未有的疫情"大考"，四公局党委统一指挥、统筹协调，各单位党委坚决服从大局安排，迅速形成了全面部署、立体防控的工作格局；各级党组织和广大党员团结带领全体员工众志成城，共克时艰，阶段性打赢疫情防控阻击战；累计捐款捐物232万元，收到各类感谢信54封，涌现出第一建筑分公司武汉火神山医院BIM青年突击队等一批优秀抗疫代表。期间，四公局坚持防疫复工两不误，两手抓、两手都要硬。在全国各地树立了一大批复工示范项目，带动上下游企业复工复产，吸纳大批产业工人返岗就业，取得了疫情防控和复工复产双胜利。2021年，新冠肺炎疫情多点散发，四公局有召必至，第一时间参与到各地的疫情防控战役中，参与抗疫志愿服务，积极组织疫苗接种……在抗疫一线注入四公局力量！

（3）注重社会民生，创建服务样板。积极履行央企社会责任，积极投身乡村振兴，把帮扶工作落到实处。新疆英吉沙水库项目解决了水利灌溉问题及居民饮水安全问题，圆了当地居民几代人的梦想；新疆库尔勒项目积极赞助属地小学生足球队参加U12比赛，为小朋友们实现绿茵梦想；洪涝灾害期间，四公局人冲锋在前，逆行而上，奋战在抢险救灾第一线。现场救援、排水防涝、堤坝加固、道路清淤，齐心协力筑起"铜墙铁壁"，全力维护人民群众生命财产安全，守护美好家园！

八、诚信经营质量为先，推动企业行稳致远

站在新起点，谋求新发展，实现新跨越。四公局将围绕"三核五商"新中交战略，锚定"一强三优"战略目标，把准"五大跨越"发展路径，牢固树立质量第一意识，坚持以质量求生存、以质量促发展、以质量谋效益的理念，把健全质量成本管理机制、降低内外部质量成本损失作为当前和今后一段时期质量工作的重中之重，常抓不懈。以高质量发展为主线，加快调整转型步伐，深化改革创新发展，坚定信心锐意进取，全面建成具有核心竞争力的科技型、管理型、质量型中交一流企业，成为党和国家信赖、社会赞誉、市场推崇、客户满意、员工幸福的现代化建筑企业，为中国和世界的基础设施建设事业做出新的更大贡献。

案例创造人：蔡彬　张克胜　吴瑞君

诚信立业　稳健行远　金融助力"共同富裕"

中国农业银行股份有限公司杭州分行

西揽西子湖天下绝色，东观钱塘江之壮阔。近年来，中国农业银行股份有限公司杭州分行（以下简称农行杭州分行）坚持党建引领，秉持"诚信立业、稳健行远"的理念，积极支持地方经济建设，赢得社会广泛赞誉。

一、企业简介

作为党的银行、国家的银行、人民的银行，中国农业银行股份有限公司杭州分行（以下简称农行杭州分行）屹立在钱塘江畔，根植于充满激情和活力的吴越大地，现有营业机构173家，一级支行20家，在岗员工3600多人。自1979年恢复成立以来，积极践行面向"三农"、服务城乡、回报股东、成就员工的初心使命，金融活水持续浇灌地方经济发展，多年来核心业务指标位居全国农行系统和地方同业前列。

先后荣获全国文明单位、全国五一劳动奖状、全国职工职业道德建设标兵单位、浙江省万家民企最满意银行、杭州市中小企业优秀服务机构、杭州市金融系统抗疫先进团队和防疫抗疫突出贡献单位等荣誉，连续两年居全国农行省会城市行综合考评第一、杭州市支持地方经济社会发展贡献评价第一，荣获全国农行优秀基层党组织等荣誉。

二、做法及成效

（一）秉持"诚信立业"理念，引领高质量发展

始终坚持文化立行、文化兴行、文化强行，形成、完善、传承了独具特色的企业文化，坚定不移地将"诚信立业、稳健行远"作为企业核心价值观；矢志坚守"三负责"，即对党的事业负责，对广大员工负责，对发展历史负责；坚定推进"六个融合"，即把党的方针政策深度融入经营理念，把国家战略深度融入经营目标，把"一岗双责"体制深度融入银行治理；把"双责任"考评机制深度融入党建全程；把党的伟大精神深度融入经营动力；把党的先进文化深度融入企业文化。

近年来，持续将企业文化理念根植在具体实践工作中，将战略思想转化为员工"看得见、听得到"的文化作品，每年确定履行社会责任的努力方向和工作要点，打造"行史文化廊"和"理念文化墙"等宣传阵地，用好办公经营网、微银行、《杭州农村金融》等载体，编纂《描绘大画卷》《风吹麦浪》企业文化产品，多角度传导根植农行杭州分行特色文化理念，培育诚信经营的土壤和环境。全行员工从中涵养文化自信，汲取磅礴力量，进而成为自觉践行诚信经营的行动指南、合力助推各项业务高质量发展的动力引擎，实现了企业文化软实力向可持续发展硬实力的有效转化。

2021年，农行杭州分行认真贯彻落实党中央和上级行党委各项决策部署，坚持党建统揽全局，深入推进党史学习教育，凝心聚力、攻坚克难，在服务实体经济、支持乡村振兴、城区优化整合、网点

服务升温、数字化改革、支持"共同富裕"等方面亮点纷呈，相关做法登上央视、新华社、经济日报等央媒。2021年，持续加大对地方经济发展的支持，各项贷款新增612亿元，市场份额提升0.79个百分点；县域存款总量四行第一；资产质量多年保持可比同业最优水平，实现经济效益和社会效益双丰收。

（二）坚定"党的银行"定位，扛起使命担当

农行杭州分行紧紧围绕党中央及省委市委战略部署，以"八八战略"为主线，支持"一带一路""长三角一体化发展""拥江发展"，坚持把党的方针政策落实到经营实践，积极服务地方经济发展，擦亮诚信银行招牌。

（1）坚决服务党和国家大局。对标省分行加快形成金融"示范窗口"十大标志性成果目标，结合"十四五"目标要求和农行杭州分行打造全国农行省会城市行标杆目标，第一时间出台《服务"重要窗口"争创"示范窗口"实施方案》，争做"十大表率"；第一时间出台《落实服务杭州市争当浙江高质量发展建设共同富裕示范区的城市范例二十二条实施意见》，为杭州打造共同富裕示范区的城市范例建设贡献金融力量。

（2）赋能实体经济发展。紧紧围绕金融服务实体经济的核心宗旨，主动担当排头兵，对杭州市委市政府提出"两新一重"、城市有机更新、新制造业计划等工作部署均第一时间响应，通过优化审批权限与流程、创新金融产品、提升服务效率，提升实体企业获得感。在全力服务好制造领域企业的同时，还聚焦具有成长性的科创型企业以及民营和小微企业，帮助做大做强。2021年，制造业贷款、绿色信贷、战略新兴产业贷款、民营企业贷款分别增加69亿元、150亿元、83亿元、192亿元，超额完成计划目标。有贷法人客户增加1172户，首户e贷累放数、首贷户占比均居全省第一。普惠型小微企业贷款新增3137户，总量、增量均居全省系统第一。发放供应链融资6132笔，金额47.91亿元，总量和增量均居全省前列。小微企业线上化率95%，支持企业5600多户，居同业第一。全面完成普惠金融"两增两控"和县域三农"四个不低于"监管指标。

（3）精准服务乡村振兴。紧紧围绕"服务三农"特色定位，专门设立乡村振兴金融部，深入落实省行服务乡村共同富裕的十六条意见，制定行领导挂点指导服务乡村振兴工作方案，推进"一行一点一村"，组建县域督导组蹲点指导。突出对"乡村振兴带头人、农业龙头企业、县域规上企业、村集体经济"四大客群服务，助力山区26县之淳安，推进"农品出山"，支持农民创业致富。三农贷款总量达484亿元、当年增量107亿元，创历史新高。

（4）抗疫彰显责任担当。推出"四菜一汤"助力餐饮振兴活动，累计投放消费券上千万元，惠及餐饮、娱乐、出行等行业4000余家，真金白银助企惠民。为防疫企业开通绿色信贷通道，第一时间给予资金支持。与《范大姐帮忙》栏目合作，探索尝试社区团购模式。在物资极其紧缺情况下，向对口扶贫单位贵州剑河县支行和榕江县支行捐赠口罩1.2万个，组织党员捐款合计18.9万元。在员工宿舍集中隔离点设立临时党支部、临时团支部，成立志愿者团队，积极投身防疫工作，受到政府社区等部门充分肯定。

（5）推进服务升温工程。制定《营业网点服务标准手册》，推进网点"四好服务"品牌，对网点"一点一景"微改造，创新"城市会客厅""警察书屋""人民书屋"等服务方式，网点均投诉量四大行最少，投诉工单压降量居全省系统内第一，服务评价名列前茅，客户满意度、员工幸福指数及自身品牌形象大幅提升。

（6）优化经营资源布局。在省分行的领导下，紧跟杭州区划调整，在杭州金融系统内率先完成三家支行更名，以"大稳定、小调整"为原则，把老城三个区密集的13家一级支行整合为10个，最大限度整合经营资源，为更好服务区域发展提供有利条件。

（三）筑牢"风险底线"思维，深化全面从严治党治行

农行杭州分行按照坚决打赢防范化解重大风险攻坚战的要求，牢固树立"大风险"意识，始终把讲诚信、防风险、保安全放在重要位置，着力理顺体制机制破解经营管理中的难点痛点堵点，为诚信经营营造风清气正政治生态和干事创业良好环境。

（1）构建诚信体系。建立诚信制度，全行干部员工严格遵守《银行业从业人员职业操守》《中国农业银行员工行为守则》和《员工合规守信清单》，每年签订《案防履职清单》，深植诚信理念，牢树底线思维。坚持诚信营销和服务，严格执行银保监局关于消费者权益保护工作相关部署，持续强化消费者保护意识、法纪意识和窗口形象意识，坚持为客户提供高质量、诚信安全的金融服务，多年保持声誉风险"零负面"，同时向客户做好常态化宣传教育，提升消保宣教效果。

（2）确保平安经营。持续加强对信用风险、运营基础、智慧安防和"大内控"的管理，统筹开展内控合规管理建设年、制度合规建设年、合规文化建设三大活动，扎实开展信访、舆情、保密、印章、防范电信诈骗、反洗钱等专项治理，常态化做好新冠疫情防控工作。2021年，外部监管评级保持A级，内控评价保持一类行，风险管理考核居系统前列，未发生违规违纪事件、重大负面舆情、重大事实风险和责任事故，实现全年平安经营。

（3）紧盯责任落实。制定《农行杭州分行党委落实全面从严治党主体责任清单》，把党委主体责任、党委书记第一责任、班子成员"一岗双责"和纪委监督责任贯通起来，形成"四责协同"的有效机制，层层建立个性化责任清单。对辖内一级支行党委及党委领导班子成员进行全覆盖式考核，层层传导压力，确保"两个责任"有效落实。一对一开出"治理药方"，提醒党员干部管好"主阵地"、种好"责任田"。

（4）创新管理手段。杭州点多面广，管理的链条长幅度大，农行杭州分行探索创新运用科技化手段，上线工作督办、数字党建、四责协同、大督导简报、巡察整改等专题，实行穿透式、可视化管理，为基层落实工作提供量化指引。

（5）激发队伍活力。坚持"有为才有位"的理念，规范有序开展选人用人工作，建立了一支结构丰富、数量充足的后备人才梯队，有效激励各层级各年龄段干部员工担当作为、勤勉履职。建立760多人的"青年专才库"，发挥每位员工主观能动性，引导员工积极投身核心业务发展，对重大项目、重点攻坚中的有功人员重奖，对普惠业务等重要指标没完成的实行一票否决，使全行员工有方向感、业务骨干有安全感、青年员工有归属感、普通员工有获得感。

数智杭州，宜居天堂。一个全新的杭州正迎面走来。功崇惟志，业广惟勤。农行杭州分行将大力弘扬伟大党建精神，不忘初心，牢记"党的银行"初心使命，与时代同频，与杭州共振，奋力谱写"十四五"时期改革发展新篇章，努力为国有银行全面展示中国特色社会主义制度优越性的"重要窗口"建设和服务杭州争当浙江高质量发展建设共同富裕示范区城市范例贡献金融力量。

案例创造人：吕晓东　胡隽　陈介伟　石峰　朱子龙　何小平　祝玮

提升服务质效　打造诚信品牌

中国农业银行股份有限公司苏州分行

近年来，面对复杂多变的经济金融环境，中国农业银行股份有限公司（以下简称农行苏州分行）坚持以习近平新时代中国特色社会主义思想为指导，深入学习贯彻党的十九大和十九届历次全会精神，全面贯彻落实农总行"诚信立业、稳健行远"的核心价值观和金融监管部门的各项要求，坚守金融服务实体经济的本质属性，着力打造"诚信农行、效率农行"服务品牌，以高效务实的金融服务服务地方社会经济发展，全力推荐诚信银行建设。

一、企业简介

作为苏州地区主要的综合性金融服务提供商之一，农行苏州分行秉承"诚信立业、稳健行远"的核心价值观，弘扬"自加压力、敢于争先、追求卓越、行健致远"的独特企业精神，凭借全面的业务组合、庞大的网点网络和领先的技术平台，充分发挥国有大行支持苏州经济社会发展的"国家队"和"主力军"作用。至2021年年末，存款、贷款和国际结算总量分别连续24年、23年和25年保持同业第一。本外币各项存款余额5500.6亿元、贷款余额4903.4亿元，分别比年初增加284.2亿元、623.5亿元。存、贷款总量领先其他三大行平均水平1490.6亿元和470.6元，分别占苏州银行业的14%和12%，占四大行的31.4%和26.9%。实现账面营收155.19亿元、拨备前利润122.22亿元、拨备后利润109.08亿元，同比分别增长8.97%、10.24%和7.92%，均保持四行第一。先后获得"全国五一劳动奖状""全国金融五一劳动奖状""全国文明单位""改革开放40年中国企业文化四十标杆单位"和"全国模范职工之家"等一系列全国级荣誉称号，银行业服务实体经济监管评价得分保持领先。

二、诚信品牌建设目标

近年来，农行苏州分行致力于打造"诚信农行、效率农行"服务品牌，全力推进诚信银行建设。诚信农行，即诚信立业、稳健行远。坚持诚信经营，依法合规，恪守承诺，真诚待客；坚持实事求是，坚持原则，信誉至上，朴诚待人；坚持科学发展观，处理好发展速度、规模、质量与结构的关系，实现全面、协调、可持续发展。效率农行，即客户至上、效率为先。倡导用心服务，围绕客户需求，加快产品创新，提升服务效率，提供市场和客户需要的金融产品和满意的服务，不断提升地方、客户和公众的认知度、认同感和美誉度，全力助推苏州"三区三城"建设和城乡一体化进程。

该行通过开展服务品牌创建活动，全面促进和达到"五优"。

服务优质——倡导"客户至上、始终如一"的服务理念，大力加强网点规范化服务和机关作风效能建设，全心全意为客户服务，为苏州地方社会经济的又好又快发展服务。

业绩优良——弘扬"自加压力、敢于争先、追求卓越、行健致远"的苏州分行企业精神，全行上下与时俱进，开拓创新，努力提升综合竞争能力、风险管控能力和价值创造能力，争取一流的工作业绩。

管理优化——完善内部管理，健全规章制度，优化流程运作，建立行之有效的目标管理机制，使每个环节都做到有章可循，使全行工作沿着科学化、规范化、制度化的轨道运行。

队伍优秀——培养和造就一支与新形势、新需求相适应的金融服务团队，以过硬的思想素质和专业素养，营造出苏州分行发展的新气象。

品牌优胜——把苏州分行服务品牌真正打造成为具有金融行业特色，为政府、客户和市民所认可，在社会上具有较高知名度的优胜服务品牌，并经得起时间和实践的考验，深入人心，持久不衰。

三、诚信银行建设措施

（一）搭建诚信文化体系，打造"诚信农行"

诚信是构建和谐社会的道德基础，也是银行业行风建设的行为准则之一。农行苏州分行加强诚信建设，切实建设和维护这一关乎全行生存和发展的"生命线"。

（1）规范经营管理行为。该行正确处理风险控制和业务发展的关系，稳健经营，规范操作，遵守各项金融监管政策和规定，坚持依法办事，按制度办事。坚持审慎原则，确保各类信息和财务数据的真实性，杜绝弄虚作假。以"重合同、守信用"为基础与客户建立合作关系，健全授信风险管理体系，规范业务流程和操作规程，严禁逆程序操作。

（2）强化窗口形象建设。该行 2020 年启动网点建设"统建长管"工程，明确市行-分支行-网点三级任务职责，形成了协同、务实、高效的工作机制，明确了硬件统一标准和长效管理要求，建立起全员融入、齐抓共管的长效管理机制，提升了品牌美誉度和社会认知度。外观形象上，针对网点的特点和需求，以标准化、智能化、差异化的设计思路，实现客户体验一致、感受一致。营业大厅划分咨询引导区、现金服务区、智能服务区、自助服务区、财富管理区、理财服务区、营销服务区、公众教育区、集中办公区等功能区，优化智能设备及人员配置，完善客户动线和业务流程，充分满足客户个性化金融需求，提升客户体验。服务内涵上，进一步巩固和提升网点员工服务礼仪的规范化，高密度地对网点员工日常服务礼仪的规范性进行检查和监督，高标准严要求，防止网点员工执行标准出现走样。公示银行业"七不准、四公开"行业规范，公示收费手册，增强客户须知信息的透明度。同时在大堂显著位置设置投诉意见簿、公示投诉电话，为客户提供意见反馈渠道。

（3）保护客户合法权益。积极承担和履行社会责任，做到"四个不"：不歧视和选择客户，不对社会和客户作虚假、误导性的宣传和承诺，不违规收取服务费用，保证格式条款协议中不带有对客户不公正的条款。统筹安排金融知识宣传普及工作，组织开展"3.15金融消费者权益日""普及金融知识守住'钱袋子'"活动。强化对重点群体的金融知识宣传普服务，按照《国务院办公厅印发关于切实解决老年人运用智能技术困难实施方案的通知》要求和人民银行工作部署，着力优化对老年人的金融知识普及和金融服务，在网点设置适老专区，为老年人提供更周全、更贴心、更直接的便利化服务。2021年，辖内苏州新区支行获评江苏省银行业协会授予"2021年江苏银行业文明规范服务适老网点"称号。牵头研发的多方安全数据分析平台与金融反诈应用，打造集隐私计算、区块链、联邦学习等技术于一体的反平台，入选"中国信通院"2021年隐私计算标杆案例。

（二）构建高效服务体系，打造"效率农行"

服务效率是社会各界和广大客户对于银行满意度评价最为重要的一个指标。打造效率农行，就是要科学规划利用现有资源，努力实践创新提升，积极挖掘内部潜力，提高服务效率，提升客户感受。

（1）切实加大信贷支持力度，助力经济高质量发展信贷业务是商业银行的核心业务，也是同业竞争的焦点领域。苏州分行党委历来高度重视信贷经营管理工作，坚守金融服务实体经济的本质属性，勇立苏州经济发展潮头，先后抓住了苏州乡镇企业发展、外向型经济和城镇化建设等每一轮发展机遇，加大信贷投放力度，深深融入并服务好苏州的主流经济、主流产业、主流客户。2021年，该行坚持"有保有压、分类施策"，及时转达政策制度要求，结合地方实际，制定并下发《苏州分行2021年信用管理工作意见》《苏州分行关于做大"中层信贷客户"群体的行动方案》，进一步增强了服务地方经济社会发展的能力和水平。

2021年，该行服务国家重大战略，大力支持制造业、绿色发展、普惠、"三农"等领域，累计新发放固定资产贷款478.29亿元、同比多放97.42亿元。全力支持"苏州制造"。银保监口径制造业贷款余额1216.6亿元，比年初增加206.7亿元，总量、占比继续保持系统和同业第一。充分发挥科创企业金融服务中心、投贷联动股权投资基金"两大引擎"作用，研发科创企业金融服务平台，用好差异化政策，打响了农行"聚创行动"金融服务品牌，科创企业授信客户2322户，比年初净增362户，信用余额699.6亿元。大力发展绿色金融，战略新兴产业贷款、人行新口径绿色贷款分别比年初增加99亿元、217.3亿元，成功办理全国农行首笔大额碳交易业务。围绕供给侧结构性改革，服务产行业转型升级。高技术制造业、战略新兴产业贷款总量分别为404.23亿元、284.55亿元，比年初增加92.12亿元、99.04亿元，增速为29.52%、53.39%。

在服务苏州地方经济高质量发展的过程中，该行还不断优化机制，提高信贷业务运作效率。在授信工作方面，严格落实信贷审查审批"三精三强调"工作要求，通过全面梳理总结政策制度要点，把好节能审查、环评审批准入关口；在细化标准、明确职责基础上，逐事项梳理信贷业务流程，逐环节明确限时办结要求，确保审查审批事项在规定时间内高效保质完成。积极调整优化人员配备和劳动组合，进一步提高团队工作效率和贷审会、合议会召开频次，在此基础上，加班加点，优先保障"一项目一方案一授权"客户、行业重点客户、总分行核心客户、新客户新项目新增授信客户以及其他竞争性较强客户的业务办理时效性需求，全面兼顾评级分类授信的质量和效率，确保在手事项"无积压"。

苏州分行积极推进业务流程优化，在同业和系统内率先实现全流程、全数字化"互联网+不动产抵押登记"系统，实现与不动产登记中心对接、与总行C3系统互联互通和电子用印，实现抵押登记"全线上"办理，实现抵押登记"电子化"用印，实现电子权证"集中式"管控，真正实现"让数据多跑路，让客户少跑腿"，有效防范不动产押品悬空和权证造假等风险。

（2）切实加大金融创新力度，凝聚健康发展后劲

苏州分行积极推进数字化转型，助力企业发展。主动顺应金融服务场景化发展趋势，突出场景驱动，全面推进智慧校园、智慧厂区、智慧社区等重点场景建设，创新疫情期间金融服务。疫情期间，全辖网点在第一时间全面对外营业，创新推出非现场开户、企业掌银外币账户预约、"智慧厂区"线上健康打卡、"智慧食堂"线上订餐等一系列便捷服务。创新推广"战疫贷"产品全力满足各类型客户在疫情防控和农产品保供等方面的合理融资需求，并获得苏州市政府特色金融服务奖。中央电视台、人民日报等中央级媒体以及监管部门20多次登载我行疫情防控和金融服务的做法与成效。推动农总行在苏州设立首个地级市的科创企业金融服务中心，利用信贷准入、担保方式、授信额度、资源配置等方面的差异化政策，为科创企业提供等全方位的信贷支持。在吴中临湖牛桥村和常熟古里湖东村开展数字乡村建设首批试点，投产上线"美丽村民积分系统"和"惠农安心租房平台"。对公智能营销系统、零售客群营销系统、客户风险视图库等35个重点科技项目有序开发推进，数字人民币个人钱包、对公钱包和场景数量同业领先。

产品创新是凝聚银行健康发展后劲的关键。苏州分行在产品创新过程中，加强客户需求分析，加快建立客户需求反馈机制，加强客户需求搜集、整理、调研和分析，为产品服务创新提供依据。线上

积极创新"征信贷""烟商贷"等融资产品，线上贷款特别是线上供应链融资业务加速发展，全年支持69个供应链商圈落地，帮助核心企业上下游434家企业获取融资22.2亿元。创新推广"智造贷"，配套差异化的信贷支持政策，成功发放全市金融机构首笔制造业智能化改造贴息贷款2000万元，支持昆山沪光汽车电器股份有限公司"汽车线束智能制造车间项目"。

（3）切实强化制度机制建设，提升机关办事效率

苏州分行牢固树立"机关就是服务，机关员工就是服务员"的理念，对机关强化五项制度落实，大力弘扬"主动服务、创新服务、尽责服务、高效服务、廉洁服务"五大服务之风。一是实行工作推进制。落实工作计划制，按月提出工作计划，总结完成进度；落实首办负责制，明确机关第一受理人是第一责任人，加强流程跟踪和主动沟通；落实AB角制，确保行领导分管工作及时处置；落实特事特办制，缩短业务办理时间；落实平行作业制，优化工作流程，提高工作效率。二是实行完善承诺制。推行达标承诺制，各支行、各部室签订安保、廉政和风控等责任状；推行首问负责制，首先受到咨询的工作人员对所涉及问题，都要热情办理、服务到底；推行服务承诺制，公开承诺办事程序、办理时限、服务质量，营造公开透明、办事高效、服务优质、客户满意的服务软环境。三是实行调研指导制。建立和完善联系行制度，明确行领导和部室负责人分工联系行及工作内容，面对面地对下开展调查研究，以传导决策、指导业务经营等；建立专题调研制度，针对全行业务经营和发展中的难点、热点、员工关心的问题，开展专题调研活动，提高参谋决策的针对性、准确性和科学性；加强信息反馈和工作研究。四是实行尽职监督制。认真履行部室条线的监督检查和风险控制责任，制定年度业务检查监督的计划；严格执行上级行决策部署和规章制度，监督下级行执行情况；建立风险管理台账，及时开展专题检查和督导，完善相应的管理措施，确保整改落实到位。五是实行管理规范制。营造良好的工作氛围，建立正常的工作秩序；加强劳动纪律管理，严格执行请销假制度；落实环境卫生制度，定岗定责定标准，维护良好、愉悦的工作环境；明确岗位职责，谨防拖沓、推诿的现象；加大岗位考核，提升工作质量和工作效能。

案例创造人：朱晔　朱芳　汪治

诚信为本　用心筑造世界

中冶天工集团有限公司

一、企业简介

中冶天工集团有限公司（以下简称中冶天工）始建于1948年，是伴随着共和国工业发展而形成的国家第一批大型、综合型冶金建设企业，现为世界五百强企业中国五矿、中冶集团核心子企业，拥有国家住建部核定的建筑、市政、冶金工程施工总承包特级资质以及相应的工程设计行业甲级设计资质，成为类型上拥有"三特三甲"、数量上拥有"四特四甲"，涵盖勘察、规划、设计、测绘、施工、检测资质的全产业链服务商。

几十年来，中冶天工秉持"诚信社会为本、客户满意为荣"的经营理念，大力弘扬工匠精神，精心擦亮企业品牌，先后承建了一大批具有世界先进水平的重点工程，目前中冶天工有省部级奖项298项，国家级奖项40项，精品工程7项，3项工程入选新中国成立60周年百项经典暨精品工程，3项工程获"国家优质工程奖30年精品工程"称号，1项工程入选"改革开放35年百项经典暨精品工程"。

凭借雄厚的技术实力、规范的经营管理，中冶天工先后被中华全国总工会授予"全国五一劳动奖状"，被中建协、中施企协、中国对外承包商会、中国建设银行评定为AAA级信用等级企业，连续多年荣获"全国优秀施工企业""全国建筑业先进企业""全国守合同重信用企业""中国建筑业百强企业""天津市优秀诚信施工企业""天津市文明单位""工程建设诚信典型企业"等荣誉称号。

二、组织架构和经营情况

中冶天工总部坐落于天津市空港经济区，公司职能管理层面设有16个职能部门，负责战略引领和职能管控；业务管理层面设有综合性全资子公司天津有限公司、渤海公司、南方公司、中原公司、华南公司、北方公司、安徽公司6个区域公司，以及城建公司、工业工程公司、房地产公司等专业公司，主要负责工程承包、房地产开发等主营业务的经营和管理；科技创新方面，设有工程技术总院，下设设计院和冶金工程、高端装配式建筑、综合管廊等技术研究院，统筹技术管理和科技创新；供应链管理方面，设有天津开物供应链管理公司，通过物资集中、集约、专业化采购，压降采购成本，实现价值创造；管控平台方面，积极打造1+6+N的项目管控智慧平台，加强信息化新兴技术的研发与应用，推动BIM技术与重点项目建设深度融合，不断提高智慧工地、智慧建造的应用能力和水平。

公司现有人员5189人，具备各类、各级专业技术职务人员共计3043人（含正高级82人、高级629人、中级1351人、初级980人）；各类执业资格注册人员共计1442人；本科及以上学历3012人，占比超过58%。

2020年，中冶天工经营规模持续较快增长，经营质效稳步向好。新签合同额、营业收入、利润总额年均分别增长33.06%、16.82%、23.59%，2020年新签合同额斩获连续性突破并创历史新高，经营业绩连年攀升，在中冶集团2019年度、2020年度业绩考核中均为A级序列。

三、诚信经营理念

中冶天工全员始终坚持"诚信社会为本、客户满意为荣"的经营理念,"诚信"就是诚实守信;"诚信社会为本"就是要把诚实守信作为企业和员工安身立命之根本。在经营活动中恪守诚信之本,以企业信誉为重,是企业经营道德的集中体现,也是中冶天工高质量发展的根本保证;"客户满意为荣",是企业对客户、对社会的承诺。一方面,客户通过与天工的合作,对获得优质服务和精品工程感到满意,我们以此为荣,充分彰显中冶天工"客户至上"的经营理念;另一方面,在客户满意的同时,我们也会赢得社会认可,扩大企业知名度和美誉度,广交天下朋友,获取更多订单,创造更大的经济效益和社会效益。

四、决策部署

习近平总书记指出,国有企业是壮大国家综合实力、保障人民共同利益的重要力量,必须理直气壮做强、做优、做大,不断增强活力、影响力、抗风险能力,实现国有资产保值增值。要坚定不移深化国有企业改革,着力创新体制机制,加快建立现代企业制度,发挥国有企业各类人才积极性、主动性、创造性,激发各类要素活力。

在中冶天工高质量发展的新征程中,结合市场环境和企业发展实际情况,在做强冶金主业的同时,积极向非钢业务转型发展,大力开拓交通市政、医疗教育、公共场馆、环境治理等新兴业务市场,形成了城市轨道交通、医疗康养建筑、高层建筑等非钢优势品牌业务,近年来非钢业务新签合同额占比保持在90%以上,2020年非钢业务营业收入占比超过75%。

在质量管理上,中冶天工牢固树立"百年大计、质量第一"的思想,不断提高"质量责任重于泰山"的责任感,切实将工程质量管理放在重要位置,注重直接领导、强化过程管控,确保工程质量可控。

在安全管理上,中冶天工认真贯彻落实"安全第一、预防为主、综合治理"的安全生产工作方针,牢固树立"以人为本、生命至上"的安全发展理念,持续完善规章制度、创新培训方法、强化安全考核、大力开展标化建设,切实压紧压实安全生产责任,以党建护航安全生产,助力企业平稳发展。

在社会责任上,中冶天工坚持"国有企业作为中国特色社会主义重要物质基础和政治基础,必须切实履行社会责任"。在实践中持续强化社会责任管理体系建设,把社会责任理念和要求全面融入企业发展战略和生产经营,激发员工斗志,提升队伍素质,将履行社会责任做实走深。

五、实践成效

(一)诚信为本,用心打造精品工程

中冶天工加强项目管理,不折不扣推动项目管控平台建设。全面落实习近平总书记在国家雪车雪橇中心考察调研时的重要讲话精神。充分把握"世界一流"的使命担当、"自主创新"的引领作用、"问题导向"的工作思维、"精益求精"的品质,坚守敢于胜利的"奋斗精神",发挥小老虎精神,以无我、忘我的状态,以咬定青山不放松的韧劲儿,优质高效完成每个项目建设任务,全面提升项目履约能力和管控水平,不断推动项目智慧管控平台迭代升级。

中冶天工施工总承包的天津茱莉亚学院工程,是中冶集团、中冶天工、天津市的重点项目。天津茱莉亚学院是茱莉亚学院在美国本土之外的首家分院,是中美之间文化艺术交流的有力见证,也即将

成为天津、中国乃至整个亚洲地区的文化枢纽。其成功建设将对中美文化艺术领域务实合作具有重要示范意义，同时对区域文化教育产业发展和经济社会高质量发展具有积极的推动作用。这个项目意义重大、诸多难点汇聚，中冶天工勇挑重担，坚决履行央企的社会责任和担当，为了让茱莉亚学院的设计构想走出概念，从梦想变成现实付出了艰苦的努力，成就了如今屹立于海河之畔的"工艺品"。项目获得了天津市质量安全观摩工地，天津市安全文明工地，全国建设工程项目施工安全生产标准化工地，天津市优秀农民工业校，天津市海河杯优质结构工程认定，中国钢结构金奖，天津市钢结构金奖等多项荣誉。国家主席习近平夫人彭丽媛向天津茱莉亚学院校园落成典礼致贺信。

（二）诚信为本，筑牢企业发展质量根基

质量是企业之本，是企业的生命。中冶天工矢志不渝追求卓越，带领广大职工以匠心初心打造臻于自然的"工艺品"。对于施工企业而言，建设高质量的工程能够提高企业品牌的美誉度，同时也是形成甲方满意的必要因素。在施工行业竞争激烈的今天，打造高品质的工程能够提升企业在行业中的竞争力和影响力，从而给企业带来"高利润"的回报。

中冶天工党委结合公司承揽的工程质量的发展形势，制定了着眼于未来的质量方针政策。创新体系建设，完善党委组织与质量管理体系的深度融合。各层级党委积极响应中冶天工党委的工作部署，将党员纳入各级质量管理体系中，强化党委在质量管理体系中的领导地位，明确党委在质量管理过程中的职责义务，发挥党委在质量管理工作中的带头作用，建立"党委领导、系统主责、部门联动、全员参与"的质量管理工作格局，以"党员做先锋、党员扛大旗"的实干精神，建立健全领导体制和协调体制，将党委组织工作与质量管理工作有机结合，共同发力，"十三五"期间中冶天工坚持质量优先，以品牌促企业发展的管理理念，全面提升工程质量管控水平，承建工程共获得省部级优质工程奖130项，国家级优质工程奖6项。获奖项目涉及工业厂房、钢结构场馆、超高层建筑、城市道路等多领域。全面落实质量管理要求，提高员工参与企业质量管理的意识和能力，中冶天工获各类、各级别QC成果212项，其中获国家级QC成果37项。

（三）诚信为本，以安全护航社会发展

安全没有小事，责任重于泰山。坚守"发展决不能以牺牲安全为代价"这条不可逾越的红线，时刻保持安全生产的忧患意识、责任意识，树牢安全发展的理念，这不仅是国家对安全生产工作的方针引领，更是我们企业赖以生存发展的如山军令。中冶天工组织开展了"党员身边无事故"专项行动，通过开展宣传教育、查找隐患、整改落实、总结经验等方式进一步健全安全生产责任体制，发挥了基层党组织的战斗堡垒和党员先锋模范作用。2020年，全年各层级安全管理系统共开展安全检查9741次，排查隐患21875条，整改隐患21875条，整改率100%。

在当前疫情防控常态化和安全生产的新形势下，中冶天工党委深化党建引领的带头作用，公司党委书记多次召开疫情防控专题会议，严格落实各项安全措施，筑牢企业安全发展的防线，构建起"党政工团"总动员的强大合力，确保人员"零感染"。

此外，不断强化科技兴安、科技强安战略，推动大数据、信息化、可视化安全技术应用，使安全工作搭上科技发展的快车道。在公司层面，中冶天工成立信息化中心，搭建安全生产信息化管控平台。目前已实现了人员管理、隐患排查治理、重大危险源管控、危大工程条件验收、特种设备运行、创优及标准化考评、教育培训、责任制考核、应急管理等信息模块的开发、采集和交互，实现了安全风险的平台预警，"智慧工地"布局已基本完成。在项目层面实现了"一个屏幕、统一管理"。通过对工地人员安全、施工安全、财产安全、设备操作安全进行智能监管，有效遏制了各种违章操作和不安全、不文明行为，

提升了项目安全监管成效，取得很好的应用效果，为中冶天工进一步打造项目安全管控新生态起到了引领示范作用。

（四）诚信为本，用心践行社会责任

"国有企业要担当社会责任树立良好形象。"作为社会活动的主要参与者，中冶天工积极履行社会责任，始终以良性发展的相关制度安排与组织建设，以创新丰富的方式方法，用责任担当承载使命，广泛参与社区建设、扶贫、慈善、捐助、救灾等社会公益事业，用实际行动回报社会。

中冶天工始终关注改善民生，积极投身保障性住房的开发和建设，凭借完整的产业链优势，提供"一条龙"式的全方位服务，向地方政府和民众交了一份满意的答卷。多年来，中冶天工建设了上百项保障房、路桥工程、老旧小区改造等民生工程，按照公司党委"让民生工程暖民心"的整体要求，中冶天工以淬炼臻品为己任，让"工匠精神"的理念诠释出了"匠心"的卓越本质，彰显出央企实力和担当。

2020年是脱贫攻坚决战决胜之年，中冶天工主动承建云南会泽县易地扶贫搬迁项目。项目建筑总面积54.7万平方米，建设安置房69栋，如期完工后，实现搬迁安置贫困群众4397户家庭，入住19258人，使20个乡镇摘掉了贫困帽子。2017年8月，积极响应天津市委、市政府新一轮结对帮扶困难村工作，三年的帮扶，经过新一轮土地调整、土地流转，村民人均年增收300元，村集体年收入10.69万元；盘活坑塘资源，每年净增收2.4万元，五年合同累计增收12万元；产业项目每年分红16万元；帮扶16名村民培训取证，成了拥有一技之长的新型职业农民、城市新型建设服务者，实现"两不愁三保障"全部落实，困难群众全部兜底。

中冶天工一直秉承"国家需要、义不容辞"的原则，在天灾人祸面前挺身而出，各级党组织充分发挥坚强领导作用，广大党员充分发挥先锋模范作用，在同重大自然灾害的斗争中经受住了考验。大灾面前有大爱，2008年5月12日四川汶川发生8级大地震，公司为灾区捐款30万元；2010年4月公司赴玉树抗震救灾；2020年年初新冠肺炎疫情期间，向相关单位捐赠口罩、消毒水，带领广大党员向中央组织部捐款28万余元。此外，仅用1天时间圆满完成天津经济技术开发区新冠病毒密切接触者隔离区建设任务；仅用23天时间完成莆田北岸两岸智能医疗产业园项目口罩厂改造重任；不到48小时的时间内完成和平区4处防控防疫隔离中心配套用房搭建紧急任务；与相关单位共同研发设计模块化医疗隔离舱，火速驰援武汉市第三医院；仅用10天时间主编完成国家标准《应急医用模块化隔离单元通用技术要求》；仅用用14天有效时间高质量完成河北南宫2064套方舱集中隔离单元。

案例创造人：周青　郑达峰　李杨　肖倩

以诚信为本彰显央企风范
努力打造水电数字化转型标杆

国能大渡河大数据服务有限公司

一、企业简介

国能大渡河大数据服务有限公司是国能大渡河流域水电开发有限公司的全资子公司。公司作为大渡河推进智慧企业建设发展的排头兵,专注于企业数字化转型、致力于企业大数据开发、服务于企业智慧化运维,以数据驱动管理变革,以数字孪生、人机协调、智慧管理为服务目标,努力打造"创新型、开放型、国际一流"的大数据服务公司。

公司对内全面负责大渡公司及所属单位的数据业务,为业务管理提供强有力的信息化支撑,对外负责总结大渡河公司智慧企业建设成果,开展成果转化和技术输出,打造专业的数据平台及数字化应用场景,提供有效的数字化解决方案,不断引领行业发展。

公司通过大感知、大传输、大存储、大分析、大计算技术帮助企业高效管理数字资源和对业务管理进行精细化运营,通过数据驱动,推动企业降低成本、提升效率,为企业转型升级提供全面的数字化解决方案。

公司成立以来,累计荣获工信部大数据应用示范荣誉 2 项、四川省及行业科技奖项 20 余项,在中国工业互联网大赛、工业大数据创新竞赛等国内顶级工业大数据竞赛中获三等奖,申请发明专利等知识产权 80 余项、授权 60 余项,业务范围覆盖流域气象水情、水电工程、电力市场、环保水保及水电综合管理等。

二、企业诚信经营理念

诚信品格是凝聚在公司全体干部职工身上的重要精神,公司始终秉持"以诚信为本,以创新为核,不断打造水电数字化转型标杆"的理念,以数字化方式推动诚信治企理念抓实落地。一是推进诚信经营融合中心业务发展。公司始终坚持把履约责任扛在肩头,构建了全过程跟踪追溯的业务服务标准,切实为甲方客户做好服务支撑,不断加强科研创新能力,为客户提供优质有效的解决方案,紧盯项目推进情况及项目服务质量,形成高标准的数据中心建设评价体系,为客户评判项目提供标准认证。二是落实责任牢固树立诚信经营意识。坚持以企业和员工诚实守信、公道处事、公平待人,确保公正合理,恪守道德规范;坚持全面履行企业社会责任,致力于人与人、人与企业、人与社会、人与自然和谐相处;坚持严格遵守国家法律法规,依法治企,规范办企,努力承担国有企业社会责任。三是以人为本构建企业诚信文化。广泛开展诚信教育培训,坚持一把手带头推进诚信合规建设,通过周会、月会、专题会等形式宣贯诚信合规理念要求,将经营诚信与合规管理融合,将经营诚信涵盖各业务管理、深入员工业务日常。

三、主要诚信建设工作

（1）依法纳税，履行企业责任义务。2021年公司收入达到7733.17万元，净利润764.03万元，资产总额达8609.49万元，缴纳税费533.06万元。公司严格遵守国家各项税收法律法规，自觉履行纳税义务，成立至今无不良资产，无民企清欠事项，按月进行资金往来清理，强化企业治亏扭亏能力，与往来单位建立健康良好的经营往来关系，通过强化财务预算的管控与分析，财税管理工作持续向好。

（2）定点扶持，践行乡村振兴战略。作为国有企业，践行国家战略部署，承担社会责任是公司义不容辞的使命担当，自成立以来，公司积极推进乡村振兴工作，积极开展公益活动，长期与乡村学校、社区老人院进行帮扶交流，公司认真履行国企社会责任，助力四川省普格县经济发展，不断促进地企关系，截至2021年，公司共计扶贫投入十余万元，开展捐赠物资用品十余次，涉及笔记本电脑、书本、食品等，持续加大对社会贡献力度。

（3）智慧环保，助力双碳目标落地。公司积极响应双碳政策号召，为推进水电企业前期建设更清洁、更环保，公司积极凝练总结水电环保治理经验，运用大数据技术创新打造智慧环保中心，以流域生态环境保护工作为重点，通过管控模型及大数据分析，对相关环境保护因子及环境管理风险进行趋势性、系统性分析与预警，已实现对流域水电工程前期规划、建设、运行期内环境保护工作的智慧化管理，具备大规模行业推广条件，以真抓实干不断助力水电企业基层单位环保工作，为双碳政策达标落地贡献科技力量。

（4）合规经营，营造诚信科研生态。公司对供应商实行全生命周期管理、全流程参与及全方位信息共享。针对现有采购履约活动中出现的各类违约行为甚至是违法行为，采取有效的事前预防、事中监督、事后考核相结合的管理模式，构建合规智慧化管控平台，有效淘汰诚信评价中的劣质供应商，扶持诚信优质的供应商，推进合格供应商向诚信供应商转变。大数据公司更加注重科研供应商提供产品或服务的资质能力、诚信表现、产品服务质量、履约情况等方面的考核评价，创新构建供应商白名单等多种方式，优先采用诚信好、技术强的供应商，不断培育诚信科研生态。

（5）夯实防线，强化网络信息安全。作为国家能源集团大渡河流域水电开发有限公司网络与信息安全主体责任单位，为应对日益复杂的网络安全形势，公司大力构建网络安全纵深防护体系，引入蜜罐和入侵检测等新技术，实现网络安全被动防御向主动防御的转变，在2021年政府各级护网行动中表现优异，荣获护网行动突出贡献奖；不断强化信息安全管理体系，建造国家能源集团数据平台，并成功应用上线，全面强化数据信息统筹管理，不断筑牢信息安全与数据保密"围栏"，自公司成立以来，大渡河公司未发生任何数据泄露事件。

（6）加强宣贯，培育诚实守信氛围。公司高度重视员工诚信品质培养，广泛开展多种类型的诚信活动，开展质量法治宣传月活动，组织全体职工进行学习并完成答题；组织全体员工集中学习诚信宣传手册，围绕"依法合规，基业长青"主题开展一系列丰富多彩的诚信教育活动。每年"12·4"国家宪法日，大数据公司均组织多种形式的宪法法律宣传活动，深化法治教育。

（7）以人为本，做好职工人文关怀。公司坚持以人为本，深入了解职工心理与诉求，公司党委书记定期组织召开谈心谈话会，积极做好工群众思想政治工作；全面落实"三个统一"，统一职业健康培训、统一职业健康查体、统一职业危害警示标识；全面兑现"三个100%"，工伤保险覆盖率100%、防护用品配备率100%、职业健康监护建档率100%。

（8）科学防疫，坚决落实防疫要求。公司在新冠肺炎疫情防控战中，落实主体责任，制定《大数据公司疫情防控指南》，以各党支部为抓手，带领全体职工坚定战胜疫情信心，做好工作岗位和家庭生活中的科学防疫。广泛开展工作场所和家庭环境消毒防护活动，及时向身边同事和家人宣传普及正确佩戴防护用品和正确洗手、消毒等疫情防控知识，营造积极向上、安全健康的工作生活氛围；公司直属团支部秉持雷锋精神，制定面向社会的《新冠疫情防控指南》，在地铁站等公共区域，免费发放口罩，积极宣传防疫指示，取得了良好的社会影响。

案例创造人：贺玉彬　陶春华　陈瑾

产品如人品　钢铁铸诚信

河北普阳钢铁有限公司

一、企业简介

河北普阳钢铁有限公司（以下简称普阳钢铁）位于河北省武安市阳邑镇东，成立于1992年。1993年上炼铁，2002年建炼钢，2006年设轧钢，顺应国家好政策，逐步发展成为集洗煤、焦化、烧结、炼铁、炼钢、轧材、发电、制氧、科研为一体的综合型钢铁联合企业。连续16年跻身中国企业500强，拥有职工7300多名，人均月工资超10000元，实施"阿米巴＋卓越绩效"管理模式，拥有国家认可实验室、自主知识产权钢铁研究院、省级高塑韧性耐磨板技术创新中心和冷镦钢技术创新中心，是河北省著名的板材生产基地。主要产品有高性能宽厚板、热轧卷板、冷轧镀锌卷板、高速线材等，其中多项产品荣获冶金实物质量金杯奖，畅销70多个国家和地区。

历年荣获全国钢铁工业先进集体、全国产品和服务质量诚信示范企业、河北省省政府质量奖提名奖、12315全国企业质量信用AAA等级、中国农业银行河北省支行AAA级信用单位、河北省诚信企业、河北省明星企业等多项荣誉称号，2019年位列"中国企业信用500强"第254位。

二、诚信建设方面的业绩做法

对于诚信经营，普阳钢铁董事长郭龙鑫曾在多种场合一再重申："诚信是一个人的形象，是产品形象，更是企业形象，产品如人品，企业的好形象是由一个个讲信誉的人组成的。做人，老老实实，讲诚信，人们就都愿意和他打交道。朋友多了，财路必然广阔；做企业，更要脚踏实地，勤勉务实，重信誉讲合作，在利益面前，做到客户及合作伙伴先赢，中国商道自古就讲究'互惠互利，合作共赢'，只有双赢多赢的买卖，才是好买卖，才是得人心的买卖。"

具体而言，普阳钢铁在诚信建设方面的业绩做法主要体现在以下几个方面：

（一）诚信经营，遵纪守法，对国家讲诚信

自建立普阳钢铁之初就坚持"质量第一、诚信至上"的管理理念，从守法经营入手，各种经营活动都严格遵守国家各项法律法规，信守合同，照章办事，以强化落实为基，自领导层的垂身示范，到各级干部职工严格执行，历时近半个世纪，在企业内部逐步建立了以诚信为基石的核心经营理念，并最终形成了一个舆论监督、内部激励、全员落实的良性诚信经营体系。为树立普阳产品的品牌影响力和市场竞争力，提供了强大的原动力。

（二）照章纳税，热心公益，对社会讲诚信

一直以来，普阳钢铁牢记"为社会创造财富，为客户创造价值，为员工创建幸福家园"的使命，尽最大努力服务桑梓，回报社会。是当地的利税大户和财政收入的支柱性企业。

近年来，普阳钢铁积极响应武安市委、市政府倡导的"企业＋乡镇"扶贫模式，带领普阳钢铁集团对阳邑镇开展一系列脱贫攻坚行动。安排117名困难人员到企业就业，其中建档立卡贫困户11人，每人每月工资8000—9000元，每年支出1100—1200万元；每年为112名建档立卡贫困人员提供村庄公益岗位工资补贴100万元；捐资11.89万元为19户贫困户修缮房屋；捐资1000万元设立"恩元扶贫基金"，对因病、因残、因学等困难家庭进行救助；联合武安市政府捐资100万元成立"河北省武安市社会救助基金会"；每年捐资300多万元为村民补助医疗保险；捐资6.7亿元建设武安市第一所大学城；新冠疫情期间，捐款3736.25万元用于疫情防控。据统计，截至目前，普阳钢铁累计向社会各界捐助10亿多元，为社会公益事业做出了卓越贡献。

（三）关注环保，对环境讲诚信

碧水蓝天是人民群众的基本需求，做好环保工作，是对社会各界的一种高度诚信。一直以来，普阳钢铁非常重视环保工作，实施了"铁路专用线"、烧结"活性焦脱硫脱硝"、电厂"SCR"脱硝、焦化和竖炉"烟羽脱白""无组织排放管控治一体化"等百余项环保工程，各类排放指标均优于国家超低排放值。为提升地区钢铁企业整体形象，实现绿色制造做出应有贡献！

（四）注重产品转型升级，对市场讲诚信

近年来，普阳钢铁全面践行高质量发展，以"两高"（高于国家标准、高于行业标准）优质产品参与市场竞争，对市场、对行业讲诚信，为市场提供高附加值的产品，凭借高精尖人才，打造出以Q550D、Q690D为代表的高强钢，PY1200NJ企业牌号命名的1200Mpa级农机用钢，Q370qE、Q420qD为代表的桥梁结构用钢，Q355NH、Q355GNH、Q345qDNH为代表的常规耐候及桥梁用耐候钢，NM400、NM500为代表的耐磨钢，SA516、SA537、16MnDR为代表的高级容器用钢等一系列精品专用钢，住宅轻钢Q420MB、汽车大梁钢700L、铁道车辆用耐候钢，Q450NQR1、轮辋用钢380CL、440CL，预应力管桩钢筋30MnSi，冷镦钢35K等。其中，桥梁板已形成区域优势，销量逐年递增，销量河北省领先。

（五）严格执行合同，提供全流程服务，对客户讲诚信

"为客户创造价值"，普阳钢铁的重要企业使命之一。它不仅体现在为客户提供个性化服务和高质量的产品，更体现在"重合同守信用"上，只要签订合同，不论市场价格如何变动，普阳钢铁都严格执行合同，合同执行率高达100%；在交货周期方面，全面统筹安排，保证客户的既得利益；在向供应商支付方面，普阳钢铁一向秉持快速高效的工作方式，保证了供应商的资金回流，促进了长期可靠的合作关系。得益于这一系列举措的落实，普阳和现代重工、三星、大宇、LG、蒂森克虏伯、沙士基达等国际跨国集团均是普阳的战略合作伙伴。

与此同时，普阳钢铁实行技术服务"24小时到现场"的售前及售后服务指导制度，在产品质量高于国家标准、高于行业标准的基础上，执行客户标准，关注客户体验，提供全流程服务，为客户解决实际难题。

（六）保障职工权益，提高职工待遇，对职工讲诚信

"为职工创建幸福家园"，是普阳钢铁对职工的郑重承诺。普阳钢铁以共创造、同分享为核心理念，稳步提升职工收入水平，每月薪酬较周边同行业高出4000多元。同时制定多项措施，不断提升员工满意度。着力解决职工在个人因素、领导水平、工作特点、福利待遇、人际关系等方面的矛盾和问题，为职工缴纳"五险一金"，完善阶梯式的人才培养机制、多渠道的发展通道，为员工提供顺畅的发展空

间,搭建提升平台。每个员工可根据自己特长和发展目标来规划自己的职业生涯,调动广大员工的积极性和创造性。不断提升员工的满意度,提升员工的归属感和自豪感。

亘古不变,天道酬勤。面向未来,普阳钢铁将一如既往秉承绿色钢铁、诚信至上、服务至善的发展理念,践行"为社会创造财富、为客户创造价值、为员工创建幸福家园"初心和使命,以"做一流企业,创国际品牌"为目标,走"转型升级、提质增效、结构调整"的绿色钢企之路。

案例创造人:郭龙鑫　田丽晓

诚信实干　争做中国专网通信引领者

河北远东通信系统工程有限公司

一、企业简介

河北远东通信系统工程有限公司（以下简称远东通信）是中电网络通信集团有限公司旗下综合型ICT公司，成立于1995年3月，注册资金3亿元，现有员工1300余人，是经认定的高新技术企业、河北省战略性新兴产业"双百强"企业、河北省企业技术中心、河北省工业设计中心、河北省工程研究中心、河北省科技领军企业、河北省工业企业研发机构A级企业、石家庄市创新型企业。远东通信围绕专网通信和时频器件两大产业板块，面向政府与公共安全（公安、应急、人防）、公用事业（交通、能源）、高端时频器件等领域，为行业用户提供通信、智能应用、晶振等产品，信息化解决方案及系统集成等服务。远东通信办公及研发场所25636.87平方米，其中2017—2019年年均资产总额20多亿元，年均营业收入23.5亿元，年均研发费用1.1亿元，年均研发投入占比4.4%，2020年资产总额277628.19万元，营业收入243039.16万元，研发投入占比5.34%。

在城市轨道交通市场，远东通信的产品运行于全国52个城市215条线路上，产品覆盖率超过90%，连续多年保持行业领先地位；在应急管理市场，远东通信参与了国家公共突发事件应急平台体系设计和应急管理部信息化顶层规划，承接了河北、山东、贵州、云南、吉林等多个省应急通信系统建设任务，特别是在应急指挥窄带无线通信网系统设备细分领域，市场份额行业领先；在人防市场，远东通信是"国家一网四系统信息化建设推荐集成单位"之一，先后参与全国16个省、120多个市县人防指挥所和12个省、100多个市县人防机动指挥系统建设，长期保持人防信息化集成建设领域前三名；在高端恒温晶振市场，远东通信是华为、中兴等知名通信企业的重要供应商和战略合作伙伴，连续4年市场份额全球排名第二，产品出货量全球第一。海外市场，远东通信参与了厄瓜多尔ECU911、玻利维亚BOL110、安哥拉全国公共安全一体化平台等多个海外国家级应急指挥中心的建设。同时参与了刚果（布）国家电力调度专网、尼日利亚国家电力调度专网、赤道几内亚国家电力调度专网、东帝汶国家电力调度专网等多个国家级电力调度信息专网的建设，海外相应业绩超过200个。

二、诚信经营理念

远东通信成立伊始，公司领导就把商业信誉放在首位，始终坚信"信用既是无形的力量，也是无形的财富"，认真执行相关法律法规，提出守合同重信用是企业发展的原动力。2020年1月，远东通信发布企业文化，确定了公司愿景：成为中国专网通信的引领者；使命：让专网更智能；核心价值观：以客户价值为先，以人才为本，诚信实干，久久为功；经营理念：市场是纲，技术是根，创新是魂。在实际工作中，紧紧围绕"以客户价值为先、以人才为本、诚信实干、久久为功"的核心价值观，加强员工依法守信的观念。诚信，就是要诚实无欺，言行相符。诚信是做人之基本，我们主张做事要实事求是，做人要一诺千金。无论是对客户还是同事，承诺的事情就要全力以赴去做到，彼此真诚对待，信守诺言，才能打造一个团结高效的集体。实干，就是要脚踏实地。凡事兴于实，败于虚，我们主张以严谨的作风、勤勉的态度，不空谈、不敷衍，认真做好每一件事。求真务实，行稳致远，终将达到目标。

三、决策部署

远东通信聚焦主责主业，深化体制机制改革，以高质量发展为中心，以转变发展方式为抓手，加速推进由项目经济向产业经济转变、由独立发展向协同发展转变、由规模增长向规模与效益增长并重转变。加大经营质量提升和管理提升力度，促进业务结构和收入结构的战略优化调整，提升风险管控能力，提质降本增效，构建规模与效益增长并重的发展格局。紧紧聚焦主责主业，通过智能应用提取数据价值，为各行业专网智能化赋能。通过产品技术创新、市场能力建设、管理改革三方面为公司发展做好有力支撑。产品技术创新方面，以科技创新能力为牵引，提升核心产品研发能力，打造专网通信与时频技术体系；市场能力建设方面，加大市场资源投入，强化资源统筹协作，推动销售模式变革，提升市场开拓能力；管理改革方面，完善现代企业管理制度，全面提升运营管理水平与数字化水平，建立规范的业务流程，打造与发展相适配的财务管理与人力资源体系。

四、体系建设

1. 管理体系建设

远东通信依据 GB/T 19001 和 GB/T 50430 的要求建立了完善的质量管理体系，按认证要求定期接受监督/复评审核，体系自 2005 年有效运行至今，现有 1 个质量手册、27 个程序文件、201 个规程/规范，覆盖业务全过程。远东通信坚持以顾客为关注焦点，公司领导带头，全体员工参与，充分理解相关方的需求和期望，基于对数据和信息的分析、评价进行循证决策，采用 PDCA 循环和基于风险的思维对过程和整个体系进行管理，产品和服务质量稳定提升，实现了持续改进。依据 ISO/IEC20000:1 的要求，结合公司自身特点和框架建立了 IT 服务管理体系，范围包括：向外部客户提供应用软件、信息系统、通信设备及基础设施运维服务相关的 IT 服务管理活动。在 IT 服务管理体系的规范和指导下，通过以客户为中心、以流程为导向的方法，全员参与，采用 PDCA 循环和始终基于风险的思维对过程和整个体系进行管理，达到了持续改进的目的。依据 ISO/IEC27001 的要求，结合公司自身特点建立了信息安全管理体系，范围包括：公司范围内与应用软件的设计、开发及运维服务，信息系统、通信设备及基础设施运维服务相关的信息安全管理活动。通过全员参与，在安全策略和安全组织、安全运行、技术以及基础架构支持等方面的持续改进，从业务流程和技术层面建立了有效、可持续运营的管理措施和解决方案，确保了信息系统安全风险安全可控。同时，公司还通过了 ISO14001 环境管理体系认证、ISO45001 职业健康安全体系认证，在环境及职业健康安全方面为公司保驾护航。

2. 流程体系建设

企业流程是对优秀业务实践进行总结，固化下来，可重复执行的业务过程。企业流程建设应聚焦端到端流程，从客户需求端出发，到满足客户需求端去，围绕满足客户需求、为客户创造价值开展端到端流程建设。公司开展流程建设，首先要建立流程体系，在流程体系的框架内开展流程设计、流程优化、流程绩效管理、流程审计等工作。随着公司不断发展，公司渐渐存在一些问题，比如：在产品开发方面，存在着从产品研发到上市时间周期长、研发产品质量不高、后续维护费用高以及产品投入回报率低等问题；在销售管理和项目交付方面，则存在着销售信息收集不及时、不全面，重点信息关注与跟踪不足，关键销售行为做得不够影响中标率以及与工程交付各环节拉通不足，致使项目交付成本高的问题；在售后服务方面，存在客户档案不全面，客户反馈的问题模拟环境难以复现，处理售后问题缺乏统一的知识库，新上岗工程人员缺少部分作业指导书等问题。

为了解决这些问题，2019年远东通信成立了集成产品开发（Integrated Product Development，IPD）、线索到回款（Leads To Cash，LTC）、问题到解决（Issue To Resolution，ITR）三大业务流程建设组织机构，梳理完善适合远东通信的流程，经过近百人工作组协调测试编写，于2020年3月予以实施。三大流程共有近300项表单及作业指导书，是公司诚信建设的流程保障。

五、制度保障

目前有近百项制度对公司运营、诚信建设保驾护航。2017年在原有制度基础上开展了《内控手册》的全面修编。后续每年依据公司规章制度，对内控体系进行修订。最近一次在2021年4月，启动了2020—2021年的《内控手册》修订工作。《内控手册》的内容紧扣实际业务流程，涉及了组织架构、发展战略、社会责任等公司各方面工作的风险和控制措施。针对内控内审工作中发现的控制缺陷，制定了相应的管控措施，并对执行落地情况进行检查。

同时远东通信建立了公司运营数据管理机制，提升运营数据收集和分析能力，并贯标DCMM，为公司决策提供数据支撑；开展了基于面向客户的理念推进的组织机构调整、导入BLM业务领先模型，统一语言、统一方法，系统性提升公司总体战略和业务规划能力；导入战略地图和平衡计分卡，使战略可描述、能衡量，提升公司战略解码和战略执行能力。最终，基于平衡计分卡，制定详细的年度经营计划，包括年度目标、责任部门、行动方案等内容，实现上下拉通、左右对齐，计划互锁，提高组织工作效率。在技术创新方面，突破惯性思维，坚持应用BLM业务领先模型对行业细分市场深度挖掘，创新业务设计，培育新动能；夯实技术根基，加快技术平台化工作进度，加大5G、大数据、人工智能等新技术积累，打造"通信+智能"技术发展坚实基础；推动协同创新，以前沿引领技术、关键共性技术为重点，密切与高校、科研院所等合作，提升技术核心竞争力。在服务创新方面，强化以客户价值为先，抛弃本位思维和惯性思维，优化工程实施规范，完善作业指导书及知识库资源，制定过程管理办法，保证流程执行效果；完善售后服务体系，加强售后服务能力，提升问题解决效率，做好售后追踪服务，提升客户满意度。

六、诚信成果

远东通信是信用中国的守信激励对象，连续两年（2019年、2020年）被评为纳税信用A级纳税人，近三年被税务局评为石家庄市纳税百强单位，多次获得"河北省诚信企业""河北省信息产业与信息化5A诚信企业""守合同重信用企业""安全生产诚信A级企业""企业信用评价AAA级信用企业"等称号。

坚持诚信实干的核心价值观，2020年远东通信攻坚克难、奋勇拼搏，夺取了疫情防控及经济发展双胜利。全年新签合同突破31亿元，销售收入超24亿，各项经营数据全部同比提升，经营质量明显提高，高质量发展成效彰显。获得了"河北省战略性新兴产业双百强企业""河北省电子信息产业50

强企业""抗击疫情先进单位"等荣誉称号,位列石家庄市百强企业第23位,入选了科技部火炬中心高新技术企业典型案例集。

"成为中国专网通信的引领者"是远东通信的企业愿景,也是所有远东通信人奋斗的目标。未来机遇与挑战并存,远东通信必将以诚信为本、持续创新、深化变革,助力河北经济向高质量发展转变,引领中国专网通信领域的发展!

案例创造人:李军军　林青　刘宁

提升"获得电力"服务水平
注入优化营商环境"电动力"

内蒙古电力（集团）有限责任公司乌海供电分公司

一、企业简介

内蒙古电力（集团）有限责任公司乌海供电分公司（以下简称乌海供电公司）成立于1976年，坐落于三山环抱、一水中流的"黄河明珠"乌海市，为国有特大型供电企业，担负着全市56万人口的生活用电和一市三区四个工业园区的工农业生产供电任务，服务30余万电力客户。所属35千伏及以上输电线路135条，变电设备容量7691.55兆伏安。其中220千伏变电站12座，110千伏变电站25座，35千伏变电站6座，线路总长度1615.59公里，固定资产约47.03亿元。企业先后荣获"全国文明单位""全国五一劳动奖状""全国安康杯"优胜单位、全国群众性体育运动先进单位和"全国模范职工之家"称号，被国家电网公司命名为一流供电企业；被自治区认定为全区文明单位标兵。连续四年荣获省部级质量效益型企业称号；多次被中国质量协会用户委员会授予全国用户满意服务荣誉称号；被内蒙古自治区总工会评为劳动和谐单位。

二、信用标准制度建设

信用体系建设任重道远，意义深远，乌海供电公司从三个层面入手，全方位、立体化完善信用制度标准体系建设，夯实企业诚信经营制度保障。

（一）风险防范

企业的信用理念是可持续发展的无形资产，乌海供电公司通过在全企上下营造守信践诺，依法合规经营的氛围，加强政策正确引导，净化信用环境，具备了创建信用标准体系的前提条件；在安全生产管理、营销管理、工程建设管理、合同管理、财务资产管理、采购管理等易发生失信事件领域进行逐一排查，对照国家、自治区法律法规和规范要求，梳理出经营过程中涉及的信用行为事项48项，并按照轻微失信、较重失信、严重失信程度标明风险等级，形成《乌海供电公司信用风险点防范台账》，梳理风险防范制度11个，形成《乌海供电公司信用管理制度体系清单》，切实正视问题隐患，积极落实责任，降低信用风险。

（二）事中自查

按照自治区国资委、集团公司关于信用管理各项要求通知，对信用中国、信用能源、中国电力企业联合会、乌海市社会信用信息平台、商业信用杂志社等平台守信、失信信息进行常态化监督监测，建立《乌海供电公司信用档案》，逐步实现信用记录全覆盖，确保信用信息真实、完整、可追溯。2021年开展农民工工资保障支付工作情况自查，集中力量对基建工程、生产大修、生产中小修、技改工程、配网工程及乌海市海金送变电工程进行自查，对农民工劳动用工实名制管理、农民工工资保证金管理、农民工工资与工程款分账管理等认真检查，经核查，未发现拖欠农民工工资现象，切实维护了农民工的合法权益，维护了企业的良好诚信形象。截至目前乌海供电公司已从上述平台梳理出"A级纳税人、和谐劳工关系、诚信选树典型企业"等良好记录共11条。

（三）信用修复

为确保信用管理工作走深走实，出现失信行为后杜绝推诿扯皮现象，提高信用修复工作效率，乌海供电公司积极协调部门分工，层层落实压紧岗位职责，促进齐抓共管信用工作的良好局面，完善人员体系架构，形成"信用管理联络人"机制，建立《乌海供电公司信用体系建设人员信息表》，厘清"边界线"划分"责任田"；学习信用监测网站的信用修复流程，了解政策变化，掌握规则规律，及时反馈总结，实现闭环管理。

三、诚信体系建设实践

（一）精准定位中心工作，力保电网稳定运行

作为乌海市地区电网的"指挥官"和"大脑中枢"，乌海供电公司处致力于强化电网管理，不断提升供电可靠性和电压合格率，为用户提供高质量清洁能源。集中技术骨干常态化开展优化无功电压管理工作，严格控制电压偏差，提高电压合格率。根据客户反应电压偏低问题，调度管理处高度重视，上下一心，通力合作，多措并举，分时段开展电压监视及调整工作、优化AVC策略，确保A类电压合格率达99.2%以上；通过计算各电压等级电压限值，合理调整电网布局，优化配电网结构进而降低电压三相不平衡度；对入网设备质量严格把控，有效降低电压波动与闪变概率。近年来，乌海供电公司电压合格率指标控制在自治区各盟市供电公司中名列前茅。

（二）提升电网管理水平，助力地方经济绿色发展

乌海市作为能源密集型城市，高载能、高耗能企业较多，为助力地方经济绿色发展，按照国家、自治区和集团公司"绿色发展""碳达标、碳达峰"的总要求，乌海供电公司深入贯彻落实"绿水青山就是金山银山"的发展理念，圆满完成有序用电各项工作，在制度上严格执行乌海市政府主管部门批准的有序用电序位，遵照"限电不拉闸"的原则，提前谋划，及时将有序用电预警信息及指令通知用电客户，做好有序用电布置、准备工作；跟踪服务，做好向用电企业的售后、解释工作；量身定制，调查走访发现确实有困难的特殊用户，及时与上级主管部门报告，申请重新调整有序用电顺序，2021年高质量执行上级有序用电指令444次。制度的刚性执行和人性化服务体系有机结合，上网送出"温暖电"。

（三）提升人员技能水平，确保可靠电能供应

乌海供电公司以制度保障为基石，以人员技能水平为着眼点，以保障电网安全稳定运行为目标，以提供优质可靠电能为服务宗旨，调度管理处2021年制定《外委施工管理方案》等各类大型预案共8项，梳理地区电网风险点358条，发布安全风险通知单共264张，刚性执行设备检修计划667份，制定各类应急处置卡24份，合理安排设备检修时间，优化电网运行方式和配网反带方案，未雨绸缪，减少电网风险时间。

2021年乌海供电公司会同乌海市能源局针对电网运行出现的极端情况，开展乌海市大面积停电联合应急演练并取得圆满成功，获得了乌海市政府及相关部门的高度评价，此外，各部门、单位多次开

展各类配电网联合反事故演练以及网络安全、消防、电源等应急演练，高质量完成2021年各类重要会议、重点节假日等各类保电任务，有效提高了人员应急处置能力。为建设蒙西坚强电网，提升电网"大脑"智慧水平积累了宝贵经验。

（四）遵守廉洁自律准则，全面优化营商环境

乌海供电公司紧绷廉洁从业红线，聚焦优化营商环境，充分发挥党委纪律监督"显微镜"的作用，精准发力，把日常工作监督到位，纵深推进干部职工廉洁自律意识，营造风清气正营商环境。制定印发《党委落实全面从严治党主体责任清单》《党委及班子成员党风廉政建设责任清单》《落实党风廉政建设"两个责任"考核实施细则》等一系列规章制度，全面梳理形成专题调研、廉政党课、监督检查等8个方面的工作记录表33个，积极配合集团公司开展三次巡察督查工作，梳理自查整改情况269条，做到反馈问题事事有回音，件件有着落。印发开展优化用电营商环境、工程领域突出问题专项治理等方面专项监督，下发分管领导工作提示函和检察建议书，针对问题线索及时立案审查调查，严格执纪问责，营造风清气正政治生态。坚决杜绝"吃拿卡要"杜绝"门难进、脸难看、话难听、事难办"，做到守法经营，规范办理，保证"用户最多跑一次"。各项制度的确立和实施提高了企业用户的入网办理效率，收获广大用户的一致好评，进一步提升了企业诚信经营品牌的影响力。

（五）主动前移服务关口，"电保姆"屡获好评

乌海供电公司主营业务专业性强、覆盖面广、关注度高，是优化营商环境的关键环节，公司充分发扬主人翁精神，实现了将客户服务由被动解决问题到主动提供需求的转变，真正做到了"想用户之所想，急用户之所急"。2021年会同乌海市黄河水利枢纽、乌海市移动公司、乌海市新能源场站等企业、单位开展技术交流帮扶17次，完成合解环潮流计算13次，为用户解决了各项专业技术难题和停电倒负荷的困扰，得到了帮扶对象的一致好评，有效消除了沟通壁垒，也为乌海地区供用电稳定性营造了良好的氛围，进一步提升了企业公信力和诚信经营品牌影响力。

充分利用网络平台，建立"涉网企业检修票提报微信群"，形成"线上答疑，线下指导"机制，多次通过电话微信方式指导用户处理数据通道中断、调度管理网络故障、网安设备离线等问题；主动提供值班调度员名单及各类调度管理规章制度，促进用户有序用电规范化、标准化；深入乌海地区新能源场站进行现场指导，增强业务的高效沟通，组织开展"面对面"现场会10余次，减少沟通成本，拉近用户距离，收集整理意见，解决专业问题，提供可靠服务，为地方新能源产业发展提供了技术支持。

深度参与电源接入和供电方案评审，提出合理化建议，主动指导发用电企业避开发供电受阻严重的地区，优化方案，提高评审一次性通过率；优化新设备并网流程，压减不必要的投资环节，避免服务对象多次重复提交资料，履行"一口对外、首问负责、一次性告知、限时办结"承诺；扎实推进调度协议签订、安全稳定计算、保护整定计算、二次在线监测系统接入、自动化信息接入、传动启动批准书编制等工作，打牢设备验收前期工作基础，及时合理安排停送电，不发生有调控机构责任的工程延期投产问题。在提高用户用电满意度方面交出了令人满意的答卷。

（六）增强班组创新活力，对标一流提质增效

"问渠那得清如许,为有源头活水来"。多年来乌海供电公司高度重视班组创新管理，力求以"小、实、活、新"的质量管理解决工作中实际问题，提高工作效率。2021年企业QC小组注册数75个、创新课题注册数77个，包含创新成员651名，累计开展小组活动近800次，多次参加公司级、自治区级、国家级评选比赛斩获佳绩，其中创新成果《新型10KV电缆中间接头监测装置的研制》《缩短综改工程二次安全措施布置时间》等多项成果荣获内蒙古自治区质量协会一等奖。小组成员聚焦主业重点、难

点问题，充分发挥创新精神，降低企业运营成本，为乌海供电公司高质量发展注入基层创新活力；基层班组作为企业最小的组织结构之一，是企业正常运转的根本保障，乌海供电公司抓细抓小，着力提升班组综合能力和竞争力，对标行业先进班组，汲取宝贵经验，结合自身实际，补短板、强弱项，在班组业务培训、班组文化、创新成果、业绩考核等方面形成了行之有效的管理体系，2020年至2021年期间，共有3家班组在全区各盟市局1700余家参评班组中脱颖而出，获评集团公司"四星班组"称号。

（七）深化共用信息共享，加大信息公开力度

为加快信用信息共享步伐，深化数据开发利用，推动信用信息共享应用工作，乌海供电公司调度管理处通过"调度信息披露平台"及时向乌海市海勃湾区、乌达区、海南区政府、市能源局、工信厅等部门，定时发布电量及控制"两高"企业负荷情况信息，优化调度信息发布形式和周期；营销服务部定期向乌海市发改委报送乌海市企业电费缴纳、欠缴情况，逐步完善小微企业"画像"，确保信息公开的覆盖面、时效性与透明度。致力于打破"数据壁垒"和"信息孤岛"，为全面优化营商环境，助力用户企业发展进而稳增长、保民生、增就业提供信息支持。

（八）党建引领诚信建设，主动担当蒙电责任

乌海供电公司处充分发挥党支部的战斗堡垒作用，充分发挥党员的先锋模范和团员青年后备军、生力军的作用，依托各级志愿服务队，常态化开展志愿服务活动，重点围绕"包联共建"志愿服务品牌，为全市13个包联小区制定包联共建举措25项103条，开展主题志愿服务80余次，参与人数1780余人次，惠及群众3万余人，成为全市唯一一家收到乌海市创城办表扬信的企事业单位。公司"'黄绿红'添彩企业责任底色，绘就用电崭新画卷"案例，被中国电力企业联合会评为2021年度电力企业社会责任优秀案例。接续第三批次11家基层单位团队文化建设成果，全覆盖公司所属基层单位开展团队文化总结提炼，并进一步向班组文化延伸。全年累计开展各类宣传1798次，被市级以上媒体报道采访773次。2021年，推出"内蒙古好人"1名、"蒙电楷模"1名、"最美蒙电人"1名。公司通过寓教于活动，寓教于实践，以精神文明建设和社会主义核心价值观为引领，"三爱两不"企业文化为指导，引导干部职工为社会信用体系建设贡献力量；在理论学习上注重"深度"，在宣传宣讲上注重"广度"，在学用结合上注重"精度"，通过多方式、多角度的宣传、教育、培训将诚信经营理念根植于职工心中。

三、实施成效分析

乌海供电公司始终秉持诚信创造价值，守信谋求发展的理念，通过一系列的诚信体系建设措施和方法，在打造企业诚信服务品牌方面取得了新成效，在营造企业里诚信氛围方面取得了新进展，在凝心聚力，厚植诚信文化于职工心中取得了新收获。近期，乌海供电公司又高质量完成了冰雪天气、北京冬季奥运会保电、支援额济纳旗抗击新冠疫情等工作任务，将以诚立信的文化精神固化于中心工作，收效甚佳。

"风好正是扬帆时，不待扬鞭自奋蹄"，下一步，乌海供电公司将继续秉承建设坚强智能电网，提供优质便捷服务的理念，持续强化服务意识，充分发挥主人翁精神；深入贯彻落实国家、自治区关于深化"放管服"改革优化营商环境的决策部署，以完成好集团公司关于各项任务目标为抓手，进一步提升"获得电力"水平，树立诚信理念，坚持诚信发展，营造企业诚信经营良好氛围，继续推动信用建设取得实效，不断增强企业综合发展能力。

案例创造人：薄宏斌　钱新月　王元

以诚筑基　以信固本
诚信助力企业与园区同生共赢

国能（肇庆）热电有限公司

一、企业简介

国能（肇庆）热电有限公司（原国电肇庆热电有限公司，以下简称肇庆热电公司）于2008年12月19日成立，注册资金5.77亿元，由国家能源集团广东电力有限公司、深圳市至德投资发展有限公司按70%、30%的比例投资组建，公司地处肇庆国家高新技术产业开发区东部。公司主要从事火力发电、供热以及相关产品的开发和生产经营等业务。一期工程投资33.58亿元，建设2×350MW燃煤热电冷联产机组（含码头），同步建设烟气脱硫、脱硝装置，设计年发电量39.79亿千瓦时，年供热量1330.9万吉焦，热效率达50.26%。项目为本区内唯一大型热电联产机组，已实现园区内供热管网全覆盖，为区内80余家工业企业供热。项目于2011年4月开工建设，2014年6月20日正式并网转入商业运营。

二、企业经营情况

肇庆热电公司结合实际积极适应改革、拥抱市场，将原来的一级营销网络增设至二级，增设营销岗位人员，研究政策，分析网络，取得了较好的成绩。企业投产以来，累计完成发电265.3193亿千瓦时，自18年以来分别高出同类型平均值763、498和481小时，位列省内同等级机组第二名，仅次于惠州电厂。2021年以来的市场占有率一直保持在110%以上，在广东省经济的高速发展下，肇庆高新区各大型企业建设、生产加速，后续年度市场占有率将有较大提升空间。

为履行项目发展时打造绿色低碳电站的承诺，公司自机组投产以来，一直践行绿色发展理念，在各届领导团队的带领下，大力开展节能降耗工作，实现了供电煤耗大幅度、持续下降。2014年机组投产当年，完成供电煤耗319.00克/千瓦时，至2021年，我厂供电煤耗已降低至294.42克/千瓦时，较投产初期下降了24.58克/千瓦时，煤耗水平在省内同类型机组稳居第一，为地方经济绿色低碳发展增添了强劲动力。

公司自成立以来，在上级单位和地方政府的正确指导下，积极履行社会责任，全力做好安全环保、生产经营和党的建设等工作，取得了良好的成绩。公司自2014年正式投产以来连续保持盈利，2021年公司固定资产29.12亿元，工业总产值18.5亿元，连续三年获评集团公司安全环保一级企业。先后荣获国家能源集团公司"先进单位""五星级企业"称号，广东省环境保护厅"环保诚信企业"，肇庆市人民政府"突出贡献奖"，肇庆高新区管委会"经济效益优秀企业""年度项目建设优秀企业""年度和谐劳动关系优秀企业"、广东省"法治文化建设示范企业"和"平安创建示范企业"等称号。

三、肇庆热电公司诚信守法经营工作情况

在公司日常经营活动中，诚信守法经营，和谐内外部环境，积极贯彻国家、地方法律法规是我公司全力倡导的企业文化理念，不断推进企业信用制度建设，积极投身周边环境维护，在社会公益事业与精神文明创建工作方面都做了大量的工作。

（一）积极强化财税管理，努力夯实公司信用基础

公司财务报表以持续经营假设为基础，根据实际发生的交易和事项，按照财政部发布的《企业会计准则——基本准则》（财政部令第33号发布、财政部令第76号修订），于2006年2月15日及其后颁布和修订的42项具体会计准则、企业会计准则应用指南、企业会计准则解释及其他相关规定（以下合称企业会计准则）编制，经过中审众环会计师事务所审计并发表无保留意见。

公司预算编制采取"上下结合、分级编制、逐级汇总"的程序进行，是以"业务量"起点为主，以"成本控制"起点为辅，围绕业务量和该业务量下的成本控制。预算编制涵盖了公司技改、生产、经营等全过程的各个方面。在详细编制损益性预算的同时，高度重视资本性收支预算和现金流量预算，合理预测和严格控制资产负债率指标。

截至2021年年底，肇庆公司资产负债率77.28%，带息负债20.4亿元，每季度末及时归还利息，按照年度还款计划，提前谋划，做好资金支出计划安排，在确保资金链安全的基础上，统筹安排归还本金，不存在借贷不良信息。公司不断加大债权清收力度，强化应收账款的动态管理，公司的应收电费账款次月都能收回，没有陈欠电费，没有坏账风险。公司与银行关系良好，目前在中国银行借款余额为12.83亿元（其中长期借款11.98亿元，短期借款0.85亿元），之前签订的银行授信额度俱已到期。从现阶段看，公司的后备资金来源充足，能够满足当前业务发展的需要。

公司成立以来一直坚持依法纳税，2018年上缴税费合计7875.31万元，2019年上缴税费合计8035.83万元，2020年上缴税费合计6435.28万元，2021年纳税7096.5万元，近三年均获税务部门纳税信用A级评级。

（二）加强用工管理，积极履行社会责任

公司劳动合同签订率100%，工资支付率100%，支付及时率100%。公司定期向员工发放洗涤用品、手套、口罩、工作服、安全帽、劳保鞋等劳保用品，为员工提供可靠劳动保护。近年来，公司加强了对承包商用工管理，外委用工劳动合同签订率、工资支付及时率、社保购买完成率，工伤保险购买率均达到了100%，较好地保护了外委人员的合法权益，积极履行社会责任担当。自公司成立以来，无违反劳动合同法的情况，无申请仲裁情况。

（三）积极推进环保体系建设，努力践行绿色发展理念

公司成立以来，就将绿色低碳发展根植于企业灵魂，主动承担社会责任，始终坚持走绿色发展道路。

（1）遵规守纪，严格法律底线。污染物排放、水资源管理和保护、温室气体排放及清洁能源发展等环保工作中遵守国家法律法规及地方政府相关政策，严格按照国家环境保护要求，执行《中华人民共和国大气污染防治法》《中华人民共和国固体废物污染环境防治法》《中华人民共和国水污染防治法》、广东省《锅炉大气污染物排放标准》《水污染物排放限值》《国家环境保护标准固定污染源监测2017》《固定源废气监测技术规范》《中华人民共和国环境影响评价法》等法律法规。公司投产以来未发生因污染物排放指标超限被通报等事件。

（2）突出保障，不断加强体系建设。公司投产以来，同步建立并完善了环保技术监督网络，成立

了安全环保部，设置了专职环保管理专责牵头公司环保管理工作，并在设备部、运行部设置兼职环保管理人员。通过公司部门管理职责划分，进一步明确各级人员环保管理职责，有效夯实了环保"监察、管理、执行"体系建设。生产部门将环保指标纳入了日常控制内容，作为指标竞赛的一部分。在企业层面，将各污染物控制纳入相关部门年度责任目标，并在月度绩效管理中逐月兑现考核，促进了环保体系的有效运转。

（3）强化内控，不断完善制度建设。公司成立以来，就将环保安全纳入企业安全生产体系建设，高度重视制度完善，结合最新环境保护相关政策、法律法规出台及内部设备系统变更，识别更新环境因素104个，先后制定印发《环境监测管理办法》《排污许可工作管理办法》《烟气连续监测系统运行维护管理办法》《固体废物处理与处置管理办法》《危险废物管理办法》《一般固体废物管理办法》《废水连续监测系统运行维护管理办法》《强酸、强碱安全管理办法》《能源节约和生态环境保护信息统计与报告管理办法》《生态环境保护工作规定》《环保考核管理办法》等一系列环保管理制度，对国家、集团公司环保管理相关要求进行了全方位细化分解落实。

（4）主动作为，积极推进减排控排。为彰显企业担当精神，公司积极实施主动环保策略，在省内第一批通过机组"超低排放"改造，污染物排放水平远低于《广东省环境保护厅关于珠江三角洲地区执行国家排放标准水污染物特别排放限值的通知》相关要求，实现了社会经济与环境保护的协调发展。在生产运营中注重环保排放指标、环保设施投入率等重点指标的监控，全力抓好环保设施运维工作，污染物排放数据通过电子显示屏向公众实时公示，主动接受社会监督。企业有效发挥"集中供热、热电联产"功能，充分发挥集中供热环保节能优势，在2015年即实现了所在工业园区小锅炉全面替代，截至2021年年底，热用户已达85家。为地方节能减排和生态环境改善做出了积极的贡献。2018年、2019年、2020年连续三年获得国家能源集团安全环保先进单位，2019年、2020年获评"环保诚信企业"（绿牌企业）。

（四）持之以恒推进安全，构建和谐企业环境

公司成立了以董事长为第一责任人的安全生产委员会，全面领导企业安全体系建设，成立了消防、交通、应急、职业健康、环保、特种设备等专委会组织机构，不断健全、完善应急管理体系。公司每季度组织召开安委会会议总结分析本单位的安全生产情况，部署安全生产工作，研究解决安全生产工作中的重大问题，决策企业安全生产的重大事项。每月召开安全分析会听取各部门安全生产情况汇报，综合分析安全生产形势，研究采取预防不安全事件发生对策，布置安全生产重点工作。同时建立了安全保障体系和监督体系，确保各项安全工作的顺利开展。公司各项安全管理制度及各级人员岗位责任制健全，各项制度及时根据新颁布国家法律法规、标准规范和相关要求进行修编。截至2021年年底，公司依照国家相关法规以及国家能源集团标准，先后发布安全生产管理制度169项，涵盖安全文化、风险评估、业务流程、监督评价、体系评价共5个层面及生产全业务流程。并针对公司区位特点，结合季节性气候特征，持续开展防潮、防雨、防雷、防台、防汛和防极端高温天气的应急演练，努力提升风险应对能力，有效提升了公司安全管理水平。

公司以实际行动践行"安全生产、以人为本"的理念，机组投产以来未发生轻伤及以上人身事故，未发生一般及以上设备事故，未发生环境污染事件和供热中断事故，已实现6年无"非计划停运"，安全生产成果排全省前列，处于行业先进水平。

时至今日，诚信经营已融入公司灵魂，基本形成了"高层诚信谋发展，中层诚信梳困难，基层诚信促安全"的企业诚信观，在园区内的影响也在不断加强。企业的诚信建设，促进企业与地方其他企业的和谐共生与互助共赢。特别是安全生产不断持续推进，不但提升了企业自身管理效益，建厂以来

未出现过供热中断，安全、稳定的热力供应水平，也成了地方政府筑巢引凤的重要名片，大大加速了招商引资进程，先后助力肇庆高新区实现了山鹰纸业、宁德时代、小鹏汽车等重量级企业落地。这些企业的成功引进，也促进了公司对外供热规模持续扩大，企业经营水平得到了较大发展，谱写了企业与园区和谐共生、共同发展的崭新篇章。

案例创造人：陈震　杨怡　任斌

坚持以诚兴企 以信致稳
打造一流综合能源公司

国能蚌埠发电有限公司

一、企业简介

国能蚌埠发电有限公司（以下简称蚌埠公司）成立于2005年12月16日，国电安徽电力有限公司、淮南矿业(集团)有限责任公司分别持有公司80%、20%的股权。公司厂址位于蚌埠市国家级高新技术产业开发区，距蚌埠市城区38公里，毗邻淮河干流，通江达海，依荒山而建，不占耕地。截至2021年年底，公司总装机容量2580MW，总投资86.34亿元，其中一期总投资43.2亿元，二期总投资43.14亿元；资产负债率67.41%，在册职工300人。

一期工程建设两台630MW超临界燃煤发电机组，是国家"皖电东送"战略重点工程，属华东网调管辖机组。三大主机：汽轮机发电机为上海电气集团生产，锅炉为哈尔滨锅炉厂生产。工程于2007年5月25日开工，#1机组于2008年12月30日投产，#2机组于2009年4月20日投产。一期工程荣获"国家优质工程银质奖"。

二期工程建设两台660MW超超临界、二次再热燃煤发电机组，是安徽省"十二五"能源发展规划重点电源项目之一，属安徽省调管辖机组。三大主机：汽轮机发电机为上海电气集团生产，锅炉为东方锅炉厂生产。工程于2015年9月29日开工，#3机组于2018年4月15日投产，#4机组于2018年6月14日投产。二期工程荣获"2020—2021年度国家优质工程奖"。

公司成立以来，先后获得安徽百强企业、安徽省劳动竞赛先进集体、集团公司五星级企业等多项荣誉。"十三五"期间完成发电量363亿千瓦时，实现工业产值138亿元，净利润6.6亿元，上缴税费3.66亿元。

二、诚信经营理念

多年来，蚌埠公司深入学习贯彻党的十九大和十九届历次全会精神，学习贯彻习近平总书记关于诚信建企的重要论述，在蚌埠公司党委的领导下，将"法治蚌电""家文化"建设作为蚌埠公司诚信经营的重要环节，努力为职工打造爱国、创新、诚信、敬业、和谐、温馨的幸福家园。经过几年的探索和实践，逐渐形成了自身特色品牌，成为凝聚人心、团结职工的制胜法宝，助力公司创建一流综合能源企业行稳致远。

三、主要做法

（一）加强"法治蚌电"建设，打造法治文化

（1）抓好"关键少数"，发挥领导干部的示范带动作用。"君子之德风，小人之德草，草上之风必

偃"，蚌埠公司按照新时代党的建设基本要求，坚决抓住领导干部这个"关键少数"，每年组织党委中心组法治专题学习两次，总法律顾问参加法律合规专题培训一次，每季度各级领导干部至少参加一次上级单位或者公司组织的法治讲座。要求各级领导干部坚决贯彻落实党中央关于全面依法治国的重大决策部署，带头尊崇法治、敬畏法律，了解法律、掌握法律，不断提高运用法治思维和法治方式深化改革、推动发展、化解矛盾、维护稳定、应对风险的能力，做尊法学法守法用法的模范。

（2）加大法治宣传，营造公司法治氛围。按照普法规划安排，把全员普法、营造公司法治氛围作为重要任务，根据公司员工岗位职责、年龄段分层分类有序开展法治宣传工作，有效促进全员法治工作守正创新、提质增效、全面发展。近年来，积极鼓励和支持员工参加国家司法考试，提升法律素养，累计48人次报名参加法考，已通过考试取得职业资格证5名员工；通过宣传栏、电子屏滚动播放视频，公众号新媒体宣传，赠书促学等方式让员工在潜移默化中接受法治熏陶；通过《安全生产法》《治安管理处罚法》《招投标法》《民法典》《中华人民共和国劳动法》《妇女权益保障法》等专项普法讲座开展精准普法，使普法从"大水漫灌"转为"精准滴灌"。开展民法、保密法、安全生产法等各类法律知识竞赛与答题活动，并将活动覆盖到全员，既增强了员工的国家安全意识、法治意识和保密意识，又普及了日常法律知识。

（二）完善制度体系建设，打造现代化企业环境

（1）全面建成现代化企业制度体系。作为央企，肩负着"更好体现和坚持"与"进一步探索"双重历史使命和历史责任，必须着力在建设和完善现代化企业制度体系、推进公司治理体系和治理能力的现代化上下功夫、见实效。蚌埠公司2021年新增制度92项，修订制度122项，废止制度38项，并对大量同类型制度进行合并修订，搭建起12个部门，20个类别，231项制度构成的现代化企业管理制度体系，包括管制度的制度《规章制度管理办法》、各类管理机构、委员会的议事规则、公司各项权力行使的管理制度《授权管理办法》、保障员工利益的制度《工会管理办法》《劳动合同管理办法》、救助困难员工的制度《困难职工帮扶资金使用管理办法》。推动实现职责制度化、制度流程化、流程表单化、表单信息化。随着制度体系不断完善，制度优势转化为管理效能更为显著，企业管理体系和管理能力现代化水平得到显著提升。

（2）加强制度宣贯，强化制度执行力，提升管理效能。制度的生命力在于执行，蚌埠公司一直把制度宣贯作为提高制度执行力的重要措施，按照"谁主责谁宣贯"的原则，制度出台之前征集全体员工意见进行充分讨论，制度出台之后主责部门统一宣贯讲解，引导全体员工自觉守制度、遇事找制度、办事靠制度的工作能力，确保制度在执行过程中发挥最大效能。

（三）聚力企业发展，打造人本文化

（1）精准帮扶助力困难职工走出困境。每年年末蚌埠公司排查困难员工，各级干部通过多种途径了解职工生活中遇到的困难，并组织公司领导、部门管理人员和班组成员到职工家中探望，帮助解决实际困难。近三年，已累计投入经费20万元，切实抓好抓实困难职工脱困解忧帮扶工作。蚌埠公司将困难职工帮扶民生工程列入重点工作，加强困难职工帮扶工作组织领导，强化对各基层工会的工作督导，让服务工作下沉，为符合条件的困难职工建立档案，主动提供帮扶救助，不断提升帮扶工作实效。

（2）多种形式关怀青年员工成长成才。蚌埠公司致力于引导和帮助、关心青年员工。努力打造一支有激情、善学习、勇创新、会干事的职业化青年员工队伍。针对青年职工特点，开展青年员工座谈会，青年职工畅谈自身的职业发展计划，公司领导帮助他们制定职业规划，更好地引导青年职工快速成长。针对青年员工"婚恋"问题，每年主动同蚌埠市企事业单位、教育、医疗等系统对接，开展形式多样

的青年联谊活动。

（四）加强思想道德建设，打造和谐文化

（1）用心用情为爱助行，共建和谐之家。蚌埠公司注重家庭、注重家教、注重家风。积极创新活动形式，充分利用母亲节、父亲节、青年节等时机，开展"母亲节寄语""爸爸您辛苦了"等家庭亲子活动。每年举办"企业开放日"活动，邀请职工家属来到公司参观，多名家属深有感触地留下来心疼的泪水，并表示要更加支持家里"顶梁柱"的工作。通过"团拜会"等喜闻乐见的形式宣传企业文化，搭建企业同职工家庭沟通的平台，消除职工的后顾之忧，实现了企业"大家"与职工"小家"和谐共融。

（2）加强党政家风建设，打造幸福之家。蚌埠公司高度重视职工社会公德、职业道德、家庭美德、个人品德的宣传教育工作。通过道德讲堂、模范宣讲等形式，结合蚌埠市"诚信蚌埠·孝善珠城"要求，努力营造公司内崇德向善的浓厚氛围；大力弘扬中华民族优秀传统文化，深入阐发中华传统文化讲仁爱、重民本、守诚信、崇正义、尚和合、求大同的时代价值，使中华优秀传统文化成为涵养社会主义核心价值观的重要源泉，让中华民族文化基因在职工群众中生根发芽。

（五）激发新时代本领，打造传统文化

（1）淬炼党性、磨炼本领、促进新时期产业工人队伍建设。蚌埠公司将"社会主义是干出来的"岗位建功行动作为公司打造工作文化的根基。贯彻落实全国劳模大会和中央经济工作会议精神，引导职工牢固树立主人翁意识。每年进行党员技术攻关、管理创新项目和"金点子"合理化建议项目评审，通过优中选优让大量优秀建议项目得到实施，为公司节能减排、改善社会环境作出了巨大贡献。2019年，蚌埠公司组织创新开展"功勋奖"授勋表彰大会，对多年来为公司发展壮大作出杰出贡献的129名员工进行了授勋表彰。凝练"扎根蚌电、奉献蚌电"的价值文化，抓住机遇、开创进取，全力以赴打好"提质增效"攻坚战。

（2）注重家庭、注重家风，聚焦家庭领域出现的新情况新问题。蚌埠公司把推进家庭工作作为一项长期任务抓实抓好。坚持以社会主义核心价值观为统领，大力弘扬以爱国主义为核心的民族精神和以改革创新为核心的时代精神，引导人们牢固树立共产主义远大理想和中国特色社会主义共同理想。通过"我们的节日"、志愿服务、"最美家庭"创建等活动载体，教育引导干部职工升华爱国爱家的家国情怀、建设相亲相爱的家庭关系、弘扬向上向善的家庭美德、体现共建共享的家庭追求，在促进家庭和睦、亲人相爱、下一代健康成长、老年人老有所养等方面发挥优势、担起责任。

四、主要成效

几年来，蚌埠公司通过"法治蚌电""家文化"建设，不断推动形成体现时代特征的法治企业建设生动局面，在职工中厚植与企业心连心、共命运的共荣共存观念，深入推进诚信建设制度化，以良法促进企业高效发展，保障公司合规经营。在这个过程中，职工的责任感和归属感、凝聚力和战斗力均得到进一步的提升。"推动公司高质量发展，没有旁观者，也没有局外人，每个人都是主角。"的观念深入人心。让职工与企业同心同向、同频共振，积极构建和谐的企业文化氛围，构建起更加紧密的企业与职工命运共同体。

案例创造人：郝红亮　宁志

履行央企社会责任　打造优秀诚信企业

华润电力（锦州）有限公司

一、企业简介

华润电力（锦州）有限公司坐落于锦州市兴隆能源工业园区。公司 2×660MW 超超临界燃煤发电供热机组建设工程是江苏、辽宁两省于 2018 年 6 月对口合作建设的重点电源项目。2016 年 6 月 30 日，锦州公司 2 台 660MW 超超临界燃煤发电供热机组开工建设，工程总投资 44.6949 亿元。工程同步投资 5.6 亿元建设 20km 供热长输管线向市区输送热源。目前，公司两台机组已全部实现商转，并于 2021 年开始向锦州市城区供热，供热面积达 2000 万平方米。公司新建机组是东北地区技术最先进、能耗最低、环保指标最优的热电联产机组工程，能耗较传统的亚临界火电机组降低约 10%~15%，烟气环保排放指标达到国家超低排放标准（达到天然气机组排放标准）。该项目是辽西重要的电源和热源支撑点，也是辽宁省"重、强、抓"督办项目、锦州市重点民生工程、蓝天工程。锦州公司始终坚持增进民生福祉，推动社会事业改革发展，构建和谐社会为己任，将履行社会责任根植于企业生产运营之中，为社会发展贡献力量。

二、千方百计克服突发疫情影响，安全高效建成投产

该项目在建设的关键阶段，正是 2020 年年初新冠肺炎疫情突发时期，针对来自全国 15 个省份的施工队伍、现场每天 5000 余名施工人员的异常严峻形势，该公司统筹兼顾，一方面采取切实有效措施全力防控疫情，积极推进复工复产；另一方面，广泛动员广大职工和各参建单位深入开展"保安全、比质量、抢工期、增效益、做贡献"为主题的劳动竞赛活动，创造了疫情突发之年工程建设按计划完成且无一人感染疫情的奇迹。

该项目两台机组分别于 2020 年 11 月 9 日和 2021 年 8 月 11 日顺利投产，目前已全部实现商运，机组运营安全稳定。2020 年，被辽宁省总工会授予"全省劳动和技能竞赛活动优胜单位"；2021 年，被全国总工会授予"全国五一劳动奖状"。

三、坚持绿色低碳发展理念，打造环保诚信企业

该公司前身为锦州发电厂，始建于 1977 年，原有 6 台 200MW 纯凝发电机组。2013 年 9 月，根据国家环保政策及辽宁省"节能减排"任务安排，全部关停拆除了 6 台小火电机组，"上大压小"新建 2 台 660MW 超超临界燃煤发电供热机组。该工程同步建设高效除尘、脱硫、脱硝设施，实现全时段超低排放，每年可节约标煤 70 万吨、节水 1400 万吨，SO_2（二氧化硫）和 NO_X（氮氧化物）排放可分别减少 28599.98 吨和 20658.68 吨。该工程还同步投资 5.6 亿元建设 20 千米供热长输管线向市区输送热源，可为锦州市、凌海市及周边区域提供 4510 万平方米的清洁热源，具备向附近工业企业供应 500T 工业

蒸汽的能力。该项目的建设，对推动绿色发展的理念，改善地区环境质量，落实节能减排指标，实现"稳增长、调结构"，促进地区"30、60"碳双控目标实现和高质量发展具有十分重要的意义。

作为原小火电"上大压小"的接续项目，该项目的建成投产，不仅解决了老厂原有3000多名职工的安置问题，而且提供了700余个的劳动就业岗位，有力促进了地方经济发展与社会稳定。

为积极响应国家"十四五"战略发展目标，该公司未来还将以热电厂为依托，辐射周边，积极开展循环经济园区建设、新能源开发、城市固废处置等相关业务，努力实现装机容量300万千瓦、供热面积5000万平方米，把企业建成"清洁热电＋智慧化电厂示范基地、循环经济示范园区、风光氢储生清洁能源基地"，成为高社会黏合度和强公益性质的高效电企，以实实在在的行动助推地方社会经济发展和乡村振兴，为国家新一轮振兴东北战略作出积极贡献。

四、讲政治顾大局，全力以赴确保能源供应

2021年下半年以来，由于市场煤价持续暴涨，华润电力充分预判，利用厂内库容积极开展反季节储煤，7月6日煤场总库存达到32.2万吨，接近极限库存的33万吨。同时通过SRM招标平台合规招标市场煤28万吨，为实现锦州市区冬季供暖奠定了基础。在此基础上，公司还进一步加强各项保电、保供措施，全力打好后续保供保电工作攻坚战。

（一）保供电

公司紧跟上级部门的电力部署，成立了保供保电专项工作组，进一步细化安全保供工作。1号机组提前56天完成高压缸返厂检修工作于8月23日并网发电，为配合线路检修停机后于10月1日提前8天并网发电，为国庆期间保供提供有力支撑，得到辽宁省领导高度赞扬，目前两台机组运行稳定。公司坚决服从电网统一调度，严格执行调度命令，全力配合电网"顶尖峰，达铭牌"核查工作，共计抽查7次均达到电网要求，为地区能源保障供应作出巨大贡献。

（二）保供热

2021年公司的保供工作遭遇了两场"硬仗"：一是要在一个月的时间内完成2.33公里DN1400保温管敷设，打通士英街热力输送的瓶颈；二是要在不到一个月的时间内接管580万平方米直营面积及1400万平方米趸售面积经营。在巨大的挑战和压力面前，公司协调润电热能公司，双线作战，统筹安排，科学决策。在士英街管线建设方面，排除了地下光缆、煤气、自来水等市政设施纵横交错等诸多困难，连续艰苦奋战，终于在10月29日实现管线贯通，10月31日实现对城区供热，得到了锦州市政府领导的高度评价。在接管直营区域方面，克服拟接收人员思想和情绪不稳、划拨区域的供暖设备尚未进行检修等不利因素，迅速对影响供暖的重点缺陷进行排查、抢修，采取非常措施接续报修、稽查、客服、收费等业务。自正式供暖以来，一、二网压力基本平稳，供暖工作保持正常，助力锦州市保障民生供暖工作贡献了力量。

（三）保民生

2021年11月7日，锦州地区遭遇近十年来最恶劣的极端天气。应对寒潮，公司积极面对，提前启动恶劣天气应急预案，及时清理暴雪阻断公路、铁路，确保运煤车辆顺利入厂接卸。同时组织开展排查整治防寒防冻隐患工作。在全网电负荷骤减的情况下，积极响应电网调度指令，1、2号机负荷降至30%以下，配合电网深度调峰长达62小时。为确保供热在关键时刻顶得上、靠得住、有余量，公司积极部署落实保供热措施，管网内6台热网加热器实时备用，热网供水参数达标调整，全力保证了

供热质量。

五、扩大交流合作，助力锦州市招商引资

公司始终坚持依法诚信经营，坚持资源共享、优势互补、互惠互利、合作共赢的原则，与供应商建立全方位战略合作伙伴关系，积极推动供应商降低生产运营造成的环境影响，打造负责任的供应链。与政府、社会组织、合作伙伴和科研机构等利益相关方开展紧密合作，实现合作共赢。积极发挥自身在资金、技术和管理方面的优势，支持锦州市生态保护和民生改善，助力地方经济发展。

2021年，公司依托华润电力循环产业园300亩，助力政府招商引资。利用公司火电厂的石膏、蒸汽等优势资源，主动为锦州市引进中国建材旗下的北新建材，投资约3亿元在电厂周边建设高端装修板材和高端粉体生产线。目前，已有三家企业正在接洽中。锦州市政府主要领导先后接见相关企业，并对锦州公司举措给予充分肯定。

2021年，锦州公司与锦州市、葫芦岛市各级政府开展合作，积极推进绿色能源项目的发展，同时填补了区域发展空白。

六、精准扶贫，授之以渔

锦州公司高度重视精准扶贫、乡村振兴工作，"十三五"期间认真落实中央精准扶贫、精准脱贫的基本方略。加强与对口扶贫单位的沟通交流，从实际出发、精心筹划，发挥电力企业自身专业技术和管理优势，实现扶贫资源精准配置，实施分类指导，促进帮扶对象脱贫致富。

2018年，锦州石洞子村确定为华润电力定点帮扶单位，公司按照上级要求向该村派驻第一书记；2019年5月，组织向石洞子村无偿捐赠精准扶贫项目款98万元，协调外部资金67万元建设高标准日光蔬菜暖棚；在公司的影响和引领下，2020年建昌县扶贫开发办公室又为该村发展村集体经济拨款60万元巩固资金用于棚地建设，通过以上捐赠、拨款，石洞子村已建成9栋日光蔬菜暖棚，总占地约50亩。

截至2020年3月，石洞子村建档立卡贫困户137户400人，已实现全部脱贫，提高了当地农民的收入水平，打赢了脱贫攻坚之战。

七、献血、捐物、助孤送温情

为扎实开展为群众办实事好事的目标，公司多次组织向社会福利院、周边困难户进行爱心捐款、捐物活动和无偿献血活动，以实际行动践行社会责任，积极履行红色央企使命担当，传递人间大爱。

案例创造人：郑运　杨林

诚信立基业　佳华铸佳话

四川长虹佳华信息产品有限责任公司

一、企业简介

四川长虹佳华信息产品有限责任公司（以下简称长虹佳华）是一家国企控股的香港上市长虹佳华（股份代号3991），定位于新型的ICT综合服务商，是云数一体化的云综合服务商，是整合、优化国内外资源的专业ICT解决方案服务商与ICT产品分销商，专业智能终端产品生产商和服务商，致力为合作伙伴提供更佳的大数据、云计算综合服务。

长虹佳华以"做帮助成长、支持成功的好伙伴"为企业经营理念，致力以专业的营销服务及解决方案、自主知识产权专有设备、多元化产品，为国内外厂商和渠道合作伙伴及客户提供高效、专业的帮助与支持，帮助合作伙伴和客户成长、成功。

2011年长虹佳华步入百亿企业阵营，2013年在香港联交所创业板上市，2020年在香港联交所转主板上市。2020年营业规模突破400亿元，利税5.49亿元。长虹佳华全资子公司四川长虹佳华数字技术有限公司荣获"2021年度四川省诚信企业"，长虹佳华获得"2020年度省级服务型制造示范企业""2020年四川省100户大企业大集团（第38名）""2021年四川省100户大企业大集团（第31名）""四川省服务业三百工程培育重点企业""四川省服务业三百工程培育重点品牌企业""绵阳市2020年产业园区红名单企业""绵阳市优秀服务业企业""社会责任先锋奖""王选新闻科学技术奖"一等奖、"中国数字生态500强增值分销商十强""中国数字生态最佳拍档"等多项荣誉奖项。

二、企业发展情况

长虹佳华注重企业与社会、环境的协调可持续发展，在追求经济效益和企业发展的同时，自觉将社会责任纳入经营战略，诚信合规经营，积极履行社会职责和义务，实现公司与员工、公司与社会、公司与环境的健康和谐发展，持续为股东创造价值。

长虹佳华在代理产品的基础上，依托自身技术、资源整合及服务能力，搭建出应用层面的平台；并将产品有机整合为多种技术及行业解决方案，同时提供技术支持、咨询、培训、资质认证等多种增值服务，致力成为国内知名的大数据、云计算综合服务商。

长虹佳华在ICT领域深耕多年，始终坚持创新理念，保持敏锐行业嗅觉，投资建立云计算中心，积极布局，稳步推进云计算、大数据、物联网等新兴业务发展，努力促进产业生态创新发展。并联合多家知名厂商，共同为渠道合作伙伴提供数据方案、虚拟化方案、灾备方案等解决方案，以及市场咨询、技术支持等一站式服务，从而促进厂商与集成商更紧密地合作。

长虹佳华聚焦元宇宙新生态、新场景下的业务实现，持续完善元宇宙生态布局，智慧连接伙伴聚力智能场景，针对实际需求打造覆盖多行业、多场景的一站式综合服务，有效帮助企业客户提高工作效率，携手合作伙伴推动元宇宙产业繁荣发展。

长虹佳华自成立之初便建立了完善的企业信用制度，为企业的诚信建设提供了准绳。长虹佳华制定了严格的应收账款、应付账款的管理制度，对销售和账款管理起到了积极的作用；在客户管理方面，长虹佳华建立了客户的综合档案数据库，对客户进行完备的信息记载，对防范风险起到了积极的促进作用。并于2018年获得AAA级企业信用等级评价证书，树立了长虹佳华诚实守信的企业形象，增强了团队凝聚力，提升了企业和员工的整体形象，使长虹佳华的生产经营活动处于良性循环。

长虹佳华还建立了完善的知识产权保护体系，拥有核心自主知识产权，不断提高企业诚信软实力。长虹佳华目前拥有专利10项，其中发明专利3项、实用新型专利4项、外观专利3项；软件著作权40项；商标76项，知识产权数量位居同行业前列。长虹佳华通过严格的知识产权保护体系，保证所有知识产权清晰、无纠纷。

诚信、责任与担当，既是长虹佳华对社会与合作伙伴的承诺，也是长虹佳华一直以来不变的坚持。作为ICT生态圈的连接者，长虹佳华秉承"做帮助成长、支持成功的好伙伴"核心经营理念，与众多世界500强品牌持续深度合作，为渠道合作伙伴提供专业的产品及解决方案服务，建立合作关系达十数年之久，赢得了良好的行业信誉与口碑。在追求自身与伙伴发展的同时，长虹佳华初心不变、坚持履责，将社会责任纳入经营战略，先后荣获"绵阳市2020年产业园区红名单企业""绵阳市优秀服务业企业"等荣誉奖项，获得了社会各界与政府的认可与肯定。

在运营管理方面，长虹佳华具有专业强大的电子商务平台支持，为代理商提供清晰、透明的订单及奖励查询清单。拥有完备的信用保障体系，推行精细管理，建立完善的信用控制体系和存货管理制度，严格控制应收、存货风险，资产运营周转效率居同业前列。先进快捷的物流运作和完善的售后服务体系，以此形成完善而高效率的业务运营平台，为合作伙伴提供良好的服务保障。通过持续的流程改造和信息系统优化，不断提高业务运营效率，进而提高客户满意度。

长虹佳华成立至今，始终遵纪守法、诚信经营，认真贯彻执行国家各项法律法规，依法签订并履行合同，自觉维护各方的合法权益，无违法违规行为。在职工劳动关系方面，严格执行劳动法，切实维护员工的合法利益，足额缴纳各项社会保险。长虹佳华自成立以来坚持以人为本，着力建设和谐的劳动关系，关心职工、爱护职工，使长虹佳华经济效益及社会效益得到全面的提升。长虹佳华重视全体员工的信用意识和职业道德，各部门能充分发挥信用风险管理机制的作用，有效监控经营活动的全过程，较好地规避信用风险。此外，长虹佳华向全体员工发布《反腐倡廉警钟长鸣》行业案例分享，不断加强内部廉政建设，营造规范的企业运营环境。通过日常开展对采购、财务、销售等关键环节进行合同法的专项培训，有效地增强了员工依法办事、诚实守信、自觉遵守信用的意识，在长虹佳华上下形成了恪守信用的氛围。

在严守初心、创新前行的道路上，长虹佳华积极投身于社会公益事业。长虹佳华响应国家安置残疾人的号召，2016年正式启动残疾人招聘项目，优先为社区周边的残疾人群提供就业机会。2021年长虹佳华在多个部门设立了残疾人员专岗，接纳符合录用条件的残疾人员进入企业，实现就业，合计雇佣残疾人员8名。

长虹佳华在发展中始终不忘肩负的社会使命感和责任感，策划并开展系列公益活动，积极投身于社会公益事业，为推动建设和谐社会作出积极的贡献。2021年，长虹佳华向中华少年儿童慈善救助基金会提供通过员工走路、做运动等绿色行动兑换的书籍和书柜，为四川凉山州美姑县巴普镇初级中学的同学们提供"虹书架"，帮助同学们能够更好地了解世界；联合丰台科技园区派出所，开展反诈骗宣传，通过一次线上直播和多次文字视频宣传，触达千余人；自2015年起举办全体员工"约步"活动，鼓励多走路、少开车，推广"绿色出行"，助力"碳中和"大策，该活动已连续举办7年，2021年有1168名员工积极参与。

2020年,面对新冠肺炎疫情,长虹佳华积极发挥连接者作用,集合厂商与代理商的力量,基于自身强大的平台运营管理优势,保障业务正常运营,及时提供服务。面对紧急需求,长虹佳华内外各方协同联动,快速沟通反应,集中力量,协助合作伙伴满足抗疫一线的客户需求。并在疫情期间联合厂商,开展主题为"新基建,新动能"的系列直播培训,探索在全球疫情演化与经济挑战之下ICT领域的发展方向,从多个维度和场景助力抗疫新基建,在行业及社会树立了"手联伙伴,心系家国"的良好品牌形象。

长虹佳华始终坚信,企业的繁荣之花盛开于诚信的沃土,诚信经营是企业的生命线和立业之本。长虹佳华严格坚守"做帮助成长、支持成功的好伙伴"的核心经营理念:通过我们的努力,用专业化的市场营销服务,长久、持续地支持厂商的市场拓展,协调多方面的资源帮助我们的代理商发展,帮助合作伙伴走向成功。今后,长虹佳华将继续牢记自己的使命和责任,立足实际,踏踏实实经营,不断加强诚信品牌建设,一以贯之地践行诚信经营、奉献社会理念,将诚信理念贯穿于企业发展的各个领域,将诚信制度贯彻到企业经营的方方面面,不断深化诚信内涵,努力为国家经济发展和诚信建设作出更多积极贡献。

案例创造人:祝剑秋　何建华

重视诚信建设　践行社会责任

寰泰能源股份有限公司

一、企业简介

寰泰能源股份有限公司（以下简称寰泰能源）成立于2015年11月，围绕"一带一路"，专业从事风力电站、光伏电站等清洁能源的投资、建设及运营。公司秉承"全球布局，世界领先；绿色发展，生态友好；稳健经营，以人为本；合作共赢，利益共享"的经营理念，凭借在人才、融资、度电成本和风控等方面的竞争优势，相继在哈萨克斯坦、阿尔巴尼亚、越南等国家以及西非地区开拓业务，并在国内的四川、浙江、安徽、河南、河北、广西、黑龙江、吉林等地设立子公司和分支机构，目前全球并网、建设及承建新能源电站840MW，储备项目1650MW。其中在哈萨克投资的6个累计380MW新能源项目全部列入"中哈产能合作重点项目清单"，公司成为当地最大、最具竞争力的新能源供应商。

在发展的过程中，寰泰能源通过实际行动让文明守法、规范经营的企业文化落地，坚守诚信原则，遵守市场规则，不断提升企业管理水平，控制经营风险，助力社会和谐稳定。

二、重诚信，守规则，不断提升履约能力

遵纪守法、信守承诺，是放之四海皆准的商业道德准绳。企业唯有诚信经营，才能健康发展。自成立以来，寰泰能源坚持按照国家相关法律法规从事生产经营活动，并督促各子公司、分支机构遵守地方法律和政策要求，督促全体员工强化遵纪守法的意识。

在拓展海外市场，推动海外项目建设时，寰泰能源针对由地域、文化差异可能引发的交流风险进行提前预判，专门制定并发布《涉外人员行为规范》，敦促海外项目一线人员时刻遵守当地的地方性法规。

以在哈萨克斯坦的投资为例，在严格遵守当地的地方性法规的前提下，寰泰能源充分尊重并适应当地的规则和标准，在风电站建设前期，出于对环境、安全等方面的考虑，主动做了鸟类评估、环境评估和施工安全评估等，让当地主管部门、合作伙伴、居民感受到了中国企业严谨的行事风格。

重诚信，守规则，也是公司"走出去"参与国际化竞争的准则，这在新冠疫情期间得到了体现。疫情突袭之初，公司海外项目执行遭遇重重困难：航班停飞、口岸关闭，人员、货物出境受限，项目现场工作一度停滞。2020年年初，公司哈萨克50MW光伏项目正值关键建设期，急需中方管理人员的支持。为此，中哈双方团队紧密协作，哈萨克合作伙伴积极申请赴哈工作名额，国内项目团队集思广益，创新性地运用互联网工具，开启远程管理模式。经过数月的远程合作努力，该项目如期顺利并网，成为中哈产能合作重点项目中2020年首个落成的项目。

与此同时，公司位于哈萨克斯坦库斯塔奈州的50MW风电项目在2020年疫情期间，通过7000公里超长距离陆路运输，将庞大的风力发电设备从中国运送至哈萨克斯坦项目现场，推动项目建设，这一运输过程得到了新华社的关注和报道。值得一提的是，该项目在2021年疫情持续的情况下，边防疫边复工，于当年8月实现了并网发电目标，成为库斯塔奈州率先并网的大规模新能源项目。

在哈项目先后成功并网，不仅为"中哈产能合作"增添亮色，为"一带一路"建设贡献了力量，公司的履约能力也得到了好评，为"走出去"企业树立了重信守诺的良好口碑。

三、防风险，稳经营，打造完善的风控体系

寰泰能源始终将合法合规视作企业立足之本，注重提升自身抵御风险的能力。

自创立以来，公司建立并不断完善管理体系和制度，将日常工作纳入合法合规的框架之内，先后通过了ISO9001质量管理体系、ISO14001环境管理体系、ISO45001职业健康安全管理体系认证，并在行业内率先通过了ISO37001反贿赂管理体系认证，为形成更加公平、公正、透明的工作和商业氛围提供了可资参考的标准，这也成为公司参与国际竞争的一张"名片"。

此外，公司还购买中信保规避海外投资风险；海外项目采用当地货币融资，以对冲汇率波动风险，为"走出去"撑起"保护伞"，进一步保障海外投资之路行稳致远。

公司对任何违反法律法规和廉洁从业规范的行为"零容忍"。通过廉洁从业宣贯，要求全体员工廉洁自律，遵守《员工手册》和《廉洁从业管理办法》中与廉洁从业相关的条款，全员签订《廉洁从业承诺书》，自觉抵制不良风气和腐败行为；不断完善管理制度，先后制定了《反贿赂管理手册》，陆续发布《反贿赂合规倡议书》、反贿赂政策，明确将对任何形式的行贿、受贿、索贿行为，对违反相关规定的行为严肃处理，情节严重者移交司法机关，要求公司全员增强反贿赂意识；为了开展有效监督，公司还开通了举报平台，任何违反法律法规、违反ISO37001反商业贿赂管理体系、违反廉洁从业条款的行为，将通过公开的举报平台被检举和监督。

四、负责任，有担当，助力社会和谐稳定

作为社会的一份子，发挥民营企业的力量，助力社会和谐稳定，寰泰能源深感责任在肩。

在海外，通过新能源电站投资、建设带动当地就业，与"一带一路"倡导的"互惠共赢"理念相呼应，寰泰能源在与当地合作伙伴实现经济共赢的同时，促进人文交流，实现"民心相通"。2019年哈萨克100MW光伏项目并网开幕式上，公司向阿拉木图州卡普恰盖市政府捐赠2.5亿坚戈（约合人民币450万元），用于当地学校的修建及城市空间的改善。寰泰能源在哈投资项目均采用"中哈合作设计、中国设备采购、哈国土建施工、中哈技术人员合作管理"的模式，中哈团队发挥各自优势，促成了两国人员的技术交流。

2020年新冠肺炎疫情期间，寰泰能源（哈萨克）公司通过各种渠道购买了一批总价值约45万元的医疗防护物资，包括27500多个外科医用防护口罩，26550只医用防护手套，用以支援中国的防疫战；随着海外疫情加剧，寰泰能源又出资5000万坚戈（约合人民币80万元）在国内采购防护物资，并通过哈萨克企业家协会安排专机运至哈萨克，为哈萨克的疫情防控提供力所能及的帮助，得到了当地政府的点名感谢。

在国内，寰泰能源通过教育扶贫、精准扶贫、结对扶贫的形式参与扶贫事业，为社会公益贡献力量。

寰泰能源还积极发挥专业优势，响应"光伏扶贫"号召，2018年9月承接了河北灵寿县35MW光伏扶贫项目，公司调动一切资源全力支持，整个项目从开工建设到并网发电仅用时两个多月，项目的建成为当地脱贫攻坚注入了全新动力。近年来，电站还因地制宜开展"农光互补"项目，利用光伏场区内的闲置土地，培育种植红薯、花生、中药材等，提升了土地的产出效益，促进农业产业的发展，

实现了光伏发展和农业生产的双丰收,推动扶贫由"输血"向"造血"转变。

据不完全统计,寰泰能源先后为精准扶贫、改善东道国环境、防疫等捐资捐物共7980余万元。公司先后被中国产业海外发展协会授予"2018年度中国企业海外投资社会责任奖",被全国工商联评为抗击新冠肺炎疫情先进民营企业,被松江区工商联评为"脱贫攻坚民企担当奖"。

案例创造人:南逸

以诚信铸造国有阳光交易平台

北部湾产权交易所集团股份有限公司

一、企业简介

北部湾产权交易所集团股份有限公司（以下简称北部湾交易所）成立于2009年，是广西壮族自治区人民政府授权特许经营各类要素资源交易，承担广西交易市场投资建设和面向东盟要素市场建设的主体机构。

北部湾交易所主动融入"一带一路"国家倡议和面向东盟金融门户、中国（广西）自由贸易试验区建设，以引领市场发展、服务实体经济为己任，积极发挥产权交易平台作用，服务广西国资国企改革、建设全区统一的农村产权流转交易市场、布局中国—东盟资源要素交易市场，全力打通中央企业与广西资源要素流转、国有与民营企业资源要素流转、城市与农村资源要素流转、广西与粤港澳大湾区资源要素流转、中国与东盟资源要素流转五大通道，大力推进交易配套、东盟数据及面向东盟流转交易服务、人才队伍等建设，形成交易市场投资建设、交易风险管控、交易金融服务、交易咨询服务、交易信息数据服务于一体的综合运营体系，拥有广西乃至全国多个稀缺交易资质，并荣获自治区文明单位、自治区巾帼文明岗、自治区级技术转移优秀示范机构、全区地方金融企业财务报表编报工作先进单位、自治区本级金融类企业绩效评价结果AAA等级，2017年起至今连续获得产权交易行业"AAA级"企业信用评级。

经过12年的稳步发展，北部湾交易所累计交易额超1000亿元，三年来均位居全国产权交易机构第11位、第12位，成为立足广西、对接粤港澳、联通全国、面向东盟的综合要素交易全国知名平台。

二、企业诚信经营理念

北部湾交易所始终坚持"诚信务实、创新变革、严谨高效、至诚合作"的经营理念，从成立初期单一的国有产权交易机构转型升级为复合型的区域性多要素资源综合交易平台，并且连续多年在区域、全国乃至东盟地区保有一定的知名度和美誉度。作为广西唯一的自治区级产权交易平台，认真贯彻执行自治区党委、政府的决策部署，以平台经济为基础、以价值为导向、以诚信为根基、以效益为目标，不断创新交易业务场景，围绕主业，深化改革，成为广西国资国企深化改革、资源进出的重要支撑平台。同时，不断加强对各级员工的诚信培养，强化员工诚信意识，注重诚信形象，逐步让企业的诚信理念在公司全员心中根深蒂固，努力将北部湾交易所打造成为政府放心、客户满意的国有阳光交易平台。

三、企业诚信建设情况

北部湾交易所作为纳税A级企业，多年来在工商信用、海关信用、税务信用、银行信用等方面均无不良记录，时刻将诚信体系建设放在重要位置，自治区政府部门监管和企业自律并重，通过现代企业制度管理、内控制度约束、从严治党等方式为企业创造和培育良好的经营环境。

（一）构建现代企业制度管理体系

通过推进国企改革三年行动、"广西双百行动"综合改革、对标世界一流企业管理能力提升行动，全面提升公司综合质效。一是完善现代企业法人治理，强化分类授权管理机制，完善"三会一层"及党委的议事规则及决策事项清单，确保各治理机构的职权落实到位，巩固定位清晰、权责对等、运转协调、制衡有效的法人治理结构；二是全面深化三项制度改革，全面实现经理层成员和全员契约化管理以及员工市场化招聘，健全"能进能出、能上能下"的用人机制，完善激励与约束机制相统一的分配机制，强化全员绩效考核，通过科学合理的薪酬管理与绩效考核体系，推动"能高能低"薪酬激励机制的实施；三是充分发挥党委的领导核心和政治核心作用，进一步明确和落实党组织在公司法人治理结构中的法定地位，紧抓政治建设和意识形态建设，公司政治建设、思想建设、组织建设、作风建设、纪律建设迈上新台阶。

（二）强化高效精细内控与制度建设

严格按照国家相关法律法规开展经营业务，不断强化企业内控建设，建立健全风险控制、财务管理、纪检监察、审计督查联动的大监督工作协同体系，推进内控制度"废改立"工作，筑牢企业风险防控制度根基，充分发挥制度在诚信经营中的监督和促进作用。目前公司共印发、执行139个制度，分为法人治理、综合管理、业务管理、经营管理、风控法务、财务管理、人力资源、党的建设、纪检监察、工会管理、审计11个大类，全面覆盖公司治理、日常经营、党风廉政、风险内控等关键环节，同时起草编制的《国有产权交易服务规范》《农村产权交易服务规范》经自治区市场监督管理局批准发布已于2020年1月30日起正式实施，填补了广西国有、农村交易地方标准空缺。公司法务与风险控制部全面参与重大事项、经济合同、规章制度的法律审核工作，三项内容的法律审核达100%，公司重大事项、经济合同、规章制度未出现重大法律瑕疵。

（三）深入推进全面从严治党和党风廉政建设

公司党委、纪委坚决贯彻中央、自治区党委关于全面从严治党的部署要求，强化党风廉政宣传教育，持之以恒落实中央八项规定精神，员工纪律意识、制度意识、规矩意识不断增强，为北部湾交易所顺利推进企业诚信建设和高质量发展提供了良好的纪律保障。一是坚持理论武装，加强政治理论学习，结合党史学习教育活动，宣贯习近平新时代中国特色社会主义思想以及习近平总书记系列重要讲话和指示批示精神，以开展党支部"三会一课"为契机，学习党纪党规；二是加强廉洁文化宣传教育，坚持常态约谈、教育在先、预防提醒，通过定期开会学习、板报宣传、谈心谈话、廉洁从业教育等多种方式，筑牢思想道德防线，有效预防违纪行为发生；三是聚焦关键领域，开展专项监督，对"三重一大"决策过程和决策事项执行情况、选人用人、招标采购等方面进行重点监督，排查岗位职责、业务流程、制度机制、重点项目等方面存在的风险并制定相应的防范措施。

四、企业诚信实践案例分享

（一）坚持服务质量至上，树立广西交易龙头品牌形象

根据中国企业国有产权交易机构协会发布的《2021年上半年全国产权交易资本市场国有资产交易情况统计报告》显示，2021年上半年，北部湾交易所国有资产（产权转让、企业增资及资产转让）交

易项目，成交宗数 407 宗，成交金额 60.12 亿元，位列全国第 4 位。

2017 年，国有企业桂林市冠信房地产有限公司股权转让项目在北部湾交易所挂牌，项目从 2.4 亿元竞价至 7.4 亿元成交，升值率高达 208.33%，创造了广西单宗国有产权交易项目增值额历史最高；2020 年，广西柳工集团机械有限公司混合所有制改革项目在北部湾交易所顺利完成，签订了总额 31.92 亿元增资扩股及股权转让协议、1274 名骨干员工参与员工持股计划，构建了"中央和地方国企优势+市场化机制+战略伙伴协同"的广西国企改革发展新模式；2021 年 9 月，广西大化瑶族自治县异地扶贫搬迁安置多建房转让项目累计成交 96 套，成交总金额 2250.23 万元，该项目的顺利成交为产权交易要素流转与全面乡村振兴战略有机融入提供借鉴意义；2021 年积极服务各市国资委，共组织开展南宁、梧州、河池、北海、崇左、贵港市等国企混改培训班 6 场，受益企业负责人及业务人员近 800 人。

（二）创新突破当先锋，描绘乡村振兴新画卷

作为自治区农村产权流转交易市场建设主体，全国首创推出的"1+N"农村产权交易市场建设模式在广西全面落地，已初步成为乡村振兴"新基建"。

目前，广西已有 80 个县（市、区）联网进入"1+N"体系，34 个县（市、区）开通数据接口，实现土地流转 1277.55 万亩，涉及农户 31.9 万户，以及多家农村经济合作组织和来自包括粤港澳台的涉农企业；累计成交 18289 笔，累计成交金额 60.54 亿元。其中，贵港市覃塘区将农村产权流转交易中心与村集体经济孵化器融合共建，累计挂牌总金额 5.21 亿元，成交总金额 1.3 亿元，服务成效显著。

北部湾交易所将进一步拓展农村产权流转交易信息服务平台系统功能，逐步实现各种关联系统的数据共享与联通，努力打造成为"数字广西"农业农村综合服务平台，让更多社会资本有序高效进入农村，让城乡资源要素得以双向顺畅流转，实现农村资源要素市场化配置，促进乡村振兴。

（三）务实笃行谋发展，擦亮"阳光采购"新名片

依托国有资产交易完善的风控体系和先进的全流程招标采购系统，打造广西阳光采购服务平台，集聚了全区乃至全国范围内的采购信息及市场资源，实现不同交易主体的资源共享，打破了"信息孤岛"，形成集聚效应和规模优势。同时，结合企业需求不断创新升级竞价、询价等交易模式，促进企业采购集中化、流程简约化、过程透明化，打造了阳光规范的统一线上交易场景，助力采购市场经济持续健康发展。2019 年，北部湾交易所荣获全国公共采购年度优秀集中采购机构及中国物流与采购联合会"优秀集中采购机构"。

广西阳光采购服务平台扎实推进评标工作专业化、场地标准化、招标手段信息化、风控体系严格化、招标采购流程系统化的阳光采购服务平台建设，构建"互联网+平台"采购模式。两年来，累计交易额超过 300 亿元，有效促进了国企降本增效。根据行业特色设立了广西扶贫农产品集中采购平台、中国—东盟花卉种苗交易服务平台、淀粉交易服务专区、软件正版化集中采购平台、石油天然气交易服务平台等子平台和特色专区。其中，大宗商品交易平台建设成绩单亮眼，大宗生丝现货交易平台的生丝品种及现货购销电子系统 2021 年 10 月正式上线运营，累计交易额 1.01 亿元；广西林权交易中心大宗商品交易系统暨中国—东盟木业交易平台同年 12 月上线试运行，上线首日迎来开门红，中国—东盟木业交易平台实现单板、原木销售交易额 8676 万元；中国—东盟花卉种苗交易服务平台自 2021 年 7 月初上线运营以来，累计挂牌交易项目 47 宗，挂牌金额 14955.86 万元，成交金额 13135.11 万元；淀粉专区 8 月运营以来挂牌金额 8895.17 万元，成交金额 5496.77 万元。

（四）惟实励新守初心，加速推进国际化

北部湾交易所积极服务中国与东盟开放合作，深度融入"一带一路"建设，加速开拓新平台新业务，2021年9月正式获批成为自治区国有产（股）股权跨境交易的试点单位，面向东盟的跨境产业链、价值链、供应链持续加快推进，国际化战略向前迈了一大步。

在柬埔寨、老挝、缅甸、泰国设立服务中心的基础上，2021年与境外合作机构一起共同推进马来西亚、印度尼西亚、越南、澳大利亚、新西兰交易服务中心建设，境外服务中心覆盖60%的RCEP协定国家，进一步扩宽了平台的服务范围。2017—2021年，平台已累计挂牌项目47项，挂牌金额超159亿元，累计交易21项，累计成交金额1亿元。同时，联合广西东盟法学研究会、广西民族大学东南亚语言文化学院以及中国境内和东盟国家各类服务中国与东盟国家经贸合作的律师事务所、投资咨询公司等，建立了中国—东盟商贸服务"一站式"联盟，配齐投资与贸易相关的法律、小语种、投资咨询服务团队，以平台化机制共同服务企业"走出去"和"引进来"。

在完善平台基础条件，不断拓展业务新品种。一是于2019年开始积极申报外管局FDI/ODI跨境交易资金托管服务试点，完善境外服务机构商务厅备案工作，与广西电子商务企业联合会合作探索推进中国—东盟数字贸易结算中心建设工作，加快推进人民币面向东盟跨区域使用；二是系统开展中国—东盟资源要素交易平台总部基地建设，策划打造"中国—东盟交易产业园"，建立中国—东盟商贸服务"一站式"联盟，探索推进中国—东盟数字贸易结算中心建设等工作，为平台运营提供支撑；三是积极探索搭建地质勘探服务资源交易平台、桂台经济要素交易平台、语料交易平台等新平台。

（五）积极践行社会责任，热心为民办实事

多年来，北部湾产权交易所始终坚持在自身健康有序发展的同时，以实际行动助推社会经济发展，履行社会责任，以多元形式开展各类社会公益活动。

2019年5月，积极响应上级党委、政府的号召，捐助藤县塘步镇塘村小学双人实木课桌100套，解决了该校近200个学生课桌问题；2020年3月，针对新冠肺炎疫情期间广西企业防疫物资采购困难的问题，充分发挥综合交易平台阳光采购优势，运用"北部湾物资供需对接平台"，开设医疗防疫物资生产供需专区，针对防疫物资等供需信息，服务防疫物资供需企业近百家，免费对接医疗口罩供需30多万只口罩；2020年7月，到河池市都安瑶族自治县地苏镇怀道村开展"突击支援怀道村·决胜脱贫攻坚战"活动，向怀道村捐赠扶贫资金5万元人民币，用于购买路灯等设施，使怀道村基础设施建设的得到进一步完善；2020年8月，举办"抗疫情促消费助脱贫"广西农产品展销会，为各级工会及广大职工群众搭建选购贫困地区农产品的服务平台，现场组织扶贫产业、平台服务商进行特色农副产品推介交流活动，为"抗疫情促消费助脱贫"作积极贡献；2021年11月，举办"南宁市退役军人专场招聘会暨广西电子行业人才推荐会"，通过"培训过渡+就业推荐"的方式，提高退役军人的社会适应性，打通退役军人转业之路，让退役军人在职场上继续发光发热。

案例创造人：韦明芳　赵妮妮　庞颖祺　夏隽　吴建华

以诚信之基　树建工品牌　筑精品工程

四川能投建工集团有限公司

一、公司简介

四川能投建工集团有限公司成立于2006年，系四川省能源投资集团有限责任公司控股子公司，注册资本30亿元。公司现有员工1200余人，各类中高级管理人才和专业技术人才800余人，旗下共有18家分子公司。

2018年公司完成战略重组，成为具有高起点、有竞争力的综合建筑企业，致力于投融建营一体化大型现代工程服务。公司以打造四川省工程建设知名品牌为目标，坚持以可持续发展为中心，积极构筑投资与建设两轮联动、双引擎助推公司发展，推进发展思路转型、业务模式转型与增长方式转型，实现运行机制市场化、业务板块专业化、公司管理集约化、员工队伍职业化。公司对多元化产业不断布局，重点拓展"新基建"和"大土木"市场，实现了集项目投资、工程设计、水利水电、石油化工、房屋建筑、市政公用、道路桥梁等业务为一体的产业体系，形成了遍布全国辐射海外的市场格局。

公司着力党建与社会责任相结合，履行国企担当，积极构建"核心凝聚、多维引领"的党建工作机制，先后实施悬崖村、普格村、金川县、乡城县、冕宁县等多项国家或省级重点精准扶贫项目，其中"悬崖村"电网建设扶贫工程，受到了习近平总书记来川考察时的赞赏。公司党委副书记、副董事长、总经理邓辉，作为甘阿凉多个扶贫项目建设负责人，也被四川省国资委评为"四川国企十大扶贫人物"。

通过持续努力，公司先后获得了四川省诚信企业、四川省先进基层党组织、四川电力企业扶贫工作先进集体、AAA级信用企业等荣誉称号。

二、夯实建工品牌的"信用基石"

诚信，于个人，是安身立命的根本；于企业，是营商兴业的基石；于社会，是良性发展的前提。

公司恪守"优质、诚信、安全、高效"的经营理念，将社会主义核心价值观和日常工作紧密结合，引导广大干部职工不忘初心，投身到企业的战略转型、高质量发展，全力构建能投建工品牌信用体系，夯实企业发展的"信用基石"。

（一）党建引领，构筑诚信之基

诚信是社会主义核心价值观的重要内容，诚信建设也是新时期党建工作创新的重要内容。

公司以"党建为核心、诚信为根本"，把夯实党建基础、践行社会主义核心价值观和企业经营有机结合，创新发展诚信党建工作体系，在"融"字上做文章，做到诚信融入党建、党建融入发展。

近年来，公司坚持理念创新为先导，通过加强诚信党建，倡导质量诚信、管理诚信、价格诚信、纳税诚信等，倡导"诚信经营、党员先行"，让诚信真正融入企业文化。

结合项目实施和建筑行业创先争优活动，在项目现场设立党员示范岗，在党员中开展亮身份、亮承诺、亮行动、亮服务的"四亮"活动，让党员成为诚信经营的先行者、实践者；在企业中开展"诚信文化塑造行动""信用示范工程""诚信党建活动"，形成一支政治强、业务精、服务优、善经营、会管理、重公益的党员队伍，先后打造了一批"满意工程""诚信工程"等深受客户好评的工程项目。

（二）文化为魂，构筑诚信之巅

诚信是工程建设行业发展的根基，也是工程建设企业文化建设的核心。"优质、诚信、安全、高效"，不仅是公司的经营理念，更是公司的文化精神传承。

坚持诚信文化与企业文化相结合，分地点、分项目制定了信用示范工程创建标准，其中诚信文化建设是创建标准内容之一。为此，公司成立了以党委书记、董事长为组长的信用领导小组，设立信用基金，用于激励诚信个人，并将员工信用积分作为公司评先选优、提拔干部、入党审核的重要依据。"信用＋党建团建"，组织集体健步走活动，增强了企业的凝聚力；"信用＋志愿服务"，开展了清理道路、宣讲安全等一系列活动，并给相应员工加信用分，取得员工的认同和赞许的同时还赢得了社会好评，提升了诚信企业形象；"信用＋队伍建设"，持续开展以"诚信我为先"为主题的诚信文化建设活动，固化了一次诚信宣誓、一面诚信墙、一年一考试、一年一表彰、一本《行为规范》等多种诚信教育工作模式，使员工牢固树立"诚信为本"的理念，加强员工的诚信责任感，构筑坚实的企业诚信价值文化。

（三）安全生产，构筑诚信之义

"居安思危，警钟长鸣。""安全"是工程的生命，"质量"是产品的命脉，"安全质量无事故"是工程管理的目标。公司坚持"安全第一、预防为主、综合治理"的安全生产方针，践行习近平总书记关于安全生产的重要论述，通过不断建立健全安全生产管理体系，严格落实安全生产"五落实、五到位"工作要求，制定了《安全环保责任制》《建设工程项目安全管理办法》等36项安全相关制度，建立了安全生产长效工作机制，促使公司安全、持续稳定发展。

同时，公司把诚信作为安全生产工作准则，以"安全质量无事故"目标树立企业良好形象，开展安全生产诚信建设擂台赛活动，全面落实国家、省市及能投集团安全生产工作部署和安全生产诚信建设工作要求，建立全过程全方位的安全生产长效机制。

从安全教育培训到现场作业实施，从准确排查隐患到按期整改消缺，从深化违章管理到安全事件追责，公司创新打造安全生产诚信考核，对安全管理全过程进行考核评价，按照班组－项目－分子公司三级原则，建立安全生产诚信考核档案，采取措施全力营造"我要安全、我会安全、我保安全"的良好氛围，切实推动公司安全工作持续健康发展。

（四）质量为本，构筑诚信之德

质量为本天地阔，诚信逐质价更高。公司以诚信为基石，筑牢"质量"意识，持续不断开展专项检查活动，明确质量管理长效机制，推动企业质量诚信体系建设工作。

努力践行"干一项工程、筑一个精品、树一座丰碑"的质量理念，致力于打造优质耐久、安全舒适、经济环保、社会认可的品质工程。在脱贫攻坚的战场上，持续多年深耕无电地区及农村电网改造升级工程建设，积极参与凉山州、阿坝州、甘孜州等民族地区多个扶贫项目建设，用无私奉献的"辛苦指数"换来贫困群众的"幸福指数"。这得益于四川能投建工集团有限公司专心专注、精益求精、追求卓越、乐于奉献的工匠精神。"建工人"怀揣"匠心"，严把质量关，严守安全关，以工匠精神诠释建工品质。

同时，四川能投建工集团有限公司严格遵守法律和市场规则、认真履行契约责任、依法纳税义务，制定了《合同管理办法》《资金支付管理办法》等，未出现任何偷税漏税等违法行为或不良记录。

企业诚信度已成为企业在市场竞争中的核心竞争力，只有在经营活动中遵守诚信理念，才能在保持原有市场的同时开辟新市场,最终保证企业能够高效益地可持续发展。公司积极参与行业性和市场性信用评价,连续五年通过了ISO"三体系"(ISO9001质量管理体系、ISO14001环境管理体系、ISO45001职业健康安全管理体系)认证,主动持续做好较高信用等级的维护工作,提升公司的信用等级水平,以及企业信用品牌的影响力和美誉度。

未来,公司将继续秉承"以真诚态度面对用户、用优质服务回报社会"的理念,持续坚持诚信施工、诚信宣传、诚信营销、诚信服务,筑牢"党建、质量、诚信"三大基石,立足成渝地区双城经济圈,深挖新基建、新型城镇化、乡村振兴的契机,推进企业实现战略转型和高质量发展。

案例创造人:罗健　邓辉　王义　张可畏　贾蕴翔

信守不渝　砥砺前行
国产自主工业软件创新路上彰显国企担当

南京国睿信维软件有限公司

一、企业简介

南京国睿信维软件有限公司（以下简称国睿信维）成立于 2010 年，总部位于江苏省南京市，并在上海、北京、成都、西安设有分公司。

国睿信维秉持"智慧企业驱动中国智造"的发展理念，致力于帮助工业企业利用信息技术打造高效顺畅的产品全生命周期数字链，改造产品研发设计、生产制造、运维保障及经营管理方式，促进其向智慧企业转型，从而实现工业企业的升级转换和提质增效，助力以工业强国为主要动力的"中国梦"。服务的行业包括航空、航天、船舶、兵器、国防电子、核、汽车、轨道交通、工程机械、能源、高科技电子、重型装备及部队、水电等领域，行业知名客户超过 300 家。

国睿信维专注于智慧企业整体解决方案相关的自主工业软件研发、咨询服务和系统集成。以产品全生命周期端到端数字链为基础，将领先的智能制造理念和最佳实践融入信息化系统中，为工业企业提供包括智能研发、智能生产、智能保障、智能管理、知识工程在内的智慧企业信息化解决方案，致力成为中国最领先、最具影响力的"智慧企业解决方案和自主工业软件供应商"。

当前，国睿信维已经形成了成熟的工业软件研发体系和能力、大型复杂信息化项目交付能力、先进的工业企业业务与 IT 技术链接能力，且拥有众多的高端客户成功实施案例。在 C919 大型客机、CJ-1000A 大型客机发动机、新型战斗机、新型运载火箭、新型舰船、新型相控阵雷达、新型高铁等大国重器背后，均活跃着国睿信维的身影。

国睿信维自主知识产权的"睿知"工业软件产品，功能涵盖范围全、技术架构先进、用户体验好，融入了航空、航天、船舶、电子、交通等多家高端企业的业务实践，并在这些企业中得到了应用，公司已成为国内一流自主工业软件企业，在装备行业稳居前三名，在江苏省同类型企业中更是承担了领军者和引领者的角色。

国睿信维正在向着成为中国最领先、最具影响力的"智慧企业解决方案及自主工业软件提供商"的愿景步步迈进。2020 年，国睿信维荣获"2020 中国智慧企业解决方案优秀供应商"及"中国制造业智能制造优秀推荐产品"称号，并获选"2020 江苏省软件核心竞争力企业"。

二、企业诚信建设和信用体系建设实践案例

国睿信维始终坚持"客户至上、价值创新、以人为本、团队协作"的核心价值观：

（1）客户至上，体现在国睿信维对客户负责的态度。对客户具有宗教般虔诚，用心服务好客户。作为中国智慧企业整体解决方案和自主工业软件提供商，始终坚持"为客户创造价值"的企业使命，

扎扎实实服务好客户，通过数字化技术为客户带来实实在在的价值，将"为客户创造差异化价值和帮助客户取得成功"作为公司区别于竞争对手和寻求长期发展的首要任务，以便与客户建立长期和双赢的合作关系。近几年在国内多个面向复杂装备研制生产和运维保障数字化转型、在业界具有重大影响力的项目中，公司成功承接项目并成功实施，取得良好客户口碑和评价，包括 C919 大型客机异地协同研制平台项目、新型战斗机新一代协同研制平台项目、某航天单位设计制造一体化项目等。

（2）价值创新，是推动国睿信维各项事业蓬勃发展的不竭动力。公司为客户提供行业前沿和领先的产品研发、制造、保障以及管理方面的创新理论、先进信息化解决方案以及最佳业务实践，以引领客户的变革并提升客户市场竞争力。公司推崇创新，激励组织和个人大胆创新，营造有利于创新的生态环境。创新是一种精神、一种思维、一种习惯，多年来持续推动管理与技术创新，勇于第一个"吃螃蟹"，善于将创新思想、理念落到实处。公司开创了多项业界先河，包括率先发布包括交互式技术出版物、综合保障分析、MRO 等在内的一体化综合保障系统，在业内首次将基于模型的协同研发从理念走到落地，首次帮助客户实现了复杂装备基于 xBOM 的产品全生命周期数据全贯通，帮助客户实现全球首艘基于三维数字化设计平台的船舶生产图。通过这些工作，促进公司始终屹立于行业潮头。2021年，国睿信维申报的"面向自主工业软件研发的企业技术体系管理"创新成果获得了"南京市企业管理现代化创新成果一等奖"。

（3）以人为本，是国睿信维不断秉承的人才理念。企业起于人，也止于人，人才是企业的资本，是企业最宝贵的财富。公司致力于建立学习型和知识型组织，倡导尊重和包容的人际相处之道，努力为员工打造舒心的工作环境，使得员工个人成长与公司整体发展有机结合，帮助和激励员工提升个人价值、不断提供更好的客户服务。

（4）团队协作，体现在国睿信维崇尚共享，以共享最大限度地凝聚更多的力量，成就更大的梦想。公司注重跨部门的沟通与协作，并在工作中尊重他人意见，求同存异，个人目标服从于团队目标、公司目标，建立团队互助的工作氛围，从而提升公司整体的运营效率和客户服务质量；鼓励团队间成果共享，自 2017 年以来，每年组织公司级的技术成果分享会，营造团队间共享文化。公司建立了知识库和公共组件库，共各团队共享与交流。同时，公司也建立了《跨部门知识分享机制》，每年组织超过 50 场跨部门知识分享会，最大限度地将已实现的成果在团队间传播，以促进成果的复用，提升工作效率。

1. 诚信经营理念

国睿信维将"信用"视为企业生存的生命线，以强烈的责任感和高度的使命感来扎实推进诚信经营管理，稳固维护企业信用。国睿信维在管理体系建设、人力资源、公共关系、供应渠道管理、客户服务、信息系统建设、依法纳税等企业运营的方方面面均将"诚信"作为工作开展的基本准则。国睿信维已于 2019 年取得江苏省信用管理企业证书，2020 年取得 AAA 信用证书，维护与保持良好的社会信誉。

国睿信维为将"诚信"理念融入企业经营的各个层面，组织上设置法务合规部，设立专职的法务顾问和稽核专员。每年对全体员工开展多场法律专业培训与稽核培训，还定期向业务条线员工提供法务和稽核推文，提升员工法律意识。

2. 严格遵纪守法

国睿信维一直严格遵守国家法律法规，树立底线思维，依法经营、诚信经营。公司组建了一支高素质、高水平、专业的法律团队，全面参与合同、规章制度、重要决策事项的法律审核，实现 100% 的法律审核率，确保及时发现、有效杜绝合同、规章制度、重要决策事项发生违法违纪的风险。同时，公司致力于提高员工的法律意识，坚持法治宣传教育工作，在全公司营造遵纪守法、合法经营、防范法律风险的法治环境。

3. 企业诚信和信用体系建设

（1）全面风险管理。国睿信维基于《全面风险管理体系框架》，建立包括内控、质量、保密、业务等方面在内的管理体系，明确风险管理组织体系、责任体系、业务体系、工作体系、能力体系和文化体系的管理。每年开展风险评估，对重要风险进行重点管控和预警，监督风险管理过程中对风险管控举措的实施和结果，并对各种潜在风险进行提示防范。

（2）业务风险管理。国睿信维建立了一套极其完整的业务风险管理制度，详细规定了在公司运营过程中预算、授权、法务、合同、项目、客户以及内部审计等全覆盖管理流程体系及业务全生命周期管理机制，包括：

- 以"客户至上、专业指导、流程规范、全面管控"为理念、支撑项目端到端的全过程指导的咨询服务项目实施方法论体系；
- 以"聚智广合、深研勇创"为理念的自主工业软件产品研发流程管理体系；
- 独具创新性的技术管理体系；
- 其他配套相关规范，如:《合同管理办法》《授权管理办法》《销售管理制度》《采购工作管理规范》《供应商管理工作规范》《供应商付款管理规范》《稽核管理办法》等。

同时，为有效支撑业务全生命周期管理机制的落地，国睿信维全面部署建设一套纵向覆盖财务、销售、采购、库存以及数据管理，横向覆盖供应商与客户的一体化业务管理信息系统，构建起了业务风险事前审核、事中控制以及事后总结分析的完整的风险管理工作链条，极大提高了业务运转效率，强化了供应商、客户资信状况的基础数据积累。近年来，国睿信维运营过程中，未发生一起重大风险事件。

（3）信用管理机制。国睿信维实施多维度综合信用管理，全面整合公司业务上下游、银行与保险公司以及第三方评级机构等数据。通过一套完整的信用评估机制，评估供应商生态圈伙伴信用等级，实现了对供应商信用的动态管理，进而有效保障了业务健康、稳健运营，主要体现以下两个方面。

一是不断强化企业信用评价。将外部机构对不同企业各维度的信息发布纳入客户管理系统，分步骤整合政府网站、公检法、工商税务、第三方征信机构等发布的企业征信信息，合理划分风险预警区间、预警方式，不断整合、采集外部企业相关数据，全方位刻画企业客户形象，包括基本信息、财务指标、法律诉讼、舆情信息、企业关联关系等多方面信息，整合全景大数据资源构建风险评估模型，进而提供决策支持、大数据风控等企业信用服务。

二是建立供应商评价机制。国睿信维按照供方分层分级规则开展了合格、优选供方的标准体系建设工作，制定了供应商选择到供应商评价等全流程的制度流程，将"诚信"内涵融入供应商管理的各个细节。将供方所处行业的特点、技术难度、经营情况、信用等级、所拥有资质能力与优势资源、社会责任等显著表现进行量化，建立评估模型。聚焦、细化、深化质量、成本、交货、服务（Quality, cost, delivery and service 简称"QCDS"）主要绩效指标，加强其技术、资产 / 资质、流程 / 人力资源（Technology, asset, process 简称"TAP"）的综合考量，进而构建了以"信用"为基石的供应商战略联盟。

4. 职业道德行为准则或规章

国睿信维建立员工道德公约，从5个方面指导员工的工作与行为。（1）科技报国：热爱祖国，忠于祖国，遵守国家一切法律、法规。以强大国防，振兴中华为己任，大力推进中国电子科技及其产业的发展；（2）诚实守信：是公司和全体员工精神品质的基本准则，全体员工应讲求诚信、践行诚信；员工应诚信对客户、诚信对伙伴、诚信对同事、诚信对股东、诚信对国家、诚信对社会；（3）敬业爱岗：热爱本职工作，恪尽岗位职责，培养高尚的职业操守；（4）团结友爱：上级下属团结一心，彼此信任。同事之间和睦共事，互帮互助；（5）自强自爱：严于律己，宽以待人，在工作、生活中洁身自好、自强不息、以自身的行为赢得别人的尊重。

同时，为了进一步加强咨询服务项目现场办公规范遵循的要求，国睿信维也制定了《咨询服务顾问现场工作规范》，强化了咨询服务顾问在客户现场办公时需遵循的各项管理要求和规定，从而提升咨询服务团队整体的专业性、规范性，全面提升客户满意度。

5.企业诚信实践

（1）合作共赢企业文化。在保障国家秘密的基础上，国睿信维积极推进"共享、共赢"的文化建设，在战略联盟组建与合作中，积极推进"数据共享、情报共享、渠道共享、库存共享"，打通了跨组织协同流程与信息堵点；在与业务上下游合作中，着眼于长远利益，时刻将"服务意识"放在首位，时刻秉持整体利益优先理念。国睿信维重视共享文化的推广与宣传，定期组织用户大会、参与各项智能制造管理论坛，强化合作企业间的沟通与交流，推动了"合作共赢"的企业文化向全行业传播，进而加速了行业知识融合。

（2）客户服务及关系管理。国睿信维打造了以"三联一合（企业联盟、业务联动、信息联通、产融结合）"为特征的一体化服务平台，为客户提供包含集中采购、技术支持、数据管理、供应商金融、咨询培训等综合性服务，帮助企业解决生产经营中存在的流动资金、采购管理、产品研发等瓶颈问题。利用战略合作伙伴技术优势，协调技术资源，为客户提供技术支持，同时参与客户产品设计选型，推动产品标准化，实现了业务上下游成本下降以及突破客户的研发瓶颈。

（3）反对商业贿赂、欺诈等。采购管理作为国睿信维制度体系建设的重要一环，旨在构建"阳关采购"堤坝，将腐败风险关进制度的笼子。在体系流程设计中，重视对权力的相互制约与监督，对采购管理中核心的供应商管控权、采购权、付款权实施"三权分立"；在制度实施过程中建立稽核审计机制，设立专职的稽核专员；通过数据共享、体系共建和业务联动，增强透明度，防范暗箱操作，逐步在企业内部及上下游形成了廉洁自律的文化。

（4）维护职工权益，创建和谐劳动关系。国睿信维根据人才建设工作需要，制定了人才发展战略。结合目前和未来需求预测，建立人力资源发展目标，制定人力资源总体规划和能力框架体系。公司十分重视对人才发展通路以及激励机制的建设，维护职工权益。国睿信维为有效提升内部员工技术和管理能力，成立"信维培训学院"，设立体系化的专业课程，为员工提供专业的培训和指导。同时，公司设置了MVP、研发季度奖等奖项，鼓励员工不断进取，用于突破。通过薪酬福利、社会保障、职位晋升、职称评定、荣誉评介等体系激励员工的工作热情，保持员工队伍高效运作。

6.履行社会责任，助力自主工业软件生态建立

随着中美摩擦加剧，工业软件"卡脖子"问题日益凸显，促进工业软件高质量发展已成为国家重要战略。工业软件被列为当前科技攻关最紧急、最迫切的问题，同时关乎国家急迫需要和长远需求。相对于美国的工业软件市场，中国工业软件市场发展潜力较大，有望市场进一步打开，但市场培育还需要周期；在国睿信维重点涉足的军工领域，工业软件国产化替代将成为趋势。公司业务聚焦于制造业产品全生命周期数字链，形成了"3+N+1"智慧企业整体解决方案，并孵化发布了全新自主工业软

件品牌——REACH睿知,致力于围绕工业产品全生命周期,通过一体化工业软件,为企业提供完整的端到端智慧企业整体解决方案,推动企业数字化转型,最终达到智慧企业愿景。同时,公司也将加速构建自主工业软件生态圈建设,通过生态的协同共进,引领工业企业数字化转型和智能化提升,帮助工业企业提质、降本、增效,实现跨越式发展。

案例创造人:周鸿亮 余定方 金西洪 陶昌伟 李宁 林家杰 胡华波 傅峥 王苏敏

多能联供　诚信构建企业命运共同体
智数标杆　助力打造世界级化工园区

南京化学工业园热电有限公司

一、企业简介

南京化学工业园热电有限公司成立于2003年6月4日，是华润电力控股有限公司在南京控股建设、运营的热电公司之一。公司注册资本1.28亿美元，股权结构为华润电力（江苏）投资有限公司65%，华润电力投资有限公司25%，南京江北新区建设投资集团有限公司10%。

公司坐落于国家级石化工业基地江北新区新材料科技园（连续多年位列"中国化工园区30强"榜单前四强）（以下简称园区）长芦片区热负荷的中心，是长芦片区唯一公共热源点。公司厂区总占地面积488亩，其中一期工程占地180亩，二期工程占地308亩，并预留有三期机组扩建用地。

公司总装机容量为670MW，分别是2×35MW + 3×220t/h供热机组，2×300MW+ 2×1100t/h供热机组。公司担负着向长芦片区近九十家化工企业供应4.3MPa、2.5MPa和1.5MPa等级的工业蒸汽。

二、企业诚信建设和信用体系建设实践案例

（一）诚信经营理念——绿色能源，润泽生活

公司以华润"十四五"企业文化理念体系为企业经营理念，将"引领商业进步，共创美好生活"的华润使命作为公司的责任担当，以国有企业领导人员"20字标准"的重要论述，着力建设高素质专业化公司干部人才队伍，在"真诚、团结、开放、进取"的组织氛围中，全体员工高度重视诚信和廉洁经营，遵循"诚实守信、业绩导向、以人为本、合作共赢"华润价值观的原则，坚持依法纳税、诚信和廉洁经营，立志成为大众信赖和喜爱的世界一流企业，发挥"以身许国的奉献精神、敢为人先的创新精神、笃定前行的坚守精神、自强不息的奋斗精神"的企业精神，生生不息将"为中华民族伟大复兴而立心、为创造人民幸福生活而立命、为实现国家经济繁荣而立身"的企业基因无限传承。

（二）严格遵纪守法

公司模范遵守法律法规和社会公德、商业道德以及行业规则；及时足额纳税；维护投资者和债权人权益；尊重知识产权和财产权；维护行业发展秩序，反对不正当竞争。

（三）企业诚信和信用体系建设

公司按照要求参与审计与风险管理、财务资产管理工作。

1. 财务管理

公司严格执行华润电力华东大区财务管理类所有制度标准，给予各部门、各专业财务指导意见和监督管理。

2. 合同管理

各部门对所管辖合同进行专人归口管理，规范合同管理行为，严格按照华润电力要求进行合同评审会签、批准签字等审核程序，保证线上线下统一管理，按照年度在档案室完成合同档案归档，档案专业岗对归档案卷负责审核监督。

3. 风险控制及危机管理

公司设置纪检监督专职人员，公司成立"大监督"体系，防范化解廉洁风险，公司党委紧盯重点岗位和关键领域、关键环节，风险控制，强化重点监督。

（四）企业诚信实践

1. 产品及服务质量诚信

公司在合同条款中明确销售产品的规格、产量、品质标准、波动情况以及违约赔偿等详细信息。

公司安健环工作以"一条主线、三个抓手"为管理思路，强化责任担当，严守"全员安健环主体责任"的管理主线，坚持以华润电力SHEMS安健环体系建设为抓手，始终围绕提升生产管理水平来开展，不断落实"想得多、查得细、管得严"九字方针，在夯实"三基"管理的基础上，逐步提升安全管理水平。

2. 客户服务及关系管理

公司致力于为客户提供高品质的产品和服务，努力建设与客户共赢关系。

公司立足于园区，在落实政府"保供"要求的同时，奔着综合能源服务商目标，做好为园区企业公用能源提供优质服务，优势互补，互利共赢，携手构建园区企业命运共同体，持续发展、共创辉煌，助力园区高质量发展，打造世界级园区。

3. 与股东、投资人和债权人等利益相关者关系

高度重视维护股东、投资者和债权人的合法权益，不断完善和规范公司的组织和行为，有力推进业务良好开展和稳定运行。

4. 反对商业贿赂、欺诈等

加强反腐倡廉建设，健全腐败预防与惩治机制，构建廉洁文化，避免不正当竞争。加大对惩防体系的检查考核力度，每年签订《党风廉政建设责任书》，将党风廉政建设纳入领导班子年度考核管理中，推动惩防体系落实。"重大事项决策、重要干部任免、重要项目安排、大额资金使用"实行集体决策。

5. 维护职工权益，创建和谐劳动关系

贯彻"以人为本"理念，切实维护职工权益。严格落实《劳动合同法》，员工签合同率达100%；公司制定员工管理相关制度，保障员工权利和义务，为员工建立社会保险，并及时足额交纳各项资金；建立平等的人才竞争机制；每年组织员工培训；积极慰问困难职工、离退休职工及家属。

（五）一家红色央企的使命担当

1. 技术升级改造，超低排放成果显著

"十三五"期间，公司环保总投资 3.2 亿元。其中，一期抽凝改背压项目是南京市政府"两减六治三提升"专项行动实施方案中的重点项目，由 2×55MW 燃煤双抽供热机组变更为以供热为主的 2×35MW 燃煤抽背供热机组，解决了电厂热损失中最大占比的冷源损失。先后开展的一、二期超低排放改造、封闭煤场改造、一期汽轮机背压改造，共计获得节能量 3.52 万吨，减少二氧化碳排放量约 18 万吨。近三年较排污许可证规定，公司 SO_2 排放量减少 1632 吨，NO_x 排放量减少 2515 吨，烟尘排放量减少 512 吨。公司烟气排口、雨排水等排放指标实现在线显示，且与环保实时监控平台数据联网。

2. 新方向，新举措：积极参与碳配额交易，响应"双碳"目标

2021 年 7 月 16 日，全国碳市场正式开市，华润电力积极参加首日交易并受邀参加全国碳市场上线交易启动仪式。公司作为华润电力重要一员，被纳入 30 家首批交易单位，并在首日当天完成了 150000 吨的成交，迎来了开门红。

3. 公众开放，回报社会

公司的发展离不开国家和社会各界的支持与信赖，公司通过开展慈善公益事业、慰问养老服务中心、建立河海大学"实习、实践、就业基地"，与南京理工大学签署生产实习协议书等实际行动，努力回报社会；组织植树护绿活动、防汛活动、文明城市文明实践、六一慰问特殊儿童学校等主题活动，为推动大众生活改善和地区经济发展贡献一份力量。

2021 年，华润电力迎来了第二十个春秋，公司也已建厂十八周年。9 月，隆重举办"双十年华，绿色同行"公众开放日活动，邀请政企重要客户走进我们的电厂，近距离接触电力人的日常。

"一家红色的央企"介绍了华润的红色历史和成长史，阐述了"一个倔强的电厂"不断提质增效，努力实现低碳高质量发展的奋斗历程，展望"一个绿色的未来"所构建的碳五力发展理念。公司始终履行央企职责，践行绿色发展理念，认真贯彻习近平总书记"碳达峰、碳中和"的新要求、新目标，在努力创造良好业绩的同时，时刻谨记落实国有企业传统业务转型升级，为社会发展、环境保护作出积极贡献，不断拓展业务类型，加速发展清洁可再生能源，努力为社会大众提供清洁、安全、稳定的能源供应，实现公司与环境、社会共同可持续发展，为"十四五"开好局，为建设"强富美高"新江苏作出新贡献，用实际行动展现了华润电力人超强的战斗力。

江苏省电力行业协会对公司的公众开放日活动表示赞赏，这是电力行业中非常有特色的、独有的商业模式，为企业之间提供交流沟通的平台，让大家更直观地了解电力人。

园区负责人也感谢公司在绿色发展、开放透明、责任关怀、履行社会责任、党建引领的方面所作的贡献，希望园企携手加快建成"环境更美、产业更优、实力更强"的世界级园区！

2021 年，在建党 100 周年之际，公司组织了百年征程、初心永恒——中国共产党在江苏历史展参观、结合第 20 个"全国安全生产月""党建、安全"共建知识竞赛、"学党史、守初心、跟党走"党史知识竞赛、"党建引领、消防共建"主题党课以及应急演练等一系列政企共建活动，充分发挥了党组织的桥梁纽带作用，融入地方经济社会发展，参与当地社会治理，履行社会责任。

4. 政企合作促高质量能源保供：公司 2021 年超发电量 3.7 亿度

2021 年 9 月以来，公司千方百计增加煤炭库存，加快机组检修速度，紧急启动并网，全力以赴确

保机组多发、稳发、满发、超发电量。2021年全年发电量38.9亿度，同比上升1.7亿度；超过华润电力控股有限公司下达的电量经营计划，超发3.7亿度；同时公司利用小时优势率在江苏省热电联产机组排名中排名第1名，并高质量保障了江北新区新材料科技园的蒸汽、压缩空气等多种能源的保供任务，肩负综合能源服务商使命，助力园区打赢"双减双控"攻坚战，彰显央企担当。

（六）企业诚信建设实践成效

1. 供热管理

作为国家级江北新区新材料科技园区至关重要的热源点，公司保供任务繁重，压力巨大。2019年，公司增加供热压力匹配器，实现一、二期三个不同压力等级蒸汽互供，公司供热可靠性大幅提升，为园区用热稳定保驾护航。2021年年累供热总量达501万吨。

2. 压缩空气项目

公司压缩空气项目，为园区企业集中供应压缩空气，直接替代了企业的电驱动空压机，有效解决企业自用空压机因冷凝等原因造成的卡涩、气体含水量高等问题，大大减少企业的维护管理费用和生产成本，提高了装置的安全可靠性，为园区降低区域电能消耗。通过实施压缩空气供应项目，每年为园区节约用电量6.657×10^7千瓦时，减少排放粉尘18100吨、二氧化硫1997吨、氮氧化物998.5吨。

3. 除盐水直供项目

除盐水直供项目是公司继蒸汽、压缩空气后，又一支撑起园区的公共能源传输项目，更是响应火电企业转型发展、拓展新生意模式的华润电力第一家除盐水直供项目。

4. 污泥（固废）掺烧业务

2017年，公司建设燃煤耦合污泥发电技改项目，获批国家燃煤耦合生物质发电技改试点项目，有效利用燃煤电厂的富余产能，对污泥进行无害化处置和综合利用，进一步实现南京市污泥的减量化、资源化、稳定化和无害化处置。

5. 智慧能源项目

应用大数据、物联网、云计算等关键技术，实现能耗监测及能效管理的可视化、信息化、智能化，实施综合能源服务，为园区及企业挖掘潜在价值。以智慧能源云平台为核心，对建设绿色、高效、低碳、经济的园区具有重要价值与意义，进而助力智慧南京建设。

6. 稳固的第一道防线

公司机组的安全稳定运行共有三道防线，分别是智能化系统预警、控制系统报警、设备联锁保护；公司通过火电集中监测与分析专家系统（CSASS）、操作寻优等系统（OOS）的建设搭建了以智能化系统为核心手段的第一道防线，具备落实各技术监督岗位的职责，明确现场整治处理率的职能。

火电集中监测与分析专家系统（CSASS）：达到"世界领先、中国最好"的火电机组监测、分析诊断平台，建设成为华润电力统一的大数据中心和监测平台；操作寻优系统（OOS）：深入挖掘运行潜力，通过寻优系统寻找最佳工况对应的运行操作模式，建立标杆值数据库，定义运行操作产生的耗差，利用操作耗差系统实现对运行操作量化考评。

（七）企业荣誉

中国电力企业联合会公布2020年电力行业火电机组能效水平对标结果，公司#5机组再次荣获

2020年度全国火电300MW级亚临界供热湿冷机组能效水平对标竞赛AAAAA级优胜机组称号，这已是公司连续五年获此殊荣。热电企业以绿色低碳发展为目标的节能减排管理，荣获"第二十八届江苏省企业管理现代化创新成果"一等奖。CSASS深度应用被评为"华润集团数智化标杆单位"。多能联供，智数标杆化工园，在华润电力成立20周年表彰会议上，荣获"卓越运营奖"。

案例创造人：蒋颖俊　陈超虎　王东胜

扎根百姓　立于诚信

南京金宝商业投资集团股份有限公司

一、企业简介

南京金宝商业投资集团股份有限公司（以下简称金宝商业集团）成立于1992年，隶属南京金箔控股集团。公司从创办至今，经过不断的开拓、创新与发展，实现了经营规模、经济效益以及社会效应的大幅度提升。三十年来，公司始终以立足基层、服务百姓为宗旨，坚守"匠心"理念，以打造百姓生活诚信市场这块"金字招牌"为方向，在传统与创新相融合的发展道路上，以品质赢市场，以诚信树形象，以口碑促发展。一步一个脚印，由无到有、由小到大、由弱到强。

经过三十年的坚守与创新，金宝商业集团已由过去南京城外的一叶小舟，发展成如今的一艘战舰。公司现有商业广场、商业街、装饰、家居、二手物资置换、社群电商六大板块近20家实体商业，50万平方米经营规模，近4000名商户，2万余从业人员，135亿元的年交易总额。公司下辖金箔路商业广场、天元路商业广场、大厂商业广场、金王府商业广场、滨江商业广场、麒麟商业广场、湖熟商业广场、盐城商业广场、和县美食文化街以及家具城、窗帘布料城、溧水家居广场、永阳装饰城、禄口家居广场、金宝装饰城、九竹装饰城、金宝跳蚤市场、金宝社区二手置换体验店等大型综合商业广场、专业化连锁市场。经营业态涉足日用百货、服装、鞋帽箱包、床上用品、办公用品、农副产品、装饰装潢材料、家居用品、餐饮娱乐、桑拿休闲、汽摩配件、儿童艺术培训、物资调剂、物流等几十大类约数十万个经营品种，基本满足了周边社区居民日常生活需求。同时，公司正以社群电商为突破口，积极推进"店商+电商"模式，打通线上与线下双渠道的相互融合。

经过三十年的深耕细作，公司取得了一定的经营规模和经济效益，也获得了较好的社会效应和影响力。公司已是中国服务业企业500强，中国商业联合会理事单位，中国商业联合会AAA级信用企业，江苏省市场管理协会常务理事单位，南京市市场协会副会长单位，江苏省文明诚信经营单位，江苏省正版正货示范商业城。连续十多年荣获江苏省、南京市文明市场，三信三优市场，购物放心、服务满意市场，以及2021年度防疫抗疫先进集体等荣誉称号。

三十年来，公司始终以立足基层、服务百姓为宗旨，始终坚持办老百姓自己的市场。小到老百姓家庭生活的日用品，大到装饰家具，一应俱全；三十年来，从单一到多元，从专业到综合，从省内到省外，成功实现细胞分裂和连锁发展，带动数万人创业致富；三十年来，一直坚守"百姓生活诚信品牌"的初心不变，定位清晰、打造特色、富商亲民。

二、加大品牌建设，着力推进文明诚信经营联盟体系建立

金宝商业集团经过三十年的深耕细作，在江宁及周边地区形成了一定的知名度和品牌影响力。不上金宝，东山白跑，已在当地的平民百姓中广为流传。"金宝"这个品牌，在三十年的发展历程中起到了重要的支撑作用。

随着时代的不断前进，科技的创新发展，带来了商业模式和消费习惯的重大变革。但是，品牌这个核心，依然是引流的关键之一。无论是传统的实体经济，还是新兴的虚拟经济，都需要自有品牌建设的精心打造。金宝商业集团已走过的三十年，离不开品牌建设；未来三十年，更是离不开。

近年来，金宝商业集团在不断加大硬件设施投入，提升外部形象的同时，进一步强化自身品牌建设，着力推进文明诚信经营联盟体系，练内功、促稳定。一方面，公司紧紧依托金宝装饰城省级正版正货示范商业城以及河定桥农贸市场省级文明诚信市场的成功创建，扬长避短、总结经验。在公司范围内全面开展"正版正货"和文明诚信经营双向管理，着力推进联盟体系建设。通过倡议书、座谈会等形式，广泛宣传文明诚信经营联盟体系建设的重要性和必要性。并在各级政府职能部门以及行业管理协会的指导帮助下，广泛征求各方意见，建立健全文明诚信经营联盟公约以及各行业、各业态的具体管理制度和规定。通过不断努力，文明诚信、正版正货创建的参与度和覆盖面不断提升。正版正货、文明诚信，得到了广大消费者的高度认可和称赞。另一方面，打造满意的消费环境，做好两个配套。一是硬件配套；二是现场服务。在硬件配套上，就是站在消费者的角度考虑问题，做到贴近平民百姓接地气。合理规划一些公共休息区，尽最大可能提供更多的免费服务项目。另外，再打造一些吸引人气的场景布置。在现场服务上，对所有商户和管理人员进行定期培训。同时，在商户中广泛开展月度、年度服务之星评比。通过评比，促进各项服务内容和质量的提升，努力打造一个个令消费者满意的购物环境和舒心的消费体验。

三、加大品牌引进，优化业态结构，提升服务质量

2021年，在经受了两次新冠肺炎疫情的严重冲击下，金宝商业集团携手广大商户齐心协力，直面困难。优化业态结构，提升服务质量，发展社群电商，拓展销售渠道，加大企划宣传力度。坚持实业报国、实业兴国理念不动摇，在提升质量效益、优化结构、转型升级、创新发展等方面取得一些新成就、新突破。特别是围绕"正版正货文明诚信经营联盟"创建工作，展开的品牌商户招商引商和各市场业态优化调整成绩显著。随着汽车美容、汽车检测、冷链展柜、茶楼、品牌餐饮、网红夜市、文旅社交、生鲜集市等一批新业态陆续入驻开业，金宝商业各市场品牌优质商户占比得到明显提升。

在新冠肺炎疫情影响下，公司通过组建"招商攻坚克难招商组"等措施，大胆创新招商思路，全面采取专业招商、产业链招商、新消费需求招商、以商招商、主题招商、网络招商、稀缺资源招商、节会招商等一系列招商"组合拳"，有效开创了招商引商新局面。同时，公司清醒地意识到，招商引商，更需亲商稳商富商。每个市场因地制宜，明确自己的定位和特色。如积极打造金宝金箔路商业广场大排档夜市、金宝湖熟商业广场网红美食夜市、金宝大厂商业广场、金宝盐城商业广场、金宝滨江商业广场迎合世代消费趋势，创造年轻时尚的购物环境。一项项实打实的硬招和创新之举，体现了金宝商业集团优化营商环境的工作力度。接下来，公司还将进一步优化业态结构和功能调整，以真诚、优质的服务为保障，按下优化营商环境"快捷键"，不断释放品牌商户招商引商磁力，推动签约引进品牌优质商户早落地、早开业、早盈利，为市场全方位实现正版正货和文明诚信经营联盟体系的高质量发展注入新活力。

四、搭建沉浸式体验平台，营造良好的情感互动和经营氛围

2021年，金宝商业集团不断创新实体商业营销和品牌宣传新方法、传播新路径，让"服务百姓生

活诚信品牌"在新媒体助力下广泛"飞入寻常百姓家"。为适应公众对新媒体获取信息的需求，金宝商业集团在过去的一年里，积极探索新媒体宣传手段和渠道，积极入驻"今日头条""抖音""快手"等短视频平台，开拓实体商业营销宣传新阵地。

充分应用客户端"易企秀 H5""移动终端电子海报""微信视频号""抖音、快手、小红书""短视频""微信公众号""今日头条"等，创建《金宝商讯》等系列特色栏目和作品，集图片、视频、音频等多种表现形式于一体，给顾客带来焕然一新的体验感。积极借助南京电视台、江宁融媒体中心等大型主流数字媒体融合能力和扩散能力，配合策划线下主题活动，形成多个市场业态促销联动，提升企划宣传的整体性和广泛影响力。利用市场多媒体户外电子屏、商户分类群、业态分类群、品牌联动群等宣传载体，多角度为公众展示金宝商业各市场丰富的业态资源和良好的休闲购物体验。经统计，2021 年度公司共实施完成线下各类主题和周末促销活动 251 场次，各类短视频 295 条，今日头条、公众号、H5、海报等 295 条，电视台宣传 19 条，各类新闻投稿、经营故事等 170 多条，观看浏览量达 100 万余次。

公司坚持以"线上塑造品牌、线下主推活动"企划宣传思路，组织策划内容丰富，有主题、成系列，能与商户和顾客产生共鸣的各类营销活动，不断丰富市场宣传促销内涵，使宣传活动"有态度、有温度、有深度"。有态度是指活动紧紧围绕"百姓生活诚信服务品牌"这一主题，精准指向目标消费群体，营造百姓消费购物新导向；有温度是指公司积极挖掘能与大众共情、共鸣的传播点，精心打磨素材，策划各类主题活动和开辟线上应景专栏，如在 7.1 建党节开辟"建党 100 周年特别策划——讲述金宝商户党员故事"专栏等，让企划宣传有故事、有温情，充满感染力；有深度是指公司企划宣传不再只盯着一个节日一场促销去，而是突出重点、抓住关键，贴合新媒体宣传特点，充分把握新媒体"碎片化"和线下活动高时效性、强互动性等传播特点，"化整为零"，高频次输出，形成线下活动与线上宣传连贯性发力。同时，针对不同时期的大众消费需求作出迅速反应，适时策划和发布贴合社会热点的商品促销，强化了与网友的交流，拉近相互距离，使大众更加亲近金宝、热爱金宝。

下一步，公司紧紧围绕"稳好局、提内质、抓外拓"的经营思路，认清形势、发挥优势、顺应时势。一方面，持续做好现有市场经营管理，不断优化文明诚信联盟体系建设；另一方面，坚定"电商＋店商"发展战略，推进线上与线下双渠道融合互补；同时，进一步强化各市场特色化、专业化定位，立足基层服务百姓接地气。

案例创造人：江宝全　杜静宁　沈福祥　王东宁

优质供热　取信于民

国能河北龙山发电有限责任公司

一、企业简介

国能河北龙山发电有限责任公司（以下简称龙山公司）位于河北省西南部，晋冀豫三省交界处，于2004年7月6日成立，总装机容量2×600MW，两台机组分别于2007年1月和7月投产发电，是河北南网首座600MW等级亚临界燃煤空冷发电企业。龙山公司注册资本为11.304亿元，总投资46.81亿元。2011年实现向涉县城区集中供热，目前供热覆盖面积为380万平方米。公司于2014至2015年，分别完成了两台机组超低排放改造，成为河北省首家通过超低排放整体验收的发电企业，目前两台机组均已实现深度减排。

龙山公司自成立以来诚信经营，履行社会责任，实现了安全生产保持稳定、管理水平不断提高、经营业绩持续向好、企业文化建设有序推进、文明和谐水平稳步提升。2021年被中国电力企业联合会评为AAA级信用企业。

二、诚信经营理念

龙山公司坚持"创新谋发展、服务铸形象"的治企理念，以"优质供热、情暖万家"为宗旨，努力提升生产技术和客户服务水平，圆满完成安全生产和居民供热工作。

三、经营状况及规划发展

龙山公司经营业务主要包括电力、热力相关产品开发利用、技术咨询；房屋租赁；煤炭购销；蒸汽及附属产品的销售；新能源项目开发等。为保护大气环境，替代小锅炉、提高城市集中供热率和能源利用率，按照省市关于发展城市集中供热事业的有关指示精神，由国能河北龙山发电有限责任公司、河北超美科技有限公司和涉县隆盛国有资产运营公司按照55%、30%、15%的比例合资组建热力公司，于2011年11月完成供热改造并向涉县城区供热，目前供热覆盖面积为380万平方米，全年供热量为146.5万吉焦。

为了企业的战略发展需求，龙山热力公司非常注重专业技术队伍管理，每年对全体员工进行培训学习上岗，人力资源保障流程和建设完善，热力公司现有热力员工17人，其中高级工程师以上人才3名。管理体系为在龙山公司领导下设置三个部门：综合管理部、生产运维部、客户服务部。各部门主要职责：综合管理部主要负责工程项目前期、计划工作、采购管理、费用管理、合同管理、供热稽查、对外协调、办公综合服务等工作；生产运维部主要负责供热设备运行和维护管理、设备技术管理和技术改造、供热指标管理、运营维护标段日常管理、工程施工过程管理等工作；客户服务部负责供热市场开发、热用户入网、供热面积核查、热费收缴等工作。

龙山公司供热辖区主要包含涉县将军大道、河西街、滨河路三条市政道路合围区域。截至2021年年底，龙山公司经营区域内完成管网敷设38公里，建设并投入热力站71座，已签订入网协议的用户面积415万平方米，2021年—2022年供暖季实际供热面积282万平方米。通过采取的一系列有效措施，供热质量得到了有力保障，做到安全运行无事故。

积极开拓供热市场，完善供热网络。随着城市的建设发展，近几年涉县又建成了一批新的住宅小区和公共建筑。龙山公司积极与开发商联系，供热接入工作尽早入手，全面保证居民供热需求。截至2021年供热季前，昱景华都、昱景蓝天、阳光海岸北院、盛港国际、涉山涉水、龙源、汇景峰等入网供热，折合入网面积31.22万平方米。

四、重视信誉管理，建立健全信誉制度

龙山公司始终把诚实守信视为经营管理过程中的重点工作之一。建立健全了以总经理为组长的信用管理组织机构，配备了相应的兼职信用管理人员，职责明确，与公司各职能部门协调开展工作。公司先后制定了《合同管理制度》《采购管理制度》《合同台账》《付款台账》等一系列管理制度并有效运行。在和社会各开发商、供货单位、施工单位合作中，始终坚持诚信第一，始终未发生过不履行合同、拖欠农民工工资、不按合同约定及时付款等不诚信行为。讲诚信、讲信誉，受到了诸多公司的一致好评。

多年来，在公司的正确领导下，在各级领导的关怀和大力支持下，龙山热力公司多次获得《安全生产标准化企业》先进集体等荣誉称号。近年来省、市、县领导多次到公司指导、视察、调研，并给予高度评价，连续几年被县行风办评为"先进单位"，在涉县享有广泛的知名度和良好的信誉。

五、坚持安全生产，实现优质供热

龙山公司始终坚持"安全第一、预防为主、综合治理"的安全生产管理方针，认真贯彻执行国家能源集团的各项安全生产工作要求和工作任务。增强安全意识，加大培训力度。充分利用每周早会、班前会的时间灌输安全知识和安全法规，广大员工的安全意识大幅增强。根据供热的行业特点和工作性质，制定了一系列安全工作规范。坚持"安全第一、预防为主、综合治理"的方针，重点抓好"十必须两严格"。真正把安全生产和安全质量达标工作放在第一位。

强调生产管理，理顺生产机制，调动一线的积极性。通过对供热系统的优化，对参数的合理调节，不仅大大改善了供热管网的稳定性、提高了供热安全性能，更是改善了供热质量。供热期整体供热质量大大提高，同时经济运行指标较往年同期明显降低。2021年全年未发生设备原因造成的供热中断事故。通过对热力管网的水力平衡调整，避免冷热不均现象，区域内供热质量优良率达到97%。在历次政府各部门组织的检查、监督中，均取得了一致好评。

供热事业关系到千家万户的冷暖问题，就是民心工程。我们龙山热力人有着勤劳勇敢、勇于奉献、严谨细心、团结协作的精神。数九寒天，不论白天与黑夜，大街小巷都有我们龙山热力人巡检的身影，那就是冬天里的一把火，照亮自己，温暖大家。路面上的一个个的检修井盖就是我们的"战壕"，仔细检查，更换保养，不放过每一个井盖，为的就是供热管道的畅通无阻。我们供热服务为的就是让用户满意，在寒冷的冬天感受春天般的温暖。集中供热就是"百人一杆枪"。要靠大家齐心协力才能使设备正常运行，每一个岗都很重要，有一个岗位出问题都有可能引发事故。严寒中，天寒地冻，各用户的用热量都要增加，各个工作岗位要随时监控各参数的变化情况，还要不时地调整设备运行的数据。设备的负荷大，则各个岗位的工作量都要增大，对于龙山热力人的工作责任心尤为重要，不能有丝毫的马虎。为了确保工作的连贯性，有时交接班后或下班后，又想起了上班时遗留的问题，便相互打电话

询问、探讨，不断学习提高业务水平，为的还就是干好本职工作，与各个岗位之间相互协调，相互配合，保证供热安全平稳运行。

以服务来实现"优质供热，情暖万家"的承诺。通过采取的一系列有效措施，供热质量得到了有力保障，做到安全运行无事故，树立了公司新形象。在2021年实现了节能降耗，提高服务质量的目标。

六、以人为本、热情服务，积极承担社会责任

龙山公司坚持落实科学发展观，深入推进学习型组织建设与核心价值体系建设，培育积极向上的企业文化。不断提高丰富职工的文化生活水平，把文化建设推向全员参与。同时，精心组织各类文艺汇演、演讲、运动会等活动，全面展示新时期的企业发展。

供热工作阶段性强，供热初期问题多、客服服务工作量大。龙山公司专门设置24小时值班的供热服务热线，并投入客服管理系统，完成供热用户故障录入登记、供热用户查询、锁闭阀操作管理、供热用户测温管理、故障处理及缺陷上报等工作。理顺客服流程、强化客服管理制度，实现客服工作闭环管理。全年3800多次对用户的上门服务，做到100%电话回访。

涉县法定供热期为每年11月15日至次年3月15日，供热期共120天。为应对极端天气，保障居民供热需求，承担疫情期间抗疫责任。按照省、市政府通知精神及县政府要求，龙山公司早起动、早供热、供好热。龙山公司涉县集中供热项目在年初将停热时间延长到2021年3月31日24时。龙山公司克服困难，周密策划，在2021年09月初就开始了供热准备工作，2021年10月底供热条件全部具备。2021年的供热工作于11月1日全面展开。2021年龙山公司为履行社会责任，共延长供热30天。

龙源小区、汇景峰小区因基建遗留问题，均是供热难点区域，供热问题长时间得不到解决，小区居民多次上访。为此，龙山公司积极研究解决小区供热方案，时间紧、任务重、难点多。龙山公司各部门分工合作，从前期资料收集、方案制定、规划设计、施工协调，多少个不眠之夜，设计几易其稿，难点一个一个克服，终于保证了这两个小区的如期供热。这两个小区正式供热后，政府主管多次对小区检查、入户测温，均得到满意的结果。报表统计小区供热温度指标、经济指标双达标。政府放心、百姓满意、指标优良，两个小区的供热工作取得了开门红。

七、提升服务精心培训，健康发展诚信经营

龙山公司坚持用"精心培训、诚信经营"的管理理念，坚持以高质量的供热水平，坚持以高效优质的服务态度，完成为涉县城区供热的工作。创建文明诚信供热是一项长期的系统工程，通过创建活动，促进公司团结敬业，廉洁自律，务实创新，奋发图强，在工作作风上有新的提高，在岗位上有新的作为，总体呈现出一个健康向上的态势。

龙山公司在下一步工作中，进一步巩固基础工作建设，以"打造诚信供热，创建文明企业"为主题，增强各项创先意识，促进各项管理，夯实基础，扎实开展各项文明创建措施，营造一个良好、文明、安全的工作氛围，提高企业核心竞争力，以高昂的工作热情要求自己，服务现代化城市可持续健康发展，为了供热工作的规范化管理，为了建设美丽的涉县而努力！

案例创造人：张敬坡　杨培宏　马彦河　牛俊杰

推进信用体系建设　促进企业健康发展

国能江苏谏壁发电有限公司

一、企业简介

国能江苏谏壁发电有限公司（原企业名为谏壁发电厂，以下简称谏电）地处镇江市东郊，长江与京杭大运河交汇处，北濒长江，近邻京沪高铁和多条高速公路，交通便捷，水资源丰富。全厂占地439.09公顷，水域76.38公顷。

谏电始建于1959年，第一台机组1965年投产发电。1973年，总装机容量达425MW，成为当时华东区域最大的火力发电厂。1987年，总装机容量扩大至1625MW，成为全国最大火力发电厂，在我国电力史上保持十年之久。2003年划归中国国电集团公司，为国电集团下属企业，2017年8月国电集团与神华集团合并重组成为国家能源投资集团有限公司（以下简称国家能源集团），目前公司为国家能源集团下属三级单位。公司现有两台1000MW机组、两台330MW机组在运，总装机容量2660MW。在发展历程中，企业创造了诸多辉煌业绩，先后获得中央企业先进基层党组织、全国"五一"劳动奖状、全国安康杯优胜单位、全国发电行业最美工会、全国职工教育培训示范点称号等荣誉，连续二十余年被评为江苏省文明单位，2020年首次被评为第六届全国文明单位。

二、信用体系建设

一直以来，谏电高度重视信用体系建设，成立了以公司领导班子为核心的电力企业信用建设组织机构，设立了电力企业信用建设办公室，配备了由各部门主要负责人和管理人员组成的业务小组。通过提前谋划、积极部署，谏电加快构建企业信用体系步伐，于2017年8月正式加入《信用电力自律公约》，同年12月以江苏省组织评审的首家电力企业的身份，高标准通过电力行业信用企业AAA级评审，2019年、2021年通过复审，延续AAA级电力行业信用企业荣誉称号。

1. 以信用体系建设为基础，全面扎牢安全生产防线

谏电始终以安全生产作为企业诚信立业发展之本，不断创新安全生产监管方式，持续建立健全全员、全方位、全过程的安全生产体系，落实"党政同责、一岗双责、齐抓共管、失职追责"要求，对重大问题落实责任人，对改进计划实行闭环督办管理，严格落实企业安全生产责任，切实保障从业人员健康安全。以高度的责任感做好"两会"等重要会议保电安全稳定工作，积极落实发电企业主体责任，履行政治担当屡次获得落实安全生产主体责任示范企业、安全文化建设示范企业、省电力安全生产先进单位等荣誉称号，截至2022年1月，谏电连续安全生产超过4051天，机组可靠运行实现零非停。

2. 以信用建设为依托，不断提升机组环保经济运行能力

谏电以诚信为根本，牢固树立绿色发展理念，以科技求创新，以创新求发展，对发电机组坚持开

展技术改造实现节能降耗。近五年，该公司累计投入技改费用163876万元，机组供电煤耗、综合厂用电率持续下降，助力国家和地方双碳目标的实现。其中2018年，该公司通过对#11、#12两台330MW机组进行综合升级改造，一次性使两台机组在额定工况下供电煤耗分别降低22.24克/千瓦时和16.85克/千瓦时，两台机组年形成节能量67628吨标煤。2021年该公司330MW机组和1000MW机组供电煤耗分别实现300.86克/千瓦时和269.83克/千瓦时，集团公司排名前茅。2021年获得发明专利5项、实用新型专利25项、软件著作6项。QC成果屡获全国、省级奖项，企业获得全国电力行业QC小组活动优秀企业荣誉称号。谏电秉持绿水青山就是金山银山的理念，严控入炉煤硫份、灰份、二氧化碳、氮氧化物、粉尘等污染物排放达到国家超低排放标准。公司被评为全国电力行业设备管理工作先进单位、电力行业节能先进单位、中电联5A级标准化良好行为企业。

3. 以信用价值为优势，全面拓宽发展用户规模

谏电笃信良好的信誉决定了企业在市场上发言权，恪守诚信才会为企业带来长期的品牌效益。自2014年至今，谏电深度参与省电力大用户直接交易，签约大用户从最初的十几家拓展到两百余家，直接交易用户遍布全省，近5年累计签约电量263亿千瓦时，交易规模均居全省前列。为助力地方各签约企业发展，谏电积极利用自身技术业务优势为各大用户提供增值服务，近5年无偿为大用户提供增值服务128次，与用户之间建立了良好的合作关系，形成了较好的品牌效应。

谏电以创建环境友好型企业为目标，大力发展粉煤灰综合利用，使固弃物变废为宝，并依托质量和诚信，不断向外拓展公司"苏源"牌粉煤灰的销售，有效提升公司经营收益，促进企业产业发展。经过多年的品牌培育和诚信经营，如今"苏源"品牌粉煤灰深受各方好评，已成为国家重点工程建设的首选品牌和指定产品，在港珠澳大桥、京沪高铁、沪宁城际铁路、福平铁路平潭海峡公铁两用跨海大桥、沪通大桥等国家重点工程建设成功应用。谏电元素融入中国桥、中国路。近5年，该公司粉煤灰等固弃物销售累计达426万吨，利润5.39亿元。

在实现企业发展的同时，谏电助力地方经济发展，积极履行纳税义务，谏电利税总额始终名列镇江市前列，近5年利税总额330696万元，连续多年被评为A级纳税信用等级单位，在地方企业中树立了良好的商业信誉和企业形象。

4. 以信用教育平台为载体，营造诚实守信良好氛围

为进一步提升公司员工的诚信意识，更好地传播诚信文化，传递诚信理念，推动企业诚信体系建设，谏电积极搭建厂务公开、信用体系知识竞赛、企业网站专栏、道德讲堂等教育平台，不断加强企业民主管理，以"职代会、集体协商、专栏公开"等形式围绕事关企业改革发展和职工关心的热点问题，进行公开发布和说明，不断深入开展员工诚信、守法和道德教育。同时，将诚信建设纳入兼职教师培训课程，树立诚信企业典范，塑造诚信企业榜样，提升全体员工诚信意识。近几年，谏电先后荣获全国职工教育培训示范点、江苏省厂务公开民主管理示范单位等荣誉称号。

5. 以公益实践活动为抓手，全面履行企业社会责任

国能江苏谏壁发电有限公司坚持培育和践行社会主义核心价值观，坚持精神文明建设常抓不懈，积极开展各类学雷锋志愿服务活动，认真履行国有企业应尽的社会责任，连续20年获得"江苏省文明单位"荣誉称号，2020年被中央文明委授予第六届"全国文明单位"称号。

（1）组建"造血干细胞捐献者服务队"。2003年，公司积极响应镇江市红十字会和镇江团市委的号召，全公司122名职工报名参加了造血干细胞捐献血样采集志愿活动，成了"中华骨髓库"志愿捐献者。同年，该公司组建了"造血干细胞捐献者服务队"，截至目前，该服务队人数已达244人。

19年间，该公司造血干细胞捐献者服务队罕见地涌现出6位成功捐献造血干细胞志愿者，占镇江市捐献成功者总量的近十分之一，成为江苏地区捐献造血干细胞人数最多的单位，被誉为"谏电现象"。同时谏电持续开展宣讲活动，邀请红十字会专家赴公司开设捐献造血干细胞、防治白血病专题讲座，讲解相关研究领域和国内外白血病发展趋势最新动态；每年赴商场、广场、企事业单位等人员密集处，以发放宣传手册、展板展出、现场讲解等形式宣传普及造血干细胞知识，借助企业的知名度，让越来越多的人了解捐献造血干细胞的知识和意义。

2016年谏电被镇江市红十字会授予"造血干细胞捐献工作突出贡献奖"。2017年，新华日报、江苏卫视、镇江日报等媒体对该公司造血干细胞志愿者捐献团队的先进事迹进行了报道。2018年被评为"电力行业雷锋式先进集体"。2020年被评为2014—2019年度"镇江市红十字工作先进集体"、镇江市第四届"慈善志愿服务"奖最佳慈善志愿者团队。2021年被评为2021年度江苏省职工志愿服务先进集体。

（2）组织无偿献血。2020年2月，受疫情影响，镇江市血液库存持续处于紧张状态，为缓解用血压力，服务队16名志愿者主动相约前往市中心血站，无偿献血6000多毫升。志愿者艾彬更是坚持8年献血41次累计献血15600毫升，获全国"无偿献血奉献奖金奖"。近三年来，服务队累计无偿献血90000毫升，以实际行动诠释了奉献、友爱、互助、进步的志愿服务精神。

（3）"精准扶贫、绿色扶贫"。谏电积极响应"精准扶贫、绿色扶贫"的号召，利用"公益中国"等平台采取电商采购、直播带货等方式开展爱心采购，将"精准扶贫"落到实处，近5年开展精准扶贫爱心采购累计235万元。

三、小结

凡是过往，皆为序章。站在新的起点，国能江苏谏壁发电有限公司将时刻牢记习总书记"煤电是件大事，一定要搞好"的重要嘱托，努力践行"社会主义是干出来的"伟大号召，以信用体系建设为契机，促进企业持续健康发展，谱写创"世界一流水平示范单位"和新时期煤电行业高质量发展新篇章。

案例创造人：黄立　雍建强　张建峰

"四个工程"打造"信用电力"品牌

内蒙古电力（集团）有限责任公司巴彦淖尔供电分公司

一、企业简介

巴彦淖尔供电公司组建于1983年，是内蒙古电力（集团）有限责任公司所属特大型供电企业，担负着巴彦淖尔市6.5万平方公里7个旗县（区）工、农、牧业及城乡居民供电重任，服务各类客户115.24万户。近年来，巴彦淖尔供电公司坚持以习近平新时代中国特色社会主义思想为指导，坚持稳中求进工作总基调，认真落实自治区、巴彦淖尔市推进经济社会发展的战略部署，立足新发展阶段、贯彻新发展理念、构建新发展格局，紧紧围绕集团公司"责任蒙电、绿色蒙电、数字蒙电、开放蒙电"战略定位和建设全国一流现代化能源服务企业战略目标，牢牢把握"蒙电向北开放桥头堡、新能源发展示范区、蒙西电网坚强支撑点"功能定位，践行"人民电业为人民"服务宗旨，奋发有为推动河套巴电高质量发展。

在社会信用体系建设深入推进的大背景下，为积极响应巴彦淖尔供电公司打造"信用电力"品牌的要求，进一步发挥输电运行平台优势，厚植电力信用文化底蕴，营造良好行业信用氛围。近年来，巴彦淖尔供电公司输电管理处履行行业自律责任，积极打造"四个工程"信用电力品牌，不断提高主网运行的稳定性、可靠性，降低跳闸率，收到良好效果。

二、实施方法

巴彦淖尔供电公司围绕诚信主题，以提高线路运行能力、减少跳闸率为抓手，积极开展形式多样、各具特色的服务活动，广泛弘扬诚信意识，牢固树立诚信为本的观念。大力开展以"信用电力"为主题，结合企业自身特点的实践活动，要把"信用电力"建设贯穿于企业内部、社会等群体。

（一）"线路护航"工程让"周边村民"变身护线员，家门口端上"国企饭碗"

为认真落实巴彦淖尔"六稳""六保"要求，助力巴彦淖尔"绿色崛起"。近年来，巴彦淖尔供电公司输电管理处结合公司"脱贫攻坚"实际情况，创造性实践招聘群众护线员的举措，为巴彦淖尔主网保驾护航。

巴彦淖尔地形复杂多样，农田、湖泊、河流、草原、沙漠、戈壁和山区都有输电线路穿越，近5千公里的高压线路，像毛细血管一样分布在深山、灌区所在的各个村落。由于地理环境复杂，高压线路点多面广，造成偏远地区的高压线路设备缺乏维护，主要以事后抢修为主，对问题的提前发现和预防性不足。同时河套地区的气候与社会环境，决定着输电线路鸟害和外力破坏时有发生，不能及时驱鸟与外防，但让村里熟悉线路设备的村民来当护线员，就方便得多。

白天村民利用务农间隙，便可到线路上进行外防，紧盯挖机取土等外力破坏。由于这些村民都接受过培训，对输电线路有一定了解，不务农的时候，他们就走村串巷捎带管理线路，发现一些问题苗头。

而到晚饭后，村民利用散步消食的时间就可在线路附近放炮驱鸟。同时，当地村民还有着良好的群众基础，他们充分发挥属地作用，帮助输电处解决树障清理、青苗赔偿等与老百姓存在利益纠纷的矛盾问题。

截至2021年，输电管理处在巴彦淖尔市32个行政村中已招聘了72名群众护线员。在分批次集中培训后，群众护线员正式上岗，负责着巴彦淖尔地区部分110千伏及以上线路的定点巡视，2020年全年，依靠群众护线员发现线路安全隐患36处，驱鸟69次，大大提升了抢修效率，减少停电时间，为老百姓提供更加优质、可靠的供电服务。

在聘用的群众护线员中，有78%的人为当地"贫困户"，而成为群众护线员，对贫困村民来说可谓是端上了"国企饭碗"。特别是疫情期间，使很多不能出村务工的村民有了稳定的工作，解了燃眉之急。

输电管理处利用公益性岗位为72个村民提供了就近就地的就业机会，积极引导和支持群众立足当地资源，依靠自己的双手就地脱贫，同时也为地方党委政府排忧解难，缓解剩余劳动力就业问题，促进农村社会和谐稳定。

（二）"守护者"工程让"电力安全"进校园、进社区、进乡村

线路保护在输电专业的工作人员眼中，是一件清晰明了的事情，但是许多普通市民并不理解专业知识，会认为这些内容和自己没有关系，这使得高压护线宣传出现了"断层"。输电管理处针对不同群体，充分利用护线宣传月、护线宣传周，多措并举让电力保护知识深入群众心间。

（1）电力保护进乡村。输电管理处工作人员与乡村护线员，广泛开展保护电力设施宣传活动。在田间地头、入村入户进行电力设施保护宣传教育，充分利用村广播、乡村公示栏、标志牌等进行宣传，同时发放、张贴线路防护安全材料，告知高压线路防护区内禁止植树、高压线附近放风筝、高压塔附件禁止牧羊者休息，提高村民的自我防护和护线意识。

（2）电力保护进社区。针对迎峰度夏期间、迎峰度冬电网运行情况，开展"输电铁军进社区"活动。与社区"群众护线队""楼道长"队伍成员进行结对交流，建立了"义务护线"队伍。将宣传内容与材料下发至楼道长与群众护线员手中，以楼为单位进行"网格化"宣传。宣传人员提前准备好视频、图片等电子宣传材料，由楼道长转发至各自管理的微信群内，以点带面，有效扩大了宣传效果。

（3）电力保护进校园。结合慰问贫困学生工作，以新学期"开学季"为契机，组织有亲和力的工作人员深入学生课堂，将"高压护线知识"与"家用电器安全用电知识"带到孩子们的身边。一张张"不能放风筝，有电危险""不能钓鱼，有电危险"等形象生动的宣传漫画极具吸引力，燃起学生们的学习热情。课堂中还设置"抢答环节"，为抢答成功并且答对的孩子发放奖品（笔袋、水彩笔等）。

（三）"输电利民"工程，为区域经济发展注入新活力

为提高线路运行能力，助力区域经济发展，为旗县区百姓生产生活带来便利。输电管理处致力于旗县区的老旧线路改造，新线路的顺利投运为旗县区"春耕春播"提供了坚实稳定的电力保障。

为了尽可能减少线路跳闸，提高农村电网供电质量。巴彦淖尔供电公司输电管理处超前预控，合理安排工作任务。在施工前，充分考量施工受阻后新旧线连接恢复送电的问题，采取耐张段逐个"拆旧、立新"施工方式，制定里程碑计划，倒排工期，实行工程日管控，第一时间调整及解决工程存在的问题。

输电管理处着手于该工程的进场开工。该线路改造最大受限因素便是社会矛盾，考虑到这一问题，此项工程充分依托属地供电局协商政府部门，发挥依托村镇、大队效用，尽量做到标准统一，妥善处理工程占地赔偿、青苗赔偿、社会矛盾协商等问题，有效推进了工程进度。通过政企协同、属地当先，科学合理地解决社会矛盾，为新改造线路按时投运作好了保障工作。

据了解，老旧线路大部分杆塔位于耕地中，为了尽可能放大施工窗口期，输电管理处充分结合当地农耕特点，区分出秋季漫灌区段及非灌区段，优先安排漫灌区的基础施工；同时与所属乡镇协商，尽可能延迟灌溉时间。施工高峰时，每日安排6个基础施工组同时作业，推进工程进度。同时充分利用冬季土地上冻窗口期，开展新杆塔组立、撤旧线倒旧杆、新导地线展放工作。

据悉，老旧线路改造工程是为了满足旗县农业用户及周边日益增长的工业生产负荷需求建设的，从2018年起，对涉及隆兴昌镇、新公中镇等15个乡镇的8条进行了改造。投运后的新线路，有效地解决了辖区内主干输电线路的电力供需矛盾，提升了电力供应的可靠性，最大程度减少停电对农民生产生活带来的影响，同时保障了周边百余家企业的用电需求，让他们的生产经营活动用电无忧。

（四）"践行初心"工程，用爱与责任重温对党的誓言

多年来，输电管理处牢固树立服务地区发展大局的理念，不断强化本企业"服务"文化在各专业领域的落地生根，参与地区帮扶共建。每年年初，对巴彦淖尔市特殊教育学校部分听障儿童定点帮扶，为受助儿童送去棉衣棉被，让他们温暖过冬，截至2021年7月，累计捐赠棉衣300余件、棉裤300余件、棉被200余件；2021年两个开学季，共帮助17名白脑包贫困学生顺利入学。持续参加"希望工程圆梦大学行动"十余年，累计捐助数十名学子走进大学殿堂。组织职工植树造林、清理垃圾，安全用电宣传及"护线宣传进村落"活动，促进地区文明城镇建设，履行国企的社会责任，彰显"责任蒙电"的社会担当。输电处以"感恩社会、回馈社会"为理念，开展了"博爱一日捐""关爱空巢老人""无偿献血"等多项志愿服务活动。近四年的中高考期间，处支部组织在家职工成立高考志愿服务队，前往临河三中考点，为校门口备考的学生和焦急等待的考生家长免费提供志愿服务，累计共发放"爱心绿豆水"1000余瓶、涂卡笔200余支、碳素笔300余支。

三、实施效果

通过"四个工程"建设，输电管理处加强行业自律，改善单位信用环境，安全生产指标稳步提升，输电管理处维护的220千伏线路跳闸率逐年降低，从2017年220千伏输电线路发生故障跳闸15次直降至2020年220千伏跳闸3次，在集团公司跳闸率排名中由原来的第一名下降至第五名；2017—2020年线路消缺率100%。在行业内外输电管理处均获得了较好的行风评价，持续为企业信用建设增砖添瓦。

案例创造人：关艳辉　郭光耀　杨浩元

坚持诚信合规　展现责任担当
建设世界一流高品质绿色能源企业

国能河北沧东发电有限责任公司

一、企业简介

国能河北沧东发电有限责任公司位于河北省沧州市渤海新区，注册成立于 2001 年 12 月 14 日，由中国神华能源股份有限公司、河北建投能源投资股份有限公司和沧州建投能源投资有限公司三方共同组建。目前已建成装机容量 2520MW，已建海水淡化装置 4 台，海水淡化项目被列为国家发改委示范项目，目前四台装置日制水能力达到 5.75 万吨。

公司全面建设资源节约、环境友好的现代化能源企业，创造了独具特色的"土地零占用、淡水零开采、燃煤零运输"。同时积极响应近零排放改造，打造清洁高效的绿色发电企业，四台机组均达到近零排放标准，实现四台机组超低排放的目标。截至 2021 年年底，累计实现发电量 1880 亿千瓦时，累计售水 8260 万吨，利润总额 83.96 亿元，保持了较好的经营发展态势。

二、企业诚信经营理念

公司以"忠诚、安全、创新、责任、关爱"为核心理念。忠诚为"根"，提高政治站位，把握政治方向，忠诚于党和党的事业；以坚持祖国利益至高无上体现对祖国忠诚；以近零排放，回应民生幸福期待体现对人民忠诚；以奉献高品质能源体现对事业忠诚；以顾全大局，成就集团整体利益最大化体现对集团忠诚。安全为"天"，秉持"生命至上、安全第一"，安全是领导的第一责任、员工的最大福利、企业的无上功德，是第一政治、第一政绩、第一纪律。创新为"魂"，深入贯彻创新驱动发展战略，将创新作为引领企业发展的第一动力，积极推动产学研相结合和技术成果转化，坚持"所有能为企业带来价值创造的改变都是创新"的理念，通过强化创新激励和培育良好创新环境，引领员工精益求精、止于至善。责任为"先"，对员工，促进价值实现和身心愉悦；对企业，实现管理品质提升；对电网，规范、诚信、可靠、可调，做不间断的电源；对集团、对股东、对国家，提供投资回报，实现资产保值增值；对社会，资源节约，环境友好，营建和谐。关爱为"本"，坚持"以人民为中心"的理念，将员工对美好生活的向往作为奋斗目标，发展为了员工，发展依靠员工，发展成果与员工共享，树立"无国界"的"大人才观"，以热心公益彰显国企担当。

诚信守法经营，和谐内外部环境，积极贯彻国家、地方法律法规是公司全力倡导的企业文化理念，也是开展各项工作的着眼点和着力点，为此，公司在信用制度建设方面、依法纳税及时缴纳税金财务管理方面、严格执行质量管理体系规程，确保产品质量方面、严格执行劳动合同法，切实维护职工合法权益，足额缴纳各项社会保险方面、企业日常安全生产管理方面、周边环境维护与改造及社会公益事业与精神文明创建工作方面都做了大量的工作。

公司获得河北省诚信企业"AAA"级荣誉证书与称号、"沧州市诚信企业"称号;连续四年获评纳税信用评级为 A 级;公司一期工程获得中国建设工程"鲁班奖";公司多台机组在全国电力行业竞赛中获"金牌机组""5A 级机组""中电联可靠性优胜机组"等荣誉称号。

三、企业诚信体系建设

(一)加强环保监督,奉献社会,用实际行动赢得社会及上级公司的认可

公司设置节能和环保专门组织机构,分别成立领导小组和工作小组,每年将节能环保目标纳入公司年度目标责任书和管理计划,制定环境目标、指标和环境管理方案,并逐项分解到公司各相关部门,并制定保障措施切实保障各项方案得到落实。

依托安全风险预控管理体系中环境管理子系统、技术监督制度等指导公司环境管理工作,不断完善环保监督三级网络并定期组织培训和专项会议,制定并更新了《生态环境保护管理办法实施细则》《环境保护责任制管理办法危险废物管理办法》《排污许可管理办法实施细则》及《环保设施运行管理办法》等规章制度。

2021 年年初开展环境风险排查工作并制订整改措施,针对环境风险相关重大意外事件和隐患制定《突发环境事件应急预案》并通过专家评审在环保部门完成备案,同时制定《环保问题舆情管理和应急处置预案》。

公司积极排查治理环境隐患,强化对废水、废气、噪声、工业固体废物及危险废物等的监督管理,完成危废暂存间规范化整改,杜绝有毒有害废物的不规范处置。2021 年沧东公司未发生环境污染事故,污染物达标排放,各项指标均达到国内行业领先水平(见下表)。

表 各项指标数据值

指 标	单 位	全年目标值	实际完成值
烟尘排放浓度	mg/Nm^3	5	1.68
二氧化硫排放浓度	mg/Nm^3	25	10.74
氮氧化物排放浓度	mg/Nm^3	30	22.30
废水排放量	吨	0	0
除尘设施投运率	%	100	100
脱硫设施投运率	%	100	100
脱硝设施投运率	%	100	100
废水治理设施投运率	%	100	100
环保监测任务完成率	%	100	100
粉煤灰综合利用率	%	100	100
炉渣综合利用率	%	100	100
石膏综合利用率	%	100	100

面对 2021 年煤炭价格大幅上涨,火力发电量和利润持续下降的严峻复杂的市场形势,公司逆势而上,在自己的"安全责任田"上精耕细作。于 2021 年年底,再度荣获了国家能源集团安全环保一级单

位称号，开启了"十四五"高质量发展新征程。

公司顺利完成 2019—2020 年度碳排放履约任务。作为河北碳市场首批控排企业，自 2016 年以来，公司积极推进机组碳排放工作，加强燃料采制化管理和设备节能降耗技术改造，努力提高资源综合利用效率，有效降低机组煤耗，为绿色发电企业建设做出积极贡献，展现了国有企业的责任担当，树立了良好企业形象。

（二）廉洁从业，营造清风正气

（1）坚守使命，聚焦政治监督定位。充分发挥纪委政治"显微镜""探照灯""传感器"的作用，推进党内政治生活监督常态化、规范化，先后开展"党支部委员会议事情况""我为群众办实事"措施落实情况等 5 次专项监督；力争党内政治生态纯净化，组织开展"纪检与我面对面""纪检人员进班组"活动 12 场次，让廉洁教育、警示提醒走进班组一线、走进高风险岗位；让政治监督成为"显微镜"，确保疫情防控监督全覆盖、全时段，组织支部纪检委员"交叉式"、班组廉政监督员"全天候"、疫情防控"全环节"等方式，开展疫情防控监督工作 5 次。

（2）精准发力，把日常监督做到位。发挥好"四梁八柱"立体式、互补式、全员式监督的作用，让四梁（电话举报、举报箱举报、手机举报、当面举报）八柱（党内监督、纪律监督、审计监督、法律监督、内控监督、财务监督、民主监督、作风监督员监督）协调衔接、相互贯通、形成合力。开展合同执行情况自查，对有关部门负责人及相关岗位集体约谈 32 人次。围绕生产经营、招投标、疫情防控、机组 A 修、新能源发展等重点工作以及作风建设，开展警示提醒、廉洁教育 8 场次。公司各党支部自主开展监督工作 6 次。

（3）锤炼斗争精神，营造清风正气。以形势任务、廉洁守纪、规章制度"三教育"为主线，在内网、微信群等设立了"沧海一'课'"党课教育、"沧海一'肃'"廉洁警示、"沧海一'述'"正风时评、"沧海'红'流"党旗飘飘、"沧海涛声"文化驿站等，讲正气、发正言，引导干部员工自觉做到正向引领，反向纠偏，推动干部员工敢于斗争、善于斗争。围绕"十四五"开新局、庆祝建党百年、建厂二十年等，开展主题鲜明、内容丰富的宣传活动。

（三）严格执行劳动合同法，积极保障职工合法权益

目前公司全体员工共计 520 人，均与公司签订长期或定期劳动合同，合同签订率为 100%，每名员工自签订合同之日起，公司即依法为员工办理养老、医疗、失业、工伤、生育等各项社会保险或意外伤害保险，并一直及时、足额缴纳各项社会保险，从未发生瞒报、漏报、欠缴社会保险费的行为。

通过外部调研和内部座谈征求员工的意见和建议，结合企业发展实际，注重向关键性岗位与高素质人才倾斜以培养和激励员工的学习钻研热情，从企业组建至今未发生任何劳资纠纷。

四、守法诚信制度完善

公司发布《沧东电厂企业主要负责人履行推进法治建设第一责任人职责实施办法》《沧东电厂合规管理办法》《法律事务管理办法》等 11 项诚信管理和法律事务工作制度，贯彻落实《国家能源集团信用管理办法》，不断建立健全企业信用管理体系。自 2014 年 8 月 23 日，国务院公布《企业信息公示暂行条例》后，每年按时在"河北省市场主体信用信息公示系统"向社会公示《企业年度报告》，7 年来未发生被列入经营异常名录情况。通过举办"电力信用知识竞赛"、拍摄"诚信经营"普法微视频、组织学习《国家能源集团诚信合规手册》、在"以案说法""法律常识普及""百日普法"版块宣贯守法诚

信法律知识等方式，不断营造企业诚信经营的良好氛围。

结合《国家能源投资集团有限责任公司供应商失信管理实施细则（试行）》，建立健全供应商信用管理体系加强和规范供应商的信用监管，建立"重点关注名单""黑名单"制度。根据国家能源投资集团有限责任公司联合惩戒失信供应商的要求，对因违反法律法规、不履行法定义务、违背商业道德违反合同义务和承诺等失信行为的供应商，经国家能源集团认定、处置、信息公布、异议处理等相关程序后，采取"警告""暂停资格"和"取消资格"三种方式进行信用约束和联合惩戒，视其失信行为严重情况采取对应的措施，限制其参与本公司以及国家能源集团范围内的采购活动资格，直到供应商信用记录恢复正常为止。

五、全面履行社会责任

（一）自主化科技创新，多元化诚信经营，助力地方工业发展

公司地处河北沧州渤海新区，淡水资源匮乏，长期依赖地下水和远程调水来解决用水问题。因地下水超采严重，政府已全面禁止开采。随着渤海新区经济发展，大量企业入驻，远程调水在水质和水量均无法提供稳定的水源支撑。沧东电厂建设之初，便设计发挥濒临渤海水资源丰富和"电水联产"自有蒸汽的优势，提出"淡水零开采"战略，依靠海水淡化解决自身生产生活用水。

公司通过引进、吸收和创新，不断升级海水淡化装置，在解决电厂自身生产生活用水的基础上，逐渐向周边企业供水。随着渤海新区经济不断发展，沧东电厂与地方政府达成"企业制水、政府输水、用户用水"的政企合作供水模式，不断延伸海水淡化水专用管网。目前公司海水淡化外供水管网已达70公里，海水淡化设备额定日产水量为5.75万吨，担负着向地方周边43家企业每年1000万吨以上优质淡化水的供应任务，日外供水约为3万吨，涉及生物医药、大型石油化工、电力能源等企业，成为该区域企业用户"第一水源"。

依托多年来积淀的政企合作模式，通过到政府相关部门调研、拉网式用户走访市场调研及重点用户跟进突破的方式，积极促成与重点新增用水企业供用水合作，为落实新建5万吨及后续规划海水淡化项目提供建设条件。

积极调研周边企业用汽需求，与多家企业签订工业蒸汽供应合同，深入推进蒸汽外供；积极跟进对外供热新增管线建设，提升港区居民用热供应稳定性，全面履行社会责任，实现企业良性发展和服务地方社会的双赢，为全面创建世界一流示范企业打好基础。

（二）坚守"微笑·爱心"初心使命，青年志愿服务活动展现新作为

公司大力弘扬志愿服务精神，打造"微笑·爱心"志愿活动品牌，连续六年开展"温暖羌塘""维爱同行"活动，为西藏自治区聂荣县藏区同胞捐赠暖衣共计1200余件，助力脱贫攻坚；"沧海蓝，志愿红"团队连续六年开展"关爱来自星星的你"系列活动，赴渤海新区实验小学智培中心，自闭症儿童培育基地进行志愿活动，累计服务小时数突破1000小时；根据新区"临海环湖"的地理特点，与集团兄弟单位联动，创建"河小青"保护母亲河生态水源志愿服务队，在中小学开学之际，开展了"关爱儿童健康，助力核酸检测"志愿服务活动。

（三）政企合作，服务社会，弘扬正能量

公司积极同河北省、沧州市政府合作，开展形式多样社会活动。河北省自然资源厅组织了"传承红色基因 爱我蓝色海洋—山里孩子去看海"活动，来自承德坝上和石家庄西部山区儿童走进该公司参

观海水淡化基地，孩子们通过体验式、植入式参观学习，亲历了一次"海水酿甘露"的神奇之旅，增强了关爱海洋、节约用水的意识，同时鼓舞他们积极响应国家生态文明建设号召，永心向党；与渤海新区政府共同开展了"世界环境日"环保公众开放日活动，让大家了解绿色发电对于生活、环境保护的重要意义。

案例创造人：杨知社　刘国祚

坚持诚信经营　加快转型升级
创建高质量发展电力企业

国能河北衡丰发电有限责任公司

一、企业简介

国能河北衡丰发电有限责任公司（以下简称衡丰公司）位于衡水市西郊，公司2台300MW燃煤发电机组，于1993年12月开工建设，1996年年底全部建成投产，注册资本金77700万元，是由原国家能源集团华北电力有限公司控股经营的中外合资发电企业（国家能源集团华北电力有限公司占40%、河北建投能源投资股份有限公司占35%、华润电力投资有限公司占25%）。2019年12月，华润电力将25%股份转让给原华北公司，转让后华北公司股份占比65%。2020年8月衡丰公司完成了工商变更程序，由中外合资企业转为内资企业。2021年4月按照集团公司区域电力体制改革统一部署，衡丰公司划归国家能源集团河北电力有限公司管理。

衡丰公司2009年完成了两台机组的增容通流供热改造，改造后机组铭牌出力为330MW，开始向衡水市进行居民和工业供热。先后实施机组超低排和深度减排等，各项环保指标均达到政府要求。

衡丰公司全口径在职员工904人，平均年龄44岁，中专及以上学历人员占80.5%。公司党委下设16个党支部（党总支），党员381人，占员工总数的41%。

受恒兴公司委托，衡丰公司还承担其两台330MW燃煤供热发电机组的运行、维护等工作。恒兴公司两台机组于2003年4月开工建设，2005年3月全部建成投产，由河北建投能源投资股份有限公司控股经营。2019年12月，华润电力将25%股份转让给建投能源，转让后建投能源股份占比60%（参股公司有：河北峰源实业有限公司20%、河北华瑞能源集团股份有限公司10%、河北衡冠电力开发有限公司10%）。2020年8月恒兴公司完成了工商变更程序，由中外合资企业转为内资企业。

多年来，衡丰公司在上级单位的领导和支持下，不断深化提质增效，持续推进机制创新和管理创新，一直保持了较强的盈利能力，截止到2020年年底，公司共实现利润46.2亿元，千瓦盈利能力在河北南网区域保持先进水平。

衡丰公司先后荣获并保持了"全国文明单位""全国模范劳动关系和谐企业"；中央企业"先进集体""先进基层党组织"；国电集团"五星级发电企业""十大突出贡献先进集体""企业文化建设示范基地"；国家能源集团"先进基层党组织""社会主义是干出来的"岗位建功先进集体、首届"文明单位"、河北省"先进集体""安全文化示范企业""安全生产诚信A级企业"等荣誉称号，连续保持原华北公司经营业绩考核A级第一名。

二、企业诚信建设

（一）诚信经营理念

衡丰公司的企业核心价值观：绿色发展，追求卓越。具体释义为：绿色是能源发展的价值追求，卓越是追求一流的价值目标。

衡丰公司企业精神：实干、奉献、创新、争先。具体释义：实干与奉献是践行习近平总书记"社会主义是干出来的"伟大号召的集中体现，创新与争先是推动企业发展的动力和导向。

（二）规范决策程序

公司制定"三重一大"决策管理制度。明确重大决策、重大人事任免、重大项目安排和大额度资金运作事项等。根据事项分类，经公司党委会、股东会或董事会决策，确保公司的重大决策程序符合要求，保证公司三重一大事项决策的符合程序，始终在监督下进行决策，保证国家、股东、公司利益不受损害。

（三）公司强化公司职工的诚信理念培训

建立公司绩效考核管理标准，通过制度要求员工将这些技能运用到日常工作中，并对工作成效进行考核，通过奖惩固化风险意识。公司通过讲座形式，对全体员工进行培训教育；利用公司OA系统等进行诚信理念宣传。

三、企业诚信实践案例

（一）加强安全风险管理，安全基础日益坚实

公司一贯重视安全生产工作，以建设本质安全型企业为目标，深入贯彻"安全第一、预防为主、综合治理"的方针，建立健全各项安全管理制度，修订相关规章制度，狠抓执行、严格监督检查、考核，安全责任制有效落实。扎实开展专项整治行动，积极推进"两个清单"落实，完成隐患治理。加强安全生产标准化、信息化建设，相继投入高危区域视频监控、集控仿真机和操作票防误系统。严格执行"十必须两严格"要求，加强全流程管控，外委项目未发生不安全事件。强化安全教育，开展安全专题培训。常态化做好疫情防控，积极推动加强针接种，员工"应接尽接"率保持100%，实现零感染、零疑似。持续开展安全文明生产标准化评审工作，不断提高公司安全文明生产管理水平，确保各项作业过程中的危险点得到有效控制，杜绝人身及设备事故。

截至2021年12月31日，衡丰公司连续安全生产5752天，恒兴公司连续安全生产2691天，圆满完成庆祝建党100周年等重大保电任务，衡丰公司获评河北省安全文化建设示范企业。

（二）加强设备治理与生产运行工作

（1）设备治理成效显著。统筹机组预防性检修和计划检修，强化"应修必修"，完成两台机组检修工作。深入开展季节性大检查及各类专项检查，及时治理问题隐患。强化设备缺陷分类攻关，严格缺陷下降率等指标考核，重点抓好"三个专项治理"，设备障碍、异常等不安全事件同比逐步降低，两台机组保持零非停，1号机组荣获中电联可靠性对标"标杆机组"。

（2）运行指标持续优化。科学谋划技改项目，衡丰公司两台采暖供热背压机节能效果显著，降低厂用电率1.22个百分点。深化值际小指标竞赛，积极开展精益攻关，衡丰、恒兴两公司飞灰可燃物同比均降低0.36个百分点，发电水耗同比分别降低0.07个百分点和0.04个百分点，衡丰公司获评河北省"节水型企业"，1、2号机组荣获中电联能效对标"AAA优胜机组"。

（3）环保管控强力推进。公司加大环保投入力度，根据环保部门要求，高标准、高质量完成污染防治设施的建设和运行；强化环保设施运行控制与维护，主要污染物达标排放率保持100%。坚持主动

环保理念，开展首次碳配额计算和履约清缴工作，在衡水市率先完成污染源在线监控升级改造。严格煤场、灰库等区域无组织排放治理，加大常规性问题考核曝光力度，环保风险得到有效管控，两公司连续多年无环保通报情况。

（三）积极开发新能源项目

按照河北公司新能源部署，成立可再生能源发展组织机构，推动各类资源向优质项目集中。实地考察石家庄、沧州等地所辖的11个县和20余个乡镇，全力以赴抢占资源。积极推动光伏项目落地，车棚屋顶光伏项目投产发电；灰场22兆瓦光伏项目率先开工，成为河北公司首个地面新能源项目。

（四）强化企业基础管理，提高经营管理水平

（1）企业基础管理固本培元。统筹数量、质量和员工参与率三要素，持续开展SDA、SGA、KAIZEN等精益管理活动，推进精益项目系统优化，同时通过合理化建议、QC活动小组等形式提升生产与经营管理工作。合理化建议同比增加41%，个人改善覆盖率保持98%以上。加大物资替代使用力度，两公司累计压降物资970万元。实施上级单位制度对标建设，修订完善制度标准112项。持续推进三项制度改革，完成员工职位职级核定。深入排查网络安全风险，圆满完成攻防实战演习和建党100周年网络安全防护。锚定智慧电厂建设目标，安全生产云培训平台、SIS系统升级改造等项目相继投运，持续推进生产管理数字化升级。

（2）供应商和承包商管理标准。公司建立供应商和承包商管理标准，公司及时对客户的信息进行修订和完善，并严格实行资信调查，筛选信用良好的客户进行合作。

（3）合同管理制度。公司建立健全合同管理标准制度，具体包括合同归口管理制度、合同承办人制度、合同承办人资格制度、审核会签制度、合同专用章管理制度、合同编号制度、合同归档制度、重大合同提级审核制度、第三方服务机构合同备案制度、合同自查制度，对公司及相关单位对外签订的合同、协议书等进行审查、监督和管理。合同签订的程序包括资信调查、商务谈判、合同签订与履行、变更与解除、纠纷处理及备案归档等全过程的管理。通过规范合同管理的各环节，防范企业经营风险，为企业依法经营提供有力保障。

（4）法治企业建设不断深化。以集团公司"法治国家能源"建设为指引，坚持普法宣传和专业法规培训高低搭配，增强全体员工法律意识，护航企业高质量发展。强化经济活动合规性审查，持续完善安全环保、资金管理等业务风险管控措施，堵塞管理漏洞，提高依法治企水平。

（五）服务诚信管理

公司以工作利益为第一需要，树立企业的良好形象，创造宽松的生产经营环境，为企业整体工作服务。按政策规定办事，遵守党纪国法，严格办事程序。把客户是否满意作为工作优劣的主要标准，不断强化工作人员的服务意识和奉献精神，树立客户至上的思想，充分考虑客户的意愿和要求。

（六）与股东、投资人和债权人等利益相关者关系

是国能河北衡丰发电有限责任公司的股东是国家能源河北电力有限公司和河北建投能源投资股份有限公司，分别持有65%和35%的股权。公司积极与股东和有关利益相关方积极沟通，协调各种关系。

（七）反对商业贿赂、欺诈等

为了落实反对商业贿赂、欺诈的行为，强化内部监管，防范案件风险，促进各项业务的正常进行和健康发展，公司与各供应商、承包商签订廉洁协议，由公司纪委负责监督执行，保证公司的经营业务不出现不廉洁现象。

（八）维护职工权益，创建和谐劳动关系

公司通过公司系统OA多种多样形式宣传，加大对维护职工合法权益力度；为员工积极参加社会保险，为全体职工缴纳五险一金；依照劳动法等法律法规，在平等协商的基础上签订规范的劳动合同、集体合同。为过生日送蛋糕，组织各种文体活动和劳动竞赛增加企业凝聚力和谐关系。

（九）履行社会责任，和谐氛围日益浓厚

公司积极热心参与各项公益事业，公司组织职工捐助，参加衡水市职工医疗互助。以"我为群众办实事"为抓手，深入实施"送温暖"工程，为符合条件的员工申请大病救助。坚持党建带团建，深入开展"学党史、强信念、跟党走"主题教育。积极助力乡村振兴，连续两年荣获河北省"扶贫脱贫先进驻村工作队"荣誉称号。加强员工素质培训，积极参加志愿服务，张海新工作室获评河北省"劳模和工匠人才创新工作室"，公司荣获河北省"职工职业道德建设标兵单位"。

案例创造人：熊长亮

夯实企业信用体系建设　服务高质量发展大局

内蒙古电力（集团）有限责任公司鄂尔多斯供电分公司

一、企业简介

鄂尔多斯供电公司是内蒙古电力（集团）有限责任公司（以下简称内蒙古电力公司）直属国有特大型供电企业，承担鄂尔多斯市8个旗区的工农牧业生产及城乡居民生活供电任务，供电范围7.95万平方公里。设有本部职能部门16个、供电分支机构10个、专业生产机构10个、营销服务机构4个、其他机构6个。截至2021年年底，公司员工3442人，服务用电客户110.7万户，固定资产原值236.08亿元，管辖变电站240座，变电总容量3475.04万千伏安，110千伏及以上输电线路8669.352公里。

近年来，公司积极践行"人民电业为人民"的初心使命，加速建设坚强电网，努力构筑本质安全，着力提升电网运维和客户服务水平，深入开展管理创新，全面推进从严治党，管理能力和经营业绩持续提升。2021年度荣获"全国脱贫攻坚先进集体"，"获得电力"指标连续两年居内蒙古自治区首位，位于全国优良行列。企业综合实力不断增强，连续两年业绩考核位于内蒙古电力公司首位。

二、强化诚信管理，贯穿企业经营发展全过程

人无信不立、业无信不兴、国无信不强。从企业发展角度看，诚信守法、遵纪守则是企业的经营之本、立身之魂。公司主动践行"人民电业为人民"的服务宗旨，通过持续深化信用管理工作，把诚信建设摆在突出位置，围绕"管业务同时管信用"，不断强化企业的责任意识和规则意识，将诚信理念渗透到经营管理的各环节、各层面，充分体现企业社会责任感，树立了诚实守信、自律尽责的良好形象。

（一）深化企业信用体系建设

（1）构建信用风险防控体系。收集整理司法、税务、安全、能源等领域失信行为认定标准，针对公司在相关领域可能存在的信用风险共性、突出问题，梳理信用风险点防范台账，划分法人、自然人两级，梳理、排查法人信用风险点49项，自然人信用风险点21项，为安全生产、电网建设、营销服务、经营管理等各业务领域信用风险识别提供依据和指导。强化数据归集，建立公司信用记录档案，帮助所属各单位全面掌握信用信息查询方法，同步开展抽查工作，防止漏报、瞒报，做到"摸排见底"，实现信用信息常态监测。健全信用工作考评机制，将信用管理成效纳入组织绩效考核，作为各类评优评先活动的重要考量因素。

（2）梳理重点领域信用管理制度清单。积极落实制度评估工作，完善在合同管理、采购管理、供应商不良行为管理、基建工程承包商资信月度考核管理、优质服务履约守诺等重点工作领域和环节中的信用相关制度，整理执行相关管理标准、管理办法36项。引入实时、全方位监督，着重对物资质量管理标准、物资签约履约管理标准、供应商管理标准等落实情况加强监督，切实以标准落地护航信用管理，打造公平、公正、公开的诚信企业，保障企业持续健康发展。

（3）健全失信事件处理机制。全面强化公司信用状况动态监测，开展信用风险自查自纠，严格执

行失信行为"零报告"制度，明确发生失信事件的整改措施、整改责任、整改时限以及信用修复等工作流程，做到早发现、早处理。形成整改结果检查评价机制，围绕失信原因，查找管理漏洞和风险隐患，提出预防和整改措施，防范类似事件再次发生。编制信用修复案例，包括失信事项发生原因、整改记录资料、修复处理相关手续的全部过程资料，同步开展重点管控和信用修复辅导，分享不良信用记录管理经验，确保信用信息管控到位，持续维护企业诚信经营良好形象。

（4）加强诚信文化宣教。通过公司官方微信、楼宇视频设立信用信息专栏、滚动播放信用宣传片等多种途径，开展信用制度宣贯工作，组织员工积极参与"信用电力"等知识竞赛，全员普及信用文化知识，努力营造"诚信待人、诚信做事、诚信立身"的工作氛围。结合企业实际，紧抓企业高发诚信风险、合规管理等普法工作重点，将普法警示教育纳入新员工入职必修培训计划，开办2021年新员工入职普法课堂。精心组织廉洁文化宣教月"十个一"系列活动，提高全员廉洁从业意识，录制《党风廉政建设专刊》12期，通报内部案例16起，力促纪律教育深入人心。

（二）强化企业诚信经营管理

（1）践行诚信安全生产管理。为进一步提高电网安全风险管控水平，更好地履行社会责任，全面扎牢安全生产防线，鄂尔多斯供电公司始终以安全生产作为企业诚信立业发展之本，把安全放在一切工作首位，深入宣贯新《安全生产法》，全面落实安全主体责任，持续推进安全生产专项整治三年行动，扎实开展"本质安全提升年"活动，实行安全生产重奖重罚。获评中国电力行业"电力设施保护示范单位""消防安全管理示范单位"。2021年，落实技改、大修、生产运检资金8.78亿元，实施1522项生产工程，解决197项设备运行问题，消除48项电网重大隐患，强化设备主人制落实，220千伏输电线路跳闸率同比下降52%，配电线路跳闸率同比下降44%。积极应对严峻电力供需形势，主动协调政府和发电企业，落实保供保安措施。圆满完成建党100周年等291项重大活动保电任务。

（2）提升优质诚信服务水平。秉承"人民电业为人民"的初衷，全力构建"政企高效联动、专业协同到边、纵向贯通到底"现代化供电服务体系。打通政企数据壁垒，实行用电申请"零证办电"、政企业务"一窗受理"、行政审批"一网通办"，客户办电"一次都不跑"，"三零三省"服务惠及6.07万户。加速电能替代项目实施，完成1.9万户电采暖报装接入，保障群众温暖过冬。"获得电力"指标连续两年居自治区首位，进入国家优良序列，圆满完成国家能源局第九督导组提升"获得电力"服务水平综合监管现场督导配合检查工作，获得高度评价。升级网格化2.0服务模式，通过网格经理"一对一"精准服务，以最优路径、最短时间响应客户需求，百万客户投诉量18次，同比下降24.02%，连续四年保持内蒙古电力公司最优水平。

（3）落实工程建设诚信理念。资信管理是信用风险管理的基础工作，对于工程项目而言更是直接关乎到工程质量和施工安全。鄂尔多斯供电公司将工程现场施工单位、人员信息收集汇总建档，包括相关资质、工程承揽记录、违章情况记录、不安全事件记录、个人基本信息、特种作业信息、安全培训信息、违章信息等。管理人员可通过作业计划查阅相关关键岗位人员历史违章情况、相关证件等信息，实现精准重点管理，同时为招投标工作提供参考依据。通过完善资信管理，不断提高施工人员对安全风险管控的认识。积极推动绿色发展，通过实施"四个精细化"的绿色建设管理体系，有效解决因电力施工造成的水土流失、植被破坏、水源破坏等环境保护问题，为当地经济社会可持续发展形成良好示范。

（4）构建风险一体化防控体系。按照"整体综合管理、横向分类管理、纵向分层管理、深度业务管控"的工作思路，实施全过程风险管控和合规监督，运用企管、审计、纪检、法律四大监督管控手段，搭建防控框架、完善运作机制、建立标准体系、落实责任分解、运用考核闭环，推动各项业务开展依法合规，形成集事前防范、事中控制、事后监督评价于一体的协同监督工作机制，有效保障企业经营和风险防控能力提升。

（5）强化诚信履约建设。加强合同履约环节审查力度，保障各项经营业务规范化开展，为诚信企业构建提供法律保障。按照"统一归口、统一职责、统一流程、统一文本、统一平台、统一考核"的"六统一"原则，紧抓重点，强化合同管理。开展合同基础存量问题大排查、大起底，为合同统一文本上锁加密，确保合同统一范本使用的安全性及规范性，有效提高审核质效，规避擅自修改合同条款造成的法律风险。建立"周预警、月通报、季考核"合同补签监管机制，全年审签合同5000余份，补签率低于0.3%。

（6）提升财务过程管控能力。一是压降"两金"存量规模。加大往来款项清理力度，实行往来款项管理责任制，逐项明确业务经办单位及清理时限，确保往来款项应清尽清，清理率达93.17%。加大存货及工程物资管控力度，按月统计、反馈存货及工程物资构成情况，细化分析形成原因，根据存货及工程物资结余情况提出管理及压降建议，为存货及工程物资购置、消纳、平衡利库等工作提供数据支撑。二是规范日常税务管理。连续三年获评自治区纳税信用等级A级认证，做好税务登记、纳税申报、税款缴纳、税务检查、发票管理以及涉税答疑与服务。统一各税种管理口径，实现税务严格管控全覆盖，提升对纳税风险的识别能力和应对能力，有效规避纳税风险。

（7）规范物资业务信用行为。建立供应商"一处失信、处处受限"的信用审查体系，配套完善《供应商管理标准》，动态跟踪供应商履约信息，监督供应商做好技术支持，形成供应商履约售后快速反应机制。同时对供需双向履约考核追责机制，一方面对供应商发生的货物质量、延期供货等违约事件，通过函告、约谈等方式督促整改，并依据合同严格追究违约责任；另一方面对于需求单位不履职、不作为造成延迟收货等违约风险的行为进行监督问责和严格考核，双向管理供需诚信服务，最大限度地维护企业的合法权益。

三、信用管理实践成效

（一）管控有方，共享安全"红利"

城市用户系统平均停电时间3.76小时/户，是内蒙古电力公司系统内首家跻身4小时以内的单位；综合电压合格率完成99.73%，输变配电设备跳闸率显著降低。数据背后是鄂尔多斯供电公司践行诚信安全生产管理成效的集中体现，通过从目标管理、责任驱动、制度保障等方面健全完善安全管理体系，特别是落实安全风险分级管控与隐患排查治理双重预防机制，有效提升电网安全管控能力，为公司成功应对挑战考验增添了更多底气。2021年夏季，用电负荷高峰来得早、增幅大、持续长。面对严峻形势，公司按期投运度夏重点工程，强化枢纽变电站、输电线路特护特巡，推进重点隐患治理，积极开展低电压台区治理，让24087户农牧民在农灌负荷高峰期受益。

（二）绿色发展，这边"风光"独好

2021年6月1日，正泰新能源达拉特光伏发电示范基地3号项目全容量并网发电，标志着全国第三批光伏发电领跑奖励激励基地之一正式投运；11月30日，天骄绿能50万千瓦采煤沉陷区生态治理光伏发电示范项目实现全容量并网，对于鄂尔多斯市落实"双碳"目标具有重要意义……2021年，鄂尔多斯供电公司落实"绿色蒙电"发展战略，围绕"实现1个目标，推进3个转型，推进5大示范，实施10大工程"，聚焦新能源、电能替代等发展主题，构建以新能源为主体的新型电力系统，全力做

好现代能源经济这篇文章。高效服务"绿色"项目，深化政企联动机制，开辟新能源配套送出工程绿色通道，鄂尔多斯电网全年新增新能源装机容量95.99万千瓦（包含光伏配套储能项目），截至目前新能源装机总容量达326万千瓦，助力鄂尔多斯市构建以新能源为主体的新型电力系统先行区。

（三）筑强电网，满足民生用电需求

为应对疫情对国内经济带来的冲击，鄂尔多斯供电公司结合"我为群众办实事"，加快对重点工程、重点任务的推进速度，以保障重点企业、重点负荷的有序用电。为鄂尔多斯市一批重大投资、用电项目的落地实施提供重要用电支持，彰显了鄂尔多斯供电公司服务地方经济社会发展的社会责任。在万利220千伏变电站内，多种创新工艺和创新技法让人耳目一新，鄂尔多斯供电公司积极响应打造"绿色、数字工地"的要求，实现智慧工地管控，运用"物联网+"技术，集成人员安全准入、车辆管理、环境监测、防疫检测、违章识别、站班会识别、气体检测、远程监控等设备设施，同时设置"分项工程进度二维码识别"功能，形成"物联网管理平台"，为实现基建工程数字化管控迈出重要一步。2021年，鄂尔多斯供电公司共承建主网工程31项，总投资16.52亿元，圆满完成全年4个100%任务目标。

（四）立信于行，维护企业良好形象

全面落实《保障农民工工资支付条例》要求，制定《主网基建工程农民工工资支付管理办法》，设立农民工工资专用账户，落实实名制管理，按需收取工资支付保证金，通过合同条款强化监督，以追究违约责任的方式倒逼施工单位对农民工工资笔笔发放到位。加大宣贯力度，设置工资维权告示牌，邀请参建的农民工共同学习《条例》，包括维权内容、方式和渠道，提升农牧民工的维权意识。开展工程承包商资信评价，将不良行为记入信用记录，联合招标部门，按照有关要求列入投标黑名单。加大违约责任追究力度。对故意拖欠农民工工资的承包商，追究其违约责任，真正发挥建设单位对施工单位支付农民工工资的监管作用。

案例创造人：田斌　罗安娜　郭宇

恪守信用承诺　打造高质量发展企业

内蒙古电力（集团）有限责任公司呼和浩特供电分公司

一、企业简介

呼和浩特供电公司是内蒙古电力（集团）有限责任公司直属的特大型供电企业，担负着自治区首府呼和浩特市区及周边五个旗县的电力供应和电网运行管理及建设任务，供电面积1.72万平方公里，服务客户166.2万户，客户服务中心（营业站、供电所）79个。

近年来，呼和浩特供电公司围绕"打造全新责任蒙电，建设亮丽首府供电"目标，主动承担国有骨干企业的政治责任、经济责任和社会责任，以服务地方经济社会发展为己任，勇于担当，真抓实干，主要生产经营指标均创历史新高，顺利通过2021年全国市场质量信用评审，荣获"全国市场质量信用A等用户满意服务（AA级）"称号，连续5年获得纳税信用等级评定A级纳税人，企业先后还荣获"全国文明单位""全区脱贫攻坚定点帮扶优秀单位""呼和浩特市创建民族团结进步先进示范单位""创新方法推广应用先进单位""内蒙古职工互助保障协会工作先进工作单位""国家卫生城市先进示范单位（2021—2023）"等荣誉称号。企业规模和社会影响持续扩大，服务质量和企业形象不断提升，综合实力和经济效益同步提高，加快建设坚强绿色电网，全力推进主网投资落地和改造升级。"经济发展，诚信先行"，作为国有电力企业，践行"人民电业为人民"的初心使命，为首府地区政治经济社会发展提供了坚实供电保障。

二、企业诚信建设情况

（一）企业诚信建设理念

呼和浩特供电公司始终坚持以习近平新时代中国特色社会主义思想为指导，认真贯彻落实国家信用体系建设有关要求和电力行业信用工作部署，落实集团公司"诚信至善，厚德行远"的企业精神，坚持依法治企，诚信经营。以信用管理能力提升为切入点，完善企业信用全过程管控；以信用档案构建、常态化信用修复为抓手，闭环信用信息管理；以诚信理念宣贯为引源，促进诚信意识落地生根。

（二）企业诚信与信用体系建设

1. 开展信用体系建设，打造信用企业样板

为营造良好"蒙电"品牌形象，呼和浩特供电公司按照集团公司统一安排部署，结合企业实际，完善内部信用体系建设架构，及时统计和掌握各类信用记录，做到信息的常态化监测。

（1）为保障企业持续健康发展，认真梳理公司内部标准，主要针对合同管理、采购管理、优质服务等重点工作领域，梳理《信用管理制度体系清单》。重点关注不良信用记录较多的重点领域，梳理出不良信用记录风险点近百项，编制形成呼和浩特供电分公司《信用风险点防范台账》，切实正视安全生

产和环保方面可能存在的问题和隐患。积极开展信用电力知识学习和在线答题活动，全公司 2800 余人参与了信用电力知识竞赛，我公司的组织方式和参加人数得到了主办方的高度认可。

（2）积极开展社会责任落实分解工作，在全公司内部广泛征集守信激励典型案例、失信惩戒典型案例、优秀社会责任案例和蒙电责任故事等内容，按季度进行各类优秀案例选编，并在局域网内宣传，形成了蒙电人践行社会责任和恪守信用的新风尚。

（3）组织各类专业人员走进社区、校园、企业、商铺等各用电区域，运用 PPT、动画、讲故事等不同方式，讲解和宣传安全用电知识，让用户熟悉各项电费政策，让孩子们养成安全用电的好习惯。

（4）加大信息公开力度，主动公开用电、办电信息。营业窗口主动向客户公开最新电价政策、收费标准、办电流程等信息，将 12398 能源监管热线和 95598 等供电服务热线同步，同对象公布到位，及时解答客户提出的问题，为客户提供专属技术咨询服务。及时向社会公开最新公开涉电政策和电力新闻，提高用电透明度；及时主动公开最新电价政策，将电价红利及时传导至终端客户，同步做好对电力客户解释、告知工作；及时公布生产类涉电信息。提前 7 个工作日向全社会发送计划检修停电信息，提前 1 各工作日向全社会发布临时检修停电信息。

2. 践行保电政治责任，打造电网安全样板

（1）与相关政府部门建立长效沟通机制，利用协调会等对接渠道，加强与政府机关和重要用户的双向沟通，构建"政府主导、用户主体、电力主动"的三位一体客户侧保电机制和责任体系，形成政府牵头综合协调、供电部门技术支撑，相关部门督办落实的工作格局。同时以"重点保电网、特殊用户保终端"为工作目标，进一步细化保电等级和分类，形成"四级、三类、两端、一策"的保电体系，保电模式更加成熟。圆满完成了庆祝建党 100 周年等系列活动重要保电任务 206 项，累计保电 713 天 / 次，出动保电人员 37229 人 / 次，车辆 9204 车 / 次，保电期间均实现了"零跳闸"和"零闪络"。

（2）成立呼和浩特市电力警务室，建立 116 座变电站"一站一警"工作联系机制，充分发挥了电力设施保护办公室工作职能。积极应对严峻的电力供需形势，主动协调地方政府和用电企业，启动有序用电应急响应机制，全力保障了电网安全稳定运行。

3. 搭建管理创新平台，打造创新企业样板

（1）深入实施创新驱动战略，加快实施管理变革和创新突破，有效提升管理水平，公司通过搭建创新平台，将管理创新、科技创新和职工创新紧密结合，相互促进提升创新项目研发质量，实现创新资源整合和成果共享。从而形成定位清晰、运行高效、开放共存、动态调整、协同发展的创新平台体系，进一步激发职工创新热情，提升企业综合创新水平。

（2）进一步夯实基础管理和创新管理，大力开展群众创新、QC、职工创效等活动，取得了一批"接地气、可推广"的科技创新成果，使企业经营管理实现由粗放到集约，创新水平从跟随到超越，总体完成治理规范、管控科学、业绩优秀的创新型企业战略转型。创新开展配电自动化建设，打造党政新区配电网核心示范区，并在蒙西电网首次完成配电网自愈功能调试投运，实现配电网"秒级自愈"。

4. 履行社会责任建设，打造优秀企业样板

（1）努力践行国企担当，深化学史力行，坚持将"我为群众办实事"与践行新发展理念、优化营商环境、脱贫攻坚、乡村振兴、深化改革、推动企业高质量发展有机结合，累计完成"我为群众办实事"1828 项。

（2）自脱贫工作开展以来，呼和浩特供电公司全面贯彻落实中央、自治区、市委、市政府和集团公司脱贫攻坚各项工作部署和要求，把扶贫工作作为重大政治任务和重大民生工程来抓，突出重点，

狠抓落实，多措并举。多次开展科技扶贫、健康扶贫、消费扶贫、爱心捐赠和一系列的文化扶贫活动，从实际出发，切实为老百姓解决生产生活中的迫切问题，做到真扶贫、扶真贫。呼和浩特供电公司多次受到呼市政府办公厅、自治区扶贫开发领导小组的通报表扬。

（3）围绕党史学习教育"我为群众办实事"、优化营商环境、"12345"接诉即办和文明城市创建工作，积极开展"蒙电爱心光明行""立足岗位做贡献""我帮你"志愿服务活动。依托文明实践中心、文明实践站、文明实践点三级网格化体系，建立新时代文明实践志愿服务中心1个、实践站所31个、实践点118个。截至目前，共开展各类志愿服务411次，参与人数4916人次，受益人数55651人。

5. 持续优化营商环境，打造服务蒙电样板

2020年以来，呼和浩特供电公司坚决贯彻党中央、国务院、集团公司及我公司优化营商环境工作部署，把优化供电营商环境作为重大政治任务，紧紧围绕"减环节、压时限、降成本"，为首府营商环境优化和新旧动能转换提供了优质电力服务。强化服务意识，大力深化压缩用电报装时间实施方案，积极采取各项措施、制定各类配套细则，进一步简化办电流程、压缩办电时间、降低接电成本，推动各类高、低压用户"获得电力优质服务"保障客户快捷高效用电。

（1）设立绿色通道。按照国家能源局相关工作部署，全面优化地区电力营商环境，认真落实李克强总理五年内电力用户办电时间压缩三分之二的工作要求，中心设立了办电"绿色通道"专席并以局层面发布了相应的细则，给予技术支持，打造环节少、时限短、成本低的办电新方式，建立贯穿全业务、全环节的标准化服务体系。

（2）通过实行"双经理工作制"。帮办代办等举措，打造办电"七个透明"模式（办电渠道、办电政策、电网资源、供电方案、工程造价、服务标准和服务过程透明），将低压各个环节的时限有效压缩。加入市工改联合验收系统，由客户经理协助客户实现水、电、气、暖、消防等项目的联合验收。

（3）"线上""线下"双管齐下。客服中心升级改造业扩报装查询系统和供电方案审核系统，报装容量在1000千伏安以下的客户项目简化供电方案审批环节，加速流传。同时增强各环节台账管理，升级台账应用，针对改革过程中出现的问题进行不断的完善，客户获得电力体验大大增强。与此同时大力推动电力全业务线上办理，提供蒙电"E"家APP、蒙速办APP等线上办电渠道，实现电费查询缴纳和业扩报装类用电业务的即时受理。

（4）调整工作模式。将客户工程供电方案审核会改为线上会签形式，极大地压减了办电时间，提高了业扩报装工单的流转速度，提升了"获得电力"服务水平。结合公司《业扩报装管理标准》推行办电资料电子化传递、收资、存档，通过预约客户经理上门、免费寄递等服务方式，实现客户办电"一次都不跑"。严格执行国家减税降费政策，全面取消临时接电费，积极落实自治区发改委关于优化5G通讯文件。

6. 坚守防疫抗疫前线，打造标杆企业样板

（1）深入贯彻上级疫情防控要求，常态化进行疫情防控，严格落实"一站一案""一线一案"的防疫措施，实现职工"零感染"，确保电网稳定运行。疫情期间协助政府完成67处疫情关卡临时接电，对84个重要场所进行常态化保电，确保疫情防控的电力基础保障。

（2）全力支持中小微企业发展，对疫情防控重要用户、生产疫情防控应急保障物资新办企业和扩大产能企业，开辟办电绿色通道，实行"三零"服务。对因流动资金紧张、交费有困难的疫控物资生产企业，及受疫情影响经营困难的中小微企业，实行用电"欠费不停供"措施，疫情期间为贫困户送去口罩、消毒液、测温仪等防控物资，切实为老百姓解决生产生活中的迫切问题。

案例创造人：孙丙新　孙晔

诚信为本　精益求精　助推企业高质量发展

国网吉林省电力有限公司长春市城郊供电公司

一、企业简介

长春市城郊供电公司作为县级供电企业，承担长春市周边 15 个乡镇，市内 5 个行政区以及 10 个开发区部分区域的企事业单位及居民生产、生活供电任务。营业区域环绕长春市区，供电范围 1366 平方公里，现有职工 635 人，66 千伏变电站 14 座；66 千伏送电线路 15 条，亘长 101 千米；10 千伏配电线路 84 条，亘长 1617 千米；0.4 千伏线路 3969 千米，配电变压器 7562 台。2021 年售电量 32.54 亿千瓦时。公司先后荣获"全国工人先锋号""中央企业红旗班组""吉林省五一劳动奖状"；被国家电网公司评为"优质服务标杆单位""企业文化建设示范点""电网先锋党支部"。公司连续三年蝉联全省同业对标首位，地区业绩考核连续三年排名第一，被省公司评为"年度先进单位""同业对标综合标杆单位"，2020 年入选"全国优秀诚信企业案例"。

二、企业诚信经营情况

为深入开展信用体系建设，全力打造诚信国网，长春市城郊供电公司以"诚信、责任、务实、创新"为理念，深入推进诚信体系建设工作，构建完善的失信联合惩戒管控体系。

1. 明确工作责任，构建本单位的诚信管控体系

涵盖诚信业务体系、失信风险防控体系、失信联合惩戒工作评价规范等，实现公司失信联合惩戒工作的全过程管控，增强各部门与人员的诚信风险意识，规范失信联合惩戒工作，确保不发生因失信事件影响公司社会形象的问题。现公司以机关各部门、基层单位、岗位的业务和职责梳理为基本出发点，构建完善的诚信业务体系；以诚信业务本身特点，结合国网公司、省公司、市公司失信联合惩戒工作要求，构建具有长春城郊公司特色的失信风险防控体系；以防范、杜绝失信风险隐患，提升公司及所属单位、工作人员诚信风险意识和依法治企水平为目标，建立失信联合惩戒工作评价与考核规范，梳理业务、建章立制，实现公司失信联合惩戒工作全过程管控，为国网公司下阶段深入推动失信联合惩戒工作提供借鉴与支撑。

2. 突出重点领域，建立信用风险防范库

结合公司实际，确定各部门是单位诚信体系建设工作责任主体。生产、营销等 11 个专业部门梳理排查风险点，建立风险措施库，与司法、金融、工商、税务、质检等行业主管部门、实时交互信息，有效防范风险，完善编制 102 项《诚信业务体系表》，发放诚信教育宣传资料，开展争做"诚信员工"主题活动，落实人员每月实时监测"信用中国"等网站黑名单信息，一系列工作，有力推动公司诚信建设步伐。

3. 依法治企，为诚信经营奠定良好基础

公司出现各类法律纠纷时，办公室要起到牵头作用，联系相关发案部门、律师、法院等，进行沟通和解决问题，尽量减少公司损失和规避法律风险。在源头抓合同管理，合同起草时，仔细检查合同是否存在漏洞，为公司规避各种合同风险，减少合同造成的诉讼案件。

4. 诚信经营，树立企业良好形象

财务部负责公司各类税金及附加（含增值税、所得税）的财务核算及管理工作；负责与税务部门联系，协调公司涉税事项；负责公司增值税发票和普通发票的开具、认证、装订等管理工作；负责各类税金的申报、计算、清算、缴纳以及税务报表的编制上报工作。为避免失信事件的发生，公司财务部领导高度重视，并明确指出，坚决不允许出现任何纰漏，及时关注吉林省工商局网页发布信息，按照时间节点报送企业年报信息，及时与税务机关进行沟通加强学习最新发布税务制度，及时上报税务信息。积极开展税务自查落实"六全"要求，排查潜在风险，立查立改，立行立改，举一反三建立长效防范机制，有效防范税务风险。依托智能管理系统和信息化设施，增设供电所开票点，实施网上工单流转、网上缴费等办结新机制。推广"国网客服电小二"，被省公司确定为"税务智慧平台应用"试点单位。

5. 合法合规，提升诚信服务水平

伴随吉林省公司智能交费业务全面覆盖，公司如期实现"自动抄表、每日计费、预购电费、线上催费、远程停复电"五大功能，为客户提供了智能化、便捷化用电服务，成功做到"一键缴费"。国网长春市城郊供电公司率先完成对于传统交费方式、供电服务模式的重大变革，"全智能交费"推广应用后，公司近80%的营销业务成功集约至市公司营销集约管控中心，大幅缩减乡镇供电所抄收工作量，供电所抄收人员大批转岗为一专多能型岗位，由传统的催费、收费等烦琐业务转向客户服务、智能营销等新兴业务，更加专注于市场拓展以及客户服务，为打造营销人员一专多能、业务协同运行、服务一次到位的全能型乡镇供电所奠定坚实基础。得益于上述工作，国网长春市城郊供电公司构建以服务客户零距离为目标的乡镇供电服务体系时机成熟。公司以国家电网公司建设"三型两网、世界一流"战略部署和"一个引领、三个变革"战略路径作为引领，深入落实全能型供电所两年提升行动计划，依托互联网+大数据平台，结合班组减负，积极优化电力营商环境，扎实推进营配业务融合，丰富网格化供电服务模式，进一步推广电能替代等新型业务，通过创新实施"1+N网格化服务模式"、研发应用供电所营配融合监控平台、开展电能替代、绿色能源服务及电动汽车充电等一系列管理手段，切实把诚信服务用户，把打通服务最后一公里转化成为服务客户零距离。

6. 深入推广诚信文化建设，提升企业诚信形象

围绕一站式服务目标，不断总结经验、解决实际问题。营业厅综合柜员深入开展业务咨询和受理，同步开展库房管理、系统监控。梳理营业厅制度6类，优化服务流程47项，将首问负责制具体化为三帮服务（帮协调、帮解决、帮了解），一站式响应客户需求。营销部在确保电费资金安全管控情况下，结合省市公司《国网吉林省电力有限公司营销部关于落实电费资金安全管控"十个不准"的通知》和《关于实行电费资金安全管理办法的通知》等相关制度，制定公司管理办法，对电费资金安全管理情况定期开展自查，举一反三，排除资金安全隐患。即查即改审计发现问题，形成痕迹化管理，避免问题重复发生。严格监控线损、电价，把控电费回收，以短信的形式向用户进行电费催缴，用户通过线上电E宝、微信、支付宝等进行缴纳电费，方便快捷。公司对电价管理业务进行检查与考核，准确掌握电费的回收，确保回收率达标。回收电费后进行账务管理，确保账务准确度。

7. 诚信经营，打造坚强电网

生产部制定运检专业规划，运检技术标准、设备选型技术规范和反事故措施实施细则制定和组织落实，组织输电、变电、配电线路设备运检管理；负责电网设备技改大修管理；负责电网设备运检业务外包管理；负责电网设备运维检修、故障抢修和技术改造管理；负责配网（表箱前）建设（除新建变电站同期配套10千伏送出线路工程外）管理；负责配电自动化建设改造及应用；负责分布式电源（储能装置）接入工程管理；负责配电工程验收；负责参与配电网规划、业扩报装方案制定审查；负责配网状态检修和带电作业管理；负责本专业电力设施保护、消防、防汛和防灾减灾管理。配电线路开关自动化的设置，电网的安全可靠运行，故障的及时切断，保证安全。

8. 建章建制，筑牢诚信安全防线

安监部按照国家要求，有效落实应急管理责任；建立电力应急指挥体系，制定电力安全应急预案，按规定开展应急演练。下发国家有关安全生产法律法规、国家电网有限公司、国网吉林省电力有限公司、长春市供电公司有关规定要求下发公司年度有效规章制度清单。

在公司各部门的通力配合、共同努力下，树立行业诚信标杆，打造信用规范化建设阵地，形成"讲信用、守道德，做诚信企业"的良好风气，关注国家、行业新标准的发布实施，提高管理效能，打造管理特色和品牌，推动公司信用体系建设迈上新台阶、取得新成效。

案例创造人：祃安源　孟莉　朱会

建立健全企业物资信用体系

内蒙古电力（集团）有限责任公司乌海超高压供电分公司

一、企业简介

乌海超高压供电公司物资管理部负责计划、采购、签约履约、供应商关系、仓储调配、信息化以及业务监督等各项业务的全过程管理，在满足物资供应和生产建设需要的基础上积极面向市场参与竞争，扮演着管理者的角色，同时担任着经营和服务职能。每一次物资供应工作的开展，都是对企业信用度和社会形象的直观体现。因此，建立健全物资信用体系是打造企业良好信用体系的重中之重。

二、实施方案

（一）完善制度建设，全面修编物资管理标准

正所谓"工欲善其事，必先利其器"，标准是开展各项业务的准绳与基石。为切实解决原有标准与现有工作流程不匹配的问题，在物资管理工作实施"管办分离"后，物资管理部迅速转变工作思路，明确职责划分，找准新的职能定位。开展工作标准与管理标准的适用性分析工作，结合新形势下物资管理工作要求，对现行标准进行全面梳理。对7项管理标准，10项工作标准进行修编，完善管理体系，实现了职能监督、风险防范以及业务执行的闭环管理，彻底转变传统工作模式，为物资管理的信用体系建设提供了强有力的制度保障。

（二）多部门协调联动，保障物资供应链畅通

由于我公司仓储地点分散、距离远，现有物资管理人员较少，导致仓储管理、调配等业务开展困难。针对这一问题，物资管理部与各业务部门、生产单位积极沟通协调，最终决定采取"各生产单位在仓储点配置兼职物资仓储管理员"的模式，由各单位履行物资仓储点货物接收、出入库管理，物资职能部门负责物资调配管理，实现了物资分级、分散管理。同时建立了物资管理的上下游业务部门间的协同联动工作机制，由牵头部门通报工作进展情况，各参与部门选派专员定期沟通，实现信息互通互享。机制建立后，部门间的信息沟通得到了加强，通过部门间的密切配合，有效推动全局物资管理工作的高质效开展，保障物资供应链从上至下的畅通。

（三）完善监督工作机制，堵塞管理漏洞

为进一步加强业务监督工作，打造物资领域诚信履约良好形象，夯实管理根基，物资管理部结合年度重点工作，针对物资全供应链各项业务工作开展情况，制定年度监督工作方案。以工作方案为指导，对物资管理活动进行全过程监督。一是对已发现的问题下达监督建议并督促整改，确保监督紧跟业务进度；二是以问题为导向，优化物资管理活动各项业务流程，及时解答物资业务相关问题及各方质疑。三是主动作为，积极对接审计、巡察、巡视等工作，以审计问题整改、工程领域专项治理工作为契机，

切实整改自身存在的问题，形成物资业务长效监督机制。目前通过业务监督工作，累计下达《业务监督检查建议书》5份，提出工作建议11条，处理采购项目质疑2次，处理评标结果异议2次，对1家存在工作失误的招标代理机构进行暂停业务委托处理。以可靠、精准、规范的监督工作机制，确保不因监管力度不够、工作疏忽造成失信失约的情况，为守信经营、诚信履约创造良好环境。

（四）增强廉洁从业意识，树立守信观念

为引导物资业务人员增强廉洁自律意识和遵纪守法的自觉性，树立"诚信为本、守信为先"观念，物资管理部积极开展对物资从业人员的党风廉政建设教育工作。通过党风廉政专题党课教育、观看失信案例警示教育视频等方式，不断增强人员信用理念、规则意识、契约精神以及风险防范意识，努力打造不敢失信、不能失信、不愿失信的物资专业管理队伍。

（五）建立信用评价体系，确保诚信履约

为实现物资信用管理工作良好闭环，物资管理部定期对供应商产品质量、合同履约、售后服务等方面情况进行统计分析。重点对供应商资质及履约能力进行核实、对招标采购活动以及合同履约全过程进行监督，将诚信履约、交货时间、服务水平等方面存在的问题纳入供应商诚信管理记录中，建立全面、客观、准确的评价体系，并利用评价体系形成诚信供应商名录、潜在供应商名录与不合格供应商名录。

（六）紧跟数字化转型，持续推进物资精细化管理

物资管理工作紧跟数字化转型步伐，不断优化线上操作流程，推动物资管理业务应用信息技术在线上开展。一是在采购管理方面，全部二级采购业务在国采电子交易平台全程流转，实现各平台数字证书CA互认，实现中标通知书通过电子平台进行发布。二是在合同签约方面，严格使用公司统一制定的物资合同模板，从合同起草到双方签字生效，全过程均实现信息化的应用，完成电子合同章和电子签名章的认证。三是实现自动化管控，在线自动生成供应计划，动态跟踪和监管履约过程，提升履约管控效率。信息化平台的应用，全面提升供应商服务能力，大量减少从业人员与供应商的直接沟通，有效规避招投标过程中的潜在风险，降低可能发生的信用风险。

（七）强化采购流程外风险防控管理

采购代理机构专业与否，直接关乎物资采购工作的质效及廉洁风险。为甄选出合格优秀的采购代理机构，物资管理部通过把牢"入口关"、守好"执行关"、严把"考核关"，加强对代理机构的筛选、管理，全面提升采购管理质效，降低廉洁风险，全力打造安全稳定的采购工作环境。在把牢"入口关"方面，物资管理部对2022年采购代理机构选用方案进行修编优化，通过总结工作经验、深化应用"工程领域专项自查""以案促改"工作成果、征集生产单位、职能管理部门多方意见，形成《2022年度招标代理机构选用方案》。方案对代理机构人员配备、人员职称水平、派出人员构成、管理制度及历年业绩情况等重点评选项目进行细化，为"入口关"审查提供了详细的依据。物资管理部结合工作实际，组织相关职能部门、生产单位人员组成评审小组，以评审方式对集团公司入围的18家代理机构进行遴选。评审小组成员由参与采购环节的普通员工组成，在最大程度确保"服务端"和"需求端"匹配的同时以多部门参与评选的方式，进一步降低廉洁风险，在评审效果和廉洁风险防控方面达到了双管齐下的效果。为了进一步做到"评审结果的真实"，评审结束后组织评审小组对排名靠前的5家代理机构进行实地检查并打分，最终选用排名前3的代理机构。在向后延生守好"执行关"方面，物资管理部进一步完善《采购代理服务合同》《服务考核协议》条款，明确底线和红线，规范采购代理机构的业务

执行。在落实考核评价工作，严把"考核关"方面，开展采购代理机构业务评价工作和监督工作，对于违反合同和考核协议的代理机构进行相应惩戒和违约责任追究，确保各代理机构诚信履约，高质效完成各项采购工作。

三、实施成效

（一）物资管理水平提升

物资管理部紧紧围绕企业发展战略目标，以标准化、制度化为基础，以信息化为支撑，编制修订各项标准，完成了"管办分离"的模式转变。物资管理标准体系的不断完善、信用评价体系的建立健全，构建了物资管理统一完整的业务体系和管理体系，物资统筹能力、集中管控能力、供应保障能力显著增强，构建内部多级监督体系，风险防控能力不断加强，"优质服务、诚信履约"的理念不断深化。

（二）数字化水平不断提升

物资管理部以数字化转型为契机，将物资管理与数字化深度融合，深化应用各类信息化平台，使物力资源控制能力不断提升、核心资源配置更加科学、物资业务统一规范管理更加高效。通过应用系统数据分析功能，有效杜绝因部分物资过度采购造成的积压浪费，成功缓减库存压力。在控制物资增量的同时，运用系统功能加快对退役物资、库存存量、领用出库物资这三类物资的存量消化，使库存物资周转率得到了大幅提升，使物资存量资产管控能力得到进一步强化。

（三）树立良好企业形象

物资管理部通过工程领域专项治理工作与优化营商环境工作，主动筛查核对历史遗留欠款问题，积极开展供应商核实、查找历年财务付款凭证等工作，大力清理应付未付款项，全面解决了合同签订及履约不规范、付款不及时问题，有效提升合同履约能力、供应商服务能力，获得了良好的社会评价，公众形象显著提升，为企业良好信用体系的构建打下坚实基础。

案例创造人：白云　王乔　李国新

筑牢诚信基业　彰显责任担当

中国农业银行股份有限公司佛山分行

一、企业简介

中国农业银行股份有限公司佛山分行（以下简称佛山农行）于1979年恢复成立，是农行广东省分行设在佛山市的二级分行，亦是全国农行系统重点城市行。现有7个一级支行、80个营业网点，1324名在职员工，118个党组织，615名在职党员。已成为机构覆盖面广、服务功能健全、科技力量领先、经营业绩优良、企业文化先进、社会信誉卓越的大型金融机构。

立足湾区，根植佛山。在几十年"伴您成长"实践中，佛山农行始终将支持地方实体经济发展作为经营管理的出发点和落脚点，始终注重把佛山市经济优势内化为自身优势和核心竞争力，全力支持粤港澳大湾区建设，不断加大对佛山重点建设项目、基础设施、重点行业、重点企业的支持力度。持续扩大金融供给质量和覆盖面，加大对乡村振兴、小微企业、科技创新、专精特新、绿色发展的金融支持，受到社会各界的一致好评。截至2021年年末，本外币各项存款余额1000亿元，领先"四大行"平均水平近300亿元；各项贷款余额近820亿元，"四大行"排名第一，正在努力实现区域全面、绝对、持续"三个领先"。

点滴耕耘，春华秋实。近年来，佛山农行及下辖机构荣获"全国'十二五'企业文化建设优秀单位""中国金融工委模范职工之家"等省部级以上荣誉，荣获中国农业银行"五一劳动奖状""信用管理工作先进集体"等全国农行级荣誉。2013—2021年连续九年荣获"佛山最具社会责任银行"和"佛山最具口碑银行"两项赞誉。

二、诚信经营管理理念

为增强全行员工的使命感和责任感，佛山农行提出了"客户首选、持续领先、经营稳健、成就梦想"诚信经营管理理念。"客户首选、持续领先"是佛山农行人外化于行的使命，是社会信誉好、社会责任强的必然；"经营稳健、成就梦想"是佛山农行人内化于心的责任，是可持续发展、和谐发展的必然。16字诚信经营理念，秉持了农行"诚信立业、稳健行远"的理念，引领着佛山农行以责任诚信立基业，以稳健经营行久远。

三、诚信经营管理实践成效

（一）社会信誉好：党的银行，客户首选的基因

自1979年复建以来，佛山农行在服务佛山市社会经济发展转型的过程中，不断提升金融服务能力和水平，逐步发展成为全省农行系统大行强行、同业大行强行。

1. 与乡镇企业成长共舞

佛山市富区强镇经济特征十分明显，培育和打造了中国产业名都41个，省级专业镇38个。这都得益于改革开放后，佛山市以乡（镇）政府主导推动乡镇企业发展，乡镇企业规模不断扩大。佛山农行率先实行农、工、商信贷资金"大包干"，全力服务乡镇企业和商品经济，开创全国农行系统和同业先河。随着改革开放的深入，佛山农行携手助推一大批乡镇企业共同发展，成就了中国品牌之都，比如海天调味品、佛山照明等一批著名品牌和商标，培育了许多企业成长为世界500强，比如美的集团、碧桂园集团。

2. 在城镇化中打破格局

本世纪初，新型城镇化成为佛山市经济发展的重点，早在1993年，佛山农行就打破只能在农村发展的分工格局，把握住新型城镇化发展机遇，把拓展城市业务作为战略重点来抓，聚焦交通、能源、城镇化等重点领域，积极支持城市基础设施建设。佛山农行牵头佛山恒益电厂42亿元银团贷款，支持"热电联"项目；参与佛山市路桥公司100亿银团贷款，支持佛山一环建设；支持佛山市中心组团新城区开发建设贷款10亿元；支持佛山市岭南天地首个大型旧城综合改造项目贷款7.48亿元；支持广佛轨道交通项目贷款32.35亿元；主承销广东省首家国有企业（佛山公控）短期融资券7亿元。

3. 在升级转型中立新功

佛山市制造业发达，是全国乃至全球重要的制造业基地，装备制造、泛家居产业集群产值均超万亿元。佛山农行积极提供多元、综合、专属的融资、融信、融智"三位一体化"的综合金融服务，助力制造业高质量发展，仅2021年，审批34个重点项目金额近87亿元，投放约32亿元，支持兴发精密制造公司"新材料及精密制造一期项目"、开普勒通讯公司"华南数据中心项目"等。同时积极支持"独角兽""小巨人"及专精特新企业，2021年，科创重点客群信用余额达15.6亿元。

（二）社会责任强：人民的银行，持续领先的密码

佛山农行党委提出："佛山农行的业务发展必须贯彻落实中央要求，服务党和国家事业大局，服务国家战略"。佛山农行始终是服务国家战略的重要参与者和推动者，充分发挥"国家队"和"主力军"作用，牢牢扎根南粤"沃土"，深入融入并服务好主流经济、主流产业、主流客户，主动满足客户金融服务和产品需求，不断提升服务实体经济和"三农"的能力和水平。

1. 做乡村振兴的主力军

佛山农行把服务乡村振兴作为新时期"三农"工作总抓手，工作取得较好成效。截至2021年年末，全行涉农贷款余额213.41亿元，较年初增加42.26亿元，增速24.69%。在助推美丽乡村建设方面，2021年，佛山农行发放乡村建设贷款8.65亿元，支持60个重点村级工业园改造2.25万亩。在服务乡村产业振兴方面，2021年新增1.5亿元贷款支持农业龙头企业发展。在满足村民生产生活需求金融服务方面，2021年，组织2600余场"万人进千村"活动，实现了178条村居全覆盖宣传，用惠农e贷线上产品支持2036户农户贷款4.2亿元。

2. 做普惠金融的排头兵

近年，佛山农行通过广泛开展小微金融"两联动"（联动政府部门、联动行业协会）、"三走进"（进园区、进专业市场、进核心企业）、"深耕乡村"等活动，扩大普惠金融受众面。2021年，支持普惠领域小微企业贷款余额超66亿元，单年度增加近28亿元。同时落实减费让利政策，普惠贷款加权平均利率仅

为4.25%,以低于市场同业的报价,扶持小微企业发展壮大。同时积极探索普惠金融服务的新模式,走"一项目一方案一授权"集约化经营的新路,成功服务大批优质小微企业。创新的"能源贷"和"科创补贴贷"就是典型代表,通过对佛山三水大塘工业园企业经营模式进行分析,充分利用园区内400多家企业使用蒸汽、电、燃气费用支付结算数据等,推出"能源贷"产品,支持企业14户,贷款余额6120万元。

3. 做绿色金融的先行者

佛山农行积极响应"五大发展理念",将绿色信贷作为优化资产结构和提升服务绿色发展的重要途径。创新推出"绿色金融制造贷""数字贷"以及合同能源未来收益权、排污权质押等绿色信贷专项产品,并进一步推动绿色信贷指标体系与行业信贷政策有机结合,充分发挥效率、效益、环保、资源消耗和社会管理五大类绿色指标对信贷资金投向的引导作用。2021年,佛山农行绿色贷款21亿元,总量达34亿元,推动绿色信贷发展。

(三)可持续发展:诚信的银行,经营稳健的内涵

佛山农行始终坚持党建统领,以制度、体系、风控、服务、产品打造诚信银行,助力诚信社会建设。2020年度,获人行金融机构综合评估评级A+级,反洗钱评级A级;在省行内控案防考评中排全省第2。

1. 以党建统领诚信管理

佛山农行党委坚持以习近平新时代中国特色社会主义思想为指引,充分发挥领导班子"把方向、管大局、保落实"作用,积极探索党建与业务融合发展新模式,有效促进党建与业务双融合双提升。一是开展庆祝建党100周年"十个一"系列主题活动,通过微视频、微党课、征文比赛等,展现佛山分行党员积极向上的精神面貌。二是精心组织党史学习教育,围绕服务实体经济、民生服务、服务升温工程等开展24项"我为群众办实事"实践活动,增强了人民群众、基层员工的获得感幸福感。三是以全行78个"书记、委员项目"为抓手,深推共联共建"积分制",以共建激活力、促发展,2021年度新增共建单位400个,开展共建活动500余场。

2. 以制度保障诚信建设

佛山农行把制度建设作为一项打基础、利长远的工作任务常抓不懈,筑牢业务发展的屏障。一是以《中国农业银行员工行为守则》为基本准则,规范指导全体员工严格从自身做起,自觉践行守则的要求,近年无发生案件及重大违纪违法行为。二是严格落实《中华人民共和国消费者权益保护法》《中国农业银行保密管理办法》,确保不发生泄漏客户信息等泄密事件。三是深入开展《民法典》和典型案例教育工作,以法为绳、以案为鉴,增强全员依法合规经营意识。

3. 以体系筑牢诚信底线

佛山农行构建案防风控"责任、监督、执行、纠偏、问责、协防"六大体系,全面加强企业治理体系和治理能力建设,确保在经营管理活动中诚信履约。一是成立风险管理与内部控制委员会,建立合规官制度,并在全行各层级配置了兼职合规代表,确保了全行的业务经营和风险监控、案件防范工作有领导、有组织、常态化地开展。二是深入推进清廉金融文化建设,营造佛山农行"清风养正气,廉洁促发展"的清廉金融文化氛围,2021年,荣获佛山银行业保险业清廉金融文化建设活动先进单位。三是以安全保卫"三化三达标"为抓手,通过开展安全检查、安全评估、安全生产月等活动,全面压实安全生产责任,实现了多年"零事故"。

4. 以风控管好诚信入口

佛山农行坚持"稳中求进"的总基调，切实管好信用风险，2021年年末，不良贷款比年初下降1.55亿元，不良贷款率比年初下降0.28个百分点，持续实现"双降"。一是树立良好的信贷合规文化，始终将防控风险放在第一位，通过模板化操作，严格客户准入、甄别客户风险，将风险防控关口前移。二是不断优化风控方法，创新制定了《现场走访客户手札》，总结了做好真实性核查的"三要""三查""八见""九分析"，有效指导了调查营销和贷后管理工作，在全省农行推广使用。三是提升风险控制数字化水平，开发了"智能风控预警系统"，靶向性地识别客户存在的风险，为信贷业务的各个环节提供数据和信息支撑。

5. 以服务助力诚信社会

佛山农行坚持"客户至上、始终如一"的服务理念，以真诚服务赢得客户、以便利服务方便客户、以宣教服务保护客户。一是持续完善消费者权益保护运作机制，成立消费者权益保护工作委员会，每月开展行长投诉接待日，着力解决群众反映的突出问题。二是积极响应个人信用报告自助查询代理点工作，2019年实现辖内三区的自助查询代理全覆盖，为信用社会建设贡献力量。三是聚焦"一老一少"开展宣教活动，深入开展"3.15消费者权益保护日""6.14信用记录关爱日"等宣传活动，宣贯个人信息保护，远离非法集资，提升防骗能力。

6. 以产品构筑诚信经营

供应链融资业务把供应链上的核心企业及其上下游配套企业作为一个整体来提供金融解决方案，解决了上下游企业融资难、担保难得问题，提高了核心企业社会信用承载功能。2021年年末，佛山农行供应链融资余额3.78亿元。一是开展"项目贷款+链捷贷"场景合作模式，重点支持基础设施建设、生态环境保护、产业集群发展、城市更新改造等重大项目。二是支持与佛山市产业契合度较高的先进制造业、陶瓷业、建筑业、物流业等内需扩大需求。三是支持新商圈，切实提升新商圈活跃度，不断扩大商圈服务客户数和交易量。

（四）和谐发展：自家的银行，成就梦想的广度

佛山农行党委始终以打造"家园文化"为抓手，助推和谐发展。一是以党建为统领，领航"家"的方向。坚持以习近平新时代中国特色社会主义思想为指导，紧紧围绕为员工谋幸福、为农行谋发展的初心和使命，为打造"三领先"银行努力奋斗。二是以民主建设为核心，筑牢"家"的基石。坚持职代会制度，充分发挥员工主人翁精神；规范行务公开制度，维护员工的知情权、参与权和监督权；健全工会组织架构，职工入会率达到100%，会员评价满意度为100%。三是以人文关怀为载体，营造"家"的氛围。积极推进"建家"工作，加大了"职工之家"建设投入；持续做好扶贫解困工作，解决员工实际困难；深入开展"送温暖"慰问活动，维护职工队伍稳定；深入开展女工工作，维护女工权益。四是以文体活动为牵引，搭建"家"的平台。发挥文体协会作用，搭建员工活动平台；举办全行性大型文体活动，给予员工施展才华的舞台；定期组织员工开展各类主题活动，增强员工的归属感。五是以成长成才为平台，营造"家"的氛围。搭建学习培训平台，加强员工教育，为全行经营发展提供人才保障和智力支持；搭建创先争优平台，加大先进典型人物宣传，进一步增强榜样的力量；搭建成才平台，推进"英才计划"等，加强复合型人才培养。六是以履行责任为导向，扩大"家"的影响。通过组织员工参加无偿献血、设立"工友小驿站"、开展"以购代捐"、扶贫攻坚等活动，彰显农行人的社会责任感。

凡是过往皆为序章，所有将来皆可期盼。经过近年的跨越式发展，佛山农行经营管理攀上了新高峰、开创了新局面，实现了高平台上持续、稳健、快速、全面的发展。佛山农行将继续秉持"客户首选，持续领先，经营稳健，成就梦想"诚信经营管理理念，保持发展战略的一致性、传承性、适应性，坚持一张蓝图干到底，全面提升市场竞争能力、内部管理能力，向大行强行目标奋勇迈进。

案例创造人：黎文贤　王春燕

坚守诚信经营　彰显国企担当
助力企业高质量发展

内蒙古电力（集团）有限责任公司乌兰察布供电分公司

一、企业简介

内蒙古电力（集团）有限责任公司乌兰察布供电分公司（以下简称乌兰察布供电公司）组建于1979年，担负着乌兰察布地区5.5万平方公里内11个旗县市区的电力供应任务。截至2021年年底，固定资产总额161.11亿元，所辖变电站187座，总容量24241.9兆伏安；35千伏及以上线路8720公里，供电人口269万人。公司内设机构53个，其中统设职能部门10个，专设职能部门8个，本部内设机构2个，供电分支机构12个，专业生产机构9个，营销服务机构5个，其他机构7个，共有职工3580人。

近年来，乌兰察布供电公司党委以习近平新时代中国特色社会主义思想为指导，认真贯彻落实党的十九大和十九届二中、三中、四中、五中、六中全会精神，以高质量党建保障高质量发展，用真心真情诠释"人民电业为人民"的国企担当。2021年售电量完成485.4亿千瓦时，领跑蒙西电网供电单位，促使销售收入、内部利润、固定资产等主要经营指标显著增长，并带动全公司各项工作迈入新的台阶，为地方经济社会发展做出巨大贡献的同时，也赢得了社会各界的广泛认可。先后荣获全国文明单位、自治区先进基层党组织、"五好领导班子"等多项荣誉。"十四五"期间，乌兰察布供电公司将坚定不移走"生态优先、绿色发展"的高质量发展新路子，以做大做强电网、服务地方经济社会发展为目标，为全力助推地方经济高质量发展作出新的更大贡献。

二、企业诚信体系建设具体举措

乌兰察布供电公司立足企业经营实际，面对艰巨繁重的改革发展任务，公司广大干部员工坚决贯彻落实集团公司、市委市政府决策部署，坚决克服疫情影响、能耗双控和严重缺电，主动应对国企改革攻坚和市场经济压力，全力推进安全生产、营销服务、电网建设、企业管理、人才队伍和党的建设等各方面工作，企业生产经营取得新进展、新成效。坚持高质量发展总基调，诚信体系建设整体水平不断提高。

（一）以标准化运营和内控管理为载体，助力企业诚信运营

企业标准是企业开展生产经营活动的重要依据，也是企业诚信运营的制度保障。乌兰察布供电公司建立"以问题为导向，以业务为准绳，推动标准体系横向到边、纵向到底，动态优化、持续改进"的标准化长效运转机制，积极创建与营造"企业标准化良好行为"，有效提升经营管理水平。该公司不断深化标准化管理，建立健全标准化工作配套管理机制，优化标准全生命周期管理，实现多专业协同联动常态化运行，实现管理思维转变与优秀经验的"复制粘贴"，企业竞争实力和综合能力持续增强。

为加强内控体系建设，积极推动企业内控体系、合规体系等管理体系与标准化创新融合、互相依托，形成《乌兰察布供电公司内部控制手册》及《乌兰察布供电公司内部控制与管理标准体系对应关系图》等两项内控建设成果。内控管理工作的有效开展，是企业经营风险的一次有效识别，也是标准体系的深度复审。通过运用内控管理思维对管理标准进行全面复盘，查漏补缺，倒逼标准完善。同时，树立了企业诚信经营意识，进一步明晰了各管理事项及工作流程中存在的潜在风险，提升企业各级人员工作效率的同时有效保证公司经营管理合法合规，确保企业生产经营诚信依标。

（二）立足经营实际，履责在肩，全面推进地区电网安全建设，为地方经济社会发展提供强有力的电力支撑

面对区内疫情防控严峻形势，及时调整防控措施，调度、运行人员封闭值班，保证重要用户和民生正常用电。以"本质安全深化年"为主线，印发《全员安全责任清单》，层层压实安全生产责任，"十不干"广泛推广。以"三案一法"为抓手，统筹推进防范人身事故提级监管深化年、安全生产专项整治三年行动、常态化安全大检查等活动，深入开展自查自纠，发现问题立即整改。扎实做好电网春（秋）查、迎峰度夏（冬）等工作，深入开展隐患排查治理，推广设备主人制，完成各类巡视5082次，累计消缺6542项。交通消防、信访维稳、网络安全等工作扎实有效开展。圆满完成建党100周年、朱日和重要军事演习等246项重大活动保电任务。

把服务保障居民和客户用电需求作为首要任务，完成地区"十四五"输、配电网规划选址选线，逐步适应大容量、高比例新能源的接入和消纳，为地区能源转型发展提供重要支撑。内外发力破解投资任务艰巨与工程落地难的矛盾，外部积极对接地区政府，内部各专业部门深度联动。充分发挥属地供电分公司作用，涉土、涉林等文件获取全部纳入里程碑管控。率先在公司系统组建"三部两代"项目部，配电网建设管理体系进一步优化。克服时间紧、任务重、气候环境复杂等困难，仅用时102天，圆满完成三峡乌兰察布新一代电网友好绿色电站接网工程，创国内18℃至零下20℃特殊气候条件下的施工记录，获评集团公司突出贡献奖。全年48项基建工程39项开（复）工，满达220千伏输变电等15项重点工程实现投产；老旧小区改造等114项配电网工程全部开（复）工。

（三）持续优化营商环境，不断提升诚信服务质效

全力优化用电营商环境，聚焦政策要求、客户需求和突出问题，在全市各级政务服务大厅开通电力业务受理窗口，在各供电分公司及客户服务中心设立诉求渠道，受理解决"我为群众办实事"意见建议110项，切实解决服务群众"最后一公里"问题。面对"煤改电"数量激增的紧张局面，各相关部门、单位主动克服困难、履职尽责，全力保障人民群众温暖过冬，全年累计3.3万户居民、小微企业享受到"三零、三省"政策福利。积极配合政府落实能耗"双控"目标，严把新装、增容企业用电入口关，为战略新兴产业开辟绿色用电通道，新兴特色产业用电量同比增长41.2%。

面对能耗双控、有序用电严峻形势，营销、调度协同联动，积极沟通协调政府部门，多次深入客户解释疏导，全力细化限电序位，在地区最大限电负荷443万千瓦，占地区总负荷67%情况下，未发生影响民生用电、拉路限电、客户投诉事件，为电网"双保"做出了突出贡献。对能耗"双控"相关企业采取三天抄表、装设费控表等有力措施，实现电费颗粒归仓。全力开展电价政策宣传解读及电网企业代理购电服务，10kV及以上工商业客户告知签收率100%，改造分时工商业客户表9777块。全面构建"抄表、核算、价费、账务、线损、统计"六位一体的营业管理体系，电价政策执行更加精准，抄、核、收管控更加到位，线损管理更加精细。

三、信用管理取得成效

乌兰察布供电公司依法治企、诚信经营，聚焦制度建设、信用风险防范、合同管理、安全供电及优质服务履约守诺等方面，打造诚信经营企业标杆，取得了一定成绩。

先后获得全区用户满意企业、自治区国资委企业管理工作先进单位、全国文明单位、全国模范职工之家，在税务局年度"纳税信用等级评定"中先后四次荣获"A级纳税人"称号；荣获"内蒙古自治区电力行业QC小组活动先进单位"称号。2021年2项配电网工程荣获集团公司优质工程奖；2项工程荣获内蒙古安装工程优质奖，1项工程荣获国家电力行业优质工程奖，2项工程荣获中国安装工程优质奖。2021年《基于全寿命周期管理的大型重负荷变压器现场"冷改"创新实践》荣获集团公司年度技术改进一等奖。2021年《基于一图一表的偏远农牧地区配电网工程建设精益化管理》获得集团公司管理创新一等奖，《提升品牌影响力融媒体矩阵管理》和《以客户需求为导向的大用户电压质量管理》荣获集团公司管理创新三等奖。2021年2项科技成果荣获集团公司科技进步奖。2021年荣获乌兰察布市民族团结进步示范单位，继电保护班荣获全国青年文明号，1名职工荣获全国电力行业"百名电力工匠"称号。2021年，年度技能大赛3名员工获个人奖，2名员工获自治区"青年岗位能手"称号；2个班组获集团公司优胜班组奖，我公司荣获集团公司团体优胜奖。2018年中国电力企业联合会举办的第三届"信用电力"竞赛中，获得"优秀组织单位"荣誉。

四、结语

乌兰察布供电公司以诚信为依托，主动适应经济发展新常态、能源发展新格局、国企改革新趋势、电力改革新要求，将电网建设与现代能源经济发展相结合，着力构建适应大规模新能源发展的电力产供储销体系，实现电网向智能化、数字化、信息化转型，推动企业核心竞争力、价值创造力、影响力等"软实力"综合提升，做用户信得过的电力企业，助力自治区建成新一代高比例新能源电力系统。

案例创造人：贾新民　张佳羽　冯烨　任婧

铁肩担当书写大义　诚信守护万家灯火

国能南宁发电有限公司

一、企业简介

国能南宁发电有限公司(以下简称南宁公司)位于南宁市东面约45公里的六景工业园区，地理位置得天独厚，处于广西电网负荷中心，为南方电网"西电东送"主网架提供电源支撑，同时为六景工业园区提供优质热源和工业水源，是广西"节能减排示范工程"。

南宁公司成立于2004年12月，现隶属于国家能源集团广西电力有限公司。项目规划装机容量2×660MW+2×1000MW，一期工程新建两台660MW国产超临界燃煤供热发电机组，同时配套建设烟气脱硫、脱硝等环保设施，总投资约46亿元。#1机组2011年12月30日、#2机组2012年9月4日投产发电；2015年11月向六景工业园区集中供应工业蒸汽，2018年实现白泥100%替代石灰石进行烟气脱硫，2020年两台机组均完成超低排放改造。

作为首府南宁市唯一大型骨干电源，在重大节假日和极端天气下，南宁公司为当地用能用电保驾护航。截至2021年年底，公司实现安全生产10周年，累计完成发电量472亿千瓦时，主营业收入超过150亿元，上缴税费10.2亿元，创造了巨大的经济效益和社会效益，为地方经济的发展做出了突出贡献。公司先后获得"企业信用评价AAA级信用企业""全国积极履行环保和社会责任突出企业"、国家能源局"电力安全生产标准化一级企业"、自治区"安全文化建设示范企业"、第十六批自治区文明单位、全国安全文化建设示范企业、国家能源集团安全环保一级单位、自治区劳动和谐关系单位等荣誉。

二、案例背景

2021年以来，随着"六稳""六保"工作持续推进，广西国民经济快速增长，电网负荷不断攀升，但受水电来水严重偏枯、风电出力不足等因素影响，广西用电高峰期出现较大错峰避峰，区域能源保障形势严峻，广西电网按计划实行拉闸限电。

受进口煤政策性调控和疫情影响，电煤市场出现异常波动、严重偏离供需基本面，市场价格持续上涨超"红色区间"，达历史最高值，火电企业煤炭占经营成本70%以上，煤炭价格直接关系到企业的经营利润。加上运费、大宗商品等各项费用翻倍上涨，内陆火电企业平均度电成本达71.92分/千瓦时，远高于电量市场交易价格上限，出现产销成本严重倒挂，面临着"发电即亏损、越发越亏"的局面。

广西区内部分火电企业存在消极情绪，因亏损严重而买不起煤，发电积极性严重受挫，多家火电企业出现缺煤停机，加剧了区域全面缺电的局面。

三、全力以赴保供电

按照广西壮族自治区政府关于能源保供的相关要求，南宁公司严格执行保供措施，坚决履行央企政治责任和社会责任，克服煤炭价格高、运维压力大等困难，全力保障电力安全稳定供应，圆满完成了全国"两会"、建党 100 周年、第 18 届东盟博览会等保电任务。

（一）提高政治站位统一思想，深刻认识能源保供的重要性

南宁公司地处广西电网负荷中心，是保障南宁市供电安全的重要支撑，同时肩负向六景工业园区集中供热的任务，一直以来践行国家能源集团"为社会赋能，为经济助力"的宗旨。在区域电力供应紧张时段，严格按照集团公司"积极履行社会责任，发挥好能源供应压舱石作用"的要求，站在讲政治、顾大局的高度，带头执行保供措施，多措并举全面保障两台机组持续高负荷运行，以实际行动履行国家能源集团基层央企的政治担当。

该公司严格落实自治区政府历次保供专题会议精神，成立由党委书记、董事长担任组长的保供领导小组，制定具体的保电工作方案，提出明确工作要求，压紧压实各级保供主体责任。2021 年公司发电负荷率 70.92%，高于区域火电平均负荷率 12.8%。

（二）保障机组安全稳定运行，做好能源革命排头兵

南宁公司切实加强安全管理，强化生产现场风险预控和隐患排查治理，严厉打击"三违"，在能源保供关键时期实现机组零非停；严格执行公司机组高负荷运行保障措施，进一步提高机组可靠性，保证机组带得上、发得满；严格值班管理制度，公司领导 24 小时轮班值守现场，加大检修值班力量，加强应急值班管理，及时消除设备缺陷；合理安排机组检修，及时消除设备重要缺陷，为机组高负荷连续稳定运行打下坚实的基础。

为保障电力供应稳定，南宁公司在广西电力交易中心组织的各项电力市场化交易中，认真组织，积极跑办，全力以赴抢发电量，切实落实国家能源集团能源革命排头兵的使命任务。

（三）千方百计保障电煤安全，保障机组口粮供应

面对煤炭供需紧张形势，南宁公司密切关注煤炭市场变化情况，及时调整采购策略，加强与煤矿、港口、铁路的沟通，根据生产需求和库存情况，做好燃料采购及催交督运工作，优化一体化煤炭的调运节奏，保证煤场库存提升；加强厂内燃料接卸系统的运行及维护，保证煤炭接卸、存储衔接工作顺畅，确保不因接卸问题影响来煤。

在煤价高位运行、"发电即亏损、越发越亏"的形势下，南宁公司以保障电力供应为重，不计成本，千方百计调运电煤，保障机组稳定发电，全年累计到厂煤炭 306.96 万吨，同比增长 44.61%，燃煤可用天数始终保持在 15 天以上，保障了机组"口粮"持续供应。

公司全力调运进口南非煤保发电，在央视财经《经济半小时》栏目视频公开报道。

四、加大投入保供热

为响应国家节能减排的政策要求，进一步提高能源综合利用效率，南宁公司先后投资近 2 亿元建设六景工业园区集中供热项目。一期供热工程于 2015 年 11 月建成投产，设计最大供汽能力 120 吨/小时。一期供热项目建成后，为六景工业园区 18 家企业提供稳定的热源，年产值约 1.13 亿元。2020 年南宁公司新建了二期供热工程，设计供热能力达到 300 吨/小时，为进一步拓展用户和替代园区全部小锅炉创造了条件。

作为广西南宁市六景工业园区内唯一的集中热源点，随着园区企业的不断壮大，热需求急速发展，为确保六景工业园区热用户的稳定供应，南宁公司加大投入保供热，对供热管网及系统进行扩容改造，

改造后的供热能力可达 500 吨/小时，能够满足园区目前用户及未来一段时期发展的需要。目前园区热力需求最高峰值 196 吨/小时（大部分时间稳定在 150 吨/小时）。

南宁公司以六景工业园区绿色经济发展为载体，大力发展绿色能源蒸汽供应，加强园企结合，打造了集中供热新高度，不断提升企业的品牌形象。2021 年，南宁公司积极拓展供热市场，强化供热调度管理，树立服务生产主业意识，全力做好热力销售，全年售热量达 248 万吉焦，创历史新高。

五、社会效益

（一）电力保供社会效益

2021 年，南宁公司完成发电量 74.29 亿千瓦时、同比增长 41%、创历史同期最高水平，机组利用小时 5628.6 小时、同比增加 1625 小时、区域同类型火电排名第一。累计完成产值 28.21 亿元，同比增长 59.78%，上缴税费 7655 万元，发电亏损约 8000 万元。在能源保供工作中，南宁公司做到了"尖峰顶得上、满发稳得住"，有效缓解广西区内用电紧张局面，发挥了国家能源集团在广西区域能源供应"顶梁柱"和"压舱石"的重要作用，彰显了基层央企的责任担当，得到国家能源局、广西壮族自治区党委政府的充分肯定，为积极履行"保发电、保民生"的社会责任贡献了力量。

（二）集中供热社会效益

南宁公司集中供热项目替代了六景工业园区原分散小锅炉 24 台，每年可节约用煤约 3.15 万吨，二氧化碳排放量减少约 7.74 万吨，二氧化硫排放量减少约 0.233 万吨，氮氧化物排放量减少约 0.117 万吨，粉尘排放量可减少 90% 以上，作为南宁市"节能环保"示范性工程，践行了南宁市绿色环保发展理念，实现了六景工业园区供热全覆盖，有效推动了地方经济发展和节能减排工作。

面对双碳目标的要求，南宁公司立足城市周边，服务于城市，利用集中供热、污泥掺烧、白泥消纳等亮点工程，解决城市的痛点、难点问题，加强技术创新，加快储能及新能源的研究，打造综合能源供应基地，尽快完成企业的转型发展。下一步，南宁公司将积极响应政府能源保供的号召，持续抓落实、强担当，做细做实保电保供热工作，用心守护万家灯火，为保证区域经济发展和社会稳定提供不竭动力。

案例创造人：杜庆敏　黄云燕　高惠玲

追求自我超越　践行保供承诺

国能神皖马鞍山发电有限责任公司

一、企业简介

2021年是中国共产党成立100周年，是我国实施"十四五"规划、开启全面建设社会主义现代化国家新征程的开局之年。为了打好能源保供攻坚战，国能神皖马鞍山发电有限责任公司全体职工上火线，听从指挥服从命令，克服电力市场竞争加剧，煤炭价格持续走高的影响，追求自我超越，加大煤炭采购力度、设备及时消缺、运行精心操作，做到了"开得出、带得满、稳得住"，全力以赴保电保热保民生，点亮每一盏灯、温暖每一扇窗、照亮每一座城，用实际行动落实能源保供具体方案和措施，充分践行能源保供承诺，展现央企责任担当。

公司隶属于国家能源投资集团，主要经营业务以发电、输电、供电业务，热力生产和供应、石灰和石膏销售为主，兼营太阳能、风力发电技术服务，新兴能源技术研发，集中式快速充电站，电动汽车充电基础设施运营，电气设备修理等。

公司目前运营4台33万千瓦等级火电机组，总装机容量1320MW，2021年发电量超60亿千瓦时，年供热量超270万吉焦。公司灰场3.3万千瓦光伏发电项目已并网发电。

二、诚信经营理念

人无信不立，天有日方明。电力企业是光明使者，犹如天之太阳。公司以绿色环保为宗旨，以用户满意为基石，积极倡导"先做人、后做事、做好人、做好事"，时刻不忘把提供稳定的绿色能源作为自身的价值观导向，努力打造高品质企业、高品质产品，树立清洁、高效、绿色、信用的责任央企形象，实现自我超越。

三、决策部署

公司坚持危机意识、市场意识、法治意识和责任意识，狠抓党的建设、巩固安全生产、保障能源供应、树立环保标杆，建立健全以总法律顾问制度为核心的法治工作体系，形成了"党委统筹、分级负责、内外结合"的法治工作机制，重要决策、重大合同及制度全部通过合法合规性审核把关，防范了法律风险。成立了法治建设领导小组，组织召开年度法治工作会议进一步深入学习贯彻习近平法治思想；宣贯并签署集团公司《诚信合规承诺书》，依法治企能力进一步提升。全面落实国企改革三年行动，组织编制了公司《改革三年（2020—2022年）行动实施方案》，分解任务清单141项，并设立工作台账；完成公司经理层聘任制改革，进一步明晰了权责边界和任务分工。截至目前，已完成清单任务113项，完成率80%，依法勇担当。

千方百计、竭尽全力广拓煤源采购煤炭。制定详细的燃料保供专项方案，结合省公司每月下发的计划电量任务提出煤炭采购建议，在确保煤场存煤量不低于7日生产需求同时，制定科学合理的燃煤采购调运计划，竭尽全力保证年度长协煤兑现率。码头日卸煤量1.5万吨，平均日耗煤量8000吨，包括海运煤在内的1号和2号煤场储煤量已达12万余吨，满足国家要求燃煤机组10天以上可用安全库存水平。

当表率，强使命，做攻坚克难的急先锋。开展"电热保供争先锋"劳动竞赛，组织党员干部带头发挥先锋模范作用，做到"平常时刻看得出来、关键时刻站得出来、危难关头豁得出来"，把党史学习教育成果转化为打赢电热保供攻坚战的战斗力，以实际行动践行"没有啃不下的硬骨头，没有攻不下的堡垒"，做优安全和生产答卷，打赢电热保供战役。主动强化服务意识，多维度加强与大客户沟通，在保证安全生产基础上，积极协调，向各用热企业提供高品质稳定的蒸汽供应，用滚滚热源为整个园区融入长三角一体化发展提供强劲动力。

四、体系建设

按照现代企业法人治理要求，把制度体系建设作为公司治理根本。马鞍山发电公司印发了《公司规章制度体系分级表》，明确了制度层级、效力和"立、改、废"权限。2021年以来，累计进行制度"立、改、废"265余项，逐步构建起以"党建体系""安全体系""质量体系""运营体系""发展体系""内控体系"等六大重点领域为主体，以其他相关领域为协同的"6+N"制度框架体系。

制定出台《党委"第一议题"制度》《党组织书记抓党建述职考核办法》《党委委员履行"一岗双责"抓党建工作管理办法》《党委工作规则》《党支部工作规则》等30余项党建制度，进一步健全和完善党建制度体系，推进高质量党建引领高质量发展。

全面修订《安全生产环保责任制》，修订出台《安全生产工作管理规定》《安全环保监察工作规定》《生态环境保护管理办法》等50余项安全生产环保领域规章制度，扎实推进安全生产标准化体系建设。

推进企业技术标准编制，围绕"点检定修""日常维护""典型操作票"三个维度，累计发布180余项企业技术标准；修订完善《技术监督管理办法》《检修全过程管理办法》《科技创新项目管理办法》等30余项技术质量管理制度，为推进全面质量管理、健全质量体系夯实基础。

紧跟上级管理要求及时修订发布《经营计划管理办法》《采购管理规定》《合同管理办法》《全面预算管理办法》等经营、采购、财务等运营管理规章制度，并且将重点岗位廉洁风险防控措施纳入业务管控制度，进一步规范工作程序，为公司依法合规、诚信经营夯实制度基础。

聚焦公司推进大机组建设、新能源建设工作重心，跟进政策，及时配套出台《电力工程建设管理办法》《新能源建设工程设计管理办法》《电力新能源建设工程安全健康环境管理办法》等一系列制度，理顺管理流程，防范管理风险，助力企业依法合规推进发展。

监督执纪制度全面"补网"，先后制定出台《合规管理办法》《违规经营投资责任追究实施办法》《内部审计管理办法》《问题线索处置办法》等制度，推动纪检、审计、合规等各类监督有机贯通、相互协调，织紧织密从严监督制度网。

五、制度保障

公司坚持"目标一致、效率效能、权责对等、制约制衡、制度唯一"的原则，按照"怎么写、怎么干、怎么写"的修订思路，强调业务流程的"决策权、管理权、操作权、监督权"四权分离，组织各层级制度面对面讨论，把好制度出台前"源头关"，推动制度依法、合规、有效。

制定《风险管理办法》，明确了"管业务必须管风险"的风险管理总要求；每年开展重大风险评估、监控与定期报告，围绕疫情防控、安全与环保、市场竞争等重大风险，落实风险管理策略和管控措施。守好法律风险审核关口，借助集团公司法律管理信息化平台，固化法律审核流程，做到经济合同、规章制度、重大经营决策"三项审核率"100%；落实总法律顾问参加党委会议、总经理会议等重要决策会议制度，研究讨论并审议重大决策事项；规范授权和用印管理，在授权事项、用印流程中均增设法律审核节点，事前法律审核实现全覆盖。

六、社会责任

（1）河道保护。全面贯彻习近平总书记"共抓大保护、不搞大开发"保护长江母亲河的重要指示精神，不断加大环保投入力度，节水与废水综合治理、煤场全封闭、污泥掺烧等重大环保项目建设顺利推进；公司码头环保治理成效获得《神华能源报》《中国电力报》、国家国资委网站等媒体综合报道。

（2）乡村振兴。结合中秋国庆双节慰问开展爱心消费帮扶，采取"以购代捐""以买代帮"方式，通过集团"慧采商城"帮扶电商平台购买 15 万元帮扶农产品，助力乡村振兴；对口含山县清溪镇白衣村，协调落实 4 万元帮扶资金，用于白衣村道路亮化工程建设。春节、中秋节等节日前夕，前往白衣村调研乡村振兴工作，走访慰问脱贫户，送去节日慰问品，带去党组织的关怀。

（3）慈善事业。持续开展"慈善一日捐"，自 2006 年以来，公司已经连续 16 年累计捐款 48 万余元。组织开展"奉献滴滴鲜血，共庆百年华诞"无偿献血活动，43 名志愿者献血 9200 毫升，奉献一片爱心。

（4）爱心帮扶。全年开展婚丧、住院、困难职工慰问 112 人次，送出慰问金 9.48 万元。为 7 位职工申报互助保障赔付 2.6 万元；为 1 名特困职工家庭申报市总工会"金秋助学"资助金 0.65 万元；为 3 名患大病职工申请集团大病救助 15.6 万元。

（5）志愿服务。2021 年相继开展"河小青"志愿服务、义务植树、爱心助学义卖、交通礼让斑马线、助力高考等 10 多种公益活动，受益群众超 2000 人次。

（6）节能减排。2018 至 2020 年公司厂用电率分别为 4.80%、4.76%、4.79%，在全国同类机组中处于中上等水平，在安徽省同类机组厂用电率排名中位居第三名。后期，受机组调峰加剧以及废水零排放改造和液氨改尿素相继投运影响，发电厂用电率会略为上升。

七、实践成效

（1）产品及服务质量诚信。将能源保供作为重要政治任务，编制了电热保供工作方案，成立煤炭保供、运行调度、安全环保、舆论宣传四个专班，全力保障燃煤供应，全年累计采购煤炭 287.7 万吨，超长协计划 52.7 万吨，保证了燃煤库存不低于 7 天的要求；克服了煤场封闭改造带来的接卸时间和场地受限的影响，单日卸煤量达到 1.6 万吨，累计接卸煤炭 277.24 吨，确保码头来煤以最短的时间颗粒归仓。

坚持"逢停必检，修必修好"的原则，高质量完成了 #3A 修、#1B 修、#2C 修和 #4C 修；及时消除了 #3 炉高再三通裂纹、发电机汽端空氢侧密封瓦椭圆度超标等重大缺陷，有效保障机组出力；精心做好运行机组操作，严格执行调度指令，确保"开得出、带得满、稳得住"，做到应发满发。

全年机组启停 32 次，累计发电 61.37 亿千瓦时，同比增长 17.35%，全力保障了电力供应安全稳定。切实扛起保供责任。2021 年发电量超 60 亿千瓦时，年供热量超 270 万吉焦。

（2）客户服务及关系管理。秉承"客户至上"的经营理念，积极走访客户，做好客户满意度调查，致力于为客户提供高品质的产品和服务，努力建设与客户共赢关系。不断调整生产组织形式，在生产过程中采用现代化管理方法和科技手段开展科技攻关，争创名牌产品。积极增强全生命周期服务能力，坚持将客户作为的核心利益相关方。提供全方位服务，与众多客户均建立了长期稳定的合作关系。

（3）与股东、投资人和债权人等利益相关者关系。高度重视维护股东、投资者和债权人的合法权益，不断完善和规范公司的组织和行为，有力推进业务良好开展和稳定运行。按照相关要求及时发布公司重大信息。

（4）反对商业贿赂、欺诈等。加强反腐倡廉建设，健全腐败预防与惩治机制，构建廉洁文化，杜绝权钱交易，避免不正当竞争。加大对惩防体系的检查考核力度，与各相关单位签订《党风廉政建设责任书》，将党风廉政建设纳入成员企业班子整体考核，推动惩防体系落实。积极开展效能监察，针对管理漏洞，提出监察建议。重点开展工程成本、分包采购、工程结算等方面的效能监察。"重大事项决策、重要干部任免、重要项目安排、大额资金使用"实行集体决策。

（5）维护职工权益,创建和谐劳动关系。贯彻"以人为本"理念，为职工办实事，切实维护职工权益。积极落实《劳动合同法》,员工签合同率达100%；制定了《人力资源发展规划》；建立了带薪休假制度，为员工建立社会保险，范围涵盖养老、医疗、工伤、生育和失业保险，并及时足额交纳各项资金；建立平等的人才竞争机制；每年组织员工培训；积极慰问困难职工、离退休职工及家属。

（6）环境资源保护。守绿色树标杆，环境保护力度持续加大，加快推进环保项目实施。启动了节水与废水综合治理、煤场全封闭、污泥掺烧等重大环保项目建设，总投资超1.5亿元。项目建成后可实现废水循环综合利用、可全面遏制煤粉扬尘、可日处理城市污泥200吨。完成油库含油废水治理项目，含油废水达标排放利用。改造渣水闭式循环系统，消除了渣水溢流环保风险。

努力打造环保标杆码头。通过各类劳动竞赛、技术比武等活动提高码头作业人员操作技能，优化了《码头环保设施使用标准》《输煤系统文明卫生定期检查及清理标准》，强化环保管理，公司码头环保治理成效获得《神华能源报》《中国电力报》、国家国资委网站等媒体综合报道。

严格落实环保管控措施。严格执行排污许可证管理要求，每季度邀请第三方机构现场监测，各项无组织排放、噪声、脱硫废水等监测因子全部合格。机组年度超低排放达限率99.81%，全额获得超低排放电价补助。固体废物申报登记、危险废弃物处置依法合规。

案例创造人：陈俊财　董明　吴正平

基于业主项目部管控下的配电网工程精益化诚信管理

内蒙古电力（集团）有限责任公司薛家湾供电分公司

一、企业简介

薛家湾供电公司成立于1992年，共有在册干部职工1176人。设有16个部门、2个内设机构、6个其他机构、13个直属二级单位，担负着准格尔旗10个乡镇、1个开发区（准格尔经济开发区）、1个工业基地（大路煤化工基地）、陕西榆林北部地区的供用电任务。

地区电网以宁格尔、常胜2座500千伏变电站为支撑，连接8座公用电厂和2座自备电厂，装机容量503.6万千瓦。建有35千伏及以上电压等级变电站39座、变电总容量6663.7兆伏安，运行维护的35千伏及以上线路102条、共计2096.6千米，固定资产原值46.51亿元。售电量最大曾达到95.23亿千瓦时，供电负荷达到142.5万千瓦，是集输变配电为一体的中型供电企业。

薛家湾供电公司连续十年荣膺"全国文明单位"称号，先后获得"全国用户满意服务单位""全国工人先锋号""中国企业信用协会全国行业诚信经营示范单位""全国三八红旗集体""中共内蒙古自治区国资委委员会先进基层党组织""内蒙古自治区总工会全区五一劳动奖状"等集体荣誉。

在内蒙古电力公司的正确领导和政府的大力支持下，薛家湾供电公司坚持稳中求进工作总基调，立足新发展阶段，贯彻新发展理念，构建新发展格局，加快电网转型发展，筑牢安全生产防线，聚焦优质服务，推动企业数字化转型，为地方经济社会发展提供了坚强的电网支撑、安全的电力保障和优质的供电服务。

二、企业诚信建设管理举措

作为关系国计民生的国有企业，贯彻落实国资委关于做好瘦身健体、提质增效的工作部署，着力从总量、质量、存量上寻找突破，是薛家湾供电公司的使命与职责所在。通过建立业主项目部精益化诚信管理体系，在扩大"总量"、提升"质量"、优化"存量"上下狠功夫。构建长效工作机制，搭建质量和效益持续提升的平台，不断完善制度与规范流程，有效节约管理成本，优化资源配置，激发各层级活力，通过管理手段和技术手段"双管齐下"层层分解各项目标任务，强化任务实施的过程管控，确保目标任务精准落地。形成以问题为导向，上下联动，各专业协同配合的良好氛围，各方人员信用意识不断提升，有力推动薛家湾供电公司配网工程信用管理体系建设。

（一）确定总体思路，为业主项目部精益化诚信管控指明方向

以问题为导向，审视问题出现的各方原因，指导解决实际症结。薛家湾供电公司经过认真梳理、系统总结，明确从解决以下三方面突出问题着手，实现精益化诚信管理。一是解决管控模式问题。传统管控对业务管理的深度和精度不够，难以满足精益化诚信管理要求。二是解决资源配置问题。在管理变

革快速发展的过程中，新的管理要求与常规工作存在资源竞争和优化分配问题。三是解决工作执行力问题。在企业运营过程中，往往会产生意图传递偏差，信用意识淡薄，执行力层层衰减，员工主动工作意愿偏低等问题。

（二）建立组织体系，为精益化诚信管理提供可靠保障

为了加强协同，落实责任，在二级单位成立以分管工程副主任为项目经理，以工程室主任为建设协调中心，以安全管控、技术支持、技经管理、资料整理、物资协调等专业人员为支撑的业主项目部。

业主项目部工作实行项目经理负责制，明确目标任务，在工程前期、工程建设、总结评价三个阶段，通过计划、组织、协调、监督、评价等管理手段，推动工程建设按计划实施，圆满完成工程进度、安全、质量和造价等各项建设指标。建立职责权限清晰的组织机构，为配电网工程精益化诚信管理奠定了坚实的组织基础。

（三）健全制度体系，确保精益化诚信管理有据可依

在专业管理方面，为确保工作规范有序开展，薛家湾供电公司起草修订了《配电网工程业主项目部标准化管理手册》，规范了配电网工程建设管理日常工作流程，明确了各级人员职责划分，创造自上而下，统筹兼顾，权责明确的工作环境，彻底解决协调难、反应慢、效率低等问题。

（四）创新技术体系，支撑精益化诚信管理高效运作

全面应用"智能化配电网工程网络管控平台"，紧紧围绕项目管理所关联的人、机、料、法、环等关键环节要素，提高现场安全、质量管控能力，提升配电网工程建设质量，避免在竣工验收不合格后进行大面积返工。

1. 找准工具，开凿精益化诚信管理突破口

"工欲善其事，必先利其器。"薛家湾供电公司 2018 年起开发并全面应用了"智能化配电网工程网络管控平台"，主要有以下三点核心工具：

（1）充分应用现场人员定位模块。通过腾讯地图平台，为各参建人员提供地理位置信息支持，在地图上显示施工作业地点，施工作业人数，现场监理人数，建管单位人员到场到位情况。管理人员可利用手机、PC 端或其他移动终端设备对施工现场的定位功能，导航至相应施工地点。为管理人员开展"四不两直"现场检查提供了必要的技术支持；

（2）充分应用工作督办模块。"智能化配电网工程网络管控平台"根据各级管理人员职责属性设立建设单位、监理单位、业主项目部、建管监察人员 4 种首页，在各自首页中对应显示各层级需督办事宜，若在规定时间内相应层级管理人员未及时将问题进行解答，或未对上级精神进行有效传达。系统将进行统计，并将未落实事宜进行红灯报警标记后上报至高层级监管人员进行督办，减少了问题解决时间，提高了信息传达效率；

（3）充分应用进度管控模块。各施工单位每日将施工进度按照固定格式录入到"智能化配电网工程网络管控平台"中，"平台"自动生成进度图表后与"里程碑计划"进行比对，形成下一步施工进度建议，及时修正进度偏差，确保按"里程碑计划"时间节点完成工程建设任务。

2. 技术创新，完善精益化诚信管理各项举措

薛家湾供电公司不断突破管理和技术难点，稳步提升精益化诚信管理能力。主要有以下五点技术创新：

（1）创新虚拟电子网络安全围栏功能。现场勘查阶段，将作业范围临近的带电线路，交叉跨越情

况等其他影响安全作业的条件录入至"地理信息平面图"中,在"平面图"中用"虚拟电子网络安全围栏"标定施工作业安全区。施工阶段,后台实时反映现场作业人员及建管人员行动轨迹,实时更新施工地点,当施工作业人员越过"围栏"设定安全区域时,后台自动发出报警,提示现场作业人员及建管人员。双重告警,避免施工人员发生误登作业地点附近带电杆塔等事件;

(2)创新现场视频监控功能。施工、监理单位人员利用所佩戴的智能回传安全帽,开展施工作业现场视频直播,各级建管人员通过手机、PC端或其他移动终端设备对现场安全措施布置情况,现场施工工艺等进行远程监控,及时制止各类不安全事件的发生,纠正错误工艺,解答施工人员现场遇到的各类问题,提高工程安全、质量管控水平;

(3)创新多方现场会议功能。业主单位、监理单位、设计单位、施工单位运用手机或其他设备随时随地开会研讨各施工阶段出现的问题,在手机或其他移动设备上及时审批工程设计变更及现场签证审批流程,高效推进工程建设进度,节约人员时间成本,提高工作效率;

(4)创新拆旧物料现场登记功能。对拆旧物资进行现场拍照登记,降低因拆旧物资丢失导致的企业管控风险;

(5)创新电子化档案移交功能。配电网建设工程分项众多,纸质资料无法得到良好有效的保存,资料检索复杂。建立工程电子化移交管理流程,线上网络化审批,电子化存档,确保工程建设闭环可控。

(五)持续改进机制,确保精益化诚信管理水平稳步提升

(1)管理体系不断完善。在管理过程中,及时总结分析工作经验,修订制度和工作流程。想要营造人人讲诚信的良好氛围,必须合理制定相关制度,对于出现的新问题、新形势更要及时跟进,制定防范措施。在配电网工程投资计划逐年增加,风险点逐年增多,施工队伍激增的新挑战下,供电企业如果忽视了隐藏的危险,缺少必备的预警机制,很可能陷入危机。所以,要不断完善管理体系,更要与时俱进。

(2)人员素质不断提升。对于配电网工程管理中问题的研判和处置都离不开人的因素,持续稳步提升人员素质是配电网精益化诚信管理的重要环节,规范员工诚信行为,使诚信成为一种工作习惯。注重发挥诚信理念的先导作用,用诚信理念引导诚信行为。思想方面,引导员工树立大局意识,一切以企业利益为根本出发点,提升政治敏锐性。技能方面,加强对业务知识的培训,提高职业技能。

三、实施成效

(一)安全、质量管控成效显著

在推广使用"智能化配电网工程网络管控平台"后,建管人员时间利用效率得到了有效的提升,耗费在路程上的时间转化为有效的监管时间,发现问题、随时研判,及时解决,降低了施工现场安全风险隐患,提升了工艺质量水平。

(二)改革创新成效显著

在推广业主项目部标准化管理模式下,人员职责界限明确,现场安全、质量得到全覆盖监控,工程建设进度按"里程碑计划"时间节点有序执行,各类资料按标准格式统一归档,达到"精益化的计划管理、精益化的数据收集、精益化的现场管控、精益化的决策支持、精益化的知识共享"的全新工程管理模式。

（三）经济效益

在推广运用精益化诚信管理理念后，明确职责，强化责任落实，统一人员编制，进一步提高了人员工作效率；对施工现场进行实时视频监控，发现问题，及时处理，减少返工带来的时间及经济损失，同时切实降低了企业信用风险。

薛家湾供电公司将持续改进机制，确保精益化诚信管控良性发展。在管理过程中，及时总结分析工作经验，修订制度和工作流程。对于出现的新问题、新形势及时跟进，制定防范措施。持续稳步提升人员素质，引导员工树立诚信意识，不断加强配网工程信用风险防范水平，促进精益化诚信管理体系良性循环，取得实效。

案例创造人：冯德　董钰　梁永福

以诚取信　以信取胜
中国农业银行济南分行积极建设诚信领军银行

中国农业银行股份有限公司济南分行

一、企业简介

中国农业银行济南分行坚持"诚信立业、稳健行远"的核心价值观，在为广大客户提供高效优质金融服务的同时，积极建设诚信领军银行，充分诠释了优秀诚信企业的责任担当。荣获"山东省五一劳动奖状"，连续17年保持"省级文明单位"，连续3年在济南市党风政风行风正风肃纪民主评议中居当地四大行首位，在济南市国有大型商业银行中，是唯一一家获评人行"金融机构综合评价、反洗钱评价、外汇业务综合评价、金融消费者权益保护"等四项考核A级单位的银行。

二、诚信立业，积极践行社会责任

（一）"金融活水"强力支持社会经济发展

加强有效信贷投放，突出多元融资引领，本外币各项贷款年增量居当地四大行首位，法人实体贷款年增量连续三年稳居当地四大行首位，信贷工作成效获济南市委主要负责同志批示肯定。

（1）金融支持重大国家战略"走在前列"。围绕黄河流域生态保护和高质量发展、济南新旧动能转换起步区、山东自贸试验区济南片区"三大国家战略"，紧抓农业银行总行绿色金融研究院落地济南契机，在全国农行系统首创"黄河滩区迁建贷款""生态保护贷"等绿色信贷产品，累计支持黄河滩区脱贫迁建、小清河复航、天然气管网等重点项目40多亿元。在同业率先出台《金融服务起步区建设15条》，积极支持新一代信息技术、高端装备、新能源新材料、医养健康等新兴产业发展，支持济郑高速、跨黄通道等新旧动能转换重大项目超100亿元。打造服务自贸区开放"新高地"，在全省农行系统率先突破涉外非融资担保业务、落地首笔代理模式下内保内贷业务，跨境融资余额近70亿元。

（2）贡献服务乡村振兴"农行力量"。在当地金融同业中率先推出"政府购买服务"产品，大力支持美丽乡村建设、城镇化改造、公共服务设施建设等济南市"三农"重点项目，近年来，投放贷款超过100亿元。通过"引智帮扶"，先后选派63名优秀干部赴贫困区域挂职，助力脱贫攻坚和乡村振兴。创新推出"强村贷""鲁担惠农贷""惠农e贷""乡村振兴系列贷+富民生产贷"等"三农"特色产品，并将产业兴旺作为乡村振兴的重点，近三年为济南市特色农业产业、农业产业化龙头企业、家庭农场、专业大户等新型经营主体贷款30多亿元。

（3）打造助企惠才"农行品牌"。聚焦民营和小微企业融资难融资贵等痛点，在当地金融同业中率先出台了《便捷获得信贷行动14条工作措施》，突出"增效""减负"双向发力，推行"平行作业""容缺审批""尽职免责"等工作机制，明确业务受理办结时限。加快"数字化转型"步伐，在当地金融同业中创新推出了"数据网贷"等特色产品，开展"首贷培植行动"，普惠贷款客户、规模增速连续多年保持当地金融同业第一，增强了民营和小微企业服务的获得感，获评人民银行济南分行"信贷支持小微企业工作成效明显银行"。围绕济南市人才改革及助商惠民举措，大力创新和推广"新才e贷""市场e贷"及住房贷款等产品，在全国农行系统和当地金融同业首创基于区块链技术应用产品——"泉城链分期贷"，个人生产消费贷款持续领跑当地金融同业。

（二）"温度服务"贴心为客户提供生活便利

坚持用心用情做好客户服务，着力打造"最优"服务品牌，被济南市民评选为首选银行。

（1）服务质量不断提升。优化网点硬件环境设施，出台《服务残障等特殊客户群体10条措施》等服务制度，全辖112个具备条件的网点全部铺设了无障碍通道。实施"网点服务升温"工程，帮助市民解决金融业务难题，4家网点分别被中银协评为"文明规范服务百佳和千佳示范单位"，获评数量当地金融同业最多。搭建教育、民生类等线上服务项目600余个，实现了居民日常生活、行政事业等领域的缴费线上化，为济南市民日常工作生活提供了极大便利。建立了覆盖城乡的服务网络，投放自助设备总量居当地金融同业首位。加强科技金融创新应用，在全省农行首家推出"新一代智慧银行"，客户体验、服务模式、业务渠道更加"智慧化"。

（2）客户利益有效保障。时刻以客户为中心，强化保护客户权益教育，没有发生泄露客户信息的事件。自觉维护存、贷款人的合法权益，严格遵守国家相关规定，财务管理、合同管理规范，合同履约率达到100%，没有发生损害合作伙伴的现象。坚持服务承诺、服务价格、服务监督公开制度，把诚信寓于金融服务之中，不断提升客户满意度和社会公信力。按照上级行、监管部门和国家法规的要求，推出丰富的金融产品，满足客户对金融产品的需求。建立客户档案，完善客户意见反馈机制、投诉处理机制和快速响应机制，对涉及我行的客户投诉，认真对待、及时处理。

三、稳健行远，实现诚信和谐发展

（一）员工管理扎实有效

扎实推进社会主义核心价值体系建设，通过员工大会、晨会等各种形式，大力提倡奋斗、专业、规则、团队精神，大力弘扬积极向上、健康文明、简单干净的同事关系，着力塑造自信、自强、自尊的外部形象，争创服务品质、口碑、形象领先同业的最优品牌。用文化传播和滋养诚信价值理念，引导广大员工培养崇高的职业精神、精湛的职业技能、良好的职业礼仪和严格的职业纪律。

（二）案件风险防范得力

切实深化底线思维，加强合规文化建设，构建措施扎实、执行有力的"网状"防控体系。紧盯信访、舆情、保密、印章等关键环节，层层压实责任，全行未发生案件、安全生产事故和声誉风险事件。

（三）信贷质量保持最优

进一步前移风险管控关口，持续做好重点领域信用风险治理。夯实贷后管理基础，提升贷后管理层级，构筑高效风险控制防线，确保信贷资产质量保持稳固。信贷资产质量连续保持当地银行同业最优。

四、重诺践行,优化诚信生态环境

(一)积极开展社会公益活动

弘扬志愿文化,完善"学雷锋志愿服务队"相关制度,组织了"关爱空巢老人""学雷锋志愿服务""身边好人道德模范评先"等活动,弘扬了"奉献、友爱、互助、进步"的志愿服务精神。在全辖网点醒目位置摆放宣传"社会主义核心价值观"等公益广告宣传展板,统一在网点悬挂"学雷锋银行"标牌,积极为客户提供帮助。组织开展金融消费者权益保护、反洗钱等集中宣传活动,为营造更加优质健康的金融环境贡献力量。

(二)切实加强员工关爱

依法维护员工权益,充分尊重员工休息和休假的权力,严格执行国家带薪休假制度,每年为全体员工安排一次健康体检。在充分调研的基础上制定切实可行的培训计划和实施方案,帮助员工提升职业技能,改善工作状态和心理情绪,培养压力疏导能力,塑造阳光心态。厚植青年成长土壤,创新"鲲鹏计划"上下交流机制,逐人建立"成长档案"。认真落实职代会各项职权,坚持职代会审议涉及职工切身利益的重大事项制度,充分发挥职工参与企业管理的民主决策权,员工获得感、幸福感更加充实、更有保障。5名员工获评农行总行"两优"及"金穗先锋100人"称号;多家支行、网点荣获"全国青年文明号"山东省财贸金融系统"五一劳动奖状""全国巾帼文明岗"及"农总行先锋号"等荣誉称号。

(三)建设生态友好型企业

弘扬社会责任理念,坚持绿色办公,公文收发及传阅办理全部实现了电子化,倡导绿色生活,全行员工积极节水节电节能,以实际行动支持生态文明建设。狠抓服务环境建设,按照"整理、整顿、清扫、清洁、素养、安全"的6S规范标准,为客户提供整洁、温馨、舒适的服务环境。每年精心设计制作花车,在济南"泉水节"期间环市区主干道巡游,提升市民爱泉、护泉的生态责任意识。

案例创造人:耿曙明

坚持诚信理念 塑造一流品牌
推动企业高质量可持续发展

国能大渡河检修安装有限公司

一、企业简介

国能大渡河检修安装有限公司于2005年成立，2011年改制成为国能大渡河流域水电开发有限公司的全资子公司。公司主要负责大渡河流域"七厂九站"装机1133万千瓦水电设备检修、重大技术改造、应急保障、在建电站生产筹备等工作，对外承担水电机组安装、检修、改造及技术咨询服务，业务拓展至云南、贵州、新疆、湖北等10余个省区市，是国家能源集团最大的区域化水电检修公司、全国领先的专业化水电检修公司。公司下设7个职能部门、7个检修项目部和检修试验、小水电运营2个中心，现有职工472人，党员213名。

近年来，检修公司深入落实国家能源集团"一个目标、三型五化、七个一流"发展战略，按照"打造幸福大渡河、智慧大渡河，建设世界一流水电企业"目标要求，大力推进项目化管理、专业化检修、集约化经营、品牌化服务，以先进的专业技术、卓越的服务能力、严格的安全管理、全面的责任意识，推动水电检修行业发展，贡献绿色清洁能源，致力于打造成为中国领先的水电专业服务和解决方案提供商，在业内树立了"大渡河检修"的优质品牌。公司连续17年获大渡河公司考评"A"级，先后荣获中央企业先进基层党组织、四川省先进基层党组织、四川省国资委先进基层党组织、国家能源集团先进基层党组织、大渡河公司先进党委，四川省安全生产先进集体、四川省电力安全生产先进集体、四川省安全文化建设示范企业、大渡河公司本质安全型企业，全国模范职工小家、四川省五一劳动奖状、四川省三八红旗集体，全国电力系统企业文化建设标杆企业、全国发电企业文化建设最佳实践先进单位、四川省文明单位、国家能源集团首届文明单位、大渡河公司企业文化建设示范单位。

二、诚信经营理念

公司把诚信合规作为可持续发展的基石和保障，聚焦"行业一流、管理智能、贡献突出、职工幸福"目标，持续强化法治意识、契约精神、守约观念，做到诚信合规经营，不断夯实企业高质量发展根基，全力打造中国领先的水电专业服务和解决方案提供商。先后获评中国电力行业AAA级信用企业、四川省纳税信用A级纳税人、成都市高新区纳税百强企业、集团公司普法先进单位、乐山市企业劳动保障守法诚信等级A级单位等荣誉称号。

公司自成立以来，就确立了"诚信规范、科学高效"的经营理念和"尊重职工、肩负责任、讲究诚信、追求卓越"的管理理念，着力培育和树立诚信光荣、失信可耻导向，要求做人要真诚、做事讲信誉、诚信创市场。经过多年发展，诚信理念内涵不断丰富，外延不断拓展，已全面融入企业安全生产、质量管控、服务保障、品牌形象各领域各环节，与管理理念、执行理念、创新理念等13类基本理念及工作准则、行为准则2个准则相衔接，构建了系统全面、不断发展的经营理念体系。确立和深入践行"尊重员工、肩负责任、讲究诚信、追求卓越"的核心理念，大力倡导"专业专注、规矩规范、止于至善"的职工行为准则，坚持"讲品格、守德重行，讲规矩、遵章守纪，讲能力、勤学精艺，讲作为、担当奉献"的职工评价标准。开展"最美检修人""诚信敬业典范"等先进评选等活动，推动诚信意识深入人心、形成共识。把诚信合规纳入部门和职工年度考核，作为评先选优的重要参考。深入落实集团合规管理规定，大力开展"促合规、践承诺"系列活动，不断提升企业诚信声誉。

三、诚信企业建设做法

（一）质量至上、精益求精，树检修品牌

始终坚持"更高更新、益细益精"理念，始终恪守"产品就是人品、质量就是生命"，质量树品牌、处处创精品。修后设备缺陷总数同比下降36%，连续16年实现"零非停"，4台机组获评"2020年度全国发电机组可靠性标杆机组"称号。累计授权专利100项，发表论文282篇、专著1部，编写《水电厂检修与维护》教材1部，获省部级以上科技进步奖36项。

（1）强化专业检修。坚持"应修必修、修必修好"，专注水电产业，持续提升专业能力和价值，以专业塑造品牌，以专业赢得客户。公司具备水电厂检修安装，水利水电工程总承包，水利水电机电设备安装，检修安装技术咨询、项目管理，水电工程科技研发及技术咨询等能力，拥有承装（修、试）电力设施许可二级、水利水电机电安装工程专业承包二级、水利水电施工总承包三级、起重设备安装维护特级等资质，获得ISO9001质量管理体系认证、成都市计量授权证书。

（2）深化精益检修。公司坚持益精益细、匠人匠心，全面深化精益检修。建立精益检修标准化体系，编制水电行业首个《精益检修操作手册》《水电产业设备检修标准化作业》《缺陷对标管控模型》等规范。加强全过程质量管控，实行设备检修三级验收制、质量旁站监理制、设备隐患排查奖励制，推行检修作业工序卡、关键点见证，做到重要项目重点实施、关键部位重点检查、异常数据重点分析。推行"设备检修质量终身负责制"，建立完善配套考核体系。历时10年完成大渡河龚嘴、铜街子2座水电站增容改造，改造后两站机组容量增加17万千瓦；完成瀑布沟、大岗山、猴子岩等电站检修筹建和接机发电；年均承担大渡河流域40余台机组、30余台主变、30余条线路（母线）及60余套溢洪设施检修任务。

（3）推行智慧检修。紧紧围绕提升设备运行可靠性，大力推进云计算、大数据、人工智能等新一代数字技术在水电行业应用，编写行业内首个《水电厂智慧检修建设标准》，打造智慧检修新模式。以"实时监测、动态分析、智能诊断、自主决策"为目标，聚焦设备状态参数大数据挖掘，强化趋势预警、设备故障分析、设备树和故障树三大前沿核心能力，确立128个设备故障模型，依托光传输技术突破38个参数模型，实时掌握设备健康状态、预测预警设备运行风险、精确定位设备故障、自动生成最优检修方案、自我配置生产要素，实现检修管理手段从计划检修、事后检修向精准检修、预测检修演进，实现用最经济的方式实现可靠性维修，更好满足新型电力系统需求。

（二）履约尽责、用心服务，赢业内口碑

坚持"质量第一、信誉第一"的服务宗旨，秉承"干一个工程,树一座丰碑,交一方朋友,拓一片市场"的理念,用诚信赢得市场,在业内建立了良好的知名度、信誉度和美誉度，先后收到汉江集团小丹江公司、大唐四川分公司、四川雅安大兴水力发电公司等30余面锦旗，收到华润鸭嘴河公司、中国电建圣达公司等50余份感谢信。

（1）坚持优质服务。坚持用心服务、用心经营、用心打造，从点滴做起，以令业主满意为衡量检修效果的唯一标尺，实现检修服务"零投诉"。公司先后承揽山西万家寨水电站，新疆吉林台、察汗乌苏水电站，贵州乌江渡、光照、董菁水电站，西藏尼洋河多布水电站，国家电网将军碑水电站，华能集团雨城、小关子、铜头水电站，大唐集团川王宫、始阳水电站，华电集团泸定水电站，中国电建沙湾、安谷水电站等100余座水电站检修任务，高质量完成中广核集团脚基坪电站、阿坝太阳河水电站机电设备安装，高水平完成湖北小丹江水电站、越南班查电站增容改造，以过硬的检修质量和优质的服务水平，赢得"精益求精、检修楷模""精益检修、质量第一""业务精湛、服务一流""优质精品工程、和谐高效项目"等点赞。

（2）践行合作共赢。倡导"相互尊重、互利共赢"的合作理念，打造合作共赢共同体，多个检修项目实现二次合作，先后与四川大学、华中科技大学、大连三环、西昌电力公司、攀枝花华电工程公司、郑州水工机械公司、国电电科院成都分院等26家高校、企业、研究院签署战略合作协议。永宁河水电站投运3年首次A修，检修公司专门组织技术力量进行攻关，使计划A修变为局部处理和选择性优化改造，高质高效完成抢修改造，工期提前12天，赢得"精湛技术修设备、优质服务增友情"赞誉。贵州善泥坡1号机组检修中，公司项目部主动为业主分忧，完成标准项目外，还处理了机组推力油槽漏油、尾水锥管裂纹、主变压力释放阀渗油等重大缺陷，优质服务得到二次合作。承揽华能小关子、铜头水电站设备检修、日常维护等工作十余年，赢得"十年合作信誉高、精心检修质量好"高度评价。

（3）做到合规管理。坚持平等守信，践行"依法治企、守法从业"的法治理念和"廉洁从业、干净做事"的廉洁理念，严格遵守法律法规和公司规定，做到合规红线不触碰、合规底线不逾越。发扬契约精神，认真履行合同约定事项，避免发生延迟交付、拖欠价款等违约行为。优选遵守法律法规、信誉良好的承包商和供应商开展业务，加强对项目全过程监督，对供应商实施名单制管理，对失信行为实行惩戒。在项目选择上，从安全风险分析、成本预算预控上谨慎细致，对指标不达标的项目坚决不做。项目经营谨慎小心，坚决不碰廉洁红线，坚决不做违规事件，筑牢依法经营底线。

（三）以人为本、生命至上，筑本质安全

秉承"一切风险皆可控制，一切事故皆可避免"的安全生产理念和"绿水青山就是金山银山"的生态文明理念，坚持走安全发展、绿色发展、科学发展之路。16年来，公司累积安全作业240万工时，形成具有大渡河检修特色的安全风险管控长效机制，安全管理案例获国家电力安全生产科技成果二等奖、国家安全生产科技成果三等奖。

（1）健全安全生产诚信体系。坚持"严肃制度、严明纪律、严格管理、严谨工作、严厉考核"的安全管理要求，健全安全生产管理制度，扎实开展安全生产三年专项整治，开展安全生产标准化达标建设，建立《安全管控对标模型》和《现场管控对标模型》，建立安全生产监督岗，组织各层级岗位人员签订安全承诺书，加强安全生产诚信体系建设。确定每年4月为"平安检修月"，大力开展"安全回头看"大讨论，编制《不该发生的事件》《人本化安全》等书籍，教育引导职工居安思危、警钟长鸣。通过多年实践，形成了"责任务必到位、管理务必从严、过程务必闭环、措施务必严密、执行务必彻底"的安全管理经验，"宁听骂声，不听哭声""没有事故，不等于没有隐患""条条规程血铸成，不要再用血验证""你对违章讲人情，事故对你不留情""违章是事故的祸根，侥幸是安全的天敌"等22条安全文化理念。

（2）推行伤害预知预警活动。全面开展伤害预知预警KYT活动，把检修现场起重伤害、高处坠落、触电、机械伤害、物体打击等13类伤害纳入作业风险预警，建立一事一卡，全员共同参与，辨识危险因素，制订防范措施，手指口述确认，实现事前预防控制，切实将人的不安全行为和物的不安全状态

控制在最小范围以防事故形成。坚持把"干什么、怎么干，有什么风险、怎样防范"的理念贯穿安全管控全过程，突出隐患排查及风险管控"双预控机制"，推行现场安全管理影像曝光、现场执法记录仪，不断规范人的作业行为。

（3）坚持绿色低碳文明施工。编制《安全文明施工标准》和《设备检修作业管理标准》，推进作业标准化、规范化。在检修区域、检修设备、工作场所等所辖区域内按"NOSA"和"6S"要求进行管理和文明施工，认真贯彻"谁使用、谁负责""谁损坏、谁修复""谁污损、谁恢复"的原则，保持检修现场环境清洁。坚持"作业不损一块砖、地面不滴一滴油"，做到"三不落地"和"工完料尽场地清"，实现"安全零违章、质量零返工、工期零滞后、文明零污损、服务零投诉"。坚持"与青山绿水为伴，让青山绿水更美"，践行生态环保理念，没有发生环境保护事件。

（四）应急救援、扶危济困，显国企担当

充分发挥在水电检修领域深耕多年的优势，切实扛起为党分忧、为国尽责、为民奉献的国企责任。

（1）奔赴抢险救灾第一线。2008年汶川地震发生后，公司第一时间组织应急救援队前往凤鸣、官田、沙金3座电站参与灾后重建工作，历时半年全部恢复投产，相当于安装3座同类型电站，被誉为"检修铁军"。2013年4.20芦山地震发生后，公司迅速组织救援抢险，积极参与用电恢复、保电送电、伤员运送，得到新华社上海分社高度评价，公司荣获四川省"芦山地震抗震救灾工人先锋号"。2022年1月12日，甘孜州丹巴县关州水电站发生透水险情，公司连夜驰援，得到当地政府高度认可。

（2）助力打赢脱贫攻坚战。坚持大渡河"沿江一条路、两岸共致富"，积极参与三州地区脱贫攻坚，持续推进消费扶贫工作，积极为扶贫产品代言，乡村农产品走出大山，扩大城市销路。深度参与乡村振兴，选派一名干部到普格县红军树村担任第一书记，建成大白鹅养殖基地、产业示范园，重新规划和升级改造2所小学，启动规划4900万元农旅融合产业示范园帮扶项目，巩固拓展脱贫攻坚成果，推进乡村振兴。

（3）汇聚志愿服务"小水滴"。建立"大渡河小水滴"检修志愿队，吸纳志愿者80余名，常态化开展志愿服务活动。与黑马希望小学结对帮扶，连续13年开展爱心助学活动。组织志愿者到踏水镇敬老院、沙湾镇敬老院看望孤寡老人，乐山"5·21"特大洪灾中组织志愿服务队转移群众30余人，在大渡河沿岸周边村镇疫苗接种点开辟"爱心通道"，开展无偿献血3万余毫升，组织为灾区、疫情等捐款46万余元，以实际行动传播友爱互助正能量。

案例创造人：侯远航　李剑君

坚持诚实守信
创移民工程样板　助村民安居乐业

国能大渡河沙坪发电有限公司

一、企业简介

国能大渡河沙坪发电有限公司（以下简称沙坪公司）于2008年8月在峨边彝族自治县注册，2021年2月5日更名为国能大渡河沙坪发电有限公司，注册资本8.08亿元。公司主要经营范围包括水电项目投资、建设、运营、管理和电力生产、销售。

沙坪公司负责沙坪二级水电站的建设和运营，该项目为二等大（2）型工程，沙坪二级水电站位于四川省乐山市峨边彝族自治县和金口河区交界处，电站装机34.8万千瓦，布置6台单机容量5.8万千瓦（目前国内最大）的灯泡贯流式机组。该电站于沙坪二级水电站于2012年3月获国家发改委核准，2018年9月全部机组投产发电。沙坪二级水电站于2019年12月27日通过省政府验收委员会移民安置竣工验收，成为全省首批严格按照《四川省大中型水利水电工程移民工作条例》通过移民安置竣工验收的大型水电工程，实现了水电行业移民安置竣工验收零的突破。沙坪二级水电站生产安置、搬迁安置及专业项目处理等移民安置任务全面完成，完成移民投资2.8亿元。

二、诚信管理具体措施

（一）树立全员诚信理念

沙坪公司坚持秉承"以人为本，诚实守信"的原则，以创建具有全球竞争力的世界一流示范企业为总体目标，做好能源供应压舱石，当好能源革命排头兵，不断为社会赋能。公司坚持诚信管理，为移民安置工作奠定了坚实的基础。

（二）夯实依法治企基础

自沙坪公司成立以来，沙坪公司始终坚持遵守法律法规和社会公德、市场道德以及行业规则，维护行业发展秩序，积极履行社会义务，及时足额纳税。维护职工权益，杜绝违规违纪行为，坚持依法治企原则，加强规章制度建设，用制度确保移民安置、工程建设等活动依法合规。通过纪检监察、审计等，不断加强对干部职工、重点领域遵纪守法的持续监督，促使干部职工形成严格遵纪守法的强烈意识，构建了遵纪守法的整体局面。

（三）强化全员诚信意识

沙坪公司每年会以移民工程、电站建设等活动为载体，采用法律知识竞赛、法律顾问授课、观看电教片等方式，要求每一位员工严格按照相关规定开展移民工作，培养并树立诚信、正直的道德价值观，移民工作中要忠于职守、严于自律，诚信对同事、诚信对公司、诚信对社会。

（四）强化诚信从业监督

沙坪公司以加强诚信教育为基础，以建设诚信机制为保证，以提升诚信形象为重点，以打造诚信文化为目标，建立健全公司诚信体系。通过与各部门签订责任书的形式，沙坪公司从制度上强化了干部员工"诚实守信、廉洁从业"的理念。《党风廉政建设责任书》通过加强党风廉政责任制要求，倡导领导干部诚信管理，推进了公司党风建设和反复倡廉工作。《廉洁从业承诺书》对管理人员、重要岗位要带头履行诚信的职责做出了具体的要求，营造了和谐共赢的廉洁从业文化，为诚信移民添加了保护屏障。

（五）健全诚信体系建设

（1）内部守信管理。通过全面梳理移民难点痛点，组织学习各项规章制度，不断完善内部信用体系建设。坚持以诚信为先，严格按照规章制度开展移民工作，有效规避了法律风险，2014年12月完成了工程涉及的搬迁安置人口53户、176人和生产安置人口60人。

（2）合同规范管理。沙坪公司邀请了外部律师担任常年法律顾问，长期开展法律知识培训和法律方面咨询。沙坪公司编制了《合同管理制度》合集，明确了合同管理制度内容，以提高公司经济效益，维护公司合法权益，规避合同法律风险为目的。各环节具体操作流程、负责部门和规范均在《合同管理制度汇编》中做了明确规定，从制度上确保了合同管理的规范性。

（3）风险防控管理。沙坪公司全面加强风险管控，专业部门负责对公司经营风险进行全面管理，按照"事前防范为主，事中控制为补，事后监督为辅"的主导思路。每季度上报季度风险报告，形成了"收集风险信息→汇总整理评级→分级采取措施→监督执行检查"的闭环工作形式，建立了风险分级管理模式，强化了移民工作过程监督和风险防范。

（4）信用评估考核。公司建立了信用评估考核制度，并积极完善。针对委托方、供应商等进行季度评估标准与年度评估，根据评定结果，对照合同条款和实际工作情况，建立长效合作机制。

（六）强化职工诚信修养

沙坪公司为加强员工管理，规范员工行为，提高员工素质。要求员工应当遵守员工行为守则，认真履行岗位职责。在岗位说明书中，明确了对员工道德修养和专业胜任能力的要求，通过员工培训和继续教育来提高素质，组织学习集团公司《员工诚信合规手册》，作为规范员工行为准则的指南，为员工所必知。

（七）全面抓实企业诚信

（1）客户服务及关系管理。沙坪公司通过机构设置、制度建设、系统管理、合同执行等来维护合同方的关系，确保工作质量。在机构设置方面，生产技术处负责物资采购和合同管理，综合（党群）办负责合规性管理。在制度建设方面，针对工作流程，沙坪公司制定了《部门工作清册》《重点工作任务分解》等相关规定。在系统管理方面，沙坪公司通过ERP系统、采购监管系统、供应商门户系统等统建系统，实现了对合同流程系统化管理和监督。

（2）完善法人治理结构。沙坪公司严格遵守相关法律法规，不断健全法人治理体制，不断激发企业活力，为维护公司的合法权益，修订了《公司章程》。在大渡河公司指导下完善了经理层任期制和契约化管理机制，有效发挥了经理层"谋经营、抓落实、强管理"的作用。全面完成了工商、产权、合同等 49 项公司更名工作，变更了法定代表人。沙坪公司党建、纪检、团青工作重组后，修订了《"三重一大"实施细则》《决策事项清单》以及相关议事规则，规范了决策流程，强化了规范管理。

（3）强化廉洁从业意识。沙坪公司形成了用制度规范行为、按制度办事、靠制度管人的良好局面，有效防止决策失误、权力失控和行为失范等问题发生。同时，公司将治理违规违纪纳入《党风廉政建设工作目标责任书》和《廉洁从业承诺书》，进行每年度的管理目标责任考核，通过纪检监察加强对生产经营管理和对外业务等活动的监督检查，有效防止了违规违纪等行为发生。

（4）维护职工权益，创建和谐劳动关系。沙坪公司建立了职工大会制度，实施以职工大会为主，以公司网站、企业信箱等为辅，全力做好厂务公开民主管理和维权保障工作。组织职工参与企业民主决策和民主监督，通过组织开展劳模和困难职工慰问、岗位练兵、先进评选表彰以及职工队伍职业素养和职业道德教育等工作，建立了和谐的劳动关系，维护了职工合法权益和职工队伍的稳定。

（5）环境资源保护，彰显央企社会责任。沙坪公司高度重视节能减排工作，坚持节能环保，建设资源节约型和环境友好型电站，将节能减排工作纳入了年度工作中。由公司领导牵头成立安全环保领导小组，负责全面管理公司的安全环保工作。

（八）履行央企社会责任

（1）乡村振兴。沙坪公司在自身发展的同时，积极回馈社会，履行社会责任。自 2015 年起启动峨边县新场乡庞沟村对口帮扶工作，4 年多来沙坪公司围绕"资助一些特困户，共圆一批学子梦，建设一条产业路，升级一个村经济"的"四个一"帮扶目标，坚持发挥好央企优势，派驻优秀干部，在庞沟村支部共建、基础设施建设、集体经济发展、教育医疗帮扶、精准因户施策、树立文明新风等多方面给予全力支持，助力定点扶贫村庞沟村 2018 年实现了整村脱贫退出，助力峨边彝族自治县 2019 年实现了脱贫摘帽。扶贫工作得到了地方政府高度评价，彰显了央企良好形象，分别荣获了四川省"社会扶贫突出贡献奖"、集团公司"脱贫攻坚先进集体"、乐山市"扶贫先进单位"荣誉称号。

（2）爱心帮扶。沙坪公司建立爱心帮扶小分队，对留守儿童开展一对一补课。配合峨边政府成功应对大大小小自然灾害 30 余次，得到了峨边县的高度认可。组织全体职工积极开展公益捐赠，履行社会责任。

沙坪公司多措并举确保了移民工作顺利通过验收，彰显了央企的诚信。经四川省移民主管部门认定，沙坪二级水电站在移民安置中创造了四川省水电工程移民验收的"五个第一，一个样板"，即全省第一个移民投资控制在可研概算内的水电项目，全省第一批完成移民安置竣工验收的大型水电项目，全省电站机组全投后完成竣工验收速度最快的水电项目，全省第一个创新开展临时用地复垦方式节约社会资源的水电项目，全省第一个在工程建设期内取得建设用地使用证的水电项目，全省移民安置竣工验收的样板。

沙坪二级电站建设搬迁移民 175 人，征收各类土地 2474 亩，临时占用各类土地 1261 亩。2012 年 3 月项目核准后，该电站正式启动建设征地、移民安置工作，创新开展"法治工区"建设等举措，历时八年高标准完成所有移民安置任务，实现了全过程手续办理合法合规。在全省乃至全国大中型水电站中，不断推广移民安置竣工验收的方法和成果，进一步发挥了四川在水电建设方面的优势，推进企地互利共赢，为偏远落实地方资源开发、深度乡村振兴提供可借鉴经验。

案例创造人：汪文元

坚持诚信经营理念　创建一流示范企业

国能哈尔滨热电有限公司

一、企业简介

国能哈尔滨热电有限公司一直以来都高度重视诚信合规，倡导所有员工严格遵守国家的法律法规，恪守诚信经营、公平竞争的商业道德和准则；致力于构建完备、高效的合规管理体系，将诚信合规准则融入企业生产运营各个领域、各个环节，做到合规红线不触碰、合规底线不逾越，努力提升"制度立纲、契约立信、合规立身"的意识和能力，扎实建设一流热电示范企业。

公司成立于2008年8月11日，是国家能源集团黑龙江电力有限公司（以下简称黑龙江公司）的全资子公司，是国家级新区的核心主热源。现有两台350MW超临界供热机组，分别于2013年12月27日、2014年5月30日投产运行。投产以来，该公司各项环保指标均处于行业领先水平的优良业绩，连续多年在年度绩效考核中获得"A级"企业称号，被中国电力协会评为"第七届全国电力行业设备管理工作先进单位"；被国家能源投资集团有限责任公司（以下简称集团公司）评为"社会主义是干出来的岗位建功先进集体""先进基层党组织""安全环保一级企业""首届文明单位"等，并获得省级文明单位标兵等荣誉。尤其是2021年，在集团公司、黑龙江公司的坚强领导下，该公司各战线稳步发展，圆满完成年度各项任务目标，保持投产后连续八年盈利，利润总额完成13087万元，在同类型企业中处于行业前列，再创历史新高，被黑龙江公司评为唯一一家A级企业、授予"2021年度考核先进单位""建功杯"劳动竞赛安全生产先进集体等荣誉。

二、诚信经营理念

公司坚持以习近平新时代中国特色社会主义思想为指导，认真贯彻落实集团公司"一个目标、三型五化、七个一流"发展战略，确立"为社会赋能，为经济助力"的公司宗旨，秉持"绿色发展，追求卓越"的核心价值观，坚持稳健发展，深化企业改革，推动低碳转型，履行社会责任，努力建设具有一流热电示范企业。严格执行集团公司《诚信合规手册》，公司和员工都始终坚持"诚信至上，守约为本"的理念，强化诚信意识，恪守契约精神，遵守合规管理要求和基本行为准则，依法合规履行职责，推动企业合规管理体系高效运行，促进企业健康可持续发展。

三、体系建设与制度保障

公司积极履行推进法治建设第一责任人职责，完善法律风险防范机制，保证重大决策的法律咨询和审核，有效防范重大法律风险。合同法律审核率100%，实现法律管理与经营管理的深度整合。明确了依法合规、诚信守约、忠诚敬业的诚信合规基本要求；围绕6大合规重点领域，规定了公司和员工应遵守的 26 项合规管控要求和 49 项行为准则，基本涵盖了公司及全体员工在生产、经营、管理活动中应遵守的合规管理基本行为规范，涵盖了境内外合规监管的核心要求，对于推动深入学习贯彻习近平法治思想，加快建设治理完善、经营合规、管理规范、守法诚信的"法治哈热公司"，保障"一个目标、三型五化、七个一流"战略全面落地具有重要意义。2021 年，共修订制度 336 个。

四、社会责任与实践成效

（一）诚信管理

公司深入贯彻党的十九大和十九届历次全会精神和习近平总书记系列重要讲话精神，广泛组织开展诚信建设主题教育实践活动，大力培育和践行社会主义核心价值观，推进诚信建设制度化、规范化，着力营造讲诚实、守信用的良好氛围，切实增强公司的诚信意识，重点提升各部门履职诚信、合同诚信、干部职工社会诚信，强化企业责任意识、诚信意识。通过电子大屏、文化长廊宣传、公司微信群、QQ 群、公司网页等开展诚信宣传教育活动，大力倡导诚信道德规范，弘扬中华民族积极向善、诚实守信的传统文化。通过道德讲堂、发放倡议书等多种形式，开展诚信宣传教育活动。引导干部职工树立诚信意识，在单位做诚信职工，在社会做诚信市民，在家庭做诚信成员，营造"守信光荣、失信可耻"的良好氛围，形成人人讲诚信、事事做诚信的工作生活环境。

（二）质量诚信

公司秉持"一切风险皆可控制，一切事故皆可避免"的安全生产理念和"绿水青山就是金山银山"的生态文明理念，坚持走安全发展、绿色发展、科学发展之路。始终把安全生产放在首要位置，强化风险源头防控和过程控制，定期组织教育培训和应急演练，不断提升安全生产管控水平。全体员工严格履行安全生产职责，主动学习并掌握相关法律法规和公司规章制度、操作规程，充分了解作业场所和岗位所涉的危险因素和防控技能，按规定穿戴工装和劳保护具，不违章指挥、不违章作业和违反劳动纪律。该公司深知加强承包商与供应商管理，对企业实现安全环保和质量管理目标至关重要。该公司优选遵守法律法规、信誉良好的承包商和供应商开展业务，根据合同约定为承包商提供必要的安全培训和劳动保护；加强对承包商、供应商的全过程监管，并对供应商实施名单制管理，对供应商失信行为实行联合惩戒。

公司持续提升质量，严格遵守相关产品质量方面的法律法规，持续完善产品和服务质量管理体系，不断巩固和提升管理效能；全体员工严格执行各项工作要求和规范，加强全过程质量管控，努力为客户提供安全优质的电力、热力产品和满意高效的服务。截至 2021 年年末，实现安全生产 2926 天，机组全年零非停，未发生人身、设备等不安全事件，未发生造成不良社会影响的供热事件，圆满实现年度安全目标。全年完成发电量 34.42 亿千瓦时，同比增加 4.17 亿千瓦时，创历史最高纪录，机组负荷率在黑龙江区域同类型机组全年排名第一；积极开展区域对标工作，机组供电煤耗与标杆单位同比缩小 19.29 克/千瓦时，机组能耗水平进一步降低，2 号机组荣获 2020 年度中电联大机组竞赛 350MW 等级三等奖，1 号机组排名 21 位，创历史最好成绩。

（三）服务诚信

公司始终以打造区域内的优质供热品牌为宗旨，树立优质供热品牌，探索和打造智慧供热。热力分公司多措并举打造诚信经营标杆企业，坚持贯彻新发展理念、构建新发展格局，通过全力打造"暖万家"服务品牌，树立"用心服务情暖万家"服务理念，落实好"辛苦我一个温暖千万家"服务宗旨，凝聚起内化于心的强大精神合力,塑造好外化于行的统一规范,奋力打造"同城同质同服务"供热新格局。在哈尔滨市 2020—2021 年度供热企业质量服务考核 62 家参评企业中排名第 4,市长热线投诉率全市最低。

（1）打造供热标准化服务,热力分公司设置一处收费大厅和一个便民收费所,方便市民就近办理供热业务；服务热线 24 小时畅通,受理入网申请、用热咨询、热费缴纳咨询、供热投诉等多项业务。同时,对收费大厅功能设置、人员配置进行统一规划,建立标准化服务体系,编制标准化管理文件,制定了《退费管理制度》《终止用热管理制度》《供热面积复核管理制度》《违约金谈判管理制度》等制度,完善《供热标准化服务规范手册》,用制度规范管理,用管理提高效益。

（2）完善智能化服务端口,热力分公司全方位利用微信公众号、POS 机、支付宝、自助缴费终端、浦发银行客户端优惠等多种方式拓展缴费渠道,使缴费更加的便捷,打造"一键报修""一键咨询""一键缴费"业务办理体系。目前,用热申请、在线缴费、电子发票开具等十余项业务。

（3）畅通问题反映渠道,多种形式搭建沟通桥梁,做到"供热有温度、服务有态度"。热力公司承担着平房区 13 个社区供热任务。近些年来,该公司以"服务"为抓手,积极推行"三优一创"党建服务工程,不断提升企业服务水平。开展与社区共建,更好地了解和掌握社区及居民对公司供热情况反馈,发挥双方优势,更好地服务广大用暖户,共同解决居民供热问题,切实将民生工作落到实处,凝聚目标,加大融合度,为群众多办实事,多解决实际问题,加强用户对供热工作的理解,进一步提升公司服务用户的水平,扎扎实实把共建联点工作做得更好,向供热标准化服务全覆盖大跨步迈进。

（四）环境诚信

公司担负着"能源供应压舱石,能源革命排头兵"的使命,注重与政府的沟通与合作,与政府保持及时、坦诚、主动的沟通和交流,合法、正当地反映诉求。与平房区建安社区卫生服务中心、平房区公安分局等政府机构建立了良好对口服务机制,入厂为公司员工开展核酸检测 30 余次。最大限度地保障了公司员工的生命健康,实现零感染,为公司安全生产、抢发电量提供有力保障,在稳定能源供应、保障能源安全等方面切实履行社会责任；该公司积极支持社区公益事业,积极开展社区交流和共建,避免侵犯社区与公众的合法权益；鼓励并支持员工积极参与社区公益和志愿活动。开展扶贫济困、救助灾害、医疗卫生、助教助学、环境保护等社会公益活动,促进社会和谐与发展,努力为社区和社会发展贡献力量。

公司积极履行环保义务、承担环保责任,追求生产经营与环境保护的协调发展；大力发展清洁可再生能源,围绕"碳达峰、碳中和"目标,推进低碳转型。在项目建设过程中,严格落实污染防治设施与主体工程同设计、同施工、同投产,并按规定开展环境影响评价。在生产运行过程中,按照法律法规和行业标准做好水土保持、生态恢复,以及废水、废气、废物的排放管理,助力打赢蓝天碧水净土保卫战。积极开发热负荷建设,热网供热半径 8.22 公里,注水管线最远距离达到 14.29 公里。热网集控中心采用无线传输技术,集控远程监控,实现 29 个换热站无人看守的现代化管理模式,达到热网运行更稳定、高效、节能。仅转供的 859.42 万负荷实施一项,就为平房区域内减少了 28 个小烟囱（目前已停止运行 17 个）、关闭了 59 个小锅炉（目前停止运行 35 个）,停止锅炉容量已接近 458MW,真正为平房区域内的天更蓝、水更清、空气更新鲜贡献了国企重要的社会力量,社会环保效应意义重大。

（五）和谐劳动关系

公司深知员工是企业的宝贵资源和财富,是推动落实集团公司"一个目标、三型五化、七个一流"总体发展战略,创建世界一流示范企业的人才保障。该公司尊重和维护员工权益,努力实现员工个人价值与企业价值的共同提升，建设和谐幸福企业。2021年，职工薪酬大幅提升再上新台阶。

公司依法雇佣员工，严格遵守劳动法律法规，建立和完善劳动用工制度，遵循合法、公平、自愿、协商一致、诚实信用原则，与劳动者订立、履行、变更、解除或终止劳动合同。平等对待员工，积极为员工提供平等的机会，在招聘录用、薪酬福利、职业发展、奖励惩处等方面，不因种族、民族、国籍、性别、年龄、宗教等原因歧视员工。该公司保障员工权益，尊重和关爱员工，切实维护员工合法权益，严格依照相关规定支付员工薪酬，依法保障员工参加社会保险和享有休息休假的权利。不断优化民主管理、民主监督机制，制定直接涉及员工切身利益的规章制度或决定重大事项时，履行民主程序，充分听取员工的意见和建议，保障其合法权益。注重构建科学、合理、有效的培训体系和人才开发机制，促进其终身学习与全面发展，积极拓展成才成长通道，实现员工与公司共同成长，助力员工发展。该公司创造良好工作环境，保持良好的工作秩序。该公司注重保障工作安全，努力为员工创造并与员工共同维护安全、健康、舒适的工作环境，按职业健康规定在生产作业场所提供或配备劳保护具。该公司尊重员工隐私，以依法合规的方式收集、储存、使用员工个人信息，并保障信息安全。员工之间相互尊重个人隐私，不传播他人隐私。

（六）供应链关系

公司恪守商业道德，依法合规参与市场竞争，致力于与商业伙伴建立相互尊重、互利共赢的良好合作关系。

公司高度关注商业伙伴的诚信程度，积极开展商业伙伴尽职调查，严格审查其资质和诚信合规表现，优选资质完备、信誉良好的商业伙伴，并密切关注商业伙伴的资信状况变化。本着"平等协商，互利共赢"原则，该公司公平公正地对待各类供应商、服务商、承包商、客户和合作伙伴，坚持平等协商，不滥用优势地位，不以不正当方式损害商业伙伴利益，努力实现彼此互利共赢。该公司重信用，信守承诺，避免拖欠价款等违约行为；按照约定正确行使合同权利、严格履行合同义务，并督促商业伙伴依法依约履行合同，建立良好的商业伙伴关系。该公司遵守贸易管制相关法律法规、反洗钱法律法规和反垄断法律法规，无商业贿赂和腐败行为，无不正当竞争和违规采购，坚持以高品质电力、热力产品和高质量服务取胜。各级经营管理人员积极营造诚信合规的氛围，带头守法合规，发挥表率作用，指导和监督下属员工遵守《诚信合规手册》各项规定，定期与员工就诚信合规表现进行沟通和交流，正确对待来自员工的意见和建议。

公司将诚信合规理念融入企业生产、经营、管理活动全过程，严格遵守法律法规及监管要求，守牢法律法规红线、底线，在竞争中确保立于不败之地。

案例创造人：矫明宇　范亚杰　范滋丽　逄增荣　王丽艳　王丽苹

诚信至善　厚德行远
用信用建设凝聚企业发展强大动力

内蒙古电力（集团）有限责任公司阿拉善供电分公司

一、企业简介

阿拉善供电公司 2000 年划归内蒙古电力集团管理，资产总额 29.02 亿元，担负着内蒙古自治区阿拉善盟全盟 27 万平方公里范围内 25 万城乡居民的生产生活供电任务。2021 年，阿拉善供电公司供电可靠性 99.926%，电压合格率 99.547%，售电量 84.81 亿千瓦时，营业收入 31.77 亿元，内部利润实现 1.4 亿元，连续三年保持盈利。现有职工 1400 余人，拥有 35 千伏及以上变电站 88 座，输电线路 142 回，总长度 6472 千米。阿拉善地区电网已形成以吉兰泰、定远营 500 千伏变电站为核心的南北网分区运行，以雅布赖、阿拉腾敖包等 12 座 220 千伏变电站为辐射的"两横一纵"500 千伏主网架结构的坚强电网。

长期以来，阿拉善供电公司认真坚持内蒙古电力集团依法、诚信、规范、透明的运营原则，持续树立"依法治企、诚信经营"的价值观，将加强企业信用体系建设作为提升企业经营管理水平的重要途径，不断完善信用管理相关企业标准，深入推进信用体系建设，不断提高从业人员诚信意识，为企业健康持续发展营造良好的信用环境，连续获评"A 级纳税人""全国市场质量信用用户满意 AA 级企业"等荣誉称号。

二、企业诚信管理理念及信用建设主要做法

（一）突出培育和践行，树立"诚信至善、厚德行远"经营理念

阿拉善供电公司将诚信视为企业健康发展的生命线和核心竞争力，持续全面建设电网坚强、治理科学、管理精益、服务卓越、诚信合规的典范地市供电企业。一是认真贯彻国家信用体系建设相关要求及能源行业信用工作部署，秉持"诚信至善、厚德行远"的理念，依法治企、诚信经营，多举措开展信用体系建设工作，将信用体系建设与业务管理紧密融合，引导干部职工崇尚诚信、珍视信用，深入挖掘在诚信企业建设过程中典型事迹和做法，营造诚信氛围，促进诚信意识落地生根，全面提升企业信用管理水平。二是坚持底线思维、增强忧患意识，围绕重点业务、关键环节和重要岗位，梳理、识别各业务重大风险框架和合规风险点，编制特定岗位合规承诺，降低内部沟通成本，落实全员合规守信管理要求，通过加强事前信用风险评估和合规性审查，事中落实好信用风险防控措施，事后强化监督评价，实施全过程信用风险管控和合规监督，有效落实投资管理、物资采购、营销业扩管理、资金管理、工程建设等重点领域、关键环节信用管理要求，不断优化营商环境，切实防范各类失信风险隐患，助力企业运营良性发展。

（二）加强制度保障，建立信用管理"三道防线"

阿拉善供电公司持续加强诚信合规组织体系建设，设立信用风险管理委员会，建立信用风险内控合规一体化管理的组织架构，建立分工明确、相互协同的诚信合规管理"三道防线"。第一道防线是业务部门，结合国家、地方和集团公司有关信用管理要求，完善本专业相关管理标准和规范文件，开展专业失信风险评估及监测预警，研究确定信用风险管理策略；通过健全完善规章制度，持续优化内控措施，规范业务行为。第二道防线是信用管理职能部门以及为第一道防线提供支持的部门，负责信用管理体系的顶层设计，实施差异化管理，归口管理风险、流程、制度、授权、岗位等事项，为业务部门提供信用风险管理技术支持和补充。第三道防线是审计、纪委监察等内部监督部门，负责对信用体系建设和实施进行监督检查，准确揭示信用风险隐患和内控缺陷，推动问题整改，促进管理体系不断优化。

（三）健全信用合规管理一体化运行机制

一是全面推进企业信用风险评估。遵循"全员参与、全程管控"的原则，阿拉善供电公司采用统筹安排、纵向收集识别、横向整合分析、综合研判评定的方式，统一组织开展信用风险评估，制定信用风险管理策略及应对措施，及时收集失信风险信息，做好预判预防，动态跟踪变化情况，有针对性地开展信用风险防控。二是统筹开展联防联控。强化"网格化"管控，建立健全"定时采集、集中报送、统一发布"的信用管理工作机制，畅通专业间信息及时收集、快速处理和高效传递渠道，及时归集整合"信用中国""信用能源"等平台信用信息，建立公司信用记录档案，实现企业信用记录常态化自主检测全覆盖，防止信用管理与业务管理"两张皮"。三是协同开展多层次监督评价。以规范流程、消除盲区、有效运行为目标，结合业务特点，围绕财税资金管理、施工许可、招标采购等信用问题多发、频发领域开展自评价，找差距、补短板，促进管理水平提升。同时加强审计、财务、法律、纪检、监察等协同监督体系建设，共享问题线索，建立问题台账，落实整改销号，定期开展整改问题"回头看"，以整改促建设，持续优化完善信用体系设计、强化制度规范执行，确保依法合规经营，防范各类信用风险，实现信用管理体系迭代升级。

（四）进一步强化重点领域诚信经营管控

阿拉善供电公司在树立诚信经营理念、建立健全企业信用管理体制机制的基础上，进一步强化重点领域诚信经营管控。一是全面梳理完善合同管理、采购管理、供应商不良行为管理及优质服务履约守诺等重点工作领域和环节中信用制度，积极应用电力行业公共信用综合评价季度分析报告、能源行业失信联合惩戒对象分析报告等内容，编制企业信用风险点防范台账，持续加强安全生产、健康环保、合同履约等方面潜在问题和隐患排查，有效防范和降低信用风险。二是持续深化"三零三省"优质供电服务，坚持"人民电业为人民"的初心和使命，围绕"简化办电流程、压缩办电时间、降低接电成本"的目标诚信经营，落实居民和低压小微企业用电"零上门、零审批、零投资"、高压客户用电"省力、省时、省钱"承诺，从用电客户的视角出发，全面提升供电保障能力，积极推广"互联网+"线上办电和客户经理主动上门服务模式，持续增强市场主体和人民群众的"电力获得感和幸福感"。三是强化施工许可、生产及消防安全管控。严格按照核准文件开展工程建设和工程项目资料检查，严格落实分包商经营范围、行业资质审查要求，加强与属地住建、城管、林业等政府监管部门沟通，避免发生工程建设领域失信行为；严格落实企业安全生产管理相关制度，经常性开展生产安全检查和通报，避免因发生安全生产事故被纳入失信黑名单情况发生。严格落实消防安全责任，采取消防专项检查和日常检查的方式，全面排查消防隐患和督促整改落实。四是强化合同履约、劳动用工、财务税务方面管控。加强合同订立、履约环节审查力度，建立违约应急处置机制；加强劳动人事用工管理，保护劳动者合法权益，构建和谐稳定的劳动用工关系；定期组织开展企业财务税务自查，全面评估企业涉税风险，确保财税问题及时发现及时整改。

（五）积极履行国企社会责任，服务地方社会经济发展

阿拉善供电公司作为身处关系国家安全和国民经济健康发展重要领域的国有企业，时刻关注民生问题，落实脱贫攻坚、助理乡村振兴，在全面建成小康社会的路上，坚持以人为本、践行诚信美德，让员工在工作中收获幸福，让社会在进步中满载温暖。一是积极落实内蒙古自治区关于偏远农牧区用电升级计划，主动对接政府开展新能源规划工作，大力推动巴彦浩特镇等6个地区农牧户新能源转网电项目落地，完成阿拉善右旗等4个地区"煤改电"用户配套电网改造工作，不断提升农牧户生产生活质量和幸福指数。二是全力做好能耗双控、电力保障及有序用电，推进配电带电作业资源集约化管理，2021年阿拉善供电公司共开展带电作业219次，减少停电户数30718户，完成配电自动化终端接入1369台，不断提高配电网健康水平，供电可靠性进一步提高。三是积极改善职工办公生活条件，大力推进职工宿舍楼、洗衣房等项目建设，组织单身联谊及走访慰问活动20余次，实施"健康阿电工程五步走"计划，职工群众的"操心事""烦心事"逐步得到解决，幸福感、获得感日益提升。四是持续号召基层党组织、党员到社区开展志愿服务活动，调动73支党员志愿服务队、800余名志愿者参与新时代文明实践活动160余次，9000余名群众受益。特别是2021年10月额济纳旗疫情突袭后，组织全体职工捐款29万元，出动500余人次配合政府和防疫部门开展联防联控工作，为全盟156个重点场所提供电力保障，聚力实现防控目标。

三、信用管理实践成效显著

一直以来，阿拉善供电公司依法治企、诚信经营，聚焦诚信文化建设、制度建设，加强企业信用风险防范，努力打造诚信经营标杆企业，取得了显著成绩。

（一）企业信用管理能力得到提升

通过搭建合规信用一体化管理体系，阿拉善供电公司实现了信用风险防范工作由"亡羊补牢"到"事前、事中、事后"全过程管控的转变，通过事前开展信用风险评估和合规审查，将企业面临的失信风险提前消除；事中对信用风险实时评估和动态监测，提前落实好防控措施；事后对失信行为进行惩戒和修复，使企业保持良好信用记录，不断推动企业信用管理能力提升。

（二）企业减少失信经济损失

阿拉善供电公司严守企业信用管理的"三道防线"，协同开展多层次监督考核评价，注重失信行为惩戒，落实主体责任，促进企业合规经营能力提升，法律诉讼案件、违规失信事件等逐步减少，进一步保障了企业生产经营活动的稳定有序，进而大幅减少企业遭受不必要的经济损失。

（三）树立"诚信阿电"良好企业形象

通过大力开展信用合规体系一体化建设，践行"诚信至善，厚德行远"经营理念，逐步将"诚信合规"融入企业文化，将信用建设渗透到企业各业务领域，保障客户服务质量，提升客户满意度，降低客户维护成本，树立"诚信阿电"良好企业形象，加强了与用电客户的关系纽带，建立了良好的社会信誉。

案例创造人：石广　刘旭涛　张智刚　方建锴

秉承"诚信、品牌、服务、创新"的理念助力公司高质量发展

深圳市中金岭南有色金属股份有限公司韶关冶炼厂

一、企业简介

深圳市中金岭南有色金属股份有限公司韶关冶炼厂（以下简称工厂）是我国首家采用ISP工艺专利技术的大型铅锌冶炼企业，是中国南方最大的铅锌生产基地。

工厂生产铅锭、锌及锌系列合金等多种产品，注册商标为"南华牌"。工厂有完善的技术标准体系，严格按照国家标准组织生产。主产品质量达到国际先进水平，在伦敦金属交易所（LME）和上海期货交易所注册交易，铅锌产品居国内同行业品牌前列。

工厂坚持践行技术创新、管理创新，取得了质量、环境、职业健康安全与能源管理体系"四标一体化"认证及IATF16949汽车质量管理体系认证。目前，工厂按照"绿水青山就是金山银山"的要求，积极创建资源节约型和环境友好型企业，全力推进"厂区变园区、产区变城区"工作，努力打造成为有色金属新型功能材料制造基地，实现可持续高质量高效益绿色发展。

二、企业诚信建设和信用体系建设实践案例

（一）诚信经营理念

工厂坚持以市场为导向，始终把诚信经营视作企业发展的生命线，秉承"诚信、品牌、服务、创新"的理念，从矿源采购开始狠抓产品质量、环境保护、风险控制等各方面，通过严格的诚信管理对生产经营实行全过程管控，采用科学的手段和先进的方法不断提升质量、服务、环境、员工、供应链等各个环节。随着企业的稳步发展，不仅诚信理念融会贯通到各项工作之中，而且随着品牌优势形成良好的诚信经营氛围。

一直以来，工厂致力于贯彻诚信理念，把经营水平推向更高的层次，竭诚为顾客提供优质的产品和服务、为周边社区承担应尽的社会责任，实现企业全面升级。工厂坚信唯有诚信，方能建成百年老店，至诚至信是工厂始终不渝的信念。

（二）决策部署

工厂始终坚持以职工为中心，服务社会，提出"以人为本，强化管理，通过不断的技术创新，依靠低成本的原料优势，培育高水平的技术控制优势，铸就高质量的诚信品牌优势"战略。工厂第一生产系统将打造成为高端装备制造基地，努力发展机械加工制造产业；充分利用第二生产系统现有的工业场地、装备设施、工艺技术，对标日本八户冶炼厂等国际先进企业，就地转型升级扩大锌合金深加工产业优势，实现年产20万吨锌合金的产业规模，做大优势产能；利用环保和ISP综合回收技术优势，

提升金、银、铜等有价金属的回收力度，做强综合回收；通过ISP工艺和环保升级改造，充分利用来自于社会上的二次物料，实现城市矿产资源化、无害化，做好循环经济产业。

（三）体系建设

工厂通过加强诚信宣传教育、熏陶职工诚信意识、提高经营诚信水平，构建"诚实守信"的企业文化，建立诚信管理制度，使诚信建设规范化；将严格遵守内部文件制度、合同订单作为诚信的具体表现形式，潜移默化每一位员工的诚信意识；建立起诚信奖惩制度，根据职工的诚信行为，给予适当奖励，违者则给予必要处罚，不姑息迁就。

同时加强监督工作，在内部建立自上而下的诚信监管体系，通过年度《经济责任制考核方案》《关键绩效指标（KPI）考核方案》以及各专业线考核细则，把经营目标全方位地分解，层层落实生产经营责任，做到环环相扣、分工明确、责任到位，形成经营诚信责任链，保证诚信体系的运行。

（四）制度保障

为规范工厂信用管理工作，营造诚信经营环境，促进健康发展，工厂制定了《韶关冶炼厂诚信管理制度》。制度规定，管理人员及职工做到个人信用良好，树立以人为本的诚信理念；加强员工诚信宣贯教育；重视工厂信誉，不与明知资信不良的供应商合作；铅锌产品无侵权假冒、不合格品及违反国家法规要求；营销合同符合法律法规的规定，做到平等互利；生产过程严格按照作业指导书和技术指标要求进行生产；兑现工厂质量承诺，保证铅锌产品质量稳定，为顾客提供放心产品；准时交付铅锌产品和服务，完善售后服务；严格执行劳动用工制度，按时交纳各类保险，不拖欠员工薪资；严谨财务会计统计，做到填报真实、计算准确，不弄虚作假；及时按月缴纳税款，积极配合税务部门依法核纳，无偷、逃、欠税等违法违规行为等。

此外，工厂制定有《会计机构内部牵制管理制度》《合同管理制度》《内部督查管理制度》等，从各个角度和层面对诚信经营进行了规定。

（五）社会责任

工厂始终有效履行各项社会责任，在抓紧抓实"厂区变园区、产区变城区"规划实施的同时，热心公益事业，努力回馈社会。如：全力做好贫困村对口帮扶，通过内引外联投入资金208万元，主导产业高端蝴蝶兰首次出口到越南和韩国，帮扶考核连续四年优秀，对口帮扶的东岗岭村顺利完成脱贫攻坚任务；全力做好扶贫济困日活动，通过广东省扶贫济困日"6·30"慈善捐款100万元，用于贫困村、户精准扶贫项目；全力做好退休人员社会化管理移交工作，严格按照政府要求，按时完成3310名退休人员的移交工作，维护社会大局和谐稳定等等。

工厂的国企担当得到了上级政府的肯定，省委书记李希等领导亲自来厂慰问并指导，领导重视与关爱鼓舞了工厂员工士气，促进了社会和企业和谐进步与发展。

（六）实践成效

工厂连续多年获最高的质量信用等级——"AAA+级中国质量信用企业"证书；曾被中国质量管理协会用户委员会评为"全国用户满意企业"；被广东省工商行政管理局评为首批"连续十年重合同守信用企业"；"南华"牌系列产品获得权威机构的五星级品牌认证；近年来韶关市政府发布了诚信"红黑榜"，向社会集中公示诚实守信企业"红榜"和失信企业"黑榜"，其中，工厂名列"红榜"名单中；此外，工厂曾多次获"纳税信用等级A级企业"称号。

经过多年来的诚信经营，工厂在"国家企业信用信息公示系统"中，从未被列入"违法失信企业名单（黑名单）"；在"中国执行信息公开网"中，从未列入"失信被执行人名单"；在"信用中国"中，"失信惩戒数"为零等等。工厂曾获得"国家质量奖金质奖""国家免检产品""有色金属产品实物质量金杯奖""用户最喜爱的 20 家白银品牌""广东省名牌产品""韶关市特级信用企业""韶关市'重合同守信用'单位""韶关市产品质量可靠企业""韶关市制造业品质领跑者认定企业"等荣誉。同时，工厂是"2020 中国企业信用 500 强"榜单中位列第 395 位的中金岭南的主要子公司之一，诚信实践硕果累累。

（七）诚信管理

为了更好地回馈顾客和社会，工厂加强内部诚信文化建设，致力于做好企业诚信管理，形成良好的内部诚信氛围。

（1）强化管理人员的诚信表率作用，工厂中高层管理人员首先率先垂范、身体力行，在生产经营过程中做出的承诺和制定的工作目标，做到"言必信、行必果"，在无形中影响其他员工的行为，使工厂的诚信文化逐步建立起来。

（2）加强工厂诚信文化建设，在日常生产经营活动中，工厂各部门、各层级人员将"经营讲诚信、履约守信誉"的文化定格在工作规划中、渗透于管理实践上、延伸到全员行动里，使其深植人心。

（3）树立起全员诚信意识，工厂把诚信与企业发展、经营效益结合起来，通过宣传、教育等手段，将诚信服务职工、诚信服务工厂、诚信服务顾客、诚信服务社会的意识灌输给每个人，形成"守信光荣，失信可耻"的诚信文化氛围。

（4）健全诚信管理机制，工厂建立由法律事务、合同管理、纪律检查等组成的诚信管理部门，使诚信管理工作既有专人负责，又能够有效协调各部门在诚信管理中的工作，并及时地检查和评估工厂诚信的实施情况，从而不断地提高诚信管理水平等。

（八）质量诚信

工厂多年来坚持以高水平的工艺控制和诚实守信的经营战略，打造质量品牌，"南华"牌铅锌系列产品以其表面质量好、杂质含量低等优势，受到高品质汽车蓄电池和汽车板生产商的青睐，成为宝武钢铁、JFE 等国内知名企业的战略合作伙伴，在华南、华东地区保持良好的产品溢价优势，是铅锌市场的指标性价格产品；"南华"牌是伦敦金属交易所（LME）和伦敦金银市场协会（LBMA）的长期注册品牌，有着极高的国际品牌辨识度；主产品铅锭、锌锭历年在国家监督检验合格率一直保持 100%，是"国家监督检测质量过硬产品"。质量诚信巩固了工厂品牌成果，成为宝贵的无形资产，为企业带来良好的品牌效应，在国内外客户中营造了优质形象。工厂凭借较强的信用优势赢得了客户、经销商及社会的信赖和尊重，同时也为加强社会信用建设，倡导企业诚信守约，营造诚信为本、操守为重的良好氛围做出了表率。

（九）服务诚信

工厂以"有限资源创造无限价值"的使命，秉承顾客至上、合作共赢的经营理念，始终关注顾客的需求和期望，做好产品售后服务。制定了《顾客服务管理制度》《质量异议处理管理制度》等完善的产品售后制度，明确了售后服务的责任单位，规定了与顾客有关的沟通流程，通过顾客满意度调查、顾客走访等形式与顾客进行信息交流。2021 年顾客满意度调查为 90.3 分。统计数据来看，客户对工厂的产品与服务质量满意程度较高。通过满意度调查，了解顾客对产品的需求和期望，根据调查结果改进质量管理，确保工厂产品及服务满足顾客要求，提高顾客的忠诚度。

（十）环境诚信

工厂坚定"绿水青山就是金山银山"的绿色发展理念，牢固树立"万无一失、一失万无"安全环保思想，筑牢"红线意识"和"底线思维"。先后投入近 5 亿元资金，实施了以工业废水零排放和废气治理为核心的一系列环保整治措施，实现了真正意义上的废水"零排放"，废气污染物排放量大幅下降。近年针对水、气、渣限值排放要求，投入巨资实施"烧结机环集烟气超低排放技术改造"等专项环境治理。在厂区建设了 56 个环境监测点，并与市环保局在线联网，坚持每月开展一次自行监测。监测内容包括原燃料有毒有害成分、固定废气排放口、周边敏感点环境质量等 7 大类，为坚守环保红线提供诚实可信的数据支持。

经过多年的努力，厂区周边生态环境持续改善。先后被评为全国有色冶炼企业"环境优美工厂""全国环境保护先进单位"和韶关市"园林式单位"等。在企业环保信用评价中，工厂曾多次被省生态环境厅授予"环保诚信企业称号（绿牌）"，2021 年顺利通过第二轮第四批中央生态环境保护督察——工厂一系列环保之举得到了社会各界的广泛认可与赞扬。

（十一）和谐劳动关系

保障广大职工根本利益是国有企业义不容辞的责任。工厂坚持党的领导，坚持依靠职工，认真贯彻职代会精神，以"班组管理能力提升年"为契机，解决车位扩容、美化社区、新修道路、免费工餐、新版工装等职工关心问题；持续推进"三项制度"改革，实施人才政策，完善专业技术人才培养选拔制度，为管理和技术人才职业规划敞开了晋升通道；以"机械化减人、自动化换人"推动劳动环境的优化，现场环境和职工精神面貌有了明显改善，被广东省总工会评为"广东省模范职工之家"；为提高员工满意度和忠诚度，工厂制定了《员工满意度管理办法》，从工作环境、薪酬待遇、培训教育等多个维度开展满意度调查，及时掌握员工满意程度感受，并做出客观分析改进，促进工厂持续发展。2021 年共发出《员工满意度调查表》100 份，调查表明，职工对工厂劳动关系整体评价比较满意。工厂以实际行动落实"企业发展有高度、关爱职工有温度、职工待遇有厚度"的要求，不断夯实管理基础，和谐劳动关系，不断增强职工群众的获得感、幸福感、安全感。和谐的劳动关系凝聚起一切力量，企业竞争力明显提升。

（十二）供应链关系

工厂建立起对供应商的选择、评价等管理机制，对供应商的交付业绩进行监视，定期对其进行再评价，确保外包过程、产品和服务的诚信管理满足要求。为确保物资采购等始终处于诚信体系的有效控制之中。建立《合格供方名单》，在名录中实施采购、委外服务项目的外包管理等；工厂通过执行《合格供方评价办法》，规定供应商绩效评价的过程和准则，以确保供应商提供的过程、产品和服务满足诚信要求；工厂根据供应商绩效和产品、材料或服务进行风险评估，验证供应商的诚信是否符合工厂要求，形成相关的诚信履约记录。基于互利互信、合作伙伴的平等原则，建立起免评供方管理机制，对长期合作、供货质量、供货期、技术标准、服务态度、安全环保状况等信誉良好的供应商，经各相关单位评审后，免于其一年一度的合格供方评审，增强供应链的合作互信。

工厂尊崇"向善向上、共创共享"的企业价值观，坚持"诚信、品牌、服务、创新"的经营理念，创造良好的企业环境，以科学的管理、完善的技术、周到的服务、卓越的品质为生存根本，本着"诚信至上"的原则，与国内外众多高品质蓄电池和镀锌钢铁等生产企业及代理商良好合作，在风云变幻的市场经济大潮中共谋发展，共铸品牌、和谐营销，建立起双赢的战略合作伙伴关系。

案例创造人：钟勇　唐良卫　曾平生

守护百姓菜篮子　服务民生高品质

沈阳副食集团有限公司

一、企业简介

沈阳副食集团组建于1992年,是沈阳市国资委出资的大型国有流通企业集团,是市管国有重要骨干企业之一,是沈阳市人民政府菜篮子工程的重要载体。现有员工3000余人,总资产28.9亿元。集团主营产业包括:批发市场、仓储物流、食品制造、生产加工、商品零售、餐饮酒店。拥有22万吨冷库、5个大型批发市场(物流园区)、2个食品工业园、3个生鲜食品超市、6个名烟名酒专营店、3个酒店。新兴产业包括电子商务、生态农业等。副食集团把毫不动摇地坚持党的领导、加强党的建设作为推进企业发展的重要法宝和完善现代企业制度的重要内容,以党建工作把航行之舵、铸强企之魂,全力打造具有竞争力的国内一流企业。副食集团视企业诚信为生命,始终秉承"至善至诚,人本民生"的核心价值观,经过十余年的改革发展,综合实力和竞争力不断增强,连续十五年,副食集团保持了资产规模、企业利润、员工收入连年增长的良好发展态势。作为整建制保留下来的东北唯一、全国屈指可数的国有副食企业,沈阳副食集团彰显了足够的实力和底气。

二、诚信经营,保持健康可持续发展定力

2020年7月21日,习近平总书记在京召开了企业家座谈会并发表了重要讲话。他对企业家提出了5点希望,第一希望大家增强爱国情怀;第二希望大家勇于创新;第三希望大家诚信守法;第四希望大家承担社会责任;第五希望大家拓展国际视野。习总书记的殷殷期盼说明了中国的实业发展离不开企业家精神,中国的各行各业需要焕发起企业家精神,国有企业更要将企业家精神贯彻到具体工作中来。贯彻落实企业家精神就要坚定发展决心,勇于挑战自我,将理想信念融入实业兴国的具体工作中来。

沈阳副食集团深深意识到国有企业是国民经济的中流砥柱,也是社会责任的积极承担者,清醒认识到自己的责任担当,心无旁骛干事创业,认真抓好当前改革工作,抓好经济工作,抓好稳定工作,把企业家精神实质落实到集团各项工作中,诚信守法,实事求是,坚持走创新发展之路,推动集团高质量发展。

沈阳副食集团大刀阔斧地进行了立足当前、着眼长远的战略性规划,通过一系列去行政化改革和创新的探索与实践,开启市场化运营的新篇章,实现做实企业,做活市场,做强管理,做优服务的新纪元。

以制度创新推动改革,适应发展的现实需要,在改革的破与立之间,构建起稳定的连接体系。通过制度设计、制度完善、制度衔接,将制度创新延展到全局,使改革力穿表面,抵达矛盾汇聚的深处。科学谋划、顺时施宜,为推进沈阳副食集团完全市场化运行奠定了夯实基础,为新一轮跨越式发展储备充足实力。

副食集团牢牢把握经济发展主动权,积极破解制约发展的突出矛盾和瓶颈问题,历经各种困难和

风险的考验，在改革发展的各个阶段始终释放强大的正能量，以诚信为本，赢得市场尊重，赢得广大业户与消费者信任。

副食集团不拘泥于短期效益，目光放得更加长远，更加关注社会服务功能的释放，投资 520 万元在集团各农产品批发市场建设"服务管理中心"，变被动管理为主动服务，提升运营效率，为客商提供全方位、零距离、无断点的一站式服务，重商、亲商、爱商，引导提升行业服务意识。大力推进智慧集团、绿色集团、文化集团、幸福集团建设，多方位提升企业的社会形象，引领产业升级。在各大市场物流园区设立食品安全检测中心，把好食品安全的入口关。

三、保障民生，主动承担国有企业社会职责

沈阳副食集团作为沈阳市"放心菜篮子"工程的重要载体，承担着保供应、保安全、稳价格、促环保等部分政府职能，彰显国企担当，发挥着城市"压舱石"的重要作用。特别是遭遇重大灾害时，持续放大副食集团在区域民生保障中的重要作用。

（1）疫情防控。在疫情期间，副食集团一手抓严防严控、一手抓复工复产，广大党员、干部员工坚持奋战在防控、保供第一线。副食集团所属各市场、商超门店均正常营业，稳定货源、调配供需，不计成本，全力以赴保障市民的"菜篮子"不脱销、不断档。塔湾·兴顺国际夜市如期开市是 2020 年沈阳复工复产、经济复苏的鲜明印记；所属富华花园酒店两次被沈阳市政府征用为疫情防控临时医学观察点，共接待 220 人 14 天隔离观察；所属三座冷库被市政府确定为进口冷链食品首站定点冷库，每个冷库设立专门区域、专门通道、专用叉车和专职装卸队伍，实行专门人员统一管理，并把每件商品信息都登录在辽宁冷藏冷冻食品安全追溯系统，进行食品安全闭环式管理，实现对来自海外的冷冻食品全过程监控，确保从沈阳副食集团冷库发出去的海外冷冻食品安全进入市民餐桌。集团成立由董事长、总经理牵头的 20 余人专班领导小组，实行每天 24 小时值班制。建立标准化的运行机制，确定 12 项制度和 7 个作业流程，从车辆到货、核酸检测、消毒消杀，到商品入库，实现全过程管控。先后建设了运输司机专用休息室，采购了移动卫生间和全自动消杀机，对装卸人员实行集中居住、对冷库专班人员实行集中管理……投入近千万元建立起冷链供应安全网，进口货物随到随检，所有货物批批有检测，举全集团之力保障公众健康安全和食品产业链稳定供应；副食集团累计为 11257 户中小微企业和个体工商户减免租金 8500 余万元，位列沈阳市属国企之首，得到了市委市政府的高度肯定。

（2）抗击极端天气。2021 年 11 月，沈阳市经历了有气象记录以来的最强暴风雪天气，集团广大党员干部员工迅速行动，全力以赴对抗暴风雪，保证道路畅通，维护正常经营秩序。面对灾害天气，各大市场、商超商品储备充足，部分商品甚至让利惠及百姓，实实在在守护百姓"菜篮子"，真正体现了国企担当和社会责任。集团下属三大商超门店——东副、皇副、铁副，店内米、面、油、肉、蛋、禽、方便食品及日配、冷冻等商品的储备量充足，均能满足日常消费需求。灾害天气中，许多市场、商超的物价上涨幅度较大，集团三大门店却在此时让利消费者，推出"副食粮油节"，惠及百姓，稳定民心。大东副食店内还设有惠民蔬菜专柜，货源储备充足。为沈城百姓的"菜篮子"保驾护航，是副食人不变的承诺与担当。

（3）提升产业链服务能力。围绕主导产业，向更深层次，更全领域，更长链体推进。与东港黄海水产品市场合作，引入相关产业，做长产业链，形成上下游、产供销、大中小企业协同发展的局面，打造具有战略性和全局性完整的产业链，提高产业集中度；罗森（沈阳）便利店发展势头强劲，门店累计 155 家，借助罗森成熟的商业运营模式，打通中央厨房、城市配送、门店运营等关键环节；实现传统农贸市场转型升级，打造国际冷、鲜肉品专区，填补了沈阳市中心城区大型冷、鲜肉品专业市场

空白，全力营造社区邻里中心场景，打造有温度的新型社区商业综合体。

四、以人为本，打造和谐劳动关系

沈阳副食集团紧紧围绕员工最关心、最直接、最现实的问题，多为员工办好事、办实事。启动"爱心基金"，建立帮扶工作长效机制，14年来，坚持不懈对困难职工、家庭突发意外及大病职工给予救助；开展"金秋助学"活动，对困难家庭学生给予救助，并对高考取得优异成绩的学生进行奖励；改善职工工作环境，建设职工休息室、读书室、活动室；不分男女老少，不论在岗退休，人人有份，历史性地实现员工采暖费全覆盖，实行第一年，受益员工即达到7328人，年增加支出800万元；首创副食行业离退休协会，每年举办"关爱永恒"退休员工联谊活动，让副食人老有所养。以人为本，改革红利的释放，惠及广大人民群众，彰显惠民、利民、服务为民的国企本色。

仓廪实而知礼节，从古至今，中华民众对副食品的渴求，根植于热土，镌刻于血脉。沈阳副食集团不忘初心、牢记使命，运用习近平新时代中国特色社会主义思想，发挥国有企业社会作用，担负起服务大众的责任，实现了"为政府解忧，为社会造福，为百姓服务"的社会使命。

案例创造人：李军　刘玉东

诚信立业　行稳致远　奉献社会

四川联众供应链服务有限公司

一、企业简介

人无信不立，业无信不兴。个人成长需要诚信，企业发展必须守信。四川联众供应链服务有限公司（以下简称联众公司）创建于2016年，是泸州老窖集团有限责任公司全资子公司，是泸州老窖集团"11265"战略六大战略板块之一，是泸州老窖集团"新物流"战略深化改革的开拓者，是深入贯彻落实集团"大物流"战略的实践者，是老窖集团依托物流产业开展供应链一体化服务的综合型平台。

公司围绕"做活-做实-做大"三步走的战略规划，以成为国内具有影响力的供应链综合物流服务商为战略目标，与中远海运、中国物流形成稳定的战略合作伙伴，打造了符合自身发展实际的"1+2+3+N"整体经营管理架构，并形成泸州老窖集团物流子集团雏形。业务范围包括物流仓储运输、粮食供应链业务、酒类供应链业务等。

自创业之初，公司就提出了"诚信立业、行稳致远"的核心经营理念，始终把诚信理念贯彻于企业经营管理的全过程，加强企业信用制度建设，牢固树立诚信品牌形象，推动企业健康持续发展。经过5年多的发展，如今的联众公司已成为行业内具有一定知名度的国家4A级物流企业，先后荣获四川省物流行业优秀企业、四川省物流行业十佳标杆企业、诚信企业等荣誉称号。

二、恪守诚信经营理念，塑造企业金字招牌

作为一家致力于成为国内具有影响力的全方面、综合型供应链一体化服务平台商。联众公司把"重诚信、抓质量、树品牌"作为公司经营的总抓手和撒手锏，建立企业信用制度，为公司的诚信建设提供了准绳。主要做法有以下两点：一是在内部，建设系统的制度管理体系，信用奖励惩戒机制，弘扬诚信价值文化，同时树立诚信典型，挖掘内部诚实守信实际，宣讲外部诚实守信鲜活案例，曝光外部失信典型，剖析失信行为产生的原因及危害；二是在外部，与供应商、客户等合作，重合同讲信用，认真贯彻执行合同法，坚持信用至上的合作理念，依法签订并履行合同，认真履行合同条款，自觉维护各方的合法权益，同时与供应商、客户均签订廉洁诚信协议，规范业务活动，共同抵制商业贿赂、腐败、不正当竞争、商业欺诈等违反"公平、公正、简单、透明"合作精神的行为。

三、重合同，守信用，始终坚持以诚为本

都说2020年是魔幻的一年，在物流行业显得尤其如此，受国内新冠肺炎疫情的影响货物延期交货成为常态，随着疫情的发展，目的地无人收货，联系不到收货人也不足为奇。运输资源的紧张，运费的翻倍增长，一柜难求、一车难求的状态成为常态，眼瞅着与客户签订的合同交货日期已经临近，怎么办？为了不影响客户的经营，坚决履行合同承诺，公司领导毅然决定，铁路运输到不了改走公路运输，

公路运输到不了改空运！哪怕我们没有空运资源，哪怕我们需要面临着承担额外的昂贵空运费，但我们只有一个目标，不管怎样在合同交货期之前把货物完好无损地交到客户手中！作为一家物流起家的企业，作为地方唯一的国有物流企业，我们更要牢记诚信就是我们的生命线，无论何时我们都要守住生命线。与此同时，面对疫情天灾，公司不忘回馈社会，主动作为，充分担当起一个国有企业的社会责任，发自身物流资源优势及自身的社会资源，主动请缨担当泸州市防疫物资的保障任务筹集与运输工作，得到政府主管部门的充分赞扬与肯定，授予锦旗以示表彰。

关键时刻的行动赢得了客户的充分信任和尊重，不但在后续订单的付款方式和交货期限上提高了灵活性，合作关系也更加稳固。

四、坚持诚信经营策略，打造企业良好口碑

在酿酒用粮供应业务中，出酒率是酿酒企业至关重要的标准，是企业的生命线，而出酒率的保障就是靠严苛的酿酒用粮质量标准，容重、水分等关键性指标必须符合要求条件缺一不可。而联众公司作为泸州老窖集团全资子公司更是有深刻的理解，所以,联众公司在开展酿酒用粮供应保障业务过程中，首先排在第一位的就是质量，其次就是保障供应。

（1）在质量保障方面，第一，按照客户质量标准采购产品，实地调研产品质量标准，并要求供应商提供相应第三方专业质检机构出具的质量检测检验报告，同时，公司自行取样，并送至权威性的质量检验机构自行检测。第二，检测合格后，为防止供应商掺粮、和粮，第一时间将货物转运至我司专用粮食仓库进行专业化存储。第三，货物进出库时，做到每车必抽、每车必检，须达到质量标准后，方可收货或发货。对未达标货物，第一时间作退货处理，确保每一粒粮食都符合客户要求。第四，为保障自行进行质量检验的科学性、规范性，公司自购10万元的相关检验检测设备，建立检验室，并制定严谨的操作规程，规范操作、严格记录，做到环环相扣，不留死角，保障货物质量，严防死守质量红线与底线。第五，公司作为全资国有企业，面对品种繁多的粮食品种，始终坚持单一品种的质量供货要求，绝不掺粮，在供货上，保障质量稳定，品种纯正，为客户把好质量关。

（2）在供应保障上，因联众公司地处西南地区，客户面向云贵川等白酒金三角地区，该区域为粮食主销区，与东北等粮食主产区之间存在空间距离长，交通运输不便等客观因素。联众公司作为物流运输企业，积极响应国家号召，第一时间打通了南粮北运的水路通道，打造了从东北营口港至南通港至泸州港的江海联运模式，为粮食大批量进销区提供坚实保障。2021年下半年中，华北、东北大面积积雪灾害天气，另一方面全国限电，各个运输通路全力保障供电任务，同时，面对下半年，联众公司也主要承担着泸州老窖华中、华北、东北的成品酒运输任务。面对突如其来的状况，联众公司首先想到的就是客户的酿酒用粮供应保障，为此，联众公司立即成立专项小组进行讨论研究，会上没有任何声音，没有任何疑问，只有一个目标——"保障供应"！物流运输部立即调转"枪头"，将工作重心放在粮食供应保障上来，集中整个公司的运输资源，全力保障粮食从产区运抵客户厂区，保质保量完成交付任务，坚决避免了因粮食供应不足带来的客户停工停产等不良影响。

联众公司始终坚信，企业的繁荣之花开于诚信的沃土，诚信建设不仅关系到企业当前的效益，更关系着企业的发展潜力和前途。今后，联众公司将继续牢记自己的使命和责任，立足实际，脚踏实地，不断加强诚信品牌建设，将诚信理念贯穿于企业发展的各个领域，将诚信制度贯彻到企业经营的方方面面，不断深化诚信内涵，做让社会放心的企业，努力为城市经济发展和诚信建设作出更多积极贡献。

案例创造人：李艳　杨洪波　蒋英俊

诚信立行 担当作为 助力老区乡村振兴

中国农业银行股份有限公司百色分行

一、企业简介

百色是革命老区，中国农业银行股份有限公司百色分行（以下简称农行百色分行）是一家国有大型商业银行，管辖12个县（市区）支行。2021年年末在职员工768人，有40个营业网点，56家离行式自助设备点，285台自助设备。2019年打造德保县支行营业室成为全国银行业五星级营业网点、广西首家贫困县支行五星级营业网点。

截至2021年年末，该行各项存款时点余额223.92亿元，比年初增10.94亿元，余额和增量保持四行第1。各项贷款余额216.18亿元，比年初增41.55亿元，完成年度计划的212.86%。累计向实体经济投放贷款85亿元，同比多投25亿元，各项贷款突破两百亿元大关，是工、农、中、建、交和邮储银行百色分支机构第一家。普惠监管全达标，共为256家小微企业投放贷款5.78亿元。银保监口径普惠型小微企业贷款贷款余额12.19亿元，比年初增3.29亿元，增速37.01%，达到监管要求；不良贷款余额874.46万元，比年初下降456.62万元，不良率0.72%，比年初下降0.78个百分点，普惠实现"两增两控"。央行口径普惠金融领域贷款余额22.96亿元，比年初增3.88亿元，完成年度计划的129.32%。中收实现收入1.21亿元，连续七年居四行首位。全行实现安全平稳经营。

该行在诸多领域领先同业，连续四年（2017—2020年）获得百色市银行业支持地方经济发展考评第1名，在人行银行业金融机构综合评价中保持"A"等级行。先后荣获2019年度总行金融服务脱贫攻坚先进集体、总行先进基层党组织、广西壮族自治区党委和广西壮族自治区人民政府2019—2020年度全区脱贫攻坚先进集体、2020年度广西金融系统先锋号等荣誉。

二、诚信经营理念

农行百色分行认真落实国务院《社会信用体系建设规划纲要（2014—2020年）》《中国银监会关于进一步加强信用风险管理的通知》《中国农业银行征信管理办法》等文件要求，将信用工作作为贯穿习近平新时代中国特色社会主义思想的重要要求，围绕建设国际一流商业银行集团的目标愿景，强化面向"三农"，服务城乡，成就员工，回报股东使命；夯实诚信立业，稳健行远核心价值观；推进以市场为导向，以客户为中心，以效益为目标经营理念；树立细节决定成败，合规创造价值，责任成就事业管理理念；践行客户至上，始终如一服务理念；增强违规就是风险、合规就是效益风险理念；实施德才兼备，以德为本，尚贤用能，绩效为先人才理念。积极引入诚信、创新、学习、责任、合规、人文关怀等现代商业银行先进文化元素，实现行风、作风明显改进，"价值创造、客户服务、风险管理、社会责任"四种能力明显增强，社会形象显著提升，经营管理水平和效益明显提高。

三、诚信体系及制度建设

（一）建立科学的管理架构

农行百色分行严格按照国家法律法规和金融规范性文件要求，在农总行一级法人的领导下，结合二级分行和县支行的特点，在二级分行设立了16个部室和风险管理委员会，辖属12个一级支行也相应该设立业务部门和网点，各职能部门各司其职、各负其责、协调运转、有效制衡，形成高质高效的法人治理体系运转模式。该行领导班子成员均具备大学本科及以上学历，高级技术职称，还配有博士学位领导，具有丰富的金融业务经营、管理、征信建设等各方面经验，廉洁自律，社会信用记录良好，队伍结构优化。

（二）建立现代企业制度

建立起现代企业产权制度和组织制度。建立起所有者、经营者和生产者之间，通过公司的决策机构、执行机构、监督机构，形成各自独立、权责分明、相互制约的关系，并以国家的相关法律法规和公司章程加以确立和实现。建立起现代企业管理制度。在建立规范、科学、合理的组织构架基础上，建立起规范的岗位体系、科学的绩效管理体系、标准的业务操作流程、合理的薪酬分配体系和完整内部经营风险防控机制，形成完整的二级分行和一级支行核算模式和经营模式，推进规范公司治理和契约化管理。

（三）推进社会信用体系建设

该行根据有关文件要求，制定《百色分行征信合规评价工作方案》，评价内容全面涵盖辖内征信管理情况，主要包括征信制度执行、用户管理、查询应用、异议管理、数据质量和告知管理、档案管理、安全管理等方面；应评价的征信业务相关系统包括：中国农业银行征信管理系统、中国人民银行征信系统、信用卡信用管理系统以及个贷移动作业系统等征信管理及应用系统。年度开展全面的评价，发现和查找各环节业务操作和管理工作中存在的漏洞和不足，及时进行整改、纠偏，确保客户征信信息安全，提升全行征信合规管理水平，促进社会和谐，该行荣获纳税信用2018—2020年"3连A"企业。

（四）依法合规稳健经营

建立科学决策、民主管理、有令必行、有禁必止的执行机制，不折不扣执行各项金融方针、政策。抓好规章制度的规范完善、执行、落实、整合、优化和创新提升。适应改革发展和客户及竞争的需要，建立起安全、简洁、高效、科学的业务可操作流程体系。对业务发展规划、日常决策等重大问题，严格执行议事规则和议事程序。建立健全行内利益协调、诉求表达、矛盾调处和权益保障机制，通过职工代表大会、座谈会等形式，广泛征求意见，解决涉及员工切身利益及重大经管决策问题。建立规章制度跟踪反馈、调整评价和考核奖惩机制，通过现场和非现场等多种监管手段，加大对违反规章制度的责任追究和处罚力度，该行没有发生重大违规、违法和风险事件。

（五）加强诚信文化培植

建立和谐共进、互惠共赢的公共关系，致力于创建和谐氛围，追求企业与员工同成长，客户与农行共进步。通过积极参与社会各种有益活动，密切与社会各界和客户的关系，互惠共赢。塑造媒体形象，与新闻媒体建立友好合作关系，营造良好舆论氛围。建设百色分行企业文化传承室，讲行史，传承农行人精神和农行文化。开展党史学习教育活动，努力营造"诚信待人、诚信做事、诚信立身"的工作氛围。组织签订意识形态责任书、员工行为网格管理化责任书和廉洁从业承诺书，多渠道宣传农行廉洁诚信文化；开展违规典型案例警示教育、"3·15"消费者权益保护日和"12·4宪法日"宣传周系列活动，践行和传播社会信用正能量，共建绿色信用生态环境。

（六）开展信用自律建设

抓好规章制度宣讲教育，建立层次清晰、分工合理、运作高效的制度宣教模式，使制度及时准确地传递至各个相关岗位和责任人，形成有农行特色的制度环境。加强以"爱岗敬业，诚实守信，勤勉尽职，依法合规"为主要内容的员工行为守则教育，保持奋发向上精神状态。培植员工牢固树立法律意识和合规意识，了解岗位合规要求，自觉遵守法律法规和内部规章。开展员工行为排查，实施"三线一网格"管理，强化考核，形成"别人合规我有责、我的合规我负责"的守用氛围。

四、决策部署和社会责任担当

在服务打赢脱贫攻坚战中，农行百色分行认真贯彻党中央、总分行有关脱贫攻坚、金融扶贫工作部署，坚持党建统领，诚信立行，主动担当，根植红色福地，举全行之力为地方经济社会发展、乡村振兴和营造良好信用环境做出积极贡献。

（一）党建引领，树立诚信立行经营之本

该行以习近平新时代中国特色社会主义思想为指导，认真贯彻落实党的各项方针政策，坚持"一手抓党建，一手抓诚信建设"两不误，实现党建和诚信立行高度融合，把农行打造成为诚信银行的新高地。一是坚持党建统领。用习近平新时代中国特色社会主义思想武装全行，深化"两学一做"学习教育常态化制度化，持续巩固深化"不忘初心、牢记使命"主题教育成果。全行上下以习近平总书记关于扶贫工作重要论述作为根本遵循和行动指南，弘扬百色起义精神，以时代楷模黄文秀为榜样，把金融扶贫作为"不忘初心、牢记使命"主题教育的重要实践课题。基层党组织由"数量覆盖"向"量质齐升"转变，近五年共发展党员48人，充分发挥基层党组织战斗堡垒作用和党员先锋模范作用。二是开展党史学习教育活动。创新灵活方式，绘声绘色学好党史，开展"一课堂"教育促推进、"一共建"携手同进步、"一资源"感悟再深刻、"一套书"理论再提升和"一平台"学习再深入等"五个一"系列活动，切实增强"四个意识"、坚定"四个自信"、做到"两个维护"。如"一课堂"教育促推进中，充分发挥统筹抓总作用，举办百色分行学习贯彻党的十九届历次全会精神暨党史学习教育培训班，开设系列精品课程，分别邀请百色学院和百色市党校教授专家讲授十九届历次全会精神以及党史课，参训人员覆盖至全行党员，以此引导全体党员从党的十九届历次全会中学习体会战略思维和战略管理，从党史中汲取继续前行的力量。三是开展"基层党建质量提升年"活动。推行基层党组织清单式和党员积分制管理，有效发挥"两个作用"。完善监督执纪问责制度体系，推进常规巡察新一轮全覆盖，持续解决困扰基层形式主义问题，党风廉政建设和反腐败工作深入推进。四是加大纪委执纪监督。深化"三转"，落实"三为主"，扎实开展党廉和反腐败工作，提升机构改革效能。坚持严的总基调，履行管党治党主体责任，推进干部人才队伍结构优化和能力提升。制定激励担当作为措施，开展"两先一优"评选，激发全行干事创业热情，参与建设诚信银行和国际一流商业银行。

（二）合规经营，夯实守信业务发展之基

农行是国家的银行，依法合规经营是第一要务，是持续高质量发展的基础。该行树立"细节决定成败，合规创造价值，责任成就事业"管理理念，严格执行国家金融方针政策，依法合规经营，实现

业务高质量发展，筑牢诚信之基。一是抓实"三化三铁"创建。结合实际，采取抓队伍、抓短板、抓监管、抓重点、抓整改和抓考核等措施，在全行开展建设标准化、规范化、制度化"三化"和铁账户、铁资金、铁规则"三铁"建设，强势推进，提升全行风险管能力、市场竞争能力、价值创造能力。严守案防风控底线，确保各项业务安全合规运营。二是推进"三化三达标"建设。持续推进安全保卫工作的标准化、规范化、制度化"三化"和各一级支行、金库、营业网点实现物防、技防、人防达标"三达标"建设，切实防范制作风险，充分发挥安全保卫部工作在银行业务经营中的保障作用。三是开展"断卡行动"。做实防范电信网络新型违法犯罪工作，开展账户专项治理，制定《农行百色分行治理电信网络诈骗专项行动方案》《加强治理电信网络诈骗账户管控方案》《2021年"断卡行动"挂点督导工作方案》等方案，明确考核内容，加大考核力度，加强对各支行特别是重点治理行相关业务督导，提升全行电信网络诈骗治理能力。四是全面从严治行。对违规行为实行"零容忍"，坚持露头就打、绝不手软，在夯实"双基"管理中实现平安发展。全行基础运营及业务管理不断加强，内控评价和操作风险考评实现进位，法治农行、平安农行建设积极推进，荣获百色市"平安农行"称号。

（三）诚信担当，情倾乡村振兴服务之力

该行围绕不同发展阶段"三农"工作的主线和重点，持续加大金融支持力度，倾情助力乡村振兴。一是树牢诚信发展观。每年因时跟进重大项目，列出清单，组建团队，及时投放。累计投放贷款281亿元，表外融资10亿元，支持百色分行市经济建设，各项贷款增长了80亿元，5年增量比其他三大行同业总和（53亿元）还多。对公贷款突破百亿元大关。各项存款突破200亿元大关，实现高质量稳健发展。二是创新金融服务。不断创新产品，创新"惠农e贷-烟农贷"荣获农总行公私联动优秀示范项目，创新"信用村信用户"模式有效解决农户担保难题，引进10亿元城市金砖基金支持扶贫产业园区建设等，业务经营活力和竞争力得到增强。在乐业县百坭村打造"百户千万"信用村信用户模式，受到广西银保监局通报表扬。支持油茶产业发展案例入选中国企业精准扶贫优秀案例。三是脱贫攻坚担当作为。全行累计投放精准扶贫贷款82亿元，支持和带动建档立卡贫困人口13万多人，全面完成金融扶贫任务，金融扶贫专项评价和三农事业部考核广西农行系统全区第一。四是巩固脱贫成果衔接。做好政策制度对接，大力支持能够支撑农业发展的特色产业。在制度上衔接，严格落实"四个不摘"要求，持续开展对原扶贫重点县挂点帮扶，对乡村振兴重点帮扶县加大差异化政策支持力度。在产业上衔接，践行"绿水青山就是金山银山"发展理念，着力发展绿色信贷，支持糖、林、果、旅游等特色产业，推进皇氏乳业、华电风电、田林定安光伏以及棚户改造等项目。在服务上衔接，加强县域农村普惠和消费金融服务延伸；做好农村低收入人口综合金融服务，拓展惠民惠农财政补贴资金一卡通项目。该行荣获百色市"金融机构支持百色经济发展突出贡献奖"。

（四）银政联动，打造营商环境诚信之石

农行百色分行深入贯彻党中央、国务院和百色市委政府关于深化改革优化营商环境的总体要求，始终坚持国有大行发展定位，积极参与优化营商环境建设，用心、用情、用力构建"亲、清"的银政、银商合作环境，助推百色市营商环境持续优化。一是加大投放，助推实体经济发展。积极对接百色市发展规划，全面发挥农行优势，为经济实体注入活力。10年来，该行累计投放重点交通行业贷款53亿元支持崇靖、百靖、靖龙、河百、乐百、平马、田西等高速及南百铁路复线、头塘码头等交通网，形成了高速公路、铁路、航空、航运、口岸"五位一体"的立体交通格局，打通西部陆海新通道，推进百色市实现"县县通高速"和公路沿边群众脱贫致富。编织新铝电力、农网改造、水力发电能源网，连通县城道路、扶贫公路、乡村旅游致富网。打造强强碳素、华银铝、百矿、平铝集团铝产业链，全

力支持地方主流经济发展。二是创新驱动,推动服务转型升级。推出电子化、线上办的"企业e开户",通过联手创设PPP金砖基金投放10亿元支持"铝二次创业",成功上线交易平台手机APP端支付,率先研发试点"甜蜜贷""烟农贷""油茶贷"产品,投放"农民安家贷"8亿元帮助3000多农户成为城里人,全面推开"税银通""数据网贷""简式贷""农担贷"和"4321贷"模式,有效解决"结算难、担保难、融资难"问题。三是减费让利,降低企业融资负担。落实银行业减费让利政策措施,积极为客户降低成本。近年来,该行共减少118项收费项目,减费让利达4000万元。全行法人贷款执行利率低于同业平均水平,综合收息率为同业最低,有效缓解当地企业融资成本的压力。四是强化风控,携手企业共渡难关。贯彻可持续发展理念,全力推进风险管控,持续降低信用风险。牵头组建8家企业债权人委员会,发挥债权人委员会机制作用,急企业之所急,协调行动,用好政策,抱团服务,不压贷、不抽贷、不断贷,全力帮助困境企业渡过难关,确保企业经营正常开展。

(五)办好实事,共建和谐社会信用之美

该行长期开展"我为群众办实事"活动,打造和谐农行,共建美好和谐家园。一是挂点帮扶办实事。2018年以来,积极选派驻村干部和帮扶干部84人次奔赴18个贫困村开展帮扶,结对共谋贫困村脱贫路径。开展青年公益实践关爱留守儿童。引入帮扶资金和捐赠物资136.52万元,全力支持贫困村产业发展、基础设施改善和贫困户增收脱贫。18个定点帮扶村均全部整村出列,帮助545户2216人实现脱贫。向6名贫困家庭学生开展"金穗圆梦"助学活动,优先招聘了12名建档立卡贫困家庭大学生,推动教育扶贫。二是服务实体出实招。加大实体经济贷款投放、提升小微服务质量、推乡村振兴步伐。2021年,累计向实体经济投放贷款85亿元,同比多投25亿元。其中投放"桂惠贷"8.94亿元,排百色辖内金融机构第5,四大行第一。为民营企业投放贷款18.08亿元,同比多投2.94亿元。为小微企业投放贷款4亿元,同比多投0.96亿元。三是维护员工权益有力度。按合同法规,与员工签订劳动合同,规范签订、变更劳动合同的流程,加强劳动合同与用工管理。推进职代会、公示、群众评价制度,实行行务公开,进行民主管理。优化配置资源、建立健全"增资靠效益,收入凭贡献"的薪酬分配机制,优化完善薪酬分配机制,突出效益导向,激发各行增强价值创造力,促进业务全面发展。四是关心员工有行动。加强对青年员工培养,开展副科级以上岗位干部选聘,让优秀年轻干部脱颖而出,用好各年龄段干部。在"我为群众办实事"中厚植民生底色,为员工解决实际问题,为全行783名员工购买医疗互助保障;坚持购买女员工特定疾病保险,组织全行员工开展专项体检等。仅2021年就走访网点36家,慰问一线员工468人,帮扶全市农行困难员工93人、发放慰问金45.4万元,把农行大家庭的温暖关怀送到困难员工家中。

五、案例分享

(一)疫情时刻有担当

疫情期间,隆林昌隆服装有限公司列入全国疫情防控重点保障企业名单,接到广西壮族自治区防疫指挥部指令,协助生产防疫紧缺物资一次性医用头罩和医用鞋套。得知隆林昌隆服装有限公司急需资金扩大生产线后,农行隆林县支行营销团队主动上门对接,迅速收集相关材料,农行百色分行和隆林县支行上下联动,开启贷款业务"绿色审批通道",以最优服务、最快速度完成300万元疫情专项贷款的审批并实现放款。面对新冠疫情,百色分行积极行动,加大对小微企业和春耕生产支持力度,服务"六稳""六保"。疫情期间,该行共支持93家企业复工复产贷款59.31亿元;向平果、靖西等医院

发放贷款 2.34 亿元，县（市）医院信贷覆盖率 83.33%。对"五有"建档立卡贫困户及致富带头人、专业大户等做到"应贷尽贷"，投放贷款 12.56 亿元。

（二）帮扶田阳县那满镇新立小学建设

那满镇新立小学位于那满镇西南丘陵片，始办于 1956 年，学校生源主要来自全村 14 个村自然屯 31 个村民小组，学校设有小学部和幼儿部，有在校生 82 人，老师 4 人，有幼儿 48 人，教职员工 3 人。学校由新建的一幢教学楼后续资金不足，出现 50 万元的资金缺口而停工。农行了解到新立小学资金缺口，积极帮助筹措资金，2015 年 10 月 20 日，农行百色分行向田阳县那满镇新立小学捐款 50 万元，助力该小学兴建综合教学楼。长期以来，农行百色分行一直十分关心和支持教育事业发展，先后 20 余次组织 12 个县（区）支行、青年团员、党员向当地中、小学校和特殊学校等捐款捐物，帮助改善教学条件。近五年来，累计发放教育类贷款 0.98 亿元，全力支持全市教育基础设施建设，助推教育事业发展，在支持老区建设中积极承担社会责任。

（三）"六个融合"扶持岩晚村

隆林县平班镇岩晚村是一个极度贫困村，2018 年百色分行对接帮扶岩晚贫困村以来，结合村里实际情况，对贫困村进行"六个融合扶持"，帮助群众加快脱贫致富步伐。（1）融合扶志。组织机关党委与岩晚村党支部党开展共建活动，现场对村干部和群众专门讲授脱贫攻坚专题党课，讲解精准扶贫工作政策和农行帮扶优惠政策，让群众明白党的好政策。该行主要领导多次到岩晚村召开"扶贫一线农行情"精准扶贫座谈会，与村支书、主任及贫困户交流互动，帮助村里群众解决最急需的问题，使群众树立脱贫致富意识和信心。（2）融合扶貌。美化村容村貌，该行对岩晚村投入资金 10 万元，用于岩晚村基础设施，对村部道路进行硬化、新建 1 个水池和 7 个垃圾池；并为岩晚村捐赠一批电脑、文件柜和复印机等办公设备，岩晚村基础设施已得到有效改善。（3）融合扶贫。出台脱贫帮扶方案，先后派出 2 名第一书记驻点岩晚村，开展精准脱贫帮扶工作。通过整合本村生产要素，充分利用扶贫政策，联合政府相关部门，解决好精准扶贫中"精准"问题，实现"脱得贫、富得起、可持续"的精准脱贫目标。（4）融合扶智。该行组织志愿扶智组到平班镇中心小学，对岩晚村留守儿童进行慰问关怀，捐赠书籍和体育用品，给孩子们讲红色励志小故事，让孩子们深刻领悟和继承红色精神，激励刻苦学习。还邀请农林牧行业的业务骨干和国家科学专家到岩晚村进行实地考察调研，让科学专家提取土壤、物种等样本进行化验，制定科学种养发展规划，引领脱贫攻坚。（5）融合扶业。发展扶贫特色产业，建立百香果产业示范基地、2019 年以来，百色分行投入 6 万多元资金，支持该村精准贫困户黄俊等 5 户联合种植 30 亩百香果，初产亩产达 3000 余斤，产值达 45 万多元。（6）融合扶销。2019 年注册成立隆林各族自治县岩晚种养农民专业合作社，开展百香果、农作物种植和及家禽家畜养殖、加工和销售等服务；还通过农行"惠农 e 通"平台进行电商销售该村百香果和家畜产品，设立平台扶贫产品帮扶销售区，组织农行内部员工积极参与消费扶贫。在农行大力支持和对点帮扶下，岩晚村已实现脱贫，走上致富之路。

（四）在乐业县百坭村建立信用村

2019 年 10 月 24 日，乐业县支行营业室党支部与"时代楷模"黄文秀生前所任第一书记的百坭村党支部举行共建签约仪式。签约仪式后，举行"百户千万"信用村贷款发放仪式，首批授信 13 户 65 万元，现场为 4 名客户发放 20 万元贷款。为进一步推动农村信用体系建设，优化农村金融生态环境，发挥普惠金融实效，2020 年 1 月 14 日，农行在百坭村开展"百户千万"信用村贷款的推进会。2020 年 1 月 20 日，百色分行加强政银密切合作，突破和创新传统农户贷款业务模式，在乐业县百坭村举行信用村授牌仪式，推出"信用村贷款"。目前，农行已投放贷款 2744.19 万元，其中投放信用贷款 1144.39 万元，百坭村已经成为致富村。

（五）"四级联动"帮扶面良村

那坡县百省乡面良村与越南高平市接壤，属少数民族聚居边境村、原是极度贫困村。2020年，农行组织帮扶工作队到面良村开展金融扶贫帮扶，采取"农行党支部＋村党支部"共建方式，从加强基层党支部建设入手，农总行、广西区分行、百色分行和那坡县支行党支部"四级联动"，与面良村党支部结对子，开展讲党课、讲脱贫攻坚和农行信贷优惠政策，面对面帮扶。帮助建立面良村黄牛养殖场，在建场初期，农行给予贷款30万元支持，建舍2142平方米，种植牧草200多亩，现存栏和分散有黄牛171头。该牛场带动该村的弄平、弄苗苗区群众种草养牛产业，给苗区养殖户带来每年人均6000—10000元的收入,受益人口338户1350人。经过用心长期培养扶持，已经帮助面良村培养经济能人5人，通过经济能人带动，农行在面良村农户建档280户，发放信用贷款107万元,用于发展养猪、种植小米蕉、山油茶和开商店等。同时，农行给面良村捐款24.19万元，用于面良村小学、党支部办公建设和村部环境美化建设，目前，村容村貌焕然一新。经过几年的脱贫攻坚，全村贫困户218户858人按现行标准全部实现脱贫致富。

案例创造人：卢齐耀　陈治伟　卢兴杰　唐忠　许毅　杨胜永

"诚"闯市场 "信"达客商
以钢铁意志铸就百年诚信品牌

本钢集团国际经济贸易有限公司

一、企业简介

本钢集团国际经济贸易有限公司（以下简称国贸公司）位于钢铁城市、环境优美、矿藏丰富的"地质博物馆"本溪市，承担本钢集团生产的各类钢铁产品、焦化产品、气体产品、各类钢铁副产品的国内外销售及设备、大宗原燃材料的进口采购，以及对外劳务输出、工程承包、技术引进等工作；还承担集团公司海运业务归口管理、反倾销等贸易救济案件的预警、组织与协调等工作。

国贸公司下设综合管理部、进口部、出口市场销售部、出口计划执行部、商贸部、物流事业部、非钢产品销售部、长材销售部、铸管销售部、不锈钢销售部10个内设机构；国内在上海、广东、江苏、山东、沈阳、长春、黑龙江等地设立7个驻外贸易分公司；在天津、本溪设立2个加工配送公司；在本溪设立国贸腾达公司、北方恒达物流有限公司、在大连设立北营大连进出口公司，分别在欧洲、美洲、韩国、越南、日本设立境外分公司。

在集团公司的指导下，国贸公司历届领导班子带领同事携手并进，与多家客户建立了长期稳定的合作关系，重信用、守合同、保证产品质量，全力迎合客户需求，不断进行服务改进，赢得了客户群体的信任。

港珠澳大桥、比斯迪拜塔、北京大兴国际机场、深圳地铁11号线……近年来，国贸公司诚信的经营理念、创新的营销模式、贴心和周到的服务敲开了一个个高端用户的大门，也为国贸公司带来了集团先进单位、集团先进党委等诸多荣誉，还于2021年被授予辽宁五一劳动奖状，为集团、地方经济的发展做出了重要贡献，实现了企业效益和社会效益协调发展。

二、诚信经营理念与决策部署

2020年以后，受到新冠肺炎疫情影响，市场形势严峻，国贸公司领导班子带领干部职工群策群力，积极应对挑战、攻坚克难。秉承着鞍钢集团"铭记长子担当,矢志报国奉献"初心，坚定"制造更优材料，创造更美生活"使命，创新、求实、拼争、奉献，创新：解放思想、与时俱进，敢于突破、勇于超越，坚持创新驱动，增强创新活力。求实：求真务实，实事求是，讲实话、干实事、重实效。拼争：咬定目标，积极进取，尽心尽力，百折不挠，永争一流。奉献：讲贡献、有担当、重品格，壮大企业，报效国家，造福社会。牢固树立以诚信为核心的价值观，严格遵守国家、地方有关法律法规和政策。

道德是法律的基础，法律是道德的底线，恪守诚信的底线就是遵纪守法。国贸公司自成立以来一直坚持诚实守信，依法经营。国贸公司领导及普通员工坚持学习《中华人民共和国公司法》《中华人民共和国民法典》等法律、法规、规范性文件的原则和要求及《本钢集团国际经济贸易有限公司章程》，在实践中不断健全和完善法人治理结构,严格遵纪守法。将诚信理念的宣传纳入普法工作计划,深入开展诚信知识宣传普及培训工作。通过法律知识讲座、普法宣传日系列活动形式进行宣传,积极营造诚信守法的氛围,做到对外维护公司利益,保护客户商业机密,不弄虚作假,不谋取私利,与客户携手并进,竭诚为客户提供优质产品与服务;对内严守劳动纪律,保护集团公司及国贸公司机密,为企业发展创造最大收益。

国贸公司把依法守信、诚信经营作为不变的主题,设身处地为客户着想,积极谋取共赢,全方位为顾客提供售前、售中、售后服务,实实在在为顾客解决产品使用过程中的难题,受到顾客的广泛称赞和充分信赖。今后国贸公司也将再接再厉,以良好的信誉和形象,为企业不断创造出新的市场,谋取更长远的利益与发展。

三、体系建设与制度保障

1. 诚信观念宣传与培训制度

国贸公司每年都在全公司范内大力开展诚信教育宣传和培训工作。通过将诚信观念写入《国贸公司员工工作行为规范》等方式,潜移默化而又持续不断向职工灌输、渗透诚信理念,引领职工诚信的群体行为,做到内化于心、外化于行,使诚信理念深入全体职工心里,成为每个职工的自觉行动。

2. 客户资质评估、分级与管理制度

健全客户评价体系和信用评估制度,由财务部门配合公司主管部门及与对应客户对接的部门或公司对相关客户进行跟踪考察,建立客户和供应商资信档案,对客户和供应商进行信用评估,实行分级管理,有效地规避企业坏账风险。主管部门全面收集管理客户信息,建立完整的数据库,并随时修订、完善,实行资信调查制度,筛选信用良好的客户。从吨钢增利、销量、份额、行业排名、稳定性等5个维度评价客户价值,按价值大小分为A、B、C三类,针对不同客户群体实施差异化策略。建立三级服务体系,做大做强A、B类客户群体。从客户视角设计服务流程,为客户提供便捷、优质、快速的服务。针对不同类别的客户需求,在技术支撑、价格水平、资源保证、交货周期、异议处理、合作交流等方面提供服务,实现快速反应,提高服务效果。通过对客户所有相关财务及非财务信息进行整理、分析,得出客户的偿债能力评估。相关部门和对应客户的部门或分公司应按时反馈并及时调整对应客户的信用档案。

3. 内部授信制度

内部授信制度作为企业内部控制的一种手段,加强科学管理,结合国贸公司实际情况进行合理调控以达到生产经营效果最优,对内部授信建立严格管理制度,以达到企业内部预防经营风险,降低资金占用,协调企业资源合理运作的效果。

4. 合同管理制度

合同是一个企业对外经营活动的重要载体,是联系供需双方的桥梁和纽带,是企业实现经营效益的直接途径,也是重大法律风险源。为更好防范法律风险,维护公司乃至集团公司合法权益,在《中华人民共和国民法典》精神及集团公司规章制度的指导下,国贸公司制定了《本钢集团国际经济贸易有限公司合同管理实施办法》,规定由国贸公司综合管理部法律事务室作为合同管理的主管部门,由综合管理部法律事务室在集团公司法律合规部的指导下进行合同的订立、审查、变更或解除、纠纷处理及档案管理工作。明确各部门职责，实行责任到人、惩罚与奖励相结合的激励机制，保证了合同从签订、履行到最终档案管理都得到有效的监控。

5. 风险控制制度

国贸公司设立有专门的风险控制及危机管理制度，有着详细的应对风险和危机的预案，并且实施各部门、子公司一把手负责制度，由专门负责部门考评进行风险管控；在企业内部生产和各项经营活动中始终保持高度的风险意识和危机意识，不断加强全体员工风险与危机控制的宣传教育，完善管理制度，要求各层级的经营活动严格按规程履行，以达到控制和避免产生的风险。不断完善公司治理结构和内部控制体系，使经营活动中的决策、实施做到最优，对市场信息和经营活动进行监测，对可以预见的风险与危机积极采取措施，依靠全体员工的支持和努力，实现具备成熟应对各项经营风险的能力的目的。

6. 应收账款管理制度

建立了完善的应收账款管理制度，并对用户确定适当的信用标准，始终坚持互利互惠共同发展的原则与广大用户建立合作关系，对应收账款追踪分析、控制，及时发现问题，提前采取对策，对于恶意拖欠、信用品质差的客户从信用清单中除名，并坚持不付款不发货的原则，防止应收账款恶化与出现坏账的情况。

四、实践成效及社会责任

1. 产品及服务质量

坚持高价格、高质量、高附加值、高市场占有率、低成本调品思路，强化产销研高度协同，降成本，稳质量，缩减新产品生产周期。依据拳头产品推进方案，由销售和市场总监牵头，分品种制定形成三年品种结构调整计划并逐步推进。合理分配资源，将轧线产线多的特点变为优点，提高快速响应市场能力，确保整体效益最大化。海外方面，聚焦"一带一路"区域，优化出口产品品种结构，走高品质、高附加值、高技术含量产品出口之路。

2. 客户服务及关系管理

持续提升投诉处理工作的质量和效率。通过完善管理制度、授权服务组处理异议、强化内部量化考核等管理手段，有效提升顾客投诉处理的响应速度，改进了服务质量。2021年受理顾客投诉6876起，处理结案7047起，实现顾客投诉处理结案率102%。

建立协调、互动工作机制，回应顾客诉求。针对客户诉求，重点客户派驻专门人员现场服务，及时了解产品的质量状况，建立销售部门、客服部、生产厂、技术部门、物流部门等全流程的协同、互动工作机制，加强客户需求识别，有力促进服务工作深入细化。

以问题为导向，实施闭环管理。归纳总结客户投诉的代表性、倾向性问题，按周、月、季、年在全公司范围内反馈质量信息，促进本钢实物水平的真正提升。

3. 变革营销模式，提高工作效率

一是打造精干高效的营销服务体系，开展"走出去、走下去"营销活动，全面贯彻和落实"行销"理念。制定科学、精准绩效考核办法，充分激发员工活力。二是按照鞍本一体化工作部署，围绕集团营销战略布局,各销售子公司按区域进行整合。有序推行管操分离及区域协同,重点挖掘区域服务增值能力。三是增加供应链和产品外设计职能,进一步完善营销系统,适应市场需求,提高用户满意度。四是加强信息化建设,全面推进本钢信息化提升项目,满足鞍本管理一体化需求。

4. 维护职工合法权益

国贸公司根据社保机构和住房公积金中心规定,参加了"五险一金"的交纳,为职工建立了有效的社会保障体系。开展扶贫帮困工作,投保职工大病医疗互助保险,加强困难职工帮扶救助,减少职工后顾之忧;聚焦职工需求办实事,安装净水器提升职工饮水质量、办理洗浴卡解决职工洗浴难等实事10件。

5. 党风廉政建设

深化党风廉政建设。组织干部签订廉洁自律承诺书;组织参加集团警示教育大会;针对业务人员长期与客户保持联系,存在发生利用工作便利条件谋取私利的违法、违纪事件的可能,有针对性地进行廉政警示提醒谈话;深入开展制止餐饮浪费专项整治工作等活动,把全面从严治党要求落实落细。

6. 履行社会责任

国贸公司积极组织防疫物资,宣传防疫知识,全员参加防疫。组织党员为疫情防控捐款57570元。为职工配发口罩、不锈钢餐具、洗手液、消毒棉等"防疫礼包",助推复工复产和疫情防控。同时积极动员党员、干部以及其他职工,踊跃购买桓仁县农副产品,共慷慨解囊24万元,为扶贫事业做出贡献。

案例创造人:孙东升　刘宇方

诚信经营　守正创新　践行国企担当

云南云景林纸股份有限公司

一、企业简介

云南云景林纸股份有限公司（以下简称云投林纸）位于云南省普洱市景谷县，是国家"八五"、云南省"八五"和"九五"重点建设工程，是云南省首次利用亚洲开发银行贷款，以当地森林资源开发及木材永续利用、振兴边疆少数民族地方经济为目的，按照林纸结合模式兴建的国内首批林纸一体化企业之一，是云南省投资控股集团有限公司的控股企业之一，是云南省林业、农业龙头企业。公司始终坚持保护与开发并举，坚持走"生态建设产业化，产业发展生态化"的发展路子。二十余年光辉历程，云投林纸不断前行，成功探索出了一条林产业可持续发展之路，建立起了森林可持续发展的长效机制，构建起"生态有利、林农有利、企业有利"和破解"三农"难题的"云景模式"，实现林农增收、财政增长和企业增效的有机统一，闯出了一条"短能脱贫、长能致富"和"生态美、百姓富、产业兴"的产业精准扶贫新路。对提高景谷县森林覆盖率，增加活立木净生长量、森林固碳、产值、税收，带动地方就业和其他产业发展，帮助贫困山区林农脱贫致富做出了巨大贡献。是中国林浆纸一体化的典范企业，是全国人工林可持续经营首批6家试点企业之一。

公司现有员工1300余人，总资产48亿元，年产值14亿元以上，年利润和上缴税费达2亿元以上，年产能纸浆30万吨、生活用纸5.4万吨。业务包括林业资源开发、苗木培育、营林造林、纸浆及生活用纸、化工产品、林产品、板材加工、生物质颗粒等产品的生产销售等。对地方经济社会的发展发挥了重要作用，取得了显著的生态效益、经济效益和社会效益。一个诚信的企业，一个云南的民族品牌，从此担负起了振兴边疆少数民族地方经济的使命。

二、企业诚信建设情况

1. 规范管理，诚信守法经营，增强消费者信心

云投林纸根据国家有关法规，先后制定了一系列产品标准、过程管理办法、产品质量和售后服务制度，工作中坚持"目标、问题、结果"为导向分类施策，运用新观念、新管理、新技术多维度、多层次分析解决客户"痛点"，补短板，强弱项，自觉维护市场经营秩序，做到守法经营。落实服务理念，将诚信文化纳入企业文化品牌建设中。建立质量安全事故主动报告制度，严格落实质量安全责任追究制度，完善产品质量追溯体系，及时解决消费者的质量投诉，自觉履行产品质量召回、"三包"等产品质量责任和义务。推出了员工行为规范、质量检验管理承诺书、安全环保承诺书，在公司网站发布企业质量信用报告，对外公开企业质量诚信承诺书、云南省工业企业质量诚信承诺书、原辅材料供应商产品质量承诺书。经营中做到货真价实、诚信经营，坚持以诚信为准则，坦诚相待、真诚服务于消费者，对消费者反映的意见和建议积极落实整改，产品质量、服务质量得到消费者和供应商一致好评。

2. 顾客至上，以诚信铸品牌，为消费者提供优质产品

"诚信守法、顾客至上，保护环境、关爱员工"是云投林纸一直坚持的理念，企业建立"产品＋服务""职业病防治＋应急救援预警"机制，将提高用户和员工满意度作为不懈追求，通过健全体系、科学决策、管理创新、持续改进，给员工提供全方位作业保障服务，向用户提供一流的产品质量和服务。纸浆产品远销全国各地，生活用纸产品出口到东南亚国家缅甸、老挝等。凭良心做产品，以产品展现信誉，确保用户能够安全、环保、舒适、放心地使用，是云投林纸对用户承诺的具体实现，也是云投林纸努力争创"云南生活用纸第一品牌"的标志。生态营林、环保制浆、绿色造纸，全产业链造品质好纸，云投林纸以"质量"为出发点让品牌散发长久的生命力，让"普洱林木，天生好纸"的品牌口号响遍全国。

3. 品质优先，低碳节能环保工艺，践行健康安全的品质承诺

云投林纸深入贯彻落实绿色发展理念，以打造绿色企业（工厂）为目标，加快公司绿色循环发展转型，依托生态文明、"双碳""双控"及绿色经济建设等相关政策背景，全面推进公司"森林碳汇"，抓节能、环保、绿色经济提质增效措施落实，采用100%原生木浆，应用国际先进的技术及装备，自动化程度高，能源消耗低，污染物达标排放，确保每一张纸的绿色、低碳、健康、安全，并将一张张生态好纸输送到了千家万户，带给人们更加健康、环保、幸福的高品质居家生活，打造云南生活用纸进入原生木浆好纸时代，实现了云南从低档蔗渣纸、混浆纸向中高档纯木浆纸消费升级的品质生活。

4. 创新引领，对标找差距，助推企业高质量绿色发展

云投林纸坚持"凡创必奖、凡破必奖"的创新激励，建立"找瓶颈、建赛道、比业绩、兑奖励"管理机制，聚焦质量提升，数字赋能找关键，对标找差距，优化考核机制，有效融合QC课题与"阿米巴"TCD提案破解质量瓶颈问题，重点抓纸浆树脂尘埃控制、生活用纸分档提质提效等问题攻关解决，持续开展质量对标，细化质控点管理，强化工艺协作控制，持续改进产品质量。增强自主可控能力和内生动力，补齐质量短板和打造质量增长极，为客户提供最佳产品解决方案，提升供给质量，助推公司高质量绿色跨越发展。截至2021年累计获得国家专利38件，承担国家、省级企业重点研发项目26项，参与制定国家标准1项，云南省地方标准2项，行业标准3项。公司被认定为省级创新型企业和国家高新技术企业。

5. 以市场为导向，开发绿色产品，提升质量管理水平

围绕市场需求，结合原料特性优势，研究开发生产效率高、产品特性强、适销对路的绿色特需产品标准，发挥新月型纸机及纯木浆生活用纸特性，增创高附加值单品，提升核心品质，发挥纸机生产效率，提升公司竞争优势。按照"有标贯标、缺标补标、无标建标、低标升标"的原则，组织公司加入相关协会，及时引用、更新在用标准，积极参加国家、行业、地方、团体、企业标准编制或修订，提升公司质量管理水平。完善质量分析体系和追溯体系，研究技改提升自动化控制系统，上建数据化质量控制系统、在线监测监控系统，人工智能升级，为质量精准控制提供保障，"逐步实现传统产品＋智能化"转型，加快工业品和消费品提质升级。构建"产品＋服务"机制，嵌入服务供给理念，集成优势资源，打通研发、生产、销售、服务为一体的全产业链模式，引导生产制造向价值链两端延伸，从制造产品走向为用户提供一站式解决方案，让企业紧紧握住客户的手。

6. 教育引导，抓实质量业务技能培训，提升全员质量意识

一是通过每周调度会、每月质量通报、事故分析会、质量安全总结会，及时协调解决质量存在问题，宣传公司质量管理理念。二是组织质量检验取证技能培训，保证检验人员持证率100%。三是开展岗位互换交叉培训、电脑操作业务技能测评，选拔优秀员工。四是配合政府职能单位开展"企业质量技术服务调研""质量品牌"活动，全面提升公司对外质量信誉。五是梳理识别质量法律法规、标准相关要求符合性及岗位廉洁风险点，建立风险防控机制，明确防控措施，完善监控设施，创新检查机制，细化考核目标，每月开展督查排查，提高公司质量风险管控力；编制质量检验岗位廉洁防范手册，树立员工质量安全、职业道德底线、廉洁风险红线。

7. 绿色发展，构建林浆纸一体化可持续发展

云投林纸秉承生态优先、绿色发展、永续利用的发展理念，以"生态+产业"和"公司+农户+基地"模式，在集体林、自留山、宜林荒山荒地及农民顺延承包地上合作发展工业原料种植林，现已建成120万亩工业原料林，践行绿水青山就是金山银山的理念，极大地提高了当地林地生产率及林分质量，使景谷县森林覆盖率也从1997年62%提高到现在80.69%，是全国森林平均覆盖率的4倍。随着生活用纸"思景""集木优品"双品牌的上市，云投林纸成功打通了林浆纸一体化产业链的最后一环，真正实现了从育苗、造林、制浆、造纸的全产业链模式，形成了以纸养林、以林促纸、林纸结合的产业格局，成为西南地区集育苗、种树、制浆、造纸为一体的林浆纸一体化典范企业。云投林纸把林浆纸产业发展与农业发展有机结合起来，把纸浆工业原料林基地建设变成边疆少数民族地区脱贫致富奔小康的有效路径，推动开展扶贫帮困、发展山区经济步伐，实现农民增收、企业增效的可持续发展目标。

8. 建强体系，筑牢诚信经营道德底线

云投林纸紧紧围绕"诚信经营、顾客至上、品质优先、服务社会"这一经营理念，自觉接受消费者、政府和社会监督，强化自律管理，将履行质量承诺、追求质量诚信作为企业发展不懈追求的目标。以货真价实的商品，文明优质的服务，赢得了消费者的信赖和拥戴，有力地促进了企业经济效益和社会效益的同步提高。企业已成为当地辐射范围最广、带动作用最强的支柱产业和标志性龙头企业。被列为云南省信息化示范企业和全省企业上市倍增三年行动"金种子"重点扶持企业，是中国前十、西南地区最大的商品木浆生产供应企业，云南省最大的生活用纸生产企业，先后获得云南省首届政府质量奖、中国驰名商标、云南省著名商标、云南省名牌产品、云南质量走廊省级示范单位、"三针"牌漂白硫酸盐浆获中国林业产业诚信企业品牌和中国（国际）商品浆最受欢迎十大品牌、云南省先进基层党组织、普洱市守信用企业、景谷县"2021年度劳动关系和谐企业"等荣誉称号，2021年企业员工有6人分别获得云南省第二十三届"劳动模范"、云南省国资委党委"优秀共产党员"、云南省国资委党委"最美云岭国企人""云南省脱贫攻坚先进个人"、云南省城市困难职工解困脱困工作先进个人、云南省金牌劳动关系协调员。迄今为止，云投林纸用实践证明了林浆纸一体化是生态文明建设、经济社会发展和脱贫攻坚的"多赢"选择。

案例创造人：张开赋　杨亚辉

以诚取信　赢得市场

四川长虹教育科技有限公司

一、企业简介

四川长虹教育科技有限公司成立于2015年，是一家集多媒体显示研发、交互式教学会议应用研发、智慧教育装备综合解决方案的国家高新技术企业，致力于服务中国教育信息化建设，业务覆盖中小学、职业学校及高等学校、政府、培训学校等。公司自成立以来，坚持用户思维，首创"产品+方案+服务"一站式服务模式，打通教育装备产品产、供、销、储、运、配等各环节，实现产品方案的售前+售中+售后的全流程供需对接，公司秉承持续稳健的诚信经营理念，深入教学一线，深耕教育教学管理领域，公司依托于长虹控股集团已有的研发、生产及服务能力，为教育装备赋能。是全国教育装备行业质量领先品牌、中国教育装备行业团体标准委员会委员、AAA信用等级企业、四川省企业技术中心、四川省服务型制造示范企业、四川省科技成果转化示范企业、四川省两化融合示范企业、四川省专特精新重点中小企业，四川省诚信企业，并先后中国制造2025四川行动与创新驱动、四川战略新兴产业发展计划、信息化教育扶贫试点、四川省科技计划、四川省新型智慧城市典型应用案例等多项省市试点（示范）项目。

二、企业诚信建设情况

1.创新业务模式，立足服务品质，不断丰富企业诚信文化内涵

（1）创新业务模式，凝聚全员前行合力。长虹教育科技公司一贯坚定用户思维，发挥正能量，承担更多社会责任，把业务发展和个人发展牢牢绑在一起，激发全体员工提振精气神，同心同德。"以用户为关注焦点"，作为诚信经营管理的第一项原则，把用户的需求和要求放在第一位，长虹教育科技研发、销售和服务人员坚持站在教学的第一线，走进学校管理者、老师教学和学生学习中去，通过日常走访学校课程、开展座谈会、每年寒暑假两次固定的巡检以及展会等方式去挖掘用户的需求和使用要求，为用户定制化产品功能。每一款产品和每个软件版本迭代升级，都邀请教学一线的老师和学校信息化老师一起探讨产品的功能需求，在现有的产品或版本上实现升华。让员工通过积极参与活动，培育先进的企业文化，增强员工的荣誉感。

（2）立足服务品质，创业干事坚定信心。长虹教育科技秉承诚信的经营理念，以客户需求为导向，以提高质量和效益为目标，以企业文化建设为抓手，教育员工树立"以用户利益至上"的核心价值观，推行"一站式服务"等服务方式，用心、用情、用智服务用户，深度了解和理解用户的需求，提升服务品质。2019年，长虹教育科技了解到用户实际需求和资金困难，引入了教育装备行业首创的资金合作模式。2020年，让学校高效管理，教师备课授课更有趣，学生快乐学习，结合学校的日常管理活动和《智慧校园总体框架》国家标准文件，深度定制的智慧校园云平台，赢得了学校各级用户的高度评价。

2021年，为了更好地让教学一线老师能够快速备课、高效授课，提升教学效率，长虹教育科技向用户推出了集备课、授课、云存储等多位一体，让老师快速完成备课授课，并提供多学科教学工具成为老师的教学助手，帮助老师利用信息化技术上一堂生动的课的长虹启课3教学系统。推动教育信息化技术的在各地快速发展的进程，为教育装备管理体系中更多精细化场景需求提供服务，通过用户对产品方案的使用高度评价，引导员工勤勤恳恳干事业，勇争第一，做创先争优的表率。

2. 不断提升品牌价值，做诚实守信经营样板

长虹教育科技自成立之初便建立了完善的企业信用制度，为企业的诚信建设提供了准绳。长虹教育科技制定了严格的应收账款、应付账款的管理制度，对销售和账款管理起到了积极的账款的管理制度，对销售和账款管理起到了积极的作用；在客户作用；在客户管理方面，长虹教育科技建立了客户的综合档案数据库，对客户进行完备的信息记载，对防范风险起到了积极的促进作用。长虹教育科技于2016年获得AAA级企业信用等级评价证书，树立了长虹教育科技诚实守信的企业形象，增强了团队凝聚力，提升了企业和员工的整体形象，使长虹教育科技的生产经营活动处于良性循环。

长虹教育科技在质量管理、环境管理、职业安全、知识产权管理、信息安全等方面都建立了保护体系，拥有自己核心的管理体系和，不断提升公司发展的软实力，并获得了各类保护体系的认证。长虹教育科技目前拥有专利30项，其中发明专利2项，实用新型专利23项，外观专利5项；软件著作权证书87项，注册商标11个。长虹教育科技通过严格的保护体系，保障所有的知识产权清晰，促进技术创新的良好氛围，把知识产权的创造、保护、管理、运用纳入日常管理的各个环节。

无论是炎炎夏日，还是天寒地冻，无论飞越高山和大海，长虹教育科技都始终坚持"一切为了用户"的诚信经营承诺。

2020年3月，长虹教育的售后服务接到甘孜州色达县一所学校的老师的电话，机器出现故障，需要快速的处理，还需要换一个零件。这时候的色达县正在下着大雪，从县城的服务网点到学校已经被大雪封路，为了解决学校的燃眉之急，长虹教育的两名售后服务工程师冒着大雪，开着车往学校赶，前面的路被大雪封路无法通过，工程师们拿着维备件深一脚浅一脚地冒着大雪赶到了学校现场，及时地解决了学校的问题。2020年7月，正值暴雨来临，雷波县的一所学校机器出现了故障，需要紧急的处理。又是炎热的夏季，又暴雨不断，很多山路已经塌方，为了及时地解决用户的使用问题。长虹教育售后服务工程师背着备件和工具冒着大雨，一路徒步在天黑前赶到了学校。到了学校，没有顾得上高原反应带来的不适，立马投入到设备检查维修中，快速地解决了问题，让学校第二天教育能够正常使用。每一个举动、每一次快速的响应、每一次的回访，加深了长虹教育与用户之间的那份感动和认可。2021年，暑期，一场场暴雨突袭四川，长虹教育科技在绵阳总部的工厂也受到洪涝影响，交通和生产压力巨大。长虹教育科技全体人员迎着困难逆流而上，克服重重困难，"白加黑"，"5+2"、创新方式，抢时间、抢速度，保证产品按时到达，在开学前为莘莘学子和老师呈现全新的信息化教室环境。在河南省多所学校庚即开学，接到订单后，长虹教育科技从绵阳总部连夜调配货源，发货、运输，不到72小时长虹教育科技团队就将设备就送达河南省的学校。收到设备的学校老师说道，"长虹教育科技的队伍杠杠的，为你们点赞！"每一个举动、每一次快速的响应、每一次的回访，加深了长虹教育科技与用户之间的那份感动和认可。这也是长虹教育科技"一切为了用户"的诚信承诺的实践。

3. 加强诚信体系建设，切实提高企业综合竞争力

公司一直坚持"依法经营、诚信经营"的理念，积极履行企业社会责任，加强信用体系建设，切实提高企业综合竞争力，在全局上下营造诚信经营的良好氛围，切实将诚信经营融入日常经营管理工

作中，通过多方举措凝聚思想，统一认识，打造了一套诚信经营的长效机制。

产品质量方面，公司全系列产品通过国家强制性产品认证；定期进行管理体系更新认证，贯彻落实质量、环境、安全一体化的管理体系，将组织管理由"人治"上升到"法治"，强化品质管理，实现对每一个产品的质量负责。生产经营方面，强化合同管理，制订了严格的管理办法，严格按照约定履行合同，加强合同履行中的动态监督。文化方面，加强法制宣传，抓好各类相关法律法规的学习和贯彻，建立法律风险防范组织体系，通过各种培训和活动不断强化员工诚信合规意识，让诚实守信成为每位员工的必修课和最高准则。

4. 主动担当作为，积极履行社会责任

近几年，受新冠肺炎疫情影响，长虹教育科技心系全国多地师生的健康与安全，以实际行动支持国家抗击疫情的决心，助力防控疫情期间各地中小学"停课不停学"，向所有的长虹教育用户免费提供"教学系统"用于在线备课、授课和辅导；通过在线视频、语音、电话多种渠道开展产品使用技巧培训、在线授课指导等多种服务，助力各地的老师轻松在线授课。为了让教师们的在线教学更加有效，长虹教育科技还为老师们推送了新颖的教学方法、有趣的教学环节。全国多地的老师使用了长虹教育提供的教学系统赢得了师生的高度赞扬。切实做好"停课不停学"在线教学保障工作，积极为打赢疫情防控阻击战作出贡献。

自开展"精准扶贫、精准脱贫"工作以来，长虹教育科技公司积极响应号召，开展精准扶贫、乡村振兴工作。先后向四川省凉山州多个县区、绵阳市平武县、甘孜州等多地所捐赠了交互智能平板、教学图书、体育用品等教学设备。与凉山州普格县学校结成一对一定点帮扶，设立了"贫困大学生助学金"，助力凉山贫困学子上大学、完成大学梦。深入调研贫困地区学校需求和特点，探索建立与远程优质教育资源的结对帮扶新机制和教育信息化技术服务新模式，提供了完善的教育装备和远程教育资源的实施方案帮助老师充分掌握信息化教学手段，实现信息教学与信息化技术的深度融合。在产品研发技术上，针对民族地区的教学使用习惯、经常断电的实际情况等，在智能交互平板上配套了丰富的教学资源软件，增加了断电保护、水雾消除等功能，让教师教学更智能和便捷。

长虹教育科技始终坚信，诚信是企业的无形资产，是企业的立足之本。公司成立至今始终守法经营，严格执行各项法律法规，建立了良好的诚信准则，用实际行动引领着诚信风尚。

长虹教育始终将诚信经营放在第一位，始终坚持"以用户利益至上""给您最好的服务"，无论飞越高山和大海，面对酷暑严寒，提供最优产品和最完善的服务，实现与用户的无缝对接，为中国教育信息化建设发展保驾护航，为每位师生和教育管理者提供适用、满意的产品。

案例创造人：陈庆　王童

融入城市发展　做诚信经营示范企业

国能宿州热电有限公司

一、企业简介

国能宿州热电有限公司地处安徽省宿州市，厂区占地 780 余亩，东临京沪铁路，西靠 206 国道和京台高速，交通便利，公司距宿州市行政、经济中心仅 1 公里距离。

本公司前身为始建于 1958 年的电力部部属企业—宿东发电厂（#1 机组 12MW），至今已有 64 年的历史。1990 年，由宿县地区行署独资成立宿东电厂二分厂，扩建了 #2 机组（25MW）。1995 年 8 月率先成立安徽省电力体制改革股份制试点企业—安徽宿州汇源发电有限责任公司（#3 机组 135MW）。1999 年进行"一厂一公司"改制，#1、#2、#3 机组合并为安徽宿州汇源电热有限责任公司。2005 年扩建 #4 机组（135MW）。2007 年年底以前，公司一直隶属于国网安徽省电力公司管理。2007 年 12 月 28 日，在国家"920"电力项目重组中，随着控股方安徽力源电力发展有限公司的股权划归中国国电集团公司所有，本公司归属原中国国电集团公司管理，2008 年 6 月更名为国电宿州热电有限公司。2021 年 3 月更名为国能宿州热电有限公司。公司共设置 11 个部门，分别是综合管理部（党委办公室、法律事务办公室）、党建工作部（工会办公室、团委）、组织人事部（人力资源部）、纪委办公室（审计部）、财务部、计划经营部、安全环保监察部、运行部、生产技术部、维护部、燃料管理部。为服务城市热力，设置 1 个独立法人机构国能宿州热力有限公司。截止到 2021 年 12 月，公司共有在职员工 468 人。

为了响应国家节能减排政策，2010 年拆除了 #1、#2 机组，关停 #3 机组，扩建 2 台 35 万千瓦级热电联产机组。2012 年 10 月 29 日、12 月 11 日，#5、6 机组分别一次性通过 168 试运并转入生产阶段。2017 年，#4 机组关停。公司现有两台 350MW 超临界机组，年发电能力 38 亿千瓦时，供气能力达 300 万吨。2016 年、2017 年，公司分别对 #5、6 机组进行了超低排放改造，二氧化硫、氮氧化物、烟尘低于国家 35、50、10 的超低排放标准。

公司是安徽省宿州市供热专项规划和热电联产规划中的唯一热源点，目前也是安徽省内最大且唯一实现工业、民用供热的热电联产企业。成立以来，公司致力于两个文明建设，多次荣获原中国国电集团公司"五星级企业""先进单位"光荣称号、在年度业绩考核中获评"A 级企业"。连续四届获得省级"文明单位"、省"节能先进单位"、省"银行业诚信客户"、省"A 级纳税信用单位"、市"工业三年倍增十强企业"等荣誉称号，经济效益和社会效益突出。

2020 年，公司在综合研究国家能源变革、电热供应优势、宿州市经济社会发展和市场经营形势的基础上，确立了：公司使命—为美好宿州提供清洁高效可靠的综合能源和服务；公司愿景—做美好宿州清洁高效可靠综合能源服务百年供应商（百年宿电）；公司目标—建设新时代一流城市热电公司；公司价值观—宿州美好员工幸福企业活力缺一不可、与最好同行、快乐工作快乐生活；公司品牌—城市清洁热电。

宿州公司以"为社会赋能、为经济助力"为公司宗旨，积极融入宿州市城市发展，保障电热能源供应的同时，大力拓展新能源和多能供应范围，肩负"能源供应压舱石、能源革命排头兵"的光荣使命，为建设现代化美好宿州提质赋能。2021 年以来，宿州公司积极践行国家能源安全战略和"3060"双碳目标，融入长三角一体化发展战略，对接淮海经济区协同发展，在城市能源供给、居民供暖、清洁能源高效利用、智慧电站、智慧管网、新能源大基地建设、去工业化设计、城市环保服务等方面创新发展，推动公司战略转型。

二、诚信经营理念

深度融入宿州市城市发展，为美好宿州提供清洁高效可靠的综合能源和服务，加强企业管理，牢固树立合法、诚信经营理念，夯实安全环保基础，实现超低排放，合理使用水资源，依法纳税，合规经营，与各利益相关方建立合作共赢的社会诚信机制，致力于精准扶贫和乡村振兴，为城市发展助力赋能。

三、决策部署

推动公司"城市热电"品牌建设：加大与地方政府、媒体、研究机构等沟通合作，通过企业开放日宣传、配合污水厂污泥处理、冷热电三联供、洁净化生产运输、污水零排放等项目的推进，加大宣传力度，努力提高公司"城市热电"的知名度、美誉度和影响力，为公司融入地方经济发展营造外部环境。

创建党建品牌、团建品牌、工会活动品牌和大监督品牌等四个党建品牌。以党委党建"双提升"、团委"一团一品"、工会"家园杯"、风险防控一体化建设，塑造宿州公司一流企业形象。

建设"美好宿州，法治热电"品牌。夯实法治基础，提高人员法治意识和法治工作水平，提高法务人员持证上岗率，建立依法治企、合规经营的法治运行体系，防范法律风险，培育法治文化。

推进"风光火储一体化"和多能互补能源发展品牌。跟进通流改造、熔盐储能、东线三期、民用供暖、光伏风电、增量配网、智慧能源、化学储能等项目进展，争当能源高效利用和能源革命的排头兵，为实现"3060"双碳目标奠定坚实的基础。

四、体系建设

公司高度重视诚信经营企业创建工作，主要负责人切实履行第一责任人职责，班子成员分工负责，各部门协作配合，进一步加强对创建诚信企业的组织领导。把诚信经营纳入班子工作日程和企业整体创建计划，与生产经营、投资发展和管理提升统一部署、统一落实、统一奖惩。明确各部门职责，定期听取创建工作情况汇报，及时协调解决创建中遇到的困难和问题，逐步完善诚信经营管理体系。

五、制度保障

2021 年，公司按照集团公司、安徽公司工作部署，修订完善各项管理制度 162 项，做好制度的"立改废释"，加强制度执行的跟踪监督，落实"一岗双责"责任，针对肩负的社会责任，坚决落实好环保排放指标公开机制，接受社会监督，同时通过热力市场开拓、新能源发展和能源高效利用，与市政府部门和利益相关方建立合作共赢的战略合作关系，提高企业影响力和美誉度。

六、社会责任

公司高度重视质量工作，坚持质量立企、科技强企，认真贯彻中央高质量发展要求和新发展理念，强化全面质量管理意识，广泛开展质量提升行动和质量管理活动，建立健全质量管理体系，加强质量策划、质量保证和质量改进，加强质量人才队伍建设，全面提升工程、产品和服务质量。

在工程建设和新能源发展方面，认真贯彻电力、科技环保等行业工程质量技术标准，实施精益管理，全面加强工程质量、安全、工期、造价控制，加强质量技术监督，工程质量得到全面提升。在产品生产方面，加强运行调整，确保电热品质，严格执行电力、科技环保等产品生产制造工艺，加强设备技改投入和运行维护，提高设备先进性、可靠性，坚持质量第一、诚信经营，全力为社会、用户提供优质电能、热力等产品。持续超低排放，接受社会监督。在优质服务方面，企业重视市场营销，加强热力销售服务团队建设，建立健全售前、售中、售后服务保障体系，及时受理客户投诉，在市政府开通城市热力服务热线，实时调整供热参数，努力提升客户忠诚度、满意度，得到了广大用户的认可好评。加强国家环保政策和煤热联动政策解读，取得客户的理解与支持。

助力扶贫振兴，履行央企担当。2021年分别在集团慧采商城、金寨县沙河乡香铺村、时村镇马楼村购买农副产品，先后投入35万余元，捐款5万元用于马楼村修缮农田水利设施，参与消费帮扶，助力脱贫攻坚。

七、实践成效

被授予2021年度安徽质量信用AAA级示范企业称号；在中国电力企业联合会举行的2020年度电力行业火电机组能效对标活动中，公司#5机组在350MW级超临界供热湿冷机组竞赛中获得3A称号；"燃煤电厂石灰软化污泥（含钙污泥）综合利用研究"项目成功入选安徽省经济和信息化厅2021年全省工业领域节能环保"五个一百"推介目录。被授予2021年宿州市"爱心汇聚，圆梦大学"助学行动爱心企业。与埇桥区、砀山县、萧县、灵璧县、泗县人民政府、高新区、经济开发区等签订新能源开发和综合能源发展战略合作协议，集中式光伏、风电、分布式光伏、智慧管网多点布局，构建齐头并举的发展新局面。在绿色低碳转型和三改联动方面，加强与规划院、设计院、东方主机厂、高等院校、特变电工等多方合作，在能源替代、高效利用、智慧化建设、低（零）碳园区建设、去工业化等领域创新发展，配合政府做好城市减排降碳的规划布局，为城市双碳目标的实现贡献企业力量。

案例创造人：史晓雷　胡杰

农行遵义分行加强诚信建设助力地方经济社会发展

中国农业银行股份有限公司遵义分行

一、企业简介

农业银行因"农"而生、因"农"而长、因"农"而强。农行遵义分行作为国有大型商业银行，是服务"三农"的国家队和主力军，始终自觉提高政治站位，坚决贯彻党中央和国务院服务实体经济的各项战略部署，严格落实遵义市委政府、监管部门和总分行党委工作要求，坚持服务"三农"主基调，认真践行国有大型银行责任担当。近年来，农行遵义分行紧紧围绕市委市政府各项决策部署，重点围绕市委市政府"三大战略"工作部署，主动服从服务地方大局，不断加强诚信体系建设，切实加强信用管理，全面加大信贷投放力度，为遵义市经济社会发展做出应有的农行贡献，得到了相关党政领导以及监管部门的充分肯定，相继荣获了全国"十二五"企业文化建设优秀单位、2016—2019年度全省农行金融扶贫先进集体、2018年度贵州省金融助推脱贫攻坚劳动竞赛活动先进集体、2019年度中国农业银行金融服务脱贫攻坚先进集体、贵州省脱贫攻坚先进集体、中国农业银行先进基层党组织等荣誉称号，全行市场竞争能力、综合盈利能力和经营管理能力持续增强；服务"三农"、服务实体经济、服务社会的能力与水平全面提升，广大职工的素质和精神面貌焕然一新，社会形象进一步提升。

农行遵义分行地处"转折之城，会议之都"遵义市，截至2021年年末（下同），下辖17个一级支行，其中：城区支行5个、县域支行12个，基层营业网点81个，分行本部内设16个部门，全行在职员工1335人，在职党员619人，党组织142个；人民币各项存款时点余额381.48亿元，较年初增加58.48亿元，各项存款日均余额371.87亿元，较年初增加44.56亿元，各项贷款余额501.73亿元，较年初增加40.76亿元，实现中间业务收入2.01亿元、营业收入16.89亿元、净利润1.46亿元。

二、加强诚信文化建设情况

诚信是公民道德的基石，既是做人做事的道德底线，更是社会运行的基本条件。近年来，农行遵义分行结合自身实际，按照"诚信为本、信誉第一"的理念，深耕诚信文化，助推业务发展，围绕"高品质"抓诚信文化建设、围绕"高效率"推诚信文化建设、围绕"负责任"促诚信文化建设，用诚信文化引领发展。坚持"一手抓业务发展，一手抓文化建设"，通过打造诚信文化、管理文化、服务文化、家园文化、合规文化，力争把文化办成业务、把业务办成文化，推动优秀文化理念植入行为、融入管理、引领发展，统一员工意志，规范员工行为，凝聚员工力量，激发员工工作热情，使全体员工以主人翁的站位，与企业同呼吸、共成长，市场竞争力和队伍凝聚力不断增强。同时，积极履行社会责任，不断加大征信知识宣传，助力诚信社会建设，认真贯彻征信为民理念，在人民银行的支持和指导下，积极做好个人信用报告自助查询机运维工作，辖属湘山支行营业部是遵义市首家个人征信自助查询机代理网点，目前累计布控 4 台自助查询机，分别投放在遵义市城区、仁怀、绥阳、赤水支行，积极为广大人民群众提供优质、高效、便捷的征信服务，是该行助力诚信社会建设、贯彻"征信为民"、服务三农县域的重要体现。此外，持续开展征信知识进企业、学校、乡村、机关单位、社区宣传活动，动产融资服务宣传推广活动、"6·14 信用记录关爱日"征信宣传活动、"千企万户"征信专题宣传活动，积极推进全国性金融教育示范基地建设工作，引导广大群众逐步树立诚信理念，为营造良好的信用环境奠定良好基础。

三、构建和谐劳动关系情况

遵义分行在总分行党委正确领导下，始终坚持正确的政治方向，建立"党建带动工建、工建服务党建"工作机制，严格贯彻落实各级行党委决策部署，紧紧围绕全行中心工作，秉持以职工为本的原则，尊重职工主体地位，落实职工合法权益，树立全心全意服务大局、服务基层、服务职工的理念，积极发挥工会组织的参与、维护、建设、教育职能，把实现好、维护好、发展好职工的根本利益作为工会一切工作的出发点和落脚点，着重在为职工"办好事、做实事、解难事"上下功夫，持续为广大职工办好减负减压、困难职工帮扶、职工之家建设、关心职工职业发展和关爱职工身心健康等员工关爱行动，让广大职工舒心工作、全面发展，充分调动广大职工干事创业的积极性、主动性和创造性，更好强信心、暖人心、聚民心，凝聚好职工干事创业的正能量，让职工真正感受到农行组织是最温暖的"职工之家"，工会是可信赖的"贴心人"和"娘家人"，真正发挥好工会组织的桥梁纽带作用，使工会成为遵义分行改革发展的"宣传员""助推器"和"黏合剂"，不断促进遵义分行家园文化建设，鼓舞带动干部员工在经营管理工作中真抓实干、建功立业，全行上下的凝聚力显著增强，干事创业的氛围愈加浓厚，充分展现了攻坚克难、顽强拼搏、勇于担当的精气神。

（一）持续推进"职工之家"建设

2021 年累计下划补助经费 78 万元，其中补助乡镇网点职工之家建设经费 70 万元，帮助 28 个乡镇网点职工之家进一步改善学习生活设施，开展文体活动，让一线员工感受到实在的人文关怀。同时进一步加强对申请、已建"职工之家"的审核与验收，确保经费资源用到刀刃处，切实把实事办好，把好事做实。2021 年共计为 28 个乡镇网点配备空调 73 台，书桌椅 68 套，衣柜 61 个，跑步机 20 台，饮水机 23 台，洗衣机 15 台，冰箱 14 台，热水器 14 台，抽油烟机 7 台，动感单车 7 台，篮球、羽毛球、乒乓球、围棋、瑜伽垫等若干，对两个网点职工之家进行基础设施建设，共计投入资金 69 万，极大改善了乡镇网点职工之家的生活环境，让职工之家成为基层员工辛勤工作后，得以休憩的温馨港湾和幸福家园。

（二）精准做好困难职工帮扶

按类别建立了困难员工档案，通过进一步梳理困难员工具体情况、收集辅证依据，明确困难帮扶对象、条件等基本标准，全力体现"精准帮扶"要求，落实好全年"送温暖"补助活动。据统计，全年累计慰问困难员工 182 人，慰问金额 170 万元，有效缓解了困难员工的工作、生活压力，增强了工会组织的凝聚力。

（三）多策并举维护员工健康

持续推进员工健康体检工作的不断深入，严格对照总行《员工体检基本目录》内容，仔细筛选员工体检项目，并根据福利费开支情况，对全行 50 岁以上员工和女性员工体检费用调增 10%，筑牢员工健康第一道防线。针对当前日益激烈复杂的市场营销和职场竞争压力，多次专门邀请三甲医院教授、心理健康咨询服务机构讲师，在单位现场举办健康课堂和保健养生知识讲座，传授健康生活方式，缓解员工工作和生活压力，全力维护员工身心健康权益。

（四）丰富党建团建文体活动

全行持续推进全行家风建设，推动职工和谐文明家庭创建工作，有力助推了党风、行风、作风建设的互促共融。受疫情管控影响，暂不能举办原计划筹办的大型活动，就通过引进教培师资，鼓励员工积极参与小规模、多种类的文体活动，新增设了瑜伽、非洲鼓、太极等兴趣班，满足职工对美好生活的向往和需要，提升幸福感和获得感，并引导员工强化身心健康和自我管理意识；动员参加总行"百年征程、砥砺前行"健步走活动，20余名员工获得表彰奖励；组队参加贵州省金融系统庆祝建党100周年汇演活动，选送的京剧选段节目获三等奖；参加省分行建党100周年摄影比赛作品获一等奖；邀请中央党校教授到遵义讲述了《一堂党课》、聘请遵义市委党校教授开展"十九大报告""习近平视察贵州重要指示批示精神""十九届五中、六中全会精神"等专题讲座，组织员工观看红色电影《长津湖》《跨过鸭绿江》等。全行通过举办丰富多彩的主题党日红色教育和企业文化建设主题活动，有效激发了员工积极参与活动、投身工作的热情和活力，推动了全行党建带团建工作的不断深入，对提升全行员工竞争性思维、增强团队凝聚力、助推业务健康发展发挥了积极作用。

（五）强化新冠肺炎疫情防控工作

全行认真贯彻落实习近平总书记"以人民为中心的"发展思想，进一步突出"以员工为中心"，充分认识疫情防控的艰巨性复杂性，持续增强抓好疫情防控工作的紧迫感和责任感，围绕"不发生一起、不感染一人"目标，多次进行再强调、再安排、再检查。先后制定了《遵义分行新冠肺炎疫情事件应急处置预案》《加强疫情防控主体责任及落实细化防控措施》《加强秋冬季疫情防控工作意见》等防控指导文件，统筹指导辖内单位和员工个人开展防控工作。积极响应落实各项疫情防控举措，在办公大楼设置了门禁系统，加强外来人员管控，分别对办公场所、营业网点、食堂电梯、会议室环境消杀以及上班签到、食堂就餐、领取快递、乘坐电梯等场景制定了防控流程。高度重视防疫物资采购、储备工作，积极筹措劳保、福利等费用资源，确保物资储备供应充足，千方百计保障了一线网点员工物资需求。面对2021年10月遵义本土突发疫情，主动联系遵义市妇幼保健院为本部机关员工开展"四天三检"上门全员核酸检测，避免了人员聚集产生的病毒传播风险，同时安排对全行其他非风险区域人员至少一次核酸检测，最大程度保障了员工身体健康和生命安全。

四、服务地方经济社会发展情况

（一）全力推进重大项目投放，助力遵义地方经济社会发展

近年来，农行遵义分行积极支持遵义市地方经济建设，主要向遵义市基础设施、旅游发展、民生工程、棚改等重点项目以及烟草、辣椒、白酒、茶叶等行业提供信贷资金支持，全力支持推动遵义市实现产业结构转型升级。2018年，该行各项贷款净增加88亿元，位居"四大行"第一位。2019年，净增加75.7亿元，位列"四大行"第一位。2020年，净增加49.95亿元，累计投放94.34亿元。2021年，净增加40.76亿元，累计投放117.8亿元，存贷比达131.52%。

（二）全力推进县域"三农"贷款投放，助力遵义脱贫攻坚、精准扶贫和乡村振兴工作

按照"一县一策"工作要求，立足当地资源禀赋，重点围绕特色产业和优势行业，积极探索创新

金融扶贫模式和产品，撸起袖子加油干，形成了绿色发展、生态优先的发展格局，通过"信贷+非信贷"方式，全面助力打赢脱贫攻坚战。

截至 2020 年 12 月末，该行累计投放县域"三农"贷款 416.18 亿元、县域高速公路贷款 207.89 亿元、精准扶贫贷款 55.18 亿元、产业扶贫贷款 2.62 亿元、农户小额贷款 15.6 亿元、全市"美丽乡村·四在农家"贷款 53 亿元，累计带动建档立卡贫困人口 14.3 万余人，县域贷款、832 贫困县贷款及深度贫困县贷款增速均超过全行各项贷款增速。其中，重点围绕 832 贫困县红色旅游和生态旅游等脱贫攻坚领域项目，先后投放赤水 4A 景区提升工程项目贷款 8 亿元、遵义娄山关 4A 提升工程项目贷款 2.6 亿元、湄潭茶海生态园 4A 提升工程项目贷款 1 亿元、土城游客接待中心项目贷款 2.5 亿元和云门屯 4A 提升工程项目贷款 3 亿元等全市重点旅游扶贫项目，赢得了地方党政及旅游企业的高度认可。尤其是克服重重困难，仅用时 1 个月就成功落地全省农行系统首笔城乡建设用地增减挂钩项目贷款 2.9 亿元，对国家级深度贫困县正安县 17 个乡镇 1045 块总面积 3036 亩闲置农村宅基地进行复垦，涉及农户 4977 户 12259 人，其中贫困人口 2631 人。项目交易收益除还款外，剩余部分将全部用于脱贫攻坚，切实帮助农户改善居住环境，解决"两不愁、三保障"问题，积极支持当地农村产业经济发展。该项目是该行金融扶贫的又一创新举措，是响应国家脱贫攻坚政策的具体体现，表明该行助力县域打赢脱贫攻坚战的决心和信心。此外，该行还精心选派了 7 名政治站位高、理论素养好、工作能力强的扶贫干部开展驻村帮扶工作，均得到当地党委政府和群众的充分认可，累计对习水、播州和正安等贫困村开展扶贫帮困捐赠近 20 万元，用于进寨路等建设，充分展现了国有大型银行的高度政治觉悟和责任担当，为遵义市经济社会又好又快发展做出自己应有的贡献。

2021 年以来，全力做好巩固脱贫攻坚成果与乡村振兴的有效衔接，围绕白酒、茶叶、辣椒、烤烟等遵义特色产业，以酱酒贷、椒商贷、烟商贷等信贷产品为抓手，加大金融服务工作。同时，在湄潭、习水等重点区域创新推出乡村振兴产业贷金融服务方案，重点支持新型农村经营组织、小微企业、农户等，乡村振兴及普惠业务工作取得一定成效。截至 2021 年年末，该行县域贷款余额 356.61 亿元，较年初增加 31.2 亿元；涉农贷款余额 202.83 亿元，较年初增加 14.5 亿元。其中，农村企业及各类组织涉农贷款余额 52.55 亿元，较年初增加 20.47 亿元；小微法人贷款余额 13.24 亿元，较年初增加 5.56 亿元，新增小微法人贷款 263 户，小微企业贷款户数达 1023 户，呈现快速增长趋势，金融支持普惠小微企业力度不断加大。

（三）全力推进实体企业融资对接，助力疫情防控期间企业复工复产和企业纾困工作

新冠肺炎疫情发生以来，农行遵义分行认真落实省、市地方政府关于统筹推进疫情防控和项目企业复工复产的通知要求，在抓好疫情防控的同时，扎实做好疫情防控期间的金融支持工作。重点做好对参与防疫的单位及医用物品和生活物资的生产、运输和销售的重点企业提供金融服务。对全国及省市级重点防疫物资供应企业进行逐户梳理，由行领导带队对重点企业进行现场调查，对业务推进情况进行亲自调度。自 2020 年 1 月 25 日以来实现多笔贷款投放，金额共计 18.3 亿元。其中，遵义涉及全国性疫情防控重点保障企业 8 户。同时，为切实做好企业纾困工作，在疫情期间出台专项政策，对辖内有贷客户进行逐户摸排，建立台账，结合企业经营情况，分别采取为客户办理无还本续贷、设置"宽限期"和"展期"等工作措施，分层分类开展企业存量贷款期限管理，切实解决企业在特殊时期的资金周转困难，协助企业尽快恢复生产经营，极大地缓解了企业的偿债压力。

（四）坚持产品创新，全力支持特色产业发展

围绕遵义市重点特色产业，先后制定了《赤水市金钗石斛金融服务方案》《正安县生猪养殖产业金融服务方案》《遵义辣椒产业综合金融服务方案》《湄潭县茶叶产业集群综合金融服务方案》《遵义市播州区石板镇国家农业产业强镇示范建设金融服务方案》等，构建了"网络融资＋扶贫"便捷融资产品体系，通过"烟商 e 贷""烟农 e 贷""麻羊 e 贷"等特色网络融资产品，加大"惠农 e 贷"和农户小额贷款投放；创新"惠农 e 商＋产业链＋农产品交易市场"等电商服务模式，为虾子辣椒城等商户提供"惠农 e 商"服务平台，助力"黔货出山"，全力支持本地特色产业健康发展。

案例创造人：陈国江

诚信锃亮"西部铁军"金字招牌

中国十九冶集团有限公司

一、企业简介

诚信，是中国十九冶半个多世纪发展的灵魂注脚。从"不穿军装的解放军"到"西部铁军"，中国十九冶将"听党指挥、忠诚担当、拼搏奉献、勇创奇迹"的赤胆忠心，深深地刻在自身的荣光中。

"西部铁军"——中国十九冶集团有限公司（以下简称中国十九冶）成立于1966年6月1日，是世界500强中国五矿旗下骨干子企业，是中国中冶所属单位中唯一承担过冶金工程全流程施工的综合型建筑企业。中国十九冶拥有冶金、房屋建筑、市政公用、公路工程施工总承包为核心的"四特九甲"资质体系。经过50多年发展，中国十九冶出色地完成了党和国家交付的攀枝花钢铁基地三线建设的历史使命，现已走出大山、走出冶金、走出国门，确立了"一核两高两带八点"的市场战略布局，实施了以设计施工总承包为引领，以建筑产业化为平台，以建筑业的绿色化、智能化为支撑的发展道路，全面构建冶金、交通、市政、房建、能源环保、地下空间与轨道工程六大业务体系，全面提升工程项目全生命周期的服务能力，全力打造完整的工程产品服务链和价值链。

二、听党指挥，诚信祖国为本

1964年5月，党中央作出开发建设攀枝花钢铁基地的战略决策。毛主席说："建不建攀枝花，不是钢铁厂问题，是战略问题。"怀着一腔报国热忱，十九冶人"越是艰险越向前"，揭开了攀枝花钢铁基地建设序幕。中国十九冶数万建设者怀着对党、对祖国和人民的忠诚，头顶烈日、脚踏荒原，用智慧和血汗在2.5平方公里的坡地上，建成了举世闻名的"象牙微雕"钢城，闯出了一条成功建设具有中国特色的大型钢铁基地之路，打破了外国专家关于攀枝花钢铁厂不可能建成的断言。"中国钒钛之都"——攀枝花，全国唯一一座以花命名的城市就此诞生。

从这开始，十九冶人树起诚信于国家、诚信于社会的大旗。征西南、战华南、进中原、出国门，肩扛诚信大旗，天涯海角铸钢城。

进入新时代，高质量发展的时代强音召唤奋斗者再次出发，走出冶金的中国十九冶，又迎来了新一轮强劲发展的机遇。2019年，党委书记、董事长潘必义带领新一届领导班子重新规划、顶层设计，同心协力擘画出企业未来发展的蓝图，在正确结合宏观经济形势与科学分析国家经济战略的基础上，"一核两高两带八点"的经营战略布局全面展开，在更广阔的天地，续写"西部铁军"新的传奇。

走出国门，中国十九冶仍是祖国放心的"国家队"，脊梁重任、使命在肩，在"一带一路"上彰显大国风范。2013年，习近平总书记提出建设"新丝绸之路经济带"和"21世纪海上丝绸之路"的合作倡议。中国十九冶以此为契机，进一步强化"走出去"战略的实施，深耕越南、印度尼西亚、马来西亚、阿富汗等"一带一路"沿线国家冶金、房建、交通等市场，为中冶集团的海外市场占比作出了重要贡献。几十年间，中国十九冶的脚步已经遍布全球20多个国家和地区，高速度高质量建成了台塑越南河静钢铁兴业责任有限公司1号2号高炉工程、马来西亚马中关丹产业园350万吨钢铁项目工程、MSP公司印尼镍铁项目一期工程、援阿富汗喀布尔大学、纳米比亚 MR125 公路等一批具有影响力的项目。

历史证明,"西部铁军"以国家利益为己任,以央企风范为担当,用对党的忠心和赤诚谱写了"西部铁军,祖国放心"的豪迈誓言,演绎了一曲自强不息的铁军壮歌。

三、忠诚担当,诚信人民为根

作为中央企业,中国十九冶勇担脊梁重任,圆满完成汶川地震、攀枝花地震的抗震救灾、灾后重建任务。十九冶人一手托起责任,一手庇护亲人,在自身蒙受直接经济损失超过 5500 万元,总经济损失超过 2 亿元的情况下,积极向灾区伸出援助之手,200 多万捐款、60 多辆大型救灾车辆第一时间送达受灾群众最需要的地方。同时,中国十九冶义不容辞担负起灾后重建的重担,先后承担东汽新基地静子大件、铸钢、铸铁厂房,崇州永久安置房,都江堰崇义立交桥、天府大道等重点灾后重建项目的建设,十九冶人用铁骨大爱给党和国家交了一份诚信于人民的满意答卷。

作为国内唯一承担过冶金工程全流程施工的综合型建筑企业,中国十九冶创造了多项冶金建设新纪录,累计建设的高炉系统工程占中国炼铁产能的 10% 以上,为我国成为世界钢铁大国、强国作出了重要贡献。

作为"四特九甲"企业,中国十九冶在实施国家区域协调发展中勇当"主力军",一方面,胸怀"两个大局"、心系"国之大者",紧紧围绕发挥国有经济战略支撑作用,坚持建立"三位一体"经营发展战略新格局,坚持以设计施工总承包为引领的发展模式,坚持走打造基本建设、城市建设、新型城镇化建设统筹发展的道路,坚持"一核两高两带八点"区域经营战略。另一方面,通过工程建设推动战略落地:在打造冶金建设国家队方面,承担起冶金项目直接建造活动的"大国工匠"重任;在打造基本建设主力军方面,担负起独立自主发展的主体责任,具备独立自主发展的能力;在打造新兴产业领跑者方面,积极承揽高端项目,彰显公司作为大型综合性工程技术集团的核心实力。

在重庆,由中国十九冶投资建设的江龙高速惠及沿线三百万群众。项目建成后,将直接辐射巫溪县红池坝镇、云阳泥溪镇 2 个贫困镇沿线 120 个贫困村 30 余万贫困人口,带动沿线江口、南溪等人口重镇大镇组团发展,改变区域交通格局,有效助推脱贫攻坚和乡村振兴战略发展,为周边地区全面建成小康社会提供有力的交通支撑,有效促使长江三峡、巫溪红池坝、云阳龙缸、利川腾龙洞、恩施大峡谷等景点串联成线,带动库区生态旅游经济发展。

在云南,由中国十九冶投资建设的永勐高速公路是《云南省道网修编规划(2016—2030)》"五纵五横一边两环二十联"中第十八联"云龙 - 永平 - 施甸 - 勐简"段的重要组成部分。永勐高速公路建成后,将大大缩短临沧市与保山市及德宏州之间的路线里程,对加强各市之间的经济联系,促进临沧边境经济合作区的建设和发展。

四、拼搏奉献,诚信业主为荣

干一项工程,树一座丰碑,交一批朋友,拓一片市场。遵纪守法、诚信经营是企业最基本的责任和义务。中国十九冶新一届领导班子上任以来,牢固树立"工程项目是企业的生存之基、能力所在、人才摇篮,也是管理中心、技术中心、成本利润中心"的理念,推动项目管理水平迈上新台阶,创品牌、树形象、铸信誉,为企业塑造了诚信履约的良好形象,在业内获得高度评价。同时,中国十九冶聚力打造三大品牌工程,将冶金高炉工程打造成为尖端品牌,将交通(市政)领域道桥隧工程打造成为强势品牌,将能源环保工程打造成为知名品牌,从一江八点,到"一带一路",从川西高原到大洋彼岸,用一项项明星工程和耀眼的座座奖杯提升品牌的含金量,以品牌打造点燃诚信"主引擎"。

2020年，中国十九冶全力克服疫情带来的不利影响，推动公司生产经营活动尽快步入健康发展的良性轨迹，掀起大干快上的复工复产高潮。在成都，中国十九冶收到成都市住房和城乡建设局通报表彰，被评为成都市新冠肺炎疫情期间积极有序组织复工复产首批先进单位，并给予信用加分。同年5月，中国十九冶成都片区市政和房建板块信用排名进入到A++行列，成为第一梯队，为公司后续生产经营活动提供了好的条件。

在雄安新区，仅用45天，中国十九冶"西部铁军"便按时、高质量完成了在雄安新区的项目建设任务，向雄安人民交出了中国十九冶参与新区建设的第一张答卷。

在绵阳高新智能制造产业园项目，中国十九冶通过超前设计管理和施工策划，施工进度、质量安全得到了绵阳高新区党委政府和建设单位的高度认可。

在重庆，中国十九冶承建的重庆九龙滩项目获世界滨水设计最高荣誉奖，并得到了党和国家相关领导人的高度评价，两次亮相中央电视台，确保了中国海军166"珠海舰"准时入港安家，以实际行动兑现了"西部铁军、祖国放心"的豪迈誓言。

一件精品赢得的是一个口碑，件件精品铸就的则是不朽的品牌，中国十九冶精益求精、不懈追求，换来了"西部铁军、祖国放心"的铮铮誓言，也实现了"西部铁军、业主放心"的庄严承诺。

五、勇创奇迹，诚信员工为基

一个优秀的企业，必然有一支忠诚于企业的员工队伍。中国十九冶的"西部铁军"队伍，便是一支忠诚、团结、奋进的队伍，无论面临机遇与挑战，企业与员工同甘共苦，勇创奇迹，在追求"做有情怀的、幸福的、受人尊重的十九冶人"的"十九冶梦"的道路上永不止步。

20世纪90年代，面对国家经济治理整顿的大形势，置身市场经济的潮头，为求生存发展，中国十九冶主动出击、多方突围，走出大山沟、进军大市场，"出山入海、找米下锅"，布局"一江八点"区域经营格局。2002年，公司营业收入迈入10亿元门槛。此后，中国十九冶开启创新提升、转型发展的"二次创业"历程，在全国各地展开激烈的市场角逐，通过实施"人才兴企""北上东进""创新驱动、转型升级"等战略，企业发展的根基愈发厚实，前进的动能更为强劲。2012年，公司营业收入首次突破100亿元大关。2018年以来，中国十九冶主动出击、多方突围，走出大山、走出冶金、走出国门，在国内外展开激烈的市场角逐，企业发展的根基愈发厚实，前进的动能更为强劲，公司立足完全市场竞争环境，内抓管理、外拓市场、优化结构、重塑形象，生产经营主体与责任职能各归其位，治理体系与治理能力快速提升，"四大合同""九种状态、八个转换""一级招标定标、三级主体采购""投入、产值、计量、收入""大区域、大市场、大客户、大项目"等体制机制相继建立，生产经营和党建工作有序开展，主要经济指标迭创新高，员工收入大幅提升，企业面貌焕然一新。2020年，公司新签合同550亿元；营业收入202亿元；利润总额5.6亿元；在岗员工人均收入12.76万元。从"三线"建设时期一年施工任务不足2000万元的捉襟见肘，到迈入展望"千亿平台、百亿增长"的快车道，中国十九冶拉平发展曲线，实现光彩夺目的华丽转身。

半个多世纪的辛勤耕耘，中国十九冶交出了一份耀眼的诚信成绩单：全国质量无投诉·诚信示范企业、全国模范劳动关系和谐企业、中国工程建设企业社会信用评价AAA级信用企业、中国工程建设诚信典型企业、四川省劳动保障守法诚信A级企业、深圳市诚信评价A级建筑施工企业、攀枝花市劳动保障守法诚信A级单位等荣誉纷至沓来。每一份荣誉，都是一件瑰宝，见证着中国十九冶曾经的辉煌，催生未来的奋斗力量。

案例创造人：潘必义　田和平　章明全　向永川

坚持诚信理念　彰显责任担当　塑造一流品牌

国家能源集团国际工程有限公司

一、企业简介

国家能源集团国际工程有限公司（以下简称国际工程）是具备行业领先水平的招标、造价、工程咨询业务领域的专业化服务机构，集近20年招标、30多年造价所积累的技术力量和实践经验，具有较雄厚的业务实力，系中国招标投标协会常务理事单位、中国建设工程造价协会副理事长单位。"国家能源招标网"是集团公司唯一的招投标门户平台，全部招标集中线上运行，招标、造价和工程咨询业务一体化实施，面向全集团、全社会提供专业化服务。2021年完成招标项目1万多个标包，中标金额1715亿元，完成造价和咨询项目编审金额1527亿元，规模在央企中名列前茅，并具有独一无二的特色和优势。其中：供应商库有21万多家注册单位，评标专家库有2万多名注册专家，日均点击量近20万次，业务覆盖面广，品牌影响力大。

国际工程以"招标、造价、咨询"为核心主导业务，按照"一主两翼，三位一体"发展，紧紧围绕"专业化、标准化、智慧化、数字化、一体化"方向，聚焦"管理＋服务＋监督"新要求，通过覆盖全要素、贯彻全过程深度融入各产业结构体系、价值创造体系、业务链条体系中，努力将公司发展成为双一流的专业智库与行业标杆，为各业主单位提供高水平的专业服务，促进集团公司高质量发展。

二、主要做法

紧紧围绕集团公司发展战略，按照业务标准化、管理流程化、组织透明化、工作高效化的要求，将"国家能源招标网"建成一流的央企招投标平台、造价和咨询业务服务平台，为集团公司创建世界一流示范企业作出更大贡献。

（一）专业化筑牢发展根基

认真学习贯彻习近平总书记在榆林化工考察时的重要讲话精神，始终把政治建设摆在首位，加强党的全面领导，强化政治理论武装，切实提高政治站位。公司开展"双带双升"管理提升活动（党委带领支部提升招标质量，党员带领职工提升招标效率），推进党建与业务的深度融合，不断提升党委领导力、支部战斗力、干部执行力，引领正确的政治方向。

主动适应集团公司发展新格局，公司成立了保障集团新能源建设领导小组，下设8个专班，主动对接，靠前服务，特事特办，确保高质量、高效率。电力与新能源专班抓好招标文件范本使用，认真开展重点项目招标文件审查，深化与招标人的标前协同审查，促进招标人的整体指标提升，专业服务保障优质高效，得到了兄弟单位的认可。南京专班强化"属地化、贴身化、精准化"服务理念，外延服务，内挖潜力，多措并举，战胜了人员少、防疫紧的压力挑战，招标质量和效率指标名列前茅，实现了良好开局。造价和咨询专班抓住新能源发展契机，聚焦解决项目单位的实际需求，积极拓展业务，完成了招标控制价编审、投资立项评审、投资决策风险评估等450个新能源项目，业务量快速增长，广受项目单位的认可好评。鄂尔多斯专班深入走访榆林化工等建设单位，帮助解决具体问题，推动做优专业化服务。在工作中与基层单位密切配合，将专业服务嵌入项目管理的全过程，全力保障PGA等集团重点项目实施。荣获2021年度"国家能源杯"绿色发展劳动竞赛新能源发展资源贡献协同二等奖。

（二）标准化提升质量效率

秉持"一流企业定标准"的理念，在集团公司指导下，编制覆盖全集团各大板块的招标文件范本，共463套，3500万字，统一资格业绩门槛，限制自由裁量权，助力集团统一招标业务管控模式，大幅提升标准化水平，降低投诉异议风险。还组织修订《招标业务操作规程》，优化业务流程，堵塞管理漏洞，降低实施风险。编制《项目经理工作规程》，规范岗位职责和工作标准。受国家发改委和协会邀请，参与《国有企业采购信用信息公示规范》《国家招投标公共服务交易平台数据规范》等行业标准制定，为优化我国招投标领域营商环境贡献国家能源智慧。

积极推进诚信体系建设和失信治理，建立《供应商诚信管理办法》等制度体系，积极投入社会信用体系建设，对失信供应商实行联合惩戒，推动"一处失信、处处受限"。严格对失信供应商、失信专家等进行处理，列入黑名单。积极支持建立各类别供应商短名单，在集团采购领域诚信体系建设中起到了促进作用，助力集团公司优化营商环境。

（三）智慧化赋能业务服务

"国家能源招标网"平台拥有自主知识产权，部署在集团公司统一信息安全架构体系下，运行安全可靠，与集团ERP、SRM等统建系统和"国家招标投标公共服务平台"等行业权威系统互通互联，电子化招投标全覆盖，实现流程、计划、监督的统一执行，做到融合管控、全程在线、阳光公开、来去可溯，招标采购100%集中、100%上网、100%公开。

"国家能源招标网"面向全社会提供商业级的优质便捷服务，建立了供应商、专家、招标人、异议处理、中小企业账款清理等统一热线，平台支持微信、支付宝等方式收退款和移动APP应用，24小时服务在线。采用CA加解密，线上操作安全高效便捷，收、退投标保证金效率在全行业领先，投标保证金应退尽退、应退速退，"业、财一体化融合应用"作为央企先进案例上报国资委和工信部。

智慧化促进提质增效、降风险，开发使用智慧评标系统，能自动生成评标技术和商务对比表，对商务部分智能辅助打分，使专家更加集中精力进行专业化评标，平台智能分析和预警专家打分错误及风险，推动评标工作智慧化、高效化，评标工作平均时长缩短近一半，评标质量稳步提升。

（四）数字化实现价值创造

始终把廉政建设作为物资采购的生命线，深入推进全面从严治党、党风廉政建设和反腐败工作，突出抓好对重点人群的管理和监督，开展经常性的廉洁廉政教育和典型案例剖析。认真完成了集团公司纪检监察组委托的《新时期创新招投标监督体系》课题研究，探索建立"生态+制度+技术"的监督体系，积极构建"放管服"背景下招投标领域的监督新模式，营造公平公开公正的良好营商环境。

完善制度体系建设，并将招标制度和流程深植到平台中，业务规则设置透明公开，有效降低了人为干预的风险。加强监管机制建设，建立招标业务监督管理制度，强化日常监督、专项监督、社会监督，重点加强对评标现场的监管，不断完善"现场监管+技术监管"机制，提升评标质量，降低评标风险。

积极推动"云大物移智链"等数字化技术与招标监管业务深度融合，开发风险智能监测预警平台，实现业务监管的指标化、可视化、智能化。对制作投标文件的物理环境、文件内容异常一致、投标人股权关联性等情形能自动校验，智能预警供应商围标串标等不诚信行为，大幅提升风险防控效能。

（五）一体化打造核心优势

公司拥有工程造价业务甲级资质、工程咨询业务6个专业资信，在央企中具有独特优势。着力打造"招标+造价+咨询"能源工程管理智库，从工程咨询方案审查，到造价编制工程量清单、招标控制价和清标，到招标、评标以及合同执行全过程造价管理等，为业主提供各环节的投资控制服务，最大限度节约采购资金，推动流程规范。公司逐步形成了"以招标为支柱、造价为技术保障、工程咨询为纽带"的一体化运转模式，达到行业领先水平。

加强区域一体化高效保障。京内业务中心以高标准承担集团重点项目实施，以京外分公司为集团生产建设单位提供一体化、嵌入式专业服务，全力保障各项投资决策落地。

利用数据一体化挖潜创效。平台建设了包含2500多万条招标、造价数据的大数据智能分析和服务平台，实现产品价格数据共享和协同作业。在项目投资决策、采购市场分析、设备全寿命周期管理等方面，为集团公司和各单位提供数据支持和咨询服务，用好用活数据资源。

三、案例效果

（一）政治引领坚定，专业保障有力

党建引领和保障作用充分发挥，多个集体和个人受到集团公司"社会主义是干出来的""奋进十四五"表彰和挂牌，荣获集团公司"先进基层党组织""劳动模范"等荣誉称号。公司荣获集团公司首届"文明单位标兵"荣誉称号。

招标质量和效率稳步提升。2021年平均招标周期、一次招标成功率、项目质量等关键指标，均创历年同期最高水平，为集团公司新能源建设和各产业发展提供了优质高效的专业保障。

战疫情、保招标，党员干部冲锋在前，全面加强评标现场疫情防控，积极推进"不见面"远程评标，确保招标采购"不停摆"、保障集团生产建设"不停歇"，助力集团公司能源保供和绿色转型。2020年中标金额同比增长21%，2021年中标金额同比增长40%，超过1700亿元。荣获集团公司"一防三保"和北京市东城区疫情防控先进集体荣誉称号。

（二）降本增效显著，彰显央企责任

积极助力全集团降本增效，2021年招标节约采购预算金额275亿元，平均节资率16%；造价业务审减项目投资金额17亿元，平均审减率5.6%，专业价值创造能力显著。尤其在光伏组件、逆变器集团级集中采购项目中(中标金额106亿元，节约预算3.6亿元)，为降低集团新能源建设成本作出了贡献。

贯彻落实习近平总书记"搭把手、拉一把"重要指示精神，积极助力湖北疫后恢复经济发展，2021年湖北企业中标项目214个，中标金额78亿元。"国家能源招标网"减免湖北企业三年平台服务费，积极履行社会责任。

（三）风险防控有力，护航集团经济安全

463套招标文件范本全面应用，大幅降低采购风险，招标质量和效率明显提升，创新成果填补多项行业空白。公司通过ISO9001中国质量管理体系认证，质量管理日臻完善。公司业务合规性经受住了多次巡视、审计和2021年国资委内控专项检查的考验。

重组后的国际工程集中管控招标风险，全面打造"阳光招标"体系，没有发生过一起违法违规行为，"国家能源招标网"对内对外树立了专业权威、诚信公正的良好形象，为集团公司经济安全保驾护航。

（四）数字转型提速，再塑品牌价值

得益于全流程电子化招投标，及时快速清退投标人投标保证金5万多笔，每年可为投标人节省印刷、交通及食宿费超过2亿元。电子发票全年可减少开具纸质发票8万张、减少快递费150万元，降低全社会采购交易成本。对供应商的隐性与显性数据进行人工智能预警，甄别围标串标等不诚信行为，2021年共发现并处置229家供应商，有效打击了失信行为，优化集团公司营商环境。

"国家能源招标网"通过国家电子招标投标交易平台3星级（最高级）检测认证，通过国家信息安全三级等保评测，平台连续荣获全国公共采购"先进电子采购平台"奖。公司荣获集团公司2021年科技创新项目二等奖，荣获中国煤炭工业协会2020年科学技术进步奖二等奖。

（五）业绩持续增长，巩固行业一流

2021年圆满完成了经营指标、管理指标和服务指标，收入和利润实现"九连增"，全员劳动生产率211万元/人，保持在集团及行业中领先。公司连续第九年荣获集团公司经营业绩考核A级，连续第三年荣获集团公司党建考核A级。

中国招标投标协会任珑会长亲赴公司调研，认为我们处于行业领先水平。"国家能源招标网"平台及招标、造价、工程咨询一体化，在央企中具有独一无二的特色和优势，近年吸引了多家央企同行前来学习交流，树立了良好的品牌。近年来国际工程先后荣获中国招标投标协会授予的"行业先锋""推动行业发展突出贡献单位""全国招标代理机构十大品牌奖"等荣誉称号。获得中国招标投标协会首批授予的最高等级（AAA）信用评价，综合排名位列全国招标机构第3位，品牌影响力显著提升，创建一流取得了重要成果。

经过多年专业化、标准化、数字化、一体化、智慧化运作，国际工程已经形成了完善的管理服务体系和良好的企业文化氛围，培养了一支素质过硬、操守优良、业务精湛的专业人才队伍，诚信理念已经深入人心，专业化能力处于行业领先水平，在业内树立了优秀的企业品牌和形象。我们将不忘初心、牢记使命，努力把国际工程公司打造成行业一流的专业化公司，为集团公司创建世界一流示范企业作出新的更大贡献。

案例创造人：王进强　黄绍华　向杰

精心施工解民忧　诚信为民办实事

中国一冶集团有限公司

一、企业简介

中国一冶是世界500强中国五矿、中冶集团旗下的核心骨干子企业，是以工程总承包、房地产开发、装备制造为主营业务的大型综合企业集团和国家高新技术企业。公司拥有公路工程、建筑工程、市政公用工程、冶炼工程4项施工总承包特级资质，以及公路行业、市政行业、建筑工程、人防工程、冶金行业5项甲级设计资质，是全国为数不多的"四特五甲"综合性大型工程公司。中国一冶现有全资和控股子企业20余家，累计荣获40余项鲁班（国优）奖，获评全国五一劳动奖状、全国工程建设诚信典型企业、全国AAA信用企业等荣誉。

武汉市青山区是华中地区工业重镇，其中约有16%的小区建设于20世纪80、90年代。近年来，随着青山区工业化、基础设施、生态文明等建设步伐加快，城区面貌日新月异，市民对于美好生活的向往逐步提升，当前的居住条件已经无法满足群众的生产生活需求。

中国一冶优良传统精神中将"诚实守信，一诺千金的诚信精神"列入其中，作为企业来说，这也是贯彻中国一冶始终的传统精神，各级领导也多次、反复地在大小会议中强调，企业营销要讲诚信、企业运营要讲诚信、企业管理要讲诚信、企业承建的各项目尤其是民生项目，更要对百姓讲诚信。中国一冶发挥驻鄂央企担当，以"改造青山老旧小区、改善居民生活条件"为目标，将青山区老旧小区改造项目作为践行诚信为民的典范之一。

经过中国一冶对青山区老旧小区"天上、楼里、地下"全方位提升改造，将原来设施破旧、配套落后的老旧小区变成了居住安心、生活舒心、出门放心、娱乐顺心的现代化小区，实现了"黄发垂髫、怡然自乐"桃花源般的生活风貌。

二、驻区央企有责任讲担当

"一下雨就漏水，屋顶都发霉了；楼面破旧就像老人手上皱的皮；乱搭的电线就像蜘蛛网；小区路面没有一块好路，还没地方停车。"这是2020年以前大多数老旧小区居民的心声。

为进一步改善居民生活条件，擦亮城市名片，青山区委区政府认真贯彻落实国家"十三五"决策部署，深入贯彻落实《武汉市老旧小区改造三年行动计划》，把老旧小区改造工作当作当前"惠明生、扩内需"的重要事情来抓，坚持以人民为中心的发展思想，并结合全区实际制定了《青山区老旧小区改造实施方案》，于2019年启动了第一批老旧小区改造工程。中国一冶作为"基本建设主力军"，也作为驻区央企，全力参与青山区老旧小区改造项目建设，是使命所至，责任所在。

纳入老旧小区改造的主要有129个小区，总建筑面积105.65万平方米，项目分为两个项目实施建设。其中，非"三供一业"老旧小区工程采用EPC项目承包模式，涉及红钢城街、新沟桥街、红卫路街、冶金街、钢花村街、工人村街、青山镇街、厂前街、钢都管委会9个街道内的49个老旧小区387栋房屋，涉及住户 15569 户。整个项目施工中统筹兼顾基础设施新建与完善、居住环境改善与提升两大方面，共包含屋面防水、屋面隔热、外墙修缮、楼道修缮、排水管道、强弱电规整、道路修整、垃圾分类、绿化清杂、停车棚、安防改造、活动中心等 12 项子工程，对小区自上而下、由里到外，全方位无死角地进行改造、优化、翻新，各项目相互交叉作业，与供水、供暖工程共同作业。

"这个工程就在我们家门口，而且众多小区里也都住着我们自己的职工。保质保量完成项目建设，暖民心、遂民意，为中国一冶树好品牌，我们建设团队责任重大。"中国一冶湖北公司选派了具有多年施工管理经验的江伟作为项目经理，带领团队进行项目施工建设。

三、项目推进有方法讲策略

为确保项目顺利推进，项目部联合多方关联单位创新使用了"九步工作法"，推进项目改造落实工作，即：项目评估选点、现场调研踏勘、项目方案编制、城管拆除违建、确定实施方案、方案公示沟通、项目建设实施、项目验收移交、后期运营管理。通过中国一冶、设计方、代建、社区、监理和居民代表成立"六方联动"会议机制，明确各方责任，认真履职，齐心协力共同推进老旧小区改造工作。

项目推进初期，中国一冶老旧小区改造项目团队积极与各个小区所在的居委会进行联络沟通，广泛地收集群众意见。在施工过程中，中国一冶老旧小区改造项目部继续本着"不只好看、更要好住、好用、好生活"的原则，通过"扫楼"等方式积极了解住户需求，实行"一小区一方案"的改造模式，项目部施工员们随着设计院的同事手拿测量仪，白天进入小区现场实地踏勘，晚上整合梳理资料，反复优化设计，与业主管理单位沟通联系，哪里规划停车场，停车场安装充电桩，道路阔多宽，改善废弃场地，增设多少晾衣架……让小区居民切切实实享实惠。"在过程中，我们也不断地与居民进行沟通，根据他们的合理需求灵活调整方案，并力所能及地为他们解决生活中的实际困难。"

施工推进过程中，项目部为提高施工效率、降低施工成本，做到了"三个同步"，一是协调供水、供电、热力等公用设施同步进行改造或安装；二是自上而下，从屋面防水隔热到楼道修缮，从管线规整、雨污分流到铺设地砖、道路硬化、黑化等基础设施同步实施；三是协调监控安装、更换防盗门、扩宽消防通道等安全设施同步建设到位。同时，严把"两个关口"，为最大程度减少对居民生活的干扰，项目部合理安排工序，完善工作推进机制，进行分段、分片施工，并做好裸土覆盖、围挡打围、垃圾清理等工作，严把安全文明施工关口；施工材料定期送检，成品定期巡检，确保质量过硬，严把工程质量关口。

项目部在进场和平花苑东区前，"六方联动"专班踏勘时发现有 5 栋房屋的屋面坡度较大，周围无任何防护，场地狭窄且小区内车辆多、流动频繁，房屋修缮施工难度高，安全难以得到保证。项目部施工前多次与监理、社区、物业商议、协调，最终决定利用搭设落地式双排脚手架的措施保证施工安全，采用"搭设一栋、施工一栋、拆除一栋"轮流作业的施工方式，项目部负责人现场督工，亲自指挥，调度车辆，安抚居民，确保工程安全、有序开展，在保障居民停车及正常生活需要的同时，历经 2 周的时间 5 栋房屋顺利修缮完毕。

在青翠苑小区改造工作启动之初，居民代表多次向项目部施工人员反映多年来屋顶漏水的困扰，常年的雨水侵蚀，对居民身体健康和家具物品带来较大影响。项目部在了解情况后，组织人员逐栋排查，到楼顶和漏水住户家中进行实地调查，由于每栋楼房出现的漏水位置不一样，项目部根据楼房布局和实际情况，逐栋制定改造方案并与居民代表反复协商，最终确定具体每一栋楼房的施工方案，经过 2 个月的奋战，已顺利解决该小区居民屋面漏水问题。

在静安公寓施工过程中，中国一冶老旧小区改造项目部在配合社区工作人员逐栋排查安全隐患的过程中发现，有11个水箱过于老旧存在安全隐患，并且内部无法及时清洗，可能存在储存水源污染的情形。为此项目部积极作为，立马制定水箱切除方案，加班加点，通过2周时间，该小区11个废弃水箱已经全部拆除完毕，项目部通过安装增压泵的方式确保了各个楼层居民用水的安全与通畅。

施工过程中，翠竹苑、怡兴小区、24街小区、工业四路1-29门等14个小区需要同步进行二次供水、余热供暖改造。为最大限度减少二次开挖，降低成本，不影响群众生活，决定先组织二次供水及余热供暖开展沟槽开挖、管道安装、回填等工作，再进行老旧小区改造部分的道路扩宽、场地铺装、道路沥青摊铺及绿化及设施安装等内容，原本三个季度的工期，压缩至两个季度完成，做到了科学、有序、高效、不反复影响百姓出行生活，获得了居民的一致认可。

四、为民所想，暖民心遂民意

老旧小区改造项目是一项关切民生的工程，与每一户居民都"亲密接触"。项目经理江伟经常对项目部管理人员说"这是一项既要确保工期和质量，又要照顾居民生活和情绪的工程。"

2021年春节前夕，项目经理江伟、书记王一丰同志牵头开展"党旗飘扬、党徽闪光"活动，以党员的身份带领青年员工入户，运用"拉家常、听困难、问意见、送温暖"的方式了解困难老年居民生活情况，聆听居民对老旧小区改造工程的意见建议，并把爱心化为行动，活动期间共走访慰问现代花园、碧园小区困难户10余户，并为他们都送去了米、油等生活慰问品，充分发挥了党员干部的示范引领作用，进一步提高了群众满意度、认可度。项目经理江伟把慰问品和慰问金送到赵华英老人的手里，老人感慨"感谢你们的帮助，不仅为我们改造小区改善生活环境，还照顾我们老年人，我感觉心里暖洋洋的"。

信访是所有旧改工程必须面对的问题，项目部负责人经常到社区接待投诉的群众，耐心听取、认真记录他们的建议，同时为进一步完善项目改造建设，积极主动解决落实小区居民的诉求，解决各改造楼栋存在的遗留问题。项目部联合社区、物业划定责任区，组建7个回访组集中对负责区域的小区居民进行回访，截至目前，回访组累计回访住户近400户，处理居民反映问题186起，为居民答疑解惑214起，回访工作不仅收获居民、社区、业主方等多方好评，更为工程的高速、高质量开展进一步打开了局面。

"老旧小区改造这个工作是一项暖民心、顺民意的工程，在施工过程中我们难免会有相互影响的地方，我们也希望通过与小区居民的直接沟通和交流，既能够了解大家的真正诉求，解民忧，为民谋福利，也能够给我们施工组织争取理解和支持，加快项目整体的推进速度。"中国一冶青山区老旧小区改造项目经理江伟表示。

中国一冶承建青山区老旧小区改造项目以来，始终把群众工作当成与工程建设同等重要的事情来抓，对群众反映最集中的问题，依据轻重缓急程度不同，各方商议派出专人组成专班进行挂牌督办，力求把小区旧改工程做成口碑工程、暖心工程。完成改造的老旧小区焕然一新，一步一景，进入1560和园林小院小区呈现在眼前的是整齐划一的植草砖和透水砖；青翠苑社区黑色柏油车道上严谨地画着热熔线，停车棚有序地排列着车辆，垃圾分类使得小区干净整洁；春笋园的花坛上郁郁葱葱生长着植被，经过修整的树木挺拔而富有朝气，青教花园楼与楼之间黑黄色的套管规整着线路，现代花园重新粉刷的屋面折射出鲜艳的颜色，整体风格现代且简约。居民每天出门看到的是楼道里雪白的墙壁和崭新的扶手，新换的单元门和安防系统让出行更加方便。住户不用再为漏雨而发愁糟心，改造后的楼顶做了全面的防水处理和隔热措施，一排排整齐的雨阳棚为居民遮风挡雨。

"精心施工解民忧，诚心为民办实事""提升小区好环境，严格管理保质量""心系居民办实事，小区旧貌换新颜",这是项目部收到的来自于居民的赞美,直至工程竣工,项目部收到社区和居民代表赠送的锦旗 50 多面和 5 封感谢信。

中国一冶老旧小区改造项目经理江伟表示:"做好老旧小区改造不仅是造福社会、服务群众的事,更能体现中国一冶央企担当,我们会全面总结经验,提升能力,不断打造精品工程,为民生工程继续贡献一冶力量。"

案例创造人:龙明　江伟　王一丰

红船领航　诚信为本　全面打造"重要窗口"

浙江高速投资发展有限公司嘉兴服务区

一、企业简介

嘉兴是中国革命红船的起航地，是中国共产党的初心之地。作为浙江省最早开通运营的服务区之一，始终秉持"首创、奋斗、奉献"的红船精神，依托高速公路车流资源，服务区从满足基础服务保障的附属设施，发展成如今汇聚众多品牌集群于一身的新型商业综合体，成为连沪通杭人流物流快速流转的桥头堡，公众出行休整的温馨驿站。

嘉兴服务区隶属于浙江省商业集团有限公司，位于浙江省嘉兴市秀洲区境内，沪杭高速109K处，设有分离式南北两区，于1999年5月18日投入运营。服务区占地面积102余亩，营业面积5240平方，停车位433个，日均服务车辆14000多辆，日均服务司乘45000人次左右。服务区坚定"让出行更美好"的初心使命，设有公共卫生间、第三卫生间、母婴室、司乘人员休息室、室内外休息区、旅游咨询服务总台、淋浴间、开水间、冬季温水洗手等基础服务设施；餐饮、便利店、加油站、充电站、汽车维修等基本服务项目；常年免费提供高速公路行车指南，创可贴、消毒药水等非处方应急药品、轮椅、针线包、雨伞、手机充电、无线上网、交通线路和旅游景点咨询等人性化温馨服务及"驿管家"志愿服务活动。在满足基础服务保障功能的同时积极推进品牌打造，做优做实"高速驿网"主品牌和"佰里庭"餐饮、"驿佰购"商超等自主品牌，并在服务区行业内成功引进全国首家星巴克、麦当劳、DQ冰淇淋等国际知名品牌，五芳斋粽子、文虎酱鸭等地域知名品牌，缙云烧饼、绍兴臭豆腐、乌镇特色面等地方特色小吃项目，是集加油、餐饮、购物、休闲为一体的综合性旅游特色服务区。

近年来，服务区先后被评为2007年"中国高速公路优秀示范服务区"、2014年"省级餐饮服务食品安全示范单位"、2014年"浙江省四星级文明服务区"、2015年"全国百佳示范服务区"（2016—2017年）、2016年"浙江省最美示范窗口"、2016年省交通集团"先进基层党组织"、2016年省交通集团"美丽站所示范点"、2017年"全国优秀服务区"（2018—2019年）、2018年"中国高速公路服务区30年优秀团队奖"（全国三十佳）、2018年浙江省"省级文明单位"、2019年"全国高速公路旅游特色服务区"、2020年省交通集团"廉洁文化示范点"等荣誉称号。

二、企业诚信建设和管理的做法

嘉兴服务区坚持"践行红船精神、勇当改革先锋"为主线，以"提升服务理念、优化服务环境、创新服务措施、提高服务水平"为目标，将诚信经营渗透到管理和服务的各个环节，持续改进提升管理、服务质量。营造诚实守信、公平竞争的市场环境，加强诚信体系建设，建立健全富有创新意识的企业经营发展体系，更好地服务公众出行。

（一）坚持首创精神，推进诚信环境升级

20年前，高速公路服务区作为新生事物，在道路使用者眼中只是提供必需的停车、休息、加油、

检修、如厕等基本需求的场所，臭味熏天的环境，高得离谱的商品价格，常常给人一种被迫消费的感觉。随着社会经济的迅猛发展，嘉兴服务区以开天辟地、敢为人先的首创精神，加快企业转型升级的步伐，从2010年开始，按照"统一规划、统一品牌、统一运营"思路，推进"一体化、市场化、专业化、品牌化"的管理转变，不断提升服务质量和管理水平，持续推进服务区品牌体系建设，全面推进服务区诚信环境转型升级。

（1）强化自主品牌的影响力。根据公司"高速驿网""佰里庭"等自主品牌的定位，服务区以餐饮、便利店为主阵地，通过VI导视系统、听觉引导系统和员工服务行态等多维度全方位地推广品牌形象，持续提升品牌识别度，根据全年工作部署，有计划地推进品牌主题宣传推广活动，使"停下，为了更好地出发""百里庭、家随行"的品牌主张在行业内有了广泛的知名度和识别度。

（2）发挥国际品牌的聚合力。服务区率先在全省推进国际品牌的引进工作，主动与国际知名品牌进行商务接洽，主动推介服务区的发展趋势和平台效应，分别于2013年9月和2014年10月引进全国首家麦当劳和星巴克直营店，2018年12月又引进避风塘小厨和满记甜品等项目，形成服务区国际品牌集群，进一步满足消费者需求的同时，为新一轮转型发展提供借鉴经验。

（3）挖掘地域品牌的亲和力。服务区主动适应市场消费需求和国家供给侧结构性改革的需要，持续推进地域特色项目的挖掘工作，五芳斋粽子、文虎酱鸭、缙云烧饼、绍兴臭豆腐、新昌炒年糕等极具地方特色的项目纷纷入驻服务区，尤其是五芳斋粽子通过服务区的平台资源迅速发展，走向全国。

通过坚定不移地走品牌发展之路，服务区集聚了一大批优质品牌项目，形成业态各异相互补充的经营格局，最大限度地满足过往消费者的出行需求。

（二）强化奋斗精神，推进诚信品质升级

嘉兴服务区以坚定理想、百折不挠的奋斗精神为引领，紧紧围绕公司"创建全国高速公路服务区运营商第一品牌"为目标，坚定现场是基本面是生命线意识，持续推进诚信品质提升工作。

（1）全力落实放心消费创建工作。服务区积极响应省工商总局"放心消费在浙江"专项行动，以公司提出的"放心消费在CICO"为目标，以"货真价实、质量安全、服务优质、纠纷快处"为要求，主动联系当地主管部门，指导经营单位按照创建标准落实放心餐饮、放心商店的相关工作，形成常态化的监管机制，时时对标落实，处处规范管理，顺利通过主管部门的审核，服务区获评"放心消费示范服务区"，旗下所有经营单位均获评"放心餐饮""放心商店"。

（2）全力开展主题营销惠民工作。服务区结合品质提升工程，结合节日契机定期开展"百里庭地方特产年货节"展销，节假日主题营销，联合五芳斋粽子开展端午节系列趣味活动等，引导消费者参与，增强顾客对服务区的满意度，扩大服务区的知名度，树立了良好的社会形象。

（三）发扬奉献精神，推进诚信服务升级

嘉兴服务区以立党为公，忠诚为民的奉献精神为准则，全面落实"清廉交投""清廉实业"的建设要求，筑牢基层支部战斗堡垒，发挥党员先锋示范作用，激发广大员工热情参与，发扬无私奉献的精神，促进诚信服务水平全面提升。

（1）全面推进"阳光服务区"建设。根据公司党委"阳光服务区"建设的有关部署，服务区通过公开栏、公示栏对阳光党务、阳光人事、阳光采购、阳光工程、阳光行政、阳光经营等六个模块的内容全面公开。同时，严格落实各类直采、谈判、招投标项目的监督管理，严格贯彻落实"三重一大"制度，增加工作的透明度，增强职工民主管理的意识，确保监督机制常态运行。

（2）全面开展党团志愿服务活动。服务区党支部充分利用党团志愿服务队伍，通过党员亮身份、

展作为提精气神等，开展志愿服务"安全生产咨询日"活动，"优化服务，环境整治"义务劳动，无偿献血，爱心助学，爱国电影展播等，充分发挥党员的先锋模范作用，深化党员联系服务群众工作。

三、诚信案例

案例1：严格落实疫情防控，稳步推进复工复产

2020年春节突发的新冠肺炎疫情，让正全力迎战春运的服务区迅速转变工作重点，研究部署疫情防控工作，成立了疫情防控领导小组，制订工作方案，建立防控体系，第一时间布好战"疫"一盘棋。全面落实网格化管理，加强自身防护和管控。服务区以党员干部为责任人全面落实"网格化管理、小单元作战、无接触服务"的工作要求，严格落实内外两个"8个一"。通过微信群、QQ群等，对员工进行了全面的疫情防控的培训。切实做好公共场所的消毒清洁工作，要求物业每天对公共卫生间、母婴室、第三卫生间、餐厅、小吃店等公共场所消毒三次，在门店入口配备免洗手消毒液和消毒酒精等防护用品，提醒顾客进店前必须喷洒免洗手消毒液或消毒酒精后才能选取商品。同时，要求门店对各自经营场所加强消杀频次，采取日常每4小时/次、人流高峰期每2小时/次消杀工作。切实转变服务模式，在收银台前张贴"请保持1米距离"的提示语，严格推行无接触式服务和扫码支付或一米线外收银，集中力量挖潜增效，逐步恢复对客营收，想方设法推进经济社会发展，努力确保疫情防控和复工复产"两手硬，两战赢"。为减轻经营单位的生产负担，服务区主动给予减免租金近千万元，体现了国企的担当。

2020年2月6日，值班保安在现场巡逻中反馈：随着疫情防控的升级，地方劝返的车辆滞留在服务区的情况逐渐增多，车里的司乘人员有的长住在车里；有的天天吃方便面，啃面包，由于没有蔬菜吃得嘴唇都裂了；有的车里还有随行的孩子，家近在咫尺却不能回。"群众之事无小事"，服务区迅速组织人员对滞留车辆和人员进行详细摸排，掌握第一手信息，从厨房、仓库调配食材，给滞留的每辆货车司机送去了大米、小黄鱼、狮子头、鸡蛋、蔬菜、食用油等生活物资，解决他们的燃眉之急。"太感谢了，我们被困在高速路上10天了，吃方便面吃得嘴巴都烂了，如果没有你们，连饭都快吃不上了。"连续多日吃方便面的赵师傅一家接过食材，激动地连声道谢。

元宵节，正是疫情防控的关键时期，我们又组织工作人员煮了热气腾腾的汤圆送到了滞留司乘人员的手中，为这些有家不能回的人员送上一份冬日里的温暖。"一碗汤圆寄托了多少华夏儿女的深情和祝福。哪里有困难，哪里有需要，哪里就能够看到服务区工作人员身影。"从疫情防控至今，服务区工作人员在做好自身防护的同时，一直积极主动为过往司乘人员提供力所能及的帮助，让他们在非常时期的旅程中感受到一丝温暖。

案例2："明厨亮灶""阳光厨房"创建工作获得中央及省级媒体采访报道

为进一步提升顾客对服务区餐饮食品卫生安全的信心，2013年10月，服务区在嘉兴市有关部门的指导支持下，在全省高速公路服务区率先建立"阳光厨房"管理模式，并通过对服务区厨房区域各类设施的升级改造，以及增设监控设施、门禁系统，全面导入色标管理、公示食品安全相关信息等一系列措施，全面提升餐饮安全管理水平。服务区在厨房内安装有监控探头16个，顾客就餐区域则专门设置大屏电视实时滚动播放后厨监控视频，所有菜品加工制作及出菜上菜均处于全程监控之中，真正让顾客在就餐时"看得明白、吃得放心"。

通过一年多来的持续创建和改进，服务区"阳光厨房"建设得到行业主管部门充分肯定，先后获

得"浙江省食品卫生 A 级单位""浙江省餐饮服务食品安全示范单位（大中型餐饮服务企业）"等荣誉称号。2015 年 1 月 15 日被人民日报、新华社、中央电视台及浙江日报等 12 家中央及省级媒体集中采访报道，同时也是全省高速公路服务区唯一一家受访单位。

案例 3：拾金不昧暖人心，见义勇为显担当

拾金不昧、见义勇为是我们中华民族的传统美德。一直以来，服务区始终把"为旅客提供更优质的服务"作为第一要务，在丰富经营业态，提升服务水平的同时，不断提升社会责任感及公共服务能力，各类拾金不昧、见义勇为事件不断涌现。2019 年 12 月 7 日，服务区上海方向卡车之家一名男性顾客突发晕厥抽搐，并伴随心脏骤停，服务员钱晓兰、王飞龙在查看情况后第一时间对其实施了胸外按压心肺复苏及人工呼吸进行抢救，经过 5 分钟不间断地施救，在 120 到达之前，病人已逐渐恢复了心跳和呼吸。受到了嘉兴新闻综合频道"小新说事"栏目，今日头条微博、中国新闻周刊微博等 40 多家知名媒体进行了报道，浏览量达到上亿人次，在全国范围引起了巨大反响。同时服务区每年拾金不昧行为上百起，为顾客挽回了多达上百万元的财产的损失。

案例 4：厚植廉洁阵地，共享阳光清风

廉洁文化示范点是基层党组织进行党员廉洁从业教育管理的重要阵地，是党员和职工群众开展学习交流的重要场所，是党组织厚植崇廉尚洁文化的重要窗口。服务区党支部按照"清廉交投""清廉商业"建设总体部署，通过功能定位、建设标准、布局设想、常态运行、评价改进等内容，打造"一公园一中心一书吧一公开栏"（红船主题公园、党群服务中心、红船书吧、阳光服务区公开栏）等为主要载体的廉洁示范点，突出文化内涵、体现企业特色、贴近基层实际、深受员工欢迎的廉洁示范点，实现活动阵地规范化、警示教育常态化、队伍建设专业化、成效评估可视化，把基层党组织真正建设成为坚强战斗堡垒，奋力推进党的诞生地廉洁文化建设走在前列！服务区充分借助嘉兴党的诞生地红色资源，实施"文化养廉"工程，塑造"一地一品"红色廉政文化品牌，通过观廉景、上廉课、读廉文、诵廉诗、辨廉题等形式，切实推进企业文化、廉洁文化、家文化建设的全方位落实，集中打造党群服务中心、廉洁文化警示墙、廉洁文化主题公园，强化对从业人员教育培训工作，通过党纪法规解读、廉洁从业提醒、廉洁故事宣讲、打造"亲清"营商环境等途径促进工作效能的提升，促进教育管理常态化。服务区切实发挥"阳光服务区"管理平台的作用，不断提升阳光公开的规范化常态化水平，不断完善公开审批制度，规范公开内容，丰富公开形式。2018 年以来服务区平均每年公开公示各类信息 400 余条，通过现场公开与平台抽查，实现线上线下互查机制，主动接受公司和服务区内部人员的监督。

嘉兴服务区始终坚持把"诚信经营、优质服务"作为企业生产运营的生命线，不断强化红色根脉强基铸魂的引领力，竭诚为过往司乘人员提供温馨舒适的服务环境，在交通强国战略引领下，展现"重要窗口"的责任和担当。

案例创造人：陈永杰　章幼蕾　黄成

节能减碳　清洁生产　做央企履责表率

国能铜陵发电有限公司

火力发电企业作为重点能耗及污染物排放大户，做好节能减碳，清洁生产方面的工作是最普惠的民生福祉，坚持"生态优先，绿色发展"既是积极履行社会责任的重要内容，又是提高公司竞争实力的关键。公司在制定发展规划时，高度重视节能、环保建设工作，主动采取措施减碳控排，推进节能减碳，清洁生产工作，争做央企履责表率，以实际行动促进企业绿色低碳发展，响应集团清洁化发展战略，支持国家实现"双碳"目标。

一、企业简介

国能铜陵发电有限公司位于安徽省铜陵市东北部义安区境内，北靠长江，占地面积62.9公顷，一期工程占地43.2公顷，拥有扩建两台百万机组的条件。同时，拥有2个5000吨级、1个2000吨级泊位的码头，一次性最高可停靠2万吨江船。

公司隶属于国家能源集团，是安徽省"十一五"的重点项目，注册资本为93018万元。2004年4月18日成立，一期工程2×630MW超临界燃煤发电机组于2007年2月26日经国家发改委核准开工建设，并分别于2008年7月28日和9月28日投产运营。2016年6月，被铜陵市政府确定为东部城区的供热热源点，拥有供热的基础和前景。目前公司各股东方及股权比例为：神皖能源有限责任公司76%、淮南矿业（集团）有限责任公司24%。

公司的经营范围为火力发电；煤炭、石灰石、石膏、粉煤灰购销；供热、供水；码头装卸；资产租赁；电力检修；劳务服务。（依法须经批准的项目，经相关部门批准后方可开展经营活动）公司取得国家能源局华东能源监督管理局颁发的电力业务许可证，取得铜陵市环保局颁发的排污许可证，取得国家电力监管委员会颁发的电力安全生产标准化一级企业，取得了铜陵市港航局颁发的港口经营许可证，取得了水利部长江水利委员会颁发的取水许可证，取得了铜陵市义安区姚家祠冲灰场15MW光伏发电项目的开工许可及多处屋顶分布式光伏的备案审批。

二、诚信经营理念

自党的十八大以来，生态环境保护和生态文明建设已从绿色发展列入五大发展理念到"生态文明"写入了宪法。人们逐渐认识到生态文明建设是关系中华民族永续发展的根本大计。国能铜陵发电有限公司位于长江岸边，周边环境保护责任尤为重要。为响应政府要求，认真落实习近平总书记推动长江经济带发展重要战略思想，着力打造水清岸绿产业优的美丽长江经济带，公司将节能减碳、清洁生产，做央企履责表率的绿色发展理念始终牢记心头，行动于公司的日常工作中。

三、体系建设

为推动公司清洁生产工作的开展，合理调配各部门资源，公司成立了由总经理担任组长、副总经理为副组长，相关部门负责人为成员的清洁生产领导小组，其主要职责分为：

（1）组织全员开展清洁生产工作；
（2）协调清洁生产过程中各部门的职责；
（3）组织实施清洁生产方案；
（4）根据工作需要，组织召开清洁生产领导小组会议，研究决定清洁生产有关工作事项，听取并指导清洁生产工作开展情况；
（5）审定企业清洁生产相关工作。

节能减碳、环保管理组织机构健全，三级网组织完善，成立了以总经理为组长的公司节能减碳工作领导小组及生产技术指标对标（节能减碳）小组，成立了以生产副总经理为组长的能源计量小组等节能相关组织机构；公司各项指标能按月下达计划任务，供电煤耗、厂用电率等指标统计台账全面完整、数据规范详细；每月定期召开节能分析会，结合当月生产情况进行综合分析；根据需要成立技术攻关小组，开展了形式多样的专题研究，并取得较好成果。近年加大了节能技改力度，实施了多项节能改造项目，主要经济指标水平逐年向好；持续开展机组运行指标对标工作，与集团内及区域内同类型机组进行科学合理对标，查找差距，挖掘潜力。结合机组A、B、C级检修充分开展了燃烧优化试验、性能试验和煤耗查定试验工作，进一步诊断机组的能耗状况，为技改项目经济性分析依据。

四、制度保障

公司节能减碳、清洁生产相关管理制度相对完善，先后制定了《环保综合管理制度》《污染物超标应急处置及责任追究管理办法》《污染物排放实时监控与数据管理系统运行管理办法》《节能管理办法》《节能监督实施细则》《燃料管理制度》《节水管理办法》《无渗漏管理办法》《经济煤种采购与掺烧专项考核管理办法》《小指标考核系统考核点名及规则》等相关制度，为公司节能减碳、清洁生产工作奠定了良好的基础。

五、实施过程

（1）2013年，公司通过政府清洁生产审核验收，2021年7月再次通过复查审核，清洁生产理念贯穿于员工日常工作中，公司在主抓安全生产的同时，也注重现场管理工作，每天对设备运行情况进行巡查，重点对设备运行情况及跑冒滴漏等进行排查，并对现场各种能耗情况进行统计考核，与员工的奖金挂钩，达到"节能、降耗、减污、增效"的目的。

（2）2019年、2020年，公司投资14600万元实施了对#1、2机组通流技术改造项目，单机煤耗可降低9克以上，达到国内同类型机组最佳水平。两台机组每年可减少煤炭耗用8万吨，可减少CO_2排放量14万吨。2020年公司两台机组在全国大机组能效对标竞赛中分别获得二、三等奖。

此节能减碳项目，获污染治理和节能减碳专项2021年中央预算内投资资金补助1460万元，为当年安徽省独一家国有企业获此项目补助。

（3）公司2号机组同步建设选择性催化还原法脱硝装置，成为2008年安徽省首台脱硝机组。机组投产后，为了进一步降低污染物的排放，减少对大气环境的影响，公司先后投资实施环保设施提效改造。投资600万元，于2012年11月、2013年1月先后拆除1号和2号机组脱硫旁路，实现机组先停脱硫装置后停、机组启动脱硫装置先投、脱硫装置停运机组必须停运的环保目标。2013年投资8000万元，对1号机组实施了脱硝改造。2016年、2017年投资29000万元，先后对两台机组实施超低排放改造，污染物排放浓度达到燃气发电机组排放标准，并获得国家专项资金奖励1000万元。2018年投资9000万元，实施煤场封闭改造，控制扬尘污染。

（4）公司生产区域共建设废水处理设施5套，分别是：脱硫废水处理设施、含煤废水处理设施、渣水处理设施、工业废水处理站、生活污水处理站。废水经统一处理，达标后回用于脱硫系统、输煤系统及煤场喷淋等，生活污水经处理后回用于厂区绿化，从而实现了废水零排放。2017年投入3400万元，实施废水升级改造，进一步保障了废水设施正常运行。

（5）公司两台机组均采用高压静电除尘器，每年产生的近60万吨粉煤灰、炉渣通过罐车运给水泥厂及搅拌站等行业，全部得到综合利用。每年产生的近10万吨脱硫石膏全部销往铜陵泰山石膏板材厂。固体废物没有贮存，没有抛弃，对周围土壤未造成任何影响，并取得了年入5000多万可观经济效益。

六、履责成效

公司自成立以来，始终牢记中央企业政治责任、社会责任和经济责任，加强工程建设和生产运营管理，实施管理创新，推进科学发展，取得了良好的经济和社会效益，经过多年的节能减碳、清洁生产目标建设，公司在节能、环保方面取得显著成效。节能减碳方面，通过一系列设备节能技改、机组优化运行、加强能效管理等措施，公司两台630MW火电机组主要能耗指标逐年下降，截止到2021年年底，供电煤耗由2008年的322.31g/kW·h降至295.48g/kW·h，厂用电率由2008年的5.06%降至4.02%，供电煤耗由三年前的304g/kW·h降至2021年的295.48g/kW·h，厂用电率由5%下降至2021年的4.02%，节能成效显著。清洁生产方面，主要污染物烟尘、二氧化硫、氮氧化物排放浓度呈阶梯性下降，分别由三年前的38mg/m³、110mg/m³、230mg/m³；降至2mg/m³、10mg/m³、30mg/m³。减排效果明显，荣获了：2017年，"全国文明单位"。2018年，"安徽省绿色工厂"。2018年，被评为全国电力行业"思想政治工作优秀单位"。2019年，被评为国家能源集团"安全环保一级企业"、安徽省"安全文化建设示范企业"、中国电力市场协会"电力企业科技创新成果二星"。2020年，"安徽省文明单位"。2018年至2020年，连续三年被评为"安徽省环保厅授予环保诚信企业"。2020年，获"全国普法工作先进单位"。2020年，评为"安徽省节水型工厂"。2020年，公司两台机组在全国大机组能效对标竞赛中分别获得二、三等奖。2021年，通过"全国文明单位"复查。

七、后续发展

为保卫"蓝天、碧水、净土"，建设绿色发电企业，公司将继续加大节能减碳、清洁生产方面的投资，采用节能、环保新技术，继续加大热力市场开拓，增加抽汽供热量做好能源的梯级利用，在原有光伏建设项目的基础上继续大力发展分布式光伏，提高绿色能源占比，更深度减少能源消耗及污染物排放排，做央企社会责任履责表率。

案例创造人：陈宏礼　项棵林　周淑兰

践行央企责任担当
打造湾区商务综合体"新范本"

广州中交南沙置业有限公司

一、企业简介

广州中交南沙置业有限公司（以下简称南沙置业）于2015年7月10日注册成立。为业务开展需要，中交城投于2019年9月对南沙置业进行了重新组建。主要负责中交汇通中心项目投资开发建设，项目总投资额约46亿元，开发建设期6年。其中北地块项目占地面积约53772m^2，总建筑面积为269756m^2，造价91657万元。C-3超高层甲级写字楼地下2层，地上35层，建筑总高度181.0m。南地块总建筑面积约198133.32平方米，造价100830.8万元，整个项目包括甲级写字楼、Loft公寓、办公独栋等共计9栋，将打造成集低密度纯商务办公区、甲级写字楼以及商务平层公寓、Loft公寓于一体的商务综合体。目前，汇通北已完成项目整体的竣备与交付，汇通南2021年5月完成首批Loft公寓交付，即将完成F3栋整售公寓的竣备与交付。

二、诚信理念

项目公司在上级党委及有关政府部门的正确指导下，将制度建设、权责制定、诚信履约摆在首位，重合同、守信誉，打造了诚信履约、公正评标、良性循环的开发建设氛围。项目公司总经理梁宏展多次表示：要进一步贯彻落实中国交建"制度建设落实年"的总体要求，针对成本合约、工程建设、营销管理等重要线条健全和完善各项规章制度，始终把"诚实守信，求是创新"作为公司向好发展和完成项目开发建设任务的核心理念。自2019年9月项目公司重组至今，公司从确立生产经营准则和行为规范入手，进一步完善权责体系，已建立健全各项规章制度、流程规范80余项，内部管理及制度体系建设切实做到规范化、标准化和精细化，为中交汇通中心项目合法合规开发建设奠定了良好的内部环境基础。

三、诚信实践

1. 在规划设计上注重人文与绿色节能环保相结合

中交·汇通中心项目在设计之初，充分考虑了南沙明珠湾灵山岛尖地理和文化风貌，提取岭南造园手法之精髓，通过对超高层写字楼、高层SOHO、Loft公寓及低层办公别墅等建筑类型的精心规划和设计，创造出集文化传承与现代魅力于一身的建筑设计，建筑与江岸生态相映成趣，业态空间组合多元丰富，满足现代企业与城市人群的办公、生活需求。并按照国家绿色建筑星级设计标准，在建筑节地与室外环境、节能与能源利用、节水与水资源利用、节材与材料资源利用、室内环境质量等方面高标准打造项目，实现了建筑美学、业态功能、绿色环保的有机统一。

迄今为止，中交·汇通中心已获得亚太地区房地产建筑大奖、CREDAWARD地产设计大奖、中国绿建二星标识认证等多项国外国内荣誉，成为赋能城市发展与人居城市美好生活的大湾区商务综合体品牌。

2. 在项目建设上用匠心打造卓越品质工程

中交·汇通中心项目自2015年7月份开工以来，通过项目的精细化管理创建品质工程，加快向精益化、标准化、信息化、质量效益并举的内涵式增长方式转变，从而带动项目质量、安全、节能、环保和科技水平全面提升，实现管理水平、经济效益、社会效益和生态效益的统一。

因此，项目收得硕果累累，共获得超过20项QC成果以及5项实用新型专利授权，顺利通过"广州市建筑业新技术示范工地"验收，其中"基于BIM的现场施工管理技术"深化BIM技术在协同设计、方案比选、施工组织、质量闭环追溯等方面的应用，全面提升了项目技术水平和生产效率。项目在中交城投房地产板块工程品质季度巡查评比中蝉联三年总分第一，获得中国交建2019年度"平安工地""南沙区质量安全示范工地"、2019年度中交城投最佳专项奖"安全杯"、中国交建"2019—2020年度优秀青年安全生产示范岗"，多次获评"广东省优质结构工程""广东省建设工程项目施工安全生产标准化工地""广东省房屋市政工程安全生产文明施工示范工地"等，并以高于同业的验收通过率获得了南沙区政府、建设局、质量安全监督站等主管部门的认可，多次成为广州市南沙区质监站及相关政府单位组织的标准化观摩工地，树立了良好的品质工程形象。

截至2021年10月，中交·汇通中心已交付14栋，将于今年12月交付3栋，中交·汇通中心持续以国匠之匠心打造品质工程，践行对业主、对社会的美好承诺。

3. 在项目运营上注重服务，打造一流营商"生态圈"

中交·汇通中心围绕"城市空间功能营造及服务提升"的业务发展主线，积极配合政府主导，把商务综合体的空间资源用于配套现代产业体系，建设金融创新集聚区，发展总部经济，引进科技型创新型产业，扩大招商引资和产业结构转型力度，推动城市核心区功能升级，走"以产促城、以城兴产"的"双融合"发展路径实现城市和产业"双升级"，为"十四五"高质量发展添砖加瓦。

2021年7月22日，"南沙明珠金融创新集聚区"在中交·汇通中心正式揭牌，启动运营。按照"构建生态、经营资源、输出服务"的理念，为明珠金融创新集聚区提供约3.3万平方米的空间载体，配备3000平方米共享空间，将其打造为都市型、分布式、智能化的金融集聚园区，凸显金融集聚区专业管理服务，为入驻企业提供金融园区运营服务、金融创新综合服务、金融人才安居服务、入驻企业专属服务、政策兑现咨询服务、高端金融交流服务等六大服务。

截至目前，中交·汇通中心已入驻金融类、创新型企业24家，成为南沙产业动能持续增长的"助推器"。同时，中交城投发挥母公司央企品牌和世界500强优势，已落户总部型企业注册资本逾20亿，为明珠湾起步区建设提供更强劲的总部经济支撑，促进产业链融合发展。

据悉，南沙区政府也将在中交·汇通中心金融创新集聚区重点开展多项工作，更大力度助力建设大湾区重要金融服务平台，加速推动打造大湾区国际金融枢纽。其中，广州首个"国际金融＋产业创新中心"正式挂牌，将打造金融科技生态圈服务实体经济，扩大创新驱动势头；探索建立粤港澳金融互联互通机制，进一步促进跨境投融资便利化等多项利好政策，正推动着中交·汇通中心金融创新集聚区建设朝着"有质量、有速度、有效益"方向发展。

四、责任担当

"城市的本质是让人民生活更加美好。那就是让老百姓能安居乐业，有工作，有生活，有居住，有配套，这些都能够解决，让老百姓有幸福感。"中交城投总经理丁仁军在访谈中这样说道，这也正是中交城投践行央企责任与担当的体现。"人"才是城市的核心，人建造了城市，城市要为人服务，"品质生活"是城市居住者的共同心声。因此，中交·汇通中心项目从规划到建设以来，始终将"提升城市人居美好生活"的理念贯穿其中。

中交汇通中心项目，从一片荒芜到新城蜕变的全过程，跨越城市规划、开发建设、物业销售、持有运营等多个阶段的发展周期，在灵山岛这个曾经的"不毛之地"上投资46亿元建设50万方的商办物业，通过央企的优势把产业引进去，赋能区域发展。

助力南沙区政府将南沙灵山岛打造成"粤港澳合作示范区"和"金融创新高端服务区"，推动现代产业经济发展，实现"产城融合、以城促产、以产兴城"的双轮驱动。中交汇通中心项目是央企响应党中央、国务院号召，贯彻落实《粤港澳大湾区发展规划纲要》的重要实践。

五、未来展望

步入"十四五"，中交·汇通中心项目将深入践行中交集团"三核五商"新中交战略，继续走好这条与城市发展和产业升级相协同的以城促产之路，提升城市运营服务能力，推动城市与产业"双融合、双升级"，积极发挥政企合作优势，推动金融企业、总部企业、创新企业及其上下游资源集聚，促进人才、资本、产业等要素资源汇聚，全力打造突出总部经济集聚和金融创新集聚的湾区商务综合体"新范本"，持续推动中交城投打造"中国一流的城市发展商"，为"十四五"高质量发展贡献力量！

案例创造人：梁宏展　黄华昌　杨丹

乘风破浪　全力奋进　履约守信
推动邮轮项目高质量发展　展现央企责任担当

广州中交邮轮母港投资发展有限公司

一、企业简介

广州中交邮轮母港投资发展有限公司，是世界500强企业中国交通建设股份有限公司旗下中交城市投资控股有限公司（以下简称中交城投）的全资子公司，负责规划、设计、建设广州南沙国际邮轮母港综合体项目。公司于2015年9月在广州南沙注册成立，现有员工55人。在社会各界的鼎力支持和帮助下，公司领导班子带领全体员工，齐心协力、团结一致，严抓疫情防控，快速实现复工复产，成为中交城投最早恢复正常生产项目之一，同时持续精细化管理项目，高效落实重点任务，经营业绩逆势而上、屡创新高。公司建设班组、项目建设成效获得国家、省、市、中交集团多项荣誉，为广州建设国家航运中心、大力发展邮轮旅游，推动南沙打造"邮轮旅游"名片，以更加国际化的发展视野融入大湾区建设起到积极重要作用。在2019年8月广州日报"70年70广州地标"评选中，广州南沙国际邮轮母港被列为广州交通枢纽地标之一，献礼新中国成立70周年。

二、诚信理念

作为邮轮母港综合体这一大型项目的投资建设单位和基建行业的领军央企，中交城投始终以"铸造精品工程 聚焦高质量"发展为诚信理念，塑造了"诚信、勤勉、创新、开拓"的企业文化。自2015年9月项目落地以来，公司充分发挥中交集团技术资源优势，高起点规划、高标准建造，全过程标准化建设南沙国际邮轮母港项目，攻克了复杂地质及施工环境下码头拆旧建新、深软基加固、航站楼基坑处理、大跨度异形结构施工等重大建设难题，提供了"中交方案"、贡献了"中交智慧"，为政府、市民提供优质的公共产品和一流服务。为做好项目30年运营，履行对政府的承诺，2019年3月，中交城投联手广州港集团成立合资运营公司，负责邮轮母港运营管理工作。同年11月17日，邮轮母港正式开港，成为南沙乃至广州对外开放展示的重要窗口。

三、诚信实践

1.抓实抓牢公司基础管理，凝结团队创业干事一股绳

中交城投苦练内功，夯实基础，加强项目精细化管理，对标行业标杆提升管理效能。在运营管控上，以"营销＋工程"为主线主抓关键节点关键线路；以扁平化管理缩短决策时间；全过程跟踪并推进营销策划、设计工程、成本招采等工作进展情况；系统梳理项目存在的风险，重点关注重大风险，减少公

司经营隐患。在工程管理上，严格落实安全生产责任制，建立完善安全管理架构体系，专人牵头负责安全管理，协调监理单位、总包单位安全管理人员，加强重大危险源动态跟进，重视日常巡查及销项整改，项目从未有伤亡事故发生，安全管理成效良好。严格按照中交城投质量管控体系要求，施工过程按照"三检"制度，落实各节点质量控制要点。通过努力，工程质量、文明施工及整体施工形象得到显著提高，得到上级和南沙区建设主管部门认可。在营销方面，在受疫情影响，市场客户量严重缩水，灵山岛板块竞品速增之下，重开展差异化品牌文化策略，通过举办丰富多彩的文化艺术活动树立邮轮文化品牌标杆，提升品牌价值，增强业主、客户对项目的共鸣和信心，延续了项目住宅、公寓、写字楼的热销。

2.构建和谐劳动关系，为企业高质量发展赋能

（1）重视员工生命安全，确保项目疫情"零感染"

"疫情就是命令，防控就是责任"。公司高度重视员工、项目工人和业主生命健康安全，积极应对新冠肺炎疫情的不利影响。一是做好内部防控：通过集体学习防疫复工会议精神，普及防疫知识，积极进行复工新闻宣传，提振团队信心；为员工开设"爱心送餐""送药就医""爱心接返"服务，体现企业人文关怀；组织员工进行疫苗接种和核酸检测。截至目前，职工疫苗接种率超过90%，在保障职工生命健康的同时，提升了员工安全感和幸福感。二是积极"为群众办实事"，配合本地政府做好项目社会面的整体防控。包括大力宣传防疫知识，与项目部多次建立疫情防控协调联动机制，织密复工复产安全保障网；加强项目工地工人防疫管控，多次组织施工人员进行核酸检测。在周全的防疫措施下，项目实现"零感染"。

在全员共同努力下，公司打赢"防疫复工"攻坚战、"达标达产"目标战，为中交城投各项任务指标的完成作出了突出贡献，荣获中交城投"质量杯"、房地产事业部"2020年度突出贡献奖"和"先进基层党组织"称号。2020年，邮轮母港综合体以190%的结转利润完成率超额完成当年业绩指标。同时，全面完成项目所有单体封顶，项目整体形象全面呈现。

（2）关爱职工生活，增强企业凝聚力

公司充分发挥党建引领和工会纽带作用，充分聆听职工群众的心声，从工作和生活上关心关爱职工，包括成立膳食委员会，加强对饭堂工作人员的沟通与培训，提升饭堂服务满意度；帮助职工群众沟通协调解决子女入学困难问题；与相关单位沟通联系，对有落户需求的职工进行深入指导和帮助；组织各层级职工参加各类线上、线下培训，不断提升职工综合素质能力。开展以"邮轮情·工匠心"党建品牌创建为依托，深入开展"劳动竞赛""职工之家""书香邮轮"三大品牌亮点活动，将公司团队塑造形成了一支"能文能武"的骁勇战队，促使各项业务稳步发展。

3.攻坚克难、匠心铸造，打造高品质的世界一流母港

自2015年9月项目落地以来，公司建设运营团队充分发挥中交集团技术资源优势，克服重重困难，砥砺前行，高起点规划、高标准建造，全过程推广标准化建设南沙国际邮轮母港项目，致力打造品质示范工程，为政府、市民提供优质高效的公共产品和一流服务。

一是立"鲸舟"地标，建"绿色"母港。团队通过建筑方案国际招标和历经一年多的设计优化，最后确定项目主体建筑航站楼以"鲸舟"立意，营造广州水上国际门户的标志形象；突出航站楼公共属性，将打造成为城市客厅与立体花园，将成为市民日常娱乐、亲水的休闲场所。重环保促品质，项目采用世界上容量最大、技术最先进的岸电（变频电源）系统，大力推进绿色港口建设。二是攻克码头报批报建审批难关，为项目建设抢夺先机。在2016年项目启动伊始，团队积极推动南沙邮轮

母港的规划调整,成功解决了码头深水岸线、通航论证、排洪制导线以及通航条件论证审批等"硬骨头"。2017年7月,团队仅用1年半时间完成了码头水运工程约20个专项的报批报建审批工作,为项目建设抢夺先机。三是成立合资运营公司,攻克通关难题确保开港。两年多来,公司克服时间紧、任务重、人手不足、经验欠缺等困难,经过充分准备和不懈努力,最终结束与广州港集团的马拉松式谈判,于2019年3月成立合资运营公司。四是推动政企合作,发动成立邮轮产业联盟。在公司的大力推动与策划下,由广州市和南沙区政府、中国交通运输协会邮轮游艇分会及我司联合发起的广州邮轮产业联盟已正式成立,集聚了30多家邮轮产业链条相关的企事业单位,为未来项目的运营及邮轮全产业链发展奠定坚实基础。此外,公司还正积极向政府倡议携手打造南沙邮轮产业园,重点导入邮轮设计与建造、邮轮运营、邮轮服务三大类产业,促进区域内产业结构优化升级。该项目得到了中国邮轮产业协会和南沙区政府的高度重视,正加快推进落地。五是突破工程技术难题,打造品质示范工程。团队积极落实上级及中交集团标准化施工要求,全面推行项目标准化建设,并在国家部委、中交集团、省、市等重大安全质量督查中获得好评,体现一流基建企业的社会责任与担当。在建设过程中,公司陆续解决了旧码头拆除、码头地基处理、航站楼基坑处理、大跨度异形结构施工、异形飘板整体安装施工等重大建设难题,打造高品质、世界级邮轮母港。2019年月,码头工程荣获"平安工地"典型项目称号,是十个获奖工程中唯一的水运工程;航站楼工程获得"广东省房屋市政工程安全生产文明施工示范工地"荣誉称号;2021年,码头工程顺利竣工验收,并获得荣获中交集团优质工程奖。

4. 疫情"停航"不"停摆",以文化艺术活动凸显邮轮文化品牌标杆

在疫情停航的情况下,公司不畏困难、守土有责、敢于探索,创新开拓"南沙海洋、邮轮旅游、文化传播"相融合的工作思路,在2020年5月策划成立全国首个邮轮文化中心——中交国际邮轮文化展示中心,并以此为平台,举办各类丰富多彩的文化活动,吸引众多市民到访参与,为美好生活赋能。

一年来,邮轮文化展示中心陆续举办了南沙首个邮轮母港音乐节、粤港澳大湾区邮轮研学、首届"南沙邮轮母港杯"青年艺术设计大赛、"中国设计·青年机遇"设计分享交流会、"'邮'你好玩——五一南沙嘉年华"等,将邮轮母港综合体打造为更具"公共价值"属性、具备"艺术""文化"传播使命的地标之作,使项目成为引领湾区邮轮文化高质量发展的重要平台。同时,公司紧密跟进政府政策导向,积极向政府申报省重点旅游建设项目贴息贷款,和广州市商务发展专项资金等补贴共计超过1800万元,进一步彰显了项目的特色亮点和对区域经济发展的推动作用,提升了邮轮品牌形象与价值。

创精品工程、铸文化高地,是对社会的真情回报,是有责任央企的永恒追求。通过公司匠心铸造,广州南沙邮轮母港已成为了广州城市新地标,粤港澳大湾区水上新门户。

5. 响应国家号召,履行央企责任,助力地方发展

南沙国际邮轮母港综合体项目是中交城投高瞻远瞩,立足粤港澳大湾区,且充分发挥着中交集团在品牌、融资、技术、国际视野等综合资源上的优势,积极践行国家"海洋经济"和《粤港澳大湾区发展规划纲要》的战略部署,打造国家消费转型升级的重点交通基础设施。在粤港澳大湾区和"一带一路"沿线城市区域内以邮轮港口、邮轮航线的互联互通为切入点,逐步完善信息、资源、管理的共享机制,促进邮轮政策、邮轮教育和邮轮文化的常态化交流合作,更好满足人民群众精神文化生活新期待。提升广州作为粤港澳大湾区核心城市和"一带一路"重要节点城市的竞争力和影响力,彰显中国交建、中交城投作为大型央企的社会责任感。

四、展望未来

未来，中交城投将继续同舟共济、齐心协力，以诚信经营为理念，以为政府提供优质高效的公共产品和一流服务为己任，共创南沙邮轮母港一流品牌、一流管理、一流服务和一流效益。

案例创造人：平海庆　黄育民

诚信为本　提质增效　强化物资保障

内蒙古电力（集团）有限责任公司物资供应分公司

一、企业简介

内蒙古电力（集团）有限责任公司物资供应分公司（以下简称物资供应公司）成立于2007年12月。成立初期，物资供应公司负责集团公司的物资经营和招投标管理工作，同时行使集团公司物资管理部门职能。2015年4月，内蒙古电力（集团）有限责任公司物资管理模式重新调整，实行"管办分离"后，成立物资管理部，行使物资管理职能，并将物资供应公司职能调整为集团公司物资管理部的业务支撑单位，主要履行集团公司一级采购招标人职责；负责组织协调集中签约、履约、监造、检测、废旧物资处置、物资信息系统数据维护等工作；负责协助物资管理部开展供应商管理、评标专家管理、仓储及物资调配等工作。

物资供应公司自成立以来，始终坚持以诚信为本，不断优化管理，创新技术，持续推进各方面工作提质增效，逐步建立立足蒙电，面向全国的数字化物资采购平台。平台依托互联网+，流程固化，评标智能，大大提高了采购效率，践行了公平、公正、公开的诚信招标原则，为实现蒙电中长期发展战略提供了优质高效的物资供应保障。

二、加强供应商管理，"四步设防"严把物资采购头道关

为了营造良好的招标投标环境，遏制业绩、资质造假的不法供应商入围，为后续的批次招标采购创造有利条件，物资供应公司资格预审工作设立"四道关卡"保证评审质量。

（1）严把报名关。将资格预审标段委托多家机构代理，按照新的业绩采信标准核查所有报名供应商递交的资质材料，初步排除不合格供应商。

（2）严把评审关。启用扩充后的评标专家库，分专业类别抽取评标专家，委托多家交易平台同步开展资格预审申请文件的评审工作，对造假行为再次排查，确保入围供应商质量。

（3）严把复核关。由招标代理机构对审查委员会提交的评审报告进行复核，再度排查供应商造假行为，保证评审结果真实可靠。

（4）严把核实关。分批组织各项目单位人员按照入围供应商所在区域分组进行现场核实，重点排查是否真正具备营业资质及生产能力，并逐步建立统一完备的供应商综合评价数据库。

三、深耕数字化转型，开启国企电子采购管理新模式

近年来，物资供应公司积极贯彻国家关于"互联网+"招标采购行动方案精神，应用"大云物移智"等现代信息技术，严格按照相关法律法规和行业标准率先开发建设电子采购平台，同时按照内蒙古电力集团"一平台多系统"战略部署，并行开发建设"内蒙古电力集团电子化采购系统"和"内蒙古电

力集团电子商务系统",实现采购全业务、全流程电子化全覆盖,为各方用户提供安全可靠、诚信透明、稳定高效、操作方便、持续扩展的一体化国有企业采购全流程电子采购平台。

全流程电子化招标采购系统自上线后,通过建立标准、设立专岗专责构建电子采购平台统一管理体系,实施内蒙古自治区电力电子采购双平台归口管理,在双平台并列使用、互为备用、互为保障前提下,鼓励良好竞争,不断促进新功能开发,加速平台更新迭代。截至2021年,物资供应公司系统工程建设物资类采购的电子化率已达100%。实现了采购策略科学推荐与自动调整、招标文件自助编制、结构化投标、自动化评标、全程在线受标,实现集中资格预审、网上开标、远程评标、电子辅助评标、在线见证、电子归档、在线监督等招标采购全流程电子化、数字化、智能化,推动招投标业务向智慧化提档升级,保障所有项目无一中断和延误,维护了内蒙古自治区电网物资供应的安全稳定。

平台在运行期间,完成自动同步公告、供应商共享共用、通知书电子化发布,招投标文件结构化制作、远程异地分散评标、线上澄清回复等新功能的上线工作,配合物资二期工程完成跨平台CA证书互认、移动扫码签章、电子保函等新技术应用,不断提升内蒙古自治区电力招采电子化的公正度、透明度和便利度,切实做到采购全过程留痕可控可查,办事流程简化、采购管理效率提升,减少采购成本,为使用者提供更加优质高效的服务。

四、勇于担当冲锋在前,坚守保供第一线,有序推进疫情期间采购工作

受新冠肺炎疫情影响,一些厂家存在供货困难问题,为了保障物资按时到位,工期顺利推进,物资供应公司勇于担当冲锋在前,始终坚持在物资供应保障第一线。一些同事因为疫情原因被隔离在家,物资供应公司及时作出调整,在严格按照规定执行防疫、消杀、汇报工作的同时,启动物资供应应急预案,对在岗人员重新分配工作任务和值班时间。为解决人员跨区域流动和聚集问题,按照属地疾控部门及内蒙古电力集团公司疫情防控要求,疫情期间的审查会、流标原因分析会等均采用视频会议方式进行,并及时形成会议纪要,工作开展过程中无重大事项均以电话或线上方式进行交流。针对开标项目,严格要求招标代理机构充分考虑公共交易服务平台疫情防控期间"人员不集中,分散就座"的要求,提前与公共交易服务平台确定场地。及时调整评标专家抽取范围,疫情期间仅抽取本市地区专家进行评审,最大限度防止人员跨区域流动,减少疫情风险。

物资供应公司积极利用蒙电电子商务系统成熟的电子招标采购优势,在系统中增加与供应商远程视频谈判、供应商远程二次报价、专家评审桌面录屏监控、手机扫码签章等功能,减少和避免因供应商到达现场造成的疫情风险。隔离在家的工作人员也通过平台远程操作,同在岗员工齐心合力,与时间赛跑,在保证物资质量和数量的前提下,积极帮助厂家和施工单位协调供货渠道、优化施工方案,解决一线生产建设燃眉之急,保证了工期按时推进。

五、精准发力筑防线,着重强化"四种人"的监督管控

为进一步规范招投标活动,全方位遏制业务风险,筑牢物资采购诚信公平的防线,物资供应公司重点强化了对于招标采购"四种人"的监督管控。

(1)采购人方面。加强从业人员基本功锻炼,及时组织学习最新法律法规和行业标准,创新组织员工开展业务水平提升普考测试,着力培养专家型、学者型、廉洁型人才。深入开展廉洁警示宣教活动,持续加强业务监督和日常监督,促进全员筑牢思想堤坝、自觉拒腐防变。

(2)代理人方面。修改完善代理机构管理办法,结合实际合理调整评价指标,按季度常态化开展

代理机构考核工作，严格按照考核结果分配采购任务，定期组织召开代理机构业绩考核交流会，落实存在问题整改情况，听取合理化建议，推动代理机构不断提升服务质量，保障采购活动顺利进行。

（3）评标人方面。严格执行评标专家管理办法，加强评标专家的监管与考核，维护公平公正的评审标准，针对专家应答率偏低等问题，提出考核建议，对违反评审规定的专家进行考核处理。定期组织实施、举办评标专家培训班，做好评标专家入库培训和库内专家继续教育，加强评标相关业务知识、法律知识、系统操作知识培训，同时开展评标廉政教育，增强法律责任和自我约束意识。

（4）投标人方面。从重从快依规完成供应商不良行为的核实与处置，持续传导有力震慑，倒逼供应商依法合规经营。梳理整合各采购系统、平台注册供应商信息五千余家，复查系统内所有不良行为数据，确保处罚信息精准有效，进一步明确不良行为的处理范围、处理措施、处理流程及执行原则，力求营造风清气正、诚实守信的供需环境。

六、重诚守信，全力保障履约供货顺利进行

每年的下半年都是物资供货履约高峰期，随着北方天气渐冷，气温逐渐不适合室外施工，电网工程建设进入年关前冲刺阶段，各项采购物资需求量激增，供应商履约逾期风险也相应突增。

为保障各项电网工程顺利进行，物资供应公司主动作为，提前谋划，主动收集整理各工程履约供货情况，协助项目单位分类、分级开展"机动性"催缴工作。物资供应公司以签约数据为线索，掌握设备材料到货日期，为催交工作提供数据支撑。同时通过监造节点预判可能出现的供货问题，提前开展催交工作，与项目单位保持密切沟通，重点盯防曾出现逾期履约供应商，持续跟进工程进度和供应商生产进度，解决履约重难点问题。如为保障自治区伊利蒙牛两项乳业产业重点工程顺利开工，物资供应公司突破以往到货抽检模式，提前奔赴供应商厂内开展质量抽检工作，从原材料、生产流程、工艺质量、供应周期等方面确保相关基建材料优质供应。当发现不合格产品时，及时成立专项工作组，顶风冒雪，再赴施工现场，同项目管理部门及相关施工单位实地了解物资到货和工程进度情况，协调解决供货问题，有效保障工程按期完工。

物资供应公司每周跟进一百多项重点工程设备材料到货情况及供应商履约供货中存在的问题，以多种调节方式化解供需矛盾，不断加强履约管理，提升催缴效率，为内蒙古电力集团公司重点工程里程碑计划的顺利推进提供坚强物资保障。

案例创造人：刘春英　赵军　刘梦娇

供电企业基于全员安全征信评价管理的诚信体系构建与应用

内蒙古电力（集团）有限责任公司锡林郭勒超高压供电分公司

一、企业简介

锡林郭勒超高压供电公司成立于 2015 年 4 月，是内蒙古电力（集团）有限责任公司直属国有特大型供电企业，主要负责内蒙古电网东部区域 500 千伏电网运维管理和规划建设等工作。截至目前，锡林郭勒超高压供电公司运维 500 千伏变电站 3 座，220 千伏开闭站 2 座，变电总容量 4500 兆伏安，输电线路 14 条，全长 2000 公里。

公司始终以"夯实基础、健全制度、完善职能、规范管理"为主线，夯实"基层、基础、基本功"，狠抓制度建设和队伍建设，确保电网安全和队伍稳定，全力提高综合管理能力和技术业务水平，紧紧抓住地区电网大发展的重要机遇，主动融入公司改革发展浪潮，为谱写"全新责任蒙电"高质量发展新篇章贡献力量。

二、企业诚信经营理念

企业的诚信建设，从根本上决定于员工个体的诚信、决定于员工个人的素质，建设一流的队伍、强化职工履职能力是推动企业诚信体系建设的保证。锡林郭勒超高压供电公司为深入贯彻落实习近平总书记关于安全生产重要指示精神，和习近平总书记在中央政治公司第十九次集体学习重要讲话精神，进一步强化安全管理，层层落实安全生产责任，树立"大安全"理念，将全员安全征信评价管理融合诚信企业建设，有效推动部门及各岗位履职，预防安全事故及其他安全事故的发生，减少"三违"现象，切实保障广大职工生命安全，有力推动地方经济高质量发展。

三、全员安全征信评价管理诚信体系建设的主要做法

公司从推动诚信企业建设、践行社会责任发展，以安全生产为重点，以改革创新为动力，以高质量发展为目标，以管控全员安全责任清单及作业现场为抓手，通过全员安全征信评价管理的诚信体系构建与应用，进一步健全企业安全监督体系，形成安全责任清单闭环管理，全员安全责任意识有效提升，违章次数及各类不安全行为大幅减少，形成企业"大安全""大诚信"工作格局。

（一）梳理安全诚信责任清单，明确各岗位安全职责

一是按照集团公司《全员安全责任清单》的工作要求，公司以"依法依规、全面覆盖、以岗定责、务求实效"为原则，以集团公司《安全工作管理标准》《班组安全管理办法》《生产现场检查管理办法》等相关标准为依据，组织梳理并完善各部门、各单位、各班组的安全生产责任清单，明晰安全职责界面和责任分工，分解落实安全职责，明确履责要求和履责记录，形成"一组织一清单，一岗位一清

单",实现"纵向到底、横向到边"的安全诚信责任体系清单。二是依据《电力安全工作规程》《"两票"管理办法》《生产作业现场安全风险预警及管控管理办法》等标准规章,从工作准备、班前会、操作票及工作票办理与执行、"三措一案"执行、安全措施落实、班后会等内容完善变电检修作业现场检查提纲、输电检修作业现场检查提纲、消防安全检查提纲、车辆安全检查提纲,共计督查内容106项。

(二)挑选骨干精英,编制全员安全征信评价细则

根据职责分工,明确安全责任征信评价细则编制人员,召开专题会议分配任务,组织编制《全员安全责任清单征信评价细则》及《作业现场安全征信评价细则》,经过初稿制定、征求意见、分管领导层层把关审核,确定各项履职要求并明确所占分数。一是全员安全责任清单征信评价细则:该细则主要评价人员在具体岗位安全履职尽责情况,以"有机构必有其责、有岗位必有其责"为原则,根据《全员安全责任清单》制定《全员安全责任清单征信评价细则》,编制内容覆盖生产安全、基建安全、信息安全、职业健康、交通消防、事故和灾害应急、安全生产保障和支撑等,共包含248个安全责任清单征信评价细则。二是作业现场安全征信评价细则:主要评价职工在工作现场安全履职情况,按照生产作业"全过程"安全管控要求,相关专业全面收集安全生产相关法律法规、行业标准、规章制度、岗位职责等制度,结合工作实际,制定作业现场安全征信评价细则,明确各项职责减分分值。

(三)聚焦责任落实,构建全员征信评价管理体系

成立以公司主要负责人为组长的领导小组,明确全员安全征信评价方式,组织各单位、部门建立职工积分量化考核档案,安全征信评价初始分值为12分,累计评价,实行"日积分、季统计、年评定"。评价设定"安全约谈""列入安全失信名单""离岗培训"三个分值限度。安全约谈分值为1个月内扣除达到1.5分,列入安全失信名单分值为累计扣除达到6分,离岗培训分值为累计扣除达到12分。

(1)安全约谈:对每月达到安全约谈阈值1.5分的人员,由生产单位(部门)指派领导与职工谈话,进行帮促教育,做好相关记录,并视情况列为安全关键人。

(2)经济考核:各单位、部门为每名职工建立"三违"积分量化及安全责任考核记录。按月核算积分并记录,兑现考核,并在单位范围内公示。对考核阈值每达到3、6、9分的人员,按照月度绩效10%/3分的标准进行预考核。连续两个月责任人无"三违"或安全责任失职不进行实际考核,两个月内再次发生问题,进行考核。

(3)离岗培训:年度内累计减分达到12分时,由安全质量监察部下发离岗培训通报,通知相关单位(部门)、人力资源处及工会,由原单位(部门)结合实际,组织离岗培训人员脱产强化培训1个月。

(4)加分奖励:对防止可能发生安全事故,在技术创新、管理创新取得显著成绩,在应急处置、抢险救灾、防恐防爆等有突出贡献,以及见义勇为等事迹突出人员,给予一定加分激励。同时,将个人安全积分作为集体、个人评先选优参考依据。

(四)强化监督管理,科学实施征信评价工作

一是明确征信人员职责,建立公司领导层、机关部门、所属单位、班组人员以及相关技术人员安全征信评价机制。对各类检查发现的安全责任失信问题,根据信息来源渠道不同,可由发现问题的各级管理人员检查时当面告知责任人;也可告知责任人部门负责人,由责任人所在部门管理人员转达至责任人;或将发现问题交至安全质量监察部,安质处确定后下发至责任部门,由部门信息核实人员通告责任人。二是建立安全责任追责机制,对于检查人员发现的安全问题,通过当面告知、下发检查记录表或整改通知书、会议通报等形式告知责任人,由责任部门进行评价减分,及时更新《安全征信评价档案》,安监部门负责日常督办。对发生的每件安全信息,尤其是安全风险等级较高的安全人员,由所在单位(处室)管理人员及班组负责人进行谈心交流、批评教育,帮助其认识问题,改正不足,有

针对性地做好思想教育引导。对达到 12 分离岗培训分值的人员，办理离岗培训一个月，离岗培训后达到上岗标准的，前期安全奖惩累计分值清零。

四、全员安全征信评价管理诚信体系建设的实践成效

（一）强化责任落实，全员安全责任意识有效提升

进一步健全完善安全监管奖惩机制，形成闭环管理，使安全管理更科学、更高效，将履行情况与个人信誉度相关联，有效提升员工安全文化素质，提高企业安全监管能力，形成高层抓制度建设，中层抓执行，基层抓落实的管理模式。同时强化公司全员安全责任意识，形成层层传导压力、逐级落实责任的安全生产格局，孵化出公司干部职工"我要安全"的内生意识，安全生产政治意识、责任意识、自觉意识和担当意识均逐步增强。

（二）强化过程管控，违章行为及安全履职不到位显著减少

自实施安全征信评价工作以来，共编制安全征信评价档案 291 份，全员安全履职效果日趋明显，解决了安全责任不清，履职监管不严等问题，上年度上半年发现违章 6 起，本年度上半年发现违章 4 起，同期减少 50%，违章行为及安全履职不到位情况显著减少。相关领导对责任人进行安全约谈，起到了很好的教育及威慑作用，有效提升企业安全管理水平。

（三）强化全员安全诚信建设，助力地方经济社会高质量发展

通过强化人员安全责任落实，加强全员安全责任履职工作，进一步规范员工行为，强化诚信企业建设，践行国企服务社会责任，降低违章发生率，减少事故发生，未发生人身、电网、设备、信息系统、交通、消防事故，地区电网安全运行水平得到保障，未对社会用电造成任何影响，重大活动和节日采取有效措施保障电力安全，有效助力了地方社会的经济发展，为地方社会经济发展保驾护航。

案例创造人：李英俊　刘志远　刘思铭　李磊　郝艳丞　王超

诚信金融　助力产业发展

四川长虹集团财务有限公司

一、企业简介

四川长虹集团财务有限公司（以下简称长虹财务公司）是中国银保监会批准设立的企业集团财务公司，是一家以加强企业集团资金集中管理和提高企业集团资金使用效率为目的，为长虹集团成员单位及产业链上下游客户提供金融服务的非银行金融机构。

长虹财务公司成立于2013年8月，由四川长虹电子控股集团有限公司、四川长虹电器股份有限公司、长虹美菱股份有限公司、长虹华意压缩机股份有限公司共同出资设立，总注册资本26.94亿元人民币。公司以"依托集团，服务产业，规范治理，稳健经营"为经营方针，坚持诚信立本，致力于为长虹集团成员单位和产业链上下游企业提供优质的金融服务。成立至今，得到监管部门、行业协会和集团内外部客户的广泛认可。

二、坚持诚信稳健经营，切实维护客户合法权益

作为金融机构，长虹财务公司始终坚持"客户利益至上""诚信经营"的理念，对客户在财务公司办理的各项存贷业务，均严格落实契约精神：一是按时足额兑付客户在财务公司的各项存款利息，保障客户资金收益，成立至今，长虹财务公司已累计支付各项利息24.26亿元；二是及时兑付长虹财务公司签发的承兑汇票，切实保障持票人权益，成立至今，长虹财务公司已累计兑付到期承兑汇票547亿元；三是全力保障客户存款自有支取，客户存放在长虹财务公司的存款均严格按照协议约定进行支付，有效保障了客户的资金安全和使用便捷性，成立至今，长虹财务公司已累计兑付到期承兑汇票51404亿元。

三、借助长虹信用，支持小微融信获总理批示

作为金融机构，长虹财务公司充分发挥信用中介作用，借助长虹核心系企业良好的信誉，创新业务模式，开展的"长虹-中征应收账款融资"，支持小微企业融资。

该模式针对长虹上游供应商融资难、融资贵的问题，由长虹财务公司牵头，通过长虹、中征、金融机构三方IT对接，实现业务数据自动化传输和一体化线上融资对接服务，解决了银行应收账款商品交易真实性核实难、债务人确权难、信息不对称等问题，通过长虹核心企业的增信，增强了金融机构风险防控能力，践行出一条解决中小微企业"融资难、融资慢、融资贵"问题的有效方式。该项目获国务院李克强总理批示，要求在全国范围推广。

四、票据业务增信，扶持经销商销售长虹产品

长虹财务公司向产业链上经销商提供买方信贷票据服务，利用核心企业资信作为担保为经销商签发银行承兑汇票，用于长虹产品提货支付。同时，为满足不同客户需求，设计出"虹财票"和"多财票"两款买方信贷票据产品。

为实现扩面增量，长虹财务公司还利用产品公司现有销售网络，精准定位小微民营经销商，进行点对点式推广，并在各业务区域板块内选取具有代表性的销售企业或个体工商户进行试点，树立标杆效应，以点带面，以老带新，积累市场口碑。

为改善用户体验，提升业务办理效率，长虹财务公司对客户开立资料进行标准化、成套化输出，提升了客户开立资料填写的规范性和便捷性；长虹财务公司还在风险可控范围内精简业务办理资料，力争最大化节约纸张资源；设计开发"宏票据"供应链金融服务线上平台，通过业务流程优化、操作简单化、智能化后，更能满足经销商的支付习惯诉求、业务办理时效要求以及票据管理需求。从经销商发起票据签发申请，T+0便可完成开票审批流程、成员单位签收、入账以及经销商提货全流程。

为稳步开展买方信贷票据业务，做好风险管控，长虹财务公司充分利用集团健全的信息系统 - 长虹营销业务平台，结合成员单位与经销商历史交易数据和历史信用额度使用情况，以及征信情况等评价经销商履约能力，并结合所有者个人品行、信用水平、家庭稳定性、资产情况等因素给成员单位推荐准入的下游经销商进行评级授信，根据评级情况确定给予经销商的敞口额度。

该模式下，长虹财务公司作为信用中介，以财务公司承兑汇票为结算工具，为经销商特别是中小经销商的融信提供了便利，同时通过业务的持续开展，也有效增强了客户的诚信意识，增加了诚信履约的纪律，为下一步拓展银行授信奠定了坚实的基础。该业务推出后，得到经销商广泛认可，业务呈几何式增长。该业务有效提升了经销商回款质量的同时，并提升了产业经营周转率，促进了长虹产品的销售，获得财资中国"最佳产业金融奖"等荣誉。

五、打造一站式票据平台，实现集团票据信用集中管理

长期、良好的信用，使得长虹票据在市场得到了广泛认可，为进一步提升长虹票据的便利性，结合长虹票据结算量大的特点，长虹财务公司积极推进电子商业汇票业务，打造服务产业的一站式票据服务平台，实现全集团票据集中管理，电子汇票系统在四川率先实现线上清算并与票交所全直联功能，做到信息互传，高效处理票据业务。

线上清算功能的开通，一是加快到期电票回款速度，票款资金实时到账，提高了资金周转效率。二是实现票款实时交割，减少票据已签收未付款情况的产生，有效保障了持票人权益。三是实现系统自动处理，减少票据人员手工处理工作量和托收时与承兑行线下沟通时间。四是实现财务公司签发的票据线上实时兑付，提升财务公司票据的市场认可度。

票交所全直连上线后，极大地提升了财务公司电子票据服务能力。一是业务系统实现与票交所直连，提升票据业务处理效率20%左右。二是降低了业务操作风险，实现了业务系统和票据交易系统指令的一体化，避免多系统操作潜在的操作风险。三是实现票据全生命周期直通式处理，使财务公司可提供票据登记、票据托管、票据交易、清算结算、风险票据查询等多项业务，帮助集团提高票据使用效率，降低票据风险。

相关功能的开通，为实现票据一站式管理奠定了坚实的基础，业务办理效率大幅提升。2021年全年，

长虹财务公司共办理各类票据业务 97611 笔，金额达 493.62 亿元。

六、提供信用贷款，助力集团重点产业发展

为进一步提升对绿色企业的金融服务水平，长虹财务公深入了解企业情况，针对集团重点产业、绿色企业给予信贷资源倾斜，结合企业实际需求量身定制融资方案，支持企业发展。格润环保下属子公司贵州鹏程新材料有限公司作为废旧锂电池专业处理实施单位，是 2021 年并购的小微企业，因其自身资质限制，销售渠道不畅，营业收入少等原因，不满足银行传统授信标准，难以取得银行贷款，而技术创新及项目建设又面临较大资金压力。针对这一情况，长虹财务公司对其积极进行专项调研，适当放宽授信条件，量身打造金融产品。

2021 年 9 月 15 日，财务公司为贵州鹏程发放绿色贷款 2000 万元，从授信调查到提款使用仅用了 10 天时间。同时，该笔贷款是贵州鹏程公司取得的首笔信用贷款，用于补充营运资金，维持企业正常运营，帮助企业顺利渡过了难关。

作为长虹集团唯一的持牌金融机构，长虹财务公司始终坚定发挥着支持产业发展的职能，成立至今已累计向成员单位发放各类贷款 1440 亿元。

七、广泛开展诚信宣传，助力构建企业良好征信

良好的信用为长虹财务公司的持续健康发展带来了极大的便利，为持续营造良好的诚信经营环境，构建良好的企业征信升天，长虹财务公司在做好自身信用管理的同时，也积极加强征信相关知识的普及，通过线上征信活动、征信知识案例讲解、征信知识答疑、征信知识答题活动等方式，让集团各兄弟单位和职工全面掌握征信知识，践行诚实守信的相关要求，构建良好的征信生态！

案例创造人：胥勋畅

筑诚信之基　行稳健之路

中国农业银行股份有限公司深圳龙华支行

一、企业简介

中国农业银行深圳龙华支行位于深圳市龙华区人民北路398号，1993年6月8日正式对外挂牌营业。截至2022年1月，全行在职员工288人，硕士研究生48人，本科生190人，本科及以上学历人数占比82.64%；党员137人，占比48.6%。

龙华支行设有6个部门、9家二级支行，营业网点分别是支行营业部、新区/观澜支行、石岩支行、龙城支行、民治支行、锦绣江南支行、梅龙支行、星河盛世支行和福城支行，遍布龙华区6个主要街道，自助银行深入各厂区、园区、住宅区。

奋斗创造历史，实干成就未来。2020年，龙华支行综合绩效考核排名深圳分行第一，其中，普惠金融专项评价、发展转型类指标均排名深圳分行第一。同年，龙华支行荣获全国工会"模范职工之家"称号。2021年，龙华支行效益水平持续攀升，零售业务中排名，深圳分行第一，财富管理AUM计划完成率排名深圳分行第一，并荣获全国金融"五一劳动奖"。

二、诚信理念和实践

中国农业银行作为四大国有银行、A股上市公司、世界五百强企业，始终践行"诚信立业 稳健行远"的核心价值观。作为一家经营风险的巨型金融机构，诚信是农行最为重视的经营理念和企业文化，为此构建了一整套行之有效、自上而下的内部控制制度，组建了贯穿全行的内部控制部门、纪检监察部门等研发了"三线一网格"员工行为综合管理系统，形成了电话、网络等多渠道监督举报体系。

龙华支行作为一家一级支行，践行农行诚信经营理念，最重要的就是管好人。龙华支行在员工行为管理方面创新性地提出"党员领导者"角色，全支行95名非干部党员员工就近认领1至2名非党员员工，形成员工管理网格细胞，数个网格细胞构成各单位员工管理网格，党员员工与非党员员工结对子、记成长笔记，互相关心、共同进步。正是因为龙华支行执行制度管好人，所以挂牌成立近30年来，不仅没有发生过任何不诚信经营事件，而且龙华支行浓情暖社区、大爱助残障、拾金不昧、堵截电信诈骗、拦截巨额非法集资资金等举措，勇担当、敢作为的优秀事迹获得了周边金融消费者、媒体、官方机构的广泛认可和好评。

（一）爱撒华阳动人心

紧紧围绕农行"责任为先、兼善天下、勇于担当、造福社会"的责任理念，在深圳分行党委及工会的有力支持下，龙华支行连续六年深入深圳市华阳特俗儿童康复中心帮助特殊儿童，开展"爱撒华阳"阳光助残活动。

（二）浓情服务暖人心

龙华支行以服务社会民生为导向，以承担社会责任为己任，推出了一系列暖心多元的服务。

（1）连续举办"墨香共迎新春，猜谜齐闹元宵"活动，邀请附近社区居民同贺新春、共庆元宵。

（2）不定期在建筑工地成立"流动银行"，为城市建设者办理银行卡、普及金融知识。

（3）携带移动设备多人配合上门为高龄老人办理银行卡业务。

（4）帮助客户堵截电信诈骗资金 338 万元，龙华支行"想客户之所想，急客户之所急"的服务精神，为客户筑牢金融风险的"防护墙"，受到了凤凰新闻、深圳 PLUS、读特等媒体门户的报道和宣扬。

（5）工作人员拾获客户钱包，通过各种渠道联系客户成功归还，同时谢绝客户感谢金，让客户深深感受到农行人的责任心与正能量，客户写下感谢信、发布微博向农行表示感谢。

（三）拦截"善心会"巨额违法资金撼人心

2017 年龙华支行顶住各方压力，与涉嫌传销及非法集资的公司深圳市善心汇文化传播有限公司（以下简称"善心汇"）多次周旋，最终协助法院成功冻结"善心汇"相关账户违法资金 1.2 亿元人民币，没有一分转出，最大限度地保障国家人民的财产安全，获得了银监局、人民银行的点名表扬。

三、诚信服务

（一）丰富服务内容

（1）防疫服务添新招。2020 年疫情期间，龙华支行首创便民体温云登记系统，通过掌银扫码登记体温，同步实现体温登记不排队、不接触、不扎堆，保护客户隐私和生命安全。

（2）惠民服务有新意。2021 年，龙华支行为龙华区教职员工倾力打造深圳地区首张教育联名卡——龙华教育专属卡，并针对老师的工作特性和实际需要，着力打造了价值超千元的专属礼包，让辛勤的园丁们在繁重的教学工作外，可以拥有更便捷、优惠、舒心的金融服务体验。

（3）金融服务增新"味"。2020 年，龙华支行成功落地深圳分行首笔易捷监管业务；落地深圳分行可认股安排权顾问业务；实现深圳分行首笔先进制造贷投放；完成深圳分行首笔"工程项目保"项下——城市更新改造履约保函业务审批；2021 年，龙华支行成功落地农总行第一笔境外人士减持境内上市公司股票；龙华区"留深红包活动"、深圳市现代有轨电车数字人民币体验项目、龙华教育局"暑期安心守护"行动、抖音"味你而来、嗨吃龙华"活动，以实干助力深圳市打造消费互联网先行试验区。

（二）创新服务活动

在全国上下齐心战"疫"的澎湃激情中，龙华支行携手龙华区教育局在全市范围开展线上"共植许愿树"活动，募集善款支援武汉教育系统复工复学。此次活动受到人民广播电台、新华网等相关媒体报道 26 次，进一步体现大行担当。同时组织开展多次公益活动，助力龙华区复工复市，比如联合分行、龙华工信局和工商联组织线上惠企直播沙龙，助力"龙华汽车购物节"；深入社区、工业园区，开展"3·15"消费者权益保护活动，提供现场金融问诊服务，均受到本地媒体强烈关注，有效宣传农行优质产品及服务。

为深入贯彻国家创新驱动发展战略，紧贴深圳产业升级与经济转型的战略布局，龙华支行秉持金融服务实体经济的初心与使命，重点推进绿色金融业务发展，精准锚定科创企业融资需求。2021 年，龙华支行贯彻执行农总行最新政策，因地制宜，进一步扩大与绿色能源头部企业中广核的业务合作，累计为其投放系列贷款 8.66 亿元；为 15 家科创企业审批授信 13.5 亿元，并成功投放超 10 亿元。2022

年年初,龙华支行连续落地 3 户国家级专精特新"小巨人"企业、4 户省级"小巨人"企业,且预计将联动科创贷款超 1.2 亿元,助推深圳产业结构快速转型升级。

(三)提高服务水平

龙华支行深入把握现代金融科技发展现状和趋势,立足本土资源,利用智能科技提高金融服务水平。

(1)以金融科技赋能教育智能化为突破口,依托"教育+金融+智能"合作模式,先后为深圳市龙华高级中学教育集团、深圳市艺术高中、深圳市格致中学等学校搭建智慧校园平台,通过整合学校资源,接入大数据可视化等智慧应用,灵活适配、横向扩展,为广大师生带来便捷的服务体验。打通教育局、财政局、学校和家长之间业务全流程,实现教职工工资、学生补贴发放进度可控可跟踪,银行资金清算安全保障。同时从 G 端联动 B 端并且带动 C 端,形成农行系统内资金闭环,实现新增民办学校补贴户 274 户,预算单位账户 79 户,机构存款日均增长 4 亿元,新增代收付交易量超 15 亿元,新开 II 类账户近 4 万户,掌银场景客户数 2500 户。

(2)聚焦场景多点开花。在总分行相关部门有效指导下,龙华支行落地首家企业员工饭堂场景并提供可复制的经验,并成功营销多家企业、学校开放银行支付 SDK 业务;落地分行首家加油站场景并为后续营销提供可复制的经验,成为大型互联网场景项目;落地分行首家连锁 ERP 对接产业链场景;2020 年智慧饭堂累计客户数排名分行第三,荣获分行 2019 年数字化转型突出贡献奖。

四、加强服务实体经济

(1)做好金融抗疫"贴心人"。深入贯彻党中央、国务院决策部署,响应总分行做好金融抗疫服务要求,龙华支行第一时间把金融资源配置到疫情防控和复工复产一线,为"深圳小汤山"医院施工单位百勤工程劳务投放纳税 e 贷,助力"深圳小汤山"医院 20 天内竣工;2020 年年初调配在深员工支援营业部连续对外营业 18 天,纾解市民经济生活困难;精准帮扶小微企业实现资金融通,审批通过了疫情期间深圳分行首笔防疫企业抵押 e 贷,为深圳市创世嘉里科技授信 750 万元;11 天内为全国性疫情防控重点小微企业 5 户名单中 3 家企业投放贷款共计 1200 万元,让农行旗帜在金融抗疫一线高高飘扬。

(2)做优普惠金融"用心人"。作为农总行普惠专营机构,龙华支行坚决贯彻落实党中央、国务院支持小微企业各项决策部署,认真落实总分行全力推进金融服务实体经济的工作要求,龙华支行 2020 年普惠专项评价排名深圳分行第一,践行"大行德广、伴您成长"承诺,伴企业扎根"双区"沃土成长壮大。

(3)做实消费扶贫"暖心人"。龙华支行党委深刻理解农业银行作为国有大行在巩固脱贫攻坚成果,助力乡村振兴过程中担负的重大使命和责任,支行党委连续多年带队深入河源市紫金县龙窝镇慎田村开展扶贫慰问活动,对口帮扶建卡农户全部实现脱贫;组织动员全行开展消费扶贫工作,拍摄扶贫商城宣传短片及海报,视频上榜农总行抖音号,吸引更多客户使用扶贫商城,切实帮助提高全国各贫困县区经济发展水平。

五、持续建设和谐队伍

(1)龙华支行围绕治行兴行"六维方略",着眼新时代农业银行转型发展需要,依事择人、精准用人,着力建设政治过硬、素质优良、数量充足、结构合理、充满活力的优秀团队。

(2)坚持严管与厚爱并重、激励与约束结合,重视青年员工成长晋升,依托青年英才开发工程储备优秀青年干部。举办"壹课啦"系列大讲堂，拓宽员工视野，更新优化知识和技能。为近三年入行员工规划成长导师、管理导师和业务导师，全面提高新员工履职能力，激励新员工成长成才。

（3）持续推进家园文化建设，全力改善基层员工生活条件。不仅为员工提供充足防疫物资，做好办公场所防疫，落实全员疫苗接种与核酸检测，对春节期间留深的异地单身员工进行关心慰问；还不断完善员工食堂、休息室、活动室等基础设施，打造空间独立、设施齐全的"女职工关爱室"，开展员工关爱系列活动，进一步深化员工关爱"五项行动"。

潮平岸阔风正劲，扬帆起航正当时。龙华支行将立足新起点，开启新征程，以时不我待、只争朝夕的历史担当，矢志不渝守初心，奋发有为担使命，百尺竿头更进步，乘势而上续辉煌。

案例创造人：林怍华

做良心企业　卖放心食品

北京健力源餐饮管理有限公司

一、企业简介

荐世新先生2001年在青岛创立健力源餐饮品牌，2008年总部迁入北京。健力源长期致力于团餐、酒店管理、物业管理、食材冷链物流配送、餐厅厨房规划设计、农产品种植加工及美食广场等发展事业，现有员工10000多人，为500多家单位提供服务，每天服务人数达到150多万，注册资金一亿多元人民币。

目前，公司业务遍布北京、天津、山东、河北、河南、浙江、江苏、安徽、湖北、湖南、重庆、四川、辽宁、吉林、广东、山西、内蒙古等省市自治区。客户涉及机关单位，央企国企，互联网、金融、汽车等行业巨头，学校、医院、部队等领域，充分展现了健力源跨行业、跨领域的强大综合服务能力。

健力源的努力得到社会各界的广泛认可，连续被评为全国AAA级商业信用企业、中国餐饮百强企业、中国团餐十大品牌、中国团餐十大领军企业。2012年起草的《团餐管理服务规范》由商务部正式发布实施，这是国内第一部关于团餐行业的标准。2016年，健力源团餐服务走进中南海，多次获得国务院办公厅授予的"餐饮服务示范窗口"荣誉，受到多位副国级领导表彰并颁发锦旗。2019年，健力源光荣参与新中国成立70周年国庆大阅兵餐饮保障服务，并受到表彰。

成绩和荣耀的获得，离不开健力源人对诚信经营一如既往地坚持。如今，诚信已经深深融入健力源的企业文化中，并落实到一点一滴、方方面面。

二、思想引领，加强诚信理念宣贯

作为中国团餐企业代表，健力源在2001年成立之初，就将"诚信"作为整个企业的核心价值理念加以宣贯和弘扬。荐世新董事长一直对员工讲："民以食为天，作为餐饮企业，健力源要做良心企业，卖放心食品，绝不赚昧良心的钱。"这些年来，公司对内对外、对上对下，一直以"诚信"为准则，实实在在做企业。与此同时，公司也一直坚持在员工中宣贯"诚信理念"，要求每一个员工在工作和生活中都要讲诚信，公司一直将"诚信"作为衡量员工的第一标准，要求员工不迟到、不早退、不说谎、不作弊、不制假、不售假等，从一言一行、一点一滴做起。任何人员，只要不讲诚信、欺上瞒下、损公肥私，必然会受到公司的处罚。而对那些拾金不昧、遵规守纪、敬业爱岗的员工，公司会给予奖励，并通过OA、内刊、网站进行表扬，让诚信员工得到物质和精神的双重褒奖。多年来，公司通过会议、制度、宣传等形式，一直自上而下积极宣贯诚信经营的理念，以诚信作为企业行为和员工行为的准则，在全公司营造了"守信光荣、失信可耻"的良好氛围。

三、守法经营，遵守行业法律法规

对于企业而言，守法经营是最大的诚信。多年来，在"诚信"的核心价值观的引领下，健力源一直守法经营，积极履行企业的责任。公司按时向国家纳税，从来没有偷税漏税行为；公司严格遵守《中华人民共和国劳动法》，及时与员工签订劳动合同，按时发放工资；公司对待供应商，一直坚守诚信合作的理念，认真履行合同约定，绝不拖欠一分货款。公司还贯彻落实《食品安全法》的规定，自觉接受食品药品监督管理局的监督和检查，确保餐厅在硬件方面和软件方面都符合国家的相关要求。这些年来，正是凭借守法经营，健力源得到了来自客户、供应商、合作伙伴和广大员工的一致好评，多家餐厅被教育部门、食药部门作为示范单位，接待外来参观与学习。公司更是多次被评为"守合同、重信用"企业，树立了有责任、有担当的企业形象。

四、全力以赴，杜绝食品安全隐患

作为团餐企业，诚信最终还是要落脚到实实在在的餐饮服务上，而食品安全又是餐饮服务的重点，是公司诚信的重要体现。公司成立至今，一直非常注重食品安全工作。荐世新董事长曾多次表示，"团餐餐厅服务顾客数量多，一旦发生食品安全事故，后果不堪设想，因此一定要抱着'战战兢兢、如履薄冰'的心态去经营。"为了构筑公司食品安全堡垒，自2005年起，公司在10年时间里先后通过了HACCP、ISO9001、ISO14001、OHSA18001、ISO22000五大国际体系认证，建立了完善的管理体系，明确每个工序的关键控制点。

公司与益海嘉里、中粮、正大、龙大、李锦记等知名供应商建立了长期战略合作伙伴关系，确保食品原材料统一品牌、统一规格、统一价格、统一配送、统一结算。公司下属供应链公司北京谷香源，现有大兴和房山两处大型库房，库容量上万吨，能够满足各种食材的储运条件。库房均配有温湿度实时检测仪器，可以通过移动设备监测、控制库房温湿度。配送范围覆盖北京十八个区县。公司还正在青岛西海岸投资建设特色农产品物流加工项目和智慧农场项目，其中特色农产品物流加工项目于2021年6月正式启动，智慧农场项目一期建设完成，2021年3月份开始种植。健力源积极在供应链上游发力，旨在打通从农田、工厂到餐桌的中间渠道，实现一、二、三产业融合发展，从源头保障食品安全。项目启动后还将产生巨大辐射效应，为推动乡村振兴，实现共同富裕贡献健力源力量。

公司在各大区建立专业化验室，购置先进检测设备，可对食材、餐用具进行50余项理化检测和微生物检测，并为很多餐厅配备了农药残留检测仪器，每天对蔬菜进行农药残留检测，并每天对餐具、器具消毒情况进行抽查检测，仅检测费用，每年就要花费1000多万元；公司在餐厅设置原材料展示柜，向客户展示餐厅使用的各种原材料，在许多餐厅后厨区域安装监控系统，实现"明厨亮灶"，自觉接受客户的监督。这一系列食品安全管控措施，大大增加了公司的运营成本，然而公司却坚持做、一直做，这是企业诚信的最好体现，赢得了广大客户的认可。

五、枝叶关情，关爱员工工作生活

作为一家有着近15000名员工的民营企业，健力源深感责任的重大，公司领导认识到，企业的兴衰，不仅关系到领导层的利益，同样更关系到广大员工的利益。企业保持良好的经营态势，这本身就是对员工的一种诚信。这些年来，公司一直保持较快的发展势头，并且每年年终会根据员工的表现，对工资待遇进行不同幅度的增长，这是难能可贵的。在保证员工工资待遇持续增长、按时发放的基础上。公司还在很多方面向员工诠释了诚信。公司向员工承诺："赛马不相马、人人是人才"。在健力源，员工有多大的能力，公司就会给他搭建多大的舞台，公司很多餐厅经理、职能部门领导都是从基层做起；公司向员工承诺：要不断改善员工的生产和住宿环境。近年来，公司工会每年都会推出"夏送清凉，冬送温暖"活动，为生产现场和员工宿舍配备空调、洗衣机、热水器、电视、电风扇等电器设备，尽最大努力改善员工的工作和居住条件，解决员工的洗衣、洗澡问题，丰富员工的业余文化生活。公司向员工承诺：一枝一叶总关情，每一名员工都是健力源的家人。为此，公司领导一直高度关注公司困难员工群体，每年春节，工会都会开展困难员工救助活动，向特困员工送去关怀。公司工会还建立了日常的慰问救助制度，对于遭逢突发状况的员工家庭，及时给予慰问帮扶。公司真正做到了以家聚人、以礼待人、以德服人、以诚待人，向员工诠释了诚信，诠释了健力源家文化，也因此赢得了员工的认同和感恩，而伴随着公司诚信文化的弘扬，又吸引了更多的人加入健力源团队中，推动健力源更快更好地发展。

六、回馈奉献，投身社会公益事业

"员工和企业共同发展，建设和谐企业，为构建和谐社会做贡献"，这是健力源的企业愿景。在维护员工权益，打造和谐企业的同时，健力源一直在尽自己的努力，为构建和谐社会做贡献。多年来，公司积极参与各种社会公益活动，展现了企业的社会责任，彰显企业社会诚信。公司在青岛市慈善总会设立了200万元慈善资金，专门用于捐助希望工程、扶贫救困。2008年汶川地震，公司工会专门派出人员前往灾区，与灾区学校建立结对帮扶，资助地震灾区40名小学生，坚持至今。这些年来，公司一直以积极的姿态投身社会公益事业，履行企业诚信，彰显了企业的社会责任。2015年，在青岛市商务局的号召下，公司积极参与青岛市生活必需品市场供应突发事件应急工作，成为青岛市生活必需品市场供应突发事件重点保供企业。2020年，公司通过慈善总会向武汉捐款20万元，并向武汉市委市政府等单位捐献一万斤海鱼，向水利部长江水利委员会捐赠一万个口罩。近年来，公司还积极响应国家号召，加大对贫困地区的对口帮扶采购力度，帮助贫困地区解决特色农产品的销路问题。作为一个有着社会责任感的企业，健力源一直在践行着"为构建和谐社会做贡献"的承诺，彰显企业对社会的诚信。

历经21年的发展，健力源从一家小公司成长为中国团餐领军企业，正是得益于公司对诚信的坚守，对品牌的重视。未来，健力源会一如既往做良心企业、卖放心食品，把诚信之根扎得更深。我们相信，以诚信为基石，健力源会在中国团餐市场上有更大的作为，健力源品牌必将成为中国团餐市场的旗帜，为中国餐饮事业健康发展贡献力量！

案例创造人：荐世新

诚信立业担使命　稳健行远领潮头

中国农业银行股份有限公司天津西青支行

一、企业简介

农行天津西青支行（以下简称西青农行）现位于西青区国家魅力名镇"杨柳青镇"柳霞路5号，西青地处天津西南，东与红桥、南开、河西接壤，西与静海、霸县比邻，南与大港、津南相连，北与北辰、武清交界，交通便利、经济繁盛。区治杨柳青，宋元时原名流口，已为重镇要地，元明之际始定今名，相沿至今，久为世人所熟知之名镇。农行天津西青支行前身可追溯到1953年成立的"中国人民银行天津市分行西郊区办事处"，办公地址设在天津市西郊区李七庄前街66号。后几经更名，至1979年更名为"中国农业银行西郊办事处"，机关办公地址在杨柳青专署前街，区办所辖的9个营业所、社遍布全区9个乡镇。1991年更名为"中国农业银行天津市西郊支行"，1992年更名为"中国农业银行西青支行"。1998年5月，支行机关办公地点迁至杨柳青柳霞路5号至今。

西青农行人身怀家国，敢闯敢拼，将守正与创新融合统一，在坚定政治信仰，拥护国家大政方针的前提下，坚定信心、真抓实干，坚持以"团结 严谨 效率 争先"的西青精神，带领全行员工开拓进取、勇于创新，各项工作取得良好成效。西青支行共有员工347人，机关部室6个，包括党委办公室、纪委办公室、综合管理部、安全保卫部、运营财会部、内控合规部、公司业务部、乡村振兴金融部、个人金融部、风险管理部、信用管理部、机构业务部。另外设置了3个前台对公综合直销团队。近年来西青支行各项业务快速健康发展，经营效益不断提升，管理水平稳步提高，存款规模区域排名始终保持同业第一，绩效排名始终位列分行前五，内控综合评价保持一类水平。曾荣获2021年度"全国金融五一劳动奖状"，市级2018年度"天津金融五一劳动奖状"，总行级2018年度、2019年度、2020年度"中国农业银行运营基础管理先进单位""中国农业银行对公业务先进集体"，分行级2018年度"天津分行四好班子"，2020年度分行级"优秀支行"，2018—2020年市级、区级文明单位等荣誉称号。

农行核心价值观有一条诚信立业、稳健行远。子曰："民无信不立。"人无信不立、商无信不誉、市无信不兴、企业无信不昌。做人，首先要诚实。诚实守信，是为人与收益的有效匹配，走持续稳健的发展之路。尤其对于金融行业来说，把诚信作为根基，才能得到广大客户的认可，而获得长足的发展。西青支行始终以"诚信立业、稳健行远"价值观引领，以完善的诚信制度来构建西青农行诚信体系，让大家充分认识到诚信的重要性，在各种利益与糖衣炮弹面前时刻不忘初心，办理业务时做好风险防控并做好客户服务，想客户之所想、急客户之所急，利用工作经验和谈判技巧，更重要的是用真诚服务客户，不断取得营销突破。

二、企业诚信建设情况

（一）诚信服务客户——"学雷锋标兵"　有你有我

联合"学雷锋银行"西青农行营业部成立"青年志愿服务队"开展学雷锋志愿活动，向前来办理业务的客户义务讲解防金融诈骗、防非法集资、农行金融产品安全使用方法等金融知识。针对残疾人对金融服务的特殊需求制定柜面业务应急预案，为不方便的残障人士提供上门服务，并在营业大厅配备轮椅、无障碍摇铃、常用业务流程盲文说明书等实用工具，以实际行动践行学雷锋精神，为老弱病残等特殊消费群体提供更优质的金融服务，使其共享普惠金融的成果，体现金融青年奉献社会、服务社会、关爱特殊群体的良好精神风貌。

（二）打造农行企业文化——与老百姓携手共治，畅享消费

农行肩负面向"三农"、服务城乡、回报股东、成就员工的使命，秉承诚信立业、稳健行远的核心价值观，强调高品质、高效率、负责任的文化追求，不断改进金融服务，加强诚信建设，将诚信贯穿到每一项业务当中，保障客户切身利益，满足客户金融理财需求，进而实现客户与我行的互利共赢。

要真心为客户负责，保障客户资金安全。提高银行员工防范金融诈骗的意识，增强银行员工发现、阻止异常情况的能力。多渠道全面加强安全宣传。在营业网点电子屏和多媒体上滚动播放防范电信诈骗的宣传标语，提醒客户增强自我保护意识。同时走进社区、市场等场所，开展防范金融诈骗宣传，提高公众的防范意识。对神情和举止异常的客户主动上前询问，不放过疑点，一旦发现异常情况，第一时间做好解释说明和处置上报工作，积极配合公安部门侦破电信诈骗案件。

给客户当智囊，让客户手中的钱生钱也是农行一直努力的方向。针对不同类型的客户，我行推出了一系列的理财产品，做好资产配置。除此之外，我行还定期举办讲座，为市民普及理财知识，帮助老百姓理性投资，获取更高的收益。

（三）坚持党建引领创新支部建设——"天津金融系统唯一市级先进党组织"

始终坚持信仰"守正"，增强"四个意识"、坚定"四个自信"、做到"两个维护"。在基层党建工作中，深入探索党建与业务经营有效融合的支部建设机制，创新打造张家窝支行示范党支部，建立"五度共建"模式，得到多方认可，作为天津市金融系统唯一入选党支部获评"天津市先进基层党组织"。西青支行总结提炼优秀经验向全行推广，不断深化特色党建模式，以点带面强化党建引领。

（四）牢记惠农初心助力乡村振兴——"天津农村集体产权制度改革三资平台试点支行"

作为"农业银行"，始终牢记惠农初心，为乡村振兴贡献金融力量。一是作为试点支行先行推进"三资"平台建设，助推天津农村集体产权制度改革，为农村资产、资金、资源管理提供金融支撑，助力农村发展；二是紧扣重点农业项目，审批通过分行首笔设施农业项目，涉及4121亩种植业，预计投放3.2亿元，为农业发展提供资金支持；三是实现159个行政村建档全覆盖，农户建档7913户，金融扶持农民。

（五）勇担社会责任支持实体经济——贷款支持的制造业企业参与了"火神山""雷神山"建设

作为国有大行，勇担社会责任、支持实体经济，协助政府做好"六稳""六保"。一是大力支持制造业，近三年累计投放79.96亿元，占法人贷款投放49.67%，其中就有为"火神山""雷神山"建设提供抗菌板材的重点制造企业，实现对该企业新增授信4亿元的快速审批；二是发展绿色信贷，为区内生活垃圾综合处理厂PPP项目提供信贷支持，累计发放用信5.3亿元；三是推进普惠金融，深入辖内园区，助力复产复工，疫情期间，仅用4个工作日为某复产企业发放抵押贷款，受到西青电视台采访，树立了勇担责任的大行形象。

（六）做实金融扶贫巩固脱贫攻坚——"消费帮扶、人才交流双驱动"

主动提高政治站位，助力脱贫攻坚，巩固脱贫成果。一是以分行独家中标天津消费帮扶平台运营商为契机，实现企事业单位全覆盖，积极对接区内帮扶单位，协助完成登记13035人，线上购买人数

12413 人，累计购买 21252 笔。二是推进扶贫项目落地，帮助销售扶贫商品，落成产业扶贫项目与专柜各 1 户，助力企业成功在多个扶贫地区注册成立子公司 11 户，在网点建立扶贫体验专区，2021 年累计参与客户 17962 人，交易 28411 笔。三是派出交流干部赴山西广灵县与山西沁县，为助力当地脱贫、推进创新发展作出贡献。

（七）统筹疫情防控助力复工复产——"为疫情期间资金短缺的客户解决燃眉之急"

统筹推进疫情防控、金融服务和经营管理，一方面抓实抓细疫情防控工作，组织全员做好疫情防护，主动对接街镇卫生服务中心，响应疫苗接种工作，带领西青支行全体员工不畏艰难、克服困难、坚守岗位，取得了"零感染、优服务"的良好成绩，另一方面全力做好金融服务，助力客户抗击疫情及复产复工，支行在区政府相关部门举办的银企对接会上了解到某企业在疫情期间复工复产过程中遇到资金短缺的情况，在对接会后的第二天客户部门便到企业了解生产经营情况，当天实现了账户的开立和贷款的申请工作，4 个工作日就为企业发放抵押 e 贷 495 万元，解决了企业的燃眉之急，得到了客户和政府部门的高度认可，树立了农行助力抗疫，勇担社会责任的大行形象。

（八）擦亮青年志愿服务品牌——引导广大员工践行社会责任

弘扬雷锋精神，凝聚精神力量。西青支行组织志愿者开展金融知识进万家活动，志愿者们设立金融宣传驿站，走进社区、学校，为居民发放宣传折页，普及人民币反假、防范电信诈骗、理财知识宣传等多方面金融知识，提升公众风险责任意识和风险管理能力，守住金融风险底线，构建和谐金融消费环境。走进周边街道、社区，清扫周边道路、捡拾垃圾，为环保公益贡献青春能量。本次活动激发了广大员工的服务意识，弘扬了新时代雷锋精神，引导广大青年积极发挥先锋模范作用。开展"同心关爱 共沐书香"公益捐书活动，号召全行员工为安徽省阜阳市枣庄镇王庄中心学校留守儿童捐赠课外书籍，在短短的几日内筹集到 1—9 年级学生用课外读物、科普书籍和中外名著等累计 230 余册。

中国农业银行成立于 1951 年，目前已经发展成为网点网络覆盖广阔、服务功能齐全、总体实力强劲、品牌形象良好的世界大型商业银行，农行天津西青支行作为中国农业银行的分支机构，将始终秉承"客户至上，始终如一"的服务理念，立足本土、诚信经营、稳健发展，将诚信农行的金融服务送到每一位老百姓身边。

案例创造人：宋昭军

诚信服务担使命　奉献担当守初心

中国农业银行股份有限公司双湖支行

一、企业简介

农行西藏双湖县支行位于海拔5000米以上、含氧量只有平原40%、被称作"生命禁区"的双湖县，作为全县唯一金融机构，支行现有16名在职员工，辖属党支部2个，现有党员7名，承担着为全县7个乡镇、31个行政村、1.3万人提供金融服务的重任，服务面积达11.67万平方公里。

双湖县支行紧紧围绕"苦中有乐、乐中有为、发现'三农'、服务双湖"精神理念，以提高服务质量和服务水平为着力点，始终坚持"诚信利用、稳健行远"的核心价值理念，积极履行社会责任，树立了诚信、和谐、共进的良好社会形象，时刻以实际行动践行金融企业的责任担当，2021年获得"全国先进基层党组织"荣誉称号。

二、党建引领，培育优质的品质取信客户

双湖县支行党总支深入学习贯彻习近平新时代中国特色社会主义思想和总书记系列重要讲话精神，全面学习贯彻党的十九大和十九届历次全会精神，自觉讲政治、顾大局，勇担当、善作为，令必行、禁必止，不断增强"四个意识"、坚定"四个自信"、做到"两个维护"，始终保持坚定的政治立场，不断提高政治站位。

（一）以信立誉，将诚信上升为支行发展的战略高度

始终恪守诚信服务的理念，坚持以信立誉的原则，制定诚信服务的标准，坚持以党建为引领，秉持"缺氧不缺精神、艰苦不降标准"精神，致力于用忠诚、奉献、担当为双湖县农牧民提供优质金融服务。

（二）以诚相待，将诚信服务贯穿于日常工作中

坚决不做虚假宣传，坚决不以任何不合理的金融产品误导客户，处处以客户的实际需要为出发点，向客户公开服务承诺的具体内容、标准和程序，明确了违背承诺应该承担的责任，设立了举报电话投诉箱，及时解决客户的投诉，虚心接受客户的监督。

三、推陈出新，屡创诚信服务理念新标杆

对外树立良好形象，对内加强内部管理，建立诚信经营制度，不断提高服务质量，屡创诚信服务新标杆。

（一）民主管理，营造和谐统一劳动氛围

深入贯彻执行《中华人民共和国工会法》《中华人民共和国劳动法》《中华人民共和国劳动合

同法》，充分维护职工合法权益，切实加强队伍自身建设。以党组织和工会等组织为纽带，培育"支行员工一家亲，遇到困难大家帮"的家园文化，遇到困难共同解决，遇到难题一起想办法，为困难职工送温暖，帮助解决困难员工的实际问题，促进支行与员工之间劳动关系的和谐稳定。

（二）强化培训，建立服务标准化体系

建立健全部门管理制度、岗位责任制度、职业道德准则、合同管理制度、安全教育培训制度，规范服务流程、强化服务意识，保证服务质量，推行标准化管理体系，促进支行管理规范化、专业化。面对极端恶劣的自然条件和工作环境，不退缩，不减质。积极开展岗位练兵和各项技能大赛，培养员工使用文明用语，提高服务质量，及时为客户排忧解难。

（三）诚信教育，将诚信服务贯穿于工作始终

积极开展诚信理念宣传、教育活动，提升员工的诚信意识、服务意识。规范做好大厅服务，利用严格的标准力求将良好的服务形象传递到每一个客户心里，推行诚心服务、暖心服务、贴心服务、细心服务，帮助客户解决各类问题。同时，进一步发挥基层党组织的先锋模范作用，严格落实基层党组织清单式管理和党员积分制管理，明确标准、具体要求，引导党支部和党员履行职责，做诚信服务的先行者。突出"三会一课"政治学习和教育功能，每周一安排晨会学习，每周确定一个晚上开展"固定学习日"活动，不断提高党员党性修养和理论素养，不断提高业务办理效率，持续提升网点服务水平。

（四）诚心服务，切实打通金融服务"最后一公里"

坚持把党建工作融入业务经营，让党旗在农牧区高高飘扬。成立以党员干部、入党积极分子为骨干的服务队伍，开展"党员先锋走在前""亮身份，挂党旗"等活动，组建"业务拓展与管理"和"优质服务及安全保障"两个"党小组"，设立党员示范岗、责任区，把党组织的活动从党总支延伸到柜台和服务一线，切实打通金融服务"最后一公里"。

党员带头发扬"背包下乡、走村入户"优良传统，严格执行"3+2"流动服务制度，在基层乡镇营业机构开展"三天坐班、两天走村入户"流动服务，通过"马背银行""摩托车银行""汽车银行"等不同形式，把金融服务送到了各族群众的家门口，让党的金融政策惠及千家万户。年均开展流动金融服务380余次、里程8万余公里。

四、奉献社会，用实际行动赢得社会认可

诚信企业不仅需要诚信经营、诚信形象的建立、诚信服务的提供，还需要用实际行动进行诚信经营维护。在全行上下共同努力下，"农业银行"金字招牌已经广植于双湖县干部群众的心中。

（一）敢为人先，勇于挑战极限

面对极端恶劣的自然条件和工作环境，双湖县支行全体干部员工持续发扬"特别能吃苦、特别能战斗、特别能忍耐、特别能团结、特别能奉献"的老西藏精神，党员和员工虽忍受高原疾病带来的身体病痛，以及长期与家人分离的内心之苦，仍将"再远的地方也是祖国的领土，再苦的地方也要有人坚守"的信念植于血脉、融入骨髓，在岗位上默默奉献，16名员工没有一个当"逃兵"。党总支前副书记央吉巴宗同志即使在双湖县农行工作多年，仍忍受严重缺氧反应，一次上班途中突然倒在地上，经诊断为脑溢血，连夜送至拉萨急救，才保住了生命。组织上几次想调她到低海拔地区工作，她都以"身体还行，再坚持几年"为由拒绝了。

在西藏广为流传着一句话："远在阿里，苦在那曲"，而在距离那曲市区 600 公里的双湖县，每年 8 级以上大风天数高达 200 天以上，冻土时间超过 200 天，年平均气温零下 5℃。2017 年以来，从那曲市区到双湖县至少需要驱车两天才能到达。双湖县支行的很多员工连吃水都面临困难，由于当地水质含碱及矿物质高，高原反应又易使人失眠，导致双湖县支行的很多员工大都患有胃溃疡、胆结石、肾结石以及掉发、记忆力减退等生理疾病。双湖县支行共产党员布次仁回忆起有一次他们去乡里宣传金融扶贫政策，车陷入了雪地，方圆十几公里没有人烟，地处偏僻，而当时他们手机又没有信号，无法与县或乡取得联系。他们在大雪中徒步走了整整一天，路上靠吃一些干粮和雪水，终于在深夜到达了乡里。现在他们谈起这些令人惊心动魄的经历，已经非常从容淡定，似乎忘记了那些貌似平常的冒险在双湖这样人迹罕至、高寒缺氧、雪肆风饕的环境中足以夺去他们年轻的生命。

（二）克服困难，提供流动金融服务

2019 年年底，政府对双湖县进行极高海拔地区生态搬迁。首批搬迁群众强烈建议支行员工跟随大家一起搬走，继续为他们提供金融服务。因支行还需继续留在当地开展服务，无法随迁。总支党员为满足群众需求，组成服务小组，定期驾乘流动金融服务车，往返近 3000 公里为搬迁群众提供点对点金融服务，有效解决三个搬迁点 727 户、2993 人的异地金融服务难题。

（三）心系群众，开展金融扶贫

双湖县是纯牧业县，风灾雪灾频发。长期以来，受制于自然条件及经济发展等因素，双湖县农牧民增收致富的渠道十分有限。2016 年双湖 21.9% 的人口未脱贫，也是西藏自治区脱贫攻坚的"硬骨头"。双湖县支行党总支自觉扛起脱贫攻坚政治责任，充分发挥党建引领作用，不断推动基层党建与脱贫攻坚深度融合，通过产业扶贫、项目扶贫、定点扶贫等措施，为打赢脱贫攻坚战贡献力量。

"先算政治账、再算经济账"，把脱贫大事当"家事"，把贫困群众当"家人"，凭借实干、智慧和担当，一步步把金融活水灌溉到贫困"洼地"。总支党员干部带头，挨家挨户宣传农业银行党委针对西藏推出的一系列惠农金融政策，主动上门为牧民群众办理扶贫贷款，帮助他们改善生产生活条件，支持他们因地制宜建起了牧民旅馆、开起了百货店、经营起了茶馆，让昔日藏北无人区渐渐充满了生机。

2016 年以来，双湖县支行累计发放涉农贷款 2.13 亿元，余额 1.89 亿元；累计发放个人精准扶贫贷款 6000 万余元，余额 1114 万元；累计带动和扶持建档立卡贫困户 624 户、2496 人脱贫致富，贷款产品覆盖了双湖县 98% 的牧民群众。双湖县支行党总支用实际行动做到了"扶真贫、真扶贫"，为西藏脱贫攻坚取得全面胜利贡献了双湖农行力量。

（四）爱心服务，温暖弱势群体

以"我为群众办实事"实践活动为契机，积极走进双湖县养老院等场所，开展送温暖活动和金融知识宣讲。同时，利用移动超级柜台等设备，为特殊群体提供上门服务，将优质便捷的金融服务送到了群众家门口，切实解决群众急难愁盼的问题。

案例创造人：南旦多吉

以公众开放日打造诚信金字招牌

中国石油天然气股份有限公司辽宁沈阳销售分公司

一、企业简介

中国石油天然气股份有限公司辽宁沈阳销售分公司（以下简称沈阳销售分公司）原称沈阳市石油总公司，始建于1951年11月1日，1998年上划中国石油集团公司，是沈阳地区成品油经营的主渠道企业。

多年来，公司无经营亏损、无重大事故、无严重违法乱纪案件。企业依章纳税，诚信经营，多次获得市国税局、地税局的"纳税信用A级"企业和区"诚信企业""纳税大户"称号。

作为国有股份制企业，沈阳销售分公司始终履行"政治、社会、经济"三大责任，致力于打造综合能源服务商，全力拓展油、气、电以及日用百货等。提供全方位、多元化的服务领域，不断构建"人·车·生活"生态圈。与此同时，也积极践行绿色安全发展理念，实施了加油站油气回收和防渗灌改造，在为沈城百姓日常出行提供便捷服务的同时，也守护着碧水蓝天。多年来，公司凭借优质的油品、良好的服务以及便捷的网络，为促进改善人民生活提供配套服务、助力地方经济建设作出了积极贡献，得到了社会各界的充分肯定与认可。

二、企业诚信建设案例

（一）云端直播，全媒矩阵全面发声

从油田到油箱，每天加进汽车里的汽油，背后要经过哪些步骤和秘密？中国石油辽宁沈阳销售分公司以"石油工人心向党·聚力加油新时代"为主题，以"一升油的动力输出"为主线，开展"中国石油开放日"活动，邀请各行业代表走进公司富民加油站，近距离感知成品油"调、运、储、销"各环节要素内容，深度体验中国石油全面开启加油站3.0时代，全面构建"人·车·生活"生态圈的生动实践，将公众开放日打造成沈阳销售分公司最具吸引力的诚信名片。

辽宁卫视新北方栏目官方抖音平台对开放日活动进行了全程直播，辽宁广播电视台都市频道主持人朱霞、楚君分别在直播间和新闻发布会现场以普通市民消费者的视角和大家共同参加一场前所未有的深度体验，成功让公众开放走向"云端"，不再受时间、地点、人数的限制，消费者足不出户，解除心中疑惑。活动期间，百万余名粉丝观看直播并在线留言互动。

"疫情期间还能正常加油吗？""油价涨没涨？""油品质量怎么保证？""会有安全隐患吗？"在直播过程中，富民加油站经理介绍了加油站经营管理概况，并带领大家参观了分别设置在接卸油区域、加油现场、加气现场、洗车区和便利店内的展区。每一个展区都配有一名加油站员工进行讲解，在互动交流、答疑解惑中，展现了公司的品牌实力和良好形象，加深了大家对于公司履行央企"三大责任"的认同。一位粉丝留言道，"去富民站加油购物，感觉就像是到网红景点打卡，富民站丰富的业态、靓

丽的形象改变了加油加气站在人们心中的原有印象，已经成为中国石油在沈城最为耀眼的名片"。

同时，公司联合新华社、央广网、辽宁党建网、沈阳晚报、指尖沈阳等20余家媒体进行全方位融媒体报道，让消费者对中国石油的油品质量更有信心。

（二）现场体验，释疑解惑多维沟通

"加油机都是属于国家强制检定的计量器具，为什么中国石油还要自我检定？""什么是'双封一贴'？""加油站储油罐水高检测多久测量一次？"，面对FM98.6记者的提问，加油站员工在现场将投尺监测水高、加油枪自检、加油机"双封一贴"计量管理等环节一一展示。

加油站宣传员还在直播中为大家讲授油品基础知识及加油注意事项，帮助大家学会快速鉴别油品质量，买到真正的好油。并对日常工作中油品质量验收操作、加油机防水滤芯进行讲解。"原来中国石油加油机配备的滤芯是自主升级过的，沈阳销售精益求精的精神可贵，为你们点赞！"网友王先生在直播间评论道。

沈阳市计量局的工作人员在现场对加油机付油量进行校准，参加探秘之旅的王先生认为这样的活动很有意义，他表示："原来传闻加油时跳枪，加油的数量就不够，今天通过计量局的同志现场计量，不管几次跳枪，加油计量结果都是准确的，我们对加油站计量有了重新认识，打破了网络传言。"

媒体记者针对网传加油站热点问题进行提问，工作人员运用专业知识和形象的比喻生动解答了"早晚加油是不是更加划算？""不同级别汽车应'喝'什么油"等问题，拨开了消费迷雾、增强了消费信心，让消费者在加油站放心体验优质服务。

在中国石油储油库参观中心化验室时，相关工作人员介绍了检验中心各种精密仪器的功能用途及沈阳销售分公司油品检验的严格标准，并为到场嘉宾现场演示了硫含量检测流程、油品出入库及油品日常保管的相关情况，通过观摩进油渠道、验收过程、油样对比等环节，让大家更加了解到，中国石油所属加油站销售的油品每一批都是由上级公司统一配送，经过严格质量检测，多环节质量验收，完全符合国家标准。

（三）用心打造的"放心消费"信用名片

媒体记者和客户代表、政府主管部门代表，在富民加油站实地观摩、深度采访，近距离探秘了油品从生产、储存、调度、运输、质检、销售等全产业链流转过程。全方位感受中国石油的油品数质量管理、环保操作、加油操作、CNG天然气业务、隧道洗车以及多功能的便利店服务等新发展和新变化，了解新时代石油人的责任与担当。

他们在参观时注意到，加油站业务越来越丰富了，便利店内商品琳琅满目，客户既可以通过积分兑换日常用品，还可以通过美团外卖线上购买便利店商品。通过不断完善功能、优化布局、升级服务，沈阳销售分公司将加油站打造成满足客户需求的"人·车·生活"生态圈和一站式综合服务平台。

公司始终以"昆仑好客无假货"为经营理念，从省市公司层面严选货源，上架陈列前，严格检查外包装、保质期，力求将最优质的商品呈现给消费者。

整洁的购物环境、优质的员工服务给大家留下了深刻印象，"一滴油"的旅程让人耳目一新。公司既关注消费者的需求变化，也加强对消费者的主动服务，严格履行诚信经营的各项承诺，通过此次活动将用心打造的"放心消费"信用名片递到公众面前，搭建与消费者之间沟通的桥梁。体验活动结束后，媒体记者们纷纷表示，网上那些传闻的确缺少科学依据，事实胜于雄辩，中国石油这个品牌值得信赖。

（四）新闻创效，提升管理经营新途径

以活动为契机，沈阳销售分公司主动邀请合作伙伴、有实力企业参观交流，瞄准优质、重点客户，

邀请车主、企业大客户参加活动，既为加强合作、打开外部市场夯实基础，还直接带动了公司油品和非油品的经营销量。

同时，通过选拔、组建解说员队伍，形成了一条年轻人脱颖而出、争纷相至的成长通道。公众开放日也成为本单位对外接待的标准流程，使得宣传工作自然延伸和扩展到沟通领域，开辟了宣传队伍工作的新舞台，提升公司在当地的"曝光量""存在感"。

（五）品牌引路，推进活动规范化常态化开展

公司在"公众开放日"活动主题上，由固定模式的主题活动向"一年一主题"的品牌活动转变；在目标受众上，由面向当地社区向面向更广泛公众转变；在活动方式上，由宣贯式的单向宣传向分享式的双向互动转变；在活动组织上，由重活动轻传播向线上线下并重转变；在活动设计上，把复杂问题程序化，把简单问题精细化。开门迎客，形成规模化传播效果。

中国石油始终贯彻"诚实守信、精益求精"工作方针，持续推进质量计量管理体系建设，强化质量计量监督抽查，严格油品数质量管控，保证了销售油品质量100%合格、计量100%准确。

通过成功举办"公众开放日"，公司表达了"诚信、开放、透明"办企业的真诚意愿，借助开放日活动，让社会公众近距离见证中国石油坚定服从和服务于国家能源安全战略、推进绿色发展、建设美丽中国、助力辽宁振兴的坚实足迹，亲身感受中国石油销售人爱岗敬业、求实奉献、服务社会的动人故事。

公司成功通过"公众开放日"品牌活动搭建企业与社会公众沟通的桥梁，全方位展示中国石油积极贯彻新发展理念、加快能源转型升级、助力绿色低碳发展的形象，助推公司坚定履行央企经济、政治、社会三大责任，不断优化升级客户消费体验，满足客户日益多元化和个性化的需求，把加油站打造成为"安全、便捷、绿色、温馨、智能"的"人·车·生活"驿站的工作目标再上新高度，继续为振兴辽宁经济加油，为我国实现高质量发展加油。

案例创始人：曹君华　敦心旸

优质供热为民暖　热情服务到万家

国家能源聊城发电有限公司

一、企业简介

国家能源聊城发电有限公司（以下简称聊城公司）成立于 2000 年 9 月，按 4 台 60 万千瓦机组规划，分二期建设。管理体制为一二期合署办公，"两块牌子、一班人马"。一期两台 600MW 亚临界燃煤发电机组，1998 年 12 月开工建设，分别于 2002 年 9 月和 2003 年 8 月投产发电。二期两台 650MW 超临界燃煤发电机组，2006 年 8 月开工建设，分别于 2009 年 3 月和 8 月投产发电。

聊城公司自成立以来，以文明守法、诚信经营为企业信条，积极贯彻国家、地方相关法律法规，在发展过程中形成了"文明、诚信、责任、创新"的企业文化。同时坚决贯彻落实集团公司、山东公司各项战略部署，不断总结管理经验、转变创新理念、完善规章制度，在提升管控效能、增强内生动力过程中，使公司经营更加规范、决策更加科学、管理更加精细。公司坚持以社会道德为基础，以守法遵章为准绳，建立健全企业标准化体系，推行标准化管理，促进企业管理规范化、专业化；同时扎实开展普法教育，提高全员法律意识，加强员工培训学习，增强诚信意识，注重处理企地关系，关口前移、及时清理、加快整改，避免对生产经营造成制约。

二、经营业绩

2021 年聊城公司疫情防控得力有效，公司上下积极践行文明守法、履行责任、内强管理、外拓市场的理念，全年累计完成发电量 108.19 亿千瓦时，同比增加 2.92 亿千瓦时；售热量完成 228 万吉焦，同比增加 110 万吉焦，同比增加 92.3%，同比增幅位列山东公司火电机组对标第一。公司紧紧围绕国家能源集团"一个目标、三型五化、七个一流"总体发展战略，优化生产经营管理，深化改革创新，广大干部职工克服困难、履职尽责、扎实工作，各项工作取得了新成绩。截至 2021 年年底实现安全生产 7051 天，再次荣获 2021 年度山东省电力行业党建创新示范单位，保持"省级文明单位"荣誉称号，生产经营、党建发展在严峻考验中再上新台阶。

三、齐心协力开新局

聊城公司具备良好的地理优势，四台燃煤机组是山东电网西部重要的电源支撑点、华北电网与山东电网联网的重要联结枢纽。在保证电力供应的同时，公司勇于担当，积极承担当地的民生供暖任务。前期公司对供热市场进行充分调研，组织专项小组对区域供热进行可研分析，再结合公司内部实际情况，逐步攻克电热联产的技术难题，于 2014 年年底顺利完成机组供热改造，目前可满足 1500 万平方米的采暖用热需求，承担着聊城市开发区和东昌府区部分区域居民冬季供热。

近年来，聊城公司按照"中增、东扩、南延、西进、北拓"战略部署，成立供热市场开发工作组，积极抢占供热市场，先后与华能热电、山东星润公司合作，南部城区、高铁新区及"引热入莘"供热项目实现开工，冠县供热项目已列入聊城市供热发展规划，供热战略布局基本形成。在此期间，公司主要从思想建设、经营管理、生产运行三个方面推进工作。

（1）思想建设方面，聊城公司始终把保供热作为一项政治任务，统一思想，强化社会责任。对生产人员进行安全培训，强化"安全底线"意识，严格执行安全操作规程和检修安全管理制度。自觉强化政治站位，严格落实各级保供工作部署，成立保供保暖专班及6个工作组，细化各项保供保暖措施，实施重点时期机组"特护"，完善应急预案，保证机组应启尽启、应发尽发，以"零非停、零限热、零曝光"为目标，细化分解具体任务，明确责任到岗到人，坚决扛起能源保供责任。

（2）经营管理方面，优质的项目规划为企业资金链安全保驾护航，资金融资方面，公司依靠良好的信用评级，努力争取低息贷款，采用低息置换高息、电费保理、超短融债券等多种方式实现财务费用有效压降，资本成本率显著降低。目前，供热业务使得公司的营业收入大幅增加，公司积极履行依法纳税义务，切实做到成本费用核算精益求精，营业收入确认实事求是，秉承诚信纳税原则，坚持为区域经济发展增砖添瓦。

（3）生产运行方面，公司针对供热市场的拓展，重点实施供热首站扩容改造项目，保障供热需求。2021年投资2900余万元在新建厂房增加一台电泵和一台高加，并对原供热管线进行相应改造。改造完成后，供热首站最大供热能力可达每年2000万吉焦，满足7000万平方米建筑面积的采暖需求，可同时向聊城市星润热力公司、财金热力公司和昌润国电热力公司、莘县高铁新城供热。同时聊城公司"十四五"发展规划中，计划投资1.98亿元用于2022—2024年供热项目施工改造。

四、众志成城保供热

前途是光明的，道路是曲折的，公司的供热之路并不是一帆风顺。针对供热不足的问题，公司实施机组检修、安全生产三年专项整治行动、人身安全隐患大排查工作结合起来，对供热设备进行全面排查，将查出的问题列出清单，实行"谁检查谁负责，谁检修谁负责，谁检验谁负责"闭环管理，具备消除条件的隐患、缺陷在最短时间内消除，必须停机消缺的，制定特护措施，确保设备安全可控、在控；运行人员加强设备巡视监控，增加夜间巡检次数，对关键设备重点"关注"，及时发现、消除设备隐患；监盘人员及时与供热服务部门对接，结合天气情况、负荷变化、用户反馈等情况，实时对供热曲线进行调整和严密监控，保证供水、回水温度稳定，在优质供热标准内；供热应急小组全体到岗到位，分区域划片包干，落实保供消缺责任制，严控消缺时间、严把消缺质量，整改彻底，确保寒流之中暖流不断。对供热首站进行扩容改造，再增加一台高加作为备用热源；对热网循环水泵、补水泵、疏水泵进行检修；优化热网报警系统和控制逻辑，修订完善运行技术规程。开展供热应急演练，完善应急预案。多措并举有力保障了供热设备的安全稳定运行。

2021年是煤价大涨的一年，为了确保广大市民温暖过冬，聊城公司全力以赴拓煤源、提库存、稳运行、保供热，服务经济社会发展，保障人民群众切身利益，充分发挥央企"政治站位高、责任担当强"的支柱作用，成立"保暖保供领导小组"，制定相关保供保暖方案措施，落实保供责任，主动克服因煤炭价格上涨带来的供热成本增加、资金紧张等困难，千方百计保储煤、保运行。供热系统保持24小时连续运行，运行参数达到规定标准，以优质诚信的服务树立供热行业的良好形象，得到了政府部门的充分肯定。

五、全心全意送温暖

长期以来，聊城公司始终秉承"相互支持、互惠互利、长期合作、双方共赢"的原则，与用户建立长效沟通交流机制，对长期合作的用户进行定期、不定期"走访"，采取电话和现场走访相结合的沟通机制，多方面了解用户的需求和生产经营状况，为用户提供"私人订制"深度服务，设身处地为用户发展出谋划策，进一步增进双方合作互信，与用户之间搭建"连心桥"。

公司领导带领营销部人员对公司供热客户进行专访会谈，深入了解用热客户需求，及时调整公司营销策略和专业式服务，并根据聊城市下发有关文件做好今冬明春的居民供暖保障工作。积极向地方政府宣贯公司的环保发电理念以及央企承担的社会责任，给用户供应稳定高质的热源，提高供热民生及工业供热服务意识，树立用户第一理念，打造国家能源供热服务品牌，让社会各方逐步认可我们的供热品牌及相应服务。

根据与莘县智能供热项目的合作经验，利用我们的专业知识给合作方提供技术支持，给合作方投资提供有力的技术依据，不盲目，不扩大成本。同时成立"引热入莘"项目组织机构，督促项目继续向前推进，该项目投产后，2021年供热量增加约50万吉焦，供热面积约为150万平方米。

对于企业周边工业用气用户，聊城公司技术人员深入其生产现场进行用气参数及使用情况咨询，及时解决使用过程中出现的供气中断、压力波动等问题以及客户设备检修所需的相关技术支持与帮助，及时调整服务策略，给用气客户提供优质售后服务。

群众冷暖无小事，一枝一叶有真情。冬季供暖是人民群众的挂心事，也是政府民生工作的着重点。聊城公司勇于攀登发挥企业能量，承担国企责任，用真诚的态度、诚信的作为，与百姓心连心、手握手，渴望将光明和温暖送进千家万户。天气虽冷，人心向暖，正是聊电人日日夜夜的不懈坚持让奋斗路上凝聚微光，让冬天的故事更加温暖！

案例创造人：郝军　李新越　马哲

铸诚信大厦　　塑时代精品

中国新兴建设开发有限责任公司

一、企业简介

通用技术新兴公司所属中国新兴建设开发有限责任公司（原中国人民解放军总后勤部工程总队）成立于1953年，现有员工5000多人，注册资金29.3亿元，主营建筑工程施工，拥有房屋建筑工程施工总承包特级资质，建筑行业（建筑工程）设计甲级资质，通过国家高新技术企业认证。长期以来，中国新兴建设坚持诚信经营、诚信发展，实现了经济、社会、环境综合效益显著提升。

二、传承红色基因，服务党和国家建设

新兴建设公司发源于部队，具有人民军队的优良传统，坚持诚信为军服务。近年来，以中央军委机关及驻京单位施工保障为切入点，积极扩大服务范围，入选军队采购网、中部战区空军、北部战区、南部战区、火箭军、海军、战略支援部队等军队工程施工企业库，被中央军委后勤保障部纳入军委机关工程重点保障单位。

在承建国家部委重点、保密工程方面积累了丰富业绩和良好声誉。特别是公司圆满完成毛主席纪念堂改造工程，品牌形象和社会美誉度极大提升。承建的中组部改造项目提前完成，受到中组部领导的高度评价。在国家重点工程施工中，新兴建设广大员工讲政治、顾大局，不讲价钱、不讲条件、无私奉献，每项工程都高标准高质量圆满完成。党和国家领导人多次到工地现场视察，并给予高度赞扬。

2021年12月28日，央视《中国品牌档案》栏目播放了新兴建设专题，从企业历史、当前发展、丰硕成果、党建引领等方面进行了全景式的采访报道。

三、忠实诚信履约，保障质量安全

新兴建设公司强化法人主体责任，统筹生产要素和管理资源，规范全过程管控，依照合同诚信履约，多次被评为全国和北京市重合同守信用企业。严格落实质量管理标准，推行质量管理标准化，消灭质量通病，技术质量体系处于良好受控状态，未发生严重质量事故，未发生被行政主管单位扣分、约谈等影响新兴公司声誉的事件。

近年来，公司承建的北京大兴国际机场南航基地工程、中航技研发展示中心工程、中国少年儿童科技培训基地工程、人民日报社报刊综合业务楼等4项工程荣获鲁班奖，工信部工程、财富中心工程、北京航空航天大学工程、中国电子信息安全工程研究院工程等4项工程荣获国优奖。中国少年儿童科技培训基地获中国建筑工程装饰奖、中国建筑幕墙精品工程，通用丽泽项目获中国钢结构金奖，获省优军优工程100多项。

全面落实企业安全生产主体责任和安全生产强制性管理规定，深化安全风险分级管控与隐患排查

治理双重预控体系建设。加强危大工程、建筑起重机械、安全帽管理使用、扬尘治理等重点专项安全管控。推行施工现场标准化管理，利用智能化、信息化丰富和提升安全管理手段。抓好新中国成立70周年庆祝、"一带一路"高峰论坛、世园会、亚洲文明对话大会、庆祝建党100周年等重大活动期间的安全稳定。安全生产保持平稳，未发生一般及以上生产安全责任事故。

四、弘扬诚信精神，建设"一带一路"

新兴建设公司承建卡尔巴套—麦卡普沙盖公路改造项目、梅尔克—布鲁拜塔尔公路改造项目、努尔苏丹西南环城公路项目三条公路项目是我国"一带一路"倡议与哈萨克斯坦"光明之路"新经济政策成功对接的代表工程，全长约740公里。公司将诚信履约的优良传统带到中亚，攻坚克难推进总承包合同履约，项目整体实施赢得业主和哈国政府的高度认可，哈国家电视台多次进行专题报道。

2019年11月，努尔苏丹市西南环城公路提前4个月通车，哈萨克斯坦政府主要领导人出席，一同按下了象征公路通车的按钮。参建各方代表以及媒体记者参加仪式。通车新闻已在人民网、新华社、中新网、哈萨克总理官网等中外知名媒体报道。2021年10月，卡尔巴套—麦卡普沙盖国家级公路改造项目第8标段主路路面施工全部结束，提前8个月实现主路通车目标。

在项目建设中，公司积极融入当地社区建设，履行社会责任。2019年年末，哈萨克斯坦首都努尔苏丹多次普降暴风雪。为解决大雪对当地居民出行造成的影响，首都西南环城公路项目将部分机械进行改装安装铲雪拌加派运输车，在暴风雪过后，对沿线村镇进行义务铲雪，受到当地居民的好评，当地媒体也对我方的公益除雪进行了积极报道，并收到当地政府感谢函，政府冬季冰雪清理报道中时常出现印有中国新兴建设标志的车辆机械。卡尔巴套—麦卡普沙盖段国家级公路项目帮助沿线当地村镇平整房建地基、平场地、整治河道、修筑斋桑湖边防护工程、运砂、搭建活动平台，捐赠学习用品、捐款修筑当地纪念碑等公益活动，提供挖机、装载机、自卸车等机械车辆共计37台/次。

五、坚守央企担当，履行社会责任

长期以来，新兴建设公司都坚决履行社会责任，主动参与社会公益事业，塑造了企业良好的社会形象。在北京抗击"非典"期间，公司抽调骨干力量进入疫情最重的北京佑安医院，第一时间完成了传染病房改造任务。"5·12"汶川特大地震后，组织1000余人赴四川省江油市建设过渡安置房，被评为"全国建设系统抗震救灾先进单位""中央企业抗震救灾先进集体"。在北京对口援建什邡灾后重建中，仅用两年时间就完成了原计划三年完成的10万平方米永久性校舍和住房建设任务，工程质量受到高度认可。在疫情面前，以实际行动彰显出了新兴人的临危不惧、勇于担当的铁军精神。

2020年年初国内新冠肺炎疫情突袭后，从1月29日（正月初五）开始，公司先后紧急受领解放军总医院发热门诊、海军总医院隔离病房、解放军309医院门诊检验科病毒研究中心及结核病重症监护室、解放军总医院军职以上干部体检中心改造任务。公司发挥长期承担中央国家部委重点工程的应急体系和能力储备，以及非典时期改造佑安医院病房、汶川地震援建四川的积淀、经验和作风，第一时间组建项目团队，并成立2支施工预备队，克服非常时期作业人员不足、材料采购难、运输保障缺乏等不利因素，迎难而上，昼夜奋战，提前将改造工程交付使用，为医院提高新冠患者收治能力，为军队及首都疫情防控作出了积极贡献。

在后续的复工复产中，新兴建设公司承建的北京冬奥重点工程、湖南株洲某国家重点保密工程、北京衙门口保障房工程、广东广州国家某重点保密工程、四川仪陇工程、江苏宿迁工程等一批有影响力的工程，实现当地率先复工、复产，受到人民网、中国新闻网等主流媒体和当地电视、广播等新闻媒体广泛宣传报道推广。2020年3月19日，参加中央复工复产调研组调研座谈会，防疫和复工经验做法受到中央调研组高度肯定。

六、坚持绿色施工，奉献生态文明

新兴建设公司全面抓好绿色环保施工，应用扬尘实时监测系统、施工现场喷雾炮、自启动喷淋喷雾系统以及出入门口车辆自动冲洗设施等多种绿色环保施工措施，有效降低施工现场的扬尘指数。公司承建的北京工商大学项目接受了世界银行咨询服务团队有关营商环境的实地考察。石景山衙门口项目扬尘治理、标准化、智慧化管理成效突出，受到北京市住建委全市通报表扬，多次被北京电视台等多家媒体采访报道，并消减施工工地环境保护税，还接受了住建部质量安全司司长的调研检查，受到了检查组的一致好评。北京电视台BTV晚间新闻对基础公司拟中直小关北里项目绿色施工扬尘治理工作进行正面采访报道。

70周年国庆保障期间，新兴建设以高度的政治责任感，认真组织部署，严格落实市住建委各项要求，圆满完成国庆保障任务。遵照绿色建筑的理念，科技人员集思广益，从"四节一环保"规划着手，以低碳绿色为目标，集成运用现代科技，加以利用可再生资源的转化，使建筑与环境相融合，充分体现了可持续发展的重要性。在确保工程建设安全、质量等基本前提下，通过优化施工组织设计、施工过程的严格控制与管理，最大限度地节约资源和减少对环境的负面影响，达到环保目标。

七、坚持以人为本，诚信对待员工

作为建筑施工企业，新兴建设公司近年来每年平均使用农民工在3—5万人。新兴建设党委坚持以人为本，把关心关爱农民工作为文明创建的一项重要内容。深入推进民主建设。紧紧依靠广大职工办好企业，落实职工代表大会制度，企业重大决策和涉及职工切身利益的重大问题，广泛征求职工意见，经职代会表决通过，保证职工的合法权益和参与决策、管理、监督的权利。贯彻落实《劳动合同法》，解决好职工合理诉求，积极营造和谐稳定的发展环境。重视员工发展，始终将人才培养与公司战略规划、经营目标紧密结合，按照国家关于企业职工教育工作的法律法规及有关规定，深入贯彻落实"人才强企"战略，不断加强、改进和完善职工教育培训工作，着力打造"高层次领军型人才""综合型管理人才""专业技术人才""复合型国际化人才""实用型技能人才"五支人才队伍，促进员工职业发展。

真心实意关爱职工，把增强职工的获得感、成就感、幸福感，作为检验各级党团组织和工会工作的重要依据。深化"春暖工程"，不断改善职工的工作和生活环境，特别关注关爱困难职工群体。丰富职工业余文化生活，指导文体协会积极开展活动。2021年，广泛开展"我为群众办实事"，在为职工服务方面又取得新成果。

八、培育诚信文化，坚持诚信经营

近70年的企业历史积淀和文化熏陶，新兴建设公司在市场经营中始终奉行以诚为本、真诚待人、客户至上、互利共赢的原则。公司注重诚信文化的弘扬和传播，每年开展企业文化宣贯活动，将诚信文化作为重要专题，以文化人不断提升企业全体员工的诚信精神。

近年来，通用技术新兴公司所属新兴建设的诚信经营和发展业绩得到业主、社会和主管部门的普遍认可，荣获创建鲁班奖工程突出贡献单位、全国优秀施工企业、全国重合同守信用企业、全国文明单位、北京市建设行业 AAA 诚信企业、北京市信用企业、北京市重质量守信用企业、社会信用评价 AAA 等级、北京市纳税信用 A 级。连续 23 年获建设银行"AAA 信用等级"。在北京市信用评价综合评分排名中，始终名列第一梯队。

案例创造人：张建　刘卫

诚信为本 贯彻"窗口"建设 守护美好出行

浙江省商业集团有限公司开化龙顶服务区

一、企业简介

开化龙顶服务区位于杭新景高速公路（G6021）134K 主线两侧，于 2016 年 12 月与主线同步运营，行政区域隶属于衢州市开化县池淮镇星口村，占地面积 61 亩，建筑面积 5079 平方米，投资总额 3500 余万元；餐厅营业面积合计 1348 平方米，餐位 600 个，包厢 2 个，共可容纳就餐人数 800 人；商场营业面积合计 200 平方米；汽修营业面积合计 228 平方米；加油站营业面积合计 200 平方米，加油机 8 台，库容合计 420 立方米。服务区广场面积合计 40000 平方米，广场现有车位合计 235 个，大货车位 46 个、小车位 155 个、大客车 15 个，危险品车位 6 个，畜产车位 7 个，加长车位 6 个。双向各二处公厕，占地面积共 840 平方米，其中男厕面积 420 平方米，设小便池 108 个，蹲位 56 个，女厕面积 420 平方米，设蹲位 108 个；绿化面积 8900 平方米，目前经营项目有餐厅、超市、8588 奶咖（哈根达斯）、豆腐王朝、粽子、小吃、不老神、面馆、汽修、充电桩、加油站等业态，均为合作经营模式。

开化龙顶服务区以高速驿网为母品牌，驿佰味、驿佰购为子品牌，秉承以人为本、服务第一、诚信至上的理念，积极践行"让出行更美好"企业使命，免费为司乘人员提供智能母婴室、司机之家、淋浴房（24 小时热水）、温水洗手设施，室内外休息处、信息查询、便民服务药品等公共服务。自运营以来，服务区先后荣获浙江省"四星级文明服务区""放心消费示范服务区"、浙江交通集团"优化服务提升年先进集体"、商业集团"安全生产先进单位""先进集体"、衢州市"卫生先进单位"、市"无烟单位""协作单位全年生产优秀单位"等荣誉称号。

二、企业诚信建设和信用体系建设实践案例

（一）先进思想武装头脑，始终坚持党的领导

开化龙顶服务区坚持大事大抓的工作原则，在创建最佳诚信企业过程中，深感使命光荣、责任重大，为了保障集团切实做到有序展开、有效推进的成绩，全方位加强党团建设，发挥各个部门的组织功能，将举措落实到位各项工作中去。各类党团组织建设也是思想工作中的重中之重，发挥先锋引路人的作用。加强员工廉洁从业教育，廉洁是一道不能被触碰的底线。深化"两学一做"学习教育活动的宗旨，采取激励机制鼓励党员学习积极性，引导党员深化理论学习，坚定理想信念的同时，不能抛开业务谈发展，通过开展业务技能培训，帮助年轻同志熟练掌握业务知识技能。

（二）秉承诚信经营理念，切实提升服务品质

诚信经营是企业发展的根基和生命线，根据集团、公司决策部署，在区域的正确领导下，围绕"实施五个强企、实现五大进步，加快构建产业和管理体系新格局"的总体要求，赢得了良好的口碑，取得了良好的经营业绩。开化龙顶服务区历来重视树立诚信形象，始终把诚实守信视为经营管理过程中

的重点工作,并得到多部门的认同。以诚信立本的开化龙顶服务区始终把司乘的需求、顾客的满意放在首位,以提高服务质量为中心内容,全方位落实诚信经营的自查自纠活动,取得了可喜的成绩。数载风雨历程,开化龙顶服务区铭记的是广大消费者挚诚相伴的真情旅程,这一切成绩的取得,离不开来往车乘人员对于开化龙顶服务区的信任与支持。

1. 推陈出新,屡创服务理念新标杆

(1)打造服务窗口,评定司机之家。全力建设环境优美、服务优质、效益优良的人民满意窗口,成功通过了四星级服务区及国家级"司机之家"评定工作。

(2)重视服务提升,自查整改问题。重点开展深化服务品质提升专项活动,服务区综合(路域)环境大整治、大提升专项行动,综合性检查累计24次,整改各类问题162项,整改完成率100%。

(3)创新服务理念,推动行动落实。持续开展公共服务创新工作,建立服务创新考核制度,推进"失物招领柜""两保分区责任公示栏""宠物垃圾箱""提高优质服务质量,设立为老服务专窗"等"金点子"落地。

(4)开展主题特色服务区建设。在服务区新改造后,服务区结合"衢州有礼 根缘开化"的县域文化,与地方政府对接,接入地域文化气息,营造地方特色文化,开设地方特色主题馆,用心用情去服务司乘人员。

2. 换位思考,为车乘打造舒适旅途

(1)深化厕所革命,助力美好出行。开化龙顶服务区于2020年已经通过"智慧三步"来对公厕进行再提升:一是新增通风系统及吊顶设计来解决目前公厕光线不佳、异味难除的问题;二是通过合理规划洗手台布局,增加地埋式防滑垫等设备进一步提升卫生间整洁度及安全性;三是新增智能马桶盖(方便特殊人群使用)、优化厕所引导标识设施等设施积极推进无障碍卫生间、第三卫生间、坐便器等人性化设施建设改造。

(2)发展原产地经济,贯彻窗口形象。开化龙顶服务区积极联系所在县政府部门与企业,积极推动原产地经济项目落户服务区。年初开化龙顶服务区便引入开化地方品牌体验馆"钱江源",将具有地方特色的文化呈现在大众面前,现场演示炒茶、泡茶受到了广大司乘朋友的喜爱并积累了许多回头客,将开化地方的龙顶茶带出了开化县、浙江及更远的地方。年末开化龙顶服务区又与地方特色品牌"醉根"达成意向合作,2022年年初将缩小版的"根宫佛国"引入了服务区。地方品牌的引入,有助于进一步发挥高速服务区"窗口"的作用,突出地方特色文化,助力地方经济的发展。

(3)开展员工系列培训活动。为规范提升服务区服务质量,满足广大司乘人员安全、舒适、便捷出行的要求,服务区多次组织保安人员开展业务培训和消防实战应急处置演练培训活动。培训内容有保安职业道德、保安纪律、保安职责、应急操作等。通过培训,进一步提高服务区保安队伍的整体素质,增强保安人员业务技能以及突发事件处理能力,为四星级服务区创建工作和做好节假日免费通行期间的安全保畅工作打下了扎实的基础。

(4)专项整治、服务提升,共建美丽家园。根据省厅、市局、县委、公司相关文件要求,开化龙顶服务区积极开展综合环境专项整治、公共区域服务品质大提升及"最多跑一次"行动,第一时间成立相关领导小组,将工作细化分解,落实到人。提升工作与合作商互检相结合形成"时查";与走动式管理相结合形成"日查"制;与安全检查相结合形成"周查",做到检查即整改的高效工作。

(三)层层推行价格诚信承诺,增强创建活动针对性

便利店设置同城同价专区,饮用水、方便面等大众商品实现与城市24小时便利店同价格水平,国

际品牌与市区同体系同价。为了确保创建活动取得良好成效，我们公司层层落实守信承诺活动。一是公司各社会公开承诺，承诺内容为：遵守国家的法律法规，维护消费者的合法权益；树立诚信意识，创造诚信光荣、欺骗可耻的消费环境；不做虚假广告，各种消费明码标价，质价相符，无宰客欺客现象；同行之间恪守公平、合法的原则，反对不正当经营行为，积极维护服务区的正常秩序。二是各相关部门经理向公司主要领导承诺。三是各班组向各部门承诺，在公司内部真正建立起一层对一层负责的创建机制，大大提高了创建活动的成效。

（四）严格执行劳动法，保障职工合法权益

开化龙顶服务区始终以建设一个好班子、带出一支好队伍、健全一套好制度作为企业标准，以服务车乘、奉献社会为宗旨，把职业道德刻在心底，把先进模范放在眼前，鼓励大家以积极向上的姿态迎难而上，向前发展。不仅需要内强素质，更要外塑形象，从思想入手到业务素质水平，不断提高全体职工的学习素养和能力，进一步推进企业精神文明创建工作，促进公司整体水平不断提高。目前开化龙顶服务区全体员工，均与公司签订长期或定期劳动合同，合同签订率为100%，每名员工自签订合同之日起，公司即依法为员工办理养老、医疗、失业、工伤、生育等各项社会保险或意外伤害保险，并一直及时、足额缴纳各项社会保险。从未发生瞒报、漏报、欠缴社会保险费的行为。

为响应国家全民健身计划及公司"家"文化建设，服务区计划继续完善打造"职工之家"，为员工提供"运动、娱乐、休闲"于一体的"共享活动室"（包括全自动按摩椅、健身器材、免费乐器等项目），提升硬件基础与软件服务，加强企业文化对员工的正确指引力，全面提升全体职工满意度，着力打造具有龙顶特色的高品质职工之家。

（五）坚守抗疫防线第一关，全力做好疫情防控工作

自新冠肺炎疫情发生以来，开化龙顶服务区高度重视疫情防控相关工作，坚持常态化疫情防控和生产经营"两手抓"，积极发挥企业担当，众志成城、共克时艰，全力做好疫情防控各项工作。

1. 疫情防控常态化

根据公司及区域要求做好预防新冠肺炎疫情管控工作文件精神要求，开化龙顶服务区第一时间成立疫情防控专项小组，启动专项应急预案，将防控工作责任落实到人；全面强化服务区防护措施，服务区每日按要求对公共区域进行消杀，严格落实对内外"八个一"工作法；全面排查复工人员接触史，一对一进行健康状况联系；保障应急物资储备充足。除必要物资外，与当地医院、运管中心、药店建立保障防护物品应急协调机制；利用服务区网格、广播等形式多方位及时宣传防控相关知识；积极配合守护"西大门"防疫点，落实后勤防疫工作，针对返工潮，积极配合高速交警、路政做好营运客车整治工作。本年度开化龙顶服务区未发生任何安全责任事故及有责投诉。累计开展安全会议22次、安全检查48次、安全培训12次，圆满地完成节假日车流激增、疫情防控及施工期间安全生产工作，全面保障了服务区安全生产。

2. 展销免租助力复工复产

开化龙顶服务区根据集团及公司文件要求召开复工复查安全排查工作专题会议，积极开展复工复查安全排查工作，突破经营局面。2020年2月底，服务区积极联系当地政府部门及时了解相关政策，邀请当地市监所指导服务区复工复产准备工作，又好又快实现了全面安全复工；开展《关于疫情期间服务区经营项目管理费减免事项的意向书》会议，在商户经营困难期积极寻找减压点，通过4个月的免租减轻合作商户经营压力，提升了商户满意度；延长展销"铁板豆腐"项目时间，促进营收增长的

同时受到了司乘与合作商户的一致好评。同时服务区疫情防控及复工复产相关举措多次被浙江卫视等媒体正面报道予以肯定。

（六）积极承担社会责任，热心公益事业

1. 开展形式多样的公益活动

近年服务区联合高速交警、高速路政、杭新景管理处开展"一盔一带、安全常在""光盘换绿豆汤""温暖回家路"等公益活动。在秉持"让出行更美好"的理念同时积极推进窗口建设。服务区改造同期完善咨询台相关设施服务，免费为司乘朋友提供爱心雨伞、轮椅、药箱等公益服务。

2. 深入开展扶贫帮扶

积极配合集团公司"党建结对、产业帮扶、消费帮扶"相关举措，为扶贫产品搭建"线上""线下"销售平台。

3. 学党史，办实事

"我为群众办实事"基层员工类、社会公众类共计 13 件提高了员工满意度，加大了员工凝聚力，受到了广大司乘的一致好评。

三、企业诚信建设和管理的成果

2018 年荣获浙江省工商行政管理局和交通运输局"放心消费示范服务区"。

2018 年荣获衢州市爱国卫生运动委员会衢州市"卫生先进单位"、衢州市"无烟单位"。

2019 年荣获浙江杭新景高速公路有限公司杭新景管理处 2018 年度协作单位安全生产后评价"优秀单位"、2019 年度协作单位安全生产"先进单位"。

2019 年、2020 年荣获浙江省交通投资集团有限公司 2018 年度"先进集体"、2018 年度安全生产"先进单位"、2019 年巩固交通运营"优化服务提升年"先进集体。

2019 年荣获浙江省消费者权益保护工作联席会议办公室"浙江省放心消费示范区"。

2020 年荣获浙江省交通运输厅"四星级服务区"。

案例创造人：鲁声盛　徐建飞　徐东良

诚信为本　铸造精品

中国有色金属工业西安勘察设计研究院有限公司

中国有色金属工业西安勘察设计研究院有限公司历来注重诚信体系建设，始终以"诚信经营 铸造精品"为基本理念，不断完善诚信体系建设，以一流的诚信文化创造一流的服务产品，获得了客户的一致好评和认可，已成为行业内知名的全过程工程咨询服务商和建造商。

一、企业简介

西安勘察设计研究院有限公司成立于1964年，注册资本5亿元，是陕西有色金属集团的权属企业。经过50多年的发展，现已成为一家以建筑产业为核心，涉足冶金矿山工程、酒店经营、建材生产、房地产开发等多个领域的大型综合性现代企业集团。目前下设中国有色金属工业西安岩土工程有限公司、陕西有色西勘测试有限责任公司、陕西有色建设有限公司、陕西有色万通建材有限公司、陕西曲江国际饭店有限公司、西安有色冶金设计研究院有限公司等权属企业，并在全国多地设有分支机构。我公司是国家首批审查批准的综合类甲级工程勘察单位和一级地基与基础工程专业承包企业，拥有冶金行业、建筑行业、工程造价、工程监理四项甲级资质及工程咨询单位甲级资信，可从事资质证书许可范围内相应的建设工程总承包、项目管理和全过程工程咨询业务。成立50多年来，业务遍及全国各地及特立尼达和多巴哥、委内瑞拉、阿根廷、孟加拉国、越南、印度尼西亚等国。多年来共承担各类工业与民用项目两万余项，获得各类奖项200余项，其中省部级科技进步奖6项，国家、省部级优秀工程勘察奖68项，省部级优秀工程咨询奖25项，省部级优秀工程设计奖16项，省部级QC成果奖50项，其他各类别奖项40余项。主编和参编各种国家、行业技术标准60余部。

2018年9月，公司与西安有色冶金设计研究院有限公司完成重组整合，公司的业务范围进一步扩大，产业链进一步完善。2021年，面对我国经济发展需求收缩、供给冲击、预期转弱三重压力以及疫情反复等不确定性因素影响，公司坚持稳中求进工作总基调，立足新发展阶段、贯彻新发展理念、构建新发展格局。全面提升抗风险能力，全面提升改造传统发展动力和培育新动能，全面提升员工气质和品牌影响力，回归初心、回归问题、回归实干，统筹做好抓改革、促增长、防风险、强党建、控疫情等各项工作，确保了公司持续健康发展，取得了较好的工作成绩，实现了公司"十四五"良好开局。全年共签订合同2191项，合同额76.52亿元，同比下降7.79%；实现收入50.02亿元（剔除关联交易），同比增长3.18%；实现利税1.48亿元（剔除关联交易）、利润总额641.49万元，同比分别增长4.01%、13.46%。

二、诚信经营理念

西安勘察设计研究院有限公司经过几十年的发展，形成了自己独具特色的企业文化软实力，构建了一套比较完整的诚信文化体系，以"诚信为本、铸造精品"为基本理念，以诚信求生存、以诚信谋发展、以诚信铸精品，不断提升企业的诚信文化建设。公司自上而下形成了"诚实守信、责任担当、有错必改"的诚信观，诚信宣传口号是"诚信为本、铸造精品，建筑多彩世界，让品质赞美生活"。

三、决策部署

诚信体系建设是构建社会主义和谐社会的重要基础，是完善社会主义市场经济体制、加强和创新社会治理的重要手段，对增强社会成员诚信意识，营造优良信用环境，提升国家整体竞争力，促进社会发展与文明进步具有重要意义。公司历来注重诚信体系建设，领导班子亲自抓诚信体系建设，建立公司诚信体系建设工作专班，负责公司诚信体系建设及宣贯事宜，不断出台诚信体系建设相关文件，组织编写《诚信体系建设手册》，从诚信理念、诚信精神、诚信行为、诚信制度、诚心使命以及诚信奖惩机制等方面全面规范公司干部职工的行为。同时，公司通过"三个全面提升"发展战略中全面提升公司品牌形象入手，不断优化公司视觉识别系统，完善行为识别系统，建立理念识别系统，实现企业诚信文化与生产经营工作深度融合。

四、体系建设

一是推进企业诚信文化建设。采取多种行之有效的方式，加强诚信文化宣传教育，弘扬诚信传统美德，增强企业法治意识、责任意识、质量诚信意识，逐步形成以守法、履责、诚信为核心的企业诚信文化。二是建立诚信管理体系。依据法律法规和诚信原则，制定诚信方针和目标，结合已有管理体系的实施，建立健全企业诚信管理体系，并通过组织实施、自查自纠，改进完善，持续提升企业诚信能力和管理水平。三是形成企业诚信管理体系运行机制，包括企业诚信教育机制、企业失信因素识别机制、企业内部诚信信息采集机制、自查自纠改进机制和失信惩戒公示机制等。四是建立诚信信息征集和披露体系。建设公开、公正、科学的诚信信息征集和披露体系，建立诚信信息征集披露制度，规范诚信信息征集和披露方式及内容。五是建立诚信评价体系。建立生产单位诚信评价制度，科学制定诚信评价指标、评价原则、评价方法。六是开展诚信试点工作。在试点基础上，完善企业内部诚信制度、诚信体系规范和标准，健全诚信评价制度，在全行业推广应用，逐步建立企业诚信体系运行长效机制。

五、制度保障

为了更好推动公司诚信体系建设，开展诚信体系建设宣传和推广，建立诚信试点单位，根据国家相关法律法规和行业规范，结合企业诚信建设实际情况，公司累计发布了《诚信文化建设实施方案》《诚信管理体系建设实施方案》《诚信教育实施方案》《诚信信息管理实施方案》《诚信评价体系方案》以及《诚信试点单位工作方案》等一系列规章制度。通过制定规章制度、学习规章制度、落实规章制度，将诚信建设落地落实落细。同时，建立保障制度，投入一定的财政资金确保诚信体系建设有效实施，对于诚信建设表现突出的单位给予嘉奖和鼓励，让诚信建设成为每个人的行动自觉。

六、实践成效

诚信体系建设是推动公司持续有效发展的基础工程、系统工程和长期工程。公司充分利用各种工具，开展诚信体系建设宣传工作，在公司官网、微信公众号等平台开设诚信建设专栏，利用公司QQ群、微信群开展诚信建设宣贯工作。各单位通过例会、职工社团、主题党日、诚信宣誓等方式，集中学习公司诚信体系建设系列方案。以诚信建设为有效载体和切入点，举办诚信文化建设培训，培养全公司干部职工的诚信建设。在职工中广泛宣传诚信建设理念和宗旨，将"诚信为本 铸造精品"的理念在公司上下生根发芽，深入人心，落实到行动上。公司先后获得"中国勘察设计综合实力百强单位""全国工程勘察与岩土行业十佳岩土工程企业""全国工程勘察先进单位"及"中国建设系统企业信誉AAA级单位"等荣誉称号，连续多年位列全国勘察设计行业营业收入百强，被中国勘察设计协会评为"全国工程勘察与岩土行业诚信单位"，被陕西省政府命名为"守合同、重信用"企业，被西安市建委授予"企业信用AAAAA"称号。

通过全体员工的不懈努力，公司在诚信建设方面取得丰硕成果，不仅得到上级的嘉奖与认可，也得到了行业内外的普遍好评，更是受到客户的多次感谢，客户满意度一直保持在95%以上。同时，公司还积极履行社会责任，特别是在2021年年末西安疫情最严重的时刻，113名职工干部主动下沉抗击疫情的第一线，不畏严寒困苦，不畏病毒肆虐的恐惧，毅然决然与广大群众站在一起，共同战胜了这场疫情危机。

公司现已经形成了全员参与诚信建设的良好氛围。各权属企业和生产单位也根据自身实际情况，围绕诚信建设体系，建立自身的诚信体系，使诚信建设覆盖到公司的各个角落，成为企业文化建设的切入点和着力点，推动诚信体系建设由制度管理向文化管理提升，形成西勘全体员工人人讲诚信，事事讲诚信的文化氛围，使诚信体系建设成为塑造西勘品牌的重要支撑和保证。

案例创造人：郭群钊　许蒙国

诚信至上创佳绩　锐意拼搏书辉煌

中核第四研究设计工程有限公司

一、企业简介

中核第四研究设计工程有限公司（原核工业第四研究设计院）成立于1958年，其前身为冶金部铀矿冶设计院，属我国大型骨干研究设计单位之一，是全国最大也是唯一的铀矿冶设计单位；是集设计、咨询、研究、监理和工程总承包等业务为一体的研究设计型工程公司。同时也是国家一级保密单位及国防科工局"十二五"军用核材料和核燃料循环科研生产能力体系核心能力单位之一。

公司成立六十多年来，在工程建设方面，为中国核工业的建设、发展和全国其他行业的大中型重点工程建设做出了重要贡献，在国内外设计和建设了4000多个工程项目，医药化工设计2000余项；大中型民用建筑1000余项，完成大中型工程监理300多项；在科学技术和工程设计领域获得国家及省部级优秀工程设计奖282项，科研成果奖231项，拥有国家专利及国家、国际专利奖项200多项。

六十多年来，公司积极培育和提高核心竞争力，逐步建立了有效的管理体系、科学化的组织管理机构。公司以质量第一，诚实守信，内抓管理，外塑形象，向社会提供优质产品，为用户提供优质服务为宗旨，为中国核工业的发展和千余项跨行业的国家和地方重点大中型项目的建设做出了重要贡献。

二、企业诚信建设案例

公司在社会和同行中树立了良好的核四院信誉和企业形象。主要采取了以下做法。

（一）加强领导班子建设，引领诚信体系科学发展

公司领导班子重视诚信体系建设，坚持党委中心组学习制度，有力提升了领导班子科学治企能力；认真开好民主生活会，广泛征集意见建议，开展健康的批评与自我批评，同时将诚信准则覆盖公司管理体系的基本方面和主要环节，陆续制订、修订了165项管理制度，使诚信准则的实施凭借管理体系的支撑进入管理，严格流程控制。

（二）构筑诚信体系，深化改革发展

公司将诚信建设视为企业良性发展的生命线，不断优化，建设治理完善、管理规范、诚信建设体系，积极推进组织机构精简融合和高效运行，理顺研究、设计、工程、产业一体化科技创新及成果转化链条，为下一步深化院所改革、推动公司高质量发展打下了坚实的基础。

公司跨越式发展顶层设计初步确立，编制完成公司"十四五"发展规划纲要，打造天然铀行业的专业智库和国家核能矿产资源开发的咨询平台，成立中国天然铀战略发展研究中心。协同创新体系初步构建，河北省核安保技术创新中心获批博士后创新实践基地。核四院铀采冶工程验证科研条件建设项目获得国防科工局可研批复，公司高质量完成国企改革"双百行动"年度任务，改革成果惠及全体职工，2021年工资总额同比增长28.37%。

（三）打造诚信品牌，以质取信，三体系管理保驾护航

多年来，公司秉承诚信至上、精心设计、锐意创新、持续改进、提供优质产品、确保优质服务、创造四院品牌的质量管理方针，科学发展。

不断完善提高三体系运行有效性，加强全员培训，确保工程咨询、工程设计、环境影响评价和工程总承包全过程质量、环境、职业健康安全受控。

为确保每项工程设计的质量，我院组建了质量监督管理队伍，请专家对重大设计方案进行技术经济性审核把关；各专业室设有质量内审员，严格三级审核，严格执行质量控制程序，对每一项工程设计做到事前指导、过程控制，确保出院的设计产品合格率为100%。始终把质量管理当作一项综合系统工程来抓，赢得了客户的信任和赞誉，营造出了良好的信用环境，增强了企业的市场信誉度和竞争力。

通过质量体系运作，制订了详实的质量管理手册和程序文件，在质量职责、过程控制、记录控制等方面不断修改完善，有效地促进了体系的实施。真正诠释了质量——企业的生命线这一原理。

与此同时，将科研—设计—产业一体化价值链进一步完善，初步形成了公司技术、产品、服务三大类型十大产品，打响了公司向纵深领域进军的第一炮。超额完成年度考核指标，全面完成经营效益考核目标；完成年度登高考核目标，荣获中核集团盈实奖和中国铀业业绩突出贡献奖。

（四）精益求精，科技创新成果丰硕

（1）科技创新体系建设迈上新台阶。积极推进科技创新平台建设，自然资源部放射性与稀有稀散矿产重点实验室挂牌成立；建立成果利益共享、反哺科研的新机制；其中公司自主研发的高气压电离室实现美国GE产品国产自主替代并装备在325个国控辐射环境自动监测站。

（2）重点科研任务按计划完成。核能开发、核退役三废科研、集团核心能力提升等97个在研项目有序开展，项目申报取得突出进展，通过审查获批24项，其中新增国家自然科学基金、国防预研基金、核能开发、退役治理专项等各类科研项目（课题）20项。国家重点研发计划固废资源化重点专项通过科技部技术审查。

（3）科技成果再创佳绩。其中千吨级大型铀矿基地绿色高效原地浸出技术及工程应用获得国防科技进步特等奖。

（五）加强诚信建设措施，咨询设计服务稳步推进

（1）天然铀、核工程技术优势持续巩固。公司总体设计的我国第一座重水研究堆退役项目——101重水研究堆项目获批立项，高质量编制完成《中国高水平放射性废物地质处置地下实验室建设工程》可研报告，核安保领域成果获国防科技进步奖。

（2）民用咨询设计品牌建设取得成效。医药化工所荣获中核集团质量管理先进集体，公司被评为中国医药行业建国70周年"共和国医药行业标杆企业"。荣丰所高分通过保密资格认定，成为全国唯一一家从事涉密施工图审查的专业机构。民用建筑与审图业务深度融合，依托EPC平台提升业务水平。

（3）安全环保技术服务全方位推进。完成"十四五"铀矿冶退役设施长期监护方案编制和全国第二次污染源普查，推动多地市伴生放射性废渣库建设。首次进入气象卫星项目环评市场，承接社会稳定性评价项目和节能评估项目。

（六）规范合同管理，打造精品工程

精心组织、有效确保科技项目在最短时间按期动工，中辐院"十二五"整体改造建设项目通过验收并获得高度评价，霞浦核电百吨级世界最大不锈钢环形锻件监造工作保质保量验收交货。

新签总包项目数量、合同额创历史新高。新承接中辐院总包项目3个，中标原子能院核反应堆关键设备监造项目，核设施退役及放射性废物处置、核技术及同位素应用领域均取得项目突破；抢抓机遇开拓核电质量监督市场，转变质量监督模式。

（七）诚信至上，国际合作多元发展

提升国际影响力，深耕海外市场开拓。公司承办IAEA铀生产项目筹备专家进修培训，为阿根廷、博茨瓦纳、巴西、埃及、印度尼西亚等国家的专家学者提供技术培训服务。大力拓展沙特阿拉伯、纳米比亚、巴基斯坦和阿尔及利亚4个海外市场，推动国际合作项目收入快速增长，实现海外市场收入2760万元。同时中标国际核聚变（ITER）设备监造项目，将监造范围扩大到核研究领域。

（八）以人为本、科技兴企，构建和谐劳动关系

1. 以人为本、科技兴企

坚持"以人为本、科技兴企"的管理方针，以人才强企的发展理念，构建人才培养双渠道平台。重视人才队伍建设，着力强化高层次、高素质、高水平人才的培养与开发，培养一批在工程设计、科研、管理领域具有影响力的青年专家，做好管理与专业技术的人才"双通道"建设。注重各行业总师、学科带头人培养体系的建设，构建专业技术人员多方位发展平台。我公司注重人文关怀，为保障职工合法权益，在100%依法签订劳动合同基础上，工会与公司签订了《集体劳动合同》，并获得了"河北省AAA级劳动关系和谐企业"荣誉；公司建立了合理的薪酬增长机制，不断改进完善员工薪酬福利体系，积极为社会创造就业机会。

2. EAP员工协助计划助力诚信体系建设

EAP员工协助计划项目，是一种基于心智模式的新的人力资源管理的组织发展与员工促进的全息管理心理学技术，也是基于组织发展与员工促进理念下由组织为员工提供的一套全息的长期福利与支持项目。对科技工作者而言，科研工作压力、人际关系紧张压力、陌生企业文化接受压力、个人业绩成长压力、职业发展的困惑、对企业未来发展的忧虑形成较强的心理暗示，导致强大的精神压力，进而影响员工绩效。该项目在（Enneagram）理论基础上，将现代心理学、阳明心学、性格形态学、NLP等东西方文化的精髓有机地融合在一起，项目基于中国核工业集团公司EAP系列活动基础上，形成一套中西合璧的心智模式管理体系，从深层次识人、用人、签人，解读人的心灵密码。通过心智模式的研究深入剖析每个人看待世界的思维模式，透视灵魂深处的原动力，以简驭繁，诠释性格的万千变化，以线上直播+线下体验的形式，充分调动科研人员积极性，激发创新创业活力。

在企业组织中，不仅要重视发展的速度，更要重视员工的幸福、心理的健康。基于心智理论的EAP管理体系能够有效促进员工，尤其是企业科技创新部门员工的健康发展，从而推动企业稳步健康地发展。

实施EAP（Employee Assistance Program）员工帮助计划可以帮助团队成员更好地面对个人生活和工作方面的种种问题，提高员工在团队中的工作绩效和整体效能。EAP也体现了企业组织人文管理的精神；关注人、尊重人、注重人的价值、帮助人面对困难、开发潜能，保持心理健康和成熟，促进企业的发展。

针对部分员工情绪低落，焦虑担忧等心理状况，实施了EAP援助，首先对其进行了心理疏导，然后运用艾瑞克森催眠、NLP及系统排列技术进行了疗愈，帮助团队成员排除了各种心理压力及婚恋方面的问题。打造家文化、军队文化、学校文化、舞台文化四位一体的诚信企业文化平台，构建幸福企业。

（九）开拓创新，协同办公系统助力诚信体系建设

把诚信体系建设融入企业业务流程，打造自动化协同办公管理平台。

十多年来，公司基于协同管理平台建立起涵盖行政公文、经营合同、财务、人力资源、保密、安全、信息化、资产、图文档、三体系、协同设计等管理方面的功能模块，同时建立起基于虚拟化技术的网络硬件平台，具备严格科学的流程管理体系。在公司 OA 办公协同系统中上传 560 多项公司制度、程序文件，各类文章、视频、声像等资料涉及企业管理的方方面面。使抽象的理念"看得见""摸得着""可执行"。让企业每一个干部职工参与、感知和共享。

（十）多措并举，大力推进诚信企业文化建设

推进诚信企业文化建设。倡导社会主义核心价值体系，培育优秀的、先进的企业文化，使遵守法纪、遵守标准规范、诚信至上、团结创新、社会责任等精神融入员工的思想、言行，提升企业综合素质，同时设立思想道德讲堂。在职工中引起强烈反响，进一步提高了广大员工的责任意识和诚信意识；在思想道德讲堂上组织党委书记带头讲党课，推进党的群众路线教育实践活动的开展，形成持续发展进步的"软实力"。

（十一）诚信至上，履行承诺，奉献社会

多年来，公司牢记使命，履行社会责任，积极奉献社会，从心出发，用爱传播，善行河北——军工在行动活动，成立"核四院'善行河北'志愿服务队"两年来，这支"善行河北"军工小分队活跃于赞皇县贫困山区献爱心助学活动现场，阜平县爱心助学活动现场，河北省石家庄市栾城区福利院慰问现场，送温暖。

同时，响应集团号召，组织 EAP 服务身心健康公益大讲堂，通过线上线下服务上万人。同时也吸引了企业家、社会精英、爱心人士积极参与。通过 EAP 心理服务公益论坛，打造家文化、军队文化、学校文化、舞台文化四位一体的诚信建设体系平台。

多年来，在激烈的市场竞争中，公司始终秉持诚信至上的原则，恪守"信誉第一、客户至上、诚信经营、争创佳绩"的服务宗旨，积极培育和提高核心竞争力，逐步建立了有效的管理体系、科学化的组织管理机构；建立了完善的质量、环境、职业健康安全管理体系；形成了以专业学术带头人为核心的，以具有丰富经验的设计、监理、经营、工程管理、质量管理人员为代表的、适应市场需求的技术及管理人才队伍；我公司始终以质量第一，诚实守信，向社会提供优质产品，同时坚持内强素质、外树形象，着力构建和谐劳动关系，公司经济效益和社会效益得到了全面发展，社会信誉度不断提高，先后获得"全国五一劳动奖状""河北省重合同守信用单位""河北省文明单位""核工业杰出科技成就奖"等各类奖项 600 多项。

多年来，公司秉承"诚信至上、精心设计、锐意创新、持续改进、提供优质产品、确保优质服务、创造四院品牌"的质量管理方针，科学发展。为用户提供优质服务为宗旨，在社会和同行中树立了良好的公司信誉和企业形象。

案例创造人：邢拥国　阙为民　常喜信　张岩

追求卓越 争做行业诚信经营标杆企业

中核华辰建筑工程有限公司

一、公司简介

中核华辰建筑工程有限公司（以下简称中核华辰）曾为我国"两弹一艇"做出过历史性贡献，承建了一大批国家级重点工程，为国民经济和国防科技工业发展取得了新的成就。主要从事勘察设计、工程咨询、建筑施工、机电安装、混凝土供应等业务。具有多种一级、专业资质，在混凝土市场占主导地位。荣获省部级以上奖项 100 多个。

二、企业诚信经营理念及诚信经营案例

中核华辰始终坚持"两弹一星"精神、核工业精神和"以客户为中心"的诚信经营理念，秉承"责任安全创新协同"的核心价值观，始终承担央企的政治经济责任和社会责任，致力于成为综合竞争力强的国内知名企业。

在全体员工的共同努力下，重点工程实现了疫情防控"零感染"，安全生产"零事故"的工作目标，并有 7 个子项获评甘肃省文明工地、绿色工地等荣誉。获集团公司"抗击新冠疫情先进党组织""先进集体"和股份公司"先进基层党组织"等荣誉。

2021 年面对艰巨繁重的重点工程和改革发展任务以及新冠肺炎疫情的冲击，公司坚决贯彻落实集团公司党组、中国核建党委决策部署，深刻认识和把握"三新一高"要求，同心聚力、追赶超越。全年主要经济指标顺利完成，通过了国家高新技术企业、全国建筑业 AAA 级信用单位认定，获评全国宣传思想文化典范单位等近 300 项表彰和荣誉。

对于建筑施工企业而言，保工期、保质量安全、履行合同约定获得业主单位认可都是诚信的体现，2021 年在重点工程各子项建安工程施工建设与系统移交过程中，始终秉承"诚信高效、客户至上"的诚信经营宗旨，以"我将无我，不负重托"的精神状态，连续三个月系统移交完成率居各单位之首，圆满优质高效地完成了"6·30"和"9·30"里程碑式的节点，为下阶段项目建设与运行做出了积极的贡献。

诚信经营是企业发展壮大的重要基础。中核华辰将诚信意识与诚信精神作为企业文化建设的重要内容，工作中通过以下几个方面将企业诚信经营及企业品牌形象提升到一个新的高度。

（一）人力资源保障能力进一步提升

（1）人才结构进一步优化。公司从业人员共计 3304 人（自有职工 2844 人），具有专业技术职务人数占职工总数的 48.1%，同比增长 9.9 个百分点。其中，高级职称、中级职称，分别同比增长 28.4% 和 49.3%。一级建造师、造价工程师、注册安全工程师，分别同比增长 13.7%、14.8% 和 30%。

（2）能力建设进一步巩固。组织青年干部培训班、项目经理培训班等重点培训；发挥传帮带作用，

全年师徒结对 464 对;发挥职系作用,财务部"辰财共享"、工程部与科信部"工程技术轮训"、安环部"双周讲"、各个分子公司和工管部开展的专项业务培训等,逐步实现"人力资源＋职系管理＋板块管理"互联协同人才培养机制。

（3）提升内部"造血"功能。首批 33 名内训师顺利结业,开发 34 门职系课程,其中 2 名内训师荣获中国核建首届内训师大赛二等奖、优秀内训师、中国建设工程行业十佳讲师等奖项。

（二）聚焦标准化建设,提升制度管理有效性

加快推进总部"管理大纲＋管理程序＋标准操作规程"的管理模式形成,并加大制度宣贯力度,把制度优势转化成管理效能。深入推广"六大控制七个零"项目管理理念,优化项目实施规划管理流程,强化事前控制和预警机制。

以《项目管理手册》全面推行为主线,推进后处理工程施工管理标准化建设;推进民用项目管理标准化,优化民用项目人员标准化配置。持续做好经验反馈,加强各职系、各区域、各项目之间的横向沟通交流,共同提高。

打造 EPC 工程总承包能力,做好设计、EPC 经验总结,发布《工程总承包项目发展与管理大纲》及配套程序文件,构建 EPC 项目管理体系。

通过制定《中核华辰建筑工程有限公司建筑市场监管公共服务平台动态监督管理办法》,完善公司建筑市场诚信监管机制,保障公司在各省政府建立的建筑市场监管公共服务平台中始终保持"守法、诚信、重信誉"的企业形象。

（三）财务管理进一步夯实,水平进一步提升

深化全面预算管理,突出做好项目全生命周期现金流预算和资金预算管理。狠抓内部资金管控,持续推进两金压降,优化资金结构,以增收节支为主线,加大力度开源节流,狠抓资金筹划,降低财务费用;盘活应收账款及利嘉房产处置等存量或低效无效资产,加快资金周转;加强投资进度及收益管理,严控投资风险,确保资金链安全。拓宽多元化融资渠道,加强与外部银行、集团财务公司深化合作,挖掘优质资金来源,降低融资成本;联合金融机构、产业链上下游等合作伙伴,利用金融工具,加强资本运作,把金融端和工程端结合在一起,让金融成为公司高质量发展的另一只翅膀。

加强业财融合,完成财务与物资管理、合同管理、薪酬管理等业务系统对接,增强财务信息和业务信息融合与共享,为经营决策提供财务支持。深化管理会计应用,完成全级次财务共享系统上线运行,实现财务管理与会计核算相分离。积极发挥政策研究作用,做好税务筹划,争获政策红利。全年获得全国建筑业财税知识竞赛 1 银 1 铜佳绩,中国施工企业管理协会 2021 年建筑财税优秀论文比赛二等奖 1 项,三等奖 5 项。

（四）安全质量管理进一步夯实

全年未发生较大及以上质量事件,未发生重伤及以上生产安全事故,未发生环境保护行政处罚事件,安全、环保、质量管理整体受控。

（1）质量安全创新创优持续推进。甘肃分公司兰资环项目、陕西分公司御锦城 15 期项目获得中国建设工程项目施工工地安全生产标准化学习交流项目;西南分公司桃花溪项目获得重庆市 2021 年度建筑施工扬尘控制示范工地;同时,公司还获得省级优质结构、省级绿色施工工程及省级 QC 成果等 34 项。

（2）安全管理基础进一步夯实。三类人员及特种作业人员持证上岗情况良好,注册安全工程师持证比例稳步提高,修订发布《施工现场安全生产标准化实施标准》,推进安全生产标准化、常态化管理;

组织开展安全织网行动，建立总部中心网、分公司区域网及项目部单元格三级安全监督网络，织实织密"从根本上消除事故隐患"的安全生产责任网，安全生产基础进一步夯实。深入开展各类专项活动，切实推动"安全是核工业的生命线"理念落地。

（3）推动质量精准管控。完善质量管理制度建设，细化各级质量职责。继续推进工程质量策划、样板引路等工作落实，牢牢抓住关键施工环节的"第一次"，确保质量立身。公司工程质量稳步提升，单位工程竣工验收合格率100%；顾客满意度95.3分。中核混凝土的核电混凝土一次交付合格率100%。

（五）市场开发整体向好，业务范围不断扩大

2021年公司市场开发目标105.5亿元，截至2021年12月31日，全年累计投标501次，中标238个，中标率47.5%，累计完成市场开发93.32亿元，同比增幅56.60%，西北地区完成市场开发额72.94亿元，总部西迁效应显著。其中核与军工项目累计完成28.53亿元，占比30.58%；房建项目累计完成45.24亿元，占比48.48%；市政项目累计完成1.6亿元，占比1.72%；工业项目累计完成8.91亿元，占比9.55%；设计业务累计完成0.21亿元，占比0.23%；混凝土业务累计完成8.82亿元，占比9.45%。

EPC业务累计完成10.57亿元，累计占比11.34%。

2021年市场开发总体向好，业务范围不断扩大为公司向百亿级企业跨越、高质量发展奠定坚实基础。

（六）坚持"以客户为中心"，持续做好企业诚信经营，拓展工业与民用工程

坚持"好市场、好业主、好项目"的市场开发理念，完善"总部、分子公司、项目部"三级管理体系，持续拓展工业与民用工程市场，培育新的经济增长点。

积极维护大客户，相继中标凯德集团、招商蛇口、融创集团等房地产项目；紧跟上海西门子、艾仕得涂料等知名公司，并承接其多项工程项目；紧抓西咸新区政策机遇期，主动与西咸新区政府主管部门对接，参与"秦创原"等有影响力的大型优质项目；加强设计施工总承包建设，继2020年水南村、鹿寨项目之后又开拓涿州大剧院等EPC项目。持续提升公司形象，塑造央企品牌，锻炼团队担当能力和实战能力。

（七）坚决履行职责，全面完成专项工程建设任务

近几年来，中核华辰始终聚焦主责主业，将保障重点工程建设作为重要政治任务，从人力、财力、物力等方面集中公司优质资源，统筹推进各项工作。截至目前，项目各重要目标节点均能够按期实现，部分节点目标提前完成得到了上级及业主单位的充分肯定。

打造了公司核JG建造核心能力。公司依托后处理项目这个大平台，积极开展项目建设模式的探索、JG核安全设备安装许可资质申报、土建关键技术攻关、先进技术应用、专业队伍的培养等，经过几年的积累，公司形成了成熟的核JG工程建造项目管理模式并逐步标准化，取得了JG核安全设备安装许可资质，建立了一支近千人规模的核JG工程建设专业队伍，使用新技术超过85项，建成了重点项目专用管理系统与项目级BIM平台，项目土建关键建造技术成果通过了专家鉴定（国际先进），这些成果的积累为公司后续发展提供了强大的动能。

三、结语

中核华辰将持续强化品牌战略，加强品牌管理顶层设计和统一部署，将品牌建设融入生产经营的

全过程、全领域。集中内外资源，打造"中核华辰"金字招牌。发挥政府监管部门、协会的作用，提升行业影响力、话语权，有效落实各级维护企业诚信平台运行维护责任及要求，维护企业诚信，提升企业在市场中的竞争力，促进"中核华辰"品牌的知名度和美誉度建设。

案例创造人：董德建　张国华　王国庆

诚信为本　合作共赢　打造一流建设投资集团

中化学南方建设投资有限公司

一、企业简介

中化学南方建设投资有限公司本着以"诚信为本、合作共赢"的经营理念成立于粤港澳大湾区核心区域广州市，公司通过建立健全管理体系，贯彻落实各项管理举措，认真履行社会责任，依法经营、规范运作、诚信合作、共赢发展。

公司是国务院国资委直接监管的大型工程建设企业集团中国化学工程集团有限公司的全资子公司，成立于2018年2月9日，注册（实缴）资本金15.42亿元，主责广东、广西、湖南、江西、海南、福建六省区的产城融合、化工园区综合开发，市政、公路、房建、管网、轨道交通等基础设施领域，水务环保、土壤修复、流域治理、垃圾处理等环保领域，以及特色小镇、康养文旅、生态农业等领域项目投资管理与建设运营，以PPP、EPC等多种方式提供规划设计、产业招商、投资融资、建设施工及运营维护等全方位服务，是集策划、规划、设计、投资、建造、运营于一体化的大型央企。

公司现有5个全资子公司、4个控股公司、3个参股公司。获得国家授权专利15项，2021年被评为"国家级高新技术企业"和2020年度广东省"守合同重信用"企业。公司及所属公司拥有5项施工总承包资质，建筑装修装饰工程专业承包一级等6项专业承包资质。现有职工400余人，员工平均年龄35岁，中级及以上专业技术职称占比65%，持有各类注册证书及资格证书人员100余人。

二、诚信经营理念

诚信：是做企业的根本，也是做人的根本。它既是法律的要求，又是道德的要求，更是立企的必需。相互诚信是合作的基础，也是合作成功的必需。

合作：是企业一切经营活动得以开展的要件，合作既有外部的，也有内部的。合作是手段，更是途径。

共赢：就是要保证合作各方共同受益，是合作的根本目的，是合作各方的共同追求。

本着诚信的原则，依托优质满意的服务，造就合作各方满意的利益格局，建立牢固的合作关系，是中化学南方建设投资有限公司经营活动追求的最高目标。

三、诚信建设事迹

（一）履约践诺，打造精品工程

一是完善科研创新机制和管理体系，激励广大员工积极投身技术研发创新。结合在建工程开展科研课题攻关44项；申报国家发明专利10项、实用新型专利17项，获得国家授权专利15项，参编省级标准1项。二是公司全系统开展精细化管理，初步形成较为系统规范的管理体系。物资采购严格按照"一个平台、两级采购、三级管理"原则，持续加大物资集采力度，2021年节约资金1742万元，降低成本3.2%。三是持续加强安全管理。始终坚持"安全第一，预防为主，综合治理"安全生产指导方针，逐级签订《安全生产目标管理责任书》安全生产形势总体可控并保持平稳，未发生较大及以上生产性死亡事故，未发生重大火灾、重大机械设备责任事故和职业病报告事故，未发生重大环境污染事故。四是狠抓工程质量。项目在开工前期进行项目策划，确定本项目的质量目标并进行分解，制定实现质量目标的措施，形成质量计划、创优规划等质量策划相关管理文件。施工过程中严格执行工程质量，切实提高全员质量管理意识和整体质量管理水平。践行了诚信为本的承诺，打造出了一批精品工程。

（二）履行社会责任，展示央企担当

一是积极贯彻落实党中央、国务院有关要求，落实精准扶贫、精准脱贫基本方略。向甘肃省华池县购买扶贫农产品近20万元，助力华池县精准脱贫。二是积极开展送温暖，暖人心专项活动。公司携手中央民族歌舞团举办了"走进我的农民工兄弟"大型专场慰问演出；组织举办中国化学"南康杯"工人运动会。三是强化保障、履行责任。超前准备口罩、医用酒精、消毒液、红外测温仪等应急物资；向多地捐赠防疫物资；组织核酸筛查7000余人次，推动疫苗接种2200余人。守住了"零感染"底线，在有力保障公司疫情防控大局的同时，积极履行了央企社会责任。公司荣获广州市白云区"做好'六稳'、落实'六保'，抗疫情复生产促经济"先进单位。

（三）参与诚信监督，持续提升诚信美誉

公司积极与社会各界的诚信及信用标准进行对标，不断检视公司经营管理存在的问题，持续改进，接受社会各界的诚信监督，不断提升企业诚信美誉。2021年，经市场监督管理部门综合评估，公司荣获2020年度广东省"守合同重信用"企业荣誉称号。

（四）构建法治体系，依法治企

一是落实依法治企第一责任人工作职责。形成了企业主要负责人负总责、总法律顾问牵头推进、法律事务机构具体实施、各部门共同参与的依法治企工作机制。二是建立健全风险管理工作机制。推动风险预警机制常态化、联动化，动态调整优化预警指标，提高了依法治企管理水平；三是举办合同管理业务专题培训，增强全员合同管理意识，提升全员依法合规经营意识，防范合同法律风险。截至2021年年底，公司未发生重大法律纠纷案件，维护了公司和合作伙伴的共同利益，实现了合作共赢的良好局面。

公司自2018年成立以来，信用良好，无不良失信行为记录，在文明经营和诚实守信等方面做了积极有益的探索。在新的征程上，作为建设美丽中国的实践者，公司将继续秉承"诚信为本，合作共赢"的经营理念，积极为行业和地区发展做出更大的贡献。

案例创造人：杨志明　韩立辉　宋晓慧

奋进"十四五"诚信谱新篇 争创一流安装企业

中建二局安装工程有限公司

一、公司简介

中建二局安装工程有限公司（以下简称安装公司）隶属于世界500强企业——中国建筑股份有限公司，具有独立法人资格。公司创建于1952年，注册资本5亿元，总部位于北京经济技术开发区。现有15项建筑施工资质，2项设计资质，1项制造资质，2项特种许可。同时拥有锅炉安装改造一级和压力管道安装两个特种设备安装改造维修许可证。

安装公司深入贯彻中建集团"一创五强"战略目标和"166"战略举措，坚定中建二局"两个一"战略目标和"123"发展思路，以高质量发展为主线，明确努力成为"双一流"专业支撑企业的战略定位，始终践行集团"拓展幸福空间"的企业使命，努力实现"经营稳健、技术领先、管控高效、客户信赖、员工幸福"的管理目标。从纵向一体化和横向多元化拓展业务能力，运用全产业链优势为客户提供一站式服务，提高客户满意度，致力于实现"努力成为国内专业建筑领域最信赖品牌"的2035远景目标。

二、诚信管理制度化，筑牢立业之基

自1952年成立以来，安装公司在发展变迁的70年里，始终秉承以"诚信"为首的企业精神，将"笃诚守信"作为行为十典之首，确定了"宁失利、不丢信"的组织笃诚行为和"有诺必践"的个人守信行为。

安装公司始终坚持用制度规范诚信管理，以监管推动主动作为。2020年印发《中建二局安装工程有限公司品牌及信用维护管理办法》，为公司诚信管理提供制度保障，确保公司诚信经营、良性发展。2021年是公司标准化管理推进年，在贯彻落实《局标准化管理手册》的基础上，结合专业特编制公司《标准化管理细则》，明确标准化管理各项要求，推广优秀管理经验，推进公司诚信建设制度化。同时将违反营销与经济纪律情况、违反中央八项规定精神情况、信用中国行政处罚失信情况及由环境、工期、履约、质量等风险造成的失信情况列入《2021年分公司经营业绩考核管理办法》底线管控指标，加强诚信管理监督管控力度，对分公司管理与经营情况严把诚信关。

同时，安装公司坚持以人为本，努力打造公平公正的人才发展环境，以诚信管理建设和谐劳动关系，提高员工幸福指数。一方面将"工资总额完成率"纳入公司通用底线管控指标，保障员工利益。另一方面建立公平公正的诚信奖惩规则，保证守信者得奖、失信者受罚，增强企业员工的诚信意识和契约精神。

三、服务诚信实践化，拓展兴企之源

安装公司立足服务诚信，将"获得客户的全面认可和高度信赖"确立为"十四五"发展目标之一。明确了金属屋面业务冲刺行业第一品牌，钢结构、高端机电业务在核心区域市场占有率、客户黏性和品牌美誉度持续提升，智能化业务成为集团内值得信赖的安装合作伙伴、打造市场认可的品质履约口碑；建筑机电总承包领域做到全国领先；钢结构、市政环保、既有建筑改造总承包形成专业形象，提升行业知名度等发展方向。

诚信履约方面，通过强化管控体系优化项目人员配置和项目检查，深入探索专业公司设计管控、计划管控、采购管理、专业管理及资源整合五方面的先进模式，在公司范围内试点推广，提升工程总承包管理；通过强化工期管理持续加大项目节点管控，深入推进"工期提前半个月"行动和"三个建造"管理，打造高端观摩项目，全面提升专业品牌影响力；通过强化安全监督，做到确保项目安全生产责任落实到位、确保安全职责履职到位，力争消除末端项目、消除重大安全隐患，全面提升安全生产意识，确保项目安全100%受控，项目履约能力显著提高。2021年，安装公司累计收到67封来自雄安集团、华润置地、中建科技等业主和总包的奖状、锦旗、表扬信及感谢信，诚信履约广受认可。并与保利、金茂、华润等央企，中铁建、中电建、中能建等总包单位建立稳定合作关系，以诚信经营建立和谐稳健的供应链关系。

四、质量诚信标准化，打造品牌影响

安装公司将高质量发展作为"十四五"规划主线，以质量诚信打造金字招牌。

质量是企业最好的广告，安装公司注重建立健全质量管理体系，修订公司层面《质量管理手册》《工程质量事故处理及责任追究奖罚规定》《工程质量投诉处理办法》等制度；编制项目层面《质量管理目标责任书》，签订《项目岗位质量管理责任书》，严格落实质量管理标准，实现在施项目0质量投诉，打造高质量产品，以质量诚信塑造品牌影响，得到业内广泛认可。2021年，安装公司斩获詹天佑奖1项、鲁班奖4项、国家优质工程奖6项、省级优质工程奖11项、中国钢结构金奖8项、金禹奖3项。

科技创新是高质量发展的强大动能，安装公司聚焦科技促质量、科技创效益，以科技创新带动质量发展，实现质量诚信，扩大品牌影响。安装公司建设的钢结构全生命周期智慧管理平台成功亮相中国建筑科技大会、服贸会、建博会装配式钢结构应用论坛、世界5G大会等场合，公司获2021年钢结构行业突出贡献企业；研发的机电智慧建造全生命周期管控平台规划方案成功入选北京市国资委国有企业应用场景项目，受邀参加2021年度"央企·京企应用场景发布会"作现场发布，极大提升企业品牌影响力。

五、环境诚信责任化，建设和谐共生

如今，绿色竞争力已成为企业核心竞争力之一，对企业可持续经营发展影响深远，环境诚信也成为企业诚信的重要责任。

安装公司深入贯彻落实十九大与历次全会中关于生态文明建设的政策与精神，将生态环保与绿色建造纳入公司"十四五"规划，勇担环境诚信重任。如今在举世探讨碳达峰与碳中和的"双碳"政策大背景下，安装公司更是努力使公司工程建设与项目实施做到环境诚信，在施工建设过程中最大限度减少生态破坏与环境污染，在项目承接环节中加大市政水务等绿色环保项目的承接力度。

在数字化商业模式上努力实现EPC、绿色施工与装配式施工的整合落地，努力引领建筑行业向绿色化转型发展。同时在公司原有业务范围基础上拓展水务环保等业务领域，努力将市政环保等专业发展成为公司总承包模式的主要特色之一。

安装公司始终贯穿绿色建造理念，从 2000 年即开始涉足水务环保领域项目，目前公司正积极参与四川省德阳市旌阳区水环境治理 PPP 项目，拟通过污水系统建设、水源地保护工程及示范点建设等内容助力改善生态环境，努力彰显安装公司用绿色建造与环境诚信建设人与自然和谐共生的精神力量！

六、社会诚信常态化，彰显央企担当

安装公司主动参与公益事业，塑造了良好的企业形象。"彩虹益路"助学行动助力乡村振兴，入选《甘肃省东西部协作和中央单位定点帮扶新闻发布会典型案例汇编》；"安心妈妈"公益计划关爱农村留守儿童群体，一对一结对帮扶甘肃康乐县古洞沟村留守儿童；公司"心"青年志愿服务队积极投身北京绿色环保、义务植树、河道清理等志愿服务活动，承担社会责任。

安装公司始终践行央企使命，新冠疫情期间公司 300 余名一线建设者"逆行"奔赴武汉火神、雷神两山方舱医院建设，7·20 郑州特大暴雨出动 410 余人次投身抗洪抢险救援行动。积极投身国家一带一路建设，在西安丝路会展项目中成功挑战国内最重大跨度桁架滑移工程。在践行使命过程中涌现了如全国五一巾帼标兵王艳玲、北京市劳动模范孙顺利、北京市抗击新冠肺炎疫情先进个人甘泉胜、四川省五一劳动奖章许兴年等一大批模范典型人物。公司获得全国五一劳动奖状、北京市优秀基层党组织和两个省工人先锋号等多项高等级荣誉。

2021 年，安装公司助力冬奥建设，承建崇礼太子城冰雪小镇文创商街金属屋面工程项目并参建延庆区冬奥会环境建设项目，惊艳延庆冬奥赛区的钢结构会标"奥运五环"由安装公司完成吊装施工。"奥运五环"由本体与底座构成，本体重量 55 吨，底座桁架由 H 型钢拼接而成，重量 105 吨。五个吊装单元，最重单元为 18.95 吨，采用 630 吨履带吊分块吊装。总重量超过 160 吨，吊装高度超 120 米，属超高危作业。为保证施工人员安全，钢结构、机电专业联动施工，在地面将灯架及灯饰提前装设在五环桁架上，与五环桁架一同吊装。延庆地区常年大风，为保证安装进度，项目团队及施工人员随时待命，抓住风小的间歇时间精心部署，在确保安全施工的前提下，飘带吊装从原计划两天一吊变为实际一天两吊，吊装速度提高 3 倍之多，在不利天气条件下依旧保证了工期。

自 2012 年至今，连续 10 年获评"北京建设行业诚信企业"，2016 年起连续获得"北京建设行业 AAA 诚信企业"，2021 年作为 16 家企业之一荣获"第一批北京市建筑工程先进企业"，纳税信用连续评定为 A 级。先后获得"全国文明单位""全国职工职业道德建设标兵单位""全国模范职工之家""2019 年度工程建设诚信典型企业""2019 年中国施工企业管理协会企业信用 AAA 级""2020 年守合同重信用企业""2020 年度中国建筑业协会企业信用 AAA 级"等证书。并在 2021 年度工程诚信企业推介大会上获得"2021 年工程信用星级企业""2021 年度工程建设 AAA 信用等级企业""2021 年度工程建设诚信典型企业"，公司党委书记、董事长孙顺利获评"2021 年工程建设诚信企业家"，华南分公司总经理、党总支副书记张军辉获评"2021 年度工程建设诚信项目经理"等五项殊荣。

中建二局安装工程有限公司将珍惜现有成果，把握企业精神，持续构建以诚信为第一要义的企业文化，不断提升企业信用管理水平，继续筑牢"诚信"的立业之基。以诚信经营激发企业活力、助推公司高质量发展，为实现"努力成为国内专业建筑领域最信赖的品牌"2035 远景目标不懈奋斗！

案例创造人：孙顺利　范玉峰　王艳玲

重责守信显担当　基建领航展作为

中建华东投资有限公司

一、企业简介

中建华东投资有限公司（以下简称中建华东）于2014年11月在江苏省徐州市注册成立，注册资金8亿元，是中建集团在华东地区设立的基础设施履约管理和基础设施投资、建设、运营、管理平台，目前主要负责代表中建集团在江苏、新疆、河南、黑龙江等地区进行基础设施的投资建设、履约管理及产业落地。公司主营业务包括基础设施融投资、项目总承包管理，通过投资驱动，整合中国建筑旗下勘察、设计、开发、施工、运营等优势资源，重点投资建设城市轨道交通、城际铁路、地下综合管廊、高速公路、市政道路、水环境治理等大型基础设施项目。成立以来，依托中建集团品牌和资质，共承接各类基础设施项目30余个，项目合同额超1000亿元。代表工程有徐州市地铁1号线一期工程、徐州地铁3号线一期工程、徐州三环北路高架快速路工程、徐州观音机场二期扩建工程、徐州东五环项目、南通市绕城高速公路项目、江阴市城乡建设"1310工程"一期工程、乌鲁木齐国际机场改扩建工程等。

二、信用体系建设

一直以来，中建华东认真落实国务院《社会信用体系建设规划纲要（2014—2020年）》要求，始终把依法合规、诚信经营摆到企业改革发展的突出位置，坚持依法依章程治理，健全完善各司其职、各负其责、协调运转、有效制衡的法人治理结构。制定《诚信合规管理手册》作为全面依法依规治企的行动指南和基本准则，建立员工合规记录，记载员工合规培训、评价等情况，约束员工行为。坚持合规要求高于经济利益原则，对违规行为"零容忍"，通过建立公开的纪检举报平台，鼓励员工、商业伙伴及社会人士对公司、员工的违规问题进行举报。公司各业务部门按照"管业务必须管诚信"的原则，负责本领域的日常合规管理工作，按照合规要求完善业务管理制度和流程，主动开展合规风险识别和隐患排查，发布合规预警，组织合规审查，及时向合规管理牵头部门通报风险事项，妥善应对合规风险事件。强化依法合规经营绩效考核，对领导干部和关键岗位人员定期进行合规评价，并将员工合规评价结果作为干部任用、员工评先选优和奖惩的重要依据。通过宣传媒介平台、社会责任报告、对外签署协议等载体宣传和体现本企业的诚信文化、合规理念，结合法治宣传教育，建立完善制度化、常态化的合规诚信培训机制。多措并举营造全员诚信环境。

三、诚信经营理念

中建华东积极培育和践行社会主义核心价值观，大力加强诚信建设，以"拓展幸福空间"为企业使命，以"诚信、创新、超越、共赢"为企业精神，坚持为社会创造价值，用真诚回报社会，以建筑改变世界。尤其是公司将诚信作为立业之基，身处完全竞争行业，不断强化应变能力与攻坚能力，与合规、诚信、守法的商业伙伴建立合作关系，积极向商业伙伴传递公司诚信合规理念和要求，在商业合同中明确合规内容和条款，要求商业伙伴做出合规承诺，履约过程中严格遵守商务约定，对合作方讲求信用。公司对新入职员工开展《中建信条》《十典九章》培训，不断强化诚信理念，引导员工忠实履行职责，做到公道办事、尽职尽责、维护利益、保守秘密，对成员单位讲求坦诚相待，对外界倡导公平公开、实事求是、有诺必践。中建华东还大力倡导爱国主义教育，公司廉政文化室获评中建集团首批"中国建筑爱国主义教育基地"并上榜国资委"百年峥嵘，初心见证"中央企业红色资源网络展览。公司廉洁共建案例纪实收录在中建集团"建证"品牌典型案例集。

四、社会责任履行

中建华东坚定履行社会责任，常态化开展农民工义诊、关爱保护农村留守儿童等志愿者活动，每年参加甘肃三县定点脱贫帮扶，累积帮助销售滞销特色农产品40万元，2016年组织党员先锋队参加江苏盐城风雹灾害抢险救灾，出色完成盐城市阜宁县各项抢险救灾任务，得到了阜宁县政府的高度肯定及光明日报、江苏卫视、中国建筑新闻的持续报道。2018年参与教育扶贫，援建了沛县巩楼村希望幼儿园，解决了200名儿童的上学问题，让温暖惠及人民大众。2020年新冠肺炎疫情突袭后，仅用13天就高标准建成1.4万平方米的徐州市传染病医院应急病房，关键时刻彰显央企使命担当。

2021年，以党史学习教育为契机，广泛开展"我为群众办实事"实践活动，为项目沿线村镇抢修灌溉、引水修路、服务中考高考、助力街道核酸检测等办实事活动16次；驻马店项目支部成立50多人党员先锋队积极参与郑州7·20防汛救灾工作；南通绕城高速项目党支部沿海地区发生极端雷暴天气灾害后，立即组织党员突击队帮助沿线村庄社区，修葺受损房屋、恢复受损道路，受到项目沿线村民赠送的锦旗；206.426国省道项目党支部在铜山区龙卷风发生后第一时间到达现场，砍树清障、转运物资、清运垃圾、安抚群众，帮助25户家庭重建了生活设施。

中建华东抢抓交通强国战略机遇，以南通绕城高速项目为依托，大力推动智慧交通和信息化建设，成功立项国家交通运输部交通强国智慧建造试点。主动服务"援疆"政策，高质量履约乌鲁木齐机场改扩建工程，建设过程中采购优先疆企、用工单位优先使用当地队伍和员工，安排南疆转移劳动力56人，组织少数民族员工升国旗"发声亮剑"42次，安排结对认亲28队。

五、品质工程打造

中建华东秉承先辈们筚路蓝缕、以启山林的创业精神，凭借着精益求精的工匠精神和对品质工程的不断追求，将承建的每一个项目用心雕琢。在徐州地铁一期建设中，中建华东积极贡献中建智慧和中建方案，以PPP模式同时承建徐州地铁1号和3号线整线，独立承担地铁土建、铺轨、系统机电、常规机电、弱电、装饰装修等全专业施工建造内容，1号线攻坚"江苏最难、全国罕见"彭城广场站，如期实现地铁通车，圆了千万彭城人的地铁梦想。通过在建设过程中的技术创新和经验总结，公司主持编撰了多本轨道交通作业指南，一跃成为轨道交通领域的施工标准制定者和行业领跑者；公司高质量建成徐州三环北路，荣获建筑行业工程质量最高荣誉奖——鲁班奖；如期交付徐州观音机场二期航站楼，淮海航空港进入"双核时代"；投资建设徐州外环东南段，古老彭城开唱"五环之歌"；投资建设徐州首条地下管廊，彻底解决马路"拉链"问题；投资建设江阴市"1310工程"，打造滨江花园城市之芯；投资建设通皋大道，拉近如皋与南通之间的距离；投资建设南通绕城高速公路，助力长三角一体化发展，推动南通打造沪苏通核心三角强支点城市；投资建设乌鲁木齐国际机场北区改扩建工程，打造"空中丝绸之路"。一个个在国内具有重大影响力的工程项目在中建华东的倾力打造下，如雨后春笋，繁荣生长，参与国家发展，服务千家万户。

在科技创新方面。中建华东始终践行"提升品质、培养人才、服务生产、助力营销"的思路，将科技研发与施工生产紧密结合，致力于"通过信息技术改造传统施工"，构建"云＋网＋端"协同并进的立体化发展格局，广泛开展智能建造和 BIM 技术研究，荣获全国建筑业绿色施工示范工程、国家安全文明标准化工地、中国施工企业管理协会工程建设科技进步奖、扬子杯、江苏土木建筑科技奖一等奖等一系列荣誉，创建一大批科技示范工程，自主研发信息化施工平台多部，荣获多项科技成果奖、专利、工法、QC 成果，软件著作权，主导一系列科技成果汇编，创效能力持续提升。邀请业内 8 名顶级专家院士莅临指导，承办多场大型科技活动，与中国市政工程协会、江苏省土木建筑学会、中国矿业大学、同济大学、上海同筑等多家企业和协会及科研院所建立了科技合作关系，被江苏省教育厅确定为江苏省研究生工作站和中国矿业大学校外实习基地。经过 8 年耕耘，中建华东已成为中建集团推进产业结构调整、商业模式创新的重要载体，以及开拓华东区域基础设施市场的排头兵和先锋队。

案例创造人：宋旋　杜名赞　宫志群

追求卓越　诚信为本
打造中建水利水电排头兵

中建六局水利水电建设集团有限公司

作为全国优秀水利企业、连续十年荣获"天津市优秀诚信施工企业"称号的中建六局水利水电建设集团有限公司，近年来始终秉持"诚信、创新、超越、共赢"的企业精神，以高质量发展为主题，以诚信为生命，以改革创新为动力，厚植"厚德、笃行、创新、共生"的企业文化，把改革发展事业不断推向前进，全力打造"中建排头、行业一流，最具价值创造力的双百亿企业"。

一、企业简介

中建六局水利水电建设集团有限公司隶属于世界 500 强企业，2019 年 2 月中建六局并购天津振津工程集团有限公司并签约，2019 年 4 月正式更名为"中建六局水利水电建设集团有限公司"。

承建的永定新河治理一期工程、引黄济津应急输水漳卫新河倒虹吸工程均荣获中国水利工程最高奖"大禹"杯。多项工程荣获省市优质工程和"文明工地"荣誉称号。

公司是具有水利水电工程施工总承包壹级、市政公用工程施工总承包壹级、河湖整治工程专业承包壹级、建筑机电安装工程专业承包壹级、压力容器安装许可、压力管道安装许可、长输管道安装许可、特种设备压力管道安装的建筑施工企业。

先后承担了百余项国家、省市重点工程建设，工程建设项目遍及全国十余个省市、自治区、直辖市。2021 年，公司新中标合同额突破百亿元，同比增长 217.34%，实现规模效益同步增长。

二、诚信是信誉之源

诚信是企业文化的前提和基础，是塑造企业品质和品牌的最基本的特征和要求，是企业更高层次管理的体现。"人而无信，不知其可也"，公司坚持倡导中国建筑行为《十典九章》，把笃诚守信作为事业发展的根基和生命线，倾力营造内外部诚信的氛围。在组织行为上，做到"宁愿丧失利益，也不丢失信誉""高能力履约，高品质履约""用数据说话，用事实说话"；在个人行为上，做到"有诺必践，不打折扣""要求别人的，自己先做到""讲真话，敢担当"。坚决反对虚报瞒报、诋毁对手、搞小动作等行为。

公司坚持奉行中建六局"厚德、笃行、创新、共生"的企业文化，发扬"诚信、创新、超越、共赢"的企业精神，深知只有笃行实干，才能真正构建共生、共赢、共享的发展生态，从而保障企业高质量的发展。

诚信建设是企业战略发展的重要组成部分，中建六局水利水电公司不断强化诚信为本的理念，加强诚信建设工作管理，提升企业信用管理水平，以诚信经营，优质履约为己任，积极履行社会责任、彰显央企担当。

三、诚信是立身之本

中建六局水利水电公司在信用机制、文明守法、履行责任、严把质量、维护权益等方面进行了切实有效的工作，并进行了大胆而积极有益的探索。

（一）加强诚信体系建设

公司持续推进诚信建设制度化，充分发挥多项优质资质和多年来在天津市场树立的品牌优势，定期优化《中建六局水利水电建设集团有限公司国内市场信用体系管理办法》，并建立了公司、分公司、项目部三级联动诚信管理体系，结合中建六局总部，构成四级联动诚信管理体系。

信用管理机构设置以公司总经理为组长的"信用管理工作组"，工作组下设信用管理办公室，信用管理办公室兼设在市场营销部。最终形成公司信用管理工作组、公司信用管理办公室、分公司信用管理办公室、项目部信用管理办公室管理机构。

信用管理办公室每年年初编制《企业信用提升工作计划和实施方案》，并于每季度组织公司相关部门对公司各部门、分公司、项目部信用管控情况进行考核，及时化解失信风险，将失信不良影响降至最低，做到"开源节流"，做强、做精、做优与水利相关的专业工程，积极打造文明工地建设，靠品牌信誉站稳市场，打造中建系统水利水电业务排头兵。

（二）推进诚信体系落实

企业诚信，不仅是社会和广大用户对企业的要求，更是企业自身发展壮大的首要条件和立足之本。企业拥有诚信，标志着企业的成熟与发展，也是企业和企业家人格力量的表现。因此，诚信对企业发展有着极其重要的意义，具体从以下几个方面分析。

（1）公司将客户利益放在首位，切实落实合同相关法律法规，维护客户的权益，自觉接受社会监督。对采购、财务、销售等关键环节进行与合同相关法律的专项培训，有效增强了全体员工依法办事、诚实守信、自觉遵守信用的意识，在公司上下形成了恪守合同信用的氛围。

（2）公司组织各部门、分公司人员学习《中国建筑第六工程局有限公司国内市场信用体系管理办法》《中建六局水利水电建设集团有限公司国内市场信用体系管理办法》等相关制度和文件，做到全员普及，将诚信融入实际工作中。

（3）在企业内部按劳动合同约定，认真履行各项承诺，真诚地对待员工，对有专业技能和管理才能的员工能做到人尽其才、物尽其用。同时，管理者对员工的工作给予充分肯定，做到相信和依靠员工。企业对员工诚信，一方面会激发全体员工的工作积极性和主动性，员工会团结一致竭尽全力去完成企业的经营目标，使企业的凝聚力增强；另一方面会吸引更多的员工和人才加入企业，不断给企业注入新鲜血液和活力，使企业不断发展壮大。

（4）主动维护建筑行业市场秩序，在开拓业务、开展企业经营活动中严格遵守各项国家法律法规；按照法律法规及行业内部管理监督的各项要求，规范企业经营行为，提高营销人员诚信准则，贯彻营销诚信原则，维护商务诚信环境。

（5）面对激烈的市场竞争，做到强化自身管控能力，将诚信建设落实于企业实际经营生产中，切实做好工程质量安全管理，打造全周期的生产管理体系，保障工程质量安全、促进履约水平升级、赢得业主方信赖，坚决反对层层转包和违法分包行为，反对偷工减料等任何危及工程质量和忽视安全生产的不良失信行为，公司连续多年保持安全生产"零"事故。

（三）担起诚信建设责任

"系群众，践初心"，为民服务解决难题。仅 2021 年收到感谢信 14 封、锦旗 2 面，被中央媒体宣传报道 8 次、省级及地方媒体宣传报道 22 次。"天津市防汛抢险队第八分队"先后 3 次参加市内防汛抢险任务，保证积水点排水畅通，确保市民出行安全；宝坻振津供水公司多次配合区节水办开展村镇用水、节水宣传，上门解决百姓用水困难，及时维修自来水漏点；成立"六讲六做"志愿服务队"出征"西藏，援助昌都市卡若区第一初级中学修缮校舍并捐赠实验仪器；南水北调中线工程宝坻引江供水工程项目部义务为大白庄村铺设污水管网 300 米，化解村内雨季积水问题；云南省滇西区域医疗中心建设项目（二期）项目部义务为大理市凤仪镇凤鬶村修缮道路 150 米，修筑双侧排水沟，解决村民雨天出行难问题；在津党员干部职工累计 300 余人次组成"建证"志愿服务队、党员突击队服务天津四轮全员核酸检测和指定酒店隔离点改造，天津分公司积极承接指定医院隔离点改造和西青区某隔离小区建筑物供暖系统维修任务，为打赢奥密克戎阻击战贡献了央企力量，彰显出企业有责任、有担当的良好形象。

四、诚信是发展之基

企业诚信经营为企业带来了长远的发展前景，树立企业信誉给企业带来巨大的市场，使企业的核心竞争力得到极大的提升。

（一）建设成果

公司荣获水利部信用市场评价 AAA 等级，全国市场质量信用 A，获评天津市住建系统 A 级信用企业，成为工程局系统内首家获此殊荣的子企业，位列天津市水利施工企业信用评价考核第一名，客户满意度和认可度显著提升。连续十年荣获"天津市优秀诚信施工企业"称号，中心桥引河泵站新建工程等 9 项工程荣获省部级质量奖，宝坻引江供水工程、和光尘苑住宅小区、青排渠北丰产河连通工程等 18 项工程荣获省市级安全生产文明工地称号。

（二）亮点工作

（1）中建六局水利水电公司在全国水利建设市场信用等级保持现有最高等级 AAA 级；在 2021 年度天津市水利企业信用评级中，得分 93.3 分，位列天津市水利施工企业信用评价第一名。

（2）中建六局水利水电公司严格履行工程合同审核会签、备案办法，做到对外签订的工程承包合同、劳务合同、机械材料采购合同逐一进行合同审核，合同评审率达到 100%。公司一方面努力解决任意变更合同，随意增加不合理合同条款，不及时竣工结算等背离合同约定的行为。另一方面坚决反对层层转包、违法分包和企业挂靠行为，反对偷工减料、粗制滥造等任何形式的危及工程质量和忽视安全生产的不良行为，营造诚信经营、忠实履约的企业形象。

（3）安全生产是建筑施工企业永恒的主题，中建六局水利水电公司坚持创建安全文明工地活动，坚决贯彻"安全第一、预防为主"的方针，在员工中牢固树立安全第一的指导思想，不断改善建筑工人工作和生活环境。在各项工程中均针对工程特点制订安全生产实施方案、责任制度、操作规程、隐患检查内容、隐患整改措施及整改责任人和期限，使安全生产工作落到实处。

案例创造人：魏新颜　李志伟　李强

诚信立企　行稳致远
久久为功推进三级诚信体系建设

中建五局第三建设有限公司

一、企业简介

中建五局第三建设有限公司成立于1971年，注册资本25亿元，是中建五局旗下唯一一家拥有"双特双甲"资质的法人单位，拥有建筑工程施工总承包特级（设计甲级）、市政公用工程施工总承包特级资质（设计甲级）。综合实力在中国建筑股份有限公司（2021年度《财富》世界500强第13位）多家三级独立法人企业中名列前茅。

"人无信不立，企无信不兴"。中建五局三公司诚信体系建设根植中建五局底蕴厚重的"信和"文化，围绕"守信激励，失信惩戒"的中心内容，将合法合规经营的理念渗透到企业和员工行为过程中，形成了对社会守信、对客户重信、对员工履信的三级诚信体系，形成了"敬畏规则、尊重贡献、崇尚简单、追求精彩"的"十六字"管理方针。近年来，又孕育了"守正创新的企业战略、正派诚信的文化传承、正道致远的干部队伍"的"三正"发展理念，持续为公司的战略发展注入新的精神内涵。

二、对社会守信：彰显担当，主动作为

对社会守信，重在承担社会责任，彰显央企担当。公司将雄厚的财信能力转换为奉献社会、服务属地的责任和使命。

（1）紧跟国家战略，打造标杆工程。作为负责任的央企，公司重点跟随国家战略，投身新基建、"两新一重"建设，响应政府要求——8个月完成建设任务，被湖南省政府工作报告点赞的"望城速度"，70天实现厂房交付的"湖南速度"，9个月完成10亿产值的"宁乡速度"，8个月完成首台挖掘机下线的"高新速度"……打造了一个个示范工程、标杆工程、样板工程。同时，公司响应国家战略，践行绿色施工，高度谋划"碳达峰""碳中和"的目标路径，从"制造"逐步走向"智造"。2018年9月，公司投资建设了湖南省首个执行"6S"标准管理的现代化工厂，诞生了中建集团唯一的机电装配式品牌——"中建奇配"。该工厂也是湖南省首个装配式机电工厂，并获评湖南省企业管理现代化创新成果一等奖。

（2）建立常态化的社会履责体系。做好诚信经营的同时，积极践行对社会的责任，对抗震救灾、抗洪抢险、扶危济困等突发性事件均建立了快速响应机制。在2020年疫情发生后，积极响应兄弟单位请求，星夜驰援武汉，支援"两山"建设，此外，2000位建设者在西安、天津、深圳等地建起了7个防疫工程；2021年高效完成长沙机场"涉及高风险航班保障工作人员集中居住区"项目，为"全国首个，民航首例"；持续深化"我为群众办实事"实践活动，实施"和谐幸福工程"，连续多年开展泸溪助学活动，并出资1000余万元参与集团甘肃康乐扶贫。近两年，公司也接连斩获了湖南省抗击疫情先进集体、湖南省先进基层党组织等荣誉，获得住建部、湖南省委省政府和社会各界的高度赞誉。

(3)守信经营。发扬契约精神,严格按照与上下游合作方签订的合同办事,杜绝违约事件发生,特别注重农民工工资支付,确保劳务费发放至小班组,降低资金管理风险与劳资纠纷风险。

(4)以创优创奖锤炼产品质量。每年制定三年创优创奖滚动计划,根据各区域加分政策明确创奖目标,加强对创奖项目的督导与培训力度,同时督促各分公司按时召开创优推进会,落实公司各项创奖要求,进一步支撑公司市场信用打分。荣获鲁班奖23项、国家优质工程奖22项(其中国家优质工程金奖1项)、中国土木工程詹天佑奖及优秀住宅小区奖3项、全国市政金杯示范工程2项、全国用户满意工程奖12项、中国钢结构金奖16项(其中杰出工程大奖1项)、全国优秀焊接工程奖17项、中国安装工程优质奖10项,其他国家级、省部级重要工程质量奖项200余项。

三、对客户重信:诺不轻许,许则必达

对客户重信,旨在遵守契约精神,优质高效履约。公司以超强的工程总包建造和服务能力为客户创造价值,探索合作共赢的实现路径,客户满意度逐年提高。

(1)强化回访管理。持续推进《在施项目月度履约回访细则》的落实,加强过程节点管控,匹配相应的主要资源保障计划提高项目履约能力;推动《竣工项目月度维修回访细则》的落实,充分发挥监督、指导和服务职能,快速响应业主的维修诉求,提高维修服务质量。

(2)进一步规范下游分包。积极推行劳务实名制推荐,推行《劳务信息分级管理实施细则》,防范劳务用工风险,避免劳务"提篮子"现象,促使项目劳务内部各级按月或节点办理劳务结算,降低资金诉讼风险。同时按照《劳务不良行为处罚规定》,加强劳务过程行为管控,规范劳务考核、评价工作,培养优质劳务资源支撑的能力。

(3)坚持诚信履约,为客户创造更大价值。公司积极践行绿色发展理念,崇尚科技创新,坚持技术引领。在超高层智慧建造、大跨度场馆精益建造、厂房快速建造、水务环保绿色建造、机电模块化建造等方面积累了明显的技术优势。公司自主研发的超大面积混凝土地面无缝施工技术、城市深废矿坑生态修复与绿色建造技术、城镇河道水环境治理技术、中建奇配装配式智能化标准机房建造技术等达到国际先进水平。

四、对员工履信:福利员工,保障权益

对员工履信,重在尊重劳动关系,保障员工权益。公司每年坚持工资集体协商,保证员工工资处于合理增速空间,严格按照劳动合同约定内容,平等履行双方权利和义务。

(1)重视承诺教育。公司从入口关就注重对员工的诚信教育,所有员工入职前都要签订不私刻公司印章的等公开承诺书。具体到不同岗位工作时,还会根据垂直线条的管理特点,签订其他相关承诺书。公司致力于打造风清气正的诚信制度文化,员工从入职到成长再到提拔,会经历一系列的廉洁和诚信文化的培训和宣贯。

(2)用好诚信考核。督导奖惩落地。建立了诚信考核问责体系,发布了《中建五局三公司奖惩实施细则》,对于造成企业信用失分的各类行为做出了明确处罚规定。例如,规定第三方检测位于后30%并给企业形象带来不良影响的项目经理进行就地免职。此外,还加大了对市场不良行为记录、安全质量事故信息、行政处罚信息以及建筑市场主体"黑名单"信息的处罚力度,同时将失信行为与员工个人考核挂钩,进一步严肃了失信惩戒的纪律。

（3）开展大病互助等员工关怀活动。延伸劳动合同权益内容，为员工健康工作保驾护航。另外，公司还通过"和谐幸福工程"的实施，为在岗员工营造了和谐健康向上的工作氛围，为离退休人员营造了老有所养、老有所乐的生活氛围，为相关方营造了平等和睦、携手共赢的合作氛围。近几年来，尽管企业规模持续扩张，但员工离职率始终处于行业低水平区间。

"对人以诚信，人不欺我；对事以诚信，事无不成。"正是有着正派诚信、优质履约的企业文化，公司已经获得全国五一劳动奖状、全国工人先锋号、中央企业先进集体、全国用户满意企业、全国建筑业AAA信用企业、全国工程建设质量管理优秀企业、全国优秀施工企业等国家级奖项。

同时，以构建三级诚信体系为重要抓手，公司在诚信建设领域获奖丰硕：自1987年获颁长沙市"重合同守信用"先进企业，连续35年蝉联此殊荣；自1996年获颁省级"重合同守信用"先进企业，连续26年蝉联此殊荣；自2001年荣获首批国家级"重合同守信用"企业，公司连续20年获此殊荣。这无不彰显着三公司"诚信立企"的文化底色。

谆谆用力，久久为功。加强诚信体系建设，既是直面市场竞争的必然选择，更是保持基业长青的重要原因。展望未来，三公司将持续加强企业诚信文化传承和建设，以成为"社会尊重、员工自豪"的最具持续成长性的综合建设服务商、实现"千亿强企、两全三高"愿景目标为引导，坚持"高质发展"中心任务和"1357"工作思路，推动企业持续发展。

案例创造人：陈勇　覃波

七十载诚信履约拓全球市场
百余项精品工程树行业丰碑

中交四航局第二工程有限公司

一、企业简介

中交四航局第二工程有限公司创始于 1951 年，主要从事航务、市政、路桥、轨道交通、水利水电等工程承包业务，2021 年新签合同额、营业额双超百亿，运营质量位列中交集团三级子公司前列。作为国家基础设施建设的主力军和先行者，70 余年来，公司始终坚持"诚信经营、恪守承诺、注重质量、顾客至上"的经营理念，牢记国企为国，深度融入粤港澳大湾区、雄安新区等区域重大战略，积极参与港珠澳大桥、深中通道等国家重大战略工程建设，参建巴基斯坦瓜达尔港、斯里兰卡科伦坡港口城等"一带一路"沿线标志性项目，荣获鲁班奖、詹天佑奖、国家优质工程奖等 30 项国家级优质工程奖项，荣获全国五一劳动奖状、全国文明单位、中央企业先进基层党组织等称号，获得中国施工企业管理协会 AAA 级信用企业称号和工程建设企业信用 14 星级认定，连续 3 年获评"广东省诚信示范企业"。

二、加强诚信建设，筑牢发展根基

诚信作为社会主义核心价值观的重要内容，是经济社会持续健康发展的推动力，更是在市场竞争环境下推动企业高质量发展的立企之本。一直以来，公司始终坚持把诚信作为企业的无形资产、核心资源，高度重视诚信体系建设，确立诚信制度保障。公司坚持以制度管人、按流程办事，着力建立健全诚信管理制度体系，制定了《合同管理办法》《法律管理办法》《项目投资管理办法》《工程施工质量管理规定》《司属项目部管理目标责任制》等制度文件，将诚信纳入司属项目考核制度和员工道德规范与行为准则，明确要求司属项目和公司全体员工坚持诚信经营、诚信履约，为公司全面推进诚信建设提供制度保障；公司积极履行企业纳税义务，连续多年被税务机关评为"纳税信用等级 A 级纳税人"。

公司是行业内较早执行国际管理规范菲迪克条款、建立标准化管理体系的企业之一。早在 20 世纪 80 年代，公司承建中国首座大型商用核电站大亚湾核电站二期海上工程，面对"菲迪克"条款的严苛要求，在缺少国际认可的相关资质的情况下，为了适应国际管理规范和技术标准，确保顺利履约，公司迅速建立并严格执行了接轨国际质量标准的企业标准化管理体系，历时 2 年最终高质量提前完成建设任务，此后公司不断完善管理体系建设，顺利通过质量体系认证，成为广东省内航务施工企业首家取得国际质量体系认证证书的单位，为拓展国内外市场、确保诚信履约提供了坚实的体系保障，增强了市场信誉度和竞争力。公司始终把资质增项升级作为企业诚信经营的关键环节，获得港口与航道工程施工总承包一级、建筑工程施工总承包二级、市政公用工程施工总承包三级资质，有效扩大了公司经营范围，提升企业诚信履约能力。

三、根植诚信基因，奠定业务发展基础

作为改革开放的先行者和排头兵，公司始终坚持诚信理念，在改革开放的大潮中奋楫前行，为客户提供优质高效的服务，打造了一批精品工程，书写了一个又一个诚信履约、恪守承诺的精彩篇章。

1979 年，四航局第二工程处（公司前身）紧跟国家改革开放方略以及广东在改革开放中先行一步的伟大实践，点燃"改革开放第一爆"，成为最早参与深圳特区建设的企业。公司以敢为天下先的气魄，率先开赴蛇口工区，承建蛇口港五湾首期顺岸码头，作为公司首个明确节点工期的项目。为保证建设工期，团队解放思想，创造性提出了"定额超产奖励制度"，极大调动了生产积极性，工程比原计划提前 33 天竣工。该制度的实施得到了党和国家领导人的高度重视，被誉为冲破思想禁锢的第一声春雷，入选"改革开放 30 年广东最具影响力事件"，深刻诠释了"时间就是金钱、效率就是生命"的时代精神。蛇口港五湾首期顺岸码头的建设为公司积淀了守合同、讲信用、重服务的诚信文化理念。

40 年间，公司先后承建了蛇口港、妈湾港、盐田港等一批标志性工程。在当时东南亚最大的集装箱码头盐田港二期工程建设过程中，业主提出港口建设"五十年不大修"的施工要求。面对业主的高标准要求，团队坚持履行合同毫不动摇，积极践行"用精品回报业主，靠诚信链接市场；用管理提高效益，靠团队实现目标"的"盐田精神"，依靠新技术、新工艺、新材料，在保证码头质量的基础上提前半年完成建设任务，受到了业主的高度赞扬，成为首个并被业主授予"重质量、保进度"牌匾的大陆企业。凭借着在盐田二期建设中诚信履约的表现，公司在深圳市场逐渐站稳了脚跟，与业主建立起良好的合作伙伴关系，陆续承建了盐田三期、盐田三期扩建、盐田西港区等系列工程，实现了"干一项工程、树一座丰碑、拓一方市场"的经营目标，更创下了两年时间完成 4 年工期的盐田港二期工程、三年半再造一个盐田港区——盐田港三期扩建等一系列筑港记录，把盐田港区打造成为中国集装箱港口建设的标杆，以优质高效的履约巩固了公司在华南水工市场的龙头地位，斩获了 3 项鲁班奖、2 项詹天佑奖、1 项国家优质工程奖。

四、践行诚信理念，树立行业履约典范

70 余年来，公司用一项项精品工程深入践行诚信文化，让"守合同、讲信用、重服务"成为根植在四航二建设者精神血脉中的诚信基因。进入新时代，公司深入贯彻落实习近平总书记关于加强诚信建设的重要指示精神，进一步弘扬公司诚信理念，深度参与世纪工程港珠澳大桥建设，仅用一年时间在荒芜的孤岛上建成了 56 万平方米工艺最先进的超级沉管预制工厂，精心调试了 1000 多个混凝土配比方案，最终筛选出最佳"处方"，为大桥 120 年使用寿命奠定了坚实的基础，创造了浇筑百万方混凝土滴水不漏、深海沉管无一裂缝的工程奇迹，展现了大国央企的责任与担当。如今，公司遵照习近平总书记"重整行装再出发"的嘱托，再次开启深中通道世界首例双向 8 车道特长海底沉管隧道的建设征程。同样重达 8 万吨的巨型沉管，按照工期要求，深中通道的单节沉管预制周期要从港珠澳大桥时期的 75 天提速到 30 天，如果沿用港珠澳大桥的沉管预制工艺和顶推系统，显然无法满足工期要求。为了保障建设进度，项目团队坚持技术引领，聚焦"卡脖子"难题，自主研发世界最大智能台车编组，实现了"1 天完成 1 节沉管移动，1 个月预制 1 节沉管"的工期目标，从技术层面有效保证了项目顺利履约。

2020 年新冠肺炎疫情突袭，给本来顺利的项目履约带来了巨大的挑战，原本按计划推进的二次舾装区改造工程受人员无法返岗的影响搁置了半个多月，其中坞门预制作为"卡脖子"的关键分项如果

不能按期完工，深中通道的通车时间将严重滞后。诚信是企业立身之本，打通沉管出海的咽喉通道一天都不能耽误，为了按照合同约定交付工程，项目留岛人员放弃春节休假、集体请战，设备 24 小时连轴转，项目员工两班倒，在经历了 65 天的连续奋战后，重达 2.07 万吨的巨型坞门如期顺利建成，比港珠澳大桥 88 天完成 1.2 万吨的坞门建设还提前了 23 天，创造了令业界惊叹的"深中速度"。2021 年，项目克服原材料价格上涨等不利影响，超额完成 1 个管节预制任务，为深中通道的顺利推进奠定了坚实基础，受到业主的高度赞扬。在新时代、新形势下，公司以重大工程为依托，给诚信理念赋予了新时代、新内涵，树立了行业诚信履约的标杆典范。

五、弘扬诚信文化，彰显央企海外形象

自 1979 年积极响应国家"走出去"战略，参建马耳他马尔萨什洛克港防波堤建设、深度参与"一带一路"建设，以实际行动弘扬企业诚信文化，在为海外国家与地区提供交通基础设施服务的同时充分展现了公司负责任、讲诚信、顾大局的央企风范。

2002 年，公司以良好的信誉和雄厚的实力承接了由中国政府援建的巴基斯坦瓜达尔深水港一期工程。在工程施工进入高潮之际，巴基斯坦爆发了震惊全球的"5·3"极端事件，工程被迫停滞，紧要时刻，项目团队以高度的政治感和责任感主动请战，在极端事件发生仅三天后便实现了工程的全面复工，全体员工齐心协力日夜奋战，提前 7 个月完成码头主体施工任务，用实际行动践行了诚信履约的诺言，完成了国家赋予的重大使命，赢得当地政府和百姓的信任，树立了"中巴友谊新丰碑"，荣获首批境外工程"鲁班奖"。

公司深耕沙特市场 20 余年，凭借着诚信履约，实现持续滚动经营，先后中标沙特吉赞 JIGCC 取排水工程等重大项目，累计合同额超 10 亿美元。在沙特吉赞 JIGCC 取排水工程建设过程中，业主阿美石油公司制度健全、标准严格，拥有着详细的技术标准、管理标准和管理流程，工程施工需严格遵循合同规定的技术规范和质量标准。面对巨大的合规挑战和履约压力，吉赞项目部化被动遵守为主动执行，积极对接阿美管理体系，依托四标三体系，结合项目管理特点，编制项目独立的 HSE 及质量体系文件、中英文安全制度和流程 60 多项，质量管理制度 13 项，为项目的快速推进创造了良好的条件。

2020 年以来，面对新冠肺炎疫情突袭和国际局势动荡等不利因素，公司始终坚持"诚信履约，用心浇注您的满意"的服务理念，千方百计克服不利影响，严格按照合同要求，保障全球 9 个国家近 20 个在建项目顺利实现复工复产，收到业主多封表扬信，彰显中国企业在国际市场守合同、重信用的良好形象。

六、履行社会责任，彰显央企担当

公司坚持把社会责任融入企业发展大局，贯彻落实集团和四航局工作部署，在环境保护、生态建设、脱贫攻坚等方面主动担当作为，切实履行央企职责。

（1）践行可持续发展理念，争当生态保护先锋。公司深入贯彻落实海洋强国战略，高度重视海洋资源和海洋生态环境保护工作，努力实现工程建设与海洋生态环境和谐发展。在建设港珠澳大桥过程中，项目施工区域穿越了珠江口中华白海豚国家级自然保护区，为了保护素有"海上大熊猫"美誉的中华白海豚，公司多措共举为中华白海豚筑起保护屏障。利用校企合作资源，选派 40 名参建员工参加中山大学开办的白海豚保护培训班，编制《白海豚保护管理手册》，印发白海豚保护宣传画，明确每

艘施工船舶船长为白海豚保护的直接责任人，并设1-2名专兼职海豚观察员，负责在施工或船舶行驶过程中观测白海豚活动情况；为了避免水下振夯施工对白海豚造成影响，项目创新采取夯锤设置气泡帘的措施，有效降低了噪音对白海豚的影响。在多方共同努力下，港珠澳大桥建设期间珠江口的白海豚数量不减反增，实现了海洋环境"零污染"和中华白海豚"零伤亡"两大目标。在加纳特码港新集装箱码头项目建设过程中，项目部在施工现场建立了"海龟孕育中心"，专门成立海龟护卫队，昼夜巡查，并聘请专家悉心照料海龟的孕育，从周边海滩收集了9630余枚海龟蛋，注册在案的新生小海龟数量7300余只，公司保护小海龟的事迹得到了新华社非洲总分社、国务院国资委微信公众平台等重要媒体的关注报道。

（2）巩固脱贫攻坚成果，全面推进乡村振兴。公司坚决贯彻党中央、习近平总书记决策部署，充分发挥企业优势，建立健全扶贫长效机制，助力打赢脱贫攻坚战。当好扶贫模范传承者，选拔推荐优秀的技术人才到云南怒江州兰坪县支持当地建设。依托重大项目建设平台，做好扶贫造血工作。统筹开展好富余劳动力输出工作，接收近百人进城进行技术素质全面培养。坚持医疗扶贫，落实好每年的扶贫资金拨付，解决医疗教育难题，2019—2021年累计拨付扶贫专项资金155万元；组织基层单位及合作队伍购买扶贫农产品，助力乡村经济振兴；打造企业扶贫特色品牌，开展党组织结对共建，建设阵地工作队，开展"五个一"共建活动，即捐赠一批图书、转移一批劳动力、资助一名困难学生、同过一次组织生活、开展一次调研互访，为巩固拓展脱贫攻坚成果、全面推进乡村振兴贡献"四航二"力量。

踔厉奋发、笃行不怠。公司将持续深入学习贯彻习近平新时代中国特色社会主义思想，牢固树立诚信理念，不断完善诚信体系建设，用优质服务践行诚信理念，用精品工程铸就诚信品牌，用一流业绩打造诚信标杆，进一步提升企业核心竞争力，不断做强、做优、做大，为推动企业高质量发展、打造交通强国做出新贡献。

案例创造人：关秋枫　贺朝晖　张涛

诚信创造价值　奉献传承文化

国家能源集团永州发电有限公司

一、企业简介

国家能源集团永州发电有限公司（以下简称永州公司）于2013年3月28日注册成立，是国家"十二五"规划重点项目，是国家能源集团在湖南省实施"一南一北、统筹发展"布局的先行项目，是湖南省重点能源项目，是湖南省第一台百万千瓦发电机组，是国内"最南端"首台百万机组"烟塔合一"项目。项目总投资74.8亿元，建设2×1000MW燃煤发电机组，同步安装脱硫、脱硝装置，采用双电压等级接入系统，1号机组经3回220千伏线路在湘南电网消纳，2号机组经1回500千伏接入湖南省主干网。

2021年10月27日，永州公司1号机组顺利通过168小时满负荷试运行正式移交生产，11月30日，永州公司作为湖南省首座两台超超临界100万千瓦机组电站全面建设投产。作为国家"十二五"规划重点项目、湖南省首个百万千瓦火力发电机组项目由蓝图变为现实，极大地缓解了湖南地区用电困难。

二、诚信经营理念

秉持"项目建设合法依规，发电运营诚信规范"的经营理念。着力推进法治建设和法制教育，增强员工法治意识，打造"法治国能永州"，每年开展至少4次法制宣传工作，执行"八五普法"工作方案，针对公司需要或最新法条的更新开展法制宣传活动，培养员工法律意识，取得良好成效。

永州公司注重倡导诚信文化理念，弘扬诚信传统美德，普及社会信用知识，宣传以诚实守信为行为准则的诚信理念和道德情操。在工程建设时期，严格执行公司制度，建立公司财务预决算制度以及会计、税务等内部财务管理办法，加强财务管理，严格按照国家统一的会计制度进行会计核算，不搞账外账，依法足额纳税。

坚决监督合同履约践诺，完善内部约束和考核机制，涵盖生产经营、社会责任等各个环节，加强行业自律，树立诚信意识，严格落实职代会各项任务部署，履行生态文明、环境治理、安全生产等社会承诺，着力提高公司能源保供、顶峰发电、防寒防冻和社会服务水平，务实高效推进诚信发电可持续发展，荣获"东安县明星企业"荣誉称号，树立了良好社会形象，提高了社会公信力。

三、决策部署

自2019年8月15日全面复工以来，从工程建设的重点、难点问题出发，按照"抓主线、控长线、盯关键路径"诚信管理思路，筑牢安全防线，强化质量管控，实行"诚信为首、安全为基、质量为本、进度为纲、效能为要"的永州工程基建方针，在全公司形成崇信向善的浓厚氛围，让信用道德理念渗透到各业务领域的各个角落。充分发挥党员领导干部组织、引导、推动和示范作用，鼓励和调动全公司广大职工群众，广泛参与、共同推进，形成信用体系建设合力，进而凝聚企业职工创新活力，加快推进工程建设，实现信用共建、和谐共享，被中共湖南省国资委委员会授予"先进基层党组织"荣誉称号。

永州公司通过信用管理方针的实施，在经营活动中，始终坚持"管好自身、防范他人、发展自己"为信用管理的目标，坚持"诚信为本"的原则，实现高起点开工、高标准建设、高品质管控，以建设"潇湘现代工业艺术品"生态文明示范电站为价值追求，组织开展"一个团队一句誓言、一个小精品一个先锋示范岗、一个节点一座堡垒、一个里程碑一面党旗"四一行动，通过实施"设计""设备""施工组织"三大攻坚战，有序推进工程建设，实现了两台机组锅炉点火、汽轮机冲转、发电机并网等多个一次成功。并在国庆、冬季顶峰发电之时，贡献了坚实的力量，践行了诚实守信的承诺，维护了企业良好的社会形象。

四、体系建设

永州公司全面贯彻落实国务院诚信建设方针政策，根据《社会信用体系建设规划纲要（2014—2020年）》顶层设计，建立健全本公司社会信用体系框架，成立诚信建设领导小组，下设办公室，依托诚信建设规则制度，加强信用基础建设，完成精神文明、绿色发电、顶峰发电、能源保供、捐资助学等业务活动，鼓励员工牢牢树立诚信文化理念，弘扬传统美德，担起值得信赖的央企责任担当，提高永州公司的公信力、诚信意识和信用水平，履约践诺、安全生产。

五、制度保障

以内控管理为抓手，通过强化事前管理—事中合同执行、关键业务流程控制及授权管理—事后检查管理—审计发现问题及时整改，加强对经营活动的全过程控制。建立健全制度管理体系，落实诚信建设方针政策，实现各层级管理人员行为有章可循、有法可依、合规经营。通过开展制度修编工作，新增、修编有效规章制度258个。实现制度管理规范化、体系化目标，保证制度对业务运行的有效支撑。更新授权手册，完成领导授权工作，增强领导干部廉洁自律意识，完成组织目标、维系组织稳定。

六、社会责任

1. 地企联动，解决就业

持续加强地企联动建设，从项目开工到建成，向参与建设的用人单位提出为临近居住的村民和省内其他有意愿人员提供就业机会，让地方群众切实感受到家门口工作的便利，解决省内就业5000余人，承担央企社会责任。项目投产后，先后签订1号、2号机组主机及外围设备，日常维护、燃料系统运行检修维护、铁路运维、粉煤灰销售等项目合同，解决600余人就业，为机组投产运营提供保障的同时，践行了诚实守信、造福于民的发展理念。

2. 合同管理，合法履约

与承包商签订的合同公平、公正，权利与义务对等，采购合同与施工服务合同中明确双方履行的义务与责任。坚持做到诚信履约，向承包商无偿提供安全、技术教育培训，增强承包商员工技能，高效开展承包商班组建设活动，鼓励承包商评先创优，弘扬诚信文化理念。

3. 公益事业，爱心捐赠

积极开展公益活动，多次前往当地养老院和孤儿院开展志愿服务，为老人和孩子带去温暖。运行部全体党员及青年员工开展学习雷锋精神主题党日活动；维护党支部开展《弘扬孝老爱亲 传承中华美德》道德讲堂等活动，搭建公益平台，给员工提供一条奉献爱心、回报社会的绿色通道。通过"慧采商城"开展消费扶贫，累计消费 14.19 万元，助力乡村振兴。启动"呵护成长、放飞希望"为主题的中小学生助学行动，圆贫困家庭孩子们的上学梦想，持续向永州市滨江小学、耀祥中学开展捐资助学活动，捐赠共计 50.4 万元。充分展现了永州公司员工热衷公益事业的美好精神追求和良好精神风貌，构建和谐诚信文化建设的同时，彰显央企社会责任和行动担当。

七、实践成效

1. 信誉为先，顶峰发电

践行"为社会赋能、为经济助力"的宗旨，积极响应湖南省委、省政府各项能源保供要求，秉持"高效守信"的原则，面对全国冬季用电负荷持续快速增长，电煤供应紧张的局面，永州公司作为湘南地区的首要电源支持点，为完成提前并网这一几乎不可能完成的顶峰发电任务，公司党委勇毅担当，公司全体人员众志成城、协力奋斗，化压力为动力，全面分析保供、保电风险预控措施，变不可能为可能；针对电煤价格持续走高，燃煤库存吃紧的情况，公司提前制定电量、燃煤保供计划，成立保供领导小组及八个专项小组，全员值守，保障能源保供期间两台机组能够稳发、满发，按照湖南电网要求完成多次顶峰任务，受到省委省政府、市委市政府发函表扬，有效缓解了湖南省峰值电力负荷压力，为电网提供了有力的电源支撑，切实发挥能源压舱石和稳定器的作用，为湖南省经济发展提供绿色能源保障，在能源保供中建功立业，关键时期彰显了能源央企讲信誉、顾大局的诚信与担当，体现了央企新时代奉献精神。

2. 诚信宣贯，提升形象

开展"永电那些人""永电那些事""永电那首歌""咫尺家书寄深情心语""人、事、歌、语"四部曲、"诚信文化故事"系列征集活动，激发"诚信文化"活力，增强诚信文化理念的号召力和影响力，为落实国务院诚信建设方针政策凝聚强大精神力量。

开展诚信文化宣讲活动，强化诚信教育、塑造企业品牌、提升企业形象。项目投产运营的相关报道相继在新华社、国务院官网、《光明日报》《中国电力报》、财经头条、国际电力网、光明网、今日头条、学习强国、人民论坛等多家媒体平台刊发，并获得了较高的关注度和点击量，荣获 2021 年中国文化管理协会企业文化管理年会"新时代党建＋企业文化"先进单位。

3. 以诚取信，签约光伏

谋定"以诚为本，全员发展"工作思路，成立新能源发展组织机构，在湖南省新能源项目全年未开窗的情况下，成功签下东安县、祁阳市、冷水滩区等三个整县光伏开发试点协议，协议总装机规模达到 4950MW，顺利完成厂内 4.86MW 分布式光伏项目投产并网及祁阳整县一期 6.6MW 分布式光伏项目正式开工，实现光伏产业"零"的突破。新能源的开发和利用有效缓解环保压力，从根本上解决能源使用造成的环境污染问题。

4. 诚信纳税，守法办企

秉承"诚信纳税、守法办企"的理念，强化企业社会责任意识，从成立至今依法足额纳税，据统计，税费合计金额3287余万元，从未发生骗取留抵退税、出口退税或虚开增值税专用发票情形，且无税务机关处罚案例。涉及的税费包括增值税、企业所得税、印花税、环境保护税、残疾人就业保障金、工会经费、排污权使用费及水利建设基金，这些均在规定的申报期内按期申报缴纳。是当地最大的纳税企业，在东安县树立了良好的企业信誉和社会影响，有力地支持了地方经济的发展。

5. 生态文明，超低排放

以"节能环保用加法、系统设计用减法"的设计理念，致力于建设超低排放、更清洁、更环保的生态电厂。采用燃煤电站全面环保技术方案、"超低排放"烟气处理方案、脱硫废水深度处理技术、烟塔合一方案，实现尘、硫、氮的近零排放，双机满负荷运行时废气排放达到：烟尘 1.5mg/m³，二氧化硫 12.1mg/m³，氮氧化物 29.8mg/m³，废气排放远远低于国家燃气轮机超低排放标准：烟尘 5mg/m³，二氧化硫 35mg/m³，氮氧化物 50mg/m³。实现脱硫废水、工业废水、生活废水、输煤废水、循环水排污废水各废水系统零排放，国家能源集团永州电厂一期（2×1000MW）工程，被湖南省列为"超低排放、生态文明"的环保示范项目。

严格执行生态环境管理要求，打好国家大气污染防治攻坚战。机组废气排放安装在线连续监测系统（CEMS）进行监测，聘用有资质的第三方人员进行在线监测系统（CEMS）的运维，各项环保数据实时通过网络传输至生态环保部门、湖南省电力环保智慧管理平台、国家能源集团生态环境监察系统，全方位进行排放实时监管。

严格执行生态环境节能环保，循环利用。公司各副产品粉煤灰、炉渣、石膏全部由有资质的第三方进行采购综合利用，达到固体废物利用率100%。

依法合规，诚信公开。按照排污许可证要求开展各项工作，及时填报相关报表，并按照要求开展环境自行监测，将自行监测数据填报排污许可证管理平台。

6. 燃料管理，诚信第一

在国家大政策前提下，燃料管理坚持诚信第一，与三家供应商单位按照与省电力公司沟通过的发电量计划签订了年度285万吨燃煤合同，按月均衡兑现计划量与燃料款，合同金额按时支付，目前已完成燃料款支付12.75亿元，从未发生纠纷事件。支持铁路部门发展战略，与其签订了量价互保协议，每月度诚信预付铁路运费，运输费用支付率达到100%，确保发电机组燃料的正常运输。与其他物流供应商无缝对接，紧密合作，全力保障运输安全，为湖南电力事业发展奉献力量。

"诚信创造价值，奉献传承文化"，面向未来，永州公司将深入学习贯彻落实习近平新时代中国特色社会主义思想，坚持诚实守信的办企宗旨，继续发扬"实干、奉献、创新、争先"的企业精神，以强烈的责任担当和奋发有为的姿态创建具有全球竞争力的世界一流示范企业，砥砺走好新时代的赶考之路。

案例创造人：胡新强　钱文新　李志勇

积极应对人口老龄化
诚信营建康养社区中铁样板

中铁文化旅游投资集团（成都）健康产业有限公司

一、公司简介

1. 企业概况

中铁文化旅游投资集团（成都）健康产业有限公司是中国中铁股份有限公司的三级全资子公司，于2010年3月22日注册成立，注册资本2亿元人民币，主要负责成都地区土地一级整理、城市基础设施和公共配套投资以及文化、旅游、康养等产业投资。2009年12月30日，《郫县北部新城一级土地整理合作协议》签订，负责完成约7750亩土地整理。截至目前，相继完成了安置房、市政道路建设，实现了377.82亩土地整理并上市交易，吸引了万达、华宇等知名开发商入驻，推动了当地经济社会发展。2020年4月17日，《中铁春台文化旅游度假中心项目投资合作协议》签订，由公司负责开发建设。项目总占地面积约1100亩，总投资达12亿元人民币。旨在打造集旅游度假、田园观光、民宿休闲、亲子研学、大健康于一体的综合性全龄化旅游度假目的地，以乡村振兴实践助力地区经济发展。

2. 诚信经营理念

"至诚至信 合作共赢"是公司一直秉承的经营理念。诚信是立业之本，公司重诺贵和、立诚守信，以此赢得政府信任、伙伴信赖，积极构筑团队互信的命运共同体。坚持诚信引领、规范行业发展，追求与合作伙伴同成长，与同行在竞争中互相砥砺，共同促进产业的进步，实现多方共赢。

3. 案例背景

2018年年初，处于转型升级发展的重要关头，公司主动进军康养产业领域，走上"二次创业再出发"的专业化发展道路。康养产业市场规模大、价值增长空间大、市场主体参与广，预计至2030年产业规模将达到16万亿元，将成为推动国家经济社会持续发展的重要力量和支柱性产业。宏观利好背景下，公司于2018年年底，取得了成都市郫都区释迦桥村145.45亩集体建设用地，开启了中铁春台康养项目的探索之路。

二、主要做法

（一）打造康养示范，建设优质项目

（1）抓实品质管控。加强现场施工监督管理，严格推行样板先行制度，着力提升装饰装修品质，将中铁春台康养项目打造成康养精品工程，助力康养品牌塑造，提供未来养老样本。（2）重视节能环保。率先在中铁春台望医养结合照护机构项目中引入被动房设计理念，是国内首个在养老服务行业中应用被动房技术的企业，让房屋具有"恒温、恒湿、恒静、恒洁、恒氧"优势。有助于打造健康、舒适的室内居住环境，利于稳定长者身心健康。与现行国家节能设计标准相比，供暖能耗降低85%以上，建筑节能率达90%以上，生动践行"碳中和"国家战略。（3）狠抓安全生产。从严抓好各项管理制度落实，确保在建项目安全质量环保总体可控。2021年组织开展安全生产大检查47次，按照闭环管理要求，针对发现问题均建立了整改清单，并将安全文明施工、安全网悬挂、扬尘防治等问题纳入常态化管理。（4）强化医疗资源对接。与四川省人民医院、华西医院、成都市郫都区人民医院等优质医疗资源建立紧密联系，为推进建立绿色通道、专家资源导入等深度合作打下良好基础。

（二）树立行业品牌，供给优质服务

（1）坚持对标一流企业。先后组织到太保家园、泰康蜀园等行业代表项目交流学习，不断拓宽团队眼界，加深对康养行业的认识，合理借鉴优秀经验，提升服务品质。经过论证，将中铁春台悦项目打造为"田园式"可持续照料活力康养社区，将中铁春台望项目打造为医养结合的照护机构。（2）持续更新服务体系。打造康养服务体系，编制形成运营SOP文件，形成了包含"客户服务、生活管理、社群活动、健康管理、餐饮、工程、保洁、安全"等板块标准化作业流程，为管理输出奠定了基础。（3）快速提升专业能力。强化员工队伍培训工作，围绕专业技能、应急救护、危机处理、一线服务等方面开展培训，开展技能大赛、岗位练兵等活动。2021年累计开展培训达53次，开展2场救护员专项培训，52人取得急救证，妥善应对2次客户身体不适应急事件，获得高度好评。

（三）营造诚信氛围，构建和谐关系

（1）重视诚信意识培养。公司重视员工诚信意识培养，大力宣传和弘扬先进人物事迹，累计宣传先进人物事迹20余个，引导员工树立社会主义核心价值观。通过传统媒体与新媒体结合的方式，设计制作宣传海报和文化墙，大力宣传诚信文化，以竞赛答题、实地参观等体验式活动，营造重视诚信的文化氛围。（2）努力构建和谐企业。公司成立至今，未发生安全生产事故，未发生环境污染，未受到行政处罚；严格遵守法律法规和各项制度，照章纳税，无贷款逾期、拖欠货款、工资等失信行为；严格督促建设总承包单位农民工工资发放，确保农民工工资的按时发放。（3）大力倡导合规文化。紧跟时事热点，设置学习民法典、3·15、国家安全法、职业病防治法、契税法等普法宣传专栏，弘扬法治精神，加强员工法治观念，引导管理人员依法治企、依法行事，强化法治思维，提升法治观念，使法治成为全员自觉的行为习惯。

（四）履行社会责任，彰显央企担当

（1）坚持依法纳税、合规经营。成立以来，坚持依法纳税、合规经营，被评为诚信纳税A级企业。（2）坚持消费扶贫。每年购买山西、湖南等地消费扶贫产品发放，参与脱贫攻坚，履行社会责任。（3）参与乡村振兴。公司青年志愿服务项目荣获"青春志愿 靓在乡村"特等奖，并被中国共青团杂志报道点赞。（4）做好稳定就业。公司近三年招录员工数量稳定增长，招录人员同时向高校毕业生等重点人群倾斜。（5）深化"我为群众办实事"实践活动。每年开展节日慰问，办好群众"急难愁盼"实事，开展集体合同协商和女职工权益保护，构建和谐企业，促使员工获得感、幸福感不断增强。

（五）融入中心工作，实施党建赋能

公司坚持以习近平新时代中国特色社会主义思想为指导，深入学习贯彻党的十九大和十九届历次全会精神，以高质量党建引领保障企业高质量发展，以党史学习教育、"我为群众办实事"实践活动为切入点，全力打造"正人心、聚人心、暖人心、强人心、留人心"五心党建，"康养先锋"两级党建品

牌活动，筹建春台康养社区党支部，统一开展相关活动。实现了党群工作与中心工作的双融合、双促进；持续深化"党建共建 区域联建"活动，以专家讲座、志愿服务、农耕体验等活动为契机，加强与系统企业、属地政府、科研高校、老年大学等党组织的对接联系，找准切入点。

三、案例成效

（一）诚信价值得到认可

中铁春台康养项目获得政府大力支持，被列为成都市郫都区"幸福美好生活十大示范工程"之一，项目影响力和知名度得到提升；以"满足人民对美好生活的向往"为主题，被四川省发展改革委、省国资委等25部门评选为2021年四川省"诚信企业"，并得到学习强国四川学习平台首页推荐；成功申报2021年新产业新业态"农商文旅体"融合发展示范项目，获得80万农业财政补助；开展试住活动以来，满意度达98%以上；田园康养品牌形象深得人心，不少客户慕名前来，意向客户基数增加约2000组，田园康养品牌、模式逐步得到市场认可。

（二）社会责任有力彰显

中铁春台悦社区生活体验区开放，打造了康养社区养老的春台样板；部分业态进入实际运营，超过50%的一线运营人员来自当地，全部投入运营后预计可提供近400个长期就业岗位。

不断总结田园景观示范区的蔬果种植经验，提升有机蔬果产量，累计产出约6300斤，蔬果好评不断，产量供不应求；招募20余名村民服务于园区蔬果种植、养护，农用地全流转后将为当地村民提供260余个"家门口"务工机会，为乡村振兴贡献了中铁力量。

（三）科技创新产出成果

（1）专家工作室结出硕果。邀请行业专家、科研学者等大健康专家，推动建立大健康产业专家工作室，2篇核心期刊处于实验数据收集阶段。（2）智慧养老提升运营品质。选定行业知名养老技术公司作为研发合作方，建立智慧系统各模块，实现以科技创新带动康养运营品质提升目标。（3）科技创新获得突破。完成商标注册，共计15个类别，为自主品牌输出提供了保障；推进适合养老化设计成果保护，2项专利已获授权。

（四）运营服务更加突出

（1）服务体系愈发完善。所属中铁春台悦康养社区已构建"悦享田园、悦享智慧、悦享健康、悦享宜居、悦享邻社、悦享尊崇"六大服务体系，共16大类、183项服务内容。所属中铁春台望医养结合康复照护机构已构建"医、养、复、乐、宁"五大服务体系，共129项服务内容。（2）服务团队淬炼成型。公司先后开展应急救护、服务礼仪、健康护理、社区管理等技能培训53次，培养了1名急救内训师，52人取得救护员证；选派员工参加中级护理员培训和养老机构管理人员培训，实现100%结业，运营服务团队初步淬炼成型。

案例创造人：胡子海　刘涛　张静　窦志文

诚信立企　铁肩担当

中铁武汉电气化局集团有限公司

一、公司简介

中铁武汉电气化局集团有限公司，是世界双500强中国中铁股份有限公司旗下的全资子公司，注册资本9亿元，在岗员工8000余人，设立了辐射全国的10个分子公司、1个设计院、8个区域指挥部，是集科研开发、设计咨询、投融资、工程施工、运营维护、产品制造和商务开发于一体的全产业链综合性国家高新技术企业。

集团公司主要从事高速铁路电气化、电力、通信、信号和城市轨道交通、公路交通、机电设备安装、输变电及工业与民用建筑、楼宇智能化、综合管廊、海绵城市、智慧城市等市政工程建设。是集投资、研发、设计、施工、监理于一体的综合型国有建筑企业，具备为业主提供一站式综合服务的能力。

公司拥有建筑工程施工总承包壹级、市政公用工程施工总承包壹级、通信工程施工总承包壹级、机电安装工程施工总承包壹级等"6总16专"共22项建筑业企业资质。

公司具备完善的铁路电气化及城市轨道交通牵引供电设计、施工、制造、运维等成套技术，建成一大批标志性项目，全面搭建了时速350公里的"四电"系统集成技术研发平台，具有年建成2000公里铁路"四电"工程施工能力，参与建成新中国第一条电气化铁路宝成线及武广、京沪、沪昆、海南环岛、汉十、潍莱、哈牡高铁等国家重点铁路，建成全国电气化总里程的三分之一，为我国高速铁路跃居世界第一做出了突出贡献。

中铁武汉电气化局以产业报国为己任、以科技创新为引领、以深化改革为动力，在世界轨道交通建设中勇当开路先锋，在响应"一带一路"倡议和"中国高铁走出去"战略中彰显铁肩担当。多年来，企业积极贯彻落实国家和地方法律法规，诚信守法经营、依法纳税缴税，严格执行安全质量管理体系规程，严格执行劳动合同法，切实维护员工合法权益，在企业文明建设、履行社会责任、服务公益事业方面做出了突出贡献。

二、开展诚信教育，构建诚信企业建设体系

诚信作为企业经营与管理的核心，是企业赖以生存的土壤。中铁武汉电气化局持续推进对标世界一流管理提升行动，完善公司治理制度体系现代化建设，开展诚信教育，推行诚信之风，通过电气化大讲堂、道德讲堂等做好全员日常诚信教育学习，从经营管理层至普通员工都建立起诚信的工作理念，全员参与诚信体系的学习和建设，建立完善的诚信体系。

中铁武汉电气化局秉承"勇于跨越 追求卓越"的企业精神，始终坚持诚信经营，着力推进与业主、战略合作方、业内兄弟单位之间的友好合作。信守合同、诚实履约，企业规章制度制定、合同评审签约、法律法规普及等都在公司法务部的监督指导下有序推进，企业自觉接受工商行政管理部门和行业监管部门的监督管理，未发生任何违法违规行为和不良记录。质量第一、用户至上，公司严格执行质量管

理体系，严格遵守操作规程、作业指导书规定，认真落实"安全生产专项整治三年行动计划"，针对不同阶段的工作重点开展各类质量安全检查活动，2021年获得中国土木工程詹天佑奖1项、国家级奖2项、省部级奖5项、地市级奖1项，共收到30余份业主和政府的贺信、表扬信和感谢信。

公司坚持诚信经营，着力企业规范化管理，不断提升企业综合素质和核心竞争力，公司先后被授予"诚信经营示范单位""重质量重服务信用企业""重合同守信用企业""企业信用评价AAA级信用企业"等诸多荣誉称号。

三、坚守诚信经营，以匠心精神守建设初心

中铁武汉电气化局以诚为本、以诚立身，电气化建设大军攻克过宝成铁路的筑路天险，参加过襄渝铁路的三线建设。40多年来，从襄阳到武汉，筚路蓝缕、步履铿锵，以"打造同行业一流企业"为目标，坚守诚信经营，彰显铁肩担当。

在连镇铁路电缆复检过程中，电缆上的一条头发丝细的浅浅裂纹却引起了物资配置中心负责人刘勇的注意。电缆厂家本是经过正规招标流程筛选的优秀厂家，生产的电缆质量也十分优质。但运输过程中，受到道路颠簸、相互挤压而造成开裂的情况时有发生，连镇铁路项目部物资配置中心当即作出决定："电缆返厂，尽快处理！"确保供货质量，打造连镇精品，诚信经营从细节，做到每批物资监理现场验收并当场报验，杜绝不合格材料入库，从源头打"假"，为"打造精品工程，建设智慧高铁，铸就红旗连镇"的目标打下坚实基础。

2021年，中铁武汉电气化局近40个项目严防安全管理"假"、严防质量管理"假"、严防人员管理"假"。项目部根据《铁路建设项目质量安全红线管理规定》建立健全安全质量责任体系，完善安全质量管理制度，明确层级管理职能，制定实施细则。组织质量安全自查自纠和质量互检活动，重点把控施工现场的质量安全管理，尤其针对高空作业、施工防护等方面实施全方位管控，坚持领导带班和现场盯岗制度，对质量管理之"假"零容忍。同时针对生产过程中的生产工序编制出详细的作业指导书，分专业、分工序对作业人员交底，严格要求作业人员按照规范操作，组织现场讲解、集中学习、人员示范等形式多样的培训活动，使参建员工熟知工艺工法、操作流程、关键工序，在管理和施工生产过程中始终明确施工目标，严肃工作态度。雷厉风行的综合打"假"行动，有效规范安全、质量、文明施工，提升全员责任意识。

得益于过程精准控制和"四电"领域强大施工能力，公司参与建成全球首条环岛高铁——海南环岛高铁，中国"八纵八横"高铁网中最北"一横"哈牡高铁，中国"最美扶贫高铁"张吉怀高铁，中国"北煤南运"战略运输通道浩吉铁路，"一带一路"标志性工程中老铁路等近百项铁路工程，开通电气化铁路八千余公里、开通城市轨道交通八百余公里，参与30余座城市轨道交通建设。

四、坚持承诺守信，致力建设"超级工程"

在兰渝客专建设中，中铁武汉电气化局仅用86天完成了渭重段70.7公里站后四电工程任务，向业主兑现了工期承诺，创造了铁路四电系统集成施工的奇迹；在浩吉铁路建设中，创造了平均单月完成近3亿元的施工产值纪录，为项目按期开通奠定了坚实的基础；在"一带一路"沿线，中铁武汉电气化局更是践行诚信经营、诚信管理，两年时间高标准建成开通中老电气化铁路。

中国至老挝铁路建设中，中铁武汉电气化局积极响应国铁集团关于铁路工程全过程智能建造的要

求，以数字管理、智能建造为抓手，倾心打造中老铁路"四电"创新示范工程新标杆，全面推进数字施工智能建造。

按照 250 公里高铁的标准，中铁武汉电气化局按照习近平总书记"把中老铁路打造成为一带一路、中老友谊标志性工程"的指示，打造工程项目调度指挥大数据平台，提高生产指挥协调能力和重点监控能力；打造 BIM 信息技术平台，实现工程项目高效率管理和综合性控制；全力推进智能化工装研发，全年投入研发资金 2560 万元，促进企业数字化、智能化转型升级，在中老铁路建设过程中初步实现电气化铁路全过程智能建造数字贯通。

五、积极履行责任，赢得良好业界口碑

中铁武汉电气化局在危难时刻尽显大爱，逆流而上，多次参加抢险救灾工作。从武汉"方舱医院"到石家庄黄庄公寓隔离点，中铁武汉电气化局勇当战疫先锋；从长江防汛突击队到郑州抗洪抢险突击队，中铁武汉电气化局勇担社会责任，用实际行动奉献一流服务与优质产品，担当社会责任、展示央企风采。

2022 年 3 月 21 日，湖北省鄂州市发改委授予中铁武汉电气化局一公司"攻坚先锋，克难铁军"锦旗，对一公司在鄂州花湖机场建设突出贡献表示感谢。花湖机场是亚洲第一、世界第四的专业货运枢纽机场，是湖北省"头号工程"。中铁武汉电气化局发扬铁军精神，仅 4 天完成铁塔基础建设，经 5 个天窗期完成铁塔拆除，32 天完成勘查、新塔组立等工作，打通花湖机场校飞前"最后一公里"。

作为驻鄂央企，中铁武汉电气化局立足武汉、服务湖北，近年来参建了湖北省境内的汉十、武广、合武、武黄、荆荆安九、黄黄城际等铁路网建设，参与武汉地铁 16 号线等 7 条线路工程施工，承担了武汉滨湖、豹澥还建房、恩施特色小镇等民生项目。在湖北全民战"疫"中组建抗疫党员突击队，建成武汉国际会展中心、省妇幼保健院（光谷院区）、谌家矶"方舱医院"、鄂州"小汤山"、长江新城方舱医院等 9 所战"疫"医院，为襄阳等 6 个地市战"疫"提供通信保障，285 名员工主动到 119 个社区和乡村参加志愿活动。集团公司曾获湖北省抗击疫情突出贡献单位、武汉市抗疫"标杆企业"等荣誉称号。

在建设"轨道上的湖北"同时，企业助力精准扶贫，60 余名高铁建设者先后参与襄阳、十堰等地扶孤助贫和关爱留守儿童等社会公益活动，参与湖北省气象灾害Ⅲ级响应救援工作。在恩施等地暴雨灾害、鄂西北地区暴雪灾害应急抢险中，中铁武汉电气化局扛起使命担当、历经险情大考、擦亮央企底色、担纲电化先锋，全力协助地方政府救助受灾群众，抢修故障基站、抢通受损线路、保障人民群众生活。

立足国内、放眼全球，"十四五"开局，中铁武汉电气化局紧跟国家"一带一路"倡议，以诚信立企，以匠心建造，深度参与国际化竞争,在世界轨道交通领域输出中国高铁"四电"标准、贡献中国高铁"四电"智慧。

案例创造人：毛明华　贺玉琴　贺德波

坚持诚信经营　建设优质工程
助力企业高质量发展

中铁一局集团建筑安装工程有限公司

一、公司简介

中铁一局集团建筑安装工程有限公司（以下简称中铁一局建安公司）是中国中铁股份有限公司下属的三级子公司，成立于1950年，原名为铁道部第一工程局建筑安装工程总公司。2006年改制为中铁一局集团建筑安装工程有限公司。

中铁一局公司坚持以房屋建筑为核心专业，打造超高层建筑、大型公用建筑、大型群体性建筑核心竞争力，以城市轨道地铁车辆段为王牌专业，以机电设备安装为专业强项，以铁路站场及站房为重点，以市政公用工程为增长点，拓展电子与智能化工程、建筑幕墙工程及环保工程业务的综合发展多元化施工，兼营商品混凝土供应、机械设备安装业务的发展定位。

成立70多年来，公司累计完成房屋建筑1600万平方米，参建地铁车辆段60余座，完成400余座车站的机电设备安装，参与了20多条铁路的站房、站场施工。先后有30多项工程获国家级优质工程奖，有200多项新技术、发明专利、新工艺、QC成果获得国家和省部级先进成果奖。先后11次获得陕西省工商行政管理局授予的"陕西省守合同重信用企业"称号，连续4年在国家税务总局陕西省税务局纳税信用等级评定中，凭借全年无违规、无扣分记录获得"A级纳税人"称号，并于2021年11月25日首次通过国家高新技术企业认定，于2022年2月22日首次获得"陕西省建筑行业AAA级信用等级"评定。

二、诚信管理实践

（一）坚持诚信规范经营，塑造企业品牌信誉

中铁一局建安公司始终坚持以"诚信为本、真诚待人、真诚做事、兑现诺言、信守合同、永续经营"为主要内容的诚信文化建设，不断提升合同管理水平，加强内部诚信体系建设，在建筑施工领域塑造了企业品牌信誉。主要做法有以下五点：一是不断强化合同规范管理，完善合同管理制度，注重《劳动合同法》等法律法规知识培训，重视合同行为规范，不断提升职工合规管理意识；二是深入推进合同标准化、规范化管理，持续完善公司《合同管理办法》，进一步规范各类合同范本，细化合同谈判和文本起草签订以及合同评审、交底流程，加强合同履行过程管控，减小合同风险；三是持续强化在建项目履约能力，公司重视在建项目在业主和地方政府组织的履约检查、考核评比中的表现，建立红、黄、绿牌预警机制，通过追责、问责机制和奖罚激励制度不断提升在建项目履约能力；四是依托道德讲堂全面开展"诚信敬业"学习宣讲，不断加强企业诚信文化建设。公司自2015年挂牌"诚信敬业"

道德讲堂以来，持续在全体职工中以社会主义核心价值观和中铁一局企业文化教育为核心组织开展道德讲堂活动50余场，有效提升了职工的纪律意识和规矩意识；五是重视项目管理策划体系建设，公司重视各在建工程项目策划工作，形成了公司策划团队、片区虚拟策划团队与在建项目合力策划的项目管理体系，围绕施工环境、合同环境、设计方案、资源配置等多方面展开积极探索，形成技术方案优化、工序管理优化、资源配置优化等多种手段，加快项目建设速度，提升施工质量，以高品质工程向业主交上满意答卷。

（二）坚持高标准施工，以技术创新助推精品工程建设

作为中铁一局旗下房建施工专业化子公司，建安公司始终将"引进、消化、吸收、再创新，工艺、工法、工装，提升工作效率，增强企业在建筑工程领域的核心竞争力"作为企业发展目标。

近年来，公司专门成立科技管理中心，发挥公司后台技术引领作用，重点围绕在建工程遇到的问题，研究重点科研课题，协助项目攻关技术难点，在施工机具、技术创新、BIM技术应用、节能减排等方面进行积极探索。仅2021年全年就上报国家知识产权局专利64项，其中发明专利21项，获得国家授权专利50项（其中发明专利4项、新型实用专利46项）计算机软件著作权4项，有效提升了企业技术力量，并在2017年成功申报"陕西省省级企业技术中心"的基础上，于2021年11月通过国家高新技术企业认定。

同时建安公司还积极"走出去"联合专业科技公司、科研院校展开技术研究，引导项目开展产学研合作，增强企业技术攻关能力，提升现场管理水平。在引进广联达、品茗等主流智慧工地管控平台的同时，自主研发了适合公司管理特点的两级智慧管控平台，全面整合劳务工管理、喷淋防尘、群塔作业监控、过磅影像、人员定位等多重功能，在总结、交流的基础上，逐步形成具有自主知识产权的智慧管控平台，实现了企业内部资源共享，推动企业向信息化、数字化、智能化迈进，发挥为基层员工减负、减少管理漏洞效能。2021年公司还积极联合西安建筑科技大学建立"高强高性能混凝土研究中心""装配式建筑研究中心"，挂牌成立"职工创新创效工作室""专业人才实训基地"，为人才强企战略的全面实施奠定良好基础。

在指导项目施工建设中，建安公司坚持策划先行、样板引路、过程控制、一次成优理念，以创建精品工程为目标，不断强化参建员工的创优意识和质量意识。提前针对每道工序展开样板施工策划，针对建筑不同部位、不同专业设置实物样板，待验收合格后，组织技术人员、班组长通过现场学习，了解设计工艺标准和施工意图，确保施工质量品质达标。这点尤其是在西安市中医医院南院区工程项目建设中，发挥作用非常明显，施工质量先后多次在西安市和长安区住建局以及业主单位组织的检查中获得认可，并吸引商洛市卫健委领导前来观摩调研。

（三）坚持高质量服务，以诚信赢得业主尊重

中铁一局建安公司牢固树立干好在建促营销的理念。在全面督促落实各单位行之有效抓好安全生产管理，深入推进标准化建设，全力以赴保障好业主制定的工期目标的同时，建安公司高度重视同业主、监理、设计以及地方管理部门建立良好的沟通交流机制，公司领导班子尤其是区域分管领导不定期走访合作单位，听取工程使用反馈意见，尤其是在项目收尾阶段，配合业主开展的个别整改问题中，以认真的态度、细致的工作、高质量的服务赢得了业主单位的尊重和信任，从而为进一步拓展市场打下基础。

在陕西师范大学附属中小学建设过程中，中铁一局建安公司项目施工团队仅用时一年，就快速施工完成总建筑面积13.9万平方米、13个单体的群体性建筑，尤其是在学校外装、内装和室外交付标准确定后，集全公司之力，实施挂图作战，迅速落实装修材料加工制作，仅用3个月时间就快速完成了造型结构复杂、材料搭配种类繁多的外墙装修任务，于8月底具备开学条件，收获了来自长安区教育局和长安基础建设有限公司联合发来的表扬信和锦旗。期间，公司还顺利承办了2020年陕西省总工会慰问农民工活动，荣获2020年西安市重点项目观摩评比第一名，2020年、2021年连续两年获长安区政府、长安区教育局联合颁发的"校建集体先进单位"荣誉，赢得了业主和长安区政府的认可和信任，为公司深耕长安市场，中标西安市中医医院南院区建设工程打下了基础。

甘孜职业学院项目在2021年8月6日完成一期工程教学区施工，交付学院使用后，积极配合校方开展运营保障工作，在招生处成立了问题应急处理管理组，并设立了水电、电梯设备、消防控制设备、门窗维护专班等各专业的维修班组，每个专班由专业工程师带队，由3—5名专业作业人员组成，并在各单体工程中张贴了维护电话，保证学院反映的问题能及时反馈，并迅速有效处理，所展现的认真负责的良好作风收获业主表扬信和锦旗。

（四）坚持融入属地管理，党建引领彰显央企担当

中铁一局建安公司在深耕区域拓展市场过程中，深刻认识到扎下根、接地气，主动融入属地管理，赢得当地社会认可的重要性。主动融入属地管理，通过与属地单位开展党建、共建、联建，积极参与当地政府应急事务，主动承担社会责任，彰显央企担当，用实际行动赢得当地社会的广泛认可。

近年来，建安公司主动担当，积极参与到疫情防控、抢险救灾等各项社会事务中来，以高度的政治责任、积极的担当赢得了社会的广泛认可。自新冠肺炎疫情突袭以来，建安公司先后积极参与了西安市公共卫生中心建设，成立临时党支部三战三捷圆满完成建设任务，提前22小时完成石家庄黄庄隔离点14间隔离集成房的建设，两次出击，两次以铁军担当赢得掌声。在2021年8月的新疆阿拉山口疫情，10月底的黑龙江黑河疫情，11月底的大连庄河疫情以及2021年年底的西安疫情中，建安公司各单位纷纷主动融入属地防控管理，党员积极响应报名志愿者到疫情封控区域配合社区开展核酸检测、卫生清理、封控检查、物资搬运等工作，各单位积极筹集生活、防疫物资，踊跃支持属地防疫工作，获得了驻地政府和群众的认可。

公司主动参与抢险救灾工作，先后获得多方点赞。尤其是在2021年下半年，建安公司积极响应长安区住建局号召先后两次投入40名抢险队员、大量机械及时封堵潏河沿线被冲垮的河堤，避免了洪水给市民带来损失；国庆期间积极响应西安市水务集团号召组建50余人队伍、召集大量机械经过连续35小时突击抢险，完成位于西安市蓝田县的李家河水库输水总干渠将军岭段修复任务，有力保障了全市四个区县百万市民的用水安全，先后收到长安区住建局、西安市水务集团送来的锦旗和表扬信，获得了长安区和西安市的认可。在西康铁路遭遇滑坡大量列车延误之际，公司积极组织442名抢险人员、7台机械，历时104小时完成西康铁路田王站附近三处受强降雨影响导致的边坡滑塌抢险任务，收到西安铁路局函件表扬。

"诚招天下客，誉从信中来。"坚持诚信经营是建安公司面对建筑市场激烈竞争获得长足发展的基石，是公司坚持诚信文化建设的核心理念，面对机遇和挑战，建安公司将持续建设更多优质工程，打造优势专业品牌，以更高的管理水平助推企业实现高质量发展。

案例创造人：刘金果　张奉超

诚信构建双赢　服务创造价值

中盐安徽红四方肥业股份有限公司

一、公司简介

中盐安徽红四方肥业股份有限公司是中国盐业集团有限公司直接管理的二级企业。公司前身合肥化肥厂始建于1958年，是全国最早的小氮肥、小联碱生产企业之一。公司资产总额20亿元，职工1000余人，尿素、复合肥料年产能300万吨，生产基地分布安徽合肥、湖南醴陵、湖北随州、吉林扶余，综合实力位于国内磷复肥行业的第一方阵。公司现为国家高新技术企业、省级企业技术中心、安徽省缓控释肥料工程技术研究中心，常年与农业农村部全国农业技术推广服务中心、中国农业科学院、中国科学院合肥物质科学研究院、中国农业大学等高校院所合作，广泛开展产学研推工作。"红四方"商标先后被评为中国驰名商标、中国农资行业最具价值品牌、最受消费者喜爱的商标。

公司作为全国首家挂牌运行的化工农化服务中心，长期致力于中国农业绿色高质量发展，是国家首批环保生态肥料、绿色肥料产品认证企业，积极探索创新业务模式，率先在同行业中提出"智慧农业6S"服务理念，积极推进传统农业向智慧农业服务模式的转型升级。

二、企业诚信建设和信用体系建设

1. 诚信经营理念

公司恪守"创新行业价值，服务民本民生，体现国家意志"的功能定位，倾情服务"三农"，积极践行国家乡村振兴战略，建立了具有"红四方"特色的企业文化体系，确定了公司的使命、愿景、价值观和战略目标，营造了以人为本、诚信守法、持续创新的经营氛围，打造了绩效卓越、健康向上、和谐高效的管理机制，不断推进公司全面协调可持续发展，勇担国资央企经济、政治和社会责任。公司广大干部员工认真践行"爱岗敬业、团结拼搏、诚信公平"的核心价值观，将"诚信"理念落实在工作上、行动中，讲实话、做实事、求实效，"诚信"理念深入人心。强化信用风险意识，讲诚信、不失信，树立信用风险理念。

2. 严格遵纪守法

公司始终坚持依法决策、依法管理、依法生产经营的原则，严格依法办事。在生产经营管理中，严格遵守国家宪法、公司法、招标投标法等各项国家法律法规，严格按照行业内部管理监督的各项要求，规范企业生产经营行为。公司积极开展依法从严治企等各项活动，围绕公司生产、经营、管理各个方面，全面排查问题隐患，不断强化后续整改治理，依法治企水平不断提升。自公司成立以来，无违反国家相关法律法规的生产经营行为发生，全体干部职工遵纪守法，无触犯国家法律法规的情况发生。

3. 经营管理者、员工诚信理念和信用风险意识

公司认为，诚实守信是一切道德的基础和根本，也是一个社会、一个企业、一个人赖以生存和发展的基石。尤其是在市场经济条件下，企业要基业长青、永立不败之地，就必须高度重视抓好企业诚信工作。为强化干部职工诚信理念认识和信用风险意识，公司提出了"诚信构建双赢、服务创造价值"的经营理念，"爱岗敬业、团结拼搏、诚信公平"的核心价值观，向全体职工阐明了公司与社会之间、公司与职工之间、职工与职工之间的诚信关系，建立了职工诚信管理体系，进一步深化了干部职工对诚信文化理念的理解和认识。

4. 诚信理念宣传、教育、培训

公司加强企业文化建设，大力开展诚信理念宣传教育，通过宣传画册、《四方天下》报及新媒体等各种宣传媒介，大力倡导诚信理念，进一步深化了全体职工对诚信文化理念的理解和认识，强化了全体职工以诚待人、以信兴业、诚信为本、守信为荣、失信可耻的思想意识，"建诚信企业，当诚信职工"成为全体职工的自觉行动。

5. 企业诚信和信用体系建设

公司落实专人负责信用管理，加强专项信用评估考核，对物资供应商、工程承包商等合作伙伴开展信用评估和评级工作，针对各个层级的信用等级，实施差异化的合作管理。财务部负责银行等信用管理工作；物资采购部负责供应商信用管理等工作，开展供应商信用等级评价，建立合格供应商名录；证券法律事务部负责合同履行信用管理等工作，建立合同履行黑名单目录。

（1）客户资信管理：客户资信管理是以客户的信息资源和资信调查为核心的一套规范化管理方法，包括企业内部信息开发、客户信息管理、资信调查、客户信用分级管理等。公司全面收集管理客户信息，建立完整的数据库，并随时修订、完善，实行资信调查制度，筛选信用良好的客户。调查的内容包括：客户的品质、能力、资本、抵押和条件；客户与企业往来的历史记录；客户的规模、财务状况、发展前景、客户自身的信誉、融资能力、偿债能力等，并对客户进行信用分析和信用等级评价。通过对客户所有相关财务及非财务信息进行整理、分析，得出客户的偿债能力评估。对客户档案进行更新、存档，对客户资源进行统计分析与管理，长期为客户提供个性化、全方位的服务，有效维护与客户长期的沟通和合作关系。

（2）应收账款管理：公司建立应收账款管理制度，按照预算控制、专项管理、及时结算、定期清理原则进行统一管理。明确主要管理部门为形成应收款的具体业务经办部门及财务部门。业务部门负责产品营销、客户联系、信用审查、款项催收、合同管理及协助财务部门，与相关单位对账、营销等信息系统的维护等；财务部门负责配合业务部门收取款项并开具相关收款票据、按公司规定正确核算往来款价值、定期与往来单位核对账目、定期对应收款情况进行分析、协调金融机构按揭贷款发放、督促具体业务经办部门及时催收款项等。

（3）合同管理：公司合同管理实行承办、审核会签、授权委托、合同专用章、统一合同文本、合同统一编号、合同备案、合同档案、合同纠纷预警等制度。从合同起草、合同审核会签、合同签署等环节进行规范，在合同履行过程中，明确了承办部门职责，对履约管理进行严格把控。同时，细分合同种类，对合同编号、档案、备案、统计进行规范化管理，建立合同标准文本库。

（4）风险控制及危机管理：公司建立风险防控机制，从行政管理、财务管理、劳动用工、合同管理、销售管理、采购管理、安全生产管理等各方面开展风险排查治理，全面排查问题隐患，不断强化后续整改治理，形成内部风险防控机制。

公司安全生产坚持"安全第一、预防为主、综合治理"的工作方针，按照"谁主管、谁负责"的属地管理原则，健全逐级安全生产责任体制，强化安全生产主体责任，确保安全生产、环境保护控制指标、管理指标对标合格；建立舆论危机防范体制和预警机制，对于出现的负面舆情及时采取措施，防范危机扩大并进行形象修复；制定网络安全和信息系统管理相关规定，保证网络运行安全、可靠，做到实体安全、运行安全、数据安全。

6. 职业道德行为准则或规章

公司制订并发布《合规手册》，明确了公司依法治理、依法经营，在商业活动、对外交往、职业操守和社会责任等方面对全体员工的基本要求和行为准则，回答了公司在实现"引领绿色营养，收获美好农业"的时代使命这一过程中全体员工应当如何合规经营以及对员工和利益相关方的合规期望。在岗位说明书中，公司明确了对员工道德修养和专业胜任能力的要求，并将其作为选拔和聘用的重要标准。公司要求企业员工遵守员工行为守则，认真履行岗位职责。

三、企业诚信实践

（1）产品及服务质量诚信。公司建立健全质量管理体系和售后服务评价体系，对产品质量负责。质量监督部为质量管理主管部门，农化服务中心是产品售后服务的主管部门，公司与生产系统签署质量承诺书，质量监督部进行日常质量监督，通过严格执行相关规章制度，确保公司提供的产品和服务质量安全可靠。对重大以及具有代表性的产品异议，研发、技术、生产等部门进行重点分析和工艺攻关，不断提升产品品质。

（2）客户服务及关系管理。公司坚持创新客户管理机制，构建大客户关系管理体系，把生产、销售、技术、服务和管理统一到满足客户全方位需求上。公司建立客户档案数据库，强化重点用户合同保供。随着信息化系统的逐步完善，公司客户关系管理系统将进一步整合信息应用模块，扩展和深化客户信息化服务功能。公司定期组织对产品质量和销售服务等方面客户满意度测量，分析结果，及时整改，2019年、2020年、2021年客户满意度分别为90.21%、91.21%、91.21%。公司不定期召开全国或区域性的经销商会议，共同探讨市场和深化合作。

（3）与股东、投资人和债权人等利益相关者的关系。公司认真履行股东责任和义务，充分行使股东权利，做好公司的管理工作，有效地规范了股东行为，保护了投资者的合法权益，正确处理了三者之间的关系。公司在经营决策过程中，充分考虑债权人的合法权益，及时向债权人通报与其债权相关的重大信息，重合同、守信用。与银行建立了良好的合作关系，未发生借款逾期现象。

（4）反对商业贿赂、欺诈等。公司加强反腐倡廉体制建设，从主观上树立全员清正廉洁理念，从制度上全面约束防控，杜绝商业贿赂、欺诈等行为。主要体现在：突出预防教育，公司员工廉洁从业意识进一步增强；突出建章立制，制度体系建设进一步健全；突出内部监管，权力运行机制进一步完善；突出关键环节，重大过程监管进一步拓宽；突出素质提升，纪检队伍建设进一步加强；推进办事公开，民主管理工作进一步增强。与此同时，不断建立完善权力运行监督制约机制、预防教育长效机制、惩防体系长效机制和廉政风险防范机制；增强履职能力、推进纪检监察工作提升水平。

（5）维护职工权益，创建和谐劳动关系。公司建立规范的劳动关系和劳动合同制度，实现职工劳动合同签订率100%，建立和完善包括工资制度、覆盖全员的考核办法、劳动人事管理等劳动用工制度，保障员工依法享有劳动权利，有效预防和降低公司及职工的法律风险，确保职工的根本权益。公司不断地改善职工的工作和生活条件，如：公司根据国家规定，为符合条件的职工支付通讯、交通、餐饮等补贴，公司为职工缴纳法定的社会保险、公积金及企业年金；职工享有国家规定的法定节假日和各类假期，如年假、产假、病假等；公司通过工会组织帮助困难职工以及对公司职工福利政策提出建议和进行表决。

（6）环境资源保护。公司加强生产现场环境治理工作，在创建无泄漏工厂和清洁文明工厂的过程中，积极引进新的管理手段和技术，建设样板车间、复合肥车间现代化管理；引进清洁能源生产工艺，淘汰落后的设备，引进新设备；加大环保技术改进投入，完成复合肥装置布袋除尘装置的建设与投用，确保各类环保设施正常运行。

四、履行公共责任、恪守道德行为、支持公益事业

（1）公共责任：公司遵循"追求卓越、生态文明、绿色发展"的管理方针，承诺遵守国家、地方，有关产品质量、环境保护、安全生产、职业健康、能源等方面的法律法规和其他要求，提供的产品与服务符合国家相关法律法规及顾客的要求。承诺按照"减量化、再利用、再循环"（3R）原则组织生产，采用新技术、新工艺、节能减排，最大限度地提高资源、能源利用效率，走低碳环保、节能高效、循环安全的可持续发展道路，注重环境保护、污染物达标排放，注重安全风险控制及安全隐患的整改。公司将经济发展、环境保护与社会责任有机结合，注重环境保护和职工健康保护，充分考虑资源和环境的承载力，积极推进产业升级和结构调整，实现企业价值最大化，同时积极承担社会责任，以期得到永续的发展。

公司建立《合规性评价管理程序》，收集法律法规和相关要求，识别和评估风险，确立关键过程及其绩效指标，制定与落实预防、控制和改进方案，在满足法规基础上持续改进，以期达到更高水平。"三废"治理注重从源头抓起，在工艺设计和生产装置选型阶段就充分考虑环保因素，确保"三废"循环利用。

（2）道德行为：公司历来坚持诚信经营，采用多种方式监测公司内部与主要合作伙伴之间以及公司管理中的道德行为。正确处理与合作伙伴间的关系，按期还贷、按时给供应商付款，严格履行合同。公司对所有职工的道德行为进行规范，并进行监督、测量和考核。公司高度重视企业的经营道德，建立道德行为监测体系，用于监测公司的道德行为，监测过程包括公司治理结构、管理行为的公正性、生产经营活动的规范性等，监测方法包括会议、检查、内部审计、投诉举报等方式。

（3）公益支持：公司在积极加强自身发展的同时，不忘回报社会，积极支持公益事业，高管层及员工积极参与并为此做出贡献。多年来，公司积极响应政府号召，参加"三下乡"活动、农资执法打假捐赠活动、向农民提供免费农化产品和服务等；参与政府部门、社会团体开展的各项公益活动，参加扶贫攻坚，与各大高等院校及科研院所共同建立校企实习基地等。

引领绿色营养，收获美好农业。公司坚持以习近平新时代中国特色社会主义思想为指导，秉承中盐集团"创新、变革、竞争、共赢"的战略方针，遵循"创新行业价值、服务民本民生、体现国家意志"的功能定位，积极承担社会责任，响应国家化肥农药用量负增长的号召，坚决贯彻新发展理念，准确把握新发展阶段，加快融入新发展格局，不断推进公司高质量发展，为实现国家乡村振兴战略，让天下人吃上绿色放心粮贡献央企力量。

案例创造人：连昌林　陆菲

勇毅笃行　争创优秀诚信企业

中盐内蒙古化工股份有限公司

一、企业简介

中盐内蒙古化工股份有限公司（以下简称中盐化工），是中国盐业集团有限公司的重要盐化工子企业。总部位于内蒙古阿拉善高新技术产业开发区。前身为"吉兰泰盐场"，始建于1953年，1998年成立"内蒙古兰太实业股份有限公司"，2000年在上海证券交易所挂牌上市（股票代码：600328），2019年12月完成了"中盐吉兰泰盐化集团有限公司"与"内蒙古兰太实业股份有限公司"的重大资产重组，2020年6月更名为"中盐内蒙古化工股份有限公司"。公司资产总额近178亿元，年营业收入超百亿元，年上缴税费近10亿元，员工9700余人，是一家拥有资源优势、区位优势、技术优势、管理优势的跨地区跨行业的大型企业集团，是中国化工企业500强、国家知识产权优势企业、中国化工最具发展潜力的上市公司、内蒙古自治区循环经济试点企业，拥有全国文明单位等国家、自治区级多项荣誉称号。

（一）历史沿革

1953年组建了国营吉兰泰盐场，1975年机械化扩建全面竣工，成为全国第一座机械化湖盐场。1986年建成了年产5万吨真空精制盐分厂，填补了全区该产品生产的空白，实施了"五改九"项目和真空精制盐扩建项目后，产能达到20万吨/年。1990年自行设计制造了采盐船，使企业生产规模扩大到150万吨/年。1996年引进美国RMI公司制钠技术，建成产量5000吨/年的泰达制钠厂。2000年引进美国杜邦公司先进制钠技术，建成了产量10000吨/年的泰达制钠二厂。1998年12月组建了内蒙古兰太实业股份有限公司，2000年12月22日，兰太实业6000万A股在上海证券交易所挂牌上市交易，为企业快速发展提供了资金保障。2001年收购呼和浩特制药厂，建成符合国家GMP标准的制药生产基地。2002—2005年先后建成氯化聚乙烯厂、高纯钠厂、氯化异氰尿酸厂和氯酸钠厂。2005年兰太实业划归中国盐业总公司（即中盐集团），2008年组建了中盐青海昆仑碱业有限公司并于2011年成功投产。2016年兰太实业被内蒙古自治区认定为国家高新技术企业、国家知识产权优势企业。同年被评为全国优秀质量管理小组活动优秀企业。2017年5月，2万吨/年工业金属钠扩建项目和1.2万吨液态钠项目建成投产，使公司金属钠产能达到6.5万吨/年。同年，新建75吨循环流化床锅炉配套6MW热电机组项目建成投产，使公司盐产品的产量、质量和效益得到提升和改善。同年9月，公司8万吨/年糊状PVC搬迁改造一期项目竣工投产。2019年11月，经中国证券监督管理委员会上市公司并购重组审核委员会2019年第58次会议审核，通过公司重大资产重组项目。2020年6月，公司完成重大资产重组，公司更名为中盐内蒙古化工股份有限公司。

（二）主营业务

中盐化工是一家集盐、盐化工、医药健康产品等生产与销售为一体的综合性企业。公司主营业务为以精制盐、工业盐等为代表的盐产品；以金属钠、氯酸钠等为代表的精细化工产品；以纯碱、烧碱、电石、PVC、糊树脂、氯化铵为代表的基础化工产品；以复方甘草片、苁蓉益肾颗粒、维蜂盐藻等为代表的医药保健产品。

（三）生产规模

中盐化工坚持新发展理念，在发展壮大过程中，不断加快科技创新步伐，大力实施创新驱动发展战略，建成了集"盐、盐化工、精细化工、高分子材料、生物制药"为一体的循环经济产业链，资产规模、产业结构、经济效益、技术装备水平均处于行业前列。依托湖盐、煤炭、石灰石等资源优势，突出发展精细化工，主要生产装置有：国内资源配套齐全的40万吨/年聚氯乙烯生产线、8万吨/年糊树脂生产线、64万吨/年电石生产线、36万吨/年烧碱生产线、2×135MW自备电厂、世界产能最大的6.5万吨/年金属钠生产线、我国唯一被列入国家863计划项目的800吨/年核级钠生产线、国内单套产能最大的11万吨/年氯酸钠生产线，近400万吨/年纯碱生产线，拥有总储存量约2亿吨的两大盐湖。公司产品畅销全国各地，其中，聚氯乙烯、片碱、金属钠、氯酸钠等产品，还远销南北美洲、欧洲、亚洲、大洋洲的十几个国家和地区。

（四）企业资质

中盐化工已成长为具有相当规模的盐化工行业实力企业，截至目前具备《营业执照》《安全生产许可证》《全国工业产品生产许可证》《合格供应商证书》《水权交易鉴证书》《固定资产投资许可证》《资源综合利用认定证书》《消毒产品生产企业卫生许可证》《食盐定点批发企业证书》《食盐定点生产企业证书》《质量管理体系认证证书》《能源管理体系认证证书》《环境管理体系认证证书》《职业健康安全管理体系认证证书》《两化融合管理体系认证证书》《危害分析与关键控制点（HACCP）体系认证证书》《知识产权管理体系认证证书》《海关报关单位注册登记》《对外贸易经营者登记表》《高新技术企业证书》《中国商品条码系统成员证书》《采用国际标准产品标志证书（工业氯酸钠、工业金属钠）》《铁路危险货物托运人资质证书》《内蒙古自治区热电联产机组认定证书》《出口食品生产企业备案证明》《采矿许可证》《非煤矿山安全生产标准化证书（露天盐湖开采三级企业）》等资质。公司技术创新与研发体系不断完善，成功搭建了"吉兰泰盐湖博士工作站""自治区高新技术特色产业化基地"等科技创新平台，拥有国家自主知识产权专利174项，公司被认定为国家级"高新技术企业"和"中国石油和化工企业500强"。

（五）人力资源

中盐化工按照改革创新和转型发展目标，对标行业和国际一流，全面建设经营管理人才、技术人才、技术工人三支队伍。充分发挥薪酬奖励的激励作用，形成一套比较完整的、系统的，具有长远激励作用的薪酬模式，努力做到公平公正，吸引和留住人才。在完善评价考核机制方面，根据企业实际情况，逐步建立以素质能力评价为基础，以绩效评价为核心的科学人才评价体系。通过评价和考核强化责任，明确员工的培养方向，制定相应的激励措施，培养、选拔和造就公司优秀人才。

二、企业经营管理情况

（一）建立健全"高效实用"的制度体系

在推进企业高效、规范运作的实践中，中盐化工根据《企业标准体系要求》，按照《企业标准体系 技术标准体系》《企业标准体系管理标准和工作标准体系》建立公司标准体系，并依据《标准体系表编制指南》，结合公司经营管理实际，编制《中盐内蒙古化工股份有限公司标准体系表》。公司标准体系由技术、管理、工作三部分组成。然后又根据管理实际进行了小类划分，实现了公司标准的分类、分层管理。通过持续不断加强制度建设，推动了企业各项经营管理的规范化、标准化、程序化，全面提升了企业管理效能。

（二）主动践行"诚信为本"的责任担当

文化引领。中盐化工高度重视企业诚信建设，把诚信体系建设融入企业文化建设中，积淀形成了"一流产品、特色文化、和谐团队"的品牌理念，强调"创建以质量取胜、诚信取胜的产品品牌。"全力推进"三品"战略，做到遵守承诺、履行约定，对产品的质量负责、对品牌的美誉度负责、对商业合作伙伴的信用负责、对企业的信誉负责。形成了"清净、严明、正直、诚信"的廉洁理念。以诚信立本，始终把让顾客满意放在首位。

诚信经营。诚信是企业的"立业之本"。在产品营销方面，公司坚持合规合法，诚信经营，加强合同、招投标、法律风险防控，合同履约率达到100%。依法纳税，营造了诚信守法的经营环境，连续多年荣获"A级信用等级纳税人"，树立了良好的企业信用形象。

（三）落实安全生产要求

中盐化工以创建优秀化工企业为目标，坚持对标对表，通过提升生产装置的本质安全水平，持续落实"三项纪律"，深化风险管控和隐患排查治理，年内实现了安全生产保障和新冠肺炎疫情防控两不误，生产安全事故较往年大幅下降，广大员工的安全生产意识和操作技能有了长足进步，年度各项安全环保目标全部完成，安全生产形势持续稳定。

（四）持续完善"四体系"规范管理

结合行业特点和实际情况，中盐化工依据《质量管理体系要求》《环境管理体系要求及使用指南》《能源管理体系要求及使用指南》《职业健康安全管理体系 要求及使用指南》要求，顺利通过质量、环境、能源及职业健康安全管理体系认证。公司不断完善四体系建设，加大监督检查力度，定期组织体系内、外审，保证体系持续的适宜性、充分性和有效性。

（五）强力推进节能与环保的绿色制造体系建设

中盐化工按照全生命周期的理念，在产品设计开发阶段系统考虑原材料选用、生产、销售、使用、回收、处理等各环节对资源环境造成的影响，实现产品对能源资源消耗最低化、生态环境影响最小化、可再生率最大化。应用产品轻量化、模块化、集成化、智能化等绿色设计共性技术，采用高性能、轻量化、绿色环保的新材料，开发具有无害化、节能、环保、高可靠性、长寿命和易回收等特性的绿色产品。本着循环经济的发展理念，公司加大节能减排工作力度，不断增加环保投入，提高环保装备水平，维护清洁生产，确保达标排放，实现资源循环和综合利用，全力打造环境友好型企业。

三、企业诚信建设成绩

（一）社会信用记录

中盐化工法人代表、工商、海关、税务、银行、环境保护、安全生产、质量、社会舆情等方面均无不良信用记录，连续获得国家税务总局"纳税信用A级纳税人"，2010年荣获"内蒙古自治区诚信企业"

称号，2016年荣获"质量信用等级AAA级企业"。

（二）社会责任记录

中盐化工以服务企业发展战略为宗旨，深化社会责任理念，创新社会责任管理手段和方式，履行好企业日常经营中的社会责任，促进社会责任工作与"创新行业价值、服务民生民本、体现国家意志"的企业主体功能有效融合，为实现公司改革发展目标奠定坚实基础。公司建立困难员工档案，本着救急不救贫的原则，开展实时关注困难员工，确保第一时间给员工送去关怀与帮助。对不符合困难职工建档条件但家庭生活困难的职工，通过金秋助学、两节送温暖、临时救助等多种形式进行帮扶救助，在"七一"、春节期间，深入吉兰泰、乌斯太两地，以发放慰问金形式帮扶困难职工。积极参与民生慈善事业，落实定点扶贫资金事项，通过中国志愿基金会积极开展消费扶贫，购买、帮助销售贫困地区农产品。为支援汶川、青海玉树、甘肃舟曲、西南干旱等灾区捐款，为其重建工作贡献了一份爱心和力量。

（三）社会荣誉记录

中盐化工连续多年蝉联"中国石油和化工企业500强"，2020年荣获"创新自主孵化的化工人才培养机制管理创新成果"获第十三届全国石油和化工企业管理创新成果一等奖、中国最具成长性上市公司、中国上市公司百强、"金质量·持续成长奖"、中央企业QC小组成果第二名；2018年荣获"2017年度内蒙古自治区能源计量示范单位"、阿拉善经济开发区"2017年度环境保护工作先进单位""科技创新进步奖""2017年度项目建设突出贡献奖""2017年度综合效益突出奖"。先后拥有"国家高新技术企业""内蒙古自治区盐化工企业研究开发中心""内蒙古自治区盐化工工程技术研究中心""内蒙古自治区钠盐化工重点实验室""内蒙古自治区高新技术特色工业产业化基地"等多项国家、自治区荣誉称号。

企业诚信建设是一个长期的系统工程，中盐化工将持续深入地开展诚信经营活动，紧盯全面建设"优秀化工企业"的战略目标，进一步强化诚信监督机制，以诚信铸造产品、以诚信赢得市场、以诚信服务社会，不断增强企业的核心竞争力，在追求卓越的征程中实现可持续、高质量发展。

案例创造人：周杰　陈云泉　王成军　史俊兰

诚信服务践行初心使命　助推冶金绿色循环经济

中冶宝钢技术服务有限公司

一、企业简介

中冶宝钢技术服务有限公司（以下简称中冶宝钢）作为中国五矿集团旗下唯一以冶金运营服务为核心主业的子公司，是集团冶金建设运营服务全产业链中无可替代、不可或缺的重要一环。公司起源于1954年成立的武汉钢铁建设公司，先后参加了武钢、攀钢和宝钢的建设，是新中国钢铁工业发展的建设者、见证者和守护者，经过几次更名和重组，2006年12月25日正式更名为中冶宝钢技术服务有限公司。

中冶宝钢是国内首家以冶金运营服务为主业的公司，集团确立"聚焦主业、做强一业、相关多元、科学补充"的发展战略指导下，明确了"检修协力核心主业＋技改工程、装备制造及新型材料、钢渣综合利用"的"1+3"产业发展路径，围绕"一条主线"，优化"两个布局"，推动"三个创新"，培育"四个优势"，实现"五个提升"，打造出全天候、全产业链、全流程、全生命周期的冶金运营服务能力。

在当前钢铁行业全面推行"智慧制造"的历史新起点，中冶宝钢主动抢占变革先机，紧密依托科技创新转型发展，以智能运营平台建设项目为契机，努力让核心主业变得越来越"智慧"，争做"智慧冶金运营服务"领域的先行者和行业"智慧标准"的制定者，为企业在即将到来的"智慧时代"赢得了更加广阔的发展空间。

二、诚信经营理念

中冶宝钢怀着"钢铁报国""钢铁强国"的初心，从1985年9月宝钢投产开始，就立足宝钢、服务宝钢，在技术、服务、人才和市场开拓等创新方面都取得了长足的进步，实现了从钢铁"护工"到钢铁"护士"，再到钢铁"医生"的华丽蜕变，心无旁骛推动我国冶金运营服务向更高水平发展。

在践行"钢铁报国"初心的过程中，中冶宝钢将服务好宝钢等钢铁企业作为钢铁强国、推动我国冶金运营服务向更高水平发展的抓手和切入点，从"诚信社会为本、客户满意为荣"的经营理念中，具象地提炼出"让业主满意、业主无小事、业主的事就是我们自己的事"这一脍炙人口的服务理念，引导和带领广大员工切实服务好钢厂，助推我国钢铁工业的发展壮大，为"钢铁强国梦"作出更大贡献。中冶宝钢坚持诚信经营、遵循市场规律、依法诚信纳税，全面打造诚信文化，连续15年获评上海市AAA级守合同重信用企业荣誉称号，企业品牌信誉度、美誉度不断提升，取得了良好的经济效益和社会效益，为企业高质量发展打好坚实基础。

三、组织经营情况

公司通过了国家高新技术企业认证，拥有中国钢结构制造企业特级资质证书，连续多年荣登"上海市设备维修安装行业50强企业"榜首。在不断深耕细作宝武集团宝钢股份宝山基地的基础上,按照"区域覆盖、集中管理、效率优先"的原则,构建"一总部、多基地"的管控模式,建立了"八基地、一板块",促进上海区域和外部基地协同发展,实现区域化管理、专业化协同、产业化发展。目前,核心主业成功覆盖国内外30家钢铁企业,营业收入和市场份额屡创历史新高,成为中国冶金运营服务商走向世界的"引领者",目前正朝着打造"国内第一、国际一流"的冶金运营服务商的宏伟目标阔步前行。

四、决策部署

国有企业是党的事业。中冶宝钢从1985年9月宝钢投产开始,就以骨子里激情澎湃的忠诚信念,主动承担起"助力钢铁强国,推动我国冶金运营服务向更高水平发展"的国家责任。

在1985年宝钢一期工程投产后,受技术和工艺的制约,炼钢产生不能得到充分利用的废渣,曾堆积达到数百万吨,形成一座座"渣山",不仅占地面积大,还对空气和地下水造成了污染。中冶宝钢想业主之所想、急业主之所急,主动请缨承包了宝钢钢渣处理作业,从此便走上了漫长而艰辛的冶金渣综合利用之路,成为宝钢炼钢三十多年来无忧生产的坚强后盾。16年来,中冶宝钢公司累计为宝钢实现钢渣返炼钢620万吨,节约成本至少30亿元,发明出一系列独家配方和工艺,以钢渣为原料生产出"粉、砂、砖、土"四大类产品,特别是以"中冶环工"为品牌的生态型钢渣透水路面产品,成功解决了高强度与高透水性兼容难的行业难题,先后在上海世博园区、上海迪士尼旅游度假区、中国首届进口博览会等重点工程和多项市政工程上累计用量达到200万平方米,受到一致好评,完美实现了将宝钢的废弃钢渣"吃干榨尽"变废为宝,为我国的钢渣治理探索出一条切实可行、与时俱进、绿色循环的经济之路,成为冶金领域变废为宝的开路先锋。

五、实践成效

(一)精准施策,用"格栅工艺"消灭落锤车间

中冶宝钢一期工程投产初期,炼钢产生的废钢渣刚从炉子里排放出来时,是温度高达几百度的固态炉渣和少量熔融状态钢水的混合体,其中的固体炉渣有大有小、含铁量也有高有低,如何安全、高效、精准地进行区分处理,成为"吃干榨尽"的首要难题。

经过深入调查,研究人员将炼钢产生的渣子分成铸余渣和钢渣两类。其中铸余渣排放量约占钢产量的1%—2%,总量少但含铁量高,普遍在30%左右,适当处理后可返回炉子炼钢。因其经常呈现大块的外形尺寸,被工人们形象地称为"渣钢坨子",必须先进行破碎处理,变成小块后才能返回炉子炼钢。之前对其进行破碎作业普遍采用的方法就是落锤破碎法,顾名思义就是把重达数吨的大铁球举升到数米的高度,在重力作用下凭借自由下落的巨大冲力砸碎"渣钢坨子",重锤的每一次下落都仿佛一次小规模的爆破,不但现场扬尘漫天、声音巨大,被砸碎的钢渣颗粒还以极快的速度随机飞向周围空间,破坏力可与子弹相"媲美",经常把密闭厂房的屋顶打出孔洞甚至直接掀翻,不但能耗高、效率低,而且作业危险性极高。据当时居住在宝钢厂区附近的居民回忆,他们在家中时常就会听到破碎作业的轰天巨响。

中冶宝钢研究团队经过论证,最终确定在铸余渣处于高温熔融状态时用网格状器具对其进行小块化分割,是能耗最低、效率最高和最安全的工艺方案。研发团队先后尝试了钢板、耐火材料等多种材质作为此项工艺的关键设备网格状分割器具——格栅的原料,但都因为成本和掺杂度等因素以失败告

终。就在项目进度接近停滞的时候,研发人员从"相似相溶"的化学原理出发,创造性地提出"以渣治渣"的思路,用铸余渣为原料生产出混凝土再加工成格栅,成功将大块铸余渣分割成平均直径在10厘米以内小块固体,圆满解决了用其他材料制作格栅造成的杂质浓度干扰问题,标志着格栅工艺的成功诞生。

格栅工艺推广使用后,成功取代了作业危险性极高又污染环境的落锤破碎工艺,实现了铸余渣的安全、高效返炼钢的生产目标,近16年来累计为宝钢实现钢渣返炼钢620万吨,节约成本至少30亿元。原来的落锤车间不见了,在厂区附近居住的居民也听不到轰天巨响了。由于现场应用效果良好,此项工艺也成了目前国内同行业广泛采用的解决方案。

(二)变废为宝,把废弃钢渣变成环保建材

炼钢产生的钢渣排放量约占钢产量的10%—15%,总量大但含铁量很低,只有5%左右,没有返炼钢的价值,无法二次参与冶炼,是炼钢产生的真正废弃物。20世纪80年代,行业普遍做法是将其用作路基的回填料,但因其本身金属氧化物含量较高,被填埋后在一定温度和压力下经常会发生膨胀现象,进而导致路面表层开裂,影响道路寿命,被大多数公路项目"拒之门外",二次利用受到极大阻力。1985年宝钢一期工程投产后,废弃钢渣曾一度堆积形成一座座的"渣山"。不仅占地面积大,还对空气和地下水造成了污染。据不完全统计,全国钢渣累积堆存近10亿吨,综合利用率却只有30%,而美国、日本、德国等发达国家可实现95%以上的利用率。

为了探索改变我国炼钢尾渣利用率低的状态,实现钢渣的变废为宝,中冶宝钢成立了冶金渣综合利用技术研究中心,设立了国家计量认证的钢渣实验室,发明出一系列独家配方和工艺,以钢渣为原料生产出"粉、砂、砖、土"(钢渣微粉、钢渣特种型砂、钢渣透水路面砖、钢渣重混凝土)四大类产品,特别是以"中冶环工"为品牌的生态型钢渣透水路面产品,整体强度较普通透水路面产品高20%以上,透水率也达到了国家标准的2.5倍,成功解决了高强度与高透水性兼容难的行业难题,是海绵城市建设的理想用材。先后在上海嘉定新城建设、上海世博园区、上海迪士尼旅游度假区、中国首届进口博览会等重点工程和多项市政工程上累计用量达到200万平方米,并受到一致好评。2013年被列为上海市资源利用行业首批节能产品,2016年入选住建部首批《海绵城市建设先进适用技术及产品目录》。

(三)绿色循环,钢渣综合利用产品硕果累累

(1)初露锋芒,走进"世博会"。2009年在上海世博园区建设指挥部的会议室内,曾经围绕世博园内透水、透气的人行步道到底是采用日本成熟的材料敷设,还是采用由中冶宝钢生产的"中冶环工"生态型钢渣透水产品敷设,产生了热烈的讨论。在经过性能参数对比、样品取样验证、技术沟通交流等多轮比较和反复论证后,最终"中冶环工"品牌生态型钢渣透水产品以其更高的透水效率、更好的抗压抗折强度和更有竞争力的产品价格取得了完胜,一举拿下了上海世博园区60%以上的透水、透气路面订单,中冶宝钢的环保产品也首次借助政府明星工程在全世界人民面前闪亮登场。当时,国家尚未大规模推行海绵城市建设,尤其是国内自主研发生产的同类透水产品更是凤毛麟角。

(2)登陆"进博会",成为明星产品。从2018年开始,由中冶宝钢公司生产的"中冶环工"品牌钢渣透水混凝土和钢渣透水路面砖产品作为海绵城市建设透水路面的理想用材,成功登陆我国首届进博会配套市政工程,连续3年作为"进博会"配套景观道路改造工程中的路面铺设材料,先后在"进博会"展区及虹桥机场周边的虹桥路、仙霞西路、天山路、新华路、长宁路、北临空等近20条人行道路进行铺设,总面积累计达40余万平方米,超过长宁区市政透水路面改造总量的85%,为全面提升虹桥地区景观环境,营造"绿色、优美、繁华、整洁、和谐"的城市环境提供良好助力。2019年11月2日,中共中央总书记、国家主席、中央军委主席习近平在出席第二届进口博览会前夕,曾到黄浦江边实地考察杨浦区滨江公共空间，调研上海城市公共空间建设。这片公共空间一步一景，使用了约 4000 平方米来自"中冶环工"的钢渣透水混凝土，具有耐候性强、抗压强度好、地面环保可渗水的特点，构筑成一个海绵城市环境，自 2016 年使用至今仍保持良好的路用特性。

如今，中冶宝钢以废弃钢渣为原料生产出来的系列新型环保建材，已经能够完美实现将钢厂的废弃钢渣综合利用变废为宝，为我国的钢渣治理探索出一条切实可行、与时俱进、绿色循环的经济之路，在城市建设、路网改造中累计应用超过 240 万平方米。中冶宝钢也依靠这项绝技，成功治理了当年困扰宝钢的一座座"渣山"，取而代之的是成片的绿树和茵茵的绿草，宝钢也因为厂区环境优美，被誉为国内钢厂清洁生产的典范，享有"花园钢厂"的美名。

案例创造人：王振智　刘国威　章程

诚信为本　逐梦绿色高质量发展

中冶华天工程技术有限公司

一、企业简介

中冶华天工程技术有限公司是世界500强企业——中国五矿和中国中冶旗下重要骨干企业，是中国钢铁工业建设开拓者和主力军，其前身是成立于1962年的"冶金工业部马鞍山钢铁设计研究总院"。中冶华天传承和发扬近60年"艰苦创业、圆梦钢铁、改革创新、追求卓越"的企业文化精神特质，致力于建设成为"科技强院、经济大院、品牌名院"。

中冶华天是钢铁冶金建设与运营服务全流程国家队，是以科研、设计为龙头的城市与产业发展系统解决方案提供商，是工程项目投（融）资、咨询、规划、设计、建造、运营等全生命周期服务商，致力高新技术、智能管理服务和为业主提供产业绿色化服务。在中冶集团"做冶金建设国家队、基本建设主力军、新兴产业领跑者，长期坚持走高技术、高质量发展之路"战略定位下，中冶华天坚持深化改革，注重创新驱动，充分发挥工程设计综合甲级EPC总承包能力，主营业务已从单一的钢铁冶金设计发展成为以钢铁冶金业务为主体，以环境、环保和房建市政与康养融合业务为两翼的"一体两翼"三大主营业务及全过程、全产业链咨询与监理，设备制造，智能化建设，新能源四多元的业务发展体系；资质体系已从单一的冶金行业甲级设计资质发展成为具有国家最高等级的工程设计综合资质（甲级）等类别齐全、专业多样的31项资质。

中冶华天已形成马鞍山、南京跨地域发展新格局，公司职能管理层面设有17个职能部门，负责战略引领和职能管控；业务层面有12个生产经营单位，负责公司核心业务的经营和管理。拥有中国中冶水环境技术研究院、中国中冶康养产业技术研究院；设立钢铁技术研究院、节能环保研究院、水环境技术研究院、康养产业技术研究院、"互联网+"技术研究院、智慧城市技术研究院等7个二级研发机构，负责公司重大战略核心技术和产品的研发。公司现有从业人员2200余人，其中硕博研究生占比39.7%，高级职称以上人员占比32.9%，各类执业资格人员350余人。

近年来，公司新签合同额、营业收入等指标均稳步增长。2021年全面完成各项经济指标，市场签约111.41亿元，营业收入45.54亿元，利润实现0.69亿元，经营活动现金流1.31亿元。

二、诚信发展

经过60年发展，一代又一代华天人怀着爱国之心、报国之情，以艰苦创业为荣、以中国钢铁为梦，一路拼搏、一路前行，用初心、信念和坚守，写下"钢铁报国"和"科技报国"的崭新篇章。中冶华天始终坚守冶金建设国家队的历史使命，沉毅勇扛新兴产业领跑者的时代担当，大力发展"一体两翼"四多元发展业务凝心聚力，奋发作为，为实现绿色高质量发展，持续擦亮"中冶华天，绿色明天"品牌奋勇前行。

公司全员始终坚持"诚信为本、创新致远"的企业价值观，诚信为本是我们永恒的服务宗旨，创新致远是我们坚持的发展信条。"诚信为本、创新致远"是中冶华天始终如一的价值取向和行动路径。坚持诚信办企，诚以待人、重信守诺、担当笃行，将诚实守信作为企业立身处世的根本原则。坚持创新发展、解放思想、实事求是、开拓进取，把勇于创新作为企业行稳致远的不竭动力。

三、实践成效

（一）发挥党的核心领导作用，打造最可信赖的依靠力量

国有企业是中国特色社会主义的重要物质基础和政治基础，是我们党执政兴国的重要支柱和依靠力量。自中冶华天新领导班子上任以来，始终把加强党的建设作为企业发展的头等大事，充分发挥国企的独特优势，经营业绩、主业发展、企业形象和员工精神面貌焕然一新，闯出了一条绿色、高质量发展的新路。

2021年，中冶华天紧紧围绕党史学习教育和"中央企业党建创新拓展年"两条主线，深入学习贯彻习近平新时代中国特色社会主义思想，十九届五中、六中全会精神和习近平总书记重要指示批示，认真贯彻落实党中央决策部署和集团重点工作安排，突出庆祝中国共产党成立一百周年主题，感悟思想伟力，强化党的政治建设，推动党建工作向基层纵深拓展，推动党建工作质量不断提升，推动党建工作与生产经营工作深度融合，真正在学思践悟、治理协同、双向共促方面见实效。

站在"两个一百年"奋斗目标历史交汇点，中冶华天立足新发展阶段，精准谋划、找准定位，坚定"一跨、二最、三院、四高""四五"规划的战略目标，以"管理提升年""安全强基年"为抓手，深化改革、苦练内功、整治"顽疾"，以市场为龙头，抓实抓牢项目精细化管理，向管理要效益，奋力攻坚、挂图作战、拼搏进取，全面完成各项经济指标，以"四五"规划创新开局。

（二）树立正确工作导向，力促企业发展行稳致远

发展才是硬道理。面对复杂的内外部形势和新冠肺炎疫情影响，钢铁市场项目锐减、市场开发困难重重。中冶华天负重反击，及时扭转局面，果断调整营销思路，树立"生而优则'市'"的理念，明确"冶金项目突围、房建市政项目突击、新型产业（新能源）项目突破"的营销观念，确立"七要七不要"的市场营销路径。市场业务重振信心、开足马力、力排万难、实现逆势突围。

守牢冶金主业，钢铁业务新签合同额27.7亿元，占新签合同24.87%，签订玉昆钢铁热轧带钢项目——国内首个高架式QSP连铸连轧带钢生产线，河北鑫达烧结项目——近5年来承接最大平方米烧结总承包项目，以及玉昆钢铁、马钢C号烧结机烟气脱硫脱硝项目……南京电气公司钢铁冶金业务三电合同总额也创下了历史新高。拔高非钢产业，房建市政与康养融合业务成效显著，新签合同额61.8亿元，安岳县老旧小区改造项目、高密临港新城项目、九华山芙蓉里田园康养度假区总承包项目……环境、环保市场催生新活力，努力克服水务业务整体划分的过渡期，积极转变市场营销的业务结构，水环境业务领域更加广泛，涵盖污水处理厂、水利项目、水环境治理、尾水湿运营维护多个类型。走出去步伐坚韧有力，全球疫情冲击之下，长期追踪的海外项目搁浅停滞，海外市场营销人员不屈不挠，另辟蹊径，以服务换项目，签订了德信钢铁、印尼金瑞新能源、阿曼型钢、津巴布韦等合同，备件合同额取得历史新高，较去年同比增长了223%。

（三）强化技术引领支撑，筑牢发展竞争力

中冶华天持续提高自主创新能力，围绕"一体两翼"，组织开展关键核心技术攻关，积极承担国家重点研发项目，促进技术与市场的深度融合，支撑公司绿色高质量发展。2021年新申请专利234项，

其中发明专利申请 121 项；新授权专利 159 项，其中发明专利 44 项。六项科技成果通过中冶集团组织的科技成果鉴定，两项为"国际先进"水平，四项为"国内领先"水平。

强化冶金建设国家队的技术担当。成立"冶金建设国家队"建设工作领导小组，举全华天之力开展关键核心技术攻关，进一步夯实在"棒线型"领域的技术优势和市场优势；抢抓"双碳"发展机遇，成立"双碳技术研究中心"，明确目标任务，确保"碳中和、碳达峰"领域占据一席之地。《热轧棒型材车间智能化关键技术》成功入选中冶集团"181 攻关计划"首批课题，夯实了第一梯队热轧棒型材地位；成立中冶华天—东北大学长型材智能制造联合创新中心，加快推进第一梯队智能化业绩培育和建设；大力推广"南京长材智造中心"数字化展厅和装备制造（中试）基地建设，擦亮冶金建设国字招牌。

提升科技创新能力和水平。加快科技成果转化，推动专有设备转化制造工作，废钢切割移动除尘罩、烧结台车加油小车和耐负荷冲击的城镇排水一体化处理装置出样；多项钢铁冶金智能化、绿色化研发成果，水环境研发技术被广泛应用于项目中；完成了国家企业技术中心、江苏省建筑企业技术中心、安徽省企业技术中心复评工作，"二段控轧及轧后控冷生产螺纹钢的工艺"获安徽省第八届专利奖银奖，"小型复杂断面型材智能化高速码垛关键技术及装备开发"获冶金科学技术奖三等奖；参与承担国家重点研发计划"长江黄河等重点流域水资源与水环境综合治理"。

（四）持续提升项目管理，推进项目诚信履约

2021 年，中冶华天在建项目 80 多个，合同额约 150 亿元，面对建材大幅涨价、新《安全法》实施和疫情带来的冲击，公司全年召开 23 次生产例会，加速项目精准决策、问题快速解决；围绕精细化管理，推动项目经理契约化管理，提高全周期项目履约创效能力；组织项目管理集中培训和项目现场实地观摩考察，扩展延伸学习途径，加速项目管理专业人才培养；创新设计进度考核管理，提升工作效率，完成设计图纸量较 2020 年同期增长了 12.4%，实现项目保履约、保效益、树品牌。

坚持"客户至上"理念，围绕服务保障社会民生需求办实事，充分发挥水环境治理、房屋市政建设等方面的技术优势，集中力量、合力攻坚，全力推进水环境治理、学校、医院、安置房等民生工程建设，助力地方政府解决群众关心和关注的痛点、难点、堵点问题，以为民谋利、为民尽责的实际成效取信于民。

马鞍山中心城区水环境综合治理 PPP 项目是关乎马鞍山百姓福祉的重要民生工程。针对项目点多、面广、量大、工期紧、要求高等特点，中冶华天咬定目标，汇聚全公司和参建各方精干力量，以高度的使命感、责任感和"不破楼兰终不还"的干劲，快速高效推进项目建设。工程设计和项目管理人员下沉现场，摸排 16 个水系、71 条河道、53 个入河雨水排口、10 座排涝泵站、1050 千米市政雨污水管网情况，有序推进如意沟上游综合整治、东湖和南湖综合提升、污水厂尾水疏浚排放、片区雨污分流等项目，以实际行动践行"两山论"和"长江大保护"战略，还诗城百姓绿水青山。

继毛坦厂中学东城校区等四所学校 57 个班级、1710 名中小学生先后入驻宽敞明亮的校舍求学以后，六安市金安区六所公办幼儿园新建项目在春节假期后即吹响复工冲锋号，确保了六所幼儿园全部如期开园，向金安区人民群众和六安市政府递交了满意答卷。

滁州市来安水环境综合治理项目是来安县采用 PPP 模式实施的首个全区域、全流域水环境综合治理工程，完成了陈郢河护岸平整及混凝土浇筑，交通桥具备通车条件，河道具备通水能力，实现了内城河道水质监测装置安装调试，污水处理开始商业运营并符合预期，能够有效解决内涝现象，提高全域防洪能力，改善全域水环境，提升新老城区"颜值"，生态效益和社会效益突出。

安岳县第三人民医院项目、老旧小区配套基础设施建设项目是四川省资阳市安岳县重要民生项目，也是中冶华天融入国家"西部大开发"的重要项目，施工管理人员克服违建拆除、设计变更、突如其来的疫情影响等诸多不利因素，推进项目顺利实施，进度、安全、质量总体受控。

淮安市和平镇清江浦区农民群众住房条件改善及新型农村社区建设改造工程对推进民生建设、提高乡村农民群众生活幸福感具有重要意义，一期改造工程已经完工，被评为"淮安市标化工地"，入选江苏省特色田园乡村名单。

（五）深化群团工作，建设改革创新发展的和谐氛围

中冶华天高擎"三面旗"，办好职工群众牵肠挂肚的民生大事，用心用情解民忧、纾民困；持续开展各类慰问活动，关注员工身心健康；让企业发展成果惠及员工，提升员工获得感、幸福感和安全感，深种"我爱华天"的心锚。

提高职工食堂工作餐补贴标准，改变餐食配置模式，由统一配置饭菜改为职工自己选配，提高员工就餐质量；南京办公园区职工宿舍屋面漏水、墙面渗水，已完成防水层保温层铲除并重新铺设，改建园区篮球场，彻底解决地面破损问题，方便员工开展活动；关心离退休职工生活，"七一"前夕看望慰问离退休老职工，颁发"光荣在党50年"纪念章，做好退休职工转移到地方社区管理的衔接工作，赢得退休职工认可和支持。

关注境外项目疫情防控和员工生命健康安全，落实防疫和安防职责，完善应急预案，加强安防演练，联系大使馆解决境外员工疫苗接种问题，做好境外员工心理辅导，开展"为境外项目送温暖"活动，关心关爱境外员工家属，解决境外员工后顾之忧。坚决筑牢疫情防控源头"防火墙"，公司全员新冠疫苗接种率达96%，海外员工接种率100%。在南京突发疫情时期，坚决把员工生命健康安全置于首位，与属地政府协作开展联防联控，为员工安排六轮核酸检测专场，检测3525人次，组建青年志愿者团队支援基层政府疫情防控，展现央企社会担当，获得地方政府好评。主动肩负五矿集团疫情防控南京指挥部总指挥单位职责，担当作为和协调能力得到中国五矿和中冶集团充分认可。

始终肩扛央企职责，把履行社会责任融入自身发展血脉，主动担负项目所在地脱贫攻坚等民生实事，定点帮扶马鞍山市含山县昭关镇大宣村、六安市木厂镇孟岗村和三十铺镇松林村等贫困村，落实专项资金开展产业帮扶，以福利采购实施消费扶贫，27名党员干部一对一结对帮扶贫困户，一系列帮扶举措攻坚克难、不负人民，让人民群众得到实惠，推进巩固脱贫攻坚成果与乡村振兴有效衔接，荣获马鞍山市"脱贫攻坚先进集体"荣誉称号。

案例创造人：田野 李玮 潘冬 郭世星

完善业务板块信用体系　筑牢企业诚信经营基石

——以农民工实名制和工资支付监管体系建设为例

中冶建工集团有限公司

一、企业简介

中冶建工集团有限公司（以下简称中冶建工）是集投资与建设为一体的综合性企业集团。是中国五矿的重要骨干子企业，迄今已有50余年历史。

作为西南地区首家"四特六甲"资质企业，中冶建工现拥有建筑工程、市政公用工程、冶金工程和公路工程四个施工总承包特级资质；拥有建筑行业（建筑工程）甲级、建筑行业（人防工程）甲级、市政行业甲级、冶金行业甲级、公路行业甲级、工程勘察专业类（岩土工程）甲级六个甲级资质；拥有机电工程施工总承包一级资质和桥梁工程、钢结构工程专业承包一级资质。能提供从工程的规划勘察设计到工程的全面组织实施，向用户提供"交钥匙"的全过程施工管理和服务。

中冶建工致力于先进施工技术、施工工艺的研发和应用，拥有155项核心技术、2449件专利授权，68项科技成果经过省部级鉴定，获国家级及省部级工法76部，其中国家级工法5部，获批国家级博士后科研工作站，通过国家高新技术企业认证。

中冶建工以管理和技术为支撑，积极参与民生工程、市政交通工程、高新技术厂房和新兴产业项目等重点工程项目建设，已在全国各地创造了近300项国家、省部级优质工程，先后七获鲁班奖、五获国家优质工程奖、两获詹天佑大奖、十获中国钢结构金奖。连续多年被评为重庆市纳税50强暨纳税信用A级企业，连续十八年位列重庆100强企业前列，多次荣获全国优秀施工企业称号，获AA+主体信用评级，为中国建筑业AAA级信用企业。

二、以诚信理念为矛，击穿企业业务管理痛点

长期以来，劳务分包队伍管理粗放混乱、农民工讨薪问题频发，一直是工程项目建设管理中的"老大难"，在损害农民工权益，危害社会安定的同时，也对施工企业的项目进度，以及企业的诚信形象产生了诸多不良影响。

中冶建工紧跟国家政策部署，直面管理"痛点"，从自身的管理实际出发，充分发扬"团结、创新、诚信、务实、自强"的企业精神，坚持践行"诚信为本"的企业经营理念，在实践中摸索出一套以和谐劳动关系为导向、相对完备的农民工实名制管理和工资支付监督管理体系，有效防范拖欠农民工工资的风险，维护企业重信守诺的诚信形象，为企业的诚信建设筑牢基石。

三、以业务板块信用体系建设为盾,为企业诚信经营保驾护航

(一)从合同签订到农民工退场的全流程闭环管理

1. 任务分解,各职能部门联动,公司管理流程形成闭环

(1)成立以党委书记、董事长为组长,人力资源和工程分管领导为副组长,项目管理部、人力资源部、办公室、经营预算部、财务管理部等职能部门负责人为小组成员的工作领导小组,统一领导公司农民工相关管理工作,制定相关管理制度,保障农民工工资按时足额支付,处理农民工工资相关事宜。工作小组的建立将公司所有职能部门全部纳入农民工管理的工作体系,扩大了监督和执行的范围。

(2)出台相应制度,在各业务节点明确部门职责,从项目承接、合同审查、分包考察、合同签订,到项目实施、过程考核、完工评价等每个环节,均有相应职责部门对农民工相关管理事项进行科学严格地把控:市场开发部门严把项目"入口关",负责与建设单位在工程施工合同中,约定保障农民工工资支付责任和要求的条款;合同预算部门负责将公司农民工实名制和工资支付管理的具体要求形成合同条款,纳入分包合同;财务部门负责农民工工资的专用账户管理;招标中心负责将由公司审定的含有农民工实名制与工资支付管理要求的招标文件标准范本纳入日常招标活动;科技信息部门负责为建立农民工实名制信息管理平台提供技术支持;人力资源管理部门负责特种作业人员持证上岗管理;项目管理部门负责农民工实名制管理、工资支付的日常管理,及农民工三级安全教育培训;法律部门负责做好涉及农民工实名制与工资支付管理相关法律事务,并为农民工提供相应法律服务;审计部门负责农民工实名制和工资支付管理中的审计管理工作及对相关重大事项开展专项审计工作;办公室、党群等部门负责农民工监管有关的信访、维稳、宣传、党群等工作。

2. 多措并举,项目施工建设过程管理形成闭环

中冶建工明文规定,项目部需设立劳资专管员,在施工建设过程中,专门负责农民工实名制和工资发放的管理工作,监督分包企业的农民工工资发放工作。施工现场农民工管理要以农民工花名册为基础、以日常考勤为依据、以工资分配明细为结果,利用信息化手段和线上管理平台,落实到人,确保三个表里的人员完全一致、工资明细符合逻辑,形成闭环管理,确保农民工工资分配和发放的准确性、真实性和及时性。

凡是新进场的分包企业,劳资专管员需第一时间对其劳务员进行农民工实名制和工资支付管理具体管理要求的工作交底:(1)在农民工入场时应及时收集基本信息,形成动态花名册,实时掌握现场农民工基本信息;(2)需按月收集考勤表,及时掌握农民工出勤动态;(3)依照现场人员和考勤结果,通过考核分配,核算每名农民工的工资,编制《农民工工资发放明细表》。表中完整填写农民工姓名和银行账户、应发和实发工资金额、预支金额及代扣款等信息,并由农民工本人核实签字;(4)依照农民工工资分配,编制《农民工工资汇总表》,按班组汇总应发和实发工资总额,由班组长本人签字确认;(5)劳务员对拟发放的月度工资资料进行逐一检查,确保花名册、考勤表和工资明细三表完全一致,且工资表计算方式与劳动合同约定一致,由分包企业劳务员、现场负责人签字确认后提交项目部。

项目部劳资专管员需每月及时收集相关纸质资料并存档,并将分包企业提供的月度工资表和考勤表对照花名册、劳动合同进行再次审核,确保工资资料的真实性及完整性。

(二)将农民工实名制及工资支付管理嵌入公司考核评价机制多维度考核奖惩

除出台文件规定管理流程和部门职责外,公司还进一步细分职责,将农民工实名制及工资支付管

理纳入公司的考核评价机制，从部门到个人，从总部到二级单位再到项目部，指标层层分解，同时也对分包企业明确了诚信履约奖惩制度。借助公司的考核评价体系，进一步夯实农民工实名制及工资支付管理工作，用诚信筑牢公司发展之基。

1. 嵌入对项目部的过程考核

根据精细化管理的有关要求，公司以月为单位，针对项目管理过程中的各项基础工作和重点工作设置考核指标，组织对项目部的过程考核。农民工实名制和工资支付管理是过程考核的重要组成部分。先由项目部对照考核要求自纠自查，再由各相关单位组织职能部门进行月度检查，对照《农民工实名制和工资支付管理检查考核评分表》中的各项指标进行打分，评分表和通知单均需由检查人员和项目经理共同签字确认。各单位根据项目部得分评价其农民工实名制和工资支付管理工作是否合格，考核结果与项目部所有管理人员的考核工资挂钩。通过薪酬激励，倒逼项目部各层级加强农民工相关工作的监管力度。

2. 嵌入对机关各部门的主要管理目标考核

公司年初对机关各职能部门下发主要管理目标并进行年度考核，给农民工实名制和工资支付管理负主要责任的部门设置管理考核指标，考核分数与部门全体人员绩效工资挂钩。

3. 嵌入对二级单位年薪人员的管理目标考核

公司年初对各二级单位下发主要管理目标并进行年度考核，考核分数直接影响年薪收入。对因农民工实名制和工资支付管理不规范等受到当地政府行政处罚或者通报批评的，在管理目标考核中予以扣分，对重庆地区诚信综合评价建设考核排名前三名的在年度管理考核时予以加分。通过考核激励的形式，调动其落实管理制度的积极性、主动性。

4. 嵌入对分包企业的履约考核及失信惩戒

公司为加强对分包商施工全过程的管理与服务，设置"劳务用工工资管理"指标，由项目管理部对分包企业农民工管理工作的履约情况进行考核，并建立分包企业农民工工资拖欠惩戒"黑名单"。上了失信名单的分包企业公司将不再与其合作；与之相对应的"红榜"内的优秀分包企业，则是公司优先考虑的合作对象。

同时，依据公司文件规定，若分包企业存在拖欠或克扣农民工工资等一系列文件规定的失信行为，项目部可依据分包合同责令分包企业限期整改、责令停工，并承担没收履约保证金、解除合同、清退出场等违约责任，构成违法的，经项目所属单位同意后报政府部门处理。

（三）借助信息化手段赋能农民工诚信管理

公司全力搭建并推广"轻筑云"智慧工地系统，建立了从项目到二级单位再到公司总部的三级监管体系，利用信息化手段，让现场管理更经济、高效。

农民工管理系统是其中的重要子系统，涵盖农民工入场时的实名登记、离场记录、合同管理、日常性的违规违纪管理、黑名单管理、安全教育管理、监控服务、考勤管理、工资管理，以及系统分析类的劳务组织结构、报表查询等板块。首先通过安装考勤识别系统，用信息化设施代替手工考勤，用身份证识别器代替手动填写花名册，用信息化手段加固农民工实名制和工资管理闭环的同时，提高管理效率，提升公司整体管控能力；其次建立了线上农民工黑名单，与分包企业"红黑榜"双重作用，为公司农民工管理的诚信体系立起更坚固的保护屏障。

四、农民工实名制和工资支付监督管理体系实践成效

（一）提高管理意识，进一步规范生产秩序

中冶建工通过创新农民工现场闭环管理模式及多维考核模式，开辟了农民工管理新思路，通过业务规范、履职要求、薪酬分配等综合激励机制，将个人目标与组织目标紧密联系在一起，进一步提高了职能部门、二级单位负责人、施工现场管理人员包括分包企业管理人员对开展农民工相关管理工作的重视程度和紧迫感，规范了管理行为和现场生产秩序。

（二）与分包企业在诚信管理上实现互利共赢

农民工实名制和工资支付管理体系的建立，将公司农民工管理以及对分包企业的延伸管理纳入了公司精细化管理模式中，能在进一步完善公司管理制度体系的同时，大幅降低劳务分包企业由于自身实力不足或对履约计划缺乏管理带来的用工风险和管理风险，降低对公司诚信形象的"误伤"。同时对分包企业的履约考评、"红黑"榜单、惩戒机制等一系列延伸管理措施也在一定程度上建立了对分包企业的约束机制，互利共赢，实现公司农民工管理工作提质增效，分包企业诚信经营不断向好的良性循环新局面，体现国企担当新思路。

（三）构建和谐劳动关系，树立企业诚信品牌

农民工实名制和工资支付管理体系的建立，极大地改善了公司施工现场管理秩序，新的管理模式提高了管理效率和管理质量、保障了农民工的合法权益、减少了劳务纠纷，让农民工不再"忧薪"，获得了现场农民工的广泛认可和好评，构建起了和谐稳定的劳动关系。

五、结语

中冶建工在经营发展过程中，始终跳动着"诚信经营"的脉搏，通过制度创新和管理手段创新，逐步搭建起了相对科学有效的农民工实名制和工资支付诚信监督管理体系，在施工现场积极履行总承包企业的监管责任，在规范自身诚信行为的同时，也积极将诚信的因子向下游合作单位扩散，营造了诚信和谐的合作氛围、构建了和谐的劳动关系，得到了建设主管部门、合作企业和全社会的认可，树立了良好的诚信品牌形象，推动了企业的可持续发展。

在今后的发展过程中，中冶建工将继续秉持"用户至上、诚信为本、全员经营、追求第一"的经营理念，紧跟政策步伐，创新管理思路，不断推动公司信用体系建设，为企业的良性、健康、可持续发展提供坚实的制度基础。积极发扬国企担当精神，争做企业信用制度建设的排头兵和守护者，继续用我们的诚信、智慧和追求塑造更多的时代精品工程。

案例创造人：田贵祥　李国润　郑淼

积极践行国企社会责任　彰显诚信担当

国任财产保险股份有限公司

一、企业简介

国任财产保险股份有限公司（以下简称国任保险）充分借力深圳"双区驱动""双区叠加"地缘优势，始终坚持"夯基础、优结构、深改革、实创新"的经营思路，恪守诚信经营、践行担当使命、服务社会大局；不忘初心使命、回归保险本源；保护生态环境、促进和谐共生。公司本着"至诚、至善、至精、至美"的服务理念，积极发挥国企先进示范引领作用，在信用管理、社会信誉、社会责任感、可持续发展等方面，营造良好的信用环境，彰显国企的社会责任与诚信担当。

二、支持中小微企业复工复产

国任保险创新开发出"线上融资额度保险再担保""保险加速知识产权质押融资""保险增信小微企业无还本续贷"等多种业务模式，为深圳科技企业提供巨额资金保障。

疫情期间，国任保险积极支持中小微企业复工复产，创新推出"线上融资额度保险再担保"业务，与市财政局下属的融担基金以及微众银行合作，服务小微企业4万户次，承保金额达到40亿元，真正实现了受益企业范围广、零成本负担的目标。

助力中小微企业融资方面，公司通过开展信用保证保险业务助力中小企业解决融资难问题。一是与平安产险合作共保业务，为银行或信托放款的小微企业经营性贷款提供增信，累计已承保放款金额1723943.50万元，解决了超过6万户小微企业主的资金周转难题；其中2021年承保放款金额1151602.20万元，承保放款39100笔。二是与多家地方性金融机构合作提放保业务，2021年累计为578户中小微企业主提供抵押经营贷款提放业务的增信服务，累计承保金额180270.20万元，解决小微企业燃眉之急。

同时，国任保险继续做深做大科技贷及知识产权质押融资保证保险业务模式，截至2021年12月末，国任保险科技贷已承保企业数59家，保额融资金额约2.46亿元，其中知识产权质押融资40笔，质押融资金额1.62亿元。

三、创新绿色保险产品和服务

国任保险充分发挥保险的风险保障、社会治理、资金融通三大功能，积极探索绿色保险支持绿色产业的新路径。

（1）在生态环境领域。近年来国任保险为助力生态环境保护提供风险保障金额超过30亿元，主要包括以下两个方面：①在船舶油污责任险业务经营方面，2019—2021年国任保险已经累计有9家机构为超过180个客户提供船舶油污责任险保险服务，提供的保障额度达到26.6亿元；②在环境污染责任险业务经营方面，2019—2021年国任保险已经累计有11家机构为超过240个客户提供环责险服务，提供的保险保障额度达到4.3亿元。国任保险山西分公司于2020年5月成功入围山西省生态环境厅环境污染强制责任保险供应商名录；2021年7月成功入围深圳环境污染强制责任保险供应商名录。

（2）在新能源领域。近年来国任保险共计为光伏发电行业企业提供风险保障金额318.10亿元；为水力发电行业企业提供风险保障金额97.05亿元；为其他能源发电（风电、热电等）提供风险保障金额611.04亿元，提供的产品主要为保障低碳类企业的固定资产和机器设备的财产险和机器损坏险。

四、助力乡村振兴战略实施

2021年是"十四五"开局之年，乡村振兴战略是党中央、国务院关于巩固拓展脱贫攻坚成果，促进农业农村可持续发展的重要战略安排。农业保险作为分散农业生产经营风险的重要手段之一，对推进现代农业发展、促进乡村产业振兴、改进农村社会治理、保障农民收益等领域具有重要作用。

为充分发挥专业优势，助力乡村振兴战略实施，2021年国任保险继续以农业保险为抓手，在产品、服务创新等方面积极探索，不断开拓农业保险新险种、新领域，为协同推进巩固拓展脱贫攻坚成果同乡村振兴有效衔接贡献力量。

1. 农业保险为乡村振兴保驾护航

目前，国任保险已建立起多层次的农业保险产品体系，产品数量逾百款，险种涉及粮食、油料、牲畜、家禽、水产、蔬果、林木七类主要农业产业。截至2021年11月，公司农业保险经营区域覆盖陕西、新疆、山东、山西、湖南等9个省（区）和深圳，全年提供风险保障金额合计约11.60亿元，承保农户户次近2.5万，全年已支付赔款合计逾700万元，为扩大农业保险覆盖面、提高农业保险保障水平、增强农业生产抗风险能力、切实帮助农户灾后恢复生产重建保驾护航。

2021年，除了开展传统大宗粮油作物、畜禽养殖保险和林业保险以外，公司还积极响应国家对农业保险高质量发展的要求，不断探索地方特色农产品保险、天气指数保险、价格指数保险、"保险+期货"、收入保险等创新领域，在河北、新疆、山西、山东、湖南等省（区）试点，开展了生猪目标价格保险、农作物收入保险、生姜种植降雨指数保险、粮食作物目标价格保险、设施农业大棚保险等创新业务。通过不断丰富特色农产品保险供给，为促进地方特色农业发展壮大、助推当地农户实现稳定增收、协同地方政府实施乡村振兴发挥了积极的作用。

2. 涉农保险为乡村振兴添砖加瓦

为进一步拓展救灾渠道，协助地方政府完善救灾机制，有效提高农村住房灾后重建、恢复正常生产生活秩序能力，在地方政府的大力支持下，2021年，公司充分发挥保险机制在减灾救灾工作中的积极作用，承保了陕西省西安市蓝田县、长安区的农村住房保险，提供风险保障金额约2.70亿元，承保户次合计约1.35万户次，为切实帮助农村受灾居民提高灾后重建住房能力、稳定农村社会治理奠定良好基础。

3. 驻村帮扶为乡村振兴锦上添花

为贯彻落实2021年中央一号文件的重要精神和要求，做到"扶上马送一程"，助力产业发展举措的有效衔接，2021年，国任保险陕西分公司驻村帮扶工作全面转入乡村振兴阶段，助力打造镇巴县杨家河镇王家河村"一村一品"发展格局。在杨家河镇脱贫产业发展的基础上，在前期引入的地方草莓种植初步尝试可行的思路上，国任保险继续积极助力培育优势的特色产业，依据当地资源禀赋和市场需求，加快招商引资实现产业兴村强村。2021年9月，国任保险陕西分公司牵头邀请陕西金菇蕈源科技有限公司负责人来镇洽谈，分别考察调研了杨家河镇王家河村、贺家山村、三湾村、简池镇嵩坪村，确定食用菌产业融合项目，计划年投产食用菌20万袋，项目总投资260万元。截至2021年9月底，该项目第一期项目建设已经与贺家山村完成了签约仪式。其他考察村组也在积极筹划土地、棚舍等基础设施资金的准备工作。

2021年，结合驻村帮扶等工作需要，公司还进行防疫物资、农户过冬物资、农业生产物资、救灾物资等方面的捐赠，捐赠金额合计约3.5万元。

国任保险驻村帮扶工作组以地方特色种养产业发展为切入点，多措并举巩固脱贫基础，积极协助地方政府逐步培育壮大新型经营主体，推进农业产业转型升级，通过对新型经营主体的规模和引领作用，不断提高自身发展能力和引领农户脱贫致富能力，为乡村振兴锦上添花，为助力乡村振兴战略实施贡献力量。

五、构建"科技保险生态圈"

国任保险持续深化科技保险生态圈建设，针对科技型企业所处初创期、成长期和成熟期等不同阶段的突出风险与核心诉求提供全方位的保险保障解决方案，助力科技型企业成长发展。

国任保险牵头发起首创知识产权金融服务生态圈，发起方涵盖银行、保险、券商、创投机构、服务机构等知识产权金融业态各参与方，旨在服务深圳2万余家高新技术企业，并以深圳市130多万件各类知识产权为核心，围绕专利、商标、版权资产的价值最大化展开服务，进而将服务模式推广至全国。2020年10月，联盟官网和微信公众号正式开通，线上公共服务平台同步上线运行。截至目前，联盟共有43家会员，其中19家金融机构。由国任主导建设的"深圳市知识产权金融公共服务平台"于2021年4月完成二期建设，目前平台企业会员数已发展至400余家，年内通过平台实现融资金额5500万元。

2021年7月，国任保险联盟联合30家创会会员启动筹备成立深圳市知识产权金融协会，深圳市市监局、市金融局作为协会主管单位。2021年内"联盟"承办各类政府项目、组织多场次的"知识产权质押融资入园惠企"政策宣导及服务推广公益活动，"联盟"先后接待深圳市金融局、市监局、银保监局等多个政府部门的考察和调研，逐渐建立了特色品牌影响力，成为深圳市知识产权金融服务的典范。

未来，国任保险将继续秉持"深耕深圳、服务大湾区、辐射全国"发展战略，践行"以客户为中心"的理念，努力践行国企的社会责任与企业担当，努力建成一家极具价值与活力的科技型保险公司而不懈奋斗。

案例创造人：房永斌　徐志华　邓可

履约践诺塑品牌　以人为本促和谐

中冶建筑研究总院有限公司

一、企业简介

中冶建研院的历史可以追溯到1955年5月，设立在北京三里河的重工业部建筑局始筹备建立的建筑科学研究所（即中冶建研院的前身）。1955年11月，中冶建研院正式批准成立，当时名为冶金部建筑研究院，是冶金部直属的科研院所，主要从事冶金行业的科学技术研究。1999年7月，正式进入中冶集团，成为中冶集团的全资子公司，从此，中冶建研院告别了事业单位的体制，致力于建设现代科技型企业。2016年，中国五矿和中冶集团实行战略重组，同年，中冶建研院企业法人治理结构进行了重要调整，成立了董事会，设立了监事会、经理层，现代企业制度日益规范。

中冶建研院60余年的发展历史，与我国从"钢铁弱国"变为"钢铁大国"再变成"世界第一钢铁强国"的发展历程相伴相生，基本参与了我国所有大型钢铁企业的建设与运行关键环节，是我国钢铁与冶金建设行业最为重要的科技支撑力量之一。新时期，中冶建研院常年活跃于"东北振兴""西部大开发""京津冀协同发展""雄安新区建设""粤港澳大湾区建设""一带一路"倡议等国家中心任务的建设舞台上，在"三峡工程""南水北调工程""北京奥运会场馆建设""川藏铁路工程""北京大兴机场建设"等重大工程中也都能看到中冶建研院的身影，为国家建设和行业进步做出了巨大贡献。

二、组织架构和经营情况

中冶建研院总部坐落于北京市海淀区西土城路，公司设有15个职能部门，负责战略引领和职能管控；中冶建研院构建了"四梁八柱"业务体系，即深耕技术服务、建设与开发、节能环保、新材料4个业务主梁，突出检验检测认证、技术咨询、文旅业务、城市开发、施工总承包、专项工程承包、工业环境治理、新材料8个业务支柱。中冶建研院以科技平台为支撑，重点打造海外地产、城市功能提升、文旅业务、工业环境治理4个特色业务，塑造"MCC Land""中冶检测""中国京冶""中冶环保"4个特色品牌，融入国内国际双循环相互促进的新发展格局。

中冶建研院现有6个委托法人单位、15个全资子公司、7个控股企业、5个参股企业，在上海、深圳、厦门、香港等地均设有分支机构，全院员工4000余人。中冶建研院坚持聚焦科研，依托设立有13个国家级平台、3个国家一级协会、2个国家产业技术创新战略联盟；主办3本科技类核心期刊；拥有2个一级学科硕士学位授予点、1个博士学位联合培养点、1个博士后科研工作站。建院以来，共承担国家级、省部级科研项目900余项，积累2900余项科研成果，获国家级科技奖励105项、省部级科技奖励470余项，编制国家、行业标准500余部，获授权专利1670余件，为国家和行业发展做出了突出贡献。

中冶建研院积极拓展市场开发新版图，生产经营不断取得新突破，营业收入由2016年62亿元增加到2020年96亿元，利润由2016年的2亿元增加到2020年3.5亿元，签订了北京环球影城、新加坡万礼热带雨林公园、新加坡地铁、中天绿色精品钢示范工程钢渣处理EPC项目等一大批重点工程，有力地推动了企业做大做强。

三、诚信经营理念

在多年的发展中,中冶建研院建立了具有行业特征和总院特色的企业文化体系,形成了"敬业忠诚、团结进取、爱国爱院、创新奉献"的企业精神和"科技报国、服务社会、成就员工"的核心价值观。此外,中冶建研院还注重凝练自己在发展中形成的文化观念,形成了十大特色文化理念,其中就包含诚信经营的理念,即"诚信社会为本,客户满意为荣"。

诚信是中华民族的基本美德,也是当今世界市场经济社会重要的道德规范。中冶建研院始终把客户放在第一位,客户满意就是我们的工作标准和追求目标,也是企业的光荣,因为企业的追求永远和客户的利益是一致的。客户提供了市场、带来了利润、给予了机遇,企业只有以客户为中心,急客户之所急、想客户之所想,才能赢得客户对企业的更多信任,企业才能长久发展。

四、决策部署

国有企业是党领导下经济社会高质量发展全局的"顶梁柱""稳定器"和"压舱石"。

2020年伊始,新冠疫情突如其来,中冶建研院党委第一时间响应国家和中冶集团各项疫情防控政策,全面落实疫情防控"四方责任",成立疫情防控工作领导小组,统一部署、统一协调,明确职责分工、压实责任主体,迅速组织全院开展疫情防控各项工作。为应对疫情给生产经营带来的严重冲击,中冶建研院成立生产经营复工工作小组,积极推动复工复产,调研疫情影响,测算经营数据,周密策划、精准施策、统筹推动疫情防控和生产经营。面对复工复产过程中遇到的重重困难,中冶建研院积极调配防疫物资,保障境内外一线物资储备,全面开展复工检查,保障重大重点项目实施,多措并举推动市场开拓,制定履约风险应对措施,加强成本及资金管控,信息化部门和后勤工作部门保障有力。4月份总体实现复工复产,各项业务得以平稳有序开展,切实做到了疫情防控和复工复产"两手抓、两手硬"。

五、实践成效

(一)履约践诺,北京环球影城项目交出完美答卷

北京环球影城是世界上最大的环球主题乐园,对扩大北京形成具有一定代表性的旅游文化、人文与环境高度和谐统一的国际旅游文化产业集群具有推动作用,对促进投资增长,加快构建高精尖经济结构具有重要意义。由中冶建研院承建的北京环球影城标段六项目是位于主入口处充满设计感的好莱坞大道,项目部始终坚持以精湛的技艺、匠心的品质,向世人展现一流的文旅建设专业综合实力。

2020年年初,突如其来的新冠肺炎疫情,不仅打乱了社会经济发展的既有节奏,也极大制约项目的整体工作进程。北京环球影城项目部党支部提高政治站位,发挥基层党支部战斗堡垒作用,把安全生产、稳定发展作为工作首位,为项目建设保驾护航。项目上第一时间成立了疫情防控领导小组,于2020年1月22日着手准备第一批防控物资;在春节期间对生活区进行改造,设立隔离区和观察区;全面开展联防联控工作,科学有效地做好疫情防控工作,确保项目安全规范复工。2020年2月16日顺利通过当地验收允许复工,项目部党支部积极响应公司要求,在坚决做好疫情防控工作的前提下,开

始有序组织复工复产。

在疫情期间，项目部党支部成立了党员先锋岗，党员、积极分子和群众积极加入其中，党员青年志愿者在项目疫情防控一线岗位上连续坚守68天，化身项目守护者。期间，项目部通过拍摄《惊蛰·环球影城项目的一天》，记录疫情下建设者披星戴月的、平凡的每一天。北京环球影城项目部党支部在疫情防控及复工复产工程中的优秀事迹被《中国改革报》报道，并被《人民日报网》《中国网》等转载，项目部荣获中国五矿集团有限公司先进集团称号。

复工复产后，项目部在做好疫情防控的前提下，全力加强项目施工进度建设。2020年6月1日，召开"安全生产月"启动大会，以"消除事故隐患，筑牢安全防线"为主题，帮助员工积累安全知识、提高安全意识；通过强调现场管理责任，巩固现场构建安全监管长效机制，从而有效的预防和减少各类事故发生，确保安全生产形势稳定向好，为项目施工的安全快速推进奠定基础。项目部深入践行习近平新时代生态文明思想，牢固树立"绿水青山就是金山银山"的理念，不断强化环境保护意识，提升文明施工的能力，并于2020年7月2日，顺利通过城市副中心文明施工项目验收。由于北京环球影城项目造型新奇独特，运用技术高新，涉及专业公司众多，每个专业的细微变化便可造成其他专业的联动调整，因此，项目部始终认真对待每个细节问题，无数个挑灯夜战只为实现项目顺利推进。在公司的大力支持下，项目部通过精准、及时、有效的管理，使整体工期以及质量得以保证，在国际重大项目建设中充分展现出专业的项目管理能力。北京环球影城项目部坚持从质量、服务、履约等方面加强主题公园项目建设，以工匠精神先后如期完成了10·31节点目标、全面完成场地开发作业、乔木种植作业，全场单体消电检工作等重要工程节点。2020年12月30日，经过全体员工的不懈努力，中冶建研院环球影城标段六项目率先完成整体竣工验收工作，如约完成既定目标。

（二）优化重组，打造"中冶检测"金字招牌

中冶建研院党委充分认识到品牌创建必须与企业中心工作深度融合，品牌才有价值、有意义，广大党员才能找到抓手、找到载体，党的工作优势才能转化为企业高质量发展的优势。检测认证是资产轻、智力密集和劳动力密集型业务，以中冶建研院各检测认证单位的人员结构和设施条件，单打独斗不利于形成规模，对外也没有统一的品牌，不利于做出影响力，因此必须要将优势资源集中，形成合力发展，才能得到快速突破。

经过合并重组，中冶建研院在检测认证领域的资源和技术优势开始日益凸显。2018年起，中冶建研院开始布局雄安市场，在雄安新区布局建设检测中心，借鉴在深圳前海开展建设工程第三方技术服务的成功经验，致力于将包括质量安全第三方巡查、环境评价、检测与检验、监测及预警、产品认证及装配式建筑结构安全管理等内容的建设工程第三方技术服务引入新区，为新区的安全、质量和环境管理工作提供优质服务。2019年，中冶建研院作为牵头单位接连中标雄安新区南拒马河防洪治理工程水土保持及环境监测项目容城段及定兴段，总中标金额560万元，成为中冶建研院在雄安新区中标的第一个环境监测项目，为今后在雄安新区的市场开发奠定了坚实的基础。

中冶建研院党委通过不断探索，发现党建品牌创建是一个系统工程，不能"日日新"，要在培育中不断完善，与生产经营有机融合，结合企业发展愿景，在基层党支部落地见效，形成"一根主线穿，各自放异彩"的生动局面。中冶建研院检测认证以国家级质检中心为核心，以丰富的业务资源为抓手，谋跨越、树品牌，集聚集团内检测资源，强化内部市场协同，以"中心平台＋分支机构"的模式迅速扩大规模，力争将"中冶检测"打造成全国前十的知名检测企业，开启"1+1>2"模式的新征途。此外，中冶建研院充分利用高层次媒体平台传播力量，着力提升社会及业内知名度，为品牌建设夯实道路。2021年8月，CCTV10《创新进行时》栏目三集连播中冶建研院古建筑检测技术专题纪录片《古长城

上的科技"卫士"》,在社会及业内均取得了良好的反响,中冶建研院检测认证品牌建设再次实现大的突破。

(三)文化引领,打造以人为本的和谐企业

文化是一种境界、是一种温暖、是一种情怀、是一种无形的力量,它将企业员工凝聚在一起,形成企业发展的软实力。中冶建研院注重用文化凝聚人心,并在多年的实践探索中,形成了具有建研院特色的文化理念。2016年以来,中冶建研院先后设立了《建研院大讲坛》、成立梦想艺术团、制作更新宣传片、修订产品手册、升级官方网站、开展系列特色主题活动,与10多家官方主流媒体组建宣传联盟,5年来策划并参与拍摄了央视《远方的家》《走遍中国》《聚焦》《创新进行时》《第一时间》《天下财经》等知名节目,共15期,分别深度报道了企业在海外业务、节能环保、古建检测、主题公园等特色业务,打造企业特色优势品牌,为生产经营工作提供有力的舆论支持。2021年,开通"党群园地"微信公众号,打造党宣专属新媒体阵地;将宣传工作同庆祝建党百年和党史学习教育相结合,策划"荣光百年 永远跟党走"系列主题活动,举办表彰大会和主题文艺汇演,编撰政研论文集,开展庆祝"五一"国际劳动节暨"匠心筑梦"劳模事迹宣传活动,大力凝聚改革发展正能量。

中冶建研院还积极开展消费扶贫工作,动员各级工会组织在集团公司定点扶贫县购买扶贫产品,全面脱贫后依然坚持扶贫政策不动摇,仅2021年消费扶贫金额为160余万。深入落实"我为群众办实事",建立"工会接待日"机制,召开员工座谈会,听取员工心声,解决员工"急、难、愁、盼"的问题。坚持帮扶救助和送温暖活动,近5年来共慰问5000余人次,发放慰问品及救助金60余万元。秉承"年年有安排、季季有比赛、月月有活动"的理念,举办丰富多彩的文体活动。注重精神文明建设,获得国家级精神文明单位称号,并多次获得北京市精神文明单位称号。同时,注重发挥青年团员生力军作用,鼓励支持院团委开展青年创新、"五四"主题团日等活动,不断加强对青年员工的关怀。

案例创造人:于雅凝　李瞳瞳

诚信经营为本　客户满意为荣

中冶焦耐工程技术有限公司

一、企业简介

中冶焦耐工程技术有限公司（以下简称中冶焦耐）创建于1953年，是世界500强企业——中国五矿集团有限公司和中国冶金科工集团有限公司的控股子公司，是技术集成、装备集成一体化的功能完善的国际化工程公司。

中冶焦耐业务领域涵盖炼焦化学、耐火材料、石灰、市政建筑与环境工程、自动控制等，是为用户提供项目规划、咨询、设计、工程监理、设备成套、工程总承包、技术服务等工程建设和运行维护的项目全过程解决方案和服务的科技型企业，是国家级企业技术中心。在中国勘察设计行业"百强"企业排名中，多年位列前二十名。

二、组织架构和经营情况

中冶焦耐现有员工1300余人，作为中国第一支焦化耐火材料专业技术队伍，公司集中了中国焦化、耐火材料与石灰领域大部分技术专家，其中：国家级工程设计大师1人、省级勘察设计大师4人、行业首席专家1人；国家注册工程师300余人；高级技术职称600余人，其中教授级高级工程师289人；工程技术研发、咨询、设计和项目管理人才900余人，人均工作经验超过15年，90%以上的工程师从事过大型项目的设计工作，深厚的工程设计经验也造就了系统集成能力突出的竞争优势。

中冶焦耐拥有完全自主知识产权的系列焦化、耐火材料和环境工程技术处于世界先进水平，公司以自主知识产权创造了"世界第一座6.78m捣固焦炉""中国第一座4.3m顶装、5.5m顶装、5.5m宽炭化室捣固、6m顶装、6.25m捣固、7m顶装、7.65m顶装焦炉"等诸多"世界第一"和"中国第一"。公司共计主、参编2项国际标准、70余项国家或行业标准，授权实用新型专利1400余项、软件著作权30余项、自主知识产权200余项，拥有美国、日本、韩国授权海外专利3项。连续五年获中国专利奖，其中获中国专利金奖1项，并被评为"知识产权领域最具影响力企业十强"，获国家知识产权示范企业认定。获得国家、省部级科学技术奖100余项，其中国家科技进步一等奖1项、二等奖1项，其他国家级科学技术奖17项，钢铁行业冶金科学技术特等奖1项，一等奖3项，获评国家第五批制造业单项冠军企业。

目前，中冶焦耐承接的工程项目遍布全国29个省、自治区、直辖市，以及日本、巴西、印度、南非、伊朗、土耳其、越南、马来西亚、哈萨克斯坦、缅甸等多个国家和地区，赢得了宝钢、鞍钢等国内95%以上的大型钢铁企业，以及塔塔钢铁、住友金属、安赛洛·米塔尔等国际客户的信任与尊重。

中冶焦耐共已顺利完成1000余个设计咨询项目和200余个工程总承包项目，其中焦炉2000余座（年产能4亿多吨）、耐火材料厂300余家（年产能800多万吨）、石灰窑400余座（年产能6000多万吨），获得国家和省部级优秀工程设计奖、优秀咨询成果奖和优秀工程总承包项目管理奖90余项。

截至 2019 年年底，中冶焦耐资产总额 61.57 亿元，净资产 21.84 亿元，实现营业收入 35.51 亿元，利润总额 1 亿元。2020 年，中冶焦耐新签合同额 81.58 亿元，利润额 2 亿元。

三、诚信经营理念

在中冶集团"九五"会议精神指引下，中冶焦耐全体员工凝心聚力，秉承"诚信社会为本、客户满意为荣"的经营理念，致力于打造一流的国际化工程公司，竭诚与客户、合作伙伴携手共赢。公司悉心打磨核心技术，瞄准世界行业前沿，不断巩固市场领先地位。在自身取得跨越式发展的同时，擎起中国焦化高质量的辉煌。

四、决策部署

1. 提供组织规模保障

中冶焦耐事业部人员基本稳定，保持国家队阵型。事业部人员队伍的稳定，为中冶焦耐冶金建设国家队"再拔尖、再拔高、再创业"提供了组织规模保障。

2. 提供人力资源管理体系保障

通过全面梳理和修订公司部门职责和岗位说明书，进一步明晰了冶金建设国家队各岗位职责，为冶金建设国家队的持续稳定运行提供了人力资源管理体系的保障。

3. 提供青年骨干人才的机制保障

公司大力培养青年骨干、后备干部，并修订了干部选拔管理规定，起草了后备干部管理规定，选拔优秀的青年才俊进入中层干部、项目经理和项目副经理队伍，为冶金建设国家队提供了新鲜血液和有生力量。

4. 提供研发系统人力资源保障

中冶焦耐事业部的一线技术和研发人员占比高达 76%。事业部通过研发人员在专业设计室和研发中心之间的有序流动，实现工程设计与技术的有机结合。

5. 提供面向市场的研发机制保障

首先，成立了中冶焦耐事业部技术专家工作组、小分队，集中时间深入生产厂；其次，组织技术专家参加国内和海外行业协会举办的技术交流会；最后，科技管理部门与营销部门定期沟通，聆听市场需求，从而更好地把握公司研发方向、定位与课题，并加强研发的阶段性成果向市场推进。

6. 提供科研成果工程化的保障机制

通过《科技项目过程管理导则》解决科研项目工程化最后一公里的弊病。对依托示范工程开展的技术研发项目，对建设、开工、调试全过程进行跟踪服务，确保示范工程顺利达到考核标定需具备的条件。

7. 提供高效的研发平台保障

通过配置高性能计算服务器、先进的流体模拟分析计算软件及相配套的图形工作站的模拟仿真系统和，为客户提供生产过程远程咨询、事故诊断的远程诊断服务平台，建立了能够开展焦化工程技术基础理论研究和工业化试验研究的研发平台，加快了研发效率，开发出一批具有我国自主知识产权的、达到国际先进水平的，焦化、耐火材料及石灰领域的核心工程技术与装备。

五、实践成效

1. 以优质服务赢得客户信任

中冶焦耐始终致力于服务型制造转型升级，从成立之初的一家科研院所，发展至今成了一家具备总集成、总承包服务能力的工程公司，服务型制造的成功转型得益于以下几点：

（1）心无旁骛专注主业。中冶焦耐从成立之初至今，数十年深耕焦化耐火行业，形成了深厚的技术积累与行业领先的技术服务能力。（2）高度重视技术创新。依托核心技术优势，不断拓展延伸焦化领域服务链，逐渐形成了焦化全流程技术服务能力，覆盖整个产业链，通过大型焦炉设计、节能环保装备等多领域核心技术集成服务，增加了技术服务的附加值。（3）坚持设计引领。在工程设计基础领域不断优化创新，推动焦化工程原料、产品、系统、工艺流程等领域的进步，为服务型制造转型不断夯实基础。（4）坚持市场导向的服务型制造发展方向。以用户需求为中心，重视服务质量和客户需求，努力为客户提供系统的解决方案和定制化的服务。

2. 以人文关怀赢得员工信任

中冶焦耐致力解决职工切身利益问题，关心关爱职工群众。中冶焦耐党委经会议研究审议通过，决定协同实施高新园区总工会关于智慧养老服务平台"百家诊所"的计划，与七贤岭社区卫生服务中心联合建立远程诊疗中心；组织开展员工健康知识讲座、慰问重疾员工并为其解决家庭生活困难；面向全体在职员工，有序启动2021年度体检工作。启动办公楼体育馆顶棚材料更换等升级改造工作、食堂升级改造工作，为设计科室增加遮光窗帘、为办公楼卫生间增加手机置物架、更换饮用水设备，解决宿舍门前机动车无序停放影响员工上下班通行等问题，为保障员工身心健康提供更加优质的服务与环境。同时，在决策形成与实施过程中坚持问计于民，充分听取职工群众的意见、建议与反馈，保障其切身利益。

12月15日，党委书记、董事长于振东面向公司范围再次强调，要以真挚为民情怀，不断深化"我为群众办实事"实践活动。始终坚持以职工群众为中心，对重点为职工服务项目清单进行动态调整、跟踪问效、狠抓落实，确保急、难、愁、盼问题稳步解决，并积极探索建立长效机制。

中冶焦耐党委致力于推动"为群众办实事"实践活动与做好各项工作相结合，推动学习教育和社会发展相互促进、学习成效和重点工作相得益彰。在切实办好重点民生实事的基础上，公司党史学习教育领导小组要求基层党支部和党员围绕身边人、身边事办实事。同时着眼长远，结合实施公司"四五"规划建立完善解决民生问题的长效机制，常态化抓好、抓实民生实事。

案例创造人：于振东　杨忠义　张兴无

以诚信立品牌　用实干筑新绩

中冶京诚工程技术有限公司

一、企业简介

中冶京诚工程技术有限公司（以下简称中冶京诚）最早可溯源于鞍山 1951 年 7 月 16 日成立的鞍山钢铁公司设计处，以及 1952 年 12 月成立的重工业部钢铁局 212 设计组。70 年来，公司始终坚持聚焦主责主业，助力中国的钢产量从 1949 年的 15.8 万吨，增长至 2020 年的 10 亿吨。中冶京诚 70 年的历史，也是新中国钢铁工业发展史的缩影，是中国从"钢铁弱国"到"钢铁大国"，逐步走向"钢铁强国"的开拓者、建设者和领跑者。中冶京诚是我国最早从事冶金工程咨询、设计、工程承包业务的科技型企业，是由冶金工业部北京钢铁设计研究总院（以下简称北京院）改制成立的国际化工程技术公司，是中国五矿集团的核心骨干子企业。

中冶京诚目前是国内唯一拥有"综合设计甲级资质""工程咨询综合甲级资信证书""综合监理甲级资质"和"施工总承包特级资质"的"三综一特"资质企业，是全国首批 7 家同时拥有"工程设计综合甲级资质"和"工程咨询综合甲级资信"的央企之一，是集团唯一拥有城市规划编制甲级资质企业，现有资质已覆盖规划、咨询、勘察、设计、施工、监理全流程、全行业。

二、组织架构和经营情况

中冶京诚总部坐落于北京亦庄经济技术开发区，公司设有 16 个职能部门，负责战略引领和职能管控；业务层面有 1+2+N 核心直管业务机构和其他直管业务机构，主要包括冶金工程事业部、京诚城建公司、水务工程事业部等，负责公司核心业务的经营和管理。公司另设有 3 个研究机构，分别为技术研究院、中国中冶管廊技术研究院和中国中冶低碳技术研究院，负责公司重大战略核心技术和产品的研发。

公司现有人员 4495 人，目前拥有国家工程勘察设计大师 3 人，享受国务院政府特殊津贴专家 40 人、全国冶金高级管理专家 2 人、全国冶金高级技术专家 54 人、国际认证资格 10 人、各类国家注册人员 1364 人次，省部级及以上行业技术、管理评审专家超过 190 人次，正高级职称 398 人、高级职称 1028 人、中级职称 1034 人，工程技术人员约 3800 余人，占比约 85%，科研人员占比 15%；本科及以上学历 3300 余人，占比约 74%，其中硕士及以上学历 1290 人。

近五年公司新签合同额、营业收入等指标均实现较快增长。2016—2020 年公司新签合同额复合增长 18.2%，营业收入复合增长率为 11.9%；近三年利税约 10 亿元，解决了 5000 余人的就业岗位。2020 年完成新签合同额 261 亿元，同比增长 30.5%，营业收入 124.6 亿元，利税 3.95 亿元。

三、诚信经营理念

一代代京诚人秉持"钢铁报国"和"技术报国"的初心，以崇尚技术、敢为人先、永不放弃的精神投身于冶金事业，以持续创新的技术实力，服务国家战略，逐步实现中国由钢铁弱国成为大国、走向强国。

公司在不断践行"技术报国"的红色初心中，淬炼出北京院"善于学习、勇于探索、勇于实践、敢于担当"的总院风范，为共和国伟业筑就了钢铁长城。我们继承北京院老前辈的优良"家风"，形成了"创新提升价值、精诚建造未来"的企业使命，继续承担起引领中国钢铁走向世界的"国家队"责任，为"钢铁强国梦"做出更大贡献。

公司全员始终坚持"诚信、创新、增长、高效"的企业价值观，其内涵为：诚信是根基、创新是动力、增长是理念、高效是要求。诚信：以诚为本、以信为先，干一个工程、树一座丰碑；创新：不断学习、勇于探索，以创新求发展、以创新续辉煌；增长：增长思维、不断迭代，持续提升核心竞争力、促进业务持续增长；高效：效率为先、效能为本，实现企业高水平管理、引领行业高质量发展。

四、决策部署

国有企业是党的事业，国有企业领导干部必须要恪守"忠党报国"这一鲜明的政治品格，"以'骨子里的信念忠诚和激情澎湃的热血忠诚'出色完成党交给的事业。"国有企业必须始终把坚持党的领导、加强党的建设贯穿一切工作始终，把方向、管大局、保落实，当好企业改革发展的"主心骨"。

2020上半年，受疫情影响，有效工作时间严重不足，中冶京诚全体以效率赢时间，任务不减、目标不变，公司领导班子在3月份提出"抢市场、抓两金"这一全年工作主线，带领各级干部为党交给的事业伸出肩膀扛起担当、举起双臂托起担当，把"踏踏实实干事"转化为践行使命初心的切实行动，带领数百人奔赴一线、数千人昼夜奋战、数万张图纸交付，义不容辞地在急、难、险、重面前豁得出去，在巨大压力面前顶得上去，最终斩获了营业收入124.6亿元的好成绩。

五、实践成效

（一）以科技为核心，打造质量诚信

公司始终坚持技术引领，已形成集产品研发及市场推广为一体的科技创新体系。公司近年来先后获批国家发改委"国家企业技术中心"和工信部"国家技术创新示范企业"等5个国家级平台，目前国家及省部级科技创新平台已达16个。公司拥有2个中心、9个实验室和13个试验区，为科技工作提供了充足的条件保障。公司研发投入由2018年3.5亿增加到2020年5.2亿，增长了48.6%；科技成果转化速度显著增加，研发产品带动收入，由2018年8.2亿增加到2020年19亿，增长了131.7%。

公司累计获得专利授权2600余项，有效专利1600余件，计算机软件著作权近300项；被评为代表国家知识产权管理最高荣誉的"国家知识产权示范企业"。

公司围绕业务核心技术，面向业务关键过程，提炼、分享、改进技术标准，始终秉持"标准沉淀、传承技术、引领行业进步"的管理理念，从咨询、工程、产品的不同维度建立公司标准，支持公司业务发展战略，现已发布420余项公司标准。同时，自1972年以来积极参与国家和行业标准编制工作，以标准引领行业发展，主、参编340余项国家行业标准，在助力行业高质量发展中起到了重要作用。先后荣获中国专利奖、国家和省部级科技成果奖450余项，其中国家级奖项50余项。近十年来，公司有19项成果指标创造了中国乃至世界纪录；40项成果经鉴定达到国际先进水平；9项成果荣登"世界钢铁工业十大技术要闻"；9项成果代表北京市，参加全国创新方法大赛奖项，其中获得一等奖项目3项。

先后被中国钢铁工业协会、北京市科委、北京市科协和集团等授予"科技工作先进单位""先进科技工作者之家""优秀院士专家工作站""企业创新中心""科技创新先进单位"等荣誉称号。

（二）以实干担当，打造服务诚信

面对新冠肺炎疫情与市场激烈的双重挑战，中冶京诚一方面建立了横向到边、纵向到底的疫情防控工作机制，保障4000余名员工的身体健康安全，另一方面大力复工复产，全体领导班子成员郑重承诺："凡是让员工做到的事情，我们自己先做到，请全体员工监督"，要求领导干部形成"一级做给一级看，一级看着一级做"的示范性工作作风。总承包项目管理人员于2020年2月8日就开始陆续入驻现场推进复工，公司咨询设计类项目100%未停工。在2020年到2021年的两年间，中冶京诚共有42人逆行海外，坚守"一带一路"沿线国家签订的工程进度契约，逆行出征，推动乌兹别克斯坦、印尼、俄罗斯、马来西亚等海外工程项目的履约，以契约精神做项目。

（三）以央企担当，打造环境诚信

通观各行各业，钢铁工业是我国工业领域碳排放量较高的行业之一，其二氧化碳排放量约占全国二氧化碳排放总量的15%左右，占比之高，令人担忧。面对全球碳减排的大环境下，加强冶金行业能源转换，探索新能源冶金替代传统碳冶金的意义十分重大。中冶京诚始终不忘"冶金建设国家队"排头兵之初心，以肩负国家冶金技术进步为己任，为国家"双碳"目标做出应尽贡献，发挥冶金全产业链整合集成优势，形成了集"制造流程、能源结构、节能技术、智能管控、行业协同"五位一体的全方位全流程低碳技术。抓住重构钢铁生产用能体系发展机遇，率先将氢能用于钢铁冶金生产，推进钢铁生产用能从传统"碳冶金"向低碳（甚至无碳）的"氢冶金"转型，形成新的钢铁生态产业链条。

2019年率先完成了基于干法的煤气精制技术研究及工业应用，并入选《世界金属导报》年度"世界钢铁十大技术要闻"。2019年11月22日首次对外界发布，中冶京诚与河钢集团、tenova公司三方联手，共同开发全球首套直接还原冶金的氢能利用技术和工艺研究。2020年12月31日，中冶京诚正式中标中国五矿科技专项计划绿色低碳氢冶金技术研发项目。五矿集团的支持进一步提升中冶京诚在氢冶金领域的创新能力和技术竞争力，推动我国低碳氢冶金的技术进步及实质性落地。2021年3月4日，中冶京诚与晋城钢铁控股（集团）有限公司签约"碳达峰及减碳行动方案"战略合作。通过对全厂原料结构、能源结构、装备结构及节能技术与管理优化，提出系统减碳方案。该项目开启了中冶集团为钢铁企业构建绿色低碳、协同高效的示范工厂新篇章。

（四）以温暖"家"文化，打造和谐劳动关系

公司对内不断打造有温度有情怀的"京诚家"文化，让广大员工能够在企业中感受到家的关怀、家的温馨、家的幸福。为职工采购一次"爱心小药包"；举办多种形式的文化、健康、心理等讲座活动；对离退休职工和生活特别困难职工，开展慰问和救助工作，及时关注困难职工的情况，今年对因患新冠肺炎去世的公司职工家属及时进行关心慰问；为哺乳期女职工开设了哺乳室，增设了储存奶品的冰箱。深入项目现场开展慰问活动、关心单身职工生活开展七夕联谊活动、开展退伍军人座谈会、端午节为住在公司单身宿舍的员工送粽子等活动，让职工处处感到京诚"家"的温暖，缔结了和谐温馨的劳动关系。

中冶京诚持续建立"公司把员工当家人，员工把公司当家"这种不可割舍的血脉联系，将公司打造成为一个有温暖、能诉说、遮风避雨的港湾，既有每一个员工的"小家"，又有公司愿景的"大家"，更有践行使命的"国家"，这就是京诚人的"家国情怀"。

案例创造人：岳文彦　张勇

厚植诚信理念　履行社会责任　彰显企业担当

国能（北京）贸易发展有限公司

一、企业简介

国能（北京）贸易发展有限公司（以下简称北京贸易公司）为国能供应链管理集团有限公司全资子公司，2021年7月份完成公司更名，更名前为北京神华神东经贸有限公司。公司成立于2000年，注册资本80万元，注册地址为北京市西城区北三环中路甲29号3号楼19层1单元1907室（德胜园区）。北京贸易公司内设5个职能部门，分别为综合管理部、党建纪检部、财务管理部、计划经营部、业务管理部。公司现有职工35人，本科以上学历占比74.3%。男员工18人，占比51.4%；女员工17人，占比48.6%。公司现有中共党员25人，占职工总数71.4%。

公司主营业务为非煤运输货运代理，利用国家能源集团自有铁路返空运力为社会提供运输服务。公司认真践行国家能源集团大物流发展战略，对内承担货源代理，对外承担运输代理。经过多年发展，北京贸易公司开发了运量最大、最稳定的非煤客户——河北敬业集团，并通过与集团内、外部运输单位的长期磨合，拥有成熟的合作模式、牢固的合作基础、良好的行业口碑，具备较强的物流专业化服务能力。依托国家能源集团现有运输布局，公司业务涉及装卸站点也不断拓展，运输模式不断优化，形成了多点开花、三线运输的物流格局，筑牢了为客户提供优质服务的基础，较好地履行了企业社会责任。

二、诚信经营理念及体系

（一）领导带头，以上率下

诚信是企业发展的基石，企业是不是讲求诚信，关键在于企业领导。北京贸易公司领导班子高度重视诚信经营工作，充分认识到在当今竞争激烈的市场，公司发展面临着前所未有的机遇和挑战，公司要赢得市场争取发展，必须靠优质的服务赢得信誉、获得认可。公司坚持走"信誉评价至上、诚信经营"的路线，将信用评价工作加入到企业管理方案中来，把诚信建设作为重中之重。公司将诚信作为企业文化建设的重要内容，作为公司的核心经营理念，贯彻落实到经营管理的各个环节、业务运行的各个流程、商务交往的每个细节，使诚信经营理念真正入脑、入心、入行，打造诚信经营的典范和样本。

（二）组织学习，加强宣传

公司通过实施诚信经营准则，使员工诚信行动和企业诚信目标同步协调，促进企业持久发展。公司组织全体员工认真学习《社会信用体系建设规划纲要（2014—2020年）》等相关规定要求，并对工作人员进行培训。还利用专题宣传、主题研讨等多种形式，加强全员服务质量意识、诚信意识的教育，营造浓厚的诚信经营氛围。通过学习使员工对诚信建设有深刻的理解，使员工明确自己该做什么，不该做什么，怎样做符合诚信经营准则。通过开展诚信经营知识培训，员工真正认识到经济全球化和市场经济对企业诚信的要求，认识到诚信建设工作的重要性，自觉将诚信经营准则转化为实际行动，从而杜绝违反诚信经营准则的行为发生。

（三）强化管理，落实责任

公司在培育企业信用文化、提高员工自律意识的基础上，不断加强企业风险管理。通过完善制度体系、强化制度执行，全面加强内部管理，落实主体责任，避免由非主观原因而造成商业失信。为把诚信经营工作落到实处，公司还探索建立了奖罚分明的诚信经营奖惩机制，根据员工的实际工作考评业绩、诚信经营行为等，对员工进行物质奖励和精神鼓励，对在诚信经营方面表现突出的员工在职级提升时优先考虑。对于违反诚信经营准则而损害公司企业形象、声誉和利益的员工，严格处罚和责任追究，给予必要的绩效考核，树立鲜明的工作导向，达到增强责任、凝聚人心、增添动力的目的。

三、诚信经营实践及效果

作为国家能源集团的对外服务窗口单位，北京贸易公司在实现非煤运输规模化发展的同时，积极践行国家能源集团企业文化和核心价值理念，对外展示企业诚信可靠的形象，讲好履行社会责任的故事，提升公司的知名度和美誉度。公司在开展非煤运输代理业务过程中，践行国家能源集团"为社会赋能、为经济助力"的理念，以诚信经营和优质服务，赢得客户认可，企业品牌价值不断彰显。

（一）连续四年被评为纳税信用A级纳税人

国家税务总局北京市税务局通过诚信意识、遵从能力、实际结果和失信程度4个维度，近100项评价指标，对企业上一年度纳税信用状况进行评价，北京贸易公司荣获2020年度"纳税信用A级纳税人"荣誉称号。纳税信用等级A级是税务机关对纳税人纳税管理规范、诚信纳税的最高评价，公司继2017年以来连续四年被评为纳税信用A级纳税人。北京贸易公司始终坚持"诚信经营、依法纳税"理念，高度重视税务工作、认真履行纳税义务、全面加强税务风险管控。公司能够认真贯彻落实国家税收法律法规和相关制度规定，组织税法学习，并积极配合税务局完成相关工作，不断提升税务管理水平和经营管理能力。

（二）以诚信经营获得客户信任和满意

公司的主要客户为敬业集团。敬业集团是以钢铁为主业，下辖总部钢铁、乌兰浩特钢铁、广东敬业钢铁等企业，兼营钢材深加工、增材制造3D打印、国际贸易、旅游、酒店的跨国集团，全国500强企业名列106位，中国制造业企业500强40位，2021年荣登《财富》世界500强榜单，排名375位。2017年入选工信部第一批绿色工厂，荣膺"钢铁行业改革开放40周年功勋企业""2017京津冀最具影响责任品牌""钢铁企业A级竞争力特强企业"称号。

公司坚持诚信经营、服务至上的理念，不断提高货代专业化服务能力，为客户提供全流程运输解决方案，获得了客户的信任和肯定。（1）帮助客户解决难题。2021年年初石家庄地区疫情严峻，不断反复，政府实施严格疫情防控措施。在此期间，北京贸易公司排除困难，上下协调解决运输难题，把敬业急需但从未发运火车的稀缺物料通过火车运输进厂，解决炼钢生产燃眉之急。（2）全力保障生产需求。疫情期间出入石家庄人员与货车需配合严查，又逢当地由于连续降雨导致洪涝灾害，客户厂内矿石储备量急剧下降，多次面临停炉风险，铁路运输成为满足其物料保障的最后一道防线。北京贸易公司以客户需求为己任，通过多方协调增加铁路发运量，帮助货主化解库存危机，保障其正常生产不受影响。（3）赢得客户长期信赖。2021年冬季，国家开始采取煤炭保供政策，铁路车皮紧张。北京贸易公司在坚决服从能源保供的大局之下，想办法满足客户生产需求，真正做到想客户所想、急客户所急，客户也为此专程送来感谢信、锦旗，表达钦佩和感谢之情。

（三）履行社会责任助力运输结构调整

公司代理的非煤运输完成了大宗散货快速疏港，与正向煤炭集港形成钟摆运输，实现了铁路运输系统效益最大化。在为公司创效的同时，还降低了社会物流成本，实现了与客户合作共赢的良性循环，也筑牢了长期合作的基础。以非煤运输为代表的大物流业务，是集团公司深化交通运输供给侧结构性改革的先行、先试的成功探索，顺应了大宗货物运输"公转铁"的方向，对打赢蓝天保卫战、打好污染防治攻坚战提供了有力支撑。2021年完成运量1014万吨，自2012年至今，公司代理的非煤运输业务已累计完成运量5486万吨，按照铁路单位货物周转量的能耗和污染物排放分别为公路的1/7和1/13计算，减少社会运输车辆110万车次（50吨/车计），大幅减少了能耗和污染物的排放，取得了良好的社会效益。

"诚招天下客、誉从信中来"，依法诚信经营是企业安身立命之本，北京贸易公司将不断提升核心竞争力和稳定盈利能力，坚持依法诚信经营，强化合规经营意识，加强企业文化建设，继续以诚信擦亮企业品牌，以更加优质的服务赢得客户、维护客户，实现长期稳健的发展。公司将始终把诚信作为必须践行的行为准则，作为能够为公司带来长远利益的无形资产，作为赢得市场的可靠保证。下一步，公司将把诚信建设摆在更加突出位置，不断强化社会责任意识和规则意识，全方位提升诚信经营水平，在新时期实现更高质量的发展。

案例创造人：袁利敬　李洪刚　林萍

以质量赢信誉　以诚信促发展
打造能源行业一流电商品牌

国能（北京）配送中心有限公司

一、企业简介

国能（北京）配送中心有限公司（以下简称北京配送）作为国家能源 e 购商城运营单位和创建世界一流水平专业化服务示范单位，秉承"以真诚之心，行信义之事"宗旨，坚持"诚信当先、质量为根、用户至上、服务为本"的经营理念，全心全意为用户服务，牢固树立诚信品牌形象，推动企业健康持续发展，取得了显著的社会效益和经济效益。2021年，商城订单金额 55.9 亿元，累计完成营业收入 47.15 亿元，利润总额 1.3 亿元。公司在上级单位国家能源集团物资有限公司 2021 年度经营业绩考核中荣获 A 级，位列非采购类板块第一名并荣获"社会主义是干出来的"先进集体。国家能源 e 购商城在"2021 中国品牌价值评价信息发布暨中国品牌建设高峰论坛"以品牌强度 676，品牌价值 79.15 亿元，位列参评产品品牌第五名，是国家能源集团子分公司唯一上榜单位。

二、坚持依法治企，强化公司合规经营

北京配送以打造国家能源 e 购"值得信赖"的品牌形象作为战略目标，以诚信经营作为安身立命之本，坚持依法治企，强化合规经营，为公司高质量发展提供保障。

1. 坚持依法治企，提高公司监管水平

公司在推进制度改革过程中，依法建立公司董事会和经理层内部架构，与经理层成员逐个签订了《岗位聘任协议》和《任期经营业绩责任书》《年度经营业绩责任书》。完善公司法人治理结构，落实法治建设主体责任，公司主要负责人为推进法治建设的第一责任人，认真贯彻落实"三重一大"决策制度，制定决策清单，对公司事务决策范围、决策程序及监督检查做出了明确的规定，规范了重大决策的程序，把加强党的领导和完善公司治理统一起来，充分发挥党委会、董事会、总经理办公会作用，形成了公司法人治理机构的基本框架。编制内控管理手册，组织开展"美好生活·民法典相伴"系列主题宣传活动及"法治入心 行稳致远"普法活动启动会，全力推动依法治企与经营管理深度融合，做到决策先问法，违规不决策。定期召开廉洁警示教育大会，修订宣传贯彻《廉洁从业风险防范》手册，各部门、中心根据岗位职责及管理制度，进一步查找梳理风险点，针对风险点，通过建机制、理流程，总结 141 条 72 大类风险点，量身定制三严禁、三不准警示牌。

2. 完善顶层设计，推动公司纵深发展

公司坚持将建章立制与经营管理紧密结合起来，及时发现和分析经营管理工作中可能引发公司及个人违规、违纪、违法、承担法律责任的倾向性问题，结合物资公司 208 项制度，努力从体制、机制、

制度和管理、监督等方面提出防范措施和响应对策，修订 69 项一、二级制度，促进各项工作专业化、规范化、标准化进行。以三项制度改革为契机，优化绩效考核指标，涵盖薪酬、考核、培训、社保等11 项专题 25 项具体工作，保障了员工参与公司管理的权利和劳动权益，充分调动了员工的工作积极性，保障了依规操作、合法经营，为实现企业稳定发展奠定了良好的基础。《人力资源标准化工作清单》课题荣获物资公司 2021 年度优秀课题一等奖。

3. 强化合规体系建设，有效防范经营风险

合规经营是公司的核心经营原则。北京配送以风险管理为导向、合规管理为重点，将深化内控体系管理与业务工作有机结合，编制了《公司 2021 年度法治合规建设方案》和《公司 2021 年度法治合规工作要点》，下发《北京配送（天泓公司）2021 年度内控评价、流程管理评价工作案例》，成立以公司主要负责人为合规第一责任人的领导小组，健全组织机构，指导公司法治建设方向。下发《诚信合规手册》，与公司全员签订合规承诺书，全力推动合规管理与经营管理深度融合，压实两个责任，筑牢底线意识。公司成立采购管理委员会，每周召开委员会会议，对公司采购与合同谈判工作进行管理，提高采购的质量和效率。修订《公司合同管理办法》，所有合同均经过法律风险审核，受控率达到100%。修订合同模板条款均向物资公司进行法律风险咨询，确保重大合同提交提级审查率 100%，有效保障公司重大经营决策活动合法合规。坚持每月 20 日之前收到的发票，次月为供应商付款，缩短了付款周期，盘活了供应商资金流，建立了良好的营商环境。截至 12 月底，公司民企账款清偿率 100%，无新增无分歧欠款，报表无迟报错报。

三、坚持"零容忍"态度，确保商品性价比最优

北京配送坚持质量、价格"零容忍"态度，坚持以铁的纪律、铁的心肠、铁的手段、铁面无私抓好质量与价格管理，逐步建立质量、价格、诚信履约的常态化监管机制。

1. 保证质量让采购阳光省心

北京配送深知质量是公司发展的生命线，卖劣质产品只是一次性买卖，做的是减法，路也会越走越窄，而卖优质产品做的是乘法，能够在打市场的同时，积攒源源不断的回头客。公司坚持"端对端、点对点、去中间化"的主渠道采购，严格执行集团相关采购管理规定及物资公司《电商采购实施办法》《采购管理办法》实施采购，充分发挥规模化采购优势，将采购量大、采购频次高的好产品铺到商城上来。将平台下订单到结算全链条的录屏和操作手册发到群公告里，让用户快速上手，采购方便、快捷。通过源头控制、渠道溯源、生产监造，定期检测和用户回访开展质量监督，编制印发《国电（北京）配送中心有限公司（神华天泓贸易有限公司）商城商品质量价格监督管理实施细则（试行）》，每月编写质量价格简报，2021 年，抽检完成 35 个三级分类，35 个商品的第三方检测核查全部合格。核查 108个三级分类，1446 个品牌的采购渠道，下架 1049 个无授权商品。

2. 源头采购确保降本增效

北京配送深知价格是公司竞争的生命力。公司一方面注重定价过程管控，通过非招标平台、招投标网、历史长协价格、供应商历史合同价格、市场价格等大数据对比，以较低的价格与原厂家签订长协合同，降低采购成本。商城设置商品价格上浮预警功能，跟踪商品价格上浮预警，2021 年，共核查商城 286 个三级分类 1650 个商品的折扣率履约情况，符合协议折扣率；共降价 664 个商品价格。另一方面注重价格监管体系建设，每月编制《国家能源 e 购商城监督简报》，设立调价机制，建立合理的价

格体系，理顺商品比价和差价，努力消除产品比价不合理的现象，加强对比价和差价的引导，满足买卖双方需求。立项《国家能源e购商城智能比价系统》，对商品价格进行合理的分析、对比和管控，提升公司管控采购价格及防范采购风险能力，实现采购提效与降本，以实际行动维护公司的声誉。

四、坚持用户至上，积极开展精准服务

北京配送深知客户是公司持续发展的核心。公司以协同机制为前提、以信息共享为基础、以用户需求为导向，通过"五个提升"不断提升国家能源e购商城品牌传播力。

1. 提升精准服务能力

践行"真情、亲情、友情"文化理念，充分利用"品牌服务月""精准服务"的机会，为客户培训答疑的同时现场开展营销工作，使用户从知道我们、认识我们转变为接受我们再到建立长久合作，提升商城知名度和营业收入。

2. 提升差异化需求能力

制定铺货采购业务流程工作标准，实现商品从用户需求收集、市场调研、采购策划到铺货上架的全流程标准化管理，满足不同专业板块的差异化采购需求，最大限度地提高各产业板块的采购效率、降低采购成本，提升品牌竞争力。

3. 提升高效协作能力

召开专项座谈会，进一步健全和完善机构设置，明确各部门、中心管理职责权限、岗位职责、工作流程，提升部门间的高效协同合作，充分发挥部门职能，不断提升管理效率。集团办公用品紧急采购订单，仅用50分钟便将办公用品送至客户手中，创造到货时长新纪录，充分体现商城下单便捷、交付高效的优势，提升品牌影响力。

4. 提升专业化服务能力

全面加强自身专业化人才队伍建设，推行采购人员持证上岗，赴上海电气、郑州煤机生产厂家实地学习设备及备件生产过程及用途，力争达到对商品懂、通、透的能力，不断提升从业人员的整体业务能力，做好用户"好管家"，做到走出去"人人都是营销员"，在公司"人人都是好客服"，提升品牌发展质量。

5. 提升客服服务质量

坚持"服务就是发展"理念，按照不同类型、场景及危害程度分四类建立了商城缺陷处理机制，每周组织分析会，形成分析报告，对客户问题、商城运营缺陷持续跟进，切实为集团内客户解难题、办实事。机制试运行以来，共收集缺陷问题154条，包括一类缺陷5条、二类缺陷71条、三类缺陷75条、四类缺陷4条，消缺率92%，其中一类消缺最短时长仅用时2小时，有效地提升了商城客户满意度。

五、坚持党建引领，激发公司发展动力

北京配送深知党建是第一责任，发展是第一要务。公司通过"三个务必"全面推动党建工作与生

产经营深度融合，不断强化企业改革发展的软实力，有效促进管理能力提升、服务水平提升、运营水平提升。一是务必强化责任。落实从严治党责任，落实第一议题，把学习融入理论中心组学习、党委会、党支部等日常工作；二是务必突出重点。坚持以一流的党建引领一流的业务基本原则，公司各党支部立足工作实际，紧盯重点任务，集团公司挂牌"绿色低碳供应链建设党员先锋队"、物资公司挂牌"供应链数字化转型先锋队""商城运营部党员先锋队"以及"协同智能结算党员示范岗"，公司第二党支部挂牌物资公司标准化支部，持续培育"一流"党支部，全面推动公司党建工作与生产经营深度融合；三是务必树立典型。成立"讲好商城故事"工作室，《奋进梦想启新程·创新实干谱新篇》在物资公司展播，《国家能源 e 购商城首批光伏组件交付成功》在员工餐厅滚动播放，《少年》视频，被集团公司采编并在抖音号发布。

六、坚持回馈社会，履行央企社会责任

北京配送本着"以诚信为本，不忘回馈社会初心"的品牌精神，注重经济效益的同时始终注重履行社会责任，积极承担社会责任，既要"内在品质"也要"外在价值"，在发展和责任之间探索出一条和谐的可持续发展之道。

1. 多措并举助力乡村振兴

2021 年，为做好脱贫摘帽县的接续帮扶，有效衔接乡村振兴，巩固脱贫成果，公司成立爱心帮扶专区铺货和运营工作领导小组，下设专区铺货对接、平台需求对接、营销、客服售后 4 个专项工作小组，编制爱心帮扶专区平台建设需求说明书，明确帮扶对接工作总体思路、实施方法、保障措施、进度节点和功能需求等内容。发挥国家能源 e 购商城资源优势，借助数字化、信息化力量，扩大脱贫地区农副产品销路，为构建畅通的产品流通体系赋能，为扶贫地区广大群众办实事。面对部分扶贫县专业合作社不熟悉电商操作的实际情况，公司成立由党员、团员组成的爱心帮扶专区铺货突击队，第一时间积极主动去对接帮扶县的相关部门和企业，了解当地的特色产品和历史人文环境，介绍商城销售模式，发放商城铺货说明手册，核实产品描述和对应规格型号，解决主数据系统中农副产品编码不足问题，传授电商销售经验。经过努力，公司共完成青海刚察、山西右玉等 12 个县区的 46 家企业 774 项特色农副产品帮扶铺货上架，实现集团公司帮扶地区的全覆盖。通过消费引领，畅通帮扶地区绿色销售通道，实现可持续脱贫，巩固脱贫攻坚战果，提升公司社会责任，提升商城影响力。

2. 创新运营模式助力碳达峰

为保障集团公司新能源建设"两个 1500+"任务加快落地，公司上下联动，迅速建立组织保障、人员保障、机制保障工作模式，制定"一目标、三联动、五坚持"协同管理机制，成立光伏发电设备铺货突击队，统筹推进光伏逆变器采购铺货上架工作。2021 年 9 月 4 日，国家能源 e 购商城上架铺货了 5.5GW 的光伏并网逆变器，标志着央企首次实现新能源基建项目与电商化采购平台的有机结合，10 月 18 日光伏设备产品全部铺货上架，充分证明了"集中招标＋商城下单"模式的可行性，也是充分利用电商平台降低新能源项目建设成本、缩短决策周期的成功尝试。高密项目从用户下单到第一批物资到货仅用时 13 天，充分显示 e 购商城高效交付的特点。光伏铺货工作圆满达到了集团公司预期效果，获得集团公司物管部表扬信及高密项目使用单位感谢信。《聚焦两个"1500 万＋"目标，助力新能源光伏建设》荣获物资公司 2021 年度奖励基金项目特等奖，《提升光伏专业化服务能力》荣获物资公司

2021年度管理提升一等奖。

诚信经营方能行稳致远。北京配送将深入持久地开展诚信经营活动，着力于商城产品品质和用户满意度的提高，勇做一流专业化采购机构，做优做强国家能源 e 购商城品牌，争创能源行业一流电商平台。

案例创造人：宋志强　王晓云　王忠伟

铸造诚信品牌　彰显民企责任

北京时代凌宇科技股份有限公司

一、企业简介

北京时代凌宇科技股份有限公司成立于 2007 年，注册资金 14483.0645 万元，国家高新技术企业，先后获得中国建投集团、国家开发银行、中关村发展集团三家国资股东以及阿里巴巴战略入股，是管理团队控股、国资股东/互联网公司参股的混合所有制治理结构。公司是以物联网、大数据、人工智能融合为核心技术的智慧城市解决方案提供商，围绕城市综合管理、城市安全与应急、智慧园区与智能建筑等细分领域提供智慧城市解决方案，为客户提供从信息系统咨询设计、软硬件开发与部署、系统集成与实施、运行维护与升级的全流程服务。

多年来公司不断积累核心技术和核心能力，实施了众多具有示范性、国家级和广泛影响力的大型智能化（信息化）项目，实施项目超过 2000 多个，年收入超过 10 亿元，近五年净利润复合增长率 35%，是物联网领域的先行者和领军企业，根据北京物联网学会统计，2019—2020 年时代凌宇物联网共性支撑平台根据产品销售收入额在北京物联网细分市场行业中均名列第一。

二、秉持诚信理念，构建诚信文化

公司秉承"和谐、开放、创新、协作"的核心价值，以"通过信息技术创新和应用使管理更高效，使生活更美好"为使命，将诚信纳入公司经营，建设诚信企业文化，发挥党建引领作用，强化员工的诚信作风建设，坚持做到"四个诚信"，对员工诚信、对股东诚信、对客户诚信、对社会诚信。

1. 员工诚信，劳动关系和谐

一方面，公司始终视员工为企业发展的主人翁，积极听取员工意见，设有职工代表大会，对于涉及员工自身利益的重大事件均会召开职工代表大会，同时，公司设立有工会组织，充分保障员工合法权益；另一方面，公司关爱员工、重视人才，在新冠疫情及错综复杂的国内外形势下，不裁员、不降薪、不压支，维持福利待遇，切实保障员工利益，并实施了一系列人才培养和激励机制。公司从成立至今，员工劳动关系和谐，多年来无任何劳动纠纷，员工具有较强的企业文化认同感和凝聚力，离职率较低。

2. 股东诚信，投资者关系和谐

公司致力于不断畅通公司与全体股东之间的沟通渠道，切实做好投资者关系维护和管理工作，不侵犯中小股东权益，履行公司应尽的责任和义务，并积极组织投资者互动交流等活动，投资者关系和谐。

3. 客户诚信，行业口碑良好

公司始终坚持诚信经营，合作共赢的理念，积极响应客户的业务诉求，发挥契约精神，诚信履约，以工程质量为根本，提供项目实施、项目运维等全流程优质服务，在行业内获得颇多赞誉，口碑良好。

4. 社会诚信，坚持社会利益先行

一方面，公司坚持严格遵守国家法律法规，依法治企、规范办企、合规纳税，2018—2020年纳税总额7683万元，连续多年被北京市税务局评为北京市纳税信用A级企业；另一方面，作为民营企业，公司始终将国家利益和社会利益放在首位，积极履行社会责任，用热心公益回馈社会。

三、完善诚信体系，推动长效治理

1. 全面建设诚信制度

诚信是公司持续发展的基石，公司始终重视并从制度层面进行全面建设并不断完备。

一方面，搭建完备的公司组织架构，以股东大会、董事会、监事会为治理核心，确定诚信管理工作归口部门和人员，内控部负责质量管理、风险管理、合规管理等职责，为保障诚信经营、构建诚信组织保驾护航，设置专职的信用管理岗位，负责公司诚信文化建设、考评工作等，同时公司还配置了专门的党建人员，发挥党建对公司诚信管理的引领作用。

另一方面，公司制定了一系列质量管控、合同管理、品牌管理等规章制度，包括《企业社会责任指引》《全面风险管理办法》《项目内审管理办法》《安全生产管理办法》《项目施工现场管理办法》《品牌管理制度》等，确保各项工作有效运行，将诚信经营制度化、规范化、标准化、流程化、正规化，从制度层面保障了诚信经营活动的顺利进行。

2. 严格执行诚信考评

为实行规范化管理，保障诚信管理的实施力度和成效，使全体员工认识到守信践约的重要性，公司严格执行诚信经营考评措施，制定了《员工日常行为规范》《奖惩管理办法》，在奖惩制度中规定了对商业欺诈、谋取私利、收受回扣、倒卖合同、不当言论等不诚信行为的严肃处理措施，坚决抵制失信失约行为，为诚信经营把好最后一道关。

3. 持续开展诚信宣传

公司重视诚信经营的宣传教育工作，利用微信群、朋友圈、公众号、论坛、内刊等多种平台，开展生动活泼的、多种形式的宣传教育工作。公司积极进行党建文化建设，2021年中共建党100周年之际，被中共北京市委评为北京市先进基层党组织，被北京市工商联评为北京市非公经济组织党建示范单位。党工团推出了"灯塔计划·点亮核心价值观行动"系列活动，开展了围绕"责任与担当"等为主题的活动，在公司上下营造提升个人素质、践行诚信行为、担当社会责任、反对不诚信行为的良好氛围和习惯，促使广大员工形成自觉抵制、杜绝不诚信行为的优良价值观。

四、注重质量管控，坚持诚信经营

公司牢记通过"信息技术创新和应用使管理更高效，使生活更美好"的使命，积极打造一流的服务水平和能力，坚持诚信经营，履行契约精神，从技术、资质、质量等，保障给每一位客户交付的产品和服务都物有所值。

1. 坚持以技术为依托，构筑顶级资质集群

公司自主研发拥有授权专利近百项，软件著作权250余项，拥有"物联网共性支撑平台""城域物联网接入技术""自组织无线传感网监测控制技术"等核心技术，并参与了《GB/T 36951-2018 信息安全技术物联

网感知终端应用安全技术要求》等国家标准、部分地方标准及团体标准的制定。

公司资质实力在行业内处于领军水平，拥有包括"信息系统集成及服务壹级""建筑智能化系统设计专项甲级""电子与智能化工程专业承包壹级""信息系统建设和服务能力等级证书（CS4）""信息技术服务运行维护标准符合性证书（ITSS 贰级）""信息技术服务管理体系认证证书"等甲级或壹级资质证书在内的诸多行业重要资质及认证，具备承接政府部门涉密业务和军工领域涉密业务的资格和能力，为项目实施提供技术和能力支持；公司通过"ISO9001 质量管理体系认证""ISO45001 职业健康安全管理体系认证""ISO14001 环境管理体系认证"，质量管理体系完善，保障项目的有效实施。

2. 以项目质量为根本，提供全流程优质服务

公司在参加招投标等经济活动时，从不弄虚作假、不伪造证件、不虚构业绩，坚持以事实为本，踏踏实实、认认真真做好投标准备工作。在招标过程中，坚持以实力说话、不拉关系、不搞不正之风、不压低价恶意中标。经联合信用评价有限公司对公司诚信度、履约能力和信誉状况进行综合分析和评估，连续多年被确定信誉等级为 AAA 级。

在项目的执行过程中，坚持诚信经营原则，以工程质量为根本、以安全为前提，充分发挥技术优势，优化施工方案，秉承绿色环保、节能降耗、科学施工、合理优化的原则，精心组织、从严要求、力保质量、确保安全，用 100% 的优良工程交出满意的答卷。

在项目运维过程中，能急用户之所急、想用户之所想，确保足够的技术力量坚守在项目运行一线，制定严谨的应急抢险方案，确保在特殊情况下项目的正常运行，充分考虑用户的工作实际需求，充分保障用户利益；根据合同约定严格执行，保持了良好的运维关系，多次得到用户的好评和赞赏。

公司先后荣获中国建设工程鲁班奖、中国安装工程优质奖、华夏建设科学技术奖二等奖、CICC 科学技术进步奖二等奖、北京市科学技术进步奖一等奖、天津市科学技术进步奖二等奖、城市治理优秀案例等。

3. 以诚信履约为原则，全面打造诚信品牌

公司致力于成为持续创造价值、基业长青的公司，坚持诚信经营原则，积极践行社会责任，打造诚信品牌。2019 年 BTV 财经《诚信北京》节目对公司承接的通州区智慧潞源项目的实施和运维服务进行了报道，公司董事长兼总裁黄孝斌表示：成本对于企业来说是非常关键的，但是为了信守承诺，我们提供给客户适用于当时最新的设备，确保实现承诺的功能，坚决履行契约精神，不追求"一锤子买卖"，保障给每一位客户交付的产品或服务都物超所值。坚持诚信是企业生存和发展之本，诚信不仅仅是对客户，应该是全方位的，包括对供应商、合作伙伴、员工、股东，以及对全社会，都应该是诚信的。

公司成立至今，从来没有不按约履行合同的行为发生，履约率达 100%。因诚信经营，以先进技术服务社会、推动社会发展，公司获得行业内外的广泛赞誉，多次收到北京市公安局、北京应急管理局等较多客户的感谢信、表扬信，在行业内享有较高的声誉。

公司先后荣获北京市诚信创建企业、北京建设行业诚信企业、守合同重信用企业、诚信企业标杆等，多年被评为信用评价 AAA 企业；被北京市工商联评为守法诚信承诺示范单位，并连续多年为北京市民营企业社会责任百强，获得 2018 年度社会贡献奖；公司是 2020 年度中国智能建筑行业十大品牌企业中国创新领军企业北京民营企业中小百强、北京朝阳区特色区域品牌建设项目（二期），具有广泛的社会效益和行业影响力。

五、践行社会责任，厚植企业情怀

1. 筹建产业孵化器，吸引和帮扶企业创业

公司2014年筹建"Solink"物联网产业孵化器，致力于以物联网、软件信息技术、智能制造技术为核心的科技项目孵化，打造新技术孵化投资生态体系、培训教育体系、技术成果转化体系、产业资源优化体系，从基础设施、技术、市场、人才、资金等方面对创新创业给予扶持和帮助，形成以龙头企业为核心的物联网共生系统，助力科技初创公司成长。截至2020年年底，孵化项目团队60余家，以智慧城市、智能楼宇、智慧交通等为主题的市场需求对接会近30场。先后入选"市科委第五批众创空间""朝阳区首批众创空间""中关村示范区新纳入硬科技孵化器支持体系机构""北京创业孵育协会副理事单位"等。

2. 热心社会教育事业，凝聚社会力量

一方面，公司热心社会教育事业，响应共青团北京市委的"100365首善行动"，捐赠价值数万元的各类图书，并援建2间爱心书屋、6个图书角；筹建"智慧城市展示中心"，积极向社会传播物联网概念，普及物联网知识，推动物联网产业和智慧城市建设事业发展。

另一方面，公司秉承强烈的社会责任感，积极开展校企合作经验，与北京工业大学、北京科技大学、北京城市学院等多所院校签订合作协议，设立"时代凌宇教育基金""求是理论奖学金"等，同时为中关村创新教育实践基地共建单位、中关村物联网联盟实习基地、北京市物联网学会实践基地等，获批北京市工程实验室、北京市企业技术中心、北京市博士后工作分站，接待香港大学和北京各高校多批大学生来公司实习，响应共青团北京市委"2018培养计划"接收新疆青年干部来公司挂职锻炼。

3. 积极参与公益活动，真情回馈社会

公司以董事长兼总裁黄孝斌为代表带动公司上下，多年来累计捐赠数百万元，包括抗震救灾、疫情防控、春蕾儿童助学、扶贫脱贫、万企帮万村、乡村振兴、温暖衣冬等社会公益和慈善活动，收到来自南漳县红十字会、河北省康保县满德堂乡罗明沟村等多封感谢信。同时，公司连续多年组织员工进行植树造林活动，平时注重勤俭节约和绿色环保意识教育，倡导节电节水和"光盘行动"，助力和谐生态环境的构建。

案例创造人：黄孝斌　魏剑平　王国金

诚信经营促发展　信息消费助升级

北京值得买科技股份有限公司

一、企业简介

北京值得买科技股份有限公司（以下简称值得买科技）是一家专注于消费产业的科技集团，2011年成立于北京，公司恪守"以诚取信、以信立誉"的经营理念，于2019年深交所上市。

集团以"让每一次消费产生幸福感"为使命，坚持以消费内容为核心，深入布局消费内容、营销服务和消费数据三大业务板块，目前在北京、天津、上海、青岛、杭州、海口等城市设有30余家分子公司，先后获得中国互联网企业百强，商务部电子商务示范企业，工信部新型信息消费示范案例，中国上市公司协会优秀党建案例等荣誉。

通过集团公司的协同效应，公司不断提升电商、品牌商与用户之间的连接效率，现已构建覆盖站内外优质内容的全域流量体系，与全球500多家知名电商平台建立合作，服务全球180多个国家和地区，2020年整体商品交易总额超220亿。当前，值得买科技全面布局消费产业，公司以"什么值得买"平台为载体，同时布局数字营销、消费大数据等多个领域，构建线上线下双融合的全品类消费信息服务平台，秉承"让每一次消费产生幸福感"的使命，致力于成为全球最懂消费的科技公司。

二、诚信经营实践

（一）诚信经营理念及企业文化

"信，国之宝也，民之所凭也。"值得买科技10年来秉持诚信经营，与用户、品牌商和电商构建了三方共赢的消费生态系统；发挥党建引领作用，践行诚信文化理念，建设完善的企业诚信体系；在经营中积极践行契约精神，营造商务诚信环境，助力行业健康有序发展；积极投身社会公益，践行社会责任，为创建基业长青的百年诚信企业而持续努力，展现新时代中国企业守信践诺、以诚立企的精神风貌。

值得买科技始终坚持党建引领作用，将"诚信兴商"根植于企业文化血脉。公司员工秉承"重承诺、有担当、有底线、有原则"的理念，坚持做消费者可信赖的服务平台，做商家及品牌商可信赖的合作伙伴。

在企业经营中，公司通过组织开展"诚心诚信·同心同行"等系列主题党日活动，将诚信兴商理念与党建活动、企业经营发展相结合，发扬党员模范先锋作用，在全公司上下树立"诚信之星"典范，号召全员学习。公司全员参与，构建自上而下完善的企业诚信体系。同时采取线上线下相结合的方式，在全公司加强诚信宣传，通过"值得买学习成长中心"线上诚信类课程、组织诚信类优秀案例评选活动等形式，号召员工积极学习诚信典范，践行诚信理念，营造全员"知信、用信、维信、守信"的优良企业文化环境。

（二）体系建设及制度保障

遵守法律、履行承诺、承担社会责任是企业诚信经营的基础，建立互联网企业诚信管理体系是保障平台安全、促进行业健康发展的治本之策。值得买科技结合企业特色,构建了"1364"诚信体系建设,即秉承一个目标、三项原则、六大任务、四大保障。

1. 一个目标

值得买科技坚持科学发展理念,以保障互联网平台信息安全和促进行业健康发展为目标,加强企业数据安全诚信为核心的原则,逐步建立起企业责任为基础、社会监督为约束、诚信效果可评价、诚信奖惩有制度的互联网企业诚信体系。

2. 三项原则

(1) 坚持制度建设与教育宣传相结合原则。健全公司诚信管理规章,建立诚信制度保障;加强公司诚实守信教育和宣传,营造诚信环境。

(2) 坚持企业责任与行业自律相结合原则。公司加强自身诚信制度建设,落实企业主体责任;发挥行业组织自律作用,增强行业诚信自律基础。

(3) 坚持内部推动与社会监督相结合原则。建立工作协调机制,实行公司内部推动,注重消费者参与,发挥社会监督作用,全面推进企业诚信建设。

3. 六大任务

(1) 推进企业诚信文化建设。公司采取多种行之有效的方式,加强互联网企业的诚信文化宣传教育,弘扬诚信传统美德,增强企业法制、责任、质量意识,逐步形成以守法、履责、诚信为核心的企业诚信文化。

(2) 建立企业诚信管理体系。公司依据法律法规和诚信原则,制定企业诚信方针和目标,结合已有管理体系,建立健全企业诚信管理体系,并通过自查自纠,改进完善,持续提升企业诚信能力和管理水平,并提出了加强行政采购诚信体系建设的具体工作要求。

(3) 形成企业诚信管理体系运行机制。诚信体系运行机制包括:诚信教育机制、企业失信因素识别机制、企业内部诚信信息采集机制、自查自纠改进机制和失信惩戒公示机制等。

(4) 加快诚信信息征集和披露体系建设。公司建立公开、公正、科学的诚信信息征集和披露体系,建立制度、规范方式及内容、依法采集信息。实现部门之间企业诚信信息共享,加快建设企业诚信信息平台。

(5) 建立诚信评价体系。科学制定互联网企业诚信评价指标、原则、方法,并结合不同行业特点制定评价标准。委托第三方机构开展企业诚信评价,并逐步建立具有相应监督、申诉和复核机制的评价体系。

(6) 开展诚信试点工作。公司选择一批事业部、子公司和分公司分批开展诚信体系建设试点工作。在试点基础上,完善事业部内部诚信制度、规范和标准、评价制度,在全集团推广应用,逐步建立互联网企业诚信体系运行长效机制。

4. 四大保障

(1) 加强诚信组织领导,增强诚信建设领导力。公司建立统一、高效的内部诚信体系运行协调机制,指导公司内部诚信体系建设,依法实施企业诚信信息征集和使用共享,加强互联网信息安全监督管理。

(2) 发挥信息平台作用,增强诚信建设号召力。值得买科技充分利用公司现有诚信信息管理网络,保障信息资源共享,实现诚信信息建设平台网络化、内容系统化、使用社会化。不断提高诚信信息完整性、客观性,充分发挥信息平台在企业自律、社会监督中的作用。

（3）加强诚信队伍建设，增强诚信建设战斗力。公司积极开展互联网网络信息安全和诚信管理知识培训，鼓励培养网络安全和诚信管理人才，加快建设具有良好职业操守、具备较强理论和实践能力的专业网络安全和诚信管理队伍，为互联网企业诚信体系建设提供人才保障。

（4）加强诚信理念宣传，增强诚信建设影响力。值得买科技通过线上线下相结合，加强诚信宣传与培训，提高员工道德素养。首先，在"值得买员工学习成长中心"线上诚信类课程和优秀案例，作为员工必修课程；邀请专业讲师，开展形式多样的线下诚信培训和演讲活动。其次，通过党支部动员各位党员、群众，共同参与"弘扬诚信精神，打造信用标杆"知识竞赛活动。

三、具体实践

（一）依法诚信纳税，筑牢信用基石

公司建立了集团发票查询信息库，统筹规范全集团纳税；定期请税务机关到企业座谈，宣讲最新税收政策、业务经验；并在"值得买员工学习成长中心"开办纳税小课堂，提高财务人员办税业务水平。值得买科技多次纳税信用评价结果为 A 级。

（二）加强行业自律，营造诚信商业环境

公司积极响应监管政策和行业公约，推动网络交易市场繁荣健康发展，先后参与商务部全国电子商务公共服务网企业信用共建；中国互联网协会《网络平台非法野生动植物交易控制要求》团体标准首批响应单位；2021 年，公司积极响应国家市场监督管理总局"关于平台经济反垄断治理"号召，向社会公开《依法合规经营承诺书》；同时，公司作为"丰台区网络交易市场共治联盟"响应单位，为建设多元参与、规范有序的网络交易市场治理体系赋能。

2017 年，值得买科技加入由京东、腾讯、百度等知名企业发起的阳光诚信联盟，旨在通过互联网手段共筑反欺诈、反假冒伪劣安全壁垒，打造阳光、透明的商业环境。

（三）践行社会责任，弘扬诚信理念

值得买科技秉承"科技向善，益值同行"的公益理念，通过公益捐助，向四川、甘肃等贫困地区捐款修路，关爱留守儿童；助力抗疫救灾，2020 年向抗疫前线捐赠价值百万的防疫物资，2021 年向河南受灾地区捐款 100 余万元，并上线"河南挺住"专栏，实时发布针对河南暴雨的最新信息及抗洪自救等内容，为灾区人民提供及时在线帮助；响应国家乡村振兴战略，精准帮扶内蒙古扎赉特旗，服务和奉献社会，树立良好的企业形象，共筑企业信用基石。

公司凭借在社会公益方面的积极行动，荣获"2020 拉姆·查兰管理实践奖抗疫行动奖""2018—2020 中国互联网行业公益奖""社会责任爱心企业奥纳奖"等荣誉。

四、诚信经营成效

值得买科技秉承诚信兴商理念，获得了合作伙伴、员工、行业等相关方的高度认可和好评。

（1）企业信用良好，无行政处罚。截至目前，公司无工商行政处罚，同时在税务、质监、劳动、环保、消费者协会、金融信用、行业信用方面均无不良记录。2020 年，公司入选北京市企业信用评价协会"北京市诚信创建企业"；北京市企业信用 AAA 级企业；北京民营企业科技创新百强、社会责任百强等众多荣誉。

（2）用户高度认可，注册量和用户黏性持续增加。公司持续不断向用户推荐高性价比的商品和服务，成为用户值得信赖的消费参谋和决策工具。凭借在用户中的优秀口碑，公司的行业影响力日益提高，用户规模和黏性也持续增长，截至2021年上半年，平台月活用户3000多万。

（3）合作伙伴高度认可，诚信履约高，企业营收稳健增长。公司诚信履约和优质服务获得了众多电商、品牌商的认可，2020年，企业共签订合同7650余份，合同履约率达99.8%。目前公司与上万家国内外知名电商、品牌商保持长期友好合作关系，企业营收连续5年保持30%~40%的稳健增长，并获得2021百度移动生态大会"2020年度最佳合伙人"，第十届中国公益节——2020年度责任品牌奖等荣誉。

（4）员工广泛认可，员工流失率低，幸福指数高。公司坚持诚信经营、关爱员工，建立员工服务中心，实现员工满意度高、归属感强、流失率低，先后获得拉勾网2020中国互联网TOP雇主奖、2020年北京市就业创业先进单位等多项荣誉。

（5）资本市场高度认可，获得信息披露A级荣誉。公司积极履行上市公司信息披露义务，凭借完善的信息披露制度和规范的运作水平，先后获得第十二届天马奖中国上市公司投资者关系评选"中国创业板上市公司投资者关系最佳董事会奖"；2020资本市场企业文化建设短视频评选"优秀社会责任奖"，2020年度上市公司信息披露考核评价最高评级A级等荣誉。

（6）政府及行业认可，获得多项荣誉。值得买科技的诚信经营赢得了政府及行业的高度认可，先后获得：2020年商务部"数字商务企业"；工信部"新型信息消费示范案例"；2020年工信部"企业上云典型示范案例"；全国工业和APP信息消费大赛"信息消费产品创新奖"；2020年中国互联网企业成长型20强；"北京市诚信创建企业；北京市企业信用AAA级企业；北京民营企业科技创新百强、文化产业百强、社会责任百强"等众多荣誉。

2021年值得买科技入选北京诚信兴商宣传月"倡议企业"，并参与诚信兴商主题日活动典型案例企业经验分享，被多家媒体报道。

五、未来展望

下一步，值得买科技将紧紧抓住北京"全球数字经济标杆城市""国际消费中心城市"建设机遇，促进诚信建设与信息消费紧密结合，诚信兴商、以信兴业，促消费、扩内需、惠百姓，不断优化诚信体系建设，积极响应监管政策和行业公约，推动行业健康有序发展；不断提升服务质量，忠诚服务于用户和合作商，进一步增强用户及合作商的获得感、安全感、幸福感；助力国货品牌崛起，助力消费升级，让更多、更好中国品牌、产品能够走向世界，为中国经济的持续发展贡献力量。

案例创造人：隋国栋　刘峰　刘超

诚信为本　服务至上　践行国企责任

广东和顺物业管理有限公司

一、企业简介

广东和顺物业管理有限公司成立于1993年，注册资本3300万元，隶属于广东省广晟控股集团有限公司，为广东省广晟置业集团有限公司全资子公司，国家一级资质物业服务企业、国家高新技术企业。

和顺物业秉承"用心服务，成就美好事业与生活"的企业使命，以物业管理、运营服务为主要业务，提供物业管理、工程维修、商务会务、资产管理运营、城市服务等专业服务，服务项目涵盖以商业综合体、办公写字楼、文体公建、学校、产业园及住宅，服务范围辐射广州、佛山、东莞、云浮、清远、阳江、韶关、惠州等地。2021年实现营业收入2.29亿元，净利润1860.32万元。

和顺物业始终认为企业诚信建设不仅对企业自身有利，对社会的发展和稳定也有重要的意义。多年来持续通过党建引领，坚持物质文明和精神文明两手抓，培育践行社会主义核心价值观，树立牢固的诚信经营观念，将诚信建设与企业经营工作协同推动、相互促进，树立良好的企业形象。2013—2016年连续荣获广东省企业联合会评为"AAAA级广东省诚信示范企业"，2015—2017年被中国质量信誉测评管理中心评定为"AAA级中国质量信用企业"，2016年被评为"AAAA级中国质量信用企业"，2020年入选"中国315诚信企业"。2015年中国中小企业协会评价为AAA级，2002—2020年连续19年被广东省市场监督局为评为"广东省守合同重信用企业"。

二、企业诚信建设信用体系建设

（一）诚信经营理念

面对机遇和挑战并存的市场环境，和顺物业以高度的社会责任感为己任，始终秉承"用心服务，力求更好"的质量体系诚信经营，从细节服务，洞察业主需求着手，把物业服务做精做细，不断提升自身管理水平，为广大业主营造"宜业、宜商、宜居"的办公环境和美好生活，体现了企业"诚信为本、服务至上"的价值观。

（二）企业诚信和信用体系建设

1. 塑造"党建+服务"品牌助力企业发展

和顺物业坚持党建引领，将"党建+服务"品牌融入物业日常管理及服务中。（1）搭建"社区、业主、物业"三方联动平台，通过深化社区街道/居委、业委会、物业服务企业的"三方联动"机制，实现共建、共治、共享，积极推行民事、民议、民决。（2）建立健全社区党组织、社会组织、业主委员会和物业服务企业"四方"共议机制，针对小区内各类民生实际问题，及时召开"四方"共议联席会议，协商处理。（3）从解决群众最关切的问题为出发点，从解决群众身边的小事、急事、难事做起，满足群众对美好生活的向往与需求。2021年以庆祝建党百年为契机，通过集体研学、个人自学、线下线上结合学等多途径组织广大党员干部真学、细学、深学，激发广大党员学习动力，助推党史学习教育入心、入脑。同时将党史学习教育成果转化为工作动力，积极开展核酸检测、疫苗接种、加装电梯、修复开裂围墙、创建"爱心驿站"等为民办实事，推动物业管理与社会治理深度融合，不断提高党组织领导下的物业服务和社区治理水平。

2. 树立安全生产主体意识

和顺物业一直注重企业质量诚信管理，严格遵守国家颁布的各项法律法规及产业政策，树立安全生产主体意识，"安全""维稳"不放松，层层压实安全环保和信访维稳主体责任，将安全维稳作为公司总经理办公会的第一议题，按照"全员懂安全"的思路开展各类安全培训。强化风险辨识，落实一线三排，监督安全隐患整改，有效遏制安全生产事故的发生。

3. 建立健全长效风险防控机制

和顺物业始终秉承言必信、行必果，不欺瞒、不浮夸，不造谣、不传谣、不信谣，自觉兑现承诺，绝不弄虚作假的诚信理念。牢固树立信用风险防控意识，建立了一套完善的风控体系，通过以风险管理促进业务健康发展为原则，协调处理好风险防控与业务创新之间的关系，完善主动避险的长效风险防控机制，为企业健康发展保驾护航。

三、企业诚信和信用体系实践

（一）供方管理

在供方管理方面建立了供应商评估和准入制度，建立合格供应商清单，对供应商提供物资或服务的质量、价格、交货及时性、供货条件及其资信、经营状况等进行实时管理和综合评价，根据评价结果对供应商进行合理选择和调整。通过优胜劣汰机制提高供应商队伍的整体水平，促进供应商数量和质量的稳定。同时，向各供应方反馈评价结果，要求其做好质量管理、整顿等工作。

（二）风控管理

通过聘请第三方审计开展内部控制及财务收支审计，在企业管理的各个环节和经营过程中执行风险管控，保证了内控规范工作的有效推进，为实现企业总体目标服务。

（三）财务管理

以全面预算管理为抓手，实施动态过程监管，确保资金链安全。严格执行《应收账款管理制度》，做好日常台账管理，确保资源良性循环。

（四）合同履约管理

强化合同管理，建立以合同为核心的管理机制，理顺各方关系，形成有机运行体系。抓好合同台账管理工作，分类登记对公司所签订的全部合同的订立和履行情况，及时掌握合同履行中出现的问题。定期开展履约检查工作，及时发现问题，制定防范风险对策，将风险损失程度降到最低。

（五）维护职工权益

和顺物业严格遵守相关法律法规，依法与职工签订劳动合同，保护职工的合法权益。按时、足额向职工发放劳动报酬，让职工充分享受企业的发展成果，努力提高职工生活水平和幸福感。

（六）维护出资人权益

和顺物业作为100%国资控股企业，始终在广东省国资委、广东省广晟控股集团有限公司与广东省广晟置业集团有限公司的领导和监管下依法依规开展各项业务，坚定不移落实国有资产保值增值的总体目标，坚决执行相关法律法规及公司章程等的规定，保障股东、投资人和债权人的权益。

（七）反对商业贿赂、欺诈

和顺物业将廉政建设深度融入生产、经营、监督、审计，一体式推进不敢腐、不能腐、不想腐的体系建设，有效地确保企业健康稳定发展。同时，充分认识到商业贿赂、欺诈的危害性，坚决抵制商业贿赂、商业欺诈行为和采取不正当手段获取商业机会和商业利益，正本清源的同时打造风清气正的营商环境。

（八）履行社会责任

在新冠肺炎疫情战役中，和顺物业勇当物业逆行人，主动承担起大量社区防疫工作，充分发挥企业在社会基层治理中的主力军作用，党员干部冲锋在前，带头坚守在防控疫情第一线，做好"外防输入，内防扩散"工作，积极协助各级政府构建全域防线，协助开展大规模人员核酸检测相关防疫工作，积极配合社区街道、业主单位做好疫情防控、检测工作，共协助11万余人次完成核酸检测工作，优质的服务和守责的态度，让社会看到企业的作用、责任与担当。在常态化疫情防控工作方面，各项目先后开展了近10场疫苗接种活动，为1.5万余名群众完成疫苗接种，得到业主的一致好评。同时，响应国家政策，积极为遭受疫情影响的商户提供减免租金等帮扶措施，充分体现国企社会责任担当精神。

案例创造人：蔡亚辉　王筱薇

倡导"五心"服务 坚持信用至上 展现国企担当

广州长建物业管理有限公司

一、企业简介

广州长建物业管理有限公司（以下简称长建物业）原为广州军区直属企业，现为广东省国资委直属广东省广晟置业集团有限公司全资子公司。公司成立于2001年6月，是广州市颇具规模和知名度的物业管理专业企业。公司注册资金2300万元，具有国家一级物业管理资质、国家清洁清洗行业资质等级一级、广州市环卫A级资质等等。公司现有物业管理项目达200余个，物业管理面积近1000万平方米，管理区域跨越5省16市。2021年，长建物业全年实现营业收入1.99亿元，实现净利润1826.02万元。

2008—2010年，连续被中国质量信用评价中心评审为"AAA"级中国质量信用企业；2009—2018年，连续被广东省企业联合协会评选为"广东省诚信示范企业"；2010—2013年，连续被中国质量评价中心评选为"诚信示范单位"；2012年被广东省企业联合协会评选为"2012年度广东省诚信示范企业"；2013年被中国物业协会评选为"2013中国文明诚信物业服务企业"；2014—2020年，连续被广州市税务机关评为纳税信用"A级纳税人"。

二、企业文化理念

向下扎根，向上发展，秉承生生不息的大树生命哲学，长建物业深深地从群众中汲取健康营养元素，保证企业井然有序发展。长建物业所倡导的"五心"服务——"诚心、省心、耐心、专心、贴心"赢得客户们的一致好评，在竞争激烈的物业行业内以优质的服务占据了一席之地。同时，长建物业通过"三有品牌"创建，以规范化的操作程序、有效的管理制度、精益求精的工作态度、认真负责的办事风格确保"有质量"；以诚信的价值观念、高质量的产品理念和完备的信用体系确保"有信誉"；以讲求回报的产品，给客户带来价值、给社会带来效益、给企业带来利润、给员工带来收益确保"有回报"。

三、诚信体系建设

冰冻三尺非一日之寒，滴水石穿非一日之功，长建物业能够取得这些成绩来自于一如既往地坚持，坚持把诚信经营放在经营理念首位，坚持把企业诚信体系建设作为企业有机发展的重要一环。

1. 党建引领

长建物业始终坚持以习近平新时代中国特色社会主义思想为指导，积极探索和推进党建工作与企业发展的深度融合，精心打造"红色引领，五心融合"党建品牌（锻造思想铸红心、强化管理增信心、创新发展强核心、优质服务讲诚心、关爱员工聚人心），把党建优势转化为发展优势，以高质量党建引领企业高质量发展。公司严格落实党组织主体责任，为教育引导党员干部强化组织观念、严守政治纪律、筑牢拒腐防变的思想道德防线，积极营造"不敢腐、不能腐、不想腐"的浓厚氛围，坚决落实民主集中制，坚持"三重一大"事项党组会议前置研究，坚持把诚信建设纳入到日常生产经营管理工作的各个环节。按照"一二三四"工作思路（即坚持一个引领，党引领一切；发挥两个作用，党支部的战斗堡垒、党员的先锋模范作用；做到三项突破，突破选人用人传统体制、突破物业服务传统模式、突破分配制度传统机制；强化四项保障，组织保障、人才保障、纪律保障、制度保障），实现高质量党建，促进企业高质量发展。

2. 制度建设

完善的制度是抓好企业诚信建设的保障。长建物业通过财务、合同、法律顾问管理等一系列制度，确保各项合同从签订到执行的全流程有监督、有审核、有管理。同时，按照广晟集团的综合监督检查规定，上级单位直接委派综合监督检查组进驻，确保落实公司党委重要工作部署情况，选人用人和基层党组织建设情况，执行中央八项规定精神和整治"四风"情况等，使党规党纪彻底执行，时刻进行廉洁自律提醒和整治群众身边腐败问题情况等方面问题，坚定不移深化政治监督，聚焦坚持和加强党的全面领导、新时代党的建设总要求、全面从严治党，严肃党内政治生活、净化党内政治生态，切实维护党的纪律，推动改革、促进发展。

3. 组织保障

按照"企业需要、党员欢迎、职工拥护"的原则，因地制宜、因司制宜，在各单位全面设立"党员示范岗""党员先锋岗"和"党员责任区"，推进党建工作与生产经营、企业文化有机结合，同维护企业稳定、促进企业生产、助推企业发展融为一体，充分发挥了党组织和党员在职工群众中的政治核心作用和对企业发展的政治引领作用。

4. 文化建设

长建物业重视加强企业文化建设，把企业文化建设作为推动企业发展的基础性工作来做。以"五心服务"为核心价值观，以创建"三高品牌"为愿景：坚持以开拓进取的精神、勤奋务实的工作以及有效的外界传递，铸就高知名度；坚持以诚信的经营原则、高质量的产品与服务营造业界良好的形象与声誉获得高忠诚度；坚持以员工的勤奋工作、持续努力，以及不断学习和面向多个行业、地区拓展来获得的高拓展度。

四、企业诚信实践

长建物业作为一家军属转国有企业，时刻不忘践行国有企业职责，积极贯彻国家、地方法律法规。企业在信用制度建设、依法纳税等方面严格执行质量管理体系，严格执行劳动合同法，切实维护职工合法权益，企业日常安全生产管理方面、周边环境维护与改造及社会公益事业与精神文明创建工作方面都做了大量的工作。

1. 信用机制

公司针对市场情况，并结合自身实际建立了企业信用机制。邀请中介机构、行业协会等对公司服务质量及经营状况进行信用评价；在公司内部对各个岗位进行岗位诚信培训，建立了信用管理岗位责任制度，特别是对公司的市场经营、财务部门进行信用考核，完善合同信用等级制度，通过企业信用机制的建设，树立了公司诚实守信的企业形象，增强了团队凝聚力，提升了企业的整体形象，使公司的生产经营活动得到良性循环。

2. 合同履约

公司成立伊始，企业领导就把商业信誉放在首位，认真贯彻执行合同相关法律法规，坚持信用至上的经营理念。在实际工作中，公司依法签订和履行合同，自觉维护双方当事人的合法权益，建立健全公司合同信用管理制度，坚持不懈地抓合同相关法律法规学习，培养和加强员工依法守信的观念，加强合同管理，自觉接受工商行政和行业监管部门的监督管理，遵纪守法没有任何违法违规行为和不良记录。2021年，共计签订合同295份，合同总价超1.6亿元，截至2022年2月1日，全部依约履行，合同履约率达100%。

3. 质量保证

全面贯彻ISO体系认证，公司从2006年获得"质量、环境、职业与健康安全管理体系"三位一体认证后，又相继于2017年、2019年取得"信息安全、能源、企业社会责任、企业诚信"四项管理体系专业体系认证。公司注重节能环保和节能减排工作，为响应国家节能减排和绿色国内生产总值（GDP）的指导方针，在生产中减少生产垃圾的产生，并结合本单位实际情况，对现有服务流程进行了改进，大大降低了能源的消耗，定期召开品质例会，不断制定、更新品质改善方案，实施跟踪验证，切实做到三重工作：重分析、重改善、重效果，并对存在的问题进行深入剖析，确保公司品质建设持续提升。

4. 维护权益

全面贯彻安全生产法，强化各项安全措施，加强对企业的安全生产监督管理，全面提升安全生产管理水平，维护职工生命安全。严格执行劳动合同法，积极保障职工合法权益，按时足额缴纳保险，按时发放劳保用品和防暑、防寒物品，逢年过节公司都会慰问困难职工。公司积极开展"我为群众办实事"活动，关爱帮扶困难职工，解决职工"急、难、愁、盼"，落实"五个一"结对帮扶困难职工家庭9户；开展职工关怀慰问困难职工、重疾职工共2名，发放慰问金3000元；帮助4名困难职工向广晟集团工会申领慰问金8000元；工会组织会员健康体检共计125人次，增强职工群众的获得感、幸福感、安全感。

5. 践行责任

面对严峻的疫情防控形势，公司高度重视，快速反应，坚决落实各级疫情防控要求，加大疫情防控投入，不断提高员工疫苗接种率，实现阶段性核酸检测全覆盖，全力保障广大业主和全体干部员工的生命安全，确保员工"零感染"目标。全公司疫苗接种率达92.4%，投入疫情防控资金达100万元。公司本部、9家分公司及直属管理处党员干部响应号召，迅速组成防疫突击队、志愿服务队，奔赴抗疫一线支援疫情防控，下沉社区协助开展核酸检测、疫苗接种，累计服务群众超4万人次，充分体现了长建物业的国企担当，并于2020年获得广州市物业行业抗击疫情突出单位、广州市环卫行业最佳抗疫单位。

案例创造人：郭超

坚持诚信经营　树立行业榜样　引领地方发展

鞍钢集团自动化有限公司

一、企业简介

鞍钢集团自动化有限公司（以下简称鞍钢自动化）成立于1989年，是有"共和国长子"之称的鞍钢集团有限公司旗下的全资子公司，是国内同时具备自动化和信息化两个业务领域中最大的服务商。

鞍钢自动化拥有自动化工程、信息化工程领域齐全的专业资质，包括《机电工程施工总承包2级》《电子与智能化工程专业承包2级》《建筑机电安装工程专业承包2级》《通信工程施工总承包3级》《辽宁省安全技术防范设计施工3级》《CMMI 3级》《ISO27001》《ITSS 3级》《ISO9001》《信息安全服务资质三级》等，荣获《高新技术企业》《守合同重信用企业》，具备《企业信用等级证书AAA》，现有知识产权13项，软件著作权50项，获得国家、行业、省、市、鞍钢集团科技奖项共40余项。

鞍钢自动化近几年发展快速，完成的"基于工业互联网的钢厂水务智慧管理平台解决方案""5G工业专网+智慧炼钢""水务管理系统""'双鞍融合'助力加速5G工业场景在鞍山应用"等多个优秀项目先后被多家媒体报导。数字鞍钢项目在辽宁卫视、学习强国、央视新闻进行了专题报导。

鞍钢自动化以冶金工厂全流程自动化控制技术和计算机信息化技术为基础，承担鞍钢以及国内外自动化控制系统的设计、制造、技术开发、安装、调试及国家重点科研项目的攻关任务。自成立以来，公司参与了鞍钢及国内其他钢铁企业技术改造，逐步形成了以鞍钢为依托，面向全国乃至国际的专业配套齐全、知识密集和技术密集型的自动化、信息化支柱产业。在矿山、烧结、焦化、炼铁、炼钢、连铸、轧钢及钢材处理线自动化控制以及企业ERP信息管理系统领域，始终保持国内领先水平，转炉自动化炼钢模型等多项技术处于国际先进水平。

二、企业诚信建设案例

（一）诚信建设措施

（1）完善诚信体系建设。鞍钢自动化充分发挥董事、监事、经理层的领导和监督作用，夯实管理"三道防线"体系，按照"业务谁主管、诚信合规谁负责"的原则，明确责任。第一道防线为业务主管部门，对本岗位具体业务活动中存在的诚信合规问题进行识别和防范；第二道防线为法律合规部门，负责推动诚信合规管理体系建设，制定工作计划和制度；第三道防线为审计部门，对"三重一大"等重大事项决策及履行过程进行监督审查与追责问责。各部门结合企业实际，整合规范明确工作界面，统筹推进诚信合规管理等工作衔接配合，促进协同联动，形成工作合力。

（2）采取刚性约束机制。持续建立诚信管理的长效机制，建立完备的规章制度，并每年根据实际及时制修订。2021年因机构调整、管理更新，公司共编制修订制度67项，废止旧制度66项，同时在制度设计上统筹考虑诚信合规管理与各项业务工作的有机融合，明确重要业务领域和关键环节的控制要求和诚信合规应对措施，并有序嵌入制度条款，纳入绩效考核。运用信息化系统作为诚信保障实施手段。通过多业务、多领域信息系统，进行数据传送和监管，做到诚信事项及时记录，数据及时统筹，信息及时汇总上报，问题及时得到沟通解决。

（3）加强项目质量管理。以产品质量为基础，客户满意为根本。公司建立综合项目管理系统，强化销售人员协同管理，实行项目从开工到竣工全流程管理，并制定相关制度和管理细则，将项目质量管理纳入公司绩效考核。加强公开招标信息跟踪，建立供应商诚信档案，制定供应商诚信考评机制，成立公司级重点项目组，对出现拖期、质量异议、客户投诉等问题限期整改，并跟踪整改情况，快速解决客户问题、提高客户满意度。公司设有运维呼叫中心，为客户进行 7×24 小时的运维服务。

（4）建立诚信企业文化理念。鞍钢自动化秉承的企业精神：诚信、创新、精致、务实；核心价值观：平等、偕行、感恩、回馈；企业作风：敢为人先、永无止境、精细严谨、赢在执行；经营理念：为用户创造价值、为企业赢得发展；管理理念：以人为本、注重细节、无为而治；服务理念：真诚服务、尽善尽美；安全理念：最大的价值是生命、最高的责任是安全；人才理念：用事业造就人才、让人才成就事业；创新理念：超越、敢为人先；廉洁理念：清清爽爽做人、干干净净做事；学习理念：全员学习、终身学习、持续改进；人文理念：真诚友善、和谐快乐。鞍钢自动化让企业诚信精神深入人心。

（二）诚信建设成果

（1）鞍钢自动化积极响应国家数字建设号召，诚信管理，持续转型创新，以"新形象、新气象、新景象"为着力点，倾力承担起鞍钢集团信息化、数字化、智能化建设的重任，"融合 5G 技术的设备智能管控 APP 集成应用解决方案"成功入选工信部 2021 年工业互联网 APP 优秀解决方案名单。是辽宁省 4 家入选企业之一。此次入选是对公司诚信经营的肯定，助力企业设备数字化转型，为钢铁行业设备智能化领域提供国产自主解决方案，助力企业提升生产效率、保障安全生产、优化生产决策。"5G+智慧炼钢项目"获中国移动通信有限公司的赞誉。

（2）在公司领导的诚信经营下，鞍钢自动化自主研发的"e考核"岗位绩效考核系统，历经 9 个月，在 2021 年 4 月上线应用，完成了 PC 端+移动端共 19 个功能模块的开发，接入 13 套生产系统自动化指标 1276 条，覆盖终端用户 3759 个。通过"e考核"岗位绩效考核系统，能够规范岗位绩效考评体系，客观评价员工绩效，为绩效优秀员工提供评先评优、岗位晋升、薪酬激励依据，鞭策绩效后进员工改善绩效。通过公开、公平、公正评价员工绩效与员工激励，增强了企业活力和竞争力，提高了企业诚信管理手段，促进了企业高质量可持续发展。

（3）鞍钢自动化通过对设备精度劣化的趋势给出预判结果，实现设备精度与产品品质关联倾向性分析。在剩余寿命预测的基础上应用设备保障薄弱环节分析模型，对全流程设备状态进行基于大数据的深入学习，扎实开展智能制造行动，智能制造支撑能力不断增强，紧密围绕"互联网+先进制造"的发展战略，为冶金行业自动化、数字化、信息化、网络化、智能化提供最优解决方案，梳理凝练可复制、可推广的智能制造优秀场景。2021 年申报的《预测性维护与运行优化》入选工信部 2021 年智能制造优秀场景公示名单。

（4）2021 年 5 月，鞍钢自动化在上海召开的中国钢铁工业协会和中国国际贸易促进委员会冶金分会主办，冶金科技发展中心协办的中国钢铁工业数字化解决方案高峰论坛上发布了《基于工业互联网的钢铁企业智慧能源管控系统》，并被遴选为最佳解决方案。此方案针对钢铁企业能源管控中心能源单一、管而不控，无法满足能源管理数字化、网络化、智能化发展需要的问题，充分利用大数据、云计算、人工智能、知识图谱、5G 等新一代信息技术，基于鞍钢"精钢"工业互联网实现能源生产全站远程操控，物质流、能源流、信息流全维度数据融合，达到有效减少能源介质的相互转化效率，降低企业能源成本，实现能源价值最大化，为企业带来客观经济效益。

（5）"5G+工业互联网"是覆盖国民经济的重要行业，在实体经济数字化、网络化、智能化转型升级进程中发挥了重要作用，鞍钢自动化积极推动5G融合创新发展。公司的"'基于5G'的机器视觉带钢表面检测平台研发与应用"项目经专家评审等环节，入选《"5G+工业互联网"十个典型应用场景和五个重点行业实践》。这标志着鞍钢自动化在5G+工业互联网领域处在行业前列鞍钢自动化深挖钢铁行业需求，解决行业痛点，形成可复制的产品和解决方案，赋能钢铁行业发展。

（6）鞍钢自动化作为地方的中央企业，积极贯彻落实党和国家的各项工作部署，积极履行社会责任，持续提高企业技术创新能力，公司研发的《自适应数字滤波的旋转机械动平衡的边缘计算实现》荣获钢铁行业设备管理与技术创新成果二等奖，创新成果重点围绕"十四五"规划建议，构建"双循环"新发展格局，着重突出"两化"融合、"互联网+""智能+"大数据、物联网技术应用，产学研设备技术攻关协同合作。此项创新为鞍钢后续设备管理带来了新的发展思路和经验启示，保障企业安全生产、促进企业节能减排，更好地为鞍钢高质量发展新征程保驾护航。

三、承担社会责任，推动地方经济

鞍钢自动化位于辽宁省鞍山市，公司通过数字鞍山、数字鞍钢协同落实"双鞍融合"，打造"数字经济"，带动鞍山市的政务、民生和产业的数字经济发展，提升鞍山市的经济转型升级。

鞍钢自动化以习近平新时代中国特色社会主义思想为指导，深入学习贯彻党的十九大及历次全会和习近平总书记重要指示批示精神，以党史学习教育为契机，以"新形象、新气象、新景象"为着力点，倾力承担起鞍钢集团信息化、数字化、智能化建设的重任，各项工作均取得新突破。鞍钢自动化获得了辽宁省第一批数字化转型促进中心、辽宁省企业技术中心，组建钢铁行业智慧能源系统专业技术创新中心。获得钢铁行业首个国家工业互联网标识解析二级节点企业项目。获批工信部、辽宁省政府科技创新项目2项，获得国家创新资助1000万元。基于工业互联网的钢铁企业智慧能源管控系统获2021钢铁行业智能制造最佳解决方案成果，取得国家、行业优秀科技成果10余项。

案例创造人：刘凯　李敬东　杨帆

混改助力诚信经营　百年炉材续写华章

鞍山钢铁冶金炉材科技有限公司

一、企业简介

鞍山钢铁冶金炉材科技有限公司位于辽宁省鞍山市铁西区（鞍山钢铁集团有限公司厂区西部），始建于1916年，前身为具有百年历史、为国家钢铁产业振兴发展做出重要贡献的鞍钢耐火材料有限公司。

2009年4月，因产业升级需要，由鞍山钢铁集团有限公司与维苏威中国控股有限公司共同出资2亿元，对原鞍钢耐火材料有限公司部分耐火材料产线进行升级改造，注册成立合资企业——鞍山鞍钢维苏威耐火材料有限公司。公司引进国内外先进的冶金炉材生产及化、检验设备设施，并于2009年11月投产，生产工艺和生产技术达到国内行业先进水平。

2019年6月，根据鞍山钢铁集团有限公司发展战略需要，公司类型由中外合资企业变更为鞍钢全资子公司，企业更名为鞍山钢铁冶金炉材科技有限公司。公司保留原有的一切业务，在原有生产能力基础上提高机压定型制品生产能力，同时引进先进的自动化信息管理系统，覆盖公司全部的生产经营活动，为提高工作实效，更好地发展企业、服务客户提供了有力的保障。

2020年12月，为贯彻发改委和国资委"混合所有制改革"的政策要求，按照"完善治理、强化激励、突出主业、提高效率"的国有企业改革方针，鞍山钢铁集团有限公司与鞍山市和丰耐火材料有限公司共同出资成立混改企业——鞍山钢铁冶金炉材科技有限公司（以下简称新炉材科技或公司），股权占比51%：49%。

混改后的新炉材科技完善治理结构、转换经营机制、服务钢铁产业、瞄准行业先进水平，以建设"东北区域最具竞争力的冶金炉材全产业链的创新型企业"为战略发展定位，面对钢铁行业持续减量调整、上级环保与安全要求不断提升、企业生产经营压力剧增的严峻考验，坚持以质量求生存、创新求发展、服务求完美、合作求共赢的经营理念，以客户为中心，大力推进产销研一体化协同、科技创新、管理创新和机制创新，坚定走质量效益型发展道路，持续推进高质量发展，生产经营保持了稳健发展态势。2021年共生产耐火材料11.45万吨，实现销售收入10.57亿元，实现利润9313万元，同比增加利润8404万元，增幅924.53%，资产负债率69.88%，比2020年降低8.95%，各项主要经营指标均创历史同期新高，同行业排名大幅度提升。

经过多年的发展与改造，公司现有制砖、镁质散料、镁质预制件、铝质散料、铝质预制件、透气砖/座砖生产线共6条生产线，综合年产能20万吨耐火材料制品，可生产机压定型制品、不定形耐火材料、预制耐火材料等多种材质的冶金耐材产品。

公司拥有现代化研发中心和试验检测中心，配备了国内先进的冶金炉材化验检测试验装置及业内一流的科研队伍，能够为客户量身定制多种类型的高效、优质、节能、绿色的冶金炉材产品、工程施工及相关的工艺设计、检测、咨询等综合服务。

二、诚信实践

（一）混改新貌，诚信铸魂

耐火材料行业是一个市场环境下竞争十分激烈的行业，鞍山钢铁冶金炉材科技有限公司深刻体会到企业信用和诚信建设的重要性和必要性，把信用和诚信当作企业长久生存的基础和生命力。

2021年，炉材科技秉持求真务实、守法合规、诚信经营、共赢发展理念，注重以理念引领诚信实践，以诚信合规保障企业行稳致远。公司借助混改政策红利，有效整合国企优势和民营企业特长，实现优势互补，率先混改成功。公司大力弘扬和构建"沟通、合作、团队、增值"的企业核心价值观，强力倡导和塑造"直面问题、直奔主题、矩阵组织"的企业工作作风，运行市场化体制机制，强基固本，努力打造一支诚信经营、善作善成的现代化企业管理及运行团队，着力夯实企业价值文化基础，员工使命担当意识、诚信经营意识不断增强，诚信文化深入人心并逐步上升为全体员工的思想自觉与行动自觉，求真务实、诚信经营理念成为企业健康持久发展的动力源泉，加速提升企业综合竞争力。2021年荣获中国耐火材料行业协会"企业信用评价AAA级信用企业"。

（二）建立运行高效可靠服务客户的体制机制

公司充分运用混改体制机制，通过机构精简、优化岗位编制、落实权责，形成管理高效、组织活力迸发的管理体系，充分满足市场（客户）需求。2021年被鞍钢集团公司评为管理创新标杆企业。

（1）实行"扁平矩阵"精益管理架构，推进业务瘦身整合，全面建立"三大利润/成本中心"，公司管理层级变"4级"为"2级"，管理团队业务交叉管理，"一岗N责"；机关部门变"管控"为"服务"职能，达到拆除管理壁垒，打破工作界限，通过"同步启动""同时贡献""同程共享"实现"一键到达"信息化建设目标，业务工作更加顺畅，实现快速服务，公司内部管理效率、效益最大化；现场生产、施工服务作业通过满负荷、兼工种改革，优化操作岗位编制，精益化生产、施工服务能力显著增强。

按照公司扁平矩阵新组织机构划分，完善竞争上岗机制，打破干部工人身份界限，全体员工重新竞聘上岗，通过机构改革和人力资源优化，实现员工团队精干高效，劳动关系和谐团结，激发了全员干事创业精气神，促进了各项业务持续健康开展。

（2）公司坚持以客户需求为目标、以质量管理为基石、以创新为驱动力，持续满足客户日益增长的高品质冶金炉材产品和服务需求。通过配方技术、应用技术、制造技术联动，整体面向市场、客户，运行"Y"型覆盖，"T"型穿透工作模式，实现产品销售服务、技术研发、生产组织与市场"零距离"对接，真正做到想顾客所想、急顾客所急，为客户解决难题，千方百计提高效率，为用户耐材应用场景创造价值。客户问题反馈时间由原来的一个月减少到4小时，24小时出新品，客户满意度和忠诚度不断提升，公司诚信建设水平进一步提高。

（三）科技提升客户服务能力

科技就是生产力。混改元年，炉材科技加大科研投入力度，引进民营企业先进技术，填补产品和技术空白，坚持自主创新，在优化整合现有资源要素基础上打造新的技术中心，制定实施科技兴企、技术创新和科研攻关策略。进一步加强与科研院所合作，先后与辽宁科技大学、北京科技大学、武汉科技大学签约，就冶金炉材新技术、新产品、新项目开展全方位广泛合作，努力开发国内领先的拳头产品和专有技术，为客户提供全套技术解决方案。为改变传统落后生产工艺，新炉材科技进一步加快智能制造步伐，加速推进信息化、智能化项目进度，降低工人劳动强度及对工人操作技能的要求，提升劳动生产效率和稳定产品质量，先后实施完成"现场提温（制砖分厂、镁质预制件）""混炼机增设运输辊道""新建火泥包装线""透气砖线完善恒温、恒湿功能""制砖预混线（自动化上料）""铝质预混线（自动化上料）""电动螺旋压砖机增设自动布料机""制砖分厂成型物流改造""制砖分厂成品自动化包装线"9项自动化智能改造项目，打通工艺瓶颈，进一步优化和提升了整体工艺技术装备智能化制造水平。同时，努力推进利用大数据、移动互联网、物联网等新技术逐步实现智能化目标，增强科技研发对生产、施工现场的支撑能力，加快耐材生产由劳动密集型工厂向智能工厂、数字工厂的转变，公司软硬资产质量、市场竞争力和客户服务能力明显提高。

通过耐材品种的优化、简化、长寿化研究攻关，低碳镁碳砖、优质中包衬、外购转自产（23项）等新品种的开发，钢厂维保新技术的采用等措施，实现产品技术创新突破，特别是铁水罐、钢包、中间包产品使用寿命创历史记录，为钢厂客户和公司创造双赢的技术经济效益，2021年公司实现利润中2/3源于科技创新贡献。专利技术、创新成果助力，2021年公司荣获辽宁省"高新技术企业"。

（四）诚信体系建设支撑高质量发展

混改后新炉材科技持续加强诚信经营规范体系建设，在法律、法规和上级制度框架下，以诚实守信为核心，虚心向优秀企业学习，进一步健全完善各项信用管理制度，持续开展管理制度合规与有效执行的动态评估和修订工作，严把诚信合规审查、法律审核，制度对诚信合规经营的基础保障作用得以充分发挥。制定出台《"三重一大"决策制度实施办法》《商业秘密保护管理办法》《工作秘密保护管理办法》《供应商管理办法》《采购管理办法》《合同管理办法》《档案管理制度》《职工罚则》等一系列诚信管理制度并有效运行，为公司奠定了坚实的依法合规发展基础，实现高质量发展的后劲日渐增强。

公司《"三重一大"决策制度实施办法》，对权限内的"三重一大"事项，包括涉及重大经营管理、改革发展稳定、关系职工切身利益，具有战略性、全局性和方向性的重大问题，坚持集体决策与加强监管相结合、坚持党对国有企业的领导与建立现代企业制度相结合、坚持务实高效与有效落实相结合，必须由党委会、董事会、总经理办公会分别按权限作出决策，公司决策质量、效率稳定提升。

为维护公司合法权益，完善出台《职工罚则》，对违反国家法律法规的违法犯罪行为、损害公司品牌及形象行为、违反廉洁从业规定的行为、在生产经营管理中不担当、不作为行为、违反管理制度行为、侵害职工利益行为、违反道德操守行为等划定红线，促进员工职业道德和行为规范的落实，诚信、守法、合规的员工职业素养成为主流。

（五）全面强化信用风险管理，确保公司健康发展

为提高企业风险管理能力和经营管理水平，促进企业健康可持续发展，公司严格贯彻落实"集中、分类、分层"风险管理模式，进一步完善风险管理组织体系，本着"业务谁主管、风险谁负责"原则，按照差异化管理策略，以风险管理促进业务健康发展为目标，将合规诚信要求嵌入各项业务流程，实施风险全过程管控，筑牢企业不发生重大风险的底线。

对在生产经营过程中可能出现或潜在的疫情防控、现金流、经营效益、环境保护、安全生产、改革稳定、市场（客户）风险等落实风险防控专业责任，进行风险辨识和评估，制定了相应的风险管理策略和风险解决方案，通过对风险预警指标的跟踪监测，有效控制了风险的发生。在协调处理好风险防控与业务创新之间的关系方面，注重作业标准化和管理精细化的协调推进落实，完善主动避险的长效风险防控机制，确保企业各方面工作有序开展，为企业健康发展保驾护航，最终实现为客户提供优质产品和满意服务。

公司笃信"无信不立"，坚持"重合同、守信誉"。为了加强对合同违法、违规、违约风险的防控，公司建立了完善的合同管理机制，明确合同管理的任务，使公司的合同管理做到有规可依；以共赢发展初心制定合同格式文本模板，掌握文本选择的主动权，充分考虑双方利益，将合作伙伴、供应商纳入到诚信管理的范围中，要求他们与炉材科技一起共同履行诚信义务，也更好地保护企业利益。

强化合同日常执行检查及管控，实行合同审签及授权委托管理，严格运行生产经营合同"三审制"和重大合同"联审制"，合同未经审核不得对外签署，对各单位合同审签管理定期检查、考核；加强对合同签约主体资格、合同内容进行严格审核，关注合同签约主体特殊资质要求，规范合同收付款条款，完善财务审核流程；总结分析合同纠纷原因，查缺补漏，发出合同风险预警，完善相关管理制度；强化合同全面履行意识，合同变更应严格履行审签流程，合同履行完毕总结评价，定期对合同履行情况进行检查；强化合同维权意识，建立重大合同逾期违约、合同争议报备制度，合同管理人员、聘请的法律顾问提前介入，妥善保管合同履行、交往函件等证据文件，以利及时提起维权诉讼。

案例创造人：张圣鑫　石岩力　刘艳云

压实央企责任　彰显诚信本色

北京中冶设备研究设计总院有限公司

一、企业简介

中冶设备总院始建于1978年，是由原冶金工业部所属国家科研事业单位转制的科技型企业，专业从事工业工程、能源与环境、游乐设施与装备制造、城乡建设领域的产品研发、设备设计与制造、工程设计与工程总承包，是中国冶金科工股份有限公司的全资子公司，是中国五矿集团有限公司的重要骨干子企业。

中冶设备总院具有冶金行业甲级工程设计资质、建筑行业（建筑工程）甲级工程设计资质、电力行业（新能源发电）专业乙级工程设计资质、电力行业（火力发电）专业乙级工程设计资质、环境工程（大气污染防治工程）专项乙级资质、工程咨询单位甲级资信证书、贸易流通进出口权资质、特种设备生产许可证、特种设备设计许可证（压力管道）、冶金机电产品质量第三方公证机构，以及质量、环境、职业健康管理体系认证证书等一系列专业资质证书，以自主研发的核心设备及工艺技术为基础，业务涵盖研究开发、工程设计及咨询、工程总承包、设备成套供货、机械制造等多个领域。成立至今，先后完成了千余项工程设计、工程承包和设备成套供货项目，具有丰富的研发设计和工程承包经验。

自成立以来，中冶设备总院着力夯实企业诚信经营根基，以精品工程压实行业口碑，全面履行央企责任，奋力将诚信经营融入企业高质量发展的生动实践。

二、诚信为本，固本培元，夯实企业稳健经营基石

中冶设备总院以诚信为本，注重固本强基，着力从思想上、政治上、组织上、制度上，全面提升企业的组织力、战斗力和凝聚力，打造提质增效升级版，为企业诚信经营夯实根基。

（1）加强政治建设。中冶设备总院坚持在提升政治引领力上下功夫，按照"党政同责、一岗双责"的要求，创建工作示范点，建立完善党支部工作联系点制度，以点带面激发基层党建工作动能，有效形成了推动企业改革发展的"两级"工作合力，推动公司组织建设全面进步。

（2）抓好思想教育。中冶设备总院始终将强化理论武装，制定政治理论学习制度作为思想建设的重要环节，秉承"学以致用、用以促学"的原则，建立健全学习培训机制，多措并举创新丰富学习内容形式，充分激活公司发展活力。

（3）注重队伍建设。中冶设备总院大胆启用、精心培养优秀年轻干部与复合型人才，完善岗位管理体系，构建以岗位价值为基础、以绩效贡献为依据的薪酬管理制度，积极引进急需专业技术人才，全面优化提升人力资源结构。同时，加强对全体干部职工的"德、能、勤、绩、廉"综合考核，全力打造一支讲诚信有担当、综合素质过硬的人才队伍。

（4）做好制度保障。中冶设备总院坚持问题导向，按照"精简流程、提高效率"的原则，深入推进制度建设，建立健全项目管理制度体系，加强招标采购管理，提升拓展资质等级，强化安全环保管理。

2021年，公司制定或修订规章制度70余项。

三、诚实守信，合作共赢，以精品工程压实行业口碑

秉承"诚实守信,合作共赢"的发展理念,进一步巩固工业工程、能源与环境、游乐设施与装备制造、城乡建设等传统业务，同时将大数据、人工智能、移动互联网、物联网、区块链等现代技术与现有业务深度融合，努力构建企业高质量发展新格局。

（1）工业工程领域。中冶设备总院自成立以来，始终致力于科技研发，填补了国内多项设备和技术空白。获得了众多奖项，持续推动国内冶金装备行业高质量发展。

目前，中冶设备总院拥有原料运输、炼铁、炼钢和轧钢的全流程服务能力，并打造了一批行业精品工程。2020年，中冶设备总院打造出只有63米高的1350立方米高炉，该高炉采用颠覆传统的设计理念，高炉高度缩减了近1/3，成为当时世界上同级别最矮的高炉。1月8日，中冶设备总院收到来自海城市恒盛铸业有限公司的荣誉奖牌，业主对中冶设备总院在1350立方米高炉总承包项目中的突出表现给予充分认可和高度赞誉，并授予"年度优秀合作伙伴"称号。

伴随冶金行业的高质量发展，近年来，中冶设备总院聚焦智能装备和自动化领域，逐步形成具备核心竞争力的技术服务优势，持续推动行业发展。在宝钢高炉风口设备维修装置项目中，突破多项技术壁垒，成功打造出产品性能领先业内的智能化维护装备；在宝钢德胜1780mm热轧工程平整机搬迁项目中，自主研发出国内首套应用西门子S7-1500系列控制器的热轧平整机控制系统并获业主高度赞扬，该系统扫描周期不足2ms，极大地提高了控制精度，目前已申请国家专利；在宝钢厚板部试样剪切线无人化项目中，首度尝试便形成在无人化技术研发及应用领域的核心优势，打造出宝钢厚板部"黑灯工厂示范工程"。

（2）能源与环境领域。中冶设备总院以技术研发为龙头,以项目实施为抓手,以打造精品项目为目标,目前拥有烟气超低排放、水处理、固体废弃物处理和余热余能综合利用四大业务，并掌握了一批助力冶金行业绿色化、低碳化发展的核心关键技术。其中，自主研发的可调节式烧结烟气技术和焦炉炉头除尘技术，经鉴定达到国际先进水平，并荣获"2021年日内瓦国际发明展"金奖。目前，可调节式烧结烟气循环技术累计承揽业绩近50项，市场占有率始终居于前列，具有良好的经济效益和社会效益。

（3）游乐设施与装备制造领域。中冶设备总院作为拥有大型游乐设施双A资质的央企，经过几十年的发展已研发出6大系列20余种大型游乐装备，生产大型过山车150余台、摩天轮40余台，过山车产销量和出口量均居前列。近年来，中冶设备总院聚焦大型高端游乐设备定制，先后打造出国内首台室内高速过山车、云端彩虹秋千、云端飞船、世界上首台十一环过山车和国内第三台超百米全拉索人字支撑摩天轮，其中，云端彩虹秋千以"世界最高框架秋千"的称号，被载入吉尼斯世界纪录。

（4）城乡建设领域。中冶设备总院业务覆盖居住建筑、公共建筑和工业建筑三大业态，凭借精湛的建筑设计能力，已完成了一批高水平的建筑工程。2021年，由中冶设备总院担任重要设计工作的三河中冶总部基地项目，荣登"2021中国房地产项目品牌价值TOP10"。该项目建筑面积38万平方米，总投资40亿元，规划建有科创办公、SOHO办公、商业配套、会议中心多种产品业态，是中国五矿、中冶集团贯彻落实京津冀协同发展重大战略部署的重要项目之一。在项目设计过程中，中冶设备总院诚信为本，精益求精，强化精细管理，严把出图质量关，圆满完成了各出图节点任务，充分彰显了央企实力和责任担当。

四、恪守忠诚，勇挑重担，全面履行央企责任

中冶设备总院将履行社会责任融入企业发展战略布局之中，在助推钢铁行业低碳化发展、做好稳就业工作、决战决胜脱贫攻坚等方面持续贡献力量。

（1）践行"绿水青山就是金山银山"理念。中冶设备总院围绕国家发展战略，聚焦冶金工业绿色低碳环保，努力在冶金装备领域，为实现"3060"目标而不懈奋斗。作为"北京市钢铁冶金节能减排工程技术研究中心"和"中国节能协会冶金专业委员会委员单位"，中冶设备总院充分发挥在冶金领域的研发优势，掌握了烟气脱硫脱硝技术、烟气除尘技术、煤气发电技术、余热综合利用技术等一批节能环保核心关键技术，为钢铁行业高质量发展注入强劲动能。在大安钢铁余热及煤气综合利用项目上，中冶设备总院凭借自身在能源综合利用方面的技术优势，克服了工期短、任务重以及冬季施工的重重困难，在项目设计、采购、安装、调试、维保等环节统筹安排，精准把控，推动钢企能源匹配的综合化、能源利用的高效化、利用效益的最大化，在内蒙古高原上，树立起一座会发电的"生态花园"。

（2）做好稳就业工作。中冶设备总院坚持做好稳就业工作，切实解决人民群众最关心、最直接、最现实的利益问题。2021年，中冶设备总院在确保集团编制要求与公司发展战略要求相适应的基础上，积极提供60余个就业岗位，利用招聘网站点对点搜索人才、多种方式开展校园招聘、为大学生提供实习机会等方式积极开展稳就业工作；同时，积极响应国家政策，做好军队转业干部安置工作。

（3）对口帮扶助力打赢脱贫攻坚战。中冶设备总院在积极开展"消费扶贫"的基础上，派出扶贫干部王科远赴青海省海北藏族自治州祁连县，完成为期三年的对口帮扶重任。在两年多的时间里，王科全面厘清援建项目——中小微企业产业孵化园的战略定位，力促园区顺利落成，该项目将对当地各产业的融合和地域经济发展发挥重大作用；促成祁连县人民医院骨干医师赴上海中冶医院培训交流，搭建起良好的沟通交流平台，大幅提升了当地的医疗水平；通过线上+线下推介祁连资源，在2020年7月举办的第二十一届青洽会上，与相关企业达成约5亿元初步合作意向，为地域经济的发展注入了强劲动能；在祁连县生态环境综合监控系统项目建设中，梳理并确定其"生态文明、全域旅游、脱贫攻坚、综合治理、便民服务"等多源数据融合的战略定位，为祁连县治理体系和治理能力现代化提供了有力保障。

厚植责任，奉献长青。中冶设备总院将诚信理念真正融入企业发展战略和生产经营的各个方面，引领公司在发展业务与回馈社会中不断突破自我、发展壮大，朝着润泽行业、服务国家、惠及人民的"大责任"央企的目标稳步迈进，用实际行动践行社会责任，为实现中华民族伟大复兴的中国梦贡献力量。

案例创造人：费利东　崔晓琳　杨美婷

坚持诚信经营　促进高质量发展

福建百年万嘉超市管理有限公司

一、企业简介

福建百年万嘉超市管理有限公司（以下简称百年万嘉），创立于2000年，旗下包含万嘉便利店、便利客（新零售品牌）、万嘉生鲜超市、福建誉太物流等多个子品牌。

旗下品牌以零售便利店为主，生鲜超市为辅，是一家生鲜与便利相结合的现代综合型连锁企业。是一家主营烟草酒水、休闲食品、饮料乳品、调味副食、家居百货、日杂用品的零售企业。

公司本着"立足福州、扎根福建、辐射全国"的发展目标，自2001年第一家万嘉生鲜超市在洋下开业，历经20多年的发展，从2014年、2015年分别新增门店20家、60家，到如今在省内拥有超过1000家万嘉便利直营门店，拥有在岗职工3000多人。通过资源整合等方式，从缓慢增长艰难求生，到如今的飞速发展名声在外，目前80%以上万嘉便利店均为24小时营业；从福州的大街小巷，到如今走出福州，逐步向厦门、泉州、漳州等地发展。目前涉及福州、闽侯、长乐、连江、罗源、福清、平潭试验区、宁德、霞浦、莆田、厦门、漳州、泉州等十几个城市和地区。无论是从门店数量还是盈利模式，都努力在最大限度满足市民的需求。

2005年起至今公司先后荣获政府部门、行业及消费者协会等机构授予福建省连锁业50强、福建省著名商标、福州市知名商标、海西百强连锁企业、福建省诚信单位、联商中国最具投资价值零售品牌、福建省市场保供单位、优秀连锁会员企业、企业信用等级AAA评估、2021年全国连锁便利店27强、2021年度CCFA便利店创新案例、2021福建省供应链创新奖等多项荣誉称号，赢得了社会及广大消费者的认可。

二、构建完善物流体系，加强管理体系建设

百年万嘉企业创办以来秉承"顾客至上、服务第一"的经营原则，坚持"品质第一、服务第一、便捷第一"的经营理念，旨在满足顾客"省时便利，一站购齐"的日常需求。

为了保证商品品质及货源补充及时，我们在2017年成立了福建百年万嘉物流配送中心。福建百年万嘉物流中心目前是福建省少数规模达1.8万平方米的现代化物流配送中心。配送中心商品种类齐全，公司引进先进设备，实现自动化拣货，全面提升配送效率。配送能力可支持2000家以上门店。福建百年万嘉物流中心全面满足了万嘉便利、万嘉生活超市的日常配送及企业门店快速发展的需求。

在食品安全方面，公司引入了最新的wms商品录入分拣系统，采用专人负责制，分级、分类、分战区进行细化管理，从货品到仓的源头对生产日期进行严格的把关和控制。严格按照公司的规定，做好商品购销合同的审核把关、存档保管工作，抓实基础管理，加大供应商及商品经营资信的审核力度，所有售卖产品均有质量检验合格证明，拒收不符合标准的商品。

引入并运行ISO质量管理体系，截至2021年，已完成ISO质量体系认证、ISO环境管理体系认证、

ISO 职业健康安全管理体系认证、ISO 食品安全管理体系。将质量管理体系建设与内控体系建设相结合，有效提升了各部门与门店的工作效率与质量。制定《食品安全管理员管理规定》进货查验制度，所有售卖产品均有质量检验合格证明及上市追溯凭证。有效控制了食品安全风险，促进企业满足法律法规和相关管理条例的规定，推动企业高质量发展。

制定《门店食品安全检查细则》，要求门店的店长和店员每天盘点店内商品，加大食品安全专项检查频次，以保证商品标准、合规并都处于保质期内，临期商品及时处理。并且设立稽查部，不定期突击门店进行商品检查。多环节把控，以实际行动捍卫食品安全。切实保证销售产品的品质和质量。

开展专项合规核验，从强化流程建设入手，对风险控制和关键环节进行了重点梳理，建立《食品安全管理制度》《食品安全内部调查制度》《食品安全管理手册》等制度。通过专项核验工作，监督公司制度流程的合规执行并依据检查中发现制度流程存在的不足提出修改完善建议。建立完善损耗管控、负库存管理、临保商品处理等经营环节的制度流程。

结合公司实际，建立并完善《员工工作手册》及内部管理制度控制流程，对照内控手册涉及内容逐条检查，开展自查自纠工作，细化各类风险点，每季度对公司所属区域门店及异地分公司进行轮回督导检查。同时，积极协调解决公司所属区域门店及异地分公司日常工作中的困难。从诚信合规建设、风险防控、反舞弊调查、流程监督检核等专业方面进行架构职能升级，推进诚信合规体系建设，构建实用高效的内控合规体系及网络，加强诚信文化宣传和贯彻指导。建设诚信信息平台，制定诚信激励和惩戒措施，营造诚信文化氛围。

强化考核机制，提升服务质量。制定并完善《客户诉求管理办法》，在各平台留有投诉与建议入口，方便顾客从电话、微信公众平台、公司网站等各渠道提出投诉或建议，涉及商品及服务投诉事件快速反馈至各区域督导或相关部门跟进处理，同时做好记录存档工作。采取日常自查和重点巡查相结合，每月 10 日定期采取互查形式进行考核，有效提高了服务能力和服务质量，完善了服务体系。

三、打破局限，勇于尝试，不断创新

2018 年创立子品牌便利客，运用全新的经营理念，区别于传统便利店经营模式。导入咖啡热饮、早餐面点、鲜食热食、营养套餐等轻食，增设休息用餐区，对外开放卫生间、无线网络 wifi、饮用冷热水、手机充电站、共享服务等各项便民服务于一体的休闲体验式便利店商店，得到福州市政府领导的认可及福州市商务局的高度重视，获得了专项资金的补助并邀请参与 518 海交会新零售展。

2020 年 7 月，对子品牌便利客进行了全新升级，以全新的品牌 logo，采用全新的运营团队、运用全新的经营理念、多元化的商品结构，在保留了部分万嘉便利商品品类的基础上引进关东煮、早餐包点、蛋挞肉串、烘焙糕点等鲜食品，使门店的商品种类更加丰富、饱满。

2020 年尝试跨界发展，同体育彩票联动，在部分门店尝试增设体育彩票购买机器，让客户感受到在便利店即可方便购买体彩的增值服务。

2021 年，同优宅优哉合作的第一家新一代服务型便利店在福州正式开业，该门店包含打印复印、证件拍照、收纳整理、工具租赁、代收快递、服饰干洗、家政保洁、甚至是搬家打包和房屋维修等社区便利服务，这是万嘉便利在便利行业中的一项新的尝试。在旗下的万嘉便利门店，大规模引入共享充电宝等公共服务设施。同时，万嘉便利还引进了门店自助收银设备，在部分门店进行无人收银模式的尝试。每一次的创新和突破都是为了更好地服务于顾客。

四、热心公益，身负社会责任感

在享受社会红利的同时，百年万嘉也同样热心公益，积极回报社会，坚决履行企业的社会责任，2018年起由福建省连锁经营协会牵头，百年万嘉与福建省残疾人福利基金会展开公益合作，公司认领爱心助残募捐箱，并投放至各门店，为扶残助残募捐事业贡献企业一丝力量，公司杨场宝董事长带头为残疾人爱心募捐。至今，春节、中秋等一些重大节日，也会与福建省残疾人福利基金会合作对那些残疾家庭展开公益慰问，并发放慰问品及慰问金，前后捐赠总额约100多万元。

在积极响应"爱我有福之州，创建文明城市"的方面，百年万嘉一直身体力行，倡导文明出行，关爱环卫工人，全市所有万嘉便利门店均对环卫工人免费提供开水、卫生间、休息区等便民服务。用实际行动回报社会、奉献爱心。

在疫情期间，积极响应政府号召，除了捐赠物资之外，也在认真做好后方民生保障，承诺对于民生商品绝不涨价，获得福建省市场保供示范单位等称号。并且严格遵守防疫规则，店员上班必须佩戴口罩，对交接班及进店客人均进行测温，每天定时对门店进行全面消毒。为民生后方保障贡献了一份力量。

五、一路向前，不忘初心

万嘉从创业之初就始终将造福员工、回报社会视为己任。企业创办以来秉承"顾客至上、服务第一"的经营原则，坚持"品质第一、服务第一、便捷第一、诚信经营"的经营理念。

百年万嘉多年来以优质的服务、良好的购物环境、货真价实的商品赢得了福州市民的一致好评及广大消费者的青睐。

百年万嘉将坚持建设更高效全新的现代化经营理念及更便利的服务模式，不断地进行革新与尝试，紧跟时代的步伐，积极响应政府号召，做消费者更需要的便利店，努力为广大消费者提供更加便利的服务。

案例创造人： 杨场宝　齐国栋　魏良树

重诺守信　追求卓越

中建七局安装工程有限公司

一、企业简介

中建七局安装工程有限公司（以下简称安装公司），是世界500强第18位"中国建筑"旗下的重要施工力量，国内一流的融投资建造一体化企业"中建七局"的核心骨干成员，总部驻地河南省郑州市。

安装公司以"安装+市政"双品牌运营业绩连续多年保持河南省建筑安装行业第一，全国安装专业领域稳居前三。公司坚持"安装典范、市政标杆"的发展目标，实施"专业化、区域化"发展战略，已逐步成长为中原地区一流的房屋建筑、机电安装、钢结构、石油化工及市政公用综合性施工企业。

安装公司下辖市政分公司、机电安装分公司、钢结构分公司、华东分公司、华西分公司、南方分公司、华北事业部、中建铝河南公司等8个分支机构。公司连续多年荣获全国及河南省优秀施工企业、全国技术创新先进企业、建筑安全先进企业等称号，承建的国家重点工业与民用建筑工程、公共和基础设施工程达数千余项。其中，中建七局创业大厦项目、永靖黄河三峡旅游综合服务中心工程、福建成功国际会展中心工程、福州海峡奥体中心工程等9项工程获得鲁班奖；鹤壁人民医院主病房楼工程、周口市体育中心及附属工程、天津美术馆工程等12项工程获得国家优质工程奖；厦门海沧体育中心、周口广播电视塔等7项工程获得安装之星奖；福建三峡海上风电产业园、商丘文化艺术中心等5项工程获得中国钢结构金奖；南阳长江西一路、郑州航空港区枣园人行天桥工程等40余项工程获得省部级优质工程奖。

安装公司坚守"品质保障、价值创造"的核心理念，"诚信、创新、超越、共赢"的中建精神，以科学的管理、先进的技术、过硬的品质和精细的服务，致力于建设让客户满意、员工幸福、同行尊重、社会赞誉的优秀企业。

二、加强党的建设，坚定政治方向

安装公司党委注重把党建工作和高度重视社会信用体系建设工作结合起来，把抓好党建作为社会信用体系建设的重要推动力。以习近平新时代中国特色社会主义思想为指导，深入学习贯彻党的十九大和十九届二中、三中、四中、五中、六中全会精神，围绕"两学一做"学习教育常态化、制度化和"不忘初心、牢记使命"主题教育、党史学习教育、牢固树立"四个意识"，不断增强"四个自信"，坚决做到"两个维护"，认真贯彻落实上级关于企业诚信管理建设工作的路线方针政策和有关会议精神，切实做到将企业信用体系建设工作贯穿整个企业发展之中，把党的方针政策落实到企业信用体系建设全过程。始终坚持党对企业的全面领导，充分发挥党组织把方向、管大局、促落实的重要作用，坚持党建工作与中心工作深度融合，把国有企业党建优势转化为企业竞争优势、发展优势，引领了公司的稳健发展。中建七局安装公司坚持诚信守法、合规经营，坚决遏制有偿中介、设租寻租、利益输送、挂靠转包、围标串标等潜规则。

三、发挥示范引领，营造良好信用环境

安装公司注重引导党员干部发挥先锋模范带头作用，每年"七一"，表彰公司优秀共产党员。同时号召全公司党员以身作则、率先垂范，自觉学习习近平新时代中国特色社会主义思想，坚定共产主义理想和中国特色社会主义信念，践行全心全意为人民服务的宗旨，带头严格管理企业信用，完善、宣传企业信用体系建设。将企业信用融入公司管理，坚持"安装+基础设施"双轮驱动；在国家"防风险"政策驱动下，面对融资难、监管严、市场竞争激烈的困境，公司主动出击，探索"PPP""F+EPC"模式，市场份额稳步扩大，竞争实力持续加强。公司拥有GA、GB、GC类管道最高级别的安装许可资格，为公司承接长输管道、热力管道、燃气管道和化工管道项目提供了专业资质保障。在郑州市建筑施工企业信用评价中，顺利获评AAA信用等级，既提升了公司发展核心竞争力，又培育和践行了社会主义核心价值观。

四、注重诚信建设，生产管理走深走实

全面加强企业信用管理。安装公司借助信息化手段，政府行政处罚、不良行为、黑名单等实时公示信息，开展案例警示教育；对于不重视、不作为的项目部和个人，加大处罚力度。将信用管理上升到企业战略发展层面，压实各级责任，全面提升所属机构、项目部的法律法规意识；避免在融资信贷、招投标采购、限高等方面造成企业失信，提前策划农民工工资支付和分供款项支付工作，持续增强施工生产管控，提升项目履约水平。维护好企业信用，决不能给企业形象抹黑，近年来荣获国家优质工程奖2项、安装之星1项、钢结构金奖1项、河南省优质工程奖"中州杯"1项、河南市政工程金杯奖1项、河南省市政优良工程1项、河南省工程建设优质工程奖2项、商丘市优质工程奖1项；省部级QC成果74项、科学技术进步奖5项，荣获2020年陕西省工程建设QC小组活动先进企业、郑州市2020年度知识产权强企优势企业。这些荣誉的获得为公司市场开拓提供有力支撑。

五、增强风险意识，攻守并重保障权益

安装公司积极组织开展职工普法教育和法律援助活动，利用"12·4"国家宪法日、"4·26"知识产权宣传日、"七五"普法教育等，大力宣传法制教育、企业信用体系建设，坚持学用结合、普治并举，同时将诚信风险防范关口前移，紧紧围绕"一个核心、两项举措、三个强化"思想，开展法律风险防控工作。积极参与项目履约管理，指导诉争项目进行协议审核和风险把控，妥善处理诉争事件。案件处理成效显著。公司高效推进诉讼案件处理质量和进度，起诉追偿与债权回收齐头并进，被诉压缩与处理质量有机结合。"三消灭"工作扎实推进。公司遵照工程局"三消灭"工作总体部署和要求，结合公司实际情况，成立领导小组，完善工作机制，细化目标分解，层层落实责任。各责任单位、责任部门上下联动，精准施策，完成率在工程局名列前茅。

六、打造诚信团队，发展后劲持续增强

梯队建设打造坚实后盾。安装公司制定了《项目团队关键岗位后备人才建设管理办法》，围绕诚信体系建设，创新选拔方式，组织项目经理、商务经理等关键岗位人才选拔，促进青年员工成才成长。

成功举办两期项目班子培训，强化了项目班子团队建设，打造了一支稳定优秀、即出即用的管理团队。干部管理强化中坚力量。在干部任用方面，严格执行《局干部管理办法》，坚持德才兼备、以德为先。在干部培养方面，公司下发《轮岗管理办法》，做好复合型人才的培养工作，28位干部进行轮岗交流，激励干部担当作为。机制优化激发全员动力。完善了绩效考核体系，制定一系列管理办法，使考核工作有据可依，形成了"以业绩论英雄""以诚信考核干部"的良好工作氛围。

七、牢记初心使命，党群工作扎实推进

系统推进六个建设。安装公司坚持政治、思想、组织、作风、纪律与诚信制度建设不动摇贯穿其中。合力打造品牌活动。大力开展"大党建""媒体进项目""党群建设一体化"等主题活动，促进共赢。深入开展群团工作。做实劳动竞赛，2020年共带动在施项目72场次的劳动竞赛，覆盖人员1.54余万人次，做强岗位练兵、争创品牌荣誉、竭诚服务职工。持续推进"五必送四必访"常态化建设，关怀慰问职工1.64万人次，提高帮扶额度，发扬央企大爱精神。

八、践行社会责任，彰显央企担当

2020年年初，突发新冠肺炎疫情以来，安装公司相继参与郑州岐伯山医院建设土建安装工程，远赴武汉雷神山、火神山医院，深圳第三人民医院，西安公共卫生中心等五家应急医院建设，后又高效完成了郑州岐伯山医院、郑州市第一人民医院航空港院区、商丘临时隔离点建设任务，逆行深入疫情重灾区的禹州，克服重重困难，历经十余天时间完成了禹州疫情临时流调观察点应急项目的施工任务，同时做到零感染、零疑似，过程做到防疫细节到位，农民工返乡检疫措施走心，得到了地方及中央主流媒体的多次宣传报道。

2021年下半年面对多轮次疫情反复肆虐，安装公司第一时间组织人员排查工作，对于涉疫人员和涉疫项目，做到迅速上报、迅速隔离、迅速处置。总的来说，安装公司2021年经受住了多轮次严重疫情的考验，疫情防控形势整体平稳可控，积极投身了社会防疫大局，为工程局担当央企责任，进一步擦亮企业品牌贡献了力量。

2021年7月18日，郑州出现罕见持续强降水天气过程，累积平均降水量449毫米，最大降雨量达201.9毫米/小时，突破我国内陆小时降雨量历史极值。面对天灾，安装公司快速响应，紧急召开防汛应急部署会，第一时间建立防汛领导机制、防汛反馈机制、物资保障机制，成立防汛抢险领导小组及工作小组，统筹推进公司防汛抢险工作进展。通过全员的不懈努力，汛情期间公司河南区域56个项目平安度汛，6361名管理人员及劳务工人，无人员伤亡，未发生一起安全事故。

暴雨过后，安装公司积极响应工程局和政府号召，成立防汛抢险突击队，公司党委、团委发出倡议，号召全体党员、团员主动担当、冲锋在前，勇当防汛救灾一线尖兵，公司广大干部职工积极响应号召，全力投入救灾。

借风乘势满眼春，风疾正是扬帆时。在未来的征途中，中建七局安装公司必将一往无前，坚定不移加强企业诚信建设，继续发扬勇当先锋，追求卓越的精神，以更加昂扬的斗志和主动担当的精神，把公司诚信建设提到一个新的水平，为实现国家中心城市现代化建设作出新的、更大的贡献！

案例创造人：杨华斌　刘建平

坚持诚信发展　践行国企担当　助力新城建设

成都淮州新城建设投资有限公司

一、企业简介

2017年9月1日，成都淮州新城建设投资有限公司（以下简称淮州建投）完成工商注册登记。公司是由成都产业投资集团有限公司、成都市金堂县共同出资成立，具有独立法人资格、自主经营、独立核算的国有独资公司，注册资本60亿元人民币，业务涵盖13.89平方公里范围内的土地一级整理开发、基础设施建设、商住配套建设和运营、城市运营、环境综合整治、产业投资、金融服务等多个领域，目前已成功取得成都淮州新城产城融合示范区城市综合运营商身份。

淮州建投坚持政府主导、市场运作、企业管理的原则，秉持"上善至诚、厚德行远"的企业精神，坚定贯彻落实成渝地区双城经济圈和成都都市圈战略，坚持"人城产"逻辑，按照"国际标准、国内一流"的总体要求，围绕"精筑城、广聚人、强功能、兴产业"，以世界城市为目标，立足国际化门户、现代化产业基地、城市有序发展新空间的定位，突出拥江发展格局、山水意境和多元复合功能，提升公共服务品质，坚持产业协同、差异发展，立足产业要素聚集，形成行业上下协同和承载配套体系，强化淮州新城对川东北区域要素的集聚和配置功能，以淮州新城为核心打造区域中心城市和千亿级产业集群，加快建设引领区域发展的新兴增长，坚定做成都建设全面体现新发展理念城市的建设者和贡献者。

二、坚持诚信发展，切实履行企业社会责任，推动良性发展格局

（一）突出互惠共赢，构建和谐劳动关系

（1）全面、正确贯彻实施《劳动合同法》，规范劳动合同的变更、续订、终止、解除等问题，保障劳动合同签订率100%，不断提高公司劳动合同管理水平，从源头上规范公司的用工行为。（2）依法制定工资支付制度，员工正常工资增长和分配制度，员工绩效考核办法和目标管理考核办法等；依法为全体员工购买社会保险，严格执行国家工时、休息休假制度，建立健全劳动保护措施和劳动安全卫生条件，充分保障员工的劳动报酬、工作时间、休息休假、劳动安全卫生、保险福利等方面的合法权益。（3）推进民主管理，维护员工利益。公司按照规定要求，设立党组织、工会、团组织，制定厂务公开民主管理制度，做到企业重大事项向员工通报，重大决策征求员工意见，重要人事安排向员工公示，推动实行民主管理，切实保证员工享有对企业内部事务的知情权、参与权、选择权和监督权。（4）加强企业文化建设，积极促进员工的自身发展。公司在重视自身发展的同时，把员工的自我发展作为公司发展的重要组成部分，通过制定员工培训计划，保障职工接受知识技能培训，通过企业职工培训、合理化建议、表彰先进、宣传工作，鼓励员工提升自身素养，引导员工不断提升职业竞争力，将个人的职业成就和企业的战略发展联系到一起，做到互惠共赢，构建和谐的劳动关系。2020年，淮州建投荣获第二届成都市模范劳动和谐单位。

（二）突出质量安全，打造良好企业形象

自公司各项目投建以来，淮州建投坚持高质量严标准，严格按照施工规范及质量要求进行项目管理，对质量与安全环节严格把关，注重项目现场管理和日常项目巡查，抓大不放小，对项目质量、安全、进度统一协调管理；项目管理人员严格遵守公司要求，保障工程质量，成立安全质量监督小组，坚持目标管理，定期检查，对项目重点工序精准把控，严抓安全质量管理，不断提升项目施工精细度。投建以来，各项目施工现场无安全事故发生、无重大质量缺陷，做到了施工现场安全无事故、质量有保障。淮州建投投建的淮州新城国际会展中心项目荣获全国优秀焊接工程奖，并顺利通过中国钢结构金奖的现场评审。淮州建投投建的龙家山城市公园、淮州新城国际会展中心、淮创智造园区先后高质量完成竣工验收。特别是淮创智造园区的建筑外立面，采用了工业化处理，部分安装了玻璃幕墙，整个园区比传统厂房更具现代化的视觉体验，也更能展示淮州新城的城市形象。同时，淮创智造园区项目结合产城一体、产城融合理念，通过提供产业在园区的纵向（物理产品形成的需求）和横向（促使物理产品发展和存在的需求）以及生产、生活性服务方面硬件条件，实现构建起高品质的工业服务体系，为实现片区的职住平衡和"人城产"高度融合提供硬件支持，为将片区建设为产业功能区和新型城市社区提供强有力的支撑。

（三）突出生态环保，践行绿色低碳发展

淮州建投始终以"双碳"目标为引领，认真走好生态优先、绿色低碳的高质量发展道路，在建筑设计、规划建设、运营维护等过程中，始终秉承低碳、循环、可持续发展理念，大力推广绿色技术、严格落实污染防治，充分展现绿色发展新担当的行动自觉。

淮州建投先后通过召开生态环境保护工作专题会，成立安全环保督察领导小组，制定生态环境保护专项工作方案，主动接受上级生态环境保护督察，加强重点领域环保工作和问题整改，降低环保风险，强化日常管理，对风险较大的下属企业和工程项目形成定期与不定期审查，加强安全环保隐患排查整治；要求全体参建人员树牢生态环境保护意识、规范管理意识、现场安全环保意识，加大对各项目及收储土地的生态环境保护管理力度，强化举措落实责任，推行项目自检、交叉检查、领导小组巡查"三检"制度，实现生态环境保护管理规范化、常态化，确保生态环境保护工作持续稳定向好。

淮州建投投建的淮州国际会展中心的设计和施工过程十分注重低碳绿色环保。在设计上，淮州国际会展中心室外设置了1500立方米雨水收集系统，通过管道的串联收集屋面及室外路面汇集的雨水，经雨水深度净化系统净化杀菌后储存在清水池中，用于绿化灌溉等用途，极大节约水资源并进行再利用，达到二星级绿色建筑标准。项目的钢结构建筑、边坡防护、停车场植草砖、墙体均采用保温与结构一体化技术，绿化灌溉采用喷灌、微灌等高效节水灌溉方式，卫生设备采用节水器具，达到开源节流的效果。外窗及玻璃幕墙结构构造采用横隐竖显玻璃幕墙，大量使用挤塑聚苯板、岩棉、玻璃棉等保温材料，充分将绿色理念融入项目设计全阶段。同时，在施工阶段，淮州国际会展中心的施工团队使用防尘网及雾炮，裸土进行覆盖并定期洒水，开启自动喷淋系统和噪音扬尘动态监测，实现降噪除尘。停车场采用植草砖，砼覆膜养护，施工照明采用节能灯等，做到真正意义上的环保节能，低碳经济。

淮州建投投建的淮州湾高品质科创空间项目总占地约400亩，总建筑面积约67万平方米，项目遵循自然生态本着"依山就势、临溪傍水、湿地环绕"的理念，坚持规划引领、职住平衡、低碳绿色出行理念，打造淮州新城核心区域集创新孵化、总部办公、区域配套服务中心、配套酒店、人才公寓及配套商业于一体的高品质科创空间，全面诠释生产、生活、生态融合发展的城市形态，助力城市绿色发展。

淮州建投投建的淮州国际商务中心项目成为成都市第二批、金堂县首批绿色标杆工地，系淮州新

城首个通过评审的绿色标杆项目。自投建以来，淮州建投严格按照绿色标杆工地相关要求，扎实抓好各项工作。通过督促、指导项目成立绿色标杆工地领导小组，制定绿色工地实施方案及安全管理体系，坚持目标管理，设置专人负责，加强项目安全生产、文明施工标准化、环保工作管理督查考核等举措，不断提升项目安全文明环保综合管理水平，获评绿色标杆工地。

（四）突出社会效益，展现国企责任担当

淮州建投积极践行国企责任，将发展成果与社会共享，积极发挥自身技术及资源优势，助力乡村振兴，支持民生工程建设。助力新城发展，增进民生福祉，打造高品质宜居地，彰显城市幸福美好生活价值。淮州建投建成投运的龙家山城市公园为淮州新城居民活动提供了更好的活动与休闲场所，进一步丰富了淮州新城生态特色、优化了城市空间结构、提升了淮州新城人居环境品质、开创了淮州新城区域公园城市典范；建成投运淮州新城国际会展中心，主要为淮州新城提供会展会务服务功能，促进了新城公服设施的建设，进一步丰富了新城城市功能、提升了新城城市形象，有利于实现"以会带展""以会促产"；建成的淮创智造园区标准化厂房，构建起高品质的工业服务体系，有利于充分实现资源共享，方便企业运作，降低企业的经营成本，大大提高资源的产出效率，助力新城高质量发展；淮州建投不断强化合规经营意识，通过细化实施举措，切实推动下属公司履行企业社会责任，做到诚信经营。全资子公司成都淮州新城置业有限公司，守法经营、依法纳税，为属地政府经济社会发展做出了积极贡献，荣获金堂县2021年度纳税先进企业称号。同时，淮州建投通过组织走访慰问抗战老党员、社会困难群众，开展义务理发志愿者服务活动和"慈善一日捐"等一系列服务职工群众的实际举措，全心全意为职工群众解难事、办好事、谋福利，积极履行国企社会责任。

案例创造人：王明亮　孙季多　李继银

诚信铸就品牌　感恩回馈社会

泸州清溪谷文化旅游投资有限公司

一、公司简介

泸州清溪谷文化旅游投资有限公司（以下简称文旅公司）成立于2013年2月27日，注册资本1000万，公司自成立以来，始终坚持诚信为本、务实为真的理念，一直致力于"中国泸州·清溪谷花田酒地"文化旅游项目的开发和运营，生产经营状况良好，取得了良好的经济效益和社会效益。

清溪谷·花田酒地旅游景区（以下简称景区），位于四川省泸州市纳溪区大渡口镇，占地2500余亩，2014年建成开园。花田酒地以展示花卉文化和酒文化为主题，主要含七彩花田、清溪河河道、花海栈道、荷兰风车、探花桥、龙门堤、花田喜事广场、花语亭等多个主题景观，以及酒香廊、酒道廊、酒史廊等多个酒文化长廊，将花卉文化和酒文化完美融合。景区引进了七彩玻璃栈道、蹦极、高空滑索、七彩滑草、步步惊心、高空水滑、丛林穿越等多项特色娱乐体验项目，完善了"吃、住、行、游、购、娱"功能业态。在景区的带动下，当初荒芜的土地、废弃的厂房，变成了花的海洋、旅游的热土，为广大游客送上了一个可赏百花、听细雨、沐微风、沁心脾的世外佳园。在广大游客的大力支持下，景区成功获得了"国家AAAA级旅游景区""四川省首个国家水土保持生态文明清洁小流域""四川省水利风景区""泸州市文明景区"等称号，入选"四川十大赏花旅游目的地"，被誉为"中国最美小流域""中国最美花海"，多次荣登央视等大型媒体，成为泸州市旅游业的形象窗口、区域旅游业新标杆。

二、全方位提质增效，大跨步引领发展

花田酒地景区开园以来，内抓管理和服务，外抓营销和宣传，不断完善配套设施、引进项目、提升服务，得到社会各界和广大游客的一致好评，2014年至今，景区接待全国各地游客累计超过300万人次，每年旅游综合收入近亿元，年游客量、年综合收入持续增长，助推地方经济实现飞越发展。

（一）完善基础配套设施，营造良好环境

在景区发展过程中，始终坚持生态、绿色的理念，布局建设的同时注意维护原有的良好生态环境，并合理分区、改造升级，对原有河道进行综合治理，景区内的清溪河获得国家水土保持生态文明清洁小流域称号。同时，景区规划布局了游客接待中心、功能服务区、花海观赏区、综合游乐体验区、餐饮区等多个分区，为游客、投资人提供了良好的旅游环境和营商环境。

（二）积极引进项目，补充功能业态

景区运营7年多以来，本着诚信为本的理念，积极实施"走出去、引进来"的招商策略，不断引进投资人来景区开发项目。景区先后引进了游船、儿童游乐、高空滑索、玻璃栈道、美式蹦床、蹦极、彩虹滑道、热气球体验园等多个特色娱乐体验项目，并积极引进餐饮、住宿，入驻景区项目投资额超过2亿元，景区功能业态不断完善，既有效提升了景区的综合竞争能力，也为游客送上了舒适的游乐

体验环境。

（三）狠抓营销宣传，提升景区影响

花田酒地景区坚持以"市场导向、整合资源、网络突破"的营销策略，整合企业、政府、传媒等多渠道资源开展营销推广。同时创新营销思路，充分利用泸州市推进旅游公共服务信息智能化的发展机遇，通过与泸州市商业银行等机构合作，积极开展旅游刷卡无障碍示范工程。通过旅游舆情监测及数据分析，挖掘旅游热点及游客兴趣点，制定对应的营销主题，从而推动泸州乃至川南片区旅游行业健康发展。目前，景区内门票、玻璃栈道、滑草等项目已实现智能售票终端系统，大幅提升了景区的智慧旅游服务能力。通过加强网络营销，为顾客提供便利渠道，不断提升景区的影响力。每年来景区的游客群体中，自贡、宜宾、内江、成都、重庆、云南、贵州等地的游客约占60%，花田酒地已成为川、渝、滇、黔结合部的知名景区。

三、诚信守法经营工作情况

（一）广泛宣传，注重实效

文旅公司坚持以"实际出发，注重实效"为导向，根据公司管理模式，结合花田酒地景区运营情况，多次组织公司员工及商家广泛开展以"诚信经营"为主题的宣传教育和以"诚信价格"为内容的职业道德培训，引导员工和商家树立公平、合法和诚实守信的价格理念，自觉遵守行业规范，抵制各种不讲信用、宰客欺客的做法，营造浓厚的"诚信待人、诚信标价、守法经营"的环境，以实际行动维护公司声誉。

（二）齐抓共管，规范管理

公司与上级物价监督管理部门时刻保持密切的沟通与联系，及时掌握国家、省、市各级物价管理部门最新价格指示精神。景区自2014年3月开园以来，严格按照上级有关部门、有关要求，从未在春节、五一、国庆黄金周等旅游旺季擅自提高票价。景区以游客满意度作为重要目标，以提升工作效率和服务质量为抓手，建立健全标准化的服务管理体系，完善了质量、营销、安全、导游、卫生、环保、统计等规章制度。同时，因地制宜、因人制宜，根据市场服务需求，严格组织开展员工接待、服务等礼仪培训，强调"服务至上"理念，提升景区综合服务水平。2016年、2017年花田酒地景区先后被评为"泸州市文明风景旅游区""泸州市学雷锋示范岗"。

（三）诚实守信，认真履约

公司认真贯彻执行《中华人民共和国民法典》及相关法律法规，坚持信用至上的经营理念，实际工作中，严格按照法律法规与景区商家依法签订租赁合同，自觉维护双方的合法权益；对公司员工进行合同相关法律的专项培训，有效地增强了全体员工依法办事、诚实守信、自觉遵守信用的意识，在公司上下形成了恪守合同信用的氛围；同时自觉接受市场监督管理部门和行业监管部门的监督管理，遵纪守法、诚实守信。为密切联系商家、形成抱团取暖的良好发展格局，在景区内建立了商家联盟，建立"问题导向、市场运作、成果共享"的自治管理机制，将商家利益和景区发展利益紧密相连，创建和谐、共生的商业环境。截至目前，商家联盟企业共含40余个成员，景区收到并采纳意见及建议200余条，另外开通了商家绿色服务通道，解决商家各类运营、资金及服务问题，极大提升了景区整体形象，也为泸州市打造良好招商环境树立了典范。自公司成立至今，无任何违法违规行为和不良记录。

2021年，文旅公司被评为"四川省诚信企业"。

（四）诚实守信，照章纳税

公司严格按照税收政策及税务机关的工作要求，及时进行各类税种的纳税申报，积极配合税务征稽的相关工作，保证了公司各类税费按时、按量入库，以实际行动支持地方税收的发展。自成立以来，未出现任何偷逃税款等违法行为或不良记录。

（五）安全生产，诚信管理

公司严格遵守安全管理规章制度，辨识安全环境、消除事故隐患、处置危害险情。安全管理负责人员定期对景区安全进行全面巡查，对玻璃栈道、高空滑索、蹦极等危险性较高的项目进行重点检查，检查过程中发现安全隐患及时处理并记录在案；同时，不定期组织全体员工及商家开展消防、食品等安全培训，做好严密防范工作，确保景区游客生命财产不受损害。景区在运营过程中高度重视安全管理，成立了以总经理为主任、部门负责人为成员的安全生产委员会、消防安全委员会，全面贯彻落实安全生产"五落实、五到位"。根据景区实际情况编制了《安全管理办法》《道路交通管理办法》《应急管理办法》等管理制度，制定山体滑坡、防汛救援、火灾事故、生产安全事故等应急救援预案。开园至今，先后完成泸州春晚分会场、漂流国际音乐节、春天诗会、趣味跑、帐篷露营节等一系列大型活动的安保工作，从未发生意识形态、管理服务、生产经营等重大安全责任事故，无重大服务质量投诉；景区已安装高清监控30余个、安全广播20余个，设置安全警示标志35个、防护设施10余处，配备消防栓8处、灭火器110个，景区开放以来未发生一起安全事故。

（六）诚信经营，回馈社会

文旅公司一方面将周边村社、群众纳入景区整体发展规划，与当地村集体合作，助推村经济发展，为当地提供岗位累计近1000个，拉动当地经济健康、快速发展；另一方面经常组织开展帮扶行动，2014年为纳溪区教育业发展捐款100万元，并多次向灾区、贫困山区捐款捐物，组织叙永建档立卡贫困户来景区学习考察，推广先进经验，用实际行动赢得社会各界的高度赞扬和广泛支持。

案例创造人：王刚　朱勇　杨勇

传承至诚守信　打造品牌优势

青岛正立信实业有限责任公司

一、企业简介

青岛正立信实业有限责任公司（以下简称正立信），注册资本5亿元，资产总额20亿元，下属三个子公司：青岛信能达经贸有限公司、青岛正立信实业有限责任公司禾尔莉分公司和青岛曼泝俐电力有限责任公司；控股青岛开投能源有限公司，参股新三板上市公司中康国际。作为青岛西海岸新区国有企业青岛华欧集团股份有限公司（以下简称华欧集团）旗下大宗贸易领域的头部企业，正立信是青岛开发区投资建设集团有限公司（以下简称开投集团）的大宗贸易行业重要组成部分之一，现已经成长为青岛西海岸新区大宗贸易领域的领军企业。

正立信前身是成立于1992年的山东黄岛发电厂下属多产企业青岛四海电力燃料公司，2001年从山东黄岛发电厂改制剥离，成为内部职工持股的有限责任公司，入股成为华欧集团的股东公司之一，2017年12月正立信公司随华欧集团被开投集团全资收购重组并纳入华欧集团旗下，正式成为区属国有企业。2020年总体归属青岛西海岸新区国家级开发区专业化投资运营平台青岛经济技术开发区投资控股集团有限公司（以下简称经控集团）。

近年来，公司聚焦大宗贸易，全面通过落实集团部署，激励动员全体干部职工以习近平新时代中国特色社会主义思想为指引，紧紧围绕新区工委管委、经控集团及开投集团党委的决策部署，抢抓国企改革机遇，因势而谋、应势而动、顺势而为、乘势而上，强化创新驱动，提升发展质量，在务实担当中推动华欧集团再创新辉煌，正立信公司一直以煤炭贸易、码头运营为公司主营业务，历史年销售额曾突破6.2亿元，实现利润180万元。2018年营收规模突增到7.8亿元，实现利税340万元；2019年更是跨越增长到18.2亿元，实现利税747万元，由此进入全区贸易服务业规模以上企业前十强；2020年突破46.3亿元，完成利税2247万元；2021年，贸易体量规模达到60亿元，利税超过3000万元。

二、企业诚信建设和管理做法

2021年是公司的"经济效益年"，面对疫情影响下大宗商品市场诸多不利因素，公司践行滚石上山、爬坡过坎攻坚精神，突出内贸煤、进口煤发展优势，强力推动贸易创新经营、提升两个安全保障、强化部门能力建设、深化精细化管理、突出党建引领建设等方面一体化联动发展，推进企业融入新发展格局，迈出高质量发展新步伐。

（一）突出诚信优势，推动高质量跨越式发展

2021年公司不断提升统筹国内国际两个市场、两种资源的能力，已与国内外几十家上下游客户建立战略合作关系，业务遍布国内十几个省区市以及境外俄罗斯、蒙古国等多个国家，已稳定构建三百余条贸易业务链，涵盖电力、供热、钢铁、水泥、化工等行业领域，开创了内外联动全面发展的经营

新局面。重点从以下几个方面取得突破。

1. 秉持"走出去""引进来"工作思路，扩充印尼褐煤销售渠道

在不断巩固并做好俄罗斯煤的基础上，持续扩大印尼煤炭进口量，煤炭业务指标覆盖从2900大卡到6000大卡，精耕细作进口煤市场，与大唐、华能建立进口煤良好合作关系，全年完成进口煤炭销售30万吨，实现贸易额5亿元，是去年同期的1280%。由此，实现了由内贸煤业务为主到国内、国际双循环的全面提升。

2. 坚持优化整合内贸煤资源，"港口煤"业务持续做大做强

在2021年煤炭资源供给偏紧形势下，依托万州港、达州港、梁山港、日照港（均为优质水铁联运港口）运营优势，上控煤源，关联上游方与华电能源旗下四大煤矿签订长期合作协议，确保煤炭供给稳定；中控物流，关联数家全资国有物流公司，强化运输保障能力；下控客户，选择资金实力强、信誉有保证的，作为终端客户。积极践行国企社会责任担当，为燃煤紧张的国内主要发电公司及地方热电厂能源供给保障做出较大贡献。全年实现贸易额21亿元，是去年同期的131%，完成供销煤炭150万吨，有效缓和了因铜贸业务战略收缩带来营收下降的问题。

3. 坚持优化贸易结构，实施"瘦身健体"方案

贯彻落实集团战略部署，坚持优化调整煤炭铜贸比例结构，收缩铜贸业务体量，由去年的29亿元下降至今年的16亿元，成功实现初步"瘦身健体"，助推企业高质量发展。

4. 建立"南钙北运"新通道，引进"资金活水"促发展

加强资源整合，联通国内钢铁、水泥行业龙头企业深度合作，立足港铁联运优势，建立"南钙北运"新通道，累计完成交易量300万吨，交易额2.3亿元。在此基础上，发挥区属国企"金字招牌"效应，引入山东港口集团资金5000万元切入建材贸易链条，"借船出海"提质增效，毛利由原来的12%提升至现在的20%，为后期贸易融资发展进行了有益尝试。

（二）全面拓展信用资质，为企业行稳致远提供坚强保障

公司坚持依法诚信经营，不断提升统筹国内和国际两个市场、两种资源的能力，已与国内外几十家上下游客户建立战略合作关系，业务遍布国内十几个省区市以及境外俄罗斯、蒙古国等多个国家，已稳定构建三百余条贸易业务链，涵盖电力、供热、钢铁、水泥、化工等行业领域，取得了行业中守信重诺的良好口碑。2019年起企业一直处于青岛西海岸新区贸易服务业规模以上企业前十强，获市、区级服务业奖励各10万元；良好的信用口碑，助力2020年度获银行授信6000万元，税务信用等级A级，2021年获得青岛西海岸新区'琅琊榜'服务业品牌荣誉、青岛市诚信企业、全国AAA级诚信企业等荣誉称号。

公司始终坚持依法治企，持续夯实制度基础、健全制度体系、发挥制度作用，着力构建信用体系建设。制定印发《贸易管理办法》《风控管理办法》《应收账款管理办法》等一系列规章制度，做到"管理有制度、操作有流程、过程能监测、风险可承担"。2020年公司共签订合同760余份，合同金额42亿元，合同履约率100%，未发生一起合同纠纷。

2021年，公司实施"111"风险管控制度，即明确"1个风控决策领导小组""1个综合服务平台""1支项目经理队伍"综合负责，构建"事前预控""事中监控""事后评估"全过程风险管理模式，确保合同风险可控、在控，捍卫守合同重信誉这份荣誉，提高了社会声誉。

（三）突出党建引领，营造浓厚干事创业氛围

狠抓党建工作，用心、用情、用力擦亮集团党建品牌，积极组织参加"学党史"主题教育活动，扎实开展"学党史、明初心、担使命、创辉煌"红色主题党史学习活动，带领全体员工进行党史理论学习，从红色资源中汲取奋进力量，凝聚成干事创业奋进伟力。

（1）不忘初心、牢记使命，发扬党员先锋模范带头作用的同时，紧抓基层工会工作不放松，大力推动公司内部"打造最好环境、搭建最优舞台、营造最浓气氛"，凝聚成"一个调子齐合唱"的强大团队合力，公司上下激情干事、创业发展氛围蔚然成风，激活企业内驱力。

（2）积极组织参加集团公司开展的隐珠街道相公山社区志愿服务活动、区机关运动会、无偿献血、演讲比赛、捐书赠书活动、生活垃圾分类知识答题宣传等一系列活动，丰富了员工的精神生活，展现了员工的主人翁精神。

（3）营造良好团队关爱氛围，实现对员工的关爱不仅体现在薪酬福利上，更体现在对员工成长、未来和思想的关注上，以企业创新发展实现对员工最持久的爱，职工获得感、幸福感和归属感进一步提高。

正立信的每一名员工，都秉持"激情、高效、创新、共赢"的企业理念，践行"先行先试、善作善成"新区精神，做大做强，着眼未来，创新经营模式大格局，着力构筑大宗贸易战略基础，擦亮区属国有企业"金招牌"，彰显平台功能优势、增创先发优势、区域品牌优势、厚植人才优势，为华欧集团行稳致远发展，为开投集团、经控集团决胜未来下好"先手棋"，做出应有的贡献！

案例创造人：李青槐　薛德晓　孙鹏

匠心致诚信　凝聚企业奋进之力

中铁八局集团第二工程有限公司

一、企业简介

1950年6月15日，在成渝铁路开工典礼上，贺龙元帅将一面绣有"开路先锋"四个大字的锦旗交给筑路大军。中铁八局集团第二工程有限公司（以下简称中铁八局二公司）的建设者，便投入到了新中国第一条铁路的建设中。70余年的风雨砥砺，作为肩负祖国基础设施建设重任的央企"国家队"中的一员，中铁八局二公司从未停止开拓创新的脚步。公司现已成为中国中铁八局集团四川地区最大的综合性施工劲旅，拥有各类专业技术和管理人员1400余名，注册资本8亿元，总资产60亿元。

备尝艰苦，树立理念。无数重难艰险项目的千锤百炼，使公司形成了"务实、诚信、和谐、创新"的企业精神，"以人为本、客户至上、勇于负责、团队精神"的企业价值观，"干一项工程、塑一座丰碑、交一方朋友、拓一方市场"的企业宗旨，"创造社会价值、实现员工梦想"的企业愿景为核心的优秀、独特的企业文化理念体系。

诚信经营，出类拔萃。中铁八局二公司始终如一秉持诚信做企的经营理念，为社会奉献建筑精品，传递优良文化、履行社会责任、打造信用品牌，在社会各界树立了良好的信誉和形象，持续保持"全国用户满意企业""四川省工程质量信得过单位""四川省诚信企业"，成都市"守合同、重信用企业"等荣誉称号，全面展示了诚信企业风采，成为业内诚信守诺典范。

二、企业诚信施工案例与所获荣誉

（1）饱经霜雪，誉望所归。作为中铁八局骨干成员，公司在铁路、公路、市政、房建、水利水电、铺架、站改等工程领域具有较强的综合实力，形成了以复杂地质长大隧道施工、铁路铺轨架梁站改、试验检测为优势产业分布格局。先后参与了大瑞、成渝、成昆、宝成、武广、拉日等36条铁路干线与支线的建设；承担了绵广、渝黔、张石、宜彝等15条高速公路建设；承建了众多城市的市政、道路、房建等基础设施建设，积累了丰富的施工管理经验和较强的技术装备实力。公司通过质量、环境及职业健康安全管理体系认证，参建工程先后30余次获得中国土木工程詹天佑奖、国家优质工程奖、火车头奖杯、中国中铁杯奖等国家级奖项；170余次获得"四川省五一劳动奖状""四川省优质工程""四川省高新技术企业""四川省建筑业先进单位""天府杯金奖"等一系列殊荣。

（2）奋进岁月，突飞猛进。近五年来，公司不断稳中求进、改革创新、塑形创誉，企业不断扩大规模并向行业领先目标不断迈进。公司两级党组织坚定高质量党建引领高质量发展目标，任务开发和施工产值逐年稳步增长，从2017年中标22个项目到2021年中标52个项目，2021年中标金额达191.8亿元，再创历史新高，在建项目数翻了一番，施工产值增长了一倍；同时，营业收入连续五年实现增长，连续五年保持盈利。全面完成了集团公司下达的各项指标，生产经营成效显著。

（3）着力深化改革，企业结构逐步优化。公司经过多轮的整合，本部部门由18个缩减至12个，"三大中心"的专业单位布局已经全面形成；三供一业、退休职工社会化管理稳步推进，为企业瘦身减负，为轻装上阵干主业提供了坚强保障；着力项目片区化管理模式的探索与实践，安徽潜山、河南商丘等 7 个片区项目管理资源得到充分运用，任务延伸扎稳了根基，人才培养搭建起了平台、全面提升了企业综合管理能力。

（4）着力风险管控，现场运行安全有序。公司成功运作潜山 PPP 项目。首次成功拿下漯河 S222 公路和漯河龙江生态城 2 个"EPC+F"模式项目，目前项目运行良好，效果显著。为公司在任务开发模式上开辟了新途径，在提升效益上打开了新天窗，企业保值增值风险安全可控。在生产方面，公司近五年来先后完成白马隧道、太公山隧道、阿克路隧道等 8 座共计 48.73 千米高风险隧道施工；完成了大邑特大桥、上芦林双线特大桥、富顺沱江河双线特大桥等 11 座共计 22.85 千米高风险桥梁施工；完成了兰渝、成蒲、贵广等 9 条铁路共计 6452 余孔桥梁架设；完成连霍高速、商贸大道、天府机场、东环铁路等 9 处上跨营业线桥梁施工；累计完成集团公司确定的高风险项目工程 12 个，均实现了安全质量管控目标。安全质量事故件数同比下降了 35%，经济损失同比下降了 49%，先后组织购置安全控制设备（系统）220 余台（套），智慧化工地建设模式走进项目，为现场安全高效运行布设了一层智能化防控网，公司安全质量风险管控和隐患排查治理"双重预防机制"日臻完善。

（5）着力科技求创新，专利成果显实力。公司一直致力于科技强企，不断强化科技创新意识，加大科技投入，公司参建的拉日铁路工程获詹天佑工程奖，这是公司首次也是集团公司近 10 年再次获得该项奖励；共计 7 项科研成果通过股份公司评审，3 项成果获股份公司科技进步奖。获得专利成果 65 项中发明专利 4 项、软件著作权 12 项。2017 年首次获得国家发明专利，2018 年首次获得软件著作权，多项科技成果创建司以来最高荣誉。

（6）着力塑形创誉，企业品牌逐步打响。公司积极推行标准化、精细化管理，以创建"优质工程""安标工地"为载体，大力弘扬工匠精神，打造精品工程。公司承建的郑州双鹤湖水系及桥梁工程、涪秀铁路白马隧道工程、天府机场高速公路工程、洪都大道快速化改造工程等 10 项工程先后获得省市、股份公司、集团公司"安全标准工地"称号；致力路下穿隧道工程、成自泸高速公路工程、国道 213 漩口隧道等 6 项工程获得国家、省市、股份公司、集团公司"优质工程"称号；郫彭铁路高架桥工程、成都致力路下穿隧道工程等 5 项工程获得国家、省级"用户满意工程"称号，并连续四年保持"四川省安全文化建设示范企业"称号。面对新冠疫情，公司逆向而行，坚决守住阵地，推动复工复产；面对地震洪涝灾害，公司抢险突击，坚决扛起央企社会责任。在"6·17"长宁地震抢险救援、老成渝铁路抗洪抢险、汶川特大泥石流抢险救援、昌景黄抗洪抢险、云南省大理州漾濞县地震救援、河南省漯河市抗洪抢险等灾害面前更是展现出了国企的责任和担当，企业形象声誉都得到新提升，企业的金字招牌已经打响，企业管理水平在深化改革中不断提升，社会影响力在开拓创新中日益彰显。

（7）着力和谐建设，职工薪酬稳步增长。公司不断健全薪酬分配机制，理顺收入分配关系，完善员工基本工资＋绩效考核＋单项奖励的分配方式，激发了广大职工群众的工作热情，争先创效拿阳光收入的激情在员工队伍中充分扩散。员工固定工资收入占工资总额比例从 2016 年年底的 63.14% 降低至 2021 年的 52.44%，绩效工资收入占工资总额比例从 36.86% 增长至 47.56%，按劳分配的原则得到了充分体现。职工幸福指数大幅度提高。

（8）百舸争流，奋楫者先。全面的资质资信和良好的企业信誉，是公司诚信履约的坚强保证。作为中央企业，公司始终把诚实守信作为企业发展之本，秉持诚信做企，践行承诺，取信社会的理念，创造中国高铁工匠新使命，实现强我中华梦，践行"勇于跨越，追求卓越"的中国中铁精神，为促进社会文明程度的提升，建设和谐美好家园作出应有贡献。

案例创造人：胡建　马乐　熊苏琳

诚德铸品牌　信誉赢未来

湖南核工业建设有限公司

一、企业简介

湖南核工业建设有限公司（以下简称湘核建），隶属于中国核工业集团，是由原中国核工业第二十五建设公司改制后与湖南核工业建设有限公司重组而成。

湘核建在铀冶方面为国家核工业发展做出过突出贡献，是核工业功勋企业，是一家具有深厚历史沉淀和文化底蕴的建筑施工总承包壹级企业。

1963年，二机部成立了105工程公司；1972年，更名为二五建筑安装工程公司；1983年，军转民后更名为中国核工业第二十五建设有限公司；2006年年底，二十五公司改制，与湖南核工业建设有限公司进行合并重组。从2020年开始，公司相继开展了组织机构调整、三项制度改革和狠抓国企改革三年行动、对标先进企业管理提升行动项等。

湘核建总部位于湖南长沙，是一家具有矿山、机电级、建筑工程施工总承包壹级，地基与基础工程专业承包甲级，公路工程、市政公用工程施工总承包乙级，核工程、防水防腐保温工程专业承包乙级，通用工程专业承包叁级，施工劳务等资质的国有综合性建筑施工企业。

湘核建下设矿山工程事业部、核工程事业部、民用工程事业部、资产运营事业部，事业部级下增设工管部。在长沙、太原、新余、衡阳、广州等地分别建有永久性经营管理和生活基地。湘核建自有职工为534人，其他用工为劳务分包的形式，进行用工分流，采取灵活用工方式。

湘核建先后获得：国家优质工程—鲁班奖、国家优质工程银奖、全国优秀焊接工程、建设工程芙蓉奖、中国核工业优质工程奖、AAA安全文明标准化诚信工地、连续三年获湖南省信用AAA企业、突出贡献奖、2021年获业主单位授予的先进单位等荣誉称号。

二、企业经营理念

坚持"创新、绿色、高效、安全"的发展理念，严格执行国家、集团公司、股份公司的"十四五"发展规划与总体部署，围绕立足新发展阶段、贯彻新发展理念、构建新发展格局、实现高质量发展，深入贯彻习近平总书记系列讲话精神，以党建工作统领全局、以发展为第一要务、以创新为第一动力、以人才为第一资源、以安全发展为生命线，对内以员工为核心、对外以客户为中心，深化经营机制改革，推进业务、管理模式创新，优化资源配置，强化市场拓展与区域布局，着力扩大公司规模和经济效益，大幅提升公司核心竞争力，不断提高员工幸福指数，为打造成为国内知名的矿山开发综合服务商、具有建筑多价值链融合能力的建筑施工企业奠定基础。

三、诚信建设重点行动

（一）依法纳税，积极履行企业义务

2021年湘核建连续两年税务信用评级为A级。"核建杯"2020年财税知识竞赛决赛获得团体赛铜

奖,2021年第二届"天扬杯"全国建筑业财税知识竞赛个人银奖、2021年建筑财税优秀论文特等奖、2021年建筑财税优秀论文二等奖。公司不存在不良资产,按月对应收账款账龄进行分析,每年编制筹融资方案,依法合规开展筹融资业务。湘核建依法纳税、主动纳税、诚信纳税,高度重视税收管理工作,严格遵守国家各项税收法律法规,自觉履行纳税义务。截至2021年12月底,公司共缴纳税费1039万元。

(二)积极践行央企社会责任

2021年10月,山西大部分地区出现极端强降水天气,引发滑坡、泥石流、山洪等地质灾害,对灾区群众的生命健康和财产安全造成了严重损失。湘核建组织开展"风雨同舟,助力山西抗洪救灾"爱心捐款活动。湘核建董事长、党委书记边绍谦倡议全体员工伸出援助之手,积极捐款,奉献爱心和善心。在公司领导班子成员的带领下,干部职工通过现金捐款,微信、支付宝扫码等方式踊跃捐款表达爱心,展现出湘核建人的大爱情怀。活动共收到爱心捐款5万余元。爱心捐款统一汇入山西省红十字会,集中用于受灾群众转移安置、生活救助和恢复重建等救灾工作中。

新冠肺炎疫情防控期间,采血量严重低于正常水平,血液库存持续走低,全省血液供应面临严峻挑战,为确保临床医疗急救用血需求和疫情防控期间的血液保障,街道社区呼吁大家:广大居民朋友在做好个人防护的同时积极参与无偿献血。湘核建积极响应街道社区倡议,发动广大职工开展了无偿献血活动,12人共献血3600毫升。受到地方政府的好评,密切了企地关系。

(三)规范供方管理,促进采购管理合规性

为规范供方管理工作,公司编制发布《不良供方管理办法》《供方管理办法》《供方资格和评价管理程序》《分包商绩效考核及评价操作规程》等相关制度。根据股份公司管理制度及湘核建供应商绩效考核管理办法的要求,按季度对供应商动态评价进行考核。

湘核建严格落实合格分供方准入、清退制度,针对合格供应商实行"分层、分类、分级"管理机制,供应商管理遵循公正守信、整体规划、分级评价、动态评价、扶优汰劣的管理原则。根据合作情况,择优选择认可湘核建企业文化、有共同价值观的优秀供方,培养长期合作的合格供应商队伍。

湘核建通过专业商业信息服务平台评估合作供方法律风险,针对分供方违约及安全事故等情形,可对造成安全事故的供方行使一票否决权,暂停其参与公司总部、事业部、项目部采购活动资格,纳入公司不良供方清单或申请纳入股份公司供方黑名单。湘核建为鼓励供方提高产品和服务质量,每年开展优秀合作伙伴评选活动,并予以表彰。当年履约评价得分较高、无违约行为且年度的星级评定为四星级以上的供方,可被推荐优秀合格供应商,由各事业部推荐,总部职能部门组织年度评选,并授予优秀合格供应商荣誉称号。实现了对合作供方的事前预防、事中监督、事后考核的全生命周期的管理。

(四)加强工程质量监督,提高工程诚信

围绕集团公司"质量创造价值、量成就品牌"的质量理念和"1342"质量工作体系建设要求,积极推动质量精准管控,聚焦短板弱项的整改,开展以学习宣贯、体系提升、质量文化提升、质量信息化建设、防人因、防造假等一系列活动,落实股份公司工程建设项目质量监督检查工作要求,切实提升湘核建质量管理水平,确保建设工程质量监管受控,依据股份公司相关要求结合湘核建在建项目实际情况,制定湘核建"质量月"检查计划。并成立"质量月"活动小组,以"质量管理体系有效性提升年"活动为契机,首先系统优化质量技术管理文件27项,明确公司各级质量、技术管理要求与责任,持续推进"QC小组"活动,年度获得湖南省QC成果一等奖2项,二等奖1项,质量信得过班组二等奖2项。其次对湘核建管内所有在建工程建设项目安全、质量管理工作进行监督检查。对公司管内工程建设项目定期、不定期的现场监督检查,针对检查发现的问题及时下达整改通报,督办及时整改治

理闭环，对供方进行信誉评价及考核，公示供方在合同签订及履约过程中失信行为。并开展向上客户关系管理工作，对在建项目开展顾客满意度调查，建设单位对湘核建的满意度均在90%以上。

（五）持续落实职业卫生监检工作，保障员工职业健康

首先，强化职业病风险危害源头控制，定期对作业场所职业病危害因素进行检测和评价，建立作业场所职业危害监测台账和劳保物品发放台账，定期更新，对作业场所要采取必要措施减少职业病危害，杜绝粉尘、辐射等急性职业病发生。

其次，加强作业人员职业健康体检工作，严格组织员工入职体检、岗中体检、离职体检工作，严格把控准入关口，严禁超龄人员、职业禁忌症人员等不合格人员上岗作业；严格把控离职体检，所有离职人员全覆盖，必须进行离职体检方可办理离职手续，合理规避法律纠纷；要进一步完善员工到岗、岗中、离岗职业健康档案管理，建立全员职业健康档案和单位监护档案，并做好保管留存工作，严格落实一年一整理，三年一归档的管理要求，确保所有职业健康记录可查。

（六）做实职工关爱工作，构建和谐劳工关系

湘核建工会以节日时序为轴，将对员工的关爱与节日相融合，与重点工作相结合，融入其中，贯穿全年，开展春季帮困、夏送清凉、冬送温暖"关爱"工作，让常态化的员工关爱更具针对性、时效性和特色化，提升关爱的质量和效果，打造员工关爱品牌。2021年，湘核建工会为已故职工困难家庭子女发放助学金5300元，解决其子女就学困难；2021年湘核建工会为20名职工发放了"五必访"慰问金19500元；筹措资金5000元开展夏送清凉；组织了全体职工进行了健康体检；2021年春节期间湘核建领导走访慰问一线项目，向困难职工发放补助金和送温暖慰问金76500元。保障酷暑和严寒季节一线员工的身体健康和生产安全。湘核建已连续9年参加长沙市医疗互助活动，近两年参加活动人数不断攀升，2021年有70余名在职职工参加此项活动。截至2021年年底，共有10余人次在此项活动中受惠，减轻住院职工的医疗负担。

此外，技术创新、"为群众办实事"等一系列活动，在公司内、外部产生了一定的影响，获得了广泛的好评，有力地提升了工会工作的影响力和品牌传播力。

（七）劳模（工匠）创新工作室持续提升公司经营效益增长

湘核建工会在公司党委的领导下，积极配合行政，从2020年起开展劳模（工匠）创新工作室建设，目前矿业科技创新工作室已取得多项科技工作成果，累计编制企业级工法9项，成功申报省级工法2项，核工程事业部和矿山工程事业部分别取得湖南省级QC成果一等奖、二等奖各1项；取得国家专利1项；参与编制多项企业级标准；开展一系列BIM技术轻量化应用，建立矿山工程实施模型，运用BIM技术开展矿山立井工程施工策划及模拟施工，研究BIM技术应用于立井施工凿井设施、设备布置模拟设计，建立井筒及凿井措施可视化系统模型和临建设施配套系统，实现公司矿山施工设计及技术管理与新兴信息化技术深度融合应用。其中最具代表性的矿山多绳摩擦轮提升机快速更换钢丝绳施工技术，创造了良好的经济效益和社会效益。

湘核建以差异化建设为突破增强工会工作张力，重点向劳模（工匠）创新工作室倾斜，给予经费和智力支持，激发和促进劳模（工匠）发挥创新示范带动作用，加快企业创新人才的培养，提高企业的创新能力和效益。鼓励各级工会积极开展有益职工身心的活动。如：矿山事业部申报了国防工会"创新工作室"、总部以及各事业部组织开展了"三八妇女节"活动、资产运营事业部组织开展了"五小"和女工委芙蓉岗创建活动，党工团组织开展了演讲活动、微党课评选暨知识竞赛活动，参与承办了建党100周年微表演表彰大会和公司元旦迎新文艺汇演。

（八）加强宣传，开展多样诚信活动

湘核建广泛开展多种类型的诚信活动，第一，统筹策划一线员工技术能手、劳动模范培育锻造工作。坚持多维度展示形象：在"职工身边闪光点"活动基础上，在员工中开展身边"工匠"推荐学习工作，开展技能比武、劳动竞赛活动，争取培育一批属于企业自己的优秀技能人才、劳动模范；第二，围绕湘核建建筑施工核心业务，充分发挥各单位"创新工作室"作用，组建专家委员会和专业技术委员小组，建立湘核建首席技术能手机制，开展技术成果征集与展示活动。第三，参加各种形式的主题党日活动。先后组织到红色教育基地开展"传承红色基因 筑牢信念之魂"等主题党日活动；组织党员职工干部观看系列红色电影等。通过形式多样的活动载体，进一步坚定了党员职工理想信念，打造了诚信、干净、担当的干部队伍。

（九）发动群众力量，扛起疫情防控大旗

构建立体防控管理体系，秉持着"谁主管、谁负责"的原则，层层压实责任，全力以赴织密织牢防控网络，始终牢记"把人民群众生命安全和身体健康放在第一位"。强化"四方责任"，各单位要切实履行疫情防控的主体责任，细化防控措施，守好自己的门，管好自己的人。强化每个人都是自己健康第一责任人的防控意识，自觉落实疫情防控相关要求。各事业部广大干部职工自觉遵守属地化疫情防控要求，切实做到了疫情防控和生产经营"两手抓"，未出现人员感染情况。

案例创造人：边绍谦　王宏伟